· 제7판 ·

행 정 학

오 석 홍

박영사

머리말

제
7
판

　행정과 행정학의 변화를 반영하고, 잘못되거나 서투른 기술내용들을 수정하고 첨삭해서 이 책의 제7판을 독자들 앞에 내놓는다. 이번 개정판을 제7판이라고 하는 것은 2004년의 신판 출간으로부터 셈했기 때문이다. 그 이전 두 차례의 간행을 합치면 실제로 아홉 번째 개정이라 할 수 있다.

　나는 오랜 세월에 걸쳐 행정학에 관한 나의 시야와 시각을 언제나 새롭게 하려고 노력해 왔으며, 내가 쓴 여러 저술들을 끊임없이 개필해 왔다. 이 책의 집필과 개필도 그러한 노력의 일환이다. 글을 쓴 사람은 자기가 쓴 글에 대해 책임을 지고 그것을 개선해 가야 한다.

　나는 고칠 것이 전혀 없는 행정은 없다고 말해 왔다. 우리가 쓰는 말과 글에 대해서도 같은 생각이다. 글 쓰는 사람들은 글을 쓸 때마다 언어의 불완전성과 언어구사능력의 한계를 절감한다. 고쳐도 고쳐도 고칠 것이 나오는 게 저서이다. 내가 이 책을 고쳐 써야 하는 책임은 그 끝이 안 보인다.

　이 책은 행정학의 연구업적을 종합하고 간추려 소개한 것이다. 학설사의 흐름을 따라 전통적 관점의 치우침, 그러한 치우침에 대한 비판적 관점의 또 다른 치우침, 그리고 그에 대한 평가에 이르기까지를 두루 살펴 독자들에게 균형 잡히고 정돈된 행정학 지식을 제공하려하였다. 연구영역별 고찰의 균형을 또한 고려하였다. 행정학의 주요 연구영역을 고루 설명하려고 노력하였다. 통상적인 행정학 입문서의 경우에 비해 이 책의 고찰 범위는 넓고 고찰의 깊이는 깊다고 말할 수 있다. 그런 연고로 이 책의 부피가 커졌다. 이를 부담스럽게 생각하는 독자들은 자기의 필요에 맞게, 필요한 부분만 골라 볼 수 있기 바란다.

　이 책의 제1장과 제2장에서는 행정학을 공부하려는 사람들이 미리 알아야 할 입문적인 개념과 이론을 소개하였다. 제1장에서는 행정학설사를 개괄적으로 정리하고 주요 학파들을 골라 설명하였다. 제2장에서는 행정학의 연구대상인 행정의 의미를 규명하고 행정의 환경을 설명하였다. 제3장부터 제9장까지는 행정의 연구영역별 이슈들을 고찰하였다. 나는 행정체제에 관한 모형을 만들고 그에 따라 행정학의 연구영역들을 구분하였다. 연구영역을 가치에 관한 연구, 구조에 관한 연구, 과정에 관한 연구, 인적자원관리에 관한 연구, 재정자원관리에 관한 연구, 행정과 국민의 교호작용에 관한 연구, 그리고 행정개혁에 관한 연구로 구분하여 고찰하였다.

　행정현실은 살아 움직이기 때문에 변동한다. 근래에는 변동이 더 잦은 것 같다. 특히 행정 관련 법령의 변동 빈도는 아주 높다. 독자들은 이 책에 인용된 법령을 참고할 때마다 법제처 종합법령정보센터에 접속하여 해당 법령의 개폐 여부를 확인하기 바란다.

　이원화되어 있는 주(註)의 기재방법에 대해서도 독자들에게 일러두려 한다. 본문의 내용을 보충설명하는 주석 [a) b) c) …]은 본문의 하단에 각주로 싣고, 참고문헌을 밝히는 주 [1) 2) 3) …]는 책의 말미에 후주(後註)로 실었다.

　이 책은 수없이 많은 연구인들의 연구업적에 의존하는 것이다. 선행연구인들의 연구성과와 아이디어들을 빌리고 응용하였으므로 당연히 그들에게 감사해야 한다. 박영사의 안종만 회장을 비롯한 직원 여러분의 협조에 감사한다. 강상희 차장과 전채린 대리의 노고를 치하한다.

　그리고 엘리사벳을 위해 축복한다.

2016년 8월
서울대학교 명예교수 연구실에서
吳 錫 泓

차 례

제 1 장   행정학은 어떤 학문인가?

제2장   행정과 그 환경

제3장　행정과 가치

제4장 행정조직의 구조

제5장　행정조직의 과정

제6장　인사행정

제7장 재무행정

제8장   행정과 국민

제9장 행정개혁

제 1 장

행정학은 어떤 학문인가?

이 책은 현대행정학의 연구업적을 종합적으로 정리하고 간추려 설명하려는 것이다. 이 책의 문을 여는 제 1 장에서는 행정학이 어떤 학문인지에 대해 설명하려 한다. 이론사적 고찰을 통해 행정학의 연구경향이 어떻게 변천해 왔으며, 오늘날의 연구활동은 어떤 특성을 지니고 있는지를 알아보려 한다. 행정학이란 어떤 학문인가를 묻는 질문에 답을 해보는 것은 행정현상의 여러 국면에 대한 행정학의 설명과 처방을 공부하는 데 선결과제가 된다고 할 수 있다.

제 1 절에서는 미국이 주도하여 개척하고 발전시켜 온 행정학의 학설사를 먼저 고찰하려 한다. 1900년을 전후해서 출범한 행정학의 역사를 고전기, 신고전기, 그리고 현대라는 시대구분에 따라 고찰할 것이다. 각 시대별로 시대적 배경과 학문의 주요 특성을 설명할 것이다. 이어서 우리나라에 도입된 행정학의 성격과 위상에 대해 이야기하려 한다.

제 2 절에서는 행정학설사에 등장해 온 주요 학파들에 대해 약간 자세한 설명을 해두려 한다. 수많은 학파들 가운데서 중요성이나 파급영향이 크고 또 자주 거론되는 학파(접근방법·모형)들을 골라 설명하게 될 것이다.

행정학의 과거와 현재

I. 학설사 고찰의 준거

현재의 행정학(行政學: study of public administration)은 이 분야 연구 활동의 역사적 집적으로 이루어졌다고 보아야 한다. 그러므로 행정학의 현재를 잘 이해하려면 지난날의 발자취, 즉 학설사를 성찰해야 한다.

우리가 논의대상으로 삼는 행정학의 출발과 발전에 주도적인 역할을 해 온 것은 미국이므로 행정학의 일반적 성격을 규명하려 할 때에는 미국 학계의 활동과 문헌집적을 주된 자료로 삼지 않을 수 없다. 우리나라에 도입되어 변천해 온 '한국행정학'의 성격을 논하기에 앞서 미국 학계가 주도해 온 행정학 발전사를 먼저 살펴보려 한다.

미국은 오늘날 세계적으로 광범하게 전파되어 있는 행정학의 생성·발전에 주도적인 역할을 해 왔다. 행정학 발전에 대한 미국의 선도적 역할은 아직도 변함이 없는 것 같다. 우리는 '미국행정학'을 도입했고 현재까지 미국 행정학계의 연구에 많은 신세를 지고 있다.

여기서 미국이 주도한 연구활동과 연구문헌을 중심으로 행정학의 학설사를 고찰하겠지만 미국 문헌만을 보겠다는 배타적 한계를 설정하는 것은 아니다. 행정학의 출발시기에 국제적인 기여, 특히 유럽의 기여가 적지 않았다. 그리고 근래의 국제적인 학문 교류는 매우 활발해져 행정학의 학제성(學際性)뿐만 아니라 국제성도 현저히 높아졌다. 이러한 사정을 충분히 감안하여 학설사 논의를 진행할 것이다.

행정과 행정연구의 역사는 인류의 문명과 함께 시작되었을 것이므로 행정학의 역사에 대한 인식은 사람에 따라 다를 수도 있다. 근대적 행정에 대한 체계적 연구의 출발을 17세기 유럽의 관방학(官房學: cameral science)에서 찾는 사람들을 흔히 볼 수 있다. 관방학은 절대주의 국가의 정부기구, 관료의 업무와 행동규범 등을 연구하고 관료들의 원활한 업무수행 방법을 처방하였다고 한다. 그 뒤 유럽에서 일련의 민주혁명이 일어나고 '관료에 의한 지배'가 '법에 의한 지배'로 전환됨에 따라 행정의 법적 연구인 행정법학이 발달하였다.

그러나 우리가 연구할 행정학은 19세기 말경에 미국에서 출범한 것으로 파악된다. 따라서 그 이전의 행정연구는 원칙적으로 고찰의 범위에서 제외된다.

Ⅱ. 행정학사의 출발연대와 시대구분

학문사를 고찰할 때에는 그 출발연대를 언제로 볼 것이며, 시대구분은 어떻게 할 것인가에 대한 입장을 먼저 정해야 한다. 행정학사(行政學史)의 출발시기와 연구경향 변천의 시대구분에 관한 저자의 견해를 밝히려 한다.

1. 행정학사의 출발연대

행정학사의 출발은 19세기 말과 20세기 초에 걸친 시기에 이루어졌다고 할 수 있다. 어느 시점이 아니라 1900년을 전후로 한 시기 또는 연대에 행정학은 출범하였다고 보는 것이다. 행정학 문헌사의 '선조적 문헌'들이 그 시기에 나오기 시작했고, 행정학 발전에 필요한 조건들이 형성되기 시작하였기 때문이다.[a]

어떤 학문의 출발시기는 대개 그 학문이 상당히 성숙되고 지위가 안정된 다음에 후대 사람들이 판단하여 정하는 것이다. 행정학이 하나의 독자적인 학문으로서 성숙된 모습을 갖춘 시기(성년기)는 1940년대와 1950년대에 걸친 시기라고 할 수 있다. 이 시기에 이르러 대학에 행정학 프로그램들이 늘고 행정연구를 전업으로 하는 연구인들도 현저히 늘었다. 연구활동의 교호충실화, 학설사연구, 행정학교과서 간행 등이 활기를 띠게 되었다. 1939년에 설립된 미국행정학회가 「행정학보」(*Public Administration Review*)를 처음 발행한 것은 1940년의 일이다.[1]

---

a) 미국건국 후 백여 년 동안은 행정학의 공백기로 간주되고 있다. 자유의 제도화를 강조한 초기의 정치지도자들이 행정의 강화에 대해 부정적인 생각을 했다는 것, 농업중심적 경제구조는 행정간여의 팽창을 필요로 하지 않았다는 것, 국가안보에 대한 외적 위협이 없었다는 것, 행정의 규모는 작고 그 내용은 단순했다는 것, 정당정치발전을 위한 엽관임용에 우선적인 관심을 보였다는 것 등이 그 이유로 들어지고 있다. Richard J. Stillman, Jr., *Preface to Public Administration: A Search for Themes and Direction*(St. Martin's Press, 1991), pp. 42~46.

행정학의 학설사를 연구해 온 사람들은 행정학의 성년기 이전으로 거슬러 올라가 그 출발연대를 찾는다. 행정학의 성년기 이전에도 행정학의 발전에 직접적으로 기여한 선조적 연구문헌이 나왔고 행정학 발전의 중요 계기를 만든 사건들이 있었기 때문이다.

선조적 문헌이나 어떤 사건을 찾아 행정학의 시발점을 확인하려는 사람들 가운데 다수는 1887년에 발표한 Woodrow Wilson의 논문 "행정의 연구"(The Study of Administration)를 행정학의 출발선을 그은 작품으로 치고 있다. 그리하여 이 논문의 출간연도를 행정학의 시발점으로 본다.[2] Woodrow Wilson의 이 논문은 정부부문의 행정을 체계적으로 연구할 필요가 있다는 주제를 직접적으로 제기하여 상당히 조직적인 논의를 하고 행정학의 출발을 촉구하였으므로 그 문헌의 성격으로 보아 행정학문헌의 출발로 잡는 것이 가장 적합하다고 생각하는 것이다.[b]

그런가 하면 Rutherford B. Hayes대통령의 요청에 따라 1879년에 Dorman B. Eaton이 영국 행정에 관한 보고서를 낸 것이 최초의 행정학 문헌이었다고 말하는 사람도 있다. 그리고 1882년에 John J. Lalor가 펴낸 정치학 사전에 '문민행정'(civil administration)이라는 항목이 들어 있었다는 사실을 중요시하는 사람들도 있다.[3] 이 밖에도 1890년대부터 1900년대 초까지 내놓은 Frank Goodnow의 저작들,[4] 역시 비슷한 시기에 간행된 William F. Willoughby의 저작들,[5] 최초의 행정학 교과서로 알려진 Leonard D. White의 저서[6] 등을 각각 행정학을 출발시킨 문헌이라고 하는 사람들이 있다.

행정학을 출발시킨 최초의 문헌으로 어떤 하나의 문헌을 지목하는 일에 너무 집착할 것은 아니다. 엇비슷한 시기에 유사한 경향성을 지닌 행정학 문헌들이 간행되었다는 집합적 현상에 주목해야 한다.

그리고 전국도시연맹(National Municipal League)이 지방정부의 부패추방을 목적으로 1894년에 설립된 것, Frederick W. Taylor가 「공장관리」(Shop Management)를 1903년에 출간한 것, 1906년 뉴욕시에 정부의 관리개선을 촉진하기 위한 도

---

b) Wilson은 이 논문에서 정부의 일이 복잡해져 감에 따라 행정을 과학적으로 연구할 필요가 커졌음을 지적하고 행정현상 연구의 독자적 영역을 발전시킬 것을 촉구하였다. 정치와 행정은 구별되어야 한다는 전제 하에 행정현상을 주제로 한 연구영역의 발전과 정부행정의 체계적인 개선을 주장한 것이다.

시연구소(Bureau of Municipal Research)가 설립된 것, 1924년 시라큐스 대학교에 행정대학원(Maxwell School of Citizenship and Public Affairs)이 창설된 것에 대해서도 관심을 가질 필요가 있다.[7]

위와 같은 일련의 사실 또는 견해에 비추어 볼 때 1900년 전후를 행정학의 출발시기로 정하는 데는 무리가 없을 것이라고 생각한다.

2. 행정학사의 시대구분

학문사의 고찰에서 정돈된 설명을 하려면 시대구분 또는 내용변천 과정의 단계구분을 해야 한다. 그러나 학문사의 시대구분은 쉬운 일이 아니다. 행정학사의 흐름은 강물의 흐름과 같다. 따라서 시간적 매듭과 이음자국을 찾기가 대단히 어렵다. 관념적 정리의 필요 때문에 단순화된 시대구분을 하지 않을 수 없더라도, 강물처럼 흘러온 학설사의 실상에서 너무 이탈하지 않도록 각별한 주의를 기울여야 한다.

저자는 시기와 내용을 기준으로 삼아 행정학의 경향변화과정을 ⅰ) 고전적 행정학, ⅱ) 신고전적 행정학, 그리고 ⅲ) 현대행정학으로 크게 나누어 고찰하려 한다. 그러나 시점을 못박아 시대구분을 하지는 않으려 한다. 시기를 기준으로 삼고 각 단계 간의 중첩을 어느 정도 인정하려 한다.

1900년경에 출발해서 1940년대까지 행정학의 주류를 이루었던 연구경향을 고전적 행정학으로 파악할 것이다. 1930년대부터 1950년대에 이르기까지 점증하는 파급력을 보였던 연구경향을 신고전적 행정학으로 볼 것이다. 1950년대부터 고전적 및 신고전적 연구경향을 포용하면서 오늘날까지 비판, 영역확장, 분화·통합을 거듭해 온 행정학을 현대행정학이라고 규정할 것이다. 고전적 행정학, 신고전적 행정학, 그리고 현대행정학은 각기 크고 개괄적인 학파범주이다. 각 범주는 분화된 여러 학파들을 포괄한다.

우리는 행정학사의 시대구분을 세 가지 단계로 하였지만 학설사를 정리하는 사람들 사이에 시대구분에 관한 의견의 통합이 있는 것은 아니다. 2차대전 전과 후의 두 단계로 시대구분을 하거나, 행정학의 연구경향을 전통적 행정학과 현대행정학이라는 두 가지 범주로 나누는 예도 흔히 있다. 정초기, 반론기 그리고 통합기라는 세 가지 단계를 구획하기도 한다. 전통적 접근방법, 행태적 접근방법, 그리고 생태적 접근방법을 시대적으로 구분하는 사람도 있다.

네 개 이상의 여러 단계를 나누는 사람들도 있다. 예컨대 Gerald E. Caiden은 과학주의시기, 정치·행정 화합기, 전후재건기, 원심적 분화기 등 네 가지로 행정학사를 구분하였다.[8] Nicholas Henry는 출범, 패러다임 Ⅰ(정치·행정 이원론), 패러다임 Ⅱ(행정의 원리), 도전, 패러다임 Ⅲ(정치학으로서의 행정학), 패러다임 Ⅳ(관리로서의 행정학), 분리주의적 경향, 패러다임 Ⅴ(행정학으로서의 행정학), 패러다임 Ⅵ(거버넌스) 등의 발전단계를 구획하였다.[9] Donald F. Kettl은 행정학의 발전단계를 정치학과의 긴장관계, 과학적 관리, 자기비판, 원심적 다원화 등 네 가지 단계로 구분하였다.[10] Joseph A. Uveges, Jr.와 Lawrence F. Keller는 1880년대로부터 매 10년을 단위로 시대구분을 하는 단계론을 보여준 바 있다.[11]

Ⅲ. 고전적 행정학

1. 시대적 배경

고전적 행정학(古典的 行政學: classical public administration)이 성립하고 발전하던 19세기 후반과 20세기 초반에 미국사회는 거대한 변화를 겪고 있었다. 변화의 주축은 산업혁명과 행정국가화의 전개였다.

(1) 산업혁명   급속한 공업발전에 의한 산업혁명이 진행되었다. 공업생산구조가 확대되고 생산활동의 집약화가 촉진되었다. 산업혁명에는 조직혁명이 수반되었으며, 경제가 급속히 성장하고 인구도 팽창하였다. 도시화가 촉진되었다. 교통·통신의 발달은 국민생활의 연계성을 높이고 국가 전체의 응집성을 강화하는 데 기여하였다.

(2) 자연과학·기술의 발전   산업혁명을 가능하게 한 것은 기술혁명이었다. 산업화에 기여한 여러 가지 과학·기술이 급속히 발전하여 기술문명의 시대가 본격적으로 열리게 되었다.

자연과학·기술의 발전과 응용확산은 사회과학 발전에 자극제가 되었고 그 과정에서 세상을 기계에 비유해 보려는 풍조가 형성되었다. 이러한 풍조는 기계적 관점에 입각한 조직과 행정의 연구를 확산시켰다.

(3) 물질주의적 가치의 지배   산업화시대의 사회를 움직여 가는 핵심적 원동력은 자본이었다. 급속한 경제성장은 경제생활의 양적 충족을 촉진하였으며 물질적·경제적 이익추구에 대한 욕망을 강화하였다. 경제적 이익과 물질적 풍요를 추구하는 사람들의 가치지향이 팽배하게 되었다. 이러한 현상은 행정연구, 특히 행정조직의 유인구조(誘因構造) 연구에 지대한 영향을 미쳤다.

(4) 고등교육기관의 발전   교육기관, 특히 대학들이 늘어나고 성장하여 행정학이 성장할 수 있는 기반을 제공하였다. 19세기 후반 이후 대학에서 발달한 정치학은 행정학 출범에 모태적 역할을 하였다. 정치학적 배경을 가진 여러 학자들이 행정연구를 독자적인 연구영역으로 부각시키는 데 중요한 기여를 하였다. 행정학을 따로 연구·교수하는 학과와 대학원이 설립되기 시작하면서부터는 대학이 본격적으로 행정학 발전을 주도하게 되었다.

(5) 위기와 도전   산업화 과정은 정부의 관심과 개입을 요구하는 사회·경제적 문제상황들을 새로이 조성하였다. 농경사회의 경우에 비해 산업화 시대의 사회적 복잡성은 현저히 높아졌다. 대외적인 도전도 커졌다. 이러한 대내·대외적 도전과 위기는 사회 각 부문, 특히 정부의 능력결함을 노출시켰다.

(6) 자유주의에 대한 인식의 전환   미국은 정치적·경제적 자유주의에 대한 신념을 바탕으로 건설된 나라이다. 미국에서 자유주의 체제의 기본은 시종 변함없이 유지되어 왔다. 그러나 자유주의 구현의 방법론에 관한 아이디어는 여러 갈래로 분화되었으며, 분화된 아이디어들의 영향력은 시대상황에 따라 달라져 왔다. 행정학의 성립기에도 자유주의의 실천방법에 대한 인식전환이 뚜렷하게 나타났다. 국민의 자유·평등을 옹호하기 위한 정부개입을 용인하는 방향의 인식변화가 시작된 것이다.c)

(7) 행정의 역할 변화   행정의 역할이 점차 확대되고 행정국가화(行政國家化)가 시작되었다. 정부의 적극적 간여로 산업화를 지지해야 했으며, 산업화 과정에서 빚어지는 부정적인 현상들에 정부가 대처하지 않을 수 없었다.

(8) 행정개혁운동의 확산   행정학의 성립기에는 정부 내외에 걸친 행정개

c) 건국 초기의 미국 정치체제를 인도했던 민주주의에 대한 '제퍼슨-잭슨 사상'(Jeffersonian-Jacksonian philosophy)은 작고 약한 정부와 행정을 처방하였다. 정부의 필요성 자체에 회의적이었다고까지 말할 수 있다. 이러한 사상적 지향노선은 공동체보다 개인을 우선시키고 행정의 아마추어리즘과 공직자의 잦은 교체를 선호하였다. 이에 따라 만들어진 제도들은 산업혁명에 수반하는 여러 변화로 말미암아 비능률, 혼란 등 폐단을 빚게 되었다.
따라서 '제퍼슨-잭슨'의 이상이었던 자유주의의 목표를 '해밀턴의 수단'(Hamiltonian means)으로 성취하려는 사조가 나타났다. 즉, 정부를 강하고 능률적이며 동시에 책임 있고 능동적인 것으로 만듦으로써 국민의 자유를 옹호하고 신장해야 한다는 생각이 확산되었다. Dwight Waldo, *The Study of Public Administration*(Random House, 1955), p. 19; Donald F. Kettl, "Public Administration at the Millennium: The State of the Field," *Journal of Public Administration Research and Theory*, Vol. 10, No. 1(Jan. 2000), pp. 15~18.

혁운동이 활발히 추진되었다. 산업화과정에서 야기된 문제들에 대한 행정의 효과적 대응이 요구되었음에도 불구하고 행정은 아마추어리즘에 젖어 있었으며 비능률과 부패는 아주 심했기 때문에 개혁열풍이 불게 되었다.[d]

실생활의 필요가 행정문제의 연구를 촉구하였으며, 연구결과는 값있게 쓰일 수 있는 조건이 성숙해 있었다. 이러한 조건은 행정연구의 실용주의를 강화하였다. 이 시기의 행정개혁운동이 추구하였던 우선적 목표는 정파적 엽관과 부패의 추방 그리고 중립적이며 능률적인 정부관료제의 확립이었다. 당시의 대세를 이룬 개혁목표는 초창기 행정학에 강한 영향을 미쳤다.

2. 고전적 행정학의 특성

집합적으로 파악한 고전적 행정학의 중심적 가치기준은 능률추구라고 할 수 있다. 행정은 합리적으로 능률을 추구해야 하는 도구이며 행정의 연구는 과학적이어야 한다고 생각하였다. 고전적 행정학은 정치와 행정을 이원화하여 고찰하고, 고급관리자들의 입장에서 본 조직 내부의 문제들을 연구하는 데 치중하였으며, 조직 내의 인간보다는 인간통제의 제도인 관료제에 연구의 초점을 두었다. 고전적 행정학의 실용주의적 특성은 강했다.

(1) 능률주의   고전적 행정학을 인도한 핵심적 가치기준은 절약과 능률(economy and efficiency)이었다. 고전적 행정학은 행정능률 제고를 위한 합리적 접근방법을 추구하였다. 고전적 행정학은 행정조직의 능률향상을 위한 공식적 장치를 발전시키는 데 주력하였다.

고전적 행정학은 정책을 집행하는 행정의 중립성·수단성을 강조하였기 때문에 능률의 수단적 측면, 즉 수단적 능률(instrumental efficiency)에 집착하는 경향을 보였다. 수단적 능률을 중요시한 반면 행정조직 내의 인간적 필요, 국민에 대한 책임 등에 관련하여 행정이 추구해야 할 다른 가치들의 고려는 소홀히 하였기 때문에 고전적 행정학은 단일가치기준적이라거나 몰가치적(沒價値的)이라는 평가를 받기도 한다.

---

d) 정부 내외의 개혁운동은 정부주도의 행정연구를 촉진하기도 하고 행정개혁의 구체적인 결실을 맺게도 하였다. William H. Taft 대통령이 1912년에 구성한 절약과 능률에 관한 위원회(Commission on Economy and Efficiency)의 활동, 그리고 1883년의 Pendleton Act(Civil Service Act), 1921년의 Budget and Accounting Act, 1923년의 Classification Act 등 개혁입법들을 그 예로 들 수 있다.

(2) 정치·행정 이원론   고전적 행정학은 원칙적으로 정치·행정 이원론에 입각해 있었다. 정치·행정 이원론은 정치의 영역과 행정의 영역은 구분되며 양자는 서로 다른 역할을 수행하고 각기 다른 방법을 사용한다고 보는 관점이다. 이러한 관점은 행정을 정책집행의 수단으로 본다. 정치·행정 이원론은 행정에 대한 폐쇄체제적 연구경향에 일관되는 것이다.

정치·행정 이원론을 앞세운 고전적 행정학은 행정에 대한 정치적(정파적·엽관적) 간섭을 몰아내고 행정의 정치적 중립성을 보장하여 실적관료제(meritocracy)를 확립하는 데 지대한 관심을 보였다.

(3) 공식적 조직구조와 과정의 연구   고전적 행정학의 원칙적인 연구대상은 행정조직의 공식적인 구조와 과정이었다. 구조와 관리과정의 계획적 설계에 초점을 맞추었으며 공식적 배열을 수정하고 제약하는 '미리 계획되지 않은' '비공식적인' 요인들은 간과하는 경향을 보였다.

고전적 행정학의 주된 접근방법은 기계적·폐쇄체제적·통제지향적 특성을 지닌 구조론적 접근방법이었다. 행정학의 고전적 구조론 또는 제도론을 기계적이라고 하는 까닭은 행정을 정당한 권력을 가진 관리층이 계획하고 통제하는 기계적 체제라고 보았기 때문이다. 폐쇄체제적 관점에 입각한 연구였다고 하는 까닭은 구조와 과정의 연구에서 비공식적 관계의 영향이나 환경과의 교호작용을 소홀히 다루었기 때문이다. 고전적 구조론이 통제지향적이라고 하는 까닭은 피동적인 조직구성원의 하향적 통제에 적합한 구조와 관리과정의 처방에 주력하였기 때문이다. 계서제를 주축으로 하는 관료제를 집권적 통제의 능률적인 도구라고 보았기 때문에 고전적 구조론을 관료제적 패러다임이라고도 한다.

(4) 과학화의 추구   자연과학·기술이 급속히 발전한 시대의 과학에 대한 믿음은 행정학에도 영향을 미쳤다. 고전기의 연구인들은 자연과학의 엄정과학성(嚴正科學性)을 선망하고 행정과 행정연구의 과학화를 추구하였다.

그러나 고전적 행정학의 과학주의는 그 실질에 있어서 미숙한 것이었다. 과학적이기를 바란 갈망과 이론의 외형에 비해 과학성의 수준은 낮았다. 상황에 따라 적실성이 달라질 수밖에 없는 원리 또는 기준들을 보편적 법칙처럼 표현한 과오는 훗날 실증주의자들의 호된 비판을 받았다.e)

---

e) 고전기의 원리 연구인들 다수는 행정의 원리들이 보편적인 것이라는 점을 명시적 또는 묵시적으로 전제하였다. 예컨대 Leonard D. White는 "행정의 원리는 미국이나 이라크나 러시아의

　　(5) 인간의 합리성과 경제성에 대한 전제　　고전적 행정학의 인간에 관한 기본적 가정은 합리적·경제적 인간관이었다. 조직에 참여하는 인간은 합리적이고 경제적인 존재로서 자기에게 이익이 가장 많은 행동방안을 타산적으로 선택할 수 있는 존재이며, 동기유발의 유인(誘因)은 원칙적으로 경제적인 것이라고 보는 견해는 고전이론의 지배적인 가정이었다. 이것은 조직이 교환적 유인부여와 통제로써 이기적인 구성원들을 직무수행의 피동적 도구로 만들 수 있다고 보는 가정이기도 하다.

IV. 신고전적 행정학

1. 시대적 배경

　　신고전적 행정학(新古典的 行政學: neo-classical public administration)은 1930년 대에 싹트고 1940년대를 거쳐 1950년대에 이르러 성숙한 학파이지만 그 주요 특성이 형성된 1930년대와 1940년대에 우리는 관심을 집중하지 않을 수 없다.f)

　　신고전기는 물론 산업화와 행정국가화의 연장선 상에 놓여 있었다. 그러나 그 위에서 많은 변화를 겪고 있었다. 화려한 경제성장을 구가하다가 대공황의 벽에 부딪혔으며 이를 타개하기 위해 '루스벨트식 혁명'(Roosevelt Revolution)이라고까지 불리는 뉴딜정책(New Deal)을 10년 가까이 펼쳤던 시기이다.12) 그리고 2차 세계대전은 미국 국가체제 전반에 많은 변화를 야기하였다. 산업화의 역사가 길어지면서 행정체제를 포함한 조직사회 전체의 새로운 대응을 요구하는 경제적·사회적 문제들이 속출하였다.

　　신고전기의 행정여건 변화를 간추리면 다음과 같다.

　　(1) 행정의 팽창　　고전기에 이미 시작되었던 거대정부화·행정국가화의 경향이 더욱 심화되었다.

　　뉴딜정책은 행정을 획기적으로 팽창시킨 특기할 만한 시책이었다. 1933년

행정에 다같이 유용한 행동지침이다"라고 하였다. White, "The Meaning of Principles of Public Administration," in John M. Gaus, Leonard D. White, and Marshall E. Dimock(eds.), *The Frontiers of Public Administration*(University of Chicago Press, 1936), p. 22.

f) 고전기에 바로 이어서 고전적 행정학의 주요 전제와 처방들을 공격하고 나선 반발적 연구경향을 '신고전적' 행정학이라 부르는 까닭은 새로운 연구경향이 보다 근본적인 국면에서는 고전적 전통과 유사한 점도 많이 가지고 있었기 때문이다.

에 취임한 Franklin D. Roosevelt 대통령은 미국 경제의 대공황에 대처하기 위해 가히 혁명적이라 할 만한 뉴딜정책을 입안·실시하였다. 이 정책의 정부부문에 대한 처방은 행정간여 범위의 확대였다. 그에 따라 행정은 경제·사회문제에 보다 적극적으로 개입하게 되었다. 새로운 행정조직들이 많이 생겼으며, 그러한 조직의 설계에서는 정부조직의 구성원리에 관한 고전적 접근방법을 어기는 경우가 많았다.8)

(2) 행정의 정책기능 확대   행정의 팽창과 행정국가화가 촉진됨에 따라 행정의 정책형성기능이 확대되고 집행 상의 재량권도 늘어나게 되었다.

(3) 산업화과정의 폐단에 대한 우려   행정의 경제·사회적 환경이 점점 더 복잡해지고 산업화 과정에서 빚어진 여러 가지 폐단에 대한 정부 내외의 인식과 우려가 고조되었다.

(4) 조직 내 인간문제의 부각   산업화의 진전에 따라 조직 내의 인간문제가 부각되었다. 기계적 조직관을 비판하고 사람 다루는 방법의 변화를 촉구하는 목소리가 커졌다. 근로자의 인적 전문화, 노동운동의 확대, 사회개혁운동단체들의 근로자 지지 등 일련의 사태흐름이 그러한 목소를 뒷받침해 주었다. 조직과 조직 내 인간에 대한 사회학적·심리학적 연구의 증가는 행정학의 접근방법 변화에 많은 영향을 미쳤다.

(5) 제 2 차 세계대전   2차 세계대전은 미국의 사회전반에, 그리고 행정체제에 커다란 변화를 야기하였다. 그리고 많은 행정학도들이 정부와 군사조직에 참여하여 새로운 경험을 하게 되었다. 그들은 고전적 원리들을 어긴 조직들이 성공한 사례들도 접하게 되었다. 2차대전을 전후한 시기에 유럽 학계와의 교류가 확대되고 유럽의 철학적·사회과학적 학풍은 미국에 영향을 미치게 되었다.

8) 뉴딜정책은 Roosevelt 대통령의 두 차례 재임기간에 맞추어 1차 및 2차로 나누어 실시하였다. 2차기간에는 1차기간의 다소 혼란스러웠던 개혁사업들을 반성·정돈하고 보다 질서 있는 개혁을 추구하려 하였다. 첫번째 임기의 마지막해인 1936년에 구성한 행정관리에 관한 대통령위원회(President's Committee on Administrative Management)는 그러한 정돈작업에 아이디어를 제공하였다. 당시 정부간여확대를 이끈 정책의 입안에는 John M. Keynes의 경제이론이 많은 영향을 미쳤다고 한다. Frederick C. Mosher (ed.), *Basic Documents of American Public Administration* (Holmes & Meier, 1983), pp. 1776~1950.

2. 신고전적 행정학의 특성

신고전적 행정학은 고전이론을 공격하는 반발적 논조를 펼쳤다. 경제적·수단적 능률만을 신봉한 입장을 공격하고 구조와 기계적 절차 등 무생물적 요인만을 강조한 것을 또한 비판하였다. 고전적 행정학이 추구하였던 과학주의의 허구성 또는 미성숙성을 맹렬히 비난하였다. 정치·행정 이원론과 폐쇄체제적 연구태도 역시 공격대상으로 삼았다.

신고전기의 반발이 행정학의 정체성 위기를 몰고 왔다고 주장한 사람들이 적지 않았다. 그러나 신고전기의 공격적 논조가 고전적 행정학의 완전한 배척이나 행정학의 위기를 초래할 만큼 근본적인 것은 아니었다. 고전이론과 신고전이론에는 서로 닮은 점도 많다. 신고전이론이 사회적 능률을 강조했다고 하지만 고전적 능률개념을 전면 거부한 것은 아니다. 조직의 비공식적 요인을 중시하였다고 하지만 조직의 공식적 계서제를 타도하려 하지는 않았다. 정치·행정 일원론을 주장했다고 하지만 정부의 권력분립구조를 부인하거나 엽관주의의 복원을 주장하지는 않았다. 피동적 인간을 관리층에서 관리해야 한다고 본 것도 고전이나 신고전에 공통적인 관점이었다.

방법론 상의 실증주의·경험주의를 제창했다고는 하지만 신고전기에 행해진 연구활동의 실제를 보면 고전기에서처럼 방법론 상의 일원론을 기조로 삼고 규범적·상황적응적일 수밖에 없는 주장을 보편적인 것처럼 말한 예가 많았다.

신고전적 행정학의 집합적 특성 가운데서 중요한 것들을 보면 다음과 같다.

(1) **고전적 능률주의의 비판**　　행정조직은 주어진 공식적 목표를 능률적으로 수행하는 도구라고 생각하고 능률을 거의 유일한 가치기준으로 삼았던 고전이론의 입장을 비판하였다. 그리고 새로운 가치기준으로 사회적 능률(social efficiency)을 강조하였다. 가치문제에 대한 관심을 높이고, 점차 가치기준의 다원화를 모색하였다.

사회적 능률이란 조직구성원의 만족도, 특히 사회적 욕구의 충족도를 지칭하는 개념이다. 신고전기의 능률관은 사회적 능률을 생산활동의 능률에 이르는 통로라고 보았다. 사회적 능률이라는 가치기준은 행정연구에서 조직구성원의 사회적·심리적 측면과 조직 내의 비공식적 관계를 중요시하도록 유도하였다.

(2) **비공식적 요인의 중시**　　행정조직의 공식적 구조와 과정을 연구하는 데

집착하여 다른 요인들을 간과한 고전적 행정학은 생동하는 행정의 실상을 파악하는 데 실패했다고 비판하였다.

신고전적 행정학은 그 대안으로 조직과 인간행동의 비공식적 요인을 중시하는 접근방법을 선택하였다. 신고전이론에서는 조직구성원인 인간의 사회적·심리적 측면에 주목하고, 인간집단의 비공식적인 관계를 연구하였다. 그리고 권한의 위임을 통한 분권화, 대인관계에서의 신뢰와 개방성, 민주적 리더십 등을 처방하였다.

(3) 환경에 대한 관심   고전적 행정학의 폐쇄체제적인 관점을 비판하였다. 신고전기부터 행정조직과 환경의 교호작용관계를 중요시하는 생태론적 연구활동이 새로운 연구영역으로 부각되기 시작하였다. 생태론적 접근방법(ecological approach)은 행정의 환경을 구성하는 정치·경제·사회적, 인구학적, 자연적 요인이 행정에 미치는 영향을 연구하였으며, 행정이 주도하는 환경변화전략에도 관심을 보였다.13)

(4) 정치·행정 일원론   정치·행정 이원론을 비판하고 정치·행정 일원론을 펼치기 시작하였다. 정치·행정 일원론자들은 행정이 정치로부터 분리되어 있는 것은 아니며 행정과 정치의 구획선이 뚜렷한 것도 아니라고 주장하였다. 정치와 행정은 연속적 과정이며 행정체제도 정책결정과정에서 중요한 역할을 수행한다고 주장하였다.

정치·행정 이원론은 정치의 정파적·엽관적 국면에 착안했던 반면 정치·행정 일원론은 정치의 정책적 기능을 중요시했던 것으로 보인다.

(5) 경험과학주의의 제창   고전적 행정학의 미숙한 과학주의를 비판하였다. 과학성 추구의 고전적 노력은 그 내용과 방법이 미숙하거나 그릇된 것이었다고 공격하였다. 공격의 일차적인 표적은 고전기에 개발된 행정의 원리들이었다.h)

과학성 추구의 고전적 노력을 허구적이라고 비판한 사람들은 논리적 실증주의에 입각한 경험적 연구를 제창하였다. 인간이 지각할 수 있는 사실에 입각한 검증을 통해 과학을 발전시켜야 한다고 주장하였다. 경험주의의 강조는 사례

---

h) 고전적 원리들에 대한 공격의 논점은 ① 원리들이 상식의 요약임에 불과하다는 것, ② 원리들 사이에 논리적 일관성이 결여되어 있다는 것, ③ 원리들은 과학적인 것이 아니라 의심스러운 가치에 기초한 규범적 설명이라는 것, ④ 원리들은 증거에 기초한 것이 아니라 단편적 경험과 자의적 가정에서 나왔다는 것, ⑤ 원리들은 결코 보편적인 법칙일 수 없다는 것 등이었다.

연구, 실험적 연구, 비교연구 등 과학적 방법의 개척을 촉진하였다.

그러나 신고전기의 경험과학주의적 연구도 그 나름대로의 미숙성을 지닌 것이었다. 예컨대 가치적인 것과 사실적인 것을 구분 또는 분리하는 '가치·사실 이원론'은 너무 단순하고 편협한 신념을 드러냈기 때문에 뒷날 다시 비판의 대상이 되었다.

(6) 고전적 동기이론에 대한 비판　고전적 인간관과 그에 바탕을 둔 동기이론도 공격을 받았다. 고전적 행정학에 지배적인 영향을 끼쳤던 합리적·경제적 인간관은 인간관계론의 전제인 사회적 인간관의 강한 도전을 받았다. 사회적 인간관은 인간을 사회적·집단적 존재로 보고 사회적 능률과 사회적 유인을 중요시한다.

　　고전적 행정학에 대한 신고전기적 공격의 대강을 위에서 요약했지만 비판적 논점들을 모두 망라한 것은 아니다. 그 밖에도 고전적 행정학에 대한 반발·비판의 논점은 많다. 예컨대 ⅰ) 고전적 행정학은 민주행정을 논하면서 행정이 우월한 지식·기술을 가지고 나라를 다스려야 한다고 본 것은 모순이라는 점, ⅱ) 행정의 역할이 적극화되면 중립성·불편부당성의 요청과 마찰을 빚게 된다는 점, ⅲ) 공식적인 권한과 실질적인 권력을 구별하지 못했다는 점을 지적한 비판이 있다.14)

V. 현대행정학

1. 1950년대 이후의 변천

1940년대와 1950년대는 행정학의 성년기였다. 1950년대까지 고전적 연구와 신고전적 연구를 포괄하는 전통적 행정학이 성숙하였다. 1950년대는 전통적 접근방법에 대한 도전이 시작된 시기이기도 하다. 1960년대와 1970년대를 거치는 동안 전통수정적·반전통적 연구경향이 점차 확산되었으며, 그것이 현대행정학의 새로운 주류형성을 촉진하였다.

지난 반세기 동안 행정학계의 여건과 연구활동은 많은 변화를 겪어 왔다.

행정학 연구인의 수가 크게 늘어나고, 행정학의 세계화가 빠른 속도로 진행되었다. 연구인들 사이의 정보교환은 촉진되고, 행정에 관한 연구문헌의 간행은 폭증하였다. 행정학의 시야는 넓어지고 관심영역은 확대되었으며 접근방법의 분화와 통합은 되풀이되어 왔다.

1950년대 이후 사회과학 전반의 학제적 연구가 촉진되면서 여러 학문영역이 공조하고 공유하는 연구영역이 늘어났다. 그 자체가 하나의 독자적인 학문영역이라고 볼 수도 있고, 어떤 특정한 학문에 포함된다고 볼 수도 있고, 여러 학문이 공유하는 것이라고 볼 수도 있는 학문의 교배종들이 많아졌다. 1950년대 이래 급성장하여 행정학에 아주 큰 영향을 미친 '교배종적 학문'의 대표적인 예로 조직학과 정책학을 들 수 있다.

현대행정학의 반관료제적 편향은 1960년대 이후 점점 강화되어 왔는데, 1960년대 말의 '신행정학'은 반관료주의·반전통주의를 제창한 초기적 운동의 대표적인 예이다. 이후 반전통주의적 연구의 시야는 넓어져 왔으며, 시간의 흐름에 따라 그 역점은 이리저리 옮겨졌다.

2. 시대적 배경

현대행정학(現代行政學: modern public administration)은 고도산업사회·정보화사회의 행정학이다. 현대의 사회는 산업화사회적 조건과 정보화사회적 조건이 뒤섞인 가운데 격동하고 있는 사회이다. 이러한 사회의 특성 가운데서 우리의 관심사를 몇 가지 보기로 한다.

여기서 고찰하는 특성들은 미국을 비롯한 오늘날의 선진국가들이 비슷비슷하게 공유하는 것들이다. 우리나라도 그러한 조건들을 급속하게 닮아가고 있다.

(1) **격동하는 사회**   현대행정학의 배경이 되는 사회는 한마디로 격동하는 (소용돌이 치는) 사회이다. 사회 구성요소의 분화와 다양화가 대단히 높은 수준에 이르고 분화된 요소들 간의 연계성과 의존성도 그만큼 높아져 있다. 현대사회는 고도로 다원화된 사회이며 급속한 변동을 겪고 있는 사회이다.

(2) **정보화·세계화**   현대사회는 정보화·세계화의 수준이 높은 사회이다. 정보화·세계화는 지식교류와 학문활동의 교호충실화를 촉진한다.

(3) **경제적 풍요와 탈물질화의 갈망**   고도의 경제발전에 따라 물질생활은 풍요롭게 되었으며 경제의 서비스화가 촉진되고 있다. 물질적 풍요를 거치면서 물질의 풍요로부터 마음의 풍요를 찾는 탈물질적 가치(脫物質的 價値: post-materialistic value)의 중요성도 커져가고 있다. 생활의 질, 직업생활의 질을 향상시키는 데 대한 갈망이 높아져 있다.

(4) **조직사회의 변모**   조직사회는 과거에 비해 현저히 복잡한 양상을 보이

고 있다. 한편으로는 조직의 대규모화 추세가 지속되고 있다. 다른 한편에서는 조직의 분산화·소규모화에 대한 요청, 적응성 증대에 대한 요청, 상황의 필요에 따라 조직들을 다양화하는 다원조직화에 대한 요청 등이 커지고 이를 수용하는 실천세계의 노력도 늘어나고 있다. 관료화의 폐단을 제거하고 조직 상의 인간주의 또는 인도주의를 구현하려는 움직임도 커지고 있다.

(5) 정치적·행정적 민주화   정치적·행정적 민주주의의 발전은 계속되고 있다. 행정에 대한 시민참여를 늘리기 위한 노력, 그리고 정부관료제의 대표성을 높이려는 노력도 강화되고 있다. 예전에 비해 민간부문과 정부부문 사이의 경계, 그리고 정치와 행정 사이의 경계는 많이 흐려져 있다. 중간적인 '제 3 영역' 또는 '회색영역'이 늘어나고 있다.

(6) 사회적 부적응의 증가   고도의 기술발달, 정보혁명, 사회적 격동은 여러 가지 혼란과 부적응을 야기하고 있다. 문화적 혼합, 연속적인 과도사회적 조건, 빈번한 사회적 전위(轉位), 컴퓨터지배 등으로 인한 인간적 소외, 비인간화, 공동체의식의 상실, 스트레스, 갈등 그리고 범죄의 증가가 걱정스러운 수준에 와 있다.

(7) 근본적인 행정개혁의 갈망   정부와 행정의 재창조적 개혁이 촉구되고 추진되고 있다. 산업화시대에 거대해지고 복잡해진 정부관료제는 인간규제의 틀을 과잉화하는 등 폐단을 키워 왔고, 격동의 시대에 대응할 적응성을 상실하게 되었다는 문제인식이 재창조적 개혁을 촉구하게 된 것이다.

3. 현대행정학의 특성

현대행정학은 고전기로부터 등장하고 변화해 온 많은 연구전통을 종합 또는 포용하고 있는 것으로 이해해야 한다. 현대행정학의 양상은 대단히 복잡하지만, 여기서는 행정현상 연구활동의 일반적 특성을 단순화해서 설명하려 한다.

먼저 연구활동 전체의 기본적 특성을 따져 보고 이어서 오늘날의 상황적 조건에 대응한 접근방법의 치우침(편향 또는 선호)에 대해 언급하려 한다.

(1) 연구영역의 확장과 접근방법의 분화   오늘날 행정학의 연구대상은 크게 확대되어 있다. 공공부문 간의 연계 강화, 공공부문과 민간부문의 연계 강화 등 실천세계의 네트워크화 현상, 그리고 연구인들의 개방체제론적 관점이 연구영역

확장을 촉진해 왔을 것이다.ⁱ⁾

　　연구영역의 확장과 더불어 행정학의 가치기준과 그의 인도를 받는 접근방법은 분화를 거듭해 왔다. 연구활동의 원심적 다양화는 날이 갈수록 심화되고 있다. 현대행정학은 방법론 상의 일원론 또는 귀일론이 아니라 다원론에 입각해 있다고 볼 수 있다.^{j)} 접근방법의 다원론적 분화는 행정학의 범위를 확장하고 그 경계를 흐리게 하고 있다.¹⁵⁾

　　어떤 가치기준과 접근방법이 행정학의 세계에서 더 유력한가 하는 것은 시대에 따라 달라져 왔다. 전체적으로 파악한 현대행정학은 다양한 가치기준들을 포용하고 있으며, 이른바 통합모형의 개발에서는 가치기준들의 균형 있는 수용을 추구한다고 말할 수 있다. 그러나 분화된 접근방법들 사이의 우선순위 또는 세력의 차등은 오늘날에도 따져 볼 수 있다.

　　(2) 통합화를 위한 노력　　행정학의 연구영역 확대와 접근방법의 분화는 계속되어 왔기 때문에 행정학의 정체성 위기를 지적하는 논자들은 늘 있어 왔다.^{k)} 그러나 정체성 위기론자들의 주장이 널리 받아들여진 일은 없다. 접근방법의 다양성은 행정학의 단점이 아니라 자산이라고 생각해야 한다.

　　행정학도들은 그 동안 행정학의 학문적 통합성 내지 정체성을 높이기 위한 노력을 게을리하지 않았다. 그러한 노력은 두 가지로 요약할 수 있다.

　　첫째는 학설사의 정리이다. 행정학의 학설사적 연구는 행정학의 다양한 접근방법들을 아우르는 집합적 특성과 정체성을 확인하려는 노력이라 할 수 있다.

　　둘째는 통합적 연구모형 또는 통합적 접근방법을 개발하려는 노력이다. 통합적 모형을 개발하려는 사람들은 복잡한 인간 그리고 복잡한 조직의 가정을 받

---

i) 행정학의 연구영역 확대 또는 연구초점 변화를 나타내기 위해 행정이라는 용어 대신 정부(government), 공공업무(public affairs), 공공관리(public management), 거버넌스(governance) 등의 용어를 쓰는 사람들이 늘어나고 있다.

j) 방법론에 관한 다원론은 다양한 의견과 갈등을 현실 이해에 도움이 되는 긍정적인 힘이라고 본다. 다양한 관점, 아이디어, 철학 사이의 갈등은 해당분야의 건강을 반영하는 것이라고 한다. 진리는 여러 가지 관점에서 파악한 진리의 단편적 조각들을 조합함으로써 파악할 수 있다고 보기 때문이다.

k) 오늘날 행정학을 비판하고 그 위기를 주장하는 사람들의 논점은 여러 가지이다. 학제적 성격 때문에 학문적 정체성이나 범위를 확인하기 어렵다는 것, 통합적이고 지배적인 패러다임이 없다는 것, 방법론적 엄격성이 취약하고 따라서 과학성의 수준이 낮다는 것, 이론과 실제의 괴리가 심하다는 것, 가치갈등 문제의 해결능력이 약하다는 것, 설명보다 처방이 앞선다는 것 등이 그 예이다.

아들인다. 행정조직을 복잡한 체제로 보기 때문에 그에 관한 처방의 무모한 획일화를 경계한다. 통합적 접근방법은 행정현상의 다양성과 상황별 고유성을 이해하고 용납하면서 변화와 다양성 속에서 일관성을 찾아 한정된 보편성 또는 규칙성을 조심스럽게 확인하려고 한다.

(3) 학제적 활동의 고도화   행정학의 성격은 처음부터 학제적 또는 복합과학적이었다.[1] 행정학의 출범에 정치학자들이 주도적 역할을 했다고 하지만 행정학의 선조적 문헌에 그들의 작품만 포함되어 있는 것은 아니다.

행정학은 다른 학문분야의 업적이라고 할 수 있는 연구결과, 연구방법, 그리고 개념들을 필요할 때에는 거침없이 수용해 융합시켜 왔으며 또 발전시켜 왔다. 행정학의 학제적 특성은 날로 강화되고 세련되고 있다.

(4) 실증주의적 연구의 발전과 비판   학제적 활동의 확대, 국제적인 연구정보 교류의 증가, 비교연구·사례연구를 포함한 실증적 연구의 증가 등은 행정학의 과학화 수준을 향상시키고 있다. 과학적 연구에 필요한 개념, 가설과 조사방법의 발전 그리고 컴퓨터를 사용하는 정보처리기술의 발달은 행정학의 과학성을 높이는 데 기여한 요인들이다.

현대행정학의 실증주의적 경험과학성이 높아졌다고 하는 것은 실증주의적 연구방법의 적용범위가 상대적으로 넓어지고 있으며 그 결과의 정확성도 전에 비해 향상되고 있다는 점을 지적하는 것일 뿐이다. 지금 실증주의적 연구방법의 개발이 만족스러운 것은 아니다. 실증주의적 연구의 실책에 대한 비판도 많다. 실증주의적 연구의 한계에 좌절감을 느낀 사람들은 다른 대안들을 탐색하기도 한다. 그 대표적인 예가 현상학적 연구의 탐색이다.

4. 현대행정학의 '현대적 편향'

위에서 현대행정학의 종합적 특성, 그리고 통합적 관점을 설명하였다. 행정학의 통합적 관점은 상황의 법칙을 받아들여 무엇이 적합한 접근방법이며 무엇

---

1) 초기에는 진정한 학제적(interdisciplinary) 연구의 수준에 이르지 못하고 다학문적(multidisciplinary) 연구에 그쳤다는 평가를 할 수도 있다. 다학문적이라고 하는 것은 다른 학문분야의 이론, 방법 등을 단편적으로 도입하여 모자이크처럼 사용한다는 뜻이다.
근래 학제적 연구라는 개념을 갈음하거나, 학제적 연구의 질적 고도화를 나타내려고 통섭(統攝: consilience) 또는 융합(conflation)이라는 개념을 사용하는 사람들도 있다.

이 바람직한 처방인가 하는 것은 상황에 따라 달라진다고 전제한다.

그렇다면 현대행정학은 현재 그리고 예측가능한 장래의 상황 또는 경우에 적합한 접근방법, 연구대상, 가치기준, 개혁처방 등은 무엇이라고 보는가? 이른바 현대적 요청을 반영하는 행정학의 접근방법 또는 처방적 이론에서 가치기준 선호의 치우침을 상당히 뚜렷하게 감지할 수 있다. 현대행정학의 선도적 연구경향에 나타난 그러한 편향 내지 우선적 역점들 가운데서 대표적인 예를 보기로 한다.

(1) 인간주의　　　현대행정학의 인간주의 지향성은 아주 강하다. 인간중심적·인도주의적 접근방법은 광범한 영향을 미치고 있다. 다음에 열거한 것은 인간주의적 편향의 예이다.

① 인간에 초점을 맞춘 연구　　　제도 또는 구조보다 인간쪽에 더 많은 관심을 갖는 연구들이 크게 확산되고 있다. 고전기의 관심이 제도쪽에 압도적으로 쏠려 있었다면 오늘날의 관심은 인간쪽에 치우쳐 있다. 구조를 연구하는 경우에도 고전기에서처럼 피동적 인간에 대한 규제를 추구하는 것이 아니라 주체적·능동적 인간의 자율과 창의를 신장하려는 연구가 다수를 이루고 있다.

② 고급욕구에 착안한 동기 연구　　　자기실현적 욕구 등 고급의 인간속성에 착안한 동기이론의 발전은 동기유발전략과 인간관리전략에 관한 반전통적 처방의 발전을 뒷받침하고 있다. 나아가서 인간을 피동화시키는 계서제의 타파 등 조직의 인간화를 처방하는 데 중요한 논리를 제공하고 있다.

③ 인간주의적 서비스 전달의 연구　　　행정서비스의 인간주의적 또는 인도주의적 전달(humane delivery)을 주장하는 연구들도 많다. 이것은 다음에 설명할 국민중심주의에 연계된다.

④ 조직발전 연구　　　조직발전(OD)과 같은 개혁방법의 연구가 세력을 떨치고 있는 것도 인간주의의 강조를 반영하는 것이다. 조직의 인간화를 위한 개혁에서는 개혁의 방법과 절차도 인간중심적이어야 한다고 전제하는 것이 조직발전의 접근방법이다.

(2) 국민의 입장에서 본 행정의 연구　　　행정현상의 연구에서 국민의 입장·관점·편의를 강조하게 된 것은 행정서비스의 국민중심주의(고객중심주의·소비자중심주의)에 대한 갈망의 증폭을 반영하는 것이다.ᵐ⁾

---

m) 행정학의 발전과정을 성장기 행정학과 성숙기 행정학이라는 두 단계로 나누고 성숙기 행정학을 '생활행정학'이라 부르는 학자도 있다. 생활행정학이란 국민이 누리는 삶의 질에 초점을 맞

산업화시대의 조직활동은 일반적으로 공급자중심적인 것이라고 한다. 행정학의 전통적 연구경향도 공급자중심주의적 편향을 반영하는 것이었다. 그리하여 조직이 사용하는 투입과 내부관리문제에 주된 관심을 보였다.

현대에 이르러 공급자인 행정의 입장이 아니라 소비자인 국민의 입장에서 행정을 연구해야 한다고 주장하는 연구인들은 여러 가지 새로운 연구영역을 확장시켜 왔다. 중요한 예를 보면 다음과 같다.

① 중·하위 조직계층에 대한 연구   국민중심적 행정연구를 강조하는 사람들은 우선 국민과 직접 교호작용하거나 행정을 구체적으로 실현하는 행정조직계층의 일선부문에 대한 연구를 촉구한다. 행정서비스를 현실화하고 이를 국민에게 전달하는 것은 정치적 지도자나 고급관리자들이 아니고 중간관리층 이하의 공무원들이라고 보기 때문에 그렇게 주장하는 것이다.[16]

② 공공선택론   공공선택론 계열의 연구활동은 시장경제의 논리를 행정에 도입함으로써 국민의 선호와 선택을 존중하자는 것이므로 분명히 고객중심주의적 연구라 할 수 있다.

③ 총체적 품질관리 연구   총체적 품질관리에 관한 연구도 고객중심적 편향을 반영한다. 총체적 품질관리의 기본적 목적은 행정서비스의 품질을 고객의 기대에 부응시키는 것이다.

④ 사업중심적 연구   국민에게 전달되는 각종 프로그램의 분석에 대한 관심 확대, 즉 사업지향적 관심(program orientation)의 확대도 고객중심주의의 한 반영이라 할 수 있다. 공공문제에 대한 사업지향적 관심은 정책학의 발전에 기여하였다.

⑤ 기업가적 사고·정보공개·국민참여·공동생산의 연구   경영적 사고의 도입, 행정정보 공개, 행정에 대한 국민의 참여, 공·사부문의 공동생산을 강조하는 연구들도 대개 고객중심주의를 구현하기 위한 것이다. 공공가치(public value)에 관한 연구활동도 국민중심주의에 입각해 있다고 할 수 있다. 공공가치 형성에서 국민의 능동적 역할과 참여를 강조하기 때문이다.

(3) 성과주의   현대행정학은 투입보다는 산출을, 절차보다는 성과를 강조

추고, 국민의 생활공간에서 일어나는 행정현상을 체계적으로 연구하는, 현실적합성이 높은 행정학이라고 한다. 조무성, "건강도시의 현황과 행정개혁의 방향: 생활행정학의 접근," 한국행정학회 2007년도 「동계학술대회 논문집」(2007), 267~319쪽.

한다. 그리고 '기대된' 산출과 성과보다는 '실현된' 산출과 성과의 달성을 강조한
다. 성과주의의 강조는 행정학의 여러 분야에 걸친 접근방법과 개혁처방에 많은
영향을 미치고 있다. 창의적 업무수행과 성과달성을 가로막는 구조와 절차를 비
판하고 대안을 제시하는 이론들이 양산되어 있다.

　예컨대 현대예산이론은 점증주의적 예산제도를 반대하고 성과중심적 예산
제도들을 처방하고 있다. 인사행정이론도 여러 분야에서 성과주의를 강하게 드
러내고 있다. 공무원 임용 상의 실현된 또는 결과로서의 형평성을 보장하기 위
한 대표관료제의 처방이나 성과를 기준으로 삼는 성과급의 처방에 그러한 경향
은 명백하게 나타나 있다.

　이 밖에도 행정활동의 평가와 통제 전반에 걸쳐 성과기준을 보다 중요시해
야 한다는 처방적 논조가 오늘날 압도적이라 해야 할 것이다.

　(4) 정보화 지향　　정보화의 중시 또는 강조는 분명히 현대행정학의 한 특
성이다. 현대행정학은 급속한 정보화를 긍정적으로 수용하고 있다. 정보화에 대
한 긍정론·낙관론은 정보화가 인간의 자유를 신장하고 풍요로운 지적 창조생활
의 발전에 기여할 것이라는 믿음에 기초한 것이다.

　행정학도들은 대개 정보화의 진전을 전제로 한 연구들을 하고 있다. 그리고
많은 연구인들이 사회 전체의 정보화를 촉진·선도하는 방안, 전자정부를 발전
시키는 방안, 인간적 정보화를 촉진하고 정보화의 병폐를 막는 방안에 대해 연
구하고 있다.

　(5) 탈국가화·탈관료화　　현대행정학은 탈국가화(脫國家化) 그리고 탈관료
화(脫官僚化)의 처방에 강한 집념을 보이고 있다. 산업화의 과정에서 민간부문의
확장에 비례할 만큼 국민생활에 대한 행정간여 등 국가간여가 크게 늘어났다.
행정이 국정을 주도하는 행정국가화도 심화되었다. 정부행정은 관료화되었다.
이러한 일련의 추세에서 비롯된 '간섭·규제 증후군'은 지나치고 많은 폐단을 초
래하게 되었다는 인식이 널리 퍼져 있다.

　행정국가의 과오를 시정하려는 현대행정학의 탈국가화지향은 작은 정부 구
현, 민간화, 감축관리의 연구에 잘 나타나 있다. 이들 주제는 오늘날 행정개혁
처방에 등장하는 단골 메뉴이다.

　현대행정학의 행정구조에 관한 연구활동을 이끌고 있는 중요한 가치기준은
탈관료화이다. 조직의 인간화를 촉진하고 변화의 격동성에 대응할 능력을 신장

하기 위한 갖가지 탈관료화의 처방들을 내놓고 있다. 그러한 처방들은 행정조직의 적응성, 융통성, 자율적 협동성, 그리고 학습과 창안을 강조한다.

거버넌스 이론의 발전, 정부와 국민의 파트너십에 관한 연구의 촉진, 신관리주의적 연구의 촉진도 현대행정학의 탈국가화·탈관료화 지향과 국민중심주의에 연관된 것이다.

(6) 차별철폐주의   차별철폐주의는 현대행정학에서 빼놓을 수 없는 중요가치이다. 오늘날 정부조직 내외를 막론하고 모든 차별을 해소하여 진정한 형평성을 구현하려는 갈망은 크게 고조되어 있다. 행정학도 그에 대응하여 행정 상의 차별문제를 연구하는 데 박차를 가하고 차별철폐방안들을 처방하고 있다.

차별과 차별철폐에 관한 행정학의 여러 연구문제들 가운데서 특별한 관심을 모으고 있는 것은 성(gender)에 따른 차별, 즉 남녀차별문제이다.

불리한 차별의 주된 피해자는 여성이라는 사실을 중시하고, 여성의 시각에서 차별문제를 규명하고 해결책을 찾으려는 '여성주의 행정학'(feminist public administration; feminist perspective on public administration)이 태동해서 그 세력을 키워가고 있다. 여성주의(feminism)는 여성과 남성이 근본적으로 동일한 가치를 지녔다고 믿는 신념 또는 원리이다. 여성주의는 여권주의·여권신장주의로 표출될 수 있지만 그것은 어디까지나 남녀평등주의를 전제로 한다.[17]

여성주의 행정학자들은 조직과 행정이 성중립적(gender-neutral)이지 못하고 남성중심적이라고 생각하며, 남성이 주도하여 남성적 시각에서 만든 차별철폐조치들은 여성들에게 부적절하거나 미흡하다고 주장한다. 여성에 대한 차별은 여성의 입장에서 진단하고 해결책을 찾아야 한다고 주장한다.

여성주의 행정학자들이 인사행정 상의 남녀차별문제를 많이 다루어 왔으나 근래에는 시야를 훨씬 넓히고 있다. 조직과 행정의 성차별적 원리 등 보다 근본적인 문제들에 도전하고 있다. 원인규명의 영역도 넓히고 있다.

VI. 한국행정학

1. 미국행정학의 도입과정

1) 도입시기

미국식 학문으로 성장한 행정학이 우리나라에 도입된 시기는 1950년대 중반부터 1960년대 초반에 걸친다. 광복 후 미국과의 교류가 확대되면서부터 서서

히 미국식 학문 전파의 여건이 조성되어 갔으며, 1950년대 중반 이후 우리나라
에서 행정학적 연구활동의 태동이 감지되었다. 1950년대 말부터는 행정학 도입
과 전파가 가속되었으며, 1960년대에 들어서는 행정학이 우리나라 사회과학의
한 분과로서 분명한 자리를 잡게 되었다.

1950년대 중반부터 1960년대 초반에 걸치는 시기를 행정학 도입기로 보는
이유는 다음과 같다.

(1) **연구·교육기관의 설립**   행정학을 연구·교육하거나 행정학의 지식을
실천에 응용하는 기관·단체들이 생겨났다.

1956년에 한국행정연구회가 조직되었으며 이 단체는 1961년에 한국행정학
회로 개편되었다. 1959년에는 서울대학교 행정대학원이 설립되었다. 행정문제에
관한 조사연구소들도 대학부설 또는 독립된 사단법인으로 설립되었다.

1949년에 설립된 국립공무원훈련원에서는 1959년부터 행정학 강의를 실시
하였다. 이를 대체하여 1961년에 설립된 중앙공무원교육원에서는 공무원훈련을
획기적으로 확대하고 행정학 교과목을 증설하였다. 1961년에 설치된 총무처의
행정관리국 그리고 1963년에 설치된 행정개혁조사위원회는 행정학 지식의 실용
화를 촉진하였다.

(2) **연구문헌의 간행**   연구문헌의 간행이 활발해졌다. 행정학 교재의 번역·저
술이 시작되고 증가되었으며 학술지의 정기간행도 시작되었다.

우리나라 최초의 행정학 교과서는 1955년 정인흥 교수가 펴낸 「행정학」이
었다. 1958년에는 한국행정연구회에 참여했던 6인의 학자들이 Leonard D. White
의 교과서 「행정학입문」(*Introduction to the Study of Public Administration*)을 번역
출판하였다. 1959년에는 한국행정연구회가 「행정학사전」을 편찬 간행하였다.

지금까지 간행이 계속되고 있는 서울대학교 행정대학원의 「행정논총」은
1962년에, 한국행정학회의 「한국행정학보」는 1967년에 각각 창간되었다.

(3) **고시과목 채택**   1961년 제13회 고등고시 행정과 시험부터 행정학이
필수과목으로 채택되었다. 그에 이어 다른 여러 공무원 임용시험들에도 행정학
과목이 들어갔다.

(4) **행정학 연구인의 증가**   1960년대부터 행정학을 전공하는 학자들의 수
가 급속히 증가하고 그들은 정부기관에 대한 자문활동과 공무원 훈련에도 적극
참여하게 되었다.

2) 급속한 성장의 계기

우리나라의 행정학은 짧은 기간 내에 고도성장을 이룩하였다. 행정학의 도입이 촉진되고 행정학계의 세력이 빠르게 팽창된 데에는 그럴 만한 이유가 있었다.

(1) 행정능력 향상에 대한 요청 행정능력 향상에 대한 자생적 요청이 점증하였으며 미국의 행정학은 그에 대응할 새로운 지식원을 제공하였다.

(2) 미국과의 교류증대 미국과의 일반적인 교류증대 그리고 미국의 행정기술원조는 행정학의 보급을 촉진하였다. 기술원조는 한국인의 미국 유학, 한국에 들어온 미국 전문가들의 자문활동, 행정학연구·교육기관의 기관형성을 촉진하였다.

(3) 발전행정과 행정국가화 발전행정기능의 강화 그리고 행정국가화는 행정전문인력의 양성과 행정개혁의 필요를 국정의 매우 중요한 과제로 부각시켰다. 이러한 조건 또한 행정학의 연구와 응용을 확산시키는 데 기여하였다.

(4) 공무원 임용고시과목 채택 고등고시(5급공채) 등 각급 공무원임용시험에 행정학이 시험과목으로 채택된 것은 행정학계의 세력팽창에 크게 기여하였다. 특히 학자들의 행정학 교과서 집필의욕을 자극하고 대학의 행정학강좌 증설을 촉진하였다.

(5) 군사정부와 권위주의적 통치 행정학 도입기인 1960년대 초의 군사 쿠데타와 군사통치 그리고 오랫동안 지속된 권위주의적 통치는 역설적으로 행정학의 세력팽창에 유리하거나 적어도 비억압적인 여건을 만들어 주었다.

5·16쿠데타를 일으키고 국정에 깊이 간여한 군장교들은 미국식 행정관리에 관한 약간의 훈련을 받았기 때문에 그들과 행정학계의 교류는 급진전되었다.

역대의 독재정권 주도자들은 행정의 관리기술적·수단적 측면을 연구하는 행정학의 한 영역에 주목하고 정치적 견제 내지 탄압의 대상으로 삼지 않았다. 오히려 활용의 대상으로 삼은 듯하다.[n]

(6) 세력 팽창의 관성 세력확장의 길에 들어선 행정학계는 수요를 초과하는 일종의 '제국건설경향'을 보였다. 대학에서 행정학과와 관련 프로그램들의 증가, 학생의 증가, 교수의 증가를 보면 그러한 경향을 쉽게 알 수 있다.

---

n) 여기서 한 말은 독재정치에도 불구하고 우리 행정학이 성장할 수 있었던 조건을 지적하는 것일 뿐이다. 독재정권 때문에 우리 행정학이 발달할 수 있었다는 말로 곡해하는 일이 없기 바란다.

3) 연구정보이전의 변천

우리나라에 처음 도입된 행정학은 신고전적 연구경향이 조금 추가된 고전적 행정학이었다. 고전과 신고전을 포괄하는 통합적 관점의 정립은 미진했었다. 우리나라에서 고전적 행정학의 영향은 미국에서보다 약간 오래 갔다고 말할 수 있다.

머지않아 미국행정학계에서 발전시킨 다양한 연구경향들이 한꺼번에 밀려들기 시작했다. 1960년대의 발전행정연구, 1970년대의 신행정학, 반관료제적 연구를 예로 들 수 있다. 미국 행정학계의 동향이 우리나라에 전파될 때의 시간지체는 점점 줄어들었고 지금은 인터넷의 발달에 따라 거의 동시화되어 있다. 영연방제국 등 여러 선진사회의 행정연구들도 지체 없이 우리나라에 이전되고 있다.

행정학의 이전과정에서 일종의 시간적 압축을 경험했다. 오랜 세월에 걸쳐 여러 단계의 발전을 거친 연구경향들에 대한 동시대적 노출은 우리 학계의 소화장애를 일으킨 요인이기도 하다.

미국 등 선진국들의 행정연구가 우리나라에 소개·전파되는 과정에서 여러 실책이 저질러지기도 했다. 근래 외국에서부터 시작된 개념적 혼란이 우리나라에서 증폭되는 예를 흔히 본다. 새로운 이론이 소개되기는 하였으나 우리나라에서의 연구활동 또는 행정실천에서 실용성을 거의 보여주지 못한 예가 많다. 외국의 이론이 잘못 해석되고 그릇되게 적용된 사례도 적지 않다.

2. 행정학의 '토착화'·'한국화'

행정학 도입의 초기에는 주로 미국에서 발전된 행정학 지식의 단순한 소개와 전달에 학계의 노력이 집중될 수밖에 없었다. 그러나 곧이어 외래적 행정학의 무비판적 수용에 대한 자성의 논의가 시작되고, 우리 현실에 대한 행정학의 적실성을 높이자는 토론이 점차 활발해졌다. 우리 행정학의 특성과 위상을 점검하고 발전방향을 모색하면서 행정학의 토착화(土着化)를 주장한 문헌들은 1960년대부터 나오기 시작했으며, 그 뒤 토착화논의는 주기적으로 되풀이되어 왔다.[18] 그 과정에서 우리의 행정문제들을 경험적으로 연구하고 그에 필요한 개념과 모형을 개발하는 노력이 상당한 진척을 보였다. 근래에는 토착화의 단계를 지나 행정학의 한국화를 촉진하자는 논의가 활발하다.

토착화와 한국화를 논의하는 사람들의 개념사용이 반드시 통일되어 있는 것은 아니다. 그러나 다수의 연구인들이 토착화를 한국적 상황과 필요에 대한 행정학의 적응 내지 수정이라고 이해하는 것 같다.

행정학의 한국화를 주장하는 사람들은 대개 토착화를 종속에 대한 피동적 반응이라고 이해한다. 토착화는 외국의 학문을 원칙적으로 받아들이고 토착적 필요에 따라 다소간의 수정을 가하는 것이라고 한다. 반면 한국화는 우리 학계에서 새로운 독창적 이론을 만들어 내고 그러한 이론들의 보편성을 높여 세계에 전파할 수 있게 되는 것을 지칭하는 개념이라고 한다.[19]

지금까지 우리 행정학계가 행정학의 토착화·한국화를 위해 해온 활동으로는 ⅰ) 한국행정학의 모방성·비자주성을 비판하고 토착화·한국화의 필요와 방법을 논의하는 것, ⅱ) 외국의 이론이나 개념의 인도를 받아 우리 행정현상을 설명하고 개혁방안을 처방하는 것, ⅲ) 우리 행정의 연구에 적합한 개념과 이론을 개발하는 것, ⅳ) 외국의 행정과 우리의 행정을 비교연구하는 것, ⅴ) 우리의 행정사를 연구하는 것, ⅵ) 조선조의 행정사상가(예: 율곡, 다산) 등 행정학 도입 이전의 행정연구인들에 대해 연구하는 것, 그리고 ⅶ) 우리 행정에 관한 교과서를 쓰는 것을 들 수 있다.[o]

세계 각국의 행정에는 공통성과 고유성(상이성)이 언제나 있다. 그러나 공통성과 상이성의 배합비율은 때와 장소에 따라 달라질 수 있다. 오늘날 세계화의 추세는 행정과 행정학의 세계 공통영역을 넓혀가고 있다. 그것은 행정학의 한국화와 세계화를 동시에 촉진하는 데 좋은 기반이 될 수 있다.

---

o) 우리 행정학계에 대한 비판과 자성의 소리도 발전방향 탐색의 기초가 되어왔다고 할 수 있다. 비판자들은 우리 행정학의 주체성이 빈약하다는 것, 행정과 행정학의 범위에 대한 이해가 편협하다는 것, 학문활동의 교호충실화가 원활하지 않다는 것, 행정학교육의 공급과잉은 질적 저하를 수반했다는 것 등을 지적해 왔다. 행정학의 국가고시의존성, 현실참여와 명리추구에 급급한 일부 행정학자들의 품위실추, 권위주의적 정권에 협력한 오명을 거론하는 사람들도 있다.

행정학의 학파

I. 학파의 레퍼토리

여기서 학파(school; approach)라는 말은 다소 느슨한 뜻으로 쓰려 한다. 경우에 따라서 연구의 관점, 접근방법, 모형 등의 개념과 동의어로 이해하여도 무방할 것이다.

앞절에서는 많은 학파들의 연구경향을 종합하여 크게 나눈 시대구분에 따라 행정학의 집합적 특성을 고찰하였다. 이 절에서는 넓게 구분한 학파범주 내에서 보다 분화된 개별적 학파들에 주의를 기울이려 한다.

행정학사에 등장하여 명멸하고, 변화하고, 발전해 온 학파들은 대단히 많다. 여기서는 자주 거론되고 인용된다고 생각되는 학파들을 선별해 본 다음 그 가운데서 중요한 학파들에 대해 설명하는 정도의 작업만 하려 한다.

저자의 판단에 따라 선별한 중요학파는 과학적 관리론, 관리과학, 인간관계론, 행태과학, 관리과정학파, 관료제학파, 생태론, 조직군생태이론, 자원의존이론, 실증주의적 접근방법, 현상학적 접근방법, 행위이론, 정치·행정 이원론, 정치·행정 일원론, 비교행정론, 발전행정론, 체제론적 접근방법, 상황적응적 접근방법, 공공선택론, 거래비용이론, 대리인이론, 신행정학, 비판이론, 신제도론, 신공공관리론, 신공공서비스이론, 거버넌스이론, 공공가치 거버넌스 이론, 그리고 혼돈이론이다. 이들 중 상당수는 다른 학문영역에 깊은 뿌리를 두고 있다. 행정학이 이를 원용하는 것이다.

다음에 주요 학파들을 설명하려 하는데, 앞서 언급한 생태론은 재론하지 않을 것이다. 관리자들이 맡아야 할 조직 및 관리작용의 원리들을 처방하는데 주력한 관리과정학파(administrative process school)에 대한 설명도 생략하려 한다. 관료제학파는 제4장에서, 정치·행정 이원론과 정치·행정 일원론은 제2장에서, 신공공관리론, 신공공서비스이론, 공공가치 거버넌스이론은 제9장에서 설명하게 될 것이다.

II. 주요 학파에 대한 설명

1. 과학적 관리론

1) 정   의

과학적 관리학파 또는 과학적 관리론(科學的 管理論: scientific management school)은 능률을 가장 중요한 가치기준으로 삼고 관리의 과학화를 추구하는 접근방법이다.

과학적 관리운동(scientific management movement)이라고도 부르는 이 학파의 출범에 획기적인 계기를 만든 것은 1900년을 전후한 시기에 Frederick W. Taylor가 추진한 개혁운동과 그의 저술들이었다.[a]

Taylor는 과학적 관리의 요체를 사고방식의 대전환, 즉 정신혁명(mental revolution)이라고 하였다. 기업주(관리층)와 근로자는 기왕에 얻은 기업잉여를 분배하는 데에만 관심을 갖고 서로 더 많은 몫을 차지하려고 다툴 것이 아니라 기업잉여를 늘리는 데 관심을 모으고 노·사가 서로 협조할 필요를 깨닫는 '위대한' 정신혁명을 일으켜야 한다고 주장하였다. Taylor는 모든 일의 처리에 과학적 방법을 활용하려는 정신혁명이 또한 필요하다고 하였다.

과학적 관리론은 노·사 협력과 과학화를 위한 정신혁명의 바탕 위에서 조직활동에 과학적 원리와 기법을 적용하는 방안을 연구한 학파라 할 수 있다.

---

a) 과학적 관리운동에 끼친 Taylor의 영향이 아주 컸기 때문에 이 접근방법을 Taylorism이라고도 부른다. 1856년에 출생한 Taylor는 18세에 강철회사의 공원(工員)으로 취직한 후 빠르게 승진을 거듭하여 관리자의 지위에까지 오르면서 과학적 관리라는 접근방법의 터전을 닦아 놓았다. 그의 아이디어들은 Midvale, Bethlehem 등 강철회사에서의 실제경험과 여러 산업조직에 대한 상담업무를 통해서 터득한 것들이다. Taylor는 처음에 자기의 접근방법을 '업무관리'(task management)라고 불렀다. '과학적 관리'라는 말은 1910년에 Louis Brandeis가 만들었다고 한다. Taylor의 노력을 이어받아 과학적 관리학파의 기반을 공고히 하는 데 기여한 사람들은 Frank Gilbreth, Lilian Gilbreth, Henry Gantt, Charles Bedeaux 등이다. Taylor, *Scientific Management*(Harper & Row, 1947). 이 책에 Taylor의 *Shop Management*(1903), *Principles of Scientific Management*(1911), *Testimony to the Special House Committee of Congress*(1912) 등이 수록되어 있다.

2) 전제와 원리

(1) 전   제   열심히 일하는 행동의 미덕을 중요시하는 기독교적 윤리, 개인주의와 경제적 합리주의, 그리고 공학적 사고방식의 영향을 많이 받은 과학적 관리론의 기본적 전제는 다음과 같다.

① 발견가능한 유일최선의 방법   과학적 분석을 통해 업무수행에 적용할 유일최선의 방법(one best way)을 발견할 수 있다.

② 공동이익에 기여하는 생산성 향상   과학적 방법을 적용해 생산성을 향상시키면 노동자와 사용자를 다같이 이롭게 하고 나아가서 공익을 보호할 수 있다.

③ 경제적 유인에 의한 동기유발   조직 내의 인간은 경제적 유인(經濟的 誘因)에 따라 동기가 유발되는 타산적 존재이다.

④ 명확한 목표·반복적 업무   조직의 목표는 명확하게 알려져 있고 업무는 반복적이다.

(2) 원   리   과학적 관리론은 관리층의 역할이 과학적인 것으로 변해야 하며 관리작용은 과학적 조사와 법칙화의 대상이 되어야 한다고 주장하였다.

Taylor는 과학적 관리에서 관리자들이 새로이 맡아야 할 임무에 관련하여 관리의 원리를 다음과 같이 규정한 바 있다.

① 업무기준의 과학적 설정   업무기준을 과학적으로 설정하여야 한다. 개별적인 업무는 과학적 분석을 통해 설계하고, 업무를 수행하는 유일최선의 방법을 규정하여야 한다.

② 조직구성원의 과학적 선발과 훈련   조직구성원인 근로자들을 과학적인 방법으로 선발하고 훈련시켜야 한다.

③ 일과 사람의 적정한 결합   과학적으로 설계된 업무와 과학적으로 선발·훈련된 인력을 적정하게 결합시켜야 한다. 근로자들을 정신적·육체적으로 가장 적합한 업무에 배치해야 한다.

④ 노·사 협력   관리자와 근로자는 책임을 적정히 분담하고 업무의 과학적 수행을 보장하기 위해 지속적이고 긴밀하게 서로 협조해야 한다.

3) 과학적 기법의 개발과 적용

Taylor와 그 추종자들은 과학적 사고의 실천을 위해 단순노무에 관한 유일최선의 방법을 발견하고 기타 능률제고를 위한 기법들(efficiency devices)을 개발하는 데 주력하였다.

과학적 관리론자들은 업무내용, 업무수행방법, 통제기준 등의 결정에서 최선의 방안을 찾기 위해 실험 등 과학적 조사연구방법을 적용하려고 노력하였다. 업무를 수행하는 유일최선의 방법을 탐구할 때 쓰인 가장 중요한 조사연구기법은 동작연구(motion study)와 시간연구(time study)였다.[b]

과학적 관리학파는 사람들의 업무수행동기가 금전적 유인에 따라 유발된다는 전제 하에 생산성과 임금을 연계시키는 능률급체계를 개발하였다. 그리고 계서제 하에서 근로자들에 대한 통제를 효율화하는 방안으로 기능별 십장제(機能別 什長制: functional foremanship)라는 기능별로 전문화된 감독체제를 개발하였다.

이 밖에도 권한과 책임의 명확한 규정, 계획과 집행의 분리, 기능적 조직의 구성, 기준설정에 따른 통제, '예외에 의한 관리'의 원리[c] 등 관리의 과학화와 능률화에 기여할 개념과 원리들을 개발하였다.

4) 평   가

과학적 관리학파의 연구활동은 고전적 행정학의 기틀을 다지는 데 기여하였다. 그리고 기술적 논리를 중시하는 후대의 연구활동에 지대한 영향을 미쳤다. 과학적 관리학파에 뿌리를 둔 후대의 학파 가운데 대표적인 것은 관리과학(管理科學: management science)이다.[d] 과학적 관리학파의 처방들은 행정체제를 포함한 조직사회의 실제에도 많은 영향을 미쳤다.

과학적 관리론은 광범한 영향과 기여에도 불구하고 이론적·실천적 약점 때문에 비판을 받아 왔다.

과학적 관리학파의 이론들은 학문적으로 균형을 잃은 것이며, 적용가능성에도 한계가 있다는 점을 지적하는 비판이 있다. 연구대상인 조직은 대체로 산

---

b) 동작연구는 동작의 낭비를 배제함으로써 인체(사람의 몸)를 가장 적정하고 능률적으로 사용할 수 있도록 하려는 연구이며 인체를 분석의 핵심으로 삼는다. 시간연구는 작업현장에서 실제로 작업하는 데 소요되는 시간의 양을 측정하려는 연구이다. 동작연구에서 가장 능률적인 동작의 배합이 결정되면 시간연구에 의하여 그러한 동작에 소요되는 시간을 산정하고 그에 따라 직무별 시간기준과 하루하루의 작업할당량을 결정한다.

c) 예외에 의한 관리의 원리는 예외적인 또는 새로운 사안에 관해서만 관리층에서 결정하고 나머지 일상적인 업무는 부하에게 위임하여야 한다는 원리이다.

d) 관리과학은 조직의 경제적·기술적 측면을 대상으로 과학적 방법, 특히 계량적 방법을 적용하여 조직의 능률극대화에 관한 규범적 처방을 제시하려는 학파이다.

업생산조직에 국한되어 있었다. 조직과 인간에 관한 합리적·공리적 가정은 편파적인 것이었다. 기술적 처방들은 조직의 인간화를 저해하는 내용을 담고 있었다. 조직사회의 실제에 적용된 과학적 관리운동은 조직의 기계화·비인간화를 조장하였다.

과학적 관리운동의 확산과정에서 많은 물의가 빚어졌던 것도 사실이다. 기존의 관리방식과 다른 과학적 관리의 도입에 관리자들도 저항했지만 근로자들의 저항이 더 컸다. 근로자들은 사람을 기계의 부품처럼 취급한다는 것, 계속적으로 최고의 능률을 올리도록 강요한다는 것, 과학적 관리운동의 혜택이 주로 기업주에 귀속된다는 것, 실직의 위험이 커진다는 것 등의 이유를 들어 저항적 행동을 보이는 경우가 많았다.[e]

2. 인간관계론

1) 정   의

1930년을 전후하여 태동한 인간관계론(人間關係論: human relations approach)은 인간을 사회적 유인에 따라 움직이는 존재로 파악하고 조직에서 사회적 능률을 향상시킬 수 있는 관리방법을 탐구한 접근방법이다. 인간관계론은 고전이론에 대한 신고전적 행정학의 반발적 전선을 형성하는 데 중요한 몫을 하였다.

인간관계론적 연구는 하버드대학교 경영대학원 교수였던 Elton Mayo의 주도 하에 실시된 일련의 경험적 연구로부터 출범한 것으로 본다. 그 가운데서 가장 널리 인용되는 것이 호손 공장의 연구이다.

인간관계론적 연구경향의 대두에 직접·간접으로 자극을 주었거나 그 뒤의 이론형성과정에 기여한 Kurt Lewin, Mary P. Follett, Chester Barnard 등의 공적도 간과해서는 안 된다.[1] Lewin은 집단역학, 태도변화, 리더십 등에 대한 행태적 연구를 선도한 사람이다. 그는 개인적 특성과 환경적 요인이 조직 내의 인간행태를 결정한다는 장의 이론(場의 理論: field theory)을 정립한 바 있다. Follett은 조직 연구에서 인간적 요소의 중요성을 강조하고 조직 내의 비공식적 사회관계, 특히

---

e) 노동조합을 무시하거나 적대시한 Taylor 등의 태도는 근로자의 저항을 크게 한 요인 중의 하나였다. 그들은 노동조합을 근로자들이 힘든 일을 반대하기 위해 조직한 것이라고 생각하였다. Jack H. Knott and Gary J. Miller, *Reforming Bureaucracy: The Politics of Institutional Choice* (Prentice－Hall, 1987), pp. 58~59.

조화로운 인간관계를 조직운용의 핵심문제로 부각시켰다. Barnard를 의사결정이
론가로 분류하는 사람들도 있으나 그의 공헌은 몇 개의 학파에 걸치는 것이다.
그는 인간적 요소의 중요성을 강조하고 권력의 상향적 흐름 등 비공식적 관계에
주의를 환기시킴으로써 호손 실험 이후의 인간관계론 발전에 기여하였다. 그러
나 Mayo의 공적은 훨씬 직접적이고 집중적인 것이었다.

2) '호손 공장의 연구'

Mayo와 F. J. Roethlisberger, W. J. Dickson 등 그의 동료 및 후학들은 많은
조사연구활동을 통해 인간관계론의 정립에 기여하였다. 그러한 연구활동이 시작
된 것은 이른바 호손 공장의 연구(Hawthorne studies)로부터이다.

(1) 연구사업의 설계와 '호손 효과'   호손 공장의 연구라 불리는 연구사업은
미국 시카고 교외에 있던 서부전기회사(Western Electric Company)의 호손 공장
(Hawthorne Works)에서 5년간(1927~1932) 실시되었다. 호손 공장의 연구는 연인원
수천 명을 대상으로 하는 수백 회의 실험적 연구를 포괄한다.[f]

호손 공장의 연구는 당초에 고전이론, 특히 과학적 관리이론의 바탕 위에서
작업장의 조명, 휴식시간 등 물리적·육체적 작업조건과 물질적 보상방법의 변
화가 근로자의 동기유발과 노동생산성에 미치는 영향을 분석하려고 설계한 것
이었다고 한다. 그러나 연구의 과정에서 물리적 또는 육체적 작업조건보다는 감
독자의 인정이나 비공식적 집단의 압력 등 사회적 요인이 작업능률에 더 많은
영향을 미친다는 것을 발견하였다.

이른바 '호손 효과'(Hawthorne effect)가 포착되면서부터 사회적 유인(社會的
誘因)에 대한 탐구는 촉진되었다.[g] 연구팀은 리더십, 비공식적 집단을 둘러싼 사
회관계 등에 대한 연구를 본격화하였다. 비공식적 집단의 역학관계가 근로자들
의 생산성을 설명하는 데 매우 중요한 요소로 부각되자 분석단위를 개인에서 집
단으로 전환시켰다.

(2) 연구결과   호손 공장의 연구에서 발견된 사실들은 대개 인간의 사회

---

f) 고전적인 가설들을 검증하기 위해 호손 공장에서 실험적 연구를 시작한 때는 1924년이다. 고
전적 가설들을 거부하는 사실들이 발견되면서 Mayo가 이끈 하버드 대학교의 연구팀이 그 연
구사업을 1927년에 인계받았다.

g) '호손 효과'란 실험집단으로 선정된 근로자들이 특별히 선발되어 인정과 관심의 대상으로 되
었다고 느끼기 때문에 동기를 유발하게 되는 현상을 설명하는 개념이다.

적 특성과 집단역학에 연관된 것들이었다. 그 중요한 예로 ⅰ) 관리층이 지속적인 관심을 보이면 근로자들은 그에 대하여 긍정적으로 반응한다는 것, ⅱ) 사람들은 개인으로서가 아니라 사회적 집단의 구성원으로서 행동한다는 것, ⅲ) 사람들은 경제적 욕구 이외에 사회적 욕구를 지닌 존재라는 것, 그리고 ⅳ) 사람들은 이해관계뿐만 아니라 감정과 기분에 따라서도 움직인다는 것을 들 수 있다.

호손 공장의 연구에서 도출된 이론은 조직의 비공식적 구조와 인간적 과정에 관한 여러 갈래의 후속 연구들을 인도하였다.

3) 원리와 대상

(1) 원   리   조직에 참여하는 인간을 사회적 인간이라고 이해하는 인간관계론의 기본적 가정 또는 원리들을 간추리면 다음과 같다.[2]

① 사회적 욕구의 중요성   인간은 사회적 욕구를 지녔으며 사회적 유인이 동기를 유발한다.

② 생산성 향상에 기여하는 욕구충족   조직구성원의 사회적 욕구 충족(만족)은 그의 생산성을 향상시킨다.

③ 생산성을 좌우하는 사회적(집단적) 규범   조직구성원의 생산성을 좌우하는 주된 요인은 육체적 능력이 아니라 집단 내의 사회적 규범이다.

④ 집단구성원으로서의 개인   집단은 그 구성원인 개인의 태도와 직무수행에 중대한 영향을 미친다. 관리층의 요구나 보상 또는 규범에 대해 조직구성원들은 개인으로서가 아니라 집단의 구성원으로서 반응을 보인다.

⑤ 사회적 욕구를 충족시키는 관리전략의 효율성   조직구성원들은 관리층이 사회적 욕구를 충족시켜 주는 만큼만 관리층의 요구에 응한다.

⑥ 사회적 체제로서의 조직   조직은 기술적·경제적 체제일 뿐만 아니라 사회적 체제(비공식적 체제)이다. 이 사회적 체제는 공식적 조직의 그것과 다른 규범 및 개인적 역할을 설정할 수 있다.

(2) 관심대상   위와 같은 원리는 인간관계론적 접근방법의 관심대상을 한정한다. 인간관계론은 공식적인 제도보다는 비공식적으로 실재하는 인간의 자연스러운 모습에 관심을 집중하였다. 인간관계론이 자연스러운 모습이라고 파악한 것은 감성적이라고도 하고 비합리적이라고도 하는 인간의 사회적 면모이다.

인간관계론은 사회적 능률을 가장 중요시하고 인간의 사회적 욕구와 사회

적 동기유발요인에 초점을 맞추었다. 그에 결부하여 집단, 특히 비공식적 집단
의 역동적 관계, 집단적 유인구조, 인간중심적(민주적) 리더십, 조직구조의 분권
화, 비공식적 의사전달망, 상향적 의사전달, 참여를 통한 의사결정, 갈등해소 전
략 등을 주요 연구대상으로 삼았다.

4) 평   가

인간중심적 연구경향을 싹트게 한 인간관계론은 시간의 흐름에 따라 성숙
해 갔으며 현대 행정과학의 성립에 중요한 기여를 하였다. 인간관계론의 핵심적
공헌은 조직연구에서 인간적·사회적 요인을 부각시킨 것이라고 할 수 있다. 인
간관계론이 보여준 인간에 대한 단순한 관점은 차츰 폭넓고 균형잡힌 것으로 변
해가면서 행태과학(行態科學: behavioral science)의 발전을 유도하였다.[h]

행태과학의 발전에 기여한 인간관계론의 공헌은 지대한 것이었지만, 인간
관계론은 많은 비판을 받아온 것이 또한 사실이다.[3]

인간관계론적 접근방법은 그 폐쇄적인 시각, 연구대상과 변수의 한정성, 충
실치 못한 경험적 검증 등을 이유로 비판받아 왔다.[i]

인간관계론의 실천적 처방들은 더 많은 비판을 받아왔다. 그 예를 보면 다
음과 같다.

첫째, 인간관계론의 처방은 조직의 목표를 저버린 채 개인의 감정과 비공식
집단의 요청만을 중요시하여 기강을 문란하게 하고 관리의 방향을 잃게 하였다.

둘째, 근로자들이 인정받고 또 칭찬받고 있다는 느낌만 갖게 하면 모든 문
제가 해결되는 것처럼 주장하였다.[j]

셋째, 인간관계론적인 처방은 조직구성원들을 비윤리적인 조종의 대상으로
삼아 그들의 정당한 경제적 이익추구를 억압하는 보다 세련된 착취방법이며 속

---

h) 인간관계론에 뿌리를 두고 있다고 하는 행태과학은 조직의 인간적 요소 그리고 조직의 심리
   적 체제에 관심을 집중하고 경험적 조사연구방법을 중요시하는 접근방법이다. 이 접근방법은
   강한 인간주의적 지향성을 지니고 있다.
i) 폐쇄체제적인 시각 때문에 인간관계의 연구에서 노동조합의 역할, 노동시장의 조건과 같은 개
   입변수들을 적절히 고려하지 못했다고 한다. '호손 공장의 연구'가 진행되던 시기는 미국 경제
   가 불경기의 침체에 빠져 있을 때이다. 근로자들은 작업집단의 사회적 압력 때문이 아니라 실
   직의 위험을 피하기 위해 생산성을 스스로 조절했을 것이라고 주장하는 학자들도 있다.
j) 만족한 소가 더 많은 우유를 생산하듯 만족한 노동자는 보다 많은 산출을 낼 것이라고 주장한
   인간관계론을 '젖소 사회학'(cow sociology)이라고 조롱하는 사람들이 있다.

임수를 쓰는 조종술이었다.

넷째, 근로자 개개인에 대한 배려를 강화하도록 처방하고 민주적 리더십을 처방하였으나 하향적 통제를 추구하는 관리의 원리는 포기하지 않았다. 따라서 개인적 필요에 대한 배려를 강조한 인간관계론의 수단적 처방은 근로자의 개인 생활에 대한 기업주의 가부장적 지배를 가져왔다.

3. 체제론적 접근방법·상황적응적 접근방법

1) 체제론적 접근방법

(1) 정   의   오늘날 행정과학을 포함한 사회과학 전반에서 널리 쓰이고 있는 체제론적 접근방법(體制論的 接近方法: systems approach)은 원칙적으로 일반체제이론(一般體制理論: general systems theory)을 바탕으로 삼는 것이며, 주로 개방체제(開放體制: open system)라는 개념을 사용하는 것이다.

체제론적 접근방법은 총체적·학제적 접근방법이다. 모든 현상을 보다 상위의 포괄적인 전체를 구성하는 부분이라고 파악하여 통합적 분석을 시도하기 때문에 총체적 접근방법이라 한다. 이 접근방법은 또한 다양한 학문분야의 관련지식들을 종합적으로 동원할 수 있는 틀을 제공하기 때문에 학제적이라고 한다. 모든 과학을 하나의 '광범위모형'(총괄적 모형: grand conceptual model)에 통합시키려는 접근방법이라고 설명하기도 한다.[4]

체제론적 관점의 역사적 유래는 19세기 이전의 철학적 사고에까지 거슬러 올라가 찾을 수도 있지만 일반체제이론이 발전되고, 한층 명료화된 체제개념이 사회과학에서 널리 쓰이기 시작한 것은 2차 세계대전 이후의 일이다. 1950년대를 거쳐 1960년대 중반에 이르러서는 체제론적 접근방법의 사용이 조직학 및 행정학에 크게 확산되었다.[k]

---

k) 일반체제이론의 집대성에 선도적 역할을 한 사람은 Bertalanffy라고 한다. Ludwig von Bertalanffy, "General Systems Theory: A New Approach to Unity of Science," *Human Biology*, Vol. 23(Dec. 1951), pp. 303~361, *General Systems Theory*(George Braziller, 1968). Winer는 조직을 적응적 체제로 규정한 체제모형을 제시함으로써 조직연구에 체제개념을 적용한 초창기적 모형의 한 전형을 보여준 바 있다. Katz와 Kahn은 1960년대에 개방체제모형의 틀에 맞추어 조직에 관한 교과서를 쓴 사람들의 대표적인 예로 지목되고 있다. Nobert Winer, *Cybernetics*(MIT Press, 1948); Robert Katz and Daniel Kahn, *Social Psychology of Organizations*(John Wiley & Sons, 1966).

(2) **기본적 관점**　　체체론적 접근방법의 전제가 되는 주요 관점은 다음과
같이 요약할 수 있다.[5]

① **총체주의적 관점**　　체제론은 총체주의(전체론: holism)에 입각한 것이다. 체
제론적 접근방법에서는 하위체제들로 구성되는 체제는 그 자체가 보다 복잡한
상위의 체제에 대한 하위체제라고 본다. 그리고 모든 체제는 하나의 총체 또는
전체로서 그 구성부분들의 단순한 합계와는 다른 또는 그 이상의 특성을 지니게
되므로 총체에 대한 거시적 분석이 필요하다고 본다.

② **목적론적 관점**　　체제에 관한 목적론(teleology)은 모든 존재는 목적을 가
지도록 설계되었거나 목적을 가진 것이라고 본다.

③ **계서적 관점**　　계서적 관점(hierarchical perspective)은 일련의 현상 사이에
형성되는 관계의 배열이 계서적이라고 보는 것이다. 하위의 단순한 체제는 보다
복잡한 상위의 체제에 속한다고 이해하는 이 관점은 체제의 발전방향을 시사해
주는 것이기도 하다. 체제들은 단순한 하급의 상태에서 복잡한 고급의 상태로
진전되어 나간다는 견해를 내포하는 것이다.

④ **시간중시의 관점**　　체제론은 시간차원(temporality)을 중시한다. 체제들은
시간선 상에서 변동하는 동태적 현상이라고 이해한다.

　특히 개방체제의 이해에 시간개념의 도입을 강조한다. 개방체제는 외적 환경과의 교호작용
을 통해서 항상 변동하는 현상이라고 한다. 개방체제는 시간선 상에서 변동해 가되 항상성
(homeostasis)을 유지한다고 한다. 항상성은 동태적 안정상태를 설명하는 개념으로서 정태적
균형의 개념과는 구별된다. 그리고 개방체제의 변동에서는 같은 종국상태 또는 목표상태가
서로 다른 출발조건과 통로를 거쳐서도 나타날 수 있다고 한다. 이러한 특성은 동일종국성
(同一終局性: equifinality)이라는 개념으로 설명한다. 개방체제들은 또한 소비하는 것 이상의
에너지를 받아들여 스스로를 유지하고 발전시키는 반노폐기제(反老廢機制: negative entropy)
를 지녔다고 한다.

(3) **체제모형을 구성하는 개념들**　　체제론적 접근방법의 기본개념인 체제
(system)의 정의가 연구인들 사이에서 완전히 통일되어 있는 것은 아니다. 그러
나 다양한 정의에 내포된 공통적 요소들을 찾아보는 것은 어렵지 않다. 그러한
공통적 요소의 핵심은 체제를 '일련의 변수' 또는 '일련의 연관된 사물'이라고 규
정하는 것이다. 연관된 요인들은 공동의 목표달성에 지향되어 있다는 것, 그리
고 연관된 요소들이 하나의 총체적인 관계를 형성한다는 것에 관해서도 대체적

으로 공통적인 인식을 보이고 있다.

저자는 체제를 "총체적인 관계 속에서 공동의 목표달성을 지향하는 상호연관된 사물"이라고 정의하려 한다.

오늘날 체제론적 접근방법에 따른 행정조직 연구에서는 조직을 하나의 개방체제인 사회적 체제로 파악한다.[1] 조직을 상호 연계되고 상호 작용하는 요인들의 복잡한 결합이라고 정의한다. 상호의존적인 요인들(부분들)은 전체에 대하여 무엇인가를 기여하고 전체로부터 무엇인가를 제공받는 관계에 있다고 본다. 그리고 조직이라는 하나의 전체 또는 총체는 그 환경과 상호 의존관계에 있다고 본다. 이러한 이해 위에서 정립한 조직연구모형을 개방체제모형이라 한다.

개방체제모형을 구성하는 주요 개념들은 목표, 경계, 환경, 투입, 처리, 체제의 구조, 산출, 환류, 상위체제, 하위체제이다. 이러한 개념들로 짜여진 개방체제모형에 따라 조직을 설명하면 다음과 같이 된다.

조직은 일정한 목표(goals)를 추구하는 체제이다. 조직은 인간의 교호작용으로 구성된 일련의 하위체제(subsystem)들을 내포하는 사회적 체제이다. 조직의 경계(boundaries)는 조직과 환경을 구별하여 준다. 조직의 경계 밖에 있는 것은 조직의 환경(environment)이다. 조직은 개방된 체제이므로 경계를 넘나드는 교호작용 또는 거래가 있다. 그러한 거래에서 조직이 환경으로부터 받아들이는 요소들을 투입(input)이라 한다. 투입은 처리(throughput or transforming)되어 산출(output)로 변환되며 산출은 환경으로 흘러나가게 된다. 산출의 일부 또는 산출의 효과에 관한 정보 그리고 조직내적 관계에 관한 정보가 의사결정중추에 되돌아와서 이후의 행동조정에 영향을 미치는 것을 환류(또는 되먹임: feedback)라 한다. 조직 내 교호작용의 유형화된 배열을 구조(system structure)라 한다. 하나의 체제인 조직이 소속된 보다 큰 체제를 상위체제(suprasystem)라 하고 체제 안에 있는 작은 체제들을 하위체제라 한다. 하나의 체제는 둘 이상의 하위체제를 가지고 있어야 한다. 하나의 체제는 둘 이상의 상위체제에 동시에 소속될 수도 있다.

---

1) Boulding은 복잡성의 수준에 따라 체제의 종류를 ① 정태적 구조, ② 시계장치 수준 (clock-works level)의 체제, ③ 온도조절장치 수준(thermostat level)의 체제, ④ 세포 수준의 체제, ⑤ 식물 수준의 체제, ⑥ 동물 수준의 체제, ⑦ 인간 수준의 체제, ⑧ 사회적 체제 및 ⑨ 초월적 체제(transcendental system)로 분류하였다. 사회적 체제는 인간의 유형화된 교호작용으로 구성되는 체제이다. Kenneth E. Boulding, "General Systems Theory: The Skeleton of Science," *Management Science*, No. 2(Apr. 1956), pp. 197~208.

(4) 평 가   행정조직 연구에서 체제론적 접근방법은 통합적 연구를 촉진하는 거시적 안목을 제공한다. 이것은 복잡한 행정현상을 포괄적으로 이해하려 할 때에 유용한 길잡이가 된다. 그리고 체제론적 접근방법은 고도의 학제성을 지녔기 때문에 많은 학문분야의 지혜를 통합하는 데 기여한다.

그러나 체제론적 접근방법을 적용하는 데는 여러 가지 제약이 있다. 우선 이 접근방법은 추상화의 수준이 매우 높은 거대이론 또는 광범위이론(廣範圍理論: grand theory)에 바탕을 두고 있기 때문에 실제적 조사연구에 필요한 상세하고 구체적인 길잡이를 제공하지 못한다는 애로가 있다. 그리고 연구범위에 포함시키는 변수와 다차원적 인과관계가 너무 많고 광범하여 실제의 연구에서 감당하기 어렵다는 제약도 있다.

체제모형을 구성하는 개념들이 모호하고 측정방법은 발달되지 않은 가운데 통합적 접근의 의욕만 앞서 있다고 비판하는 사람들이 많다. 생물학적 비유로부터 발전시킨 체제모형들을 사회현상에 무비판적으로 적용하면 오도된 결과를 빚는다는 경고도 있다.

2) 상황적응적 접근방법

(1) 정 의   조직학이나 행정학에서 말하는 상황적응적 접근방법(狀況適應的 接近方法: contingency approach)이란 모든 상황에 적합한(보편적인) 유일최선의 체제설계와 관리의 방법은 없다는 명제에 입각한 접근방법이다.m) 이 접근방법의 원칙적인 입장은 개별적인 상황의 조건에 따라 달라지는 문제와 해결방안의 다양성 또는 구체적 고유성을 중요시하는 것이다. 그러나 조직현상의 연구와 조직의 실제적 운영에 유용한 도구를 제공하기 위하여 연구대상이 될 변수를 한정하고 복잡한 상황적 조건들을 유형화함으로써 거대이론의 경우에서보다는 분석의 틀을 훨씬 단순화하고 있다.6)

상황적응적 접근방법을 규정하는 상황이론은 일반체제이론의 거시적 관점을 실용화하려는 중범위이론(中範圍理論: middle-range theory)이라고 한다. 체제이론의 구체화 또는 상세화라는 과업을 맡고 있는 것이 상황이론이라고 말하는 사람들도 있다.

조직의 관리와 연구에서 상황에 맞는 전략을 찾아야 한다는 생각, 즉 상황

m) 상황적응적 접근방법은 상황론, 상황조건론 등 여러 가지 이름으로 불리고 있다.

감각의 강조는 상당히 오래된 것이다. 그러나 체제론적 시각에 맞추어 상황이론을 본격적으로 발전시킨 것은 1960년대부터의 일이다.

(2) 기본적 관점   상황적응적 접근방법의 기본적 관점은 체제론의 그것과 같다. 조직은 하위체제들로 구성되며 일정한 경계가 있어서 그 환경적 상위체제로부터 구획되는 체제라고 규정한다. 상황적응적 접근방법은 조직이라는 체제들이 구체적인 상황의 다양하고 가변적인 조건 하에서 어떻게 작동하는가를 이해하려 하며 나아가 상황에 맞는 처방을 발전시키려 한다.[7]

체제론의 아이디어를 원칙적으로 받아들이는 상황적응적 접근방법의 기본적 가정은 "행정조직 또는 그 하위체제를 구성하고 운영하는 방법의 효율성은 그것들이 처한 상황에 의존한다"는 것이다. 유일최선의 방법은 오직 상황적응적으로만 존재할 수 있다고 보는 것이다.[8]

(3) 중범위화   체제론적 관점의 실용화를 추구하는 상황적응적 접근방법은 고찰변수를 한정하고 상황적 조건들의 유형론을 발전시킴으로써 조심스럽게 제한된 범위 내의 일반성과 규칙성을 발견하고 그에 따라 문제해결방안을 처방하려 한다. 중범위화를 통해 특정적이고 단순한 원리와 복잡하고 모호한 관념의 중간을 지나려고 한다.

한편으로는 현대조직을 설계하고 관리하는 데 내포된 복잡성을 인정한다. 다른 한편에서는 중범위적 관점에서 범주화한 제관계의 유형 또는 하위체제들의 유형을 활용함으로써 복잡한 관계를 어느 정도 단순화한다. 그리하여 연구자들이 감당할 수 있는 개념적 틀을 제공하려 한다.[n]

(4) 평   가   상황적응적 접근방법은 행정과학의 과학성을 높이는 데 기여하고 있다. 그러나 이 접근방법이 지금 만족할 만한 발전수준에 도달해 있는 것은 아니다. 상황적응적 모형들 가운데 다수가 개념적 명료성을 결여하고 있으며, 관련변수 사이의 최적부합도를 판단할 정확한 기준을 제시하지 못한다는 비판을 받고 있다. 그리고 중범위이론의 본래적인 한계를 지니고 있다. 쉽게 말하

---

n) 연구대상인 조직이 목표지향적이라는 점을 강조하는 상황적응적 접근방법을 합리적·상황적응적 접근방법(rational-contingency approach)이라고 부르는 사람들이 있다. 이 접근방법은 조직이 목표추구적이라고 보기 때문에 합리적이며, 유일최선의 적응방법은 없다고 보기 때문에 상황적응적이라고 한다. Richard H. Hall, *Organizations: Structures, Processes, and Outcomes*, 5th ed. (Prentice-Hall, 1991), pp. 282~285.

면 충분히 포괄적이지도 못하고 충분히 상세하지도 못하다는 것이다.

조직의 최적양태가 상황적 조건에 따라서만 결정되는 것처럼 보는 상황적 응적 접근방법의 관점이 잘못되었다고 비판하는 사람도 있다.[o)

4. 발전행정론

1) 정   의

발전행정론(發展行政論: 발전행정학: study of development administration)은 발전도상국의 국가발전을 위한 행정을 연구해 온 행정학의 학파이다.

어느 나라에나 국가발전관리의 문제는 있는 것이지만 저개발국가 또는 발전도상국에서의 국가발전 추진체제는 선진국의 경우와는 다른 특수한 문제들을 안고 있다. 따라서 발전도상국의 국가발전에 결부된 행정문제들을 따로이 연구하는 학문분야가 필요하게 되었다.

발전행정론의 주된 연구대상은 발전행정이다. 발전행정론에서는 발전행정을 발전도상국에서 행정체제가 국가발전을 선도·관리하고, 그러한 일을 하기 위해 행정체제 스스로의 발전도 추구하는 활동이라고 정의한다. 이러한 정의에 함축된 발전행정의 특성은 세 가지이다. 세 가지 특성이란 첫째 발전도상국의 일이라는 것, 둘째 발전관리에 관한 일이라는 것, 그리고 셋째 행정개혁 노력을 포함한다는 것을 말한다.[9)

2) 형성과 성쇠

발전행정론은 비교행정론의 한 영역 또는 분과로 출발한 것이다. 문화권을 달리하는 나라들의 행정을 비교연구하는 사람들이 선진국과 후진국의 행정을 비교하기 시작하고, 후진국 또는 발전도상국의 국가발전과 행정발전의 연구에 깊이 빠져들면서 발전행정론이 형성되었다. 발전처방을 찾기 위해 후진국의 행정문제를 연구한다는 뜻에서 발전행정론이라는 이름을 지은 것 같다.

발전행정론은 미국 행정학계의 주도로 1950년대부터 점차 형성되기 시작하였으며 1960년대에 가장 큰 세력을 떨쳤다. 행정이론사의 흐름에서 1960년대는

---

o) Child는 상황의 변화에 불구하고 언제나 효율적일 수 있는 조직의 양태도 제한된 범위 내에서나마 있을 수 있다고 보는 일관성이론(consistency theory)을 제시한 바 있다. John Child, *Organizations: A Guide to Problems and Practice*(Harper & Row, 1977).

발전연구의 연대라고 할 수 있을 만큼 발전행정의 연구와 그에 대한 투자가 활발하게 이루어졌다. 1970년대부터 발전행정에 대한 행정학의 관심이 현저히 위축되었다.10)

> 1950년대에 접어들면서 미국정치학회, 미국행정학회 등이 비교행정 그리고 발전행정의 연구활동에 활기를 불어넣기 시작하였다. 미국은 2차대전 후 냉전상황의 세계에서 후진국들을 위한 기술원조에 힘쓰고 있을 때였으므로 발전행정 연구에 대한 좋은 투자여건이 조성되고 있었다. 1960년에 구성된 '비교행정 연구모임'(Comparative Administration Group: CAG)이 1962년부터 포드 재단(Ford Foundation)의 많은 재정지원을 받기 시작한 것은 발전행정론의 세력확장에 커다란 전기를 마련한 것으로 평가되고 있다. CAG에 대한 포드 재단의 지원은 1971년에 종결되었으며 CAG는 1973년에 해체되었다. CAG의 해체는 발전행정론의 쇠퇴를 상징하는 것이었다.

3) 주요 특성

발전행정론이라 부르는 영역의 연구경향이 처음부터 오늘날에 이르기까지 동일한 정체성을 유지하고 있는 것으로 보기는 어렵다. 여기서는 1950년대로부터 시작해서 1960년대에 절정에 달했던 당시의 발전행정 연구활동에 '정통적인' 발전행정론이라는 집합적인 이름을 붙이고 그 대체적인 특성을 논의하려 한다. 정통적 발전행정론에서 발견할 수 있는 특징적 지향성·관점·전제들을 보면 다음과 같다.

① 경제이론과 고전적 행정이론의 결합   발전행정론은 국가발전의 목표상태 가운데서 경제적 국면을 가장 중요시하고, 국가발전목표를 추구하는 데 필요한 조직으로는 고전적 관료제를 처방하였다. 그런 까닭으로 발전행정론이 국가개입을 지지하는 경제이론과 고전적 행정이론의 관점을 결합하였다고 보는 것이다.

발전행정을 위한 행정발전의 처방에서는 고전적 관료제를 모범으로 삼았다. 이러한 접근방법의 바탕에는 문화권들을 가로지르는 행정기술이전의 가능성에 대한 전제가 깔려 있다.

② 엘리트주의적 관점   발전행정론은 엘리트주의(선량주의지향: 選良主義志向: elitist orientation)를 내포한다. 발전행정론에서는 국가발전이나 행정발전은 인위적으로 유도되는 변동(guided change)이라고 파악하고 변동을 유도해 가는 엘리트 집단이 있어야 한다고 처방한다. 계명적인 생각과 능력을 가진 사람들이 낙후된 인구를 발전으로 이끌어가야 한다는 사고방식은 엘리트주의적인 것이다.

③ 국가주도형 발전의 관점   발전행정론은 국가가 국가발전관리를 주도해야 한다고 보는 관점에 입각한 것이다. 이 경우 국가의지를 체현(體現)하는 행동주체는 통치지도자(governing elite)가 이끄는 정부관료제이다. 발전행정론의 이러한 특성을 국가주의지향(statist orientation)이라고 설명하기도 한다.p) 국가주도의 관점은 위에 말한 엘리트주의의 행동주체에 관한 관점이라 할 수 있다.

④ 경제성장주의적 관점   국가발전이 경제성장만을 지칭하는 것은 아니라는 사실, 그리고 경제·사회·정치적 조건들은 교호작용한다는 사실을 인정하면서도 경제성장이 후진국의 어려움을 극복하는 핵심적인 해결방안이라고 믿는 것이 정통적 발전행정론의 입장이었다. 이러한 특성을 발전행정론의 성장주의지향 (growth orientation)이라고 한다.

　엘리트주의, 국가주의, 그리고 성장주의에 입각한 발전행정론의 주장 내지 처방적 지향성을 발전주의(發展主義)라고 부르는 사람들도 있다. 발전주의는 광범한 국가개입과 권위주의적인 행정의 주도적 역할을 강조하는 것이라고 한다.11)

4) 평   가

발전행정론은 행정체제의 비교연구를 확대시킨 공로를 인정받아야 한다. 발전행정론은 급속한 국가발전을 원하는 발전도상국의 형편으로 보아 별 수 없이 따르지 않을 수 없는 전략대안을 제시한 것이라고 볼 수도 있다. 그 실천적 처방이 발전도상국의 성장촉진에 기여한 국면을 부인할 수는 없다.

그러나 발전행정론은 여러 비판의 대상이 되어 왔다.12) 특히 1970년대에 접

---

p) 여기서 국가주의지향이란 국가 또는 정부가 국가발전을 선도·관리해야 하고 또 그렇게 할 수밖에 없다고 보는 관점을 지칭할 뿐이다. 국가주도의 발전추진 내용이나 과정에 대한 외국의 영향을 완전히 배척하려 한다는 뜻은 아니다. 발전행정론은 발전전략의 처방에서 선진국을 모형으로 삼았다.
　그러나 발전행정론은 발전도상국의 능동적 역할을 부인하고 선진국의 부정적 영향을 강조하는 종속이론(從屬理論: dependency theory)을 주된 이론적 기초로 삼지는 않았다.
　종속이론은 후진국이 선진국의 영향 때문에 후진의 악순환을 겪게 된다는 이론이다. 종속이론은 후진성을 후진국이 선진국에 의존되어 있는 상태의 결과라고 본다. 선진국으로부터 발전도상국에 미치는 압력과 영향은 근본적으로 부정적인 것이라고 한다. 종속국가의 성장이 있다면 그것은 지배적인 국가의 팽창을 반사하는 것임에 불과하며, 그나마의 성장은 지배적인 국가의 필요를 위한 것이라고 한다.
　종속이론은 경제적 제국주의 이론을 원용한다. 그리하여 후진국의 종속은 우월한 경제력을 앞세운 선진국들의 제국주의적 행동 때문이라고 설명한다.

어들면서 발전행정연구의 정통이론은 강한 비판과 도전의 대상이 되었다. 접근방법의 편파성과 서구적 편견의 개입, 지나치게 광범하고 추상적인 이론정립, 현실괴리의 처방 등이 방법론적 또는 이론적 차원에서 공격받았다.

그리고 발전행정론의 처방이 발전도상국에서 초래한, 그리고 초래할 수 있는 '반발전적' 결과와 위험이 또한 비판의 대상이 되었다. 실천적 폐단에 대한 비판은 다음과 같다.

첫째, 발전행정의 엘리트주의와 국가주의는 국가권력, 특히 행정권력을 비대화시키고 과잉적인 권력집중을 초래하였다. 그리하여 이른바 개발독재(開發獨裁)를 부추겼다. 행정이 소수 특권층의 이익을 옹호하고 국민을 억압하는 도구로 전락하게 하였으며, 국가가 저지르는 인권유린, 인간적 발전의 저해 등 폐단을 조장하였다.

둘째, 민간부문에 대한 정부간여의 확대는 민간부문에서 활용해야 할 자원을 정부가 차지하여 부적절하게 사용하는 폐단을 빚었으며 민간부문의 창의적·자율적 성장을 저해하였다. 경제에 대한 정부간여의 확대는 정치적·행정적 부패를 조장하였다.

셋째, 정치·사회·경제의 균형성장을 저해하였다. 비대해진 행정권력은 정치체제의 균형발전을 가로막았다. 경제성장 일변도의 정책추구는 환경보전을 소홀히 하게 만들었다. 그리하여 지속적 성장을 뒷받침해 줄 환경적 수용능력을 파괴하였다. 경제의 불균형성장, 소득배분의 심한 형평성상실과 부의 편재는 소외계층을 늘리고 사회적 갈등을 키웠다.q)

5. 조직군생태이론·자원의존이론

조직군생태이론과 자원의존이론은 조직과 환경의 관계를 중요시한다. 그러나 환경적 영향과 조직의 대응에 관한 견해는 서로 다르다. 조직군생태이론은 환경결정론적 관점에 입각한 것이다. 자원의존이론은 조직이 하는 전략적 선택을 강조한다.13)

---

q) 경제성장 요청·환경보전 요청·자원보존 요청·사회정의 보장 요청을 적절히 조화시켜 장기적인 성장잠재력을 파괴하지 않고 추구하는 발전을 '지속가능한 발전'(sustainable development)이라는 개념으로 설명하는 사람들이 있다. David G. Victor, "Recovering Sustainable Development," *Foreign Affairs*, Vol. 85 Issue 1(Jan./Feb. 2006), pp. 91~103.

1) 조직군생태이론

(1) 정   의   조직군생태이론(組織群生態理論: population-ecology or natural
-selection theory)은 환경적 요인들이 그에 가장 적합한 조직특성들을 선택한다고
설명하는 이론이다. 여기서 조직은 환경적 선택에 의존하는 피동적인 존재라고
규정된다.

조직군생태이론은 조직이 생겨나고 없어지는 원인을 환경적 적합도에서 찾
는다. 조직이 변동하는 방향은 환경에 대한 적합도가 높아지는 방향으로 전개된
다고 한다. 그 과정은 조직형태의 다양화가 진행되는 단계와 환경에 적합한 조
직이 유지·보존되는 단계를 포함한다고 한다.

조직군생태이론은 단일한 조직이 아니라 어떤 특성을 지닌 조직들의 무리
[群]또는 범주에 관심을 갖는다. 그리고 어떤 범주의 조직들이 환경의 어떤 적
소(適所: niche)를 만나면 보존되는가를 분석하려 한다.

(2) 평   가   조직군생태이론은 조직군이라는 개념을 도입함으로써 조직
의 거시적 분석에 기여한다. 조직을 관리하는 사람들이 계획하지 않은 변동을
설명하는 데도 기여한다. 그러나 환경결정론적이어서 조직이 환경에 미칠 수 있
는 영향의 가능성을 간과한다는 약점을 안고 있다.

2) 자원의존이론

(1) 정   의   자원의존이론(資源依存理論: resource-dependence theory)은 조
직과 환경의 관계를 분석하면서 조직의 주도적·능동적 행동을 중시한다. 조직
은 환경적 결정에 수동적이기만 한 것이 아니라 환경적 영향에 적극적으로 대처
하고 환경을 조직에 유리하도록 관리하려는 실체라고 규정한다.

자원의존이론에는 다음과 같은 세 가지 전제가 있다.

① 환경에 대한 조직의 의존   조직은 자원을 환경에서 획득하기 때문에 그
환경에 의존한다. 자원의 종류는 원자재, 인력, 서비스, 쇄신적 기술 등 다양하
다. 자원의 주요 출처는 다른 조직들이다.

② 조직의 전략적 선택   환경과의 관계에서 중요한 것은 조직이 하는 전략
적 선택이다. 조직이 환경에 의존한다고 하지만 환경은 조직이 하는 선택의 여
지를 완전히 봉쇄하지는 않는다. 조직은 스스로 선택할 수 있는 여러 대안을 갖

는다. 환경에 적응하고 환경을 조종하려는 의사결정은 조직의 권력구조와 외부
집단들의 요구가 어우러져 빚어내는 조직 내의 정치적 상황에서 이루어진다.

　③ 환경에 미치는 조직의 영향   조직은 능동적으로 환경에 영향을 미치려 한
다. 환경에서 일어나는 선택과정이 중요한 요소이기는 하지만 조직은 그에 대한
대응방안을 주체적으로 결정하며 환경을 조직에 유리하도록 능동적으로 관리하
려 한다. 결국 조직과 환경의 관계는 일방적인 것이 아니라 교호작용적인 것이
라 할 수 있다.

　(2) 평 가   자원의존이론은 조직과 환경의 상호적인 영향관계에 주목
함으로써 보다 균형잡힌 조직연구에 기여한다. 그러나 조직이 하는 전략적 선택
의 상황적응적 기준이나 구체적인 방법을 제시하는 데까지 미치지 못한 아쉬움
이 있다.

6. 공공선택론

1) 정   의

공공선택론(公共選擇論: public choice)은 현대정치경제학의 연구에 힘입어 형
성된 행정연구의 한 접근방법이다. 행정학에서 연구하는 공공선택론은 정부의
공공재 공급에서 시민의 선택을 중요시하는 접근방법이다. 공공선택론의 바탕을
이루는 것은 미시경제이론, 민주정치이론, 그리고 합리적·경제적 인간모형의 주
요 가정들이라고 말할 수 있다.

1960년대부터 행정학의 탈전통적(반정통적) 접근방법의 하나로 부각되기 시작
한 공공선택론에 사람들은 '비시장경제학', '민주행정의 패러다임', '행정에 관한 소
비자보호운동', '개인주의적 정치이론' 등의 별명을 붙이기도 한다.[14]

2) 연원과 행정학적 수용

공공선택론의 사상적 연원은 아주 오래전으로 거슬러 올라가 찾을 수 있다.
정부서비스의 공급에서 시민의 선택을 존중해야 한다는 민주적 정치이론이나
경제이론은 모두 공공선택론의 지적 연원이라고 볼 수 있다.

정치사상쪽의 뿌리로는 Thomas Hobbes, Jean-Jacques Rousseau 등 17~18
세기 사상가들의 사회계약론이 지목되고 있다. 그 뒤 많은 민주정치사상가들이
공공선택론에 선조적인 아이디어를 제공하였다.

경제학쪽의 뿌리는 19세기 후반과 20세기 초에 걸친 유럽 재정학자들의 연구에서 찾는다. 공공선택론의 선조적 문헌을 저술한 대표적인 경제학자는 1896년에 "공정과세의 새로운 원리"(A New Principle of Just Taxation)를 발표한 Knut Wicksell과 1919년에 "공정과세 — 확실한 해결책"(Just Taxation — A Positive Solution)을 발표한 Erik Lindahl이다. Wicksell은 실증적 공공선택론의 발전에 기여하였고 Lindahl은 공공재이론의 발전에 기여하였다. 그 뒤를 이어 후생경제이론과 사회적 선택이론이 공공선택론의 발전에 많은 기여를 하였다.

경제학적 모형을 정부예산이나 자원배분의 결정에 적용해 보려는 단순한 시도가 있어온 지는 오래이다. 그러나 공공선택론이 행정학에 본격적으로 도입되기 시작한 것은 1960년대 초반부터이다. 1963년에 조직되었던 비시장적 의사결정에 관한 세미나가 행정학에 공공선택론을 도입하는 중요한 계기가 되었다. 이 세미나에 참여하고 또 초기에 많은 공헌을 한 사람으로 James Buchanan, Gordon Tullock, Vincent Ostrom을 들 수 있다. 특히 Ostrom의 기여가 돋보인다.

> 1963년 11월에 Thomas Jefferson Center for Studies in Political Economy (James Buchanan과 Gordon Tullock 등이 주관)는 정치이론과 경제이론이 교차되는 영역의 문제에 관심 있는 경제학자·정치학자 등을 미국 버지니아주의 샬럿스빌(Charlottesville)로 초청하여 이른바 비시장적 의사결정(nonmarket decision making)에 관한 회의를 개최하였다. 회의 참석자들은 집합적(공동적: collective), 정치적 또는 사회적 의사결정에 경제학적 사고방식을 적용하는 문제에 공통적인 관심을 보였으나 이러한 문제영역을 무엇이라 부를 것인지에 대하여는 합의를 보지 못하였다.
>
> 회의주제에 대한 명칭으로 '집합적 의사결정에 관한 순수이론', '비시장적 의사결정의 분석', '집합적 합의에 관한 실증적 이론' 등이 거론되었으나 이름짓는 데 결말을 짓지 못하였다. 그리하여 끝내 '이름없는 회의'(no-name conference)로 남게 되었으며, 이것이 미국 「행정학회보」에 행정학의 '이름없는 영역'이라고 소개되었다. 이 이름없는 회의가 오늘날 행정학에서 말하는 공공선택론을 출발시킨 계기였다고 말할 수 있다. 그 뒤 1967년에 공공선택학회(Public Choice Society)가 조직되었고 「공공선택」(*Public Choice*)이라는 학회보가 나오게 되었다.[15]

3) 주요 특성

공공선택론의 가치기준은 시민적 선택의 존중이다. 시민 개개인을 이기적 존재로 파악하고 개인적 선택을 존중한다.

공공선택론에서는 정부를 공공재의 생산자라고 규정한다. 시민들은 공공재의 소비자라고 규정한다. 이러한 관점에 입각하여 소비자인 시민 개개인의 편익을 향상시킬 수 있는 행정서비스의 비전통적 대안을 제시하려 한다. 비전통적 대안의 요체는 공공부문의 시장경제화이다. 공공선택론은 전통적 정부관료제를 비판하고 그것을 대체할 공공재 공급장치를 처방한다.

① 가치기준 공공선택론의 핵심적 가치기준은 행정서비스에 관한 시민 개개인의 선호와 선택을 존중하는 것이다. 여기에 수반되는 가치전제는 경쟁을 통한 행정의 대응성 제고 및 공공재배분결정의 합리성 제고이다.

② 방법론적 개체주의 공공선택론은 인간이 이기적 존재임을 전제하고 방법론적 개체주의(methodological individualism)를 채택한다.

방법론적 개체주의 또는 개인주의란 개인을 분석의 기초단위로 삼는다는 뜻이다. 공공선택론에서는 정당, 지방정부, 국가 등을 분석의 기초단위로 채택하지 않고 대표적이라고 생각되는 개인의 입장을 분석의 출발점으로 삼는다.

공공선택론은 분석의 기초단위인 개인으로서의 인간을 이기적 또는 자기이익추구적이며 합리적이고 효용의 극대화 전략을 추구하는 존재라고 가정한다. 자기이익추구적인 행동법칙이 민간부문에서뿐만 아니라 공공부문에서도 적용된다고 보는 것이 공공선택론의 입장이다.16)

③ 공공재에 관한 연구 정부는 여러 종류의 재화·용역을 공급하지만 그 주축을 이루는 것은 공공재(公共財: public goods and services)이다. 공공선택론은 공공재에 관심을 집중하고 그 생산·공급·소비에 관한 문제들을 연구한다.

공공재는 배제의 원칙(exclusion principle)을 적용할 수 없는 재화·용역이다. 다시 말하면 공공재는 분할이 어렵기 때문에 누가 대가를 치르느냐에 관계없이 잠재적 고객들을 그 이익 향수권에서 배제할 수 없는 것이다.r) 공공재는 한 사람의 사용이 다른 사람의 사용을 가로막거나 감소시키지 않는 비경합적 소비(non-rival consumption)라는 특성도 지닌다.

---

r) 공공재와 대조되는 민간재(民間財: private goods and services)는 분할이 가능하며 시장적 경쟁 조건 하에서 공급되고 편익을 누리는 사람이 그 값을 치르게 되는 재화·용역이다. 순수한 민간재와 공공재의 중간형태인 유료재(有料財: toll goods)와 공동재(共同財: common-pool resource or common facility)를 구분하기도 한다. 유료재는 공동사용의 특성을 지니고 배제의 원칙도 적용되는 유료도로, 전화서비스, 도서관 등이다. 공동재는 배제의 원칙을 적용할 수 없고 공동사용이 어려운 자연수공급, 바다에서 잡는 생선 등이다. Vincent Ostrom, "New Conceptual Developments and Opportunities for Roform," in Gerald E. Caiden and Heinrich Siedentopf(eds.), *Strategies for Administrative Reform*(Lexington Books, 1982), pp. 25~28.

④ 정책결정구조에 관한 연구   공공선택론은 서로 다른 조직구성 또는 정책결정구조가 공공재의 산출과 소비에 미치는 영향을 분석하고 평가한다. 공공선택론은 정책결정구조가 채택할 수 있는 여러 가지 의사결정방식을 평가하여 시민들의 선호를 가장 효율적으로 반영할 수 있는 대안을 찾으려 한다.

⑤ 합리적인 정책결정의 처방   공공선택론은 시민의 이익(복지)을 향상시킬 가능한 최적의 자원배분대안을 선택할 수 있도록 정책결정의 합리화를 처방한다. 가능한 최적의 자원배분결정이란 다른 사람들의 이익을 감소시키지 않고서는 어떤 사람도 그의 이익을 증대시킬 수 없는 상태에 도달하도록 정책을 결정한다는 말이다. 즉 '파레토 최적'의 정책결정을 한다는 뜻이다.

그러나 공공선택론의 합리화처방은 순수경제이론에 입각한 것이 아니다. 정책결정과정에 개입하는 정치적 요인을 중요시하는 정치경제학적 접근방법에 입각한 것이다.

실현가능한 자원배분상태 가운데서 다른 사람들의 이익을 감소시키지 않고는 어떤 사람의 이익도 증대시킬 수 없는 상태에 도달한 것을 파레토 최적(Pareto optimal)의 대안이라 한다.

파레토 최적의 대안은 모든 사람에게 이익이 되는 변화를 더 이상 실현할 수 없는 상태이기 때문에 이것을 더 이상의 개선이 불가능한 상태라고 한다. 그러한 대안을 파레토 최적성(Pareto optimality or Pareto efficiency)의 기준에 부합되는 상태라고도 한다. 파레토 최적의 대안은 다른 모든 대안들보다 파레토 우위(Pareto superior)인 대안이다. 파레토 최적성이라는 개념은 경제학자 Vilfredo Pareto가 개발한 것이다.17)

⑥ 비관료제적 조직의 처방   공공선택론은 공공재 공급조직의 구성에 관해서도 원칙적으로 상황적응적 접근방법을 지지한다. 그러나 공공선택론자들은 전통적인 정부관료제의 구조와 과정에 대해 대체로 부정적인 입장을 취한다.s)

공공선택론은 그 가치지향에 부합되는 체제로 분권화되고 협동화된 다원조직제를 선호한다.t) 이러한 체제는 준시장적 구조(quasi-market structures)를 통해서 작동되어야 한다고 본다. 준시장적 구조는 공공재의 공급에 민간과 정부의 다

---

s) 관료제적 조직은 고객의 다양한 선호와 환경적 조건 그리고 변동에 대응하는 능력이 약하고 과오를 많이 범하는 등의 결함을 내포하는 것이라고 본다. 그리고 관료제적 조직은 생산자측의 능률(producer efficiency)에만 집착하는 경향이 있다고 비판한다.

t) 다원조직제(多元組織制: multi-organizational arrangements)는 상황의 요청에 따라 조직의 구성을 다양화하는 제도이다.

양한 조직들이 참여할 수 있게 하고 다원적 공급체제와 소비자집단의 관계에 협
상·계약·공동생산 등 시장적 방법을 도입한 것이다.

4) 행정개혁 처방

공공선택론의 행정개혁처방은 전통적 관료제의 구조와 활동에 중대한 수정
을 요구하는 급진적인 것이다. 공공선택론은 공공부문 내의 활동을 조정하고 공
공재 공급의 능률을 높이기 위해 경쟁을 유도하는 데 준시장적 장치를 도입해야
한다고 주장한다. 공공선택론의 주요 개혁처방을 요약하면 다음과 같다.

(1) **다원조직제**   조직설계의 획일주의를 타파하고 유기성과 상황적응성을
높여야 한다. 시민들의 다양한 요구에 대응하는 서비스를 효율화하려면 정부와
민간의 다양한 조직들이 공공재의 생산과 공급에 참여할 수 있게 해야 한다. 공
공재 공급·소비의 여건에 적합한 공급조직들을 다양하게 구성함으로써 다원조
직제를 발전시켜야 한다.

(2) **비계서적 조정**   다양한 공공재 공급조직들은 높은 자율성을 누려야 한
다. 그들 사이의 조정은 이익의 상호적 교환·협약·사법적 및 준사법적 재결(裁
決) 등을 통해 이루어지게 해야 한다. 조정에서 계서적 권한의 행사는 제한되어
야 한다. 모든 행정서비스를 조정하는 단일의 통합적 계서제를 두는 것은 바람
직하지 않다.

(3) **관할중첩의 활용**   공공재 공급조직의 관할중첩은 시민의 편익을 도모
하는 데 유용하게 쓰일 수 있다. 대등한 수준의 관할중첩을 통해 공공재 공급의
경쟁성을 높일 수도 있고 대·소(광·협)의 관할을 겹치게 하여 행정서비스의 질
을 높일 수도 있다.

(4) **적정한 공급영역의 설정**   공공재의 공급과 그에 대한 고객의 수요를 부
합시킬 수 있도록 공급영역을 설정해야 한다. 이러한 요구에 부응하려면 선호가
동질적인 집단별로 공급영역을 설정해야 한다. 각 공급영역의 공공재 공급이 그
영역 밖의 시민에게 부담을 주거나 구속을 가하지 않도록 주의해야 한다. 즉 부
정적 외부효과(negative externality) 또는 외부비용을 최소화해야 한다.u)

(5) **고객에 대한 의존도의 제고**   공공재 공급조직의 고객에 대한 의존도를

---

u) 여기서 외부비용(external costs)이란 개인들이 자기의 선호에서 벗어나는 공공기관의 결정으
로 말미암아 부담하게 되는 비용을 말한다.

높여야 한다. 공급조직 하나 하나의 존속과 활동은 고객의 지지를 얼마나 동원할 수 있는가에 의존하도록 해야 한다. 그래야만 고객의 수요에 대한 민감성·대응성을 높일 수 있다.

(6) **준시장적 수단 활용**　수익자부담세(user taxes), 수수료(user charges) 등을 늘려 공공재 공급의 소비자 부담원칙을 강화해야 한다. 수익자 부담원칙을 강화하면 시민들이 공공재 공급요구를 하는 데 신중해지고 공급수준을 보다 합리적으로 결정할 수 있게 한다.

바우처시스템(voucher system)을 활용하고 조직 간의 예산이관을 용이하게 함으로써 공급조직 간의 경쟁을 촉진해야 한다.[v] 용역계약제도를 활용하여 가장 효과적인 공공재공급을 실현해야 한다.[w]

(7) **시민공동체 구성 촉진**　공공재의 공급과 소비에 관하여 자치적으로 활동할 시민공동체(citizen collectivities)의 구성을 허용하고 지원해야 한다. 이러한 단체들을 통해 시민들은 자조적(自助的)으로 공공재를 생산·공급하고 공공재를 정부조직과 공동생산하거나 행정과정에 참여할 수 있다. 시민공동체의 공동사업에 드는 비용은 수익자가 부담하도록 해야 한다.

5) 평　가

공공선택론은 기존의 행정과 행정이론에 내재된 결함을 극복해 보려는 하나의 반발적 접근방법이다. 공공선택론이 시민위주의 행정서비스 실현을 목표로 내세우고 여러 가지 개혁방안을 탐색한 공로는 인정해야 한다.

---

[v] 바우처시스템(구매권제도)은 일정한 양의 바우처를 분배받은 시민들이 그것으로 원하는 공공재를 골라 구입하게 하는 제도이다. 바우처는 정부가 제공하고자 하는 재화·용역에 대한 지불 인증권이다. 이것을 받는 사람의 구매력은 정부정책으로 정한다. 바우처시스템은 공공서비스의 효율성·형평성 제고, 공공서비스의 수요·공급 조절, 소비자 선택권에 의한 공급자의 감시 등의 기능을 수행할 수 있다. 정광호, "바우처 분석: 한국과 미국을 중심으로," 「행정논총」, 45권 1호(2007. 3), 63~65쪽.

[w] 미국에서 실험한 이른바 레이크우드 플랜(Lakewood Plan)은 용역계약에 의한 행정서비스의 예로 자주 인용된다. 미국 캘리포니아주의 롱비치시에 인접해 있는 레이크우드의 주민들은 롱비치시의 관할에 들어가는 것을 거부하고 따로 단체를 조직하여 약간의 직원을 고용하였으며, 주민에게 필요한 행정서비스를 주변의 정부조직들이나 민간업체로부터 구매하였다. 행정서비스를 구매할 때에는 공급단체들 사이의 경쟁을 유도하였다. 그리하여 레이크우드는 미국에서 최초로 탄생한 '계약에 의한 시정부'(contract city)가 된 것이다. Howard E. McCurdy, *Public Administration: A Synthesis*(Cummings, 1977), pp. 172~174.

공공선택론이 제시한 개혁원리들은 오늘날 행정개혁에서 널리 존중되고 있다. 행정서비스의 고객중심주의 또는 소비자중심주의, 정부조직의 관료제적 경직성 타파와 상황적응성 제고, 분권화와 자율성의 제고, 시민참여의 확대, 행정에 대한 시장성의 도입 등 공공선택론이 제안한 아이디어들은 행정개혁의 처방에서 자주 채택되고 있다.

그러나 공공선택론의 기본적 가정과 방법론은 여러 가지 비판의 대상이 되고 있다.

첫째, 인간을 이기적인 합리적 존재로 가정한 것은 지나친 단순화이다.

둘째, 정부의 산출과 그에 대한 비용부담은 대부분의 경우 분리될 수밖에 없고, 정부활동의 성과를 시장적 가치로 측정할 수 있는 경우는 오히려 예외적인데, 공공재공급의 분석에 자유시장논리를 직접 도입하려는 방법론에도 문제가 있다.

셋째, 공공선택론의 실천적 처방들은 급진적이어서 현실적합성이 낮다. 기존의 정부조직 구성원리와 심한 마찰을 빚기 때문에 지나치게 이상적이라는 비판을 받는다.

넷째, 공공선택론의 처방들은 행정에 대한 시민참여의 수준이 높은 문화를 전제한다. 고른 시민참여의 문화가 성숙되지 못한 곳에서는 공공선택론의 현실적합성이 낮아질 수밖에 없다.

7. 거래비용이론·대리인이론

거래비용이론과 대리인이론은 경제학적 모형을 조직연구에 도입한 것이다. 이 두 가지 모형은 신제도주의 경제학(new institutional economics)의 이론이라고도 한다. 거래비용이론은 시장에서의 거래비용에, 대리인이론은 위임자와 대리인 사이의 계약관계에 초점을 맞춘다.

1) 거래비용이론

(1) 정   의   거래비용이론(去來費用理論: transaction-cost theory)은 조직, 특히 민간부문의 조직들이 생겨나고 일정한 구조를 갖게 되는 이유를 경제학적으로 설명한다. 생산보다는 비용에 관심을 가지고 재화·용역의 거래에 드는 비용의 최소화 방안을 연구한다. 분석의 수준은 미시적이다. 시장에서 이루어지는

개인 간 및 조직 간 거래를 분석단위로 한다.[18]

거래비용이론에 따르면 조직은 재화·용역의 거래비용을 줄이기 위해 만들어지는 장치라고 한다. 사회 전체를 거래망(network of transaction) 또는 계약망이라고 볼 수 있는데 그 안에서 거래비용을 줄이는 효율적 방법 가운데 하나가 조직이라고 한다. 시장에서 개별적 거래주체와 필요할 때마다 새로이 계약을 체결해 일을 하려면 비용이 너무 많이 든다. 이들을 조직의 틀 안에 끌어들여 지속적인 고용관계를 설정하면 거래비용을 현저히 줄일 수 있다고 한다. 거래 상대방들을 지속적 고용계약에 의해 조직에 흡수함으로써 여러 통제기제를 가지고 그들의 행태를 감시할 수 있기 때문이라고 한다. 환경이 복잡해지고 그 불확실성이 높아질수록 조직의 필요는 커진다고 한다.

그러나 거래비용이론이 조직을 비용절감을 위한 유일최선의 방안이라고 강변하지는 않는다. 거래비용이론은 거래의 비용을 줄이고 거래의 능률성을 높일 수 있는 방안들을 처방하는데, 조직만을 유일한 대안으로 보지는 않는다. 거래비용을 줄이기 위해 어떤 거래를 조직 안으로 끌어들일 것인지, 아니면 외부의 공급자에게 맡길 것인지를 결정할 기준과 조건을 확인하는 것은 거래비용이론의 중요한 연구과제이다.

(2) 평   가   거래비용이론은 조직의 생성·변동에 작용하는 경제적 동기를 분석하는 데 길잡이가 된다. 그러나 비용을 논의하면서 관련비용을 포괄적으로 고려하지 못하고 있다. 그리고 조직 자체의 비효율성을 초래하는 요인들, 즉 조직실패요인들의 고려를 소홀히 하고 있다.

2) 대리인이론

(1) 정   의   대리인이론(代理人理論: principal-agent theory or agency theory)은 위임자(principal)와 대리인(agent)의 관계에 관한 경제학적 모형을 조직연구에 적용하는 접근방법이다.

대리인이론은 위임자가 그의 효용을 위한 일을 대리인에게 위임하여 처리한다는 계약을 체결한 때에 위임자-대리인 관계가 성립하는 것으로 본다. 이러한 관계에서 위임된 업무처리의 효과는 궁극적으로 위임자에게 귀속하는 것이라고 한다.

대리인이론은 행동자들이 이기적인 존재임을 전제하고 위임자-대리인 간의 정보불균형, 상황적 조건의 불확실성, 그리고 대리인을 움직이는 유인(誘因)을 중요시한다. 이 접근방법은 당사자들의 이기적인 의사결정이 위임자인 개인, 조직 등의 효율성제고에 지향되도록 유인을 제공하는 방안을 연구한다.[19] 대리인이론의 관심은 조직 내의 관계들에 국한되지 않는다. 조직과 고객 그리고 외부조직이나 기타 수권적 연계와의 관계를 분석하는 데도 대리인이론의 분석틀이 활용된다.

　(2) 연구과제　　　대리인이론은 위임자-대리인관계의 효율성을 저해하는 요인들과 이를 통제할 수 있는 방안들을 연구한다. 중요연구과제들을 보면 다음과 같다.

　① 제약요인의 연구　　　위임자-대리인관계에서 합리적 선택과 위임자의 적극적·소극적 통제노력을 제약하는 요인들은 여러 가지이다.[20]

　첫째, 합리성의 제약을 들 수 있다. 인간의 인지적 한계와 정보부족 등 상황적 제약 때문에 불확실성을 통제하기 어렵다.

　둘째, 정보비대칭성(information asymmetry)과 기회주의(opportunism)로 인해 초래될 수 있는 불리한 선택과 도덕적 해이가 문제이다.

　대리인관계에서 대리인은 자기 자질이나 업무수행에 관한 정보를 위임자보다 더 많이 가지고 있는 것이 예사이다. 이러한 현상을 정보불균형 또는 정보비대칭성이라고 한다. 이기적인 대리인은 노력은 최소화하고 이익은 최대화하거나 자기에게 유리한 정보는 과장하고 불리한 정보는 은폐하는 등 기회주의적 행동을 할 수 있다.

　위임자-대리인 사이에 정보비대칭성이 있고 대리인이 기회주의적으로 행동하는 경우 불리한 선택(adverse selection)이나 도덕적 해이(도덕적 위해: moral hazard)라는 문제가 발생할 수 있다.[x]

　셋째, 자산특정성(asset specificity)이 문제이다. 조직이 투자한 자산이 고정적이고 특정적이면 조직 내의 관계나 외부공급자와의 관계가 고착된다. 따라서 대리인관계가 비효율적이더라도 이를 바꾸기 어렵다.

　넷째, 소수독점 내지 과점(oligopoly)이 문제이다. 대리인관계를 설정할 수

---

x) 위임자는 자질이 부족한 대리인을 선택할 수도 있고 대리인의 능력에 비해 너무 많은 보수를 주는 계약을 체결할 수도 있는데, 이를 불리한 선택이라고 한다. 대리인은 무성의하거나 수준 이하의 노력을 할 가능성이 있는데, 이것을 도덕적 해이 또는 도덕적 위해라 한다.

있는 잠재적 당사자(대리인)의 수가 적으면 불리한 선택의 가능성이 높아진다.

② 통제방안의 연구   대리인이론은 위와 같은 제약조건들을 극복하고 비용을 절감할 수 있는 방안들을 연구한다. 계약체결에서 설정할 유인기제, 관료적 통제, 시장적 통제, 규범과 신념의 내재화 등에 관한 방법들을 처방한다.

특히 유인기제의 핵심이라고 생각하는 보수체계의 입안에 대해 많은 관심을 기울인다. 다수의 연구인들은, 위임자와 대리인 사이의 목표갈등이 크지 않고, 업무가 일상화되어 있고, 업무수행결과의 측정이 어려운 경우에 시간급을 규정하는 행태지향적 계약(behavioral contracts)을 사용하도록 처방한다. 성과급을 규정하는 결과지향적 계약(outcome-based contracts)은 위임자와 대리인 사이의 목표 차이가 크고 직무행태를 감시하기 어려운 반면 업무수행성과는 측정하기 쉬운 경우에 사용하도록 처방한다.

(3) 평   가   대리인이론은 조직 내의 인간이 일하게 되는 이유를 설명하고 조직의 병리를 설명하는 데 큰 도움을 줄 수 있다. 대리인이론은 조직내부 관리문제뿐만 아니라 정부기능의 민간화, 정부-민간 사이의 계약관계, 규제정책 등을 연구하는 데도 좋은 길잡이를 제공한다.

그러나 대리인이론은 비경제적 요인의 고려를 소홀히 한다는 비판을 면하기 어렵다. 이기적 인간모형에 대한 전제도 언제나 적실한 것은 아니다.

대리인이론을 정부부문에 적용하는 것은 민간부문의 경우에 비해 더 어렵다. 공공부문에서는 위임자가 누구인지, 그리고 다수의 위임자들이 원하는 것이 무엇인지를 확인하기가 어렵기 때문이다.[21]

8. 신행정학

1) 정   의

이른바 '신행정학'(新行政學: 'new' public administration)은 1960년대 말 미국에서 일단의 행정학도들이 기존의 행정학에 도전하여 일으킨 전통 비판운동에 붙여진 이름이다. 이 운동에 가담했던 사람들은 기존의 행정질서와 전통적 행정학을 공격하고 행정학의 근본적인 방향전환을 주장하였다. 여기서 '신행정학'이라는 말에 따옴표를 붙이는 까닭은 그것이 특정한 연구경향을 지칭하는 것이기 때문이다. 이하의 설명에서는 따옴표를 생략하기로 한다.[22]

2) 출범의 배경

대부분의 논자들은 1968년에 개최된 미노부룩 회의(Minnowbrook Conference)를 신행정학의 출발점으로 보고 있다. 그 이전에도 신행정학적 경향의 논의들이 있었겠지만 미노부룩 회의와 그 결과에 관한 책자는 비교적 종합적인 평가의 대상물을 제공했기 때문에 평가자들은 이 회의에서부터 '젊은이들의 행정학', '미노부룩 관점' 등으로 불리기도 한 신행정학의 출발이 있었다고 본다.[y]

신행정학이라는 움직임의 대두는 당시 미국 사회와 학계의 형편을 반영하는 것이었다. 1960년대에 특히 가열된 대학가의 소요, 인종갈등의 심화와 민권운동의 확산, 빈곤퇴치요구의 확산, 주요 정치·종교지도자의 암살, 월남전을 둘러싼 정치적·사회적 뒤틀림 등으로 표출된 미국 사회의 소용돌이는 행정분야에서뿐만 아니라 다른 여러 분야에서도 일종의 위기감을 조성하였다. 그리고 강력한 비판과 개혁의 정신을 일깨운 바 있다.

사회과학 전반에 걸쳐 미국식 실증주의가 비판의 도마에 올랐다. 많은 사회과학도들이 인간주의심리학, 현상학 등에 눈을 돌리게 되었다. 여러 사회과학분야에서 '신', '비판', '인간주의' 등의 접두사가 붙은 연구경향들이 나타나고 있었다. 전통적 접근방법을 비판했다는 점을 강조하기 위해 신행정학을 비판행정학이라 부르는 사람들도 있다.

신행정학은 출발할 때부터 기성의 행정과 행정학을 비판하는 정신을 공유하기는 했지만 한 학파로서의 뚜렷한 정체성과 지속성을 확보했다고 보기는 어렵다. 엉성한 연합적 성격의 운동으로 전개되어 온 신행정학의 전통을 반성하고 발전시키려는 뒷날의 노력도 별로 조직화되지 못했다.[z]

---

y) 1968년에 Dwight Waldo는 신진행정학자들 사이에 일련의 반발적인 움직임이 조성되어 있음을 감지하고 반발적 성향을 지닌 50명의 행정학자와 실무자들을 미국 시라큐스 대학교의 미노부룩 회관으로 초청하여 회의를 개최하였다. 이 회의에서 발표되고 토의된 것을 Frank Marini가 정리해서 「신행정학을 지향하여: 미노부룩의 관점」(*Toward a New Public Administration: The Minnowbrook Perspective*)이라는 제목의 책자로 묶어 펴내게 되었다. Waldo는 미국 「행정학보」의 편집위원장 자격으로 미노부룩 회의를 주관하였으며 시라큐스 대학교 행정대학원(Maxwell School)의 경비지원을 받았다고 한다.

z) H. George Frederickson은 1988년에 제 2 차 미노부룩 회의를 조직한 바 있다. 1차 때와 같은 장소에서 4일간 개최된 이 회의에는 1차 때의 회의참가자들도 상당수 참여하였다. 그러나 2차

3) 주요 특성

신행정학은 기존행정학을 공격하고 행정현실에 대한 행정학의 적실성 제고를 주장하였다. 신행정학의 논조는 상당히 도덕적·이상주의적이었다. 신행정학도들은 기술과 절차의 문제보다는 목표와 가치의 문제를 더 중요시하였다. 그리하여 사회적 형평, 고객에 대한 충성과 같은 행정이 추구해야 할 가치와 윤리, 사회적 요청에 대응한 행정의 역할, 특히 능동적 역할, 조직구성원의 인간적 성장 등에 관한 규범적 이론의 발전을 시도하였다. 그들은 행정과 행정학의 변동대응성을 강조하고 행정의 탈관료화를 처방하였다. 그들은 또한 행정학의 실증주의적 관점을 비판하고 현상학의 도입에 관심을 보였다.

신행정학 계열의 연구활동도 시간의 흐름에 따라 변화를 겪은 것으로 보인다. 여기서는 대체로 신행정학의 초기적 논조를 대상으로 삼고 여러 사람의 의견을 참고하여 특징적인 연구경향을 간추려 설명하기로 한다.

① 전통비판과 현실적합성 추구   신행정학도들은 기존의 행정과 그를 뒷받침하는 이론들을 격렬히 비판하였다. 그들은 기존의 행정이 현상유지의 수구적 도구이며, 혜택받지 못한 계층에 대한 사회정의 실현을 거부하는 기성체제(旣成體制: establishment)의 도구라고 몰아붙였다.

기존의 행정과 그것을 뒷받침한 행정이론은 새로운 시대의 격동하는 조건에 적합하지 않다고 주장하면서 신행정학도들은 행정과 행정이론의 현실적합성 또는 적실성 제고를 우선적 과제로 들고 나왔다.

신행정학도들은 행정연구 또는 행정이론의 현실적합성을 논의하면서 격동하는 환경의 문제, '우리들의 문제',[a] 행정을 실제 담당하는 사람들의 문제에 대한 적합성을 특별히 강조하였다.

② 실증주의에 대한 비판   사회과학의 기초가 되는 철학에 대한 높은 관심은 신행정학의 중요한 특징이다. 철학과 사회과학방법론을 논의한 신행정학도들

회의의 분위기는 1차 회의의 경우와 많이 달랐다. 1차 때의 열정과 이상주의는 찾아보기 어려웠다. 그리고 각양각색의 발표논문들은 공동의 유대를 거의 가지고 있지 않았다. Richard J. Stillman, Jr., *Preface to Public Administration: A Search for Themes and Direction*(St. Martin's Press, 1991), pp. 2~3.

[a] 여기서 '우리들의 문제'란 미국에서 신행정학도들이 생각했던 미국의 행정문제를 지칭한다. 신행정학도들은 자기 자신들의 문제 또는 자기 나라의 문제를 해결하는 데 도움되는 연구에 가장 높은 우선순위를 부여해야 한다고 주장하였다.

은 실증주의의 맹점을 공박하고 현상학 등 비실증주의적 철학의 사고방식을 도입하려 하였다. 그들은 몰가치적 또는 가치중립적이라고 하는 경험적 조사연구의 가능성과 효용에 대하여 강한 의문을 표시하였다.[b']

신행정학도들은 비실증주의적 철학에 호소하여 실증주의적 연구의 결함을 극복하려 하였다. 현상학에 심취한 일부 신행정학도들은 행정이론의 개념들을 의식구조의 진지한 분석을 통해 이해하려 했다. 사실과 가치의 분리를 거부하고 현상을 분해하기보다는 그 총체로서 다루려 했다. 현상에 대한 모든 사람의 지각을 존중하여야 하며 현상에 대한 여러 가지 견해들을 통합해야 한다고 주장하였다. 신행정학도들은 행정의 실제에서도 관계자들의 '합의에 의한 합리성'(완충적 합리성: buffered rationality)을 추구해야 한다고 말했다.

③ 가치문제의 중시 신행정학도들은 가치와 규범의 문제를 전면에 부각시키고 윤리성이 짙은 또는 인간애를 담은 규범적 이론의 발전에 깊은 관심을 보였다. 이러한 까닭으로 신행정학의 전반적인 논조를 도덕적이라고 평가하는 사람들이 많다.

④ 사회적 형평성의 추구 신행정학도들이 행정의 임무로서 가장 중요시한 것은 사회적 형평성의 추구이다. 그들은 능률과 절약에 앞서서 또는 그에 추가하여 사회적 형평성의 증진을 위해 행정이 앞장서야 한다고 주장하였다.

신행정학도들은 행정이 특혜받지 못하고 불리한 위치에 있는 소수의 편에 서서 그들의 정치적 지위와 경제적 복지의 향상을 위해 노력하여야만 사회적 형평성을 구현할 수 있다고 하였다. 행정의 중립성은 바람직하지도, 가능하지도 않다고 보고 행정인들이 부익부 빈익빈의 경향에 저항하는 도덕적 책임을 져야 한다고 주장하였다.

⑤ 고객중심의 행정 행정조직과 고객의 관계도 신행정학이 매우 중요시한 관심사이다. 이 문제를 다룬 신행정학도들은 행정조직의 고객에 대한 충성(client loyalty)과 고객지향적 사업에 대한 충성(program loyalty)을 강조하고, 일반 시민들

[b'] 신행정학도들은 실증주의적 방법론에 입각한 연구를 건방지고 위험하며 어리석은 행동이라고 공격한다. 사회과학자들이 우월한 과학적 방법을 알고 있기 때문에 현실(reality)을 다른 사람들보다 더 잘 관찰할 수 있다고 믿는 것은 건방진 소치라고 한다. 실증주의는 사회과학자로 하여금 그들의 연구가 인간생활에 어떤 영향을 끼칠 것인가에 대해서는 생각하지 않도록 유도하기 때문에 위험하다고 한다. 이 세상에 대한 경험적 이론이 몰가치적(valuefree)이라고 가정하는 것은 어리석은 생각이라고 한다.

의 요청에 대한 행정조직의 대응성을 높여야 한다고 주장하였다.

⑥ 능동적 행정의 추구   신행정학도들은 행정의 능동적이고 책임 있는 역할 담당을 촉구하였다. 행정인은 행정의 본래적인 임무수행에 헌신하는 '책임 있는 능동성'(proactive orientation)을 발휘하여야 하며 행정조직은 이를 뒷받침해야 한다고 주장하였다.

신행정학도들은 능동적인 행정인들의 자기책임주의를 특별히 강조하였다. 행정인들은 고객을 위하여 또는 스스로의 도덕적 가치를 위하여 위험을 무릅쓸 용기가 있어야 하며, 조직의 자원을 힘없는 사람들을 돕는 데 돌려 쓸 수 있어야 하고, 정의롭지 못한 명령에 저항할 수 있어야 한다고 하였다.

⑦ 조직에 관한 반전통적 처방   행정조직의 문제를 다룬 신행정학도들은 대체로 반계서제적·반관료제적 성향의 구조설계를 처방하고 조직과 개인의 도덕성을 강조하였다.ᶜ⁾ 그들은 또한 신뢰관리를 촉진하고 행정의 적응능력 향상에 이바지할 수 있도록 관리과정을 개혁해야 한다고 주장하였다. 신행정학도들은 조직구성원들의 인간적 성장이 행정발전의 요체임을 강조하였으므로 행정개혁 또는 조직개혁의 행태과학적 접근방법에 많은 주의를 기울였다.

저자는 신행정학에 대해 논평한 여러 사람의 견해를 참고하여 신행정학의 특성을 요약하였다. 신행정학의 연구경향을 설명해 줄 핵심적인 특성이 무엇인가에 대한 관찰자들의 의견에는 약간씩의 차이가 있는데, 그 예를 몇 가지 보기로 한다.

John Rehfuss의 설명에 따르면 "신행정학도들은 인도주의자이고 기술문제를 별로 중요시하지 않는 반합리주의자·개혁주의자이며, 그들은 급변하는 사회에 대한 기존 조직들의 적응능력을 불신한다"는 것이다.[23]

Frank Marini는 신행정학의 특성을 "적실성 있는 행정학의 추구, 실증주의로부터의 이탈(후기실증주의; 반실증주의: postpositivism), 환경적 격동성에 대한 적응, 새로운 조직형태 및 고객중심적 조직"으로 요약하였다.[24]

H. George Frederickson은 신행정학이 추구하는 가치를 "대응성, 참여, 사회적 형평성, 시민에 의한 선택, 그리고 사업수행의 효율성에 대한 행정의 책임"이라고 하였다.[25]

Dwight Waldo는 신행정학의 관심사를 "적실성, 적응, 고객중심주의 및 사회적 형평성"으로

ᶜ⁾ 미노부룩 회의에서 발표된 Larry Kirkhart의 '연합적 이념형'(consociated ideal type)은 신행정학도들이 제시한 반관료제적 모형의 좋은 예이다. 이 모형은 그보다 앞서 발표된 Warren Bennis의 모형을 본뜬 바가 많다. Kirkhart, "Toward a Theory of Public Administration," in Frank Marini(ed.), *Toward a New Public Administration: The Minnowbrook Perspective*(Chandler, 1971), pp. 127~164.

요약하였다.26)

　　Gary Wamsley는 신행정학의 특징으로 "사회적 형평성에 대한 관심, 광범한 참여·고객과 조직구성원에 대한 행정의 도덕적 감수성·가치와 규범의 중시, 비관료제적 조직형태의 탐구, 바람직한 가치의 인도를 받는 능동적 국가의 지지, 실증주의와 경험주의에 대한 비판"을 열거하였다.27)

　　Howard McCurdy는 신행정학의 특징을 "현상학, 능동적 행정인, 사회적 형평성, 고객에 대한 관심, 그리고 인간적 적응"이라고 요약하였다.28)

4) 평 가

　　신행정학의 시말과 그 성격 및 공과에 대해서는 여러 논란이 있어 왔다. 신행정학 대두 당시의 논평자들 가운데는 신행정학의 중요성과 파급영향을 높이 평가한 사람들도 있고 이를 얕잡아 보는 사람들도 있었다. 신행정학적 아이디어의 참신성과 급진성을 강조한 사람들도 있었고 새로울 게 없다고 말한 사람들도 있었다.d')

　　신행정학은 출범하면서부터 여러 가지 비판을 받아 왔다. 비판적 논점은 ⅰ) 독자적인 학파 또는 운동이라고 할 수 있을 만한 정체성이 박약하다는 것, ⅱ) 여러 제안들이 낡은 신념의 재확인에 불과하다는 것, ⅲ) 행정관이 불균형적이고 너무 좌파적·급진적이라는 것, ⅳ) 전통이론의 효용을 너무 경시했다는 것, ⅴ) 개혁처방이 지나치게 이상적이어서 적어도 단기적으로는 현실적합성이 없다는 것이다.

　　그러나 신행정학의 가치전제나 주요 제안들이 현대인들의 갈망과 시대적 배경을 반영하고 또한 그에 영합하려는 성향을 지녔던 것만은 확실하다. 현대행정학의 대세는 신행정학의 일반적인 지향노선에 대해 거부감을 가지고 있지 않다. 신행정학의 주장은 오늘날 행정과 행정학의 접근방법에 적지 않은 영향을 미치고 있다.

　　신행정학의 논조는 처음에 탁상공론으로 비쳐졌을지 모른다. 그러나 20여년의 세월이 흐른 뒤부터 그 현실적합성은 크게 높아졌다. 행정에 대한 국민의

---

d') 신행정학적 아이디어들이 1930년대에 추진된 뉴딜 정책의 처방과 비슷하다고 말하는 사람도 있고, 신행정학의 뿌리는 19세기의 낭만적인 제퍼슨 사상(Jeffersonianism)에 있다고 말하는 사람도 있다. 신행정학의 개념, 가치, 처방이 오래된 것이더라도 그 조합과 사용에서 신행정학은 새로운 면모를 보인다고 말하는 사람도 있다.

태도 변화, 정부재창조운동의 전개, 여러 가지 인권법의 제정 등이 그러한 변화에 긍정적인 작용을 했을 것이다.

9. 비판이론

1) 논의의 준거

현실을 비판하는 이론들을 널리 비판이론이라 부를 수도 있다. 사회과학의 여러 분야에서 비판이론가로 지목되고 있는 사람들의 이론적 성향도 다양하다.

그러나 여기서 설명하려는 것은 한정적 의미와 특성을 지닌 사회학적 비판이론(비판적 사회이론)이다.[e'] 사회학적 비판이론은 이른바 프랑크푸르트 학파(Frankfurt School, Institute for Social Research)가 1930년대에 개척한 것이다. 그 사상적 기반은 18세기의 계몽운동(enlightenment)에 있다고 한다.[f']

지금 적지 않은 행정학도들이 비판이론의 행정학적 수용에 관심을 보이고 있다. 실제로 행정학의 탈관료화이론이나 급진적 행정개혁이론들 가운데는 비판이론의 전제와 개선처방을 공유하는 것들이 많다.

2) 정   의

비판이론(批判理論: critical theory)은 자유주의적·자본주의적 산업사회의 진정한 실상과 병리를 비판적 이성으로 분석·평가하고 미래의 이상향적 대안을 탐색한다. 비판이론은 무엇보다도 인간의 자유와 행복에 깊은 관심을 갖는다.

비판이론은 현대산업사회의 자본주의적 경제체제는 억압적이며 무자비하고 모순적이라고 본다. 그리고 사회구성원들을 계몽하여 억압으로부터 해방시키고 그들의 미래를 스스로 선택할 수 있게 해야 한다고 처방한다.[29]

비판이론은 실증주의적 연구방법을 비판하고 사실문제와 가치문제를 함께 다루려 한다.

---

e') 여기서 설명하는 비판이론을 '사회학적 비판이론'이라고 하는 까닭은 그 개척에 대한 사회학의 기여를 인정하는 것일 따름이다. 행정학도들이 응용하면 그것은 행정이론이 된다. 학문의 학제화시대에 어떤 이론의 학문분야별 소속을 단정하기는 어렵다. 공공선택론, 신제도론, 혼돈이론 등에 관련해서도 같은 이야기를 할 수 있다.

f') 여기서 말하는 계몽운동이란 과학, 이성적 사유, 개인의 자주적 결정 등을 통해 국가적·종교적 억압에서 벗어나려는 운동을 지칭한다.

3) 주요 특성

사회적 병리를 지적하고 사회변동을 처방하는 비판이론은 모순의 확인, 변동가능성에 대한 상상, 그리고 자주적 결정의 과정에 초점을 맞춘다. 비판이론의 특성을 규정해 주는 핵심개념은 세 가지이다.

① **모순과 변동: 변증법적 변동**   어떻게 되어 있는가(what is)와 어떻게 될 수 있는가(what could be)의 사이에 내장된 긴장 또는 모순 때문에 시간이 흐르면 사회체제는 변동한다. 사람들이 주어진 것 또는 불가피한 것이라고 생각하는 현상유지적 조건은 본래적으로 자기모순적·자가당착적이기 때문에 변혁의 대상이 된다.

현상유지는 표면적 현상일 뿐이다. 중요한 것은 그 저변에 있는 변증법적 관계이다. 현상태와는 다른 대안에 관한 지식을 얻고 건설적 변동을 추진하는 과정은 변증법적이다.^{g)}

② **비판적 이성과 상상력**   현실의 진정한 모습을 평가하고 건설적 변동을 추진하려면 비판적 이성(critical reason)과 보다 나은 미래에 대한 상상력이 필요하다.

비판적 이성은 사물의 외형을 넘어 심층적 사실과 그에 내재된 모순적 요소들을 정확하게 분석할 수 있는 능력이다. 이것은 표피적 현상의 이해에 치중하고 소수지배의 유지에 기여하게 되는 수단적 합리성과는 다른 것이다. 수단적 합리성은 이성의 의미를 왜곡하는 것이다.

바람직한 미래를 구상하려면 비판적 이성에 입각한 상상력을 발휘해야 한다.

③ **해방과 자주적 결정**   해방(emancipation)과 자주적 결정(self-determination)은 억압체제 해소의 궁극적인 방안이다. 사람들이 경제적 억압과 각종 불평등으로부터 풀려나 삶의 선택을 자주적으로 할 수 있게 하는 비억압적 문명의 건설이 비판이론의 이상향적 비전이다.

4) 현실비판과 제안

(1) 현실비판   자본주의적 산업사회에 대한 비판이론의 공격을 요약하면 다음과 같다.

현대산업사회의 구조는 억압적이며 모순적이다. 경쟁적·탐욕적 성격 때문

---

g) 변증법적 변동(dialectical change)에 관한 비판이론의 설명은 과정에 초점을 맞춘다. 변동의 결과로 나타나는 필연적 상태를 유일한 것으로 확정하지 않는다. 이 점이 변증법적 변동에 관한 마르크시즘(Marxism)의 설명방식과 구별된다.

에 지배·억압의 구조가 형성될 수밖에 없다. 억압은 경제적·정치적 지배세력이 하는 억압을 말한다.

정치구조는 엘리트지배를 가능하게 한다. 공·사부문의 거대한 전통적 관료 제들이 사회를 관리한다. 정치·행정구조는 절차적 정의를 강조하며 경제적 정 의에 관련된 실질적 문제들에 대한 관심은 희박하다. 대의제적 거버넌스와 시민 의 자주적 결정은 긴장과 갈등을 조성한다. 정치엘리트와 행정체제의 정책추진 은 시민적 요청에 모순적이다.

산업사회의 억압적 구조 때문에 목표지향적·합리적 행동조차도 지배관계 를 정당화하는 행동양태로 변질된다. 자연과학으로부터 부적절한 '과학적 모형' 을 원용하는 실증주의는 현상유지상태를 기술할 뿐 기존의 사실을 넘어선 미래 지향적 사색을 거부한다. 이러한 접근방법은 산업사회의 현상유지를 강화하는 데 기여한다.

산업사회에서 사람들은 대량생산·대량소비에 안주한다. 그들에게는 억압과 불평등의 실상을 파악하는 데 필요한 지식이 제공되지 않는다. 따라서 사회구성 원들은 심층적으로는 불안하지만 피상적으로 행복하다고 생각하는 미망(迷妄: false consciousness)에 빠져 그들이 처한 상황을 비판적으로 평가하거나 삶의 다른 대안을 탐색하지 못한다.

(2) 개혁제안   비판이론은 억압으로부터 시민을 해방시키고 그들이 자기 삶에 대해 자주적으로 결정하게 하는 것만이 산업사회의 병리를 제거하는 궁극 적인 방책이라고 본다. 개혁제안의 요점은 다음과 같다.

시민들이 산업사회의 허상을 벗겨 실재하는 병폐를 제대로 분석하고 자주 적인 결정을 할 수 있게 하려면 그들에게 필요한 지식을 공급해야 한다. 자주적 결정에 필요한 권력도 확대해 주어야 한다. 정치·행정과정에 대한 시민참여의 기회를 넓혀야 한다.

시민과 시민의 담론, 시민과 관료의 담론을 통해 공공정책결정에서 사용할 지식과 권력을 재분배해야 한다. 정책결정의 영향을 받게 될 시민들에게 필요한 지식과 권력을 넘겨주어야 한다. 시민생활에 대한 관료적·전문가적 통제는 최 소화해야 한다.

행정체제는 억압과 불평등을 타파하는 데 적극적인 역할을 수행하는 개혁 추진자가 되어야 한다. 행정체제는 더 많은 권력을 차지하려는 권력추구자가 아니라 시민에게 필요한 정보를 공급하는 정보제공자라야 한다. 그리고 시민의 자주적 결정을 돕는 지원자라야 한다.

5) 평   가

비판이론의 산업화사회 비판, 그리고 억압체제 타파와 국민중심주의의 실질화에 대한 제안은 오늘날 넓은 공감을 얻고 있다. 소비자중심주의, 사회적 형평성 구현, 작은 정부 구현, 민간화 촉진과 같은 인기 있는 행정개혁 원리들은 비판이론의 논지와 일관된다.

그러나 비판이론은 일반화의 오류·치우침의 오류를 범하고 있다. 부분적인 현상을 보편화하거나 어떤 요청을 지나치게 강조함으로써 다른 요청을 간과한다. 정부와 시민의 모순관계 강조, 전통적 거버넌스의 억압적 특성 강조, 실증주의의 보수성 강조 등에서 편향의 오류를 읽을 수 있다.

전통적인 행정과 거버넌스를 갈음하여 시민의 자주적 결정을 보장할 수 있는 새로운 제도적 대안의 설명이 미진한 것도 흠이다.

10. 신제도론

1) 정   의

신제도주의 또는 신제도론(新制度主義 또는 新制度論: new institutionalism or new institutional theory)은 정치·행정·경제 등 사회현상을 연구하는 데 제도를 중심개념으로 사용하는 학파이다. 사회현상의 연구에서 제도를 가장 중요시하는 접근방법이라 할 수 있다.[30]

신제도론은 제도를 문화의 산물이며 경로의존성을 지닌 현상이라고 보기 때문에 문화론적 접근방법이라 할 수 있다.[h'] 그리고 조직과 종단적·횡단적으로 연계된 제도들 사이의 영향관계를 전체적으로 파악하려 하기 때문에 집합주의적 접근방법이라고 한다. 집합주의는 개인의 합리적 선택에 초점을 맞추는 개체주의에 대조되는 개념이다.

제도를 연구의 중심개념으로 사용하고 합리적 행동자 모형에 회의적이라는 점에서 전통적 제도론(구제도론)과 신제도론은 공통적 특성을 지닌다. 그러나 구

---

h') 경로의존성(path dependency)이란 제도변화과정에서 과거와 현재의 선택이 장래의 선택을 제약하는 현상을 말한다.

제도론은 공식적·법적 측면의 기술에 치우친 반면 신제도론은 제도의 공식적 측면뿐만 아니라 비공식적 측면과 환경적 제도 즉 제도의 장(場)과의 교호작용도 중요시한다. 이와 같이 신제도주의적 접근방법은 구제도론에서 제도 밖의 요인이라 하여 간과했던 현상들에 대한 추가적 고찰을 포함한다.

신제도론의 핵심개념인 제도(制度: institution)는 개인과 집단의 행동에 대해 인위적으로 설정한 제약(constraints)을 의미한다.[i] 제도는 사람들이 만들지만 그 것은 사람들의 행동을 제약하고 구조화한다. 제도적 제약의 양태는 공식적·비공식적 규칙, 절차, 관행, 계약 등 여러 가지이다. 제도는 개인의 권리와 의무를 규정한다. 이로써 사람의 행동에 제약을 가한다. 제도는 사람들의 행동에 대한 신뢰가능하고 안정적인 기대를 형성할 수 있기 때문에 사람들의 교호작용을 촉진한다.

제도는 다양한 요소들로 구성된 복합체이다. 제도를 구성하는 요소들 사이의 관계는 정합적일 수도 있고 갈등적일 수도 있다.

제도들은 대개 교호작용적인 또는 상호보완적인 관계에 있다. 제도적 상호보완성 때문에 같은 제도라 할지라도 그 환경(상호보완적 제도의 유무와 그 양태)에 따라 상이한 결과를 초래할 수 있다.[31]

2) 주요 특성

다음에 신제도론의 특징적 가정과 주장을 요약하려 한다. 특징의 논의에서는 연구대상 체제를 준거로 삼지 않을 수 없다. 여기서는 '행정'을 대상제도로 삼으려 한다.

① 개인행동에 대한 제도적 제약   개인행동은 제도의 산물이다. 제도와 개인행동 사이의 상호적인 영향관계를 부인할 수는 없지만 제도의 영향이 더 크다. 제도적 상황에서 교화와 경험의 과정을 통해 개인의 가치와 선호가 형성·변동

---

[i] 여기서는 신제도주의자들이 가장 흔히 사용하는 언어를 빌려 제도의 일반적인 정의를 시도하였다. 그러나 제도를 정의하는 논자들의 표현에 통일성이 있는 것은 아니다. 제도를 추상적으로 정의할 때 '인위적 제약'이라는 표현 이외에 '인간행동의 정형화된 양태', '인간행태의 규칙성', '역할 네트워크' 등의 표현을 쓰기도 한다.

제도는 또한 연구대상체제에 따라 다른 표현으로 정의되기도 한다. 그리고 포괄성의 차원에 따라 광범위, 중범위 그리고 협의의 정의를 하기도 한다. 아주 넓게 정의할 때는 '인간행동을 제약하는 모든 것'을 제도라고 말하기도 한다. 아주 좁은 뜻으로는 구체적인 조직의 규칙·절차·관행이라고 정의하기도 한다.

된다. 제도는 또한 개인적 선호가 행동으로 전환되는 과정에도 개입하여 영향을 미친다.

② 의무와 책임에 대한 반응으로서의 행동   사람들의 정치적·행정적 행동은 제도가 설정한 의무와 책임에 대한 반응이다. 제도는 개인행동의 적절성을 규정하고 개인은 적절한 행동에 대한 책임과 의무를 이행한다. 개인의 행동은 개인적 가치와 선호에 따른 선택의 결과라기보다 제도적 책임과 의무에 대한 반응이라고 해석해야 한다.

③ 개방체제인 제도의 독자성과 교호작용   대상체제인 행정은 하나의 제도이며 환경적 제도들과 교호작용한다. 행정이라는 제도는 그 정체성을 유지할 수 있는 경계를 가지고 있으며 어느 정도의 독자성과 자율성을 누린다. 개방체제인 제도는 환경적 제도들과 교호작용한다. 환경과의 영향관계는 상호적인 것이다.

④ 제도가 만들어 내는 제도의 결과   행정이라는 제도의 산출 또는 결과는 조직구조와 행동규범의 산물이다. 제도의 결과를 원자적 개인들이 하는 합리적 선택행동의 집합적 결과라고 해석하면 안 된다. 제도의 결과는 원칙적으로 제도적 구조의 결과라고 보아야 한다.

⑤ 제도변동과정의 경로의존성·부적응성·비효율성   제도는 문화적·역사적 산물이기 때문에 강한 지속성을 지닌다. 현재의 제도는 과거의 산물이며 미래의 제도적 선택을 제약한다. 과거와 현재의 제도적 선택이 장래의 제도적 선택을 제약하는 현상, 즉 경로의존성은 제도변동과정의 중요한 특성이다.

환경변동과 그에 적응하려는 제도의 변동이 언제나 부합되는 것은 아니다. 양자가 괴리되어 부적응을 야기하는 경우가 많다. 환경변동에 적응하지 못하는 제도는 환경적 요청에 적절히 대응하지 못한다. 제도는 그 본래적 의도와는 다른 결과(unintended consequences)를 초래할 수도 있다. 환경변동과 제도변동의 괴리, 그리고 의도와 결과의 괴리는 비효율의 원인이다.

3) 신제도주의의 분파

신제도론이라는 접근방법의 범위는 넓고 경계는 느슨하다. 그 안에는 개별적 특성이 서로 다른 이론들이 들어 있다. 우리는 그러한 다양성 속에서 어렵게 집합적 특성을 추출하여 신제도론의 정체성을 꾸며놓고 있을 뿐이다.

신제도주의에 관한 유형론도 여러 가지이다. 그 가운데서 가장 널리 인용되는 것은 신제도주의를 ⅰ) 역사적 제도주의, ⅱ) 사회학적 제도주의, 그리고 ⅲ) 합리적 선택론의 제도주의로 구분하는 유형론이다.32)

역사적 제도주의(historical institutionalism)는 개인행동을 형성하고 제약하는 제도를 연구하면서 제도의 지속성과 그것이 형성되는 역사적 과정을 중요시한다. 제도를 장기간에 걸쳐 인간행동이 정형화되는 유형이라고 이해한다. 역사적 제도주의는 역사적 관점과 거시구조적 관점을 결합한 접근방법이라 할 수 있다.

사회학적 제도주의(sociological institutionalism)는 조직현상연구에 관련하여 발전한 조직사회학의 한 학파를 지칭한다. 이 접근방법은 조직과 환경의 관계를 중요시한다. 사회학적 내지 조직학적 신제도론은 조직이 어떤 제도적 양태를 갖게 되느냐 하는 것은 조직이 기반을 두고 있는 환경적 상황, 즉 '제도의 장'에 의존하는 바가 크다고 본다. 그리고 조직이 받는 환경적 영향의 작용과정을 중요시한다.

합리적 선택론의 제도주의(rational choice institutionalism)는 신제도론의 주류에서는 약간 벗어나 합리적 선택모형과 신제도주의의 조화 또는 절충을 시도한다. 양자는 서로 보완적 역할을 할 수 있다고 보기 때문이다. 합리적 선택론의 제도주의는 인간이 자기이익 추구적이지만 스스로 행동규범을 습득하는 능력과 정당시되는 규칙을 준수하는 능력도 가진 존재라고 이해한다. 그리고 규칙이나 제약은 개인의 선택을 결정하는 것이 아니라 거기에 영향을 미치는 것이라고 이해한다. 합리적 선택론의 제도주의를 경제적 신제도주의(new economic institutionalism)라 부르는 사람도 있다.

신제도주의의 이러한 분파들은 그 동안 상호교류·상호수렴의 과정을 거쳐 왔기 때문에 각각의 구별적 특성은 많이 흐려졌다고 한다.

신제도주의자들은 독자적인 학파로 인정되어 온 접근방법들을 신제도주의적 시각에서 재해석하거나 신제도론의 범주에 흡수하려는 시도를 보이기도 한다. 그들은 개인행동에 영향을 미치는 규칙, 계약, 제약 등을 구성요소로 하는 이론들을 대상으로 한다. 자원의존이론, 전략적 선택이론, 조직군생태이론, 거래비용이론, 대리인이론, 게임이론이 그 예이다.ʲ⁾ 이런 이론들까지 신제도론의 범주에 끌어들인다면 신제도론의 집합적 양상은 더욱 복잡해질 것이다.

4) 평   가

신제도론은 원자적 개인의 선호와 선택에 초점을 맞추는 학파들이 간과했던 제도의 영향을 부각시킴으로써 사회과학의 발전에 기여하고 있다.

---

j') 여기서 말하는 게임이론(game theory)은 게임규칙의 영향을 받는 상호 의존적 선택에 관한 이론이다. 제 5 장 제 4 절의 '정책게임으로서의 정치'에 관한 설명을 참조하기 바란다.

그러나 신제도론에 대한 비판도 만만치 않다. 그 요지는 다음과 같다.

첫째, 제도에 치우친 연구는 제도적 결정론의 오류를 범한다. 개인행동에 대한 제도적 영향을 강조하고 개인을 '과다사회화된 개인'(oversocialized individual) 으로 파악한다. 개인의 주체성과 합리적 선택을 과소평가한다.[k']

둘째, 제도의 독자성을 지나치게 강조한다.

셋째, 제도가 형성·변동되는 과정의 설명이 미진하다. 제도의 안정성·지속성·구조적 제약성을 강조하기 때문에 제도변동에 대한 설명력은 약하다.

넷째, 제도의 중요성을 강조하지만 제도적 제약과 개인행동 사이의 구체적인 인과관계를 설명하지 못한다.

다섯째, 이론이 추상적이고 모호하기 때문에 경험적 연구에 효과적인 길잡이를 제공하지 못한다.

11. 거버넌스이론

1) 정   의

행정학도들이 논의하는 거버넌스이론은 거버넌스(governance)를 공공문제연구의 핵심적 개념으로 사용하는 접근방법이다.[l'] 거버넌스이론은 공공목표추구의 과정을 온전히 이해하려면 그에 관련된 정부부문과 민간부문의 행동주체들이 형성하는 네트워크 내지 결합체를 포괄적으로 고찰해야 한다고 보는 접근방법이다.

거버넌스이론은 공·사부문의 많은 행동주체들이 교호작용하는 거버넌스현상 전체를 분석해야 공공정책과정의 실체에 접근할 수 있다고 주장한다. 공공정책연구에서 사용해 온 정부 또는 행정과 같은 개념은 관심의 범위가 너무 편협하다고 본다.

거버넌스이론에서 거버넌스를 일반적으로 정의할 때는 공동이익의 추구를 위해 어느 정도 독자적인 사람들을 지휘·통제·조정하는 수단이라고 말한다. 정부의 정책과정에 관련해서는 거버넌스를 공공의 지지가 있는 재화·용역의 생산과 전달에 관한 정부활동을 제약하거나 정부활동의 권능을 부여하는 법률·정책·법원의 판결·관행·조직·협력기제·협약의 결합체라고 규정한다. 그러한 결합체를

---

k') 합리적 선택론의 제도주의는 그러한 약점을 보완하려 한다.

l') Governance는 국정관리, 신국정관리, 국가경영, 지배구조, 통치, 정치적 관리, 협치(協治) 등 여러 가지로 번역되고 있으나 적절한 번역을 찾기가 어렵다.

엮어내는 행동주체들은 다원적이며 그들은 네트워크를 형성한다고 본다.33)

거버넌스를 구성하는 연관요인들의 배열은 독자적인 요인들의 단순한 집합 또는 합계가 아니라 유기적 결합체 또는 통합체(configuration)라고 한다. 네트워크를 형성하는 행동주체들의 배열도 마찬가지라고 한다.

행정학 분야에서 거버넌스에 관한 논의가 확산되기 시작한 것은 1990년대부터이다. 국가체제의 복잡성·격동성이 높아지고, 세계화와 국가권력의 분권화가 촉진되고, 정부와 행정의 재창조적 개혁에 대한 요청이 폭증하면서 그에 대응하기 위한 여러 가지 포괄적 접근방법들이 제안되었다. 거버넌스이론도 그 가운데 하나이다.

거버넌스이론의 발전에 영향을 미친 지적 연원은 다양하다. 개방체제이론, 정책네트워크이론, 정치경제학 특히 공공선택론, 신제도론, 신자유주의이론을 그 예로 들 수 있다. 신공공관리론과 정부재창조론은 거버넌스 연구인들이 거버넌스의 개혁을 처방하는 데 많은 영향을 미친 것으로 보인다.

2) 주요 특성

공공문제에 관한 정책과정을 준거로 삼아 거버넌스를 연구하는 접근방법의 전제와 강조점을 보면 다음과 같다.34)

① 파트너십 중시   거버넌스이론은 정부(국가)·시민사회·시장의 파트너십을 전제하고 이를 중요시한다. 행정학도들이 만든 거버넌스이론은 대개 정부중심적 성향을 보인다. 그러나 정부도 시민사회와 시장의 다양한 행동자들과 마찬가지로 거버넌스 네트워크를 구성하는 하나의 행동주체라는 점을 분명히 하고 있다.

② 유기적 결합관계의 중시   거버넌스 구성요인들의 유기적 결합관계를 중요시한다. 개별적 요인이나 요인들 사이의 단순한 상호 관계가 아니라 구성요인들의 유기적 결합 내지 네트워크를 중요시한다. 그러한 유기적 관계의 역동성에 대한 연구를 강조한다.

거버넌스의 연구는 시민의 이익과 가치, 법률제정과 입법적 감시, 정부조직의 역할과 구조, 사법적 심사 등이 어떻게 상호 작용적·지속적으로 연계되는가를 통합적으로 이해하려 한다.

③ 공식적·비공식적 요인의 고려   거버넌스의 공식적 측면뿐만 아니라 비공

식적 측면도 중요시한다. 공식적 권한부여와 실제행동 사이의 차질에 주목하고 그에 대한 분석을 강조한다.

④ 정치적 특성의 강조   거버넌스의 정치성을 강조한다. 거버넌스는 '본래적으로 정치적'이라는 표현을 쓰기도 한다. 거버넌스는 자원분배장치로서 경쟁적인 이익과 목표들을 조정해야 하기 때문에 거버넌스에서 정치적 과정이 매우 중요하다고 본다.

⑤ 세력연합·협상·타협의 중시   입법과정의 세력연합과 협상·타협을 중요시한다. 행정의 임무와 구조적·과정적 기초를 결정하는 입법은 입법부 내외의 다양한 행동주체들이 형성하는 입법연합의 산물이라고 본다.

⑥ 행정조직의 재량성 중시   법적 수임사항을 집행하는 행정조직의 각 계층은 입법연합의 의도를 강화 또는 좌절시킬 수 있는 재량의 여지를 가지고 있다는 점을 중요시한다. 행정관리자들은 수임사항의 효율적 집행자일 뿐만 아니라 연합정치(coalition politics)의 적극적 참여자이기도 하다고 본다.

3) 처방적 선호: '뉴 거버넌스'의 목표상태

오늘날 거버넌스이론이 제시하는 통합적 개혁처방이 성숙되어 있는 것은 아니다. 거버넌스 연구인들이 제시하는 개혁처방의 공통적인 논조는 공공목표 추구를 위한 협력체제 또는 파트너십의 발전과 행정에 대한 민주적 통제를 주장하는 것이다. 그러나 구체적인 처방내용에는 논의하는 사람에 따라 차이가 있다.

개혁처방의 주류를 형성하고 있는 것은 이른바 뉴 거버넌스이론의 처방들이다. 뉴 거버넌스이론은 권력집중타파와 민주적 통제, 다양한 자치적 네트워크의 역할, 사회적 문제해결을 위한 신뢰와 자율적 협력 등을 특별히 강조하는 가치편향을 지니고 있다.[m']

---

m') 거버넌스의 발전방향을 논의할 때 뉴 거버넌스라는 개념이 가장 흔히 쓰이지만 다른 개념들이 쓰일 때도 있다.

세계은행(World Bank)은 '좋은 거버넌스'(good governance)의 요건으로 투명성(부패통제), 책임성, 대응성, 법의 지배, 효율적 정부, 정치적 안정성을 처방한 바 있다.

경제협력개발기구(OECD)는 '좋은 거버넌스'의 요건으로 투명성, 책임성, 공정성, 형평성, 능률성, 효율성, 법의 지배에 대한 존중, 높은 수준의 윤리적 행태를 들었다.

환경보전지향성을 강조하는 '그린 거버넌스'(green governance)를 개혁처방으로 제시하는 사람도 있다. '그린 거버넌스'란 "지속가능한 발전에 대한 사회적 인식과 합의를 바탕으로, 정부의 모든 정책과정과 정책내용에서 지속가능한 발전을 추구하는 것에 우선적인 가치와 목표를 두고, 시민사회 및 기업과의 협력적 파트너십을 토대로 이를 실현해 나가는 것"이라고 한다. 윤뉴 거버넌스(신 거버넌스: new governance)의 목표상태 또는 요건이라고도 흔히 설명되는 개혁처방들을 보면 ⅰ) 정부·준정부·시민단체·기업·개별적인 시민 등 다양한 행동주체들의 협력체제 발전, ⅱ) 정부와 국민 사이의 신뢰관계와 파트너십 강화, ⅲ) 정부관료제에 대한 민주적 통제 강화, ⅳ) 정부기능의 민간화 촉진, ⅴ) 시장에 대한 정부개입 축소, ⅵ) 정부부문에 대한 시장논리의 도입과 기업가적 정부의 발전, ⅶ) 행정관리의 고객중심주의·성과주의 강화, ⅷ) 행정관리 상의 분권화·힘 실어주기·참여 촉진, ⅸ) 효율적이고 투명한 정부의 발전, ⅹ) 전자정부의 발전 등이 있다.

4) 거버넌스이론의 분파와 관념적 혼란

저자는 행정학, 특히 정책연구분야에서 주류를 이루고 있다고 생각되는 거버넌스이론의 특성을 앞에서 요약하였다. 그러나 거버넌스 학파가 하나의 통합적 정체성을 확립하고 있는 것은 아니다.[35]

여러 사회과학분야들은 약간씩 서로 다른 시각에서 거버넌스라는 개념을 사용한다. 예컨대 조직학에서는 조직관리의 정치적 역동성에 주목한다. 행정학도들 가운데 상당수는 정부중심의 국정운영 네트워크에 관심을 갖는 것으로 보인다. 정치학에서는 거버넌스를 다원적 행동주체들이 엮어 나가는 협력적 통치양식으로 이해하는 듯하다. 경제학에서는 시장중심적 시각에서, 사회학에서는 사회중심적 시각에서 사회의 자율조정양식으로 거버넌스를 규정하는 것 같다. 이러한 대체적 경향이 학문분야마다 내부적으로 통일되어 있는 것도 아니다.

거버넌스의 행동주체들 가운데 어떤 것을 중심으로 삼느냐에 따라 정부중심 거버넌스, 시민사회중심 거버넌스, 시장중심 거버넌스를 구분해 볼 수 있다. 대상의 차원 내지 지역적 범위에 따라 세계적 거버넌스, 국제지역 거버넌스, 국가적 거버넌스, 지방적 거버넌스를 따로 논의하기도 한다.

'행정학적 거버넌스이론'에서도 논자에 따라 거버넌스에 관한 이해가 여러 가지로 엇갈리고 있다. 거버넌스와 거버넌스에 대한 개혁처방을 혼동하는 사람

순진, "지속가능한 발전을 지향하는 그린 거버넌스를 바라며," 「Kapa@포럼」, 제101호(2003), 13~17쪽.

생태민주주의(ecological democracy)에 입각한 민주국가(거버넌스·정부)를 설명하는 데 녹색국가(green state)라는 개념을 사용하기도 한다. 녹색국가는 생태적으로 책임을 지는 국가의 역할을 강조한다. R. Eckersley, *The Green State: Rethinking Democracy and Sovereignty*(MIT Press, 2014).

들이 많다. 거버넌스라는 말과 뉴 거버넌스라는 말을 혼용하는 사람들도 적지 않다.[n']

5) 평   가

거버넌스이론은 행정과 정부에 관한 연구의 시야를 넓히는 데 기여하였다. 거버넌스이론은 공공문제 해결에 대한 국민참여를 촉진하고 민주주의를 발전시키는 데도 기여할 수 있다. 정부의 일방적 또는 주도적 국가관리가 한계에 봉착하고 공공목표(공공가치) 추구를 위한 협동체제 구축의 필요가 아주 커진 시대의 조건에 부응하는 접근방법이라 할 수 있다.

그러나 성숙도가 낮은 거버넌스이론의 단점도 적지 않다.

첫째, 개념적 혼란이 심하다. 이론의 다양성과 이질성이 높아서 하나의 접근방법으로서 지녀야 할 정체성이 의심스럽다.

둘째, 거버넌스에 내재화시킨 변수가 많고 변수 간의 유기적 관계를 강조하기 때문에 경험적 연구를 위한 모델링이 어렵다. 모든 것을 포함시키기 때문에 아무것도 설명하지 못한다는 비판을 받는다.

셋째, 거버넌스이론 개척자들이 제시하는 개혁처방들에 대해서도 논란이 그치지 않고 있다. 다수가 주장해 온 정부개입 축소, 기업가적 정부·시장지향적 정부의 구축은 시민사회와 시장의 발전이 선진국 수준에 미치지 못하는 곳에서는 적절치 않다는 비판을 그 예로 들 수 있다.

12. 혼돈이론

1) 정   의

카오스이론 또는 혼돈이론(混沌理論: chaos theory)은 혼돈(chaos)을 연구하여

[n'] 근래 거버넌스 개념 사용 상의 혼란을 우려하고 개념사용의 통합화 또는 유형화를 시도하는 사람들이 늘어나고 있다. 예컨대 이명석 교수는 거버넌스 개념의 다양한 용례를 검토한 후 최광의의 거버넌스를 "공통의 문제해결을 위한 사회적 조정방법"이라 정의하고, 광의의 거버넌스를 "정부관련 공공문제 해결을 위해 공식적 제도와 비공식적 제약 하에서 이루어진 다양한 참여자들 간의 상호 작용의 결과"라고 정의하였다. 그리고 '신 거버넌스'는 "네트워크를 강조하는 특수한 형태의 사회적 조정방법"이라고 정의하였다. 그는 신 거버넌스를 협의(좁은 의미)의 거버넌스라고 하였다. 이명석, "거버넌스의 개념화: '사회조정'으로서의 거버넌스," 「한국행정학보」, 36권 4호(2002 겨울), 321~338쪽, "거버넌스 이론의 모색: 민주행정이론의 재조명," 「국정관리연구」, 1권 1호(2006. 12), 45쪽.

숨겨진 질서를 찾아보려는 접근방법이다. 혼돈의 예측불가능성을 극복해 보려는 접근방법이라 할 수 있다. 혼돈이론이 연구대상으로 삼는 것은 결정론적인 비선형적·역동적 체제에서의 불규칙적인 행태이다.[36)]

혼돈이라고 하는 비선형적·역동적 현상에 대한 연구는 수학과 물리학, 화학, 천문학 등 자연과학분야에서 선도하였다. 혼돈에 대한 행정학 등 사회과학의 연구는 비교적 근래의 일이다. 혼돈연구에 대한 사회과학의 관심이 확대되기 시작한 것은 1990년대부터이다. 사회과학도들은 연구대상체제의 복잡성과 불확실성이 갈수록 심화되는 상황에 대응하는 노력의 일환으로 혼돈이론을 발전시키고 있다.

혼돈이론의 발전에 결정적 기여를 한 것은 컴퓨터를 사용하는 최첨단의 정보처리기술이다. 컴퓨터는 과학자들에게 혼돈의 세계를 들여다 볼 수 있는 수단을 제공하였다.

혼돈에 관한 연구는 학문분야마다 그리고 행정학 내부에서조차 여러 갈래로 진행되고 있기 때문에 접근방법의 정체성에 흠절이 없지 않다. 여기서는 행정학 분야의 혼돈연구인들이 형성하고 있는 다수의견에 따라 혼돈이론을 설명하려 한다.

2) 혼돈의 의미

혼돈이론의 핵심적 개념은 혼돈 또는 혼돈상태이다. 혼돈이론의 대상인 혼돈상태는 예측·통제가 아주 어려운 복잡한 현상(행태·거동)이다. 그것은 시간의 흐름에 따라 비선형적으로 변동하는 역동적 체제이다. 그리고 불안정적이고 불규칙적이기 때문에 고도로 복잡하다. 불안정하다는 것은 체제가 교란을 용납하지 않는 상태로 정착되지 않는다는 뜻이다. 불규칙하다는 것은 체제를 구성하는 어떠한 변수의 행동도 규칙적인 반복을 하지 않는다는 뜻이다.[o')]

(1) 결정론적 혼돈   혼돈이론의 연구대상인 혼돈상태는 결정론적 혼돈(決

---

o') 과학적 연구의 대상인 혼돈을 처음으로 카오스(chaos)라 이름지은 사람은 미국의 수학자 Yorke와 李天岩이라고 한다. Chaos의 어원은 khaos(크게 벌린 입)라는 그리스어라고 한다. 크게 벌린 입으로 온갖 질서를 삼켜 혼돈을 만들어 내는 데 비유하기 위해 그런 용어를 빌린 듯하다. T. Y. Li and J. A. Yorke, "Period 3 Implies Chaos," *American Mathematical Monthly*, Vol. 82(1975), pp. 343~344. 김용운·김용국, 「제 3 의 과학혁명: 프랙탈과 카오스의 세계」(우성, 2000), 148쪽.

定論的 混沌: deterministic chaos)이다. 그것은 완전한 혼란이 아니라 한정적인 혼란이며 '질서 있는 무질서'(orderly disorder)이다. 우연과 필연이 공존하는 상태이며 그것 나름대로 하나의 체계 또는 질서라 할 수 있다.[p')]

① 부분적 질서·전체적 무질서   결정론적 혼돈은 완전한 무질서에 이르기 전의 무질서라고 설명할 수도 있다. 혼돈은 부분적으로 보면 질서가 있으나 전체적으로 보면 질서가 없는 상태이다.

② 단순한 원인·복잡한 결과   결정론적 혼돈의 원인은 단순하지만 그 결과는 아주 복잡하다. 수학적으로는 결정론적 혼돈상태를 "간단한 결정론적 방정식으로 어떤 현상을 묘사하지만 그 방정식에 투입하는 값에 따라 비선형적·불규칙적 행태가 산출되는 경우"라고 설명한다.[37)]

③ 비반복성   결정론적 혼돈상태에서도 개별사건들이 정확하게 되풀이되는 일은 없고 원인에 대한 결과가 복잡하기 때문에 결정론적 접근으로 예측하는 것은 불가능하다.

④ 발전에 필요한 정보의 제공   결정론적 혼돈은 체제의 발전에 필요한 정보를 풍부하게 제공할 수 있다. 완전한 질서와 완전한 무질서는 새로운 정보를 제공할 수 없다. 그러나 결정론적 혼돈은 체제의 자기조직화와 발전에 도움이 될 많은 정보를 제공할 수 있다.

전체적 무질서, 결과의 복잡성, 불규칙성(비반복성) 때문에 혼돈의 결과예측은 불가능한 것으로 규정되어 왔다. 그러나 혼돈연구가 진척됨에 따라 처음에는 혼돈상태같던 현상에서 어떤 질서를 발견하고 그에 대한 예측가능성도 높일 수 있을 것으로 기대한다.

(2) 초기치민감성   혼돈이론이 대상으로 하는 혼돈은 초기조건민감성 또는 초기치민감성(初期値敏感性: sensitivity to the initial condition; sensitive dependency to initial condition)이 높은 현상이다. 처음에 입력하는 데이터인 초기치 즉 초기적 조건을 조금만 바꿔도 그 결과가 큰 폭으로 변하면 초기치민감성이 높다고 말한다. 혼돈은 초기조건들의 사소한 변화에도 서로 전혀 다른 방식으로 반응하는

---

p') 결정론적 혼돈은 '합법칙적 혼돈', '불규칙 속에 숨겨진 규칙성', '혼돈상태로부터의 질서' 등으로 불리어지기도 한다. 여기서 '결정론적'이라고 하는 것은 어떤 시점의 정보에 따라 다음 시점의 상황이 결정되는 현상을 지칭한다. 즉 처음의 상태가 정해지면 그에 따른 결과도 필연적으로 정해지는 것을 결정론적이라고 한다.

현상이다.

혼돈의 초기치민감성을 '나비효과'(butterfly effect)라 부르기도 한다. 나비의 날개짓처럼 사소하고 미묘한 움직임이 크게 증폭되어 엉뚱한 결과를 빚을 수 있음을 시사하는 말이다. 예컨대 중국 베이징에서 나비 한 마리가 일으키는 공기의 작은 요동이 아주 먼 미국의 뉴욕에서 폭풍을 일으킬 수도 있다고 한다.[38]

3) 주요 특성

혼돈이론은 우리가 사는 세계가 질서와 혼돈 그리고 무질서의 영역으로 구성되어 있으며 우리의 삶은 이들 세 가지 영역이 교호작용하는 과정의 영향 하에 있다고 전제한다. 그리고 질서의 영역보다 훨씬 광범한 혼돈의 영역을 탐색한다. 혼돈이론은 혼돈야기의 조건과 진행경로를 이해하고 혼돈 속의 규칙성을 발견하려 하며 혼돈의 미래를 예측하려 한다.

행정연구에 관한 혼돈이론의 주요 특성을 보면 다음과 같다.

① 통합적 연구   혼돈이론은 복잡한 문제에 대한 통합적 접근을 시도한다. 혼돈이론은 복잡한 현상을 있는 그대로 파악하려 한다. 복잡한 관계를 단순화하려 하지 않는다. 사소한 것처럼 보이는 조건들도 생략하려 하지 않는다. 사소하거나 부수적인 원인적 조건들도 그 결과는 거대한 차이를 낳을 수 있다고 보기 때문이다. 이와는 대조적으로 전통적 과학은 복잡한 현상을 단순화하여 분석해 왔다.

② 대상체제의 복잡성   대상체제, 즉 행정조직은 개인과 집단 그리고 환경적 세력이 교호작용하는 복잡한 체제라고 본다. 조직에는 질서와 무질서, 안정추구 세력과 불안정추구 세력, 구조화와 비구조화가 공존한다. 이러한 상호 역행적 세력들이 혼돈을 자아낸다고 한다.

③ 발전의 조건   혼돈을 발전의 불가결한 조건으로 이해한다. 혼돈을 회피와 통제의 대상으로 보지 않고 긍정적인 활용대상으로 삼으려 한다. 혼돈은 발전을 촉발하는 원동력이며 발전에 불가피하게 수반되는 현상이라고 한다.

④ 자기조직화 능력   혼돈이론은 조직의 자생적 학습능력과 자기조직화 능력을 전제한다.[q'] 행정조직은 혼돈상황에서 자기조직화를 통해 체제의 항상성

---

q') 자체조직화 또는 자기조직화(自己組織化: autopoiesis; self-organization)란 생명체가 계속적으로 스스로를 쇄신하며 체제적 통합성(정체성)을 유지할 수 있도록 변동과정을 통제하는 특성이다. 한편으로는 체제적 항상성을 유지하면서 다른 한편에서는 지속적으로 변동하고 환경과

을 유지하고 새로운 질서를 창출할 수 있다고 본다. 혼돈의 긍정적 효용을 믿는 것은 조직의 그러한 능력을 믿기 때문이다.

⑤ 반관료주의적 처방   혼돈이론의 처방적 선호는 반관료제적이다. 전통적 관료제 조직의 통제중심적 성향과 구조적 경직성을 타파하도록 처방한다. 창의적 학습과 개혁을 촉진하기 위해서 제한적 무질서를 용인하고, 필요하다면 이를 의식적으로 조성해야 한다고 처방한다.

한정적 무질서를 용인해서 창의적 학습과 자기조직화를 촉진하는 방안으로 조직구성원들의 자율적·독창적 임무수행, 유동적인 업무부여, 다기능적 팀의 활용, 일의 흐름을 중요시하는 구조형성, 저층구조화, 조직의 규모축소 등을 제안한다.

4) 복잡성이론과의 관계

혼돈이론과 복잡성이론(複雜性理論: complexity theory)의 관계에 대해 논란이 있다.ʳ⁾ 혼돈이론과 복잡성이론을 동의어로 보는 견해, 두 이론은 구별되지만 긴밀히 연관된다고 보는 견해, 혼돈이론을 복잡성이론에 포함되는 것으로 보는 견해가 엇갈려 있다.

혼돈이론과 복잡성이론을 대등한 차원에서 구별하는 사람들의 구별기준에 대한 설명은 여러 갈래이다. 그 한 예로 혼돈이론은 가장 단순한 체제도 복잡한 체제행태를 보일 수 있다는 점에 초점을 맞춘 연구이며, 복잡성이론은 아무리 복잡한 행태를 보이는 체제라도 단순한 규칙의 지배를 받는다는 점에 중점을 둔 연구라는 견해를 들 수 있다.³⁹⁾ 그러나 이런 두 가지 초점은 모두 혼돈이론의 전제에 포함되는 것이다. 따라서 그러한 초점의 대립을 혼돈이론과 복잡성이론의 구별기준으로 삼으면 개념적 혼란만 가중시킬 뿐이다.

혼돈을 질서와 무질서를 내포하는 복잡성체제 또는 복잡계(複雜界: complex system)의 일종으로 보는 것이 다수의견이다. 복잡성이론을 '단순하지 않은 것'에 대한 연구라고 넓게 규정하는 경우 혼돈이론은 복잡성이론의 한 유파라고 볼 수 있다. 즉 복잡성체제의 혼돈상태에 초점을 맞춘 연구가 혼돈이론이라 할 수 있

더불어 창조를 계속하는 특성인 것이다. 자기조직화는 대상체제 자체의 변동잠재력에 의한 자생적·자기통제적 발전이며 혼돈을 수용하고 활용한 결과이다.

ʳ⁾ 복잡성이론은 복잡계과학(complex system science) 또는 복잡성과학(complexity science)이라고도 부른다.

다.[40] 저자는 이런 풀이를 함으로써 혼돈이론과 복잡성이론의 관계를 둘러싼 논쟁을 피하려 한다.

> 복잡성이론의 연구대상인 복잡계(복잡성체제)는 많은 구성요소들로 이루어져 있으며, 구성요소들이 상호작용하기 때문에 개별구성요소들의 단순한 합계와는 다른 현상이 나타난 시스템이다. 복잡하다는 것은 단순한 경우에 비해 이를 서술하고 설명하는 데 보다 많은 정보가 필요하다는 것을 뜻한다.
> 복잡계의 주요 특성은 ⅰ) 상호작용하는 많은 구성요소, ⅱ) 구성요소 간 상호작용의 비선형성, ⅲ) 구성요소 간 상호작용에 대한 환류, ⅳ) 경계가 불분명한 개방체제, 그리고 ⅴ) 각기 복잡계인 구성요소이다. '복잡계인 구성요소'란 복잡계의 구성요소들도 각기 복잡계의 특성을 지닌다는 말이다.[41]

5) 평   가

혼돈이론은 행정조직이라는 복잡한 체제를 연구하는 데 유용한 안목을 제공한다. 복잡한 체제의 총체적 이해를 촉진할 수 있는 개념적 틀을 제공한다고 할 수 있다.

그러나 복잡계를 분석하고 혼돈의 불규칙성을 질서의 세계로 끌어들이는 일은 대단히 어려운 것이다. 혼돈이론은 아직까지 경험적 연구와 현실세계에서의 적용에 필요한 만족스러운 길잡이와 수단을 제공한다고 볼 수 없다. 학제적 연구의 통합도 이루지 못하고 개념적 혼란도 해소하지 못하고 있다. 혼돈을 파헤칠 통합적 이론의 정립은 부진하다. 설령 그러한 이론이 개발된다 하더라도 이를 적용하는 경험적 연구를 가로막는 기술적 애로는 막대한 것이다. 그리고 조직의 자생적 학습과 자기조직화를 지나치게 믿고 타율적 통제의 필요성을 소홀히 다루는 처방적 편향도 비판하지 않을 수 없다.

13. 실증주의적 접근방법·현상학적 접근방법·행위이론

1) 실증주의적 접근방법

(1) 정   의   실증주의적 접근방법(實證主義的 接近方法: positivist approach)은 실증주의 철학의 원리에 따라 행정연구의 경험과학화를 추구하는 접근방법이다. 이 접근방법의 기초가 되는 실증주의(實證主義: positivism) 또는 논리적 실증주의(論理的 實證主義: logical positivism)는 철학에 과학적 세계관을 도입한 비엔

나학파(Vienna Circle)의 철학적 아이디어에서 비롯된 것이다. 비엔나학파의 활동
은 20세기 초부터 시작되었는데 논리적 실증주의라는 개념이 쓰이기 시작한 것
은 1931년부터였다고 한다.[42]

① 실증주의의 의미   실증주의는 명제(命題)의 경험적 검증가능성을 가정하
고 인식의 실증적 해석을 강조한다. 어떤 명제가 의미를 가지려면 관찰된 증거
에 의해서 검증되어야 한다고 주장한다. 가치의 문제와 사실의 문제를 구별하고
과학의 대상은 검증가능한 사실의 영역이라고 주장한다.

② 행정연구에서의 실증주의   행정학에 도입된 실증주의의 주요 가정과 요건
은 ⅰ) 행정연구의 과학화를 위해서 행정현상의 규칙성을 검증해야 한다는 것,
ⅱ) 가치와 사실은 논리적으로 구별해야 한다는 것, ⅲ) 검증가능한 경험적 사실
을 과학의 대상으로 삼아야 하며 검증불가능한 가치의 문제는 과학의 영역에서
제외할 수밖에 없다는 것, ⅳ) 용어 사용이나 가설 설정에서 논리적 명료성을 높
여야 한다는 것, ⅴ) 연구기술의 정확성을 높이고 계량화, 통제된 실험 등 자연과
학적 방법을 가능한 한 도입해야 한다는 것, ⅵ) 조사연구의 결과를 확정적으로
가 아니라 확률적 또는 개연적(蓋然的)으로 기술해야 한다는 것, ⅶ) 조사연구를
다른 사람들이 되풀이하거나 확장할 수 있도록 조사연구 보고서를 작성해야 한
다는 것,[s'] ⅷ) 이론과 사실조사는 긴밀히 결합되어야 한다는 것[t']이다.

③ 실증주의적 연구방법의 도구   행정연구의 실증주의적 방법은 개념의 명료
화, 엄격한 경험적 자료의 수집, 가설의 설정과 검증, 통계학적 기법의 사용, 사
실관계의 정확한 기술, 연역적 사고에 기초하고 사실자료에 의해 지지될 수 있
는 모형의 개발 등을 중시한다.

(2) 평   가   실증주의적 접근방법은 오랫동안 행정학의 과학성을 높이는
데 기여해 왔다. 실증주의적 접근방법은 현재 지배적인 행정학 연구방법론이다.

그러나 행정학의 반전통적 연구경향이 대두하면서부터 많은 비판을 받아왔
다. 실증주의적 연구방법에 대한 비판적 논점은 다음과 같다.

첫째, 보수적·점증적이며 정확성에만 집착한 나머지 창의성을 희생시킨다.

---

s') 과학적 연구의 절차(방법)는 되풀이 또는 복제가 가능한 절차(replicable procedure)라야 한다
   는 것을 전제하는 요건이다.

t') 이론의 인도를 받지 않은 사실조사는 무의미하며, 사실조사를 통해 뒷받침되지 못한 이론은
   공허하다고 말한다.

둘째, 여러 가지 오해와 착각이 있다. 가치와 사실의 논리적 구별을 현실세계에서의 구별인 것처럼 착각한다. 연구자 자신의 가치에 대해 정확히 인식하지 못하고 스스로 '가치의 오염'(value contamination)에서 벗어나 있는 것처럼 착각한다. 실제로는 가치의 오염 때문에 연구의 객관성을 보장하지 못한다. 수단의 가치중립성을 주장하는 것은 오류이다. 왜냐하면 수단의 능률성은 목표가 무엇이냐에 따라 달라지기 때문이다.

셋째, 가치와 사실을 엄격히 구별하려는 시도는 목표와 수단의 분리를 조장하고 수단이나 방법의 연구에만 치중하도록 유도한다. 연구방법에 맞추어 현상에 접근하는 방법론주의(methodologism)의 함정에 빠지기도 한다.

넷째, 연구활동의 가치중립성을 주장함으로써 결과적으로는 힘있는 사람들에게만 봉사하게 되는 엘리트주의에 빠진다.

다섯째, 과학화에 대한 신념에도 불구하고 역설적으로 과학발전을 제약하고 후퇴시킨다. 왜냐하면 심미적·형이상학적·도덕적 세계의 광범한 경험영역에 대한 연구를 성급하게 포기하기 때문이다.

실증주의에 대한 평가는 평가자의 과학관에 따라 달라질 수 있다. 실증주의적 접근방법의 객관주의를 배척하는 관점이 있는가하면 이를 수정하는 관점도 있다. 객관주의를 배척하는 현상학에 대해서는 다음에 따로 설명할 것이다. 여기서는 객관주의를 수정하는 관점을 하나 소개하려 한다.

비판적 실재론(critical realist view of science)은 실증주의적 과학관을 수정하고 절충하여 현실적합성을 높이려 한다. 비판적 실재론은 현실세계가 우리의 의식 밖에 실재하지만, 우리는 그것을 불완전하고 개연적으로밖에 파악할 수 없다고 본다. 우리는 관찰과 실험을 통해 객관의 세계에 접근할 수 있지만, 그에 대한 우리의 지식은 실제에 가까워질 수 있는 것일 뿐이며 진실이라 보기 어렵다고 주장한다. 비판적 실재론은 질적·양적 연구방법의 다원적·종합적 사용을 제안한다.[43]

2) 현상학적 접근방법

(1) 정   의   현상학적 접근방법(現象學的 接近方法: phenomenologist approach)은 현상학의 원리에 입각하여 행정현상의 본질을 탐구하려는 접근방법이다.[44]

① 현상학의 의미   현상학(現象學: phenomenology)은 현상(대상)의 본질을 직관적으로 인식하여 서술함으로써 불변적·근원적·절대적 지식을 얻으려는 철학이

다. 현상학은 여러 분파를 내포하며, 또한 변화를 겪어 온 철학이다.ᵘ⁾ 여기서는 초기의 논조를 중심으로 현상학의 대체적인(공통적인) 특성을 요약하려 한다.

현상학은 현상의 본질(本質 또는 質料)을 대상으로 하고 대상을 형성하는 의식작용을 기술하려는 선험적 관념론(先驗的 觀念論)이다. 주관이 있음으로써 비로소 대상이 있을 수 있다고 보는 것이 관념론의 요체이다.

② 규명대상인 현상의 본질   현상학이 규명하려는 현상의 본질이란 대상의 근본적·필수적·불변적 특성을 말한다. 본질은 시간과 공간에 따라 달라질 수 있는 구체적·개별적 존재에 내재해 있는 보편적 존재이다. 현상은 의식에 나타나는 관념적 존재이다. 현상은 물질로서의 현상이 아니라 경험으로서의 현상이다. 따라서 사람의 의식을 떠난 현상은 있을 수 없다.

③ 현상학적 연구방법의 도구   대상의 본질에 접근하는 방법은 경험서술이다. 현상학적 서술은 대상이 의식을 통해 경험되는 과정을 서술하는 것이다. 편견없는 원초적 인식을 통해 대상의 본질적인 모습을 발견하고 서술하는 것이다. 본질에 관한 근원적 지식을 명증(明證)해 서술하려면 기존의 단편적 관찰이나 그에 기초한 믿음을 받아들이지 않고, 적어도 잠정적으로는 이를 거부하는 조심성을 보여야 한다. 이러한 조치를 '괄호 안에 묶어두기'(bracketing) 또는 '현상학적 판단정지'(phänomenologische Epoche)라 한다.

본질의 이해는 선험적 의식 또는 순수의식을 통해서만 가능하다. 선험적 의식이란 여러 차원에서 구체적으로 나타나는 의식의 저변에 공통적으로 존재하는 보편적이고 순수한 의식을 말한다.

④ 행정연구에서의 현상학   행정학에 현상학적 방법을 도입하자고 주장하는 사람들은 실증주의적 연구방법을 비판의 표적으로 삼는다. 그리하여 인간의 의식 또는 마음이 빠진 객관적 존재의 서술을 인정하지 않으며 현상을 분해하여 분석하는 것을 반대한다. 가치와 사실의 구별도 거부하고 현상을 본질적인 전체로 파악해야 한다고 주장한다. 연구방법이라는 도구에 끌려다녀서는 안 되며 연

ᵘ⁾ Phenomenology라는 말은 Johann Heinrich Lambert가 1764년에 '환상의 이론'이라는 뜻으로 처음 사용했다고 한다. 19세기 중반에 이르러 phenomenology는 마음에 관한 순수한 서술적 연구라는 의미로 쓰이게 되었다고 한다. 그러나 현상학이 그 기초를 다지게 된 것은 20세기 초반의 일이다. 20세기 초반 Edmund Husserl을 필두로 한 일단의 독일 철학자들이 현상학을 본격적으로 출범시켰다. 그 뒤 현상학은 많은 변화를 겪어 왔다.

구대상에 적합한 방법을 연구자가 주도적으로 선택해야 한다는 점을 강조한다.

(2) 평 가   현상학적 접근방법은 인식의 주관성에 대해 주의를 환기하고 현상의 연구에서 지혜의 통합을 강조함으로써 행정학 방법론의 새로운 지평을 개척하였다. 실증주의 과학의 객관성과 분석적 접근에 대한 맹신이 빚은 실책을 고발한 현상학적 접근방법의 공로는 인정받아야 한다.

그러나 현상학적 방법은 너무 주관적이고 모호하다는 비판을 받고 있다. 선험적 의식의 존재와 작용, 그리고 개별적 관찰을 떠난 본질의 경험가능성에 대해서는 논란이 있다. 세계는 인간의 인식 이전에 이미 존재한다고 보는 사람들이나 세계에 대한 인간의 지각에는 착각이 많다고 생각하는 사람들은 현상학적 방법론의 적실성에 대해 의문을 제기한다.

3) 행위이론

(1) 정 의   행위이론(行爲理論: action theory)은 인간행위의 주관적 의미를 탐구하는 접근방법이다.[v'] 행위이론은 현상학과 해석학(解釋學: hermeneutics)에 기초를 둔 접근방법이다.[w']

개인이 행위에 부여하는 의미를 중요시하는 행위이론은 정통적 조직연구인들이 순수과학의 예를 따르려는 과오를 저질렀다고 비판한다. 행위이론가들은 사회과학의 대상은 자연과학의 대상과 전혀 다르다고 주장한다. 행위이론은 가치문제를 중요시한다. 행위이론은 개체주의적인 미시적 접근방법이라는 점에서 총체주의적 체제이론과 구별된다.

행위이론의 주요가설 또는 원리는 다음과 같이 요약할 수 있다.[45]

① 사회과학과 자연과학의 구별   사회과학과 자연과학은 전혀 다른 대상을 다룬다. 사회과학의 대상은 인간의 행위이다. 행위는 인간의 주관적 세계를 반영하는 것이며 무엇인가 가치 있는 목표를 추구하는 것이다. 사람들은 행위에 의미를 부여한다. 사회과학의 대상인 행위는 행위자에게 의미가 있는 것이지만

---

v') 행위이론은 행동이론, 행위론적 접근방법(action approach), 사회적 행동이론(social action theory), 행동준거틀(action frame of reference) 등 여러 가지 별칭을 가지고 있다.

w') 해석학은 인간행위의 의미(행위자가 그 자신의 행위, 타인의 행위, 사회상황에 부여하는 의미)를 해석하려는 철학이다. 해석학은 어떤 뜻을 전달하려는 인간행위의 언어(표현)를 분석한다. 해석학의 영어 표기인 Hermeneutics의 어원은 그리스 신화에 나오는 Hermes 신의 이름이라고 한다. Hermes 신은 인간들이 해석해야만 하는 수수께끼를 자주 냈다고 한다.

자연과학의 대상인 물질의 작용에는 그와 같은 의미가 없다.

② 행위의 의미 탐구   인간행위를 설명할 때에는 행위자가 그의 행위에 부여한 의미를 반드시 고려해야 한다.

③ 개인과 사회의 상호적 영향   사람이 그의 행위에 부여하는 의미를 결정할 때에는 사회적 영향을 받는다. 사람들이 공유하는 지향성은 사회적으로 제도화되며 후대의 사람들은 그것을 사회적 사실로 받아들이게 된다. 그런가 하면 사람들은 사회적 사실에 영향을 미친다.

④ 외재적 결정론의 배척   사람이 받는 사회적 영향은 인정하지만, 사람의 행위를 사회적 제약요인이나 비사회적 제약요인이 외재적으로 결정한다는 외재적 결정론은 받아들이지 않는다.

(2) 평   가   행정연구에 도입된 행위이론의 공로는 자연현상과 사회현상은 서로 다르고 따라서 연구방법도 서로 달라야 한다는 이치를 확인한 데서 찾을 수 있다. 객관적 관찰이 가능한 현상의 연구에 집중하는 자연과학적 접근방법이 인간의 주관적 세계를 소홀히 한다는 지적은 넓은 공감을 얻고 있다. 행위이론은 인간의 행위뿐만 아니라 행위자가 그의 행위에 부여하는 의미, 그리고 상황에 대한 행위자의 지각에까지 이해의 폭을 넓히는 데 기여한다.

그러나 행위이론은 인간의 주관적 세계에 치우친 관심을 가지기 때문에 행위자의 지각과 객관적 사실을 지나치게 분리한다는 비판을 받는다. 행위이론의 인간모형은 너무 원자적이며 따라서 사회적 차원의 분석에는 소홀하다는 비판도 있다. 행위자가 하는 의식적 선택의 역할은 과장하고, 사회적·구조적 결정은 과소평가한다는 지적인 것이다.

제 2 장

행정과 그 환경

이 장에서는 행정의 의미를 규명하고 행정의 환경에 대해 설명하려 한다. 행정학은 행정을 연구하는 학문이므로 행정학 저서에서는 행정이 무엇인지에 대한 관점을 분명히 밝혀야 한다. 행정은 개방체제이기 때문에 그 환경을 설명하는 것도 불가결한 과제이다. 행정의 환경에 대한 설명은 행정의 의미를 규명하는 작업의 한 부분이라고 볼 수도 있다.

제1절에서는 행정의 의미를 규명하려 한다. 행정의 개념정의를 먼저 하고 그에 관련하여 행정의 기능과 행정체제의 구성에 대해 설명할 것이다. 행정체제의 구성에 대한 설명은 이 책의 구성에 관한 논의에 연결될 것이다.

이어서 행정과 인접부문의 관계에 대해 설명하려 한다. 행정의 가장 긴밀한 인접부문은 경영과 정치이다. 이 두 인접부문과 행정의 관계는 이 책의 여러 곳에서 필요할 때마다 재론할 것이다. 끝으로 행정체제 유형론들을 소개할 것이다.

제2절에서는 행정의 환경을 논의하려 한다. 우리나라 행정의 환경을 설명하기에 앞서 조직과 환경의 관계를 설명하는 데 사용되는 기초적 개념들, 그리고 행정국가, 산업화사회, 정보화사회, 포스트모더니즘의 의미와 특성을 먼저 설명하려 한다.

행정이란 무엇인가?

I. 행정의 의미

1. 행정의 정의

행정(行政: public administration)을 정의하는 일이 쉬운 과제는 아니다. 행정에는 때와 장소를 초월하는 공통적·보편적 요소가 있는가 하면 때와 장소의 제약을 받는 고유요소도 있다. 따라서 구체적으로 적실한 정의는 상황에 따라 달라질 수밖에 없다. 그뿐만 아니라 사람의 관점에 따라 같은 현상도 다르게 규정될 수 있다. 실제로 연구인들마다 다소간에 서로 다른 행정의 정의를 제시하고 있다.

그러나 행정학의 패러다임이 느슨하고 헐겁다고는 하지만 행정학자들 사이에 행정에 대한 공통의 인식이 아주 결여되어 있는 것은 아니다. 그리고 개념정의에 나타난 이견들은 대개 상호 배척적이기보다 상호 보완적이라는 사실도 잊어서는 안 된다.

현대행정학의 행정에 대한 공동인식과 분화된 개념정의들의 상호 보완성을 알아낼 수 있다면 우리의 목적에 부응하는 행정의 정의를 해낼 수 있다. 저자는 행정의 정의에 관한 현대행정학의 입장을 가능한 한 균형 있게 반영하는 개념정의를 시도하려 한다.

1) 다양한 관점

행정의 정의에 나타난 다양성과 공통성에 관한 독자들의 이해를 돕고 또 저자가 시도하려는 행정의 정의에 도움이 될 정보를 얻기 위해 여러 관점을 반영하는 행정의 정의들을 예시하려 한다.

정치·행정 이원론, 행정의 집행기능 강조, 관료제의 공식적 구조와 내부관리기능의 강조, 합리성과 능률의 강조 등 행정학의 고전적 관점을 반영하는 행정개념 정의들을 먼저 살펴보고 이어서 이를 수정·보완하는 정의들을 소개하려 한다. 고전적 관점을 반영하는 정의들은 대개 고전적 행정학의 집합적 특성을 공동의 배경으로 삼고 있으나 그러한 특성 가운데 어느 것을 선택하여 명시적으로 강조하느냐 하는 것은 논자에 따라 다르다.

고전적이라고 특징지을 수 있는 개념정의들을 비판하고 수정·보완해 온 개념정의의 예로는 정치·행정 일원론, 행정의 정책기능, 행정의 환경, 행정의 가치 또는 목표와 책임, 민주행정, 고객지향적 사업, 행정의 중·하위관리층 또는 일선부문, 행정인의 행태, 의사결정을 각각 강조하는 정의를 들 수 있다.

여기서 고전적 관점과 그 이후의 관점에 따른 행정의 개념정의를 대강 구분하는 것은 설명의 편의를 위한 단순화이다. 고전적 정의방식이 후대에 사라진 것으로 생각하면 안 된다. 고전적 또는 전통적 역점을 승계하는 개념정의들도 이어져 오고 있다. 고전적 역점 가운데 어떤 것은 수정·확대 재생산되고 있다. 그 대표적인 예가 신공공관리의 관리주의이다.

행정을 정의하는 접근방법들을 단순하게 범주화하는 설명들은 다양하다. 예컨대 David H. Rosenbloom, Robert S. Kravchuk 그리고 Richard M. Clerkin은 ⅰ) 행정과 기업경영의 유사성을 강조하는 관리적 접근방법(managerial approach), ⅱ) 행정의 공공성과 정치적 측면을 강조하는 정치적 접근방법(political approach), 그리고 ⅲ) 행정을 법률의 구체적인 적용·시행으로 보는 법적 접근방법(legal approach)을 구분하였다.[1]

Jay M. Shafritz, E. W. Russell 그리고 Christopher P. Borick은 행정의 개념정의들을 ⅰ) 정치적 정의, ⅱ) 법적 정의, ⅲ) 관리적 정의, 그리고 ⅳ) 직업적 정의(occupational definition)로 나누어 범주화하였다. 직업적 정의란 행정을 하나의 직업범주로 보고 직업으로서의 행정을 정의하는 방법이다.[2]

우리나라 행정학 교과서들에서 흔히 볼 수 있는 '행정의 정의에 관한 학설'은 행정관리설(조직관리설), 통치기능설(국가기능설: 행정을 통치기능의 일부로 보는 이론), 정치기능설(행정을 정치기능의 한 양태로 보는 이론), 행정행태설, 발전기능설(행정이 국가발전을 촉진하는 기능을 수행한다고 보는 이론), 정책화기능설(행정이 정책기능을 담당한다고 보는 이론) 등이다.

(1) 집행기능·수단성의 강조   행정은 법과 정책을 집행하는 수단이라고 하는 정의들이 있다. 이들은 정치·행정 이원론에 기초를 둔 것이다.

Woodrow Wilson의 정의: "행정은 공법(公法)의 상세하고 체계적인 집행이다. 일반적인 법

률을 구체적으로 적용하는 모든 활동은 행정적 활동이다. 행정이 해야 할 일을 지시하는 일
반적 법률은 행정의 위에 그리고 밖에 있는 것이다. 정부활동에 관한 광범한 계획은 행정적인
것이 아니다. 그러한 계획의 상세한 집행이 행정적인 것이다."[3]

John Pfiffner와 Robert Presthus의 정의: "행정은 공공정책의 집행을 위한 공동노력을 조정
하는 것이다."[4]

(2) 관리작용의 강조   행정체제 내부의 관리작용에 초점을 맞춘 정의들은
행정과 경영의 유사성을 강조하는 관점을 반영한다. 전통적 관리주의자라고 할
수 있는 White의 정의, 그리고 신관리주의에 입각한 Hood와 Hughes의 정의를 보
기로 한다. 신관리주의자들은 행정이라는 개념을 관리라는 개념으로 대체한다.

Leonard D. White의 정의: "행정은 국가목표를 성취하기 위해 사람과 물자를 관리하는 것
이다.… 행정의 목적은 공적인 사업을 능률적으로 운영하는 것이다."[5]

Christopher Hood의 정의: "공공관리는 행정부의 구체적인 업무와 공공서비스를 어떻게 설
계하고 운영하는가에 관한 문제라고 느슨하게 정의할 수 있다.… 신공공관리는 공공서비스
공급에 대한 결과중심적·관리지향적 접근방법이다."[6]

Owen E. Hughes의 정의: "행정은 지시에 따르는 것에 관한 것이지만 (행정개념을 대체하
는) 관리는 결과의 성취와 결과성취행위에 대한 책임을 의미한다."[7]

(3) 협동적 행동의 합리성·능률성 강조   행정의 기본은 인간의 협동적 행동
이며 비교적 높은 수준의 합리성과 능률성을 달성하거나 이를 추구하는 것이라
고 정의하는 방식이 있다. 이 방식은 아주 광범한 파급력을 지녀왔다.

Dwight Waldo의 정의: "행정은 협동적 인간행동의 한 국면이다. 행정은 정부의 목표를 성
취하기 위해 사람과 물자를 조직하고 관리하는 것이다. 행정은 국가업무에 적용된 관리의 과
학과 기술이다. 행정은 합리적 행동이다. 행정이 합리적이라고 하는 까닭은 공공적인 것이라
고 규정되는 목표의 성취를 극대화하기 위해 입안한 것이기 때문이다."[8]

행정의 정의에서 Waldo와 의견을 같이 하는 우리나라의 학자들은 상당수에 이른다. 예컨대
김운태 교수는 "넓은 의미에서 '행정'은 공통적인 목표를 수행하기 위하여 협동하는 집단의
합리적 행동이라고 할 수 있겠다"고 하였다.[9]

E. N. Gladen의 정의: "행정은 목표에 대한 수단이다.… 행정의 임무는 정해진 목표의 성취
에 자원을 가장 경제적으로 사용하는 것이다."[10]

우리나라에서 능률을 강조한 학자의 예로 이문영 교수를 들 수 있다. 그는 행정이란 "공무
원이나 공무원이 소속한 국가기관이 현대국가의 기능을 수행하되 이 기능수행을 되도록이면
능률적으로 수행하고자 노력하는 행동이라고 말할 수 있다"고 하였다.[11]

(4) 관료제에 의한 행정의 강조   행정은 관료제적 조직을 통해 수행된다는 점을 명시하는 정의들이 있다. 그리고 관료적 구조의 특성을 명시하지는 않지만 행정부 등 행정을 담당하는 기관적 기초에 역점을 둔 정의들도 많다.

James W. Fesler의 정의: "행정은 정책집행이며 또한 정책형성이고, 관료제에 의해 수행되고, 대체로 규모가 크며 공공적인 것이다.… 행정이 공공적이라고 하는 까닭은 정부업무에 관한 것이기 때문이다."12)

Herbert A. Simon, Donald W. Smithburg, 그리고 Victor A. Thompson의 정의: "행정은 연방·주 및 지방정부의 행정부, 연방 및 주의 의회가 설립한 독립규제위원회, 공기업, 기타 일정한 특성을 가진 기관들이 하는 활동이다. 여기서 정부의 입법기관과 사법기관 그리고 비정부적 기관의 행정은 분명히 제외된다."13)

(5) 의사결정의 강조   행정의 중심적 임무는 의사결정이며 조직은 의사결정구조이고 행정인은 의사결정자라고 보는 정의들이 있다.

Herbert A. Simon의 정의: "행정과정은 의사결정과정이라는 사실을 간파해야 한다.… 조직은 조직구성원인 개인으로부터 자율적 의사결정권의 일부를 가져가고 조직의 의사결정과정으로 이를 대체한다."14)

의사결정학파의 개념정의를 따르고 있는 우리나라 학자의 예로 조석준 교수를 들 수 있다. 그는 "행정이란 행정부 내에서 공무원들이 공공문제의 해결을 위하여 하는 의사결정을 말한다"고 하였다.15)

(6) 행정의 정치적·정책적 역할 강조   정치·행정 일원론에 입각하여 행정의 정치적·정책적 역할을 강조하는 개념정의들이 있다. 행정의 정치적·정책적 기능만을 부각시키는 개념정의들도 있다. 그러나 행정은 집행적·관리적 기능뿐만 아니라 정책형성기능도 함께 수행한다고 정의하는 것이 좀더 일반적인 추세이다.

Wallace Sayre의 정의: "행정은 정치과정 가운데 하나이다.… 행정은 궁극적으로 정치이론상의 한 문제이다."16)

Henry Lambright의 정의: "행정은 공공정책결정이다. 행정은 정치와 관리를 함께 가지고 있으며 다수의 학문적 및 전문적 관점을 활용한다.…"17)

우리나라에서 정치·행정 일원론적 정의는 널리 받아들여지고 있다. 예컨대 박동서 교수는 "행정이란 정치권력을 배경으로 공공정책형성 및 구체화를 이룩하는 행정조직의 집단행동이라고 할 수 있겠다"고 하였다.18)

(7) 환경과의 연계 강조   오늘날 행정학의 주류는 생태론적 또는 개방체제론적인 관점을 수용하고 있다. 따라서 거의 모든 현대적 행정개념 정의는 행정과 환경의 연계관계 또는 교호작용관계를 명시하거나 적어도 묵시적으로 전제한다. 환경이나 생태라는 말을 쓰지 않더라도 행정을 정치체제, 문화적 복합체 등의 일부라고 규정하는 정의, 인구학적 요인과 같이 환경의 일부에만 언급한 정의 등도 개방체제적 관점을 반영하는 것으로 보아야 한다.

> Ira Sharkansky의 정의: "환경, 투입, 처리과정, 산출, 그리고 환류는 서로 연관되고 교호작용한다. 이러한 요인들의 전체와 그들 사이의 교호작용이 행정체제이다."[19]

(8) 행정인의 행태 강조   행정을 담당하는 사람의 문제에 주의를 환기하는 정의들이 있는데 그 유형은 여러 가지이다. 행정의 기본요소가 인간의 협동적 노력이라고 하는 정의, 행동지향성을 강조하는 정의, 행정이 실제로 체현되는 중간관리층 이하의 재량행위를 강조하는 정의, 일반적으로 행태적 요인을 강조하는 정의 등이 그 예이다.

> Paul J. Gordon의 정의: Gordon은 행정연구의 접근방법에 따라 달라지는 행정의 정의를 논의하면서 다음과 같은 행태주의적 정의를 소개하였다. "행정에는 개인과 집단의 감정, 느낌, 동기, 문화적 반응 등 행태적 요인들이 삼투되어 있으며, 권력배분과 조직 내외에 걸친 이익조정의 문제가 또한 포함되어 있다. 그리고 비공식적 리더십과 집단 간의 교호작용이 중요한 작용을 한다. 행정의 과제는 사람들의 협력적 관계를 증진할 장치를 선택하는 것이다."[20]
>
> Jerome B. Mckinney와 Lawrence C. Howard의 정의: "다른 사람들의 조직화된 노력을 통해 목표를 성취하는 행정은 ⅰ) 공적·사적 조직과 인적자원의 동원, ⅱ) 정책의 사업화, ⅲ) 중간관리층 이하 직원의 재량에 따른 아이디어의 행동화, 그리고 ⅳ) 그러한 행동화를 통한 국민생활의 향상에 필요한 활동으로 구성된다."[21]
>
> '길바닥 수준의 관료'(street-level bureaucrats)와 '길바닥 수준의 관료제' (street-level bureaucracy)에 관한 Michael Lipsky의 설명도 하급직원들의 중요성을 부각시켰다. 그는 직무수행 상 시민과 직접 교호작용하고 상당한 재량권을 행사하는 사람들을 길바닥 수준의 관료라 규정하고 그런 사람들이 많은 공공조직을 길바닥 수준의 관료제라 불렀다.[22]

(9) 행정의 목표·고객지향적 사업의 성취·민주행정 강조   행정이 추구하거나 추구해야 하는 가치와 목표·책임을 부각시키는 정의, 국민을 위해 입안한 사업과 그 성취를 강조하는 정의, 민주주의적 정치질서 하에서의 민주행정을 강조하는 정의들이 있다.

Gregory A. Daneke와 Alan Walter Steiss의 정의: "효율적인 행정은 공공목표의 성취를 위해 인적·물적 가용자원을 배합하고 지휘하는 역동적 과정이라야 한다. 그 기본적 목표는 정부의 실행사업(action programs)에 초점과 일관성을 제공하는 것이라야 한다."[23]

Paul H. Appleby의 정의: "민주주의 하에서의 행정은 시민의 존엄성, 가치(중요성) 및 잠재력을 존중하고 그에 이바지하는 리더십 그리고 집행활동에 관한 것이다." Appleby는 민주주의를 국민이 평등과 사상 및 의사표현의 자유를 누리면서 정부를 형성하거나 해체할 수 있는 상태라고 규정하였다.[24]

우리나라에서 행정의 목표를 부각시킨 논자의 예로 박연호 교수를 들 수 있다. 박교수는 "행정이란 국민들이 물질적 및 정신적 풍요로움을 체험할 수 있는 선한 문명의 창조·개발을 목적으로 공공정책을 형성하고 집행하며 관리하는 정부의 활동이다"라고 하였다.[25]

(10) '완전행정'의 정의   행정체제의 온전한 업무성취를 제약하거나 성공에 장애를 주는 조건들을 설명하기 위한 선행적·전제적 작업으로 완전행정(完全行政: perfect administration)을 정의하기도 한다. 완전행정은 완벽한 행정이며 합리적 행정이다.

Christopher Hood의 정의: "완전행정은 정책집행을 완벽하게 할 수 있도록 자원의 가용성과 정치적 수용성이라는 외부적 요인들이 행정과 결합하는 상태라고 정의할 수 있다.… 완전행정의 내적 조건은 행정체제의 단일성, 행정체제가 시행하는 규범의 통일성, 명확한 목표의 완벽한 시행에 필요한 완전한 통제, 완전한 정보와 의사전달, 그리고 시간제약의 부재이다."[26]

(11) 종합적 정의의 시도   근년에는 종합적 또는 통합적 관점에 입각한 행정개념 정의가 늘어나고 있다. 행정이 행정이기 위한 조건 또는 요소를 복수로 열거하는 것은 처음부터 있어온 일이다. 위에서 검토한 정의들도 예외는 아니다. 특별히 강조하거나 새로이 첨가한 요소를 따로 부각시킨 제목을 달았지만 그 내용을 보면 단일의 요소만으로 구성된 개념정의는 오히려 예외임을 알 수 있다. 그러나 앞선 개념정의들이 발굴하고 규명한 행정의 요소 또는 조건들을 좀더 종합적으로 열거해 보려는 정의들은 그 나름의 특성을 지니는 것이다. 저자도 다음에 통합적 정의를 시도할 것이다.

Felix Nigro와 Lloyd Nigro의 정의: "행정은 ⅰ) 공적 상황에서의 협동적·집단적 노력이며, ⅱ) 행정부·입법부·사법부, 그리고 그들 사이의 관계에 모두 나타나는 것이고, ⅲ) 공공정책의 형성에서 중요한 역할을 맡기 때문에 정치과정의 일부이며, ⅳ) 사행정(私行政)과는 현저히 다르고, ⅴ) 사회에 서비스를 공급할 때에는 많은 민간집단 및 개인들과 긴밀히 제휴한다."[27]

2) 저자의 정의

이 책에서 우리가 관심을 가지고 연구하려는 것은 현대국가의 행정이며 3
권분립의 원리를 수용하고 국민의 기본권을 보장하려는 민주국가의 행정이다.
현대의 민주적 정치체제라는 상황적 조건 하에서 운영되는 행정을 다음과 같이
정의할 수 있다.

"행정은 국민의지의 표출로 형성되는 국가목표의 성취를 위해, 수임받은 권
력을 바탕으로, 봉사·이익배분·조정·규제 등에 관한 정책의 형성에 참여하고
이를 집행하는 활동이다. 공공적·정치적 상황에서 작용하는 행정은 정치과정에
긴밀히 연계되어 있다. 행정은 필요한 여러 가지 자원을 동원·조직화하고, 인간
의 협동적 노력을 관리하며, 요구·지지 등의 투입을 받아 이를 산출로 처리하는
체제를 가지고 있다. 그러한 체제의 중심이 되는 기관적 기초는 대규모의 공식
적 조직이다."

이러한 행정개념에 포함된 기본적 속성은 다음과 같다.

① 공공목표의 추구   행정은 국가목표에 귀일되는 행동을 하도록 규범적으
로 요구되어 있다. 행정체제는 국가 그리고 정부라는 상위체제에 속해 있으며,
그러한 상위체제들의 목표에 부합되는 활동을 할 것이 기대되어 있다. 민주국가
에서 국가목표의 형성은 국민의 뜻에 따르도록 되어 있으므로 행정은 궁극적으
로 국민에게 책임을 져야 한다.

② 공공적 상황에서의 작용   행정은 공공적 상황(public setting), 그리고 정치
적 상황에서 작용한다. 공공적 상황에서 작용한다는 것은 국민 일반의 관심·감
시·비판에 노출된다는 뜻이며, 정치적 상황에서 작용한다는 것은 정치과정에
긴밀히 연관된다는 뜻이다.

③ 정책기능수행   행정은 정부의 정책형성에 참여하고 정책을 집행한다. 집
행과정에서는 여러 가지 재량권을 행사한다.

④ 권력행사   행정은 임무수행에 필요한 권력을 행사한다.

⑤ 자원의 동원과 사용   행정은 권력뿐만 아니라 정보, 인적자원, 재정자원
등의 자원을 동원하고 조직화하여 행정의 체제를 유지하고 산출활동을 수행한다.

⑥ 행정체제   행정은 자원을 동원·조직화하고 인간의 협동적 노력을 관리
하며 투입을 산출로 처리하는 체제를 통해 수행된다. 이러한 체제는 일련의 규

범, 구조, 과정, 기술을 가지고 있다.

행정체제의 중심이 되는 기관적 기초는 거대하고 복잡한 조직이다. 행정체제는 여러 조직들로 구성되어 있다고 말할 수도 있다. 행정조직의 경계는 모호한 경우가 많다. 행정조직은 국가의 입법·사법구조와 긴밀히 연관되어 있으며 민간부문의 많은 조직 및 개인과 협동적 또는 공동적 활동을 수행한다.

규모가 방대하고 구성이 복잡한 현대의 행정체제는 광범하고 적극적인 기능을 수행한다.

⑦ 민주행정   현대 민주국가의 행정은 민주행정이다. 민주행정은 민주주의의 원리를 수용하고 그러한 원리의 구현을 위해 헌신하는 행정이다. 민주행정은 국민 각자의 자유·평등 그리고 존엄성과 잠재력을 존중하고 신장하는 데 헌신하는 행정이며 대내적 민주화를 추구하는 행정이다.

민주행정은 다음과 같은 규범을 받아들이는 행정이다. 즉, ⅰ) 국민의 자유·평등 그리고 존엄성과 잠재력을 존중하고 이를 신장하는 데 헌신해야 한다. ⅱ) 공익을 추구해야 한다. 국민 전체의 이익과 좀더 많은 국민이 선호하는 선(善)을 추구해야 한다. 개별적인 특수이익은 민주적인 방법으로 조정해야 한다. 그리고 모든 국민에게 평등한 봉사를 해야 한다. ⅲ) 국민의 의사를 존중해야 한다. 의사결정의 방법과 목표추구의 방법은 민주적이라야 한다. ⅳ) 국민이 책임을 물을 수 있어야 한다. ⅴ) 국민의 권리와 자유를 보장하기 위해 설정한 민주적 절차와 상징을 존중하여야 한다. 그리고 ⅵ) 행정체제의 대내적 관리가 위의 가치추구와 일관성을 유지해야 한다.

2. 행정의 기능

위에서 정의한 바와 같은 현대의 행정은 매우 광범하고 복잡한 기능을 수행한다. 사람들은 그러한 기능에 어떤 종류가 포함되는지를 설명하기 위해 또는 특정한 연구의 길잡이로 삼기 위해 행정의 기능들을 분류하여 범주화한다.

저자는 민주적 정치체제, 혼합경제체제, 국가발전에 대한 행정의 적극적 역할 등 상황적 조건을 전제로 하고 현대국가의 행정이 수행하는 사업영역별 기능을 다음과 같이 분류해 보려 한다. 사업영역별 기능의 수준과 양태는 구체적인 경우에 서로 달라질 수 있다.

(1) 국가형성에 관한 기능   행정은 국가적 정치사회의 통합성을 유지하고 국민적 일체감을 증진시키며 정권의 정당성에 관한 국민의 신뢰감을 획득하는

등 국가형성 임무의 일익을 담당한다. 각급 선거 등 민주적 정치과정을 지지 · 보호하는 기능도 행정의 국가형성 기능에 포함된다. 국가형성의 과제는 초보적인 것으로부터 시작하여 점차 복잡한 것에 이르는 지속적인 과제이다.

(2) 국가의 보위와 대내질서의 유지에 관한 기능   외침을 막아 국가안보를 유지하고 국제관계를 관리하는 기능, 그리고 인권을 보호하고 국내의 치안을 유지하는 등 법과 질서를 유지하는 기능이 여기에 포함된다.

(3) 경제발전에 관한 기능   이 기능은 상당히 광범한 것이다. 경제계획, 자원동원, 민간경제의 관리, 경제제도의 개선, 경제발전에 대한 국민참여의 유도, 그리고 경제발전 성숙단계에 심각해지는 문제들의 관리가 포함된다. 경제발전 성숙단계에 특히 심각해지는 문제에 대응하는 과제의 예로 균형 있는 복지증진, 자연자원의 개발과 보존, 공해방지와 환경보전을 들 수 있다.

(4) 사회발전에 관한 기능   행정체제는 국가발전이 가능하도록 사회제세력을 재편하고 국민의 가치관 변화를 유도하는 기능을 수행한다. 사회적 통합을 유지하고 사회변동에서 생겨나는 불안과 긴장을 해소하여 국민에게 안전감을 주는 기능도 맡는다. 국민생활의 질적 향상, 교육기회의 확대, 보람 있는 직업생활의 보장에 관한 기능도 수행한다.

(5) 내부관리에 관한 기능   행정체제는 스스로의 유지와 발전을 위한 체제 유지적 기능을 수행한다. 조직 · 인사 · 예산에 관한 기능이 내부관리 기능에 해당한다.

가장 흔히 볼 수 있는 기능분류의 기준은 기능의 내용, 즉 정책이나 사업의 영역이지만 그 밖에도 다양한 기준들이 쓰인다. 예컨대 행정간여의 방법을 기준으로 규제 · 봉사 · 조정 등의 기능을 분류하기도 한다. 행정과정의 단계에 착안하여 정책형성기능과 집행기능을 구분하기도 하고 의사결정 · 사업입안 · 의사전달 · 통제 · 평가의 기능을 분류하기도 한다. 관리작용의 대상에 착안하여 정책관리 · 자원관리 · 집행관리를 구분하기도 하며, 구조관리 · 목표설정 · 환경관계관리의 기능을 분류하기도 한다. 사업영역별 분류도 다양하다. 행정의 사업영역별 기능을 전통적 기능, 국가형성기능, 경제관리기능, 사회복지기능, 환경통제기능, 인권관련기능 등으로 분류하기도 하고[28] 국가관리기능 · 산업경제기능 · 사회문화기능으로 구분하기도 한다.[29] 담당하는 기관을 기준으로 한 기능분류도 있다. 신공공관리운동 이후 외교 · 국방 등 기본적 기능 이외에 강조되고 있는 '정부기능'으로 소득재분배의 관리, 정보유통을 촉진하는 통합적 정보관리, 정부조직 간 및 정부와 시민사회 간의 연계형성, 그리고 전략적 사고를 통한 정책관리를 든 사람도 있다.[30]

3. 행정체제의 구성

행정은 행정조직을 기관적 기초로 하는 하나의 체제가 수행한다. 행정체제의 구성양태를 설명하는 데 쓰이는 주요 개념들에 대해 간단히 언급하려 한다.

행정체제는 환경으로부터 투입을 받아 처리하여 환경에 산출을 내보내는 개방체제이다. 행정체제는 조직을 구성하는 인적자원뿐만 아니라 재정자원, 권력, 정보 등 여러 가지 자원을 동원하고 조직화하여 스스로의 체제를 유지·발전시키고 산출을 내는 생산활동을 수행한다. 행정체제는 공식적·비공식적 구조와 과정을 통해 일을 한다. 행정체제의 활동은 목표체계 등 가치체계의 인도를 받는다.

행정체제는 그 정체성을 확인할 수 있게 해주는 경계를 가지고 있다. 경계는 개방적인 것이다. 행정체제는 개방체제로서 그 환경과 교호작용한다. 행정체제는 환경으로부터 자원·요구·지지 등의 투입을 받는다. 그 활동에 관한 환류도 받는다. 그리고 봉사·이익배분·조정·규제 등에 관한 산출을 환경에 전달한다.

행정체제는 다른 어떤 사회현상과 마찬가지로 동태적인 현상이다. 행정체제는 시간선 상을 흘러가면서 변동한다. 사람들은 그러한 변동을 바람직한 방향으로 유도하기 위해 계획적인 노력을 한다. 행정의 바람직한 변동을 가져오려는 인위적 노력을 행정개혁이라 한다.

4. 이 책의 구성

행정의 개념정의 그리고 거기서 도출한 행정체제 구성에 관한 개념들은 이 책의 내용을 편성하는 데 길잡이가 되었다.

이 책의 도입부분인 제 1 장과 제 2 장에서는 행정학사를 개관하고 행정의 의미를 규정한다. 행정의 의미규정에서는 행정과 정치 및 기업경영의 관계에 대해서도 언급한다. 행정환경의 문제도 함께 다룬다.

이러한 논의를 배경으로 이어지는 장·절에서는 행정체제의 주요 구성요소, 국민과의 관계, 행정개혁을 고찰하려 한다. 행정체제의 구성요소 가운데 고찰대상으로 삼은 것은 행정의 가치, 행정조직의 구조와 과정, 인사행정, 재무행정이다.

제 3 장에서는 가치의 의미, 가치연관적 개념인 윤리, 문화, 목표를 고찰할 것이다. 제 4 장에서는 행정조직의 구조를 다루고 제 5 장에서는 행정조직의 주요

과정들을 설명하려 한다. 제 6 장에서는 인사행정을, 제 7 장에서는 재무행정을 다룰 것이다. 제 8 장에서는 행정과 국민의 관계에 초점을 맞출 것이다. 행정의 책임과 통제, 국민의 참여 등에 관한 주제와 함께 국민생활에 긴밀히 작용하는 행정지도와 민원행정도 고찰할 것이다. 제 9 장에서는 행정개혁을 설명하려고 한다.

II. 행정과 경영 그리고 정치

행정(정부행정 또는 공공행정)을 정의할 때 사람들이 오랫동안 관심을 가져온 것은 행정을 다른 집합적 활동 또는 체제와 구별하는 문제이다. 행정개념의 경계를 획정하는 데 관련하여 가장 많이 거론되어 온 것은 정부의 행정과 민간의 행정, 특히 사기업경영을 구별하고 행정과 정치를 구별하는 문제였다.

행정개념의 범위를 한정하려면 행정과 경영, 행정과 정치를 구별해야 한다. 그러나 현실세계에서 행정과 경영 그리고 행정과 정치는 서로 긴밀히 연계되어 있고 또 유사한 요소들을 공유하고 있다. 그뿐 아니라 세 가지 영역의 관계는 상황에 따라 다를 수 있다. 그러므로 보편적인 구획을 짓기는 매우 어렵다.

예나 지금이나 분석적 목적을 위해, 일반이론의 차원에서 행정·경영·정치를 개념적으로 구별해야 할 필요가 있다는 점에 대한 연구인들의 의견에는 변함이 없다. 그러나 이러한 개념들 사이의 관계를 어떻게 규정하느냐에 대한 연구인들의 관점이나 접근방법은 행정연구의 사조변천에 따라 변화해 왔다.[31]

1. 행정과 경영의 관계

1) 상위개념으로서의 '총칭적 행정'

행정과 경영 또는 민간행정을 구별하려 할 때 양자의 상위개념 또는 속(屬: genus)의 개념인 '총칭적 행정'(總稱的 行政: administration)의 의미를 먼저 규명해 왔다.[a] 이것은 행정 또는 공행정(公行政)과 사행정(私行政) 또는 민간행정을 포괄하는 개념이다. 행정의 의미규명에서 총칭적 행정을 상위개념으로 쓰는 경우

---

a) 미국 등 영어사용국에서는 administration과 구별되는 public administration이라는 말이 널리 쓰이고 있다. 그러나 우리의 경우 public administration을 '행정'이라고 하는 경우 administration을 무엇이라 불러야 할지 아직 합의가 없다. 경영이나 관리 또는 광의의 행정이라 부르는 데에는 문제가 있다. 여기서는 잠정적으로 '총칭적 행정'이라는 표현을 쓰려 한다.

논리적인 순서는 총칭적 행정을 먼저 정의하는 것이다. 그 다음에 거기에 포함된 공공부문의 행정을 구별해 낸다.

널리 받아들여지고 있는 개념정의에 따르면 총칭적 행정은 공동목표의 성취를 위한 협동적 인간행동이라고 한다. 그러한 협동적 인간행동은 합리성의 수준이 비교적 높은 것이다. 복수의 인간이 협동하지 않았으면 발생하지 않았을 효과가 나타났을 때 인간의 행동은 협동적인 것이 된다.

총칭적 행정의 합리성은 다른 집합적 인간행동의 경우보다 비교적 높은 것으로 이해된다. '비교적 높은 수준의 합리성'이 완벽한 합리성 또는 언제나 같은 수준의 합리성을 의미하는 것은 아니다.[32]

총칭적 행정에 대한 위의 정의는 Dwight Waldo의 이론에 입각한 것이다. Waldo 이외에도 총칭적 행정을 다룬 이론가들은 많다. 그 예로 총칭적 행정개념의 조작화를 시도한 James D. Thompson 등의 이론을 소개하려 한다. Thompson과 그의 동료들이 제시한 이론의 요점은 다음과 같다.[33]

총칭적 행정을 정의할 때 그것이 무엇이냐보다는 그것이 무엇을 하느냐에 초점을 맞추고 경험적 준거에 연관지으려면 먼저 '행정되어지고 있는 조직'(administered organization)을 찾아야 한다. 행정되어지고 있는 조직에서 총칭적 행정을 찾는 것은 그 다음의 과제이다.

행정되어지고 있는 조직은 상위체제의 한 구성부분이며 특정적·한정적 목표를 가지고 지속적인 협동적 행동을 한다. 이러한 조직은 환경적 체제와 투입·산출을 주고받는 교호작용을 한다.

행정되어지고 있는 조직에서 일어나는 모든 일이 총칭적 행정인 것은 아니다. 그 가운데서 조직을 창설하고 유지 또는 운영하는 데 관련된 활동만이 총칭적 행정인 것이다. 여기에 포함되는 활동은 ⅰ) 조직의 구조형성, ⅱ) 조직의 목표 규정, 그리고 ⅲ) 조직과 환경의 관계 관리이다.

2) 경영과 대조되는 행정의 특성

총칭적 행정을 공공부문의 행정과 민간부문의 행정으로 구분할 수 있다. 민간행정에서 다시 사기업체의 행정을 지칭하는 경영을 구분해 낼 수 있다. 정부의 행정을 민간행정과 비교할 때 비교의 주된 준거가 되는 것은 기업의 경영이다.

(1) 상호 연계와 중첩   행정이나 경영은 다같이 총칭적 행정이라는 속(屬)의 개념에 포함되기 때문에 양자는 총칭적 행정의 특성을 공유한다. 그리고 실천세계에서 양자는 긴밀히 연계되어 있고 그 경계가 불분명한 때도 많다.

오늘날 정부의 행정과 기업경영이나 민간행정의 교호작용은 점점 더 긴밀해지는 경향을 보이고 있다. 이들 사이에 교호작용이 긴밀해지고 기능중첩이 늘어나고 경계가 흐려지는 이유는 여러 가지이다.

그 예로 ⅰ) 행정이 그 환경 전체에 미치는 영향이 크다는 것, ⅱ) 행정은 좀더 구체적으로 민간기업·단체를 규제하고 지원한다는 것, ⅲ) 행정은 기업의 산출을 구입하는 가장 큰 소비자라는 것, ⅳ) 기업 또는 민간단체가 행정서비스를 공동생산하거나 대행하거나 그에 협력할 기회가 많다는 것, ⅴ) 민간부문은 행정활동의 조건을 설정한다는 것, ⅵ) 정부행정과 민간경영은 운영방식·절차·기술 등에서 교호충실화·상호 학습의 수준을 높여가고 있다는 것, 그리고 ⅶ) 기업의 거대화는 그 공공성을 강화한다는 것을 들 수 있다.

연구인들은 이러한 상호 접근의 작용을 이해하면서도 정부행정과 민간의 경영을 동일한 것으로 보지는 않는다. 비록 상대적이기는 하지만 양자의 차별적 특성이 있음을 대부분의 연구인들이 인정한다.

(2) 행정의 공공적 특성   민간행정이나 경영에 대조되는 행정의 특성을 규정하는 이론이 허다한 만큼 특성규명의 접근방법과 기준도 다양하다.

행정의 특성을 규정할 때 흔히 쓰이는 기준은 ⅰ) 환경적 특성, ⅱ) 정치적·법적 제약, ⅲ) 목표와 평가기준, ⅳ) 담당기관, ⅴ) 조직의 구조와 과정, ⅵ) 조직구성원의 행태, ⅶ) 자원의 공급원, ⅷ) 기능의 우선순위·관심과 활동의 범위, ⅸ) 활동의 독점성 또는 경쟁성·시장성, 그리고 ⅹ) 강제성이다.

① 환경적 특성   행정이 봉사하고 영향을 미치는 환경은 훨씬 더 광범하고 복잡하다. 행정의 환경에 대한 관심의 폭은 대단히 넓은 것이다. 행정의 대환경(對環境) 노출도 내지 가시도는 높다.

② 정치적·법적 제약   행정은 정치적·법적 제약과 통제를 더 많이 받는다. 행정의 공공책임 즉 국민에 대한 책임은 무거우며 국민의 신뢰에 의존하는 바가 크다.

③ 목표와 평가기준   행정의 목표는 원칙적으로 국민에 대한 봉사이며 공익추구이지 이윤추구가 아니다. 행정의 목표는 비교적 모호하며, 목표성취를 경제적 기준이나 계량적 기준으로 평가하기는 어렵다.

④ 담당기관   행정은 정부와 그에 긴밀히 연계된 조직들이 수행하는 것이다. 민주국가에서 행정조직의 최고관리층은 정치적으로 선출 또는 임용된다.

⑤ 조직의 구조와 과정   조직의 구조는 방대하며 복잡하다. 구조의 융통성은 제약된다. 권력분립·권력위임의 수준이 높기 때문에 책임도 분산되고 책임소재가 불분명해질 가능성이 크다. 행정과정의 합법성·정당성·공평성·공개성이 더욱 강조된다.

⑥ 조직구성원의 행태   행정을 담당하는 사람들은 국민에 대한 높은 봉사의식과 충성심을 가질 것이 기대된다. 그들에 대한 역할기대나 행동규범에는 이원적 기준이 적용된다. 즉, 그들은 다른 사람들보다 더 높은 윤리수준을 유지하도록 요구된다. 그들에 대한 인사행정에서는 신분보장·정치적 중립의 원리 그리고 공평성의 원리가 더욱 강조된다. 그들에 대한 통제와 유인체제도 기업의 경우와 구별된다. 경제적 유인의 비중이 비교적 낮다.

⑦ 자원의 공급원   행정에 필요한 재정자원의 공급원은 원칙적으로 세금이다. 사기업에서와는 달리 개별화된 서비스 공급의 대가는 정부의 주된 수입원이 아니다. 일부 기업적 활동을 통한 재정동원이 있으나 판매대가의 결정에 시장가격 결정의 원리가 잘 지켜지지 않는다.

⑧ 기능의 우선순위·관심과 활동의 범위   행정기능의 국민생활에 대한 불가결성과 우선순위는 비교적 높다. 행정적 의사결정의 고려요인은 많고 고려요인 간의 관계는 흔히 갈등적이며, 활동범위는 매우 광범하다.

⑨ 높은 독점성·낮은 시장성   행정의 독점성은 높고 시장성은 낮다.

⑩ 강 제 성   행정은 그 의지실현을 위해 법적 강제력을 직접 행사할 수 있다.

행정과 경영의 구별 그리고 양자의 관계에 관한 논의는 오래 전부터 있어 왔으며 지금도 계속되고 있다. 독자들이 참고할 수 있도록 몇 가지 예를 소개하려 한다.

Robert M. Dawson은 민간기업의 경영에 대조되는 행정의 특성으로 ⅰ) 이윤추구가 아닌 사회봉사의 목표, ⅱ) 독점성, ⅲ) 기구와 수단의 복잡성, ⅳ) 높은 가시성과 공공통제, ⅴ) 인사관리의 제약을 열거하였다.[34] Paul H. Appleby는 정부 또는 정부행정의 특성으로 ⅰ) 고려요인·활동범위·영향범위의 광범성, ⅱ) 공적 책임성, ⅲ) 정치적 특성 등 세 가지를 들었다.[35]

Gerald E. Caiden은 행정의 특징으로 ⅰ) 불가피성, ⅱ) 강압적 권력의 독점, ⅲ) 높은 우선순위, ⅳ) 방대한 규모, ⅴ) 최고관리층의 정치적 선출·임용, ⅵ) 업무수행평가의 곤란성, ⅶ) 높은 기대수준을 열거하였다.[36] Robert B. Denhardt와 Janet V. Denhardt는 행정의 상대적 특성으로 ⅰ) 목표의 모호성, ⅱ) 다원적 참여를 통한 의사결정(pluralistic decision making), ⅲ) 높은 가시성 등 세 가지를 들었다.[37]

Hal G. Rainey 등은 기업경영에 대조되는 행정의 특성들을 세 가지 범주로 나누어 설명하였다. 첫째 범주인 환경적 요소에 관련된 특성은 ⅰ) 시장노출의 정도가 낮다는 것, ⅱ) 법적·공식적 제약이 많다는 것, 그리고 ⅲ) 정치적 영향을 많이 받는다는 것이다. 둘째 범주인 조직과 환경의 교호작용에 관한 특성은 ⅰ) 강제성이 크다는 것, ⅱ) 영향의 폭이 넓다는 것, 그리고 ⅲ) 공공의 감시가 많고 특별한 국민적 기대의 대상이 된다는 것이다. 셋째 범주인 내부구조와 과정에 관한 특성은 ⅰ) 목표와 평가기준이 복잡하고 모호하다는 것, ⅱ) 권한관계에서 자율성이 비교적 높고 관리자의 역할에는 정치적 요소가 포함된다는 것, ⅲ) 조직활동의 경직성이 높다는 것, ⅳ) 유인(誘因)의 개발이 어렵고 금전적 유인은 비교적 경시된다는 것, 그리고 ⅴ) 조직구성원이 지배적 성향·성취지향성·지위욕 등의 행태적 특성을 보인다는 것이다.[38]

3) 행정·경영 관계의 상황적응적 파악

위에서는 경영 또는 민간활동과 비교한 행정의 특성 그리고 양자의 관계에 대한 일반이론을 고찰하였다. 그러한 일반이론의 적실성은 상황에 따라 달라질 수 있다. 시간과 공간의 제약 하에 있는 구체적 행정·경영관계는 상황적응적으로 파악할 수밖에 없다. 그 관계는 경제발전의 수준, 정치·행정체제의 특성, 구체적인 경제정책의 특성, 역사적 전통 등이 다르면 달라지게 마련이다.

우리나라의 경우 1960년대까지는 민간산업부문 그리고 민간조직의 발전이 부진하였다. 행정에 특유한 요소는 전통적이었으며 그것은 아주 뚜렷하였다. 정부·민간의 관계는 정부부문 군림형이었다. 민간부문에 대한 행정의 작용은 통제적인 쪽에 기울어졌었다.

그 뒤 산업화의 길을 걷게 되면서 민간부문의 팽창이 있었지만 경제성장은 정부주도로 추진되었다. 경제성장을 정부가 주도하는 발전행정의 과정에서 민간부문에 대한 행정간여는 엄청나게 확대되었다. 공·사행정의 차이는 비교적 큰 가운데 행정과 정치의 민간에 대한 통제력도 아주 강력하였다. 행정우월형의 관계 속에서 부패를 유발하는 관재유착(官財癒着)과 같은 바람직하지 못한 일들이 조장되고 있었다.

1990년대부터 작은 정부의 구현과 민간, 특히 기업경영에 대한 정부간여·행정규제의 축소를 지향하는 개혁목표가 광범한 지지를 받게 되었다. 기업경영으로부터 배워야 한다는 행정개혁처방도 널리 확산되었다.

그 뒤에 학계의 일각에서는 신자유주의에 입각한 최소정부론을 비판하는 목소리가 나왔다. 2000년대 초에는 정부가 작은 정부론을 접고 정부개입을 늘리는 신좌파적 정책을 추진하기도 하였다.

2. 행정과 정치의 관계

행정학은 정치(政治: politics)와 행정을 구별할 필요가 있다는 점을 언제나 인정해 왔다. 다만 양자의 관계를 어떻게 설정해야 하는가에 대한 관점은 변천해 왔다.

정치와 행정을 구분지어 보려는 노력은 행정학의 출범과 더불어 시작되었으며 정치·행정 구별의 문제는 오늘날까지도 행정학의 쟁점으로 남아 있다. 이 문제에 대한 논의가 끈질기게 이어진 까닭은 행정의 개념을 명료화하려면 정치와 행정의 관계규명이 불가피하기 때문이다. 그리고 정치와 행정의 구별 및 상호 관계에 관한 이론은 정치인·행정인의 실천적인 역할분담에 기준을 제시하거나 그에 영향을 미친다. 실천적으로 행정은 어떤 활동을 해야 하며 그에 대한 민주적 통제는 어떻게 해야 할 것인가 등의 문제를 해결하는 데 도움이 된다.

정치와 행정의 구별과 상호 관계에 대한 행정학의 입장은 정치·행정 이원론에서 정치·행정 일원론으로 변천해 왔다고 요약할 수 있다. 이 양자의 구별은 물론 상대적인 것이다.

지금까지 연구인들의 관심은 행정과 정치의 개념적 차이를 규명하는 문제보다는 정치와 행정의 관계를 설정하는 문제에 집중되어 왔다고 생각된다. 그러나 양자의 관계를 논의하려면 양자의 서로 구별되는 특성을 먼저 규명해야 한다. 정치의 의미에 대해 간단히 언급하고 정치와 행정의 관계에 대한 논의를 살펴보기로 한다.

1) 정치의 정의

정치란 국가의지를 형성하고 통치체제를 규정·규제하는 활동이다. 정치의 특성은 다음과 같이 나누어 볼 수 있다.

① 가치선택   정치는 정부활동의 가치선택에 관한 것이다. 정치는 정부의 목표를 설정하고 법률을 제정하며 정책을 결정한다.

② 권력적 과정   정치는 권력의 획득과 행사에 관련된 권력적 과정을 내포한다.

③ 가치의 배분과 조정   정치는 사회 전체에 대한 가치(이익)의 유권적 배분(有權的 配分: authoritative allocation)을 담당한다. 정치는 권력을 사용해 가치배분에 관한 갈등을 조정한다.

④ 행정과의 교호작용   정치는 행정의 목표설정을 주도하며 행정과 교호작용한다.

위와 같은 정치의 정의는 정치와 행정의 관계를 논의하는 행정학자들의 의견을 종합한 것이다. 여기서 정치의 개념정의를 둘러싼 매우 복잡한 논쟁에 깊이 말려들 필요는 없다고 생각한다.b)

2) 정치·행정 이원론

(1) 정치·행정 이원론의 주장   정치·행정 이원론(政治·行政 二元論: politics－administration dichotomy)은 정치와 행정을 절대적으로 구별하고 양자의 활동영역을 별개로 규정하는 이론이다.

이원론자들은 대개 정치는 정책결정이며 행정은 정책의 집행이라고 단순하게 정의한다. 정치나 행정은 상대방의 고유영역에 간섭해서는 안 된다고 주장한다. 특히 행정에 대한 정치적 간섭의 배제를 강조한다. 그러나 양자가 전혀 무관계한 것이라고까지 말하지는 않는다. 정치가 행정이 집행할 정책을 형성한다는 점을 분명히 하고 있다.

정치·행정 이원론의 초기적 주창자 가운데 널리 알려진 Woodrow Wilson의 설명을 요약하면 다음과 같다.

행정의 영역은 사업(경영: business)의 영역이다. 행정은 공법의 상세하고 체계적인 집행이다.… 행정은 정치적 북새통과 다툼에서 분리되어 있다. 행정은 정치영역의 밖에 있다. 행정적인 문제는 정치적인 문제가 아니다. 정치가 행정의 임무를 규정하지만 행정업무가 정치에 의해 조종·조작되어서는 안 된다.39)

(2) 정치·행정 이원론의 지지배경   이원론은 고전기 행정학의 이론적 성향과 시대적 배경을 반영하며 그러한 연구경향과 시대적 배경으로부터 지지를 받았던 것이다.

---

b) Berkley와 Rouse는 정치를 세 가지 유형으로 나누었다. 세 가지 유형이란 ① 어떤 정당이 공직과 정권을 차지하느냐에 관한 '당파적 정치'(partisan politics), ② 어떤 정책을 선택할 것이냐에 관한 '정책적 정치'(policy politics), 그리고 ③ 행정체제(의사결정구조)를 어떻게 설정할 것이냐에 관한 '체제적 정치'(system politics)를 말한다. 이러한 유형들은 저자가 정의한 정치의 구성요소라고 볼 수도 있다. 정치·행정의 관계를 논하는 사람들, 특히 정치·행정 일원론자들은 주로 정책적 정치와 체제적 정치에 관심을 갖는다. 정치·행정 이원론자들은 당파적 정치의 폐해를 지적한다. George Berkley and John Rouse, *The Craft of Public Administration*, 8th ed.(McGraw－Hill, 2000), p. 9.

① 고전적 행정학의 반영   정치·행정 이원론은 정치적으로 중립적이고 기술적으로 유능한 행정의 발전을 추구한 고전적 행정이론의 일반적인 경향과 일관되는 것이다. 고전적 행정학의 관점과 전제에 부합되는 정치·행정 이원론은 고전적 행정학의 연구경향을 지지한 세력이 옹호하였다.

② 다양한 실천적 필요   실천세계의 행동자들은 여러 가지 이유로 정치·행정 이원론을 지지하였다. 민주주의 신봉자들은 권력분립의 원리에 부합된다고 생각하여 정치와 행정의 분리를 지지했다. 공무원들은 이원론의 처방에 따라 실적체제가 도입되고 직업적 안정성이 높아지기 때문에 이원론을 지지하였다. 사회개혁·행정개혁 운동가들은 이원론이 사회정의 구현과 전문적·능률적 행정조직의 발전에 기여한다고 생각하였다. 국민들은 행정규범의 공평하고 보편적인 적용을 가능하게 한다고 믿어 이원론을 지지하게 되었다.

③ 당파적 정치의 폐해 부각   현실적으로 가장 강력한 지지기반은 정치에 대한 불신풍조였다. 썩은 정치를 청소하고 정치가 당파적인 이익을 위해 행정을 이용하지 못하게 해야 한다는 개혁운동의 이론적 기초를 제공한 것이 이원론이었다.

정치적 부패, 행정의 당파적 이용, 엽관의 만연과 그로 인한 행정의 무능을 시정하고 비당파적·과학적·보편적 행정을 발전시켜야 한다는 생각이 정치·행정 이원론 전개의 강력한 동기가 되었을 것이다. 직업정치인에 대한 낮은 평가도 한몫했을 것이다.

3) 정치·행정 일원론

(1) 정치·행정 일원론의 주장   정치·행정 일원론(政治·行政 一元論: politics－administration monism)은 정치와 행정을 연속된 과정으로 보고 양자의 개념을 상대적으로 구별한다. 일원론은 정치와 행정의 긴밀한 관계 그리고 상호 중첩을 강조한다. 특히 행정에 포함된 정책적 역할을 중요시한다.

일원론은 행정이 실제로 가치개입적인 사업임을 확인한다. 행정담당자들은 정책결정, 행정재량 등을 통해서 사실뿐만 아니라 가치에 관한 결정도 한다고 주장한다.

정치·행정 일원론은 정치와 행정의 긴밀한 연관성과 상호 중첩을 강조하지만 정치와 행정을 구별하는 것이 개념적으로 불가능하다거나 그러한 구별이 실천적으로 쓸모없는 것이라고 주장하지는 않는다.

정치·행정 일원론의 초기적 논자들 가운데 자주 인용되는 Luther Gulick의 설명을 요약하면 다음과 같다.40)

정치를 엽관에 결부시켜 저속하게 이해해서는 안 된다. 진정한 의미의 정치는 치자(治者)를 통제하는 행위이다. 정치는 정부의 일반정책을 결정하고 행정담당자들의 구체적인 행동에 영향을 미치거나 관료의 선발에 영향을 미치려는 일이다. 정치를 이렇게 이해한다면 정치를 행정에서 배제할 수 없으며 행정을 정치에서 배제할 수도 없다.

치자란 정부이다. 정부는 사회에 대한 여러 가지 봉사를 하기 위해 효과적인 권력을 행사하는 사람들의 집단이다. 정부가 하는 일, 즉 통제의 입안과 시행 그리고 봉사의 입안과 관리를 모두 합친 것이 행정이다. 행정의 실제에서 행정인들은 재량권을 행사하고 정책을 입안한다.

정책과 행정을 명확하게 구별하는 틀에 확실히 부합되도록 정부기관들을 설계할 수는 없다. 왜냐하면 실제로 그러한 구별은 없기 때문이다. 그리고 정부업무 또는 활동을 재량의 수준에 따라 두어 가지 집단으로 묶는 것은 불가능하기 때문이다.

우리는 지금 정부가 국가경제의 거대한 지주회사로 된 시대에 살고 있다. 정부가 맡아야 할 새로운 기본기능은 국가 전체의 일관성 있는 기본계획을 입안하고 시행하는 것이다. 이러한 임무변화는 새로운 업무분담·권력분담을 요구한다. 이에 관한 새로운 이론은 견제·균형이나 정책과 행정의 분할이 아니라 정책에 대한 거부권 행사와 정책입안 및 시행의 분할에 관한 것이라야 한다.

앞으로 행정부는 국정의 기본계획을 입안하게 될 것이다. 심의권 또는 권고권을 가진 국민대표집단은 기본계획의 넓은 윤곽을 승인할 것이다. 행정부는 나머지 시행계획을 정하고 시행하는 전권을 가지게 될 것이다. 장래의 입법기관은 두 가지 기본적 권력, 즉 주요 정책에 대한 거부권과 감사하고 조사하는 권한을 갖게 될 것이다. 이러한 변화를 전제로 새로운 권력분립 이론을 정립해야 할 것이다.

(2) 정치·행정 일원론의 지지배경   정치와 행정의 영역을 분리해 보려고 한 이원론이 배척되고 정치·행정과정의 연속성과 행정의 정책적 역할을 강조한 일원론이 세력을 얻게 된 데는 그만한 상황변화가 있었다.

① 행정국가화   행정국가화의 진행과 행정의 기능확장을 들 수 있다. 행정의 규모확대와 국민생활에 대한 행정간여의 적극화는 행정의 정치적 역할을 확대해 놓았다. 거대해진 관료적 권력을 정치적으로 통제할 필요도 커졌다.

② 실적체제의 정착   인사행정의 실적체제가 정착되고 정치적 부패가 상당히 억제됨에 따라 정치의 부정적 측면을 강조하는 이원론의 기초가 약화되었다.

③ 정부민주화에 대한 요청   능률적인 행정보다 민주적인 정부의 구현이 강조되고 따라서 행정의 국민대표적 역할 그리고 행정에 대한 국민참여의 필요가

커졌다.

　④ 고객중심주의와 책임행정의 강조　　행정서비스의 고객중심주의 그리고 행정의 자기책임주의가 강조된 것도 행정의 정치적 역할을 강화하는 요인이었다.

　⑤ 행정학의 연구경향 변화　　고전적 논조에서 벗어난 행정학의 일반적인 연구경향도 정치·행정 일원론을 지지하게 되었다. 연구인들은 거대한 정부의 역할변화를 직시하게 되었다. 그리고 행정의 정치적 역할을 올바로 기술하려 하였다. 정치의 부정적 측면보다 정책을 결정하는 측면에 많은 관심을 보이게 되었다. 정책결정과정에 대한 연구가 활발해졌다.

　연구인들은 행정의 가치문제에 많은 관심을 보이고 능률 이외에 다른 가치들의 고려가 필요하다고 생각하게 되었다. 그리고 행정의 목표와 수단은 결코 분리될 수 없다는 것을 확인하였다. 행정이 기술적·과학적으로만 운용될 수 없다는 것도 확인하였다. 이러한 관점변화도 정치·행정 일원론의 입장과 일관되는 것이다.

4) 정치·행정 관계의 상황적응적 파악

　현대행정학의 주류는 정치·행정 일원론을 지지하는 쪽으로 기울어져 있다. 그러나 순수하게 행정적인 것과 순수하게 정치적인 것이라고 하는 양극을 연결하는 연속선 상의 어디쯤에 구체적인 행정이 위치하는가에 대한 보편적 결론은 내리지 않는다.

　그러한 연속선 상의 어떤 위치에 행정이 있는가 그리고 있어야 하는가는 상황적응적으로 판단해야 할 문제라고 본다. 정치제도, 정치인의 기능, 정책형성과정, 행정역할 담당자의 기능, 그리고 국민의식과 참여능력이 다르면 정치와 행정의 관계도 달라지고 그에 대한 개선처방도 달라질 수밖에 없다고 한다.

　우리나라에서는 오랫동안 정치적 역할과 행정적 역할의 분화가 부진하고 양자의 관계에는 부정적 측면이 더 많았다. 권력분립과 공무원의 정치적 중립에 관한 헌법적·법률적 제도는 대한민국정부의 수립과 더불어 도입되었으며, 그러한 공식적 제도의 근간이 달라진 일은 없다. 그러나 지난날 정치·행정의 실제에서 행정은 정파적 조종으로 크게 오염되었으며, 정치·행정·경제가 연계된 부패는 체제화되었다. 공무원의 정치적 중립은 유명무실하였다.

　행정이 정책과정에서 정치와 긍정적·효과적으로 공조하지는 못하고 정치적 혼탁에 휘말려 있었다고 해야 할 것이다. 경우에 따라서는 행정이 정치의 적정영역까지 침해하고 낙후된 정치영역의 발전을 저해하기도 했다.

정치와 행정의 관계에 대한 우리나라의 법적·공식적 제도는 정치·행정 이원론의 틀에 가까웠다. 그러나 실천에서는 심한 형식주의가 나타나고 정치와 행정은 병폐적인 결탁관계를 유지해 왔다고 하지 않을 수 없다. 최근에 와서야 행정에 대한 정파적·엽관적 농간을 배제하고 정치와 행정의 적정한 기능분담 및 연계를 이룩하려는 정부 내외의 노력이 상당한 성과를 거두고 있다.

III. 행정체제의 유형

앞서 말한 바와 같이 행정현상은 보편적인 국면과 고유한 국면을 가지고 있다. 보편성, 그리고 때와 장소에 따라 다른 고유성 또는 상이성을 이해하는 데 도움을 주는 것이 행정체제 유형론이다.

1. 다양한 유형론

행정체제를 분류한 유형론은 많으며 유형분류기준의 출처는 다양하다. 행정체제의 구성요소와 그에 관련된 환경적 요소는 모두 분류기준이 될 수 있다.

몇 가지 유형론을 골라 다음에 소개하려 한다. 우리는 지금 산업화사회에서 정보화사회로 이행해 가는 사회에 살고 있다. 우리 사회는 발전도상국의 범주에서 벗어나 선진국의 범주에 진입해 가는 사회라고 설명할 수 있다. 따라서 두 가지 유형론 즉 산업화시대의 행정과 정보화시대의 행정을 구분하는 유형론과 선진국의 행정과 발전도상국의 행정을 구분하는 유형론은 우리에게 연구와 실천의 좋은 길잡이를 제공할 것이다.

그러나 산업화시대와 정보화시대의 행정환경, 산업화시대의 전통적 행정구조와 관리, 정보화시대의 탈전통적 행정구조와 관리에 대해서는 행정의 환경, 행정조직의 구조, 행정조직의 과정(관리과정), 행정개혁의 목표상태를 논의할 때 자세히 설명할 것이므로 여기서 중복논의를 피하려 한다.

여기서는 선진국의 행정과 발전도상국의 행정에 관한 Ferrel Heady의 유형론을 먼저 요약하려 한다. 그리고 공공관리, 정부관리, 거버넌스, 정부기능 등

행정개념을 포괄하거나 행정개념을 대체하는 개념을 사용하는 유형론들을 소개하려 한다. 이런 유형론들에도 행정의 역할 내지 특성에 대한 설명이 함축되어 있다. 끝으로 Jeffrey Greene의 행정모형 분류를 설명하려 한다.

2. Heady의 행정(정부관료제) 분류

Ferrel Heady는 선진국(developed nations)과 발전도상국(developing nations)이라는 두 가지 국가군(國家群)을 범주화하고 각각의 정부관료제가 지니는 집합적 특성을 기술하였다. Heady는 비교행정의 대상으로 정부관료제(공공관료제: public bureaucracy)를 선택하였다. 그는 일정한 구조적 특성을 지닌 제도인 정부관료제가 행정의 요체를 가장 잘 대변해 줄 수 있다고 보았다. 그의 모형에서 정부관료제의 특징은 행정의 특징으로 파악된다.[41]

1) 선진국의 행정

(1) 정치체제의 특징   선진국 정치체제의 일반적 특징은 ⅰ) 정부조직의 체제가 고도로 분화되어 있고 기능적 특정성이 높다는 것, ⅱ) 정치적 역할의 배분은 귀속적인 기준이[c] 아니라 성취기준에 따른다는 것, ⅲ) 정치적 의사결정 과정은 대체로 합리적이라는 것, 그리고 ⅳ) 정치체제에 대한 대중적 관심과 관여의 수준이 높다는 것이다.

(2) 정부관료제의 특징   선진국의 정부관료제에 나타나는 일반적 특징은 다음과 같다.[d]

① **정책을 집행하는 방대한 체제**   행정은 방대하고 복잡하며 그것은 정치적으로 결정된 정책을 집행하는 도구이다.

② **높은 분화수준**   정부관료제는 고도로 분화되어 있으며 사회 내의 거의 모든 직업범주를 내포한다.

③ **전문가주의**   정부관료제는 높은 수준의 전문가주의에 입각해 있다. 행정은 하나의 전문직업분야로 인식된다. 여러 행정직책이 좀더 특정적인 전문적·기술적 직업분야에 속한다.

---

c) 귀속적 기준(歸屬的 基準: ascriptive criteria)이란 사람들의 성취와 업적이 아니라 생래적(生來的)으로 얻어지는 문벌이나 신분 등을 기준으로 삼는 것을 말한다.

d) Heady의 선진국 행정모형은 우리가 전통적 정부관료제 모형이라고 부르는 것과 흡사하다. 그는 산업화시대의 상황을 준거로 선진국행정의 특성을 규정한 것으로 보인다.

④ **역할의 명확성**　　정치체제 전체가 비교적 안정적이고 성숙해 있기 때문에 정부관료제의 발전수준도 높으며 그것이 수행하는 정치과정에서의 역할은 상당히 명확하다.

⑤ **효율적인 행정통제**　　정부관료제에 대한 다른 정치기구들의 정책통제는 효율적이다.

(3) **선진국행정의 유형**　　Heady는 선진국행정이라는 일반적 범주에 속하는 행정체제의 유형을 ⅰ) 고전적 행정체제(독일, 프랑스 등 유럽대륙 국가들에서 볼 수 있는 행정체제로서 Max Weber의 합리적·법적 관료제모형에 가장 근접한 행정체제), ⅱ) 시민문화(civic culture)에서의 행정체제(미국, 영국 등 참여적·다원주의적 정치문화가 발전된 나라에서 볼 수 있는 행정체제), ⅲ) 적응적 현대화 행정체제(일본의 경우에서 보는 바와 같이 선진제도를 신속히 도입하여 국가발전을 주도한 행정체제), ⅳ) 공산주의 국가의 행정체제 등 네 가지로 다시 구분하였다.

2) **발전도상국의 행정**

(1) **정치체제의 특징**　　발전도상국 정치체제의 일반적 특징으로는 ⅰ) 국가형성과 사회적·경제적 진보를 포함하는 국가발전이 정치체제의 지상과제라는 것, ⅱ) 국가발전추구에서 정치체제에 대한 의존도가 높다는 것, ⅲ) 정치적으로 불안정하다는 것, ⅳ) 근대화를 추구하는 엘리트인 통치지도집단과 일반 국민 사이의 정치적 격차 또는 간격이 크다는 것, ⅴ) 정치체제 내의 불균형성장이 심하다는 것, 그리고 ⅵ) 정치적 경쟁이 제약되어 있고 군(軍)의 정치개입이 빈번하다는 것을 들 수 있다.

(2) **정부관료제의 특징**　　발전도상국의 정부관료제가 지니는 공통적 특징은 다음과 같다.

① **모방적 행정**　　행정의 기본적 양태는 자생적인 것이 아니라 모방적인 것이다. 모방적이라고 하는 것은 선진국행정을 모방하고 있다는 뜻이다.

② **훈련된 인력의 부족**　　정부관료제가 국가발전사업을 관리하는 데 필요한 훈련된 인력이 부족하다.

③ **비생산적인 지향성**　　정부관료제의 지향성은 비생산적이다. 정부관료제 내의 많은 활동이 사업목표 성취 이외의 목표에 지향되어 있다. 사익추구와 부패가 만연되어 있다.

④ 형식주의　　외형과 실질이 괴리되는 형식주의가 심하다.

⑤ 높은 독자성　　정부관료제는 높은 수준의 독자성을 누린다. 정부관료제는 정치체제에서 중심적인 위치에 있으며, 그에 대한 다른 정치기구들의 통제는 미약하다.

(3) 정권유형의 분류　　Heady는 발전도상국의 정체(政體) 또는 정권유형(regime type)을 ⅰ) 전통적 독재체제, ⅱ) 관료지배체제(문민 또는 군관료제가 통치권력을 장악하고 있는 체제), ⅲ) 서구식 민주정체와 유사한 체제(선진 민주정치제도와 유사한 공식적 제도를 가지고 있으나 실천적으로는 형식주의에 빠져 있는 체제), ⅳ) 준경쟁적 체제(복수정당을 인정하지만 하나의 대정당이 정치권력을 사실 상 독점하고 있는 체제), ⅴ) 단일정당에 의한 동원체제(하나의 집권정당만이 허용되고 국민의 정치적 자유가 제약되어 있는 체제), ⅵ) 공산전제체제로 분류하고 이를 기준으로 발전도상국의 행정체제유형을 다시 구분하였다.

발전행정 연구가 활발하였던 1960년대에는 후진국 행정 또는 발전도상국 행정의 특성을 설명하는 이론들이 양산되었다.

그 대표적인 예는 Fred Riggs가 제시한 과도사회(분광적 사회: transitia; prismatic society)의 행정에 관한 모형('sala' model)이다.[42] 그는 농업사회(agraria)와 산업사회(industria)의 중간형태인 분광적 사회와 그 행정체제가 지니는 특징을 다음과 같이 설명하였다.[e]

첫째, 전통적 및 현대적 요소의 혼합으로 인한 이질성이 높다. 둘째, 분화와 통합의 수준이 낮다. 셋째, 형식주의의 수준이 높다. 넷째, 새로운 제도와 낡은 제도의 중첩현상이 심하다. 다섯째, 족벌주의가 만연되어 있다. 여섯째, 여러 사회집단이 비교적 적대적인 교호작용을 하면서 공존하는 다원사회집단성(poly-communalism)이 높다. 일곱째, 호혜적이며 재배분적인 전통적 교환제도가 선진시장제도와 병존한다. 이러한 혼합적 시장제도('bazaar-canteen')에서는 가격불확정성과 같은 특이한 행태가 나타난다.[f] 여덟째, 부패가 제도화되어 있다. 아홉째, 신·구의 규범이 혼재하는 다규범성(多規範性: poly-normativism)이 높다. 열째, 합법적 권한과 비공식적·실질적 통제가 많이 괴리되어 있다.

---

e) Riggs는 농업사회를 미분화사회 또는 융합사회(溶合社會: fused society)라 부르기도 하고 산업사회는 분화사회 또는 굴절사회(屈折社會: refracted society)라 부르기도 한다.

f) 가격불확정성(price indeterminacy)이란 같은 재화·용역에 대한 값을 구매자가 누구냐에 따라 다르게 표시하는 경향을 말한다. 이러한 경향은 행정서비스에도 나타난다고 한다.

3. Raadschelders의 정부기능 분류

Jos C. N. Raadschelders는 야경국가의 정부기능과 복지국가의 정부기능을 분류하였다. 그의 설명을 요약하면 다음과 같다.[43]

(1) 야경국가의 정부기능 야경국가(夜警國家: nightwatch state)의 정부는 제한된 정부(restricted government)이다. 공공기능은 소수이며 그것은 주로 방어적인 것이다. 방어적 기능이란 공공질서와 안전, 국방, 외교 등의 기능을 말한다. 민간에 대한 정부의 개입은 한정적인 것이며 보조적·사후적·단기적·임시적인 것이다.

(2) 복지국가의 정부기능 복지국가(福祉國家: welfare state)의 정부는 개입주의적 정부(interventionist government)이다. 공공기능은 방대하고 이를 수행하는 정부관료제도 방대하다. 방어적 기능뿐만 아니라 조직화하고 촉진하고 발전을 이끌어가는 기능을 수행한다. 그러한 기능의 예로 주택사업, 근로자 보호, 사회보장, 에너지 공급, 기술개발, 환경보호 등을 들 수 있다. 경제·사회·문화생활에 대한 정부의 개입은 광범한 것이다. 정부의 개입은 예방적·체계적이다. 정부의 개입은 보조적인 것이 아니라 주된 것이다.

　　Stephen P. Osborne과 Kate McLaughlin은 역사적 발전단계를 염두에 두고 최소국가, 복지국가, 그리고 다원주의국가의 공공관리를 분류하였다.[44]
　　최소국가(minimal state)는 국가의 존재가 필요악으로 규정되는 국가이며 공공관리기능이 아주 한정되어 있는 국가이다. 복지국가(welfare state)는 정부가 '요람에서 무덤까지' 국민생활의 필요를 충족시키려는 국가이다. 공공관리는 방대하며 국민생활에 광범하게 개입한다. 다원주의국가(plural state)는 모든 사람에게 기초적 서비스를 획일적으로 제공하려 하지 않고 국민의 개별적 필요에 맞는 서비스를 제공하려는 국가이다. 다원주의국가의 공공관리는 국민의 개별적 필요에 대응하고 사용자의 선택을 존중하려 한다.

4. Peters의 거버넌스 분류

B. Guy Peters는 네 가지 정부모형의 거버넌스양태를 분류하였다. 거버넌스양태의 특성차이에 대한 Peters의 설명을 요약하면 다음과 같다.[45]

(1) 시장적 정부의 거버넌스 시장적 정부(market government)의 거버넌스에서는 공공정책에 대한 정부의 독점적 통제를 타파하기 위해 민간부문 행동자들이 정부와 경쟁하는 것을 허용한다. 시장적 정부의 조직구조는 분권화된 구조이

다. 재정자원과 인적자원의 관리에서는 성과급제도와 민간부문의 관리기술을 활용한다. 행정의 정책기능 수행에서는 내부시장화의 기제와 시장적 유인을 활용한다. 거버넌스의 평가기준은 비용절감이다.8)

(2) **참여적 정부의 거버넌스**   참여적 정부(participative government)의 거버넌스에서는 하향적 계서제의 지나친 지배력을 완화하고 정책결정자와 시민의 교호작용을 강조한다. 조직구조는 저층구조이다. 재정자원과 인적자원의 관리에서는 총체적 품질관리팀들을 활용한다. 행정의 정책기능 수행에서는 협의와 협상이 주로 쓰인다. 거버넌스의 평가기준은 관여(가담: involvement)와 협의(consultation)이다.

(3) **융통성 있는 정부의 거버넌스**   융통성 있는 정부(유연한 정부: flexible government)의 거버넌스에서는 정부구조의 항구성을 장애로 인식하고 구조적 융통성을 강조한다. 조직구조는 가상조직의 구조이다. 재정자원과 인적자원의 관리에서 중요한 것은 잠정적 직원의 관리이다. 행정의 정책기능 수행에서는 실험적 방법을 많이 쓴다. 거버넌스의 평가기준은 경비절감과 조정이다.

(4) **탈규제적 정부의 거버넌스**   탈규제적 정부(脫規制的 政府: deregulated government)의 거버넌스에서는 내부규제를 완화한다. 조직구조에 대한 특정적 처방은 없다. 관리작용의 자율성은 높다. 정책기능 수행에서는 기업가적 정부의 역할을 강조한다. 거버넌스의 평가기준은 창의성과 행동주의(activism)이다.

5. Hood의 공공관리 분류

Christopher Hood는 공공관리의 네 가지 접근방법(ways; styles; approaches)을 분류하였다. 각 접근방법에 대한 Hood의 설명을 요약하면 다음과 같다.46)

(1) **운명주의적 접근방법**   운명주의적 접근방법(fatalist way)은 협력이 거부되고 불신이 만연되고 무관심(apathy)이 지배적인 상황에서 등장한다. 이 접근방법을 따르는 행정조직의 협동성은 낮고 규칙지배적이다.

---

g) Olsen이 사용한 '슈퍼마켓 국가'(supermarket state)라는 개념도 국가 내지 정부의 시장적 특성을 강조한다. 슈퍼마켓 국가의 정부는 경제적 가치와 규범을 중시하고, 서비스 공급역할을 맡는다. 서비스공급의 능률과 품질이 강조된다. 국민은 공공서비스의 소비자 또는 고객으로 간주된다. 사회는 시장기제를 통해 국가를 직접 통제한다. J. P. Olsen, "Administrative Reform and Theories of Organization," in C. Campbell and B. Guy Peters(eds.), *Organizing Governance: Governing Organizations*(University of Pittsburgh Press, 1988), pp. 241~242.

공공관리에 대한 통제는 우연주의(chancism)에 입각한 것이다. 우연주의에 입각한 통제란 의도적인(인위적인) 무작위성(contrived randomness)에 따르는 통제이다.[h] 위기나 실패에 직면했을 때에는 예측불가능성과 의도하지 않았던 효과를 강조하고, 실패의 이유를 운이 나빴기 때문이라고 생각한다. 실패의 방지책은 예견적인 것이 아니라 사후적·임시방편적이다.

운명주의적 접근방법은 타성과 수동성에서 비롯되는 실책을 범하기 쉽다. 이 접근방법의 가장 큰 약점은 미리 계획하지 못하고, 극단적인 상황에서 급진적인 대책을 강구하지 못한다는 것이다.

(2) 계서주의적 접근방법   계서주의적 접근방법(hierarchist way)은 사회적 응집력이 강하고, 명확한 규칙으로 정한 절차에 따라 운영되는 조직의 구조에 나타난다. 여기서는 조직 내의 사회적 응집성과 규칙중심주의가 강조된다.

공공관리에 대한 통제는 보스주의(bossism)에 입각한 감시이다. 위기나 실패에 직면하면 전문성·예측·관리를 강조하고, 실패의 원인을 확립된 절차의 준수 실패와 직업적 전문성 결여에서 찾는다. 실패의 방지책은 전문성 강화와 보다 엄격한 절차의 수립 그리고 관리적 장악(managerial grip)의 강화이다.

계서적 접근방법은 야심적인 거대계획이나 사업의 와해에 봉착할 위험이 크다. 이 접근방법의 가장 큰 약점은 권위와 전문성에 대한 그릇된 신뢰이다.

(3) 보편주의적 접근방법   보편주의적 접근방법(egalitarian way)은 참여의 수준이 높은 구조에 나타난다. 의사결정에 대한 참여와 토론을 널리 허용하는 접근방법이다.

공공관리에 대한 통제는 집단주의(groupism)에 입각한 것이다. 집단주의적 통제는 상호적·협동적 통제방법이다. 위기나 실패에 직면했을 때에는 집단과 권력구조를 강조하고, 실패의 원인을 정부 최상층의 권력남용이나 체제의 부패에서 찾는다. 시정책으로는 참여, 공동체의식의 강조, 내부고발의 촉진 등이 쓰인다.

보편주의적 접근방법은 다툼이 해결되지 않거나 협력관계가 단순한 공존 또는 병립(併立)의 관계로 전락하기 때문에 실패할 위험이 크다. 이 접근방법의 가장 큰 약점은 경색국면을 해결하는 데 필요한 상위의 권위를 받아들이려 하지

---

h) 자동차운전자들을 무작위적으로(임의로) 추출하여 음주측정을 하는 방법이나 공항세관검색대에서 여행자들을 임의추출하여 짐검색을 하는 것을 의도적 무작위성에 따르는 통제의 예로 들 수 있다.

않는 것이다.

　　(4) 개인주의적 접근방법　　개인주의적 접근방법(individualist way)은 집산주의(collectivism)를 싫어하고, 모든 거래를 협상이나 교환을 통해 처리하는 방법을 선호한다. 이것은 협상과 타협을 강조하는 원자화된(세분화된: atomized) 접근방법이다.

　　공공관리에 대한 통제는 선택주의(choicism)에 입각한 것이다. 이것은 통제기능을 시장적 경쟁원리에 맡기는 방법이다. 위기나 실패에 봉착하면 인간은 이기적인 합리적 선택자임을 강조하고, 실패의 원인을 유인구조에서 찾는다. 실패의 시정책으로는 시장적 기제를 사용한다.

　　개인주의적 접근방법은 협력결여와 개인적 부패로 인한 실책을 저지를 위험이 크다. 이 접근방법의 가장 큰 약점은 공동체의 이익보다 개인적 이익을 우선시키는 경향이다.

6. Mintzberg의 정부관리 분류

　　Henry Mintzberg는 행정이라는 말 대신 정부관리(managing government)라는 개념을 사용한다. 그는 정부관리의 방식에 관한 다섯 가지 모형을 분류한 바 있다. 다섯 가지 모형의 의미는 다음과 같다.[47)]

　　(1) 기계모형　　기계모형(government-as-machine model)은 각종 법령·규칙·기준이 지배하는 정부관리모형이다. 이 모형에서 정부는 기계처럼 관리된다. 정부전체는 중앙통제를 받는다. 각 기관은 소속부서의 통제에 중앙통제방식을 그대로 적용한다.

　　(2) 네트워크모형　　네트워크모형(government-as-network model)의 관리에서 정부는 서로 뒤엉킨 하위체제들로 구성된 하나의 체제로 간주된다. 하나의 체제란 잠정적인 관계들로 구성된 하나의 복잡한 네트워크를 의미한다. 미시적 차원에서 업무는 사업단위별로 조직화되지만 사업단위들은 협동적 연계망을 형성한다.

　　(3) 성과통제모형　　성과통제모형(performance-control model)은 업무단위들을 구획짓고, 임무를 부여하고, 평가하는 것을 주축으로 하는 관리이다. 여기서 조직전체는 '사업부서'(businesses)들로 분할되고, 각 사업부서에는 업무수행목표가 부여되며, 사업부서의 관리자들은 그에 대해 책임을 진다. 정부조직의 상위구조(superstructure)에서 계획하고 통제하며 하위구조(개별기관: microstructures)에서는 계획을 집행한다.

(4) **가상정부모형**　　가상정부모형(virtual government model)은 정부를 가상조직으로 관리하는 모형이다. 순수한 형태의 가상정부에는 하위구조가 존재하지 않는다. 집행기관들의 업무는 민간화된다. 가상정부에서 상위구조는 민간조직들이 공공서비스를 공급하도록 주선하는 일만 한다.

(5) **규범적 통제모형**　　규범적 통제모형(normative-control model)은 체제가 아니라 정신(soul)에 관한 모형이다. 이 모형은 숫자가 아니라 태도를 중요시한다. 이 모형에서 통제는 가치와 신념에 기초를 둔 규범적인 것이다.

이 모형에 입각한 관리에서 조직구성원은 가치관과 태도를 기준으로 선발하며 그들이 통합적 사회체제에 헌신하도록 사회화한다. 구성원들은 수용된 원리와 비전이 인도한다. 책임은 모든 구성원들이 나누어진다. 업무수행실적은 서비스사용자를 포함한 경험 있는 사람들이 평가한다.

7. Greene의 행정모형 분류

Jeffrey D. Greene은 행정에 대한 견해 또는 관점을 모형이라 하여 세 가지로 범주화하였다. 행정유형론은 모두 가치판단의 인도를 받아 만들어지는 것이다. 그러나 Greene은 가치판단에 기초한 관점의 분류임을 특별히 강조하기 때문에 행정의 분류가 아니라 행정모형의 분류라 부르기로 하였다.i)

세 가지 행정모형에 대한 Greene의 설명을 요약하면 다음과 같다.48)

(1) **냉소적 행정모형**　　냉소적 모형(cynical model)은 정부와 행정을 나쁜 것으로 보는 관점에 입각한 행정모형이다.

① **행정의 특성**　　정부와 행정은 악하고 부패하고 이기적이다. 행정이 사회에 필요한 과업을 수행하기는 하지만 그것은 이익보다 해독을 더 많이 발생시키는 필요악일 뿐이다.

② **행정기관의 특성**　　행정기관들은 부유하고 힘있는 소수 특권층의 이익옹호를 위해 다수 시민을 억압한다.

③ **정책결정방식**　　행정기관들은 다수 시민의 이익이나 공익이 아니라 자기들의 이익과 힘있는 특권층의 이익을 위해 정책을 결정한다.

④ **행정인의 특성**　　행정인들은 이기적이고 단견적이며 부정직하다.

---

i) Greene은 Donald Klingner의 행정관 분류를 응용하고 있다. Klingner, *Public Administration: A Management Approach*(Houghton Mifflin, 1983), p. 10.

⑤ **정책의 평가**   사회 내의 엘리트(힘 있는 사람들)를 계속 보호하는지의 여부가 정책성공의 잣대이다.

(2) **긍정적 행정모형**   긍정적 모형(positive model)은 정부와 행정을 선하고 이상적인 존재로 보는 관점에 입각한 행정모형이다.

① **행정의 특성**   정부와 행정은 선하고 공동선을 위해 봉사하며 사회에 긍정적 변화를 가져온다.

② **행정기관의 특성**   행정기관들은 시민과 시민공동체를 모두 보호한다. 시민들이 스스로 통제할 수 없는 악조건(유해한 조건)으로부터 그들을 보호한다는 뜻이다. 행정기관들은 모든 시민을 위해 사회를 개선할 수 있도록 법률을 집행한다.

③ **정책결정방식**   시민들은 행정기관의 정책결정에 접근하고 참여할 수 있는 동등한 기회를 갖는다.

④ **행정인의 특성**   행정인들은 정직하고 지적이며 헌신적이다.

⑤ **정책의 평가**   모든 사람들을 위해 자유와 정의가 신장될 수 있도록 사회가 발전하는지의 여부가 정책성공의 잣대이다.

(3) **합리적 행정모형**   합리적 모형(rational model)은 행정을 중립적으로 바라본 행정모형이다.

① **행정의 특성**   정부와 행정은 선하지도 악하지도 않은 중립적 존재이다.

② **행정기관의 특성**   행정기관과 기타 행동자들은 시장에서처럼 자기 이익에 따라 움직인다. 행동자들이 합리적이라고 하는 것은 뚜렷한 목표를 가지고 문제를 해결할 수 있는 방법을 채택한다는 의미이다.

③ **정책결정방식**   자원을 보다 많이 통제하는 개인이나 조직의 압력이 행정개입에 관한 정책결정을 유도한다. 행정인들의 가치판단도 거기에 영향을 미친다. 서로 다른 목표를 추구하는 이익집단들이 경쟁하는 경우 그들의 합의가 없으면 정책의 효율적 결정과 집행이 어렵다.

④ **행정인의 특성**   행정인들은 다른 사람들과 마찬가지로 자기 이익에 따라 움직이는 보통사람들이다. 행정인들은 자기들이 지닌 목표와 가치판단 그리고 그들을 둘러싸고 있는 사람들이 가하는 압력의 영향을 받는다.

⑤ **정책의 평가**   행정 서비스를 제공하고 정책을 집행하는 데 필요한 세금을 징수하는 정당성을 계속 유지하는지의 여부가 정책성공의 잣대이다.

행정의 환경

Ⅰ. 환경연구의 기초개념

이 절에서는 우리나라 행정의 환경적 조건 그리고 환경변화의 일반적 추세를 설명하려 한다. 그에 앞서 환경연구에 쓰이는 기초개념, 행정국가, 산업화사회, 정보화사회, 포스트모더니즘 등 우리나라 행정의 환경적 특성과 그 변화방향을 탐색하는 데 도움이 될 개념들에 대해 설명하려 한다.

현대조직학이 개발한 환경연구의 기초개념들을 먼저 살펴보기로 한다.

1. 조직의 경계와 환경

1) 경   계

조직의 경계(境界: boundaries)는 조직과 환경을 구분해 주는 사회현상을 확인하고 분석하는 데 쓰려고 만든 개념이다. 행정조직을 포함한 모든 조직에는 경계가 있다. 조직의 경계는 사람들의 행동이 만들어내는 사회적 현상이다.

조직구성원들의 경계적 작용은 조직과 환경을 구별해 주고 양자의 연계관계를 설정한다. 사람들의 행동이 경계를 설정하는 것이므로 경계의 위치는 시간적·공간적으로 유동적일 수 있다. 사람들이 엮어내는 경계적 작용에는 ⅰ) 생산활동을 위한 투입의 획득 그리고 생산한 산출의 배출, ⅱ) 투입과 산출의 선별, ⅲ) 장·단기의 적응을 위한 정보의 획득, ⅳ) 조직의 대외적인 대표, ⅴ) 외적 압력과 위협에 대한 조직의 보호가 포함된다.[1]

연구인들이 경계현상을 포착하려 할 때에 쓸 수 있는 직접·간접의 지표에 대한 견해는 다양하다.[2] 교호작용률을 지표로 써서 교호작용이 현저히 줄어드는 곳을 조직의 경계로 규정해야 한다는 제안이 있는가 하면, 조직구성원이 하는 활동의 내용과 성격, 영향력의 차등점, 정보유통의 차등점, 구성원의 자격에 관한 규범적 기준, 근무시간과 같은 조직활동의 시간적 한계를 경계확인의 지표로 삼자는 제안도 있다. 담장·대문과 같은 물적 시설도 경계를 밝히는 데 간접적인 지표로 쓸 수 있다고 한다. 그러나 대부분의 연구인들은 그와 같은 물적 시설과 조직 또는 행정의 경계를 동일시하지 않는다. 경계를 사람들이 행동으로 엮어내는 사회현상으로 보고 그것을 물리적 현상과 구별하려 하기 때문이다.

2) 환   경

가장 넓은 의미로 조직의 환경(環境: environment)은 '조직 밖에 있는 모든 것' 또는 '대상조직이 아닌 모든 것'이라고 정의할 수 있다. 그러나 이 정도의 모호한 정의는 조직과 환경의 관계를 실제로 분석하는 데 거의 도움을 주지 못한다. 조직연구인들은 그러한 일반적 정의에 여러 가지 한정을 붙여 환경이라는 개념을 좀더 구체화하고 있다.

대체로 조직연구인들은 조직과 '관련된' 환경에 우선적인 주의를 기울임으로써 환경의 범위를 사실상 한정하려 한다. 그리고 조직은 그의 환경을 선택하는 것이며 그 나름대로 환경의 범위와 특성을 지각하는 것이라고 주장함으로써 환경의 의미를 좀더 명료화하려는 시도를 보이기도 한다. 환경을 그 범위 또는 차원에 따라 분류하거나 환경의 하위부문에 대한 개념들을 만들어 사용함으로써 환경의 의미를 한정하기도 한다.

환경을 분류하는 유형론은 대단히 많지만 가장 흔히 보는 환경의 분류는 일반적 환경과 구체적 환경을 구별하는 것이다. 일반적 환경은 환경적 요소를 모두 포괄하는 개념이며, 구체적 환경은 조직 간의 관계를 통해 형성되거나 그에 결부된 환경적 요인만을 포함하는 개념이다.

다음에 일반적 환경과 구체적 환경에 관한 주요 개념들과 연구의 전제 또는 가정들을 보기로 한다.

2. 일반적 환경

우리가 이 절에서 관심을 갖는 것은 행정조직의 일반적 환경(general societal environment)이다. 대체로 조직의 일반적 환경은 조직에 실제적·잠재적으로 영향을 미치는 조직외적 현상이라고 규정된다. 조직외적 현상 가운데서 연구인들이 실제로 관심을 갖는 것은 대상조직의 이해에 유의미하게 연관된 부분이다.

조직과 관련 있는 일반적 환경의 범위는 연구하는 사람의 관점에 따라 그리고 구체적인 연구의 필요에 따라 여러 가지로 규정될 수 있다. 한 국가 또는 한 문화권의 범위를 일반적 환경으로 보는 경우가 많다. 그러나 조직에 관계가 있다고 생각되는 한 국제적으로까지 환경의 범위를 넓히는 접근방법도 있다. 세계화의 추세에 따라 환경의 '세계적 국면'(global dimension)에 대한 관심이 급속히 확산되고 있다. 그런가 하면 대상조직이 위치해 있는 지역사회만을 환경으로 다루는 경우도 있다.

일반적 환경에 대한 행정학의 관심은 여러 갈래이다. 일반적 환경의 부문 또는 하위체제를 분류하는 유형론과 환경적 특성에 관한 유형론, 환경이 조직에 미치는 영향과 조직의 대응, 조직이 환경변동에 미치는 영향이 주요 관심사로 되어 있다.

1) 환경적 특성의 분류

일반적 환경의 특성을 분류한 유형론들 가운데서 우리에게 가장 유용한 아이디어를 제공하는 것은 F. E. Emery와 E. L. Trist의 환경유형분류이다.

Emery와 Trist는 조직 일반을 준거로 삼고 환경적 구성요소 간의 관계에 착안하여 환경의 기본유형을 네 가지로 분류하였다. 단순한 것으로부터 점차 복잡성과 불확실성이 높아져가는 단계를 의식하여 분류한 네 가지 환경유형은 다음과 같다.[3]

(1) **평온한 무작위적 환경**　평온한 무작위적 환경(placid, randomized environment)은 환경적 요소가 안정되어 있고 무작위적으로 분포되어 있는 가장 단순한 환경이다. 이러한 환경 속에서 좋은 것과 나쁜 것은 어느 정도 변함없는 속성을 지닌다. 아메바(amoeba)가 처해 있는 환경, 태아가 처해 있는 환경, 유목민들이 처해 있는 환경을 평온한 무작위적 환경의 예로 들 수 있다.

(2) 평온한 집약적 환경   평온한 집약적 환경(placid, clustered environment)은 환경적 요소가 안정되어 있고 비교적 변하지 않지만 그러한 요소들이 일정한 유형에 따라 군집(群集)되어 있는(조직화되어 있는) 환경을 말한다. 계절의 지배를 받는 식물의 환경, 유아의 환경, 그리고 농업, 광업 등 일차산업의 환경을 평온한 집약적 환경의 예로 들 수 있다.

(3) 교란적·반응작용적 환경   교란적·반응작용적 환경(disturbed-reactive environment)은 위의 두 가지 환경유형과는 질적으로 차이가 있는 역동적 환경이다. 대상체제와 유사한 체제들이 환경 속에 등장하여 상호 작용하고 경쟁하기 때문에 각 체제는 서로 다른 체제의 반응을 고려하지 않을 수 없게 되는 것이 교란적·반응작용적 환경의 특징이다. 유아기를 벗어난 사람들은 다른 사람들과 연관을 맺어가면서 교란적·반응작용적 환경에서 살게 된다. 이러한 환경유형은 그 복잡성과 불확실성에서 다음에 이야기할 '격동의 장'에는 미치지 못하는 것이다. 소수독점에 관한 경제이론은 교란적·반응작용적 환경에 관한 이론의 한 예이다.

(4) 격동의 장   '소용돌이의 장'이라고도 하는 격동의 장(turbulent field)은 매우 복잡하고 격변하는 환경이다. 환경 내의 특정한 구성부분들이 벌이는 상호작용에서 뿐만 아니라 환경이라는 장(場: field) 자체로부터 역동적인 과정이 야기되는 환경유형이 격동의 장이다. 환경이 매우 복잡하고 구성요소들이 여러 갈래로 얽히고 설켜 있기 때문에 환경 자체에 원생적(原生的: autochthonous)인 역동적 과정이 내재되어 있는 경우 이것을 격동의 장이라 부른다. 즉, 특정한 구성체제 간의 교호작용에서 빚어지는 복잡성이나 불확실성을 훨씬 초과하는 복잡성과 불확실성이 나타나는 것이 격동의 장이라 불리는 환경의 특성이다. 격동의 장에 나타나는 복잡성과 불확실성은 개별적인 구성체제들의 예측능력이나 통제능력을 벗어나는 것이다.

2) 조직과 환경의 교호작용

조직과 환경의 관계를 교호작용적인 관계라고 보는 것이 현대 행정학의 일반적 관점 내지 전제이다. 조직의 전략적 선택을 강조하는 이론이나 환경적 결정론도 개별적인 접근방법으로 공존한다. 그러나 현대행정학의 통합적 입장은 절충주의적인 것이다.

(1) **환경적 영향에 대한 조직의 반응**　　환경 속에 존재하는 조직은 환경적 영향과 압력을 적응적으로 극복해야 한다. 즉 적응하기도 하고 극복하기도 해야 한다.

조직은 환경적 조건의 변화에 적응하는 전략을 채택하고 스스로의 적응성을 높이려고 노력하기도 한다. 조직은 환경적 영향을 직접 또는 간접으로 통제 또는 극복하려고 기도하기도 한다. 조직은 생존과 발전에 유리한 환경(적소)을 찾아 환경과 공생적인 조화를 이루려고도 한다.

조직의 이와 같은 전략과 관련하여 연구인들은 적응성이 높은 조직의 속성, 그리고 조직의 생성·발전에 유리한 환경적 조건에 관한 가설들을 개발하고 있다.

　　적응이 용이한 조직의 조건으로 ⅰ) 환경적 변화에 관한 정보를 정확하게 획득하고 전달하는 능력, ⅱ) 조직 내의 융통성과 창의성, ⅲ) 조직 내의 변동지원적인 분위기, ⅳ) 낮은 공식성, ⅴ) 높은 분권화 수준이 자주 지적된다.

　　조직의 생성·발전에 유리한 환경적 조건으로 흔히 거론되는 것은 ⅰ) 국민의 높은 교육수준과 교육제도의 발달, ⅱ) 높은 도시화율, ⅲ) 경제발전과 경제적 자원의 축적, ⅳ) 조직사회의 높은 밀도(organizational density), ⅴ) 기술의 발달, ⅵ) 새로운 조직의 설립을 존중하는 사회적·정치적 분위기이다.

(2) **조직이 환경에 미치는 영향**　　환경적 영향에 대한 조직의 극복노력에 대해서는 위에서 언급하였다. 조직이 환경에 미치는 영향이 그러한 극복노력에 국한되는 것은 물론 아니다. 조직이 환경에 미치는 영향은 매우 복잡하다.

조직사회화가 촉진됨에 따라 조직들은 사회변동을 선도·관리하거나 또는 사회변동을 저지할 수 있는 막강한 세력으로 등장하게 되었다. 특히 한 나라의 가장 큰 조직체인 행정체제의 영향력은 산업화·행정국가화의 과정을 거치면서 지나치리만큼 팽창되어 왔다.

조직은 그 목표·구조·과정 등을 변동시킴으로써 간접적으로 사회변동을 유도하거나 실현할 수 있다. 그리고 환경에 능동적·직접적으로 개입하는 방법을 통해서 사회변동을 유발할 수도 있다. 조직은 사회변동 추진자의 역할만 맡는 것이 아니라 사회변동에 직접·간접으로 저항하는 세력으로서도 작용한다.

사회변동의 요새(要塞)로서 임무를 수행하도록 하기 위해 계획적으로 새로운 조직을 설립·발전시키는 접근방법들이 있다. 그 전형적인 예가 기관형성의 접근방법(institution building approach)이다.

기관형성모형(機關形成模型)은 발전도상국들의 발전을 촉진하는 전략의 일환으로 1960년대에 개발되었다. 처음에 기관형성모형 개발의 주역을 맡은 사람은 Milton Esman과 Hans Blaise였다. 그들이 개발한 모형을 요약하여 소개하려 한다.4)

기관형성이란 가치관, 역할, 그리고 기술의 변화를 가져오고, 새로운 규범을 정립하거나 육성 또는 보호하며, 환경으로부터 지지와 협조를 받을 수 있는 공식조직을 새로 만들거나 고치기 위해 계획하고 구성하며 지도하는 것을 말한다. 기관형성의 접근방법은 기관형성이 국가발전 촉진수단으로서 가장 효과적이라고 생각하는 전제에 입각해 있다.

이 접근방법에서 기관(機關: institution)이란 기관화된 공식조직을 의미한다. 기관화란 조직이 추구하는 임무가 내재화되고 환경과의 교호작용이 정착되는 것을 말한다. 기관화 수준의 평가기준은 조직의 생존능력, 조직이 추구하는 가치에 대한 환경의 인정, 조직이 가진 쇄신적 요소의 환경적 수용 등이다.

기관형성에서 검토해야 할 주요 국면을 '기관형성변수'라 한다. 그에 관한 개념체계가 기관형성모형이다. 기관형성변수는 기관 자체의 속성에 관한 '기관변수' 그리고 기관과 환경의 연계에 관한 '연계변수'라는 두 가지 범주로 구분된다. 기관변수에는 리더십, 기본목표, 사업, 자원 및 내부구조가 포함된다. 연계변수에는 수권적 연계, 기능적 연계, 규범적 연계, 그리고 확산적 연계가 포함된다. 수권적 연계는 기관이 필요로 하는 자원의 배분을 통제하는 외부조직이나 집단과의 연계이다. 기능적 연계는 생산활동에서 연관된 조직들과의 연계이다. 규범적 연계는 특정기관의 가치와 긍정적·부정적으로 연관된 가치를 가진 조직들과의 연계이다. 확산적 연계는 어떤 공식적 조직의 구성원이라고 특정하기 어려운 여러 사람들과의 연계이다.

3. 구체적 환경

구체적 환경은 대상조직(초점조직: focal organization)과 구체적으로 교호작용하는 조직이나 개인이라고 정의될 때가 있다. 그런데 구체적 환경의 개인들은 대개 어떤 조직과 연관을 맺고 있다. 그리고 환경을 구성하는 조직들은 개인들보다 현저히 중요한 영향을 대상조직에 미친다. 환경의 집약화 추세가 강해지고 조직사회의 밀도가 높아짐에 따라 환경적 조직들이 전체 환경에서 차지하는 비중은 날로 커지고 있다. 따라서 대다수의 논자들은 환경적 조직을 구체적 환경으로 규정한다.

조직의 구체적 환경을 분석하는 사람들의 주요 관심사는 조직 간 관계의 분석수준과 조직 간 교호작용의 양태이다.

조직 간 관계의 분석수준은 ⅰ) 개별조직 간의 관계, ⅱ) 조직집합, ⅲ) 조직망, ⅳ) 유사조직군 등으로 분류된다.5)

조직 간의 관계를 개별조직 간의 관계(dyad or pairwise relationship)로 구성하고 그것을 분석수준으로 삼는다는 것은 하나의 조직이 다른 하나의 조직과 교호작용하는 관계에 주의를 한정한다는 뜻이다. 조직집합(organization-set)을 분석수준으로 삼는 접근방법에서는 특정한 대상조직의 입장에서 연계된 환경적 조직들과의 관계를 이해하려 한다. 즉, 대상조직과 환경적 조직들 하나하나와의 관계에 초점을 맞춘다.6) 조직망(organizational network or inter-organizational field)은 구체적으로 연계되어 있는 모든 조직들 사이의 관계유형으로 구성된다. 조직망을 분석수준으로 삼는 접근방법은 특정한 대상조직과의 관계만을 보는 것이 아니라 어떤 관계유형을 빚어내는 조직들 사이의 다방향적 관계를 모두 분석하려 한다. 유사조직군(population of organizations)은 유사한 조직들의 모임을 말한다. 유사조직군은 조직집합의 수준에서 또는 조직망의 수준에서 분석할 수 있다.

Ⅱ. 행정국가

현대민주국가는 대부분 행정국가적 특성을 지니고 있다. 우리나라의 경우 그 특성은 매우 강하다. 근래 그러한 특성을 '지나치다'고 생각하는 정부 내외의 인식이 확산되고 있다. 행정국가적 특성의 완화는 상당히 지속적인 개혁현안이 될 것이다.

1. 행정국가의 정의

행정국가(行政國家: administrative state)는 광범한 역할을 수행하는 행정체제(정부관료제)가 공공부문의 운영에서 주도적인 역할을 수행하는 국가이다. 행정국가에서는 거대한 정부관료제가 국정(통치)을 주도하며 국민생활에 심대한 영향을 미친다. 행정국가적 상황의 요점은 행정부문의 기능확대, 그리고 행정부문이 차지하는 국정 상의 지배적 위치이다.

행정국가는 산업화 과정의 산물로서 조직사회화 그리고 거대정부(big government)의 등장에 동반된 현상이다. 시장실패를 시정하고 민간기업을 규제하기 위해서, 경제성장의 견인을 위해서, 국민복지의 증진을 위해서 등의 정당화 근거를 내세운 행정국가화가 거침없이 진행되었다. 그러나 산업화 후기단계에 접어들고 정보사회화가 진행되면서부터는 행정국가의 폐단과 정부실패를 비판하고 행정국가화의 경향을 수정하거나 이를 역추진하려는 움직임이 활발해졌다.

행정국가의 주요 특성은 다음과 같다.[7]

① 행정체제의 주도적 역할   행정체제가 공공부문의 운영을 주도한다. 입법·사법부문은 행정부문의 성장을 따르지 못하며, 따라서 그 역할은 상대적으로 위축된다.

② 행정기능과 행정간여의 확대   행정의 기능과 국민생활에 대한 행정간여가 확대된다.

③ 행정체제의 기구·인력·권력의 팽창   행정체제의 기구와 인력이 팽창되며 행정체제는 그만큼 많은 자원을 사용한다. 행정체제는 많은 권력을 행사하며 정치체제의 핵심적 권력중추가 된다.

④ 국민의 높은 행정의존도   행정과 국민의 교호작용이 확대되며 국민의 행정의존도가 높아진다.

⑤ 산업화과정의 산물   행정국가는 산업화과정의 산물이다. 산업화는 조직이 증가·확대되는 조직사회화를 촉진한다. 그에 따라 행정조직도 비대화된다. 행정비대화의 명분은 주로 시장실패에서 찾는다.

우리는 행정국가를 산업화과정의 산물이라고 이해하는 관점에서 그 특성을 설명하고 있다. 그러나 신생국·발전도상국들에서는 산업화 이전에 이미 국가형성·경제개발의 중심임무를 행정체제에 부여함으로써 행정국가화의 뿌리를 더 깊게 했다는 사실도 유념해야 한다.

행정국가라는 개념에 대한 행정학계의 의견은 대체적인 통합성을 보이고 있다. 그러나 개념정의가 통일되어 있다고까지 말할 수는 없다.

예컨대 Emmett S. Redford는 행정화사회(行政化社會: administered society)와 유사한 의미로 행정국가라는 말을 쓰기도 한다. 즉, "극히 다양하고 복잡한 양상의 수없이 분화된 조직들로 구성된 행정국가"라는 표현을 쓰고 있다. Redford는 산업화사회를 행정화사회 또는 조직화된 사회라 부르고 있다. 행정화사회에서는 수많은 공·사조직(公·私組織)들의 결정이 인간생활에 긴밀하고 광범한 영향을 미친다고 한다. 그러한 조직들 가운데 정치체제가 설립·유지·통제하는 것이 공공조직이며 공공조직의 일부가 행정조직이라고 한다.[8]

Allen Schick은 행정국가를 '행정적 영역'에서는 행정이 정치보다 우월한 체제이며 거대기업의 부와 권력의 집중을 규제하는 것을 주임무로 하는 체제라고 하였다. 그는 이러한 행정국가를 정치국가(political state: 대의기관이 우월한 체제), 관료국가(bureaucratic state: 이익집단정치가 고객·의회·행정을 연결하는 체제이며, 행정이 시장기능의 대체에까지 나아가는 체제),

그리고 전자두뇌학적 국가(cybernetic state: 정부가 공공목표의 달성을 위해 정부와 경제를 결합시켜 자동귀환제어장치와 같은 기능을 수행하는 체제)와 구별하였다.[9]

　홍준형 교수는 '제도화된 행정국가'(institutionalized administrative state)라는 개념을 사용하고 있다. 이것은 대통령과 행정부의 우위를 헌법적으로 제도화한 현상, 즉 행정국가의 헌법제도화 현상을 지칭한다. 행정국가화에 대한 법제도적 뒷받침에 초점을 맞춘 개념규정이라고 생각한다.[10]

2. 행정국가화의 동인·비판·폐단시정

1) 행정국가화의 동인

　행정국가가 성립하고 존속해 온 까닭은 행정확대에 대한 요청과 합의가 있었기 때문이다.[11]

　(1) 공공문제의 복잡성 증대　　국가가 직면한 공공문제의 복잡성이 증대하고 그 해결에 고도의 기술적 전문성이 필요하게 되었다. 이러한 변화는 전문성에서 우월한 행정의 팽창을 가져왔다.

　(2) 행정서비스에 대한 요청의 증대　　행정서비스에 대한 국민적 수요가 전반적으로 커지고 개별경제집단 또는 이익집단들이 관련 행정조직들의 서비스 확대를 압박하게 되었다.

　(3) 시장실패 시정　　시장실패 전반의 문제를 해결하기 위한 행정의 역할이 커졌다. 공정경쟁의 보장, 경제성장과 안정의 관리, 경제복지화의 촉진, 산업화의 후유증 처리 등을 위한 행정기능 확대의 요청이 커졌다. 이러한 요청은 시장에 대한 행정의 상대적 우월성을 지지하는 논의에 힘을 실어주었다.

　(4) 거대기업의 규율　　조직혁명으로 거대조직, 특히 거대기업이 발달하였으며, 이러한 현상은 행정의 기능확대를 가져왔다. 대기업의 투자보호, 노사관계의 중재, 대기업의 공익침해 방지 등을 위해 행정개입을 늘리게 되었다. 기업에 대한 규제가 적법절차를 밟아야 한다는 요청이 또한 행정의 시간과 자원의 소모를 늘리고 그만큼 행정확대를 가져왔다.

　(5) 위기관리　　산업화 이후 자주 발생한 경제위기, 군사적 충돌 등은 행정을 팽창시켰다.

　(6) 상승적 효과　　행정국가화가 진행되면 행정역할의 비대화를 가속시키

는 여러 요인들이 상승작용하게 된다.

　　정부관료제의 거대화에 따르는 관료화는 이른바 '제국건설'이라는 조직팽창 경향을 부채질한다. 행정전문화에 대한 요구가 행정팽창을 가져오기도 한다. 행정의 전문화는 한편으로 비용과 인력의 절감을 가져오지만 다른 한편으로는 전문적 관리기능을 맡는 두상조직(頭上組織: overhead agencies)을 증설하게 만든다.

　　행정의 정책주도, 행정권 우위를 지지하는 헌법제도, 국회의 권한위임 확대, 행정의 높은 독자성 등은 행정국가화의 결과이면서 동시에 행정국가화를 부추기는 상승요인이 된다.

　　(7) 행정팽창을 유지하는 관성　　　행정이 거대해지고 그 활동영역이 확대된 다음에는 계속적인 유지 또는 확대를 지지하고, 축소·폐지에 저항하는 관성이 생긴다. 늘어난 행정서비스를 전제로 한 국민생활이 정착된다는 것, 사람들은 기왕에 누려온 행정서비스의 혜택을 포기하려 하지 않는다는 것, 그리고 팽창된 행정기능을 둘러싼 여러 가지 기득권세력이 형성된다는 것이 행정팽창의 관성을 강화한다.

　　　경제학에서는 시장에 대한 정부개입확대를 설명하면서 시장실패(market failure)라는 개념을 사용한다.
　　　시장실패란 자원분배에 시장기제를 사용할 수 없는 상황을 말한다. 즉 자유시장기제가 효율적인 자원배분 및 공평한 소득분배를 실현하지 못하는 상황을 지칭한다.
　　　시장실패의 원인으로는 ⅰ) 경제활동이 제삼자에게 미치는 부정적 외부효과, ⅱ) 규모의 경제로 인한 독과점화추세와 불완전경쟁, ⅲ) 신규기업의 시장진입 장애, ⅳ) 시장이 담당하기 어려운 공공재, ⅴ) 소득분배의 불공평성, ⅵ) 기업활동에 관해 소비자가 얻는 정보의 불완전성, ⅶ) 경제침체·경제불안정에 대한 시장의 적절치 못한 대응이 지적되고 있다.[12]

2) 행정국가에 대한 비판

　　시대의 변천에 따라 행정국가화의 여러 폐단이 드러나고, 사람들이 행정국가모형을 불신하게 되면서 행정국가화는 불가피하지도 않으며 이익될 것도 없다는 비판이 많이 쏟아지게 되었다.[13]

　　(1) 자유와 창의의 억압　　　지나친 행정간여는 민주주의의 기반인 국민의 자유를 침해한다. 과잉통제는 민간경제활동의 창의성을 억압하고 효율성을 저하시킨다. 국민이 행정에 지나치게 의존하도록 만들고 국민의 자립정신을 약화시킨다.

(2) 무책임한 행정   행정이 지나치게 비대화되면 그 책임성을 확보하기 어렵다. 책임성을 확보하기 어렵게 되면 행정의 독주, 권력남용과 부패, 대응성 결여 등 관료적 병폐의 위험이 커진다. 시장실패로 인한 배분적 불평등이 정부실패 때문에도 나타날 가능성이 커진다.

(3) 행정의 과부하   행정의 역할 비대화는 너무 많은 일을 맡게 되는 과부하(過負荷)를 빚는다. 행정이 과잉확장되고 관료화된 가운데 과부하가 일어나면 문제해결의 실패, 업무수행의 질 저하, 업무처리 지연 등의 폐단이 커지고, 이것은 국민의 좌절과 불만을 초래한다.

(4) 비용증가   행정의 관료화에 따른 제국건설의 경향, 행정의 자기보호적 행동, 그리고 정당화하기 어려운 모험은 행정의 비용을 증대시키며 국민의 부담을 과중하게 한다. 행정산출에 대한 소요자원을 제공하는 측과 산출을 공급받는 측이 직접 연결되지 않는 이른바 '비용과 산출이 유리되는 현상', 그리고 정부업무 평가기준의 모호성은 낭비를 부추기거나 간과하게 하는 요인들이다. 행정의 비대화는 입법·사법기구의 확대까지 유도해 국민의 부담을 더욱 가중시킨다.

경제학에서는 행정국가의 부정적 효과를 설명하면서 정부실패 또는 비시장실패(government failure; non-market failure)라는 개념을 사용한다. 정부실패란 시장실패를 교정하기 위한 정부개입이 시장의 자율에 맡긴 경우보다 자원배분의 비효율성을 오히려 더 크게 하는 상황을 지칭한다.

정부실패원인으로는 ⅰ) 비용과 수입의 분리, ⅱ) 비용증가와 중복적 비용, ⅲ) 공공사업의 부정적 외부효과, ⅳ) 공공사업이 야기한 분배의 불균형, ⅴ) 공공사업수행의 내부효과(조직 내의 사적 목적과 편익 개입으로 인한 비용계산 왜곡), ⅵ) 불필요한 규제와 규제의 경직성, ⅶ) 정치적 제약을 들 수 있다.14)

정부실패를 주장하는 사람들은 시장실패론에 이의를 제기한다. 예컨대 재산권, 거래비용, 시장에서의 조정 등을 연구하는 신제도경제학은 시장실패론자들의 시장실패 원인에 대한 설명을 반박한다. 시장에서 저절로 만들어지고 사라지는 독점보다 법과 제도로 만든 인위적 독점이 더 큰 문제라고 한다. 시장에 의한 공공재 공급의 실패를 빙자한 정부의 공공재 공급 독점의도와 그로 인한 경제적 비효율성이 폐단이라고 한다.

시장의 지식창출기능이 정보불완전성을 비교적 빨리 극복해 간다고 한다. 외부효과는 대개 쌍방적이기 때문에 이해당사자 간의 협상을 통해 시장에서 해결할 수 있다고 한다.15)

3) 행정국가의 폐단시정

(1) 행정국가 수정의 필요성   행정의 적정한 역할이나 규모에 관한 보편적 법칙은 없다. 그 적합성은 상황적 조건의 요청에 비추어 판단할 수 있을 뿐이다.

일반적으로 ⅰ) 국가체제의 자율적인 균형발전을 기다릴 여유가 없고 행정주도형 경제발전 전략의 추진이 절실히 요청되는 경우, ⅱ) 민간부문이 취약하고 자율능력이 없는 경우, ⅲ) 경제적 위기에 정부가 긴급히 대처할 필요가 있는 경우, ⅳ) 정치적 혼란을 완충할 강한 정부관료제가 필요한 경우와 같은 조건이 있을 때 행정국가의 효용은 그 폐단을 능가할 수 있다.

그러나 ⅰ) 민간부문이 발전되고 그 자율능력이 향상된 경우, ⅱ) 국민의 권리의식이 강화되고 정치·행정에 대한 시민참여가 확대된 경우, ⅲ) 정보사회화가 촉진된 경우, ⅳ) 법치국가의 세계표준화가 촉진된 경우와 같은 조건이 형성되면 행정국가의 폐단이 그 효용을 능가하게 된다. 따라서 폐단시정의 필요성이 커진다.

현대국가의 상황적 조건이 행정국가화의 지지 또는 반대라는 어느 한 방향으로 가지런히 정리되어 있는 것은 아니다. 현대는 불연속성의 시대이며 상충의 시대라고 할 만큼 각종 세력과 요청이 뒤섞이고 엇갈리고 있다. 이에 대응하는 정책도 때로는 상충되는 길을 걷지 않을 수 없을 것이다.

그러나 어느 시대를 막론하고 좀더 강력하고 넓게 지지되는 정책처방의 대세가 있는 것이다. 행정국가 성숙 이후의 산업화 국가들이 정보화 시대로 접어들면 전반적으로 행정국가의 효용보다는 폐단이 더 크게 부각되는 상황에 직면한다.

(2) 탈행정국가화의 전략   행정의 감축과 행정에 대한 통제 강화를 주축으로 하는 개혁방안을 보면 다음과 같다.[16]

① **작은 정부의 구현**   국가전체의 부문별 역할분담에 관한 유도적 국가계획을 세우고 거기에 일관되도록 행정의 역할과 범위도 재설정하여 작고 효율적인 정부를 만들어야 한다. 행정의 간여범위를 축소해야 한다. 이를 위한 주된 수단은 민간화이다.

② **분권화와 경쟁**   행정의 분권화를 촉진하고 행정서비스에 경쟁원리를 도입해야 한다.

③ **공직윤리 향상**   공직윤리를 향상시켜 행정인들이 행정국가의 폐단을 스

스로 방지하는 자율규제를 촉진해야 한다.

④ 정치적 통제와 시민참여　행정에 대한 정치적 통제를 강화하고 시민참여를 확대해야 한다.

⑤ 법치주의 확립　법치주의를 확립해야 한다. 입법부와 사법부의 본래적인 역할을 강화해야 한다.

Ⅲ. 산업화사회·정보화사회·포스트모더니즘

우리 사회는 산업화의 길을 걸어왔다. 그리고 고도산업화를 추진하면서 동시에 정보화사회로 진입해 있다.a) 우리 사회의 조건을 설명하는 데 도움이 될 세 가지 개념, 즉 산업화사회, 정보화사회, 그리고 포스트모더니즘의 의미를 알아보려 한다.

1. 산업화사회

산업사회 또는 산업화사회(産業化社會: industrial society)는 공업화를 통해 경제성장이 촉진되는 사회이다. 산업화는 자본과 노동자원이 농업활동으로부터 공업, 특히 제조업으로 이전되어 가는 경제발전의 한 단계 또는 과정이다. 산업화는 GNP에서 차지하는 공업산출의 비중이 증가하는 과정이기도 하다. 요컨대 산업화사회는 공업이 산업구조의 중심을 이루게 된 사회이다.

1) 산업화사회의 특성

공업을 중심으로 경제성장을 촉진하는 산업화의 과정에는 사람들의 태도와 제도 등 여러 분야의 변동이 따른다. 산업화사회의 주요 특성을 보면 다음과 같다.17)

① 공업화와 대량생산　기술발전, 재생불가능한 에너지의 대량소모 등을 통

---

a) 생산기술의 발전을 변화 신드롬의 출발점으로 보는 사회발전단계이론은 많다. 예컨대 Daniel Bell은 전산업사회(前産業社會), 산업사회, 후기산업사회를 구분하였다. Alvin Toffler는 제 1 의 물결(농업혁명), 제 2 의 물결(산업혁명), 제 3 의 물결(정보혁명)에 관련하여 농업사회, 산업사회, 그리고 정보사회를 구분하였다. Bell, *The Coming of Post-Industrial Society*(Basic Books, 1973), pp. 117~118; Toffler, *The Third Wave*(William Morrow, 1980), *Powershift*(Bantam Books, 1990).

한 공업화는 대량생산(소품종 대량생산)과 대량유통의 기틀을 형성한다. 그에 따라 물질생활이 풍요로워진다.

② 자본의 핵심적 위치   산업사회를 움직이는 핵심적인 힘은 자본이다. 거대자본이 합리적·경제적 존재로 파악되는 노동력을 대량으로 동원하여 대량생산체제를 구축한다. 재화, 특히 공산품의 생산과 소비를 중심으로 한 경제체제가 구축되며, 물질적 가치는 사회생활에서 중요한 역할을 한다.

③ 조직혁명   생산활동이 집약화됨에 따라 조직사회화가 급속히 진행되는 조직혁명이 일어나고 도시화가 촉진된다. 공장, 기업 등 대규모 조직이 증가·확대되면서 정부조직도 거대해진다. 공장식 조직원리가 널리 파급되고 전통적 의미의 관료화가 진행된다.

④ 분화의 촉진   직업구조의 종적·횡적 분화가 촉진되며 기술인력의 수요는 늘어나고 노동력의 유동성은 높아진다. 핵가족제도가 발달한다.

⑤ 산업화의 규범   생산 및 관리작용뿐만 아니라 산업화사회 전반을 이끌어가는 문화적 원리 또는 규범은 표준화, 전문화, 동시화, 집중화, 극대화, 그리고 집권화이다.[b]

2) 산업화사회의 명암

산업화는 기술문명의 발전에 이바지하고 물질생활의 풍요화에 공헌한다.

그러나 산업화의 조건과 수단에는 폐단이 수반된다. 특히 산업화의 목표가 어느 정도 달성되면 그러한 폐단은 더욱 심각하게 나타난다. 경제의 양적 성장과 물질소비의 증가는 인간생활의 질적 황폐화를 초래한다. 경제적 갈등, 사회적 불평등과 모순, 인간의 심리적 소외를 증폭시킨다. 생산구조의 과도한 규격화, 거대화, 관료화는 당초의 목적이었던 능률화에 오히려 역행하는 결과를 초래한다.

---

b) 여기서 동시화란 사람들이 같은 시간대에 함께 일해야 하는 현상을 지칭한다. 노동의 연관성 때문에 그리고 값비싼 기계를 가동하지 않는 시간이 없게 해야 하기 때문에 공장에서 동시화가 필요하다. 동시화가 확산되면 모든 생활이 획일화된 시간체계에 묶이게 된다. 집중화는 에너지, 인구, 자본, 경제조직 등이 어디에 집중되거나 집약화되는 현상을 지칭한다. 극대화는 규모확대·거대화를 지칭한다.

2. 정보화사회

정보사회 또는 정보화사회(情報化社會: information society)는 정보의 생산과 이용을 중심으로 하여 살아가는 사회이다. 정보화사회는 정보가 물질이나 에너지 이상으로 유력한 자원이 되는 사회이며, 다양한 정보가 대량으로 유통되는 사회이다. 정보화사회는 정보의 생산과 소비를 중심으로 해서 경제적·사회적으로 발전해 가는 사회이다.[c]

1) 정보화사회의 특성

정보화사회의 주요 특성 또는 성립조건을 보면 다음과 같다.[18]

① 정보산업의 지배적 위치 정보산업이 산업구조에서 지배적인 위치를 차지하게 되며 경제의 연성화(소프트화: softening)가 촉진된다.[d]

② 지식과 창의성의 핵심적 위치 정보화사회를 움직이는 힘의 원천은 상상력이 풍부한 지식이다. 지식은 사람의 인지적 과정을 거쳐 처리된 정보이다. 따라서 창의적인 개인의 중요성이 크게 부각된다.

③ 정보혁명과 정보폭증 정보과학과 정보기술이 급속히 발달하여 인간생활에 커다란 영향을 미치게 되는 정보혁명이 일어난다. 유통되는 정보의 양이 폭발적으로 증가하는 정보폭증이 일어난다.

정보통신기술의 발전에 따라 인간생활의 공간적·시간적 제약이 크게 완화된다. 인간생활의 세계화가 촉진된다. 사회적 교호작용의 속도가 빨라지고 사회적 역동성이 높아진다. 정보화기술을 활용한 직접민주정치(정보 데모크라시 또는 사이버 데모크라시)의 구현 가능성이 커진다. 정보과학과 더불어 생명과학, 우주과학 등 다른 첨단과학들도 급속히 발전한다.

④ 자동화의 촉진 경제적 생산활동에서 고도의 정보통신기술이 활용되고 자동화가 촉진되어 전통적인 공장의 개념, 사무실의 개념, 유통·판매망의 개념

---

c) 산업화사회 이후에 도래하는 사회양상을 사람에 따라 산업화이후 사회(post-industrial society), 초산업사회(超産業社會: super-industrial society), 지식사회(knowledge society), 지식기반사회, 제 3 의 물결(third wave) 등으로 부르기도 하는데, 그 지시대상은 우리가 말하는 정보화사회와 유사한 것이다.

d) 경제의 연성화란 서비스화, 생산물 자체의 연성화, 그리고 제품의 경박단소화(輕薄短小化) 및 다품종 소량생산, 투자 및 소비의 연성화 등 일련의 변화를 지칭하는 것이다. 이러한 변화가 일어나면 경기변동도 완만해져 연성화된다고 한다.

이 달라지고 노동의 개념도 달라진다. 물질적 생활향상을 위해 소득을 얻으려는 노동의 시간은 대폭 감소되고 자유시간이 늘어나 이의 창조적 활용이 중요한 문제로 부각된다.

⑤ 고급욕구의 부각   인간의 욕구가 고급화·다양화된다. 인간의 존엄성과 자유에 관한 가치추구가 더욱 중요시된다. 물질적 풍요를 거쳐 하급욕구들이 감퇴되며 지적·창조적 활동을 통한 자기실현의 욕구 등 고급의 욕구들이 부각된다.

⑥ 조직사회의 변모   조직의 탈관료화가 필요해지고 또 촉진된다. 조직계층과 관리구조의 감축, 소규모 조직의 위상제고, 조직구조의 다양화·유동화가 진행된다. 조직생활에서뿐만 아니라 사회생활 전반에 걸쳐 위계체제는 약화되고 네트워크체제가 강화된다.

자유기업의 사회적 책무와 도덕성이 강조된다. 도덕성과 일의 의미를 찾을 수 있는 기업에 유능한 인재들이 모여드는 추세가 나타난다.e)

⑦ 탈산업화의 규범   정보화사회를 이끌어가는 문화적 원리 또는 규범은 산업화의 규범을 수정하거나 배척하는 것들이다. 탈산업화의 규범으로 탈표준화, 탈전문화, 탈극대화, 탈동시화, 탈집중화, 그리고 탈집권화를 들 수 있다.

2) 정보화사회의 명암

정보화사회는 인류의 좀더 나은 삶을 약속하는 조건들을 구현해 줄 가능성이 크다. 인간의 문제해결능력을 향상시키고, 지적 창조생활을 향상시키며, 인간의 자기실현과 자율성을 증진시킬 수 있다. 의료와 교육의 발전, 정치적 민주화, 계층 간의 격차해소, 문화적 경험의 풍부화도 촉진한다. 정보산업의 발전은 다른 산업분야의 발전에도 기여한다.

그러나 정보화사회에 내재되거나 운행의 잘못으로 빚어질 수 있는 위험도 여러 가지이다. 기술적 정보화로 인한 인간성의 상실·소외, 가치혼란, 문화지체와 부적응, 정보스트레스, 컴퓨터 범죄가 우려된다. 정보독재와 사생활 침해의 위험도 있다. 급속한 기술변동은 실업 증가의 원인이 될 수도 있고, 기술적 정보

---

e) Patricia Aburdene에 따르면 자유기업의 사회적 책무·도덕성 강조는 깨어있는 자본주의(con-scious capitalism)의 확산에 연계된 것이라고 한다. 그녀가 규정하는 깨어있는 자본주의는 자본주의의 도덕적 변환을 통해 인간의 정신 또는 영성(靈性: spirituality)과 경제활동의 도덕성을 중시하게 된 것이다. 이것은 이타주의(altruism)가 아니라 계명적 자기이익추구에 바탕을 둔 이념이다. Aburdene, *Megatrends 2010: The Rise of Conscious Capitalism*(Hampton Roads, 2005).

화와 법제도 등 사회제도 사이의 괴리를 크게 할 수도 있다.

3. 포스트모더니즘

고도산업화·정보화의 과정을 겪고 있는 사회의 현재상태 그리고 도래하고 있는 상태를 포스트모더니티라는 개념으로 설명하는 이론도 우리의 행정환경을 규명하는 데 쓸모가 있다.[19)

포스트모더니즘(postmodernism)은 산업화이후사회(근대화이후사회)의 조건, 즉 포스트모더니티(postmodernity)를 설명하고 처방하는 하나의 관점 또는 이론을 지칭한다. 포스트모더니즘은 모더니즘(modernism)에 대조되는 개념이다. 모더니즘은 산업화로 경제가 성숙하고, 기술관료제의 이념과 선거에 기초한 절차적 민주주의의 이념이 문화적으로나 정치적으로나 지배적인 시대의 조건을 설명하고 처방하는 관점이다.

위의 개념규정은 포스트모더니즘을 산업화 이후 사회의 포스트모더니티에 결부시키는 접근방법에 따른 것이다. 이러한 접근방법은 시대구분으로서의 포스트모더니즘이라는 의미를 갖는다. 이와 대조되는 접근방법은 포스트모더니즘을 시대상황과는 상관없이 새로운 철학적 이해 또는 관점이라고 규정한다.

두 가지 접근방법은 서로 긴밀히 관련되는 것이므로 아래의 설명에서는 종합적 입장을 취하려 한다. 철학적 입장을 먼저 설명하고 이어서 포스트모더니티의 특성을 보기로 한다. 여기서 참조한 것은 행정학에서 도입 발전시키고 있는 포스트모더니즘의 논리이다.

　　포스트모더니즘만큼 종잡을 수 없이 다양한 의미로 쓰이는 말은 아마 찾아보기 어려울 것이다. 건축·미술·문학·영화·음악·패션·철학·정치학·사회학 등 허다한 영역에서 포스트모더니즘이라는 말이 서로 다른 뜻으로 쓰이고 있다. 그리고 포스트모더니즘이 시대상의 설명인가 아니면 철학적 입장인가, 포스트모더니티가 발전방향인가 아니면 비판대상인가, 새로운 것인가 아니면 이미 흘러간 것인가, 모더니티의 병폐인가 아니면 모더니티 이후의 이상향적 생활인가 또는 현시대의 사회적·정치적·문화적 조건인가 등에 대해서도 합의가 없다.

1) 포스트모더니즘의 지적 특성

포스트모더니즘의 철학적 입장 또는 세계관을 몇 가지로 요약해 볼 수 있다.[f)

___
f) 포스트모더니즘의 철학적 근원은 1960년대 후반의 포스트스트럭처럴리즘(poststructuralism)에

① 구성주의   포스트모더니즘은 우리가 발견할 수 있는 객관적 사실이 있다고 보는 객관주의를 배척하고 사회적 현실은 우리들의 마음 속에서 구성된다고 보는 구성주의(構成主義: constructivism)를 지지한다.

현실(reality)의 의미는 해석될 대상이 아니라 해석하는 사람이 규정한다. 현실과 언어는 분리될 수 없다고 한다. 언어는 정보전달의 매체에 불과한 것이 아니라 그것 자체가 하나의 사회적 현실이라고 본다. 우리가 보는 현실은 우리가 사용하는 언어로 구성된다고 한다. 진실과 질서는 사람들 사이의 약정에 기초를 둔 것이라고 한다.

② 상대주의와 다원주의   포스트모더니즘의 세계관은 상대주의적이며 다원주의적인 것이다. 보편주의와 객관주의를 추구하는 것은 헛된 꿈이라고 비판하고 지식의 상대주의를 주장한다.

인식론적 진실·도덕적 판단·심미적 선호 등에 관한 문제의 해결책을 권위적으로 제시할 수는 없다고 보고, 인식론적·윤리적·심미적 상대주의를 불가피한 것으로 받아들인다. 그리고 사람들의 서로 다른 특성, 사회구조들의 서로 다른 특성을 존중한다. 사회현상의 모순적·불확정적 특성을 중요시한다.

③ 해방주의   포스트모더니즘은 해방주의적(emancipatory)인 성향을 지닌다. 개인들은 조직과 사회적 구조의 지시와 제약으로부터 해방되어야 한다고 주장한다. 개인들은 모든 의미에서 자유로울 수 있는 존재라고 한다. 그들은 인위적 계서제와 구조들로부터 자유로울 수 있고 서로 다를 수 있으며 각자가 자기 특유의 개성을 가질 자유를 누려야 한다는 것이다.

④ 행동과 과정의 중시   모더니즘이 안정된 존재와 결과를 강조한다면 포스트모더니즘은 행동과 만들어져가는 과정을 중시한다. 포스트모더니즘은 조직과 행정을 정체된 존재가 아니라 계속적으로 만들어져 가는 과정으로 본다.

2) 포스트모더니티의 사회

포스트모더니즘이 그리는 포스트모던 소사이어티(postmodern society)의 주요

서 찾을 수 있다고 한다. 프랑스에서 발전한 이 철학은 근대철학의 여러 가지 핵심적 전제를 문제삼는다. 예컨대 근대철학의 합리성·객관성 지상주의를 비판하고, 사회현상의 보편적 설명을 위한 과학적 원리의 적용을 비판한다. 포스트스트럭처럴리즘은 기호학과 언어학에 입각해 사회를 새롭고 다양하게 해석해야 한다고 주장한다. Robert B. Denhardt and Janet V. Denhardt, *Public Administration: An Action Orientation*, 6th ed.(Thomson, 2009), pp. 187~188.

특성은 다음과 같다.

① 원자적·분권적 사회   포스트모던 소사이어티는 사회와 조직의 인위적 구조에 의한 통제를 싫어하고 각기의 상이성을 중시하는 개인들로 구성되는 원자적·분권적 사회이다. 자율적인 개인들이 협동적으로 일할 수 있게 하는 새로운 조직형태와 사회구조가 필요한 사회이다.

② 다 양 화   다양화의 경향이 강해진다. 사람들이 추구하는 이상향이 다양해진다. 정치체제와 경제체제의 다양성도 높아진다.

③ 상이성 존중의 사회질서   사람들 사이의 상이성을 존중하고 이를 보호할 수 있는 사회질서가 선호된다. 사회구성원들의 협동성은 상이성 가운데서 상이성을 위해 구축해야 한다는 규범이 널리 받아들여진다. 사람들 사이의 상이성을 보전·향상시키기 위한 공동체의식의 함양이 중요 과제가 된다.

④ 반관료제적 규범   조직과 사회구조의 원리 또는 규범으로 융통성, 잠정성, 분권화, 탈계서화, 그리고 반집중화가 중시된다.

⑤ 다품종소량생산   다품종 소량생산체제가 확산되고 제품의 수명은 짧아진다.

⑥ 탈물질화   탈물질화의 경향이 강화되며 이미지와 상상력의 중요성이 커진다. 기술의 인간화가 촉진된다.

⑦ 반규제주의   국민생활에 대한 국가규제를 반대하는 반규제적·탈규제적 경향이 강화된다.

⑧ 환경의 부단한 변동   조직들은 끊임없이 변동하는 환경에서 질서와 혼돈 사이를 오락가락한다.

⑨ 높아지는 불확실성   질서·획일성·안전성보다 불확실성이 높아진 삶은 사람들이 불안과 두려움을 느끼게 하지만 동시에 상상력이 풍부하고 책임 있는 삶을 가능하게 한다.

⑩ 세 계 화   인간생활은 점점 더 세계화되면서 동시에 분할되고 분화된다. 인간생활에서 세계주의와 국지주의(지방주의)가 갈등을 빚는다.

IV. 우리나라 행정의 환경

우리 행정의 환경은 산업화 과정과 정보화 과정을 잇는 연속선 위에 길게

산개되어 있으며 정보화사회를 지향하는 사회체제이다. 행정의 환경은 급속히 변동하고 있다. 환경적 격동성은 날이 갈수록 높아질 것으로 예상된다.

우리 행정의 환경적 조건에 관한 다음의 설명은 자연스럽게 미래의 예상과 결합될 것이다. 현황설명보다는 변화추세의 예상에 더 큰 역점이 놓이게 될 것이다.

1. 경제적 환경

산업화 과정을 통해 우리 경제는 고도성장을 이룩하였다. 경제구조의 수준도 상당히 고도화되었다. 우리의 경제는 선진국의 반열에 진입하고 있지만 아직은 정부주도형 경제발전의 타성과 후유증 등 여러 가지 발전도상국적 조건들도 남아 있다.

우리 경제생활의 변화방향을 다음과 같이 예상해 볼 수 있다.

(1) **경제발전의 지속**　　단기적인 우여곡절에도 불구하고 장기적으로는 경제규모 확대와 경제구조 고도화가 지속될 것으로 전망된다. 산업화수준이 고도화되고 정보화사회로의 이행이 촉진되면서 산업구조는 여전히 복합적이겠지만 정보산업이 가장 큰 비중을 차지하는 방향으로 변동할 것이다.

(2) **물질생활의 풍요화·탈물질화**　　경제발전이 지속되면 국민의 물질생활은 풍족해질 것이며, 다수 인구의 내구소비재에 대한 욕구가 점차 감소되고 경제의 서비스화가 가속될 것이다. 양적 충족의 추구로부터 질적 향상의 추구로 수요가 변환되고, 물질의 풍요로부터 마음의 풍요를 찾는 탈물질화의 가치가 부각될 것이다.

(3) **경제적 민주화·복지화**　　경제가 발전할수록 경제의 복지화에 대한 요청은 커질 것이다. 모든 분야에서 인도주의적 요청과 형평성 실현의 욕구가 강해질 것이므로 경제의 복지화·민주화·인간화를 위한 노력이 배가되어야 할 것이다.

(4) **의미 있는 일의 창출과 재적응**　　정보화사회의 진전이 본격화되는 과정에서 어려운 고용문제가 야기될 것이다. 실업문제, 기술변화에 따른 일의 의미 상실, 재적응의 고통 등이 심각해질 수 있다. 그러므로 고용구조의 개편, 의미 있는 일의 창출, 그리고 기술변화에 따른 재적응의 촉진에 많은 투자를 해야 할 것이다.

(5) **개혁의 촉진·변동의 연쇄화**　　사회에 쌓이는 잉여자원이 많아지고 정보화가 촉진되면 개혁의 중요성이 커지고 개혁능력이 커진다. 따라서 변동은 가속

화된다. 경제적 생산활동에 결부하여 도입 또는 개발된 기술정보와 관리지식들은 사회 전반에 커다란 파급효과를 일으켜 연쇄적 변동을 초래할 것이다.

(6) 개 방 화   경제의 개방화·세계화가 가속될 것이며 그 영향은 다른 생활영역에도 크게 파급될 것이다. 정보화는 정보의 경제화를 촉진하고 지구 전체를 하나의 시장으로 하는 세계화의 물결을 형성한다.

(7) 후유증과 새로운 부담   지난 날의 고도성장을 뒤따르는 부작용·후유증·폐단을 극복하는 일, 그리고 내외 경제사정의 변화에 따라 새로이 안게 될 부담을 더는 일이 상당히 힘들 것이다. 불균형성장과 부의 불공평배분에서 비롯된 빈부의 격차(양극화), 공해문제, 교통난, 휴식공간의 부족, 노사분규는 고도성장을 따라온 후유증의 중요한 예이다. 그리고 앞으로 국제 간 정보격차·기술격차·자본격차 때문에 생겨나는 문제, 국제사회의 다원화·다극화와 극심한 경쟁의 세계화과정에서 생겨날 수 있는 문제가 심각해질 수 있다.

2. 사회적 환경

우리의 사회생활에 남아 있는 전통적 유산은 큰 편이다. 그런데 전통적인 유산들이 옛날 모습 그대로 보존되어 있기만 한 것은 물론 아니다. 사회적 조건은 급속히 변동하고 있으며, 산업사회적·정보사회적 생활양식들도 확산되고 있다. 사회의 양상은 복잡하며 사회적 구심력은 약화되어 있다. 낡은 것과 새것이 혼재하는 가운데 도처에서 충돌·갈등을 빚고 있으며 사람들의 가치관은 혼란에 빠져 있다.

사회적 조건의 변화추세를 다음과 같이 예상해 볼 수 있다.

(1) 사회적 다원화의 촉진   다원화사회·다양화사회의 모습이 심화될 것이다. 사회계층의 구조는 다원화되고 복잡해질 것이며 가치관의 다원화는 촉진될 것이다. 사람들은 선호표출·이익표출에서 개체주의적 성향을 더 많이 드러낼 것이다.

(2) 사회적 유동성 제고   사회적 유동의 동인들이 많아지고 유동 또한 용이해져서 유동률이 현저히 높아질 것이다. 정보화사회가 진전되면 개인의 능력과 노력에 따라 개방적인 계층들로 이동해 다닐 수 있는 기회가 크게 늘어날 것이다.

(3) 교통·통신의 발달   교통·통신의 발달은 인간의 교호작용을 어렵게 하는 공간적 및 시간적 장애를 급속하게 제거해 줄 것이므로 국민생활의 공간적 및 시간적 거리는 크게 단축될 것이다. 정보통신의 발달은 개혁의 전파를 빠르

게 하고 생활정보·문화정보의 보급을 빠르게 하는 기술적 도구를 제공할 것이다. 인구와 산업을 분산시키는 국토공간구조의 개편이 진행될 것이다.

(4) 고령화·고학력화·여성 사회참여 확대   고령화사회·고학력사회가 되고 여성의 사회진출이 늘어날 것이다.

고령화사회가 되면 생산활동 연령을 연장하는 문제, 노인들에게 보람 있는 일거리를 제공하는 문제, 노후의 안락한 생활을 보장하는 문제, 납세인구비율의 감소문제가 매우 심각해질 것이다. 인구의 고학력화가 촉진되면서 모든 직업분야의 인적 전문화는 더욱 고도화될 것이며 고학력자 실업이라는 문제가 악화될 수 있다. 여성의 사회참여가 늘어나고 지위가 향상되면 가족관계를 포함한 여러 영역에서 문화변동이 초래될 것이다.

(5) 지적 창조생활의 기회 확대   정보과학·정보산업의 발달에 따른 정보유통의 원활화, 정보개방화의 촉진, 정보격차·문화격차의 해소, 새로운 매체의 발달에 따른 문화·예술의 발달, 잡노동의 감소와 같은 변화가 예상된다. 그렇게 되면 지적 창조생활의 수준 그리고 생활 전반의 질이 향상될 수 있다.

(6) 조직사회의 변모   조직사회의 양상은 점점 더 복잡해질 것이다. 한편으로는 산업화의 연장선 상에서 규모가 큰 조직들의 관료화가 지속될 수 있다. 다른 한편으로는 분산화·소규모화의 요청, 네트워크화의 요청, 잠정적·적응적 구조설계의 요청이 강력하게 대두될 것이다. 조직의 인간화에 대한 요청도 커질 것이다.

(7) 부작용과 부적응   사회 내에서 정보 부유층과 정보 빈곤층이 생기고, 정보선진국에서 후진국으로 정보가 흐르는 과정에서 계층화·종속화의 문제가 생길 수 있다. 정보공개·정보통제의 기술발전은 개인의 프라이버시 침해, 정보의 오용·남용 때문에 빚어지는 인권침해, 낭비와 사이버 범죄의 위험도 크게 할 것이다.

급속한 사회변동으로 인한 문화적 혼합의 장기적 과도화는 가치혼란을 야기할 수 있다. 사회적 분화와 유동성 증대, 문화지체, 그리고 '컴퓨터 지배'는 인간적 소외·비인간화, 공동체의식의 상실, 정보 스트레스와 같은 정신적 긴장을 악화시킬 수 있다.

3. 정치적 환경

우리나라에 근대적 의미의 정치가 생긴 지는 얼마 되지 않는다. 대한민국 정부수립 이후 지금까지 정치는 많은 파행을 겪었다. 민주적인 정치문화는 아직도 미성숙상태에 있다고 보아야 한다. 통치구조 안에서 그 하위체제들은 불균형적으로 성장했으며, 정치체제는 뒤처진 성장을 보였다.

우리나라가 이념적으로 표방하고 있는 정체(政體)는 삼권분립과 복수정당제를 기반으로 하는 의회민주정체이다. 정부관료제는 궁극적으로 국민에게 책임을 져야 하며 입법적·사법적 통제와 대중통제 등 외재적 통제를 받게 되어 있다. 정부의 지도층은 국민의 선거와 정치과정을 통해 구성하도록 되어 있다. 이러한 정치제도를 감싸고 있는 정치문화는 낙후된 가운데 전통적인 요인과 서구적인 요인의 불안정한 결합상을 보이고 있다. 우리 정치체제는 오랜 정치부패의 뿌리를 가지고 있다.

근래에 우리가 경험한 민주화 촉진·지방차지 발전 등 일련의 상황변화는 정치에 대한 역할기대를 급격히 높이고 있다. 장차 민주정치의 역량성장이 일어날 것으로 기대한다. 우리 사회의 정치적 환경이 변화해 갈 방향을 다음과 같이 예상해 볼 수 있다.

(1) 정치의 역할확대   과거와 현재보다는 정치영역이 확대될 것이다. 민주화와 지방화의 촉진은 정치의 범위확장을 요구한다. 중앙과 지방정부의 관계를 조정하고 국민의 다양한 이익을 조정하는 데도 정치의 역할증대가 요구된다. 행정국가화의 추세를 역추진하는 운동이 활발해지면 민간화뿐만 아니라 정치화의 영역도 넓어질 것이다.

(2) 민주주의 발전   국민의 정치의식 계발은 국민의 정치참여 능력을 향상시킬 것이며 참여민주주의로 향한 압력을 가중시킬 것이다. 소득향상과 탈물질화 경향의 대두, 고학력화, 도시화, 수평적 사회관계의 발달, 국민의 다양한 욕구표출 증대와 이익집단의 발달, 정치의 정당성에 대한 요구의 강화, 행정문제의 복잡성 증대 등 일련의 변화 때문에 정치구조와 과정의 개방화·분권화·자율화 확대는 불가피할 것이다.

(3) 정보화기술의 발달과 정치생활   정보화기술의 발달은 민주적 정치사회화와 참여정치화를 촉진하는 힘이 될 것이다. 신속한 문화적·정치적 정보전달

은 국민의 정치의식을 높이고 참여의욕을 자극하게 될 것이며 정책결정과정에 적극적으로 참여할 능력을 신장시킬 것이다. 정보매체와 기기의 발달은 네티즌들의 정치적 역할을 강화할 것이며 대의민주정치의 영역을 상당부분 직접참여 민주정치의 영역으로 전환시킬 수 있게 될 것이다.

　　(4) 대외관계의 변화　　통일 문제는 시시각각의 변화를 겪게 될 것이지만 남북 간의 전쟁억제와 통일성취가 머지않은 장래에는 여전히 커다란 현안으로 남게 될 것이다. 국제적 개방화는 가속될 것이며, 국가 간에 정치적·행정적 제도와 행태의 상호 모방은 확대될 것이다. 국제관계에서 상호 의존도는 높아지고 국가이익을 위한 협력과 경쟁의 이합집산은 더욱 활발해질 것이며 우리의 국제 협력관계는 한층 더 다변화될 것이다.

　　(5) 행정의 역할기대 변화　　산업화수준이 높아지고 정보사회화가 촉진되면 행정의 경계재조정이 요구될 것이다. 민간화·정치화의 영역을 넓히고 작은 정부를 추진해야 한다는 요청이 커질 것이다. 행정의 간여범위를 감축하면서도 다른 한편으로는 고급화되는 행정수요에 대응하여 행정서비스를 고도화해야 한다는 요청도 커질 것이다.

　　(6) 정치적 난제　　급속한 변화의 과정에서 정치체제는 여러 가지 어려움에 봉착할 것이다. 경제적 고도성장이 남긴 후유증과 부작용에 대응하는 문제, 사회의 원심적 분리경향에 대처하는 문제, 사회적 갈등 특히 집단이기주의·지역이기주의가 빚어내는 갈등을 조정·통제하는 문제, 그리고 정치에 대한 불신과 냉소주의를 해소하는 문제가 정치체제에 큰 부담을 안겨줄 것이다.

　　대내적 분권화와 대외적 세계화는 정치권력의 장악력을 약화시킬 것이다. 정치권력에 의한 집권적·계서적 통제는 분권화와 다원화에 따른 조정적·협동적 통제에 자리를 상당히 양보해야 할 것이다. 그러한 전환과정에서 과도기적 진통과 혼란을 겪게 될 것이다.

　　그리고 정보기술의 고도화는 정치부문에서 실책과 정보독재의 위험성을 크게 할 것이다. 앞으로 정보관리자의 윤리성 제고, 정치정보의 공개, 국민의 적극적 정치참여와 감시를 통해 기술적 정보화의 폐해를 막는 과제가 아주 중요해질 것이다.

제 3 장

행정과 가치

인간세계에는 가치가 있다. 인간의 생각과 행동을 인간이 가진 가치로부터 분리할 수는 없다. 행정의 경우도 마찬가지이다. 행정은 가치개입적인 사업이다. 행정은 가치의 인도를 받는다. 가치문제를 간과하면 행정현상을 제대로 설명할 수 없다.

이 장에서는 행정 상의 가치문제와 가치연관적인 문제들을 검토하려 한다. 제 1 절에서는 가치라는 개념을 정의하고 가치연구의 접근방법들을 소개한 다음 행정 상의 주요 가치들이 무엇인지 알아보려 한다. 그리고 가치 간의 관계에도 언급하려 한다.

제 2 절에서는 가치문제를 내포하는 행정문화를 논의할 것이다. 문화의 의미를 규정하고 문화변동·문화개혁을 설명한 다음 우리 정부의 행정문화를 고찰하려 한다.

제 3 절에서는 공무원의 윤리, 즉 공직윤리를 설명할 것이다. 제 4 절에서는 행정조직의 목표를 설명할 것이다. 윤리는 옳은 것을 나타내고, 목표는 바람직한 것을 나타낸다는 점에서 모두 가치적인 문제이다.

행정 상의 가치문제

I. 가치란 무엇인가?

1. 가치의 정의

가치(價値: value)는 바람직한 것에 관한 사람들의 관념으로서 사람들의 행동에 영향을 미치는 힘을 지니는 것이다. 가치는 옳은 것과 그른 것, 또는 좋은 것과 나쁜 것, 또는 해야 하는 것과 해서는 안 되는 것, 또는 있어야 하는 것과 있어서는 안 되는 것에 대한 관념이라고 말할 수도 있다.

가치개념의 주요 특성은 다음과 같다.[1]

① 관계개념　가치는 관계개념이다. 가치는 사람, 물건, 아이디어, 행동과 같은 대상에 사람이 부여하는 것이다. 가치는 현재의 상태 또는 지각에 대해서 뿐만 아니라 장래의 상태와 사건에도 부여된다. 가치는 가치를 가지는 사람의 마음 속에 존재하지만 어떤 대상에 관한 것이기 때문에 가치는 주관과 객관을 잇는 관계를 나타내는 관계개념이라고 하는 것이다.

② 갈등야기의 가능성　가치들은 서로 갈등을 야기할 수 있다. 가치는 사람들의 마음 속에 있기 때문에 사람의 내면적 갈등을 야기할 수 있고, 사람마다 다른 가치 때문에 사람들 사이에 갈등을 야기할 수 있다.

③ 사실과의 구별　가치는 사실(事實: fact)과 구별된다. 우리는 사실과 가치로 구성된 세계에서 산다. 가치와 사실은 서로 결부되고 중첩적으로 존재하지만 가치의 세계와 사실의 세계는 개념적으로 구별된다. 가치와 사실은 의사결정에서 본질적으로 구별되는 역할을 한다.

사실은 의사결정의 지식적 기초가 되는 생자료(生資料: raw data)이다. 무엇이 사실이며 사실이 어떻게 활용될 수 있는가에 대해 논란이 있을 수 있다. 그러나 사실이 사실로서 인정된 뒤에는 그에 대한 갈등은 없다. 사실은 그저 존재할 뿐이다. 사실의 문제는 '이다'(is)와 '아니다'(is not)의 문제이며 '맞다'(true)와 '틀리다'(false)의 문제이다.

④ 인간의 관념   가치의 세계는 사람들에 의해 '만들어지는 것'(made)이며 사람들의 머리 속에 있는 관념이다. 어떤 사물이 가치 있다고 생각하는 것은 그것이 가치를 가졌기 때문이 아니라 그것에 우리가 가치를 부여하기 때문이다. 가치가 말로 표현되거나 관찰대상으로 만들어지면 그것은 사실적인 것이 된다.

인간의 지각을 떠난 세계에는 가치가 없다. 인간이 세상과 교호작용하면서 사실을 발견하고 거기에 가치를 부여한다. 사실발견과 가치부여라는 두 가지 작용은 대개 결합되어 있다. 그리고 사실발견은 사람이 부여하는 가치를 바꿀 수 있으며, 사람이 가진 가치의 유형에 따라 발견될 사실이 달라질 수 있다.

⑤ 행동유발의 힘   가치는 행동을 유발하고 그 양태와 방향을 결정하는 힘을 가진다. 가치는 자극에 대한 지각의 선택성을 좌우하며 자극에 대한 반응의 결과를 해석하는 데 영향을 미친다. 그리고 행동의 목표선택에 대한 일반적 기준을 제공한다.

인간의 자아(self)가 심리적 과정을 통해 스스로의 행동을 통제하는 데 가치의 작용이 개입된다. 자아가 갖는 욕구와 동기의 기초는 가치체계의 출처가 되며 가치체계는 태도의 출처가 된다. 태도는 자아와 외부세계의 접경에서 가치를 표현한다. 태도는 측정가능한 사실이다.

가치의 의미에 관한 위의 설명을 보완하기 위해 주요 논자들의 개념정의를 몇 가지 소개하려 한다.

Clyde Kluckhohn의 정의: "가치란 바람직한 것에 관한 명시적 또는 묵시적 관념이다. 가치는 행동의 양태·수단 및 목표를 선택하는 데 영향을 미친다. 가치는 개인에 따라 그리고 집단의 특성에 따라 다르다."[2]

William Frankena의 정의: "가치라는 말을 좁은 의미로 쓸 때에는 좋다, 바람직하다, 중요하다고 생각되는 것을 지칭한다. 넓은 의미의 가치는 모든 종류의 올바름, 의무, 선행, 아름다움, 진실, 신성함을 지칭한다."[3]

Christopher Hodgkinson의 정의: "가치란 바람직한 것에 관한 관념으로서 동기유발의 힘을 가진다. 가치는 바람직한 것, 바람직한 상태, 또는 있어야 할 상태에 관한 생각을 지칭하는 것이다. 가치는 가치를 가지는 사람의 마음 속에만 존재하는 것이다."4)

Thomas E. McCullough의 정의: "가치는 공동체적(communal)이다. 가치는 개인의 취향을 초월하는 것이며 공동체가 승인하는 요구를 담고 있기 때문에 공적인 것이다. 가치는 합리적 의견교환으로 논의되고, 분석되고, 정리되고, 정당화될 수 있다."5)

2. 가치에 관한 상대론과 절대론

위에서 가치를 정의할 때 이미 우리는 가치문제에 대한 여러 학문분야의 연구결과를 수용하였다. 비단 개념정의에서 뿐만 아니라 행정이 직면하는 가치문제의 해결전략을 구상할 때에도 여러 학문분야의 접근방법을 이해하는 것은 유익하고 요긴한 일이다. 특히 심리학, 사회학, 그리고 철학에서의 가치연구가 우리에게 주는 도움은 크다.

심리학에서는 인간의 개인적 차원에 초점을 맞추고 자아이해가 가치형성에 미치는 영향, 인간발달에 따른 가치발달의 과정, 가치가 동기유발에 미치는 영향 등을 연구한다. 사회학에서는 가치의 공동체적 차원에 초점을 맞추고 사회화 과정을 통한 가치의 학습을 연구한다.

가치연구에 대한 철학의 기여는 여러 가지이지만 그 가운데서 중요한 것은 가치에 대한 규범적·처방적 연구이다. 철학은 사람들이 지닌 가치와 그 형성과정을 연구하는 데서 나아가 사람들이 어떤 가치를 가져야 하는가를 연구한다. 가치의 규범적 연구에서는 인간의 자유의지 유무에 대한 논쟁을 벌이고 가치의 상대성 또는 절대성에 관해 논쟁을 벌인다.

우리가 진행하는 가치연구에 가장 큰 도움을 줄 상대론과 절대론에 대해서만 설명하려 한다. 상대론과 절대론의 논쟁은 '옳은 것' 또는 '좋은 것'에 대한 규정이 상대적인가 아니면 절대적인가에 관한 논쟁이다. 상대론은 목적론, 절대론은 의무론이라 부르기도 한다.6)

1) 상대론(목적론)

(1) 정   의   상대론 또는 목적론(relativism or teleology)은 가치의 상대성을 설명한다. 상대론자들은 행동이나 규범을 관찰가능한 현상과 비교하여 그 옳고 그름을 결정해야 한다고 주장한다. 상대론자들은 ⅰ) 행동이 욕망을 만족시키는가(쾌락주의), ⅱ) 가장 많은 사람들에게 최대의 혜택을 주는가(공리주의), 또

는 iii) 역사적 진보를 촉진하는가(마르크스주의) 등의 기준에 비추어 옳고 그름을 판단한다.

상대론자들은 윤리적 행동의 기초를 인간의 본성과 생리적 및 사회적 욕구 충족에서 찾는다. 그리고 행동 또는 규칙이 바람직한 결과를 가져오는 경향이 있으면 옳은 것으로 받아들인다. 행동의 결과에 초점을 맞추는 이 접근방법은 사람에 따라 또는 사회에 따라 가치가 달라질 수 있다는 결론에 도달한다.

(2) 상대론의 예시   오늘날 상대론들 가운데서 가장 널리 인용되는 것은 공리주의(功利主義: utilitarianism)이다. 공리주의의 중심원리는 가장 많은 사람들에게 가장 큰 선(善)을 제공하는 것이다. 어떤 행동이 다른 행동에 비해 최소의 손실(나쁜 결과)로 최다의 인간에게 최대의 선을 가져다주면 그 행동은 옳은 것으로 규정한다. 여기서 선이라고 하는 것은 이익, 쾌락, 행복 등 여러 가지로 설명된다.

공리주의는 상대적·결과지향적·공동체지향적 특성을 지닌다. 공리주의자들은 행동을 인도할 보편적 원리는 없으며, 어떤 행동의 상황적 조건과 행동결과의 비용·편익을 평가해 보아야 그 행동의 도덕성 또는 비도덕성을 판단할 수 있다고 주장한다. 행동 그 자체는 내재적 가치를 가지고 있지 않으며 가치를 가진 사물을 얻기 위한 수단일 뿐이라고 한다. 그리고 공리주의자들은 공동체 또는 사회 전체의 총체적 선을 강조한다.

공리주의는 도덕적 판단에서 동기보다 행동의 결과만을 강조하고 분배의 적정성보다 전체의 선만을 강조한다는 비판을 받고 있다. 그리고 '최대선'을 측정하기 어렵기 때문에 측정이 쉬운 부분적 요소에만 관심을 돌리게 한다는 비판도 있다.

2) 절대론(의무론)

(1) 정   의   절대론 또는 의무론(deontology)은 절대적인 책임과 의무에 초점을 맞춘다. 그리고 옳고 그름에 관한 보편적 원칙 또는 법칙이 있다고 주장한다. 그러한 보편적 원칙은 특정행동의 결과나 상황의 조건에 의존하지 않는다. 보편적 원칙은 선험적인 것이며, 사람의 이성을 통해 파악할 수 있는 것이라고 한다. 상황이나 행동의 결과에 상관없이 사람은 도덕적으로 바른 행동을 하고 도덕적으로 나쁜 행동을 피해야 하는 의무를 진다고 한다.

절대론자들도 사람이 내리는 판단은 그 사람의 지식과 그가 처한 상황에 따라 달라질 수 있음을 시인한다. 그러나 어떤 행동을 좋은 것으로 만드는 절대적 기준의 존재가능성에 대해서는 결코 양보하지 않는다. 절대론은 사람들이 직면하는 구체적 상황을 초월하여 행동의 옳고 그름을 판단하는 보다 근본적이고 절대적인 기준에 관심을 돌려야 한다고 주장한다.

절대론에서는 옳고 그름에 대한 판단을 받아들이게 하는 권위가 무엇이냐 하는 것이 쟁점이 된다. 단일문화 또는 단일종교에 관련하여 권위의 소재에 대한 합의를 보는 것은 비교적 용이할 것이다. 그러나 그 안에서도 구체적인 윤리문제에 대해 의견이 갈릴 수 있다. 더구나 우리는 다수문화, 다수종교의 세계에 살고 있기 때문에 권위의 소재에 대한 합의가 어렵다.

(2) **절대론의 예시**　　절대론의 예로 자주 거론되는 것은 John Rawls의 배분적 정의와 정책의 공정성에 대한 이론이다. 그는 옳고 그름의 문제는 행동대안들이 가져올 결과의 비교평가에 따라 결정되는 것이 아니라 보편적인 윤리적 원칙의 적용에 따라 결정되는 것이라고 하였다. 그리고 사람들은 자기 개인의 이익에 결부시키지 않고 무엇이 옳은지를 일반적으로 결정할 수 있어야 한다고 주장하였다. 정책결정의 공정성·형평성을 강조하면서 모든 정책결정이 이기심이 아니라 공정성에 대한 관심에서 나오게 되면 자유와 정의에 관한 기본원칙에 더욱 충실해질 수 있을 것이라고 하였다.[7]

3) 상대론과 절대론의 평가

상대론이나 절대론은 각기 문제를 안고 있다. 상대론의 상대주의는 사람들이 궁극적인 행동기준을 전혀 가지고 있지 않다는 것을 의미할 수도 있다. 그렇다면 사람이 저지를 수 있는 유일한 도덕적 과오는 그 자신의 감정에 충분한 주의를 기울이지 않았다는 것이라고 말하는 셈이 된다.

절대론의 절대주의는 신성한 선험적 법칙의 수용을 요구하며, 인간의 이성이 그러한 법칙을 이해할 수 있다는 것을 전제한다. 절대주의는 사람들에게 지나친 요구를 하고 사람에 따른 차이를 용납하지 않는다.

3. 가치유형론

사람들이 바람직하다고 생각하는 것은 무수히 많고 가치 간의 관계는 복잡하다. 연구인들은 이러한 가치들을 유형화하여 정리하기도 하고 생활영역별로 중요시되는 대표적 가치들을 열거하기도 한다. 가치 간의 계서적 관계를 설정하여 가치의 체계를 형성하려는 사람들도 있다.

가치유형론은 대단히 많지만 여기서는 몇 가지 예만 보기로 한다. 행정학도들이 행정에 관련된 가치라고 열거하는 것들을 모아보는 가치 레퍼토리의 작성은 뒤에 따로 하려 한다.

1) Hodgkinson의 유형론

Christopher Hodgkinson은 가치의 계층을 염두에 두고 가치의 유형을 두 가지로 분류하였다.[8]

그는 가치의 구성부분을 두 가지, 즉 옳은 것(right)과 좋은 것(good)으로 나누었으며, ⅰ) 옳은 것에 관한 가치와 ⅱ) 좋은 것에 관한 가치를 구분하였다. 그리고 옳은 것에 관한 가치가 고급의 가치 또는 발전된 가치임을 시사하였다.

옳은 것에 관한 가치는 바람직한 것(desirable)에 관한 관념이며 의무론적·도덕적·인식론적·사회적·법규범적·합리적 특성을 지닌 것이다.[a]

좋은 것에 관한 가치는 원하는 것 또는 바라는 것(desired)에 관한 관념이며 즐거움과 쾌락을 쫓고 고통을 피하려는 인간적 성향을 반영하는 것이다. 좋은 것에 관한 가치는 인간의 감성구조에 기초를 둔 쾌락주의적 가치이며 비사회적(asocial) 가치이다. 이러한 인간적 성향이나 선호는 선천적·생화학적으로 결정되지만 학습이나 계획에 의해 조건지어지기도 한다.

2) 최재희 교수의 유형론

최재희 교수는 가치를 ⅰ) 인격적 가치, ⅱ) 정신적 가치, ⅲ) 생명적 가치, ⅳ) 감각적 가치 등 네 가지 범주로 분류하였다.[9]

최 교수가 말하는 인격적 가치는 도덕적 가치이며 성스러운 절대가치, 최상위의 가치이다. 정신적 가치는 예술적 창작, 진리의 탐구, 법의 연구 등이 지니는 아름답거나 추한 것, 참되거나 거짓된 것, 옳은 것과 그릇된 것을 지시하는

---

a) Hodgkinson은 바람직한 것에 대한 관념으로서 깊이 정착되어 논란의 여지가 없는 것을 초가치(超價値: metavalue)라 부르고 있다. 민주사회에서의 민주주의, 조직에서의 유지-성장, 효율성과 능률성이 초가치의 예라고 한다. Hodgkinson은 옳은 것에 관한 가치의 한 유형인 초월적 가치(transrational value)에 대해서도 언급하고 있다. 이것은 형이상학적 도덕률 등의 원리에 기초하는 것이며 사유기능보다 의지에 의존하는 바가 큰 것이라고 한다. 이 유형이 가장 상급의 가치라고 한다. Christopher Hodgkinson, *Towards a Philosophy of Administration*(St. Martin's Press, 1978), pp. 180ff.

가치이다. 생명적 가치는 생명체의 성쇠, 건강과 질병, 사망 등의 상태에 관한 가치이다. 감각적 가치는 어떤 사물에 대해 인간의 감각적·감정적 쾌감 또는 불쾌감이 느껴지는 것에 관한 가치이다. 이것은 최하급의 가치이다.

최 교수는 그가 설정한 가치계층 상의 서열에 따라 가치유형을 열거하고 있다. 서열이 높은 가치일수록 지속적이며 상대적 특성보다는 절대적 특성이 강하다고 한다.

3) Barbour의 유형론

Ian G. Barbour는 기술문명사회에서 추구해야 할 가치의 범주를 ⅰ) 개인적 차원의 가치, ⅱ) 사회적 차원의 가치, 그리고 ⅲ) 환경적 차원의 가치로 대별하였다.[10]

개인적 차원의 가치에는 식량과 건강·의미 있는 일·개인적 성취에 관한 것을, 사회적 차원의 가치에는 사회적 정의·참여의 자유·경제발전에 관한 것을, 환경적 차원의 가치에는 자원의 유지·환경보호·모든 형태의 생명에 대한 존중에 관한 것을 포함시켰다.

4) Gortner의 유형론

Harold F. Gortner는 행정과정에서 명료화되어야 할 세 가지 차원의 가치들을 범주화하였다. 세 가지 차원이란 ⅰ) 거시적, ⅱ) 중범위적, 그리고 ⅲ) 미시적 차원을 말한다.[11]

거시적 차원의 가치에는 개인주의, 기회의 형평에 관한 사회적 가치, 민주적·한정적 정부에 관한 정치적 가치, 그리고 수정자본주의에 관한 경제적 가치가 포함된다. 중범위적 차원의 가치에는 관료적·기업가적·협동적 가치와 같은 조직 상의 가치, 전문성·자율성·헌신·공공봉사와 같은 전문직업 상의 가치, 지역주의·인종주의와 같은 지역사회의 가치, 고객·이익집단·정치집단 등 유권자 집단의 가치가 포함된다. 미시적 차원의 가치에는 개인적 안전과 성공에 관한 개인적 가치, 가족·친지의 수용과 존경에 관한 일차집단적 가치가 포함된다.

5) Sampson의 유형론

Charles Sampson은 공공정책 결정에서 마주치는 가치의 유형을 ⅰ) 개인 간의 평등, ⅱ) 개인의 자유, ⅲ) 사회 내의 질서, ⅳ) 개인을 위한 정의, ⅴ) 정당한 의사결정 절차, ⅵ) 정부운영의 능률 등 여섯 가지로 분류하였다.[12]

4. 가치와 관련된 개념들

가치라는 개념에 밀접하게 결부된 개념들이 있다. 이들 연관개념과 가치개념은 서로가 서로를 내포하기도 하고, 어느 부분 겹치기도 하며, 어떤 것이 다른 어떤 것을 설명하는 도구가 되기도 한다. 긴밀한 관련성 때문에 연관개념들이 상호 교환적으로 혼용되는 예도 적지 않다.

(1) **윤리와 도덕**   윤리(ethics)는 사람이 지켜야 할 도리이다. 윤리는 사람들이 무엇이 옳은가를 밝히고 옳다고 생각하는 바에 따라 행동하는 과정에 관한 개념이다. 윤리는 가치 있는 행동방향의 이성적 탐색을 요구한다.[13]

도덕성(morality)은 옳거나 그른 것으로 생각되는 관행과 행동, 관행과 행동이 반영하는 가치, 관행과 행동을 규율하는 규칙에 관한 개념이다. 도덕성은 전체 사회, 정치체제, 구체적 조직과 같은 집합체의 구성원들이 중요하게 여기는 가치를 기반으로 한다. 윤리는 도덕적 기준의 탐색이며 도덕적으로 옳은 입장을 찾아 거기에 능동적으로 가담하는 행동지향성을 강조한다.[14]

(2) **이 념**   이념(ideology)이라는 개념도 '가치적 속성'을 강하게 가지고 있다. 이념은 신념체계이며 아이디어의 조합이다. 이념은 좋은 사회, 좋은 정치, 좋은 조직 등에 관한 언어심상(言語心像: verbal image)이라고도 표현된다. 이념은 인간의 사고와 행동을 매개한다. 즉, 마음 속에 그린 행동과 행동의 실현을 매개하는 역할을 한다. 이념은 가치를 내포한다. 가치는 이념에 의해 표현된다.[15]

(3) **목 표**   목표(goal)라는 개념도 가치지향적이다. 목표는 개인, 집단, 조직 등이 달성하려는 장래의 상태이다. 목표는 미래에 지향된 영상이며, 그것이 완전히 달성되면 목표로서의 효용과 의미를 상실한다. 목표는 미래지향적인 것이지만 현재의 행동에 영향을 미친다. 가치는 목표선택을 인도하는 기준이 된다. 그리고 목표에도 사람들은 가치를 부여한다.

(4) **문 화**   문화(culture)도 가치에 결부된 개념이다. 문화는 공동체의 구성원들이 공유하는 심층적인 근원적 전제와 신념, 가치, 그리고 인위구조의 체계이다. 문화를 구성하는 가치는 인위구조의 형성에 영향을 미친다. 가치가 지속적인 지지를 통해 잠재의식화되고 공동체 구성원들이 그것을 당연시하면 문화의 근원적 전제가 된다.

문화, 윤리, 목표는 다음에 이어지는 3개의 절에서 자세히 다룰 것이다.

Ⅱ. 가치의 레퍼토리

위에서 가치의 유형론들을 예시하였지만 연구인들이 관심을 갖는 가치유형은 거기에 국한되는 것이 아니다.

이 항에서는 행정학 문헌에서 자주 볼 수 있는 가치유형들을 모아 열거해 그 레퍼토리를 먼저 만들어 보려 한다. 이어서 중요한 가치들을 고르고 서열화하는 문제를 논의하려 한다. 여러 가지 가치유형 가운데서 합리성과 공익에 대해서는 항을 나누어 좀더 자세히 설명하려 한다. 그리고 행정인들이 의사결정에서 직면하게 되는 가치 간의 경쟁과 갈등에 대해 언급하려 한다. 가치들의 조정과 선택에 관한 문제는 제 3 절(공직윤리)에서 논의할 것이다.

1. 가치유형의 열거

결코 망라적인 것이 될 수는 없지만, 행정이 추구해야 할 가치라 하여 흔히 열거되는 것들을 보면 경제성, 고객의 만족, 공개성, 공공복지, 공익, 능률성, 대응성, 민주성, 사생활의 비밀보호, 사회적 능률, 사회적 형평성, 생산성, 생존, 신뢰성, 자유, 적응성, 정의, 정직성, 중립성, 중복적 대비, 질서, 참여, 창의성, 통합성, 평등, 합리성, 합법성, 환경으로부터의 지지, 효과성, 공공가치 등이 있다.

위의 여러 가지 개념들은 완전히 상호 배척적인 것이 아니라 다소간의 개념적 중첩이 있다. 각 개념의 폭을 넓게 잡으면 중첩의 범위는 더 넓어진다. 내용은 대동소이하지만 서로 다른 말로 표현된 것들도 있다.

위에 열거한 가치들 가운데 의미의 명료화가 필요하다고 생각되는 것들에 대해서는 다음과 같이 주석을 붙이려 한다. 포괄의 범위가 넓은 공공가치에 대해서는 제9장 제2절에서 공공가치 거버넌스를 논의할 때 함께 설명하려 한다.

(1) 민 주 성   민주성(民主性)은 행정이 민주주의(democracy)의 원리를 얼마나 충실하게 받아들이는가에 관한 개념이다. 행정의 민주성을 판단하는 기준은 국민의 자유·평등과 존엄성 보호, 국민의사 존중, 공익추구, 국민에 대한 책임, 민주적 절차 존중, 그리고 민주적 내부운영이다.

정치이념으로 이해되는 민주주의의 기본원칙은 ⅰ) 국민주권, ⅱ) 정치적 자유와 평등, ⅲ) 국민협의, ⅳ) 다수지배, 그리고 ⅴ) 소수권리의 인정이라고 한다.16)
민주주의는 개인주의, 자유, 평등과 같은 가치에 따라, 또는 절차적 특성에 따라 여러 가지로 분류되기도 한다.

국민주권주의와 제한적 정부를 강조하는 자유민주주의(liberal democracy), 국민대표로 선출된 사람들이 의회를 구성하고 정치적 결정을 하는 대의민주주의(representative democracy), 정부의 의사결정과정에 이해당사자인 시민이 직접 참여하는 참여민주주의(participatory democracy), 권력분산을 강조하는 다원주의적 민주주의(pluralist democracy) 등을 예로 들 수 있다.[17)]

(2) 합 법 성   합법성(legitimacy)은 법규범을 준수하는 수준에 관한 개념이다. 행정이 추구하여야 할 가치로서의 합법성은 "법만 지키면 된다"는 뜻이 아니라 "법은 지켜야 한다"는 뜻으로 해석해야 한다. 전자의 해석은 법의 소극적 집행을 부추기고 임무수행의 목표보다 법적 절차에 집착하게 한다. 그리고 법의 규정이나 합법적 명령이 없으면 일을 하지 않는 피동적 행태와 현상유지를 선호하는 변동저항적 행태를 조장한다.

법은 지켜야 한다는 뜻으로 합법성을 해석하는 경우 법규범의 준수는 행정이 지켜야 할 최대한의 요건이 아니라 최소한의 요건이 된다. 적극적·창의적으로 행정임무를 수행하되 법규범의 요구에는 순응하고 위법을 저질러서는 안 된다는 것이 합법성의 의미이다.

(3) 능 률 성   능률성(efficiency)은 투입과 산출의 관계로 규정되는 개념이다. 능률성은 산출단위당 투입 또는 비용으로 표시된다. 능률성이 높은 행정은 최소의 투입으로 최대의 산출을 내는 행정이라고 규정된다. 같은 투입으로 더 많은 산출을 내는 행정이 능률적인 것이라고 설명하기도 한다.

전통적으로는 경제적 관점에서 능률성을 규정했기 때문에 경제적인 투입·산출의 계량적인 측정을 강조하였다. 그러나 우리는 투입·산출의 범위를 넓게 해석해야 한다.

(4) 효 율 성   효율성(효과성: effectiveness)은 목표성취에 관한 개념이다. 이것은 목표 또는 기준과 산출의 관계를 설명하려는 개념이다. 효율성의 지표는 목표(산출의 기준)에 대한 산출의 비율이다. 효율성이 높은 행정은 목표성취를 위해 적합한 일을 적합한 방법으로 하는 능력이 큰 행정이라고 설명된다.

(5) 생 산 성   생산성(productivity)은 생산활동의 능률성과 효율성을 말한다. 생산성이 높은 행정은 효과적인 생산활동을 능률적으로 수행하는 행정이다.

(6) 자   유   자유(freedom)는 외부로부터의 위협과 강제를 받지 않는 상

태 그리고 인간의 자율적 의지에 따라 선택권을 행사하고 자기의사를 발표할 기회가 허용되는 상태를 지칭하는 개념이다.[18]

(7) 평 등   평등(equality)은 행동주체들을 동등하게 취급하고 같은 혜택을 배분하는 상태를 지칭하는 개념이다. 성별·종교·사회적 신분 등에 따라 정치적·경제적·사회적·문화적 생활의 모든 영역에서 차별을 받지 않을 권리를 평등권이라 한다.

(8) 사회적 형평성   사회적 형평성(social equity)은 같은 상황에 처해 있는 사람들을 평등하게 대우하고 차별을 금지해야 한다는 의미를 내포하고 있기 때문에 평등성과 유사한 점이 있다. 그러나 사회적 형평성 추구에 대한 요구는 완전평등의 요구라기보다 서로 조건이 다르더라도 인간적 존엄성을 지키고 기초적 욕구를 충족시킬 수 있도록 차별과 착취를 시정하라는 요구이다.

사회적 형평성의 추구는 적극적인 차별시정 활동을 요구한다. 현재 차별을 하지 않을 뿐만 아니라 과거의 차별로 인한 결과의 시정까지 요구한다. 사회적 형평성의 추구는 정치적·경제적 기존질서의 기회균등 원리가 결국은 비혜택집단에 불리하게 작용했다는 신념 그리고 행정이 중립적일 수 없다는 신념에 바탕을 둔 것이다. 이 관점은 행정이 비혜택집단의 지지자가 되고 비혜택집단에 더 많은 혜택을 주도록 촉구한다. 가진 사람들은 못가진 사람들을 돕는 도덕적 의무를 져야 한다고 주장한다.

(9) 정 의   정의(justice)는 본질적으로 같은 범주에 속하는 사람들에게 같은 대우를 하고 사람들이 마땅히 받아야 할 것을 받게 하는 데 관한 개념이다. 정의 개념에는 배분적 정의(distributive justice)와 절차적 정의(procedural justice)가 포함된다. 배분적 정의는 실질적(내용적) 정의(substantive justice) 또는 사회적 정의(social justice)라고도 부른다.[19]

배분적 정의는 자원배분 결과의 공정성을 말한다. 배분적 정의를 결정할 때 같은 공동체에 소속하는가의 여부만을 기준으로 삼으면 정의는 평등을 의미하게 된다. 그러나 배분적 정의의 결정기준에는 공동체 소속여부뿐만 아니라 인간의 욕구, 실적, 귀속적 특성, 투입, 산출 등 여러 가지가 있다. 현대 산업사회에서는 실적기준이 가장 선호된다.

절차적 정의는 자원배분 결과를 가져오는 과정의 공정성이다.

(10) 대 응 성   대응성(responsiveness)은 국민 또는 고객의 필요와 요청에

적시성 있게 반응을 보이는 능력에 관한 개념이다. 대응성이 높은 행정은 행정
수요에 부합되는 정책대응을 적시성 있게 하는 행정이다.

(11) 중 립 성   중립성(neutrality)은 행정의 비정치성, 즉 정치로부터의 중
립성을 설명하는 개념으로 널리 쓰여왔다. 그러나 중립성 개념의 폭을 넓힌다면
정치적 중립뿐만 아니라 행정의 비개인성 또는 불편부당성도 함께 포괄시킬 수
있을 것이다.

(12) 프라이버시   프라이버시(사생활의 비밀 보호: privacy)의 권리는 보호되
어야 할 사생활에 관한 권익 가운데 하나이다. 이것은 공개하기를 원치 않는 사
생활의 비밀을 보호받는 권리이다. 사람들은 자기 사생활의 어떤 부분을 어떤
사람이 알아도 되는가에 대해 한계를 설정한다. 이 한계가 비자발적으로 침해되
면 그것을 프라이버시의 침해라고 한다. 프라이버시의 침해로부터 사람들을 보
호하는 것은 그들의 인간적 존엄성과 행복추구권을 보호하기 위해 필요하다. 그
러나 공익의 요청 때문에 프라이버시는 제한될 수 있다.

(13) 중복적 대비   중복적 대비(重複的 對備: redundancy)는 일차적 대안의
실패에 대비하기 위한 여분의 대안을 중복적 또는 중첩적으로 준비해 두는 것에
관한 개념이다. 여기서 여분의 대안이란 조직구조일 수도 있고, 인적자원 그 밖
의 자원이나 문제해결 방법일 수도 있다. 여분의 비축, 예비적 잉여, 실패대비
등 여러 가지로 설명할 수 있는 중복적 대비를 가외성(加外性)이라 부르는 학자
들도 있다.

정책의 목표가 확정되지 않거나 모호할 때 그리고 문제해결 방안의 실험적
적용이 필요할 때 중복적 대비의 필요성은 크다고 한다. 그리고 중복적 대안들
이 상당히 독자적으로 작동하고 서로 동등한 실패방지 잠재력을 지닐 때 중복적
대비가 제구실을 할 수 있다고 한다.[20]

2. 중요가치 고르기

행정이 추구하여야 할 가치가 시간과 공간을 초월하여 보편적일 수는 없다.
선호되는 가치와 가치의 우선순위는 때와 장소에 따라 많건 적건 간에 달라지지
않을 수 없다. 우리는 우리 시대에 우리나라에서 우선순위가 높은 행정의 가치
를 고를 수 있다. 구체적인 필요에 따라 선택된 가치들 사이에 순위를 정할 수
도 있을 것이다. 그러나 가치의 우선순위 결정을 일반화하려 할 때에는 여러 위

험에 노출된다.

1) 중요가치의 선택

(1) 여섯 가지 가치의 선택: 민주성·능률성·효율성·합법성·사회적 형평성·

정직성　우리나라 행정학자들은 행정의 주요 가치를 고르는 데 아주 높은 의견의 수렴을 보이고 있다. 행정학 입문서를 쓴 저자들 대부분이 선택한 행정의 가치는 ⅰ) 민주성, ⅱ) 능률성, ⅲ) 효율성, 그리고 ⅳ) 합법성이다. 다소간의 중첩에도 불구하고 중요한 가치들을 열거하기로 한다면 두 가지 가치, 즉 ⅰ) 사회적 형평성과 ⅱ) 정직성을 추가하고 싶다. 개발연대에 빚어놓은 부익부 빈익빈의 병리를 치유하기 위해서 앞으로 상당기간 사회적 형평성을 전면에 부각시켜야 할 것 같다. 그리고 신뢰행정의 발전과 체제적 부패의 척결은 국정의 우선과제이므로 신뢰할 수 있고 청렴한 행동의 기초인 정직성을 강조하려는 것이다.

합리성추구와 공익추구도 매우 중요한 가치이지만 이들 두 가치는 분류차원이 약간 다르므로 뒤에 따로 언급할 것이다.

(2) 두 가지 폭넓은 가치에 의한 요약: 민주성·생산성　가치열거의 중복을 피하고 중요 가치를 최대한 집약하기로 한다면 우리 시대의 행정이 추구해야 할 대표적인 가치로 ⅰ) 민주성과 ⅱ) 생산성을 들 수 있을 것 같다.

민주성은 폭넓은 개념이다. 민주국가에서 합법성은 민주성에 내포된 개념으로 볼 수 있다. 실천의 세계에서 법적 절차가 민주행정의 목표추구에 차질을 줄 수도 있다. 그러나 우리가 앞서 규정한 바와 같이 법규범준수를 민주행정의 최소요건으로 보는 경우 합법성이 원칙적으로 민주성과 대립될 수 있는 것은 아니다. 자유·평등·사회적 형평·정의·정직성·대응성·참여·공개성·사생활의 비밀 보호 등 여러 가치도 민주성에 포함시키거나 그에 연관시켜 파악할 수 있다.

생산성 역시 넓은 개념이다. 능률성·효율성·경제성·적응성·중복적 대비는 생산성에 포함되거나 생산성을 지지하는 개념으로 이해할 수 있다.

2) 가치 간의 관계설정

여기서는 우리가 선택한 중요가치 간의 관계를 설정하는 학계의 관행을 검토하려 한다. 경쟁적 가치들을 조정하는 일반적인 접근방법은 뒤에 따로 설명할 것이다.

(1) 서열결정의 가능성과 한계　가치 간의 우선순위 또는 배합비율은 구체

적인 문제에 임해 결정할 수 있다. 다소 일반적인 차원에서도 그것이 가능할 때가 있다. 예컨대 민주성과 생산성을 넓은 의미로 규정하여 양자를 비교하는 경우 생산성보다 민주성이 상위의 가치라고 쉽게 말할 수 있다. 왜냐하면 민주국가에서는 생산성이 민주성에 도달하기 위한 수단으로 이해되기 때문이다. 민주주의적 목표 또는 덕목을 능률적·효율적으로 추구한다는 말이 성립된다.

그러나 서열결정에는 한계가 있다. 여러 가치들의 전체적인 순위 또는 서열을 일반적으로 결정하기는 대단히 어렵다. 아무리 우리나라의 경우라는 한정적 준거를 가지고 말한다 하더라도 가치 간의 우선순위를 일반적으로 규정하는 것은 무리이다. 가치 간의 관계가 일반적으로 대립적·갈등적인 것만은 아니다. 대립적이지 않은 가치들의 우선순위를 정할 필요는 크지 않다. 경쟁적인 관계에 있는 가치들의 우선순위는 원칙적으로 구체적인 문제상황에 연관지어 결정해야 한다.

(2) 서열결정에서 저지르는 실책   여러 논자들의 포괄적인 가치서열 결정에는 개념적으로 모호하거나 잘못된 측면이 있다. 독자들은 그러한 서열결정 또는 등수결정 연습을 참고는 하되 거기에 내포된 위험을 인식해야 할 것이다. 예컨대 우리나라에서는 능률성이 합법성보다 언제나 우선되어야 한다는 주장에는 함정이 있다.

우열관계를 일반적으로 논하기 어려운 가치들 사이의 서열을 무리하게 정하는 것도 문제이지만 우열의 차이가 분명한 가치들을 동격으로 취급하는 것도 문제이다.

우리나라에서 한때 민주성과 능률성을 동격으로 놓고 양자의 관계를 경쟁적·갈등적인 것으로 규정한 사람들이 있었다. 이러한 주장을 응용한 사람들은 능률을 위해 민주성을 희생시킬 수 있다는 논리를 펴기도 했다. 그러나 민주주의는 우리나라의 국시(國是)이다. 일반적으로 생각하더라도 국정능률은 민주주의 이념구현의 수단이라 해야 옳다. 우리는 민주사회의 이상(理想)을 능률적으로 성취해야 하는 것이다. 이상이 수단에 종속될 수는 없다.

3) 가치의 경쟁과 갈등

행정적 의사결정에 개입하는 가치가 단일적인 경우는 드물다. 대개는 여러 가지 가치가 개입하며 가치 간의 관계는 다양하다. 가치들이 서로 지원적·보완적 관계에 있을 수 있다. 가치들이 목표·수단의 계층을 이루는 경우도 있다. 가치들이 서로 배척적이거나 경쟁적인 관계에 있을 수도 있다.

가치 간의 경쟁적 관계가 흔하며 그것이 행정 상 가치문제의 주된 쟁점이다. 경쟁적 가치들이 야기하는 가치갈등의 양태도 다양하다. 옳은 것(바람직한 것)과 좋은 것(원하는 것)이 충돌할 때도 있고, 좋은 것과 좋은 것이 충돌할 때도 있으며, 옳은 것과 옳은 것이 충돌할 때도 있다. 기본적 가치 간의 충돌도 있고 어떤 하나의 기본적 가치 내면에서 일어나는 긴장도 있다. 가치갈등을 야기하는 행동자의 관계에 따라서도 갈등유형은 여러 가지로 분류될 수 있다.

3. 합리성과 공익

1) 합 리 성

(1) 정   의   합리성(合理性: rationality)은 목표달성에 필요한 최적 행동대안을 정확하게 계산하여 선택하는 행동의 특성을 지칭한다. 이것은 수단과 목표를 연결하는 행동의 최적성에 관한 개념이며 행동자의 의도성(意圖性)을 전제로 하는 개념이다.

같은 비용으로 목표달성을 최대화할 수 있는 대안을 선택하는 행동, 또는 최소의 비용으로 목표를 달성할 수 있는 대안을 선택하는 행동이 합리적 선택이다. 합리적 선택은 유일최선의 선택(choice of one best way)을 지향한다. 명확하고 구체적으로 규명되어 있는 조건 하에서 최적의 선택을 하는 사람을 합리적 인간이라 한다.[b]

위와 같이 규정되는 내용적 합리성 또는 완전한 합리성은 ⅰ) 명확히 규정된 목표가 주어진다는 것, ⅱ) 문제해결에 필요한 모든 대안을 알 수 있다는 것, ⅲ) 각 대안의 결과를 알 수 있다는 것, ⅳ) 명확한 선호의 우선순위에 비추어

---

b) 합리적으로 행동하려는 사람(합리성 추구자)의 행동성향을 설명하는 사람들도 있다. 합리성을 추구하려는 사고와 행동에 나타나는 특성이나 성향은 ① 행동하기 전에 계산해 보고 심사숙고하는 성향, ② 장기적 계획에 부합되게 행동하는 성향, ③ 추상적·일반적 규칙에 따라 행동을 통제하는 성향, ④ 목표달성의 효과성만을 고려하여 수단을 선택하는 성향, ⑤ 관행이나 산만하고 불분명한 기준에 따르지 않고 명확하게 규정된 기준에 따라 행동하는 성향, ⑥ 단일한 일관적 체제 내에서 가치와 신념을 체계화하는 성향, ⑦ 감성이 아니라 지적 능력의 행사에서 성취감을 얻으려는 성향 등이라고 한다. Adam Kuper and Jessica Kuper(eds.), *The Social Science Encyclopedia*(Routledge & Kegan Paul, 1985), pp. 687~688.

대안들을 비교할 수 있다는 것, 그리고 ⅴ) 선호되는 최적대안을 선택할 수 있다는 것을 전제로 한다.

(2) 개념정의의 차원   합리성을 보는 일반적인 관점에 대해서는 위와 같이 상당한 합의가 이루어져 있다. 그러나 구체적인 차원에 관련해서는 연구인들의 의견이 같지 않다. 합리성 규정의 준거 또는 차원에 따라 개념정의의 접근방법이 갈려 있다.[21]

개인적 차원에서 좁은 의미로 합리성을 정의하는 사람들은 소망과 신념이 외재적으로 주어졌음을 가정하고 행동의 일관성에 초점을 맞춘다. 이때의 합리성은 일관성과 같은 뜻이 되며 내용적 합리성은 간과된다. 개인적 차원에서 넓은 뜻으로 합리성을 정의하는 사람들은 일관성뿐만 아니라 내용적 합리성까지 합리성의 구성요소로 본다.

집단적 차원에서 좁은 뜻으로 합리성을 정의하는 사람들은 집단적 선호체계와 신념체계의 내적 일관성 그리고 선호·신념과 집단행동 간의 일관성을 합리성의 구성요소로 본다. 집단적 차원에서 합리성을 넓은 의미로 규정하는 사람들은 집단적 선호의 내용적 합리성을 강조한다. 이기적인 개인선호를 순화시켜 사회구성원들로 하여금 사회의 공동선을 추구하도록 하는 합의도출 과정을 중시하기 때문이다.

(3) 합리성의 제약   행정이나 다른 인간생활의 실제에서 완전한 합리성의 구현이 가능한 경우는 오히려 드물다. 인간의 불완전한 심리적 특성뿐만 아니라 여러 가지 상황적 요인들이 합리적 의사결정을 제약한다.

① 인간의 심리적 제약   의사결정주체인 인간이 지각하고 사색하는 과정은 결코 완벽하게 합리적인 것이 아니다. 지각과 사색의 과정은 개인의 경험과 지위, 역할, 가치관, 성격의 영향을 받는 것이므로 지각과 사색의 과정은 사람마다 다를 수 있다. 그리고 사람은 여러 가지 착오를 범한다. 개개인의 성격유형 가운데는 합리적 의사결정에 더 많은 지장을 주는 것들이 있다.

인간심리의 과정이 불완전하고 또 그것이 사람마다 다를 수 있다는 사실은 합리적 의사결정을 제약하는 가장 중요한 요인이다.

② 모호한 목표   목표가 모호한 경우 그리고 목표에 대한 합의가 없는 경우 합리성이 제약된다.

③ 정보부족·의사전달 장애   합리적 분석·평가·선택에 필요한 정보가 부족

하고 의사전달체제의 장애가 있으면 합리성이 제약된다.

④ 불충분한 시간과 비용   문제해결에 필요한 시간과 비용이 부족한 것도 합리성을 제약한다.

⑤ 관료제조직의 제약   관료제조직의 경직성, 계서제에 의한 권위주의적 통제, 선례답습적 행태, 기능분립과 전문직업집단 간의 대립 등이 합리성을 제약한다.

⑥ 비합리적인 외적 간섭   외부의 비합리적 투입이 합리성을 제약한다. 기득권자들의 저항, 정치적 압력, 이익단체의 압력이 비합리적 투입으로 될 수 있다.

⑦ 변동과 불확실성   조직 내외의 조건변화는 불확실성을 높여 합리적 선택을 어렵게 한다.

⑧ 문제의 복잡성   해결해야 할 문제의 복잡성이 높을수록 의사결정과정의 합리성은 제약된다.

이런 여러 제약요인을 중요시하는 사람들은 완전한 내용적 합리성은 상식적인 아이디어이며 그것은 규범적·이상적일 뿐 현실에서 실현되기 어렵다고 말한다. 그리고 현실적인 대안으로 제한된 합리성(제한된 범위 내에서의 합리성: bounded rationality), 주관적 합리성, 상대적 합리성, 만족수준의 합리성, 절차적 합리성, 진화론적 합리성, 점증주의 등을 논의한다.c)

2) 공   익

(1) 정   의   공익(公益: public interest)은 보다 많은 사람들의 공통이익이다. 다시 말하면 사회를 구성하는 사람들 전체의 공통이익이다. 이것은 사회구성원들이 일반적으로 그 정당성을 인정하는 사회구성원 전체의 이익이다.

이러한 공익의 특성을 보면 다음과 같다.22)

① 인위적 구성   공익은 사람이 만든 개념이다. 그 존재는 인위적 창안이며 수단적 고안품이다.

② 사익과의 중첩   공익은 사회를 구성하는 개인들의 사익과 중첩되는 성질을 갖는다. 공익은 정당한 또는 합사회적(合社會的) 사익의 집합체이다. 따라

---

c) 절차적 합리성(procedural rationality)이란 불완전한 인간이 신중한 사유의 과정을 통해 비교적 만족스러운 대안을 선택하는 것을 말한다. 진화론적 합리성(evolutionary rationality)이란 변이(變異) 또는 선택의 과정이 반복되면서 환경의 요구에 보다 잘 부합하는 대안이 발견되는 현상을 지칭한다.

서 사익을 고려하지 않고 공익을 정의할 수는 없다.

　　③ 사회성·윤리성　　공익은 사회성·윤리성을 지닌다. 공익이 정당한 이익이라고 하는 것은 한 사회 내에서 윤리적으로 승인된 이익이라는 뜻이다.

　　④ 다수이익과의 부합·무차별적 귀속　　공익은 사회구성원 모두에게 좋은 것이며 구성원 대다수의 이익추구와 모순되지 않는다. 공익은 누구에게나 귀속되는 '무차별적 귀속'의 특성을 갖는다.

　　⑤ 상황의 영향　　공익은 시간과 공간의 영향을 받는다. 공익은 역사적으로 변천한다. 문화와 정치체제가 다른 곳에서는 공익의 내용도 다르게 규정될 수 있다. 공익의 구체적인 내용은 문제에 직면한 사람들의 가치판단과 상황적응적인 과정을 통해 결정된다. 한 정치체제 안에는 공익관념의 공통화를 촉진하는 세력이 있다. 그러나 분야와 관련자가 다름에 따라 중요한 차이가 있을 수 있다.

　　⑥ 갈등의 가능성　　공익의 일반적인 의미는 추상적이고 모호하며 구체적인 결정과정에서는 공익의 내용을 객관화하고 검증하는 것이 어렵다. 따라서 주관적인 주장들이 충돌하고 갈등을 야기할 수 있다. 사람들은 이기적인 주장을 공익으로 포장하여 관철하려 할 수 있다.

　　(2) 공익 규정의 접근방법　　공익의 의미와 내용을 경험적으로 규정하기도 어렵고 그에 대한 일반국민의 통제력도 약하기 때문에 일부 실증주의자들은 국민 전체를 위한 공익의 존재를 부인하고 따라서 공익개념의 필요성도 인정하지 않는다. 그들이 볼 때 공익이라는 개념은 하나의 미신에 불과할지 모른다.

　　그러나 설령 공익이 미신이라 하더라도 그것은 강력하고 유용한 미신인 것이다. 공익은 행정현실에서 정책형성 기준과 통제기준에 관한 다툼이 있을 때 궁극적인 의존처가 된다. 특수이익들의 주장을 조정하고, 조직화되지 않은 국민을 보호하는 행정의 역할을 인정한다면 공익개념을 수용해야 한다.[d]

　　공익개념의 필요성을 인정하는 사람들도 공익의 내용과 그 결정방법에 대해서는 이견을 보여왔다. 논쟁은 개인과 전체의 관계에 집중되어 왔다. 공익은 개인주의적 함의를 지닌 '이익'이라는 개념과 집합주의적·총체주의적 함의를 지닌 '공공적'이라는 개념을 합성한 것이기 때문에 공익은 개체와 전체의 관계에

---

d) 김규정 교수는 공익의 '기능'으로 ① 윤리적 기준의 제시, ② 행정활동의 정당성 확보, ③ 정책과 사업계획의 평가기준 제시, ④ 소수집단의 보호, ⑤ 사회세력 간의 공존체제 유지를 들고 있다. 김규정, 「행정학원론」(법문사, 1997), 148~149쪽.

관한 문제를 본래적으로 내포한다.

① 접근방법의 분화 공익개념 안에서 개인적인 것과 공동체적인 것을 어떻게 조화시켜야 하는가에 대해 다양한 접근방법의 분화가 있다.

그 가운데서 중요한 것은 ⅰ) 집단주의에 입각한 실체설과 ⅱ) 개인주의에 입각한 과정설이다. 여기에 연관된 것으로 ⅰ) 주관주의적 접근방법과 ⅱ) 객관주의적 접근방법이 있다.[23]

집단주의적 실체설은 개인의 사익을 초월한 공동체 전체의 공익이 따로 있다고 보는 견해이다. 이것은 공동체를 개인에 우선시키는 견해이며 개인들의 사익과 구별되는 공익의 실체가 있다고 보는 견해이다. 이 견해에 따르면 개인적 이익은 공동체의 공동선에 종속하는 것이며 공익과 사익의 갈등이란 있을 수 없다고 한다.

개인주의적 과정설은 공익이 개인들의 사익으로부터 도출되는 것이라고 주장한다. 개인들의 사익을 초월한, 또는 사익과 무관한 공익이 따로 존재할 수는 없다고 보는 것이다. 공익은 사익의 총합이거나 사익 간의 타협·조정 과정을 통해 얻어지는 것이라고 보는 견해이다.

주관주의적 접근방법은 개인이 공동생활을 통해 또는 관념적인 사고를 통해 공익에 대한 관념을 갖게 된다고 본다. 즉, 개인의 의식 내부에 이미 공익관념이 자리잡고 있다는 견해이다.

객관주의적 접근방법은 공익관념이 개인의 의식 속에 내재되어 있는 것이 아니라 정치과정 등 일정한 과정을 통해 인위적으로 구성된다고 본다. 공익은 객관적인 존재로서 개인의 공적 행위를 규제하고 그러한 행위를 평가하는 기준이 된다고 한다.

② 접근방법의 선택 저자는 원칙적으로 개인주의적 과정설을 지지한다. 전체주의 국가에서는 사익과 구별되는 공익을 소수의 권력자가 국가주의적으로 결정할 수 있었을 것이다. 그러나 민주국가에서는 국민중심의 공화주의적 접근방법을 따르지 않을 수 없다.

저자는 사익추구를 위한 조건으로서의 공익, 사익추구 결과의 결집체로서의 공익달성이 상호 보완관계라는 도덕적 해석에 역점을 둔다. 공익과 사익은 개념적으로 구별되지만 공익은 정당한 사익과 겹친다. 부당한 사익추구는 공익에 배치된다. 그리고 개별적인 경우 공익추구와 사익추구가 서로 어긋날 수 있다. 그러나 집합적으로는 사익증진을 위한 것이 공익이다. 사익과 전혀 상관없는 공익은 없다.

저자는 또한 공익에 대한 주관주의적 접근에 원칙적으로 찬동한다. 그러나 공익결정과 적용의 실제에서는 객관주의적 제약을 수용해야 한다는 점을 시인한다. 사람들은 무엇이 사익이며 무엇이 공익인가를 판별할 어느 정도의 능력을 가지는 존재이다. 사익 이외에 공익이 무엇이어야 하는가를 생각할 능력이 전혀 없는 것은 아니다. 그러나 공익관념을 명료화하고 합의를 형성하고 이를 준수하게 하는 데는 객관적 과정의 개입과 규제가 있어야 한다.

(3) 공익결정의 과정   공익결정의 과정과 참여자는 상황에 따라 달라질 수 있지만, 우리나라와 같은 민주국가에서 공익은 국민에게 외재적으로 주어지는 것이 아니다. 개인으로서의 국민, 통치기구와 행정조직, 정당과 이익집단 등이 참여하는 복잡한 합의과정을 통해 형성된다. 민주국가에서 공익은 이렇게 합의적 성격을 갖는다.e)

공익결정의 과정에는 관련자들이 적정하게 대표되어야 하며 그들의 행동은 국민의 감시를 받아야 한다. 그리고 공익결정에 참여하는 행동자들은 도의적이고 현명한 판단을 해 줄 것이 기대된다.

(4) 공익결정과정의 실책   공익결정과정에서 지켜져야 할 규범적 요청은 실제로 배신당하거나 불완전하게 지켜지는 일이 많다. 개인이나 집단의 특수이익이 공익으로 위장되는 일이 생긴다. 공익결정의 과정에 참여하는 사람들의 대표성이 의심스러운 예도 흔하다. 정당하게 결정된 공익을 정부관료제가 왜곡할 수도 있다. 조직화되지 않은 일반국민의 감시능력은 사실 취약한 것이다.

공익의 결정과 추구를 담당하는 민주주의체제의 핵심적 구성요소들이 민주주의에 대한 위험의 원천이 될 수도 있다. 공무원의 권한행사, 다수에 의한 지배, 그리고 정부의 정책능력 가운데 어느 하나라도 과도하게 억압하면 민주주의 체제가 약화된다. 그러나 어느 하나라도 지나치거나 잘못되면 공무원의 권한남용, 다수의 독재, 정부의 정책적 무능과 같은 위험이 된다.

민주적 공익결정과정의 정당한 작동을 보장하려면 위의 여러 일탈적 행태나 위험들을 방지 또는 시정하도록 노력해야 한다.

---

e) 행정의 고객중심주의를 강조하는 '탈관료제적 패러다임'(post-bureaucratic paradigm) 주창자들 가운데는 공급자중심주의적으로 결정되어 왔던 공익의 개념을 다른 말로 바꾸자는 사람도 있다. 공익의 '과거,' 즉 시민이 아니라 관료들이 그 내용을 결정했던 전통을 지우려면 공익이라는 말 자체를 버리라는 것이다. 예컨대 '시민이 원하는 결과'(results citizens value)라고 하는 개념으로 공익개념을 대체하자는 것이다. Michael Barzelay, *Breaking Through Bureaucracy*(University of California Press, 1992), pp. 117~119.

행정문화

I. 행정문화란 무엇인가?

사람이 사는 세상에는 문화(文化: culture)가 있다. 사람은 그 사고능력과 상징화능력을 가지고 문화를 창출하여 역사적으로 후속세대에 전수한다. 인류에게 불가결하고 불가피한 문화는 여러 학문분야에서 연구되고 있다.

문화라는 개념을 써서 인간사회를 연구하는 데 앞장서 온 학문분야는 인류학, 특히 문화인류학이다. 사회학도 이 분야의 연구에 많은 기여를 해 왔다. 이들 학문분야의 연구에 힘입어, 조직학·경영학에서는 조직문화 또는 기업문화를 연구하게 되었고, 행정학에서는 행정문화를 연구하게 되었다. 다른 학문분야에서 진행된 문화연구의 영향뿐만 아니라 비교행정·발전행정의 연구, 전통관료제의 병폐에 관한 연구 등이 계기가 되어 행정문화에 관한 연구가 시작된 것으로 보인다. 앞으로 심층적이고 근본적인 행정개혁의 필요가 커질수록 문화론적 접근방법의 적용이 확산될 것이다.

1. 행정문화의 정의

행정문화(行政文化: administrative culture)는 행정체제를 구성하는 사람들이 공유하는 생활양식 또는 행동양식의 총체이다. 그것은 구성원들이 공유하는 심층적인 근원적 전제에 바탕을 둔 것이다. 행정문화는 인위구조, 가치와 신념, 근원적 전제 등 구성요소 또는 차원을 내포한다. 이들 요소 중 일부는 잠간의식적이며 일부는 의식적·명시적이다. 행정문화는 행정체제 구성원들의 태도와 행동을 규정한다. 행정문화는 행정체제라는 집합체에 특유한 것이며 여러 하위문화를 내포한다. 그리고 행정문화는 사회문화의 하위체제이다.

1) 구성요소

문화는 잠재의식적·심층적인 것에서부터 표현적·피상적인 것에 이르기까지 여러 구성요소(형태·차원)를 가지고 있다. 문화의 여러 구성요소들을 세 가지 범주로 묶어 볼 수 있다. 세 가지 범주란 ⅰ) 문화의 초석인 근원적 전제, ⅱ) 가치와 신념, 그리고 ⅲ) 인위구조를 말한다.a) 행정문화도 그러한 구성요소들을 가지고 있다.

(1) 인위구조　　인위구조(人爲構造: artifacts)는 문화의 가장 가시적이고 피상적인 차원의 구성요소이다. 문화적 상징이라고도 하는 인위구조에는 언어, 가시적인 태도와 행동, 물리적 공간의 구성, 기술, 예술품, 영웅(귀감이 되는 사람), 의식(儀式) 등이 포함된다. 인위구조는 문화의 반영이지만 문화가 유일한 결정요소인 것은 아니다.

(2) 가치와 신념　　문화를 공유하는 사람들은 가치를 공유한다. 가치 또는 가치관은 의식적인 차원의 구성요소이다. 가치에 대한 공동의 인식이 확산되면 그것은 신념이 된다. 신념은 개인적 준거틀 안에서 무엇이 실제로 일어날 것인가에 대한 이해를 말해주는 것이다.

(3) 근원적 전제　　어떤 가치가 문제를 해결하는 데 계속 성공적이고 사람들이 그에 익숙해지면 신념으로 변한다. 그러한 상태가 계속되면 가치는 당연시되고 궁극적으로 인식론적 전환을 통해 잠재의식화된다. 이렇게 잠재의식화된 가치가 문화의 본질적 요소인 근원적 전제(根源的 前提: basic underlying assumptions or subconscious values)인 것이다.

근원적 전제는 문화적 공리(文化的 公理)로서 당연시되며 비가시적이고 전의식적(前意識的: preconscious)이다. 사람들은 문화가 지시하는 대로 행동할 때에도 문화의 근원적 전제는 의식하지 못한 채 행동한다.

---

a) Edgar Schein은 문화의 차원(level)을 근원적 전제, 가치, 인위구조와 창작물 등 세 가지로 구분하였다. Robert G. Isaac은 문화의 구성요소를 가치, 신념, 이념, 태도, 인위구조 등 다섯 가지로 구분하였다. G. Hofstede는 문화의 형태를 가치와 관행으로 구분하고 관행에는 의식(儀式), 영웅, 그리고 상징을 포함시켰다. Schein, *Organizational Culture and Leadership*(Jossey-Bass, 1985), pp. 1~22; Isaac, "Organizational Culture: Some New Perspectives," in R. T. Golembiewski(ed.), *Handbook of Organizational Behavior*(Dekker, 1993), pp. 93~94; Hofstede, *Cultures and Organization: Software of the Mind*(McGraw-Hill, 1991); 차재호·나운영 역, 「세계의 문화와 조직」(학지사, 1995), 29~32쪽.

2) 특   성

행정문화의 주요 특성은 다음과 같다.[1]

① 사고와 행동의 결정요인   행정문화는 인간의 사고와 행동을 결정하는 요인이다. 그러나 인간이 문화에 대해 절대적으로 피동적인 것은 아니다. 사람은 문화로부터 다소간의 자유를 누릴 수 있다.

② 학습의 대상   행정문화는 사람이 만든 것이며 사람들이 이를 학습하여 공유한다. 문화는 본능이 아니라 배워서 익힌 것이다.[b]

③ 역사적 산물   행정문화는 역사적 산물로서 현재를 과거와 미래에 연결시킨다. 문화는 신참자와 후속세대에 전수된다.

④ 집합체적·공유적 특성   행정문화는 집합체적·공유적인 것이다. 문화는 개인이 표현하지만 인간의 집합체인 체제의 승인을 받는 것이기 때문에 초개인적(超個人的) 특성을 지닌다.

⑤ 통 합 성   행정문화는 스스로 통합성을 유지한다. 통합성이 없으면 행정문화의 정체성을 인정할 수 없다. 그러나 행정문화는 기본적 통합성을 유지하는 가운데 여러 하위문화를 포용하고 문화갈등을 내포하기 때문에 그 양상이 복잡하다.

⑥ 안 정 성   행정문화는 비교적 안정적이고 계속적인 특성, 그리고 변동저항적 특성을 지닌다. 그러나 시간이 흐르면 많건 적건 변동하지 않을 수 없다.

⑦ 행정의 문화   행정문화는 행정의 문화 또는 행정체제의 문화이다. 사회문화는 행정문화의 상위문화 또는 환경이다. 양자는 교호작용하지만 그들 사이에는 경계가 있다.

⑧ 고유성과 공통성   행정문화는 고유한 특성을 지니지만 그 상위문화인 사회문화와 공유하는 것도 많다. 행정체제들 사이에 어느 정도의 문화적 공통성도 있다. 문화는 체제 간에 전파되어 보편성을 높이기도 한다.

---

b) 문화는 학습되는 것이며 어떤 집단이나 범주의 인간에 한정되는 것이다. 그런가하면 인간성(人間性: human nature)은 모든 인간이 공유하며 그것은 유전자를 통해 유전된다. 성격(性格: personality)은 개인에 한정되는 특유의 정신프로그램이며 일부는 유전되고 일부는 학습된다. 차재호·나운영, 위의 책, 26~27쪽.

3) 기   능

(1) 순 기 능   행정문화는 구성원의 사고와 행동을 인도하는 기준을 제시한다. 구성원들의 사회화를 촉진하고 일탈적 행동을 통제한다. 구성원들의 일체감 형성에도 기여한다.

이러한 기능들을 발휘하는 행정문화는 행정체제의 형성과 존속을 가능하게 하며 구성원들이 직면하는 불확실성을 감소시킨다. 행정문화는 행정체제의 통합성과 안정성을 유지하는 접착제라고 할 수 있다.[2]

(2) 역 기 능   행정문화의 순기능은 상황에 따라 역기능으로 변하거나 역기능을 수반할 수 있다. 통합성·안정성을 유지해 주는 문화는 개혁에 장애가 될 수 있다. 기존의 문화적 가치와 개혁을 이끄는 새로운 가치가 충돌할 때 그러한 현상이 빚어진다. 특히 환경의 역동성이 높고 행정의 신속한 대응적 변동이 요청될 때 강한 문화는 변동에 아주 큰 장애가 될 수 있다. 강한 문화는 행정능력 신장을 위한 인적 구성의 다양화전략에도 지장을 줄 수 있다. 기구개혁을 위한 조직의 통폐합도 어렵게 한다.

4) 문화의 강도·통합성·다양성

(1) 문화의 강도   문화의 강도(cultural strength)는 개인이 가진 문화적 요소와 집합체가 가진 문화적 요소의 결합수준 또는 정합도(整合度)를 표현하는 기준이다. 강한 문화는 사람들에게 어떻게 행동하라는 지시신호를 많이 보내고 순응실패에 대해 보다 큰 제재를 가한다. 약한 문화에서는 지시하는 바도 적고 잘못된 행동에 대한 제재도 약하다.[c]

(2) 문화의 통합성과 다양성   문화는 어떤 사람들의 집합체가 공유하는 것이므로 다소간의 통합성이 있음을 전제로 하는 개념이다. 실제로 문화는 새로운 요소들을 통합하는 경향이 있다. 문화통합을 위한 여러 가지 인위적 과정이 진행되기도 한다.

그러나 문화의 모든 국면이 언제나 통합되어 있는 것은 아니다. 문화에는

---

c) 문화의 강도를 나타내는 지표는 ① 체제 전반에서 발견되는 근원적 전제의 수, ② 구성원이 이를 공유하는 정도, 그리고 ③ 근원적 전제의 우선순위를 구성원들이 따르는 정도이다. 행정 체제 안에 근원적 전제가 여럿이고, 그것들이 널리 공유되고, 구성원들이 준수하는 우선순위의 유사성이 높으면 행정문화는 강한 것이다. V. Sathe, *Culture and Related Corporate Realities*(Richard Irwin, 1985).

구성원 전원의 신념과 행태를 지배하는 보편적 요건이 있는가 하면 개별적 선택을 용인하는 영역도 있다. 그리고 어떤 한 체제의 문화는 대개 여러 하위문화를 내포한다.

체제 안에서 문화가 강하고 따라서 전체적 통합성이 큰 경우도 있을 것이다. 그러나 현대사회의 조직과 행정체제는 대개 복잡한 문화를 가지고 있다. 문화적 복잡성의 기저에는 다양한 하위문화(下位文化: subculture)들이 존재한다. 여러 하위문화들은 주된 문화를 강화 또는 수정하거나 주된 문화에 도전한다. 이들은 서로 갈등을 빚기도 한다.

(3) 문화적 다양성 관리의 중요성   행정체제의 하위문화들이 얽혀 자아내는 문화적 다양성을 이해하고 대응책을 찾는 것은 오늘날 행정문화연구의 중요 과제이다. 거대한 정부의 복잡성과 사회적 분화의 촉진은 행정문화의 다양화 수준을 높여 놓았을 뿐만 아니라 장차 그 추세가 지속될 것으로 예상되기 때문이다.

문화적 다양성 관리의 필요와 목표는 ⅰ) 도덕적 요청, ⅱ) 정치적 요청, ⅲ) 법적 요건, 그리고 ⅳ) 효율성 증진의 요청에서 찾을 수 있다.

하위문화들 사이의 억압이나 불평등을 막고 사회정의를 구현해야 하는 도덕적 필요가 있다. 문화적 다원주의를 용인하고 보호하는 것은 민주정치 원리에 부합하는 것이기도 하다. 하위문화집단들의 형평성 있는 관리는 법적 요건이기도 하다. 조직의 효율성 증진을 위해서도 다양성을 의식적으로 관리해야 한다. 조직의 효율성을 높이기 위해서는 다양한 문화집단 간의 신뢰를 구축하고 다양성이 의사전달, 개혁, 문제해결에 긍정적으로 기여하게 해야 한다.

문화라는 말은 여러 가지 크기의 사회적 단위에 관련하여 쓰여 왔다. 서양문화·동양문화와 같이 아주 광범한 대상을 지칭하기도 한다. 국가(사회), 국가 내의 여러 하위부문들이 지닌 문화의 개념도 쓰이고 있다. 행정도 그러한 하위부문 가운데 하나이다. 행정문화의 정의에 보다 직접적인 참고가 되는 것은 사회문화와 조직문화의 정의이다.

한 사회 전체의 문화를 사회문화라 한다. 사회문화라는 말 대신 국가문화, 일반문화, 거시문화 등의 표현이 쓰이기도 한다. 사회문화는 사회구성원들이 영위하는 삶의 방법 또는 생활양식의 총체이다.

사회문화 정의의 고전적인 예로 널리 인용되고 있는 것은 19세기의 인류학자 Edward Tylor의 정의이다. 그는 문화를 "지식, 신앙, 예술, 법률, 도덕, 관습, 기타 사회구성원들이 획득한 모든 능력과 습관의 복합체"라고 정의하였다.[3]

후대의 사람들은 Tylor의 예에 따라 인간행동 규제요인을 두루 열거하기도 했지만 대개 그

보다는 정돈된 개념정의들을 발전시켜 왔다. 예컨대 Elbert Stewart와 James Glynn은 "문화란 사회구성원들이 따르는 생활양식의 총체이다. 거기에는 관습, 제도, 신념, 그리고 가치가 포함된다. 문화는 공통된 태도, 신념, 그리고 전통에 의하여 사람들을 결합시키는 결속력을 가진다"고 하였다.4)

조직문화를 연구하는 사람들의 견해를 종합해 보면 대체로 조직문화를 조직구성원들이 준수하는 행동양식의 총체라고 이해하는 것 같다. Edgar Schein의 조직문화 정의가 널리 인용되고 있다. 그는 조직문화를 "조직의 구성원들이 공유하는 좀더 심층적인 기본전제와 신념"이라고 정의하였다.5) 저자는 이러한 Schein의 견해를 수용하고 그 기초 위에서 행정문화를 정의하였다.

2. 문화유형론

문화유형론은 많고 그 기준도 다양하다. 다음에 문화의 내용을 분류기준으로 삼은 유형론 두 가지를 소개하고 그 밖의 유형론에 대해서도 간단히 언급하려 한다.d)

여기서 소개하는 유형론은 사회문화와 조직문화를 일차적인 준거로 삼은 것이지만 행정문화연구에 요긴한 개념들을 제공한다. 우리나라 행정문화의 내용분류는 뒤에 따로 논의할 것이다.

1) Parsons의 유형론

Talcott Parsons는 사회의 가치지향을 유형변수(類型變數: pattern variables)라 부르고 유형변수의 유형론을 만들었다. 그는 유형변수를 다섯 가지 범주로 나누고 그 하나하나에 대조적인 두 가지 특성을 규정하는 이분법을 쓰고 있다.

유형변수의 다섯 가지 범주는 다음과 같다.6)

① 정의성 · 비정의성   정의성(情誼性: affectivity)과 비정의성(非情誼性: affective neutrality)은 사람들이 얼마나 정에 이끌려 행동하는가를 기준으로 한 분류이다.

② 개인지향성 · 집단지향성   개인지향성(self-orientation)과 집단지향성(collectivity-orientation)은 개인적 목표 또는 집단적 목표를 추구하는 정도를 기준으로 한 구분이다.

---

d) 문화의 내용을 기준으로 한 유형론에서는 문화의 구성요소 또는 차원 가운데 어느 것이라도 기준으로 삼을 수 있다. 그러나 문화의 근원적 전제를 추정할 수 있게 하는 가치와 신념, 그리고 행태적 특성을 기준으로 하는 유형론들이 대부분이다.

③ 배타성·보편성　　배타성(또는 특수성: particularism)과 보편성(universalism)은 특수이익 또는 개별이익에 얽매여 행동하는가 아니면 보편적인 기준에 따라 공평하게 행동하는가를 기준으로 한 구분이다.

④ 귀속성·실적성　　귀속성(歸屬性: ascription)과 실적성(achievement)은 사람의 평가에서 출생성분이나 가문 등 생래적 속성에 기초를 두는가 아니면 개인의 능력과 업적에 기초를 두는가에 따른 구분이다.

⑤ 산만성·특정성　　산만성(diffuseness)과 특정성(specificity)은 사람들의 역할기대나 교호작용의 범위가 모호하고 포괄적인가 아니면 한정적인 분야에 국한되는가를 기준으로 한 구분이다.

유형변수에 관한 위의 양분론에는 선진사회로 갈수록 오른편에 열거한 특성, 즉 비정의성, 집단지향성, 보편성, 실적성, 특정성이 더 강화된다는 가정이 함축되어 있다.

2) Slocum, Jr.와 Hellriegel의 유형론

John W. Slocum, Jr.와 Don Hellriegel은 통제지향의 안정성과 융통성, 그리고 관심의 내향성과 외향성을 기준으로 다음과 같은 네 가지의 조직문화를 구분하였다.[7]

① 관료적 문화　　관료적 문화(bureaucratic culture)는 안정적 통제지향성과 관심의 내향성을 특징으로 하는 조직문화이다. 관료적 문화는 공식화, 규칙, 표준적 절차, 계서적 조정을 강조하는 조직의 문화이다.

② 가족적 문화　　가족적 문화(clan culture)는 융통성 있는 통제지향성과 관심의 내향성을 특징으로 한다. 전통과 충성심의 중시, 개인적 헌신, 강력한 사회화, 팀워크, 자율관리는 가족적 문화의 속성이다.

③ 기업가적 문화　　기업가적 문화(entrepreneurial culture)의 특징은 융통성 있는 통제지향성과 관심의 외향성이다. 이것은 모험적이고 역동적이며 창의적인 조직문화이다.

④ 시장적 문화　　시장적 문화(market culture)는 안정적 통제지향성과 외향적 관심을 특징으로 하는 조직문화이다. 이것은 이윤추구성향이 아주 강하고 목표성취를 위해 고도의 경쟁적 활동을 하는 조직에서 볼 수 있는 문화이다.

위에서 문화의 내용을 기준으로 하는 유형론을 예시하였지만 다른 기준에 따른 유형론도 많다. 강도, 존재양식, 위치, 기능도 중요한 분류기준이다.

문화의 강도를 기준으로 강한 문화와 약한 문화를 구분한다. 존재양식을 기준으로 한 유형론의 예로 나타난 문화(명시적 문화)와 감추어진 문화(묵시적 문화)의 분류를 들 수 있다. 문화의 위치 또는 차원을 기준으로 한 분류의 예로는 사회문화, 행정문화, 조직문화를 나누는 것을 들 수 있다. 상위문화(전체문화)와 하위문화, 그리고 반문화(半文化: half-culture)를 구분한 유형론도 있다. 반문화는 한 집단이 독자적인 문화를 가지고 있으나 다른 문화에 의존하고 있는 경우이다.

문화의 기능에 따른 분류의 예로 현실 또는 실재(實在)에 대한 사회적 규정의 역할을 하는 경험적 인지의 문화, 심미적이고 감상적인 것을 규정해 주는 심미적 표출과 감상의 문화, 가치판단의 기준을 제공하는 평가적 규범의 문화를 구분한 유형론을 들 수 있다.[8]

상위문화와의 관계를 준거로 하위문화들을 분류하기도 한다. 그 예로 지지적 하위문화, 혼합적 하위문화, 수렴적 하위문화, 완고한 하위문화, 반발문화를 들 수 있다.[9]

지지적 하위문화(enhancing subculture)는 주된 문화의 가치·규범 등과 양립하면서 주된 문화를 강화하는 것이다. 혼합적 또는 직교적(直交的) 하위문화(orthogonal subculture)는 지배적 문화의 근원적 전제와 가치를 많이 공유하지만 자체의 고유한 요소도 지니는 것이다. 수렴적 하위문화(convergent subculture)는 이질적 요소를 지닌 하위문화가 지배적 문화에 동화·접근해 가는 과정에 있는 것을 말한다. 완고한 하위문화(persistent subculture)는 별로 변하지 않고 주된 문화와의 구별을 고집하는 것을 말한다. 완고한 정도가 아주 심하면 하위문화라기보다 독자적인 문화라 해야 할 것이다. 반발문화(contraculture; counterculture)는 주된 문화에 반발하기 위해 형성한 하위문화이다.

II. 행정문화의 개혁

1. 문화의 형성·보존·변동

1) 문화의 형성과 보존

사람들이 그들의 문제를 성공적으로 해결해 준 방안을 수용하는 데서부터 문화의 형성은 시작된다. 그러한 해결방안에 결부된 가치를 구성원들이 의식적으로 채택하고 시간의 흐름에 따라 그것이 당연시되고 무의식 속에 깊이 자리잡게 되면 문화가 형성된다. 이러한 문화형성의 핵심적 원리는 행정문화의 형성과정에도 적용된다.

형성된 문화는 상당한 안정성을 지닌다. 문화는 후속세대 또는 신참자에게 전수되어 지속적으로 보존된다. 문화전수의 중심적인 과정은 사회화(socialization)이다. 사회화는 후속세대 또는 신참자의 문화변용 또는 문화접변(文化變容 또는 文化接變: acculturation)을 일으켜 조직 또는 행정체제 전체의 문화적 통합성을 유지하려는 과정이다. 사회화는 기존의 문화를 보존하는 기제이지만 문화를 개조하려는 의식적인 전략의 도구가 되기도 한다.

2) 문화의 변동

문화는 안정적인 특성을 지닌다. 그러나 시간의 흐름에 따라 문화변동이 일어날 수 있다. 형성의 과정에서처럼 변동은 일어난다. 문화는 새로운 요소들을 누적시키기도 하고, 기존의 요인들을 탈락시키기도 하며, 기존의 내용을 변용시키기도 한다. 문화변동은 내생적 요인의 작용으로 촉발되기도 하고 외생적으로 전파되기도 한다.

사회화는 문화의 형성·보존·변동에서 다같이 쓰일 수 있다. 사회화에 반응하여 사람들이 일으키는 문화변용의 양태는 다양하겠지만 이를 네 가지 유형으로 범주화해 볼 수 있다. 네 가지 범주란 ⅰ) 동화, ⅱ) 격리, ⅲ) 탈문화화, 그리고 ⅳ) 다원화를 말한다.10)

동화(同化: assimilation)는 신참자의 문화가 조직의 문화에 일방적으로 적응하여 양자 간의 문화적 차이가 없어지는 반응이다. 격리(separation)는 신참자들에게 조직문화에 적응하는 능력이나 의욕이 없고 그들이 독자성을 유지하려 할 때 그들을 어떤 직무영역에 고립시키는 것이다. 탈문화화(脫文化化: deculturation)는 조직의 문화와 신참자의 문화가 다같이 그의 행태를 지배하는 영향력을 잃을 때 나타나는 반응이다. 이 경우 조직구성원의 문화적 정체성은 모호해진다. 다원화(pluralism)는 쌍방적 학습과 적응의 과정을 통해 신참자와 조직이 상호 수용하고 서로 변하는 유형이다.

2. 문화개혁: 변동개입

문화변동을 촉발하고 변동과정에 인위적으로 개입하여 바람직한 문화에 도달하려는 것이 문화개혁이다. 문화의 안정성 그리고 변동노력의 어려움에 집착하는 사람들은 문화의 인위적 변동가능성에 회의적이다. 그러나 우리는 많은 제약에도 불구하고 문화의 개혁이 가능하다고 생각한다.e)

e) 아주 어려운 문화개혁을 시도하기보다는 문화적 전통을 활용하는 것이 더 쉽고 바람직할 때도 있음을 부인할 수는 없다. 그런 경우 기존의 문화를 활용하거나 그 이점을 강화하는 방법, 문화적 전통에 적합한 관리전략이나 기술을 도입하는 방법, 새로운 방법을 문화적 전통에 적

1) 개혁과정

문화의 바람직한 변동을 유발하려는 개입의 과정은 의식적·계획적인 것이다. 문화의 본질적인 요체는 무의식적·비가시적이지만 문화개혁 과정은 의식적인 것이다. 문화개혁은 무의식세계에 대한 의식적 접근이다.

문화개혁의 과정에는 일련의 행동단계들이 포함된다. 그 첫째는 문화개혁의 목표와 기본전략을 수립하는 단계이다. 둘째는 개혁대상이 될 문화적 요소를 확인하는 단계이다. 셋째는 바람직한 문화적 요소를 구성원들에게 주지시키는 단계이다. 넷째는 구성원들이 변동의 정당성을 수용하게 하는 단계이다. 다섯째는 바람직한 문화변동을 강화해 나가는 단계이다. 여섯째는 개혁의 성과와 과정을 평가·환류하는 단계이다.

문화개혁의 과정에서는 의식적 차원의 요소들을 일차적인 대상으로 삼을 수밖에 없다. 그러나 그것은 어디까지나 그 저변에 있는 문화의 본질적 요소에 접근하기 위한 방편이라는 점을 잊지 말아야 한다.

개혁과정이 성공적으로 진행되려면 환경적 지지, 잉여자원, 개혁적 리더십의 헌신과 능력, 조직구성원들의 감수성과 적응성이 구비되어야 한다.

2) 개혁의 수단: 개입방법

문화개혁에 동원할 수 있는 개입방법을 한정하기는 어렵다. 문화는 아주 포괄적인 현상이며 그 연관요인은 수없이 많기 때문이다. 서로 연계된 상위문화의 개혁까지 안중에 두면 고려해야 할 개입방법의 수는 대단히 많아질 것이다. 여기서는 조직 또는 행정체제가 대내적으로 동원할 수 있는 개입방법에 국한하여 중요한 것들을 예시하려 한다.[11]

① 리더십의 역할   리더십의 적극적 역할을 활용하는 방법이 있다. 이것은 조직의 관리자, 감독자, 기타 개혁추진자들이 개혁전략의 비전을 명료화하고, 문화변용을 솔선수범하고, 문화변동에 유리한 쇄신적 분위기를 조성하는 방법이다. 문화관리 전담부서를 만들어 문화개혁의 요새(fortress)로 활동하게 하는 방법도 있을 것이다.

② 임용절차의 활용   채용·승진의 기준을 새로운 문화적 요건에 적합하게

응시키는 방법 등이 쓰일 수 있다. Peter. F. Drucker, *Managing for the Future: The 1990's and Beyond* (Truman Talley, 1992), p. 194.

설정하여 문화개혁에 적합한 사람들을 임용하는 방법이 있다.

　③ 평가와 훈련　　문화개혁의 목표상태를 주지시키고 태도변화를 유도하기 위해 근무성적평정을 활용하고 교육훈련을 실시하는 방법이 있다.

　④ 유인기제의 활용　　유인기제 또는 보상체제를 활용하는 방법이 있다. 이것은 문화개혁에 순응하는 행태를 강화하고 저항행태를 처벌하는 방법이다.

　⑤ 팀워크체제의 활용　　팀워크체제를 활용하고 다른 구성원들의 신뢰와 지지를 지렛대로 삼는 방법이 있다. 이것은 인간관계의 사회적 압력을 활용하는 방법이다.

　⑥ 문화적 상징의 개조　　조직의 의식(儀式), 언어, 옛이야기 등 문화적 상징을 조정하는 방법이 있다. 이것은 바람직한 문화적 상징을 개발함으로써 문화의 내면적·심층적 차원에 변화를 유도하려는 방법이다.

　⑦ 구조적·기술적·물적 요인의 개조　　문화개혁을 지지할 수 있도록 조직의 구조와 과정, 기술, 작업장의 물적 설계를 변경하는 방법이 있다.

Ⅲ. 한국의 행정문화

　우리 행정문화를 이해하고 문화개혁을 추진하려면 문화의 실상을 진단·분석해야 한다. 그리고 바람직한 변동의 목표상태를 처방해야 한다. 여기서는 우리 행정의 문화적 현실을 이해하기 위해 먼저 전통문화의 유산을 검토해 보려 한다. 그리고 행정문화의 변동을 살펴본 다음 장차 강화해야 할 문화적 특성에 대해 언급하려 한다.

1. 전통적 행정문화

1) 부정적 전통

　우리 행정문화를 연구하는 사람들이 '행정문화' 또는 '전통적 행정문화'의 특성이라 하여 열거한 것들은 대부분 이른바 역기능적·부정적·반발전적인 것들이었다. 오늘날의 요청에 비추어 보았을 때 부정적이라는 뜻이다.

　저자는 선행연구들을 통해 수렴된 의견을 크게 벗어나지 않는 범위 내에서 부정적인 요소가 더 많은 것으로 평가되는 전통문화의 특성을 여섯 가지로 간추려 보았다. 여섯 가지 특성범주는 ⅰ) 권위주의, ⅱ) 연고주의, ⅲ) 형식주의, ⅳ) 순응주의, ⅴ) 온정주의, 그리고 ⅵ) 일반능력자주의이다.

이른바 비물질주의(非物質主義)라고 하는 것도 전통적 유산 가운데 하나라고 생각한다. 비물질주의는 물질의 생산과 배분을 경시하고 노동을 천시하며 자본주의 경제질서에 대한 왜곡된 안목을 키운다는 데에 부정적인 의미가 있다. 그러나 정신적 가치추구라는 큰 덕목이 있으므로 부정성이 더 큰 유산에서는 제외하였다.

(1) 권위주의   권위주의(權威主義)는 위계질서와 지배·복종의 관계를 중요시하는 문화, 즉 권력거리가 먼 문화의 특성이다.[f]

권위주의자들은 대인관계를 수직적인 틀 속에서 규정하고 이해하려 한다. 상위자 또는 강자에게는 맹종하고 하위자 또는 약자에게는 군림하려 한다. 자신의 주장에 대한 하급자들의 이의제기를 용납하지 않으며, 의사결정에서 타협하거나 절충하려 하지 않는다.

① 기 여   권위주의적 행정문화는 전통적 행정조직의 작동에 필요한 계서적 질서 또는 기강을 강화하고 상급자들의 통솔력과 지도력을 강화하는 데 기여하였다. 상급자들의 가부장적 배려와 하급자들의 순종은 조직의 단합력을 향상시키고 비생산적인 갈등을 억제하는 데 기여하였다. 권위주의적 문화는 위에서 구상하여 하향적으로 시행하는 시책의 추진력을 강화하기도 하였다. 권위주의는 관료제의 집권적 구조를 지탱해 준 문화적 기반이었다.

② 폐 단   그러나 오늘날의 변화된 상황과 기대되는 행정발전의 방향에 비추어 볼 때 권위주의는 이점보다 병폐를 더 많이 수반하는 것이라고 평가할 수 있다.

첫째, 권위주의는 집권주의적 조직운영을 강화한다. 의사결정은 계서제의 최상층에서 독단되고 참여는 배제된다. 의사결정은 폐쇄화·밀실화된다.

둘째, 권위주의는 지위체제를 과잉경직화한다. 사람들의 권력집착을 조장하고 지위향상을 위한 경쟁을 과열시킨다. 그로 인해 인간적 소외는 심화된다. 지위향상 압력에 밀려 계서제는 고층화되고 낭비를 빚는다. 계서주의와 서열의식은 권위주의에 내포된 속성이다.

---

f) 권력거리(power distance)란 힘없는 구성원들이 권력의 불평등한 분포와 차별을 기대하고 수용하는 정도를 말한다. 이것은 지배에 대한 복종의 정도라고 할 수 있다.

셋째, 권위주의는 상급자에게 맹종하는 과잉동조, 과잉충성과 같은 행태를 조장한다. 사람들은 주체성을 상실하고 피동화되며 그들의 창의성은 억압된다. 권위주의는 일종의 사대주의적 성향도 내포한다.

넷째, 권위주의는 대내적으로 남녀차별과 같은 여러 가지 차별주의를 키운다. 대외적으로는 관존민비적 행태를 조장하고 관료들의 책임의식을 마비시킨다. 관지배적 행태, 관편의위주(官便宜爲主)의 행태, 공급자중심주의적 행태 등은 모두 권위주의에 연계된 것이다.

다섯째, 조직 내외에 걸쳐 통제와 규제를 과다하게 하고 번문욕례(繁文縟禮: red tape)를 조장한다. 법률은 인권보호를 위한 것이라기보다 국민을 지배하는 수단이라고 인식된다.

(2) 연고주의 연고주의(緣故主義)는 혈연, 지연, 학연, '직연'(職緣: 직업관계) 등 일차집단적 유대를 다른 사회적 관계보다 중요시하고 일차집단 구성원으로서의 행동양식을 다른 사회관계에까지 확장 또는 투사하는 문화적 특성이다. 연고주의의 뿌리는 가족주의(家族主義)에 있다고 한다. 가족의 유대와 가족적 역할관계를 존중하는 행동양식이 다른 일차집단적 관계로 파급되어 갔다는 것이다. 따라서 연고주의의 기본적 색채는 가족주의적인 것이라고 한다.

연고주의 문화의 특성은 귀속성, 정의성(情誼性), 특수성, 산만성이 높은 문화이다. 잘 알고 친한 사람에게 특별배려를 해야 한다는 의리의식, 은혜를 갚아야 한다는 보은의식, 위계질서를 강조하는 서열의식은 연고주의에 연계된 문화적 특성들이다.

① 기 여 연고주의는 직장 내에서 가족적·친화적 분위기를 조성하여 인간관계를 개선하는 데 이바지할 수 있다. 작업집단의 응집성을 향상시키는 데에도 기여할 수 있다. 그리고 연고주의가 고객에 대한 애착심으로 전이되는 가능성도 배제할 수 없다.

② 폐 단 그러나 연고주의는 현대 민주행정의 지향노선과는 양립하기 어려운 부정적 측면을 더 많이 가지고 있다.

첫째, 공·사(公·私)의 분별을 못하는 미분화적 행태를 조장하고 가부장적 지배체제를 강화할 수 있다.

둘째, 조직 내의 공평한 관리작용을 방해하고 파벌적·할거주의적 행태를 조장할 수 있다. 특히 인사행정의 공평성을 저해한다. 실력보다는 줄을 잘 대야

출세한다는 '연줄주의적' 분위기를 조성한다.

셋째, 국민을 위한 정책수행에서 공익성, 공정성, 합리성을 저해한다.

(3) 형식주의   형식주의(形式主義: formalism)는 외형(공식적인 것·선언된 것)과 내실(비공식적인 것·실제적인 것)이 괴리되는 문화적 특성이다. 내실보다는 외형과 형식에 더 치중한다는 의미가 함축되어 있다. 형식주의적으로 선언된 가치는 '헛된 말'로서의 가치에 불과하다.

의식주의(儀式主義: ritualism)는 각종 의식과 축제, 행동절차 등 외양의 문제를 중시하는 문화적 특성이다. 의식주의는 형식주의의 한 원인이며 양자는 비슷한 면을 가지고 있다. 의식주의에는 의식치중이 '지나치다'는 의미가 함축되어 있기 때문에 형식주의와 같은 폐단을 수반한다. 그러나 의식주의와 형식주의가 같은 것은 아니다.

형식주의는 지나친 의식주의뿐만 아니라 다른 여러 이유 때문에 조성되기도 한다. 국가목표와 조직목표의 내재화 실패, 능력과 자원의 부족, 윤리성 타락, 지위체제의 과잉경직화, 비현실적 복무규정, 행정절차의 경직성, 통제기준의 비현실성, 무리한 사업계획, 권위주의적·불신주의적 관리체제가 모두 형식주의의 원인이 될 수 있다.

① 기   여   선언과 실천이 괴리되고 외양과 내실이 다른 형식주의의 이점을 찾기는 어렵다. 다만 형식의 중시가 행정의 명분강화, 법적 요건의 강조, 문화적 상징의 발전, 정중한 행정행태 등에 일말의 기여를 할 수도 있을 것이다.

② 폐   단   오늘날 형식주의는 후진의 상징으로 비판받고 있다.

첫째, 행정의 목표나 실적보다 형식과 절차를 더 중요시하는 목표대치를 조장한다.

둘째, 형식에 얽매이는 형식주의는 변동저항적 행태를 키운다.

셋째, 체면치레, 허례허식, 외화내빈, 번문욕례와 같은 폐단을 수반한다. 각종 행사나 지위상징, 상징물 등 외모가꾸기에 과다한 경비를 지출함으로써 낭비와 행정효율 저하를 초래할 수 있다.

넷째, '겉과 속이 다른' 행태의 이원화구조를 조장한다. 이것은 공식적 규범의 위반상태가 만연되게 할 수 있다. 형식주의는 부패의 원인을 제공하기도 한다. 부패는 형식주의의 한 표출양태일 수도 있다.

(4) 순응주의   순응주의(順應主義)는 주체성이 빈약한 행동성향이다. 여기

서 주체성이란 인간이 신봉하고 확신하는 원리나 가치에 따라서 스스로 삶의 방법을 결정하는 능력을 의미한다.[12]

순응주의는 인간생활에 대한 통제력의 위치를 내재적·주체적인 것이 아니라 외재적인 것이라 보고 외재적으로 설정된 조건에 맹종하는 행동양식의 특성이다. 초자연적·신비적 결정에 의존하는 운명주의(運命主義)는 순응주의의 한 원인이며 구성요소이다. 순응주의자들은 신비적 존재의 결정에 의존하고 조직 내의 기성질서와 관리방침에 순응하며 보수적·현상유지적 행태를 보인다.

① 기　여　순응주의자들은 조직의 질서에 순응하기 때문에 조직의 안정에 기여할 수 있다. 상명하복의 계서적 질서유지에도 기여할 것이다.

② 폐　단　그러나 순응주의는 현대 민주행정의 요청과 원칙적으로 어울리지 않는다.

첫째, 책임 있는 능동성과 자율규제능력을 약화시킨다. 무사안일주의의 원인이 된다.

둘째, 성취의욕과 진취적 개혁의욕을 좌절시킨다.

셋째, 과학적이고 창의적인 업무수행을 좌절시킨다.

넷째, 순응주의자들은 주체성이 빈약하기 때문에 자기비하에 빠지거나 반대로 허세를 부리고 체면치레에 급급한다. 다수의 위치가 되면 횡포를 부린다.

(5) 온정주의　온정주의(溫情主義)는 정의성(情誼性)이 높은 문화적 특성이다. 이것은 인정·우정·의리·상호 신뢰 등 감성적 또는 직정적 유대관계를 중시하는 성향이다. 온정주의자들은 다른 사람들로부터 받는 사회적 압력에 민감한 반응을 보인다. 그들은 인정에 끌리고 직정적으로 행동한다. 의지와 지성보다 정에 치우친다.

온정주의는 연고주의를 강화한다.

① 기　여　정의적인 행동성향은 조직 내의 분위기를 부드럽게 하고 동료 간의 협동적 행동을 촉진할 수 있다. 따라서 작업집단의 응집성을 높이는 데 기여할 것이다. 부드러운 비공식적 관계를 조성해 관료적 경직성을 완화할 수도 있을 것이다.

② 폐　단　그러나 온정주의는 현대행정에 부정적 영향을 더 많이 미치고 있다.

첫째, 공평치 못하고 비합리적인 행동을 조장한다. 비합리적·직정적 행동성향을 '기분주의'라고 부르는 사람도 있다.

둘째, 국민을 위한 행정목표와 정책에 대한 충성심보다 상관에 대한 인적 충성심과 조직 내외의 친분관계를 우선시키는 경향을 부추긴다.

셋째, 비공식적인 '연줄', '배경' 등이 지배하는 통로가 공식적 업무처리 과정을 교란한다. 공직자나 고객이나 친분관계 등 연줄을 동원하여 자기목적을 달성하려 한다.

넷째, 정실인사와 부패를 조장한다.

다섯째, 인정에 얽매이다 보면 조직 내의 해로운 갈등을 해결하지 못하고 은폐하거나 회피한다.

(6) 일반능력자주의   일반능력자주의(一般能力者主義: generalist orientation)는 전문가주의(specialist orientation)에 대조되는 것이다. 일반능력자주의는 역할의 분화와 전문화보다 통합과 융통성을 존중한다. 직원의 전문성보다 교양과 명석한 두뇌 등 일반적 능력을 존중한다. 그리고 기술직이나 전문직보다 일반 행정직을 우대한다.

일반능력자주의는 행정이 단순하고 생활관계가 미분화되었던 시대의 유산이며, 군자(君子)는 능소능대하게 대처할 수 있는 능력을 가져야 한다는 유교적 교훈에서 비롯된 것이라고 한다.

① 기   여   일반능력자주의는 인사운영의 융통성 확보와 관리자 양성에 기여할 수 있다. 행정이 단순한 곳에서는 일반능력자주의가 바람직하거나 적어도 그것이 행정관리의 원리와 마찰을 빚지는 않는다. 근래에는 전문가주의의 폐단을 시정하는 대안으로 일반능력자주의가 시선을 끌기도 하였다.

② 폐   단   그러나 행정이 복잡해지고 그 기능분화 수준이 높아지면 일반능력자주의의 결함이 크게 부각된다. 이것은 행정전문화의 요청에 배치된다. 아마추어리즘을 조장하여 행정의 효율성을 저해한다.

위의 전통문화적 요인들은 각기 고립적이거나 배타적인 것이 아니다. 서로 연관되거나 중첩되거나 상승작용을 하는 관계에 있다.

이러한 전통적 문화유산을 부정적·역기능적인 것으로 보는 데 이의를 제기하는 사람들이 있다. 그들은 서구적 제도와 마찰을 빚는다고 해서 우리 것을 나쁘게 말하는 것은 옳지 않다고 주장한다. 그러나 그것이 서구적인 것이든 아니든 우리가 합의하고 있는 행정의 요건 또는 발전방향에 배치되면 부정적인 것으로 규정하지 않을 수 없다.

저자는 부정적인 영향이 더 큰 것으로 보이는 전통적 문화유산을 여섯 가지로 압축해 설명하였다. 그러나 연구인들이 열거한 행정문화의 전통적 특성들은 그보다 훨씬 많다.

선행연구인들이 열거한 전통문화적 특성에는 가족주의, 공·사 무분별, 공직사유관, 권위주의, 관인지배주의, 관존민비사상, 의식주의, 형식주의, 계서주의, 서열의식, 사인주의, 족벌주의, 할거주의, 온정주의, 정적 인간주의, 의리주의, 운명주의, 관운주의, 일반주의, 비물질주의, 청빈사상, 무사안일주의, 귀속주의, 관권이권주의, 단기적 시간관, 예의의식, 사대주의, 학벌주의, 기분주의, 소극성, 침체성 등이 있다.13)

위의 여러 특성항목들 가운데 거론되는 빈도가 높은 것은 권위주의, 의식주의, 가족주의, 계서주의, 온정주의, 사인주의, 운명주의, 비물질주의, 그리고 일반주의이다. 이러한 특성에 대한 선행연구인들의 개념 정의는 다음과 같다.

권위주의는 위계질서와 지배·복종의 관계를 중요시하는 문화적 특성이다. 의식주의는 각종 의식, 행동범절 등 외양의 문제에 집착하는 특성이다. 형식주의는 의식주의와 비슷한 면을 가지고 있으나 양자가 같은 것은 아니다. 그런데 양자를 동일시하는 논자들이 의외로 많다. 가족주의는 혈연으로 맺어진 가족의 관계를 다른 사회적 관계들보다 중요시하고 가족으로서의 행동양식을 다른 사회적 관계에까지 확장하는 문화적 특성이다.

계서주의는 조직 내의 사회적 층화를 존중하고 신분에 따른 계층질서를 강조하는 성향이다. 이와 같은 뜻으로 서열의식이라는 말도 쓰인다. 온정주의 또는 정적 인간주의라고 하는 것은 직정적인 행태의 특성이다. 우리 학자들이 사인주의(私人主義)라고 이름짓고 있는 것은 특수이익에 얽매여 편파적으로 행동하는 성향을 지칭한다. 이것은 사적인 고려를 공적인 고려에 우선시키는 행동성향이다. 사인주의는 연고주의에 포함시켜 설명할 수도 있다.

운명주의는 개인이나 조직의 행로와 성공여부는 초자연적·신비적으로 결정되는 것이며, 그것은 개인이나 조직의 통제 밖에 있다고 믿는 것이다. 비물질주의는 물질적 풍요보다 비물질적 가치를 존중하는 행동성향이다. 이것은 긍정적 의미를 지니는 것이지만 산업화사회의 요청에 배치되는 측면 때문에 부정적인 특성으로 열거되는 것 같다. 일반주의라고 하는 것은 전문가보다 일반능력자를 우선시키는 일반능력자주의를 지칭한다.

2) 긍정적 전통

현대행정의 요건에 비추어 바람직하거나 바람직한 기능을 더 많이 가진 전통적 행정문화의 특성도 많다. 그 가운데서 중요한 것들을 보면 다음과 같다.

(1) 민주행정에 기여하는 사상 민주행정의 발전에 접목시킬 수 있는 특성들이 있다. 민본주의(民本主義)에 입각한 위민사상(爲民思想)g) 그리고 홍익인간

g) 민본주의가 민주주의의 일부 속성을 지녔지만 민주주의와 같은 것은 아니라고 한다. 민본주의

의 사상은 민주행정 구현에 긍정적으로 활용할 수 있을 것이다. 마찬가지로 통치의 공명정대성을 강조한 사상이라든지 절대권력에 대한 견제를 강조한 사상도 민주행정의 발전에 기여할 수 있다고 본다.

(2) **학문숭상과 덕치주의**   선비존중의 가치관 그리고 학문숭상의 가치관도 긍정적인 것이다. 수신제가치국평천하(修身齊家治國平天下)의 첫머리에 있는 수신은 자기수양과 자기개발을 강조한 것이다. 이것은 높은 향학열에 영향을 미쳤다. 덕치주의(德治主義)와 덕성교육의 강조도 긍정적 유산이다.

(3) **충효사상**   나라에 충성하고 부모에 효도한다는 충효사상도 오늘날의 필요에 맞게 변용시킬 수 있는 긍정적 유산이다.

(4) **공동체의 중시**   개인보다 전체를 중요시하는 집합체주의도 군주시대의 전제주의적 독소만 제거하면 행정문화의 긍정적 특성이 될 수 있다.

(5) **정신적 가치의 강조**   정신적 가치를 존중하고 도덕성과 예절을 강조한 문화유산도 긍정적인 것이다.

(6) **근면·절약·청렴의 강조**   근면과 절약을 강조하고 청백리(淸白吏)를 존중한 가치관도 바람직한 문화유산이다.

이 밖에 세련된 문화적 감수성, 강한 성취지향성, 평화주의, 높은 창의성 등도 행정문화의 긍정적 전통이라고 말하는 사람들이 있다.

2. 변동하는 행정문화

대한민국정부 수립 이후 적지 않은 세월이 흘렀으며 그 동안 우리 행정문화는 변화를 겪어 왔다. 전통적 행정문화는 아직도 뿌리깊이 남아 있지만 그 통합성이나 강도는 많이 약화되었다. 내생적 변동 야기, 환경변화의 영향, 외래문화의 전파 등으로 인해 행정문화는 변하고 복잡해졌다.

1) 긍정적·부정적 변동

(1) **긍정적 변동**   새로이 추가·누적된 행정문화의 특성 가운데 산업화·정보화시대의 민주행정에 걸맞은 것들도 있다. 민주주의사상과 인권존중사상, 과학주의, 실용주의, 개척정신, 보편주의 또는 평등주의, 성과주의를 예로 들 수

는 백성을 위한 통치를 주장하지만 백성에 의한 통치를 주장하는 것은 아니기 때문이다. 김영수, 「민주시민론」, 제 2 판(법문사, 1997), 71쪽.

있다. 새로이 강화되어 온 경쟁주의는 긍정·부정의 두 측면을 반반씩 지닌 문화적 특성이라 할 수 있다.

여기서 예시한 긍정적 특성들이 확고히 정착되었다고 말할 수는 없다. 좋은 것일수록 내재화에 시간이 많이 걸린다.

(2) **부정적 변동**   새로이 조장된 부정적 특성의 예로는 배금주의(拜金主義), 이기주의, 쾌락주의(향락주의), 그리고 근시안적 사고방식을 들 수 있다. 배금주의는 황금만능주의라 할 만큼 물질적 이익에 집착하는 성향이다. 이기주의는 공동체를 생각하지 않고 자기위주로 행동하는 성향이다. 쾌락주의는 하급욕구 충족에 집착하여 향락적이고 탐욕적인 행동을 일삼는 성향이다. 근시안적 사고방식은 단기적 안목을 가지고 조급하게 일을 처리하려는 사고방식이다.

2) 문화적 혼란

우리 행정문화는 혼합적이고 복잡하다. 왕조시대의 전통적 문화, 산업화·정보화·민주화 시대의 새로운 자생문화, 모방적·외래적 문화 등이 뒤섞여 있다. 혼합이 조화의 질서를 이루고 있다고 보기 어렵다. 문화의 적응을 요구하는 외적 조건들의 변화는 아주 빠르고 혼란스럽다. 이러한 상황에 처한 행정문화는 계속적인 과도기적 특성을 가지게 되었다.

혼합적·과도적 문화체제 속에서 문화지체, 가치혼란, 무규범적 행동 등이 많은 문제를 야기하고 있다. 행정문화와 행정체제의 새로운 필요가 괴리되는 사례가 많다. 문화의 구성요소 또는 차원들이 서로 어긋나는 일도 많다. 예컨대 문화의 근원적 전제와는 다른 가치관이 천명되기도 한다. 그리고 선언된 가치와 행정의 실천행동이 서로 어긋나는 일이 많다. 이때의 가치는 실속없는 구두선(口頭禪: lip service)에 불과하다.

문화적 혼란을 겪고 있는 우리에게는 문화적 진보의 기회와 문화적 타락의 위험이 함께 열려 있다. 우리는 의식적인 개입을 통해 문화변동을 발전적인 방향으로 유도해야 할 것이다.

3. 행정문화 개혁의 방향

산업화·정보화 시대의 민주행정에 적합한 행정문화를 발전시키려면 우선 우리에게 뿌리깊이 전승되고 있는 전통적 행정문화의 요소를 바람직하게 활용할 수 있는 계획을 추진해야 한다. 행정의 임무수행을 저해하고 행정발전을 가로막는 전통문화는 버리도록 사회화해야 한다. 그리고 창출·수용되고 있는 발전지향적 신문화를 강화해 나가야 하며 바람직한 신문화의 전파를 위해 힘써야 할 것이다.

앞으로 강화해 나가야 할 행정문화의 바람직한 특성은 대단히 많다. 이 세상의 모든 선(善)과 덕목이 문화개혁의 방향으로 될 수 있다. 그러나 중요하다고 생각하는 문화적 특성들을 고르는 모험을 다시 한번 해야 할 것 같다.

① **국민중심주의** 강화되어야 할 문화적 원리들 가운데서 으뜸이 되는 것은 국민을 최우선시하는 국민중심주의이다. 행정은 국민을 위해 존재하기 때문에 국민을 위한 봉사를 최우선의 목표로 삼아야 한다는 원리가 국민중심주의이다.

② **인간주의** 인간주의는 자기실현적 욕구, 자율규제능력과 창의성 등 인간의 고급속성을 존중하고 이를 보호·육성해야 한다는 원리이다. 인간주의는 물질과 기술보다 인간의 정신과 내면적 가치를 중시한다. 인간주의는 책임 있는 능동성을 지지한다.

③ **임무중심주의** 임무중심주의는 지위나 권한관계보다는 임무수행과 문제해결을 중시해야 한다는 원리이다. 임무중심주의는 실천행동을 중요시하는 행동지향성과 일의 성취를 강조하는 성과지향성을 내포한다.

④ **보편주의** 보편주의는 특수이익보다 전체이익을 존중해야 한다는 원리이며 부당한 차별을 반대하는 원리이다. 이것은 개방적 사고방식을 전제로 한다. 개방적 사고방식은 다양성을 인정하고 다양성 속에서 형평성을 존중한다.

⑤ **적응성과 장기적 안목** 격동하는 시대의 행정이 진취적·창의적으로 적응해 가는 것을 지지해 줄 수 있는 문화적 원리를 발전시켜야 한다. 앞으로의 행정적 적응은 적응적 극복이라야 하며 종합적이고 장기적인 고려의 틀 속에서 이루어져야 한다. 이를 뒷받침해 줄 행정문화는 장기적인 시간관에 입각한 예견력을 강조하는 것이다.

⑥ **협동주의** 장차 참여적 협동의식을 강조하는 행정문화의 성숙이 더욱 절실히 요청될 것이다. 민주화·분권화가 촉진되면 수평적 협동과 조정에 더 많이 의존해야 하기 때문이다.

참여와 협동의 전제조건은 공개주의이다. 협동주의 구현의 또 다른 전제조건은 이기주의의 계명적 전환이다. 계명적 이기주의는 공동체를 위한 도덕적 책무를 외면하지 않는 이기주의이다.

⑦ 정직성과 청렴성   거짓말을 안하는 정직성과 부패하지 않는 청렴성을 중시하는 행정문화를 확립해야 한다. 부정직한 행정, 부패한 행정은 점점 더 많은 폐단을 빚고 더 많은 저항의 대상이 될 것이므로 정직성과 청렴성을 다시 한번 강조하는 것이다.

⑧ 과학주의   직관이나 감정보다 지성과 합리적 판단을 중시하는 과학주의적 행정문화를 창달해 나가야 한다. 과학주의의 맹신은 그것 자체가 문제일 수 있다. 그러나 과학성을 너무 경시해 온 우리의 전통을 바로잡지 않고 기술문명시대·과학화시대를 헤쳐나가기는 어려울 것이다.

공직윤리

Ⅰ. 공직윤리란 무엇인가?

공직윤리는 공무원들이 지켜야 하는 직업윤리이다. 직업윤리의 의미를 밝히려면 윤리라는 말의 의미부터 알아보아야 한다. 윤리개념을 먼저 정의하고 공직윤리의 의미를 설명하려 한다.

1. 윤리의 정의

일반적으로 윤리(倫理: ethics)란 사람이 지켜야 할 도리(道理)를 뜻한다.[a] 사회생활을 하는 사람들이 무엇을 어떻게 해야 할 것인가에 대한 기준을 제공하는 것이 윤리이다. 윤리는 인간행동의 도덕성, 즉 옳고 그름을 판단하는 준거이다. 윤리적 기대는 행동규범으로 표현된다.

윤리의 문제는 모든 사람의 문제이다. 윤리는 모든 사람에게 적용될 수 있는 공통적 요소를 지니고 있는 것이 사실이다. 그러나 그 내용이 모든 사람에 대하여 획일적인 것은 아니다.

윤리는 문화적 산물이라는 성격도 지니기 때문에 문화권이 다르면 윤리의 내용도 달라질 수 있다. 동일한 문화권 내에서도 사람마다의 처지에 따라 구체적인 윤리의 내용이 다소간에 달라질 수 있다. 그러므로 일반시민의 윤리, 자유직업인의 직업윤리, 민간조직이나 공공조직에 종사하는 사람들의 직업윤리 등이 구분될 수 있다.

일반시민의 시민윤리와 조직구성원들의 직업윤리에는 공통적인 기반이 있지만 양자가 동일할 수는 없다. 조직구성원들에게는 대개 일반시민의 경우

---

a) 윤리 또는 윤리학의 두 가지 의미로 쓰이는 영어의 ethics, 독일어의 Ethik, 프랑스어의 Ethique 등은 Aristotele가 사용한 희랍어 éthos(관습 또는 품성)에서 유래한 것이라고 한다. 중국의 「예기」(禮記)에 쓰인 한자어 倫理는 사람들 사이의 도리인정(道理人情)을 뜻하는 것이었다고 한다. 최재희, 「인간주의 윤리학」(일신사, 1981), 20쪽.

에 비해 추가적인 윤리적 의무가 부과된다. 마찬가지로 민간조직 종사자와 공공조직 종사자의 직업윤리에도 차이가 있다. 공직자의 종류도 여러 가지가 있으며 공직자의 범주별로 직업윤리의 내용에 차이가 있게 된다.

윤리라는 개념은 주관적 측면과 객관적 측면을 지니고 있다. 윤리는 인간의 이성에 바탕을 둔 의식적 행동을 대상으로 한다. 인간행동의 윤리성은 행동 자체, 행동의 목적, 그리고 행동의 여건에 따라 결정된다. 윤리는 당위성, 규범성, 가치성을 지닌다. 윤리규범의 체제는 복잡하다. 이러한 특성들에 대해 설명하려 한다.

① 주관적 측면과 객관적 측면   윤리라는 개념은 주관적이며 동시에 객관적인 두 가지 측면을 지닌 것이라고 말할 수 있다. 주관적인 측면에 착안하여 윤리라는 말을 쓸 때에는 사람이 윤리를 습득하여 신념 또는 가치관으로 지니게 된 상태를 지칭한다. 주관적 윤리는 사람의 내면적 책임 또는 통제에 관한 것이다. 사람이 마땅히 지켜야 할 규범을 외재적으로 규정하는 윤리는 윤리의 객관적인 국면 또는 기대윤리라 부를 수 있다.[b]

② 이성과 윤리   사람은 비록 완벽하지 못하지만 이성(理性: reason)을 지닌 존재이다. 사람이 이성적 존재이기 때문에 윤리문제와 마주치게 된다. 사람들은 이성을 통해 얻은 지식의 작용으로 형성되는 의지(意志: will)에 따라 행동하려 한다. 의지에 따라 행동하려 하고 또 그렇게 할 수 있는 존재이기 때문에 사람은 "무엇을 해야 할 것인가?," "무엇이 가치 있고 의미 있는 행동인가?" 등의 자기반문을 하게 된다.[1] 이러한 자기반문이 윤리적 사색을 출발시키며, 거기에 준거를 마련하는 것이 윤리이다.

③ 의식적 행동에 대한 관심   윤리는 사람이 의식적으로 하는 행동을 대상으로 한다. 윤리적 책임을 물을 수 있는 의식적 인간행동(deliberate human action)은 원칙적으로 행동의 의미에 대한 지식, 의지로부터 나오는 자발성, 자유의지에 따른 선택 등 세 가지 요건을 갖춘 것이다. 그러나 지식이 없어서 저지른 비윤리적 행동이라 하더라도 그 무지가 피할 수 있는 무지 즉 가피적 무지(可避的 無知: vincible ignorance)이면 윤리적 책임을 물을 수 있다.[2] 윤리는 원칙적으로 고

---

b) 이 책에서 윤리에 관한 논의는 기대윤리를 많이 다루겠지만 문맥에 따라서는 윤리라는 말이 실제적·주관적 윤리수준을 지칭할 때가 있을 것임을 밝혀 둔다. 그리고 기대윤리에 대한 연구는 윤리의 주관화·행동화의 방안을 연구하기 위한 노력이라는 점을 지적해 두려 한다.

의적 행동을 대상으로 하지만 이 경우에는 과실도 대상에 포함된다.

인간행동의 윤리성을 평가할 때 일차적인 고려요인이 되는 것은 행동 자체와 행동자의 목적이지만 행동의 여건 또한 고려해야 한다. 시간, 장소, 방법, 행동자의 특성 등이 다르면 같은 행동이라도 질적·양적으로 다른 평가를 받을 수 있다.c)

④ 윤리의 당위성·가치성·규범성 사람이 무엇을 어떻게 해야 하는가를 규정하는 윤리는 당위적·가치적·규범적인 개념이다.

윤리는 인간이 마땅히 해야 할 바를 지시하기 때문에 당위적이다. 윤리는 인간생활의 가치추구를 내포하는 것이기 때문에 가치적이다. 윤리의 세계는 가치의 세계이기 때문에 절대성과 상대성을 함께 지닌다.3) 그리고 윤리는 무엇이 바람직한 행동인가를 규정하는 규범을 제시해 주기 때문에 규범적이다.

⑤ 윤리체제의 복잡성 사람들은 다양한 윤리체제에 노출된다. 도덕성에 대한 개인적 신념체계, 전문직업 분야의 윤리, 소속조직의 윤리, 사회적 윤리, 정치체제의 이념체계 등이 영향력 행사의 각축을 벌인다. 하나의 윤리체제 내에서도 윤리규범의 구체화 과정에서 규범의 복잡한 분화가 생긴다.4)

윤리체제의 이러한 복잡성은 윤리규범 상호 관계의 다양성을 시사한다. 윤리규범 사이의 상충관계도 있을 수 있다. 윤리규범 사이의 상충관계는 사람들의 결단성 있는 행동을 어렵게 하는 '윤리적 딜레마' 또는 '윤리적 체증'이 되기도 한다.

2. 공직윤리의 정의

공직윤리(公職倫理: public service ethics or administrative ethics)는 정부조직에 종사하는 공무원이 마땅히 지켜야 할 도리이다. 이것은 공무원이 조직구성원으로서 지켜야 할 직업윤리이다.d)

---

c) Oesterle은 '옳은 이성'(right reason)에 비추어 인간행동의 윤리성을 평가해야 한다고 말한다. 그는 옳은 이성을 다음과 같이 설명하고 있다. "도덕성의 척도인 옳은 이성은 도덕적 원리에 대한 진정한 지식이다. 도덕적 원리란 우리가 무엇을 하는 것이 옳은가를 알려주는 인간행동의 목표이다. 옳은 이성은 우리 내부에 있는 이성의 자연적인 발달을 통해서 뿐만 아니라 외적 원인의 작용으로도 형성된다." John A. Oesterle, *Ethics: The Introduction to Moral Science* (Prentice-Hall, 1958), pp. 110~112.

d) 공직윤리를 '행정윤리'라 부르는 사람들이 많다. 그러나 저자는 윤리적 관심이 인간행동과 행

① 보다 엄격한 윤리적 기대   민간부문의 경우와 비교하여 정부부문의 윤리
문제를 논할 때 사람들은 이원적 기준(double standards)을 가지고 정부부문에는
좀더 엄격한 기준을 적용한다. 민주국가에서 공무원들은 국민 전체의 봉사자로
서 공익을 추구해야 할 입장에 있고, 또 공무원들은 국민생활에 심대한 영향을
미칠 수 있으며, 독점적 권력을 행사하기 때문에 국민은 공무원의 높은 직업윤
리를 기대하게 된다.

② 내용과 존재양식의 복잡성   공직윤리의 내용은 복잡하고 그 존재양식은
다양하다. 그 내용과 존재양식을 분류한 유형론도 많다. 윤리규범의 내용에 착안
하여 행정조직의 집합체에 관한 규범과 공무원의 개인적 차원에 관한 규범을 구
분하기도 하고, 보편주의에 관한 규범·우선순위에 관한 규범·능률에 관한 규범·기
술적 능력에 관한 규범·관할에 관한 규범을 구분하기도 한다. 윤리적 행동규범
의 형식 또는 존재양식은 공식적 규범과 비공식적 규범, 성문화(成文化)된 규범
과 불문율적(不文律的) 규범, 법제화된 규범, 윤리장전으로 규정한 규범 등으로
분류된다.e) 이러한 유형론들은 물론 예시적인 것이다.

공직윤리는 아주 광범한 개념이다. 공무원 또는 공직자의 범위가 넓기 때문
이다. 그러나 이 절에서 논의하게 될 공직윤리의 범위는 상당히 좁혀져 있음을
독자들은 이해하기 바란다. 논의의 일차적인 준거대상은 일반직 공무원에 대한
윤리규범이 될 것이다.

1) 윤리체제 형성의 모형

공무원들이 지켜야 할 기대윤리, 즉 객관적인 윤리적 책임의 출처와 성격은
어떤 것이어야 하는가를 설명하는 모형은 다양하다. 이를 간추려 세 가지 모형
으로 요약한 Mark W. Huddleston의 이론을 소개하려 한다. 세 가지 모형이란
ⅰ) 대의적·정치적 윤리체제, ⅱ) 국가주의적 윤리체제, 그리고 ⅲ) 초월적·비

동자에 일차적인 초점을 맞추고 있다는 점을 강조하고 우리가 공무원들의 '직업적' 윤리를 논
의한다는 점을 강조하기 위해 '공직윤리'라는 용어를 사용하기로 하였다.
e) 윤리장전(倫理章典: codes of ethics)의 양태도 다양하게 분류된다. 일반성이 높은 장전을 십계
명식 모형(十誡命式 模型: ten commandment model)이라 부르기도 한다. 이것은 폭넓은 용어로
소수의 일반적인 원리를 규정하는 방식이다. 이와 대조되는 것이 '유스티니아누스 법전식 모
형'(Justinian code model)이다. 이것은 포괄적·구체적으로 윤리규범을 규정하는 방식이다.
Kenneth Kernaghan, "Promoting Public Service Ethics," in Richard A. Chapman(ed.), *Ethics in
Public Service*(Carlton University Press, 1993), pp. 20~21.

현세적 윤리체제를 말한다.5)

(1) 대의적·정치적 윤리체제   대의적·정치적 윤리체제(代議的·政治的 倫理體制: representative or polity-based ethics)는 행정을 둘러싸고 있는 정치적 공동체(political community)의 가치와 신념에서 공직윤리의 근원을 찾아야 한다고 보는 윤리체제모형이다. 이러한 윤리체제 하에서는 사회 내의 여러 정치세력들이 무엇을 원하는가에 따라 행정의 옳고 그름을 결정하게 된다.

(2) 국가주의적 윤리체제   국가주의적 윤리체제(國家主義的 倫理體制: statist ethics)는 한 나라를 구성하는 사회집단들의 가치·요청은 국가 자체의 가치·요청과 구별해야 하며, 국가 자체의 가치와 요청이 공직윤리의 원칙적인 바탕을 이루어야 한다고 보는 관점에 입각한 윤리체제모형이다. 이 모형은 국가를 하나의 유기적 총체(organic whole)라고 이해하며, 행정은 그러한 총체의 가치를 체현해야 하는 것으로 본다. 여기서 공무원은 국가의 일반이익을 옹호하는 역군이 되어야 한다.

(3) 초월적·비현세적 윤리체제   초월적·비현세적 윤리체제(超越的·非現世的 倫理體制: transcendent ethics)는 공무원의 윤리가 형이상학적·영적·초합리적(超合理的) 문화 또는 종교의 가치를 원칙적인 준거로 하여 결정되어야 한다고 보는 윤리체제모형이다. 이 모형에 따르면 공무원들의 행동은 고차원의 진리와 조화될 때에만 윤리적 정당성을 인정받을 수 있다고 한다. 선·악의 문제는 신이 규정하는 불변적인 것이라고 한다.

위에서 구분한 윤리체제모형들 가운데 어느 하나가 순수한 형태로 채택되고 있는 나라는 오히려 보기 어렵고, 실제로는 여러 가지로 변형된 모형이나 절충된 모형들이 채택되고 있다. 그러나 어떤 기본모형이 더 원칙적인 위치를 점하느냐 하는 것은 구별할 수 있을 것이다.

2) 민주국가의 공직윤리

(1) 윤리체제의 형성   민주주의를 정치원리로 채택하고 있는 나라에서는 아무래도 대의적·정치적 윤리체제모형을 기대윤리 결정의 기본모형으로 삼지 않을 수 없을 것이다. 사회세력과 구별되는 국가라는 추상적 존재의 이익을 추구해야 한다는 요청이나 초월적 진리를 추구해야 한다는 요청이 민주국가의 공직윤리에 영향을 미치지 않는 바는 아니겠지만, 그러한 요소들이 윤리체제의 근

간을 이루기는 어려울 것이다. 국가주의적 요청이나 초월적 진리의 영향이 있더라도 그것은 정치과정을 통해야만 구현될 수 있다. 결국 민주국가의 공직윤리는 지배적인 정치적 가치에 부합되는 방향으로 유도되는 것이라고 하지 않을 수 없다. 따라서 공직윤리의 문제는 행정적인 문제에 국한되는 것이 아니라 정치적인 문제도 된다고 보아야 한다.

민주국가에서 공무원의 기대윤리를 결정하는 데는 정치적 가치와 같은 정치·사회적 기대, 정치체제 내에서 공무원들이 지는 법적 의무, 소속조직의 행동규범, 공무원들의 개인적 가치 등이 복합적으로 작용한다고 볼 수 있다.

(2) 기본적인 내용   우리나라처럼 민주주의를 채택하고 있는 국가의 공직윤리와 그 행동규범은 궁극적으로 '민주주의적 이념'의 추구를 근본으로 삼고 있다. 민주주의 이념을 기본적인 가치로 삼는 공직윤리체제의 일차적인 하위규범은 세 가지로 대별해 볼 수 있다.

① 공익 추구   공익을 추구해야 한다. 공무원들은 국민 전체의 이익과 좀더 많은 국민이 선호하는 선을 추구해야 한다. 그리고 공무원들은 국민 모두에게 공평한 봉사를 하여야 한다.

② 국민의사의 존중   국민의 의사를 존중해야 한다. 국민의 의사가 표출되고 수렴되는 대의과정을 존중하는 방법을 통해서 국민의 이익에 봉사해야 한다. 목표를 추구하는 방법도 민주적이어야 한다.

③ 대내적 관리의 민주화   정부기관의 대내적 관리가 공익과 국민의사 존중이라는 민주적 가치의 추구와 일관성을 유지해야 한다. 특히 인간의 개인적 가치와 존엄성을 존중하고, 그것이 행정환경에 투사되도록 하여야 한다.

이와 같은 기본적 규범의 하위규범이 되는 것은 아주 많고 다양하다.

3) 윤리규범의 법제화

거의 모든 나라의 정부는 공직윤리의 중요한 행동규범을 법규범으로 규정하여 의무화하고 있다. 그리고 법적 의무로 된 행동규범준수를 보장하기 위해 벌칙을 동원한다. 이와 같이 윤리규범을 법규범화하는 것을 윤리규범의 법제화라 한다.

윤리규범의 법제화는 법과 윤리의 관계를 어떻게 이해할 것인가 하는 문제를 제기한다. 법이라는 개념과 윤리라는 개념을 어떻게 구별할 것인지에 관한 이론은 여러 가지이다. 그리고 법과 윤리의 실제적인 관계는 다양하게 설정될 수 있다.

우리가 윤리적 행동규범의 법제화를 논의하면서 주로 관심을 갖는 것은 법과 윤리의 실제적인 관계이다. 그리고 행동규범의 법제화는 법과 윤리가 일치하는 영역에서 일어난다고 본다. 윤리규범 가운데 기초적이거나 중요한 규범들을 법에서 지지하여 '법제화된 행동규범'을 제정한 것으로 본다는 뜻이다.

윤리장전을 만들고 이를 법제화하면 ⅰ) 정부의 윤리성 추구에 대한 결의를 확실히 천명할 수 있다는 것, ⅱ) 공직의 윤리적 불확실성을 감소시킨다는 것, ⅲ) 공무원들의 윤리적 감수성 증진에 기여한다는 것, ⅳ) 공무원에 대한 통제의 기준을 명료화한다는 것 등의 효용을 기대할 수 있다고 한다.

그런가 하면 공직윤리의 법제화는 추상화될 수밖에 없고 형식화의 위험도 있다고 한다. 윤리의 세계에 법적 강제가 개입하는 데는 여러 가지 부작용이 따른다고 한다.

> 법과 윤리 또는 도덕의 관계를 개념적인 차원에서 보편적으로 규명하려는 이론의 범주를 네 가지로 나누어 볼 수 있다. 첫째, 법은 외면성을 지닌 반면, 윤리는 내면성을 지닌다는 이론이 있다. 법은 외적 행위, 그리고 타인과의 관계에 관한 것이기 때문에 외면성을 지녔다고 한다. 둘째, 법은 명령적 규범인 반면, 윤리는 권고적 규범이라고 하는 이론이 있다. 셋째, 법은 행위에 관한 것이고, 윤리는 행위뿐만 아니라 동기까지 문제삼는 것이라고 한다. 넷째, 법은 강제성을 지니지만, 윤리는 비강제적이라는 이론이 있다. 이러한 구별기준들은 상대적인 것이며 법과 윤리를 배타적으로 구별해 주지는 못한다.6)

> 법과 윤리의 실제적인 관계도 여러 가지로 분류할 수 있다. 법과 윤리가 서로 일치하거나 서로 보완적인 관계에 있거나 윤리가 법의 기초로 되는 영역이 가장 넓을 것으로 생각된다. 그러나 법과 윤리가 각각 독자적인 별개의 영역을 지배할 수도 있다. 법과 윤리가 서로 역행하여 충돌하는 영역도 있다.

3. 윤리적 선택의 원리

윤리는 가치적인 현상이다. 가치는 언제나 절대적으로 옳을 수도 있지만 상황에 따라 그 옳거나 그름이 달라질 수도 있다. 가치의 세계에는 이견과 다툼의 가능성이 있다. 그런 이치에 대해서는 제 3 장 제 1 절에서 설명하였다.

공직윤리의 행동규범은 대단히 많으며 규범 간의 관계는 복잡하다. 구체적인 윤리적 선택에서 각 윤리규범의 적실성은 경우에 따라 달라질 수 있다. 규범들이 서로 충돌하고 갈등을 빚는 일은 흔하다. 여기에 윤리적 선택의 가이드라인이 될 원리의 필요성이 있다.f)

윤리적 갈등 또는 딜레마에 직면한 공무원들은 많은 연구와 윤리적 사색을 해야 한다. 관련 규범들의 의미를 명료하게 이해하고 문제상황의 특성, 각축하는 세력, 규범선택·절충의 영향 등을 분석해야 한다. 그리고 윤리적 선택의 원리들을 적절하게 조합해야 한다.

윤리적 선택의 원리에 관한 이 항의 설명은 가치의 선택문제 또는 가치연관적인 선택 문제의 해결에 일반적으로 원용할 수 있다.

연구인들이 제안한 윤리적 선택의 원리들은 아주 많다. 흔히 열거되고 있는 원리들을 보면 다음과 같다.7)

(1) 지상명령적 선택의 원리   지상명령적 선택의 원리는 주어진 윤리규범을 예외 없이 적용해야 할 지상명령(至上命令: categorical imperative)으로 받아들이도록 처방한다. 보편적인 도덕률에 충실하라고 요구하는 이 원리는 도덕적·절대론적·규범적·원리론적인 특성을 지닌다.

(2) 공리주의적 선택의 원리   공리주의적 선택(utilitarian choice)의 원리는 가장 많은 사람들에게 가장 큰 이익이 돌아가는 윤리적 선택을 하도록 처방한다. 이 원리는 상대론적·결과지향적·다수인지향적인 특성을 지닌다.

(3) 수단지향적 선택의 원리   대의정치의 원리에서 정당화 근거를 찾는 수단지향(means orientation)의 선택원리는 행정과 공무원을 정치적 의사결정을 집행하는 피동적 수단으로 파악한다. 정치·행정 이원론, 목표·수단 이원론을 반영하는 이 원리는 공무원들의 업무수행을 상위목표 실현의 수단이라고 규정한다. 그리고 공무원들은 법령을 능률적·효율적으로, 성실하고 적시성 있게 집행하는 의무를 이행해야 한다고 처방한다.

(4) 임무지향적 선택의 원리   임무지향(mission orientation)의 선택원리는 공무원들이 자기 조직의 정당한 임무가 무엇인가에 관한 스스로의 관점에 충실한 직무수행을 하도록 요구한다. 행정조직의 임무는 당초에는 조직법에 규정되고 임무수행은 여러 통제중추의 구속을 받는다. 그러나 행정조직은 운영의 경험을

---

f) 윤리규범들과 그것을 선택하는 원리들을 배타적으로 구분하기는 어렵다. 윤리적 행동규범들이 갈등을 빚을 때 선택을 돕는 원리들도 관점에 따라서는 그 자체가 윤리적 행동규범의 일종으로 이해될 수 있다. 이 점을 독자들은 감안하기 바란다.

통해 그 임무에 관해 다소간의 독자적인 해석을 하며, 법이 정한 임무를 현실에 적응시킨 수정된 임무(adapted mission)를 수행한다. 임무의 수정은 물론 공익을 위한 것이다. 임무지향적 선택의 원리는 그러한 수정적 임무에 충실할 것을 요구한다.

   (5) 전문직업지향적·조직지향적 선택의 원리   전문직업의 윤리(professional ethics)를 중시하는 전문직업지향적 선택원리는 전문가집단의 직업윤리에 따라 행동하도록 처방한다.

   조직의 윤리(organizational ethics)를 중시하는 조직지향적 선택원리는 조직의 필요가 개인의 필요에 우선되어야 한다고 처방한다. 조직의 목표와 이익에 일관된 구성원의 행동이 윤리적이라고 보는 것이다.

   (6) 고객지향적 선택의 원리   고객지향(customer orientation)의 선택원리는 공무원들이 고객의 요구에 직접 반응해야 한다고 처방한다. 어떤 고객집단의 요구가 그 집단을 위해 바람직하고 다른 폐단이 없으면 고객지향적 선택이 적합하다고 한다. 이 원리는 비혜택집단의 지위향상에 대한 공무원들의 관심을 촉구하기도 한다.

   (7) 시장지향적 선택의 원리   시장지향(market orientation)의 선택원리는 관료적 권위주의를 버리고 행정에 시장논리를 도입하자는 것이다. 공공부문의 조직과 활동에 시장에서 적용되는 원리를 될 수 있는 대로 많이 도입하자는 것이다. 이 원리는 공공선택론의 연구에 기초를 두고 있다.

   (8) 목표우선의 선택원리와 비례적 선택의 원리   목표우선의 선택원리는 목표가 수단을 정당화한다는 목표·수단의 윤리(means-ends ethics)에 입각한 선택을 처방한다. 목표의 가치와 중요성이 매우 큰 경우 수단의 사소한 비윤리성은 용인될 수 있다고 보는 접근방법이다.

   비례적 선택의 원리는 어떤 행동이 긍정적·부정적 결과를 함께 가져오더라도 긍정적 결과의 이익이 더 크면 그 행동의 선택은 정당화될 수 있다고 보는 비례적 윤리(proportionality ethics)의 관점에 입각한 것이다.

   (9) 권리존중의 선택원리와 동등한 자유의 선택원리   권리존중의 윤리(rights ethics)에 입각한 권리존중의 선택원리는 타인의 기본권을 존중하고 보호하는 행동의 선택이 윤리적인 것이라고 처방한다.

   동등한 자유의 원리(principle of equal freedom)에 입각한 선택원리는 모든 사

람은 타인의 정당한 자유를 침해하지 않는 한 자유롭게 행동할 권리를 가져야
한다고 처방한다.

(10) **정의론적 선택의 원리**   정의론적 선택의 원리는 보상과 제재의 배분
이나 법률·행정절차의 적용이 모든 사람에게 공평해야 한다는 정의론(theory of
justice)에 입각한 것이다.

(11) **중용적 선택의 원리**   중용적 선택의 원리는 극단을 피하고 중용의 길을
걷도록 처방하는 중용의 교리(中庸의 敎理: doctrine of the mean)에 입각한 것이다.

(12) **황금률적 선택의 원리**   이 선택원리는 황금률(黃金律: golden rule)에 따
라 역지사지(易地思之)의 배려를 통해 윤리적 선택을 하도록 처방한다. 이것은
"남이 너에게 해 주기를 바라는 바를 남에게 베풀라"는 가르침에 따르도록 요구
하는 원리이다.

(13) **공개주의적 선택의 원리**   공개주의적 선택의 원리는 널리 공개해도 무
방하다고 생각되는 행동이 옳은 행동이라고 규정하는 공개법칙(disclosure rule)에
입각한 것이다. 이것은 윤리적 선택에 대한 일반대중의 반응을 중시하는 원리
이다.

(14) **관례주의적 선택의 원리**   관례주의적 선택(conventionalist choice)의 원리
는 법을 어기지 않는 한 관례에 따른 선택이 바람직하다고 처방한다.

(15) **직관적 선택의 원리**   직관적 선택의 원리는 직관적 윤리(intuition eth-
ics)를 믿는다. 이것은 주어진 상황에서 옳다고 느끼는 바대로 행동하도록 단순
하게 처방하는 원리이다. 사람들은 옳고 그름을 이해할 수 있는 직관적 능력을
지녔다고 전제하는 원리이다.

(16) **힘을 정의로 보는 선택원리**   이 선택원리는 힘이 곧 정의라고 하는 윤
리관(might-equals-right ethics)에 따라 힘 있는 자의 이익에 부합되는 행동을 정
당화한다. 이것은 다른 사람들에게 강요할 수 있는 힘을 가진 사람은 무엇이든
원하는 대로 할 수 있다는 선택원리이다.

힘을 정의로 보는 선택원리가 정치·행정의 현장에서 통용되는 예를 흔히
볼 수 있기 때문에, 이를 윤리적 선택모형의 하나로 열거하는 사람들이 있다. 그
러나 이 원리의 적용은 대개 도덕성을 보장하지 못한다. 부패한 정치권력이나
불법적인 무력까지도 정당화할 수 있기 때문이다. 앞서 언급한 임무지향적 선택
이나 수단지향적 선택도 정당한 권력에 대한 복종을 내포하는 것이지만 힘이 곧

정의라는 관념과는 구별된다. 공무원들이 힘을 정의로 보는 논리에 따르도록 권유할 수는 없다.

이기적 선택의 원리(self-serving principle)라는 선택기준을 제시하는 사람들은 힘을 정의로 보는 선택원리를 거기에 포함시키기도 한다. 힘을 정의로 보는 선택원리는 이기주의적 편향을 지녔기 때문이다. 자기 자신의 쾌락주의적 이익에 부합되도록 행동하거나 조직의 이익을 위해 행동해야 한다는 원리도 이기적 선택의 원리에 포함시킨다.

공무원들은 업무수행의 실제에서 윤리적 행동을 선택할 때, 특히 윤리적 딜레마의 해법을 찾으려 할 때 문제의 성격과 상황적 조건에 따라 다양한 선택원리 또는 선택원리의 조합을 적용할 수 있을 것이다.

어떤 한 원리에 집중적으로 의지할 수도 있다. 여러 원리들의 요구를 제약요인으로 보아 고루 만족시키려고 노력할 수도 있다. 복수의 원리에 따른 판단을 순차적으로 진행할 수도 있다. 순차적 고려에서 주된 원리와 부차적인 원리를 구분할 수도 있다.

행정의 현장에서 하나의 원리에만 전적으로 매달릴 수 있는 경우는 오히려 드물다. 대개는 여러 원리들을 순차적으로 검토할 수밖에 없을 것이다. 예컨대 공무원이 임무범위 내에서 어떤 행동방안을 선택하려 할 때 우선 공리적 판단을 할 수 있다. 다음에는 그 결정이 절대적인 도덕률에 위반되는지 검토하고, 이어서 넘침효과로 인한 제삼자의 권익침해가 없는지 알아보고, 그러한 권익침해가 있더라도 행동방안의 목표정당성이 압도적이기 때문에 이를 강행해야 할 것인지 판단하는 등의 윤리적 사고과정을 거칠 수 있다.

II. 공직윤리 향상방안

공무원들은 외적 관여 없이 스스로 높은 윤리의식을 가지고 행동할 수도 있다. 정부조직이나 국민은 그러한 자율규제에 의존하는 바가 크다. 그러나 공무원들의 자율에만 맡겨 둘 수 없는 것이 공직윤리의 문제이다. 정부조직은 공무원들의 윤리수준을 유지·향상시키기 위한 계획적 활동을 수행해야 한다.

공직윤리 향상을 위한 윤리성 제고사업의 궁극적 목표는 공무원들의 윤리성을 높이는 것이다. 즉 기대윤리의 규범을 내면화하여 윤리적 행동을 할 수 있

는 공무원들의 능력을 기르는 것이다.8)

공직윤리 향상을 위해 정부와 다른 통제중추들이 동원하는 방법들은 ⅰ) 공무원 개인을 직접적인 대상으로 하여 그 윤리수준을 향상시키는 방법, ⅱ) 정부조직의 차원에서 공무원의 윤리수준 향상에 도움이 되는 여건을 조성하는 방법, 그리고 ⅲ) 행정의 환경을 개선하는 방법으로 분류할 수 있다.

1. 개인 대상의 윤리성 향상활동

공무원 개인을 직접 대상으로 하여 그 윤리수준을 향상시키려는 수단은 자율규제를 촉진하는 교화적 수단과 통제를 강화하는 수단으로 나누어진다.

1) 자율규제의 촉진

자율규제를 촉진하려면 윤리의식이 높은 사람을 채용하고 채용 후에는 끊임없는 교화활동을 해야 한다.8)

① 윤리의식이 높은 사람의 채용   공무원들의 자율규제폭을 넓혀 공직윤리를 향상시키려면 공무원을 채용할 때부터 높은 윤리의식을 가지고 직업윤리를 스스로 지킬 수 있는 사람들을 선발하도록 노력해야 할 것이다.

② 공직윤리의 명료화   공직윤리의 명료화를 위해 힘써야 한다. 무엇이 공무원의 직업윤리이며, 그에 기초를 둔 행동규범은 무엇인가를 명확히 규정하고 그것을 공무원들에게 지속적으로 주지시킬 필요가 있다. 윤리강령 제정, 복무선서 실시 등이 공직윤리 명료화의 수단으로 쓰일 수 있다.

③ 윤리교육과 평가   공식적으로 계획된 윤리교육을 실시하고 공무원에 대한 평가과정에서 윤리적 행동을 유도해야 한다.

④ 리더십의 솔선수범   관리자·감독자 등 리더들은 윤리적 행동을 솔선수범하여 모범을 보이고, 부하직원들의 윤리적 행동을 촉진하여야 한다.

⑤ 유인의 제공   탁월한 윤리적 행동을 보인 공무원을 포상하여 장려하고 다른 사람들에게도 자극을 주어야 한다.

---

g) 윤리성제고사업의 궁극적 목표에 대한 하위목표 내지 부수적 목표는 여러 가지이다. 그 예로 ① 정책결정과 집행의 윤리적 측면에 대한 공무원들의 감수성을 높이는 것, ② 윤리성 평가의 불확실성을 감소시키는 것, ③ 윤리적·가치적 딜레마의 해결을 돕는 것, ④ 비윤리적 행동에 대한 제재의 정당성을 확인하는 것, ⑤ 윤리적·가치적 문제에 대한 분석능력을 함양하는 것, ⑥ 공무원들의 윤리적 행동에 대한 국민의 신임을 높이는 것을 들 수 있다. Kernaghan, *op. cit.*, p. 18.

2) 외재적 통제의 강화

공무원들이 지켜야 할 기본적인 윤리규범을 법제화하여 그 준수를 강제하는 것은 외재적 통제를 강화하는 방책의 기초가 된다.

공무원의 행동규범이 법령의 규정으로 공식화되면 그에 대한 법적 준수의무가 생긴다. 이러한 의무의 이행을 보장하기 위해 정부는 감독·평가·통제의 장치를 만들고 위반자에게 제재를 가한다. 외부의 통제중추들도 통제작용에 가담한다. 이러한 내부적 및 외부적 통제장치들의 능력을 향상시켜 필요한 통제의 실효성을 높여야 한다.

2. 조직 내의 윤리적 분위기 조성

정부조직은 공무원의 윤리적 행동이 가능하게 하고 또 그것을 유도할 수 있도록 윤리적 분위기를 조성해야 한다. 윤리적 분위기를 조성하기 위해서는 궁극적으로 행정문화를 개혁해야 한다. 여기서는 몇 가지 수단들을 예시할 수 있을 뿐이다.

윤리적 분위기를 조성하는 대책을 다음과 같이 요약할 수 있다.[h]

① **구조와 과정의 개혁**   윤리적 분위기를 조성하려면 정부조직의 중요한 구조와 과정을 공무원의 행동규범 준수를 촉진할 수 있도록 만들어야 하며, 공무원의 윤리적 행동을 뒷받침하는 데 필요한 장치도 만들어야 한다.

② **통합형 관리의 발전**   정부관리체제의 기본적인 지향성이 공무원들로 하여금 정부의 목표와 윤리적 기대를 내재화하도록 하는 데 이바지할 수 있어야 한다. 이를 위해서는 통합형 관리체제를 발전시키고, 공무원들에게 힘을 실어주고 신뢰의 분위기를 조성해야 한다. 일과 사람의 적응수준을 높여야 한다.

③ **윤리성 제고사업 실시**   정부조직 자체의 윤리성 제고사업을 지속적으로 전개하여 조직 전체의 차원에서 파악되는 윤리수준의 향상을 도모하고, 조직구

---

h) 조직 내의 윤리적 분위기를 조성하기 위한 대책 가운데 상당부분은 개인을 직접대상으로 하는 윤리성 제고활동과 겹친다. 다만 접근의 차원이 다르다.

조직의 분위기(climate)는 조직의 전형적인 절차와 운영방법에 대한 지배적 인식의 집합으로 이해된다. 그러한 인식이 윤리적 내용을 담고 있을 때 윤리적 분위기가 조성되었다고 한다. Bart Victor and John B. Cullen, "Organizational Bases of Ethical Work Climates," *ASQ*, Vol. 33, No. 1 (Mar. 1988), pp. 101~125.

성원 개개인의 윤리적 행동을 촉진할 수 있는 분위기를 조성하여야 한다. 그렇게 하기 위해서는 조직 전체의 윤리적 입장을 분명히 공개적으로 천명하고, 조직이라는 집합체의 전반적인 윤리성을 주기적으로 측정하여 문제점을 검토하고 시정방안을 마련하여야 한다.[i]

④ 인사행정의 윤리성 확보   인사행정의 모든 기능수행에서 윤리적 기준을 준수하여야 한다.

⑤ 처우의 적정화   보수 등 처우를 적정화해야 한다.

⑥ 공개행정의 발전   조직 내외의 참여를 촉진하고 공개행정의 범위를 넓혀나가야 한다.

⑦ 비윤리성에 대한 저항자의 보호   비윤리적인 조직의 정책 또는 비윤리적인 상관의 명령에 이의를 제기하거나 불복하고, 스스로 높은 윤리수준을 지키려는 사람들을 보호해야 한다.

3. 사회환경의 개선

정부의 윤리수준과 사회 전반의 윤리수준은 서로 영향을 미친다. 윤리체제들의 포괄적 연관성 때문에 공직윤리의 향상이라는 문제를 생각할 때에는 언제나 사회 전반의 윤리성도 문제로 삼게 된다. 사회체제 전체를 바라보는 총체적 관점에서 윤리적 공동체를 발전시켜 공직의 '윤리적 기반'을 구축해야 한다.[9]

공직윤리의 향상에 도움이 되도록 정치적·사회적·경제적 환경을 개선하는 과업은 정부부문과 그 환경이 협력하여 추진해야 한다. 이를 위하여 정부가 할 수 있는 일은 공직의 윤리타락을 직접적으로 초래하는 외부인을 무겁게 처벌하는 것에서부터 각종의 공식적 규범에 따라 사회적 비리의 통제를 강화하는 것, 그리고 정부를 포함한 사회체제 전반의 윤리성 향상을 위한 시민운동을 지원하는 것에 이르기까지 실로 다양하다.

---

i) 윤리성 측정은 조직 내의 행동을 인도하는 가치전제들의 평가로부터 시작해야 한다. 윤리성 측정작업을 윤리성감사(倫理性監査: ethics audit)라고도 한다.

III. 내부고발·재산등록과 공개·병역사항신고와 공개·선물신고· 취업제한·주식백지신탁

공직윤리 향상을 위한 정책의 도구는 대단히 많다. 우리 정부에서 채택하고 있으며 여러 쟁점을 안고 있는 내부고발자 보호, 공직자 재산등록과 공개, 병역사항신고와 공개, 선물신고, 취업제한, 그리고 주식백지신탁에 관한 제도들을 설명하려 한다.

1. 내부고발

1) 정   의

내부고발(內部告發: whistle blowing; public disclosure)은 조직구성원인 개인 또는 집단이 비윤리적이라고 판단되는 조직 내의 일을 대외적으로 폭로하는 행위이다.

내부고발의 주요 특성을 보면 다음과 같다.[10)]

① 비윤리적 행위의 폭로   내부고발의 대상은 조직 내에서 저질러진 비윤리적 행위이다. 가장 자주 폭로대상이 되는 것은 부패행위이지만 내부고발대상이 그에 한정되는 것은 아니다. 불법·부당하거나 부도덕한 행위들이 모두 대상에 포함된다.[11)]

② 비통상적 통로   내부고발은 대개 통상적이 아닌 통로를 이용한 폭로이며 대외적 공표이다. 비통상적 통로란 조직 내의 명령계통이나 기타 공식적으로 열려 있는 이의제기통로가 아닌 것을 지칭한다. 비통상적 통로는 다양하지만 흔히 볼 수 있는 예로 언론기관에 정보를 제공하거나 공익단체에 호소하는 것을 들 수 있다.

③ 조직 내 해결장치의 부재   내부고발대상인 윤리적 실패의 문제를 조직 내에서 해결할 장치가 없거나 제대로 작동되지 않을 때 내부고발이 일어난다.

④ 윤리적 동기   내부고발은 적절한 윤리적 동기에서 비롯된 것이라야 한다. 윤리적 동기는 행태적 징상에 입각해 객관적으로 평가할 수밖에 없다. 내부고발자의 실질적인 또는 숨겨진 동기는 여러 가지일 수 있다. 그러나 숨겨진 동기가 어떠하든 비윤리적 사례의 폭로가 사실에 입각해 있고 윤리적 동기에서 나

온 고발이라는 외형이 갖추어지는 한 내부고발은 보호의 대상이 된다.

⑤ 고발자의 위상　내부고발자는 조직의 구성원으로서, 재직중에, 퇴직하면서, 또는 퇴직 후에 비윤리적인 사실이라고 하는 것을 폭로하는 사람이다.

내부고발자의 지위에 대해 일반적으로 한정을 짓기는 어렵다. 고발대상자의 지휘계통에 포함되거나 포함되지 않거나를 가리지 않는다. 그러나 고발자와 피고발자 사이에는 권력배분의 불균등성이 있다. 고발자는 약한 위치에 있고 고발대상인 문제에 대해 결정을 내릴 공식적 권한을 갖지 못한 사람이다.

2) 내부고발자에 대한 보복

내부고발자의 폭로에 대해 조직은 대개 방어적·보복적 대응을 한다. 고발자는 조직생활을 계속할 수 없는 위기에 몰리거나 막대한 희생을 치르는 일이 많다.

보복의 양태는 다양하다. 직장 내에서 따돌리고 사회적으로 고립시키는 것은 아주 기초적인 보복이다. 성격이상·무능력·개인적 비리·불순한 동기 등을 거론하면서 인신공격을 하는 일도 흔하다. 업무비협조, 부당한 배치전환도 흔하다. 감당할 수 없는 업무를 맡기고 그것을 완수하지 못하면 업무실패를 문책하기도 한다. 승진기회를 박탈하거나 강제퇴직시키기도 한다.

3) 내부고발자의 보호

내부고발의 부작용에 대한 우려도 있지만 내부고발자를 보호해야 할 필요는 뚜렷하다. 내부고발자의 보호를 위해서는 필요한 법률을 제정하고 그 취지를 지지할 수 있는 여러 조치들을 취해야 한다.

(1) **보호의 필요**　내부고발자가 비윤리적 사실을 폭로하여 시정을 촉구했다면 그를 보호해야 할 당위성이 있다. 비윤리적 사실의 폭로는 내부고발자의 도덕적 권리이며 공익의 보호와 조직의 궁극적인 이익에 기여하는 것이므로 내부고발자는 보호해야 한다. 특히 체제화된 부패와 같이 만연된 비윤리적 상황을 타파하려면 내부고발을 유도하고 보호하지 않으면 안 된다.

그러나 허위사실을 악의적으로 조작해 공표하는 것과 같은 행위는 내부고발에 해당하지 않으며 따라서 보호의 대상이 아니다. 법적으로 보호된 국가기밀의 누설이나 개인의 사생활을 침해하는 폭로도 내부고발에서 제외해야 한다는 것이 다수의견이다.[12]

(2) 보호의 부작용   내부고발 장려정책에 수반될 폐단을 우려하는 사람들도 있다. 그러한 우려의 논점은 ⅰ) 공무 상의 기밀을 누설할 위험이 있다는 것, ⅱ) 명령불복종을 조장하는 등 행정조직의 운영질서를 교란할 수 있다는 것, ⅲ) 감독자와 부하들 사이의 신뢰관계를 무너뜨릴 수 있다는 것, 그리고 ⅳ) 고발자의 공격을 받은 사람의 보호에 소홀해질 수도 있고, 행정책임자들의 사기를 저하시킬 수도 있다는 것이다.[13)]

이러한 부작용의 손실이 내부고발자 보호의 이익을 능가하지 않도록 부작용을 최소화할 수 있는 방책을 찾아야 한다.

(3) 보호의 방법

① 법령의 보호   법적 보호장치를 만들어야 한다. 내부고발자에 대한 여러 가지 보복, 특히 부당한 배치전환, 승진봉쇄, 강제퇴직 등을 예방하는 법령을 제정해야 한다. 고발자의 주장이 공정하게 평가받을 수 있도록 보장하는 법조항도 있어야 한다. 그리고 보복이 저질러진 뒤에 고발자를 구제하는 절차와 방법에 대해서도 법적 규정을 만들어야 한다. 구제조항은 보복기간 중에 고발자가 입은 명예손상과 조직생활에서 상실한 것들을 회복시키는 방법에 관하여 규정해야 한다.

우리나라의 「부패방지 및 국민권익위원회의 설치와 운영에 관한 법률」은 부패행위를 수사기관·감사원·국민권익위원회 등에 신고한 국민들의 보호에 관한 규정을 두고 있다. 내부고발자도 그러한 보호규정의 대상이 되는 것으로 보아야 한다.

법이 정한 보호의 내용은 ⅰ) 부패행위 신고자에 대한 신분 상 불이익처분이나 근무조건 상의 차별을 금지한 것, ⅱ) 신분 상 불이익 처분을 당했을 경우 불이익처분의 원상회복 등 신분보장조치를 국민권익위원회에 요구할 수 있게 한 것, ⅲ) 국민권익위원회에 배치전환을 요구할 수 있게 한 것, ⅳ) 자신과 친족 또는 동거인의 신변보호조치를 요구할 수 있게 한 것 등이다.

위의 법률은 또한 부패행위신고자에 대한 포상과 보상금지급을 규정한다. 그리고 부패행위 신고자의 신고로 인해 자기 자신의 범죄가 발견된 경우 그 신고자에 대하여 형을 감경 또는 면제할 수 있게 하는 규정도 두고 있다.

「공익신고자 보호법」에서도 공익침해행위에 대한 공무원의 신고의무와 공익신고자에 대한 불이익조치 금지, 비밀보장, 신변보호 등 보호조치를 규정하고 있다.

② 보호세력 규합   고발자를 보호하려는 진영에 충분한 세력이 규합되어야만 한다. 정치적 리더십과 정부 내외의 각종 통제중추가 확고한 신념을 가지고

고발자 보호의 대열에 가담해야 한다.

③ 고발자의 자기보호 내부고발자 자신도 자기보호를 위해 치밀한 대비를 해야 한다. 먼저 대외적 폭로 이외에 문제해결의 대내적 통로가 있는지 탐색해야 한다. 대외적 폭로의 길밖에 없다고 판단하면 가족의 협조부터 구해야 한다. 조직의 비리에 대해 불만을 품은 동료들과 제휴하는 길을 찾아야 한다. 증거자료를 충실히 확보하도록 노력하고 사태진행과정에 관한 기록을 만들어야 한다. 변호사, 시민단체 등의 협력을 얻도록 노력해야 한다.

2. 공직자재산등록과 공개

1) 공직자재산공개제도

「공직자윤리법」이 규정한 공직자재산공개제도(公職者財産公開制度)는 공직자의 재산을 국가기관에 등록하게 하여 심사하고 법에 정한 범위 내에서 등록된 내용을 일반에 공개하게 함으로써 공직자의 부패를 예방하려는 제도이다.[14]

1981년의 「공직자윤리법」은 재산등록제를 도입하였으며, 등록사항의 비공개를 원칙으로 삼았었다. 다만 대통령령으로 정하는 등록의무자의 등록사항은 일반에 공개할 수도 있게 하였다. 1993년의 개정법률은 일정한 상위직 공직자의 등록사항은 의무적으로 공개하도록 규정함으로써 재산공개의무를 법제화하였다. 지금도 많은 등록의무자들이 재산등록만 하고 공개의무는 지지 않는 것을 원칙으로 삼고 있다. 그러나 등록 자체가 일종의 공개라고 할 수도 있고, 일반공개의 가능성이 전혀 배제되어 있는 것도 아니다. 그러므로 우리의 재산등록·공개제는 전체적으로 '재산공개제도'(financial disclosure system)라고 부를 수 있다.

2) 필 요 성

재산공개제의 주된 목적은 부패의 예방이라고 할 수 있다. 그리고 재산공개라는 강경한 조치를 채택함으로써 반부패(反腐敗)의 확고한 결의를 표명하면 공직의 정직성에 대한 국민의 신뢰가 제고될 것이며, 따라서 선량한 공직자들이 의심받지 않고 떳떳하게 일할 수 있는 분위기를 조성하는 데 기여할 것이다. 재산공개제는 공직과 공직자에 대한 국민의 알 권리를 존중하기 위해서 필요한 제도이기도 하다.

3) 난   점

그러나 재산공개제는 여러 가지 난제를 안고 있는 제도이며, 끝없는 논란을 불러일으키고 있는 제도이다. 이 제도에 대한 비판을 간추려 보면 다음과 같다.

① 유능한 공직자 확보의 애로   이 제도를 엄격히 시행하는 경우 유능한 공직자, 특히 고위정무직 공무원들을 확보하는 데 지장을 준다.

② 불신관리 조장   이 제도는 불신관리의 표상이며 부패라는 실제의 행위가 아니라, 부패의 '가능성'에 제재를 가하는 제도이다. 여기서 제재란 사생활의 침해이다.

③ 도덕성의 과잉추구   재산공개제와 같은 제도의 채택은 도덕성의 과잉추구라고 할 수 있다. 이러한 과잉적 조치는 오히려 공직의 품위를 떨어뜨릴 위험이 있다.[j]

④ 사생활 보호필요에 대한 감수성 약화   이 제도에 적응된 공직자들은 재산공개와 같은 사생활 침해의 문제를 가볍게 생각하고 국민의 사생활 보호에 소극적인 태도를 보일 가능성이 있다.

⑤ 행태적·기술적 난점   이 제도의 실효성을 보장하는 데 지장을 주는 행태적·기술적 난점들이 많다. 따라서 자칫하면 의식주의(ritualism)에 빠지기 쉽고, 재산등록이 형식적인 인상관리(impression management)를 위한 것으로 전락할 가능성이 있다. 이 제도가 본래의 취지대로 운영되지 못하면 공직에 대한 국민의 불신은 더욱 커질 것이다.

3. 병역사항신고와 공개

우리 정부에서는 공직자들의 병역사항을 신고하게 하여 이를 공개하고 있다. 병역사항의 신고와 공개에 관한 제도는 부정한 방법으로 병역을 면하거나 그에 관련해 부패를 저지르지 못하게 하려는 취지의 제도이다.

「공직자 등의 병역사항 신고 및 공개에 관한 법률」은 고위공직자들의 병역사항신고의무를 규정한다. 신고의무자의 범위는 이 법 제 2 조에 열거되어 있다.

---

j) Manning은 이러한 위험을 지적하면서 "방탕한 선행놀이에서 우리는 품위를 잃는 것 같다" (In an orgy of virtue, we seem to lose our grip on decency)는 표현을 쓴 바 있다. Bayless Manning, "The Purity Potlatch: An Essay on Conflicts of Interest, American Government and Moral Escalation," *The Federal Bar Journal*, No. 24(1964), p. 254.

신고의무자는 본인과 18세 이상인 직계비속의 병역처분·군복무사실·병역면제 등에 관한 사항을 소속기관에 신고해야 한다.

신고를 받은 소속기관의 장은 신고내용을 병무청에 통고한다. 병무청은 신고내용을 관보에 공개한다. 신고내용은 병무청 인터넷 홈페이지를 통해서도 공개한다.

4. 선물신고

「공직자윤리법」은 공직자들이 받은 선물을 신고하도록 규정한다.

공무원 또는 공직유관단체의 임·직원이 외국 또는 그 직무와 관련하여 외국인이나 단체로부터 일정한 가액 이상의 선물을 받은 때에는 지체없이 소속기관·단체의 장에게 신고하고 해당 선물을 인도하여야 한다. 이들의 직무에 관련하여 그 가족이 그러한 선물을 받은 때 또는 그 가족이 외국으로부터 선물을 받은 때에도 같은 조치를 취하여야 한다. 이와 같이 신고된 선물은 즉시 국고에 귀속시킨다. 선물신고를 게을리한 사람은 징계의 대상이 된다.

5. 퇴직공직자의 취업제한

「공직자윤리법」은 퇴직공직자의 취업제한을 규정하고 구체적인 시행사항의 규정은 대통령령에 위임하고 있다.

재산등록의무자인 공무원과 공직유관단체의 임·직원은 퇴직일로부터 3년간 퇴직 전 5년 동안 소속하였던 부서 또는 기관의 업무와 밀접한 관련이 있는 일정규모 이상의 영리를 목적으로 하는 사기업체나 법무법인, 회계법인, 세무법인, 외국법자문법률사무소, 시장형 공기업, 의료법인, 사회복지법인 등에 취업하지 못한다. 대통령령은 취업제한대상자를 공직자재산등록의무자로 정하고 있다. 그러나 관할 공직자윤리위원회의 승인을 받은 사람은 취업할 수 있다. 취업제한 규정을 위반하여 퇴직공직자가 영리사업체에 취업한 때에는 형사처벌한다.

취업제한제도의 취지는 공직자들이 퇴직 후 유관기업체에 유리한 조건으로 취업하기 위해 재직 중 특정한 기업체에 부당한 혜택을 주는 행위를 예방하는 것, 그리고 영리업체에 취업하여 공직에 있을 때의 연고관계나 정보를 악용하지 못하게 하는 것이다.

그러나 이 제도는 직업선택의 자유를 제한한다는 헌법논쟁을 불러일으킬 수 있는 문제를 안고 있다. 그리고 현실적인 차원에서 생각할 때, 퇴직한 공직자가 자기 기능을 최대한 활용할 수 있는 곳이 유관업체라 하지 않을 수 없다. 명예퇴직자나 정년퇴직자의 유관업체취업금지는 명분이 희박한 것이다.

6. 주식백지신탁

「공직자윤리법」은 주식백지신탁제도를 규정한다. 주식백지신탁제도는 고위공직자가 직위 또는 직무상 알게 된 정보를 이용하여 주식거래를 하거나 주가에 영향을 미쳐 부정하게 재산을 증식하는 것을 방지하려는 제도이다.

이 제도의 적용대상자는 재산공개대상자와 기획재정부 및 금융위원회 소속 공무원 중 대통령령이 정하는 본인 및 그 배우자·직계존비속 등 이해관계자이다. 이들이 1천만원 이상 5천만원 이하의 범위 안에서 대통령령이 정하는 금액을 초과하는 주식을 보유한 경우에는 이를 매각하거나 신탁재산의 관리·운용·처분에 관한 권한을 수탁기관에 위임하는 주식백지신탁계약을 체결해야 한다. 그러나 주식백지신탁심사위원회가 직무관련성이 없다고 결정한 경우에는 소유 주식의 매각·신탁의무가 없다.

수탁기관은 계약체결 후 60일 이내에 신탁된 주식을 처분해야 한다. 신탁계약을 체결한 공직자는 그 계약이 해지될 때까지 주식을 새로 취득할 수 없다.

Ⅳ. 우리 정부의 공식적 윤리규범

우리나라에서도 민주주의적 가치를 공직윤리의 바탕으로 삼고 있다. 적어도 공식적인 행동규범의 체계는 이러한 바탕 위에 축조되어 있다고 보아야 한다. 여러 가지 비공식적 규범 가운데는 공식적 행동규범에 일관되는 것만 있는 것이 아니라 그것을 교란하는 것들도 있겠지만, 공식적인 규범에 주의를 한정하여 행동규범의 대강을 파악해 보려 한다.

공식적인 행동규범은 법률로 정한 규범과 행정적으로 정한 규범으로 나누어볼 수 있다. 기본적인 법적 규범은 「국가공무원법」에서 정하는 공무원의 의무이다. 규정, 훈령, 규칙 등 다양한 형식으로 만들어진 행정적 행동규범에는 여러 가지가 있다. 그 대표적인 예는 공무원 헌장이다. 이 밖에도 취임선서문, 공무원의 신조, 공무원 행동강령, 준수사항 등이 있다. 여기서는 「국가공무원법」의 규정과 공무원 헌장의 내용만을 살펴보려 한다.

1. 법제화된 윤리규범: 「국가공무원법」의 규정

우리나라에서 공직윤리의 법제화가 통합입법으로 되어 있는 것은 아니다. 그러나 「국가공무원법」의 규정은 상당히 포괄적이다. 「국가공무원법」에서 공무원의 법적 의무로 규정하고 있는 행동규범을 보면 다음과 같다. 여기에는 어떤 행동을 요구하는 규범과 금지하는 규범이 포함되어 있다.[15]

(1) **성실의무** 모든 공무원은 법령을 준수하며 성실히 직무를 수행하여야 한다. 직무를 민주적이고 능률적으로 수행하기 위하여 창의와 성실로써 맡은 바 책임을 완수하여야 한다.

(2) **복종의 의무** 공무원은 직무를 수행할 때 소속상관의 직무 상의 명령에 복종하여야 한다.

(3) **직장이탈금지** 공무원은 소속상관의 허가 또는 정당한 사유가 없으면 직장을 이탈하지 못한다. 수사기관이 현행범이 아닌 공무원을 구속하려면 그 소속기관의 장에게 미리 통보하여야 한다.

(4) **친절·공정의 의무** 공무원은 국민 전체의 봉사자로서 친절하고 공정하게 직무를 수행하여야 한다. 공무원은 공·사를 분별하고 인권을 존중하며, 친절하고 신속·정확하게 업무를 처리하여야 한다.

(5) **종교중립의 의무** 공무원은 종교에 따른 차별 없이 직무를 수행해야 한다.[k]

(6) **비밀엄수의 의무** 공무원은 재직 중은 물론 퇴직 후에도 직무 상 알게 된 비밀을 엄수하여야 한다.

(7) **청렴의 의무** 공무원은 직무와 관련하여 직접적이든 간접적이든 사례·증여 또는 향응을 주거나 받을 수 없다. 그리고 공무원은 직무 상의 관계가 있든 없든 그 소속상관에게 증여하거나 소속공무원(부하)으로부터 증여를 받아서는 안 된다.

(8) **영예 등의 수령규제** 공무원이 외국정부로부터 영예나 증여를 받을 경

---

k) 「국가공무원복무규정」 제 4 조 제 2 항에서도 "공무원은 직무를 수행함에 있어서 종교 등에 따른 차별 없이 공정하게 업무를 처리해야 한다"고 규정함으로써 종교에 따른 차별의 금지를 특별히 강조한다.

우에는 대통령의 허가를 받아야 한다.

(9) 품위유지의 의무   공무원은 직무의 내외를 불문하고 그 품위가 손상되는 행위를 하여서는 아니 된다.

(10) 영리업무 및 겸직의 금지   공무원은 공무 외의 영리를 목적으로 하는 업무에 종사하지 못하며, 소속기관장의 허가 없이 다른 직무를 겸할 수 없다.

(11) 집단행위의 금지   공무원은 노동운동이나 그 밖에 공무 외의 일을 위한 집단행위를 할 수 없다. 그러나 법률이 집단행위를 허용하는 경우는 예외이다.

(12) 정치운동의 금지   공무원은 정당 기타 정치단체의 결성에 관여하거나 이에 가입할 수 없다. 그리고 공무원은 선거에서 특정정당 또는 특정인을 지지하거나 반대하는 행동을 할 수 없다.

위의 여러 가지 행동규범 가운데 단체행동 금지와 정치적 중립성 요구에 관한 규범, 그리고 청렴의무를 위반한 부패의 문제에 대해서는 뒤에 다시 설명하려 한다. 그리고 「남녀고용평등과 일·가정 양립 지원에 관한 법률」 등에서 규정하는 성희롱의 금지에 대해서도 따로 언급하려 한다.

> 「국가공무원법」의 복무의무규정에서 공무원의 충성의무를 직접 규정하고 있지는 않다. 그러나 충성의무의 존재를 간과하면 안 된다. 다른 여러 가지 법령과 행동강령 등에서 공무원의 충성의무를 직접 규정하거나 충성의무를 전제로 행동규범을 규정한다. 우리나라에서는 공무원의 충성의무를 강력하게 요구한다고 보아야 한다.
>
> 공무원의 충성(忠誠: loyalty)은 헌법적 기본질서와 국가적 이념에 대한 헌신을 뜻한다. 충성의무를 지는 공무원은 불충성을 범해서는 안 된다. 민주국가에서는 공무원의 충성이 국가와 국민 전체의 보편이익에 지향될 것을 요구한다.
>
> 공무원의 충성을 확보하기 위한 장치는 아주 광범하다. 공무원뿐만 아니라 국민 전체의 불충성과 파괴행위를 통제하기 위한 국가안보체제가 있다. 거기에 포함된 법적 제도의 통제를 공무원도 받는다. 공무원들의 충성을 확보하기 위한 정부 내의 직접적인 활동은 보안활동이다. 보안활동의 예로 공무원의 임용과정에서 하는 신원조사와 같은 충성심사절차를 들 수 있다.

2. 공무원 헌장

우리 정부는 공무원 헌장을 제정하여 2016년 1월 1일부터 시행하고 있다. 이것은 「대통령훈령」(제352호)으로 제정한 공직가치 선언이며 공직윤리의 행동규범이다. 정부는 「국무총리훈령」(제660호)으로 공무원 헌장 실천강령도 제정하여 시행하고 있다.

공무원 헌장의 내용은 다음과 같다.

우리는 자랑스러운 대한민국의 공무원이다.

우리는 헌법이 지향하는 가치를 실현하며 국가에 헌신하고 국민에게 봉사한다.

우리는 국민의 안녕과 행복을 추구하고 조국의 평화 통일과 지속 가능한 발전에 기여한다.

이에 굳은 각오와 다짐으로 다음을 실천한다.

하나. 공익을 우선시하며 투명하고 공정하게 맡은 바 책임을 다한다.

하나. 창의성과 전문성을 바탕으로 업무를 적극적으로 수행한다.

하나. 우리 사회의 다양성을 존중하고 국민과 함께 하는 민주 행정을 구현한다.

하나. 청렴을 생활화하고 규범과 건전한 상식에 따라 행동한다.

이 헌장은 1980년 12월부터 시행해 오던 공무원 윤리헌장을 대체한 것이다. 과거의 공무원 윤리헌장은 국가에 대한 헌신과 충성, 국민에 대한 정직과 봉사, 직무에서의 창의와 책임, 직장에서의 경애와 신의, 청렴과 질서를 지키는 생활 등 공무원의 신조를 규정하기에 앞서 공무원의 좌우명이라 할 수 있는 '지표'를 밝히면서 공무원이 '역사의 주체', '민족의 선봉', '국가의 역군', '국민의 귀감', '겨레의 기수'라는 말을 다섯 항목에서 강조하였다. 이런 표현들은 권위주의적 정부의 영도주의 내지 엘리티즘을 다분히 반영하는 것이라 할 수 있다.

2016년의 공무원 헌장은 그런 권위주의적 색채를 지웠다. 정부의 발표에 따르면 공무원 헌장에는 국가에 헌신하고 국민에게 봉사하는 공무원 본연의 자세 그리고 국민과 미래세대가 원하는 공무원상을 구현하기 위한 바람직한 공직가치를 제시하는 등 미래의 대한민국을 이끌 공무원의 지표를 담았다고 한다.

3. 공식적 윤리규범에 대한 평가

우리나라 공무원에 대한 공식적 윤리규범의 성향을 보면 공익추구와 대국민봉사, 그리고 대내질서를 위한 기강확립 등이 현저히 강조되고 있는 반면, 공무원의 인간적 존엄성이나 조직의 인간화, 그리고 조직생활의 민주화 등은 소홀히 다루어지고 있음을 알 수 있다. 한마디로 멸사봉공을 소리높이 외치고 있는 규범체계라 할 수 있다.

우리나라에서 지금까지 매우 엄격한 윤리규범의 법제화·공식화가 당위적으로는 정당시되고 있으나, 그것이 준수될 수 있는 여건의 불비와 공무원들의 부정적 행태 때문에 실천적으로는 윤리규범 적용의 관대화 경향을 보여왔다. 다시 말하면 윤리규범에 관한 형식주의가 팽배해 있었다. 우리 정부의 과제는 당위적인 윤리규범과 실제적인 윤리수준의 거리를 좁히는 일이라고 생각한다. 윤리규범에 관한 형식주의를 해소하려면 윤리규범의 실천수준을 향상시키도록 힘써야 할 것은 물론이지만, 시대적 요청의 변화에 따라 당위적인 기준의 '현실화'도 추진해야 할 것이다.

V. 정치적 중립성

1. 정치적 중립이란 무엇인가?

1) 정   의

우리 공무원의 행동규범인 정치적 중립(政治的 中立: political neutrality)은 정당적 정실이나 당파적 정쟁(政爭)에 대한 중립을 뜻한다. 공무원에 대한 정치적 중립의 요구는 당파적 특수이익과 결탁하여 직무수행의 공평성을 잃거나 정당적 세력 간의 권력투쟁에 끼어들지 말아야 한다는 행동규범이다. 이러한 규범의 준수를 확보하기 위해 일정한 범위 내에서 공무원의 정치활동을 제한한다.

공무원의 정치적 중립에 대한 요구가 공무원의 정치적 무감각을 촉구하거나 정치적 불모화(政治的 不毛化: political sterilization)를 요구하는 것은 아니다. 그것은 정치의 여러 국면 가운데서 당파적 정치를 행정에서 배제하려는 취지의 행동규범일 뿐이다.

정치적 중립의 요구는 정권교체에 동요됨이 없이 집권한 정치지도자들의 정책을 충실히 집행하라는 것이지 집권한 정당의 정책에 저항하거나 무관심하라는 것이 아니다. 공무원이 국민의 의사를 행정에 반영시키는 일을 게을리 하라는 뜻도 아니다. 공무원이 정책형성에 참여하여 정치적(정책적) 역할을 수행하는 것을 봉쇄하자는 뜻도 아니다. 공무원의 정당한 임무로 규정되는 활동이라면, 그것이 행정적이거나 정치적이거나를 막론하고 성실히 수행하는 것은 정치적 중립성에 관한 행동규범에 위반되지 않는다.[1]

공무원의 정치적 중립은 복수정당제에 입각한 민주정체(民主政體)를 채택하고 실적주의를 인사행정의 기본원리로 삼는 나라에서만 존재의미가 있다. 군주국가나 일당전제국가에서는 공무원의 정치적 중립성을 논의할 여지가 없다. 의회민주정치체제 하에서도 엽관주의를 인사행정 원리로 삼고 있을 경우 공무원의 정치적 중립은 요구할 수 없다.

2) 필 요 성

정치적 중립을 공무원의 행동규범으로 규정하는 까닭은 공무원이 당파적 목적에 그릇 이용되는 것을 막아 공익을 추구하는 공무원의 본분을 지킬 수 있게 하고 부패를 방지하려는 것이다. 그리고 공무원집단을 안정된 중립적 세력으로 만들어 민주적 정치체제의 균형을 유지하며, 정치적 집권세력의 교체에도 불구하고 행정의 계속성·전문성·공평성을 유지하기 위한 것이라고 말할 수 있다.

① 공익추구의 사명 공무원의 정치적 중립을 요구하는 가장 기본적인 이유는 공익을 추구해야 하는 공무원의 본질적인 사명에서 찾게 된다. 민주국가의 공무원은 국민 전체의 봉사자이기 때문에 당파적 특수이익에만 편중하거나 부당한 정치적 압력에 굽히는 일이 없어야 한다.

② 부패와 낭비의 방지 정당적 정실이 인사행정과 공무원의 직무수행에 개입함으로써 야기되는 관기문란과 공무원의 부패, 그리고 낭비를 막기 위해서도 공무원의 정치적 중립을 보장할 필요가 있다.

③ 전문적·중립적 세력의 필요 정당정치를 통한 정권교체를 전제로 하는 정치체제 하에서는 집권정치세력의 변동에도 불구하고 정부업무를 전문적이고 계속적으로 수행할 중립적 세력의 존재를 필요로 한다. 공무원집단을 이러한 전문적·중립적 세력으로 보전하기 위해서도 공무원의 정치적 중립은 필요하다.

④ 정치체제의 균형발전 정치체제 내의 세력균형을 위해서도 공무원의 정치적 중립은 필요한 것으로 생각된다. 특히 정부관료제가 우월한 위치에 있는

[1] 정치적 중립성에 관한 고전적 개념은 정치와 행정을 분리해야 한다고 주장하는 정치·행정 이원론에 따라 정의되었다. 그러나 오늘날 우리가 받아들이는 정치적 중립성의 개념은 고전적 개념과 구별되는 것이다. 지금 우리는 정치·행정 일원론의 전제 하에서 공무원의 정치적 중립을 논의한다.

국가들에서는 공무원의 정치개입을 막지 않으면 민주적 정치과정의 정당한 기초가 더욱 약화되고, 정부관료제의 전횡을 불러올 염려가 있다.

3) 보장의 방법

공무원의 정치적 중립성을 보장하려면 중립성의 피동적 훼손과 능동적 훼손을 방지하는 양방향의 조치를 취해야 한다.

그 하나는 정치적 중립의 피동적 훼손을 방지하는 조치이다. 이것은 외부의 당파적 정치가 정치적 중립성을 해치지 못하도록 공무원을 보호하는 조치이다. 보호조치에는 공무원의 신분을 보장하고 임용 등 인사절차에 당파적 영향력이 작용하는 것을 막는 방안들이 포함된다.

다른 하나는 공무원의 능동적 정치간여를 막기 위해 정치활동을 제한하는 조치이다. 이에 대해서는 다음 항에서 다시 논의하려 한다.

2. 정치활동의 제한

1) 필요와 범위

공무원의 정치적 중립을 요구하는 나라에서는 대개 이를 법적 의무로 규정하고, 정치적 중립성을 해칠 염려가 있는 공무원의 정치활동을 필요한 범위 내에서 금지 또는 제한하고 있다.

위에서 지적한 바와 같이 공무원의 정치적 중립성을 보장하려면 공무원을 외부의 정치적 간섭으로부터 보호해야 하지만 그것만으로는 부족하다. 공무원의 능동적 정치간여를 제한하여 중립성의 능동적 훼손도 막아야 한다. 공무원의 능동적인 정치간여를 제한하는 조치란 정치적 중립성을 보장하는 데 필요한 범위 내에서 공무원의 정치적 자유를 제한하는 조치를 말한다.m)

공무원의 정치활동을 금지 또는 제한하는 규범의 내용과 형식은 나라마다의 사정에 따라 다르다. 우리나라에서는 대단히 엄격한 정치활동 금지조항을 두고 있다. 공무원이 정치단체의 활동이나 선거에 간여하는 것을 광범하게 금지하

---

m) 공무원의 능동적이고 자발적인 정치활동을 금지하는 것도 외부세력으로부터 공무원을 보호하기 위한 조치라고 설명할 수 있는 여지가 있다. 실천적으로 외부의 강압에 의한 정치활동과 공무원의 자발적인 정치활동을 구별하기 어렵기 때문에 자발적인 정치활동까지 금지함으로써 외적 간섭의 가능성을 봉쇄해야 한다고 주장하는 사람들이 많다. F. A. Nigro and L. G. Nigro, *Modern Public Administration*, 4th ed.(Harper & Row, 1977), p. 351.

고 있다. 그리고 일부의 정무직 공무원을 제외한 나머지 공직자들은 각종 선거에 입후보하거나 선거를 통해 취임하는 직위를 겸임할 수 없도록 하고 있다. 그러므로 선거에 입후보하려면 공무원직을 먼저 사임해야 한다.

「국가공무원법」 제65조에서 금지한 공무원의 정치활동은 다음과 같다.

공무원은 정당이나 그 밖의 정치단체의 결성에 관여하거나 이에 가입할 수 없다.

공무원은 선거에 있어서 특정정당 또는 특정인을 지지 또는 반대하기 위한 다음의 행위를 하여서는 아니 된다.

첫째, 투표를 하거나 하지 아니하도록 권유운동을 하는 것.

둘째, 서명운동을 기도·주재하거나 권유하는 것.

셋째, 문서나 도서를 공공시설 등에 게시하거나 게시하게 하는 것. 「국가공무원법」 제65조에서 금지한 공무원의 정치활동은 다음과 같다.

공무원은 정당이나 그 밖의 정치단체의 결성에 관여하거나 이에 가입할 수 없다.

공무원은 선거에 있어서 특정정당 또는 특정인을 지지 또는 반대하기 위한 다음의 행위를 하여서는 아니 된다.

첫째, 투표를 하거나 하지 아니하도록 권유운동을 하는 것.

둘째, 서명운동을 기도·주재하거나 권유하는 것.

셋째, 문서나 도서를 공공시설 등에 게시하거나 게시하게 하는 것.

넷째, 기부금을 모집 또는 모집하게 하거나, 공공자금을 이용 또는 이용하게 하는 것.

다섯째, 타인에게 정당이나 그 밖의 정치단체에 가입하게 하거나 가입하지 아니하도록 권유운동을 하는 것.

공무원은 다른 공무원에게 위의 금지조항에 위배되는 행위를 하도록 요구하거나, 정치적 행위에 대한 보상 또는 보복으로서 이익 또는 불이익을 약속하여서는 안 된다.

지난날 정당정치의 영역과 행정의 영역이 적절히 분화되지 못한 가운데 행정공무원들은 정치활동과정에 피동적 또는 능동적으로 가담함으로써 많은 폐단을 빚었다. 근래 민주화의 추세와 더불어 공무원의 정치적 중립성은 많이 향상되었다. 그러나 지방자치와 노동운동의 활성화 과정에서 공무원의 정치적 중립성이 다시 한 번 손상될 수 있는 위험에 직면해 있다.

2) 비   판

(1) 비판의 논점   공무원들의 정치적 자유를 제한하는 금지조항에 대한 비판도 여러 가지로 제기되어 왔다. 비판의 논점들을 보면 다음과 같다.

① 불공평한 자유제한   민주국가에서 공무원집단이나 다른 어떤 특정집단

의 정치적 자유만을 따로 제한하는 것은 불공평하다. 공무원들을 '이류시민'으로 전락시키고, 따라서 유능한 인재의 공직유치에 지장을 준다.

② 정치체제작동의 파행   공무원집단의 규모가 방대함에도 불구하고 그들을 국민의사형성과정에서 배제하는 것은 정치체제의 온전한 작동을 방해한다.

③ 참여적 관료제 발전의 저해   공무원의 정치참여를 제한하는 것은 참여적 관료제의 발전을 저해한다. 공무원들의 정책과정 참여능력과 이익조정능력을 제약하기 때문이다.[n]

④ 국민대표적 기능 수행의 좌절   정부관료제의 국민대표적 기능 수행을 좌절시킨다. 공무원의 정치적 중립성을 계속 강조하면 공무원들의 '이념적 무관심'을 조장하고, 정부관료제가 사회적·정치적으로 발로되는 국민의 요청에 민감하지 못한 폐쇄집단화할 염려가 있다.

⑤ 정치·행정 일원론에 위배   공무원의 정치적 중립성을 요구하는 이론은 정치·행정 이원론이 지배적이었던 시대의 유물이기 때문에 정치·행정 일원론이 지배적인 시대에는 적합하지 않다.

⑥ 현실적 상황변화   선진민주사회의 현실적 상황변화를 이유로 공무원의 정치활동 규제를 반대하는 논자들도 많다. 상황변화의 예로 ⅰ) 인사행정의 실적체제가 확고한 기반을 굳혔다는 것, ⅱ) 공무원의 전문화 수준과 직업윤리의 수준이 현저히 향상되었다는 것, ⅲ) 공무원단체가 성장했기 때문에 외적 강요에 의한 정치적 남용을 물리칠 수 있는 공무원집단의 자체방어능력이 향상되었다는 것, ⅳ) 정당제도의 체질변화로 엽관의 위협이 감소되었다는 것 등이 들어지고 있다.

(2) 비판의 평가와 대응책   위의 여러 가지 비판이 공무원의 정치적 중립을 보장하기 위한 제도의 폐지를 정당화할 만큼 강력한 것은 아니다. 어떤 비판은 정치적 중립 개념에 대한 오해에서 비롯된 것도 있다.

그러나 비판적 논점들을 장래의 제도개혁에서 참고하여 정치활동 금지조항의

---

n) Shafritz 등은 계서적 압력을 감소시켜 중간관리층 이하 공무원들의 정책형성에 대한 참여기회를 확대하고, 그들이 대내외적으로 자기 주견을 표현·관철할 수 있는 폭을 넓혀주는 정부관료제를 참여적 관료제(participatory bureaucracy)라고 하였다. J. M. Shafritz, W. L. Balk, A. C. Hyde and D. H. Rosenbloom, *Personnel Management in Government: Politics and Process*(Marcel Dekker, 1978), p. 173.

부작용을 최소화하도록 노력해야 할 것이다. 행정환경의 변화와 더불어 ⅰ) 정부관료제의 정치적 책임확보, ⅱ) 관리자들의 정책사업가적 역할(policy entrepreneur role) 수행, ⅲ) 관리과정의 융통성 제고, ⅳ) 공무원단체의 기능확대, ⅴ) 공무원들의 책임 있는 능동성 발휘, 그리고 ⅵ) 공무원들의 헌법 상 권리보호에 대한 요청이 커지는 추세에 따라 정치활동 금지조항의 완화를 추진해야 할 것이다.

3. 정치적 중립성 보장의 성공조건

공무원의 정치활동 금지, 공무원의 신분보장, 엽관인사의 금지 등에 관한 법조항을 제정하는 것은 공무원의 정치적 중립성을 보장하는 데 필요한 조건이다. 그러나 하나의 조건에 불과하다. 법조항이 실효를 거둘 수 있으려면 좀더 근본적인 조건들이 갖추어져야 한다.

① 공무원들의 자각과 신념   공무원들이 정치적 중립의 필요를 인식하고 그에 대한 신념을 가져야 한다. 공무원들이 민주행정의 사명과 그 수행에 필요한 정치적 중립의 중요성을 자각하고 능동적으로 정치적 중립을 옹호하게 되어야 한다.

② 정치적 여건의 성숙   정치체제의 균형성장, 선거제도를 포함한 민주정치제도들의 정상적인 작동, 엽관인사에 의존하지 않는 정당·이익집단, 공무원들의 정치적 중립을 지지하는 정치인들의 정치윤리 등 정치적 여건이 갖추어져야 한다.

③ 국민의 지지   국민 전체의 지지가 있어야 한다. 국민의 정치의식이 높고 그것이 행동으로 발양되어야 한다. 국민이 모두 국민주권의 원리를 자각하고 거기에 기초를 둔 시민적 권리를 올바로 행사할 때 공무원의 행동규범이 제대로 지켜질 수 있다.

VI. 공무원노동조합

1. 공무원노동조합이란 무엇인가?

1) 정   의

공무원의 노동조합(勞動組合: labor union or employee union)은 근무조건의 유지·개선을 위해 공무원들이 조직하는 단체 또는 그 연합체를 말한다. 공무원단체에는 여러 가지 형태가 포함될 수 있겠지만, 여기서 다루려는 공무원단체는 노동조합의 형태를 갖춘 공식적인 단체만을 지칭하는 것이다.

공무원노동조합(공무원노조)은 그 구성원인 공무원들의 근무조건과 지위 및 복지를 유지·향상시키는 것을 주된 목적으로 하여 조직하는 단체이지만, 공무원들의 협동심을 고취하고 행정발전에 기여한다는 등의 부수적 목적을 함께 표방하는 것이 보통이다. 공무원노조의 활동으로 ⅰ) 오락과 친목활동, ⅱ) 상조활동(相助活動), ⅲ) 교육과 홍보활동, ⅳ) 대표활동을 생각할 수 있다. 이 중에서 가장 기본적인 것으로 중요시되며, 또 가장 많은 쟁점을 안고 있는 것은 대표활동이다. 단체교섭이나 단체행동은 대표활동의 수단이 된다.

2) 효용과 한계

(1) 효   용   공무원의 이익옹호가 공무원노조의 가장 기초적인 목적이며 동시에 효용이지만, 그에 따르는 여러 가지 효용을 또한 생각할 수 있다.

① 집단적 의사표시의 수단   공무원들은 공무원노조를 통해 정부 내외에 걸쳐 집단적인 의사표시를 할 수 있다.

② 쌍방적 의사전달 통로   공무원노조는 그 구성원인 공무원들과 관리층 사이에 경제적이고 접근하기 쉬운 쌍방적 의사전달 통로를 제공해 준다.

③ 사기앙양   공무원노조의 활동으로 얻은 공무원의 복지증진이나 공무원노조의 활동과정은 대체로 공무원들의 참여감·세력감·성취감 등을 증진시키며, 결과적으로 사기를 높이는 데 기여할 수 있다.

④ 행정발전과 직업윤리 향상   공무원노조는 행정발전과 공무원들의 직업윤리 확립에 기여할 수 있다. 공무원노조는 직장민주화에 기여할 수 있다. 관리자들의 탈선을 감시할 수 있다. 공무원노조는 그 구성원들이 공직의 행동규범으로부터 이탈하는 것을 막는 사회적 견제작용을 할 수 있다.

(2) 우려되는 폐단   위의 효용은 공무원노조가 잘 조직되고 운영될 때 기대할 수 있는 것들이다. 공무원노조가 잘못 운영되거나 탈선할 때에는 여러 폐단이 따른다.[16)]

① 노사갈등과 관리작용 침해   노사 간에 대립과 갈등을 격화시키고 관리작용을 침해할 수 있다.

② 생산성 저하·공익 침해   공무원노조의 이기적 활동은 조직의 생산성을

저하시키고 공익을 해칠 수 있다. 생산성 향상·공익증진을 위한 개혁에 저항할 수 있다.

③ 실적주의 침해   비생산적인 직원을 보호하는 등 실적주의적 인사원리를 위협할 수 있다.

④ 노조운영 상의 문제   무임승차자의 문제, 획일적인 대안추구의 문제, 의심스러운 혜택의 문제 등은 공무원들의 참여의욕을 떨어뜨리고 노조의 활동력을 약화시킬 수 있다.

⑤ 탈선의 위험   공무원노조의 본래적인 기능범위를 벗어나는 단체활동의 과잉화·불법화가 우려된다. 노조원들은 불법집회, 정치간여 등의 유혹을 받기 쉽다.

3) 발전의 조건

공무원노조가 형성되어 제대로 활동하고, 따라서 바람직한 효용을 발휘할 수 있으려면 행정체제의 내외에 걸쳐 그것을 뒷받침해 줄 수 있는 조건이 갖추어져 있어야 한다. 노조발전의 기본적인 전제조건들은 다음과 같다.

① 자유사회의 기반   자유사회의 기반이 형성되어 있어야 한다. 기본법체계가 결사의 자유를 보장한다는 조건이 갖추어져 있을 뿐만 아니라, 민주적 참여가 생활화된 사회라야만 우리가 말하는 공무원노조가 본궤도에 오를 수 있다.

② 공무원노조를 허용하는 법제   법체제의 구조와 원리가 공무원노조의 성립과 활동을 허용하는 것이라야 한다. 일반적인 결사의 자유 아래 민간부문에서뿐만 아니라 정부부문에서도 노동조합의 구성을 할 수 있게 하는 법체제의 원리가 있어야 한다.

③ 노사의 파트너십   실제적인 운영면에서 정부(관리층)와 공무원노조 사이에 서로 보완적이고 협조적인 관계가 성립될 수 있어야 한다. 노사 간의 파트너십이 형성되어야 하는 것이다. 이에 관해서는 아래에서 따로 설명할 것이다.

④ 공무원의 동기   공무원들이 공무원노조의 필요를 인식하고 그것을 구성하려는 동기를 가져야 한다.

4) 노사 간의 파트너십

노(공무원노조)와 사(관리층)의 관계는 대립적·갈등적인 측면과 협력적인 측면을 함께 가지고 있다. 오늘날 노사관계에 관한 처방적 이론의 대세는 대립보다 협력·협동을 더 강조하는 것이다. 노사 간 관계의 대립적·갈등적 요소를 완전히 없앨 수는 없지만 협력적인 측면을 더 강화할 수는 있고 또 그렇게 해야 한다는 것이다.

노사 간의 협동성을 높여 파트너십을 구축하려면 다음과 같은 조건이 갖추어져야 한다.[17]

① 관리층의 긍정적 태도 관리층에서는 공무원노조가 관리활동을 돕고 보완할 수 있다는 점을 이해하고, 그것을 정부의 목표달성을 위해 창의적으로 활용할 수 있어야 한다.

② 노조구성원들의 긍정적 태도 공무원노조가 스스로 긍정적인 자세를 갖출 때 비로소 관리층의 적극적인 반응을 기대할 수 있다. 공무원노조의 이익추구와 정부조직의 목표달성은 근본적으로 양립할 수 있어야 한다. 공무원노조는 건설적 참여능력과 본분을 잃지 않는 자기규제능력을 가지고 있어야 한다.

③ 상호 이해와 신뢰의 증진 공무원노조와 관리층은 각기 다른 시각과 집단문화를 서로 이해하여야 한다. 그리고 상호 신뢰의 기반을 구축하고 정보교환을 촉진해야 한다.

④ 갈등의 용인 노사 간 협동관계가 발전하더라도 대립·갈등문제가 사라지지 않는다는 데 대해 용인적인 태도를 가져야 한다. 갈등이 있다고 해서 노사 간의 파트너십이 무너졌다고 생각하면 안 된다.

⑤ 관련세력과의 제휴 노사 간 협동관계의 발전을 위해서는 정치인, 이익집단, 관련 있는 시민 등 이해관계자들과 제휴해야 한다.

⑥ 일상화·제도화 노사 간의 파트너십을 조직구조 내에 일상화·제도화해야 한다.

2. 공직의 특수성과 공무원노동조합에 대한 규제

1) 공직의 특수성

오늘날 대부분의 국가에서는 사기업체와 구별되는 국가조직의 특수성을 인정하고 공무원노조의 조직과 활동에 다소간의 제약을 가하는 것이 보통이다. 공무원의 집단행동을 제한하는 문제에 관련하여 흔히 거론되는 공직의 특수성은 다음과 같다.

① 업무의 불가결성   정부조직은 국민의 기본적 수요를 충족시키는 데 다른 조직체들보다 훨씬 더 큰 역할을 수행한다. 노동쟁의 때문에 정부조직의 계속성이나 생산성이 손상되면 그 폐해가 막대하다.

② 사용자·피사용자 구분의 모호성   사기업체에서 보는 바와 같이 사용자와 피사용자가 명확하게 대립하는 상황은 정부조직 안에서 찾아보기 어렵다. 어떤 의미에서는 지위의 고하 간에 모든 공무원은 피고용자라고 할 수도 있다.

③ 정치적·법적 통제   공무원의 업무수행과 근로조건은 국민적 관심사이며 정치적·입법적 통제를 받는다. 따라서 노사협약만으로 해결할 수 있는 문제의 범위는 한정된다.

④ 형평성의 요청   민주정부의 인사행정은 형평성을 보장해야 한다. 그러므로 노조에 속하지 않는다는 이유 때문에 근로조건 상의 차별을 받게 할 수는 없다.

2) 규제의 유형

공직의 특수성에 관한 주장들이 어느 정도로 받아들여지고, 따라서 공무원노조를 어느 정도로 규제하느냐 하는 것은 나라마다의 사정에 따라 다르다. 공무원노조에 대한 규제의 중요한 유형으로는 ⅰ) 공무원노조의 구성을 원칙적으로 금지하는 것, ⅱ) 공무원노조를 구성할 수 있는 공무원의 범위를 법률로 한정하는 것, ⅲ) 공무원노조는 민간의 노동단체나 그 연합체에 가입하지 못하게 하는 것, ⅳ) 단체교섭의 범위를 한정하는 것, ⅴ) 단체행동을 금지하는 것, ⅵ) 공무원노조의 구성이 허용되는 직역(職域)에서도 그에 대한 가입을 의무화하지는 못하게 하는 것을 들 수 있다.

> 노조가입의 의무화 여부에 관련하여 노조의 유형을 여러 가지로 분류한다. 중요한 유형으로는 클로즈드숍(closed shop), 유니온숍(union shop), 에이전시숍(agency shop), 오픈숍(open shop)을 들 수 있다.
> 클로즈드숍은 일정한 노동단체의 가입자가 아니면 직원으로 채용할 수 없게 하는 제도이다. 이런 제도는 공공부문에서 거의 찾아볼 수 없다. 유니온숍은 채용 후 일정기간(예컨대 35일) 내에 노동단체에 가입한다는 조건부로 직원을 채용할 수 있게 하는 제도이다. 에이전시숍은 노동단체 가입을 의무화하지는 않으나, 노동단체의 활동으로 혜택을 받게 되는 직원들에게 단체활동에 필요한 회비는 납부하게 하는 제도이다. 오픈숍은 노조가입을 강요하지 않는 제도, 즉 노조가입이나 회비납부는 공무원의 선택에 맡기는 제도이다.[18]

공무원노조규제의 모든 유형(대안)은 찬·반 논쟁의 대상이 되고 있다. 공무

원노조의 효용에 주목하는 사람들은 노조구성에 찬성한다. 공직의 특수성과 노
조의 폐단을 강조하는 사람들은 공무원노조 구성 자체를 반대한다. 노조의 단체
교섭과 단체협약을 행정재량에 관한 문제로 이해하는 사람들은 교섭·협약 허용
론을 편다. 근로조건의 법정주의를 믿는 사람들은 이를 반대한다.

규제의 여러 대안에 관한 논쟁 가운데서 가장 많은 논객들을 동원한 것은
단체행동(쟁의행위)의 규제 여부에 관한 논쟁이다. 이에 대해서는 다음 항에서
따로 설명하려 한다.

3) 단체행동의 규제에 관한 논쟁

공무원노조의 단체행동, 즉 파업(罷業)·태업(怠業) 등 쟁의행위를 허용할 것
인지에 관한 의견대립은 오랫동안 계속되어 왔다. 지난날에는 금지론이 우세했
던 것으로 보인다. 그러나 근래에는 허용론이 더 큰 세력을 얻어가는 것 같다.
반대·찬성의 논점을 보면 다음과 같다.[19]

(1) 단체행동 반대론   공무원노조의 단체행동권을 인정할 수 없다고 주장
하는 사람들은 대개 다음과 같은 이유를 든다.

① **주권과 공익에 대한 침해**   정부는 국민주권의 수임자이며 국민 전체를 위
한 공익추구의 책무를 진다. 공무원의 신분은 공공성을 지녔으며 공무원은 국가
와의 특별권력관계 하에 있다. 따라서 공무원의 단체행동은 국민주권에 대한 공
격이며, 공익의 침해이다.

② **업무의 불가결성과 독점성**   정부는 국민생활에 불가결한 업무를 독점적으
로 수행하기 때문에 단체행동으로 이를 중단시키면 안 된다.

③ **공무원이 누리는 특혜와 특권**   모범고용조직인 정부에 종사하는 공무원의
특혜와 특권에 비추어 볼 때 단체행동은 합당치 않다. 그리고 정부가 공무원들
에게 어떤 편익의 제공을 약속하고 제도화된 합법적 절차를 밟아 그것을 실천하
려고 하는 경우, 공무원들도 그에 대응하는 자제력을 보여야 한다.

④ **법치주의의 침해**   공무원들이나 그 대표자들은 그들의 주장을 관철하고
정부와 분규를 해결할 수 있는 다른 여러 가지 합법적 수단을 가지고 있다. 그
럼에도 불구하고 파업·태업과 같은 실력행사로 정부와 국민의 의사를 구속하려
하는 것은 법치주의의 원리에 위배된다.

⑤ **실적주의의 침해**   공무원노조가 실력행사로 채용·승진·보수 등에 관한

편파적 주장을 관철하면 실적주의적 인사원리가 교란된다.

⑥ 우리나라의 특별한 여건　우리나라의 상황적 조건이 공무원노조의 단체행동을 허용하기는 어렵게 되어 있다. 단체행동을 허용하기 어렵게 하는 조건으로 ⅰ) 우리나라에서는 노사관계가 성숙되어 있지 않으며 공무원노조의 기득권 옹호가 감축관리 등 개혁추진을 방해할 수 있다는 것, ⅱ) 단체행동이 위계질서 등 관기를 문란하게 할 수 있다는 것, ⅲ) 국민의 의식이 공무원의 단체행동을 받아들이기 어렵다는 것, ⅳ) 남·북 분단의 긴장상태에서 공무원의 파업을 허용하면 위험하다는 것 등이 지적되고 있다.

(2) 단체행동 허용론　공무원노조의 단체행동권을 인정해야 한다고 보는 사람들의 의견은 다음과 같다.

① 정부업무 불가결성의 한계　모든 정부업무가 공무원들의 단체행동을 용납할 수 없을 만큼 긴급하고 불가결한 것은 아니다. 그리고 정부조직은 민간기업처럼 파업 때문에 도산할 위험도 적다.

② 공익추구 책무의 오해　공무원이 국민 전체에 대한 봉사자이며 공익추구자라고 하지만 그것은 대국민관계의 문제이다. 대내적 노사관계의 문제를 그러한 대외적 관계 때문에 민간의 경우와 완전히 구별해야 한다는 주장은 공무원의 공익추구 책무에 대한 오해에서 비롯된 것이다.

③ 효과적인 압력수단　사기업체와 마찬가지로 정부도 파업과 같은 효과적인 압력을 받아야 공무원들이 원하는 편익을 제공하게 된다.

④ 조직관리 상의 효용　단체행동을 허용하면 조직관리 상의 여러 효용을 기대할 수 있다. 단체행동상황의 갈등과정에서 노사 양측은 상대방의 입장을 더욱 잘 이해하게 된다. 공무원노조의 활동을 관대하게 허용하면 행정의 대내적 민주화와 공무원들의 사기진작에 기여한다.

⑤ 실적체제의 성숙　현대의 실적주의체제는 공무원들의 대표활동을 수용할 수 있을 만큼 성숙해 있다.

⑥ 금지조항의 실효성에 대한 의문　단체행동의 규범적인 금지는 그 실효를 거두기 어렵다. 사태가 심히 악화되면 법적인 금지조항이 있더라도 파업이나 태업은 일어날 수 있다.

3. 우리 정부의 공무원노동조합

오랫동안 공무원노조에 관한 우리 정부의 공식적인 정책은 아주 제한적·규제적인 것이었다. 정부에서는 공무원노조의 구성을 원칙적으로 금지하고, 사실상 노무에 종사하는 공무원에 대해서만 예외적으로 허용하였다.

1999년에 이르러 노조구성대상에 포함되지 않는 6급 이하 공무원들의 공무원직장협의회(公務員職場協議會) 구성을 허용하였다. 공무원직장협의회는 공무원의 근무환경 개선, 업무능률 향상, 고충처리 등을 목적으로 하는 것이며, 가입대상은 6급 이하의 공무원이다. 이 단체는 협의기구이며, 공무원직장협의회의 파업 등 쟁의행위는 허용되지 않는다. 협의대상은 상당히 제한적이다.

공무원직장협의회라는 대안은 날로 거세어진 노조확대운동을 무마하기에는 역부족이었다. 2003년경부터는 6급 이하 공무원들이 가입하는 '사실 상의' 공무원노조가 활동을 시작하였다. 복수의 노조가 생겨나고 이합집산을 거듭한 끝에 전국공무원노동조합이 발족되었다. 이 단체를 사실 상의 노조라고 부르는 까닭은 공무원노조에 관한 법률이 제정되기도 전에 활동을 시작한 법외적 단체였기 때문이다. 이 단체는 파업을 시도할 정도로 급진적이었으며 단체행동권의 법적 보장을 둘러싸고 정부와 대치하였다. 많은 지방자치단체들이 사실 상의 공무원노조와 단체협약을 체결하였다.

2005년 1월 27일에 공포된 「공무원의 노동조합 설립 및 운영 등에 관한 법률」은 6급 이하 공무원의 노조활동을 합법화하였다. 이 법률은 공무원노조의 태업·파업 등의 쟁의행위를 금지하고 있다.

「공무원의 노동조합 설립 및 운영 등에 관한 법률 시행령」과 「시행규칙」에서는 6급 이하 공무원의 노조가입범위와 단체교섭대상을 한정하고 있다.

다른 공무원의 업무를 지휘·감독하거나 총괄하는 공무원, 인사·보수에 관한 업무의 담당자 등 노조와의 관계에서 행정기관의 입장에서 업무를 수행하는 공무원, 그리고 교정·수사 또는 그에 유사한 업무의 담당자, 노동관계 조정·감독 등의 업무를 수행하는 공무원은 노조에 가입할 수 없다.

정책결정에 관한 사항이나 임용권의 행사 등 기관의 관리·운영에 관한 사항으로서 근무조건과 직접 관련되지 않는 사항은 단체교섭 대상에서 제외된다. 공무원노조의 정치활동이 금지되어 있는 것은 물론이다. 그러나 여러 금지조항에

도 불구하고 '초창기적'인 공무원노조가 정치적 색채가 짙은 시국선언, 정당과의
연대행동, 반정부시위 가담 등으로 물의를 빚고 법적·행정적 제재를 받는 일이
빈발하였다.

VII. 성희롱의 금지

1. 문제화의 배경

우리나라에서는 성희롱 문제가 비교적 덜 시끄러운 편이었다. 그런 일을 쟁
점화하기 어려운 문화적 전통 때문이었을 것이다. 남존여비는 우리의 전통적 규
범이었으며 오랜 역사를 통해 남녀의 공동적 사회활동은 제한되었다. 남녀의 공
동적 조직생활이 늘어나면서도 여권신장이 안 되고, 조직운영체제가 권위주의적
이고, 현대적 행동규범의 발전은 더디던 시대에는 성희롱을 분규화하기 어려웠다.

그러나 상황은 급속히 변하고 있다. 성희롱의 피해자는 남성·여성을 가리
지 않지만 당하는 쪽은 주로 여성이다. 그런데 여성에 관련된 조건들이 달라지
고 있다. 민주화, 여권신장이 촉진되고 있으며 여성의 사회진출이 확대되고 있
다. 전통적으로 남성이 독점하던 직업영역에 여성들의 진출이 늘어나고 있다.
성간(性間)의 역할규정이나 권력균형이 달라지고 있다. 여성단체들의 활동이 세
력을 키워가고 있다. 여성들의 정치적 발언권도 강화되고 있다.

이렇게 달라져 가는 조건들은 한편에서 성희롱의 기회를 늘리고 다른 한편
에서는 그것이 분규화될 기회를 또한 늘리고 있다. 남녀의 접촉이 많아지면 성
희롱의 기회가 늘어나고, 성희롱 행태에 대한 저항의식이 커질수록 갈등과 불평
제기의 가능성은 커진다.

2. 성희롱이란 무엇인가?

1) 정   의

성희롱(性戱弄: 성적 괴롭힘: sexual harassment)이란 사람을 성적으로 괴롭히는
행위이다. 성희롱은 상대방이 요구하거나 원하는 바가 아닌 고의적 행위이다.
그것은 상대방이 모멸감 등 심리적 타격을 입는 행위이다. 성희롱 행위의 형태
와 내용은 다양하다. 여기서 우리가 논의하는 것은 직장생활에서 발생하는 성희

롱이다.o)

성희롱의 주요 특성을 보면 다음과 같다.20)

① 성적인 내용이 담긴 고의적 행위 성희롱은 성적인 내용이 담긴(sexual nature) 고의적 행위이다. 성적인 내용이 담긴 행위란 행위 자체가 성적인 것이거나 행위의 동기가 성적인 것을 말한다. 성희롱 행위의 형태 또는 수단은 여러 가지이다. 행위의 고의성은 상대방에 해를 끼칠 수 있다는 행위자의 믿음 또는 기대가 있을 때 성립한다. 행위의 고의성은 넓은 의미로 해석된다.

② 원하지 않는 행위 성희롱은 상대방이 요구하지도, 원하지도 않는 행위이다. 즉 상대방이 싫어하고 심리적 타격을 받는 행위이다. 행위자와 상대방이 서로 원해서 합의 하에 하는 행위(로맨스)는 성희롱이 아니다.

③ 피해자 유형의 다양성 성희롱의 피해자에는 조직구성원뿐만 아니라 채용과정에 있는 구직자도 포함된다. 피해자의 성별은 따지지 않는다. 성희롱은 대개 이성 간에 저질러지며 여성이 주된 피해자라는 경향을 보인다. 그러나 드문 예이기는 하지만 남성이 여성으로부터 괴롭힘을 당할 수도 있다. 성희롱은 동성 간에도 저질러질 수 있다.

④ 직장연관적 행위 성희롱은 직장관계 또는 업무관계에 연관된 행위이다. 그러나 가해자와 장소의 범위는 넓게 해석된다. 직장의 상관이나 동료 또는 업무관련자들이 가해자가 될 수 있다.p) 가해자의 범위에 포함되는 사람들의 행위라면 행위장소가 어디든 성희롱이 성립될 수 있다.

⑤ 조건형·환경형 성희롱 성희롱은 고용 상의 조치나 그에 대한 위협을 수반하는 경우(조건형)뿐 아니라 성적 굴욕감 또는 불쾌감을 유발하여 고용환경을 악화시키는 데 그치는 경우(환경형)에도 성립한다.

위의 정의에 내포된 성희롱의 기본적 속성은 학문적으로나 실천적으로나 널리 수용되고 있다. 그러나 정의하는 사람에 따라 구체적인 구성요건이나 그에 대한 표현은 서로 다를 수 있다.

---

o) 외래적 개념인 sexual harassment를 '성희롱'이라 번역하는 것은 합당하지 않으나 그런 번역이 우리나라에서 이미 널리 사용되고 있기 때문에 잠정적으로 그에 따르려 한다. 우리말의 '희롱'은 말이나 행동으로 실없이 놀리는 것을 의미한다. 그러나 성희롱은 '실없는' 수준보다 훨씬 심각한 괴롭힘인 것이다.

p) 우리 정부에서는 가해자의 범위를 좁게 해석하고 있다. 조직에 종사하는 사람(사업주, 직장 내의 상급자·동료·하급자)만을 가해자의 범위에 포함시키고 있다. 거래처 관계자, 고객 등 제3자는 가해자의 범위에서 제외하고 있다.

우리나라의 「남녀고용평등과 일·가정 양립 지원에 관한 법률」 제 2 조의 2 제 2 항은 "직장 내 성희롱이란 사업주, 상급자 또는 근로자가 직장 내의 지위를 이용하거나 업무와 관련하여 다른 근로자에게 성적 언동 등으로 성적 굴욕감 또는 혐오감을 느끼게 하거나 성적 언동 또는 그 밖의 요구 등에 따르지 아니하였다는 이유로 고용에서 불이익을 주는 것을 말한다"고 정의한다. 「양성평등기본법」 제3조도 성희롱의 의미에 관하여 그와 같은 내용을 규정하고 있다.

2) 행위유형

성희롱의 유형은 여러 가지로 분류할 수 있지만 여기서는 교환조건의 유무와 행위의 수단을 기준으로 하는 두 가지 유형론만을 소개하려 한다.[21]

(1) **교환조건 유무에 따른 분류**   성희롱의 행위유형은 강요 또는 교환의 조건이 있느냐 또는 없느냐에 따라 ⅰ) 조건형 성희롱(보복형·대가형 성희롱)과 ⅱ) 환경형 성희롱이라는 두 가지 범주로 크게 분류할 수 있다.

조건형 성희롱은 가해자가 직장 내의 지위를 이용하여 피해자의 성적 행위 수용을 조건으로 고용 상의 조치를 하거나 이를 위협하는 경우의 성희롱이다. 조건형 성희롱의 예로는 고용주 또는 상급자가 하급직원에게 성적 관계를 요구했는데 이를 거부했다는 이유로 해고하는 것을 들 수 있다.

환경형 성희롱은 가해자가 적대적이거나 차별적인 성적 환경을 만들어 성희롱의 결과를 빚는 경우의 성희롱이다. 환경형 성희롱의 예로는 가해자가 음담패설을 하거나 음란사진을 사무실에 게시하여 여직원들이 성적 굴욕감을 느끼게 하는 것을 들 수 있다.

(2) **행위수단에 따른 분류**   성희롱은 그 행위수단이 무엇이냐에 따라 ⅰ) 육체적(물리적) 행위, ⅱ) 언어적 행위, ⅲ) 시각적 행위 등 세 가지 유형으로 구분해 볼 수 있다.

육체적 행위는 육체적 접촉이나 이를 강요하는 행위이다. 언어적 행위는 음란한 농담과 같은 말로 하는 행위이다. 시각적 행위는 음란물 같은 것을 보여주는 행위이다.[22]

3. 성희롱의 폐해와 대책

1) 폐   해

성희롱은 그 직접적인 피해자뿐만 아니라 조직에도 피해를 준다. 나아가서

는 사회적인 폐단을 빚기도 한다.[23]

　　(1) 개인적 피해　　피해자는 심리적 타격을 받는다. 당혹감, 수치심, 모욕감 등 불쾌감을 느끼며 분노와 적개심에 사로잡히고 피해의식 때문에 시달릴 수 있다. 이성에 대한 혐오감과 공포감을 형성하는 등 피해자의 성적 정체성을 왜곡시킬 수 있다. 피해자는 신체적으로도 여러 가지 심인성 이상증세 또는 질병 때문에 시달릴 수 있다. 두통, 식욕상실, 소화불량, 불면증 등이 그 예이다.

　　(2) 조직의 피해　　조직에 끼치는 손실도 크다. 피해자의 사기저하·능력저하, 조직 내의 적대적 분위기 조성 등은 조직의 생산성을 저하시킨다. 피해자의 퇴직으로 인한 임용비용증가, 분규처리비용 발생, 그리고 조직의 신망저하도 조직이 입는 손실이다.

　　(3) 사회의 피해　　성희롱은 다양한 형태로 사회의 윤리성과 생산성을 떨어뜨린다. 무엇보다도 성희롱과 같은 인권침해는 민주사회가 지향하는 정의와 평등의 이념에 반하는 행위이다. 피해집단의 사회적응을 어렵게 하여 사회 전체의 인적자원 손실을 초래한다.

2) 대 응 책

　　성희롱을 통제하려는 직접적 대응책은 사전적·예방적인 것과 사후적인 것이 있다. 사전적 대책에는 예방교육실시, 성희롱상담, 직원 스스로의 방어능력향상 등이 포함된다. 장기적으로는 행정문화개혁도 사전적 대책의 하나라고 할 수 있다. 사후적인 대책에는 피해자를 보호하고 침해된 권리를 구제하는 조치와 가해자를 처벌하는 조치가 포함된다.

　　(1) 개인 차원의 대책　　개인차원의 대응노력이 필요하다. 성희롱의 피해자가 되지 않도록 위험상황을 피하고 성희롱적 요구에 대해서는 단호히 거부의사를 밝혀야 한다. 피해가 발생하면 공식적 구제절차에 호소해야 하며, 그에 대비하여 증거확보 등의 조치를 취해야 한다.

　　조직구성원들은 성희롱의 가해자가 되지 않도록 자율규제능력을 향상시켜야 한다.

　　(2) 조직 차원의 대책　　조직은 사전적·예방적 조치를 취하는 데 적극적이어야 한다. 정부조직의 관리자들은 성희롱금지에 관한 행동규범과 처벌을 포함한 방지대책을 명료화하고 이를 조직구성원들에게 주지시켜야 한다. 관리자들은 성

희롱을 '절대로 용납하지 않는다는 입장'(zero tolerance stand)을 확고히 밝혀야 한다.[24] 성희롱을 예방하기 위해 상담·훈련·주기적 여론조사 등을 실시해야 한다.

사후적 구제와 시정조치도 중요하다. 성희롱에 관한 고충이 제기되면 신속하고 신뢰성 있게 처리해야 한다.

정부가 성희롱 문제에 효과적으로 대응할 수 있으려면 입법조치가 있어야 한다.[q]

(3) 문화개혁　　문화개혁이 필요하다. 성희롱을 극복하기 위한 직접적·단기적 대책, 특히 조직 내의 대책이 가질 수 있는 효력은 한정적이다. 성희롱 행태는 사회문화 그리고 행정문화에 깊은 뿌리를 두고 있기 때문이다. 근본적이고 장기적인 대책은 문화개혁에서 찾아야 한다. 사회문화와 행정문화를 성희롱을 용납하지 않는 방향으로 개혁해야 한다.

VIII. 공직의 부패

1. 부패란 무엇인가?

1) 정　　의

우리가 여기서 논의의 대상으로 삼는 것은 공직의 부패, 즉 공무원의 부패이다. 부패(腐敗: corruption)란 공무원이 그의 직무(임무와 권력)에 관련하여 부당한 이익(사익)을 취하거나 취하려고 기도하는 행동이다. 부패는 공무원이 지켜야 할 행동규범의 하나인 청렴의무를 위반함으로써 공공의 신뢰를 배신하는 행동이다. 그리고 부패는 동기를 가진 의식적 행동이다.[r]

부패의 속성은 다음과 같다.[25]

① 직무관련성　　부패는 공무원이 부여받은 임무의 수행 또는 권력의 행사에 직접 또는 간접으로 관련된 행동이다.

② 부당한 이익 획득　　부패를 저질러 얻게 되는 이익이란 공무원의 부당한 사익(私益: private regarding)을 말한다. 부패의 구성요소인 사익은 공직의 윤리적·

---

q) 우리나라에서는 「남녀고용평등과 일·가정 양립 지원에 관한 법률」, 「양성평등기본법」, 「국가인권위원회법」 등이 성희롱을 정의하고 예방교육 실시, 성희롱행위자의 제재, 피해신고자에 대한 불이익조치 금지 등을 규정한다.

r) 부패와 같은 또는 유사한 뜻으로 부정·부정부패·비위·비리·부조리 등의 용어가 정부 내외에서 널리 쓰이고 있다.

법적 행동규범이 용납하지 않는 것이기 때문에 부당하다고 한다. 사익은 직접적·간접적으로 돌아올 수 있는 편익을 모두 포함하는 넓은 개념이다.

③ 의식적 행동   부패는 동기를 가진 의식적 행동으로 저지르는 것이다. 행동규범 준수의 의도적 실패(willful failure)라고 표현할 수도 있다.

④ 비윤리성과 손실   부패는 그 자체로서 비윤리적이며 행정의 병폐이다. 그리고 부패는 조직과 그 환경에 여러 가지 손실과 폐단을 초래한다.

이러한 개념정의는 '공직의 임무'와 그에 관한 '공식적 규범'을 기준으로 한 것이다. 그리고 부패를 개인의 행동이라는 차원에서 파악한 것이다. 그러나 부패가 개인의 문제에 국한된다거나 그것이 폐쇄적인 관점에서 설명될 수 있다고 보는 것은 아니다. 부패현상은 개방체제적인 관점에서 규명해야 한다.

2) 부패이해의 여러 관점

위에서 오늘날의 다수의견과 우리의 필요를 감안하여 부패를 정의하였다. 그러나 부패를 이해하고 규정하는 접근방법은 여러 가지로 분화되어 있다.

(1) 개념정의의 준거   개념정의의 준거 또는 기초에 관한 의견이 갈려 있는데 이를 세 가지 범주로 분류해 볼 수 있다. 세 가지 범주란 ⅰ) 공직의 임무에 착안한 개념정의, ⅱ) 공익에 착안한 개념정의, 그리고 ⅲ) 시장비유적인 개념정의를 말한다.[26] 이러한 세 가지 접근방법은 서로 겹치는 영역을 가지고 있다. 특히 공직의 임무와 공익을 준거로 하는 접근방법은 긴밀히 연관되어 있다.

> 공직의 임무(public office or public duty)에 착안한 개념정의는 공직과 공직자의 임무를 준거로 하여 직무 상의 권한남용을 문제삼는다. 공직의 임무를 기준으로 하는 접근방법은 공무원의 행동규범을 기준으로 하는 접근방법과 그 궤를 같이한다.
>
> 공익(public interest)에 착안한 개념정의는 사익 때문에 공익에 손상을 끼치는 행동을 부패라고 규정한다. 공익을 공공의 신탁이라고 보는 경우 공익과 공직의 임무는 표리의 관계에 있기 때문에 서로 분리하기 어렵다.
>
> 시장비유적(market-centered) 접근방법은 정부관료제를 집권화된 분배장치로 보고 수요·공급의 원리에 착안하여 부패를 정의한다. 수요에 비해 부족한 공급의 우선적 확보를 둘러싸고 벌어지는 것이 부패라고 한다.

(2) 부패의 기능   부패의 기능이 무엇인가에 대한 관점들도 세 가지 범주로 구분해 볼 수 있다. 세 가지 범주란 ⅰ) 도덕적 차원에서 부패를 악(惡)으로

규정하고 비난하는 입장(ethnocentric way), ⅱ) 부패가 국가발전에 순기능적인 기
여를 한다고 보는 입장(functional way), 그리고 ⅲ) 제도의 발전과 가치체계의 발
전이 일치되지 못하는 경우의 가치갈등에서 비롯되는 것이 부패라고 보는 입장
(evolutionary way)을 말한다.[27)]

우리는 첫 번째 입장을 따르고 있다. 우리는 부패를 '나쁜 것'으로 규정하고 비판·고발한
다. 이러한 입장은 전통적인 것인 동시에 오늘날에도 지배적인 것이다.

두 번째 입장은 이른바 수정주의자(修正主義者: revisionist)들의 이단적인 입장이다. 그들
은 공직의 부패가 자본형성 촉진, 관료적 번문욕례의 회피, 기업인들의 사업의욕 자극, 정당의
육성과 국가적 통합에 대한 기여, 공무원의 자질향상, 관료제의 대응성 제고, 정책결정의 불확
실성 감소 등 긍정적 기능을 발휘한다고 주장한다.[28)]

세 번째 입장은 전통적인 사회규범에 따른 공무원의 행동이 정부관료제의 서구화된 행동규
범에 배치될 때 부패문제가 발생한다고 본다.

이와 같이 부패의 기능에 대한 의견이 갈려 있다고 해서 그에 관한 자신의
입장을 확실히 하지 못하고 혼란에 빠지는 논자들이 있다. 그 대표적인 예로 부
패를 악한 것으로 규정하면서도 수정주의자들의 근거가 희박한 부패찬양론에
이끌려 부패의 순기능 또는 이점을 열거하는 것을 들 수 있다. 부패를 도덕적으
로 나쁜 행위라고 규정하면서 그 이점을 논하는 것은 조리에 맞지 않는 일이다.
부패가 설령 어떤 효율에 기여한다 하더라도 그것은 부도덕한 방법으로 얻은 결
과이기 때문에 비난받아야 한다고 보는 것이 도덕적 입장이다.

3) 부패의 유형

부패에 관한 유형론은 아주 많다. 중요한 것들을 예시하고 체제화된 부패에
대해서는 설명을 추가하려 한다.[29)]

(1) **부패유형론의 예시**　　　부패유형론의 예를 몇 가지 보기로 한다.

① 일상화의 수준을 기준으로 한 분류　　　부패가 얼마나 일상화되고 만연되어
있느냐에 따라 체제화된 부패 또는 제도화된 부패와 우발적 부패 또는 하급부패
를 구분한다.

② 상대방의 유·무를 기준으로 한 분류　　　상대방과 직접적인 교환거래가 있었
느냐에 따라 단독형 부패와 거래형 부패를 구분한다.[s)]

───────

s) 단독형 부패는 횡령·배임 기타 개인이득을 위해 공적 자원을 사용하는 경우에서와 같이 상대

③ **내용을 기준으로 한 분류**   부패행위의 내용에 따라 뇌물수수·공금횡령 등 금전을 수수하는 부패와, 족벌주의적·정실주의적 인사조치 등으로 정치적 또는 사회적 혜택을 거래하는 부패로 구분한다.

④ **행위자의 지위를 기준으로 한 분류**   부패를 저지르는 공무원의 지위에 따라 고위계층 부패와 하위직 부패를 구분한다.

⑤ **능동성·수동성을 기준으로 한 분류**   공무원이 적극적으로 요구하여 저지르는 능동적 부패와 공무원이 다른 사람의 유혹에 빠져 저지른 수동적 부패를 구분한다.

⑥ **직무분야를 기준으로 한 분류**   부패가 저질러지는 직무분야를 기준으로 계획수립 분야의 부패, 통제·감독 분야의 부패, 인사 분야의 부패, 보조금관리 분야의 부패, 조세행정 분야의 부패 등을 구분한다.

⑦ **행위자의 수를 기준으로 한 분류**   관련공무원의 수 또는 조직단위의 수를 기준으로 공무원중심적(개인적) 부패, 행정조직중심적 부패, 그리고 다기관연쇄형 부패를 구분한다.

⑧ **수단을 기준으로 한 분류**   부패의 수단에 따라 정실형 부패와 위협형 부패, 사기형 부패, 그리고 거래형 부패를 구분한다.

(2) 체제화된 부패   만연되어 있는 부패를 체제화된 부패(systemic corruption) 또는 제도화된 부패(institutionalized corruption)라고 한다.

체제화된 부패란 행정체제 내에서 부패가 원칙적이며 실질적인 규범으로 되고, 조직의 본래적 임무수행에 필요한 행동규범은 오히려 예외적인 것으로 전락되어 있는 상황을 지칭한다. 이러한 상황 하에서는 부패가 일상화되고 제도화되어 있기 때문에 부패를 저지르는 사람들은 조직의 보호를 받고, 공식적 행동규범을 고수하려는 사람들은 실제로 제재를 받게 된다.[30]

체제화된 부패의 특성 또는 조건은 다음과 같다.

① **형식주의**   반부패의 선언과 실천이 심히 괴리된다. 조직 내에서 실제로 지켜지지 않는 반부패의 행동규범을 대외적으로는 표방한다.

② **부패저항자에 대한 제재와 보복**   공식적 행동규범을 준수하려는 사람은

방과의 직접적인 이익교환이 없는 형태의 부패, 즉 일방적인 부패이다. 거래형 부패는 뇌물과 이권을 교환하는 경우에서와 같이 공무원이 어떤 상대방과 직접적으로 이익을 교환하는 형태의 부패이다.

제재를 받고 부패에 저항하거나 그것을 폭로하려는 사람은 여러 가지로 보복을 당한다. 부패에 저항할 가능성이 있는 사람에게는 갖가지 위협을 가하여 침묵시킨다.

③ **부패행위자의 보호** 공식적 행동규범을 위반하는 사람들은 보호를 받으며, 부패 사실이 외부에 노출되는 경우에도 관대한 처분을 받는다.

④ **부패의 타성화** 부패에 젖은 조직 내의 전반적 관행을 정당화함으로써 집단적으로 죄책감을 해소하며, 강력한 외적 압력이 없는 한 부패를 중단하려 하지 않는다.

⑤ **통제자의 책임회피** 부패적발의 공식적 책임을 진 사람들은 책무수행을 꺼린다. 외적 압력 때문에 별 수 없이 부패를 적발한 경우에는 그것이 고립적이며 극히 드문 사건이라고 변명하는 데 급급하는 것이 보통이다.

체제화된 부패에는 심각한 폐해가 따른다.

첫째, 체제화된 부패는 정치과정을 폐쇄화하고, 반대세력을 억압하여 불만을 키우게 되며, 결과적으로 폭력적 저항을 초래할 위험이 있다.

둘째, 사회적 분열과 소외를 조장한다.

셋째, 공익추구를 위해 필요한 정책변경이나 행정개혁을 좌절시키고 공공자원의 오용을 조장한다.

넷째, 체제화된 부패의 축적효과는 개별적인 사례에 국한되는 것이 아니라 국민의식 전반에 나쁜 영향을 미치고 불신과 불화의 사회풍토를 조성한다.

2. 부패의 원인과 통제

1) 부패를 유발하는 요인

공무원의 부패를 유발하는 요인들은 많고 복잡하며 포괄적으로 연관되어 있다. 행정권력, 공무원과 고객, 행정조직, 환경적 조건 등에 관련된 여러 가지 요인들이 공무원의 부패유발에 복합적으로 작용한다.

우리나라는 후발적 산업화국가로서 고도성장의 과정을 거쳐 정보화시대에 진입하고 있다. 전통사회의 유산, 개발연대의 유산을 물려받은 우리 사회는 정보화·세계화의 소용돌이에 직면해 있다. 이러한 우리 사회의 조건을 준거로 삼아 공무원의 부패를 유발하는 요인들을 살펴보려 한다.

(1) **전통적 문화의 유산**　　현대적·합리적 생활질서의 요청에 부응하지 못하는 전통적·비생산적 가치관과 관습, 미분화된 역할관계, 강한 일차집단적 유대, 형식주의가 부패풍토를 조성한다.

(2) **경제적·사회적·정치적 조건**　　급속한 경제발전과정에서 일어난 경제력의 유동적 재배분, 불로소득의 증대, 경제력 집중, 물질숭상적 가치의 팽배가 부패를 조장한다.

급격한 경제적 사회적 변동에 따른 사회구조와 가치관의 변동 등 과도사회적 특징도 부패의 여건이 된다. 특히 공직윤리의 기초인 가치의 혼란이 문제이다.

아직도 민주적 정치윤리가 확립되지 않았으며, 지난날의 정치적 정당성 결여와 정경유착의 관행이 강화시켰던 부패의 연결고리는 많은 후유증을 남기고 있다.

(3) **발전행정·정부팽창·행정국가화의 영향**　　우리의 산업화 과정에서 오래 지속되었던 발전행정과 개발독재의 유산 그리고 행정국가화의 유산이 부패를 조장하고 있다.

(4) **공무원들의 문제**　　공무원들의 직업윤리타락은 부패의 직접적인 원인이다. 급변하는 업무관계로 인한 직무부적응은 능력결손문제와 사기저하문제를 크게 부각시킨다. 이 또한 부패의 유혹에 대한 저항력을 떨어뜨린다.

(5) **시민의식의 문제**　　시민의식의 미성숙, 정치·행정 서비스에 대한 고객의 특권의식과 이기적 편의주의가 부패를 조장한다.

(6) **무능한 통제체제**　　공직의 내적 및 외적 통제체제는 무능하고 여러 실책으로 얼룩져 있다. 처벌체제는 충분히 강력하지도 공평하지도 않다. 통제기준의 비현실성, 비일관성, 차별적 적용이 문제가 되고 있다. 통제기준적용 상의 형식주의가 심각하다. 부패의 체제화는 통제활동을 무력화한다.

(7) **조직·인사 상의 문제**　　행정조직 내의 부패한 분위기, 의미가 상실된 업무, 불투명하고 공급자중심적인 조직운영이 부패의 가능성을 높인다. 행정절차의 비능률성과 번문욕례도 부패유발의 조건이 된다. 부적절한 처우, 신분과 장래에 대한 불안, 공직에 대한 사회적 신망의 저하도 공무원의 사기를 저하시키고 부패를 유발하는 조건이 될 수 있다.

2) 부패의 폐해

부패는 공직의 도덕성을 타락시킬 뿐 아니라 여러 가지 직접·간접의 폐단을 빚는다.

(1) **도덕성의 타락**　　부패는 공직의 도덕성을 파괴하고 공직기강의 기반을 와해시킨다. 인사질서를 문란하게 한다. 행정체제뿐만 아니라 기성질서 전반에 대한 불신을 초래한다. 윤리규범 적용 상의 형식주의를 조장한다.

(2) **갈등과 소외**　　부패는 공직사회에서 그리고 국민생활에서 갈등·소외·분열·냉소주의·억압을 조장한다.

(3) **비능률과 낭비**　　정부활동의 질을 떨어뜨리고 공공자원의 오용과 낭비를 초래하며 각종 사고의 위험을 높인다.

(4) **정책·자원배분·유인기제의 왜곡**　　부패는 공공정책의 수립과 집행을 왜곡시킨다. 부패는 정당한 정책을 사실상 무효화할 수도 있다.

부패는 자원배분질서를 교란하고 왜곡시킨다. 정치·행정의 강자와 사경제의 세력이 유착하여 힘없는 자들을 착취하게 된다. 부익부 빈익빈의 악순환을 만든다. 부패는 국민의 정당한 경제적 권리를 침해한다.

정당한 유인과 바람직한 임무수행이 아니라 부패가 사람을 움직이게 한다. 공무원들이 부패의 이득을 추구하는 것과 같은 비생산적인 일에 힘을 낭비하게 된다.

(5) **행정개혁의 좌절**　　부패의 만연은 행정개혁을 좌절시키며 반부패운동을 형식화한다. 공평할 수도 엄정할 수도 없는 반부패운동은 위화감과 소외를 심화시킨다.

3) 반부패운동의 필요성 증폭

부패의 해독에 대한 위의 논의는 반부패운동의 성공이 왜 절실히 필요한지를 일깨워 주는 데 충분하다. 그런데 우리 사회가 겪고 있는 조건변화는 그러한 필요를 더욱 절박하게 만들고 있다.

부패의 폐해를 더욱 크게 부각시키고 체제적 부패의 지속을 어렵게 하는 조건은 ⅰ) 정치·행정의 정당성이 매우 중요시되는 시대가 도래하고 있다는 것, ⅱ) 정치·행정의 개방화에 대한 요구가 강화되고 있다는 것, ⅲ) 정치·행정에 대한 시민적 감시가 강화되고 있다는 것, ⅳ) 사회적 형평의식이 확산되고 있다는 것, ⅴ) 기술문명이 고도화되고 정보화사회가 발전되고 있다는 것, ⅵ) 세계화가 촉진되고 있다는 것, ⅶ) 경제의 민주화에 대한 갈망이 커지고 있다는 것, 그리고 ⅷ) 소외계층의 불만표출이 늘어나고 있다는 것이다.

그러나 부패를 추방하려는 개혁은 아주 어려운 과제이다. 개혁을 가로막는 근본적 장애는 뿌리깊은 체제적 부패 그 자체이다. 너무 오랫동안 다수가 부패해 있었기 때문에 반부패운동의 세력화가 어렵다.

4) 반부패운동의 행동방안

반부패운동이 실효를 거두려면 국가관리의 주도세력과 기득권층이 갈등과 위험을 무릅쓰고 자기희생적 용단을 내려 부패제거에 앞장서야 할 것이다. 이것은 반부패운동의 전제조건이다. 반부패운동의 행동영역들을 보면 다음과 같다.

(1) 행정환경의 개선   사회체제 전반의 윤리성을 향상시켜야 한다. 민주주의적 정치질서를 발전시켜 정권의 정당성을 높여야 한다. 정당성 있는 정치체제의 부패저항의지를 강화해야 한다. 국법질서의 형식주의를 타파하고 준수가능한 규범체계를 발전시켜야 한다. 그리고 외적 통제체제의 능력을 향상시켜야 한다.

공직부패의 궁극적인 책임은 국민에게 있다는 사실을 분명히 자각하고 국민 전체가 부패를 용납하지 않겠다는 의지를 굳힐 필요가 있다.

(2) 인사행정 상의 조치   인사행정에서 필요한 통제는 엄격히 실시해야 하지만 부패의 원인을 제거하는 예방적 노력을 게을리해서는 안 된다. 인사행정의 전과정은 공직의 신망제고에 기여해야 한다. 인사원칙의 적용은 공평하고 일관성 있어야 한다.

인사행정에서 특히 역점을 두어야 할 활동국면을 보면 다음과 같다.

① 채용과정의 개선   정직한 사람을 채용할 수 있도록 채용과정을 개선해야 한다.

② 공무원의 보호   조직 내외의 부당한 압력으로부터 공무원을 보호해야 한다.

③ 유인기제 개선   공무원의 보수와 편익을 적정화해야 한다. 상벌제도를 개선하여 그 효율성을 높여야 한다.

④ 교   육   내핍정신 함양, 직업윤리 향상, 직무수행능력 향상을 위해 교육훈련을 강화해야 한다.

⑤ **재산증식 감시**   공무원의 부정한 재산증식을 감시하는 제도적 장치를 실질화해야 한다.

(3) **조직관리 상의 조치**   조직관리부문에서도 부패의 소지를 제거하기 위해 윤리성제고활동을 전개하고 다음과 같은 조치를 취해야 한다.

① **분 권 화**   권력의 과도한 집중으로 인하여 부패유발의 위험이 있다면 분권화를 촉진해야 한다.

② **리더십과 통제장치의 능력 향상**   조직내부의 통제장치와 리더십을 개선하여 부패억제에 적극적으로 기여할 수 있게 만들어야 한다.

③ **행정절차의 효율성·공개성 제고**   행정절차의 효율성을 높이고 행정절차의 공개범위를 확대하여 참여행정을 구현하도록 힘써야 한다.¹⁾

④ **소비자중심주의의 강화**   행정서비스의 소비자중심주의를 강화해 나가야 한다. 국민생활에 대한 규제를 줄이고, 국민이 부담하는 민원행정 상의 입증책임을 줄여 나가야 한다.

---

1) 근래 활용이 늘어나고 있는 '민원 인터넷 처리', '부조리 신고엽서제', '청렴계약제'는 행정절차 개선을 통한 부패억제의 도구들이다. 여기서 청렴계약제라고 하는 것은 건설공사와 물품구매에 관련하여 업체와 공무원이 금품 기타 부당한 이익을 주고 받지 않는다는 내용을 상호 서약하는 제도이다.

| 제4절 | 행정조직의 목표 |

Ⅰ. 조직목표란 무엇인가?

목표는 모든 조직의 불가결한 구성요소이다. 행정조직도 다른 조직과 마찬가지로 목표를 가지고 있다.

다음의 논의는 행정조직을 포함한 조직 일반의 목표현상 연구에서 활용할 수 있는 기초적 지식에 관한 것이다. 그러므로 '행정조직'의 목표라고 따로 특정할 필요가 없을 때에는 '조직'의 목표라는 표현을 쓰려 한다.

1. 조직목표의 정의

조직의 목표(組織의 目標: organizational goal)는 인간의 집합체인 조직이 달성하려는 장래의 상태이다. 조직의 목표는 조직을 구성하는 개인의 목표가 아니고 인간의 집합체인 조직의 실체가 추구하는 목표이다. 조직목표의 주요 속성을 보면 다음과 같다.[1]

① 조직의 불가결한 구성요소　사람들이 모여 공동적인 노력을 해나가는 것이 조직이기 때문에 조직에는 공동적으로 추구해야 할 목표가 반드시 있어야 한다. 이러한 조직의 목표는 조직을 구성하는 사람들의 개인적 목표와는 개념적으로 구별된다.

② 미래의 상태　목표는 조직이 미래에 성취하려고 하는 상태(결과)에 대한 선호이다. 목표는 미래에 지향된 영상이며, 그것이 완전히 달성되면 목표로서의 의미를 상실한다. 미래지향적인 목표는 현재의 조직행동에 큰 영향을 미친다.

③ 공식적 목표와 실제적 목표의 구별　조직이 표방하는 공식적 목표와 조직이 실제로 추구하는 목표는 구별된다. 양자의 부합도는 높을 수도 있고 낮을 수도 있다.

④ 복수의 유형   조직이 추구하는 목표에는 여러 가지 유형이 있다. 그리고 각 유형마다 복수의 목표가 있을 수 있다.

⑤ 목표 간 관계의 다양성   목표들 사이의 관계는 다양하다. 목표들 사이에는 중요도 또는 우선순위의 계층이 있거나 서로 지원적인 관계가 있을 수 있다. 목표들이 경쟁적·갈등적인 관계에 있을 수도 있다.

⑥ 동태적 현상   조직의 목표는 시간의 흐름에 따라 변동하는 동태적 현상이다. 조직 내외의 상황변화는 조직의 목표변동을 야기할 수 있고, 목표의 변동은 조직 내외의 상황변화를 야기할 수 있다.

2. 조직목표의 기능

조직의 목표는 다음과 같은 여러 가지 효용 내지 기능을 갖는다.[2]

① 행동기준 제시   조직의 목표는 조직이 추구하는 미래의 상태를 밝혀줌으로써 조직구성원들에게 방향감각과 행동기준을 제공한다. 조직목표는 조직구성원들의 의사결정에 가이드라인을 제공한다.

② 일체감 형성·동기유발   조직의 목표는 조직구성원들이 조직에 일체감을 느끼고 조직활동의 동기를 유발하게 하는 데 필요한 기초를 제공한다. 조직의 목표가 있고 그것을 알아야 조직에 대한 일체감도 생길 수 있고 조직에 기여하려는 동기도 유발할 수 있기 때문이다.

③ 정당성의 근거   조직의 목표는 조직의 존재 그 자체와 조직활동을 사회 내에서 정당화하는 정당성의 근거를 제공한다.[a]

④ 평가기준 제시   조직의 목표는 조직의 성공도와 그에 대한 기여도를 평가하는 기준이 된다. 조직의 전반적인 또는 부분적인 효율성을 판단할 때나 조직구성원의 실적을 평가하여 보상을 결정할 때에 조직의 목표는 중요한 기준을 제공한다.

⑤ 구조·과정 설계의 제약요인   조직의 목표는 조직의 구조와 과정을 설계하는 데 제약요인이 된다.

---

a) 조직에 대한 반대를 극복하고 환경으로부터의 자원획득을 원활히 하기 위한 '이념적 무기'(ideological weapons)로 조직의 목표를 활용할 때도 있다. cf., Philip Selznick, *TVA and the Grass Roots*(University of California Press, 1949).

3. 조직의 목표와 개인의 목표

1) 양자의 구별

우리는 인간의 집합체인 조직이 추구하는 목표와 조직을 구성하는 개인의 목표를 개념적으로 구별한다.

자연인에게는 목표가 있지만 조직에는 목표가 없다고 말하는 사람도 있으나 우리는 그러한 주장에 동조하지 않는다. 그리고 조직에 참여하는 개인들의 목표와 조직 자체의 목표를 같은 것으로 정의하는 입장도 우리는 받아들이지 않는다.

조직생활의 실제에서 조직의 목표는 구성원들이 수용하여 추구해야 하는 것이기 때문에 어디까지가 개인적 목표이며 어디까지가 개인이 지각하는 조직의 목표인지를 경험적으로 구분하기 어려운 경우가 많다. 조직의 목표와 구성원의 목표가 실제로 완전히 부합되는 상태가 있을 수도 있다. 그러나 이러한 경우에도 조직의 목표와 개인의 목표라는 두 가지 개념은 여전히 구별된다.

2) 공존과 조화의 접근방법

조직은 개인들이 모여서 구성하는 것이기 때문에 개인의 목표와 조직의 목표 사이에는 어떤 공존의 관계가 설정되지 않으면 안 된다. 개인적 목표와 조직의 목표가 대립되는 경우 조직을 운영하는 사람들이 그러한 상태를 방치할 수는 없다. 양자의 조화, 절충, 교환적 충족, 동시적 만족 등을 추구하는 전략을 세워야 한다.

조직목표와 개인목표의 조화 또는 공존을 추구하는 방안은 많겠지만 이를 네 가지 접근방법 또는 모형으로 범주화해 볼 수 있다. 여기서 준거로 삼는 조직목표란 조직의 생산목표이다.[3]

(1) 교환모형   목표양립의 수준을 높이기 위해 교환모형(交換模型: exchange model)을 채택하는 경우 조직과 개인 사이에는 뚜렷한 거래협상의 관계가 설정된다. 조직은 개인적 목표의 성취에 도움이 되는 유인(誘因)을 개인에게 제공하고 개인은 그에 대한 대가로 시간과 노력을 조직의 목표성취에 바치게 된다. 조직은 개인이 조직의 목표성취에 기여한다는 조건부로, 그리고 거기에 기여하는 정도만큼만 개인의 목표추구에 기여하는 것을 처방하는 모형이라고 할

수 있다. 교환모형은 외재적 보상에 기초를 둔 모형(extrinsic reward model)이라고 볼 수 있다.

  (2) 교화모형   교화모형(敎化模型: 사회화 모형: socialization model)은 개인으로 하여금 조직의 목표성취에 도움이 되는 행동을 가치 있는 것으로 생각하고 그렇지 않은 행동을 무가치한 것으로 생각하도록 유도하는 '감화의 과정'(influence process)을 통해서 목표통합을 이룩하려는 접근방법이다. 개인을 교화하는 데는 적극적 교화뿐 아니라 소극적 교화의 방법도 쓰인다. 설득을 하고 모범적인 행동을 보임으로써 개인으로 하여금 조직의 목표를 개인적 목표화하도록 유도하는 것은 적극적 교화에 해당한다. 조직의 목표성취에 방해가 되는 개인적 목표를 포기하도록 감화하는 것은 소극적 교화이다.

  (3) 수용모형   수용모형(受容模型: accommodation model)은 조직의 목표를 설정하고 목표 추구의 방법과 절차를 입안할 때에 개인적 목표를 고려하고 이를 수용하도록 처방하는 모형이다. 이 모형에서 개인의 필요와 욕구는 주어진 조건으로 취급된다. 조직을 구성하고 운영할 때에 조직의 목표를 추구하는 것 자체가 개인에게 가치 있는 것으로 느껴지도록 하고 개인적 목표의 동시적 추구도 가능하도록 배려한다.

  (4) 통합모형   교환모형은 조직목표와 개인목표의 양립을 통한 공존을 추구한다. 교화모형과 수용모형은 조직목표와 개인목표의 통합을 추구한다. 통합모형(統合模型: integration model)은 교화와 수용의 과정을 통해 개인목표와 조직목표의 융화를 추구하는 모형이다.

  경제적 욕구 또는 사회적 욕구를 강조하는 전통적 동기이론은 교환모형을 지지하는 반면 자기실현적 욕구를 강조하는 동기이론은 통합모형을 지지한다.

4. 조직목표의 유형

1) 목표의 기본적 분류

  목표유형론은 대단히 많다. 저자는 목표개념의 일반적인 논의에 실천적인 도움을 줄 수 있는 비교적 포괄적이라고 생각되는 목표유형론 하나를 먼저 소개하려 한다. 여기서 살펴볼 유형론은 조직의 목표에 관한 중요연구에서 사용된 목표유형들을 종합하여 정리한 것이다.

목표유형의 기본적인 또는 일차적인 분류로 간추린 것은 ⅰ) 대사회적 목표, ⅱ) 생산목표, ⅲ) 투자자의 목표, ⅳ) 체제유지적 목표, 그리고 ⅴ) 파생적 목표이다.[4]

목표의 기본유형을 이와 같이 범주화하면서 여러 가지로 얽혀들 수 있는 부분적·세부적 또는 형식적 분류기준들은 고려대상에서 원칙적으로 배제하였다. 예컨대 공식적 목표와 실제적 목표를 구별하는 문제, 목표-수단의 계층 속에서 상위목표와 하위목표를 구별하는 문제, 유형적 목표와 무형적 목표를 구별하는 문제 등은 제쳐놓고 기본분류를 생각하였다. 우리의 유형론에서 투자자의 목표는 지각주체라는 분류기준과 긴밀히 연관된 것이지만 다른 목표유형에 관해서는 '누가 지각하는 목표인가'(Whose image?)라는 문제도 원칙적으로 고려하지 않았다.

(1) 대사회적 목표   대사회적 목표(對社會的 目標: societal goals)는 조직의 대사회적인 기능이 일반적으로 무엇인가에 관련하여 규정하는 목표의 유형이다. 가장 추상적인 수준의 목표라고도 할 수 있는 이 목표유형은 한 사회 안에 존재하는 조직들을 크게 몇 개의 조직군(large classes of organizations)으로 나누고 조직군마다 공통적인 기능 또는 지향성을 포착한 것이다. 예컨대 조직이 사회 전체에 대하여 일반적으로 기여하려는 바가 경제적인 것인가, 질서유지적인 것인가, 또는 문화적인 것인가를 대체로 규정할 때 쓰이는 목표개념이 여기에 해당한다.[b]

대사회적 목표는 조직과 그 환경을 이루는 사회 전체의 관계를 이해하는 데 도움을 줄 수 있다. 그리고 이러한 추상적인 목표와 그것에 연결되는 좀더 구체적인 목표체계의 관계를 설명하는 데도 정보를 제공할 수 있다.

(2) 생산목표   생산목표(生産目標: production goal)는 조직의 생산기능 또는 생산활동에 관한 목표를 말한다. 생산활동은 조직설립 및 존속의 본래적인 취지에 따른 과업수행이다. 모든 조직에는 이러한 의미의 생산활동이 있다. 조직이

---

b) Talcott Parsons는 대사회적 목표를 네 가지로 나누는 유형론을 제시하였다. 그는 사회체제가 수행해야 할 기능을 ① 적응(adaptation): 자원을 확보하는 기능, ② 목표성취(goal attainment): 목표의 설정과 집행에 관한 기능, ③ 통합(integration): 체제구성 부분들을 조정·결속시키는 기능, 그리고 ④ 체제유지(latency): 문화의 창출·보존·전승기능으로 분류하였다. 이들 기능 가운데 어느 것에 기여하려는 조직인가에 따라 조직의 대사회적 목표가 결정된다고 하였다. Parsons, *Structure and Process in Modern Society*(The Free Press, 1960), pp. 45~46. Parsons의 분류체계를 AGIL Scheme이라고도 부른다. AGIL은 그가 제시한 기능유형의 머릿글자들을 모아 만든 합성어이다. Parsons, Robert F. Bales, and Edward A. Shills, *Working Papers in the Theory of Action*(The Free Press, 1953).

존재하는 본래적인 이유는 생산활동을 수행하는 것이라고 보는 입장에서는 조직의 다른 목표나 기능은 생산목표에 종속된다고 생각할 수 있다.

(3) **투자자의 목표**　　투자자의 목표(投資者의 目標: investor goal)란 조직에 자원을 제공하는 사람들이 설정해 주는 조직의 목표를 말한다. 투자자가 제공하는 자원에는 자본과 같은 재화뿐만 아니라 인력이나 용역, 정당성의 근거, 권한 등이 포함된다.

(4) **체제유지적 목표**　　체제유지적 목표(體制維持的 目標: system goal)는 조직이 하나의 사회적 유기체로서 생존·유지·적응 또는 성장하는 것에 관한 목표이다. 이것은 조직이 하나의 조직으로서 유지해야 할 바람직한 상태에 관한 목표이다. 체제유지적 목표는 여러 가지 국면, 즉 안정 또는 모험을 추구하는 정책, 재정정책, 성장정책, 조직구조와 운영방법에 관한 정책, 환경에 대한 접근방법 등에 관련하여 구분해 볼 수 있다.

(5) **파생적 목표**　　파생적 목표(派生的 目標: derived goal)는 조직의 존재와 활동으로부터 파생되는 목표이며 조직의 본래적인 설립취지에 내포되어 있는 것은 아니다. 예컨대 이윤추구를 목표로 하는 기업조직이 그 활동의 과정에서 여력이 생기면 문화사업을 후원한다든지 어느 정당의 편을 든다든지 하는 파생적 목표를 추구할 수 있다. 조직의 관리층이 누리는 사회적 지위를 유지하려는 것도 파생적 목표의 예라 할 수 있다.

2) 측정방법에 따른 목표분류

조직목표를 경험적으로 확인하고 측정하려면 목표개념을 조작적으로 정의해야 한다. 그리고 구체적인 상황에서 조직목표를 실제로 알아내는 측정방법을 결정해야 한다. 어떻게 측정할 것인가에 착안한 목표분류를 보기로 한다.[5]

(1) **공식적으로 기술된 수임사항으로 파악되는 조직의 목표**　　조직의 목표를 공식적 목표로 이해하는 관점이 있다. 즉, 목표를 조직의 최고관리기구나 수권적(授權的)인 관계에 있는 외부적 주체가 조직이 추구해야 할 것이라고 정하여 부여하고 정당화시킨 공식적 수임사항 또는 공식적 선언으로 이해한다.

(2) **대사회적인 기능으로 파악되는 조직의 목표**　　조직의 목표를 대사회적 기능으로 정의하는 사람들은 가장 추상적이고 일반적인 수준에서 조직이 지니는 역할 또는 기능을 목표로 파악한다. 이 경우 연구인이 자신의 이론적 틀에 맞추

어 조직목표의 내용을 규정하게 된다.

(3) 고객에게 봉사하는 기능으로 파악되는 조직의 목표   이 접근방법에서는 조직에 정당성(정통성)을 부여하고 자원을 공급하는 고객 또는 외부세력의 기대에 부응하기 위하여 필요한 조직의 산출을 목표로 파악한다.

(4) 최고관리자가 추구하는 목표로 파악되는 조직의 목표   조직의 목표를 조직의 최고관리자나 권위 있는 지도층이 실현하겠다고 주장하는 목표로 정의하는 접근방법이 있다. 여기서 최고관리자가 실현하겠다고 주장하는 목표란 물론 조직의 목표로서 추구하겠다고 말하는 것을 지칭한다.

(5) 조직구성원이 지각하고 있는 목표로 파악되는 조직의 목표   이것은 관리자 집단을 포함한 조직구성원 전체가 조직이 추구해야 할 것으로 생각하는 목표를 조직의 목표로 파악하려는 접근방법이다.

(6) 조직의 운영실태에서 포착되는 조직의 목표   투입되는 자원의 배분, 산출, 사업(operating programs) 등 조직의 운영실태로부터 조직의 목표를 도출해 내야 한다고 보는 견해가 있다. 투입되는 자원의 배분순위, 실제의 산출, 산출을 내는 사업의 목표 등에서 조직의 목표를 알아낼 수 있다고 한다.

(7) 조직활동의 제약조건으로 파악되는 조직의 목표   사람들은 어떤 단일한 목표가 아니라 일련의 요건 또는 제약조건(constraints)을 고려해서 행동방향을 정한다. 그러므로 조직 내의 의사결정자들이 직면하는 제약조건을 조직의 목표로 보는 것이 타당하다는 견해가 있다.

5. 조직목표의 변동

조직의 목표는 조직 내외의 복잡한 세력들이 교호작용하는 가운데 형성되고 변동되는 것이다. 목표변동의 원인은 목표와 관련된 모든 조직 내적 및 외적 요인으로부터 나올 수 있다.

목표변동의 구체적인 양태는 무수히 많지만 그 일반적인 범주를 네 가지로 분류해 볼 수 있다. 네 가지 범주란 ⅰ) 목표 간의 비중변동, ⅱ) 목표의 승계, ⅲ) 목표의 추가·확대 및 감소와 축소, 그리고 ⅳ) 목표의 대치이다.[6] 이에 관한 다음의 설명은 생산목표를 준거로 삼은 것이다. 다른 목표유형의 변동양태는 그에 견주어 짐작할 수 있을 것이다.

(1) 목표 간의 비중변동   목표 간의 비중변동(比重變動: distortion)은 동일유

형의 목표 간에 비중(배합비율: production-mix) 또는 우선순위가 변동하는 것을 말한다. 목표 간의 비중변동을 초래하는 원인으로 자주 거론되는 것은 목표의 과잉측정이다. 그러나 비중변동의 원인이 거기에 국한되지 않는 것은 물론이다.

(2) **목표의 승계**   목표의 승계(承繼: succession)는 어떤 목표가 같은 유형의 다른 목표로 교체되는 방식의 목표변동이다. 본래 추구하던 목표가 달성불가능하게 되거나 또는 완전히 달성된 경우에 목표의 승계가 일어날 수 있다.

(3) **목표의 추가·확대·감소·축소**   목표의 추가(multiplication)와 확대(expansion)는 기존목표에 새로운 목표가 보태지거나 기존목표의 범위가 넓어지는 것을 말한다. 목표의 확대는 동일한 목표범위가 넓어지는 형태의 목표변동이다. 목표의 추가는 동종목표의 가짓수가 늘어나는 것뿐만 아니라 종류가 다른 목표가 보태지는 것을 포함한다. 목표의 감소(diminution)와 축소(scaledown)란 종류가 같거나 서로 다른 목표의 수가 줄어들거나 범위가 좁아지는 것을 말한다.

(4) **목표의 대치**   목표의 대치(代置: displacement)는 정당하게 추구해야 할 목표(legitimate goal) 또는 당초의 목표(original goal)가 다른 목표와 뒤바뀌는 목표변동의 양태로서 조직의 목표추구가 심히 왜곡되는 경우이다. 기존의 정당한 목표가 다른 목표로 인해 저해되거나 다른 목표에 종속화되는 현상을 지칭하는데, 유형이 다른 목표 간의 대치인 것이 보통이다.

목표의 대치는 기존목표의 완전달성이나 달성불가능이 확인되었을 때 같은 유형의 새로운 목표를 정당한 목표로 채택하는 목표의 승계와 구별된다. 그리고 기존의 목표를 보전하면서 새로운 목표를 그에 추가하는 목표의 추가와도 구별된다.

목표대치는 목표와 수단의 전도(substitution of means for ends), 그리고 공식적 목표와 실제적 목표가 괴리되는 형식주의를 설명하는 데 유용한 개념이다.

Ⅱ. 조직평가와 목표

1. 평가기준으로서의 목표

목표개념의 여러 가지 효용 가운데 하나가 조직을 평가하는 기준이 되는 것이다. 조직의 목표는 조직의 성공도(organizational success)를 평가하는 기준이 될 수 있다.[c]

---

c) 조직의 성공도는 효율성(효과성: effectiveness)이라고 표현되는 경우가 가장 많다. 그 밖에 우량성(좋음: goodness), 건강(health), 값어치 있음(worth) 등의 용어도 쓰인다.

그러나 조직의 목표가 조직평가의 유일한 기준이라고 말할 수는 없다. 목표 이외의 기준이 쓰일 수 있는 가능성은 얼마든지 있다. 목표라는 말과는 다른 개념으로 평가기준을 정의할 수도 있다. 그리고 목표를 궁극적인 평가기준으로 삼더라도 다른 기준에 따른 평가를 중간에 개입시킬 수도 있다. 그런가 하면 어떤 평가기준이든지 거기에 모두 목표라는 이름을 붙일 수도 있다.

조직을 평가하는 기준으로서 목표가 얼마나 쓸모 있는 것인가에 대해 오랜 논란이 있어 왔다. 그러한 논란은 여러 가지 개념적 혼란의 온상이 되기도 하였다. 조직의 평가기준에 관한 이해의 혼란은 주로 목표모형과 체제모형의 대립을 둘러싼 논쟁으로부터 파급된 것으로 보인다. 목표모형과 체제모형을 양분하는 논의를 먼저 살펴보려 한다.

2. 목표모형과 체제모형의 구분

조직평가의 접근방법을 목표모형과 체제모형으로 구분하는 사람들의 말에 따르면 목표모형은 조직 전체를 하나의 단위로 보는 모형이며, 체제모형은 조직을 구성하는 요소들에 고루 주의를 기울이는 모형이라고 한다.d)

목표모형과 체제모형을 뚜렷하게 대조시키는 사람들의 견해를 정리해 보면 다음과 같다.7)

1) 목표모형

(1) 정   의   목표모형(goal model)은 전통적인 접근방법으로서 조직이 추구해야 할 목표의 개념화에 입각한 것이며 목표를 조직평가의 기준으로 삼는 것이다. 조직은 주어진 목표를 달성하기 위한 합리적 도구라고 보는 관점에 입각해 있는 목표모형에서는 목표가 조직의 성공 여부를 판단하는 기준으로서 절대적인 중요성을 가진다. 전형적인 목표모형에서 조직평가의 기준으로 채택하는 목표는 공식적으로 표방된 생산목표이다.e)

---

d) 목표모형과 체제모형의 영어명칭은 여러 가지이다. 목표모형은 goal model, goal approach, goalistic criteria of effectiveness 등으로 불리며, 체제모형은 system model, systems approach, systemic criteria of effectiveness 등으로 불린다. 어떤 사람들은 system resource approach라는 특정인의 모형으로 체제모형을 대변시키기도 한다.

e) 근래에는 목표개념의 파악이나 그 측정에서 약간씩의 차이를 보이는 모형들도 목표모형에 포함시키고 있다. 예컨대 조직의 대사회적 목표를 기준으로 삼는 모형도 목표모형에 포함시키는 경우가 있다.

(2) **목표모형의 예**   조직의 목표는 조직평가기준으로 오래 쓰여왔기 때문에 목표모형의 예는 많다. 그 가운데서 근래 자주 인용되는 예를 두 가지만 보기로 한다.

① **Rice의 모형**   Charles E. Rice는 정신병원의 효율성을 평가하는 데 적용하기 위해 목표개념을 주축으로 하는 모형을 개발하였다. 그의 모형은 목표를 기준으로 하여 조직의 유형을 분류하고 같은 유형에 공통되는 목표를 기준으로 해당 조직군의 효율성을 평가할 수 있는 개념적 틀을 제공하려는 것이다. 그의 모형에서는 조직을 투입과 산출을 가진 체제로 파악한다. 조직의 투입·산출 및 체제변수는 조직의 목표라는 궁극적 기준에 비추어 검토되어야 할 것으로 본다.[f]

② **Price의 모형**   James L. Price는 효율성을 목표달성의 수준(degree of goal achievement)이라 정의하고 목표달성수준의 결정요인을 설명하려고 하였다. 그는 조직의 제특성(구성요소)이 목표성취에 기여하려면 일정한 개입변수의 매개를 통해야 한다고 보았다. 조직의 특성들을 원인변수(causal variables)라 부르고 있는데 여기에는 분업, 의사전달, 조직의 규모와 독자성, 의사결정이 포함된다. 개입변수로 열거한 것은 i) 생산성, ii) 순응성, iii) 사기, iv) 적응성, 그리고 v) 정착화(기관화)이다.[g]

(3) **비   판**   여기에 소개하는 것은 체제모형을 만들고 지지하는 사람들이 목표모형을 공격하는 논리이다. 그들은 대개 목표를 공식적 생산목표에 국한하여 이해하는 경향이 있다.

① **부분적 평가**   목표모형을 적용하면 조직현상의 일부만을 평가할 수 있으며 포괄적인 조직평가가 불가능하다.

---

f) Rice는 자기의 모형을 다원체제모형(multiple systems model)이라 불러야 할 것이라고 말했다. 그러나 체제개념의 사용에도 불구하고 조직의 효과성은 목표로부터 도출되는 기준에 따라 평가해야 한다는 것이 Rice의 기본적 논리이다. Rice, "A Model for the Empirical Study of a Large Social Organization," in Jaisingh Ghorpade(ed.), *Assessment of Organizational Effectiveness* (Good–year, 1971), pp. 89~100.

g) 개입변수인 생산성(productivity)은 투입에 대한 산출의 비율로 파악된다. 이것이 효율성의 중심 지표이다. 순응성(conformity)은 조직구성원들이 조직의 규범을 받아들이는 정도를 말한다. 사기 (morale)란 구성원 개개인의 동기가 유발되는 정도이다. 적응성(adaptiveness)은 조직이 변동에 대응할 수 있는 정도를 가리킨다. 정착화(institutionalization)는 조직의 의사결정이 환경에서 수용되는 정도를 가리킨다. Price, *Organizational Effectiveness: An Inventory of Propositions*(Richard D. Irwin, 1968).

② 객관성 결여   평가의 객관성과 구체성을 기대할 수 없다. 조직목표의 경험적 확인이 어렵기 때문이다.h)

③ 이론적 취약성   목표모형은 조직이 주어진 목표의 추구를 위한 합리적 도구라고 이해하는 고전적 조직관에 입각해 있기 때문에 이론적인 취약성을 내포한다.

④ 비실용성   조직평가에서 목표모형을 사용하는 경우 비실재적인 영상(목표)과 실재하는 조직활동을 비교하기 때문에 비교의 결과에는 실용적인 가치가 없다고 한다. 비실재적인 영상이라고 할 수 있는 조직의 목표를 규정하는 데는 연구인이 갖는 이상(理想)의 개입 가능성이 크다.

⑤ 조직 간 비교의 애로   종류가 다른 조직들의 목표는 서로 다르기 때문에 목표성취 수준의 조직 간 비교가 어렵다.

⑥ 상충되는 목표추구의 간과   전통적인 목표모형은 흔히 상충되는 여러 가지 목표들을 조직이 추구하고 있다는 사실을 간과하는 것이다. 다양하고 상충되는 목표들을 모두 성취해야 하는 것이 효율성의 요건이라면 효율적인 조직은 실제로 찾아보기 어려울 것이다.

2) 체제모형

(1) 정   의   체제모형(system model)은 조직을 구성하는 요인 또는 기능을 전반적으로 포괄하려는 모형이다. 체제모형에서는 조직의 목표에 우선적인 주의를 기울이지 않고 조직에 필요한 복수의 기능적 요건(functional requirements)을 기준으로 하여 조직을 평가하려 한다. 체제모형은 사회적 단위로서의 조직이 충족시켜야 할 필요(needs)의 개념화에 입각한 것이다. 여기서 말하는 필요란 조직이 주어진 상황에서 생존하고 효율적으로 활동하기 위해 충족시켜야 할 요건이다. 이러한 요건을 충족시키는 능력을 기준으로 하여 조직의 효율성을 평가하려는 것이 체제모형이다.

체제모형은 논의의 출발점이 목표 자체가 아니라는 점, 그리고 조직은 복수

---

h) 목표기준의 객관성을 저해하는 요인은 ① 목표의 의미가 모호하다는 것, ② 목표의 시간적 국면(장기 또는 단기)을 파악하기 어렵다는 것, ③ 조직의 성과가 조직의 능력에서 나온 것인지 아니면 투입이나 기타 외부요인의 작용에서 비롯된 것인지를 특정하기 어렵다는 것, 그리고 ④ 목표의 설정은 성취결과의 영향을 많이 받기 때문에 목표와 그 성과를 구별하기도 어렵다는 것이다. Richard H. Hall, *Organizations*, 5th ed.(Prentice-Hall, 1991), pp. 255~257.

기능적인 사회적 단위라는 점을 특히 강조한다. 목표추구만이 조직의 기능인 것은 아니기 때문에 다른 요건들을 간과한 채 목표추구만을 극대화하려 하면 오히려 목표추구 자체도 저해받지 않을 수 없다는 점을 분명히 밝혀주는 것이 체제모형이다. 목표모형이 조직의 실제와 이상을 비교하는 것이라면 체제모형은 조직들의 실적을 서로 비교하는 것이라는 설명도 있다.[i]

(2) 체제모형의 예   체제모형의 여러 가지 모습을 이해할 수 있도록 세 가지 예를 들어보려 한다. 다음에 드는 예는 목표모형과 체제모형을 구분하는 사람들이 체제모형이라고 지목하는 것들이다.

① Litterer의 모형   Joseph A. Litterer는 조직이 생존하려면 네 가지의 중요한 기능을 수행해야 한다고 하였다. 네 가지의 기능이란, ⅰ) 목표달성, ⅱ) 통합기능, ⅲ) 적응 및 ⅳ) 자원의 획득과 유지를 말한다. 이 가운데 목표달성에만 관심을 갖는 것이 목표모형이며 네 가지 기능에 모두 관심을 갖는 것이 체제모형이라고 한다.[8]

② Bennis의 모형   Warren G. Bennis는 세 가지의 조직평가 기준을 제시하였다. 그가 '조직건강의 필요조건'(prerequisites of organizational health)이라고 부르는 일반적 평가기준은 심리학자들이 건전한 인간성격발달을 평가할 때 사용하는 기준과 흡사하다. Bennis가 제시한 세 가지 기준은 ⅰ) 적응력, ⅱ) 자기인식력, 그리고 ⅲ) 사실파악능력이다.[9]

> 적응력(adaptability)이란 주어진 문제를 해결하고 변동하는 환경적 요청에 융통성 있게 대응하는 능력을 말한다. 자기인식력(sense of identity)은 행동주체가 자신의 존재는 무엇이며 무엇을 해야 하는가에 대하여 가지는 지식과 통찰력이다. 자기인식력에 관하여 조직을 평가할 때에는 조직의 목표를 조직구성원들이 이해하고 수용하는 정도, 그리고 조직구성원들이 조직의 진상을 지각하고 있는 정도를 따져보아야 한다. 사실파악능력(capacity to test reality)은 조직이 처해 있는 상황의 진정한 속성을 찾아내고 정확하게 지각하며 옳게 해석하는 능력이다.[j]

---

i) 체제모형을 제안하는 사람들이 목표모형에서 말하는 목표추구가 어떤 목표의 추구인지를 명백히 규정하는 일은 거의 없다. 다만 그 논지로 보아 우리는 이것이 생산목표의 추구만을 지칭하는 것이라고 짐작할 수 있다.

j) Bennis의 평가기준 설정에 가장 직접적인 영향을 준 것은 Jahoda가 제시한 정신건강판단기준인 것 같다. cf., Marie Jahoda, *Current Concepts of Positive Mental Health*(Basic Books, 1958). Edgar Schein은 Bennis의 세 가지 기준에 내적 통합(internal integration)이라는 기준을 추가하여 평가기준을 네 가지로 만들었다. 내적 통합이란 조직 전체의 구성부분이 상충되는 행동을 하지 않

③ Yuchtman과 Seashore의 모형   Ephraim Yuchtman과 Stanley Seashore가 만든 모형은 체제자원모형(體制資源模型: system resource model)이라 부른다. 이 접근방법은 특정한 조직이 다른 조직들과의 경쟁을 통해서 자기 조직에 유용한 희소자원을 환경으로부터 획득하는 능력, 즉 '거래 상의 지위'(bargaining position)를 조직평가의 기준으로 삼는 것이다.[10]

개방체제모형에 기초한 체제자원모형의 이론구조를 보면 다음과 같다.

조직과 환경의 교호작용은 투입과 산출로 요약할 수 있다. 투입과 산출을 통해 조직과 환경이 교환하는 것은 주로 가치 있는 희소자원이다. 조직들은 희소자원을 획득하려고 다소간에 서로 경쟁하게 된다. 이러한 경쟁과정은 조직 간의 계서적 분화(hierarchical differentiation)를 초래한다. 조직의 계서적 위치는 조직들이 경쟁을 통해서 자원을 획득하는 능력의 차등, 즉 거래 상의 지위를 나타내준다.

조직 간의 계층분화를 척도로 삼아 조직의 효율성을 평가하는 것이 가장 합당하다. 조직의 목표는 거래 상의 지위를 높이기 위한 수단과 전략을 구체화한 것이며 동시에 조직구성원의 개인적 목표를 반영하는 것이다. 거래 상의 지위가 향상되면 목표달성의 능력도 향상되기 때문에 거래 상의 지위와 목표가 서로 무관한 것은 아니지만 목표 자체가 효율성 평가의 궁극적인 기준이 될 수는 없다.

체제자원모형이 조직의 자원획득능력을 포착하는 데 역점을 둔다고 해서 단순히 가용자원의 존재 또는 자원의 투입에만 관심을 갖는 것은 아니다. 조직이 누리는 거래 상의 지위는 조직행동의 중요 국면이라고 할 수 있는 투입·처리·산출의 결합된 기능을 통해 얻어지는 것이다. 따라서 체제자원모형은 순환적으로 연결된 투입·처리·산출의 제국면을 다같이 평가대상으로 삼는다.

체제자원모형에서는 조직이 누리는 거래 상의 지위를 평가기준으로 삼기 때문에 거래 상의 지위가 향상될수록(극대화될수록) 효율성은 높아진다고 판단하게 된다. 그러나 주의할 것은 효율성의 극대화가 자원획득의 극대화를 의미하는 것은 아니라는 점이다. 자원획득은 적정하여야 한다. 자원획득의 적정화를 통해서 거래 상의 지위를 극대화시켜야 한다. 어떤 조직이 자원획득능력을 최대한으로 가동시켜 너무 많은 자원을 긁어모으면 다른 조직들의 강한 반발을 촉발하고 환경의 재생능력을 파괴하여 스스로의 생존에 위협을 초래할 수 있다.

(3) 비   판   체제모형은 목표모형보다 발전된 것이며 조직현상의 포괄적인, 그리고 실상에 가까운 이해를 촉진하는 모형이라고 한다.

그러나 체제모형은 전통적인 목표모형에 비해 연구인들에게 무거운 부담을

도록 조화시키는 것을 말한다. Schein, *Organizational Psychology,* 3rd ed.(Prentice–Hall, 1980), pp. 230~231.

안겨주는 난점을 지니고 있다. 우선 체제모형을 만드는 것은 목표모형을 만드는 것보다 훨씬 복잡하고 어렵다. 연구인들은 조직이 충족시켜야 할 기능적 요건이 무엇이며 하위체제 간의 자원배분을 어떻게 하는 것이 가장 효율적인가를 결정하는 등 어려운 문제들을 해결해야 한다. 체제모형을 적용할 때도 여러 가지 방법론 상의 난제에 봉착하게 된다.

체제모형의 적용을 제안하고 지지한 사람들은 목표모형을 비판하면서 고전적인(낡은) 목표이론을 대상으로 삼는다. 많이 달라진 근래의 목표이론들을 간과한 약점이 있다.

우리는 조직의 목표를 조직평가의 기준으로 삼는 데 대한 논쟁에 관심을 가지고 조직평가모형을 목표모형과 체제모형으로 양분하여 고찰하였다. 그러나 이 밖에도 조직평가모형의 유형론들은 많다.

예컨대 James L. Gibson 등은 조직의 효율성을 평가하는 접근방법을 세 가지로 분류하였다. 세 가지 접근방법이란 ⅰ) 목표론적 접근방법(goal approach to effectiveness), ⅱ) 체제론적 접근방법(systems theory approach to effectiveness), 그리고 ⅲ) 이익조정론적 접근방법(stakeholder approach to effectiveness)을 말한다. 이익조정론적 접근방법은 조직에 이해관계가 있는 사람들의 이익을 조화롭게 충족시킴으로써 체제를 구성하는 다양한 부분들 사이의 균형을 이루는 조직이 효율적인 조직이라고 보는 관점이라고 한다.[11]

B. J. Hodge 등은 조직의 효율성을 평가하는 접근방법을 ⅰ) 대내적 효율성모형(internal effectiveness model), ⅱ) 목표모형(goal model), ⅲ) 체제자원모형(systems resource model), ⅳ) 이해관계자 만족기준모형(stakeholder model), ⅴ) 상충모형(contradiction model), ⅵ) 경쟁적 가치기준모형(competing values model), ⅶ) 균형적 성적표모형(balanced scorecard model) 등 일곱 가지로 분류하였다.[12]

대내적 효율성모형은 생산활동의 능률과 원활한 인간관계를 효율성 평가의 기준으로 삼는 모형이다. 이해관계자 만족기준모형은 조직의 중요한 이해관계자들이 조직활동으로부터 얻는 만족의 수준을 평가기준으로 삼는 모형이다. 상충모형은 조직이 직면하는 상충적 요청을 고려하는 모형이다. 경쟁적 가치기준 모형은 조직의 관리자들이 추구하는 경쟁적 가치들을 함께 평가기준으로 삼는 모형이다. 균형적 성적표모형은 조직활동의 중요 국면별 성취도, 즉 재정적 성취도, 내부운영 상의 성취도, 고객에 대한 봉사의 성취도, 쇄신과 학습의 성취도 등을 고루 평가하는 모형이다.

3. 조직평가이론의 발전

조직평가에 관한 이론의 발전과정은 평가기준의 다원화, 그리고 다원화된 접근방법들의 수렴화가 함께 진행되어온 과정이라고 할 수 있다.

조직학의 초창기부터 연구인들은 조직을 평가하는 기준과 지표의 개발에 관심을 가졌다. 조직의 공식적인 구조를 연구하는 데 몰두하였던 고전이론에서는 조직평가기준으로 능률을 채택하였다. 곧이어 목표성취도에 주목하였다. 인간관계론의 영향은 사회적 능률을 평가기준에 추가하였다. 개방체제론의 영향은 조직의 적응이라는 기준을 부각시켰다. 근래에는 성과주의의 영향으로 산출의 효과 또는 결과가 강조되었다. 고객중심주의의 영향은 조직의 산출에 대한 고객의 만족을 중요한 평가기준으로 만들었다. 이와 같이 조직평가기준은 추가에 추가를 거듭해 왔다.

이러한 분화의 과정에는 통합화의 과정이 병행되었다. 여러 접근방법은 교호충실화의 작용을 하고 평가이론의 통합적 안목을 발전시켰다.

목표모형과 체제모형도 처음에는 분명히 구별되는 특성을 지녔겠지만 시간의 흐름에 따라 상호 수렴·통합화의 길을 걷게 되었다. 조직연구에 쓰이는 목표개념은 그간 많이 달라졌으며 목표모형과 체제모형의 교호충실화가 꾸준히 진행되어 왔기 때문에 양자의 구별은 많이 흐려져 있다. 목표의 여러 유형과 이른바 체제의 요건에 관한 개념들을 상호 교환적으로 사용할 수 있는 가능성이 커졌다.

제 4 장

행정조직의 구조

행정체제의 기관적 기초는 행정조직이다. 행정조직에는 구조가 있다. 제4장에서는 행정조직의 구조적 측면을 고찰할 것이다. 구조라는 개념을 통해 조직의 주요 국면을 선택하여 고찰하겠다는 뜻이다.

제1절에서는 조직과 구조의 의미를 정의하고 구조를 구성하는 기본적 요소에 대해 설명할 것이다. 구조의 의미를 규정하면서 구조적 특성의 지표에 대해서도 언급하려 한다. 구조의 구성요소로는 역할, 지위, 권력, 규범을 선택하고 지위와 권력에 대해서는 자세한 설명을 붙이려 한다. 기술은 구조에 큰 영향을 미치는 요소이기 때문에 함께 설명할 것이다.

제2절에서는 조직의 구조를 형성하는 하위단위인 집단을 설명하려 한다. 집단의 의미를 규정하고 집단 간의 관계에 대해 설명하려 한다.

제3절에서는 구조형성의 원리와 조직유형론, 그리고 우리나라의 행정기구를 설명하려 한다. 구조형성의 원리는 고전적 원리와 이를 수정 또는 거부하는 원리들로 나누어 설명하려 한다. 조직유형론은 구조적 양태에 직접·간접으로 결부된 기준에 따른 것들을 소개하려 한다.

이어서 우리나라 행정기구의 대강을 살펴보고 그 개혁방향을 탐색하려 한다. 중앙과 지방의 관계, 그리고 행정기구의 특별형태 가운데 하나인 공기업에 대해서도 따로 언급하려 한다.

구조형성의 기초요소

Ⅰ. 조직과 구조

행정조직도 하나의 조직이며 다른 조직들과 마찬가지로 구조를 가지고 있다. 구조는 모든 조직의 불가결한 요소이다. 구조를 형성하는 구성요소와 구조의 특성을 말해 주는 지표를 논의하기에 앞서 조직과 구조의 의미를 밝혀두는 것이 좋을 것 같다.

1. 조직의 정의

조직(組織: organization)이란 인간의 집합체로서 일정한 목표의 추구를 위하여 의식적으로 구성한 사회적 체제이다. 조직은 어느 정도 공식화된 분화와 통합의 구조 및 과정, 그리고 규범을 가지고 있다. 조직은 경계를 가지고 있으며 경계 밖의 환경과 교호작용한다. 여기서 정의하는 조직은 대규모의 복잡한 조직이다.

이러한 정의에 포함되는 조직의 주요 특성은 다음과 같다.

① 목표의 존재   조직은 그 자체의 목표를 가지고 있다. 대규모의 조직이 추구하는 목표는 대개 복수이며 그 종류도 여러 가지이다.

② 인간행동에 의한 구성   조직은 사람의 행동으로 구성된다. 그러나 개별적인 구성원의 존재와는 구별되는 실체를 형성한다.

③ 구조와 과정   조직에는 분화와 통합에 관한 공식적 구조와 과정이 있다. 공식적 구조와 과정을 비공식적·자생적 관계가 수정할 수 있다.

④ 비교적 높은 합리성   조직활동은 다른 사회적 집합체들의 경우보다 비교적 높은 합리성의 지배를 받는다. 그러나 합리성은 완전한 것이 아니다. 비합리적 요인의 개입으로 인해 합리성은 제약된다.

⑤ 경계의 존재　　조직에는 경계가 있어 조직과 그 환경을 구별하게 해준다.

⑥ 환경과의 교호작용　　조직은 개방체제인 사회적 체제로서 그 환경과 교호작용한다.

⑦ 동태적 현상　　조직은 시간선 상에서 움직여가는 동태적 현상이다.

⑧ 대규모의 복잡한 조직　　우리가 논의의 대상으로 삼는 조직은 규모가 크고 구성이 복잡한 조직이다. 여기서 규모가 크다는 것은 조직구성원들 전원이 일상적으로 대면적 접촉을 하기 어려운 정도의 규모를 말한다.

2. 구조의 정의

조직의 구조(構造: structure)는 조직구성원들의 유형화된 교호작용(patterned interaction)을 말한다. 구조를 교호작용의 유형이라고도 설명한다. 사람들의 행동 또는 교호작용이 되풀이되어 일정한 양태 또는 유형이 형성되면 그것이 조직의 구조가 된다. 조직의 구조에는 공식적인 측면과 비공식적인 측면이 있다. 구조는 조직 내 교호작용을 안정시키며 그 예측가능성을 높이고 공동목표 추구를 위한 질서를 형성한다.

구조의 기초(원료)는 인간의 행동이다. 인간행동을 지속적으로 조건지어 구조의 기초단위를 만드는 요소들을 구조의 구성요소라 한다. 구조분석의 기본적 단위는 이러한 구성요소들이 규정하는 인간행동이다. 건축공학적·기계공학적 요인들과 같은 무생물적 요인들은 조직의 구조에 영향을 미칠 수 있는 부수적 요인임에 불과하다.

3. 구조적 특성의 지표

조직의 구조를 설명할 때에는 여러 가지 지표들을 쓴다. 구조적 변수라고 부르기도 하는 구조적 특성지표는 조직구조의 특성 또는 양태를 표시하는 개념이다. 구조적 특성지표에는 많은 것들이 있으나 여기서는 규모, 복잡성, 공식화, 그리고 집권화(또는 분권화)만을 골라 그 의미를 설명하려 한다.

(1) 규모　　조직의 규모(規模: size)는 조직의 크기를 지칭하는 개념이다. 규모를 경험적으로 측정할 때 가장 널리 쓰이는 지표는 조직구성원의 수이다. 그러나 조직의 물적 수용능력, 투입 또는 산출, 자원의 크기도 지표로 쓰일 수 있다.

조직구성원의 수(인적자원의 크기)는 조직이 사용할 수 있는 사람의 수이다.

어떤 조직에든 구성원은 있기 때문에 구성원의 수는 언제나 발견할 수 있는 기준이라는 점에서 많은 연구인들이 그것을 손쉽게 사용해 온 것 같다. 규모의 지표가 될 수 있는 다른 요인들과 구성원의 수 사이에는 높은 상관관계가 있기 때문에 구성원의 수만을 대표적인 지표로 사용해도 무방하다는 논리를 펴기도 했다.

그러나 규모지표들 사이의 상관관계는 보편적인 것일 수 없다. 그리고 조직구성원과 비구성원을 구별짓기 어려운 때가 많다. 노동집약적 조직과 그렇지 않은 조직을 비교할 때 그릇된 결론을 유도할 수 있다.

조직규모의 통합적 정의에서는 구성원의 수 이외에 물적 수용능력, 기능의 범위, 투입과 산출, 사용할 수 있는 권력이나 재정적 자원도 고려하여야 한다. 네트워크 조직을 분석할 때에는 네트워크의 크기도 중요한 지표로 될 수 있다.

(2) 복잡성　구조적 변수로서의 복잡성(複雜性: complexity)은 단일국면적인 개념이 아니라 복수의 구성요소를 지닌 집합적 개념이다. 복잡성의 구성요소는 ⅰ) 수평적 분화, ⅱ) 수직적 분화, 그리고 ⅲ) 장소적 분산이다. 수평적·수직적 분화수준이 높고 장소적 분산의 수준이 높으면 복잡성의 수준이 높은 것이다.[1]

수평적 분화는 조직이 수행하는 업무를 조직구성원들이 횡적으로 분할하여 수행하는 양태를 말한다.[a] 수직적 분화의 지표는 조직 내에 있는 계층의 수 또는 계서제의 깊이(depth)이다. 장소적 분산의 지표로는 공간적으로 분리된 업무수행 장소의 수, 물적 시설이 장소적으로 분산되어 있는 정도, 분산된 시설과 주사무소의 거리, 장소적으로 분산된 인원수 등을 들 수 있다.

복잡성의 세 가지 구성요소인 수직적 분화, 수평적 분화 및 장소적 분산은 긴밀히 연관되어 서로 같거나 비슷한 수준의 복잡도를 나타낼 수도 있고, 각 요소가 서로 다른 독자적 복잡도를 나타낼 수도 있다.

(3) 공식화　공식화(公式化: formalization)란 조직이 어떤 일을 누가 언제 어떻게 수행해야 한다는 것을 어느 정도나 공식적으로 규정하느냐에 관한 개념이라고 일반적으로 말할 수 있다. 조직에 따라서는 그러한 공식적 규정이 매우 세밀하고 엄격하게 되어 있는 경우도 있고 헐겁게 되어 있는 경우도 있다. 공식화

---

a) 여러 논자들의 개념규정을 보면 일 또는 조직단위의 분화만을 대상으로 하는 사람들도 있고, 사람의 분화 또는 전문화와 조직구성원의 지식, 자격, 훈련정도에만 착안하여 수평적 분화를 이야기하는 사람들도 있다. 그러나 우리는 이 두 가지 국면을 수평적 분화의 개념에 포괄시키는 입장을 취하고 있다.

는 구성원의 행동에 대한 공식적 규정의 수준을 가리키는 것일 뿐이므로 구성원들의 실제적인 행태가 그러한 공식적 규범에 부합되느냐 하는 문제와는 구별해야 한다.[2]

공식화를 조작적으로 정의할 때 많은 논자들이 공식화를 정당성있는 문서화에 관련짓고 있다. 즉, 정당하게 문서화된 규칙·절차·지시·명령 등을 측정의 지표로 삼고 있다. 그러나 공식적인 행태규정은 문서화 이외의 방법으로도 할 수 있다. 그러므로 문서화되지 않은 규범도 공식화의 지표로 측정될 수 있는 가능성을 배제하면 안 된다. 그리고 공식적 규범의 행태규제에 대한 조직구성원들의 지각을 측정하여 공식화수준의 증거로 삼는 연구방법도 배척하면 안 된다.[3]

(4) 집권화·분권화   집권화(集權化: centralization) 또는 분권화(分權化: de-centralization)는 조직 내의 권력배분양태에 관한 개념이며 권력중추로부터 권력이 위임되는 수준을 설명하려는 개념이다. 여기서 말하는 권력의 위임은 권력의 포기와는 다른 것이다. 권력의 위임주체는 수임주체의 권력행사를 취소할 수 있는 최종적인 권력을 유보한다.[b]

집권화와 분권화는 서로 반대되는 의미를 지니는 개념이지만 두 개념은 결코 분리될 수 없는 관계에 있다. 집권화와 분권화는 연속선 상의 현상을 설명하는 개념으로서 표리의 관계를 이루고 있다. 따라서 두 가지 개념이 설명하려는 현상을 하나의 개념만으로도 설명할 수 있다. 집권화의 수준이 높은 것은 분권화의 수준이 낮은 것이며, 집권화의 수준이 낮은 것은 분권화의 수준이 높은 것이다.

Ⅱ. 구조의 구성요소

구조의 구성요소란 조직구성원들의 행동을 유형화하여 구조의 기본단위를 형성하는 요소들을 말한다. 가장 중요한 구성요소들은 ⅰ) 역할, ⅱ) 지위, ⅲ) 권력, 그리고 ⅳ) 규범이다.

---

b) 대부분의 연구인들이 집권화 또는 분권화를 조직 전체의 특성으로 다루고 있다. 여기서도 그에 따르고 있다. 그러나 집권화와 분권화는 조직 전체의 문제로서뿐만 아니라 개인 간의 문제 또는 조직단위 간의 문제, 계층 간의 문제, 그리고 기능 간의 문제로서도 다루어질 수 있으므로 구체적인 경우에 지시대상이 무엇인지를 명확히 할 필요가 있다.

그림 4-1-1 **구조의 기초단위**

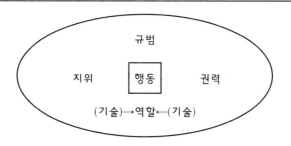

인간의 행동을 한정하고 유형화하여 구조적 단위의 기초를 마련하는 것은 역할이다. 일반적으로 역할이란 사회적인 관계에서 어떤 위치를 점하는 사람들이 해야 할 것으로 기대되는 행동의 범주를 말한다. 역할을 구성하는 행동은 다른 사람들의 기대에 결부된 것이며 다소간에 반복적이고 예측가능한 결과가 따르는 것이다.[c] 역할은 고립적으로 규정되는 것이 아니라 서로 결부된 다른 역할들과 연관적으로 규정된다. 조직 내에서 공식적·비공식적으로 규정되는 여러 가지 역할은 조직구성원들의 교호작용을 인도함으로써 그 예측가능성을 높인다.

역할에는 지위가 부여됨으로써 다른 역할들과의 관계가 설정된다. 역할과 지위의 효력을 뒷받침하는 것은 권력이다. 역할·지위·권력의 실체와 상호 관계를 당위적으로 규정하는 것은 규범이다. 규범이 당위적 행동의 보편화된 기준이라 한다면 역할에 대한 기대는 좀더 분화된 행동의 처방이라 할 수 있다. 지위는 역할을 맡는 사람의 위치에 대한 평가이다.

구성요소들의 특성과 결합관계를 결정하고 기초적 단위들 사이의 관계를 설정하는 기준을 구조형성의 원리라 한다. 그러한 원리의 적용은 구조적 특성을 결정한다. 구조적 특성이 어떠냐에 따라 구조적 양태 또는 조직의 형태가 구분된다.

다음에 구조의 구성요소 가운데서 지위와 권력에 대해 좀더 자세한 설명을 하려 한다. 지위와 권력을 구조적 요인으로 보아 설명하겠지만 구조와 과정은

---

c) 조직 내의 역할(role)을 기능, 임무, 일, 과제, 직무 등의 용어로 표현하는 사람들도 있다. 조직 내의 역할에는 수없이 많은 것이 있다. 본부장, 국장, 과장, 팀장, 타이피스트, 비서 등은 역할의 예이다.

표리의 관계에 있으므로 필요하면 과정적 관점에서의 설명도 추가할 것이다.

기술은 구조형성에 강력한 영향을 미치는 요소이다. 기술은 역할을 규정하는 한 요소라 할 수 있다. 구조와 기술의 긴밀한 관계를 고려하여 구조의 구성요소를 논의하면서 기술도 함께 설명하려 한다.

1. 지   위

1) 정   의

지위(地位: status)는 조직의 구조를 형성하는 하나의 기초요소이다. 일반적으로 지위란 어떤 사회적 체제에서 개인이 점하는 위치의 비교적인 가치 또는 존중도를 의미한다. 지위는 계층화된 지위체제 내에서의 등급 또는 계급이라고 말할 수 있다.4)

① 지위의 기초   사회적 체제에서 사람이 차지하는 지위의 구성요소(기초)는 돈·능력·신분·활동·지식·책임·선임순위 등 일정한 범주의 사람들이 가치 있는 것이라고 생각하는 요소들이다.

② 타인의 평가   지위는 그것을 차지하는 사람이 스스로 지니는 것이 아니라 다른 사람들이 부여하는 것이다. 따라서 지위는 가치 있는 것에 대한 다른 사람들의 지각과 평가에 달려 있다고 할 수 있다.

③ 위치에 부여되는 가치   지위는 결국 그것을 차지하는 사람들이 누리는 것이며, 사람의 특성이 지위에 영향을 미치는 것도 사실이다. 그러나 지위라는 개념은 원칙적으로 사회적 체제 내에서의 위치에 부여되는 가치를 지칭하는 것이다.d)

④ 지위상징   불균등한 지위들의 보수와 편익, 권한과 특권, 책임 등은 차등적이다. 차등적인 지위에는 각각 그에 상응하는 상징이 부여된다. 그러한 상징의 가장 뚜렷한 예는 제복과 계급장이다. 지위의 기초인 보수와 특권도 지위의 상징이 되며, 직명, 조직도표 상의 위치, 취임시의 의식, 사무실의 크기와 장식도 지위의 상징이 될 수 있다.

⑤ 공식적·비공식적 측면   조직 내의 공식적 지위체제는 여러 가지 비공식적 요인의 작용으로 다소간에 수정을 받게 된다.

---

d) 심리학자들은 흔히 지위를 어떤 집단 또는 계층의 사람들이 판단한 어떤 개인의 가치라고 정의함으로써 사람에 초점을 두고 있다. 그러나 사회학적인 안목을 가진 대부분의 논자들은 사회적 체제 내의 위치 또는 직위에 초점을 두어 지위를 정의하고 있다.

⑥ **조직과 구성원에게 미치는 영향**　조직은 지위체제의 유지 또는 변동을 통제하고 지위체제 내에서 개인이 이동하는 것을 관리함으로써 조직구성원들의 행태에 많은 영향을 미칠 수 있다. 그런가 하면 조직구성원들의 지위에 대한 관심과 반응은 조직에 많은 영향을 미친다.

2) 유　　형

가장 흔히 쓰이는 지위유형론은 공식적 지위와 비공식적 지위를 구별하는 유형론이다.[5]

귀속적 지위(歸屬的 地位: ascriptive status)와 실적에 따른 지위(achieved status)를 구별하는 유형론도 널리 쓰여 왔다. 귀속적 지위는 어떤 사회계층 또는 가문에 태어남으로써 자동적으로 얻는 지위와 같이 생래적으로 얻어지는 지위를 말한다. 실적에 따른 지위는 사람이 살아나가는 동안 스스로 노력하여 얻는 지위이다.

계층적 지위(scalar status), 기능적 지위(functional status), 인적 지위(personal status), 직위의 지위(positional status), 현재적 지위(顯在的 地位: active status), 잠재적 지위(latent status), 파생적 지위(derived status) 등이 구분되기도 한다. 계층적 지위는 수직적 계서의 직위에 결부된 것이며, 기능적 지위는 사람이 수행하는 구체적 기능 또는 업무에 결부된 것이다. 직위의 지위는 점직자(占職者)와 관계없이 직위에 부여되어 있는 지위이며, 인적 지위는 점직자의 개인적 성취에 결부된 지위이다. 현재적 지위는 개인이 지닌 다방면의 지위 중 특정한 상황 하에서 실제로 작용하는 지위이다. 구체적인 상황에서 잠복해 있고 적극적으로 작용하지 않는 것은 잠재적 지위이다. 장관의 비서는 장관 가까이에서 일하기 때문에 그 계급에 걸맞지 않는 높은 지위를 누리는 경우가 있다. 이렇게 얻어진 지위를 파생적 지위라 한다.

3) 효용과 폐단

(1) **효　용**　지위체제는 구조적 배열을 안정시키고 조직의 효율성을 높인다.[6]

① **교호작용의 준거**　교호작용의 준거를 제공해 조직활동을 원활하게 한다. 사람들은 자기의 지위와 다른 사람의 지위를 비교하여 그 차이를 지각하고 그에 따라 교호작용을 한다. 그러므로 배분적 정의가 있는 온당한 지위체제는 교호작

용을 원활하게 하고 대인관계를 원만하게 한다.

② 갈등 해소   역할관계의 모호성과 갈등을 해소하는 데 기여한다.

③ 동기유발   지위는 조직구성원들의 동기를 유발하는 유인이 된다. 사람들에게는 지위 획득·상승의 욕구가 있을 것이기 때문이다.

④ 통제의 수단   조직은 지위배분권을 행사함으로써 조직구성원들을 통제할 수 있다.

(2) 병폐적 부작용   지위체제는 남용되거나 폐단을 빚기도 쉬운 것이다.[7]

① 지위의 목적화   사람들이 지위를 조직생활의 목적인 것처럼 생각하고 지위획득 투쟁을 벌이면 조직이 병들게 된다.

② 경직화의 위험   층화된 지위의 구조가 지나치게 경직화될 위험이 있다.

③ 의사전달·협동의 장애   지위의 차등성을 강조하다 보면 지위 간의 사회적 거리를 너무 멀게 만들 수 있다. 이것은 의사전달과 협동을 어렵게 한다.

④ 지위부조화   지위체제가 배분적 정의에 어긋나고 지위부조화가 생길 수 있다. 지위부조화의 가장 흔한 예는 직위에 부여된 지위와 능력에 부여된 지위가 괴리되는 경우이다.

⑤ 자원낭비   지위마다 그에 상응하는 특혜와 상징을 제공하기 위해 조직은 자원을 낭비하는 일이 많다.

⑥ 남   용   조직 상의 지위가 남용될 수 있다. 어느 한 영역에서 얻은 지위를 가지고 그와 무관한 영역에서 영향력을 행사하여 부당한 일을 저지를 수 있다.

2. 권   력

1) 정   의

권력(權力: power)이란 어떤 개인 또는 집단이 다른 개인 또는 집단의 행태에 영향을 미칠 수 있는 능력이다. 쉽게 말해서 A라는 사람이 B라는 사람에게 무엇인가를 시키고, B는 A의 요구가 없었더라면 하지 않았을 일을 A가 시켰기 때문에 하게 된다면 A는 B에 대해서 권력을 갖는다고 할 수 있다.

이와 같이 권력은 행동주체(개인 또는 조직단위) 사이의 관계를 설정해 주는 요인이다. 개인이나 집단이 권력을 고립적으로 행사할 수는 없으며 반드시 다른 사람 또는 집단과의 관계에서만 행사할 수 있는 것이다. 따라서 권력은 일종의 관계변수라고 부를 수 있다. 권력은 교호작용적이며 행동지향적이다.

이러한 권력의 특성을 나누어 설명하면 다음과 같다.[8]

① 자원의 지지　행동주체 간의 관계를 설정하는 권력은 여러 가지 자원(수단 또는 기초)이 뒷받침해 주는 것이다. 권력을 지지해 주는 자원이 없으면 권력은 공허한 것이 된다.

② 의존적 관계　권력관계는 의존관계라고 할 수 있다. 권력을 행사하는 사람은 그 상대방이 얻으려 하는 바를 지배하기 때문에 상대방은 권력을 행사하는 사람에게 의존하게 된다.

권력은 또한 권력행사의 상대방이 선택할 수 있는 대안의 유무에 의존하는 현상이다. 권력행사의 상대방이 권력에 복종하는 길밖에 달리 대안을 가지고 있지 않을 때 권력은 강화된다. 반면 상대방이 다른 대안을 가지고 있을 때 권력은 약화된다.

③ 행동지향적 능력　권력은 상대방의 행태에 영향을 미치는 능력이며 행동지향적인 것이다. 권력은 능력이라고 하지만 그것이 상대방과의 관계에서 사용 또는 행사되는 것을 전제로 하는 능력이기 때문에 행동지향적이라고 말하는 것이다.

④ 가변적 현상　권력관계는 동태적이기 때문에 변동가능한 것이다. 권력은 행동주체 간의 관계를 설정하는 요소인데 그러한 관계는 시간선 상에서 변동해 갈 수 있다.

⑤ 다방향적 현상　조직 내의 권력관계는 다방향적인 현상이다. 권력관계는 계서적·하향적인 것에 국한되는 간단한 현상이 아니다. 상향적인 권력관계도 있으며 수평적인 또는 빗금(斜線)의 권력관계도 있다. 그리고 권력관계는 흔히 상호적이다.

2) 유　　형

권력의 종류를 범주화하는 데는 여러 가지 기준이 쓰일 수 있다. 그 가운데서 가장 흔히 쓰이는 기준은 권력의 기초(자원)이다. 권력의 크기라는 기준도 중요하다.

(1) 권력의 기초에 따른 분류　권력을 뒷받침해 주는 자원 또는 수단을 권력의 기초(power bases)라고 한다. 권력을 그 기초가 무엇이냐에 따라 분류하는

사람들이 중요시하는 권력기초의 종류는 다양하다.[e]

여기서는 널리 인용되고 있는 John R. P. French, Jr.와 Bertram H. Raven의 권력유형론에 따라 권력의 유형을 ⅰ) 정당한 권력, ⅱ) 보상에 따른 권력, ⅲ) 전문지식에 의한 권력, ⅳ) 준거적 권력, ⅴ) 강압적 권력 등 다섯 가지로 분류하려 한다.[9]

① 정당한 권력   정당한 권력(legitimate power)은 권력행사의 상대방이 권력행사주체의 영향력 행사권을 인정하고 그에 추종해야 할 의무가 있다고 생각하는 것을 바탕으로 하는 권력이다.[f]

② 보상적 권력   보상적 권력(보상에 의한 권력: reward power)은 보상을 줄 수 있는 능력에 기초를 둔 권력이다.

③ 전문적 권력   전문적 권력(전문적 지식에 의한 권력: expert power)은 상대방이 인정하는 전문적 지식에 기초를 둔 권력이다.

④ 준거적 권력   준거적 권력(準據的 權力: referent power)은 상대방이 권력행사주체를 좋아해서 그에게 동화되고 그를 본받으려 하는 데 기초를 둔 권력이다.

⑤ 강압적 권력   강압적 권력(coercive power)은 권력행사주체가 처벌의 배분을 좌우할 수 있다고 믿는 상대방의 지각에 기초를 둔 권력이다.

(2) 권력의 크기에 따른 분류   권력은 그 크기에 따라서 분류할 수 있다. 권력의 크기는 세 가지 국면을 가지고 있다. 세 가지 국면이란 ⅰ) 비중, ⅱ) 지배권, ⅲ) 범위를 말한다.[10] 이러한 세 가지 국면을 기준으로 ⅰ) 비중이 무거운 권력과 비중이 가벼운 권력, ⅱ) 지배권이 넓은 권력과 좁은 권력, 그리고 ⅲ) 범위가 넓은 권력과 좁은 권력을 분류할 수 있으며, 이러한 유형들을 다시 서로 조합하면 더 많은 권력의 유형을 분류할 수 있다.

---

[e] 여러 학자들이 권력의 기초라고 열거한 것들을 보면 보상과 처벌, 물리적인 힘, 의견에 대한 영향력, 금전에 대한 통제, 지식, 능력, 신망, 사기(詐欺), 협잡, 비밀, 다수인의 압력, 신뢰, 사회적 수용, 설득, 정당성 또는 권한, 조종, 정보의 지배, 개인적 친화(애정), 공평성, 전통, 계급, 관료적 규칙 등 매우 다양하다. 이 가운데서 열거빈도가 높은 것은 정당성, 보상과 제재, 전문지식, 강압, 개인적 친화 등이다.

[f] French, Jr.와 Raven은 정당한 권력과 다른 권력을 대등한 유형으로 구분하고 있지만 그 관계는 배척적인 것이 아니다. 전문적 지식, 강압적인 힘, 보상 등에 기초를 둔 권력이 조직 내에서 정당화될 때 그것은 정당한 권력, 즉 권한이 되기 때문이다. 권력과 권한(權限: authority)을 동의어로 사용하는 사람들도 있으나 저자는 권한을 조직의 규범에 의하여 정당성이 승인된 권력이라고 규정한다.

여기서 비중(weight)이라고 하는 것은 권력의 강도 또는 수준을 말하는 것이다. 이것은 상대방의 행태를 지배할 수 있는 확률이다. 지배권(domain)은 권력의 영향을 받는 사람 또는 집단의 규모를 지칭하는 것이다. 범위(scope)는 권력행사자가 동원할 수 있는 자원의 폭과 상대방이 보이는 반응의 폭에 관한 것이다. 반응의 폭이란 권력행사의 대상이 되는 행태의 종류와 크기를 지칭하는 것이다.

3) 권력관계의 역학

권력관계는 복잡한 요인들이 교호작용하는 동태적 과정을 통해 설정되고 또 변동한다. 행동주체들은 여러 가지 근거에 따라 권력의 자원을 지배하고 권력을 행사한다. 권력의 배분(권력획득근거의 배분)은 많은 개입요인의 영향을 받아 변동해 간다. 그런가 하면 권력체제는 변동에 저항하는 기제들을 끊임없이 작동시킨다. 권력의 행사는 상황에 따라 다양한 반응을 일으킨다.

(1) **권력의 배분과 변동** 조직 내의 행동주체들은 여러 가지 근거(source)에 따라 권력의 배분을 받는다. 권력획득의 근거로는 ⅰ) 자원의 공급, ⅱ) 불확실성의 극복, ⅲ) 행동주체의 비대체성(非代替性), ⅳ) 의사결정대안의 선택에 대한 통제, ⅴ) 집단의 응집력, ⅵ) 환경적 요청, ⅶ) 행동주체의 정치적 기술, ⅷ) 소속집단의 지위, 행동주체가 의사전달망에서 차지하는 위치 등 구조적 요인, ⅸ) 행동주체의 개인적 특성 등을 들 수 있다.[11]

이와 같은 권력의 근거 또는 권력배분의 결정요인이 달라지면 그에 따라 조직 내의 권력배분이 달라지게 마련이다. 그러나 권력체제는 대개 권력배분의 변동을 억제하는 기제들을 가지고 있기 때문에 변동의 진행과정은 매우 복잡하다.

권력배분의 변화는 여러 가지 양태로 진행된다. 권력행사의 주체와 객체가 뒤바뀌기도 하고 권력배분의 차등폭이 줄어들기도 한다. 권력차등의 폭이 줄어드는 권력배분 균형화 현상은 권력관계의 주객이 바뀌는 현상보다 완만하면서도 그 빈도가 훨씬 높은 것이다.[g]

(2) **현상유지적 세력** 권력균형화의 요인들이 작용한다고 해서 조직 내의 권력관계가 궁극적으로 모두 균형화되는 것은 아니다. 조직 내에는 권력관계의 변동을 제한 또는 좌절시키는 요인들이 있다.[12]

---

g) 흔히 볼 수 있는 권력균형화 요인에는 권력행사로 인한 권력주체의 손실, 의존관계의 재설정, 약자들의 연합세력 형성, 권력관계 당사자들의 지속적인 접촉 등이 있다.

① 정신적 관성   기존의 권력관계를 수용하고 옹호하는 정신적 관성은 권력체제의 현상유지를 강화한다.

② 조직의 문화   기존의 권력관계에 바탕을 둔 조직의 구조와 절차, 기타 행동양식 등에 관한 조직의 문화가 형성되면 권력체제의 현상유지가 강화된다.

③ 권력의 자기영속화 경향   권력의 자기영속화 경향이 있다. 권력이 있는 행동주체는 상대적으로 더 많은 자원을 획득 또는 통제할 수 있는 우월한 위치에 있기 때문에 자기의 권력을 약화시킬 변동에 효과적으로 저항할 수 있다.

(3) 권력행사에 대한 반응   권력행사에 대한 상대방의 반응은 권력의 효율성을 좌우한다.

① 반응의 다양성   권력행사에 대한 반응행동은 절대복종에서부터 회피적인 행동이나 전면적 거부에 이르기까지 매우 다양하게 나타날 수 있다.

권력의 행사에 복종할 때에도 사람의 심리적 반응은 ⅰ) 요구된 행동의 적합성을 믿고 그것이 자기의 가치체계에 부합된다고 생각하기 때문에 복종하는 경우(내재화의 반응·도덕적 반응·태도 상의 복종), ⅱ) 권력행사자와 좋은 관계를 유지하기 위해 복종하는 경우(일체화의 반응), ⅲ) 요구된 행동이 옳다는 확신이 없으면서도 보상 때문에 복종하는 경우(타산적 반응), ⅳ) 내심으로는 반대하지만 별수 없이 복종하는 경우(굴복·소외적 반응) 등 다양하다.

② 반응의 균질화 요인   권력행사에 대한 반응이 무한하게 다를 수 있는 가능성이 있는 반면 조직 내에는 구성원들의 반응을 어느 정도 균질화시키는 요인들이 또한 작용하고 있음을 알아야 한다. 사람들은 대개 어렸을 때부터 권력관계에 노출되면서 자라왔고 조직 내에는 권력에 대한 복종행태를 강화하는 여러 가지 장치가 있기 때문에 조직에 참여하는 사람들은 조직 내의 권력관계를 잘 간파하고 거기에 순응하려는 일반적인 경향을 보인다.

조직 내에서 구성원들은 일정한 유인부여에 대해 그에 상응하는 기여를 하는 것이 온당하다는 심리적 계약을 수용하는 것이 보통이다. 따라서 그들은 정당하다고 생각하는 명령에 대해서는 비판적 평가를 하지 않고 그대로 복종한다. 명령이 비판없이 받아들여지는 범위를 '무비판구역'(zone of indifference)이라 부르기도 한다.[13)]

(4) 복종의 조건   권력의 행사가 행동 상으로나 태도 상으로 무리없이 상대방의 복종을 가져올 수 있으려면 최소한 다음과 같은 조건이 구비되어야 할

것으로 생각된다.[14]

① 상대방의 이해   권력행사자가 요구하는 것이 무엇인지를 상대방이 이해할 수 있어야 한다.

② 조직목표 이해와의 조화   권력행사의 내용이 상대방의 조직목표에 대한 본질적 이해와 상충되지 않아야 한다.

③ 개인적 이익·가치체계와의 조화   권력행사자가 요구하는 것이 상대방의 개인적 이익이나 가치체계와 상충되지 않아야 한다.

④ 복종의 능력   상대방이 요구된 내용을 실천할 수 있는 육체적 및 정신적 능력을 갖추고 있어야 한다.

② 및 ③의 조건이 충족되지 않더라도 행동 상의 복종은 강제할 수 있겠지만 그것은 상대방의 승복을 얻지 못하는 권력행사이기 때문에 여러 가지 태도 상의 거부반응을 일으킬 수 있다.

4) 권력과 조직의 정치

권력은 조직구조 형성의 접착제이며 조직생활을 움직여가는 원료이다. 그리고 권력은 '조직의 정치'(조직 상의 정치: organizational politics)를 야기하는 동인이며 또한 그 대상이다. 조직구성원들이나 집단들은 자기의 목표를 실현하기 위해 더 많은 권력을 차지하려고 여러 가지 전략과 수단을 동원한다. 이로 인해 행동주체 간에 대립과 갈등이 생기고 이를 조정하여 타협점을 찾으려는 노력이 진행된다. 이러한 일련의 교호작용을 조직의 정치라고 부른다.[h]

조직 내 정치의 폭이나 수준은 상황적 조건의 영향을 받는다. 조직 내의 정치적 행태를 증대시키는 조건의 예로 i) 목표가 불분명하거나 목표에 대한 합의가 없는 경우, ii) 행동주체들이 어떤 상황에 대해 서로 다른 정보를 가지고 있는 경우, iii) 희소자원의 배분에 관한 경쟁이 심한 경우, 그리고 iv) 의사결정 과정의 불확실성이 높은 경우를 들 수 있다.

조직의 정치는 양날의 칼처럼 긍정적 및 부정적 측면을 함께 지닌 복잡한 현상이다. 긍정적인 측면은 조직의 효율성 증진에 기여하는 효용이며 부정적인 측면은 조직에 끼치는 해독이다.[15]

---

h) Jeffrey Pfeffer는 조직의 정치를 "불확실성과 의견불일치가 있는 조직의 상황에서 자기가 선호하는 결과를 얻기 위해 권력과 기타의 자원을 획득·개발·사용하려는 활동"이라고 정의하였다. Pfeffer, *Power in Organizations*(Pitman, 1981), p. 7.

(1) **효 용**   조직의 정치는 조직생활에 불가피한 현상일 뿐만 아니라 조직의 효율성 제고에 기여하는 바람직한 기능을 수행한다.

조직의 정치가 지니는 핵심적 효능은 다양한 이익의 표출과 조정 그리고 통합을 이끌어내는 작용이다. 그것은 조직에 참여하는 많은 사람들의 협력과 공동노력을 가능하게 하는 촉매가 된다.

조직의 정치가 조직을 위해 보다 구체적으로 해낼 수 있는 일은 많다. 예컨대 정치는 공식적 권한의 실패를 비공식적인 권력으로 보완해 줄 수 있다. 직위의 요청과 이를 담당하는 사람의 부조화 내지 부적응을 정치적으로 완화해 줄 수 있다. 정치는 예기치 못한 변동에 사람들이 신속하게 대응할 수 있게 하는 방편을 제공할 수 있다. 정치는 또한 조직 내의 대결과 갈등을 해소하는 역할을 해낼 수 있다.

(2) **병 폐**   정치의 부정적인 측면은 여러 가지 병폐를 유발할 수 있다.

사람들은 권력을 목적시하고 지나친 권력추구에 빠져 조직생활에 해독을 끼칠 수 있다. 권력남용, 자원낭비, 부당한 목표추구 등도 잘못된 정치의 부작용으로 나타날 수 있다.

사람들은 자기보호에만 급급하는 정치행태를 보일 수 있다. 자기보호를 위해 직무 상 요구되는 행위나 모험을 회피할 수도 있다. 일을 다른 사람에게 미루거나 어리숙하게 행동해 책임을 모면하거나 규칙과 절차를 앞세워 일을 피할 수도 있다. 행동은 하더라도 행동의 결과에 대한 책임은 피하기 위해 온갖 수단을 동원하기도 한다.

개인이나 집단은 자기영역의 확대와 보호를 위해 지나친 일들을 할 수 있다. 그 과정에서 상대방의 권력을 약화시키기 위해 비도덕적인 행동을 할 수도 있다.

(3) **조직 내 정치의 관리**   조직을 관리하는 사람들은 조직 내의 정치가 과열되고 그 병폐가 커지는 일이 없도록 정치를 관리하는 책임을 져야 한다. 불확실성의 감소, 경쟁완화, 파벌적 행동의 제재, 정치행위의 윤리성 강조 등은 관리자들이 동원할 수 있는 정치정화 수단의 예이다. 정치행위의 윤리성을 높이려면 정치의 공리적 효용(가장 많은 사람들에게 가장 큰 이익을 가져오는 것: utilitarian outcomes)에 관한 기준, 기본적 인권의 존중에 관한 기준, 배분적 정의에 관한 기준을 명료화하고 이를 준수하도록 해야 한다.

5) 힘 실어주기

힘 실어주기(임파워먼트: empowerment)는 업무담당자들에게 필요한 권력과 업무수행 수단을 부여함으로써 그들의 창의적이고 효율적인 업무수행을 촉진하는 과정이다. 힘 실어주기는 관리자들이 의사결정에 필요한 권력뿐만 아니라 담당업무 수행에 관련된 정보, 조직 전체의 업무상황에 관한 정보, 조직의 업무성취에 기초한 보상 등을 일선의 업무수행자들과 나누어 갖는 것이다.[16]

힘 실어주기가 원활히 이루어지려면 분권화를 촉진하여 통솔범위를 확대하고 조직을 저층화해야 한다. 기능분립으로 인한 협동 장애를 극복하고 자율관리팀을 발전시켜야 한다. 노사 간 파트너십을 또한 발전시키고 직원들의 상향적 의사전달을 촉진해야 한다.

힘 실어주기는 조직계층의 위에서 아래로 행해지는 것이다. 조직의 어느 계층이나 힘 실어주기의 대상이 될 수 있다. 그러나 힘 실어주기의 주된 대상은 직접적으로 생산적인 활동에 종사하는 업무일선의 직원(front-line service employees)과 작업집단이다.

힘 실어주기에 대한 위의 정의는 행정조직 내의 힘 실어주기, '직원에 대한 힘 실어주기'를 준거로 삼은 것이다.

(1) 권력의 이양에 의한 권력획득   전통적 관료제의 관리체제에서는 관리층에서 하급자들을 통제하는 권력(권위주의적 지배권)을 집권적으로 행사하였다. 그러나 오늘날 자율과 협동의 관리체제를 처방하는 사람들은 힘 실어주기를 매우 중요시한다. 힘 실어주기라는 탈관료화의 처방을 옹호하는 사람들은 그것이 사람에 대한 통제력이 아니라 적극적인 업무성취에 필요한 권력을 얻는 길이라고 설명한다.

리더들은 다른 사람들에게 힘을 실어줌으로써 조직의 목표성취에 진정으로 필요한 생산적 권력을 얻게 된다고 한다. 다른 사람들을 믿지 못하고 그들에게 힘을 실어주지 못하는 리더들은 점점 무력하고 무능해진다고 한다. 이러한 주장은 리더들이 "권력을 버림으로써 스스로 더 강력해진다"는 역설적 설명인 것이다.

힘 실어주기는 권력의 상호 교환이라고도 설명된다. 리더가 추종자들에게 권력을 위임해 주면 위임해 준 권력은 다시 권력으로 되돌아오는 역동적 상호작용이 진행된다고 한다.

(2) **효용과 한계**   힘 실어주기의 효용이 크지만 거기에는 한계가 있고 시행 상의 장애도 적지 않다.

① **효   용**   힘 실어주기는 관료제의 병폐를 제거하는 여러 가지 효능을 지녔다고 한다.

힘 실어주기는 권력관을 바꿈으로써 모든 사람이 더 많은 권력을 얻는 길을 열어 준다고 한다. 권력관을 바꾼다는 것은 권력을 사람에 대한 지배력이 아니라 일을 성취하는 힘이라고 생각하게 한다는 뜻이다.

힘 실어주기는 또한 참여관리·신뢰관리를 촉진하고 창의적 업무수행을 촉진한다. 관리의 지향성을 권한중심주의에서 임무중심주의로 전환시킨다. 업무담당자들은 보다 큰 자기실현의 보람과 직무만족을 느끼게 된다. 조직은 조정·통제에 필요한 인적자원과 비용을 절감할 수 있다. 관리자들은 조정·통제 임무를 줄여서 보다 생산적인 일에 많은 에너지를 투입할 수 있다. 그에 따라 관리자들의 권력은 늘어나게 된다.

② **한   계**   그러나 힘 실어주기의 효능에는 스스로의 한계가 있다. 힘 실어주기 프로그램의 시행은 여러 가지 장애에 봉착할 수 있다. 관리와 작업조건에 관한 전통적 제도는 힘 실어주기를 좌절시킬 수 있다. 명령형·통제중심형의 관리방식에 익숙한 조직구성원들은 힘 실어주기에 대해 모호하거나 저항적인 태도를 보일 가능성이 크다. 획일적인 시행, 목표에 모순되는 수단의 채택 등 힘 실어주기 프로그램 시행 상의 과오도 문제이다.

(3) **성공조건**   힘 실어주기 프로그램을 성공적으로 도입·정착시키려면 다음과 같은 요건을 충족시켜야 한다.[17]

① **모순의 확인과 관리**   기존질서와 힘 실어주기의 모순을 확인·표출·관리해야 한다. 양자의 모순이 야기하는 문제를 간과하거나 은폐하면 안 된다.

② **내재적 동기유발의 강조**   조직구성원들의 동기유발에서는 내재적 방법의 사용을 강조해야 한다.

③ **한계의 인식**   힘 실어주기의 효용과 용도에는 한계가 있음을 직시하고 이를 남용하는 일이 없도록 해야 한다.

④ **적응적 시행**   획일적인 시행을 경계해야 한다. 조직에는 외재적 동기유발의 필요와 내재적 동기유발의 필요가 병존한다. 내재적 동기유발과 자율규제가 필요하고 가능한 직위·직원의 경우와 그렇지 않은 경우를 구분하여 시행하

는 적응성이 있어야 한다.

⑤ **작업조건의 개편**　유인기제 등 작업조건을 힘 실어주기에 일관되게 개편하여야 한다.

⑥ **분명한 목적 인식**　힘 실어주기의 궁극적인 목적은 직무수행실적의 향상이라는 점을 분명히 확인하고 리엔지니어링의 계획을 수립해야 한다. 힘 실어주기의 수단과 도구에만 집착하거나 이를 목적시 하면 안 된다.

넓은 의미의 힘 실어주기는 다양한 행동주체들 사이에 여러 가지 차원에서 적용될 수 있다. 우리는 다수의 연구인들이 준거로 삼고 있는 '직원에 대한 힘 실어주기'(employee empower-ment)에 초점을 맞추어 힘 실어주기를 정의하였다.

그러나 행정연구인들 가운데는 '기관에 대한 힘 실어주기'(organizational empowerment)나 '사회공동체에 대한 힘 실어주기'(community empowerment)를 논의하는 사람들도 있다는 점을 유념해야 한다. 전자는 통치체제와 행정체제 내에서 중앙통제 중추들이 행정기관들에게 힘을 실어주는 것이다. 후자는 고객집단 등 사회공동체들에게 공공기관의 의사결정, 자원이용, 업무수행에 대한 실질적 통제권을 넘겨주는 것이다.

Ⅲ. 기　　술

우리는 지금 기술문명시대에 살고 있다. 기술이 인류생활에 미치는 영향은 막대하다. 인류생활의 발전을 선도하는 것은 기술부문이다. 기술이 이렇게 중요한 만큼 현대행정학, 그리고 현대조직학은 조직이 사용하는 기술에 지대한 관심을 가지고 있다. 기술이 조직의 여러 국면, 특히 구조와 어떤 상호 작용을 하는가에 관한 연구들이 많이 나와 있다.

1. 기술의 정의

일반적으로 기술(技術: technology)이란 '일하는 방법'이라고 정의할 수 있다. 조직연구에서 사용하는 기술 개념은 자연과학적·공학적 기술뿐만 아니라 사회적 기술도 포함하는 복잡한 집합적 변수이다.

이러한 일반적 의미규정이 경험적 연구에서 곧바로 유용한 도구가 될 수는 없다. 조작화의 작업이 필요하다. 그리고 다양한 기술유형론의 발전도 필요하다.

연구인들이 기술에 관한 조작적 정의의 기초 또는 측정의 지표로 사용한 것들은 여러 가지인데, 그 예를 보면 작업과정에서 사용되는 지식, 업무의 곤란성과 다양성, 원자재의 경도(原資材의 硬度), 원자재와 업무에 대한 관리의 용이성, 작업과정의 통합성, 불확실성, 통일성, 예외의 수와 탐색과정의 성격, 다양성, 예측가능성 등이 있다.

위와 같은 지표들을 설정할 때에 원자재의 특성에 착안하는 사람도 있고 작업과정이나 업무에 착안점을 두는 사람도 있다. 기계나 시설의 배열 또는 생산기술의 변화율에 착안하여 지표를 설정한 사람들도 있다. 물질적 산출물의 생산에서 사용하는 지식·기능에 주의를 한정하는 사람들도 있다.

개인·집단(하위조직단위)·조직 전체에 각각 관련하여 기술을 규정하는 접근방법들이 또한 나뉘어 있다. 조직 전체의 기술과 다른 변수들을 비교하는 연구를 한 사람들은 대개 조직 내의 기술이 동질적이라는 것을 은연 중에 전제하거나 그 평균치를 구하여 사용하고 있다.

2. 기술유형론

기술을 분류한 유형론들 가운데서 널리 인용되고 있는 것 세 가지를 소개하고 정보기술에 대해 언급하려 한다. 다음에 볼 기술유형론들은 기술과 구조의 긴밀한 관계를 염두에 두고 만든 것들이다.

1) Woodward의 유형론

Joan Woodward는 작업과정에 착안하여 기술체제를 세 가지 유형으로 분류하였다. 세 가지 유형의 기술체제는 ⅰ) 단일산품 또는 소수단위산품 생산체제, ⅱ) 다수단위산품 생산체제 또는 대량생산체제, 그리고 ⅲ) 연속적 생산체제이다.[18]

단일산품 또는 소수단위산품 생산체제(unit and small batch production system)란 개별적인 주문자의 요구에 따라 한 개 또는 소수의 산품을 만들어내는 작업과정이다. 선박이나 항공기 등을 제작하는 작업과정을 그 예로 들 수 있다. 다수단위산품 생산체제 또는 대량생산체제 (large batch and mass production system)는 문자 그대로 같은 종류의 산품을 대량으로 생산하는 작업과정이다. 칫솔이나 라디오 등을 하나의 공정에서 대량생산하는 것을 예로 들 수 있다. 연속적 생산체제(long-run process production or continuous production system)는 화학제품의 생산이나 원유를 정제하는 경우와 같이 산품이 연속적으로 처리·산출되는 작업과정이다.

Woodward와 그녀의 연구팀은 위와 같은 기술분류모형을 영국의 제조업체들에 적용하여 일련의 경험적 연구를 수행하였다. 그 결과 기술의 유형은 관리계층의 수, 일선감독자의 통솔범위, 행정농도 등에 모두 영향을 미치고 있음을 발견하였다.

2) Thompson의 유형론

James D. Thompson은 기술적 합리성을 평가하는 기준에는 수단적 기준과 경제적 기준이 있다고 하였다. 수단적 기준이란 기대하는 결과를 실제로 가져오느냐에 관한 기준이다. 경제적 기준은 기대하는 결과를 최소의 자원소모로 가져올 수 있느냐에 관한 기준이다. Thompson은 기술의 수단적인 측면을 이해하는 것이 경제적 측면을 이해하는 것에 선행되어야 한다고 말하고 수단적 측면에 착안한 기술분류를 시도하였다.

Thompson은 기술유형을 ⅰ) 길게 연계된 기술, ⅱ) 중개기술, ⅲ) 집약적 기술 등 세 가지로 분류하였다.[19]

길게 연계된 기술(long-linked technology)은 여러 가지 행동이 순차적으로 의존적인 관계를 이루고 있을 때 쓰이는 기술이다. Z라는 행동은 Y라는 행동의 성공적인 완결이 선행되어야만 수행될 수 있고, 또 Y라는 행동은 X라는 행동의 완결이 선행되어야만 비로소 수행될 수 있는 것과 같이 여러 가지 행동이 길게 연관되어 있을 때 그러한 행동들은 순차적인 의존관계에 있다고 규정된다. 길게 연계된 기술의 대표적인 예는 대량생산에 쓰이는 일관작업체제(assembly line)이다. 표준화된 한 가지 종류의 생산물을 반복적으로 생산하고 그 생산량도 한결같을 때 길게 연계된 기술은 매우 높은 수단적 완전도에 도달할 수 있다.

중개기술(mediating technology)이란 상호 의존상태에 있거나 서로 의존하기를 원하는 고객들을 연결하는 활동에 쓰이는 기술을 말한다. 예컨대 은행은 돈을 맡기는 사람과 빌리는 사람을 연결짓는 데 중개기술을 사용한다. 중개기술은 표준화된 운용을 필요로 하며 시간적으로나 공간적으로 분산된 광범한 고객을 대상으로 한다.

집약적 기술(intensive technology)은 어떤 사물에 변동을 일으키기 위해 끌어모은 다양한 기술의 복합체이다. 그러한 복합체에 포함될 기술의 선택, 배합 및 적용순서는 변동대상인 사물의 특성에 의존한다. 집약적 기술은 맞춤 기술 또는 주문기술(注文技術: custom technology)이라고 말할 수 있다. 개별적인 경우의 필요에 따라 그때그때 적합한 기술의 배합이 맞추어지기 때문이다. 변동대상이 사람인 경우 집약적 기술은 요법적(療法的) 기술이라고 불린다. 집약적인 기술은 인간 이외의 사물을 대상으로 하는 연구사업이나 건축사업 등에서도 찾아볼 수 있다.

3) Perrow의 유형론

Charles Perrow의 기술분류는 조직이 처리하는 원자재(raw material)가 무엇인가에 착안한 것이다. 조직이 다루는 원자재의 특성과 그에 결부된 기술은 조직의 구조와 운영에 영향을 미친다는 전제 하에 기술유형을 분류하였다. 그가 말하는 원자재는 물질에 국한되는 것이 아니라 인간이나 인간의 교호작용, 그리고 상징적인 것(예컨대 화폐) 등을 모두 포함한다.[20]

(1) **분류의 기준**   그는 기술의 유형을 규정하는 핵심적 요인은 ⅰ) 원자재의 처리에서 봉착하게 되는 예외적 사례의 수와 ⅱ) 원자재의 처리에서 채택하는 탐색과정의 특성이라고 하였다.

예외적 사례의 수(number of exceptions)는 탐색행동을 해야 할 사람에게 제시되는 자극의 변칙성 또는 문제의 다양성에 관련된 지표이다. 다양성이 크고 그때그때 새로운 일에 봉착하게 되면 많은 탐색활동을 해야 한다. 자극이 다양하지 않고 친숙한 것이며 새로운 것이 별로 없을 때는 많은 탐색활동을 필요로 하지 않는다.

탐색과정(search procedures)은 원자재라는 자극에 직면한 사람이 그에 대한 반응을 결정하기 위한 과정이다. 탐색과정은 두 가지로 대별할 수 있다. 즉, 분석가능한 또는 일상화된 탐색과정(analyzable or routine search procedure)과 분석불가능한 탐색과정(unanalyzable search procedure)으로 구분할 수 있다. 원자재의 처리에 필요한 것을 많이 알고 있으면 탐색과정은 일상적이고 분석가능한 것이 될 수 있다. 원자재가 복잡하거나 특이해서 그에 관한 것을 별로 알지 못할 때 탐색과정은 분석불가능한 것이 된다.

(2) **네 가지 기술유형**   탐색과정의 특성과 예외적 사례의 수라는 기술의 두 가지 국면을 다시 각각 이원화하는 단순화의 방법을 써서 기술의 국면을 네 가지로 범주화하였다. 즉 ⅰ) 분석가능한 탐색과정, ⅱ) 분석불가능한 탐색과정, ⅲ) 소수의 예외, ⅳ) 다수의 예외 등 네 가지의 기술변수를 구분하였다. 이 네 가지의 국면을 교차시키는 틀 속에서 네 가지 기술유형을 분류하였다.

Perrow가 분류한 네 가지 기술유형은 ⅰ) 기능, ⅱ) 비일상적 기술, ⅲ) 공학적 기술, 그리고 ⅳ) 일상적 기술이다.

분석불가능한 탐색과 소수의 예외가 결합된 것이 기능(技能: 공예적 기술 또는 장인기술: craft)이며, 분석불가능한 탐색과 다수의 예외가 결합된 것이 비일상적 기술(non-routine technology)이다. 분석가능한 탐색과 소수의 예외가 결합된 것이 일상적 기술(routine technology)이며, 분석가능한 탐색과 다수의 예외가 결합된 것이 공학적 기술(engineering)이다.

기능과 비일상적 기술의 경우 원자재의 특성이 잘 알려지지 않은 반면 일상적 기술과 공학적 기술의 경우 원자재의 특성이 잘 알려져 있다. 기능과 일상적 기술의 경우 원자재는 통일적이고 안정적인 반면, 비일상적인 기술과 공학적 기술의 경우 원자재는 불안정하고 통일성이 없다.

전열기의 가열부품과 같이 표준화된 제품을 생산하는 데 쓰이는 기술이 일상적 기술에 해당한다. 주문을 받아서 전동기와 같은 기계를 생산할 때 쓰이는 기술이 공학적 기술이다. 고급 유리그릇을 생산하는 소규모공장에서 기능을 찾아볼 수 있고, 원자력 추진장치를 생산하는 공장에서 비일상적 기술을 찾아볼 수 있다.

Perrow는 조직이 사용하는 기술이 다르면 중간관리층과 하급관리층의 재량범위, 권력, 조정, 그리고 집단 간의 의존도가 달라진다고 하였다.

4) 정보기술

(1) 정   의   정보기술(情報技術: information technology: IT)은 전산화된 (computerized) 정보처리기술이다. 전산화란 컴퓨터와 전자통신기기를 정보처리에 도입하는 것을 말한다.

정보처리기술은 수동적 처리단계의 기술, 기계화단계의 기술, 자동화단계의 기술 등으로 구분되는데, 정보기술은 자동화단계의 기술에 해당한다. 자동화단계에서 전산체제의 도입은 조직 내의 정보관리체제에 근본적인 변혁을 야기하고 조직의 정보관리능력을 획기적으로 향상시킬 뿐만 아니라 조직의 다른 여러 국면에 영향을 미친다.[i]

(2) 정보기술발전의 효과   조직이 사용하는 정보기술의 발전이 가져오는 직접적 효과는 ⅰ) 대체효과, ⅱ) 학습능력 향상효과, ⅲ) 전략개발능력 향상효과, 그리고 ⅳ) 구조변화효과로 나누어 볼 수 있다.[21]

① 대체효과   대체효과란 기존 업무처리방법을 전산화의 방법으로 대체하는 효과이다. 정보기술 도입의 초기에는 반복적·일상적 업무의 전산화부터 진행되는 것이 보통이다. 그 뒤 점차 과정통제나 조정업무의 전산화도 진행된다.

② 학습능력 향상 효과   정보기술의 활용과 통합적 정보관리의 진전은 조직

---

i) 정보기술이 발달할수록 그 영향은 커질 것이다. 21세기 전반부에 일어날 놀라운 인공지능 혁명을 예고하는 사람들이 있다. 그들은 컴퓨터의 사고능력이 인간의 사고능력을 추월할 것이라고 예측한다. 그리고 생물학적인 것과 기계적인 것의 구별이나 물리적 현실과 가상적 현실의 구별이 흐려질 것이라고 예측한다. Ray Kurzwell, "Reinventing Humanity: The Future of Machine-Human Intelligence," *The Futurist*, Vol. 40, No. 2(Mar./Apr. 2006), pp. 39~46.

구성원들에게 필요한 정보의 공급을 확대하여 조직 전체의 학습능력을 향상시킨다.

③ **전략개발능력 향상 효과** 정보관리체제의 고도화는 조직의 전략결정기능을 발전시킨다.

④ **구조변화효과** 정보기술의 발전과 활용은 조직의 구조에도 많은 영향을 미친다. 한편에서는 전통적인 관료제 구조의 유산들이 발전된 전산화체제의 정착과 효율적인 활용에 지장을 줄 수 있다. 다른 한편에서는 정보기술 발전과 이를 활용하는 정보관리체제의 발전이 조직의 전통적인 구조와 과정에 대해 강력한 변동압력을 형성한다.

정보기술활용이 조직의 구조변화에 미치는 영향은 i) 규모감축 효과, ii) 직무완결도의 향상, iii) 구조의 저층화, iv) 행정농도의 저하,[j] v) 이음매 없는 조직의 발전, vi) 구조적 융통성의 증진, vii) 가상공간화의 촉진, viii) 투명성 제고, ix) 인력구조의 변화이다.

정보기술발전이 조직의 구조에 미치는 영향에 대해서는 제 9 장에서 전자정부를 논의할 때 자세히 설명할 것이다.

(3) **폐 단** 정보기술의 활용확대는 조직의 정보관리능력과 그에 연관된 조직의 역량을 획기적으로 향상시킨다. 그러나 업무단순화(deskilling)로 인한 의미상실과 소외, 대고객관계의 비인간화, 실업증대, 컴퓨터 친숙도에 따른 인사차별, 전자파로 인한 건강 상의 재해, 인간의 과실로 인한 컴퓨터의 오작동(誤作動), 컴퓨터 고장으로 인한 업무마비와 같은 여러 가지 폐단과 위험이 따를 수 있다. 새로운 정보기술의 도입비용이 많이 드는 것도 문제이다. 조직 내에서 기득권의 강화나 기타 바람직하지 못한 목적에 정보기술이 악용될 수도 있다.

---

j) 행정농도(行政濃度: administrative intensity)라고 하는 것은 조직의 규모에 대비한 유지관리구조의 크기이다. 유지관리구조(supportive housekeeping structure)는 직접적으로 생산적인 활동에 종사하는 구조를 지원하고 조직을 유지하는 활동을 수행하는 구조적 단위들(일반관리구조, 참모 등)을 포괄하는 것이다. 논자에 따라서는 유지관리구조를 행정적 두상조직(行政的 頭上組織: administrative overhead) 또는 행정부문(administrative component) 등으로 부르기도 한다. Gerry E. Hendershot and Thomas F. James, "Size and Growth as Determinants of Administrative-Production Ratios in Organizations," *American Sociological Review*, Vol. 37, No. 2(Apr. 1972), pp. 149~153; Louis R. Pondy, "Effects of Size, Complexity, and Ownership on Administrative Intensity," *ASQ*, Vol. 14, No. 1(Mar. 1969), pp. 47~60.

조직 내의 집단

I. 집단이란 무엇인가?

조직 내에는 집단이 있다. 조직은 공식적인 설계에 따라 집단을 구성하며 또한 자생적인 집단형성의 여건을 제공한다.

집단은 사람들이 모여 일정한 교호작용의 체제를 이룰 때 형성된다. 조직구성원인 개인들이 모여 집단을 형성하며 집단들이 모여 하나의 조직을 형성한다. 이러한 관계는 거꾸로 이야기할 수도 있다. 하나의 대규모조직은 집단이라는 여러 개의 하위체제로 분화되며, 집단은 하위집단 그리고 개별적인 역할을 수행하는 개인으로 분화된다.

집단은 조직구조의 하위단위이므로 조직구조 전반의 설계에 관한 논의를 하기에 앞서 집단에 관한 설명을 해두려 한다.

1. 집단의 정의

집단(集團: group)이란 ⅰ) 대면적인 접촉을 통해 교호작용하고, ⅱ) 서로의 존재를 심리적으로 의식하며(서로가 서로를 알며), ⅲ) 자기들이 한 집단의 구성원들이라고 지각하고, ⅳ) 공동의 목표를 추구하는 사람들의 모임을 말한다. 사람들의 모임이라 함은 두 사람 이상의 모임을 뜻한다. 인원수의 상한은 구체적인 여건에 따라 달라질 것이므로 획일적으로 규정하기 어렵다. 그러나 집단이 형성되려면 그 구성원이 일상적으로 접촉하고 서로 알아야 한다는 조건이 성립되어야 하기 때문에 인원수의 상한이 크게 높아질 수는 없다.[1]

과, 계, 위원회, 또는 작업팀과 같은 소규모의 조직단위, 친목회 기타의 비공식적인 모임을 집단의 예로 들 수 있다.[a]

---

[a] 집단이라는 용어는 여러 가지 의미로 쓰이고 있다. 비공식적 집단만을 지칭하는 경우도 있고 또는 대규모 조직까지 포함하는 사회적 집합체들을 범칭할 때도 있다. 그

집단의 정의에 내포된 요소를 나누어 설명하면 다음과 같다.

① 지속적 교호작용   다소간에 지속적인 사회적 교호작용이 있어야 한다.

② 서로 안다는 느낌   집단구성원들이 서로 안다는 느낌을 가지고 있어야 한다.

③ 집단구성원이라는 느낌   집단구성원들이 한 집단의 구성원이라는 생각을 가지고 있어야 한다.

④ 목표의 존재   집단에는 목표가 있어야 한다. 구성원들이 집단의 목표를 뚜렷하게 의식하지 못하는 경우도 있을 수 있다. 그러나 객관적으로나 주관적으로 전혀 맹목적인 사람들의 모임은 집단이 아니다.

⑤ 구조와 규범   집단에는 구조가 있고 집단규범이 있다. 비공식적인 집단의 경우 교호작용이 상당한 기간 지속되어 구성원들 사이의 관계가 안정되면 집단의 구조가 발달하고 구성원들의 역할과 지위가 분화된다. 공식적 집단의 경우 집단규범과 집단구조의 골격은 공식적 설계에 따라 결정된다. 집단규범이 형성되면 그것은 구성원들의 지각과 행동에 영향을 미친다.

집단의 생성·변동과 집단의 특성을 규정하는 데 영향을 미치는 요인은 ⅰ) 환경적 요인, ⅱ) 구성원의 특성, ⅲ) 구조적 및 역학적 요인으로 크게 구분해 볼 수 있다. 구조적 및 역학적 요인의 예로 집단 내의 활동, 집단의 규범, 응집성,b) 집단 내의 의사전달체계, 리더의 역할, 규모, 집단의 발전과정을 들 수 있다.

2. 집단의 기능

집단은 그 구성원, 다른 집단, 그리고 상위체제인 조직에 대해서 여러 가지 작용을 한다. 집단기능의 일반적 범주를 조직에 대한 공식적 기능과 비공식적 기능으로 대별하여 그 개요를 살펴보려 한다. 집단기능의 기여적 내지 순기능적 측면만 보고 역기능적 측면은 고려에서 제외하기로 한다.2)

(1) 조직에 대한 공식적 기능   조직에 대한 공식적 기능이란 조직의 공식적

런가 하면 우리의 정의에 부합되는 집단현상이 여러 가지 다른 말로 불리기도 한다. 즉 소집단(small group), 사회적 집단(social group), 심리적 집단(psychological group) 등으로 불리는 경우를 흔히 볼 수 있다.

b) 응집성(凝集性: cohesiveness)이란 단결성이다. 이것은 집단구성원들이 서로를 좋아하고 집단구성원으로 남기를 원하는 정도라고 설명할 수 있다.

목표를 달성하는 데 직접적으로 기여하는 기능을 말한다. 이러한 공식적 기능은 집단에 부여된 임무로서 집단은 그에 대하여 공식적으로 책임을 진다. 조직에 대한 공식적 기능은 공식적 집단의 원칙적인 기능이라 할 수 있다.

(2) 비공식적·대내적 기능　　집단이 대내적으로 수행하는 비공식적 기능은 주로 집단구성원의 개인적 필요를 충족시키는 데 기여하는 기능이다.

① 안전감·세력감 부여　　개인의 안전성을 높이는 수단을 제공하고 개인이 세력감(sense of power)을 갖게 해준다.

② 사회적 욕구 충족　　개인의 애정적 또는 사회적 욕구를 충족시킬 수 있는 여건을 마련해 준다.

③ 자긍심 제고　　집단구성원 각자가 개체로서 지니는 가치를 확인하고 자긍심을 높일 수 있게 해준다.

④ 불확실성 감소　　사물에 대한 개인의 인식을 사실화(事實化)하거나 불확실한 인식을 확실하게 해주는 기능을 함으로써 불확실성에 대한 불안을 해소시켜 줄 수 있다.

⑤ 감수성 향상·자기실현욕구 충족　　개인의 감수성을 높여주고 자신에 대한 통찰력을 길러준다. 자기 행동에 대해서 집단구성원들이 제공하는 환류는 개인이 갖는 잠재적 능력의 실현을 돕는다. 따라서 집단은 자기실현의 욕구를 충족시키는 데도 기여한다.

⑥ 편익추구의 수단 제공　　구성원들이 원하는 여러 가지 일을 실현시킬 수 있는 수단을 제공한다. 집단구성원에게 유익한 정보를 수집하는 것, 병에 걸린 동료를 돕는 것, 권태감이나 피로감을 잊기 위해 서로 고무적인 행동을 하는 것을 그 예로 들 수 있다.

(3) 기능의 혼합성　　조직 내의 집단들이 수행하는 기능은 대개 혼합적이다. 공식적 기능과 비공식적 기능이 다소간에 혼합되어 있다. 공식적 집단도 구성원들을 위한 어느 정도의 비공식적 기능을 수행하게 된다. 비공식적 집단도 조직에 대한 공식적 기능수행에 조력하거나 그것을 촉진할 수 있다.

3. 집단의 유형

집단의 유형은 여러 가지로 분류되고 있다. 여기서는 공식적 집단과 비공식적 집단을 나누는 가장 기초적인 유형론과 신종 집단이라고 할 수 있는 팀에 대

해 설명하려 한다. 집단 연구인들이 흔히 사용하는 그 밖의 집단유형론에 대해
서도 간단히 언급하려 한다.

1) 공식적 집단과 비공식적 집단

집단을 공식적 집단과 비공식적 집단으로 나누는 것은 집단의 형성원인과
집단의 기능에 나타나는 상대적 차이에 착안한 분류이다.[3]

(1) 공식적 집단　　공식적 집단(formal group)은 조직의 공식적인 목표에 기
여하는 임무를 수행하도록 하기 위해 조직이 계획적으로 만든 집단이다. 공식적
집단은 조직의 공식적 요청에 따라 형성되고 존속되는 것이다. 공식적 집단의
목표나 임무는 비교적 명확하게 규정되어 있으며 거기에 참여하는 구성원은 조
직이 공식적으로 결정한다.

　　공식적 집단은 그 존속기간을 기준으로 하여 지속적 집단(permanent formal group; com-
mand group)과 잠정적 집단(temporary formal group; task group)으로 구분할 수 있다. 조직
내의 과·계·참모집단·상설위원회 등 일정한 존속시한이 명시되어 있지 않은 공식적 집단들이
지속적 집단에 해당한다. 잠정적 집단은 특정한 과제의 처리를 위해 시한부로 구성한 것이다.
일시적인 임무를 수행하도록 설치한 위원회나 작업단 등이 잠정적 집단에 해당한다.

(2) 비공식적 집단　　비공식적 집단(informal group)은 구성원들이 자발적으
로 구성하는 집단이다. 공식적 집단의 발생에 주된 동인이 되는 것은 조직계획
인 반면, 비공식적 집단의 발생에 주된 동인이 되는 것은 집단을 통해 충족시키
려는 사람들의 욕구라 할 수 있다. 욕구충족을 위해 사람들끼리 여러 가지 비공
식적인 관계를 맺게 되고 그러한 비공식적인 관계가 집단의 요건을 갖출 때 비
공식적 집단으로 발전하게 된다.[c]

그러나 비공식적 집단이 조직의 공식적인 요인과 무관한 것은 아니다. 조직
의 공식적 배열은 비공식적 집단의 성립과 양태에 많은 영향을 미친다.

---

c) 비공식적 집단의 형성이유는 ① 집단구성원 상호간의 매력, ② 집단의 활동, ③ 집단의 목표,
④ 집단구성원으로서의 자격과 지위, ⑤ 집단참여의 수단적 가치 등이다. 여기서 형성이유라
고 하는 것은 사람들이 이끌려 집단에 참여하게 되는 대상 또는 유인을 말한다.
비공식적 집단의 형성과정에는 ① 사람들이 교호작용하는 단계, ② 서로 영향을 미치고 매력
을 느껴 교호작용을 계속하는 단계, ③ 공동체의식이 생기고 사람들 사이의 관계가 안정되는
단계, ④ 집단의 목표와 규범이 형성되고 구조가 분화되는 단계, 그리고 ⑤ 집단이 성숙되고
조건변화에 적응해 가는 단계가 포함된다.

구성원의 지위·소속·근무장소 등을 기준으로 하여 비공식적 집단을 수평적 집단 (horizontal group), 수직적 집단(vertical group) 및 혼합적 집단(mixed group)으로 분류할 수 있다. 수평적 집단은 조직 내의 지위와 근무장소가 대체로 같은 사람들이 모여 구성하는 집단이다. 수직적 집단은 같은 계통의 부서에 종사하지만 계급은 서로 다른 사람들이 모여 구성하는 집단이다. 혼합적 집단은 계급·소속부서·근무장소 등이 서로 다른 사람들로 구성된 집단이다.

집단형성의 이유와 활동에 따라 비공식적 집단을 우정집단(friendship group)과 이익집단 (interest group)으로 분류하기도 한다. 우정집단은 서로 친한 사람들이 모여 우정을 나누는 집단이다. 이익집단은 집단구성원의 이익을 옹호하기 위해 구성한 집단이다.

2) 팀

팀이라는 말은 여러 가지 의미로 쓰일 수 있다. 그러나 여기서는 팀을 특정한 양태의 집단을 지칭하는 한정된 개념으로 사용한다.[4]

(1) 정   의   팀(team)은 서로 보완적인 기술을 지닌 구성원들이 공동의 목표성취에 헌신하고 그에 대해 서로 책임을 지는 집단이다.

근래 많은 연구인들이 특별한 관심을 갖는 팀은 전통적 작업집단설계를 갈음하는 대안이며, 조직의 탈관료화 요청에 부응하려는 작업집단설계이다.[d]

팀은 다음과 같은 점에서 다른 작업집단들과 구별된다.

① 합동적 산출   팀의 업무성취는 구성원들의 개인적 기여와 집단적 노력의 합동적 결합에 달려 있다. 구성원 개개인의 업무수행에만 의존하는 것이 아니다.

② 상호 책임의 강조   팀에서는 업무성취에 대한 개인적 책임뿐만 아니라 상호적 책임(공동책임)을 강조한다. 업무수행의 공동산출에 대해 팀구성원들은 책임을 함께 진다. 구성원들이 자기가 한 일에 대해서만 책임을 지는 집단의 경우와는 다르다.

③ 공동의 헌신의식   팀구성원들은 공동목표의 추구를 위해 헌신해야 한다는 공동의 의식을 가진다. 구성원들은 공동목표설정에 충분한 시간을 할애하며 공동의 목표를 자기 목표화한다.

---

d) 팀들을 주축으로 구성된 조직을 팀기반조직(team-based organization)이라 한다. 팀기반조직은 자율성 높은 팀, 팀들의 활동을 조정할 연락·통합 담당 직위 또는 팀, 지원적 관리팀 등을 광범하게 활용한다.

④ 자율관리   다른 집단의 경우에 비해 팀의 자율관리수준은 높다. 관리층에서는 팀이 효율적으로 업무를 수행할 수 있도록 힘을 실어주고 팀의 융통성 있는 운영을 허용한다.

(2) 팀의 유형   팀의 유형은 다양하다. 중요한 유형으로는 ⅰ) 작업팀, ⅱ) 개선팀, ⅲ) 잠정적 팀, ⅳ) 지속적 팀, ⅴ) 자율관리 팀, ⅵ) 단일기능적 팀, ⅶ) 교차기능적 팀, ⅷ) 문제해결팀, ⅸ) 관리팀, ⅹ) 가상팀 등을 들 수 있다.5)

작업팀(work team)은 재화·용역의 생산업무를 수행하는 팀이다. 개선팀(improvement team)은 조직이 사용하는 과정들의 효율성을 증진시키는 임무를 수행하는 팀이다. 잠정적 팀(temporary team; time-limited team; project team)은 존속기간이 정해진 팀이며 이것은 프로젝트 팀이라고도 부른다. 지속적 팀(permanent team)은 존속시한이 명시되어 있지 않은 팀이다. 자율관리팀(self-managed team)은 구성원들이 업무수행에 관한 주요 결정을 자율적으로 할 수 있도록 허용된 팀이다.e)

단일기능적 팀(intact team)은 자기 전문영역 내에서 활동하는 팀이며, 교차기능적 팀(cross-functional team; parallel team)은 여러 업무영역의 사람들이 모여 구성하는 팀이다.

문제해결팀(problem-solving team)은 조직이 직면한 특정문제의 해결을 위해 잠정적으로 구성한 팀이다. 관리팀(management team; supervisory team)은 업무의 흐름에 관하여 서로 연계된 조직단위들을 조정하기 위해 구성하는 팀이다.

가상팀(virtual team)은 둘 이상의 장소에서 어떤 프로젝트를 함께 수행하는 사람들이 여러 정보기술을 이용해 협동적 활동을 하는 팀이다. 가상팀의 구성원들은 시간·장소·조직경계의 제약을 받지 않고 전자적 방법을 통해 교호작용한다. 교호작용의 물적 국면이 사라지거나 크게 위축된 팀이다.

(3) 효용·장애·성공조건   팀의 효용 또는 정당화 근거, 팀 운영의 장애, 그리고 팀 운영의 성공조건은 다음과 같다.

① 효   용   조직의 생산성 향상에 기여하는 팀의 효용으로는 ⅰ) 조직의 저층구조화, ⅱ) 융통성 있는 업무추진, ⅲ) 신속한 의사결정, ⅳ) 다양한 배경을 가진 사람들의 경험활용, ⅴ) 창의성 향상, ⅵ) 업무수행의 품질개선, ⅶ) 고객의 만족도 향상을 들 수 있다.

② 장   애   팀의 성공을 좌절시킬 수 있는 장애로는 ⅰ) 구성원들의 취약한 협력의지, ⅱ) 관리층의 지지 결여, ⅲ) 관리층의 계속적인 집권적 통제, ⅳ)

---

e) 팀들의 자율성은 다른 집단들에 비해 일반적으로 높은 편이지만, 그 안에서 자율성의 수준이 아주 높은 경우 자율관리팀이라는 명칭으로 그러한 특성을 강조하기도 한다.

팀 간의 협력 실패를 들 수 있다.

③ 성공조건　효율적인 팀 운영의 요건으로는 ⅰ) 관리층의 이해와 지지, ⅱ) 팀 구성원의 명확한 조직목표 인식·팀 중심 행동자(team player)의 의식·열린 마음·문제해결과 갈등해결의 능력, ⅲ) 상하계층 간의 신뢰, ⅳ) 목표성취를 위한 팀의 모험과 결과에 대한 책임, ⅴ) 시간과 자원의 제공, ⅵ) 능력개발을 위한 투자, ⅶ) 팀체제를 지지해 주는 조직 전체의 구조설계와 리더십을 들 수 있다.

(4) 우리 정부의 팀제　우리 정부의 일부 부처에서도 팀제를 실시하고 있다. 2004년에 「정부조직법」을 개정하여 보조기관인 과(課)의 구성방식을 다양화할 수 있게 하였다. 이에 따라 당시의 행정자치부가 팀제의 도입에 앞장서고 이어서 여러 부처가 그에 합류하였다.

정부에서는 팀제의 특징으로 ⅰ) 성과중심 책임행정조직화, ⅱ) 결재단계의 축소, ⅲ) 구성원의 전문화·다기능화, ⅳ) 구성원 선발과 성과평가에서 경쟁체제 도입, ⅴ) 팀장과 팀원에 대한 대폭적 권한위임, ⅵ) 직급에 얽매이지 않는 팀장·팀원 선발을 들고 있다.[6]

3) 그 밖의 집단분류

앞에서 말한 바와 같이 공식적·비공식적 집단과 팀 이외에도 여러 가지 집단유형분류가 있다. 그 예로 ⅰ) 일차집단, ⅱ) 이차집단, ⅲ) 소속집단, ⅳ) 준거집단, ⅴ) 내부집단, ⅵ) 외부집단, ⅶ) 기능적 집단, ⅷ) 사업집단, ⅸ) 폐쇄집단, ⅹ) 개방집단, ⅺ) 수단적 집단, ⅻ) 표현적 집단을 들 수 있다. 여기에는 우리가 정의한 집단에 해당하지 않는 것들도 포함되어 있다.

일차집단(primary group)은 구성원들이 공동의 가치와 동류의식을 가지고 긴밀히 협조하는 집단이며 전인격적 참여의 집단이다. 이차집단(secondary group)은 한정된 이익의 추구를 위한 집단이다.

일차집단의 특성은 ⅰ) 전인격적 관계, ⅱ) 감성적 관여, ⅲ) 자연스러운 관계, ⅳ) 역할과 구조의 비공식성, ⅴ) 목표의 포괄성, ⅵ) 느낌의 자유로운 표현과 긴밀한 협력, ⅶ) 대면적 접촉과 다른 구성원에 대한 지식의 포괄성, ⅷ) 심리적 안정성의 추구와 높은 일체감, ⅸ) 목표로서의 소속과 소속변경의 어려움, ⅹ) 작은 규모, 그리고 ⅺ) 장기적 존속이다. 이차집단의 특성은 ⅰ) 한정적 관계, ⅱ) 비감성적 관여, ⅲ) 공리적·인위적 관계, ⅳ) 역할과 구조의 공식성, ⅴ) 목표의 특정성, ⅵ) 느낌의 표현에 대한 외적 제약과 경쟁, ⅶ) 낮은 친밀성과 다른 구성원에 대한 지식의 한정성, ⅷ) 경제적 능률의 추구와 낮은 일체감, ⅸ) 소속의 수단성과 소

속변경의 용이성, ⅹ) 큰 규모, 그리고 ⅺ) 존속의 한시성과 유동성이다.7)

소속집단(membership group)은 어떤 개인이 실제로 가입하고 있는 집단이다. 준거집단 (reference group)은 어떤 개인이 소속을 원하거나 그로부터 행동의 준거를 구하는 집단이다. 내부집단(in-group)은 사회 내의 지배적 가치를 차지하거나 사회적 기능의 과정에서 지배적인 위치를 차지하는 사람들이 구성하는 집단이다. 외부집단(out-group)은 한 문화권의 종속적인 또는 외곽에 위치한 집단이다.8)

기능적 집단(functional group)은 특정영역의 조직목표를 추구하는 일반계서의 집단이다. 사업집단(project group)은 한정된 사업의 수행을 목적으로 하는 집단이다. 폐쇄집단(closed group)은 고정된 구성원을 가진 집단이며, 개방집단(open group)은 구성원의 교체가 비교적 빈번한 집단이다.9)

수단적 집단(instrumental group)은 어떤 목표의 추구를 위한 수단으로 구성한 임무중심적 집단이다. 표현적 집단(expressive group)은 집단구성의 의미를 집단에 대한 참여와 집단 내의 활동 자체에서 찾게 되는 표출적·정서적·집단중심적 집단이다.

Ⅱ. 집단 간의 경쟁

집단구성원들은 집단 내에서 교호작용하며 집단들도 역동적으로 교호작용한다. 집단 간 교호작용에는 협력적인 것도 있고 경쟁적인 것도 있다. 경쟁의 결과에는 긍정적인 것도 있고 부정적인 것도 있다.f)

조직을 구성하는 집단들이 개별적으로 그 기능수행에서 효율적이며, 조직 전체의 목표성취에 기여하고, 집단 간에 협조적인 관계를 유지하면 조직의 효율성은 향상될 것이다. 집단 간의 경쟁도 그것이 순기능적인 한 조직의 효율화에 기여한다. 그러나 집단 간의 경쟁이 격화되면 그것이 조직에 해로운 갈등으로 번져나갈 수 있다. 조직은 해로운 경쟁과 갈등을 방지·해소하는 대책을 강구하지 않으면 안 된다.

---

f) 집단은 복잡한 요인들의 영향을 받아 움직이고 변동해 간다. 복잡한 영향요인들의 교호작용과 집단에 미친 영향의 결과를 '집단역학적 현상'(group dynamics)이라 한다. 이에 대한 연구의 중심적 과제는 개인과 집단 간, 집단 간 및 집단과 그 상위체제 간의 교호작용이다. M. Knowles and H. Knowles, *The Introduction to Group Dynamics*(Follet, 1972), p. 14; A. B.(Rami) Shani and James B. Lau, *Behavior in Organizations: An Experiential Approach*, 8th ed.(McGraw-Hill, 2005), pp. 138~139.

1. 집단 간 경쟁의 발생과 그 영향

1) 경쟁발생의 원인

(1) **근본적 원인**   집단 간 경쟁발생의 근본적 원인은 ⅰ) 집단들이 각각 저마다의 목표를 배타적으로 추구하려 하고, ⅱ) 조직 내의 한정된 자원을 서로 많이 차지하려 하는 데서 찾아볼 수 있다.

(2) **표출·격화의 조건**   집단 간 경쟁의 근본적 원인들이 노출되게 하고 또 격화되게 하는 조건은 여러 가지이다. 그 중요한 예로 ⅰ) 계선과 참모의 관계, 노사관계와 같이 집단 간 경쟁격화의 소지가 조직의 구조에 내재되어 있는 경우, ⅱ) 승패의 상황에서 제로섬 게임(零合게임: zero-sum game)을 자주 하는 경우, ⅲ) 집단 간의 접촉이 원활하지 못하고 의사전달이 두절되는 경우, ⅳ) 집단들의 업무가 상호적 또는 순차적으로 의존하게 되어 있는 경우, ⅴ) 집단 간의 업무한계가 모호한 경우, ⅵ) 집단 간에 작업태도가 서로 다른 경우, 그리고 ⅶ) 보상체제가 경쟁을 유발하는 경우를 들 수 있다.

2) 경쟁집단에 미치는 영향

여러 가지 경험적 연구의 결과를 토대로 집단 간 경쟁의 영향을 다음과 같이 정리해 볼 수 있다.[10]

(1) **각 집단에 미치는 영향**   경쟁을 벌이는 각 집단의 내부에 미치는 영향은 다음과 같다.

① 응집성 강화   각 집단의 응집성이 강화된다.

② 임무 강조의 분위기   집단 내의 활동은 더욱 조직화되며 방만한 분위기는 임무지향적인 진지한 분위기로 바뀌게 된다.

③ 독단적 리더십의 수용   리더십의 접근방법은 민주적인 것으로부터 좀더 독단적인 것으로 변화하며 집단구성원들은 독단적인 리더십을 쉽게 받아들인다.

(2) **집단 간 관계에 미치는 영향**   경쟁을 벌이는 집단 간의 관계에 미치는 영향은 다음과 같다.

① 상호 불신   각 집단은 상대방 집단을 불신하고 적대시하게 된다.

② 지각의 왜곡   각 집단은 지각의 왜곡(distortion of perception)을 일으켜 자기집단에 대해서는 긍정적인 고정관념을 키우고 상대방에 대해서는 부정적인

고정관념을 키우게 된다.

③ 의사전달 장애   집단 간의 교호작용과 의사전달이 점차 줄어들며 상호 간의 적대감은 커진다.

(3) 승패의 효과   집단 간의 경쟁이 승패로 귀결되는 경우 승리한 집단에는 응집성 유지 또는 강화, 긴장완화와 투쟁심 약화, 대내적 협력 강화, 자기만족 등의 효과를 가져온다고 한다.

패배한 집단은 패배사실의 부인 또는 왜곡, 분열과 책임전가, 긴장의 고조, 자기반성, 집단 내의 협조관계 약화 등의 행태를 보인다고 한다.

3) 집단 간 경쟁의 폐단

집단 간의 경쟁은 그 강도와 그것이 일어나는 상황에 따라 좋은 것일 수도 있고 나쁜 것일 수도 있다. 집단 간의 협력적 관계가 근본적으로 유지되는 가운데 진행되는 적정한 수준의(선의의) 경쟁은 집단들의 동기수준을 높임으로써 집단이나 조직에 다같이 좋은 영향을 미칠 수 있다. 그러나 상호 협조적인 관계를 유지해야 할 집단들이 지나친 경쟁을 벌이게 되면 관련된 집단과 조직에 해를 끼치는 경우가 많다.

조직의 관점에서 본 집단 간 경쟁의 폐단은 다음과 같다.

① 노력의 중복   집단들이 협조하여 노력을 절감하기보다는 차라리 중복되는 것을 무릅쓰고라도 각 집단이 별개로 행동하기 때문에 자원의 낭비를 초래한다.

② 업무방해   경쟁이 격화되는 경우 집단들은 서로 다른 집단들의 목표성취를 방해하려 한다.

③ 임무수행의 해이   경쟁을 벌이는 집단들은 서로의 활동을 방해하거나 상대방을 제압하기 위해 시간과 정력을 많이 소모하기 때문에 생산적인 임무수행에 소홀해진다.

④ 조정의 장애   집단 간의 경쟁이 격화되면 조직활동의 통합적 조정에 지장을 주는데 그것은 결국 조직 전체의 생산성을 저하시킨다.

⑤ 과오와 비능률   업무수행을 지연시키고 많은 과오를 저지르게 하며 업무수행의 능률을 저해한다. 집단 간의 경쟁이 격화되면 집단들이 서로 적절한 환류를 교환하지 않기 때문에 과오의 예방이나 시정이 어렵게 된다.

2. 집단 간 경쟁의 완화

집단 간의 경쟁에서 오는 손실이 그 이익을 초과하고 폐단을 빚게 되면 조직은 집단들의 경쟁을 완화시킬 대책을 찾아야 한다.[11]

경쟁을 완화 또는 해소하기 위해 경쟁하는 집단들의 통합 등 구조개편, 집단들의 격리, 경쟁의 제재, 집단 간 교호작용의 개선 등의 접근방법이 쓰일 수 있다. 교호작용을 개선하는 데는 공동목표 제시, 공동의 적 제시, 집단 간 인사교류, 중첩적 집단소속, 연결침 활용,[g] 태도변화훈련 등의 수단이 쓰인다.

집단 간의 경쟁이 격화되기 전에 이를 예방하는 노력도 필요하다. 예방책으로는 조직 전체의 효율성 강조, 집단 간의 원활한 교호작용 지원, 직원의 순환배치, 승패상황의 방지를 들 수 있다.

집단 간의 해로운 경쟁·갈등을 통제하는 방안에 관해서는 제 5 장 제 2 절에서 설명할 갈등관리전략을 참조하기 바란다.

III. 집단적 문제해결

공식적으로 설치한 위원회와 같은 집단들이 오래 전부터 조직의 문제해결에 활용되어 왔다. 문제해결 도구로서 집단이 가지는 유용성에 관한 논쟁도 꾸준히 계속되어 왔다.[h]

근래에는 집단적 의사결정구조와 집단적 문제해결 방법을 지지하는 처방적 이론들이 비교적인 우위를 점하고 있다. 그것은 오늘날 조직이 처한 상황의 격동성과 조직이 직면하고 있는 문제의 복잡성 때문일 것이다.

그러나 집단이 하는 문제해결이 개인이 하는 문제해결보다 언제나 우월하

---

g) Rensis Likert가 말한 연결침(連結針: linking pin)이라는 개념은 일종의 집단소속 중첩을 지칭하는 것이라고 풀이할 수 있다. 각 집단의 구성원 가운데 적어도 한 사람이 상급집단과 하급집단에 중첩적으로 소속하여 연결침의 기능을 수행하면 집단 간의 조정이 원활해질 수 있다. 연결침의 역할을 하는 사람은 하나의 집단에 부하로 참여하고 다른 하나의 집단에 상관으로 참여하여 종적 및 횡적인 조정에 기여할 수 있다. Likert, *New Patterns of Management*(McGraw–Hill, 1961).

h) 집단적 문제해결을 논의하는 사람들이 사용하는 집단이라는 말의 뜻은 우리의 집단 정의에 반드시 부합되지 않을 때가 많다. 단순히 '복수인'이 하는 문제해결을 집단적 문제해결이라 부르는 경우가 있음에 유의해야 한다.

다고 말할 수는 없다. 각기 장·단점을 지닌 두 가지 방법의 구체적인 효용은 상황적응적으로 결정해야 할 문제이다.

의사결정집단의 성격이나 문제의 성격이 다양할 뿐만 아니라 의사결정의 방법도 다양하다. 이러한 요인들 사이에 적합도가 높아야 집단이 하는 문제해결의 효율성이 높아질 수 있다.

1. 집단의 의사결정 방법

집단적 문제해결과정에서 채택할 수 있는 의사결정 방법은 아주 다양하지만 이를 ⅰ) 무반응, ⅱ) 권한, ⅲ) 소수, ⅳ) 다수결, ⅴ) 합의, ⅵ) 만장일치 등 여섯 가지로 범주화해 볼 수 있다.[12]

(1) 무반응에 의한 결정방법　　　무반응에 의한 결정방법(decision by lack of response)은 토론없이 아이디어 제안을 계속하게 하다가 결국 집단이 받아들일 수 있는 아이디어가 나오면 이를 채택하는 방법이다. 그 이전의 아이디어들은 평가나 토론없이 무시되고 폐기된다. 찬동하는 적극적 반응을 못받은 아이디어들은 간과되는 것이다.

(2) 권한에 의한 결정방법　　　권한에 의한 결정방법(decision by authority)은 위원장과 같은 권한 있는 사람이 최종결정을 하게 하는 방법이다. 집단구성원들은 여러 아이디어들을 제안하고 자유토론을 할 수 있지만 해결책에 관한 결론은 최종결정권자가 내린다.

(3) 소수에 의한 결정방법　　　소수에 의한 결정방법(decision by minority)의 예로 집단구성원 가운데 한 사람이 반대의 기회를 주지 않고 자기 의견을 관철시키거나 집단의 결론을 유도하는 경우, 그리고 두 사람 이상이 빨리 합의를 하고 다른 사람들의 이견을 봉쇄하는 경우를 들 수 있다.

(4) 다수결에 의한 결정방법　　　다수결에 의한 결정방법(decision by majority rule)은 투표나 의견청취 등을 통해 다수결로 집단의 의사를 결정하는 방법이다.

(5) 합의에 의한 결정방법　　　합의에 의한 결정방법(decision by consensus)은 집단구성원들이 집단의 의사결정에 자기몫의 영향을 미칠 수 있었다고 생각하고 결정의 결과에 승복하도록 하는 결정방법이다. 자유로운 토론이 가능하고 지지적인 분위기가 조성된 가운데 집단구성원 누구도 소외되거나 무시되었다는 느낌을 갖지 않는다면 반대의견이 있었더라도 합의에 의한 결정이라고 볼 수 있다.

(6) 만장일치에 의한 결정방법　　　만장일치에 의한 결정방법(decision by unanimous consent)은 집단구성원 전원의 의견일치로 하는 의사결정이다.

2. 집단적 문제해결의 장·단점

개인적 문제해결에 대조되는 집단적 문제해결의 상대적인 장점과 단점은 보편적인 것이 아니다. 구체적인 차원에서는 상황적응적으로 논의할 수밖에 없다.

집단적 문제해결의 이해득실을 구체적으로 따지려면 위에서 분류한 바와 같은 결정방법의 유형별로 논의를 해야 할 것이지만 여기서는 현저한 단순화의 길을 택하려 한다. 유형구분 없이 그리고 상황적 요인의 고려를 유보하고 일반적으로 생각할 수 있는 장·단점을 지적하려 한다. 다음에 지적하는 장점이란 상황적합도가 높고 바람직한 문제해결방식의 장점이며 단점이란 잘못된 경우의 문제라고 생각하면 될 것이다.[13]

의사결정방법, 사용할 수 있는 시간과 자원, 집단의 특성, 문제의 특성, 집단의 분위기 등이 서로 적합하고 운영의 실책이 없을 때 집단적 문제해결의 장점은 더욱 부각될 것이며 그렇지 못하면 단점이 크게 부각될 것이다.

1) 장　　점

집단적 문제해결의 장점으로 열거되는 것들을 간추리면 다음과 같다.

① 풍부한 정보동원　　　필요한 정보를 좀더 많이 동원할 수 있다. 여러 사람이 모이면 문제해결에 도움이 되는 지식이나 기술이 풍부해진다. 모여진 지식·기술의 상승작용도 일어난다.

② 다양한 대안의 탐색　　　여러 사람이 모이면 서로 다른 대안들이 제시되고 따라서 최선의 대안을 폭넓게 탐색할 수 있다.

③ 이해와 수용 촉진　　　집단적 문제해결에는 여러 사람이 참여하기 때문에 그 결론에 대하여 참여한 사람들의 지지를 쉽게 얻을 수 있다.

④ 자기반성의 촉진　　　토론과 상호 비판의 과정을 통해 자기반성이 없는 사람들의 문제인식과 행동경향을 시정해 줄 수 있다.

⑤ 모호한 상황의 타개　　　문제의 사실관계가 모호하기 때문에 다수인의 판단을 종합할 필요가 있을 때(판단전략을 채택해야 할 때) 집단적 문제해결방법이 유용하다.

⑥ 보다 큰 위험부담능력   집단의 위험부담능력은 개인의 경우보다 크다. 위험부담이 큰 해결방안을 채택할 때 집단은 개인보다 유리하다.

⑦ 의사결정장치의 경직성 완화   계서적 의사결정구조가 지니는 경직성을 완화하고 구조와 과정의 융통성을 높이는 데 기여할 수 있다.

2) 단   점

집단적 문제해결의 단점이라고 지적되는 것들을 간추리면 다음과 같다.

① 사회적 압력의 부정적 영향   집단 내의 사회적 압력은 최선의 해결방안 모색에 지장을 줄 수 있다. 행동통일을 요구하는 압력은 합의된 것에 대한 이견 제기를 봉쇄한다. 다수의견은 그 타당성 유무에 불구하고 받아들여지는 경향이 있으며, 이러한 경향은 올바른 문제해결에 지장을 준다. 집단의 응집성이 강할수록 구성원들의 비판적 평가능력이 떨어지는 '집단사고'(集團思考: Groupthink)의 경향이 심화된다.i)

② 소수지배   참여자들이 제시한 해결안의 가치가 발언을 많이 하는 소수인에 의한 비판 또는 찬성의 횟수에 따라 판정될 가능성이 크다. 강한 지배성향을 가진 사람이 나타나 문제해결의 과정을 오도할 가능성도 있다.

③ 비용·시간소모와 지연   집단적 문제해결은 개인적 문제해결보다 시간을 더 많이 소모하기 때문에 문제해결이 지연된다. 문제해결 자체에 직결되지 않은 일로 시간과 정력을 낭비할 가능성도 크다. 그리고 집단적 문제해결에는 비용이 더 든다.

④ 무책임한 행태   책임분산, 책임감결여, 무성의한 태도(빈둥거림)가 문제될 수 있다. 구성원들은 열심히 해 보았자 자기의 공로가 집단의 그늘에 가려 빛을 보지 못할 거라는 생각을 하기 쉽다.

⑤ 결론의 극단화   집단적 문제해결은 개인적 문제해결의 경우보다 더 극단

---

i) Irving L. Janis는 집단 내의 사회적 압력 때문에 빚어지는 판단능력의 저하현상을 '집단사고'라 이름지은 바 있다. 집단사고가 빚어지고 있는 집단에서는 합의에 도달하는 데 급급하여 여러 대안들을 제대로 검토하지 못하며 이의제기 또는 소수의견을 억압한다고 한다. 집단사고의 징상은 ① 집단이 실수를 할 리 없다는 환상(illusion of invulnerability), ② 집단의 도덕성에 대한 환상(illusion of morality), ③ 집단에 반대하는 사람은 악하고 어리석다고 생각하는 고정관념, ④ 집단적 합의에 대한 이의제기의 자체검열과 억압, ⑤ 침묵을 합의로 간주하는 만장일치의 환상(illusion of unanimity), ⑥ 불리한 정보로부터 집단을 보호하는 수호자라고 자임하는 인물의 등장 등이라고 한다. Janis, *Victims of Groupthink*(Houghton Mifflin, 1972).

적인 결론에 도달하는 경향이 있다. 여러 사람이 논의하다보면 문제에 따라 보수 또는 급진의 어느 한 쪽에 지나치게 기우는 결정을 할 가능성이 높다. 이러한 현상을 '집단적 전환'(集團的 轉換: 집단효과로 인한 극단화: Groupshift)이라고 한다.

3. 집단적 문제해결의 개선

1) 여러 가지 개선방안

집단적 문제해결의 이점은 살리고 단점은 줄이기 위한 노력의 방안은 여러 가지이다.

(1) **집단의 운용 개선**   우선 문제해결집단을 구성하고 이끌어 가는 사람들이 운용 개선에 기여해야 한다. 그들은 바람직한 문제해결 리더십의 행동준칙을 지켜야 한다.j)

(2) **정보기술의 활용**   집단적 문제해결과정의 전반적인 개선을 위해, 그리고 구체적인 개선기법들의 효율성 향상을 위해 최신정보기술을 활용해야 한다. 컴퓨터 소프트웨어(group-ware)를 사용하는 집단적 의사결정지원체제는 신속·정확한 대량적 정보처리, 기억장치와 가상집단화에 의한 시간적·공간적 장애의 극복 등 여러 가지 효용을 발휘할 수 있다.

(3) **집단적 문제해결방법의 수정**   전통적인 집단적 문제해결방법의 결함을 줄이기 위해 개발한 수정형태의 집단적 문제해결방법들을 상황에 맞게 적절히 활용해야 한다. 이에 대해서는 아래에서 다시 설명하려 한다.

2) 수정형태의 집단적 문제해결

집단적 문제해결의 전통적 방법을 수정한 대안들은 다양하다. 그 가운데서 ⅰ) 명목집단기법, ⅱ) 델파이기법, ⅲ) 브레인스토밍, 그리고 ⅳ) 변증법적 토론기법에 대해 설명하려 한다.14)

(1) **명목집단기법**   명목집단기법(名目集團技法: nominal group method)은 집단적 문제해결에 참여하는 개인들이 개별적으로 해결방안에 대해 구상을 하고

---

j) 리더의 행동준칙으로 ① 자기 주장만 막무가내로 우기지 말고 다른 사람들의 의견도 경청할 것, ② 갈등회피만을 위해 자기 의견을 바꾸지는 말 것, ③ 투표, 추첨, 평균치 선택 등의 방법채택을 자제할 것, ④ 서로 다른 의견들을 존중하고 모든 구성원의 토론참가를 촉진할 것, ⑤ 결론에 도달하려면 승자와 패자가 있어야 한다는 가정에 집착하지 말 것, ⑥ 각자의 해결방안뿐만 아니라 그 기초가 되는 전제들까지도 깊이 있게 논의하도록 유도할 것 등이 제안되고 있다.

그에 대해 제한된 집단적 토론만 한 다음 해결방안에 대해 표결을 하는 문제해결기법이다. 명목집단기법에서는 전통적인 회의방법에서와는 달리 말로 의견교환을 하는 것은 명시된 때에 한정된다. 토론이 비조직적으로 방만하게 진행되는 것을 막고 좋은 의견이 고루 개진되는 것을 보장하기 위한 질서 있는 방법을 제공하기 위해서이다.

이 방법의 표준적인 과정은 다섯 단계로 나누어 볼 수 있다. 첫째, 문제해결방안을 집단구성원 각자가 구상하고 이를 기록한다. 둘째, 기록된 해결방안들을 집단모임에서 발표한다. 이때에 토론은 하지 않는다. 셋째, 개인별 해결방안들을 간결하게 요약하여 칠판 등에 적어 참여자들이 함께 볼 수 있도록 한다. 넷째, 요약된 해결방안들을 명료화하고 평가하는 데 필요한 범위 내에서 토론을 한다. 다섯째, 표결로 해결방안을 선택한다.

> 컴퓨터의 조력을 받는 전자적 회의방법(electronic meeting)은 명목집단기법의 한 변형이다. 이 방법은 명목집단기법에 컴퓨터기술을 접목시킨 집단적 의사결정방법이라고 설명되기도 한다.
> 전자적 회의를 할 때 50명 미만의 참가자들은 컴퓨터 터미널들이 놓인 탁자에 둘러앉아 각자의 의견을 컴퓨터 스크린에 익명으로 타자한다. 개별적 의견과 투표의 집계는 실내의 영사스크린에 표시한다. 전자적 회의는 익명성을 보장하기 때문에 참여자들은 정직하고 솔직하게 의견을 개진할 수 있다. 신속한 회의진행도 이 방법의 이점이다.[15]

(2) 델파이기법   델파이기법(Delphi method)은 문제해결의 아이디어를 제공하는 사람들이 서로 대면적인 접촉을 하지 않는 기법이다. 교호작용적인 토론을 하지 않고 익명성이 유지되는 사람들이 각각 독자적으로 형성한 판단들을 종합·정리하는 방법이다. 이것은 전문가들에 대한 여론조사기법이라고 이해될 때가 많다. 델파이기법을 쓰면 대면적인 토론에 의존하는 전통적인 집단적 문제해결방법에서 흔히 보게 되는 구성원 간의 성격마찰 또는 감정대립, 지배적 성향을 가진 사람의 독주, 다수의견의 횡포 등을 피할 수 있다.

이 방법의 표준적인 절차는 다섯 가지 단계로 나누어 볼 수 있다. 첫째, 문제해결방안에 대한 질문서를 만들어 응답자들(집단적 문제해결의 참여자들)에게 보낸다. 둘째, 응답자들은 각자가 따로 응답을 기록하여 반송한다. 셋째, 응답들을 요약하고 종합하여 보고서로 만들고 이를 응답자들에게 다시 보낸다. 넷째, 응답자들은 응답을 종합 집계한 보고서를 평가하고 그에 대한 질문에 답한다.

이때에 각자의 본래 응답을 수정하기도 하고 해결방안들의 서열을 결정하는 데 의견을 제시하기도 한다. 이러한 환류는 몇 차례 되풀이 할 수도 있다. 다섯째, 마지막으로 환류보고서가 만들어지고 이 보고서는 의뢰자인 조직의 책임자뿐만 아니라 응답자들에게도 보내진다.

(3) 브레인스토밍   브레인스토밍(터놓고 이야기하는 모임; 두뇌선풍기법: brain storming)은 규격화되지 않은 집단토론 상황에서 구성원들이 아이디어와 문제해결 대안들을 구애없이 털어 놓고 자유롭게 토론하게 하는 기법이다. 브레인스토밍에서는 참가자들이 될 수 있는 대로 많은 독창적 의견을 내도록 노력해야 한다. 그러나 다른 사람의 아이디어에 자기 의견을 첨가해 새로운 아이디어로 꾸미거나 이미 제안된 여러 아이디어들을 종합하여 새로운 아이디어를 안출해 내는 이른바 편승기법(piggy backing)의 사용도 가능하다. 브레인스토밍에서 토론에 참여하는 사람들은 제약없이 의견을 개진할 수 있는 자유를 누린다고 하지만 거기에 제한이 전혀 없는 것은 아니다. 토론참가자들은 다른 사람의 의견개진을 방해하면 안 되며 문제와 전혀 상관없는 발언으로 시간을 끌어서는 안 된다.

(4) 변증법적 토론기법   변증법적 토론기법(辨證法的 討論技法: dialectical discussion method; dialectical inquiry)은 토론집단을 대립적인 두 개의 팀으로 나누어 토론을 진행하는 과정에서 합의를 형성해 내도록 하는 기법이다. 한 팀은 특정대안에 대해 찬성하는(장점을 부각시키는) 역할을 맡고 다른 한 팀은 반대하는(단점을 부각시키는) 역할을 맡는다. 두 팀이 자기역할에 충실한 토론을 하는 과정에서 특정대안의 장점과 단점을 최대한 노출시키고 이어서 의견수렴의 과정을 거치면 보다 온전한 대안을 선택할 수 있다는 것이 변증법적 토론기법의 전제이다.

위에서 설명한 방법들 이외에도 전통적인 집단적 문제해결방법을 개선하는 대안으로 제시된 것들은 대단히 많다. 그 예로 ⅰ) 구성원 각자에게 비판적 평가자의 역할을 맡기는 방법, ⅱ) 문제해결집단 내에 하위집단들을 구성하여 분임연구를 하게 하는 방법, ⅲ) 집단구성원 각자가 자기 부하들 또는 동료들의 의견을 묻고 그 결과를 집단토의에 보고하게 하는 방법, ⅳ) 외부전문가를 초빙하여 집단적 토론을 관찰하고 평가하게 하는 방법, ⅴ) 어떤 구성원에게 다른 사람들이 꺼리는 제안 또는 비판적 발언을 하도록 '악역'을 맡기는 방법, ⅵ) 중요한 쟁점에 대해 결론이 난 다음에 다시 한번 모임을 열어 재론할 수 있는 기회를 갖게 하는 방법을 들 수 있다.[16)]

제3절　구조형성의 원리

I. 구조형성의 원리란 무엇인가?

　　이 절에서는 조직의 구조형성에 기준이 되는 원리와 그 적용으로 만들어지는 조직의 양태를 논의하려 한다.

　　구조형성의 원리는 조직의 구조를 어떻게 형성하는 것이 바람직한가를 처방하는 어떤 접근방법의 관점·기준·가정 등을 반영하는 것이다. 여기서 '원리'(principle)라는 말은 '법칙'(law)을 의미하는 것이 아니다. 원리는 보편적인 적용가능성을 반드시 전제하는 것이 아니다. 우리는 지금까지 구조형성의 원리 또는 기준은 구체적인 경우의 조건과 필요에 따라 결정해야 한다는 일반적인 결론을 얻고 있을 따름이다.

　　구조형성의 원리는 무수히 만들어질 수 있는 것이겠지만 원리이론 발전의 일반적인 추세를 짐작할 수 있게 한다는 목적에 따라 문제를 단순화하려 한다.

　　논의의 출발점은 고전적 원리에서 찾으려 한다. 고전적 원리이론은 조직의 구조형성원리에 관한 우리의 지식을 분류하고 정리하는 데 유용한 틀을 제공한다. 고전적 원리를 처방하는 접근방법은 그 나름의 유용성을 지닌 것이며, 지금까지도 조직사회의 실제에 깊은 뿌리를 내리고 있다. 이러한 사정을 고려하여 고전적 원리이론부터 검토하려는 것이다.

　　고전적 구조형성원리를 설명한 다음 고전적 구조형성모형의 전형적인 예라 할 수 있는 관료제모형을 검토하려 한다. 그리고 고전적 모형(관료제모형)을 수정하거나 그것을 거부하려는 이론들을 소개한 다음 중요한 조직유형론들을 살펴보려 한다.

II. 구조형성의 고전적 원리

1. 고전적 원리의 개요

1) 고전적 접근방법의 기본적 관점

구조형성의 고전적 원리를 만든 접근방법은 구조의 분화(분업)와 통합(조정)에 관하여 어떤 기본적 관점에 입각한 것인지를 먼저 살펴보려 한다.

(1) **분업에 대한 관점**　　대규모 조직에는 많은 사람이 참여하는데 많은 사람이 일을 함께 할 때에는 분업을 해야 바람직한 결과를 얻을 수 있다. 분업은 조직의 기초라고 할 수 있다. 분업을 할 때는 가능한 한 일을 세분하여 한 사람이 맡게 될 업무가 가장 단순한 단일의 기능이 되게 해야 능률을 높일 수 있다. 분업의 결과 세분된 직무들은 일정한 기준에 따라 동질적인 것들끼리 묶어서 조직단위(하위구조)를 형성해야 한다.

(2) **조정에 대한 관점**　　분업과 조정은 함께 있어야 하는 수레의 두 바퀴와 같다. 따라서 조직은 분업의 결과 형성된 조직단위들이 조직의 공동목표에 기여할 수 있도록 하는 조정장치를 가지고 있어야 한다. 조정은 상명하복하는 계서적 권한체제가 맡아야 한다. 공식적 권한이 조정실현의 핵심적 도구이며 그러한 권한은 계서적·집권적으로 배분되어야 한다.[a]

조정의 구조적 장치는 계서적으로 설계해야 한다. 각 직위의 권한과 책임을 분명하게 규정하고 최고관리자를 정점으로 하는 권한의 계층을 규정함으로써 피라미드형의 계세제를 형성해야 한다. 계서제 내의 계선구조(系線構造: line)는 참모구조(參謀構造: staff)가 보완해야 한다. 그러나 참모조직이 계선조직의 명령계통을 교란해서는 안 된다.

2) 고전적 원리의 종류

고전적 접근방법이 처방한 원리들은 여러 가지이다. 논자에 따라 열거하는

---

a) 고전이론은 구조적 장치를 통한 조정을 '조직에 의한 조정'(coordination by organization)이라 하고 이를 보완할 '의지에 의한 조정'(coordination by ideas)의 필요를 인정하였다. 의지에 의한 조정이란 조직구성원이 조직의 목표에 대한 공통적 인식과 일에 대한 의욕을 가지도록 함으로써 활동조정이 이루어지게 하는 것이다. 그러나 고전이론은 조직에 의한 조정을 주된 방법이라고 보았다.

원리의 종류는 다소간에 서로 다르다. 그러나 자주 거론되는 중요 원리들을 다음과 같이 간추려 볼 수 있다.[1]

(1) **분화(분업)에 관한 원리**   구조의 분화, 즉 분업에 관한 원리 가운데 핵심적인 것은 ⅰ) 분업의 원리, ⅱ) 부성화의 원리, 그리고 ⅲ) 참모조직의 원리이다. 이에 결부된 것으로 동질성의 원리와 기능명시의 원리가 있다.

분업의 원리(division of work or specialization principle)는 분업의 불가피성과 필요성을 강조하는 일반적 관점 또는 분업의 추상적 방향설정을 지칭하는 것으로 이해될 때가 있다. 그러나 다수의견은 일을 가능한 한 세분해야 능률을 높일 수 있다는 기준이 내포되어 있음을 중시하고 이를 원리로 규정한다.

부성화(部省化: 업무집단화)의 원리(departmentalization principle)는 일정한 기준에 따라 서로 같거나 연관된 업무들을 묶어 조직단위들을 구성해야 한다는 원리이다. 이러한 부성화의 일반원리보다는 이를 한정지어주는 동질성의 원리(homogeneity principle)가 더 중요하다. 조직단위는 같은 활동 또는 동질적인 기능만으로 구성해야 한다는 동질성의 원리야말로 고전적 관점의 본질을 반영하는 것이기 때문이다.

참모조직의 원리(line-staff principle)는 계선과 참모를 구별하고 참모는 일반계서의 명령계통으로부터 분리해야 한다는 원리이다. 기능명시의 원리(principle of functional specification)는 분화된 모든 기능 또는 업무는 명문으로 규정하여야 한다는 원리이다.

(2) **통합(조정)에 관한 원리**   구조의 통합, 즉 조정에 관한 원리로 가장 중요시되는 것은 ⅰ) 조정의 원리, ⅱ) 계층제(계서제)의 원리, ⅲ) 명령통일의 원리, ⅳ) 명령계통의 원리, 그리고 ⅴ) 통솔범위의 원리이다.

이 밖에 보완적인 원리로 흔히 거론되는 것은 목표의 원리, 집권화의 원리, 권한과 책임의 상응에 관한 원리이다.

조정의 원리(coordination principle)는 권한의 계서적 구조를 통해 분화된 활동을 통합해야 한다는 원리이다. 계층제 또는 계서제의 원리(scalar principle or principle of hierarchy)는 조직 내 권한체제의 계층화를 요구하는 원리이다. 명령통일의 원리(unity of command principle)는 부하들이 한 사람의 상관으로부터만 명령을 받게 해야 한다는 원리이다. 명령계통의 원리(chain of command principle)는 위아래를 연결하는 계층적 통로를 거쳐 명령이 전달되어야 한다는 원리이다. 통솔범위의 원리(span of control principle)는 한 사람의 상관이 감독하는 부하의 수는 그 상관의 통제능력범위 내에 한정되어야 한다는 원리로서 통솔범위의 축소지향을 처방하는 의미를 가지고 있다.

목표의 원리(principle of objectives)는 조직 내의 모든 활동이 조직의 목표에 직접·간접으로 기여해야 한다는 원리이다. 집권화의 원리(principle of centralization)는 능률향상을 위해 권한구조를 집권화해야 한다는 원리이다. 권한과 책임의 상응에 관한 원리(principle of parity between authority and responsibility)는 권한의 행사에는 그에 상응하는 상대방의 책임이 따라야 하며, 그러한 책임이행을 보장하기 위한 제재장치가 있어야 한다는 원리이다.b)

3) 관리자의 기능: 'POSDCORB'

최고관리자의 기능이 무엇이라야 하는가에 대한 고전이론의 처방은 구조형성의 원리라고 지칭되고 있지는 않다. 그러나 최고관리자의 기능수행을 보조할 구조는 따로 구성해야 한다는 주장이 포함되어 있기 때문에 관리기능에 관한 원리는 조정구조의 형성에 긴밀히 연관된 것으로 보아야 한다.

최고관리자의 기능에 관한 고전적 처방은 'POSDCORB'이라는 약자복합어로 대변시킬 수 있다. 이것은 최고관리자의 기능으로 되어야 할 활동들의 머릿글자를 따서 고전이론가들이 합성한 단어이다. 즉, 계획(planning), 조직(organzing), 인사(staffing), 지휘(directing), 조정(coordinating), 보고(reporting), 예산(budgeting)의 첫머리 글자(조정의 경우 두 글자: CO)를 조립한 단어이다. Mooney, Gulick 등은 Henry Fayol의 이론을 참고로 하여 위와 같은 최고관리자의 기능을 처방하면서 각 기능별로 관리의 하부구조를 분화시켜야 한다고 말하였다.

계획은 조직의 목표달성을 위하여 할 일과 그 방법에 관한 대강을 결정하는 기능이다. 조직 (엄격히 말한다면 '조직하는 것'이라 해야 옳을 것 같다)은 주어진 목표에 따라 분할된 업무가 규정·배열되고 조정될 수 있도록 공식적인 권한의 구조를 형성하는 기능이다. 인사는 직원

---

b) 이 밖에도 더 많은 원리들을 열거하는 사람들이 적지 않다. 그 한 예로 구조형성 원리 개척자의 한 사람인 Henry Fayol은 '관리의 일반원리'라고 하는 것을 14가지로 분류한 바 있다. 그가 제시한 14가지의 원리는 ① 분업, ② 권한과 책임의 상응, ③ 규율, ④ 명령통일, ⑤ 지휘의 통일, ⑥ 전체이익에 대한 개인이익의 종속, ⑦ 보상, ⑧ 집권화, ⑨ 계층제(권한계선), ⑩ 질서, ⑪ 형평성, ⑫ 신분안정, ⑬ 솔선력 배양, 그리고 ⑭ 단체정신이다. Fayol, *Industrial and General Administration*(English trans. by J. A. Coubrough, International Management Association, 1937).

을 채용해 훈련시키고 좋은 근무조건을 마련하는 인사관리의 전반에 관한 기능이다. 지휘는 구체적인 또는 일반적인 명령으로 하달해야 할 사항을 결정하고 조직의 리더로서 활동하는 기능을 말한다. 조정은 다양한 업무단위를 연관짓는 임무이다. 보고는 기록·조사 등을 통해 자신과 부하들이 알아야 할 사항을 알고 있게 하는 기능이다. 예산은 재정계획·회계·통제 등의 형태로 이루어지는 예산활동의 전반에 관한 기능이다.

4) 고전적 원리에 입각한 구조의 양태

고전적 원리에 따라 구조를 형성하면 집권화된 고층구조의 양태가 된다. 그것은 기능별로 집단화된 피라미드형 구조의 특성을 보인다. 그리고 참모조직은 피라미드형의 계선구조 밖에 위치한다.

통솔의 범위가 좁아야 하고 명령은 통일되고 계통에 따라 전달되어야 하기 때문에, 그리고 권한의 배분은 집권화되어야 하기 때문에 고층구조, 폭이 좁은 구조, 피라미드형 구조라는 특성이 나타난다. 참모단위가 계선으로부터 분리되어 있는 것은 참모조직의 원리 때문이다. 기능별 집단화의 구조라는 특성은 업무집단화에 관한 동질성의 원리 때문에 나타나는 것이다.

2. 분화(분업)

1) 분업의 정도에 관한 원리: 업무세분화의 강조

여러 사람이 모여 일을 하려면 일을 분담하지 않을 수 없기 때문에 분업은 조직에서 불가피한 현상이다. 한 사람이 동시에 두 개의 장소에 있거나 두 가지 일을 할 수 없다는 것, 사람들의 성격·능력·기술이 서로 다르다는 것, 아주 넓은 지식과 기술의 영역에서 한 사람이 배울 수 있는 것은 극히 제한된 일부일 수밖에 없다는 것 등이 분업을 불가피하게 하는 이유이다. 어떤 접근방법에서나 그러한 불가피성은 인정하지만 업무분화의 '수준'에 대해서는 의견을 달리한다.

업무분화의 수준(분업의 정도)에 관하여 고전적 접근방법은 업무를 세분할수록 능률적·경제적으로 일을 성취할 수 있다고 보는 입장을 취한다. 고전이론가들도 물론 '가능한 한'이라는 단서를 붙여 업무세분화의 한계가 있음을 인정하였다. 그러나 세분화의 제약조건은 최소의 수준까지만 인정하였다.

고전이론가들은 분업의 정도를 높였을 때 얻을 수 있는 이점으로 ⅰ) 일을 배우는 데 걸리는 시간의 단축, ⅱ) 작업전환 시간의 단축, ⅲ) 같은 동작·절차의 반복을 통한 작업능률 향상, ⅳ) 작업도구·기계·작업방법 개선에 대한 기여, ⅴ) 여러 작업의 동시화(同時化), 그리고 ⅵ) 숙련된 직원 채용의 용이성을 들었다.[2]

2) 분업화된 업무의 집단화(부성화)에 관한 원리: 동질성의 강조

개별적인 조직구성원들이 분담할 수 있도록 분화시킨 업무를 차례로 묶어 조직단위들을 형성하려면 일정한 기준이 있어야 한다는 점에 관하여는 예나 지금이나 사람들의 생각이 근본적으로 같다.

구조형성의 고전적 모형에서도 부성화의 원리라 하여 분화된 업무의 집단화에 관한 기준을 제시하였다. 이른바 부성화의 원리에 관하여 고전적인 입장을 대표하는 것은 Gulick의 이론이라 할 수 있다.[3] 작업단위들을 누적시키는 (aggregating the work units) 기준이라고 그가 제시한 것은 ⅰ) 주된 목표(major purpose), ⅱ) 사용하는 절차(process), ⅲ) 봉사 또는 처리의 대상이 되는 고객이나 물건(clientele or material) 및 ⅳ) 업무를 수행하는 장소(place)이다.

고전이론가들이 부성화에 적용할 수 있는 기준으로 제시한 것은 여러 가지이지만 그들의 선호 또는 집착은 동질성의 원리에 분명히 나타나 있다. 동질적 기능 또는 절차에 따른 부성화를 원칙적으로 지지한다는 것이 고전적 원리이론의 특징이다.

3) 참모조직에 관한 원리: 계선과의 구별 강조

고전이론에서도 참모조직이나 위원회와 같은 다두제적 구조(多頭制的 構造)로써 계선조직을 보완할 필요가 있음을 인정하였다. 그러나 보완적 조직단위들에 대해 큰 경계심을 보였다. 그리하여 이들이 계서제의 주력인 계선구조를 교란해서는 안 된다는 점을 강조하였다. 참모조직에 대한 고전적 입장은 다음과 같다.

참모조직은 고급관리자의 관리능력을 보완하고 전문적 감독을 돕기 위한 것이다. 직접적으로 생산적인 활동보다는 그에 대한 관리작용을 돕는 간접적인 기능을 수행한다. 참모와 계선을 확실히 구별하여 계서제 내의 명령계통에 혼란이 일어나는 것을 막아야 한다.

참모는 고급관리자의 조정·통제활동을 돕기 위해 자료수집·연구·계획 등의 업무를 수행하도록 하고 계선조직의 감독자들에게 조언을 할 수 있게 해야 하지만 감독자들에게 직접 명령할 수 있는 권한을 참모조직에 주어서는 안 된다. 계선조직의 감독자들에게 참모조직이 직접 명령을 할 수 있게 하는 것은 명령통일의 원리에 어긋난다.

3. 통합(조정)

1) 조정구조의 기반: 계서제의 강조

고전이론에서 처방한 조정·통제구조의 기초는 집권적인 피라미드형의 계서제(階序制: 계층제: hierarchy)이다. 고전이론에서는 조직을 인간에 대한 통제체제로 보기 때문에 통제지향적 구조인 계서제를 중요시하였다. 그것은 공식조직과 거의 동일시되었다.

(1) **계서제의 특성**   계서제의 핵심적 특성은 다음과 같다.

① **계층적 역할체제**   계서제는 상관과 부하의 역할이 위에서 아래로 이어지는 계층에 따라 차례로 배열되는 역할체제(system of roles)이다. 권력은 계층에 따라 차등적으로 배분된다. 책임은 아래서 위로, 권력은 위에서 아래로 흐른다. 계서제는 차등적 지위를 규정하는 지위체제이기도 하다.[4]

② **일원적·집권적 체제**   고전적인 모형이 규정하는 계서제는 일원적(一元的)이며 집권적인 피라미드형의 계서제이다. 이러한 계서제에서 권력은 조직의 정점에 위치한 권력중추로부터 밑으로 흘러내려간다. 각 계층 간의 관계는 상명하복하는 하향적·일원적 관계이다. 부하들은 한 사람의 상관으로부터만 명령을 받도록 규정된 엄격한 명령계통 속에서 역할을 수행한다. 엄격한 명령계통에 따라 상명하복의 관계를 유지하려면 한 사람의 상관이 거느리는 부하의 수가 적어야 하기 때문에 자연히 통솔의 범위는 좁게 설정된다.

③ **고급직위의 중추적 역할**   계서제 상의 고급직위들은 조직이라는 집합체의 목표와 가치를 상징함으로써 조직활동 통합의 중추가 된다. 그러한 직위들은 중요한 의사결정을 하거나 하급계층에서 행한 의사결정을 정당화시키고 내부적 갈등을 유권적으로 해결한다.

(2) **계서제의 효용**   계서제는 조직의 통합성을 유지하는 데 필요한 기본적 장치라고 생각한 고전이론가들은 그 효용으로 i) 계서적 구조의 전체는 조직이 일을 성취시킬 능력이 있을 것이라고 생각하게 하는 신뢰감의 기초를 제공한다는 것, ii) 권력의 연쇄적 계층은 내적 의사전달체제의 골격을 형성한다는

것, 그리고 iii) 권력의 계층은 또한 조직구성원의 상향적 진출을 위한 사닥다리와 같은 역할을 하기 때문에 상승적 지향성을 가진 조직구성원들의 조직에 대한 일체감을 강화한다는 것을 들었다.[5]

2) 계서적 구조에 관한 원리

계서제의 형성에 관한 고전적 접근방법의 처방은 원리라는 형태로 표현되었다. 계서제의 형성(상·하 계층 간의 분화와 조정)에 관한 기본적 원리들은 다음과 같다.

(1) **명령통일의 원리**   이것은 조직구성원들이 각자 한 사람의 상관으로부터만 명령을 받아야 한다는 원리이다. 어떤 조직구성원이 복수의 상관으로부터 명령을 받게 되면 혼란에 빠지고 비능률적이며 무책임하게 된다. 한 사람의 상관으로부터만 명령을 받는 부하는 조리 있고 능률적이며 책임감 있는 행동을 할 수 있다. 명령통일의 원리는 명령을 발하는 사람의 입장이 아니라 명령을 받는 사람의 입장에 관한 원리라고 할 수 있다.

(2) **명령계통의 원리**   조직 내 계층들은 공식적 의사전달 통로의 관문이 되어야 한다. 명령의 전달이나 기타의 수직적 의사전달은 반드시 각 계층을 포함하는 공식적 통로를 거쳐 이루어져야 한다. 이와 같은 명령계통의 원리는 각 계층의 감독자들이 부하들에 대해 갖는 통제력을 강화한다. 그리고 각 계층의 감독자들로 하여금 수직적 의사전달의 내용을 모두 파악할 수 있게 함으로써 조정을 용이하게 한다.

(3) **통솔범위의 원리**   이것은 상관의 능률적인 감독을 보장하기 위해서 그가 통제하는 대상인원의 범위를 적정하게 제한해야 한다는 원리이다. 이 원리의 전제는 한 사람의 감독자가 거느릴 수 있는(직접 보고를 받는) 부하의 수는 제한되어 있다는 것이다.

조직의 최고관리자는 단지 소수의 부하들만을 직접 거느릴 수 있기 때문에 그 아래의 부하들에 대한 감독은 자기가 직접 거느리는 부하들에게 맡길 수밖에 없다. 이러한 감독위임의 관계는 조직의 최말단까지 차례로 연결된다. 이것이 피라미드형 구조가 만들어지는 데 결정적으로 작용한다.

고전적 이론에서도 통솔범위의 원리를 처방하는 목적은 적정한 통솔의 범위를 발견하는 것이라고 생각한 것 같다. 그럼에도 불구하고 고전이론의 원칙적인 가치전제가 집권화의 추구였기 때문에 위로부터의 통제를 능률화하기 위해서는 될 수 있는 대로 통솔의 범위를 좁혀야 한다는 입장을 견지하였다. 통제위주의 입장에 따라 통솔의 범위를 좁게 설정하면 계서제가 고층구조화된다.

III. 관료제모형

1. 관료제 논의의 관점

관료제(官僚制: bureaucracy)라는 말은 여러 학문분야에서 널리 쓰이고 있는 개념이며 비전문가인 보통 사람들의 입에도 자주 오르내리는 낱말이다.c) 관료제라는 말이 널리 쓰이는 만큼 그 의미도 다양하게 이해되고 있다.

관료제라는 말이 각각 다른 뜻으로 쓰이는 경우를 대개 네 가지로 나누어 볼 수 있다.6) 네 가지 용례는 ⅰ) 특정한 형태의 조직을 관료제라 하는 경우(조직구조로서의 관료제), ⅱ) 특정한 조직형태에 수반되는 병폐를 지적하기 위해 관료제라는 말을 쓰는 경우(조직의 병폐로서의 관료제), ⅲ) 관료제라는 말을 거대한 정부라는 뜻으로 쓰는 경우(현대 정부의 특성으로서의 관료제), 그리고 ⅳ) 국민의 자유와 권리를 침해하는 해악으로 관료제를 이해하는 경우(고발대상으로서의 현대정부)이다.

우리는 일정한 특성을 지닌 조직을 관료제라 부르게 될 것이다. 고전적 구조형성의 원리에 입각한 관료제는 고전적 관료제라 불러야 마땅할 것이다. 그러나 특별한 수식어가 붙지 않은 관료제라는 말은 대개 고전적인 의미의 관료제를 지칭하는 것이 행정학 분야의 일반적인 관행이다. 독자들은 이 점을 유념해야 한다.

고전적 원리에 부합되는 관료제모형의 원형은 Max Weber가 정립한 관료제의 이념형(이데알 티푸스: Ideal Typus)이다. 그는 관료제학파를 출범시킨 사람이라는 평가를 받고 있다. 여기서는 Weber의 모형을 중심으로 고전적 관료제를 검토하려 한다.

---

c) Bureaucracy라는 말은 프랑스의 중농주의자 Vincent de Gournay가 1745년에 처음 사용했다. 그는 관료들이 권력을 쥐고 있던 Prussia 정부를 Bureaucracy라 불렀다. Ralph C. Chandler and Jack C. Plano, *The Public Administration Dictionary*(John Wiley & Sons, 1982), pp. 154~155.

2. Weber의 관료제 이념형: 고전적 관료제모형

독일인 학자 Max Weber는 조직이 바탕으로 삼는 권한의 유형을 세 가지로 나누었다. 세 가지 권한이란 전통적 권한(traditional authority), 위광적 권한(카리스마틱 권한: charismatic authority), 그리고 법적·합리적 권한(legal-rational authority)이다. 그가 말하는 근대관료제의 이념형은 법적·합리적 권한에 기초를 둔 것이다.[d]

1) 관료제의 주요 특성

법적·합리적 권한에 기초를 둔 관료제의 특성을 Weber는 다음과 같이 설명하였다.[7]

① 권한과 관할범위의 규정   모든 직위의 권한과 관할범위는 법규(공식적 규범)로 정한다. 권한은 사람이 아니라 직위에 부여되는 것이다. 사람은 직위를 점함으로써 권한을 행사할 수 있게 된다. 관료제 구조의 목표추구에 필요한 활동은 미리 정한 방법에 따라 분배한다. 분배된 활동이 공식적 임무이다. 각 직위의 임무와 그것을 지속적으로 수행하는 방법 및 그에 필요한 권한의 행사는 법규로 정한다.

② 계서제적 구조   권한의 계층이 뚜렷하게 구획되는 계서제 내에 모든 직위들을 배치한다. 계서제는 상명하복의 질서정연한 체제이다. 계서제에서 상위직은 하위직을 감독한다. 어떤 관료가 다른 관료를 지휘·감독하는 권한을 갖는 것은 계서제 상의 지위에 근거를 둔 것이다. 하급자는 상급자의 엄격한 감독과 통제 하에 임무를 수행한다.

③ 문서화의 원리   모든 직위의 권한과 임무는 문서화된 법규로 규정한다. 임무수행(직위 또는 사무실의 관리)은 문서로 한다. 따라서 관료제는 문서작성과 보관을 담당하는 필경사 등 보조관료를 필요로 한다. 그리고 문서철은 사무소(bureau)의 한 구성요소가 된다.

④ 임무수행의 비개인화   관료들은 지배자의 개인적 종복으로서가 아니라 법규로 정한 직위의 담당자로서 직위의 목표와 법규에 충성을 바쳐야 한다.

관료들은 임무수행에 관한 법규의 적용에서 개인적 이익이나 구체적인 경

---

d) 전통적 권한은 전통에 바탕을 둔 것이며, 위광적 권한(威光的 權限)은 개인적 특성에 바탕을 둔 것이다. 법적·합리적 권한은 법적으로 정당성이 부여된 것이다.

우의 특별한 사정 또는 상대방의 지위 등에 구애되는 일이 없이 공평무사한 비개인성(非個人性: impersonality)을 유지하도록 요구된다.e)

⑤ 관료의 전문화와 전임화   임무수행에 필요한 전문적 훈련을 받은 사람들을 관료로 채용한다. 채용의 기준은 전문적 능력이다. 관료들은 원칙적으로 상관이 임명한다. 그들이 구비해야 할 지식의 주축을 이루는 것은 임무수행을 규정하는 제반 법규에 관한 지식이다. 관료로서의 직업은 잠정적인 직업이 아니라 '생애의 직업'(vocation)이다. 그것은 또한 전임직업(專任職業: full-time job)이다. 관료제의 재산은 개인재산과 구별되며 사무소는 개인적 주거와 구별된다. 관료들은 계급과 근무연한에 따라 정해진 금전적 보수와 연금을 받는다. 관료들에게는 상위직으로 승진할 수 있는 기회가 제공된다.

⑥ 항구화의 경향   위와 같은 특성을 가진 관료제가 성숙하면 그것은 파괴하기 어려운 실체로 된다. 권력관계의 사회화를 통해 권력의 망을 형성하며 사회의 적절한 기능수행에 요긴한 서비스를 제공함으로써 관료제는 스스로를 항구화한다.f)

일반대중은 관료제가 제공하는 서비스에 의존하며 그러한 서비스가 중단되면 혼란을 겪게 된다. 관료제의 전문적 능력이나 비개인적 특성도 관료제의 항구화에 기여하는 요인이다. 관료제에 대한 외부세력의 의존도를 높이기 위해 관료제는 독자적으로 얻은 정보를 공개하지 않으려 한다. 비밀주의를 고수해 스스로를 보호한다. 관료 개개인은 끊임없이 움직이는 거대한 기계의 부속품처럼 묶여 있으며 공식적인 규율에 대한 복종이 습관화되어 있기 때문에 그들에게는 관료제를 와해시킬 수 있는 능력이 없다.

2) 관료제모형에 대한 이론 차원의 평가

(1) 기   여   Weber의 이념형은 인간본질의 합리적이고 예측가능하며 질서정연한 측면에 착안한 합리적·공식적 모형이다. 그의 모형은 현대조직의 기본적 질서를 유지하는 데 필요한 공식적 구조의 특성을 지적한 고전이론의 한

---

e) Impersonality를 '비인격성', '몰인격성' 등으로 번역하는 경우가 있으나 그것은 적절한 번역이라고 생각하지 않는다. 관료들이 임무수행에서 개인의 감정을 개입시키지 않고 공식적 행동규범에 따라 행동한다는 의미를 제대로 전달할 수 없기 때문이다.

f) 여기서 '항구화된다'고 하는 것은 '영구불멸하게 된다'는 뜻이 아니라 스스로를 지속시키려는 관성 그리고 변동저항적인 행태가 형성된다는 것을 의미할 뿐이다.

전형으로서 조직학의 발전에 획기적으로 기여한 작품이다. Weber의 이론은 오늘날까지도 상당한 설명력을 지니고 있기 때문에 많이 인용된다.

후대의 관료제 연구인들은 그의 이론을 여러 가지로 비판하였으나 새로운 이론의 전개는 대개 Weber의 이론을 출발점으로 삼고 있다. Weber는 관료제학파의 패러다임을 개척한 사람이라고 할 수 있다.

(2) 단　점　　그러나 Weber의 관료제 이념형은 광범하고 오랜 영향력만큼이나 많은 비판을 받아왔다. 접근방법의 결함으로 가장 자주 거론되어 왔던 것은 세 가지이다.

① 일관성 결여　　이론의 내적 일관성이 결여되어 있다. 예컨대 능력기준에 따른 임용의 원리와 계서적인 권한배분의 원리는 갈등을 빚을 수 있다.

② 비공식적 요인의 간과　　인간적 또는 비공식적 요인을 간과하였다. 비공식적 관계가 공식적 구조를 수정할 수 있는 문제에 주의를 기울이지 못했다는 것이다.

③ 정의와 주장의 혼동　　관료제 특성에 대한 정의(definition)와 주장을 뒤섞고 있다. 구조적 요인들 사이의 관계에 관한 설명이라든지 관료제의 합리성에 관한 설명은 검증되어야 할 주장에 불과하다는 것이다.

　　이 밖에도 Weber의 이론에 대한 비판적 논점은 여러 가지가 있다. 연구인들의 관점이 다르면 비판의 논점도 다르다. 그 예로 ⅰ) 현대 사회에서 관료제의 불가결성을 지나치게 강조하였다는 것, ⅱ) 관료제의 순기능적 요인만을 강조하고 역기능적 요인을 간과하였다는 것, ⅲ) 인간을 자동인형처럼 취급한 기계적 이론이라는 것, ⅳ) 조직을 구성하는 하위체제 사이의 상호의존관계를 간과했다는 것을 들 수 있다.

3) 관료제에 대한 실천 차원의 평가

(1) 관료제의 효용　　Weber가 말한 대로 그의 이념형에 부합되는 실제의 관료제는 원시적 또는 전근대적 조직에 비해 기술적인 우월성을 지닌 것이며 좀 더 합리적이고 능률적인 것이라고 할 수 있다.

자본주의정신이 팽배해 있었고, 물질생산의 기계적 능률이 무엇보다 강조되었으며, 적자생존의 원리에 따른 경쟁주의가 윤리적으로 용납될 수 있었던 산업화단계의 사회에서 관료제는 사회의 발전에 많은 기여를 했다고 생각한다. 조직의 능률향상을 위한 인간통제의 필요성이 컸던 상황에서는 관료제의 계서적 구조가 높은 효율을 발휘할 수 있었을 것이다.

(2) 관료제의 **병폐**   관료제에는 본래적인 결함 또는 폐단이 있다. 그리고 관료제의 효용을 돋보이게 하던 조건이 변화하면 관료제의 폐단이 더 크게 부각될 수 있다. 오늘날 그러한 변화는 현저하다. 환경의 격동성 증대, 정보기술의 발전, 사회문제의 복잡성 증대, 조직구성원들의 가치관 변화는 조직의 융통성 제고, 자율과 창의의 존중, 조직의 인간화 촉진 등을 중요한 가치로 만들었다. 그에 따라 고전적 관료제의 병폐에 대한 공격은 가열되어 왔다.

관료제의 병폐라 하여 많은 사람들이 지적한 것들을 종합해 보면 다음과 같다.8) 관료제의 병폐들은 상승작용하면서 악순환의 고리를 형성할 수 있다.

① 인간적 발전의 저해   집권적이고 권위주의적인 통제와 법규우선주의, 그리고 비개인적 역할관계는 불신과 불안감을 조성하고 조직구성원의 사회적 욕구충족을 저해하며 그들의 성장과 성숙을 방해한다. 조직구성원들은 명령이 있어야만 움직이는 피동적 존재로 전락하며, 그들의 창의적 노력은 기대할 수 없다. 결과적으로 관료제 내의 인적자원이 효율적으로 활용되지 못한다.

② 목표대치   과잉동조, 양적 복종, 국지주의 등으로 인한 목표대치 현상이 심각해진다.

기술적으로 필요한 정도를 넘어서 법규의 엄격한 적용과 준수가 강요되기 때문에 그러한 법규적 요청에 대한 과잉동조(overconformity) 현상과 목표와 수단의 대치라는 현상이 빚어진다. 목표와 수단의 대치란 목표보다 그 수단인 규칙이나 절차를 더 중요시한다는 뜻이다.

엄격한 법규적용과 통제의 강조는 또한 양적 복종만을 중요시하는 풍조를 낳게 한다. 외형적으로 관찰이 가능하고 또 측정이 가능한 활동결과가 주로 평가의 대상이 되기 때문에 관료들은 조직의 궁극적인 성공을 생각하지 않고 양적인 실적을 올리는 데만 몰두하게 된다는 것이다.

관료들은 편협한 안목 때문에 직접적인 고객의 특수이익에 묶여 전체이익을 망각하는 국지주의(parochialism)에 빠지기 쉽다.

③ 훈련된 무능   한 가지의 지식 또는 기술에 대해 훈련을 받고 또 기존의 규칙을 준수하도록 길들여진 사람은 다른 대안을 생각하지 못한다. 훈련받은 대로 하는 행동이 과거에는 성공적이었다 하더라도 변동된 조건 하에서는 그것이 부적합할 수 있다. 그럼에도 불구하고 관료들은 그 행동을 새로운 조건에 적응

시키지 못하는 경직성을 보인다. 한 사람의 능력이 어떤 경우에 무능 또는 맹점이 되는 현상을 '훈련된 무능'(trained incapacity)이라 부른다.g)

④ 번문욕례와 변동에 대한 저항 구조의 경직성, 법규·절차준수의 강조, 그리고 문서주의는 불필요거나 번거로운 문서처리가 늘어나는 번문욕례(繁文縟禮: red tape)를 악화시킨다. 그리고 쇄신과 발전에 대해 저항적이며, 고객과 환경의 요청에 적절히 대응하지 못하는 관료적 행태를 기르게 된다.

⑤ 권력구조의 이원화와 갈등 계서적 권한과 지시할 능력 사이에는 괴리가 있다. 그리고 계서적 권한은 전문적 권력의 견제를 받는다. 상관의 계서적 권한과 부하의 전문적 권력은 이원화되어 갈등을 빚는다. 권력구조의 이원화는 조직구성원들의 불만을 키우고, 조직의 효율성을 저하시킨다.

⑥ 권위주의적 행태의 조장 권한과 능력의 괴리, 상위직으로 갈수록 모호해지는 업적평가기준, 조직의 공식적 규범을 엄격하게 준수해야 한다는 압박감 등은 관료들을 불안하게 한다. 그러한 불안감은 한층 더 권위주의적인 행태를 유발한다. 규칙과 절차를 더욱 엄격하게 적용하고 통제를 강화함으로써 자기의 안전에 대한 위협을 배제하고 자기의 지위를 향상시키려 한다. 권위주의에 빠진 관료들은 공식적 권한을 자기들의 개인적 권력과 이익을 신장하고 보호하는 데 쓰려 하기 때문에 권력투쟁이 일어난다.

⑦ 무리한 세력팽창 관료제는 자기보존과 세력확장을 도모하려 하기 때문에 그 업무량과는 상관없이 기구와 인력을 증대시키는 경향을 보인다. 관료제는 권한행사의 영역을 계속 확장하여 이른바 '제국건설'(帝國建設: empire building)을 기도한다. 이러한 경향을 관료제의 제국주의라고도 부른다.h)

---

g) 훈련된 무능이라는 개념은 Thornstein Veblen이 사용하기 시작한 것으로 알려져 있다. Burke는 이에 관하여 닭을 부르는 종소리의 예를 든 바 있다. 종소리를 모이 주는 신호로 알아듣도록 닭들을 훈련시키는 것은 쉬운 일이다. 그런데 닭을 잡아먹으려고 부를 때도 종소리를 쓸 수 있다. 종소리에 따라 모이도록 훈련된 닭들은 잡아죽이려는 목적으로 치는 종소리에도 먹이를 주려 할 때와 똑같이 반응한다. Kenneth Burke, *Permanence and Change*(New Republic, 1935), p. 50ff.; Robert K. Merton, "Bureaucratic Structure and Personality," in Merton *et al.*(eds.), *Reader in Bureaucracy* (Free Press, 1952), p. 364.

h) 관료제의 제국건설 경향을 흔히 '파킨슨의 법칙'(Parkinson's law)이라 부른다. C. Northcote Parkinson이 일찍이 관료제의 팽창성향에 관한 이론을 발표하였기 때문이다. Parkinson 자신은 이 법칙을 '상승하는 피라미드의 법칙'(the law of rising pyramid)이라 불렀다. Parkinson, *Parkinson's Law and Other Studies in Administration*(Houghton Mifflin, 1957).

⑧ 관료를 무능화하는 승진제도　관료제의 규모가 커지면 승진의 기회가 늘어나고 무능한 사람들이 높은 자리를 차지하게 된다. 따라서 조직의 능률이 저하된다.[i]

행정학의 신고전기 이후 전통적 관료제에 대한 평가는 비판쪽에 압도적으로 치우쳤다. 그러나 근래에는 관료제의 병폐에 대한 비판에 맞서 관료제를 변호하거나 옹호하는 주장을 펴는 사람들도 늘어났다.[9] 관료제 옹호론에는 ⅰ) 관료제의 우월성에 관한 고전적 주장을 지지하는 것, ⅱ) 관료제의 병폐에 관한 비판론자들의 주장이 지나치거나 사실에 근거하지 않았다는 점을 지적하는 것, ⅲ) 발전행정의 역군으로서 발전도상국의 국가발전에 결정적인 기여를 했다는 점을 지적하는 것이 있다.

Ⅳ. 탈고전적 구조형성 원리

1. 고전적 원리에 대한 비판

1) 종합적 비판

고전적 원리에 대한 비판의 역사는 오래되었다. 근래 고전적 원리를 지지하던 조건들이 쇠퇴하고 새로운 요청들이 커지면서 비판은 더욱 거세지고 있다. 고전적 원리에 입각한 구조설계를 지지하는 조건과 그러한 구조설계의 결함을 더욱 크게 부각시키는 조건에 대해서는 앞서 언급한 바 있다.

일련의 구조형성 원리에 입각한 고전적 모형은 그와 다른 접근방법을 신봉하는 사람들로부터 비판을 받아 왔다. 핵심적인 공격대상은 ⅰ) 경직된 기계적 구조를 만들게 된다는 것, ⅱ) 일의 세분으로 일의 의미 상실·인적 전문화 방해

---

i) 되풀이되는 승진으로 관료들이 무능화되는 현상을 '피터의 원리'(Peter principle)라고 한다. 그에 관한 Lawrence J. Peter의 설명을 보면 다음과 같다.

확장일로에 있는 조직에서는 상위직에 결원이 많이 생기고 승진의 기회가 많아진다. 하급계층에서 무능한 것으로 판명된 사람만 승진하지 못하고 제자리에 남는다. 현직위에서 유능하다고 인정되는 사람은 모두 승진한다. 승진한 직위에서 다시 유능하다는 것이 인정되면 또 승진한다. 이와 같은 연쇄적 승진은 결국 일을 감당할 수 없는 직위에까지 사람들을 승진시켜 놓게 된다. 일을 감당할 수 없는 직위에까지 승진한 사람은 그 직위의 요청에 관한 한 무능한 사람이 되는데, 다시는 승진이 안 되겠지만 신분보장규정 때문에 그 자리에 머물러 있게 된다. 이와 같은 이치로 결국은 모든 직위가 무능자로 채워지는 사태가 빚어진다. Peter and Raymond Hull, *The Peter Principle*(Bantam Books, 1969), p. 8.

라는 폐단을 빚는다는 것, iii) 기능분립주의적 업무집단화는 협동과 자율적 조정을 어렵게 한다는 것, 그리고 iv) 행정농도가 높은 집권적 통제구조는 낭비적이며 조직구성원의 창의성을 억압한다는 것이다.

이 밖에도 고전적 원리에 대한 비판은 대단히 많다. 관료제의 실천적인 병폐에 관한 앞서의 설명을 참고하기 바란다.

고전적 원리의 보편성 결여와 비과학성이 비판받아 왔다는 점에 대해서도 이미 언급한 바 있다.[j)

2) 개별적인 원리들에 대한 비판

개별적 원리들 또는 원리범주에 대한 비판을 요약하면 다음과 같다.

(1) 분업수준에 관한 문제 고전적 원리가 처방한 업무세분화를 비판하는 논거는 i) 사람들이 일의 보람을 느끼지 못하게 한다는 것, ii) 의사전달의 애로와 조정의 부담을 크게 한다는 것, iii) 바람직한 인간관계의 형성을 방해한다는 것, iv) 인적 전문화를 방해하며 일을 통한 자기실현과 인간적 성숙을 가로막는다는 것, ⅴ) 피로와 권태감을 크게 한다는 것, 그리고 ⅵ) 업무관계의 예측가능성을 저하시켜 사람들을 불안하게 한다는 것이다.

(2) 부성화기준 적용에 관한 문제 고전적 모형에서는 업무집단화의 기준적용에 관해서도 기계적인 접근방법을 채택하여, 획일적이며 경직되고 인적 요인을 도외시하는 구조를 만들도록 처방하였다.

고전적 모형에서는 기준의 배합 또는 기준의 선택을 결정할 때 고려해야 할 요인을 제시하면서도 편협한 안목을 드러냈다. 통제의 용이성과 경비절감을 주로 강조하였다. 업무의 집단화는 동질성의 원리를 준수하여야 한다고 고집하

---

j) 고전적 원리의 비과학성을 신랄하게 비판한 대표적 인물로 지목되는 사람은 Herbert A. Simon 이다. 그는 고전적 원리들이 격언과 같은 비과학적 주장이라고 하였다. 상반되는 원리들이 한 쌍으로 존재하는 경우 어느 것이 옳은가를 판단할 기준이 없다고 하였다. 그는 또 원리들이 상식적이거나 어떤 불가피한 현상을 지적하는 것임에 불과한 것이라고도 하였다.
  Simon은 분업의 원리가 분업의 방법에 대해 말해주는 바가 없다고 하였다. 명령통일의 원리는 전문화의 원리와 상충된다고 하였다. 통솔범위의 원리는 조직계층의 수를 줄여야 한다는 원리와 상충되며, 부성화의 원리가 제시하는 기준들 사이의 관계도 상충적이라고 하였다. Simon, "The Proverbs of Administration," *PAR*(Winter 1946), pp. 53~67, *Administrative Behavior: A Study of Decision-making Processes in Administrative Organization*(Free Press, 1957), p. 20ff. 고전적 원리들에 대한 공격의 논점에 대해서는 제 1 장 제 1 절에서 신고전적 행정학의 특성을 설명할 때도 언급하였다.

여 상황적응적인 융통성을 크게 제약하였다.

(3) **참모조직에 관한 문제**   참모조직에 대한 고전적 관점은 획일적인 것이었으며 계선과 참모를 엄격하게 구분하는 이원적 구조를 처방하는 것이었다.

세월이 흐름에 따라 계서제 내의 명령통일과 명령계통에 관한 원리가 차츰 수정되었으며, 그와 병행하여 참모도 필요한 때에는 계선에 대해 직접 명령할 수 있게 해야 한다는 주장이 널리 받아들여지게 되었다. 그리고 참모조직은 매우 다양한 것이므로 그 역할을 획일적으로 처방하기 어렵다고 보는 조심스러운 접근방법이 부각되었다. 한마디로 말해 현대적인 관점은 다원적이며, 계선과 참모의 획일적인 구별에 의문을 표시하는 것이라고 할 수 있다.

(4) **명령통일에 관한 문제**   명령통일이 가능하고 또 바람직한 경우에는 명령통일의 원리를 적용해야 하지만 ⅰ) 복합적인 사업을 여러 조직단위들이 공동으로 수행하거나 긴밀한 정보교환이 필요한 경우, ⅱ) 조직단위 간의 업무연관성이 높은 경우, ⅲ) 관리의 기능별 전문화가 필요한 경우, 그리고 ⅳ) 갈등의 발생지점에서 그것을 신속히 해소할 필요가 큰 경우에는 복수의 상관으로부터 명령을 받을 수 있도록 허용해야 한다는 주장이 많은 호응을 얻고 있다.

(5) **계층화와 명령계통에 관한 문제**   비공식적으로 발생하는 여러 방향의 권력관계를 중요시하는 접근방법, 명령할 권한과 명령할 능력의 획일적인 부합에 의문을 표시하고 전문가의 권력을 존중하는 접근방법, 파트너십과 참여관리를 존중하는 접근방법 등은 계층제의 원리를 수정한다.

명령계통의 원리도 비판의 대상이 되고 있다. 이 원리를 고수하는 경우 의사전달이 지연되고 그것이 왜곡될 위험이 크다고 한다. 현대조직이 다루는 정보의 분량은 폭증하고 있기 때문에 명령계통의 원리를 글자 그대로 고집하는 것은 불가능하다고 한다. 그리고 구조의 잠정성이 높아지는 경우 고정적인 명령계통을 유지하기는 어렵다고 한다.

(6) **통솔범위에 관한 문제**   오늘날 사람들은 통솔범위가 좁을수록 좋다는 획일적 처방에 반대한다. 보편적으로 말할 수 있는 것은 통솔범위의 상황적응적 결정이라고 한다. 현대 조직사회의 상황적 요청은 권력구조의 분권화와 통솔범위의 확대를 촉구하는 것인데 통솔범위에 관한 고전적 원리는 그러한 현대적 요청에 배치된다고 한다.

통솔범위를 좁히는 쪽으로 기울어 있던 고전이론에 대한 반성과 함께 조직의 '고층구조'와 '저층구조'를 비교하는 논의도 활발해졌다. 통솔의 범위를 좁히면 계층의 수가 많아져 구조가 고층화된다. 통솔범위를 넓히면 구조가 저층화된다. 이러한 이치는 면적이 같은 이등변 삼각형의 폭과 높이의 변화에 견주어 생각하면 이해하기 쉽다.

❶ **고층구조(급경사 구조: 좁은 통솔범위: tall structure)의 장·단점**

고층구조의 장점으로는 ⅰ) 부하에 대한 감시·통제가 용이하다는 것, ⅱ) 상향적 정보를 여러 계층에서 검토하기 때문에 과오를 발견할 가능성이 크다는 것, ⅲ) 직근상관과 부하 사이의 의사전달을 촉진한다는 것이 들어지고 있다.

고층구조의 단점으로는 ⅰ) 집권화를 조장하고 관리층의 규모를 크게 하여 낭비를 초래한다는 것, ⅱ) 많은 계층을 경유하는 수직적 의사전달은 지연·왜곡될 가능성이 크다는 것, ⅲ) 세분된 계층 간의 역할 차이가 모호해진다는 것, ⅳ) 부하들의 자율성·창의성을 저해한다는 것이 지적되고 있다.

❷ **저층구조(완경사 구조: 넓은 통솔범위: flat or delayered structure)의 장·단점**

저층구조의 장점으로는 ⅰ) 분권화를 촉진한다는 것, ⅱ) 관리층의 규모를 감축시킨다는 것, ⅲ) 수직적 의사전달의 신속성·정확성을 높인다는 것, ⅳ) 계층 간의 역할모호성을 줄인다는 것이 들어지고 있다.

저층구조의 단점으로는 ⅰ) 직근상관과 부하 사이의 긴밀한 접촉이 어렵다는 것, ⅱ) 상향적 정보전달의 과오가 간과될 위험이 크다는 것, ⅲ) 조직구성원들의 자율적 업무수행 능력이 탁월하지 않으면 어려움에 봉착하게 된다는 것이 지적되고 있다.

2. 고전적 원리의 수정: 수정적 관료제모형

조직이론사에 나타난 고전기 이후의 학파 또는 접근방법들은 제각기 다른 관점에서 구조형성에 관한 고전적 원리들을 비판하고 수정적 대안들을 제시해 왔다. 어떤 것은 고전적 접근방법을 수정·보완하는 데 머물렀고 또 어떤 것은 고전적 접근방법을 근본적으로 배척하였다.

고전적 원리들을 배척하는 급진적 모형들은 뒤에 설명하고 여기서는 수정적 대안들을 살펴보려 한다.ᵏ⁾ 수많은 대안들을 모두 논의할 수는 없고 복합구조와 견인이론적 구조만을 예로 들려고 한다.

---

k) 여기서 '수정'이냐 '배척'이냐 하는 것은 수준차의 문제이다. 양자가 모두 넓은 의미의 수정에 포함되는 것이라고 보는 견해도 있을 수 있다. 저자는 고전적 원리로부터의 이탈이 점진적인 것은 수정이라 하고 급진적인 것은 배척이라 규정하였다.

1) 복합구조

(1) 정   의   복합구조(複合構造: matrix structure)는 사업구조(事業構造: project structure)와 기능구조(機能構造: functional structure)를 결합시킨 일종의 혼합구조이다.[1)]

복합구조는 부성화의 두 가지 기준을 중첩시킨 구조라 할 수 있다. 어떤 재화·용역의 공동적 산출에 기여하는 활동들을 함께 묶어 구조적 단위를 형성해야 한다는 기준과, 동질적이거나 비슷한 활동들을 함께 묶어 구조적 단위를 형성해야 한다는 기준이 중첩적으로 적용되는 것이 복합구조의 특징이다.[10)]

복합구조 내에서 명령계통은 다원화되며, 조직구성원은 사업구조와 기능구조에 중복적으로 소속된다.

복합구조의 한 구성요소인 기능구조는 고전적인 부성화의 기준에 따라 형성되는 계서제적 구조이며 본질적으로 수직적인 특성을 지닌다. 조직구성원들을 전문화시키고 직업분야별로 집단화하여 협동하게 하려는 구조의 양태가 기능구조이다. 복합구조의 다른 한 구성요소인 사업구조(프로젝트 구조)는 기능구조의 소속원을 차출하여 구성하는 사업수행구조이다. 사업구조는 사업관리자에게 그가 맡은 사업을 수행하는 데 필요한 권한을 위임하는 구조로서 본질적으로 수평적인 특성을 지닌다. 사업수행에 참여하는 사람들은 사업관리자에게 직접 보고하기 때문에 저층구조가 형성된다.

(2) 유   형   복합구조의 양태는 여러 가지이다. 순수한 사업구조와 순수한 기능구조를 연결하는 연속선 상에 다양한 복합구조가 형성될 수 있다. 예컨대 사업구조와 기능구조가 대등하게 결합된 경우, 사업관리자가 참모적 역할만 하는 경우, 사업구조가 사업수행에 필요한 활동의 일부만 관리하는 경우, 조직의 일부만을 복합구조로 구성하는 경우 등이 있다.

(3) 유용성의 상황적 조건   복합구조가 유용하게 쓰일 수 있는 상황적 조건은 ⅰ) 조직의 규모가 너무 크거나 너무 작지 않은 중간 정도의 크기일 것, ⅱ) 환경적 변화가 심하고 그 불확실성이 높을 것, ⅲ) 조직이 사용하는 기술이 비일상적일 것, 그리고 ⅳ) 기술적 전문성도 높고 산출에 관한 쇄신도 빨라야 한다는 요구가 강력할 것이다.

---

1) 복합구조는 석쇠형 구조 또는 행렬구조(行列構造)라 불리기도 한다.

(4) 장·단점　　　복합구조는 인적자원을 기능별로 집단화함으로써 기술적 능력의 발전이라는 이점과 조직운영의 경제화라는 이점을 살리면서 동시에 인적·물적 자원을 조직의 여러 가지 산출 또는 사업에 효율적으로 동원할 수 있게 한다.

복합구조는 대규모화되어 가는 조직의 구조적 경직화를 막고 융통성을 높이는 장치이며, 급변하는 환경에 신속하고 창의적으로 대응할 수 있는 능력을 길러주는 장치라고 한다. 이원적(二元的) 보고체제(명령계통), 그리고 사업구조와 기능구조에 대한 조직구성원의 이원적 소속이 구조적 융통성을 가져오는 주된 요인으로 간주되고 있다.

그러나 명령통일의 원리를 공식적으로 받아들이지 않는 이 구조에는 조직에 해로운 부작용이 따를 수 있다. 복합구조는 조직구성원들의 역할을 모호하게 하고 그들에게 불안감을 주며, 조직 내의 갈등과 권력다툼을 악화시킬 위험이 있다.

2) 견인이론적 구조

(1) 견인이론의 정의　　　Robert Golembiewski는 관리이론을 압박이론(壓迫理論: 등을 밀어대는 이론 또는 궁지에 몰아넣는 이론: push theory)과 견인이론(牽引理論: 이끌어주는 이론: pull theory)으로 대별하고, 장차 조직의 구조와 과정은 견인이론의 처방에 따라야 할 것이라고 주장하였다. 압박이론은 사람들로 하여금 다만 고통스러운 결과를 피하기 위해 일하도록 만드는 방안을 처방하는 이론이라고 한다. 반면 견인이론은 자유스러운 분위기를 조성하고 사람들로 하여금 일하면서 보람과 만족을 느끼게 하는 방안을 처방하는 이론이라고 한다.[11]

① 전　　제　　　견인이론의 전제는 ⅰ) 인간은 자율규제적이며 직무수행을 통해 만족을 얻으려는 존재라는 것, ⅱ) 고전적 원리가 적용되는 조직에서 사람들은 직무수행의 보람과 만족을 느끼지 못한다는 것, 그리고 ⅲ) 기술이 고도화되고 조직구성원들의 창의성 발휘가 중요해질수록 그들에게 탁월한 업무수행을 강요할 수 없고 이를 간청해야 한다는 것이다.

② 원　　리　　　견인이론의 원리는 ⅰ) 분화보다는 통합을, ⅱ) 억압보다는 행동의 자유를, ⅲ) 안정보다는 새로운 것을, 그리고 ⅳ) 기능보다는 일의 흐름을 선호하는 것이다.

(2) 견인이론에 입각한 구조의 특성　　　견인이론에 입각한 구조의 특성은 다

음과 같다.

① **일의 흐름 중시**   수평적 분화의 기준은 기능의 동질성이 아니라 일의 흐름에 관한 상호 연관성이다. 전체적인 일의 흐름에서 상호 관련된 활동들을 한데 묶어 통합적인 구조적 단위들을 형성한다.

② **다방향적 권한관계**   권한의 흐름은 하향적·일방적인 것이 아니라 상호적이며 상하·좌우로 권한관계가 형성된다.

③ **넓은 통솔의 범위**   업무의 성과(결과)에 대한 평가를 평가활동의 기본으로 삼고 자율규제를 촉진하기 때문에 통솔의 범위를 넓힐 수 있다.

④ **외재적 통제의 최소화**   각 프로젝트 팀의 자율적 통제를 내재화시킴으로써 외재적 통제와 억압을 최소화한다.

⑤ **높은 적응성**   변동에 대한 적응을 용이하게 한다.

3. 고전적 원리의 배척: 반관료제적 모형

1) 일반적 성향

관료제적 구조형성원리를 원칙적으로 거부하는 반관료제적 이론들은 급변하는 환경적 요청, 정보화 촉진, 고도의 인적 전문화, 자율성에 대한 요청의 증대, 불확실성의 증대, 사회과학 전반의 인간주의적 사조 등을 배경으로 한다.[m]

여러 사람들이 지적한 반관료제적 모형들의 집합적 특성을 요약하면 다음과 같다.[12]

① **비계서적 구조**   고정적인 계서제의 존재를 거부하고 비계서제적 구조설계를 처방한다.

② **잠정성의 강조**   조직 내의 구조적 배열뿐만 아니라 조직 자체도 필요에 따라 생성·변동·소멸하는 잠정적인 것이어야 한다고 처방한다.

③ **경계관념의 타파**   조직과 환경 사이의 높고 경직된 경계를 설정했던 관념을 바꾸도록 처방한다. 그리고 고객을 동료처럼 대하도록 요구한다.

④ **임무와 능력의 중시**   계서적 지위중심주의나 권한중심주의를 배척하고 임무중심주의·능력중심주의를 처방한다. 조직 내의 권한은 문제해결의 능력을

---

m) 반관료적 모형들은 포스트모더니즘(postmodernism)의 산물이라고도 설명된다. 포스트모더니즘에 대한 제 2 장 제 2 절의 설명을 참고하기 바란다.

가진 사람이 행사하도록 해야 한다고 처방한다.

⑤ 상황적응성의 강조　　조직의 구조와 과정, 업무수행 기준 등은 상황적 조건과 요청에 부응해야 한다고 처방한다.

⑥ 집단적 문제해결의 강조　　문제해결과 의사결정은 집단적인 과정을 통해서 하도록 처방한다. 상하 간의 명령적 관계가 아니라 자율적·참여적·협동적 관계를 선호한다.

⑦ 의사전달의 공개주의　　의사전달의 공개를 강조한다. 의사전달의 공개수준을 높이는 것은 협동적 체제 구축의 전제적 조건이기도 하다.

⑧ 직업적 유동성에 대한 전제　　직업적 유동성을 전제하고 또 이를 지지한다. 직업적 유동성은 구조적 배열의 잠정성에 결부된 것이다.

2) 평　가

위와 같은 처방을 담은 반관료제적 모형들이 오늘날 조직개혁·행정개혁의 목표상태 처방에 많은 영향을 미치고 있다. 비록 한정적이기는 하지만 조직사회의 실제에서 반관료제적 처방들을 수용하는 사례가 늘어나고 있는 것도 사실이다.

그러나 실천세계에서 반관료제적 모형의 시장점유율은 별로 높지 않다. 아직까지 전통적 관료제모형이 행정조직의 설계에 미치는 영향은 아주 크다. 이러한 현상은 반관료제적 모형이 너무 이상적이라는 비판을 뒷받침해 주는 것이기도 하다.

관료제의 효용을 옹호하는 사람들은 반관료제적 이론들이 관료제의 병폐를 과장한다고 비판하고, 대규모 조직에서는 계서제의 이점을 능가할 구조설계의 다른 대안이 있을 수 없다고 말한다. 반관료제적 모형은 직무수행에 대한 인간의 능동성과 자율규제적 능력을 과신하는 데서 비롯된 것이라고 비판하기도 한다.

관료제모형과 반관료제적 모형을 대립시키는 발상의 출발점은 인간본질에 관한 가정의 근본적 차이에 있다. 관료제모형은 합리적·경제적 인간관을 바탕으로 하고 객관적 책임에 대한 외재적 통제, 그리고 하급욕구를 대상으로 하는 외재적 동기유발을 강조한다. 반관료제적 모형은 자기실현적 인간모형을 바탕으로 주관적 책임에 대한 내면적 통제와 고급욕구를 대상으로 하는 내재적 동기유발을 강조한다.

이론적·처방적 차원에서는 반관료제적 모형들이 오늘날 더 많은 지지를 받고 있다. 그러나 어느 한 쪽에 치우쳐 균형을 잃고 있다는 점에서 전통적 모형들과 마찬가지로 비판대상이 될 수 있다.

3) 반관료제적 모형의 예시

반관료제적 발상과 이론이 개진되기 시작한 것은 오래 전의 일이다. 1952년에 Dwight Waldo는 탈관료화사회(관료제 이후사회: postbureaucratic society)의 도래를 예고하고, 그런 사회에서는 좀더 민주적이고 융통성 있는 조직들이 고전적 관료제를 대체할 것이라고 말한 바 있다.

본격적인 반관료제적 모형들이 등장하기 시작한 것은 1960년대부터이다. 이 일에 개척자 역할을 한 대표적 인물로 Warren G. Bennis가 지목된다. 그는 1960년대에 일련의 저작을 통해 관료제의 종말을 예고하고 잠정적 체제를 처방하였다.

Orion White, Jr.는 1969년에 경계관념을 타파한 고객중심적 모형을 제시하였으며, Larry Kirkhart는 1971년에 연합적 이념형이라는 반관료제적 모형을 제시하였다. Alvin Toffler는 1970년에 임시체제(adhocracy)라는 모형을 제시하였다. 그가 말한 임시체제는 변전하는 조직단위와 고도로 유동적인 사람들로 구성된, 빨리 움직이는, 정보화된 역동적 조직을 의미한다. Frederick Thayer는 1973년에 계서제의 타파를 강조하는 이론을 제시하였다. 비교적 근래에 관심을 끌게 된 학습조직이나 이음매 없는 조직, 그리고 네트워크 조직에 관한 이론들도 반관료제적 모형의 대열에 끼는 것들이다.

오늘날 대표적인 것으로 꼽히는 반관료제적 모형들이 모두 1960년대와 1970년대 초에 나온 것은 특기할 만한 일이다. 그 시기에 미국 사회에서는 기성질서에 대한 불신과 비판이 매우 고조되었던 것으로 보인다.

여기서는 Bennis, White, Jr., 그리고 Thayer의 이론을 반관료제적 구조설계이론의 대표적인 예로 소개하려 한다. 다른 반관료제적 모형들에 대해서는 조직유형론을 설명할 때, 그리고 행정개혁의 목표상태를 설명할 때 언급하려 한다.

(1) Bennis의 이론: '적응적·유기적 구조'   Warren G. Bennis는 1966년의 논문에서 그로부터 25~50년 내에 다가올 조직사회의 여건변화를 추정하고 그에 적합한 조직의 구조모형으로 적응적·유기적 구조(適應的·有機的 構造: adaptive-organic

structure)를 처방하였다.[13)]

① **여건변화의 추정**　Bennis가 추정한 여건변화는 ⅰ) 환경의 급속한 변동, ⅱ) 고도의 환경적 분화, ⅲ) 높아진 교육수준과 직업적 유동성, ⅳ) 직업관의 변화, ⅴ) 조직 내 업무의 비정형화, 그리고 ⅵ) 기술의 고도화이다.

② **구조형성의 원리**　적응적·유기적 구조는 잠정적·비계서제적 구조이며, 직위의 권한보다 일하는 사람의 능력을 중시한다. 감독방법은 민주적이며 조직구성원들의 창의성을 존중한다.

그러한 특성을 지닌 적응적·유기적 구조의 구성원리는 다음과 같다.[n)]

첫째, 구조적 배열은 잠정화한다(구조의 잠정성).

둘째, 구조는 해결하여야 할 문제를 중심으로 형성한다(문제중심의 구조).

셋째, 문제해결은 다양한 전문분야의 사람들이 모여 구성하는 집단이 맡는다(집단적 문제해결).

넷째, 다양한 사업 간의 조정을 위해 접합점(articulating points) 또는 연결침의 역할을 맡을 사람을 지정해 둔다(연결침을 통한 조정).

다섯째, 사업담당집단들은 기계적인 방식이 아니라 유기적인 방식에 따라 운영된다. 집단의 구성과 변동은 그것이 해결해야 할 문제의 발생과 변화에 의존한다. 집단의 리더십과 영향력 행사는 문제해결능력이 가장 뛰어난 사람이 맡는다(유기적 운영).

③ **기대 효용**　적응적·유기적 구조는 조직구성원들의 내재적 동기유발을 촉진하고 그들이 상상력과 창의력을 최대한으로 발휘할 수 있게 한다. 급변하는 조건에 조직이 신속하게 적응할 수 있게 해준다.

④ **난　점**　적응적·유기적 구조의 잠정적 관계 때문에 조직구성원들의 집단에 대한 일체감이 약화되고, 그들은 끊임없는 재적응의 필요 때문에 스트레스를 받을 수 있다. 구성원들이 새로운 작업관계에 쉽게 적응하고 역할의 모호성을 극복하면서 자율적으로 행동할 수 있도록 훈련되지 않으면 적응적·유기적 구조가 제대로 작동할 수 없다.

---

n) Bennis는 그의 모형을 적응적·유기적 구조라고 이름지었지만 잠정성을 매우 중요시하여 '잠정적 체제'(temporary system)라는 말을 쓰기도 하고 '자유의 구조'(structure of freedom)라는 말을 쓰기도 하였다. 오늘날 널리 쓰이는 '임시체제'(adhocracy)라는 개념은 그의 모형을 설명하는 데에도 사용되고 있다.

　　Larry Kirkhart는 Bennis의 모형에 바탕을 두고 그것을 보완한 연합적 이념형(聯合的 理念型: consociated ideal type)을 제시하였다. 이 모형은 ⅰ) 조직 간의 자유로운 인력이동, ⅱ) 변화에 대한 적응, ⅲ) 권한체제의 상황적응성, ⅳ) 구조의 잠정성, ⅴ) 조직 내의 상호 의존적·협조적 관계, ⅵ) 고객의 참여, ⅶ) 컴퓨터의 활용, 그리고 ⅷ) 사회적 계층화의 억제를 강조하는 것이다.14)

　　(2) White, Jr.의 이론: '변증법적 조직'　　Orion White, Jr.는 경계관념 타파와 고객중심주의를 특별히 강조하는 반관료제적 모형을 제시하였다. 그는 이 모형을 변증법적 조직(辨證法的 組織: dialectical organization)이라 불렀다.15) 이것은 변증법적 과정의 정·반·합을 다 거친 통합적 모형이 아니라 전통관료제의 원리를 거부하고 스스로를 계속적으로 발전시키는 단계에 있는 조직의 모형이다.

　　White, Jr.가 제시한 고객중심의 조직원리에는 구조의 유동화에 관한 원리도 포함되어 있다. 그러나 White, Jr.가 특별히 강조하는 것은 경계타파의 원리이다.

　　① **높아진 경계의 폐단**　　White, Jr.의 이론은 높아진 경계의 폐단을 비판하는 데서부터 출발한 것이다. 그는 기술문명의 발전이 인간생활 전반에 걸쳐 경계관념을 강화하게 되었다고 말하고, 그 폐단으로 ⅰ) 대립·갈등·낭비·스트레스 증가, ⅱ) 기술적 요청과 사회적 요청의 부조화, 그리고 ⅲ) 사회세력 간의 상호 수용 방해를 지적하였다.

　　정부조직에서 경계현상이 강화되면 ⅰ) 할거주의, ⅱ) 정책의 기본적 가치 외면, ⅲ) 행정에 대한 국민신뢰의 상실, ⅳ) 정부와 시민 간의 권력균형화 방해 등의 폐단이 빚어진다고 하였다.

　　② **경계관념의 타파**　　White, Jr.는 전통적 관료제가 희소자원을 보호하려고 설정한 인위적 경계를 거부한다. 경직된 경계를 설정해서 조직 내의 '우리'와 조직 밖의 '다른 사람들'을 구별하는 것을 반대한다. White, Jr.는 조직과 고객을 갈라놓는 경계란 사실적인 것이 아니라 상상적인 것일 뿐이라고 주장하였다. 그러한 상상 또는 관념을 바꾸어 고객을 조직 안에 포함시키는 경계관념을 갖게 해야 한다고 말하였다. 조직의 경계 안에 고객을 포함시키고 조직구성원과 고객은 동료와 같은 관계를 유지해야 한다고 처방한 것이다. 그리고 조직 내외를 막론하고 경계가 중요시되지 않는 조직을 발전시키자고 하였다.o)

―――――――――
o) 뒤에 설명할 이음매 없는 조직은 일종의 경계타파모형이라 할 수 있다. Jack Welch의 경계없는 조직(boundaryless organization)에 관한 이론도 White, Jr.의 주장과 유사한 내용을 담고 있

(3) Thayer의 이론: '계서제 없는 조직'   Frederick Thayer는 계서제의 원리가 타파되지 않는 한 진정한 조직혁명은 일어날 수 없다고 주장하면서 탈관료제화의 조직모형으로 계서제 없는 조직(비계서적 조직: nonhierarchical organization)을 처방하였다.[16] 조직은 바로 계서제를 의미하며 그에 대한 대안은 무정부상태일 뿐이라고 생각하는 것이 오래된 고정관념이지만 새시대의 요청에 부응하는 조직을 설계할 때에는 계서제를 배제하고도 구조를 형성할 수 있다고 하였다.

① 계서제의 폐단   Thayer의 논의는 계서제의 병리를 공격하는 데서부터 출발한다. 그는 계서제의 폐단을 다음과 같이 설명한다.

계서제는 1인 또는 소수에 의한 지배체제이다. 중대한 결정을 1인 또는 소수인에게 맡기는 계서제는 무책임하고 위험한 것이다. 계서제는 지배·복종의 체제이며 승리자와 패배자를 갈라놓는 체제이다. 승패의 상황은 심리적 소외를 초래하고 경쟁을 격화시킨다. 경쟁은 다시 계서제를 강화한다.

② 계서제의 타파   Thayer는 계서제 때문에 빚어진 문제들은 계서제를 완전히 타파해야만 해결할 수 있다고 하였다. 계서제의 기본적인 틀을 유지하면서 그로 인하여 빚어진 문제들을 분권화로 해결하려는 것은 고작해야 미봉책이거나 오히려 사태를 악화시키는 방책이라고 하였다. 큰 계서제를 분권화하면 그 안의 작은 계서제들이 강화되어 더 큰 횡포를 부릴 것이기 때문이라고 한다.

Thayer의 주장에 따르면 의사결정권의 이양, 고객의 참여, 조직경계의 개방, 작업과정의 개편을 통해 계서제를 소멸시키고 그 자리에 집단적 의지형성의 장치를 들여놓을 수 있다고 한다. 문제해결에 관련된 다양한 가치와 지식을 대표하는 집단들의 연합체가 비계서적으로 구성될 수 있다는 것이다.

비계서적 조직에서 집단과 조직의 경계는 모호하고 잠정적이며 문제해결은 공개와 참여가 강조되는 협동적 과정을 통해서 이루어진다고 하였다. 그리고 승진이나 차등적 보수와 같은 계서제의 상징들이 불필요하게 된다고 하였다.

다. Welch가 말한 경계없는 조직은 조직 내의 수직적·수평적 경계를 없애고 대외적으로는 조직과 고객 및 공급자 사이의 경계를 제거한 조직이다. 이러한 조직의 특성은 명령계통 타파, 통솔범위 제한의 철폐, 납작한 구조, 자율적·비계서적 팀 중심의 구조형성, 정보기술의 광범한 활용 등이다. 정보기술, 특히 네트워크 기술에 크게 의존하기 때문에 경계없는 조직을 '기술기반조직' 또는 'T형 조직'(technology-based or T-form organization)이라고도 부른다. Jack Welch, *Work in America* (General Electric, 1990), "GE: Just Your Average Everyday $60 Billion Family Grocery Store," *Industry Week*(May 2, 1994), pp. 13~18.

V. 조직유형론

　조직의 구조형성 원리와 구조적 양태에 관한 위의 설명도 조직유형론이라고 이해할 수 있다. 이 책의 다른 곳에서도 필요할 때마다 조직의 유형에 관한 이야기를 하게 될 것이다. 여기서는 다른 곳에서 언급하지 않은 조직유형론들을 소개하려 한다.

　구조형성 원리는 구조의 양태를 결정하는 직접적인 기준이다. 여기에 영향을 미치는 간접적 요인들이 많다. 구조형성의 원리와 구조적 양태에 관해 직접적으로 언급하는 유형론뿐만 아니라 보다 포괄적인 기준에 따른 조직유형론들도 함께 소개하려 한다.

1. Blau와 Scott의 유형론

　Peter Blau와 W. Richard Scott의 유형론은 조직활동의 주된 '수혜자가 누구인가'(who benefits or cui bono)를 기준으로 하는 것이다. 이들은 먼저 공식적 조직에 관련된 사람들을 네 가지 범주로 분류하고 그 가운데 어느 범주의 사람들이 주된 수혜자인가에 따라 네 가지의 조직유형을 구분하였다.[17]

　1) 분류기준

　조직유형분류의 기준은 수혜자 집단의 범주이다. 공식조직에 관련된 사람들을 ⅰ) 조직의 구성원 또는 하급참여자, ⅱ) 조직의 소유주 또는 관리자, ⅲ) 고객, ⅳ) 국민 일반(public-at-large) 등 네 가지 범주로 분류하였다.

　2) 조직의 유형

　위의 기준에 따라 ⅰ) 호혜적 조직, ⅱ) 기업조직, ⅲ) 봉사조직, ⅳ) 공익조직 등 네 가지 조직유형을 분류하였다.

　(1) 호혜적 조직　　　호혜적 조직(mutual-benefit associations)의 주된 수혜자는 조직의 구성원들이다. 호혜적 조직에서 가장 중요한 문제는 구성원의 참여와 구성원에 의한 통제를 보장하는 민주적 절차를 조직 내에서 유지하는 것이다. 호혜적 조직의 예로는 정당, 노동조합, 전문직업단체, 종교단체 등을 들 수 있다.

　(2) 기업조직　　　기업조직(business concerns)의 주된 수혜자는 소유주이다. 여기서 가장 핵심이 되는 문제는 경쟁적인 상황에서 운영의 능률을 극대화하는 것

이다. 제조회사, 은행, 보험회사 등이 이 유형에 해당한다.

　(3) 봉사조직　　봉사조직(service organizations)의 주된 수혜자는 고객집단이다. 고객에 대한 전문적 봉사와 행정적 절차 사이에서 생기는 갈등은 이러한 조직의 중요한 특성이라 할 수 있다. 봉사조직의 예로는 사회사업기관, 병원, 학교 등을 들 수 있다.

　(4) 공익조직　　공익조직(commonweal organizations)은 국민 일반을 주된 수혜자로 한다. 이러한 조직에 관련하여 제기되는 가장 중요한 문제는 국민에 의한 외재적 통제가 가능하도록 민주적 장치를 발전시키는 문제이다. 각종 행정기관, 군대조직, 경찰조직 등이 공익조직에 해당한다.

2. Etzioni의 유형론

　Amitai Etzioni는 '복종의 구조'(compliance structure)를 기준으로 조직을 분류하였다. 그가 말한 복종이란 부하를 통제하기 위해 상급자가 행사하는 권한과 그에 대한 부하의 태도 사이에 형성되는 관계로 파악되는 것이다. 복종은 조직 내에서 동원되는 통제의 수단과 그에 기초한 권한의 행사에 대한 상대방의 반응이다.[p]

1) 분류기준

　분류의 기준은 권한과 복종의 양태이다. 권한과 복종의 양태를 각각 세 가지로 구분하고 이를 기준으로 조직의 유형을 분류하였다. 첫째, 강압적 수단에 기초한 강압적 권한(coercive authority)에 대한 상대방의 반응은 굴종적(소외적) 복종이다. 둘째, 경제적 수단에 기초를 둔 공리적 권한(utilitarian authority)에 대한 상대방의 반응은 타산적 복종이다. 셋째, 애정·인격존중·사명감 등 상징적 또는 도덕적 가치와 같은 규범적 수단에 기초를 둔 규범적 권한(normative authority)에 대한 상대방의 반응은 도덕적 복종이다.

　이 세 가지 기준은 권한의 성격과 복종의 성격이 부합되는 경우이다. 권한과 복종이 서로 일관되지 않는 경우도 있을 수 있다. 예컨대 공리적 권한의 행

---

p) Etzioni의 조직유형론은 조직 내의 권한배분과 그 종류에 관련되기 때문에 구조적이며, 다른 한편으로는 조직의 요구에 순응하는 조직구성원들의 반응에 관련되기 때문에 행태론적 또는 동기론적이라고 할 수 있다. Etzioni, *A Comparative Analysis of Complex Organizations*(Free Press, 1961).

사에 대해 굴종적 복종이 나올 수도 있다. 그러나 권한과 복종의 양태는 결국 서로 부합되는 방향으로 변해간다는 것이 Etzioni의 견해이다.

2) 조직의 유형

위의 세 가지 기준에 따라 분류한 기본적 조직유형(부합형)은 ⅰ) 강압적 조직, ⅱ) 공리적 조직, 그리고 ⅲ) 규범적 조직이다.

(1) 강압적 조직　　강압적 조직(coercive organization)은 강압적 권한의 사용과 굴종적인 복종이 부합되어 있는 조직이다. 구성원들을 통제할 때 강압적 수단에 기초를 둔 강압적 권한이 주로 쓰이고, 구성원들은 조직에 대하여 강한 소외감을 가지고 있는 조직을 강압적 조직이라 한다. 이러한 유형에 해당하는 조직의 예로 강제수용소와 대부분의 교도소를 들 수 있다.

(2) 공리적 조직　　공리적 조직(utilitarian organization)은 공리적 권한과 타산적 복종이 부합되어 있는 조직이다. 보수, 부수입, 근무조건 등 물질적 보상에 기초를 둔 공리적 권한이 구성원의 통제에 주로 쓰이고, 구성원들은 자기에게 돌아오는 이익을 타산하여 그만큼만 조직에 기여하는 조건이 성립된 조직이 공리적 조직이다. 대부분의 사기업체를 그 예로 들 수 있다.

(3) 규범적 조직　　규범적 조직(normative organization)은 규범적 권한과 도덕적 복종이 부합되어 있는 조직이다. 소속원의 통제에 원칙적으로 규범적 권한이 행사되고 그에 대응하여 소속원들은 조직에 강한 충성심을 보이는 조직이 규범적 조직에 해당한다. 규범적 조직의 예로는 교회와 같은 종교단체, 이념정당, 대학, 병원 등을 들 수 있다.

3. Keidel의 유형론

Robert W. Keidel은 조직설계의 세 가지 국면에 걸쳐 아홉 가지 분류기준을 설정하고 그에 따라 세 가지 조직유형을 분류하였다. 그가 분류한 기본적 조직유형은 자율적 조직, 통제적 조직, 그리고 협동적 조직이다. 그는 미래의 바람직한 조직유형은 자율적 조직과 협동적 조직의 혼합양태라고 하였다.18)

1) 분류기준

조직설계국면 세 가지는 전략, 구조, 체제이다. 각 국면에서 세 가지씩의 분류기준을 선정하였다.

조직이 어떤 성향을 지녔으며 왜 존재하고 어떻게 경쟁하는가를 말해주는 전략(strategy)에 관한 기준은 ⅰ) 주된 수혜자, ⅱ) 성향, 그리고 ⅲ) 능력이다.

구조(structure)에 관한 분류기준은 ⅰ) 조직도표, ⅱ) 물적 시설의 배치, 그리고 ⅲ) 상호 의존성이다. 상호 의존성은 일과 정보가 어떻게 흐르는가에 관한 기준이다.

조직행태와 업무수행에 중요한 영향을 미치는 관리제도를 의미하는 체제(systems)에 관한 기준은 ⅰ) 보상체제, ⅱ) 회의체제, 그리고 ⅲ) 의사결정체제이다.

2) 조직의 유형

위의 기준들에 따라 분류한 조직의 기본적 양태는 ⅰ) 자율적 조직, ⅱ) 통제적 조직, ⅲ) 협동적 조직 등 세 가지이다. 각각의 특성을 보기로 한다.

(1) 자율적 조직   자율적 조직(autonomy)의 특성은 ⅰ) 고객이 주된 수혜자라는 것, ⅱ) 각 행동자중심의 성향을 지닌다는 것, ⅲ) 경쟁능력의 기초는 분화·전문화에 있다는 것, ⅳ) 조직도표 상의 계층수는 적고 보고관계는 명료하다는 것, ⅴ) 물적 시설은 직원 각자의 독자적인 행동을 지지하도록 배치된다는 것, ⅵ) 수평인인 업무관계는 개별적이며 각 행동자는 따로따로 조직 전체에 기여한다는 것, ⅶ) 보상체제는 개인을 대상으로 한다는 것, ⅷ) 회의체제는 참여자들이 서로 의견과 경험을 교환하는 기회를 제공하는 '토론의 장'(forum)이라는 것, 그리고 ⅸ) 의사결정체제는 분권화된다는 것이다.

(2) 통제적 조직   통제적 조직(control)의 특성은 ⅰ) 주된 수혜자가 주주 또는 출연자(出捐者)라는 것, ⅱ) 감독자중심의 성향을 지닌다는 것, ⅲ) 경쟁능력의 기초는 경비절감이라는 것, ⅳ) 조직도표 상의 계층수는 많고 보고관계는 명료하다는 것, ⅴ) 물적 시설은 계획된 교호작용이 가능하도록 배치한다는 것, ⅵ) 업무관계는 순차적이라는 것, ⅶ) 보상체제는 계서적이라는 것, ⅷ) 회의체제는 의사결정의 장이라는 것, 그리고 ⅸ) 의사결정체제는 집권적이라는 것이다.

(3) 협동적 조직   협동적 조직(cooperation)의 특성은 ⅰ) 조직구성원이 주된 수혜자라는 것, ⅱ) 팀중심의 성향을 지닌다는 것, ⅲ) 경쟁능력의 기초는 융통성(적응성)이라는 것, ⅳ) 조직도표 상의 계층수는 적고 보고관계는 무정형적이라는 것, ⅴ) 물적 시설은 사람들의 자연스럽고 자발적인 교호작용이 가능하

도록 배치한다는 것, ⅵ) 업무관계는 상호적이라는 것, ⅶ) 보상체제는 상하 간 보수격차가 크지 않은 상호 부조적(mutual) 체제라는 것, ⅷ) 회의체제는 팀발전 (teambuilding)의 장이라는 것, 그리고 ⅸ) 의사결정체제는 공동적·협력적이라는 것이다.

4. Mintzberg의 유형론

Henry Mintzberg는 복수국면적 접근방법(multi-faceted approach)에 따라 조직 유형을 다섯 가지 범주의 양태로 분류하였다.19)

Mintzberg는 조직의 양태를 결정하는 데 작용하고 또 그 효율성에 영향을 미치는 요인 또는 국면은 ⅰ) 조직의 구성부분, ⅱ) 조직이 채택하는 조정기제, 그리고 ⅲ) 상황적 요인이라고 하였다. 이들 세 가지 국면에서 유형론의 분류기준을 찾고 있다.

1) 분류기준

(1) **조직의 구성부분**   조직에는 과업수행과 조정에 관하여 서로 다른 역할을 수행하는 다섯 가지의 기본적인 구성부분(components)들이 있다. 다섯 가지 구성부분이란 ⅰ) 작업계층(작업중추), ⅱ) 최고관리층(전략적 정상), ⅲ) 중간계선, ⅳ) 기술구조, 그리고 ⅴ) 지원참모를 말한다. 여기서 기술구조란 작업의 설계와 변경, 작업과정의 계획, 그에 관한 직원의 훈련을 담당하는 전문가들로 구성되는 구조의 단위를 말한다.

(2) **조정기제**   조직 내의 의사전달과 통제를 원활하게 하고 조직활동을 조정하기 위해 조직이 사용하는 조정방법 또는 조정기제(coordinating mechanisms)에는 다섯 가지 유형이 있다. 다섯 가지 유형이란 ⅰ) 상호 조절, ⅱ) 직접적 감독, ⅲ) 작업과정의 표준화, ⅳ) 산출의 표준화, 그리고 ⅴ) 직무교육을 통한 작업기술의 표준화를 말한다. 여기서 상호 조절이란 지속적인 비공식적 의사전달을 통해 작업자들이 행동을 서로 조절하게 하는 방법을 말한다.

(3) **상황적 요인**   조직의 양태 또는 구조에 영향을 미치는 독립변수 가운데 하나가 상황적 요인(contingency factors)이다. 조직의 구조와 상황적 요인 사이에 일관성(부합성)이 높아야 조직은 효율적일 수 있는 것이다.

상황적 요인에는 조직의 나이(존속기간), 규모, 기술(업무의 복잡성), 환경, 권력체제 등이 포함된다.

2) 조직의 유형(양태)

조직의 양태(configurations of organizations)는 구성부분, 조정기제, 그리고 상황적 요인의 특성이 구조설계 변수에 영향을 미쳐 형성된다.[q] 조직의 양태에는 다섯 가지 기본적 유형이 있다. 다섯 가지 유형이란 ⅰ) 단순구조, ⅱ) 기계적 관료제, ⅲ) 전문적 관료제, ⅳ) 할거적 양태, 그리고 ⅴ) 임시체제를 말한다.

(1) 단순구조　　단순구조(simple structure)의 특성은 ⅰ) 가장 중요한 구성부분이 최고관리층이라는 것, ⅱ) 조정은 직접 감독에 의한다는 것, ⅲ) 조직의 나이는 적고 규모는 작다는 것, ⅳ) 낮은 분화수준·높은 집권화 수준·낮은 공식화 수준·높은 융통성이 구조적 특징이라는 것이다.

(2) 기계적 관료제　　기계적 관료제(machine bureaucracy)의 특성은 ⅰ) 가장 중요한 구성부분이 기술구조이지만 최고관리층도 강한 권력을 행사한다는 것, ⅱ) 주된 조정방법은 작업과정의 표준화라는 것, ⅲ) 조직의 나이는 많고 규모는 크다는 것, ⅳ) 높은 분화수준·조직단위의 기능별 구성·가늘고 긴 관리계층·집권화·높은 공식화 수준과 경직성이 구조적 특징이라는 것이다.

(3) 전문적 관료제　　전문적 관료제(professional bureaucracy)의 특성은 ⅰ) 작업계층이 가장 중요한 구성부분이라는 것, ⅱ) 주된 조정방법은 기술의 표준화라는 것, ⅲ) 조직의 나이와 규모는 다양하다는 것, ⅳ) 높은 수평적 분화수준·전문성이 높은 직원과 업무·기능 또는 시장을 기준으로 한 조직단위 형성·낮은 공식화수준·높은 분권화수준이 구조적 특징이라는 것이다.

(4) 할거적 양태　　할거적 양태(divisionalized form)의 특성은 ⅰ) 부서의 장들로 구성되는 중간계서가 가장 중요한 구성부분이라는 것, ⅱ) 주된 조정방법은 산출의 표준화라는 것, ⅲ) 조직의 나이는 많고 규모는 대단히 크다는 것, ⅳ) 조직 전체를 관리하는 구조(본부의 구조)는 부서들로 구성된 구조 위에 얹어놓은 구조와 같은 모양이라는 것이다.

(5) 임시체제　　임시체제(adhocracy)는 가장 복잡하고 융통성이 큰 구조를 지닌 조직이며 창의적 업무수행에 적합한 양태이다.

---

q) Mintzberg의 모형에서 구조설계변수(design parameters or structural variables)는 종속변수이다. 여기에 포함되는 변수는 직위설계, 횡적 연계의 설계, 의사결정체제의 설계 등에 관한 것이다. Mintzberg가 조직양태라고 하는 것은 구조적 양태라고 이해해도 무방하다.

임시체제의 특성은 ⅰ) 지원참모의 위치가 중요하지만 별도의 조직단위를 구성하지 않으며, 계선과 참모의 구별이 흐리고 최고관리층·중간계선·작업계층은 혼합되어 있다는 것, ⅱ) 주된 조정기제는 상호 조절이라는 것, ⅲ) 조직의 나이는 대체로 많지 않으며 사용하는 기술이 복잡하다는 것, ⅳ) 높은 횡적 분화수준·융통성·유기적 구조·낮은 공식화수준·사업구조 또는 복합구조가 구조적 특징이라는 것이다.

5. 이음매 없는 조직

Russell M. Linden은 근본적인 조직개편을 위한 리엔지니어링의 목표상태로 이음매 없는 조직(seamless organization: SO)을 제안하였다. 그가 모형개발에서 준거로 삼은 것은 정부조직이다.[20]

Linden에 의하면 공급자중심적 사회의 소비자들은 다양하지 못하고 불편하고 선택의 폭이 좁은 서비스를 받을 수밖에 없었다고 한다. 그러나 소비자중심의 사회에서 소비자들은 매우 다양한 서비스를 언제나 편리하게 그리고 자유롭게 선택하여 누릴 수 있어야 한다는 갈망에 공급조직들이 대응해야 한다는 것이다. 이러한 요청에 대응하려면 전통적인 분산적 조직들을 근본적으로 재설계하여 이음매 없는 조직으로 변신시켜야 한다고 주장하였다.

(1) 정   의   이음매 없는 조직은 분할적·분산적인 방법이 아니라 총체적·유기적인 방법으로 구성된 조직이다. 이것은 기능별·조직단위별로 조각조각난 업무를 재결합하여 고객에게 원활하고 투명한 그리고 힘 안들이고 누릴 수 있는 서비스를 제공하는 조직이다.

이음매 없는 조직의 구성원들은 소비자에게 보다 온전한 서비스를 직접 제공한다. 그들의 직무는 온전한(완결도가 높은) 직무(full job)로 설계된다. 그것은 시간의 흐름에 따라 변동·성장하며 복수기술적 과정을 통해 수행된다. 즉 고립적인 조직단위 또는 기능에 소속된 개인들이 아니라 복수기능적인 팀들이 업무성과에 초점을 맞추어 임무를 수행한다.

이음매 없는 조직은 일종의 경계 없는 조직이다. 조직 내의, 그리고 조직 간의 경계(울타리)는 네트워크로 변한다. 이음매 없는 조직의 경계는 유동적이며 투과적이고 때에 따라서는 눈에 잘 보이지 않는다. 어디서 한 조직이 끝나고 다

른 조직이 시작되는지가 불분명한 경우도 있다.r)

(2) '분산적 조직'과의 비교   이음매 없는 조직은 분산적 조직(분열적 조직 또는 조각조각난 조직: fragmented organization: FO)에 대조되는 것이다. 분산적 조직은 전통적인 관료제구조를 가진 조직이다. 분업, 전문화, 표준화, 계서제, 개인별 책임, 서로 바꿀 수 있는(互換的인) 부품과 인간 등을 처방하는 전통적 조직구성 원리는 고도로 분산적인 조직을 만들게 한다. 분산적 조직은 조직을 조각내 분리하는 경향이 있다. 여기서 분리라고 하는 것은 조직단위 간의 분리, 계선과 참모의 분리, 조직과 고객의 분리, 조직과 공급자의 분리 등을 지칭한다.

산업화시대의 대량생산체제에 맞는 분산적 조직(FO)과 소비자시대에 적합한 이음매 없는 조직(SO)의 대조적 특성은 다음과 같다.

① 직   무   FO의 직무는 협소하고 단편적·구획적이며 직무수행자의 자율성은 낮다. SO의 직무는 폭넓은 것이며 자율성이 높은 복수기술적 팀들이 협력하여 수행한다.

② 업적평가   FO에서 업적평가는 투입을 기준으로 하는 반면 SO에서는 성과와 고객의 만족을 기준으로 삼는다.

③ 기   술   FO에서의 기술은 통제지향적인 반면 SO에서의 기술은 분권화지향적이다.

④ 내부구조   FO는 조직단위와 기능을 분산시키는 내부구조를 갖는 반면 SO는 소비자들의 필요에 대응할 수 있도록 통합과정적인 팀들로 구성된 내부구조를 갖는다.

⑤ 시간에 대한 감수성   고객에 대한 서비스의 신속성에 관련하여 FO는 시간감각이 둔한 반면 SO는 시간감각이 예민하다.

⑥ 역할구분   FO에서는 개인 간, 조직단위 간의 역할구분이 뚜렷한 반면 SO에서는 역할구분의 명확성이 낮다. SO에서는 교차기능적인 팀들이 활용된다. 소비자와 공급자도 조직의 업무수행에 참여한다.

⑦ 산출의 특성   FO가 생산하는 재화·용역은 생산하기 쉽도록 표준화된다.

---

r) 전통적인 경계관념의 타파를 처방하는 사람들은 그 논점을 강조하기 위해 이음매나 경계가 '없다'는 표현을 흔히 쓴다. 이 말은 기능분립적인 구조설계의 경직성이 해소되고, 경계의 투과성·잠정성이 높고, 구성원들의 배타적인 마음가짐이 극복된 현상을 지칭하는 것으로 풀이해야 한다. 문자 그대로 경계가 전혀 없는 체제는 그 정체성을 잃는다.

SO의 산출은 소비자중심주의적이며 주문생산적이다.

6. 네트워크 조직

(1) 정   의   네트워크 조직(network organization)은 각기 높은 독자성을 지닌 조직단위나 조직들 사이의 협력적 연계장치로 구성된 조직이다. 네트워크 조직의 연계장치는 계서적인 통제가 아니라 원칙적으로 수평적인 협력관계에 바탕을 둔 것이다. 네트워크 조직에서는 구조의 유연성이 강조된다. 개방적이고 신속한 의사전달과 참여 그리고 자율적 관리가 강조된다.

네트워크 조직은 가상조직(假想組織: virtual organization)과 임시체제(adhocracy) 의 속성을 내포한다. 네트워크의 잠정성이 높아지고 전자매체·가상공간의 활용이 늘어날수록 그러한 속성은 더 커진다.

네트워크 조직의 물적 차원은 위축 또는 소멸하고 인지적 차원이 부각되기 때문에 가상조직적인 특성이 있다고 말한다.s) 네트워크 조직에서는 임시적 관계, 유연성과 신속한 적응이 강조되기 때문에 임시체제적인 특성이 있다고 말한다.

네트워크 조직의 주요 특성을 보면 다음과 같다.21)

① 통합지향성   수직적·수평적 통합을 추구하고 지리적 분산의 장애를 극복하려는 통합지향적 조직이다. 구성단위들의 활동은 공동목표 추구를 위해 통합된다. 구성단위들은 각기의 활동을 고립적인 것으로 보지 않고 공동의 목표를 추구하는 협동체제의 구성인자로 인식한다.

② 수평적·유기적 구조   수평적·공개적 의사전달이 강조되고 의사결정에 필요한 정보는 광범하게 공유된다. 구조설계는 유기적이며, 수직적 계층의 수는 최소화된다. 유기적 구조라고 하는 것은 고도의 적응성을 지닌 구조라는 뜻이다.

③ 의사결정체제의 분권성과 집권성   네트워크 전체의 의사결정체제는 분권적

---

s) 가상조직은 전자적인 가상공간(cyber space)에 의존하고 조직의 물적 속성을 결여하는 조직이다. 가상조직을 구성하는 개인, 조직단위, 조직들은 컴퓨터에 의한 가상공간에서 조직활동을 한다. 구성단위들은 전자적으로 연계된다. 그들은 전산망을 통해 실시간(實時間: real time)으로 교호작용한다.

조직 내외의 교호작용을 개방체제화하는 기술, 정보접근·정보처리의 능력을 조직 전체가 공유할 수 있게 한 기술, 정보전달·처리를 실시간화하는 기술, 네트워킹을 세계화한 기술 등 정보기술의 발전이 가상조직의 실용화를 가능하게 하였다. Don Hellriegel and John W. Slocum, Jr., *Organizational Behavior*, 10th ed.(South−Western, Thompson Learning, 2004), pp. 369~370.

이며 동시에 집권적이다. 구성단위들에 대한 의사결정권의 위임수준이 높기 때문에 분권적이라고 한다. 공동목표 추구를 위해 의사전달과 정보의 통합관리를 추구하기 때문에 집권적이라고 한다.

④ 자율적 업무수행　구성단위들의 업무성취에 관한 과정적 자율성은 높다. 이들에 대한 통제는 자율규제적·결과지향적인 것이다.

⑤ 대환경적 교호작용의 다원성　네트워크로 느슨하게 연계된 구성단위들과 환경의 교호작용은 다원적·분산적이다. 심리적으로 설정되는 조직의 경계는 유동적이며 모호하다.

⑥ 정보기술 활용　네트워크의 형성과 작동에 다양한 정보기술이 활용된다. 전자매체를 통한 가상공간에서의 교호작용이 지배적인 위치를 차지한다.

⑦ 물적 차원의 축소　정보화를 통해 인지적·간접적 교호작용이 확대됨에 따라 조직의 물적 차원이 축소되거나 없어진다. 예컨대 건물 또는 사무실을 직접 방문하거나 구성원들이 대면적 접촉을 해야 할 필요는 현저히 줄어든다. 조직의 규모는 인원수나 물적 요소가 아니라 네트워크의 크기로 파악된다.

(2) 유형: 집권형·분권형　위에서 우리는 다수의견에 따라 네트워크 조직의 표준적인 양태를 정의하였다. 그러나 다소간의 편차를 지닌 네트워크 조직의 정의들이 다양하게 나와 있다.

네트워크 조직의 의미를 넓게 규정하여 그 종류를 나누는 유형론도 다양하다. 유형론의 기준으로는 ⅰ) 잠정성·계속성, ⅱ) 가상공간의 활용 정도, ⅲ) 네트워크 참가단위의 수, ⅳ) 집권성·분권성 등을 들 수 있다. 여기서는 집권성·분권성을 기준으로 하는 유형론에 대해서만 간단히 언급하려 한다.

분권적인 수평적 연계관계는 네트워크 조직의 주요특성이다. 그러나 실제로 네트워크에 참여하는 조직 또는 조직단위들의 위상이나 권력이 완전히 대등한 경우는 오히려 드물기 때문에 집권형 네트워크와 분권형 네트워크를 상대적으로 구분할 수 있다.[22]

① 집 권 형　집권형은 중심조직(hub; parent or principal organization)이 다른 참여조직들의 활동을 집권적으로 조정할 수 있게 되어 있는 네트워크 조직이다. 각 참여단위의 자율성은 계서제적 조직의 경우에 비해 높은 편이지만 네트워크 전체의 조정책임은 중심조직에 집중되어 있는 양태이다. 네트워크 조직의 수평적 특성에 수직적 요소가 가미된 양태라 할 수 있다.

② 분 권 형   분권형은 중심조직이 없고, 참여단위들의 연계는 수평적이고, 그들 사이의 활동조정은 상호조정이고, 공동결정에 대해 공동책임을 지는 네트워크 조직이다. 참여단위들의 네트워크 가담은 자발적이며 그들의 자율성과 독자성은 아주 높다.[t]

(3) 효용과 한계   네트워크 조직의 효용과 한계(약점)를 다음과 같이 요약할 수 있다.

① 효   용   네트워크 조직의 핵심적 효용은 대규모 조직이 갖는 규모의 경제와 소규모 조직이 갖는 높은 기동성 및 적응성을 동시에 살릴 수 있는 것이라고 한다. 네트워크 조직의 이점으로는 ⅰ) 조직의 유연성과 자율성을 높이기 때문에 기술변화, 소비자의 수요변화, 그 밖의 환경적 변화에 대한 적응과 창의성 발휘를 촉진한다는 것, ⅱ) 고객에게 보다 큰 만족을 줄 수 있다는 것, ⅲ) 자원의 절약을 도모할 수 있다는 것, ⅳ) 정보교환을 효율화하여 정보축적과 조직학습을 촉진한다는 것, ⅴ) 정보통신기술의 활용으로 시간적·공간적 제약을 완화할 수 있다는 것, 그리고 ⅵ) 환경변화 감지장치를 구성단위들에 분산배치함으로써 불확실성을 줄일 수 있다는 것을 들 수 있다.

② 한   계   그러나 과정적 통제가 필요한 경우, 업무성과의 평가가 어려운 경우, 그리고 구성단위 간의 신뢰관계를 기대할 수 없는 경우에는 네트워크 조직의 효용을 기대할 수 없다. 주된 조직의 기능을 대부분 외부위탁하는 경우 중심조직이 공동화(空洞化)되어 조직의 정체성이 무너지고 혼란이 초래될 수도 있다. 네트워크 조직의 잠정성이 높기 때문에 고용관계도 잠정화되고 따라서 종사자들은 고용불안 때문에 어려움을 겪을 수 있다.

오늘날 어떤 조직에서나 전자매체·가상공간의 활용은 늘어나고 있다. 새로운 네트워크 조직들은 전자매체·가상공간의 활용수준이 더 높기 때문에 저자는 네트워크 조직이 가상조직의 특성을 지닌다고 하였다.

그러나 네트워크 조직과 가상조직의 관계에 대한 연구인들의 이해는 여러 가지이다. 예컨대 B. J. Hodge 등은 네트워크 조직과 가상조직을 동일시한다. John W. Slocum, Jr.와 Don Hellriegel은 네트워크가 컴퓨터시스템으로 연계되면 가상조직화된다고 하였다. Richard L.

---

t) 중심−주변형(core−peripheral model)·군집형(cluster model)의 구분은 집권형·분권형의 구분과 유사하다. 중심−주변형이란 중심에는 관리작용을 담당하는 핵심부문이 있고, 주변에는 업무를 수행하는 부문들이 있는 네트워크이다. 군집형은 다수의 독자적인 구성단위들이 잠정적으로 연계하여 이루는 네트워크이다.

Daft는 정보기술의 활용에 의한 가상조직화가 네트워크 조직의 조직 간 협동능력 향상에 불가결한 조건이라고 하였다.23)

네트워크 조직을 모듈조직(조립식 조직: modular organization)이라고 부르는 것처럼 같은 것을 서로 다른 이름으로 부르는 예가 있다. 그런가 하면 네트워크 조직모형과 많이 겹치거나 아주 유사한 모형들이 계속해서 만들어지고 있다.

앞서 본 이음매 없는 조직모형이나 경계 없는 조직모형도 네트워크 조직모형과 여러 요소를 공유한다. John R. Schermerhorn, Jr. 등이 정의한 셀방식 조직(세포형 조직: cellular organization)이나 Hodge 등이 정의한 연방형 조직(federal organization)도 네트워크 조직과 유사하다. 셀방식 조직은 준독립적인 조직들의 군집(cluster)이 시장적 요청에 협동적으로 대응하는 체제라고 한다. 연방형 조직은 우리나라의 재벌처럼 하나의 중심조직이 여러 계열사(자회사)를 거느리는 조직이라고 한다. 이 형태의 조직에서 중심조직이 재정적 통제는 하지만 계열사들은 사업관리에서 높은 자율성을 누린다고 한다.24)

7. 학습조직

1) 조직학습과 학습조직

조직학습(組織學習: organizational learning)은 조직이 학습하는 것이고 학습조직(學習組織: learning organization)은 조직학습을 잘하는 조직이라고 일반적인 정의를 할 수 있다.

조직학습은 조직구성원들이 하는 조직에서의 학습이다. 이것은 개인차원의 학습을 능가하는 집합체적 학습이다. 조직구성원들이 함께 배우고 함께 변동하는 과정이다.

조직학습은 새로운 지식·기술·통찰력·태도를 배우고 그에 따라 변동을 실천해 가는 과정이다. 조직학습은 보다 나은 이해를 통해 행동을 개선하는 과정이며, 과오를 찾아내 시정하는 과정이라고 말할 수도 있다. 학습을 통해 바꾸려는 대상에는 개인과 집단의 행동뿐만 아니라 조직의 모든 국면이 포함된다.25)

조직학습에는 유지학습(maintenance learning)과 쇄신학습(innovative learning)이 포함된다. 유지학습은 이미 알려진 상황을 다루기 위해 기존의 견해·규칙·방법 등을 배우는 것이다. 이것은 현존하는 체제 또는 삶의 방식을 유지하기 위한 문제해결능력을 향상시키는 학습이다. 쇄신학습은 조직이 새로운 상황에서 효율적으로 활동할 수 있도록 준비하는 학습이다. 근래의 조직학습 연구인들은 쇄신학습에 더 큰 역점을 두고 있다.

조직학습에는 다양한 기법들이 쓰인다. 전형적인 예로 ⅰ) 새로운 상황에 비추어 조직의 역사를 재해석하는 것, ⅱ) 통제된 실험을 하는 것, ⅲ) 유사한 조직의 경험을 연구하는 것, ⅳ) 계량적 분석모형을 사용하는 것, ⅴ) 교육훈련을 실시하는 것, 그리고 ⅵ) 낡은 지식을 폐기(망각)하는 것을 들 수 있다.[26]

2) 학습조직의 다양한 이해

끊임없이 학습하는 조직이라야만 살아남을 수 있다는 생각이 확산되면서 학습조직을 연구하는 사람들이 크게 늘어났다. 연구인이 늘어난 만큼 이론도 분분하다.

학습조직에 대한 여러 논자들의 개념정의에 어느 정도의 공통적인 이해가 함축되어 있는 것은 사실이다. 그러나 구체적인 표현방식은 구구하다. 예컨대 David A. Garvin은 "학습조직이란 지식을 창출·획득·이전하는 데 능하고 새로운 지식과 통찰력에 따라 행동을 수정하는 데 능한 조직이다"고 하였다.[27] Stephen P. Robbins는 "학습조직이란 적응하고 변동하는 데 필요한 지속적 능력을 발전시킨 조직이다"고 하였다.[28] A. B. Shani와 James B. Lau는 "학습조직이란 체계적·지속적으로 스스로 개선할 수 있게 하는 문화, 분위기, 관리의 양태, 그리고 역량을 지닌 조직이다"고 하였다.[29]

학습조직화에 필요한 요건 또는 방법의 열거에도 다소간의 이견이 드러나 있다.

예컨대 Peter Senge는 ⅰ) 자기완성, ⅱ) 사고의 틀, ⅲ) 공동의 비전, ⅳ) 집단적 학습, ⅴ) 시스템 중심의 사고에 관한 다섯 가지 수련을 제시하였다.

David A. Garvin은 다섯 가지 핵심활동으로 ⅰ) 체계적인 문제해결, ⅱ) 새로운 접근방법의 실험, ⅲ) 스스로의 경험과 역사로부터의 학습, ⅳ) 다른 사람들의 경험과 우수사례로부터의 학습, ⅴ) 조직 전체에 걸친 신속하고 능률적인 지식이전을 열거하였다.[30]

Richard L. Daft는 학습조직의 다섯 가지 조건으로 ⅰ) 일의 흐름을 중시하는 수평적 구조, ⅱ) 업무수행자의 높은 자율성(empowered roles), ⅲ) 정보공유의 강조, ⅳ) 협동적 전략, ⅴ) 적응성이 높은 문화를 열거하였다.[31]

이와 같이 학습조직에 대한 견해가 갈려서 통일된 모형을 찾기는 어렵다.

그러나 다양성의 저변에는 기본적인 공통성과 수렴화 경향이 있음을 간과해서는 안 된다. 위에서 저자가 정의한 바와 같이 잘 배우고 잘 개선하는 조직을 학습조직이라고 하는 데는 연구인들의 의견일치가 있는 것 같다.

여기서는 다양한 이론들 가운데서 Senge의 이론 하나만을 골라 소개하려 한다. 그의 이론이 가장 널리 인용되는 것으로 보인다.

3) Senge의 학습조직

(1) 정 의   Peter Senge는 학습조직을 전통적인 조직과 구별하여 그 특성과 요건을 규정하였다. 그의 이론은 개방체제모형과 자기실현적 인간관을 전제적 이론으로 삼은 것이다. 그는 외재적 조건보다 사람들의 사고방식과 교호작용양태를 더 중요시한다. 조직은 사람들의 생각과 상호 작용의 산물이라고 전제하기 때문이다.[32]

Senge가 말한 학습조직이란 ⅰ) 조직구성원들이 진정으로 원하는 결과를 창출할 능력을 지속적으로 신장할 것, ⅱ) 새롭고 개방적인 사고방식이 육성될 것, ⅲ) 공동의 갈망이 자유롭게 분출될 수 있게 할 것, ⅳ) 조직구성원들이 함께 배우는 방법을 계속적으로 배울 것 등의 조건이 구비된 조직이다.

(2) 다섯 가지 수련   Senge는 학습조직을 탄생시키는 데 필요한 다섯 가지 수련(修練: disciplines)을 제시하였다. 이들 수련은 학습조직에 도달하는 데 필요한 요건이며 방법이고 기술(component technologies)이다. 서로 수렴해 가는 다섯 가지의 새로운 기술 또는 수련이 함께 학습조직을 탄생시킨다고 하였다.

사람들이 새롭게 사고하고 교호작용하는 방법을 깨닫고 이를 행동화할 수 있는 역량을 키우려는 다섯 가지 수련은 다음과 같다.

① 자기완성   자기완성(personal mastery)에 관한 수련은 생애와 일에 관한 개인의 접근방법을 성숙시키는 것이다. 각 개인은 원하는 결과를 창출할 수 있는 자기역량의 확대방법을 학습해야 한다. 조직은 그 구성원들이 선택한 목표를 향해 스스로를 개발할 수 있는 여건을 조성해 주어야 한다.

② 사고의 틀   사고의 틀(mental models)에 관한 수련은 뇌리에 깊이 박힌 전제 또는 정신적 이미지를 성찰하고 새롭게 하는 것이다. 세상에 관한 사람들의 생각과 관점, 그리고 그것이 자신의 선택과 행동에 어떤 영향을 미치는지에 대해 끊임없이 성찰하고 가다듬어야 한다.

③ 공동의 비전　　공동의 비전(shared vision)에 관한 수련은 조직구성원들이 공동으로 추구하는 목표와 원칙에 관한 공감대를 형성하는 것이다.

④ 집단적 학습　　집단적 학습(team learning)에 관한 수련은 집단구성원들이 진정한 대화와 집단적인 사고의 과정을 통해 개인적 능력의 합계를 능가하는 지혜와 능력을 기를 수 있게 하는 것이다.

⑤ 시스템중심의 사고　　시스템중심의 사고(systems thinking)에 관한 수련은 체제를 구성하는 여러 연관 요인들을 통합적인 이론체계 또는 실천체계로 융합시키는 능력을 키우는 통합적 훈련이다. 시스템 다이내믹스를 결정하는 요인들과 그들 간의 관계를 이해하는 훈련, 그리고 이를 바탕으로 시스템을 더 효과적으로 만들 수 있는 행동을 이끌어내는 훈련이 필요하다.

(3) 학습조직의 효용　　학습조직의 효용 또는 목표는 조직을 구성하는 개인들의 지속적 발전과 조직의 탁월한 성과달성이다. 좀더 구체적으로는 품질향상, 고객만족, 경쟁우위 확보, 신속한 변동대응성, 진실한 조직활동, 주인의식 있는 직원의 양성, 첨단기술의 발전과 세계화에 대한 대응 등이 열거되기도 한다. 그러나 가장 궁극적인 필요성 또는 효용은 사람들이 학습조직에서 생활하기를 원한다는 데서 찾아야 한다는 것이다.

8. 그 밖의 조직유형

위에서 본 조직유형들은 중요하다고 생각되는 몇 가지 예이다. 그 밖에도 대단히 많은 조직모형들이 있다. 특히 탈전통적 내지 반관료제적 모형의 양산은 놀라운 것이다. 환경의 격동성, 세계화된 경쟁의 치열성, 정보기술의 고도화 등이 그러한 모형의 양산을 부추긴 것 같다.

앞서 설명하지 않은 탈전통적 모형들에 대해 간단히 언급하려 한다. 여기서 선정한 것은 ⅰ) 정신적 조직, ⅱ) 개방형 조직, ⅲ) 민주적 조직, ⅳ) 역피라미드형 조직, ⅴ) 군살없는 조직, ⅵ) 홀로그램형 조직, 그리고 ⅶ) 수평적 조직이다.[33)]

(1) 정신적 조직　　정신적 조직(영성조직: 靈性組織: spiritual organization or spiritually-based organization)은 인간의 정신적 가치 즉 영성(spirituality)을 중시하는 조직이다.

일반적으로 영성이라 할 때는 인간성에 머무르는 신성 또는 신령한 품성을 의미한다. 그것은 인간의 신적인 측면에 대한 경험이거나 그러한 경험을 하려는 갈망이라고 설명되기도 한다. 그러나 조직생활에 관련하여 정신이나 영성을 논할 때는 목표와 의미를 추구하는 삶의 내면세계에 주의를 한정한다.

정신적 문화를 북돋우려는 조직은 사람들이 정신을 가지고 있으며 일에서 의미와 목표를 찾으려 한다는 사실, 그리고 다른 사람들과 연계하여 공동체의 일원이 되고자 하는 갈망을 지녔다는 사실을 중시한다. 정신적 조직은 사람들이 그들의 잠재력을 최대한 발휘할 수 있도록 돕고 일과 삶이 갈등을 일으키는 문제를 해결하는 데 주력한다.

정신적 조직의 주요 특성은 ⅰ) 강한 목표의식, ⅱ) 직원의 인간적 발전 강조, ⅲ) 직원 간의 신뢰와 존경, ⅳ) 인간주의적 업무관행, 그리고 ⅴ) 직원들이 하는 감성표현의 관용·권장이다.

인간주의적 업무관행은 직원의 학습·성장에 대한 갈망과 강한 신뢰분위기가 결합하여 만들어 낸다. 인간주의적 업무관행의 구성요소로는 융통성 있는 업무스케줄, 집단기반·조직기반의 보상(group- and organization-based rewards), 보수와 지위 차등의 축소, 직원의 인권보장, 직원들에 대한 힘 실어주기, 안정된 직업 등을 들 수 있다.

(2) **개방형 조직**　폐쇄형 조직에 대조되는 개방형 조직(open model of organizations)의 주요 특징은 i) 안정되지 않은 조건 하에서 비일상적 업무 수행, ii) 전문화된 지식의 적용, iii) 수단보다 목표의 중시, iv) 동료 간의 상호작용을 통한 갈등 해소, v) 제한적 업무책임규정(고정적인 직무기술)의 제약 탈피, vi) 조직 전체에 지향된 구성원의 책임과 충성, vii) 아메바와 같은 유동적 네트워크 구조, viii) 필요한 지식의 공유, ix) 수직적일 뿐만 아니라 수평적인 조직 내 교호작용, x) 성취·조언·동료적 관계에 지향된 교호작용 스타일, xi) 업무성취와 탁월한 성과의 강조, 그리고 xii) 개인의 전문적 능력과 평판에 따라 결정되는 조직 내 지위이다.[34)]

(3) **민주적 조직**　민주적 조직(democratic organization)의 주요 특성은 ⅰ) 계급이나 권한의 구애를 받지 않는 자유로운 의사전달, ⅱ) 합의를 통한 갈등 해결, ⅲ) 기술적 능력과 지식에 기초한 영향력의 중시, ⅳ) 감정표현을 용인하고 권장하는 분위기, ⅴ) 인간주의적 편향, 그리고 ⅵ) 융통성 있고 임무지향적인 구조이다.

(4) **역피라미드형 조직**　역피라미드형 조직(upside-down organization; reverse

pyramid)은 고객과 일선직원들을 우선적인 위치에 놓는 조직이다. 이런 조직에서 관리자들의 임무는 조직의 서비스를 받으려는 사람들에게 직접 봉사하는 일선직원들을 지원하는 것이다.

(5) 군살없는 조직　군살없는 조직(lean organization)은 단순화와 낭비배제를 핵심원리로 삼고 짧은 생산사이클, 제품모형의 빈번한 변경, 공급자들과의 긴밀한 관계, 참여적 작업팀, 부품의 적시공급 등의 조건을 갖춘 조직이다.

(6) 홀로그램형 조직　홀로그램형 조직(holograms)은 레이저광선이 만나 형성하는 3차원적 영상인 홀로그램을 닮은 조직이다. 홀로그램이 깨지면 그 어떤 구성부분이라도 전체영상을 재건해 낸다. 각 구성부분은 영상 전체에 관한 정보를 모두 공유하고 있기 때문에 그것이 가능하다. 홀로그램형 조직에서는 모든 조직단위들이 하나의 전체라는 이미지를 가지고 서로 협동하면서 각기 독자적으로 행동한다.

(7) 수평적 조직　수평적 조직(horizontal organization)은 자율성이 높은 교차기능적·과정중심적 팀들이 구조형성의 핵심적 요소로 되어 있는 조직이다. 이러한 조직의 효율성 평가기준은 고객을 만족시킨 성과이다. 수평적 조직의 문화적 특성은 개방성·신뢰성·협동성·개혁성이다.

VI. 우리 정부의 행정기구

행정체제를 구성하는 행정기관들의 전체적 배열을 행정기구(administrative machineries)라고 한다. 행정기구는 국가의 행정을 수행하는 기관적 기초이다.

1. 행정기구의 구성

행정기구의 구성은 실로 복잡하며 거기에 포함된 조직의 양태도 다양하다. 상명하복의 명령계통에 따라 구성되는 계선조직도 있고 명령계통에서 벗어나 자문 등의 역할을 수행하는 참모조직도 있다. 단독형 조직도 있고 위원회와 같은 합의제형 조직도 있다. 중앙행정기관도 있고 일선행정기관도 있다. 지방자치단체도 있다.

행정과 행정기구의 외연이 확장되어 가고 있기 때문에 일반행정기관뿐만 아니라 공기업, 산하기관, 기타 정부부문 조직들을 행정기구에 포함시키거나 그에 연계시켜 고찰하는 사람들이 늘어나고 있다.

여기서는 일반행정기관에 초점을 맞추고 법령에서 정한 개념을 사용해 행정기구의 대강을 소개하려 한다. 중앙부문과 지방부문을 나누어 설명할 것이며, 공기업형태의 조직에 대해서는 뒤에 따로 언급하려 한다.

1) 중앙행정기구

행정부 수반인 대통령과 그를 보좌하고 그의 명을 받아 행정각부를 통할하는 국무총리, 그리고 국무회의가 중앙행정기구의 두상구조를 형성한다. 그 밑에 중앙행정기관이 있다.

중앙행정기관은 대외적으로 의사표시를 할 수 있는 권한을 가진 행정관청적 조직들이다. 중앙행정기관의 종류에는 부·처·청, 그리고 행정위원회와 같은 합의제 조직이 있다.

행정기관의 기관장 밑에 배열된 내부조직 또는 하위조직들을 법령에서는 보조기관, 보좌기관, 그리고 부속기관으로 분류하고 있다. 보조기관은 차관·차장·실장·국장·과장 등 계서적으로 배열된 직위 또는 역할들을 지칭하는 것이다. 보좌기관은 참모조직의 성격이 강한 조직단위 또는 직위이다. 부속기관은 행정기관에 소속된 시험연구기관, 교육훈련기관, 문화기관, 의료기관, 제조기관, 자문기관 등을 지칭한다.

(1) 중앙행정기구의 평가　　우리나라 중앙행정기구는 전통관료제적 구조의 오랜 전통과 행정국가의 유산을 물려받았다. 행정기구의 비대화, 피라미드형 계서제, 고층의 집권화 구조, 완결도 낮은 업무단위, 업무집단화의 기능분립성, 구조의 획일성·경직성 등을 부정적 유산의 예로 들 수 있다. 지방화의 요청에 적절히 대응하지 못한 것도 문제이다. 이런 문제들은 지방부문의 행정기구에도 나타나 있다.

행정기구의 부정적 유산을 시정하려는 노력과 개선의 성과가 없었던 것은 아니다. 특히 최근 일련의 개혁노력은 반전통적 색채를 강하게 드러내고 있다. 행정기관의 내부조직에 관한 각 부처의 권한을 확대하여 제한적이지만 구조적 다원화의 길을 열었다. 일부 행정기관에서 팀제 도입을 시작하여 이를 다른 정부조직들에 전파하고 있다. 부분적인 복합구조 도입도 시도되고 있다. 이러한 시도들은 행정기구를 다원화·연성화·협동화하려는 노력의 대표적인 예이다.

그와 같은 반전통적 개혁노력의 파급효과를 부인할 수는 없으나, 그것은 국지적이며 실험적인 수준을 크게 넘어서지 못하고 있다. 아직도 전통관료제적 구조의 특성이 높은 점유율을 보이고 있다.

(2) **중앙행정기구의 개혁방향**   여러 개혁노력에도 불구하고 아직 많이 남아 있는 중앙행정기구의 적폐 또는 부정적 요소들을 위에서 지적하였다. 그러한 결함을 시정하고 정보화시대·세계화시대의 요청에 부응하는 행정기구를 발전시키려면 다음과 같은 방향의 개혁을 추진해야 할 것이다.

① 구조의 조정과 감축   행정수요의 변화와 행정역할에 대한 기대의 변화에 부응하여 행정구조를 적시성 있게 조정해야 한다. 조정의 방향은 대체로 감축지향적인 것이라야 한다.

② 구조분화의 개혁   개별적인 직무의 분화, 업무배분, 조직단위들의 분화 등에 관한 기본전략을 세워 구조적 분화를 바람직한 방향으로 유도해야 한다. 직무의 분화에서는 일의 의미를 손상시키지 않아야 한다. 조직단위의 분화에서는 기능의 동질성보다 일의 흐름을 중요시해야 한다.

③ 통합성의 제고   모든 구조적 단위의 활동이 행정기구 전체의 목표에 귀일되도록 통합장치를 발전시켜야 한다. 협동적 조정체제의 발전에 특별한 역점을 두어야 한다.

④ 분권화·저층구조화   분권화·자율화의 수준을 높이고 행정농도는 낮추어 구조의 저층화를 추진해야 한다.

⑤ 적응성 향상   구조의 융통성·적응성을 높이고, 필요에 따라 구조설계의 다원화를 추진해야 한다.

⑥ 중앙과 지방의 역할분담 조정   지방자치시대의 요청에 맞게 행정업무의 지방이양·위임을 확대하고 그에 상응하는 행정자원의 재배분을 추진해야 한다.

⑦ 정보관리구조의 개혁   정보공유·정보유통을 촉진하고 가상공간 활용의 증가에 대비할 수 있도록 구조를 개편해야 한다. 통합적 정보관리체제를 운영할 조직을 발전시켜야 한다.

2) 지방행정기구

지방행정기구는 지방행정의 기관적 기초이다. 지방행정은 한 나라의 행정체제에 포함되는 지방부문 또는 일선부문의 행정이다. 지방행정은 지방자치단체의 행정뿐만 아니라 국가의 일선행정까지도 포함한다.

현대 민주국가의 지방행정기구는 공공부문의 행동지향적 전달체제이며 국민에 의한 투입을 감지하고 받아들여 처리하는 투입통로이다. 그리고 행정이 지방적 조건과 요청에 부합되도록 조정하고, 주민의 선택을 존중해야 하는 지역행정 중추이다. 그와 동시에 전국적인 행정체제 안에서 행정적·사회적 세력들을 통합시키는 연결침으로서의 역할을 수행해야 한다.

지방행정기구는 나라마다의 형편에 따라 서로 다를 수 있다. 우리나라의 경우 지방행정기구는 보통지방행정기관인 지방자치단체와 중앙행정기관의 일선행정조직인 특별지방행정기관으로 구성되어 있다.

(1) **지방자치단체**   우리나라에서는 지방자치가 실시되고 있기 때문에 지방자치단체(地方自治團體)가 종합행정을 하는 보통지방행정기관으로 되어 있다. 지방자치단체들은 중앙정부의 감독을 받는다. 그러나 지방자치라는 정치적 과정을 통해 자율성이 강화되었기 때문에 '지방정부'라는 특성도 지닌다.

지방자치단체의 종류에는 광역자치단체인 특별시·광역시·특별자치시·도·특별자치도, 기초자치단체인 시·군·자치구(특별시·광역시·특별자치시의 구에 해당)가 있다. 이러한 일반자치단체 이외에 교육위원회 등 특별지방자치단체가 있다.

우리 지방자치제도는 지방의회와 집행기관이 견제와 균형을 도모하도록 권력분립형 체제를 채택하고 있다.

주민직선으로 구성하는 지방의회는 조례, 예산, 결산, 법령에서 규정하지 않는 수입과 의무부담이나 권리의 포기, 청원 등에 관한 권한을 행사한다. 지방자치단체의 집행기관은 단체장, 부단체장과 행정기구 등 보조기관, 직속기관과 사업소, 출장소 등 소속기관, 읍·면·동장 등 하부행정기관으로 구성된다. 지방자치단체를 대표하고 그 사무를 통할하는 지방자치단체장은 주민직선으로 선출하며 임기는 4년이다.

지방자치단체들은 ⅰ) 사무범위 내에서 업무를 자율적으로 처리하는 행정권, ⅱ) 조례와 규칙을 제정하는 입법권, ⅲ) 인사권, ⅳ) 조직권, ⅴ) 재정자율권을 행사한다. 그러나 이러한 권한은 국가가 허용하거나 위임한 범위 내에 한정된다.

중앙정부는 ⅰ) 지방행정에 대한 일반적 지도·감독권, ⅱ) 조례제정에 대한 통제권, ⅲ) 관할구역 변경에 대한 승인권, ⅳ) 지방자치단체 간 분쟁의 조정권,

ⅴ) 지방자치단체의 공사(公社)·공단 기타 행정기관 설치에 관한 승인권, ⅵ) 인사·조직·재정에 관한 통제권을 보유한다.

    (2) 지방자치단체의 평가와 개혁방향   우리나라 지방자치단체의 문제와 개혁방향을 알아보려 한다. 지방자치단체의 문제는 바로 지방자치의 문제이기도 하다.[35]

    ① **지방자치단체의 평가**   지방자치의 실시가 여러 해 되었지만 지방자치체제는 많은 문제들을 안고 있다. 우리나라 지방자치단체의 한계와 실책으로 ⅰ) 부적절한 분권화와 중앙·지방 간 협력체제 부실, ⅱ) 시민의 정치의식 미숙, ⅲ) 지방정책과정에 대한 시민참여 부진, ⅳ) 기업중심의 지배집단에 대한 중립성·계층 간 중립성의 부실, ⅴ) 무능·낭비·토착비리를 포함한 부패·밀실행정, ⅵ) 단체장의 독단적 관리, ⅶ) 지방자치단체들의 불균형성장·지방자치단체 간 협력체제 부실, ⅷ) 정당정치의 당리당략적 개입 등이 들어지고 있다.

    ② **지방자치단체의 개혁방향**   지방자치단체 개혁방향은 위와 같은 문제 지적 속에 시사되어 있다. 개혁의 기본방향을 다음과 같이 간추려 볼 수 있다.

    첫째, 지방자치에 관한 시민의식을 함양하고 지방정치·행정에 대한 시민참여를 적극화해야 한다. 지방자치단체들은 시민참여를 돕기 위해 열린 정부의 요건을 갖추어야 한다.

    둘째, 적정수준에 이르기까지 지방분권화를 촉진하고 지방정부유형의 다양화를 허용해야 한다.

    셋째, 지방자치단체가 제공하는 서비스 배분의 형평성을 높여야 한다. 지방자치단체가 정치과정 속에 있지만 그 서비스 공급이 당파적 특수이익이나 지배집단 또는 토착적 특권세력에 종속되게 해서는 안 된다. 지방자치단체는 소외계층의 복지증진을 위해 능동적 역할을 수행해야 한다.

    넷째, 지방공무원과 지방행정체제의 능력을 신장하고 지방재정의 낭비를 막아야 한다.

    다섯째, 부패를 통제해야 한다. 특히 지방공직자와 기업·지방토호의 유착 때문에 빚어지는 부패의 방지에 특별한 역점을 두어야 한다.

    여섯째, 지방거버넌스의 견제·균형체제를 내실화해야 한다. 단체장·지방의회·공익단체·시민이 각각 적정한 역할을 수행하도록 해야 한다. 그런 세력중추들의 일탈행동을 막는 것도 중요한 과제이다.

일곱째, 지방자치단체 간의 협력체제를 강화해야 한다. 협력의 강화가 지역 간 균형성장에도 기여하도록 해야 한다.

(3) 특별지방행정기관   특별지방행정기관(特別地方行政機關)은 중앙행정기관에 소속되는 지방행정조직이며 그 관할구역 내에서 소속 중앙행정기관의 행정사무를 관장하는 기관이다. 중앙행정기관은 그 관장업무를 지방에서 처리할 때 전국적인 통일성이 요구되거나 고도의 전문성이 요구되기 때문에, 지방자치단체에 위임하여 처리하는 것이 적합치 않다고 판단하면 특별지방행정기관을 설치할 수 있다.36) 특별지방행정기관의 예로 지방국세청, 세관, 지방병무청 등을 들 수 있다.

특별지방행정기관은 중앙행정기관의 연장이며 일선기관 또는 출장소의 성격을 갖는다. 따라서 소속 중앙행정기관의 직접적인 지휘·명령을 받는다. 특별지방행정기관은 지방자치단체와는 달리 국가사무만을 처리한다. 그리고 중앙에서 결정한 정책을 집행하는 업무를 주로 수행한다.

① 정당화의 조건   특별지방행정기관의 설치가 정당화될 수 있는 조건은 ⅰ) 중앙행정기관의 관장업무 가운데 전국적으로 통일적인 업무집행이 필요한 경우, ⅱ) 특정한 행정기능을 광역적인 안목으로 집행해야 하는 경우, ⅲ) 업무 내용이 특수하거나 고도로 전문적인 경우, ⅳ) 명령계통을 일원화함으로써 효율성을 높일 수 있는 경우, 그리고 ⅴ) 집행기능을 일선조직이 담당하게 함으로써 중앙의 정책기능을 강화할 필요가 있는 경우이다.

② 한   계   특별지방행정기관의 한계 또는 단점은 ⅰ) 지방자치의 원리와 마찰을 빚는다는 것, ⅱ) 지역 내 행정의 전체적인 종합성을 해친다는 것, ⅲ) 업무집행의 현지성을 손상할 위험이 있다는 것, ⅳ) 정부규모 확대를 조장할 수 있다는 것, ⅴ) 행정과정에 대한 주민참여의 기회가 제약된다는 것, 그리고 ⅵ) 지방자치단체와의 협조가 어려워진다는 것이다.

2. 중앙행정기구와 지방자치단체의 관계

중앙행정기구와 지방행정기구는 전국적인 행정체제를 구성하는 하위체제들이다. 이 두 가지 하위체제는 서로 긴밀히 연관되어 있으며 끊임없이 교호작용한다. 따라서 양자 사이의 역할분담과 권력배분을 어떻게 할 것인가 하는 문제가 제기된다.

특별지방행정기관은 중앙의 직접적인 감독을 받는 계선조직의 연장이므로 중앙·지방 관계를 설정하는 문제가 비교적 단순하다. 그러나 지방자치단체와 중앙정부의 관계를 설정하는 문제는 복잡하고 미묘하다. 여기서는 중앙행정기구와 지방자치단체의 관계를 중심으로 중앙과 지방의 관계에 대한 쟁점들을 검토해보려 한다.

1) 기능배분의 원리

여기서 기능배분의 원리라고 말하는 것은 우리나라 상황에 관련하여 중앙정부와 지방자치단체의 기능분담을 결정할 때 고려해야 할 요인 또는 기준을 뜻한다.

(1) 기능배분의 기준   중앙과 지방의 행정기능을 배분할 때 고려해야 할 일반적인 기준은 다음과 같다.

① **책임성·효율성**   행정책임을 명백히 하고 행정의 효율화를 도모할 수 있어야 한다.[u]

② **현지성·민주성**   행정의 현지성과 민주성을 높일 수 있어야 한다. 지역주민의 선택폭을 넓히고 주민의 자치능력을 배양하는 데 필요한 업무는 원칙적으로 지방에 넘겨주어야 한다.

③ **통합성·규모의 이익**   업무의 전국적 통합성에 대한 요청과 규모의 이익을 고려하여야 한다.

④ **기초자치단체의 우선**   지방행정에 대한 기능배분에서 될 수 있는 대로 기초자치단체를 우선시켜 지방자치의 발전을 도모하고 지방행정의 종합성을 보장할 수 있도록 해야 한다.

(2) 중앙적 업무와 지방적 업무의 예시   위의 기준을 고려하여 중앙행정이 담당해야 할 업무와 지방행정이 담당해야 할 업무의 주요 범주들을 예시할 수 있다.

중앙행정기구가 주된 책임을 져야 할 업무의 예로는 ⅰ) 외적의 침입을 막고 국가공동체의 대내적 질서를 유지하는 업무, ⅱ) 국제사회에서 자국의 위치

---

[u] 책임성·효율성을 해치는 기능배분의 실책은 유사하거나 유기적으로 연관된 업무를 인위적으로 분할하는 것, 일의 원활한 흐름을 저해하는 것, 책임과 권한을 괴리시키는 것, 역할을 모호하게 해 책임회피를 유발하는 것, 복합민원을 야기하는 것, 주민의 편익을 해치고 바람직하지 못한 갈등을 야기하는 것 등이다.

를 안전하게 유지하는 업무, iii) 국가적 시설과 사업을 관리하는 업무, iv) 사회 세력의 전반적인 재편과 그에 따른 갈등을 해소하고 국민적 통합성을 유지하는 업무, v) 국가발전계획을 입안하고 그 집행을 지도하는 업무, vi) 전국적인 규모의 자원을 동원하고 배분하는 업무, 그리고 vii) 전국적 통일성 확보가 필요한 사업의 일반적 기준과 시행의 기본방향을 제시하는 업무를 들 수 있다.

이와는 달리 지역사회 개발업무나 이른바 현지성 또는 국지성이 높은 업무는 지방행정체제가 원칙적인 책임을 져야 할 것이다. 중앙과 지방이 긴밀히 연계된 영역에서도 구체적인 집행문제는 지방행정체제에 대폭 위임함으로써 현지적응성·민주성·효율성을 높이고 주민의 편의를 도모해야 할 것이다.

2) 지방분권화의 요청

우리는 지방자치라는 제도를 채택하고 있으며, 여러 면에서 지방화를 촉진해야 할 시대에 살고 있다. 그러나 관치행정과 중앙집권주의의 유산이 뿌리 깊기 때문에 지방자치에 걸맞은 분권화를 달성하고 있지 못하다. 분권화의 장애는 제도적인 것일 뿐만 아니라 행태적인 것이기도 하다.

(1) 커져가는 지방분권화의 요청　　중앙집권적 관치행정을 지방자치행정으로 전환시켜야 한다는 데에 분권화의 본래적 이유가 있다. 그뿐 아니라 정치적·사회적 변동추세는 분권화의 필요를 더욱 키우고 있다.

① 민주화의 갈망　　민주화에 대한 국민적 갈망의 증폭과 민주화의 실천적 촉진은 정부부문을 포함한 조직사회 전반에 걸쳐 분권화의 필요를 증대시킨다.

② 수준높은 공공 서비스에 대한 요청　　공공부문의 수준 높은 서비스를 바라는 국민의 요구와 기대가 커지는 것도 분권화 촉진의 요인이다. 신속하고 대응성 높은 서비스를 제공하려면 행정의 분권화가 필요하다.

③ 행정문제의 복잡성　　행정문제의 복잡성이 증대하고 그에 대한 분화된 접근의 필요가 커질수록 분권화의 요구가 커진다.

④ 환경의 격동성　　행정환경의 격동성에 대응하는 적응성을 높이기 위해서도 분권화가 필요하다.

⑤ 전문성 향상　　지방행정의 전문적 능력 향상도 분권화를 촉진하는 요인이다.

⑥ 탈관료화의 요청　　인간화, 참여관리, 신뢰관리 등 점증하는 조직사회의

탈관료화 요청에 부응하기 위해서도 분권화의 촉진이 필요하다.

(2) **지방분권화 촉진전략** 중앙과 지방 사이의 분권적 관계를 발전시켜 나갈 때에 지켜야 할 것은 다음과 같다.

① **힘 실어주기: 책임과 자원의 부합** 책임과 자원은 부합되어야 한다. 지방에 대한 책임의 이전에는 책임이행에 필요한 권한, 인력, 예산 등 자원의 이전이 반드시 병행되어야 한다.

② **임무중심적 관계** 임무중심적인 중앙·지방관계를 발전시켜야 한다. 어느 편에서 어떤 일을 하는 것이 적합하며 또 더 잘 할 수 있는가에 관심을 집중하고 일의 효율적인 성취를 촉진할 수 있도록 관계를 설정해야 한다.

③ **계층수의 축소** 중앙과 지방을 연결하는 통로의 구조설계와 조직 내부의 구조설계에서 고층구조화는 막아야 한다.

④ **지지적·협동적 관계** 지방에 대한 중앙의 지지적·협동적 역할을 강화해야 한다. 지방에 대한 중앙의 간여는 지방에서 필요한 자율성을 억압하지 말아야 한다.

(3) **지방분권화의 성공조건** 지방분권화를 성공으로 이끌려면 여러 연관조건들을 함께 개선해야 한다. 위에 말한 요건의 충족 이외에도 공무원들의 태도, 행정구조와 과정, 그리고 환경의 관련요인들을 모두 분권화에 유리하도록 개선해 나가야 한다.

① **분권친화적 태도변화** 권력위임자와 수임자의 분권친화적 태도를 육성해야 한다. 이를 위해서는 위임의 과정을 원활하게 할 뿐만 아니라 그에 결부된 리더십이나 공무원 임용과정, 그리고 훈련과정 등을 분권화의 요청에 맞게 개선해야 할 것이다.

② **구조개선** 권력의 위임을 제약하는 구조적 요인의 제거에도 힘써야 할 것이다.

③ **비대화·관료화 억제** 지방행정의 내실 있는 발전을 촉진하되 과잉팽창이나 관료화는 억제해야 한다. 지방행정조직의 비대화·관료화 그리고 자율규제의 실패와 낭비는 지방분권화에 대한 역풍을 몰고 오게 될 것이다.

④ **소비자중심적 서비스** 관료적 공급자중심주의에서 탈피해 자치시대에 걸맞는 소비자중심주의를 추구해야 한다. 지방행정 서비스에 대한 공공선택의 폭을 넓히기 위해 지방행정조직들의 고객에 대한 의존도를 높이고 조직의 융통성·자

율성을 높여야 한다.

⑤ 시민참여 촉진   시민의 관심과 참여를 높여야 한다. 지방분권화의 궁극적인 성공조건은 시민(주민)의 높은 시민의식이다.

3. 공 기 업

공기업이라는 조직형태가 정부부문에 생겨나기 시작한 것은 오래된 일이다.[v] 정부의 역할에 관한 정치적 신념이라든지 기타의 여건에 따라 공기업의 특성이나 그 수는 변화되어 왔다.

근래에는 선진 산업사회를 필두로 한 여러 나라에서 작은 정부의 구현에 대한 요청이 커지고 정통관료제 이외의 조직대안을 탐색해야 할 필요가 또한 커졌으며, 정부조직의 시장화·기업화를 꾀하는 개혁지향이 두드러지게 되었다. 이러한 추세에 따라 공기업의 민영화가 촉진되고 있다. 여러 나라에서 공기업의 영역이 위축되고 있다. 그러나 아직도 공기업은 공공부문의 중요한 조직양태 가운데 하나이다.

공기업은 정통관료제의 대안으로 새로운 조명을 받고 있다. 그리고 공기업의 책임운영방안에 대한 연구가 활발히 진행되고 있다.

1) 정   의

공기업(公企業: public enterprise)은 국가 또는 지방자치단체가 공공복리의 증진을 위해 기업적으로 운영하는 조직이다. 이것은 정부에서 일반적으로 결정 또는 승인한 재화·용역을 생산하기 위해 정부주관으로 운영하는 조직이지만 정규적인 정부조직들보다는 큰 자율성을 누린다.[37]

공기업은 공공복리의 증진을 위해 정부가 주관하여 기업적으로 운영하는 것이므로 공공성과 기업성을 조화시켜야 하는 과제를 안고 있다. 공공성과 기업성의 조화는 공기업의 요체이며, 그로 인해 일반행정기관과도 다르고 사기업과도 다른 특성들을 갖게된다.

어떤 조직이 공기업으로 인정될 수 있으려면 최소한 세 가지의 조건을 충족시켜야 한다. 세 가지 조건이란 ⅰ) 정부가 전부 또는 일부의 소유권을 가지

---

[v] 공기업의 유래를 고대, 심지어 부족국가 시대까지 거슬러 올라가 찾는 사람들도 있다. 그러나 근대적인 양태의 공기업이 생겨난 것은 산업혁명 이후의 일이라고 보아야 한다.

고 직접 또는 간접으로 관리에 참여하는 정부지배 하의 조직이라는 것, ⅱ) 공공복리의 추구를 목적으로 한다는 것, 그리고 ⅲ) 기업적 또는 수익적 사업이 허용된다는 것을 말한다.

2) 유 형

전형적인 공기업 유형론은 소유주체와 조직형태를 기준으로 ⅰ) 정부기업형, ⅱ) 주식회사형, 그리고 ⅲ) 공사형을 구분하는 것이다.

(1) 정부기업형 정부기업형(政府企業型)은 일반행정기관에 적용되는 조직·인사·예산의 원칙이 대체로 적용되는 공기업을 말한다. 다만 예산·회계에 관한 다소간의 예외규정에 따라 최소한의 기업성을 살리고 있는 것이다. 법령에서는 정부기업형을 정부기업이라 부른다. 정부부처형 또는 관청형이라는 별칭도 쓰인다.

(2) 주식회사형 주식회사형(株式會社型)은 ⅰ) 특별법 또는 회사법에 의해 설립된다는 것, ⅱ) 정부가 주식의 일부를 소유한다는 것, ⅲ) 정부가 회사의 관리에 참여한다는 것, ⅳ) 일반행정기관에 적용되는 조직·인사·예산의 원칙이 적용되지 않는다는 것 등의 특성을 지닌 공기업이다. 이 형태의 공기업은 공적·사적 소유와 통제를 조화시킨 혼합기업이다.

(3) 공 사 형 공사형(公社型)은 특별법에 의해 설립되는 정부소유의 기업이다. 공사는 정부가 전액 출자하여 설립하고 운영의 최종책임을 지며 정부가 임명하는 임원이 운영한다. 그러나 공사는 독자적인 법인격을 가지고 재정적 독립성을 누리며, 일반행정기관에 적용되는 조직·인사·예산회계에 관한 규정의 적용을 원칙적으로 받지 않는다.

이 밖에도 공공성의 수준, 정부의 통제범위, 산업유형, 지배구조, 시장화수준 등 여러 가지 기준에 따른 공기업 유형론들이 있다.[38] 「공공기관의 운영에 관한 법률」은 정부가 지배력을 행사하는 법인·단체·기관을 공공기관이라 하고 공공기관의 종류를 공기업, 준정부기관, 그리고 기타 공공기관으로 분류하였다. 공기업은 시장형 공기업과 준시장형 공기업으로 구분한다. 전자는 자산규모가 2조원 이상이고, 총수입액 중 자체수입액이 85% 이상인 공기업이다. 후자는 시장형 공기업이 아닌 공기업이다.

3) 공기업의 정당화 근거와 한계

(1) 정당화 근거 공기업 설치·운영의 일반적인 정당화 근거 내지 목표는

ⅰ) 시장실패의 시정, ⅱ) 경제적 수혜구조(분배구조: structure of pay-offs)의 개편, ⅲ) 장기적 경제계획의 지지, ⅳ) 사회주의적 경제원리의 도입 등 네 가지로 요약할 수 있다.[39) 이러한 목표와 정치·경제적 여건에 비추어 정부가 맡아야 할 사업을 일반행정기관에는 맡기기 어려울 때 공기업의 구체적인 필요가 생겨난다.

공기업에 맡겨야 하는 사업에는 ⅰ) 공공의 수요가 있으나 민간부문이 자본부족·동기결여 등으로 맡지 못하는 사업, ⅱ) 국방 상의 이유로 필요한 사업, ⅲ) 정부관리가 필요한 독점사업, ⅳ) 민간기업에 운영의 모범을 보이기 위한 사업, ⅴ) 민간기업의 독점성을 견제하기 위해 필요한 사업이 포함된다.

(2) 한　계　　공기업제도는 여러 문제와 위험을 내포한다.

자유시장경제를 옹호하는 사람들은 공기업제도의 정당성 자체에 의문을 제기한다. 공기업을 설립·확대함으로써 자본주의적 사기업 질서에 사회주의적 간섭을 한다는 것이다. 특히 공기업은 정부지원을 받는 우월한 조건을 이용해 같은 분야의 사기업과 부당경쟁을 한다고 비판한다.

공기업체제의 전반적 관리에서 조정의 어려움이 지적되고 있다. 잡다한 목표·기능·구조를 가진 공기업들이 많아지면 전체적인 조정이 힘들고 책임성을 확보하기도 어렵다.

독점성으로 인한 비효율의 위험이 있다. 특히 막대한 수익의 방만한 관리가 우려된다. 권한위임은 많고 통제는 적기 때문에 방종하거나 수익성에 치중하고 공공성을 소홀히 할 수 있다.

제 5 장

행정조직의 과정

행정조직을 포함한 모든 조직에는 사람들의 행동이 엮어내는 여러 가지 과정들이 있다. 제 5
장에서는 과정이라는 개념을 통해 조직 내의 주요 현상들을 고찰하려 한다.

　　과정(過程: process)은 일정한 목표의 성취를 지향하는 일련의 행동 또는 교호작용이라고 정
의할 수 있다. 조직의 구성요소인 구조와 과정은 서로 표리의 관계를 이루고 있다.

　　조직 내의 과정은 헤아릴 수 없을 정도로 많고 다양하다. 과정들을 분류하여 범주화해 놓은
유형론도 여러 가지이다. 이 장에서는 많은 연구인들이 기초적인 과정이라고 지적하는 것 몇 가지
를 골라 먼저 설명하려 한다. 의사전달, 의사결정, 리더십의 과정, 갈등관리 등 네 가지를 기초적
과정으로 골랐다. 그리고 복합적 성격을 가진 관리과정과 정책과정에 대해 설명하려 한다.

　　통제과정은 제 8 장에서 다루려 한다. 이 밖에 이 책의 다른 곳에서 직접 또는 간접으로 설명한
과정들도 여러 가지이다.

　　의사전달과 의사결정을 제 1 절에서, 그리고 리더십과 갈등관리를 제 2 절에서 함께 다루게 되는
것은 설명의 분량을 고려한 편집 상의 편의 때문이지 다른 의미는 없음을 일러둔다.

의사전달·의사결정

Ⅰ. 의사전달

1. 의사전달이란 무엇인가?

1) 정   의

의사전달(意思傳達: communication)은 정보(또는 의미)를 전달하는 과정이다. 의사전달은 사람과 사람이 의미를 지닌 메시지를 주고받는 과정이다.[a]

의사전달은 사람들의 교호작용이 있는 곳이라면 그 어디에서나 발견할 수 있는 현상이다. 그리고 조직과 그 환경을 왕래하는 의사전달이 조직에 미치는 영향은 지대한 것이다. 그러나 여기서 우리가 우선적으로 관심을 갖는 것은 조직 내의 개인 간 의사전달이다.

의사전달은 조직의 생명선이라 할 만큼 가장 기초적인 과정이다. 조직 내의 모든 교호작용은 의사전달이 매개한다. 의사전달의 양태와 기술은 조직의 활동, 구조, 구성원의 행태 등에 영향을 미친다.

의사전달의 주요 특성은 다음과 같다.[1]

① 개인 간의 과정   의사전달은 사람들 사이의 정보전달이며 원칙적으로 개인 간의 과정이다. 다시 말하면 정보를 보내는 사람과 받는 사람 사이에 일어나는 과정이다. 조직단위 간에 의사전달이 이루어지는 경우 또는 발신자나 수신자가 다수일 경우에도 의사전달의 당사자는 결국 개인이라는 점을 잊어서는 안 된다. 자기가 자기에게 하는 정

---

[a] 의사전달이라는 말 대신 통신 또는 의사소통이라는 말을 쓰는 사람들도 있다. 의사전달에서 전달되는 것을 의미(meaning), 정보(information), 또는 메시지(message) 등 서로 다르게 표현하기도 한다.

보의 전달은 의사전달의 한 국면이지 그 자체가 의사전달은 아니다.

② 목표의 존재   의사전달에는 원칙적으로 목표가 있다. 발신자는 수신자에게 어떤 영향을 미치려 하거나 무엇을 알리려 한다. 발신이나 수신의 과정에 무의식적 내지 잠재의식적인 요인이 개입될 수 있는 것은 사실이지만 전혀 맹목적인 발신과 수신은 우리가 말하는 의사전달이 아니다.

③ 기본적 구성요소   의사전달과정의 기본적인 단위를 형성하는 핵심적 요소는 세 가지이다. 세 가지 요소란 ⅰ) 발신자와 수신자의 존재, ⅱ) 정보전달의 매체 또는 수단, 그리고 ⅲ) 정보전달의 통로이다. 발신과 수신에 이어 환류가 이루어지는 일이 많다. 그러나 환류가 없더라도 의사전달은 성립되는 것이므로 환류를 의사전달의 불가결한 요소라 할 수는 없다.

④ 역할의 다양성   조직 내의 모든 교호작용은 의사전달을 내포하기 때문에 조직과 의사전달의 관계 또는 조직에 대한 의사전달의 역할은 매우 복잡하다. 역할이 무엇이냐에 따라 의사전달의 유형을 여러 가지로 범주화할 수 있다.

⑤ 상황에 따라 다른 중요성   의사전달이 없으면 조직은 성립될 수 없기 때문에 의사전달은 모든 조직에 불가결한 요소이다. 그러나 의사전달의 구체적인 중요성은 조직에 따라 또는 조직단위에 따라 다를 수 있다.[b]

2) 구성요소

의사전달이라는 과정의 기본적인 구성요소는 발신자와 수신자, 매체 또는 수단, 그리고 통로이다. 여기에 추가되는 요소로 흔히 볼 수 있는 것은 장애와 환류이다.

의사전달은 발신자가 정보를 발송함으로써 시작된다. 상징화(부호화)한 정보는 일정한 통로를 거쳐 수신자에게 도달한다. 의사전달의 과정에는 장애가 끼어들 수 있다. 그리고 수신자가 받은 정보에 관련하여 발신자에게 환류를 보내는 경우도 흔히 있다.[2]

(1) 발 신 자   발신자(sender)는 의사전달의 필요를 느끼고 의사전달의 내용을 만들어 발송한다. 발신자는 발송할 정보를 선택한다. 선택한 정보를 상징화의 과정(encoding process)을 통해 매체화한다. 발신자가 전달하려는 정보를 말

---

b) 예컨대 조직이 복잡하고 일상화되기 어려운 기술을 사용하며, 불확실성이 높은 업무를 다룰 때 의사전달의 중요성은 매우 커질 것이다. 반면 조직이 단순하고 일상화된 업무를 처리하는 경우 의사전달의 중요성은 상대적으로 작아질 것이다.

이나 글 등 구체적인 매체로 전환하는 것이 상징화(기호화; 매체화)의 과정이다. 선택한 정보가 매체화되면 그것을 발송한다.

　(2) 통　　로　　발송된 정보는 일정한 통로(channel)를 거쳐 수신자에게 전달된다. 통로는 발신자와 수신자를 이어주는 연계라 할 수 있다. 의사전달통로의 구성요소는 매우 다양하며 흔히 여러 가지 요소가 복합적으로 쓰인다. 우선 사람의 감각기관(오관: 五官)이 통로 구실을 한다. 그리고 두 사람의 대화자를 연결하는 전화장치·방송전파·광선·문서 등이 모두 의사전달의 통로가 될 수 있다. 인편을 이용한 의사전달의 경우에는 사람도 통로의 역할을 한다.

　　통로가 발신자와 수신자를 직접 연결하는 단순한 연계일 경우도 있지만 여러 개의 중계점을 내포하는 망(network)으로 구성되어 있는 경우도 있다. 조직 내에는 여러 개의 의사전달망이 종횡으로 연결된 복잡한 통로(의사전달계통)가 있다. 조직 내에 계통화되어 있는 의사전달통로의 용량(통로풍부성: channel rich-ness), 포괄범위, 그리고 형태는 다양하다. 사람들이 여러 의사전달통로 가운데서 임의로 골라 쓸 수 있는 선택의 폭도 다양하다.

　(3) 수 신 자　　수신자(receiver)는 발송된 정보를 접수하여 이해한다. 발신의 경우와 마찬가지로 수신의 과정에서도 기계나 다른 사람의 조력이 필요할 때가 있다.

　　수신자는 먼저 의사전달이 있다는 것을 알고 해독의 과정(decoding process)을 통해 상징화된 매체로부터 전달되는 정보(의미)를 파악한다. 정보가 해독되면 그 가운데서 필요한 것만을 골라 접수한다.[c]

　(4) 장　　애　　의사전달체제에는 다소간의 장애(barriers or noise)가 개입될 수 있다. 장애란 의사전달의 정확성을 해치는 요인을 말한다. 의사전달의 통로에 끼어드는 장애가 흔히 예로 들어지고 있지만 장애라는 문제는 통로에만 국한된 것이 아니다. 의사전달체제의 전반에 걸쳐 장애는 나타날 수 있다.

　　발신자가 사물에 대해 잘못 지각하거나 상징화의 과정에서 정확을 기하지 못할 때, 통로에서 정보의 흐름을 왜곡·혼신시키거나 봉쇄할 때, 수신자가 정보를 잘못 해독하거나 선택을 그르칠 때 장애가 생긴다. 의사전달이 조직 내에서

---

c) 논자에 따라서는 의사전달의 결과, 수신자가 보이는 반응까지 의사전달의 과정에 포함시키기도 한다. 즉, 의사전달이 목적한 어떤 행동이나 태도의 변화가 일어나는 단계까지 의사전달의 과정에 포함시킨다.

일어날 때 조직의 제반 여건은 의사전달의 장애를 조성할 수 있다.

(5) 환 류   의사전달이 일방통행적으로 끝나버리는 경우도 있고 환류가 봉쇄되는 경우도 있다. 그러나 대개의 경우 의사전달에 대한 환류의 가능성을 배제하지 않는다. 그리고 환류가 필수적인 것으로 요구되는 때도 있다.

발신자, 매체와 통로, 그리고 수신자는 의사전달의 불가결한 구성요소이다. 장애와 환류는 빈도가 높은 가능성이다.

3) 유 형

의사전달에 관한 유형론은 대단히 많다. 그 중 중요한 유형론의 분류기준은 ⅰ) 공식성 또는 비공식성, ⅱ) 조직 내에서 의사전달이 이루어지는 방향, ⅲ) 발신자와 수신자의 수, ⅳ) 의사전달의 매체·수단·통로, ⅴ) 역할, ⅵ) 개방성, 그리고 ⅶ) 의사전달망의 형태이다.

이러한 유형론들을 간단히 설명하려 한다. 집단 내의 의사전달망은 항을 나누어 자세히 설명하려 한다.

(1) 공식성과 비공식성에 따른 분류   조직이 공식적으로 규정하는 데 따라 이루어지는 의사전달이 공식적 의사전달(formal communication)이다. 이것은 조직의 공식적 처방에 기초한 의사전달이다.

비공식적 의사전달(informal communication)은 조직의 공식적 규범으로 설정한 것이 아니라 자생적으로 발생하는 것으로서, 공식적인 의사전달을 도와 그 효율성을 높이기도 하며, 공식적 의사전달을 교란하고 그 효율성을 저하시키기도 한다.

(2) 의사전달의 방향에 따른 분류   첫째, 조직 내에서 의사전달이 이루어지는 방향에 따라 수직적 의사전달(vertical communication), 수평적 및 빗금의(사선의) 의사전달(horizontal and diagonal communication)을 구분한다. 수직적 의사전달은 다시 하향적 의사전달과 상향적 의사전달로 나누어 볼 수 있다.

둘째, 의사전달이 한쪽 방향으로만 흐르는가 또는 상호적·쌍방적인 흐름을 보이는가에 따라 일방적 의사전달(one-way communication)과 쌍방적 의사전달(two-way communication)을 구별하기도 한다.

(3) 발신자와 수신자의 수에 따른 분류   첫째, 단순히 사람의 수만을 기준으로 의사전달을 개인 간 의사전달, 집단과 개인 간의 의사전달, 집단과 집단 간의

의사전달로 분류해 볼 수 있다.d)

둘째, 사람의 수와 상황을 결합시켜 의사전달을 유형화할 수도 있다. 즉, ⅰ) 조직과는 무관한 상황에서 행해지는 개인 간의 의사전달, ⅱ) 조직 내에서 행해지는 개인 간의 의사전달, ⅲ) 조직 내에서 행해지는 조직단위 간의 의사전달, ⅳ) 조직 간의 의사전달 및 ⅴ) 조직과 일반적 환경 간의 의사전달로 구분할 수 있다.

(4) 의사전달의 매체와 통로에 따른 분류　　매체(means or symbols)의 종류에 따라 말이나 글 등 언어적 매체를 사용하는 언어적 의사전달(verbal communica-tion)과 신체언어(body language) 등 비언어적 신호를 사용하는 비언어적 의사전달(nonverbal communication)을 구분할 수 있다.e)

통로의 종류에 따라 인적 통로를 사용하는 의사전달과 물적·기계적·전자적 통로 등을 사용하는 의사전달을 구분해 볼 수 있다.

전자적 의사전달(electronic communication)은 컴퓨터가 매개하는 의사전달(computermedi-ated communication)이다. 이것은 컴퓨터에 연계된 전자기기와 기술을 활용하는 온라인 의사전달이다.3)

전자적 의사전달의 확산은 컴퓨터와 전자기기 중심으로 구성된 가상사무실(virtual office)을 등장시켰으며, 사무실에 출근하지 않고 업무를 처리하는 텔레커뮤팅(telecommuting)의 가능영역을 넓혔다. 조직과 구성원 간의 의사전달은 언제 어디서나 가능하게 되어 가는 것이다. 이런 영향으로 직장생활과 직장 외적 생활의 구별이 흐려진다. 조직 간 경계도 흐려진다. 전통적인 의미의 계서제도 와해된다.

전자적 의사전달의 최대 이점은 의사전달의 극적인 신속성과 편리함 그리고 능률이라고 할 수 있다. 그러나 전자적 의사전달에서는 대면적 의사전달에서 유효하게 쓰일 수 있는 비언어적 방법을 활용하기 어렵다. 감성의 전달이나 의사전달을 통한 사회적 욕구의 충족도 어렵다. 익명성 유지가 가능하기 때문에 무례한 언어를 사용하거나 사생활을 침해하는 등의 일탈적 행동이 문제로 될 수 있다.

---

d) 저자는 자기가 자기에게 하는 정보의 전달은 의사전달의 범주에서 제외한다. 그러나 이를 의사전달의 한 유형으로 보는 사람들도 있다. 예컨대 Ruesch와 Bateson은 자기가 자기에게 하는 개인의 내면적 의사전달(intrapersonal communication)도 의사전달의 한 유형으로 열거하고 있다. Jurgen Ruesch and Gregory Bateson, *Communication: The Social Matrix of Psychiatry*(W. W. Norton, 1951), Ch. 2.

e) 언어적 및 비언어적 의사전달이 함께 쓰이는 경우, 있을 수 있는 양자의 관계는 ① 반복관계, ② 대체관계, ③ 상충관계, ④ 보충관계로 범주화할 수 있다.

(5) 역할에 따른 분류   의사전달의 역할에 한정이 없는 만큼 이를 기준으로 한 의사전달의 유형론도 무수히 만들어질 수 있다. 예컨대 의사전달의 유형을 ⅰ) 알고 알리는 것, ⅱ) 활동을 평가하는 것, ⅲ) 지시와 지시의 접수를 매개하는 것, ⅳ) 상호적 영향관계를 매개하는 것, ⅴ) 개인적 욕구를 충족시키고 조직목표의 성취에도 간접적으로 기여하는 것으로 분류할 수 있다.[4]

(6) 개방성과 제한성에 따른 분류   의사전달은 개방적 의사전달(open communication)과 제한적 의사전달(restricted communication)로 구분해 볼 수 있다. 공개성 또는 제한성의 지표는 참여하는 사람의 규모와 접근가능성(투과성: permeability)이다. 개방성이 높은 의사전달체제의 참여인원은 많고 투과성은 높다. 참여인원이 적고 투과성이 낮은 경우 의사전달체제의 제한성은 높다.[5]

2. 의사전달망

앞서 말한 바와 같이 조직 내의 의사전달통로에는 발신자와 수신자를 직접 연결하는 단순한 것도 있지만 여러 개의 중계점을 내포하는 네트워크, 즉 의사전달망(意思傳達網: communication network)으로 구성되어 있는 것도 있다. 그리고 조직 전체의 의사전달체제를 보면 발송된 정보가 수신자에게 전달될 때까지는 여러 개의 의사전달망이 종횡으로 연결된 복잡한 통로를 거쳐야 하는 경우도 흔히 있다.

1) 형   태

조직생활의 실제에서 발견할 수 있는 의사전달망의 형태는 매우 다양하다. 여기서는 실험적 연구에서 사용되어온 것들을 예시하려 한다. 실험대상이 되어온 의사전달망의 대표적인 형태는 ⅰ) 원형, ⅱ) Y형, ⅲ) 바퀴형, ⅳ) 개방형, ⅴ) 선형 또는 연쇄형, 그리고 ⅵ) 혼합형이다. <그림 5-1-1>을 보면 이러한 형태들이 어떤 모양을 가리키는 것인지 쉽게 알 수 있을 것이다. 이 그림에서 보는 바와 같은 의사전달망 안에서 직접적인 의사전달은 서로 인접해 있는(선으로 연결된) 연계점 간에서만 일어난다.

선형(line or chain)은 단순한 계서적 의사전달망이다. 망 내의 직위 또는 연결점들이 한 줄로 이어지는 형태이다. 의사전달망의 최상층에 두 개의 대등한 직위가 있거나 거꾸로 최하위층에 두 개의 대등한 지위를 가진 사람이 있는 것

그림 5-1-1 의사전달망의 형태

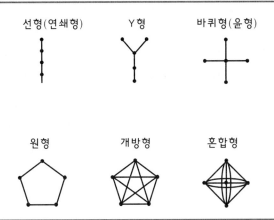

이 Y형('Y')이다. 바퀴형(wheel or star)은 망의 중앙에 리더가 있으며 모든 의사전달이 그 리더를 통해서 이루어지는 형태이다. 원형(circle)은 망 내에서 구성원들이 양옆의 두 사람과만 의사전달을 할 수 있는 형태이다.

개방형(all channel or open circle) 내에서는 각 구성원들이 누구하고나 서로 의사전달을 할 수 있다. 혼합형(mixed network)은 바퀴형과 개방형이 혼합된 형태이다. 혼합형망 내에서는 구성원들이 서로 자유롭게 의사전달을 하지만 리더로 받아들여지는 한 사람이 중심적 위치를 차지한다.

2) 형태별 특성

의사전달망의 특성은 집단활동과 조직활동에 여러 가지 영향을 미칠 수 있다. 그 동안 많은 실험실적 연구에서 의사전달망의 유형에 따라 다르게 나타나는 특성들을 발견한 바 있다. 의사전달망의 유형이 다르면 ⅰ) 중심적 위치의 명료성, ⅱ) 의사전달의 신속성, ⅲ) 구성원의 만족도, ⅳ) 집권화 정도, 그리고 ⅴ) 의사전달의 왜곡 정도가 달라지는 것을 발견한 것이다. 다수 연구인들의 결론을 요약하면 다음과 같다.[6]

중심적인 위치(구심성: centrality)는 다른 모든 사람과 가장 가까운 거리에 있는 사람이 차지하는 위치이다. 다른 사람들과 의사전달을 할 때 거쳐야 하는 연계가 적을수록 해당위치의 중심성은 강화된다. 중심적 위치에 있는 사람은 리더로 부각된다. 바퀴형망과 혼합형망에서 중심적 위치의 존재는 가장 뚜렷하게 부각된다.

의사전달의 신속성이라는 면에서 가장 능률적인 유형은 의사전달의 연계점이 적고 중심적 위치를 차지하는 직위가 뚜렷한 의사전달망이다. 이 점에서 가장 유리한 것은 바퀴형망이며 가장 불리한 것은 개방형망이다.

의사전달망을 구성하는 집단의 구성원들이 느끼는 만족, 특히 사회적 욕구의 충족에 가장 좋은 조건을 제공하는 것은 개방형망과 혼합형망이다. 원형망은 중간 정도의 조건을 제공하며 연쇄형, Y형, 바퀴형은 각각 혼합적 조건을 제공한다. 혼합적 조건이란 상위직 또는 중심적 직위의 구성원에게는 유리하고 하위직 또는 외곽의 직위에 있는 구성원에게는 불리한 조건이라는 뜻이다.

의사전달망을 구성하는 집단 내의 집권화 정도는 바퀴형의 경우에 가장 높다. 개방형의 경우 집권화 정도가 가장 낮다.

연쇄형에서 의사전달의 왜곡이 가장 많이 나타난다. 개방형에서 가장 낮은 수준의 왜곡이 일어난다.

3. 의사전달의 장애

의사전달에 다소간의 장애가 개입되는 일이 흔하다. 장애는 의사전달의 정확성을 해쳐 의사전달의 효율성을 떨어뜨린다. 장애를 확인하고 그 제거방안을 탐색하는 것은 의사전달 연구의 핵심적인 과제라 할 수 있다.

1) 장애의 원인

의사전달을 하는 사람의 지각과정과 개인적 특성들로부터 장애가 생길 수 있다. 마찬가지로 조직과 집단의 구조와 과정은 모두 장애의 출처가 될 수 있다. 의사전달에 연계된 환경적 요인들도 장애의 출처가 될 수 있다. 의사전달에 쓰이는 매체, 기술, 통로의 수와 용량, 전달되어야 할 정보의 특성 등도 장애유발의 원인이 될 수 있다.

장애요인의 중요 범주들을 보면 다음과 같다.[7]

(1) 매체의 불완전성   말이나 글, 부호, 몸짓 등 의사전달 매체의 결함으로 인해 장애가 생길 수 있다.

매체의 본래적인 불완전성 때문이 아니더라도 매체의 선택과 배합 또는 해독을 잘못해서 의사전달의 장애를 일으킬 가능성도 얼마든지 있다. 이러한 잘못은 발신자가 하는 상징화의 과정, 수신자가 하는 해독의 과정, 그리고 중계자가 하는 매체전환의 과정 모두에서 일어날 수 있다.f)

(2) **통로의 불완전성**   전달하여야 할 정보를 통과시키는 데 충분한 통로가 마련되어 있지 않을 때(통로의 수나 용량이 부족할 때) 의사전달이 좌절되거나 혼신의 폐단이 생긴다. 사용할 수 있는 통로의 대안이 많고 어떤 것을 사용하여야 할지 분명치 않을 때에도 의사전달은 지장을 받는다. 그리고 통신기계의 고장, 중계자의 고의 또는 과실로 인한 왜곡도 통로에 개입될 수 있는 의사전달의 장애이다.

(3) **지각의 차이·착오·감정적 장애**   의사전달을 하는 사람들 사이에 지각(知覺)의 차이가 있거나 개인적 지각에 착오가 생길 경우 그리고 감정이 개입하는 경우에는 의사전달이 장애를 받게 된다.

의사전달을 하는 사람들 사이에 문화적 차이와 보유하는 정보의 차이가 있으면 메시지에 대한 지각과 해석을 서로 다르게 할 수 있다.g) 의사전달자들이 일으키는 지각의 착오도 의사전달의 장애요인이다.

의사전달자가 감정적으로 격앙되거나 불안한 경우 의사전달을 그르친다. 특히 의사전달불안(communication apprehension) 때문에 의사전달을 잘못하는 것은 흔한 일이다. 의사전달자들 사이에 갈등이 있으면 감정개입으로 인한 장애발생의 가능성이 커진다.

(4) **고의적인 왜곡**   사람들은 지각의 착오가 없음에도 불구하고 일부러 의사전달을 왜곡할 수 있다. 왜곡행동에는 거짓말하는 것도 포함된다.

자기에게 불리한 이야기는 못 들은 척하는 것, 자기에게 불리하거나 남에게 유리한 정보를 감추는 것, 다른 사람들이 원할 것으로 생각하면 허위의 정보라

---

f) 우리가 흔히 보는 매체화과정의 장애에는 사람에 따라 해석을 달리할 수 있는 모호한 단어를 사용하는 것, 문장을 잘못 써서 의미파악을 어렵게 하는 것, 내집단 언어(자기집단 내에서만 이해하는 언어: in-group language)를 대외적으로 사용하는 것, 서로 의미가 다른 언어적 메시지와 비언어적 메시지를 섞은 이른바 '혼합메시지'(mixed messages)를 전달하는 것 등이 있다. 공무원들은 의사전달의 의미를 파악하기 어렵게 하려고 '난삽한 관청식 내집단 언어'(gob-bledygook)를 의도적으로 사용하기도 한다.

g) Joseph Luft와 Harry Ingham은 발신자와 수신자가 보유하는 정보의 차이가 적을수록 그리고 서로에 대해 아는 것이 많을 수록 원만한 대인관계가 설정되고 따라서 의사전달의 효율화를 기할 수 있다는 전제 하에 대인관계의 스타일을 네 가지 유형으로 나누어 도식적으로 설명하였다. 그들의 도식적 모형은 '죠해리의 창'(Johari Window)이라고 불리어지고 있다. 노출과 환류를 통해서 자기에 관하여 스스로도 알고 다른 사람도 아는 영역이 넓어질수록 대인관계가 원만해진다는 것이 이 모형의 주된 논점이다. Luft, *Of Human Interaction*(National Press Books, 1969).

도 전달하는 것은 고의적으로 의사전달을 왜곡하는 사례이다.

　(5) 환경의 물리적 장애　　의사전달체제에 영향을 미치는 물리적 환경으로부터 나오는 장애가 있다. 이러한 장애는 의사전달자들의 지각과 의사전달통로를 교란한다. 물리적 장애란 대화자 주변의 소음, 통신기계에 끼어드는 잡음, 대면적 의사전달자들 사이를 가로막는 벽 또는 장소적 분리 등을 말한다.

　(6) 시간부족　　정확한 의사전달을 위해 필요한 시간이 부족한 것(시간적 압박)도 의사전달의 장애요인이다.

　(7) 환류의 봉쇄　　의사전달에 대한 환류가 허용되지 않을 때 의사전달의 신속성은 높아질지 모르나 그 정확성은 손상될 위험이 있다.

　(8) 정보과다　　전달되는 정보가 수신자의 처리능력을 초과할 만큼 과다할 때에 의사전달의 장애가 일어난다.

　　수신자가 그의 처리능력을 초과하는 정보의 투입을 받았을 때 정보과다(information over-load or communication overload)가 일어난다.
　　정보과다에 대한 반응에는 ⅰ) 정보처리의 과오, ⅱ) 투입된 정보의 누락, ⅲ) 처리를 연기하는 대기, ⅳ) 미리 정한 우선순위에 따라 투입된 정보의 일부를 간과하는 선별(filtering), ⅴ) 요점만 간추리는 개괄, ⅵ) 통로의 다원화, 그리고 ⅶ) 정보처리의 회피가 있다.
　　이러한 반응들 가운데서 누락, 과오, 개괄 및 회피는 대체로 조직에 해로운 영향을 미친다. 조직의 관점에서 볼 때 통로의 다원화는 원칙적으로 순기능적인 것이라고 말할 수 있다. 대기와 선별은 조직에 유익할 때도 있고 해로울 때도 있는 양면성을 지닌다.[8]

　(9) 계서제로 인한 장애　　사고방식의 차이, 착오, 고의적인 왜곡 등으로 말미암아 빚어지는 여러 가지 장애를 전통적인 계서제의 상하관계에 관련시켜 설명하는 사람들이 많다. 계서제적 구조는 의사전달을 효율화하는 장치이기도 하지만 동시에 복합적인 장애요인의 출처가 될 수 있다.[9]

　　계서제적 구조에서 역할·지위·권력·정보의 양 등이 차등적으로 배분되기 때문에 생기는 계층 간의 사회적 거리가 여러 장애 발생의 온상이 된다.[h]
　　첫째, 하급자들은 자기에게 불리한 결과를 가져오게 될 상향적 의사전달에 대하여 자기보호적 장벽을 쌓게 된다. 자기의 잘못을 시인하거나 상관의 비위에 거슬릴 이야기는 솔직하게 털어놓으려 하지 않는다.[i]

---

h) 지위차이로 인한 의사전달의 장애를 '지위효과'(status effect)라고 한다.
i) 나쁜 소식의 전달을 꺼리는 행동성향을 '침묵효과'(MUM effect)라고 한다.

둘째, 상관의 의사전달을 받은 부하가 그에 대해 솔직한 반응을 보일 수 없거나 보이지 않을 때 의사전달체제의 과오수정기능은 왜곡된다. 따라서 상관의 그릇된 판단이 시정될 기회를 잃게 된다. 상관의 행태가 권위주의적·일방통행적일수록 부하의 방어적 반응은 커진다.

셋째, 정보는 권력의 기초라고 생각하기 때문에 상관이나 부하가 정보를 감추는 경향도 있다. 이러한 행동은 정보를 권력게임의 수단으로 쓰는 것이다.

넷째, 상관과 부하 사이에 능력의 차이가 크거나 보유하고 있는 정보의 양과 질이 현저히 다를 때 상관과 부하가 생각하는 차원은 서로 다르게 되고, 따라서 그들 사이에 의사전달의 틈이 생기게 된다.

2) 장애의 행동유형

흔히 볼 수 있는 장애행동의 양태(장애의 원인에 대한 행태적 반응)는 다음과 같다.[10]

① 과　　오　　투입된 정보를 잘못 처리하는 것이 과오(error)이다.

② 누　　락　　의사전달 내용의 일부를 빠뜨리는 것이 누락(omission)이다.

③ 회피·수용거부　　의사전달을 회피(escaping)하거나 수용을 거부하는 것이 있다. 수용거부(acceptance failure)란 의사전달의 내용을 이해하더라도 그에 승복하지 않는 것을 말한다.[j]

④ 왜　　곡　　의사전달과정에서 의사전달의 내용이 변조되는 것을 왜곡(distortion)이라 한다.

⑤ 적시성 상실　　의사전달의 시간적 배열을 잘못하여 생기는 장애유형을 적시성 상실(timing failure)이라 한다. 이것은 정보유통의 전략을 그르치거나 의사전달의 시간조정을 잘못하여 수신자가 필요한 때에 정보를 얻을 수 없게 하는 장애이다.

⑥ 건너뛰기　　의사전달이 적절한 통로를 온전히 거치지 않는 것을 건너뛰기 또는 단락(短絡: short-circuiting)이라 한다. 이것은 경유할 곳을 다 거치지 않는 장애이다.

⑦ 정보과다 야기　　정보과다는 장애발생의 원인이면서 동시에 장애행동의

---

j) 의사전달내용의 수용(acceptance) 또는 수용거부에 영향을 미치는 요인 내지 조건으로 ① 발신자의 발신권한과 능력에 대한 인식, ② 발신자에 대한 신뢰, ③ 수신된 메시지의 신빙성에 대한 인식, ④ 의사전달이 의도한 임무와 목표의 수용, ⑤ 수신자에게 제재를 가할 수 있는 발신자의 권력 등을 들 수 있다. John W. Newstrom, *Organizational Behavior: Human Behavior at Work*, 13th ed.(McGraw-Hill, 2011), p. 61.

한 유형이라고 할 수 있다.

3) 장애의 통제방안

장애를 극복하여 의사전달의 효율성을 높이기 위한 방안들을 보면 다음과
같다.11)

(1) **매체와 통로의 개선**   매체의 정밀성을 높여 의사전달 통로에 주는 부
담을 덜고 해독과정에서 생길 수 있는 장애를 제거해야 한다. 왜곡될 수 없는
매체를 만들어 과오없는 전달을 할 수 있도록 노력해야 한다. 의사전달통로를
개선하고 통로선택의 적합성을 높여 장애발생의 소지를 제거하는 것도 중요한
과제이다.

(2) **행태 개선**   의사전달 참여자들 사이의 해로운 갈등을 해소하고 대인
관계를 개선하여 상호 신뢰를 구축해야 한다. 발신자는 수신자의 입장에서 생각
하는 감정이입(empathy)의 태도를 길러야 한다. 수신자는 이해심을 가지고 적극
적으로 경청하는 태도를 길러야 한다.

> 의사전달 연구인들은 수신자의 듣는 자세를 매우 중요시한다. 수신자들이 지켜야 할 경청
> (효율적인 듣기: effetive listening)의 원칙으로 ⅰ) 들어야 하는 이유 또는 목표를 깨닫고 듣
> 고자 하는 동기를 유발할 것, ⅱ) 정신을 산란하게 하는 교란요소들을 극복하고 듣기에 주의
> 를 집중할 것, ⅲ) 수신이 완료되기도 전에 성급한 판단을 하지 말 것, ⅳ) 자연스럽게 말할
> 기회가 올 때까지 반응을 늦출 것, ⅴ) 수신 내용을 자기 말로 바꾸어 발신자에게 되물어 볼
> 것, ⅵ) 수신내용의 주제(중심적 아이디어)를 파악할 것, ⅶ) 생각하는 속도는 말하는 속도보
> 다 월등히 빠른데, 그 시간차를 경청에 선용할 것 등이 들어지고 있다.12)

(3) **반복·환류·추적**   같은 내용의 의사전달을 반복하면 의사전달의 정확
성을 높일 수 있다. 수신자로부터 의사전달에 관한 환류를 받는 것도 의사전달
의 정확성을 높이는 데 기여할 수 있다. 발신자가 피동적으로 환류를 받는 데
그치지 않고 적극적으로 정보의 수신여부와 의사전달 목표의 성취여부를 조사
하는 '추적검사'를 할 수도 있다.

(4) **정보흐름의 조절**   정보의 흐름을 조절하여 이를 적정화해야 한다. 여
기서 가장 중요한 과제는 정보과다로 인한 장애를 예방 또는 해소하고 의사전달
의 질을 높이는 것이다.

정보흐름의 적정화를 위해서는 조직구성원 전원이 협력해야 하고 관리자·

감독자들이 계획적인 정보관리를 해야 한다. 정보흐름을 조정·통제하는 전담부서를 따로 둘 수도 있고, 외부전문가의 조력을 받을 수도 있다. 조직단위 간의 정보흐름을 조절하기 위해 회의체를 구성하거나 프로젝트팀을 활용할 수도 있다.

(5) 적시성 제고   의사전달의 적절한 타이밍으로 적시성을 확보해야 한다.

4. 정보관리

의사전달은 정보를 전달하는 과정이다. 의사결정은 정보처리의 과정이다. 조직의 다른 과정들도 정보에 의존한다. 이러한 정보의 질과 양, 보존, 흐름 등은 조직 전체의 시각에서 계획적으로 관리해야 한다. 정보관리체제의 효율화는 의사전달, 의사결정 등 여러 과정들을 효율화하는 전제조건이라 할 수 있다.

1) 정   보

(1) 정   의   정보관리의 대상은 정보이다. 정보(情報: information)란 인간의 감각을 통해 인지되는 알림의 내용으로서 어떤 목표의 달성을 위한 행동의 선택(의사결정)에 도움을 주는 것이다. 정보는 개인이나 조직의 특정한 목표를 위해 만든 기호(記號) 및 기호체계이며, 의도적으로 정리 또는 가공한 자료의 집합이다. 정보는 자료(data)로 구성된다. 일정한 목표에 기여한다는 효용을 가질 수 있도록 자료를 처리·정제한 것이 정보이다.13)

정보는 일종의 자원으로서 다른 자원들과 같은 여러 가지 특성을 지니고 있다. 그런가 하면 다른 자원들과 구별되는 특성들도 있다. 사용해도 소멸되지 않는 비소비성, 다른 사람에게 주더라도 원래의 소유자에게 그대로 남아 있는 비이전성, 필요한 사람들이 동시에 활용할 수 있는 무한가치성, 정보소유자의 신용이 정보의 가치를 정하는 중요기준이라는 신용가치성, 생산·축적되면 될수록 가치가 커지는 누적효과성 등이 다른 자원들과 구별되는 정보의 특성이다.

(2) 유   형   정보의 유형은 아주 다양하다. 정보는 필요에 따라 정보를 인지하는 감각기관, 의사결정에 기여하는 목표, 정보의 출처, 용도, 형태, 전달의 상대방, 가치, 정보 에너지의 종류(아날로그·디지털) 등을 기준으로 분류할 수 있다.

(3) 평가기준   정보의 구체적인 사안별 유용성은 이용의 목표에 따라 개별적으로 결정되는 것이지만 정보관리체제의 목표에 기여하려면 정보는 ⅰ) 정확성, ⅱ) 적합성(필요에 대한 부합도), ⅲ) 적시성, ⅳ) 명료성, ⅴ) 포괄성, ⅵ) 접

근가능성과 활용의 편의 등 일련의 일반적 유용성 요건을 갖추어야 한다.

2) 정보관리체제

(1) 정 의 　정보관리체제(情報管理體制: information management system)는 조직의 활동에 필요한 모든 정보를 관리하는 체제이다. 이것은 계획적으로 설계하여 운용하는 체제이다.

정보관리체제의 기본적인 구성요소는 ⅰ) 투입·처리·기억·전달되는 자료와 정보, ⅱ) 투입·처리·기억·전달의 방법(programs or software), ⅲ) 그러한 방법의 지시에 따라 움직이는 도구·기계·장비(hardware)이다. 이러한 체제를 설계·운용·사용하는 것은 물론 인간이다. 그러므로 정보관리체제는 인간적 요소와 기계 등 무생물적 요소의 교호작용에 따라 형성·변동되는 체제라고 한다.[14]

(2) 유 형 　정보관리체제는 필요에 따라 다양하게 분류된다.

① 조직계층에 따른 분류 　지원하는 조직의 계층에 따라 관리계층을 위한 정보관리체제와 집행계층을 위한 정보관리체제를 구별할 수 있다.

② 지원기능에 따른 분류 　지원하는 기능에 따라 정책지향적인 관리적 정보관리체제(administrative information system)와 집행적 정보관리체제(operational in-formation system)를 구분하기도 하고 전략정보관리체제(SIS: strategic information system)와 사무정보관리체제(OIS: office information system)를 구분하기도 한다. 통제활동 지원체제, 조기경보체제, 비일상적인 문제해결을 지원하는 체제, 재정관리를 지원하는 체제, 인사관리를 지원하는 체제, 생산활동을 지원하는 체제도 기능별 정보관리체제의 예이다.

③ 기술유형에 따른 분류 　정보관리체제가 사용하는 기술유형에 따라 수동적 정보관리체제, 기계적 정보관리체제, 그리고 전산화된 정보관리체제를 구분할 수 있다.

(3) 전산화된 정보관리체제 　오늘날 정보관리에 대한 연구의 주된 관심대상은 전산화된 정보관리체제(computer-based information management system)이다. 정보관리체제의 전산화란 전자계산조직(전자두뇌)을 정보관리체제에 도입하는 것을 말한다. 전산정보체제의 구축은 대개 전산망의 구축을 포함한다. 전산화는 '컴퓨터화'이다. 전산화된 정보관리체제에서 컴퓨터는 불가결한 요소이다.

전산화된 정보관리체제에는 ⅰ) 전산자료처리체제, ⅱ) 관리정보체제, ⅲ)

의사결정지원체제, iv) 인공지능체제, ⅴ) 위성측지정보체제 등이 있다.[15]

이러한 정보관리체제들은 각각의 의미를 넓게 규정하는 경우 서로 겹치는 영역이 많아 배타적인 정의가 어렵다. 이를 각각 구별하는 논자들의 설명은 다음과 같다.

전산자료처리체제(electronic data processing system: EDPS)는 업무처리과정, 기록보관, 업무보고 등을 신속화·자동화하기 위해 설계한 전산체제라고 한다.

관리정보체제(management information system: MIS)는 정보관리체제의 한 부문으로서 관리자들이 조직의 장래에 대하여 계획하고 기타 관리에 관한 의사결정을 하는 데 필요한 정보를 제공하는 것이라고 한다. MIS가 제공하는 관리정보는 일상화된 관리적 의사결정에 필요한 것이다.

의사결정지원체제(decision support system: DSS)는 MIS보다 한층 더 발전된 체제로서 비정형적·비일상적 관리문제의 해결에 사용할 수 있도록 고도로 융통성 있는 컴퓨터 모델링의 틀을 제공하는 것이라고 한다. 그러나 DSS와 MIS를 구별하지 않는 견해도 있다. 양자를 구별하지 않는 사람들은 MIS가 근래에 의사결정지원능력을 강화했다고 말한다.

인공지능체제(expert system or artificial intelligence system: ES or AIS)는 컴퓨터의 인공지능을 활용하는 정보관리체제이다. 여기에 사용되는 컴퓨터는 지속적으로 학습해 가는 능력을 갖춘 전문가처럼 역할하도록 프로그램된다. 컴퓨터는 사용자에게 문제에 관한 질문을 하고 그 답에 따라 스스로 추론하면서 해결방안을 결정한다.

위성측지정보체제(geographic information system: GIS)는 위치확인용 컴퓨터프로그램으로서 다양한 용도에 사용할 수 있도록 위성영상자료를 지도와 같은 위치확인 정보와 결합시키는 정보관리체제이다. 사물의 정확한 위치추적이 필요한 사업에 GIS가 널리 쓰이고 있다.

5. 지식관리

현대의 조직들은 정보의 관리에서 나아가 지식을 관리해야 한다. 정보화사회의 조직이 살아남고 발전하려면 지식을 효율적으로 획득·창출하여 조직 전체에 이전하고 새로운 지식에 따라 행동을 수정해 나가야 한다. 이를 위해서는 지식을 계획적으로 관리해야 한다.[16]

1) 정   의

(1) 지식관리의 정의   지식관리(知識管理: knowledge management)는 조직의 지식(지적 자본: intellectual capital)을 체계적으로 발견·조직화하고 활용 가능하게 하며 지속적 학습과 지식공유의 문화를 발전시키려는 활동이다.

지식관리의 주요임무는 ⅰ) 조직 내외의 출처로부터 지식을 획득하여 저장하는 것, ⅱ) 조직문화와 유인기제를 통해 지식성장을 촉진하는 것, ⅲ) 지식의 가치를 평가하고 지식적용의 방법을 새롭게 하여 지식의 가치를 높이는 것, 그리고 ⅳ) 조직전체에 걸친 지식이전·공유·활용을 촉진하는 것이다.

정보기술은 지식관리에 중요한 기여를 한다. 그러나 정보기술의 활용은 지식관리의 한 국면임에 불과하다. 지식관리체제는 지식을 쉽게 활용할 수 있도록 획득·저장·조직화하는 기술과 절차뿐만 아니라 학습을 통한 지식창출 그리고 지식공유화의 방법을 구비해야 한다.

(2) 지식의 정의   지식관리가 직접적인 대상으로 삼는 것은 지식이다. 지식관리를 정보관리와 구별하는 접근방법은 자료와 정보 그리고 지식을 서로 구별한다.

지식은 사람이 어떤 정보를 다른 정보 그리고 기존의 현상인식과 비교한 다음 도출해 내는 결론적 이해이다. 지식은 사람의 인지적 과정을 거쳐 처리된 정보라고 할 수도 있다. 지식의 성립에는 인간적 요소의 작용이 필수적이다. 정보는 사람이 그것을 인식하고 비교·분석하고 활용해야만 지식으로 될 수 있다.

지식에는 명시적 지식(명시지: explicit knowledge)과 묵시적 지식(암묵지: tacit knowledge)이 있다. 명시적 지식은 부호화, 문서화 등을 통해 다른 사람에게 전달할 수 있는 체계적 지식이다. 묵시적 지식은 개인적 경험, 어림짐작, 직감 등에 기초한 지식으로서 정확하게 서술하여 다른 사람들에게 전해주기 어려운 것이다.

2) 과   정

지식관리과정(knowledge management process or knowledge management life cycle)에 포함되는 활동단계는 ⅰ) 지식획득, ⅱ) 지식축적, ⅲ) 지식이전, 그리고 ⅳ) 지식활용이다.

지식획득단계에서는 가능한 모든 출처에서 지식을 모은다. 지식을 모은다는 말에는 지식을 창출한다는 의미도 포함된다.

지식축적단계에서는 획득·창출된 지식을 조직전체의 지식으로 축적한다. 지식축적에서는 검색·사용이 용이하도록 지식을 조직화하고 정제(精製)한다. 지식을 조직화하고 정제할 때에는 데이터 웨어하우징, 데이터 마이닝, 지식지도작성 등의 기법을 사용한다.k)

---

k) 데이터 웨어하우징(data warehousing)은 조직의 모든 자료를 거대한 데이터베이스에 저장하여

지식이전단계에서는 지식을 전파하여 지식공유를 촉진한다. 지식활용단계
에서는 지식의 효율적 활용·학습·지식재창출을 지원한다.

3) 방   법

지식관리과정의 각 단계에서 사용하는 방법(도구)들은 다양하다. 지식축적
단계의 방법들은 위에서 예시하였다. 지식획득과 지식이전의 단계에서 사용되
는 방법의 예로 ⅰ) 현장관찰, ⅱ) 브레인스토밍, ⅲ) 델파이기법, ⅳ) 명목집단
기법, ⅴ) 개념지도작성, ⅵ) 프로토콜분석, ⅶ) 그룹웨어, ⅷ) 인트라넷과 인터
넷, ⅸ) 순환보직, ⅹ) 대담, ⅺ) 역사학습과 경험담 듣기, ⅻ) 실천공동체를 들
수 있다.

> 개념지도작성(concept mapping)은 개념들 사이의 관계를 그림으로 그려 지식도표를 만드는
> 방법이다. 프로토콜분석(protocol analysis)은 업무수행의 실제를 관찰하여 업무수행의 과정,
> 사용하는 지식, 인지적 행동 등을 파악하는 방법이다. 그룹웨어(groupware)는 집단적 문제해
> 결을 돕는 소프트웨어이다.
>
> 역사학습과 경험담 듣기(learning histories and storytelling)는 의사결정·문제해결에 관한
> 과거의 경험을 분석함으로써 문제해결의 지식을 얻을 수 있도록 하는 방법이다. 과거의 사례
> 를 분석하는 사람들이 스스로 지식을 추출해 내도록 하는 방법인 것이다. 실천공동체(경험공
> 동체: communities of practice)는 유사한 문제에 직면한 사람들이 해결방안을 함께 탐색하기
> 위해 자발적·비공식적으로 구성하는 모임이다.
>
> 대담, 역사학습과 경험담 듣기, 실천공동체, 프로토콜분석, 현장관찰 등은 묵시적 지식의
> 관리에 특히 유용한 방법이라고 한다.
>
> 위에 열거한 방법들 가운데서 브레인스토밍, 델파이기법, 그리고 명목집단기법에 대해서는
> 제 4 장 제 2 절에서 설명하였다. 나머지 방법들은 따로 설명하지 않아도 독자들이 그 뜻을 쉽
> 게 알 수 있을 것이다.

4) 필요성·장애·성공조건

(1) **필요성과 효용**   급속한 변동, 세계화의 촉진, 경쟁의 격화, 정보화의
촉진, 빈발하는 감축관리 등의 상황적 조건은 부단한 쇄신을 요구하고 있다. 쇄
신요청의 증대는 지식과 지식관리의 중요성을 아주 크게 만들었다.

쉽게 접근할 수 있게 하는 것이다. 데이터 마이닝(data mining)은 사용자들이 문제를 해결하기
위해 자료를 유형화하고 그 의미를 발견할 수 있도록 돕는 것이다. 지식지도작성(knowledge
mapping)은 어떤 지식이 조직의 어디에 있으며 거기에 어떻게 접근할 수 있는가를 기술하여
쉽게 이용할 수 있도록 하는 프로젝트이다.

　　지식관리의 효용은 ⅰ) 지식의 계획적 학습과 활용을 촉진하여 지식의 가치를 향상시킨다는 것, ⅱ) 지식공유와 활용을 촉진하여 조직의 모든 과정을 효율화한다는 것, ⅲ) 조직의 변화대응성을 높인다는 것, ⅳ) 조직구성원들의 학습시간을 단축시킨다는 것, ⅴ) 조직구성원들의 문제해결능력을 향상시킨다는 것, ⅵ) 고객·공급자 기타의 거래자들과 파트너십 구축을 촉진한다는 것, 그리고 ⅶ) 조직으로부터의 두뇌유출(brain drain)에 대한 경각심을 높인다는 것이다.

　　(2) 장　　애　　　전통적 관료제조직에는 지식관리의 발전을 가로막는 장애요인들이 많다.

　　장애요인의 예로 ⅰ) 전통적인 유인기제는 지식공유와 협동적 노력에 필요한 유인을 제공하지 못한다는 것, ⅱ) 기능분립적 구조는 지식공유에 지장을 준다는 것, ⅲ) 비밀주의적이고 변동저항적인 조직문화의 특성이 지식창출과 이전을 방해한다는 것, ⅳ) 구성원 간의 불신이 지식이전을 가로막는다는 것, ⅴ) 지식관리 도입에 필요한 기술적·관리적 기반이 구축되어 있지 않다는 것, 그리고 ⅵ) 지식자원관리와 인적자원관리의 조정이 허술하다는 것을 들 수 있다.

　　(3) 성공조건　　　장애들을 극복하고 지식관리를 성공으로 이끌려면 무엇보다도 유능한 관리층의 강력한 지지를 확보해야 한다. 지식관리체제의 목표는 정부 전체와 소속조직의 목표에 부합해야 하며, 지식관리 기술의 도입은 조직의 필요에 부응해야 한다. 지식관리체제를 조직 전체에 총체적으로 결합해야 한다. 지식관리자들의 능력을 함양하고 지식관리의 성과평가를 강화해야 한다.

Ⅱ. 의사결정

1. 의사결정이란 무엇인가?

1) 정　　　의

　　의사결정(意思決定: decision-making)은 장래의 행동방향을 모색하고 그에 대한 결단을 내리는 과정이다. 이것은 문제를 발견하고 해결대안을 탐색하고 대안을 선택하여 채택하는 과정이다. 어떤 행동을 하기 전에 그 결과를 미리 생각해 보는 과정이라고 말할 수도 있다.

　　의사결정의 의미를 넓게 이해할 때 인간의 거의 모든 행동에는 의사결정이 선행되는 것이라고 하지 않을 수 없다. 조직의 운명을 좌우할 중대정책을 정할 때나 사소한 행동을 하려 할 때나 행동주체는 의사결정을 한다. 의사결정의 차원과 내용은 실로 천차만별이라고 하지 않을 수 없다. 그 많은 양태의 의사결정들은 또한 어떠한 모양으로든 서로 연관되어 있는 경우가 많다. 그러나 여기서 모든 의사결정양태를 빠짐없이 검토할 수는 없다. 우리의 주의를 중요한 것에 한정하여야만 의사결정에 관해 유의미한 논의를 할 수 있다.

조직학이나 정책학 분야에서 의사결정에 관한 이론을 개발하는 대다수의 사람들은 주로 조직 또는 관리의 중요 결정에 일차적인 초점을 두고 있다. 저자도 그러한 준거틀을 받아들이려 한다.

2) 유   형

의사결정의 종류는 많고 그에 관한 유형론도 많다. 중요한 예를 보기로 한다.

(1) **합리성의 수준에 따른 분류**   달성가능한 합리성의 수준을 기준으로 하는 유형론들이 있다. 합리성의 수준에 따라 ⅰ) 완전한 합리성을 추구하는 의사결정, ⅱ) 제한된 합리성을 추구하는 의사결정, ⅲ) 비합리적 의사결정을 구분한다. 제한된 합리성모형은 다시 여러 가지 유형으로 구분된다.

(2) **정형성의 수준에 따른 분류**   정형성의 수준에 따라 ⅰ) 정형적 의사결정(programmed decision-making)과 ⅱ) 비정형적 의사결정(nonprogrammed decision-making)을 구분하는 유형론이 있다.[17]

정형적 의사결정은 해결해야 할 문제가 반복적인 것이며, 그 내용이 잘 알려져 있고, 해결절차가 이미 수립되어 있는 경우의 의사결정이다. 비정형적 의사결정은 잘 규명되지 않은 새로운 문제를 대상으로 하고 기존의 문제해결절차를 적용할 수 없는 경우의 의사결정이다. 이것은 구체적인 상황적 요청에 맞게 그때그때 의사결정을 해야 하는 '맞춤의사결정'(주문생산형 의사결정: crafted decision; tailor made decision)이라고 할 수 있다.

(3) **시야와 중요도에 따른 분류**   의사결정의 시야와 조직에 대한 중요도를 기준으로 ⅰ) 전략적(기본적) 의사결정(strategic decision-making)과 ⅱ) 일상화된 운영 상의 의사결정(routine operational decision-making)을 구분하기도 한다. 전략적 의사결정은 최고관리자들이 관장하는 것이며, 그 파급효과가 크고 모험성도 큰 것이다. 전략적 의사결정의 시간관은 장기적인 것이다.

(4) 결정주체에 따른 분류   의사결정주체를 기준으로 한 유형론의 예로 ⅰ) 개인적 의사결정과 조직의 의사결정을 구분하는 것, ⅱ) 개인의 의사결정·자문을 거친 의사결정·집단적 의사결정을 구분하는 것, ⅲ) 다원주의적 의사결정과 엘리트주의적 의사결정을 구분하는 것, ⅳ) 관리자의 의사결정과 하급직원의 의사결정을 구분하는 것을 들 수 있다.

(5) 결정환경의 조건에 따른 분류   결정환경 또는 조건을 기준으로 ⅰ) 확실한 환경에서 하는 의사결정, ⅱ) 모험적 환경에서 하는 의사결정, 그리고 ⅲ) 불확실한 환경에서 하는 의사결정을 구분하기도 한다.

확실한 환경은 의사결정대안들의 결과를 시행 전에 미리 예측하는 데 충분한 정보가 있는 환경이다. 모험적 환경은 행동대안들의 결과를 확실하게 예측할 수는 없지만 그에 대한 확률적인 예측은 가능한 상태이다. 그러한 확률조차 예측할 수 없는 경우가 불확실한 환경이다.

(6) 문제인지·대안선택의 방법에 따른 분류   문제를 인지하고 선택하는 방법이나 대안선택의 방법을 기준으로 의사결정을 분류하기도 한다. 이에 대해서는 의사결정의 단계를 설명할 때 언급하려 한다.

3) 창의적 의사결정

(1) 정 의   창의성(創意性: creativity)이란 새롭고 유용한 아이디어를 산출해 내는 과정 또는 사고의 특성을 말한다. 이것은 새롭고 유용한 아이디어를 만들어 내는 능력이라고도 규정된다. 새로운 아이디어는 유용해야(바람직해야) 창의적인 것으로 받아들여진다.[18]

① 건설적 독창성   창의적인 의사결정을 하려면 문제와 기회에 대한 새롭고 독창적인 대응방법을 개발해야 한다. 그러나 새로운 대응이 언제나 창의적인 것은 아니다. 새로운 대응이 의사결정의 목표와 조직의 목표에 건설적·긍정적으로 기여하는 것일 때만 창의적이라고 할 수 있다.

② 건설적 모험   창의적 의사결정은 대부분 비정형적 의사결정이며 불확실한 상황적 조건을 헤쳐나가는 모험을 내포한다.

창의적 의사결정을 위한 건설적인 모험은 이를 뒷받침하는 조건이 구비되어야 가능하다. 의사결정자는 책임 있는 모험을 할 능력과 의욕을 가지고 있어야 하며, 조직 내의 여러 조건들은 모험적 의사결정의 성공을 지원해 줄 수 있어야 한다.

③ **창의적 능력의 요건**　의사결정자인 개인이 창의성발휘를 위해 구비해야 할 요건(창의성의 구성요소: components of creativity)은 세 가지 범주로 크게 나누어 볼 수 있다. 세 가지 범주의 구성요소는 ⅰ) 담당직무에 적합한 능력(domain-relevant skills), ⅱ) 창의성 발휘에 적합한 능력(creativity-relevant skills), 그리고 ⅲ) 내재적 직무수행동기(intrinsic task motivation)이다.19)

창의성발휘에 적합한 능력은 창의적 사고의 능력이다. 이 능력을 구비하려면 오래된 사고의 틀을 깨고 새로운 시각에서 확장적 사고(divergent thinking)를 할 수 있어야 한다. 확장적 사고란 친숙한 문제를 새롭고 독특한 방법으로 재구성하는 과정을 지칭한다.

(2) 필요성 증대　긍정적인 가치를 가진 창의적 의사결정은 언제나 바람직한 것이지만 오늘날 우리가 경험하고 있는 조직사회의 조건은 창의적 의사결정의 필요를 더욱 절실하게 하고 있다. 창의적 의사결정의 필요성을 증폭시키는 상황적 조건으로 ⅰ) 조직의 규모가 커져 간여영역이 넓어지고 조직의 구성이 복잡해진 것, ⅱ) 해결해야 할 문제의 복잡성과 비정형성이 현저히 높아지고 있다는 것, ⅲ) 조직 내외의 변화가 격동적이며 의사결정환경의 불확실성이 높다는 것, 그리고 ⅳ) 여러 방면에 걸친 경쟁이 치열해지고 있다는 것을 들 수 있다.

현대 조직사회에서 조직의 전략적 의사결정상황은 대개 모험적이거나 불확실한 것이다. 이런 상황에서 대안선택의 계산전략을 적용할 수 있는 폭은 아주 좁다. 계산전략 이외의 전략들에 의존하는 경우 창의적 탐색과 모험의 필요는 커진다. 계산전략의 적용이 가능한 경우에도 창의적인 의사결정을 하려면 모험적 선택을 피하기 어려울 때가 있을 것이다.

(3) 창의적 모험의 제약요인　모험적이거나 불확실한 상황 하에서의 창의적 의사결정은 모험적 의사결정일 수밖에 없는데, 조직, 특히 전통적 관료제조직에는 그러한 창의적 모험을 억압 또는 좌절시키는 조건들이 많다.

① **의사결정자의 문제**　조직의 전통과 관행을 준수하도록 길들여진 의사결정자들의 낮은 모험성향이 문제이다. 기존의 문제해결방법에 익숙한 의사결정자들이 새로운 대안탐색에 무능하고 변동저항적인 것은 일종의 훈련된 무능이라 할 수 있다.

② **상황적 조건의 문제**　조직 내에는 사람들이 모험회피적으로 행동하도록

유도하는 조건들이 많다. 그 예로 ⅰ) 자율성과 능동성을 억압하는 권위주의적 통제, ⅱ) 투입지향적 보상체제와 같은 현상유지적 유인기제, ⅲ) 번문욕례, ⅳ) 불분명한 목표, ⅴ) 기존 행동대안의 실행에 들어간 매몰비용, ⅵ) 모험실패의 막대한 비용 예측, ⅶ) 자원 부족, ⅷ) 경쟁의 부재, ⅸ) 조직 외부로부터 설정되는 제약조건과 규제, ⅹ) 보수적인 사회문화와 조직문화를 들 수 있다.

(4) 창의성 증진방안　　위에서 열거한 제약요인에 개선방안이 시사되어 있다. 의사결정의 창의성을 높이려면 창의적 모험을 제약하는 요인들을 제거하고 창의적 사고를 적극적으로 촉진할 방안들을 실천해야 한다.

조직구성원들의 창의성을 향상시키기 위해 조직이 할 수 있는 일들을 ⅰ) 창의적 직무환경의 발전과 ⅱ) 창의성향상훈련이라는 두 가지 범주로 나누어 볼 수 있다.[20]

① **창의적 직무환경의 발전**　　창의적 직무환경의 발전을 위해 역점을 두어야 할 행동방안들은 ⅰ) 조직구성원들의 자율성 증진, ⅱ) 한 곳에서 개발한 아이디어가 다른 곳으로 전파되게 하는 '이화수분'(異花受粉: cross-pollination)의 촉진, ⅲ) 유기적 조직구조와 의미 있는 직무의 설계, ⅳ) 쇄신의 목표설정 권장, ⅴ) 인적 구성의 다양화, ⅵ) 창의적 모험을 지지하는 유인기제 개발, ⅶ) 관리층의 변혁적 리더십 육성, 그리고 ⅷ) 창의적 모험을 감당해 줄 수 있는 여유자원의 확보 등이다.

② **창의성향상훈련**　　창의성을 높이려는 훈련에서는 직면한 문제를 철저히 분석하는 태도, 새로운 아이디어에 대해 개방적인 태도, 그리고 수평적 사고의 능력을 길러주어야 한다.[1]

창의성향상훈련의 기법에는 ⅰ) 반전기법, ⅱ) 비유기법, ⅲ) 교호충실화기법, ⅳ) 형태학적 분석기법, ⅴ) 악역활용방법, ⅵ) 생각하는 탐험여행 등이 있다.

반전기법(反轉技法: reversal technique)은 문제를 뒤집어 생각해 보게 하는, 다시 말하면 기존의 시각과 반대되는 시각에서 문제를 검토하게 하는 기법이다. 비유기법(analogy technique)은 물체·인간·상황 사이의 유사성을 찾아 검토하는 과정에서 문제해결의 새로운 아이디어를

---

1) 수평적 사고방법(lateral thinking method)은 개인이나 집단이 정보를 지각하고 해석하는 방법을 바꾸어 새로운 아이디어를 창출해 내는 접근방법이다. 수평적 사고방법은 수직적 사고방법 (vertical thinking method)과 대조된다. 수직적 사고방법은 하나하나의 정보를 차례차례 연속적으로 처리하여 아이디어를 안출해 내는 논리적·단계적 방법이다.

안출하도록 하는 기법이다. 교호충실화기법(cross-fertilization technique)은 서로 다른 영역의 전문가들이 문제를 검토하고 해결방안을 제안하도록 하는 기법이다.

형태학적 분석기법(morphological analysis technique)은 문제에 내포된 기본적 요소들의 선택과 배합을 체계적으로 바꿔보게 하는 기법이다. 예컨대 어떤 전자제품의 재질, 형태, 표면처리방법, 설치방법 등의 조합을 바꿔가면서 검토하게 할 수 있다.

악역활용방법(devil's advocate method)은 악역을 맡은 개인 또는 집단이 제안되어 있는 행동대안을 체계적으로 비판하게 하는 접근방법이다. 악역을 맡은 개인 또는 집단이 다수의견에 맞서서, 제안되어 있는 행동대안의 기초가 된 가정의 오류·일관성 결여·실패요인 등을 지적하게 한다. 이 방법은 반대제안기법(anti-solution technique)이라고 부르기도 한다.

생각하는 탐험여행(thinking expedition)은 사람들이 도전적인 상황에 노출되는 여행을 통해 기존의 방식과 다르게 생각하고 창의적인 아이디어들을 안출해 내게 하는 방법이다. 이 방법은 정신적·육체적으로 익숙한 일상사에서 벗어나 생산적인 망각을 경험하고 색다른 생각을 할 수 있는 기회를 제공한다.

2. 의사결정의 단계

분석의 편의를 위해 의사결정의 단계를 일반적으로 구분하는 사람들은 인간의 사고과정에 관한 심리학적 연구에서 많은 시사를 받고 있는 것으로 보인다.m) 논자들마다 비슷한 단계구분을 하고 있으나 그 구성을 어떻게 하느냐, 또는 그 수를 몇 개로 하느냐에 대해서는 다소간의 이견을 보이고 있다. 일부 연구인들은 채택된 대안의 집행과 그에 대한 환류까지를 의사결정단계에 포함시키고 있다. 그러나 문제해결 대안을 평가하여 선택하는 단계까지만을 의사결정과정에 포함시키는 것이 다수의견이다.

저자는 의사결정의 기본적인 단계를 ⅰ) 문제의 인지, ⅱ) 문제의 진단과 분석, ⅲ) 해결방안의 탐색, ⅳ) 해결방안의 평가와 선택 등 네 가지로 구분하려고 한다.

---

m) 특히 John Dewey가 1910년에 제시한 사고과정의 단계이론은 의사결정을 연구하는 사람들에게 많은 영향을 끼친 것으로 생각된다. Dewey는 인간의 사고과정에 포함되는 단계를 다섯 단계로 구분하였다. 다섯 단계란, ① 암시(suggestion, where in the mind leaps to a possible solution), ② 문제형성(intellectualization of the felt difficulty into a problem or question), ③ 가설설정(development of hypotheses), ④ 가설에 대한 추론 또는 가설의 퇴고(推敲: 정교화: reasoning or mental elaboration of hypotheses), 그리고 ⑤ 가설검증(testing of hypotheses)이다. Dewey, *How We Think*, revised ed.(D.C. Heath, 1933).

이러한 단계들은 시간적으로 고정된 순서에 따라 선형적으로 진행되는 보편적 단계가 아니라 의사결정과정에 내포된 주요 활동국면의 개념화로 이해하여야 한다. 합리적 의사결정의 경우 여기서 설명하는 의사결정의 단계들이 서로 뚜렷하게 구획되고 각 단계들은 열거된 순서대로 차례차례 진행된다. 그러나 합리성이 제약된 의사결정의 경우에는 단계구분이 모호해지고 단계별 진행순서도 현저히 교란될 수 있다.

의사결정과정에 포함되는 단계들의 의미와 그에 관련된 문제들을 다음에 설명하려 한다.[21]

1) 문제의 인지

문제의 인지(認知)란 어떤 자극이 문제가 있음을 지각하게 하는 것을 말한다. 의사결정을 필요로 하는 문제가 있음을 깨닫게 하는 자극 또는 원인은 어떤 상황의 실제수준과 그에 대한 기대수준 사이에 괴리가 있을 때 조성된다. 현실이 원하는 수준에 미달되는 상태가 문제의 인지 또는 발견을 자극한다.

현실이 원하는 수준에 미치지 못한다는 것을 판단하는 문제인지의 접근방법에는 ⅰ) 과거의 실적을 기준으로 하는 모형, ⅱ) 조직이 세운 계획을 기준으로 하는 모형, ⅲ) 다른 사람들의 기준에 의존하는 모형, ⅳ) 외부조직의 기준에 의존하는 모형, ⅴ) 과학적 기법을 적용한 합리적 분석을 통해 설정한 기준에 따르는 모형 등 다양한 것들이 있다.[22]

문제의 인지를 촉발하는 자극의 강도와 긴박성은 경우에 따라 다르다. 자극의 출처가 조직 내부일 수도 있고 외부일 수도 있다. 결정주체가 스스로 찾는 것도 있고 타인이 주는 것도 있다. 단순히 문제의 존재를 지각하게 하는 자극도 있고 문제에 대한 해결방안까지 어느 정도 암시하는 것도 있다.

2) 문제의 진단과 분석

이 단계는 결정주체가 직면한 문제의 성격을 확인하기 위해 진단하고 분석하는 단계이다. 문제를 진단하고 분석하는 단계에서는 필요한 여러 가지 기법과 절차를 동원하여 문제발생의 원인, 문제의 여러 국면과 연관요인, 문제해결의 장애요인 등을 확인하여야 한다.

진단하고 분석해야 할 문제는 물론 다양하다. 작은 문제도 있고 큰 문제도 있으며, 긴급한 문제도 있고 서둘러 해결할 필요가 없는 문제도 있다. 일상적·

정형적인 문제도 있고 예외적·비정형적인 문제도 있다.[n]

인지된 문제 가운데는 의사결정 상황의 여건에 비추어 해결이 불가능한 것도 있고, 해결할 수는 있지만 해결을 보류하는 것이 바람직하다고 판단되는 문제도 있다. 사소한 문제로서 해결노력에 상응한 효과를 거둘 수 없는 것, 작은 문제로서 그 해결이 더 큰 문제를 야기할 수 있는 것, 단기적인 문제로서 그것이 지닌 장기적 의미를 알 수 없는 것 등이 해결을 피하거나 보류해야 할 문제의 예이다. 진단과 분석의 과정에서 문제를 해결할 수 없다거나 해결하려 해서는 안 된다는 판단을 내리게 되면 의사결정의 과정은 그 이상 진행되지 않는다.

3) 해결방안의 탐색

이 단계에서는 문제를 해결할 수 있는 방안(대안)이 탐색된다. 탐색의 과정에서 문제를 해결할 수 있는 모든 대안이 확인될 수 있으면 이상적이겠지만 대개의 경우 여러 가지 제약 때문에 모든 대안의 완전한 탐색이 이루어지기 어렵다. 문제의 특성과 의사결정상황의 조건은 탐색활동의 방향과 범위를 크게 좌우한다.

탐색의 방법에는 여러 가지가 있는데 그 중요한 예로 ⅰ) 사람의 기억이나 기록화되어 있는 정보를 탐색하는 기억탐색(memory search), ⅱ) 대안이 어디서 저절로 나타나기를 기다리는 피동적 탐색(passive search), ⅲ) 탐색활동을 다른 사람에게 대행시키는 계략탐색(trap search), ⅳ) 결정주체가 적극적으로 대안을 창출하는 능동적 탐색(active search)을 들 수 있다.[23]

탐색된 대안들의 완성도는 경우에 따라 다르다. 탐색된 대안이 주문생산제품처럼 되어 있어 더 손댈 필요가 없는 경우도 있지만, 발견된 대안에 수정을 가하고 재구성해야 할 경우도 있다. 탐색과정에서 수집한 정보를 가지고 완전히 새로운 대안을 구성해야 할 때도 있다.

---

n) 예외적·비정형적인 문제는 기존의 정책을 적용하기 어렵고 선례를 발견하기도 어려우며, 문제의 내용에 뚜렷한 해결방안이 내포되어 있지 않은 것이다. Rapoport는 일상적·정형적인 문제를 'problem'이라 부르고 예외적·비정형적인 문제를 'dilemma'라고 불렀다. Anatol Rapoport, *Fights, Games, and Debates*(University of Michigan Press, 1960). 정형적 문제를 '구조화된'(structured) 문제라 부르고 비정형적 문제를 '구조화되지 않은'(unstructured) 문제라 부르는 사람들도 있다.

4) 해결방안의 평가와 선택

이 단계에서는 의사결정의 목표와 거기서 도출되는 기준에 비추어 대안들을 비교평가하여 가장 바람직한 대안을 선택한다. 바람직한 대안이 목표와 기준 (기대)을 얼마나 충실히 달성할 수 있느냐에 따라 극대화대안, 최적대안, 만족대안을 구분한다. 극대화대안이나 최적대안을 선택할 수 있으면 가장 바람직할 것이며, 또 그러한 선택이 가능할 때도 있을 것이다. 그러나 주관적으로 만족하는 이른바 만족대안을 고를 수밖에 없는 경우가 더 많을 것이다.o)

합리적 분석을 통한 대안의 선택이 가장 바람직한 것이며, 그것이 가능한 경우도 있다. 그러나 합리적 분석은 현실에서 제약을 받을 때가 많다. 따라서 합리성이 제약된 여러 가지 전략도 자주 사용된다.

대안선택의 전략은 수없이 많겠지만 인과관계(causation)와 선호(preference)에 대한 결정집단(decision unit)의 합의 유무를 기준으로 ⅰ) 계산전략, ⅱ) 판단전략, ⅲ) 타협전략, ⅳ) 영감적 전략 등 네 가지 범주의 전략을 구분해 볼 수 있다. 이러한 전략들은 흔히 혼합적으로 사용된다.[24]

계산전략(computation)은 분명한 분석과정을 통해 합리적으로 대안을 선택하는 전략이다. 계산전략은 인과관계나 선호에 대하여 다같이 합의가 있는 경우에 쓰인다. 결정주체가 선호에 대한 우선순위를 알고 있으며 인과관계에 대한 지식을 가지고 있거나 가지고 있다고 믿을 때 의사결정은 기계적으로 이루어진다.

판단전략(judgment)은 여러 사람의 판단에 따르는 전략이다. 선호는 잘 알려져 있고 그에 대한 합의도 이루어져 있지만 각 대안의 장·단점에 관한 증거가 없을 때, 즉 인과관계에 대한 합의가 없을 때는 다수의 판단(majority judgment)에 따라 대안을 선택할 수밖에 없다.

타협전략(compromise)은 선호가 다른 사람들이 타협해서 대안을 선택하는 전략이다. 여러 대안이 가져올 결과에 대해 여러 사람의 결정주체가 공통적인 이해를 하고 있지만(인과관계에 대한 합의가 있지만), 결과에 대한 선호가 서로 다를 때에는 타협하는 전략을 쓰는 것이 바람직하다.

---

o) 대안의 종류는 이 밖에도 여러 가지로 분류된다. 예컨대 March와 Simon은 대안의 종류를 다음과 같이 다섯 가지로 분류한 바 있다. 첫째, '좋은 대안'(good alternative)은 긍정적인 가치가 크고 부정적인 가치가 작은 대안이다. 둘째, '약하게 혼합된 대안'(bland alternative)은 긍정적·부정적 가치가 다같이 작은 대안이다. 셋째, '강하게 혼합된 대안'(mixed alternative)은 긍정적·부정적 가치가 다같이 큰 대안이다. 넷째, '나쁜 대안'(poor alternative)은 긍정적인 가치가 작고 부정적인 가치가 큰 대안이다. 다섯째, '불확실한 대안'(uncertain alternative)은 결과에 대한 확률을 알지 못하는 대안이다. James G. March and Herbert A. Simon, *Organizations*(Wiley, 1966), p. 114.

영감적 전략(inspiration)은 인과관계에 대해서도 합의가 없고, 선호에 대해서도 합의가 없는 경우에 택할 수 있는 전략이다. 신(神)의 교시에서 해결의 실마리를 찾거나 지도자의 직관에 따르거나 하는 것이 영감적 방법의 예이다.

의사결정의 기본적 단계를 출발시키기 전에 의사결정계획(decision plan)을 세워야 할 때가 있다. 특히 예외적 · 비정형적 의사결정의 경우에는 그러한 선행적 또는 상위적 의사결정(metadecision-making)이 필요할 것이다.

위에서 설명한 바와 같은 의사결정의 기본적 단계가 끝나면 해결방안을 시행하고 시행의 과정 또는 그 결과에서 의사결정자는 기대했던 효과를 거두었는지 확인하고 평가함으로써 후속적인 의사결정에 도움되는 정보를 얻을 수 있다.

3. 의사결정모형 해설

의사결정유형론의 다양성에 대해서는 앞에서 설명하였다. 여기서는 합리성의 수준을 기준으로 하는 유형론의 관점에서 의사결정모형들을 설명하려 한다.

집합적으로 보면 의사결정에 관한 설명적 · 처방적 이론들은 의사결정 연구의 추세변화를 반영하고 있음을 알 수 있다. 고전적 이론가들은 의사결정의 합리적 모형에 안주하였다. 그러나 시간이 흐르면서 의사결정의 합리성 제약을 전제하는 이론들이 보다 큰 세력을 떨치게 되었다.

의사결정의 합리성 제약에 대해 처음에는 절충적인 견해들이 피력되었으나 점점 그러한 견해는 과격한 방향으로 전개되어 급기야 합리적 모형의 근본을 거의 뒤엎는 급진적인 견해까지 나오게 되었다. 의사결정의 합리성을 거의 전적으로 부인하다시피 하는 견해는 다시 절충적인 견해의 재등장을 유발하게 되었다. 다른 한편으로는 합리적 모형의 적용폭을 넓혀주는 여러 가지 기법들이 개발되고 있다. 그리고 또 다른 한편으로는 모든 접근방법의 상황에 따른 유용성을 강조하는 상황적응적 모형들이 개발되고 있다.

의사결정의 접근방법이나 문제가 다르면 사용하는 기술과 그 용도 또한 다른 것이다. 그러나 정보처리기술의 일반적 발전수준은 의사결정의 모든 접근방법에 영향을 미친다. 오늘날 정보기술의 발전은 의사결정능력을 획기적으로 향상시키고 있다. 발전된 정보기술은 합리적 접근방법의 적용가능성을 높이고 있다. 정보획득 · 처리능력의 향상은 점증적 의사결정의 효율화에도 기여하고 있다.

의사결정모형의 논의에서는 정보기술과 정보관리체제의 발전을 유념해야 한다.
합리적 모형을 먼저 설명하고 합리성의 제약에 착안한 모형들 그리고 상황
적응적 접근방법을 검토하려 한다.p) '정책결정모형'이라고 이해되는 모형들도
함께 다루려 한다.

1) 합리적 모형

의사결정의 합리적 모형(合理的 模型: rational model)은 인간과 조직의 합리
성, 그리고 완전한 지식과 정보의 가용성을 전제하는 모형이다.

(1) 기본적 전제   합리적 모형의 기본적 전제는 ⅰ) 의사결정자가 문제를
완전히 알고, ⅱ) 문제해결의 필요를 정확하게 알고, ⅲ) 모든 해결대안을 알 수
있고, ⅳ) 대안선택의 명확한 기준이 있고, ⅴ) 적정한 대안을 선택하는 데 비합
리적 요인이 개입되지 않고, ⅵ) 의사결정 주체는 합리적 인간이라는 것이다. 합
리적 모형은 개인적 의사결정과 조직의 의사결정을 동일시하는 것이기도 하다.

(2) 주요 특징   합리적 모형의 특징을 요약하면 다음과 같다.25)

① 결정단계의 순차적 진행   문제의 발견과 진단, 대안의 탐색과 평가, 대안
의 선택 등 의사결정의 단계들은 서로 뚜렷하게 구별되며 차례차례 순서있게 진
행된다. 한 단계의 완료는 다음 단계의 진행에 선행조건이 된다.

② 명확한 목표   의사결정의 목표는 주어진 것이며 단일하고 불변하는 것
이다. 목표와 수단은 구별된다. 대안(수단)의 선택에 기준을 제시하는 목표는 대
안선택을 위한 분석을 진행하기 전에 명확하게 확인된다.

③ 대안탐색과 분석의 완전성   문제해결에 기여할 수 있는 모든 대안들을 탐
색하고 그러한 대안들이 가져올 결과를 빠짐없이 체계적으로 분석한다.

④ 최적대안의 정확한 선택   미리 정해진 기준에 따라 최적의 대안을 선택한

---

p) 합리적 모형은 고전이론에 입각한 것이기 때문에 고전적 모형, 합리적 분석의 과정을 내포하
기 때문에 분석적 모형, 그 내용이 이상적이기 때문에 처방적 모형 또는 규범적 모형, 문제와
대안을 포괄적으로 탐색하고 분석하기 때문에 포괄적 모형이라고 하거나 합리적·포괄적 모형
또는 총체주의적 모형이라고 부르기도 한다. 최소의 희소자원 사용으로 최대의 산출을 내는
경제적 능률성에 관한 이론을 원용한다하여 합리적 모형을 경제적 모형이라 부르기도 한다.
합리성 제약을 전제하는 모형들은 인간행태의 합리성 제약과 인지능력의 불완전성을 전제하
기 때문에 행태이론모형 또는 인지모형(認知模型), 이상적이기보다 현실적·실천적이기 때문에
현실적 모형·경험적 모형·실제적 모형·실증적 모형·기술적 모형(記述的 模型) 등으로 불리
기도 한다.

다. 대안을 분석하고 선택하는 데 개입될 가능성이 있는 비합리적 요인은 통제된다.

(3) 적용의 한계　　합리적 모형이 유효하게 적용될 수 있는 상황도 있다. 그러나 현실적합성이 낮은 경우가 더 많다. 의사결정의 합리성을 제약하는 요인들이 많기 때문이다. 그러한 제약요인으로 ⅰ) 불완전한 인간의 능력, ⅱ) 목표의 모호성, ⅲ) 문제의 복잡성, ⅳ) 정보와 기타 자원 그리고 시간의 제약, ⅴ) 관료적 조직의 제약, ⅵ) 외부로부터의 비합리적 투입, ⅶ) 조직 내외의 변동 등을 들 수 있다.

합리성과 합리성 제약요인에 관해서는 제 3 장 제 1 절에서 설명하였다.

> 합리적 의사결정의 총체적 평가에서는 경제적 기준뿐만 아니라 정치적 기준 등을 포괄적으로 적용해야 한다고 보는 것이 이 책의 관점이다.
>
> 그러나 전통적인 합리적 의사결정모형이 추구하는 합리성을 경제적 합리성이라고 보는 사람들은 그와 대조되는 정치적 합리성(political rationality)을 논의한다. Aaron Wildavsky가 말한 정치적 합리성은 정치적 기준에 따라 평가되는 합리성이다.
>
> 정치적 합리성에 주목하는 사람들은 합리성을 판단하는 정치적 기준의 중요성을 강조한다. 그들은 경제적 기준에 비추었을 때 비합리적이더라도 정치적 비용·편익·결과를 기준으로 평가하면 합리적일 수 있다고 말한다. 정치적 판단기준이 되는 편익의 예로 정책에 대한 보상, 권력의 증대, 장래의 의사결정과정에 대한 접근·참여기회의 증가를 들 수 있다. 비용의 예로는 지지를 받는 데 필요한 교환비용, 정책추진으로 인한 적대관계 형성, 명예실추, 선거에서의 패배를 들 수 있다.[26]

2) 만족모형

Herbert A. Simon은 인간의 '제한된 합리성'(제한된 범위 내에서의 합리성: bounded rationality)에 주의를 환기시키면서 합리적 모형을 수정하는 만족모형(滿足模型: satisficing model)을 제시하였다. 인간의 합리성은 제한되어 있기 때문에 의사결정의 과정에서는 순수한 합리성이 아니라 주관적인 합리성이 추구될 수 있을 뿐이며, 대안의 선택에서도 최적대안이 아니라 주관적으로 만족스러운 대안이 선택될 수밖에 없다는 것이 Simon의 주장이다.[q] 그의 모형은 행태주의적

---

q) James G. March와 Simon이 만족모형의 시각에서 「조직」(*Organizations*)이라는 책을 쓴 바 있다. 이 점에 착안한 논자들 가운데는 조직에 적용한 만족모형을 '조직모형'이라 부르는 사람도 있다. 그러나 적절한 작명이 아니다.

의사결정이론의 전형적인 예로 지목되고 있다.

만족모형에 관한 Simon의 설명을 요약하면 다음과 같다.[27]

① 인간의 제한된 합리성   의사결정자인 인간은 합리적으로 되고자 노력할 뿐이지 객관적으로 합리적일 수 있는 존재가 아니다. 사람은 자신의 제한된 능력과 환경적 제약 때문에 결코 완전한 합리성을 발휘할 수 없다.

② 현실세계의 단순화   의사결정을 하는 사람은 객관적인 현실세계를 현저히 단순화하여 생각한다. 현실문제의 매우 복잡하게 얽힌 요인들 가운데 가장 중요하고 적절하다고 생각되는 것만을 골라 현실의 영상을 구성하고 그에 관련하여 의사결정을 하게 된다. 이 말은 사람들이 의사결정을 할 때 객관적 세계를 완전하게 파악하지 못한다는 뜻이다.

③ 주관적 합리성에 따른 결정   의사결정을 하는 사람의 가치관 등 심리적 성향에 따라 규정되는 주관적 합리성(subjective rationality)이 의사결정의 준거가 된다.

④ 만족대안의 선택   의사결정에서 탐색행동은 주관적으로 만족스러운 대안(satisficing alternative)의 발견을 추구하는 것이다. 최적대안을 선택할 수 있는 경우는 극히 예외적인 것이다.

⑤ 선택기준의 조정   대안의 선택에서 최소한의 만족수준을 유지할 수 없는 일이 계속하여 생기면 그에 따라 대안선택의 기준을 점차로 낮추어간다. 반대로 만족수준에 쉽사리 도달하게 되면 그에 따라 대안선택의 최저기준을 높이게 된다.

3) 타협모형

Richard Cyert와 James G. March는 조직을 개인과 집단의 연합체로 보고, 목표, 욕구수준, 기대, 선택, 목표 간 갈등의 부분적 해결(quasi-resolution), 불확실성의 회피, 목표달성에 차질이 있는 경우에 국한된 탐색(problemistic search), 조직학습(organizational learning) 등 여러 가지 개념을 동원하여 합리적 모형을 수정하는 기술적 모형(記述的 模型)을 정립하였다. 그들이 모형설정의 준거대상으로 삼은 것은 사기업조직이다.[r]

---

r) Cyert와 March가 타협모형을 설명한 저서의 이름이 「회사에 관한 행태이론」(*A Behavioral Theory of the Firm*)이라는 사실 때문에 타협모형을 '회사모형'이라 부르는 사람도 있으나 적절한 호칭이 아니다.

갈등·균형모형(conflict-equilibrium model)이라고도 부르는 타협모형(妥協模型: compromise model)에 관한 Cyert와 March의 설명을 요약하면 다음과 같다.28)

① **타협을 통한 작용적 목표 설정** 이윤추구와 같은 조직의 일반적 목표는 너무나 추상적이기 때문에 의사결정에 기준을 제시하지 못한다. 의사결정에 기준을 제시할 수 있는 이른바 작용적 목표(실행적 목표: operational goals)는 조직이라는 연합체를 구성하는 사람들의 협상과 타협을 통해서 형성된다.

② **복수의 목표** 작용적 목표는 단일한 것이 아니라 복수이다. 하나의 의사결정과정에서 고려되어야 할 목표는 여러 가지일 수 있다. 목표 하나하나는 서로 다른 집단의 이익에 결부된 것이기 때문에 각기 독자적인 제약을 의사결정에 가하게 된다.

③ **'받아들일 수 있는' 결정** 의사결정자는 관련된 여러 목표에 비추어 받아들일 수 있는 결정을 하는 데 만족한다. 받아들일 수 있다고 생각되는 대안이 나타나면 그것을 바로 선택해 버리는 경향이 있다. 그러나 받아들일 수 있는 대안이 여러 개가 한꺼번에 나타나면 그들을 비교하여 가장 좋은 것을 고를 수도 있을 것이다. 탐색을 되풀이해도 받아들일 수 있는 대안이 나타나지 않으면 목표를 하향조정할 수밖에 없을 것이다. 무엇이 받아들일 수 있는 수준이냐 하는 것은 의사결정자의 기대에 따라 결정된다.

④ **불확실성 회피 노력** 조직은 불확실성을 회피하려고 노력한다. 우선 환경의 안정성을 유지하는 데 힘쓴다. 그리고 단기적 환류에만 주의를 집중하려 한다. 단기적인 환류를 검토하여 현재의 목표와 실적에 차질이 있으면 확실한 지식의 기초 위에서 할 수 있는 단기적 수정만을 행한다.

⑤ **단순하고 편견적인 대안 탐색** 대안의 탐색은 단순하고 편견적인 것이 보통이다. 넓은 영역을 탐색하기 전에 문제의 증상이 있는 주변과 현재 채택하고 있는 해결방안의 주변을 먼저 탐색하기 때문에 단순하다고 한다. 그리고 탐색에는 행동주체의 희망이나 지각이 반영되기 때문에 탐색이 편견적이라고 하는 것이다.

⑥ **경험을 통한 학습** 조직은 성공과 실패의 경험을 통해서 배운다. 성공적인 행동은 기준이 되어 장래의 의사결정에 준거를 제공한다. 그러한 준거에 따른 행동이 실패하면 준거가 수정될 것이다.

'카네기 모형'(Carnegie Model)이라고도 부르는 연합모형(聯合模型: coalition model)은 타협모형의 일종으로 이해할 수 있다. 연합모형을 '카네기 모형'이라고 부르는 까닭은 미국 카네기 멜론 대학교(Carnegie-Mellon University)에서 활동한 Cyert, March, Simon 등 이른바 카네기그룹(Carnegie Group)의 작품이기 때문이다. 연합모형은 ⅰ) 조직 상의 의사결정은 여러 사람의 관리자들이 하게 된다는 것, ⅱ) 조직의 목표와 문제의 우선순위에 관하여 의견을 같이하는 관리자들이 연합하여 최종 해결안을 선택한다는 것, ⅲ) 관리자들은 가까운 곳에서 만족수준의 해결대안을 찾게 된다는 것, 그리고 ⅳ) 의사결정과정에서 토론과 협상이 매우 중요한 기능을 한다는 것을 내용으로 한다.[29]

James M. Higgins는 환경적 역동성과의 교호작용 그리고 조직 내 연합세력 간의 대립·협상 관계를 중요시하는 전략적 의사결정모형(strategic decision-making model)을 제시한 바 있다. 그의 모형 또한 타협모형의 일종으로 볼 수 있다.[30]

John W. Slocum, Jr.와 Don Hellriegel은 의사결정의 정치적 모형(political model of decision-making)에 관해 설명하고 있다. 이 모형은 자기이익을 추구하려는 개인들의 의사결정을 기술하는 것이다. 정치적 모형은 두 가지 원리 즉 쾌락주의적 자기이익추구의 원리와 권력지배의 원리에 입각한 것이다. 사람들은 힘의 뒷받침만 있으면 자기들이 원하는 것을 무엇이든 실현한다고 설명하는 것이 정치적 모형의 논리이다.[31] 정치적 모형은 의사결정의 연합구조에 참여하는 개인들의 행태를 설명하는 데 도움을 줄 수 있을 것으로 생각한다.

4) 점증적 모형: '그럭저럭 헤쳐나가기'

Charles Lindblom은 복잡한 정책문제에 합리적 의사결정모형을 적용하는 것은 불가능하다고 주장하면서 합리적 모형에서 크게 이탈하는 그럭저럭 헤쳐나가는 방법(science of muddling through)을 제시하였다. Lindblom은 ⅰ) 의사결정에서 선택되는 대안은 기존의 정책이나 결정을 점증적으로 수정해 나가는 것이며 (기존의 결정에서 크게 이탈하는 것이 아니며), ⅱ) 의사결정은 부분적·순차적으로 진행되고, ⅲ) 의사결정의 과정에서 대안분석의 범위는 많이 제약된다고 보기 때문에 그의 모형을 사람들은 점증적 모형(incremental model)이라고 부른다.[s]

정부조직을 준거대상으로 삼고 정책결정과 의사결정을 동의어로 사용하는 Lindblom의 점증적 모형을 규정하는 주요 논점은 다음과 같다.[32]

① 목표·수단 구별의 모호성   목표 또는 실현하여야 할 가치를 선정하는 일

---

s) Lindblom의 모형에는 '간신히 헤쳐 나가는 모형', '점증적 모형', '개방체제 모형', '순차적·제한적 비교방법' 등의 여러 별명이 붙어 있다. 합리적 모형은 '뿌리에서부터 시작하는 방법'(root method)인 반면 Lindblom의 접근방법은 '가지에서부터 시작하는 방법'(branch method)이라고도 한다.

과 목표실현에 필요한 행동을 분석하는 일은 서로 긴밀하게 얽혀 있기 때문에 양자를 구분하기 어렵다.

목표에 대해 관련자들이 합의를 이루지 못하는 경우가 많다. 목표 또는 가치기준을 정책대안의 선택에 앞서 확정하기 어렵기 때문에 정책대안의 선택과 목표의 확정을 병행하게 된다. 어떤 의미에서는 대안의 선택이 있어야 비로소 목표가 뚜렷해진다고 말할 수 있다. 목표와 해결대안이 함께 선택된다면 목표와 수단을 구별하는 분석은 하기 어렵다.

② 합의사항으로서의 정책선택 기준 어떤 정책(해결대안 또는 수단)이 좋은 정책인가를 판단하는 기준은 정책 자체에 대한 관련자들의 합의사항(agreement)이다. 목표에 대한 합의가 없더라도 수단선택에 대한 합의는 있을 수 있다. 이러한 경우 정책의 옳고 그름을 판별하는 유일한 기준은 정책(수단)에 대한 합의내용이다.

③ 정책대안 분석의 단순화 인간의 지적 능력이 제한되어 있고 필요한 정보도 제한되어 있기 때문에 문제와 대안에 대한 분석의 포괄성은 크게 제약된다. 따라서 복잡한 문제에 봉착한 의사결정자들은 분석을 현저히 단순화하지 않으면 안 된다. 단순화에는 기존의 정책과 차이가 비교적 작은 정책대안들만 골라 비교하는 방법, 정책대안의 실현이 가져올 수 있는 중요한 결과의 일부와 그에 결부된 가치를 의식적으로 간과하는 방법 등이 쓰인다.

④ 순차적·점증적 정책대안 선택 정책대안의 비교와 선택은 순차적·점증적으로 되풀이된다. 정책은 한꺼번에 만들어지고 그것으로 끝나버리는 것이 아니다. 정책은 끝없이 되풀이하여 만들어진다. 점증적인 변동을 조금씩 연속적으로 추진함으로써 심각한 과오를 피할 수 있다.

5) 중복탐색모형

Amitai Etzioni는 합리적 모형의 지나친 이상주의와 점증적 모형의 지나친 보수주의를 비판하고 양자를 절충한 제3의 모형을 제시하였다.[t] 그는 자기가 제시한 '새로운' 접근방법을 중복탐색적 접근방법(重複探索的 接近方法: mixed

---

t) Etzioni는 점증주의를 '지리멸렬한 점증주의'라고 비판하였다. 이해당사자들의 합의로 모든 의사결정을 하도록 방치하면 약육강식의 결과를 초래한다는 것, 점증주의는 근본적 사회개혁을 어렵게 한다는 것, 점증주의는 기본적 결정이 필요한 중대문제를 한꺼번에 해결해야 할 때에는 적합치 않다는 것 등이 그의 비판적 논점이다.

scanning approach)이라 부르고 있다. 이 접근방법은 넓고 개략적인 탐색과 좁고 치밀한 탐색을 되풀이한다는 점을 강조하기 위해 중복탐색(혼합탐색)이라는 이름을 붙인 것 같다. Etzioni가 준거대상으로 삼은 것도 주로 공공정책 분야이지만 의사결정과 정책결정을 명확하게 구별하지는 않는다.

혼합주사모형(混合走射模型) 또는 혼합관조모형(混合觀照模型)이라고도 부르는 중복탐색모형에 관한 Etzioni의 설명을 요약하면 다음과 같다.[33]

① 개괄적 탐색과 면밀한 탐색   특정한 의사결정에 관련이 있을 가능성이 있는 넓은 영역(관련될 가능성이 있는 거의 모든 요인)을 개괄적으로 탐색하고 그 가운데서 특별한 주의를 기울여야 할 좁은 영역(철저한 검토가 가능한 범위 내의 요인)을 골라 다시 면밀하게 탐색하는 것이 중복탐색의 전략이다.[u]

② 탐색횟수의 신축성   중복탐색의 횟수는 반드시 2회에 국한되지 않는다. 구체적인 의사결정상황의 필요에 따라 탐색의 범위와 정밀도가 서로 다른 탐색을 여러 차례 되풀이할 수도 있다.

③ 탐색단계별 시간·자원 배분의 상황적응성   각 단계의 탐색에 어느 정도의 시간과 자원을 배분할 것인가 하는 문제는 여러 가지 요인을 고려하여 융통성 있게 해결하여야 할 전략적인 문제이다. 중요한 고려요인은 특정한 의사결정에서 사용할 수 있는 시간과 자원의 전체적인 한도, 의사결정주체의 지위와 능력, 의사결정의 차원, 환경적 특성, 중요 변수 누락의 효과이다.

④ 기본적 결정과 점증적 결정의 구별   중복탐색모형의 틀 속에서는 기본적 결정(fundamental decision)과 점증적 결정(incremental decision)을 반드시 구분해야 한다. 기본적 결정을 할 때는 결정주체가 지각하는 목표에 비추어 결정을 하되, 상세한 요인들을 면밀히 검토하지 않고 주요 대안들만을 고려하여(개괄적인 광역탐색을 통해서) 결정한다. 점증적 결정은 기본적 결정에서 설정한 조건의 범위 내에서 행한다.[v]

⑤ 결정주체의 능력에 관한 절충적 관점   중복탐색모형은 결정주체가 의사결

---

u) 합리적 접근방법에서는 넓은 영역을 빠짐없이 면밀하게 탐색하려 덤비고, 점증적 접근방법에서는 처음부터 좁은 영역에만 주의를 한정하려 한다. 중복탐색적 접근방법에서는 넓은 영역을 대강 살펴보고 문제가 될 만한 좁은 영역을 골라 다시 집중적으로 검토한다.

v) 중복탐색모형을 비판하는 사람들은 기본적 결정과 점증적 결정을 구별하기 어렵다고 말한다. 그리고 설령 구별이 가능하더라도 그러한 구별은 시간의 흐름에 따라 유동적일 수밖에 없다고 주장한다.

정의 목표 또는 가치기준을 대강은 알 수 있다는 것을 전제한다. 합리적 모형에서처럼 목표의 완벽한 객관적 확인을 주장하는 것은 아니지만, 그렇다고 해서 점증적 모형에서처럼 가치척도가 없기 때문에 목표 또는 가치기준에 입각한 평가가 불가능하다고 보는 것도 아니다. 가치기준의 문제에 관해서도 중복탐색모형은 절충적인 입장을 취한다고 할 수 있다.

6) 최적정책결정모형

Yehezkel Dror는 정부기관의 주요 행동노선을 결정하는 정책결정의 과정을 준거대상으로 하여 합리적 접근방법인 순수합리성모형(純粹合理性模型)과 비합리적 접근방법인 초합리적 모형(超合理的 模型)을 절충하는 규범적 최적모형(規範的 最適模型: normative optimal model)을 만들었다.[34]

Dror는 합리적 모형들이 경험적으로 인과관계를 입증할 수 있는 계량적 요인만을 대상으로 하기 때문에 질적인, 그리고 비합리적인 요인들을 간과하며, 많고 복잡한 요인들이 서로 작용하고 있는 정책결정상황의 온전한 모습을 포착하지 못한다고 비판하였다. 인간은 근본적으로 비합리적인 존재라고 전제하는 점증적 모형들은 정책결정에서의 미래예측이 합리적인 증거에 기초하여 이루어질 수 없다고 보기 때문에 주로 전례답습을 조장하는데, 이 또한 비판받아야 한다고 말하였다.

(1) **주요 특성**　　Dror의 최적모형은 계량적인 측면과 질적인 측면을 구분하여 검토하고 이들을 결합시키는 질적 모형이며, 합리적 요인과 초합리적 요인[w]을 함께 고려하는 모형이다.[x] 최적모형의 주요 특성은 ⅰ) 양적이기보다 질적이라는 것, ⅱ) 합리적 및 초합리적 구성요소를 함께 지닌다는 것, ⅲ) 경제적

---

w) Dror는 초합리적 과정(extrarational process)의 의미를 엄격히 정의하고 있지 않다. 초합리적 과정을 정책결정자의 직관이나 영감적 판단에 의존하는 과정이라고 이해하는 사회과학의 일반적 관행을 소개하고 있을 뿐이다. 그리고 정책문제의 해결은 가능한 한 합리적 과정에 따라야 하지만 문제가 복잡하고 예측의 불확실성이 높은 경우, 새로운 대안을 창안해야 하는 경우, 합리적 과정의 진행에 필요한 자원과 시간이 부족한 경우에는 초합리적 과정이 유효하게 쓰일 수 있다고 말한다.

x) 의사결정의 합리적 국면과 비합리적 국면을 함께 고려해야 한다는 이론은 많다. 예컨대 Irving Janis와 Leon Mann은 엄격한 합리성과 제한된 합리성의 요소를 결합하여 '주의깊은 정보처리모형'(vigilant information processing model)이라는 의사결정모형을 제시한 바 있다. 그들은 의사결정자들이 지키도록 노력해야 할 기준들을 열거했는데 그 가운데는 엄격하게 합리적인 기준과 제한적으로 합리적인 기준이 섞여 있다. Janis and Mann, *Decision Making*(Free Press, 1977).

합리성 추구가 기본원리라는 것, ⅳ) 상위정책결정을 포함한다는 것, ⅴ)많은 환류가 내장된다는 것, 그리고 ⅵ) 규범적 처방을 내포한다는 것이다.

Dror는 계량화된 모형에만 최적모형이라는 이름을 붙이고 질적인 모형은 선호된(preferred) 모형이라고 부르는 체제분석의 관행은 잘못이라고 지적한다. 그리고 계량적 최적모형뿐만 아니라 질적 또는 비계량적 최적모형도 인정해야 한다고 주장한다. Dror의 최적모형이 '경제적으로 합리적인' 모형이라고 하는 까닭은 정책결정의 각 단계에서 가장 경제적으로 사용할 수 있도록 자원을 배분해야 한다는 것을 기본원리로 삼기 때문이다. 그의 모형을 규범적이라고 하는 까닭은 바람직한 목표 또는 가치의 산출이 최대화될 수 있는 과정과 구조를 설정하기 때문이다.

(2) 정책결정의 과정   최적모형의 정책결정과정은 세 가지 주요 단계로 구성된다. 세 가지의 주요 단계란 ⅰ) 정책을 어떻게 결정할 것인가에 대한 정책결정이라고 할 수 있는 상위정책결정(metapolicymaking), ⅱ) 실질적인 문제에 관한 정책을 결정하는 통상적인 의미의 정책결정(policymaking), 그리고 ⅲ) 정책집행과정에서의 환류에 따라 정책을 변경하는 재정책결정(再政策決定: repolicymaking)을 말한다.

상위정책결정단계에서는 정책결정체제의 전체 또는 그 주요 부분을 관리한다. 상위정책결정단계에서는 문제·가치·자원을 확인하여 이를 서로 다른 정책결정단위들에 배정하고, 정책결정체제를 설계·평가·재설계하며, 정책결정의 기본적 전략을 결정한다. 재정책결정단계는 사후정책결정단계 또는 정책결정이후단계라고 설명되기도 한다.

세 가지의 주요 단계들은 다시 18개의 하위단계 또는 국면으로 분류된다. 마지막 18번째 하위단계(의사전달과 환류의 통로에 의한 연계작용)는 모든 국면들을 연결하는 별도의 범주라고 한다.

(3) 정책결정구조의 요건   정책결정의 과정적 측면에 관한 개념적 틀에 구조적 측면에 관한 개념적 틀이 결합되어야 최적정책결정모형이 완결된다.

정책결정과정의 최적화에 필요한 구조적 조건(일반적이고 기본적인 조건)은 다음과 같다.

① 다원적 구조   다양한 행동단위들이 정책결정과정에 참여하는 다원적 구조를 형성해야 한다. 정책결정과정의 각 하위국면과 그 구성요소는 이를 담당하

거나 그에 기여하는 행동단위를 최소한 하나씩 가지고 있어야 한다.

② 중첩의 용인　　중복적 또는 중첩적 활동을 용인하는 구조라야 한다.

③ 필요한 구조적·사회적 거리의 유지　　정책결정과정에 참여하는 행동단위들 가운데서 구조적·사회적 거리를 유지해야 할 것들은 서로 분리해야 한다.y)

④ 연합체 구성단위의 포함　　정책집행의 동기를 부여할 권력을 지닌 연합체의 구성단위가 될 수 있는 것들을 정책결정구조에 포함시켜야 한다.

⑤ 집행단위와 결정구조의 연결　　정책집행의 왜곡을 막기 위해 정책집행단위들을 정책결정구조에 긴밀히 연결시켜야 한다.

⑥ 산출의 통합　　여러 행동단위들의 산출은 정책결정에 대한 누적적 기여가 최대화될 수 있도록 통합해야 한다.

⑦ 재검토·재설계　　환경·정책문제·구조 자체의 특질이 끊임없이 변동하기 때문에 정책결정구조는 주기적으로 재검토·재설계해야 한다.

7) 합리적 행위자모형·조직과정모형·관료정치모형

Graham T. Allison은 「의사결정의 본질」(*Essence of Decision*)이라는 그의 저서에서 세 가지의 의사결정모형을 정립하고 이를 적용하여 1960년대의 '쿠바미사일 사태'에 대한 미국정부의 대응정책결정을 분석하였다.z) Allison이 만든 세 가지 모형이란 ⅰ) 합리적 행위자모형, ⅱ) 조직과정모형, 그리고 ⅲ) 관료정치모형을 말한다.35)

(1) 합리적 행위자모형　　합리적 행위자모형(合理的 行爲者模型: rational actor model)은 개인 차원의 합리적 의사결정모형을 정부의 정책결정이라는 집합적 과정에 원용한 것이다.

이 모형의 주요 가정은 다음과 같다.

① 목표의 극대화 추구　　정책은 주어진 목표의 극대화를 추구하는 것이다.

② 단일화된 결정구조　　정책결정주체인 국가나 정부는 단일한 의사결정자처럼 행동한다. 정부조직은 잘 융합되고 집권적인 의사결정구조를 지닌 유기체이다.

③ 결정자의 합리성　　의사결정자는 완벽한 정보를 가지고 주어진 목표의 극

---

y) 예컨대 정책대안의 비용·편익을 예측하는 부서는 정책평가부서로부터 분리할 필요가 있다.

z) '쿠바 미사일 사태'란 소련이 쿠바(Cuba)에 미사일을 반입하려 하자 미국 케네디 대통령 정부가 쿠바의 해안을 봉쇄한 사태를 말한다.

대화를 추구하는 합리적 존재이다.

④ **결정과정의 합리성**   정책결정과정은 문제와 대안을 엄격하게 분석·평가하는 합리적 과정이다.

(2) **조직과정모형**   조직과정모형(組織過程模型: organizational process model)은 준독립적인 하위조직들의 느슨하게 연계된 집합체인 정부가 대체로 표준화된 절차에 따라 정책을 산출한다고 본다. 표준적 절차에 주로 의존하는 정책결정의 변동은 점증적일 수밖에 없다고 보는 점에서 사이버네틱 정책결정모형과 닮은 점이 많다.

이 모형의 주요 가정은 다음과 같다.

① **제약조건으로서의 목표**   정책목표는 실현가능한 행동대안을 규정하는 제약조건이다.

② **정부조직의 연합체적 특성**   정책결정주체인 정부조직은 많은 하위조직의 연합체이다. 하위조직들은 각기의 관할권을 가진 준독립적인 존재이며, 그들 사이의 연계는 느슨한 것이다.

③ **정부지도층의 촉진적·조정적 역할**   정부지도층은 하위조직들의 해결책 탐색을 촉발하고 상충되는 대안들을 조정한다.

④ **관행과 표준운영절차의 중시**   하위조직들의 정책산출물은 주로 조직의 관행과 표준운영절차를 통해 만들어진다. 해결대안의 탐색에서 기존의 조직관행과 프로그램 레퍼토리를 중요시한다. 비정형적인 문제의 해결을 위한 탐색과정도 대개 조직의 관행에 따라 진행된다. 그러므로 급진적인 정책변동은 어렵다.

⑤ **정책의도와 집행의 괴리**   정부지도층의 정책의도와 관료들의 정책집행 결과 사이에는 괴리가 있다.

(3) **관료정치모형**   관료정치모형(官僚政治模型: bureaucratic politics model)은 여러 문제들에 관심을 갖는 다수행위자들이 정치적 게임을 통해 정책을 만들어 낸다고 설명한다.

① **정치적 산물**   정책은 정치적 경쟁·협상·타협의 산물이다.

② **다수의 독자적 행위자들에 의한 결정**   정책결정의 행위주체는 독자성이 높은 다수행위자들의 집합이다. 행위자들은 상당한 권력을 가진 개인들이다.

③ **혼합적 목표·낮은 목표공유수준**   정책결정에 참여하는 행위자들의 목표는 국가·조직·조직단위·개인의 목표를 혼합한 것이며, 행위자들 사이의 목표

공유수준은 낮다. 각 행위자들은 국가 전체의 총체적 정책분석보다 당장 활용할 수 있는 대안의 선택에 더 많은 관심을 갖는다.

④ 상이한 목표의 정치적 조정 행위자들의 목표와 관점이 서로 다르기 때문에 이를 조정하기 위한 정치가 필요하다. 경쟁·협상·타협 등의 정치게임에는 어느 정도의 규칙적인 행동경로가 있다. 정책은 정치게임의 결과이기 때문에 각 참여자가 당초에 의도했던 것과는 많이 달라질 수 있다.

8) 사이버네틱 정책결정모형

사이버네틱 정책결정모형(cybernetic model of policy making)은 사이버네틱스 (cybernetics)라는 시스템 공학적 개념을 정책결정의 분석에 적용한다. 이 모형은 사이버네틱 메커니즘[a']을 활용하여 정책결정상황과 정책문제에 관한 정보를 단순화하고 정책결정과정을 단순화하는 방안을 제시한다.[36)]

쉽게 말하면 늘 해오던 대로 정책문제의 복잡한 변수 가운데서 중요한 변수에 관한 정보만을 수집하여 분석하고, 관행화되어 있는 표준적 절차에 따라 미리 만들어 두었던 해결방안들 가운데서 적당하다고 생각되는 것을 고르는 것이 사이버네틱 정책결정이라고 할 수 있다.

이 접근방법 제안자들은 포괄적이고 치밀한 정보분석을 요구하는 합리적·분석적 접근방법으로는 조직, 특히 정부조직의 방대성과 복잡성, 정책문제의 복잡성, 정보과다에 효과적으로 대응할 수 없다고 생각한다. 그리고 그 대안으로 사이버네틱 모형이라는 '단순화의 접근방법'을 제안한다. 사이버네틱 패러다임의 기본적 전제는 대부분의 정책결정이 비교적 단순한 의사결정기제에 따라 이루어지지만 상당히 성공적으로 문제를 해결하고 있다는 것이다.

사이버네틱 정책결정모형의 주요 특징은 다음과 같다.

① 가치분할과 무목적적 적응 복잡한 정책의 결정에서 각축하는 가치들이 언제나 하나의 계서적 체계로 통합될 수 있다고 보지 않는다. 가치통합보다는

---

a') 사이버네틱 정책결정모형이 원용하는 사이버네틱 메커니즘(cybernetic mechanism)은 제한된 정보검색과 제한된 행동대안으로 문제를 해결한다. 즉, 광범하고 복잡한 정보탐색을 거치지 않고 주요 변수에 관한 정보만을 미리 정해진 표준적 절차(SOP: standard operating procedure) 또는 규칙에 따라 처리하고 미리 개발해 둔 해법의 레퍼토리 또는 '조리법'(recipe) 가운데서 해법을 선택한다. 사이버네틱 메커니즘의 가장 친숙한 예는 실내온도를 조절하는 자동온도조절장치이다. 자동온도조절장치는 실내온도의 변화에 관한 정보만을 수집·분석하고 미리 정한 온도의 한계를 벗어나는 온도변화를 발견하면 표준적 절차에 따라 온도조절결정을 한다.

가치분할(value separation)의 가능성이 더 높은 것으로 본다. 정책결정에서 각축하는 복수의 가치들이 개별가치 또는 통합된 하위가치체계들로 분할되어 따로따로 추구되는 것을 가치분할이라 한다.

정책결정이 추구하는 가치가 있다는 것을 인정하지만 대안탐색의 과정은 무목적적 적응(無目的的 適應: 비의도적 적응: nonpurpose adaptation)의 과정임을 강조하는 것도 사이버네틱 모형의 특징이다. 의사결정자는 결정의 결과에 미리 어떤 가치를 부여하기 위해 치밀한 분석을 하는 것이 아니라 단지 미리 정해진 대안의 레퍼토리에서 하나를 선택할 뿐이라고 한다.

이에 반해 합리적 분석모형에서는 가치통합을 전제하며 결정자의 기대가치(기대효용)의 극대화 또는 최적화를 위해 치밀한 탐색과 분석을 하고 결정결과의 가치를 예측한다.

② 단순화를 통한 불확실성 통제   단순화를 통한 불확실성 통제를 추구한다. 한정된 범위 내의 변수들에만 주의를 집중하고 나머지 정보는 무시함으로써 불확실성을 통제(제한)한다. 환경과 정책문제의 복잡성이 높아지면 복잡한 문제를 분할하여 분담시킴으로써 내부적 단순성을 유지한다.

이에 반해 합리적 분석모형에서는 불확실성을 단순한 확률문제로 보고 확률을 이용한 계산으로 해결하려 한다.

③ 적응적 의사결정   성공적 문제해결은 환경에서의 성공적인 적응이라 보고 적응적 의사결정을 강조한다. 적응은 환류과정에 의존한다. 환류과정에서도 필요한 부분만 검색한다.

적응적 의사결정을 강조하지만 학습과정의 정보민감성은 합리적·분석적 모형에서 보다 낮다. 표준적 절차와 대안 레퍼토리를 바꾸는 학습은 시간이 걸리기 때문이다.

④ 집합체의 의사결정   조직 또는 집단이 하는 집합체적 의사결정과 개인적 의사결정을 동일시하지 않는다. 조직 내에서 복잡한 정책문제는 부분적인 하위문제들로 분할되어 하위조직단위들에 할당된다. 하위조직단위들에서의 문제해결은 표준적 절차에 따른다.

이에 반해 합리적 분석모형에서는 모든 정책결정단위를 한 사람의 개인처럼 간주하고 개인적 의사결정모형을 집합체의 의사결정에 그대로 적용한다.

9) 쓰레기통 모형

Michael D. Cohen, James G. March, 그리고 John P. Olsen이 개발한 쓰레기통 모형(garbage can model)은 고도로 불확실한 조직상황에서의 의사결정 양태를 설명하기 위한 모형이다. 이 모형은 조직 내의 불확실한 상황을 조직화된 무정부상태라 규정하고, 그러한 상황에서의 의사결정은 유동적인 참여자들이 여러 가지 문제와 해결방안을 따로따로 쓸어 넣은 쓰레기통 같은 곳에서 두서없이 하는 것이라고 설명한다.[37]

이 모형은 또 문제와 해결방안이 나오는 순서가 뒤바뀔 수도 있고, 양자가 무관할 때도 많다는 점을 지적한다. 조직 내의 의사결정은 엄격하게 수단적이라기보다 오히려 표현적인 요소를 더 많이 가지고 있다는 점을 시사하기도 한다. 문제해결이라는 목적달성보다 참여자들에게 여러 가지 필요를 표현하는 기회를 제공한다는 의미가 더 부각될 수 있다는 것이다.

(1) **조직화된 무정부상태**   쓰레기통 모형은 의사결정상황을 고도로 불확실한 상황이라고 전제하고 그러한 상황을 조직화된 무정부상태(organized anarchy)라고 규정한다. 조직화된 무정부상태는 통상적인 권한계층과 관료적 결정규칙이 없는, 그리고 급속히 변동하는 협의체적·비관료적 상태의 특징이다. 이러한 상태에서는 ⅰ) 의사결정의 각 국면은 모호하고 사람들의 선호는 불분명하며, ⅱ) 인과관계에 관한 지식과 적용기술을 사람들이 이해하지 못하고, ⅲ) 의사결정 참여자들의 유동이 심하다.

조직화된 무정부상태에서는 의사결정에 연관된 사건들이 따로따로 흐르기 때문에 문제와 해결책의 연결이 흐려진다. 서로 유리(遊離)된 채 움직이는 사건의 흐름(streams of events) 가운데 의사결정에 직결되는 것은 네 가지이다.

① **문제의 흐름**   대안의 선택이나 문제의 해결과는 무관하게 문제는 문제대로 따로 흘러다닐 수 있다.

② **해결책의 흐름**   해결책도 문제와 상관없이 흘러다닐 수 있다. 사람들은 문제 이전에 해결책부터 착상해 낼 수 있다.

③ **참여자의 흐름**   조직참여자들의 조직 내외에 걸친 유동은 빈번하다. 그들은 어떤 하나의 문제 또는 해결책에 충분한 시간을 할애하지 못한다.

④ **선택기회의 흐름**   선택기회(choice opportunity)도 흘러다닌다. 선택기회란 조직이 의사결정을 하는 경우 또는 기회를 말한다.

(2) 쓰레기통 속에서의 의사결정   문제, 해결책, 참여자, 그리고 선택기회가 각기 따로 흘러다니고 그것들이 뒤흔들어져 있는 조직은 그 자체가 거대한 쓰레기통이다. 어떤 하나의 선택기회는 작은 쓰레기통이라고 할 수 있다. 이와 같이 크고 작은 쓰레기통 속에서의 선택, 즉 의사결정은 임의적 또는 자의적 특성 (random quality)을 지닌다. 의사결정은 논리적 단계들이 순차적으로 진행된 결과가 아니다.

쓰레기통 속에서의 의사결정결과는 여러 가지 양태로 나타나겠지만 다음과 같은 네 가지 범주로 크게 분류해 볼 수 있다.

① 문제가 없어도 제안된 해결책   문제가 없는데도 해결책이 제안되는 경우가 있다.

② 문제를 해결하지 못하는 해결책의 채택   문제를 해결할 의도로 대안을 선택하였지만 그것으로 문제를 해결하지 못하는 경우가 있다.

③ 해결책 발견 실패   해결방안을 찾지 못해서 문제가 그대로 남아 있게 되는 경우가 있다.

④ 문제가 해결되는 소수의 사례   비록 소수이지만 문제의 해결이 이루어지는 경우가 있다.

해결대안의 선택이 있을 때마다 문제가 해결되는 것은 아니다. 그러나 조금씩이라도 해결되고 있기 때문에 의사결정과정들은 집합적·누적적으로 조직목표에 기여하며 조직은 문제를 줄여나가는 방향으로 움직여 가게 된다.

John W. Kingdon은 정책의 창(窓)에 관한 이론(policy window theory)에서 사건의 흐름을 문제의 흐름(problem stream), 정치의 흐름(political stream), 정책의 흐름(policy stream) 등 세 가지로 단순화하였다. Kingdon이 말한 정책의 창은 어떤 정책주창자들이 관심을 갖는 문제가 정책의제화되고 그들이 선호하는 정책대안이 채택될 수 있도록 열려지는 기회이다. 정책의 창이 열려 있다는 것은 정책의제설정에서부터 최고의사결정까지의 과정에 필요한 여러 가지 여건들이 성숙되어 있다는 것을 의미한다.[38]

문제의 흐름과 정치의 흐름은 정책의 창이 열리게 하는 데 주된 역할을 한다면, 정책의 흐름은 정책의 창이 열린 뒤 다시 닫힐 때까지 가장 중요한 역할을 담당하게 된다. 정책의 흐름에서 적절한 대안을 제시하지 못하면 해당 정책문제는 정책의 창에서 사라지게 된다. 정책의 창은 예측가능한 일정에 따라 열리는 경우도 있고, 예측할 수 없는 정치적·사회적 사건 때문에 열리는 경우도 있다.

이러한 설명으로 미루어 볼 때 Kingdon의 모형은 쓰레기통의 무질서에 어느 정도의 질서를 주입한 것으로 해석할 수도 있다.

쓰레기통 모형은 의사결정상황의 유동성과 결정행동의 불확실성에 초점을 맞추고 있는데, 이와는 대조적으로 계서제의 경직성, 참여제한, 규칙맹종 등 관료적 속성에 착안하여 의사결정의 선례답습적 경직성을 부각시키는 모형도 있다. Michael Masuch와 Perry LaPotin은 행정적 일상화모형(行政的 日常化模型: administrative routine model)에서 의사결정자들이 결정규칙과 참여규칙에 얽매여 그것을 주어진 조건으로 받아들이기 때문에 의사결정은 일상화되고, 따라서 의사결정내용의 예측가능성은 높아진다고 하였다.[39]

10) 상황적응적 모형

위에서 소개한 아홉 가지 모형들 가운데는 현실적인 의사결정세계의 대세에 더 가까운 것도 있고 더 먼 것도 있다. 그러나 그 어느 것도 보편적인 타당성과 효용성을 지니지는 못한다. 그런가 하면 모형들은 결정상황의 여하에 따라 각기 유효하게 적용될 가능성이 있다. 우리는 모형들의 상황에 따른 효용에 각별히 유의하면서 그러한 모형들을 이해하여야 한다.

의사결정 연구인들은 의사결정현상의 상황적응적 이해를 원칙으로 강조하면서 상황적응적 의사결정모형을 개발하고 있다.

여기서는 그 한 예로 Richard L. Daft가 개발한 상황적응적 의사결정모형(狀況適應的 意思決定模型: contingency decision-making framework)을 소개하려 한다. Daft는 그가 개발한 모형을 몇 차례에 걸쳐 수정한 바 있다.[40]

(1) **상황분류의 기준**   의사결정상황의 분류기준은 ⅰ) 문제에 관한 합의와 ⅱ) 문제해결의 기술적 지식에 관한 합의이다.

문제에 관한 합의(problem consensus)란 문제의 특성과 문제해결에서 추구해야 할 목표에 관한 관리자들의 합의를 말한다. 합의의 수준은 완전한 합의로부터 합의의 완전한 실패에 이르기까지의 연속선 상에 분포된다. 관리자들의 합의가 있으면 문제와 목표 또는 성과에 대한 불확실성은 최소화된다. 합의가 없으면 문제와 목표 또는 성과에 대한 불확실성이 높아진다.

기술적 지식(technical knowledge about solutions)에 관한 합의는 어떻게 문제를 해결하고 조직의 목표를 성취할 것인가에 대한 이해와 합의를 지칭한다. 기술적 지식에 대한 합의의 수준은 완전한 합의와 확실성으로부터 완전한 합의부재와 불확실성에 이르기까지의 연속선 상에 분포된다. 문제해결방법, 즉 기술적 수단에 대한 이해와 합의의 수준이 높으면 적합한 대안을 비교적 확실하게 탐색하여 선택할 수 있다. 수단에 대한 이해와 합의의 수준이 낮으면 대안의 합리적 탐색은 어려워진다.

(2) 상황에 따른 의사결정의 접근방법   문제에 관한 합의와 기술적 지식에 관한 합의라는 두 가지 기준의 조합에 따라 의사결정상황을 네 가지로 분류할 수 있다. 네 가지의 결정상황에는 각기 다른 의사결정모형이 적합하다.

① 상 황 1   이 상황은 문제에 관한 합의와 기술적 지식에 관한 합의의 수준이 다같이 높은 상황이다. 목표도 확실하고 목표−수단 간의 인과관계에 대한 지식도 확실하다.

이런 상황에서 관리자들은 합리적 의사결정모형을 적용하여 계산적 방법으로 대안을 선택할 수 있다. 조직 전반에 걸친 문제의 해결에는 관리과학적 방법이 적합하다.

② 상 황 2   이 상황은 문제에 관한 합의의 수준은 낮고 기술적 지식에 대한 합의수준은 높은 상황이다.

이런 상황에서는 목표와 그 우선순위, 그리고 해결하여야 할 문제의 성격에 관하여 우선 합의를 구하기 위해 협상·타협하고 연합해야 한다. 관리자들은 의사결정과정에서 문제에 관한 불확실성을 줄이기 위해 관련자들의 광범한 참여를 유도하고 타협과 연합이 이루어질 때까지 토론을 활성화해야 한다. 이 상황에서 조직차원의 문제해결에 적합한 의사결정모형은 카네기모형이다.

③ 상 황 3   이 상황은 문제에 관한 합의수준은 높고 기술적 지식에 관한 합의수준은 낮은 상황이다.

이러한 상황에 처한 관리자들은 과거의 경험과 직감에 의지하여 해결대안을 선택할 수밖에 없다. 해결대안을 논리적인 방법으로 확인하고 계산할 수 없기 때문에 판단전략과 시행착오에 의지하게 된다. 여기에 적합한 조직차원의 의사결정모형은 점증적 모형이다.

④ 상 황 4   이 상황은 문제에 관한 합의수준도 낮고 기술적 지식에 관한 합의수준도 낮은 상황이다.

이와 같이 고도로 불확실한 상황에서는 문제의 확인과 해결책의 선택을 위해 타협전략, 판단전략, 영감적 전략, 모방전략 등을 동원할 수밖에 없다. 이 경우 조직차원의 문제해결에 동원할 수 있는 의사결정모형은 카네기 모형, 점증적 모형, 그리고 쓰레기통 모형이다.

그림 5-1-2 상황별 의사결정모형

	확실　　　　문제에 관한 합의　　　　불확실	
확실　　기술적 지식　　불확실	**상황 1** 관리자의 전략: 합리적 접근방법에 따른 계산전략 조직의 의사결정모형: 관리과학	**상황 2** 관리자의 전략: 타협과 연합형성 조직의 의사결정모형: 카네기 모형
	상황 3 관리자의 전략: 직관적인 판단과 시행착오 조직의 의사결정모형: 점증적 모형	**상황 4** 관리자의 전략: 타협, 판단, 영감, 모방 조직의 의사결정모형: 카네기 모형, 점증적 모형, 쓰레기통 모형

4. 의사결정자의 실책

의사결정자들은 착오와 고의적 왜곡 등 인지적 이유 때문에 실책을 저지를 수 있다. 의사결정자들이 저지를 수 있는 실책은 다양하고 그 원인은 많다. 여기서는 의사결정의 실제에서 자주 관찰되는 실책들을 골라 설명하려 한다.[41]

① 지나친 단순화　주먹구구식 단순화규칙에 따라 복잡한 의사결정문제를 지나치게 또는 잘못 단순화함으로써 의사결정에서 실책을 저지를 수 있다. 선택적 지각이나 유형화에 의한 단순화는 판단의 오류를 범하게 한다.

② '구성의 효과'　'구성의 효과'(framing effects)란 문제와 대안의 제시방법에 따라 의사결정이 달라지는 경향을 지칭한다. 예컨대 의사결정자에게 행동대안을 설명할 때 그 이익을 강조하면 모험적 의사결정을 피하려 하지만, 행동대안을 채택하지 않았을 때의 손실을 강조하면 모험적 의사결정을 하게 되는 경우, 거기에 구성의 효과가 있다.

구성의 효과는 조삼모사(朝三暮四)의 효과라고 설명할 수도 있다. 구성의 효과 때문에 어리석게 의사결정을 그르치는 일은 흔하다.

③ 실패한 결정에 대한 집착　기존의 결정에 대한 지나친 집착은 함정이 될 수 있다. 실패한 지난날의 결정에 집착함으로써 과오를 시정하지 못하는 함정에 빠진다.[b')]

---

b') 잘못된 결정이나 행동방안을 지속시키기 위해 더 많은 시간과 노력, 돈 등을 투입하는 현상을 '집념의 확대'(escalation of commitment)라 한다. 집념의 확대는 의사결정의 잘못에 대한 비난

④ 사전적 선택 의사결정의 대안들을 검토해 보기도 전에 의사결정자가 선호하는 대안을 미리 선택해버리는 것을 사전적 선택이라 한다. 어떤 대안의 선택을 암묵리에 내정해 놓고 대안탐색·평가의 과정을 생략하거나 그것을 형식적으로 진행시킨다면 보다 나은 대안이 선택될 수 있는 기회를 봉쇄하게 된다.

⑤ 방어적 회피 방어적 회피는 결정자들에게 불리하거나 위험을 내포하는 결정을 미루고 회피하는 것이다. 이것은 상급자나 다른 사람에게 결정책임을 미루는 책임회피의 형태로도 나타난다.

⑥ 적시성 상실 방어적 회피나 무사안일적 태도 등으로 인한 의사결정의 지연은 여러 폐단을 빚고 부패의 온상이 된다.

⑦ '집단사고' '집단사고'(Groupthink)의 여러 가지 맹점들이 의사결정을 그르칠 수 있다. 집단사고는 집단 내의 사회적 압력 때문에 빚어지는 판단능력(비판적 평가능력)의 저하현상을 지칭한다.

⑧ 과잉동조의 폐단 관료제조직의 과잉동조적 분위기는 의사결정의 상황적합성과 창의성을 저해한다.

⑨ 기준배합의 왜곡 의사결정의 기준배합이 심히 왜곡될 수 있다. 결정자의 사익을 부당하게 개입시키는 경우, 그리고 정치적 고려가 과도하게 작용하는 경우가 그 현저한 예이다.

⑩ 무지로 인한 실책 의사결정자들의 무식함이 빚어내는 실책들도 많다. 의사결정에 필요한 개념·이론·기술에 대한 훈련이 없거나 부적합하면 의사결정에서 과오를 범하게 된다.

의사결정자들의 실책을 예방하기 위해 개인과 조직은 의식적으로 노력해야 한다. 그러나 인간능력의 한계와 결정상황의 불확실성을 완전히 극복하는 것을 당장 기대하기는 어렵다. 따라서 실책을 사전에 완전히 방지하기는 어렵다. 그리고 초고속환경(high-velocity environment)에 처한 조직들은 실책의 위험을 안고

을 피하기 위해 또는 체면손상을 막기 위해 인지강화(認知強化: cognitive bolstering)를 하기 때문에 일어날 수 있다. 인지강화란 과거의 결정을 정당화할 수 있는 정보만을 수집하고 그 가치를 과장하는 것이다. 규칙과 절차, 기존의 사업 등에 얽매이는 보수적 행태 그리고 기존사업의 성과평가를 게을리하는 행태도 집념의 확대를 조장할 수 있다. 집념의 확대는 의사결정의 일관성과 지속성을 중요시하는 사회적 선호 또는 압력 때문에 빚어질 수도 있다.

라도 신속한 의사결정을 해야 할 필요에 직면할 때가 많다.

  이런 조건 하에서 중요한 것은 실책을 통한 학습이다. 실책을 보고 반성하는 학습과정을 강화하여 실책을 반복하지 않도록 노력해야 한다.

리더십·갈등관리

I. 리 더 십

1. 리더십이란 무엇인가?

1) 정 의

리더십(leadership)은 일정한 상황에서 개인이나 집단에 영향을 미쳐 그 활동을 이끌어가는 과정이다. 리더십은 리더(leader)와 추종자(follower), 그리고 상황적 요인(situational variables) 등 복잡한 요인들이 교호작용하는 과정이다.[a]

이와 같은 리더십의 개념에 내포된 요소들을 조금 더 자세히 살펴보면 다음과 같다.[1]

① 영향을 미치는 목표지향적 과정   리더십은 개인이나 집단의 활동에 영향을 미치는 과정이다. 추종자들이 원하는 대로 하도록 하는 것이라기보다 영향을 미쳐 바람직한 방향으로 이끌어가려는 목표지향적 활동이다.

② 권력에 연계된 작용   권력과 리더십은 긴밀히 연관되어 있다. 리더십은 권력이 차등적으로 배분되어 있는 사람들 사이에서 일어나는 과정이다. 그러나 리더가 권력을 독점하는 것은 아니다. 리더와 추종자 사이의 권력관계는 상호적인 것이다. 조직에서 부여받은 직위와 권한은 리더십의 기반이 된다. 그러나 직위의 권한만을 단순히 행사하는 것은 리더십이 아니다. 리더십은 직위의 기본적 요건 이상을 하는 것이다.

③ 추종자와의 관계   리더십은 리더의 행동이 주도하는 것이지만 리더는 고립되어 있는 것이 아니라 추종자와의 관계 속에서만 존재할 수 있다. 리더와 추종자는 서로 영향을 미친다.

④ 기능적 연관성   리더의 기능은 리더와 추종자가 소속해 있는 집단과

---

[a] 영어의 leadership이라는 개념은 우리에게 외래적인 것으로서 번역하기가 매우 어렵다. 지휘·지도·인도 등의 의미를 함께 지니고 있는 말이라고 생각한다.

조직의 분화된 여러 기능 가운데 하나이기 때문에 다른 기능들과 복잡한 연관을 맺고 있다.

⑤ 복잡한 요인들의 교호작용 리더십은 복잡하게 얽혀 변동하는 많은 변수의 교호작용을 통해 형성되는 과정이다. 그러한 변수에는 리더에 관한 변수, 추종자에 관한 변수, 그리고 상황적 변수가 포함된다.

⑥ 공식적·비공식적 리더십 리더십에는 공식적인 것도 있고 비공식적인 것도 있다.

2) 기   능

(1) 두 가지 핵심기능 리더십은 어떤 집단이나 조직의 임무를 수행해야 한다는 목표에 지향된 것이며, 동시에 추종자의 동기를 유발하여 이끌어나가야 하는 과정이기 때문에 리더 또는 리더십의 근본적인 기능은 두 가지로 요약할 수 있다. 그 첫째는 대상집단에 주어진 임무를 성공적으로 달성하게 하는 것이다. 둘째는 추종자들에게 심리적 지원을 제공하는 것이다.

이러한 기본적 기능 가운데 어느 쪽을 더 중요시하는가, 또는 기본적 기능을 어느 정도나 세분하여 설명하는가 하는 것은 이야기하는 사람의 관점에 따라 다를 수 있다.b)

(2) 효율성 결정요인 리더십의 효율성은 그 기능의 성취도에 비추어 평가된다. 그런데 효율성의 출처 또는 결정요인에 관한 견해는 변천해 왔다. 리더의 영웅적인 또는 특출한 능력이라고도 하고, 리더의 행태유형이라고도 하고, 상황적 조건이라고도 하고, 복잡한 요인들의 복합체라고도 한다. 이러한 견해들은 리더십 연구의 상이한 접근방법들을 반영하는 것이다. 복잡한 요인들의 복합체

---

b) 예컨대 Philip Selznick은 기관적 리더십의 기능을 ① 조직이 추구할 임무와 역할의 규정, ② 목표의 체현 또는 구체화, ③ 조직의 보전(保全), ④ 조직 내적 갈등의 관리 등 네 가지로 구분하였다. Selznick이 말하는 기관적 리더십(institutional leadership)은 조직 내의 계층에 구애없이 나타나는 과정이라고는 하지만 Selznick의 주된 관심은 조직 최상층의 리더십에 기울어졌던 것으로 보인다. Selznick, *Leadership in Administration: A Sociological Interpretation*(Harper & Row, 1957), pp. 61~64.
P. Krech와 그 동료들은 리더의 기능으로 ① 집단의 목표와 정책의 실현을 위한 집단활동의 조정, ② 장·단기 계획수립, ③ 전문적 정보와 경험의 공급, ④ 대내적 관계의 통제와 대외적 대표 활동, ⑤ 보상과 제재의 시행, ⑥ 갈등의 중재·조정, ⑦ 업무수행의 솔선수범, ⑧ 집단의 성패에 대한 책임부담, ⑨ 집단구성원의 정서적 유대 유지 등을 열거하였다. Krech, R. S. Crutchfield, and E. L. Ballachey, *Individual in Society*(McGraw-Hill, 1962).

가 리더십의 효율성을 결정한다고 보는 것이 오늘날 리더십 연구의 지배적인 관점이다.

리더십을 연구하는 사람들의 연구대상은 다양하다. 조직 계층별로만 보더라도 최고관리자의 리더십, 관리층의 리더십, 일선감독자의 리더십 등이 각기 연구대상으로 되고 있음을 알 수 있다. 근래에는 다수의 연구인들이 관리층 또는 관리자의 리더십 연구에 이끌리고 있다. 관리자의 리더십에 관한 연구가 늘어나면서 관리와 리더십을 구별하는 문제가 제기되었다.

리더십과 관리는 긴밀히 연관되고 양자의 활동이나 담당자가 상당부분 겹치지만 리더십과 관리가 같은 개념은 아니라고 하는 것이 다수의견이다.

리더십과 관리의 차이를 설명하는 사람들은 ⅰ) 관리자가 아닌 조직구성원들도 리더가 될 수 있으며 관리자들 가운데는 리더십을 발휘하지 못하는 사람들도 있다는 점, ⅱ) 관리자들은 조직이 공식적으로 규정한 관리기능들을 모두 수행해야 하지만 리더십은 그 중 일부의 기능에만 관심을 가질 수 있다는 점, 그리고 ⅲ) 관리자들은 조직이 공식적으로 요구하는 일을 하지만 리더들은 조직이 정한 공식적 직무요건 이상의 역할을 수행한다는 점에는 대체로 공통적인 납득을 하고 있는 것 같다. 그러나 리더십과 관리의 보다 상세한 차이점은 양자의 구체적인 양태를 보고 논의할 수밖에 없다.

3) 리더십 연구의 경향변화

(1) 리더의 속성에 대한 관심   리더십을 체계적으로 연구하기 시작한 초창기에는 연구인들의 관심이 리더에 특유한 개인적 속성이 무엇인가를 탐색하는 데 쏠려 있었다. 즉, 훌륭한 리더가 되려면 어떠한 개인적 속성을 지니고 있어야 하는가를 알아내려고 노력하였다. 이것은 리더는 '어떤 사람인가'를 묻는 질문에 답하려는 접근방법이다. 그리하여 리더의 속성에 착안한 접근방법(특성이론 또는 속성이론)을 형성시켰다. 리더의 속성에 착안한 접근방법이 2차대전 전까지는 지배적인 지위를 점하고 있었다.

그러나 리더의 속성(특성)에 착안한 접근방법은 여러 가지 이론적·방법론적 결함을 노정하게 되었다. 훌륭한 리더가 되는 데 필요한 리더의 속성을 보편적인 것처럼 기술한 이론들이 많았으나 실제로 그러한 속성들은 보편적일 수가 없다.

(2) 리더의 행태에 대한 관심   리더의 속성을 리더십의 핵심적 요소라고 생각하는 접근방법에 불만을 느낀 연구인들은 먼저 리더의 가시적인 행태에 주의를 돌리기 시작하였다. 그리하여 리더십행태의 유형을 연구하고 추종자들을 효율적으로 이끌어갈 수 있는 리더십유형이 무엇인가를 규명하려 하였다. 이러한

접근방법을 행태적 접근방법이라고 한다. 이것은 리더가 '어떤 행동을 하는가'를 묻는 질문에 답하려는 접근방법이다.

(3) 리더십의 상황적 조건에 대한 관심   리더십의 행태유형만이 리더십의 효율성을 좌우하는 유일한 요인일 수는 없다. 이 사실을 자각하면서 연구인들은 상황적 조건에 관심을 돌리게 되었다. 그리하여 리더십의 효율성에 미치는 상황적 영향의 중요성을 강조하는 상황에 착안한 접근방법 또는 상황이론을 발전시켰다. 이것은 상황에 대한 '리더의 대응'을 탐구한다.

상황이론은 처음에 행태적 접근방법과 결합되었다. 연구인들은 행태유형과 상황유형을 결부시켜 상황별로 가장 적합한(효율적인) 리더십행태를 확인하려 하였다.

(4) 통합화와 처방적 편향   최근의 진전은 좀더 통합적이고 복합적인 접근방법의 발전이다. 통합적 접근방법은 리더십의 구성요소 내지 리더십에 대한 영향요인의 교호작용 관계를 포괄적으로 파악하려 한다. 리더의 행태와 상황적 조건뿐만 아니라 리더의 개인적 속성, 추종자의 특성, 직위와 권력 등을 함께 고려한다. 리더십연구에서 통합적 접근을 해야 한다는 것이 오늘날 리더십 연구의 기본적 입장이다.

그러나 특정한 리더십유형을 선호하는 연구인들의 편향도 뚜렷이 감지되고 있다. 오늘날 조직사회의 실정, 그리고 발전방향은 안정·통제·경쟁·물적 자원 중시·획일화가 아니라 변동·힘 실어주기·협동·사람의 중시·다양성을 지향하는 것이다. 이러한 조직사회의 현실을 배경으로 변혁적 리더십, 발전적 리더십, 촉매적 리더십 등을 처방하는 이론들이 관심을 모으고 있다.

2. 속성이론: 리더의 속성에 착안한 접근방법

1) 정   의

리더십에 관한 전통적 속성이론(屬性理論: trait theory)은 대개 리더의 개인적 속성이 리더십의 성패를 결정하는 핵심적 요소라는 것을 전제하였으며, 리더가 되는 데 필요한 속성을 가진 사람은 상황의 변화에 상관없이 성공적인 리더가 될 수 있다는 것을 전제하였다. 리더십 연구인들은 그러한 전제 하에 리더에 특유한 속성을 가려내고 그것을 측정해 보려고 하였다.

리더의 속성에 착안한 접근방법이 리더십에 관한 연구활동을 주도하는 동안 리더에게 필요한 속성이라고 생각되는 것을 조사한 연구들이 양산되었다. 연구인들이 조사한 리더의 속성에는 지능, 권력동기, 지배성향, 공격성, 언어구사력, 통찰력, 판단력, 결단력, 사교성, 사명감, 성취동기, 신념, 육체적 특성 등 허다한 것들이 포함되어 있었다. 그러나 많은 연구의 결론들 사이에 일관성이 있는 것은 아니었다.

2) 비   판

리더의 개인적 속성에 관한 논의가 전혀 쓸모없는 것은 아니다. 속성이론은 리더십의 포괄적 이해에 필요한 여러 국면의 연구 가운데 한 부분을 맡아줄 수 있는 것이다.

그러나 속성 이외의 개입요인을 고려하지 못한(속성결정론적인) 초기적 속성이론은 많은 비판의 대상이 되었다. 속성이론 또는 그에 입각한 경험적 연구에 대한 비판의 논점은 ⅰ) 리더의 보편적 속성을 확인하는 데 실패했다는 것, ⅱ) 리더의 속성들에 대한 조작적 정의가 미숙하였다는 것, ⅲ) 사용한 측정·검사기법의 신뢰성과 타당성이 낮았다는 것, ⅳ) 상황적 영향요인들을 고려하지 못했다는 것, ⅴ) 연구대상으로 추출된 표본이 한정적이었다는 것 등이다.

3) 속성이론의 재발견

초기적 속성이론이 혹독한 비판을 받으면서 연구인들의 관심이 행태론적 연구로 옮겨갔다. 그러나 머지않아 속성이론에 대한 관심은 다시 살아났다. 1970년대에 접어들면서부터 초기적 연구업적을 재조명하고 속성이론의 결함을 보완하거나 새로운 시도를 추가하는 노력을 하기 시작하였다.

속성이론에 대한 재조명이 시작된 이래 보완되거나 새로이 개발된 속성이론의 예로 ⅰ) 성취동기이론, ⅱ) 사회적 영향동기에 관한 이론, ⅲ) 리더의 동기척도에 관한 이론, ⅳ) 리더의 융통성에 관한 이론, ⅴ) 위광적(카리스마틱) 리더십이론을 들 수 있다.[2]

(1) **성취동기이론**   성취동기이론(achievement motivation theory)은 리더의 강한 성취동기가 과업지향적 집단에 대한 리더십의 효율성을 높이는 데 기여한다고 설명하는 이론이다.

(2) **사회적 영향동기에 관한 이론**   사회적 영향동기에 관한 이론(social in-

fluence motivation theory)은 권력동기, 영향력행사에 대한 욕구 등의 지표에 따라 측정되는 사회적 영향동기가 리더의 효율성에 기여한다고 설명하는 이론이다.

(3) 리더의 동기척도에 관한 이론   리더의 동기척도에 관한 이론(leader motive profile theory: LMP theory)은 높은 권력동기, 권력의 도덕적 행사에 대한 높은 관심, 권력동기보다 약한 친화동기 등 세 가지 무의식적 동기의 조합이 리더십의 효율성에 기여한다는 가설에 입각한 것이다.

(4) 리더의 융통성에 관한 이론   리더의 융통성에 관한 이론(leader flexibility theory)은 리더의 융통성과 사회적 감수성이 리더의 효율성을 높이는 요인이라고 주장한다.

(5) 위광적 리더십이론   위광적(威光的) 리더십이론(charismatic leadership theory)은 리더들의 특별히 높은 자신감, 영향력 획득과 행사에 대한 강한 동기, 자기 신념의 도덕적 정당성에 대한 강한 확신 등 특출한 성격과 능력이 리더십의 효율성을 높이는 데 기여한다고 설명하는 이론이다.

Robert J. House가 만든 '1976년의 위광적 리더십이론'(1976 theory of charismatic leadership)과 J. M. Burns가 처음 개척한 것으로 알려진 변혁적 리더십이론(transformational leadership theory), J. A. Conger와 R. A. Kanungo가 리더십의 효과를 귀속론적(歸屬論的)으로 설명하기 위해 정립한 위광적 리더십에 관한 귀속이론(attributional theory of charismatic leadership)c) 등을 하나의 범주에 묶어 신위광이론(neocharismatic theory) 또는 신리더십이론이라는 이름을 붙이고 있다.3)

신위광이론들은 리더의 행태적 요인까지도 고려하는 것이며, 전통적인 속성이론의 틀을 어느 정도 벗어나는 것이다. 신위광이론이라고 분류되는 이론들의 공통점은 ⅰ) 리더들이 어떻게 탁월한 성취와 대변혁을 이끌어갈 수 있는가에 대해 설명하려 한다는 것, ⅱ) 리더들이 어떻게 추종자들의 아주 높은 동기, 존경심, 신뢰, 헌신, 충성과 업무성취수준을 이끌어 낼 수 있는가에 대해 설명하려 한다는 것, ⅲ) 상징적이고 감동적인 리더의 행태를 중요시한다는 것, 그리고 ⅳ) 리더십의 성과는 추종자들의 자기존중·동기유발·리더의 가치와 비전에 대한 일체화·추종자들의 업무성취라고 규정하는 것이다.

---

c) 귀속이론은 사람들의 행동을 관찰하여 그 원인을 찾는 귀속과정을 연구한다. 리더십에 관한 귀속이론은 리더십을 사람들이 귀속시키는 리더의 속성 즉 사람들이 인정하는 리더의 속성이라고 설명한다.

3. 행태이론: 리더의 행태에 착안한 접근방법

1) 정   의

리더십에 관한 행태이론(行態理論: behavioral theory)은 관찰가능한 리더십행태에 착안한 접근방법이다. 눈에 보이지 않는 능력과 같은 속성보다 리더들이 실제 어떤 행동을 하는가에 초점을 맞춘 접근방법인 것이다. 이 접근방법은 리더의 행태를 연구하고, 리더십행태와 추종자들이 보이는 행태적 반응 사이의 관계를 밝히려 한다.d)

행태적 접근방법을 따르는 사람들은 대체로 두 가지의 과제를 해결하려 한다. 첫째 과제는 리더십행태의 유형론을 발전시키는 것이다. 둘째 과제는 여러 유형의 리더십행태와 추종자들의 업무성취 및 만족 사이의 관계를 설정하는 것이다.

2) 행태에 착안한 연구의 예시

행태적 접근방법에 입각한 연구들은 대단히 많다. 그 전형적인 예는 미국 미시간대학교와 오하이오대학교에서 행해진 일련의 연구들이다. R. R. Blake와 J. S. Mouton의 관리유형도에 관한 연구도 자주 거론된다. 리더십행태의 유형론에 관한 개척적 연구로는 아이오와 주립대학교에서 1938년에 K. Lewin 등이 실시한 어린이 놀이집단의 리더십에 관한 연구를 들 수 있다.

(1) 아이오와 주립대학교의 연구   행태적 접근방법을 채택하는 사람들이 사용하는 대부분의 리더십유형론은 리더의 행태가 ⅰ) 조직의 필요와 임무수행에 지향된 것인가, 또는 ⅱ) 추종자의 만족과 인간관계에 지향된 것인가를 기준으로 삼고 있다. 이러한 기준에 따른 리더십유형론의 초기적 작품으로서 가장 널리 인용되고 있는 것은 미국 아이오와 주립대학교(Iowa State University)에서 K. Lewin, R. Lippitt, 그리고 R. K. White가 개발한 유형론이다.4)

그들은 열 살된 아이들이 장난감 만들기와 같은 취미활동을 하도록 설계한 실험실적 연구에서 리더십의 효율성을 평가하는 데 사용하기 위해 리더십유형

---

d) 행태적 접근방법을 거래적 접근방법 또는 교호작용적 접근방법(transactional approach)이라 부르는 사람도 있다. Jay M. Shafritz, E. W. Russell and Christopher P. Borick, *Introducing Public Administration*, 7th ed.(Pearson Longman, 2011), pp. 375~377.

을 세 가지로 분류하였다. 세 가지 유형이란 ⅰ) 권위형, ⅱ) 민주형, 그리고 ⅲ) 방임형을 말한다. 그들의 관찰결과에 따르면 민주형이 가장 효율적이었다.

여기서 언급한 리더십의 각 유형이 무엇을 의미하는지에 대해서는 뒤에 리더십유형론을 논의할 때 설명하려 한다.

(2) 미시간 대학교의 연구   미국 미시간대학교(Survey Research Center, University of Michigan)에서 1940년대부터 1950년대에 걸쳐 리더십행태에 관한 연구가 진행되었다.[5]

미시간대학교의 연구에서는 직원중심형과 생산중심형이라는 두 가지 리더십유형을 구분하고, 효율성의 지표와 각 리더십유형의 특성들이 어떻게 연관되어 있는가를 알아보려고 하였다. 미시간대학교에서 행한 연구들의 공통된 결론은 생산성을 높이는 데 직원중심형이 생산중심형보다 우월하다는 것이었다.

(3) 오하이오 주립대학교의 연구   미시간대학교의 연구와 비슷한 시기에 오하이오 주립대학교(Bureau of Business Research, Ohio State University)에서도 리더십행태에 관한 연구들이 행해졌다.[6]

오하이오 주립대학교의 연구에서는 리더십행태의 두 가지 국면을 기준으로 하여 네 가지의 리더십유형을 분류하였다. 리더십행태의 두 가지 국면이란 구조설정(initiating structure)과 배려(consideration)이다. 구조설정은 리더와 추종자의 관계, 조직의 구조와 과정을 엄격하게 형성하려는 리더십행태로서 임무중심적인 행태유형이라고 할 수 있다. 배려는 리더와 추종자 사이에 우정, 상호 신뢰, 존경심 등을 조성하려는 리더십행태이다. 이것은 인간관계중심적인 행태유형이라고 말할 수 있다.

구조설정의 수준과 배려의 수준이 어느 정도로 배합되어 있느냐에 따라 리더십유형을 ⅰ) 배려의 수준이 높고 구조설정의 수준이 낮은 유형, ⅱ) 구조설정의 수준이 높고 배려의 수준이 낮은 유형, ⅲ) 구조설정의 수준도 높고 배려의 수준도 높은 유형, ⅳ) 구조설정의 수준도 낮고 배려의 수준도 낮은 유형 등 네 가지로 분류하였다.

위의 리더십유형론을 적용한 몇 차례의 조사연구에서 ⅰ) 리더십행태의 구성요소인 구조설정과 배려는 각각 독자적인 국면이라는 것, ⅱ) 리더십행태가 배려적일수록 추종자들의 불평은 감소되는 경향이 있다는 것, ⅲ) 구조설정과 배려의 수준이 다같이 높을 때 추종자들의 불평수준과 이직률은 가장 낮고 생산

성은 가장 높다는 것, iv) 구조설정과 배려의 수준이 다같이 낮을 때 불평수준
과 이직률이 높다는 것, v) 구조설정의 수준은 높으나 배려의 수준이 낮을 때
도 불평수준과 이직률은 높다는 것 등을 발견하였다.

  (4) Blake와 Mouton의 관리유형도   Robert Blake와 Jane Mouton은 조직발
전 또는 관리발전에 활용할 목적으로 관리유형도(管理類型圖: managerial grid)라는
개념적 도구를 만들었다. 그들은 관리유형도를 만들면서 조직의 보편적인 구성
요소는 목표·인간·계서제이며, 이러한 구성요소들이 어떻게 결합되고 또 활용
되느냐에 따라 생산에 대한 관심, 인간에 대한 관심, 그리고 계서제의 활용방법
에 대한 관리자의 가정이 달라진다고 설명하였다.[7]

  관리유형도에서는 임무성취(생산에 대한 관심)와 인간관계개선(인간에 대한 관
심)이라는 두 가지 기준에 따라 리더십유형을 다섯 가지로 분류하였다.

  다섯 가지 리더십유형(관리자의 관리행태)은 i) 생산이나 인간(추종자)에 대
한 관심이 다같이 낮은 빈약형(impoverished), ii) 인간에 대한 관심이 높은 친목
형(country club), iii) 생산에 대한 관심이 높은 임무중심형(task), iv) 인간과 생산
에 절반씩의 관심을 갖는 절충형(middle-of-the-road), 그리고 v) 인간에 대한
관심과 생산에 대한 관심이 함께 높은 단합형(team)이다.

  Blake와 Mouton은 관리유형도의 용도를 설명하면서 단합형이 가장 이상적
인 리더십유형(관리유형)임을 시사하였다. 그리고 단합형으로 리더십행태를 바꾸
기 위한 훈련방안을 설명하였다.

  3) 비   판

  행태이론에 대한 비판의 논점은 i) 보편적으로 효율적인 리더십행태를 발
견하지 못했다는 것, ii) 리더의 행태가 리더십의 효율성을 결정하는 유일한 요
인이 아니라는 사실을 중요시하지 않았다는 것, iii) 보수적이고 현상유지적인
리더십을 준거로 삼았다는 것, iv) 주요 개념들의 조작적 정의를 포함한 이론의
완성도가 떨어졌다는 것, v) 측정도구로 쓰인 질문서들의 타당성이 의심스러웠
다는 것, 그리고 vi) 조사대상은 대개 하급감독자들이거나 실험실적 연구에 참
가한 대학생들이었으며, 고급관리자들을 대상으로 하는 연구는 거의 없었다는
것이다.

4) 새로운 시도

연구인들은 행태이론에 대한 비판에 대응하여 행태이론이 간과했던 요인들을 새로이 발굴하거나 속성이론 또는 상황이론의 관심사와 접목을 시도해 왔다. 이런 이론들이 늘어나면서 행태이론은 상황이론으로 변환되는 길을 밟았다. 여기서는 행태이론의 변종이라고 생각되는 이론 두 가지를 소개하려 한다.[8] 신위광이론도 그러한 변종의 범주에 포함시킬 수 있겠으나 앞에서 이미 소개하였기 때문에 여기서는 재론하지 않는다.

(1) **교환이론** 교환이론(LMX: leader−member exchange theory)은 리더와 개별적 추종자가 구성하는 '다이애드'(한 쌍: dyad)의 교환관계에 초점을 맞춘다. 리더중심의 리더십 설명체계에 추종자에 대한 관심을 첨가하는 이 이론은 '다이애드 이론'(dyadic theory)의 일종이다. 교환이론은 리더와 추종자의 상호 작용적 관계를 중시하기 때문에 관계이론이라고도 부른다.

교환이론은 추종자에 대한 리더의 지각이 리더의 행태에 영향을 미치고 그것은 또 추종자의 행태에 영향을 미친다는 상호 영향관계를 전제한다. 한 사람의 리더는 여러 추종자들과 개별적으로 각각 다른 관계를 설정할 수 있음을 가정하고 그러한 관계가 어떻게 형성되느냐에 따라 추종자의 직무만족과 직무성취 등이 달라진다는 것을 또한 가정한다.

(2) **잠재적 리더십이론** 잠재적 리더십이론(implicit leadership theory)은 리더에 대한 사람들의 평가와 그러한 평가에 내재된 인식과정에 초점을 맞춘다. 이 이론은 리더십이란 사람들이 리더를 리더로 지각하는 과정이라고 정의한다. 구체적인 리더십행태가 있더라도 그것 자체가 행위자를 리더로 만드는 것은 아니며 사람들이 그를 리더라고 인식할 때에만 리더가 된다고 한다. 잠재적 리더십이론은 다른 사람들, 특히 추종자들이 리더임을 인정해야 리더가 될 수 있다는 점을 강조하는 것이다.

4. 상황이론: 상황에 착안한 접근방법

1) 정   의

리더십에 관한 상황이론(狀況理論: situational theory)은 리더십의 효율성을 결정하는 데는 리더의 속성과 행태뿐만 아니라 상황적 요인의 작용이 중요하다는 것을 강조하는 이론이다.

사람의 개인적 속성이나 행태가 아니라 상황이 리더를 만든다는 사고방식에서 상황에 착안한 접근방법 또는 상황이론은 출발된 것으로 보인다. 그러나 상황이론이 처음에 눈을 돌린 것은 리더의 행태와 상황의 관계이다.

상황에 착안한 접근방법에서 관심을 가졌던 리더에 관한 변수는 주로 행태적인 것이었으며, 상황유형별로 가장 효율적인 리더의 행태를 알아내려 하였다. 그러나 근래에는 속성이론으로부터 출발한 연구들도 상황론적 접근을 시도하고 있다.

2) 기여와 한계

다른 어떤 분야에서와 마찬가지로 리더십의 연구도 궁극적으로 체제론적 관점에 입각한 상황적응적 접근방법의 발전을 지향할 수밖에 없을 것이다. 그동안 상황적응적 접근방법에 입각한 연구들이 리더십의 효율성을 결정하는 데 영향을 미치는 요인들의 보다 포괄적인 이해에 많은 기여를 하였다.

그러나 상황이론 또는 그에 입각한 경험적 연구들도 비판대상이 되어 왔다. 상황이론에 대한 비판의 논점은 ⅰ) 중범위이론으로서 충분히 포괄적이지도 못하고 충분히 상세하지도 못하다는 것, ⅱ) 연구인들이 실제로 만든 상황이론들의 이론구조에 약점이 많고 측정방법이 불완전하다는 것, 그리고 ⅲ) 리더가 통제할 수 없는 상황적 조건의 영향만을 너무 강조한다는 것이다.

3) 상황이론의 예시

상황에 착안한 접근방법의 전형적인 예로 널리 인용되는 것은 Fred Fiedler의 상황적응적 접근방법이다. Paul Hersey와 Kenneth Blanchard의 삼차원적 모형도 자주 거론된다. 그 밖에도 상황이론의 예는 많다.

(1) Fiedler의 상황적응적 모형   Fred E. Fiedler는 리더십행태의 유형을 세 가지 상황적 변수(연관적 조건)에 결부시키는 상황적응적 모형(leadership contingency model)을 만들었다.[9]

Fiedler가 분류한 두 가지 리더십유형은 인간관계중심적 리더십과 임무중심적 리더십이다. 전자는 관대하고 소극적이며 배려적인 유형이다. 후자는 면밀한 감독을 하고 능동적이며 직무관계의 명확한 규정에 힘을 기울이는 유형이다.

상황적 유리성을 결정하는 변수로는 ⅰ) 리더와 추종자의 관계, ⅱ) 임무구조, ⅲ) 직위에 부여된 권력 등 세 가지를 들었다. 이 세 가지 변수가 어떻게 결합되느냐에 따라 여덟 가지 유형의 상황을 구분하였다. 여덟 가지 상황의 유리성은 차등적이다. 가장 유리한 것에서부터 가장 불리한 것에 이르기까지 차례로 배열하였다.

Fiedler는 가장 유리한 상황과 가장 불리한 상황에는 임무중심형이, 중간 정도로 유리한 상황에는 인간관계중심형이 적합하다고 하였다.

리더십유형을 확인하기 위한 리더의 행태조사에서는 '가장 좋아하지 않는 동료'(least-preferred co-worker: LPC)를 평가하게 하는 조사표를 사용하였다. 자기가 가장 좋아하지 않는 동료를 비교적 호의적으로 평가한 사람은 LPC 평점이 높은 사람이며 인간관계중심적인 리더십행태를 보이는 사람이라고 한다. 반면 자기가 가장 좋아하지 않는 동료를 나쁘게 평가한 사람은 LPC 평점이 낮은 사람이며 임무중심적인 리더십행태를 보이는 사람이라고 한다.

(2) Hersey와 Blanchard의 삼차원적 모형　　　Paul Hersey와 Kenneth Blanchard는 리더십유형의 분류기준인 인간관계중심적 행태와 임무중심적 행태를 동일선 상이 아니라 별개의 축으로 나타내야 할 두 가지의 차원이라고 규정한 다음, 거기에 효율성이라는 하나의 차원을 추가하여 리더십유형 연구의 삼차원적 모형(tri-dimensional leader effectiveness model)을 정립하였다. 효율성 차원을 추가한다는 것은 리더십과 환경의 관계 속에서 리더십의 효율성을 판단해야 한다는 뜻이다.[10]

Hersey와 Blanchard는 인간관계중심적 행태와 임무중심적 행태를 기준으로 하여 ⅰ) 인간관계중심적인 경향이 강하고 임무중심적인 경향이 약한 행태, ⅱ) 임무중심적인 경향이 강하고 인간관계중심적인 경향이 약한 행태, ⅲ) 임무중심적인 경향과 인간관계중심적인 경향이 다같이 강한 행태, ⅳ) 임무중심적인 경향과 인간관계중심적인 경향이 다같이 약한 행태 등 네 가지 리더십유형을 구분하였다.

리더십에 영향을 미치는 환경적 변수로는 ⅰ) 추종자·동료·상관의 행동성향(스타일)과 기대, ⅱ) 조직의 행동성향과 기대, ⅲ) 추종자집단의 임무, ⅳ) 리더가 의사결정을 할 때 사용할 수 있는 시간, ⅴ) 리더 자신의 행동성향과 기대를 열거하였다.

리더십행태는 상황적 조건에 적합한 때만 효율적이라고 한다.

(3) 그 밖의 상황이론　　　위에서 본 것 이외에도 리더십에 관한 상황이론은

많다. 몇 가지 예를 더 보기로 한다.

① 리더십에 관한 통로·목표이론   리더십에 관한 통로·목표이론(path-goal theory of leadership)은 추종자의 동기유발에 대한 리더의 영향에 초점을 맞추고 동기유발에 관한 통로·목표이론의 설명틀을 원용한다. 이 이론은 업무목표와 개인목표, 그리고 양자의 연계 내지 통로에 관한 추종자의 지각에 미치는 리더의 영향을 중요시하고 그 상황적응성을 설명한다.

그리고 리더는 추종자가 얻고자 하는 보상에 이르는 통로를 명료화하거나 추종자가 받을 수 있는 보상을 늘려서 추종자의 업무성취동기를 강화할 수 있다고 설명한다. 통로명료화란 추종자들이 업무의 성공적인 수행과 조직이 주는 보상에 도달할 수 있는 행태를 확인하고 학습할 수 있도록 돕는다는 뜻이다.

통로·목표이론은 리더의 행태를 지시적·지지적·참여적·성취지향적 행태로 분류한다. 여기서 성취지향적 행태란 추종자집단의 도전적인 목표를 설정하는 데 집중하는 행태를 말한다. 상황적 조건(작업조건·추종자의 특성)도 분류하고 상황적 조건에 따라 달라지는 효율적 리더십에 관한 가설을 설정한다.[11]

② 생애주기이론   생애주기이론(life cycle theory of leadership)은 추종자의 성숙단계에 따라 효율적인 리더십 스타일이 달라진다고 보는 관점에 입각한 것이다. 이 모형에서는 리더십 스타일을 ⅰ) 지시형(telling), ⅱ) 설득형(selling), ⅲ) 참여형(participating), ⅳ) 위임형(delegating) 등 네 가지로 구분한다. 그리고 추종자들의 성숙수준에 따라 구분되는 상황의 유형(성숙단계)마다 적합한 리더십 스타일을 규정한다. 이러한 이론의 구조는 자녀가 자라가면서 부모가 통제를 줄여나가는 부모-자녀 간의 관계에 비유할 수 있기 때문에 생애주기이론이라 한다.[12]

③ 인식자원이론   인식자원이론(認識資源理論: cognitive resource theory of leadership)은 스트레스를 야기하는 불리한 상황적 조건(situational unfavorableness)에 초점을 맞춘 이론이다. 이것은 인간과 상황의 교호작용에 관한 이론으로서 상황적 조건 때문에 리더와 추종자가 받는 스트레스의 영향을 분석하려 한다. 여기서 인간적 변수는 리더의 지능과 경험이며 상황적 변수는 리더와 추종자가 경험하는 스트레스이다. 인식자원이론은 스트레스가 많을 때와 적을 때 리더의 지능 또는 경험이 그의 역할수행에 어떻게 상관되는가에 대한 가설을 제공한다.[13]

④ 리더십에 관한 의사결정모형   리더십에 관한 의사결정모형(decision model of leadership)은 관리자들이 기술적·경제적으로 바람직할 뿐만 아니라 부하들이

받아들일 수 있는 해결책을 찾을 수 있도록 도움을 주려는 것이다. 이 모형은 민주성 또는 독재성을 기준으로 의사결정방법들을 분류하고 해결해야 할 문제의 특성들을 분류한다.e) 그리고 문제의 특성에 따라 그에 적합한 의사결정방법을 선택하도록 리더들을 인도하는 결정규칙을 처방한다.14)

⑤ 다원적 영향모형   다원적 영향모형(multiple influence model of leadership)은 조직의 환경, 행동의 맥락(규모·기술 등: context), 구조, 그리고 작업집단 내의 조건이 관리자(리더)의 역할수행에 영향을 미친다는 것을 전제한다. 이 모형은 의도하거나 기대한 장래의 조건에 대응할 수 있도록 작업집단을 설계하는데, 예측한 조건과 실제로 일어나는 조건 사이에는 괴리가 있을 수 있다는 점을 중시한다.

그리고 관리자(리더)가 예측한(계획한) 조건과 실제적 조건 사이의 괴리를 메우는 데 성공적인 수준과 작업집단의 생산성 그리고 추종자들의 만족은 적극적으로 상관된다는 가설을 제시한다.15)

⑥ 대체이론   대체이론(代替理論: substitutes theory)은 아주 강력한 상황적 요인들이 리더십을 대체하거나 리더십의 필요를 약화시키는 현상을 설명한다. 이 이론은 리더십 대체요인(substitutes for leadership)이 있는 경우 리더십행태의 차이는 의미가 없어진다고 주장한다. 리더십을 대체할 수 있는 상황적 조건의 범주는 조직의 특성, 과업특성, 그리고 추종자의 특성이라고 한다.f)

리더십 대체요인의 예로 직원들의 전문적 교육과 사회화를 들 수 있다. 고도의 훈련을 받은 전문직원들이 업무수행방법을 잘 아는 경우 리더의 업무지시가 불필요해질 수 있다.

대체이론은 리더십의 결여나 차질을 보완해 줄 대체요인의 개발가능성을 시사한다.16)

---

e) Vroom과 Jago는 의사결정 전략에 관한 리더십스타일 선택모형을 수정·보완하여 '시간중시의 리더십모형'(Vroom-Jago time-driven leadership model)을 만든 바 있다. 이 모형은 의사결정의 적시성을 리더십스타일 선택기준에 추가한다. V. H. Vroom and A. G. Jago, *The New Leadership: Managing Participation in Organizations*(Prentice-Hall, 1988).

f) 리더십에 영향을 미치는 상황적 요인에는 대체요인뿐만 아니라 중화요인이나 증강요인도 있다. 중화요인(中和要因: 무력화요인: neutralizers)은 리더십 스타일을 중화시키고 추종자에 대한 리더의 영향을 약화 또는 무력화하는 요인이다. 그 예로 리더와 추종자 사이의 공간적 거리를 들 수 있다. 증강요인(enhancers)은 추종자에 대한 리더의 영향을 확대해 주는 요인이다. 그 예로 리더의 지위격상을 들 수 있다.

5. 리더십의 유형

리더십연구의 접근방법에 관한 위의 논의에서도 일부 언급했지만 리더십의 유형분류는 다양하다. 그 가운데서 중요하다고 생각되는 리더십유형들에 대해 설명하려 한다.

1) 권위형·민주형·방임형

행태적 접근방법의 기본적인 리더십유형론은 리더십의 두 가지 국면 또는 기능을 기준으로 하는 것이다. 리더십의 두 가지 국면이란 ⅰ) 주어진 업무를 성취하는 국면과 ⅱ) 추종자에게 만족을 주는 국면이다.

리더십행태가 임무수행과 조직의 필요에 지향된 것인가 아니면 추종자의 만족과 인간관계에 지향된 것인가를 기준으로 삼아 ⅰ) 권위형, ⅱ) 민주형, ⅲ) 방임형을 구분한다.g)

(1) 권 위 형 　권위형(authoritarian style) 리더는 과업성취에 주된 관심을 갖고, 모든 방침과 작업과제를 결정하며, 추종자들을 면밀히 감시·통제한다. 리더의 의사결정에 추종자들의 참여를 배제하고 그들에게 지시·명령하는 업무성취 지향적 리더십인 것이다.h)

권위형의 리더십행태는 권력의 기초가 리더의 지위에 있다고 보는 관점 및 추종자인 인간을 게으르고 신뢰할 수 없는 존재라고 보는 관점에 부합되는 것이다.

(2) 민 주 형 　민주형(democratic style) 리더는 의사결정권을 추종자들과 나누어 가지며 과업배정을 추종자집단이 자유롭게 하도록 한다. 리더는 대상집단의 활동에 참여하지만 이를 압도하지 않도록 조심한다. 민주형 리더는 인간관계 중심적이고 추종자의 참여와 자율성을 중시한다.i)

민주형 리더십행태는 권력의 기초가 추종자집단의 동의에 있다고 보는 관점 및 인간은 자율규제적이며 창의적으로 일할 수 있는 존재라고 보는 관점에 부합되는 것이다.

---

g) 앞서 소개한 '아이오와 주립대학교의 연구' 참조.

h) 권위형과 같거나 유사한 뜻으로 생산중심형, 상관(리더)중심형, 면밀한 감독형, 독재형, 과업지향형, 자의형(恣意型) 등 여러 가지 용어가 사용되고 있다.

i) 민주형과 유사한 개념으로 직원중심형, 부하(집단)중심형, 일반적 감독형, 참여형, 사회적·정서적 유형, 인간관계지향형, 관계지향형, 배려형, 설득형 등이 사용되고 있다.

(3) 방 임 형   방임형(laissez-faire style) 리더는 추종자 개개인 또는 추종자집단의 자유로운 의사결정을 허용하고 정보제공이나 집단활동 참여는 요청받았을 때만 한다.

추종자들의 자유행동을 최대한 허용하는 방임형은 긍정적으로 발휘될 때 지지적·지원적 리더십이라는 평가를 받을 수 있다. 그러나 그것이 소극적인 수준에 머무르는 경우 리더는 명목상으로만 존재하고, 실질적으로는 리더가 없는 것이나 마찬가지의 상황이 빚어질 수도 있다. 이런 이유 때문에 방임형은 독자적인 리더십 유형이라 하기조차 어렵다고 말하는 사람들도 있다.

2) 변혁적 리더십

오늘날의 시대적 배경과 조직사회의 실정에 적합한 것은 변혁적(變革的) 리더십이라고 하는 다수의 논의가 있다. 변혁적 리더십을 필요로 하는 조직의 조건은 탈관료제적인 것이다. 변혁적 리더십을 연구하는 사람들은 행태나 상황뿐만 아니라 리더의 개인적 속성에 대한 관심도 재생시키고 있다. 카리스마이론, 영웅이론 등과 어느 면에서 맥을 같이하고 있다.j)

(1) 정   의   변혁적 리더십(transformational leadership)은 조직의 노선과 문화를 변동시키려고 노력하는 변화추구적·개혁적 리더십이다. 이것은 조직을 위해 새로운 비전(vision)을 창출하고, 그러한 비전이 새로운 현실이 되도록 적절한 지지를 확보함으로써 조직의 문화를 개조할 수 있는 리더십이다. 변혁적 리더십이 추구하는 변화는 점진적이기보다는 급진적인 것이다. 변혁적 리더십은 리더의 카리스마, 인간적인 관계, 지적 자극, 신념, 상징적 활동, 효율적 관리 등이 어우러져 엮어내는 것이다.17)

변혁적 리더로 성공할 수 있는 사람은 흔하지 않다. 변혁적 리더들은 특출한 능력자라야 하기 때문이다. 그들은 높은 이상과 자신감을 가지고 인간적 가치를 존중하는 사람이라야 한다. 창의적인 변동추구자라야 한다. 그들은 새로운 비전을 제시하고 조직구성원들이 그것을 실천하도록 이끌 수 있는 사람이라야

---

j) James MacGregor Burns, Bernard Bass 등이 변혁적 리더십 개념의 발전에 많은 기여를 했다. 그러나 오늘날 이 개념은 많은 사람들이 정의하고 사용하기 때문에 어떤 특정인의 모형이라 하기 어렵다. Burns, *Leadership*(Harper & Row, 1978); Bass, *et al.*, "Biography and the Assessment of Transformational Leadership at World Class Level," *Journal of Management*, Vol. 13(1987), pp. 7~19.

한다. 그들은 변혁이 가져다줄 이익을 알리고 변혁에 앞장서는 '응원단장', '신념의 솔선수범자'라야 한다.

(2) 기　　능　　변혁적 리더십은 조직에 대한 사람들의 인식을 변화시키는 리더십이다. 공동의 신념과 가치를 발전시켜 변동을 실천하는 리더십이다. 변혁적 리더십은 인간의 의식수준을 높이고, 일에 의미를 부여하고, 행동에너지의 원천인 인간의 의도를 고무시키는 방법을 통해 다른 사람들의 영혼에 접근하는 리더십이라 할 수 있다.

변혁적 리더십의 기능은 다음과 같이 요약할 수 있다.

① 비전의 제시　　새로운 비전을 제시하고 다른 사람들이 이를 내면화하여 탁월한 성취를 할 수 있도록 힘을 실어준다. 비전이란 미래의 바람직한 상태에 대한 관점이다.

② 동기유발　　추종자들이 업무수행의 의미를 발견하고 업무수행에 몰입하고 헌신하도록 동기를 유발한다. 리더는 추종자들이 신뢰하고 존경할 수 있는 모범을 보인다.k)

③ 공생과 단합의 촉진　　조직과 개인이 공생적 관계를 형성하고 공동의 목표를 향해 단합하게 한다.

④ 신뢰 구축　　사람들 사이에 신뢰를 구축한다.

⑤ 다양성과 개별성의 존중　　리더는 추종자들의 다양성을 존중하고 추종자 개개인의 성취욕구와 성장욕구에 각별한 주의를 기울인다.

⑥ 창의성 발휘의 촉진　　추종자들이 창의성을 발휘할 수 있도록 지적 자극을 주고 지속적 학습을 촉진한다.

(3) 변혁적 리더십에 적합한 조직　　변혁적 리더십은 변동을 겪으면서 변동을 추구하는 조직 그리고 구성원들의 창의적 노력에 대한 제약이 적은 조직에 적합하다. 변혁적 리더십의 효율성을 높일 수 있는 조직의 특성으로는 ⅰ) 적응지향의 강조, ⅱ) 경계작용적 구조(boundary-spanning units)의 중시, ⅲ) 구조의 융통성, 그리고 ⅳ) 통합형 관리를 들 수 있다.[18]

---

k) 리더를 신뢰하고 존경해서 본받도록 이끌어가는 것을 '이상화된 영향'(idealized influence)이라고 한다.

3) 발전적 리더십

변동추구적이라는 점에서 변혁적 리더십과 유사하지만 리더의 봉사정신과 추종자중심주의가 특별히 더 강조된다는 점에서 변혁적 리더십과 구별되는 것이 발전적 리더십이다.[19)]

(1) 정   의   발전적 리더십(developmental leadership)은 항상 변동을 긍정적인 기회로 받아들이고 변동에 유리한 조건을 만드는 데 헌신하는 리더십이다. 이것은 조직개혁과 경쟁대비능력 향상이 직원(추종자)들의 손에 달려 있다는 인식을 기초로 하는 리더십이다.

발전적 리더십의 기본정신은 '종복의 정신'(servantship)이다. 발전적 리더는 부하직원들을 상전처럼 받들 수 있는 사람이다. 발전적 리더는 부하직원들과 동고동락하고 자기 자신보다는 부하들의 필요를 우선시키는 사람이다. 추종자들을 신뢰할 수 있고 헌신적으로 일하려는 존재라고 생각하는 리더이다.

(2) 원   칙   발전적 리더십의 요건이라고 할 수 있는 원칙은 열 가지이다. 이들은 네 가지 범주로 분류된다.

① 내재적으로 지향된 원칙   내재적으로 지향된 원칙의 범주에 포함되는 것은 '개인적 책임의 원칙'과 '신뢰의 원칙'이다. 전자는 리더가 스스로의 행동과 사업성과 등에 대해 개인적으로 책임을 져야 한다는 원리이다. 후자는 리더가 추종자들의 신뢰를 받아야 한다는 원칙이다.

② 직원지향적 원칙   직원지향적 원칙에는 '직원옹호의 원칙'과 '직원의 자긍심 향상에 관한 원칙'이 있다. 전자는 리더의 성공은 직원 각자의 기여에 의존한다는 사실을 인식하고 직원의 발전을 위해 노력해야 한다는 원칙이다. 후자는 리더가 직원들의 자긍심을 높이는 데 기여해야 한다는 원칙이다.

③ 업무성취지향적 원칙   업무성취지향적 원칙에는 세 가지가 있다. '업무수행 파트너십의 원칙'은 지속적인 발전에 유리한 조건을 창출하기 위해 직원들이 긴밀히 협력하도록 해야 한다는 원칙이다. '직무수행개선의 원칙'은 직원들이 창의적이고 수준높은 직무수행을 할 수 있는 여건을 만들어야 한다는 원칙이다. '효율적 의사전달의 원칙'은 직원의 직무수행에 관한 리더의 의사전달능력을 향상시켜야 한다는 원칙이다.

④ 조직지향적 원칙   조직지향적 원칙에도 세 가지가 있다. '조직 상의 일관

성에 관한 원칙'은 끊임없는 변동노력에도 불구하고 리더의 행태는 조직이 추구하는 가치와 일관되는 것이라야 한다는 원칙이다. '총체적 사고의 원칙'은 리더가 조직 전체를 위한 미래의 비전을 제시하고 비판적 사고과정을 통해 실천전략을 수립해야 한다는 원칙이다. '조직종속의 원칙'은 직원들의 창의적이고 적극적인 직무수행을 조직이라는 시스템이 가로막지 못하도록 리더가 돌보아야 한다는 원칙이다.

4) 위광적 리더십

위광적 리더십(카리스마틱 리더십: charismatic leadership)은 리더의 특출한 성격과 능력으로 추종자들의 특별히 강한 헌신과 리더와의 일체화를 이끌어내는 리더십이다. 위광적 리더십의 핵심은 리더에 대한 추종자들의 개인적 일체화 그리고 헌신이다.

위광적 리더들은 초인적이거나 적어도 범인과 구별되는 특출한 능력을 가진 사람들이다. 위광적 리더들은 독특하고 강력한 성격과 비전의 힘으로 추종자들의 존경·신뢰·충성 그리고 헌신을 이끌어낼 수 있는 사람들이다.

위광적 리더십의 행동요건은 ⅰ) 보다 나은 장래에 대한 비전의 제시, ⅱ) 비전과 공동이익 추구에 바치는 열정과 자기희생, ⅲ) 비전의 성취에 대한 자신감 표출, ⅳ) 추종자들의 무의식적 동기의 촉발, ⅴ) 비전의 성취를 위한 모험, ⅵ) 추종자들의 수준높은 업무성취에 대한 기대의 표현과 추종자들의 능력에 대한 신뢰, ⅶ) 추종자들의 능력발전노력 촉진, ⅷ) 비전에 내재된 가치를 강조하는 상징적 행동, ⅸ) 추종자들에 대한 긍정적 평가이다.[20]

위광적 리더십과 변혁적 리더십은 닮은 점이 많다. 근래 양자를 제대로 구별하지 못하는 연구인들도 많다. 그러나 위광적 리더십은 리더에 대한 추종자들의 개인적 일체화가 더 강조되는 리더십이다.

5) 영감적 리더십

영감적 리더십(inspirational leadership)은 리더가 향상적 목표(uplifting goals)를 설정하고 추종자들이 그 목표를 성취할 능력이 있다는 자신감을 갖도록 만드는 리더십이다.[21]

영감적 리더십의 핵심요소는 '미래에 대한 구상'(envisioning)이다. 미래에 대한 구상이란 조직의 바람직한 미래상을 창출하는 것이다. 그러한 미래상은 조직의 행동을 인도하는 기준이 된다. 영감적 리더십은 미래에 대해 구상하고 예견할 뿐만 아니라 추종자들이 자원을 획득할 수 있게 하고, 제약조건들을 제거해주고, 목표성취방법을 알려 주는 등 힘 실어주기도 한다. 영감적 리더들은 힘 실어주기의 일환으로 지속적인 학습과 개선을 통해 모든 사람이 승리자가 될 수 있다는 점을 강조한다. 그리고 추종자들이 일상화된 습관에서 벗어나 창의적으로 문제를 해결하도록 지적 자극을 제공한다.

위광적 리더십의 경우 추종자들은 리더의 개인적 특성에 이끌리는 반면, 영감적 리더십의 경우에는 리더의 개인적 특성보다 리더의 목표가 추종자들에게 더 많은 영향을 미친다.

6) 촉매적 리더십

촉매적 리더십(catalytic leadership)은 정부부문의 리더십을 준거로 삼는 개념이다.

Jeffrey S. Luke의 정의에 의하면 촉매적 리더십은 연관성이 높은 공공의 문제들을 다루는 데 촉매작용을 할 수 있는 리더십이다. 정부가 다루어야 할 공공의 문제는 민간기업의 문제와 달리 연관성이 아주 높아서 여러 기관의 관할에 걸치는 것이다. 연관성이 높은 공공문제를 정책의제화하고 그에 대한 해결책을 결정하여 시행해 나가려면 리더들은 촉매작용적 기술과 성격을 지녀야 한다. 촉매적 리더들은 ⅰ) 전략적으로 생각하고 행동할 것, ⅱ) 생산적인 과업집단의 발전을 촉진할 것, ⅲ) 촉매작용에 성공할 수 있는 성격(결과를 성취하려는 열정·연관성에 대한 감수성·모범적 정직성)을 가질 것 등의 요건을 갖추어야 한다.[22]

7) 거래적 리더십

거래적 리더십(transactional leadership)은 무엇인가 가치 있는 것을 교환함으로써 추종자에게 영향력을 행사하는 리더십이다.[23]

거래적 리더는 추종자들과 심리적으로 일체가 되어 통합적인 관계를 설정하려 하기보다 합리적·타산적 교환관계를 설정하려 한다. 리더는 추종자들이 자기 역할과 과제를 명료화하고 익히는 것을 인도한다. 추종자들에게 임무수행의 방향을 제시하고 자신감을 심어주고 그들을 지원한다. 리더는 자기 직위의 역할기대 이상의 일을 하기도 한다.

거래적 리더는 추종자들이 스스로의 욕구를 이해하고 충족시킬 수 있도록

돕는다. 리더는 추종자들이 보통 이상의 임무를 수행하도록 독려하는 효율적 안
내자이며 좋은 관리자이다. 그러나 격동하는 환경 또는 위기에 처하여 근본적인
변혁을 이끌어가는 리더십은 아니다. 거래적 리더십은 논리적·기술적·점진적
접근을 그 특색으로 한다. 이 점 때문에 거래적 리더십을 보수적·현상유지적이
라고 평가하기도 한다.

8) 분배된 리더십

분배된 리더십(distributed leadership)은 리더십의 책임을 단일의 명령계통에
집중시키지 않고 여러 사람에게 분배한 리더십이다. 분배된 리더십의 양태는
ⅰ) 위임된 리더십, ⅱ) 분담적 리더십, ⅲ) 동료의 리더십 등 세 가지이다.[24]

위임된 리더십(delegated leadership)은 대규모의 복잡한 조직에서 최고관리자
들이 관리의 기능을 분담하여 수행하는 경우의 리더십이다. 분담적 리더십
(co-leadership)은 하나의 직위를 두 사람에게 맡겨서 한 사람은 임무지향적 역할
을 수행하고 다른 한 사람은 인간관계지향적 역할을 수행하게 할 때의 리더십이
다. 동료의 리더십(peer-leadership)은 대상집단의 구성원 전체에 리더십기능을
분배하고 여러 사람이 동시에 리더의 자세로 활동하도록 할 때의 리더십이다.

위에서 본 리더십유형 이외에도 다른 많은 유형들을 연구인들이 정의하고 있다. 몇 가지 예
를 더 보기로 한다.

Richard Daft는 전략적 리더십(strategic leadership)을 외부환경과의 관계를 고려하여 비전·
임무·전략과 그 집행에 관한 선택에 책임을 지는 리더십이라고 정의하였다. 그는 또 도덕적
리더십(moral leadership)을 옳고 그름을 판별하고 옳은 행동을 하며 다른 사람들이 바른 행
동을 하도록 영향을 미치는 리더십이라고 정의하였다.[25]

Daniel Katz와 Robert L. Kahn은 최상급계층의 리더십유형을 창시형(origination)이라 하고,
중간계층의 리더십유형을 보충형(interpolation)이라 하였으며, 하급계층의 리더십유형을 집행
형(administration)이라고 하였다.[26]

Stephen P. Robbins는 윤리적 리더십(ethical leadership)을 목표추구의 수단뿐만 아니라 목
표의 내용까지 도덕성을 갖춘 리더십이라고 규정하였다.[1] 그는 선견지명의 리더십(상상력이 풍

---

1) 근래 윤리적 리더십에 관심이 쏠리면서 그에 대한 개념정의들이 양산되었다. 윤리적 리더십의
특성으로 발굴된 항목들도 다양하다. 여러 연구인들의 개념정의에 등장한 윤리적 리더십의 특
성을 보면 이타적(利他的) 행동, 정직성, 신뢰성, 공정성, 신중성, 공공가치와 공익에 일관되는
행동, 가치관·신념·행동에 결합된 도덕적 원칙, 규범적으로 적절한 행동의 시범, 윤리적 역할
모형 제시, 추종자들의 윤리적 행동 촉진, 조직 내 윤리성의 적극적 관리 등이 있다. cf.,
Shahidul Hassan *et al.*, "Does Ethical Leadership Matter in Government? Effects on Organizational

부한 리더십: visionary leadership)은 현재를 발전시키고 현재로부터 성장하는 조직 또는 조직단위를 위해 미래에 대한 현실적이고 확실하고 매력적인 비전을 창출하고 명료화하는 능력이라고 정의하였다. 그는 또 온라인 리더십(online leadership)은 리더가 대면적 접촉이 아니라 컴퓨터 네트워크를 통해 추종자들과 의사전달을 하고 사이버 스페이스에서 프로젝트와 팀들을 관리하는 상황에서의 리더십이라고 규정하였다. 온라인 리더들에게는 컴퓨터 스크린에 글을 써서 하는 의사전달의 능력이 특히 중요하다고 한다.27)

Charles C. Manz와 Henry P. Sims는 자기 리더십(자신에 대한 리더십: self-leadership)을 자기가 자기 자신의 리더처럼 스스로의 업무성취를 이끌어가는 과정이라고 정의하였다. 이것은 리더십 대체의 일종이다. 그들은 또 고급리더십(탁월한 리더십: superleadersip)은 부하들이 능력을 발휘할 수 있도록 적극적으로 노력하는 사람들의 리더십이라고 정의하였다. 이 리더십은 리더가 자기실현적 인간관에 입각해 스스로 자기 리더십의 모범을 보이고 부하들이 그것을 본받게 하는 리더십이다.28)

6. 리더십의 발전

리더의 속성에 착안한 접근방법을 밀고 나가던 연구인들은 리더로서 성공할 수 있는 사람의 속성을 확인하고, 그러한 속성을 가진 사람들을 찾아내고 그들의 효율성을 측정하는 데 주력하였다. 리더의 훈련이나 상황의 개선을 통해 리더십의 효율성을 높이는 방안의 연구에는 소홀할 수밖에 없었다.

그러나 행태이론과 상황이론이 발전하면서부터 연구인들은 리더로 활동하는 사람들에게 행태변화훈련을 실시하고 상황적 조건을 변동시켜 리더십의 효율성을 높이는 방안을 찾는 데 적극적으로 나서게 되었다.

1) 리더십의 상황적합성 제고

상황적응적 접근방법을 내세우는 사람들은 리더의 변화에만 주의를 한정하지 않는다. 필요하다면 리더십에 영향을 미치는 다른 요인들도 적절하게 변동시켜 리더십의 효율성을 높여야 한다고 주장한다. 그리고 상황과 리더십유형을 부합시키는 전략으로 ⅰ) 임무의 요청에 적합한 리더를 선발하는 것, ⅱ) 리더의 훈련을 통해 리더십유형을 상황에 적합하도록 변화시키는 것, ⅲ) 리더의 훈련을 통해 리더가 자기의 리더십유형에 맞게 상황을 변화시킬 수 있는 능력을 기

Commitment, Absenteeism, and Willingness to Report Ethical Problems," *PAR* (Vol. 74, Iss. 3, May/June 2014), pp. 333~343.

르도록 하는 것을 제안한다.29)

2) 리더십 발전을 위한 훈련

(1) **훈련기법**   리더십 발전을 위한 훈련기법의 예로 ⅰ) 다면적 환류, ⅱ) 네트워킹 훈련, ⅲ) 코칭, ⅳ) 후견인의 지도, ⅴ) 현장훈련, ⅵ) 실험실적 훈련 등을 들 수 있다.30)

다면적 환류(360-degree feedback)는 리더가 자기 리더십의 강점과 약점에 관한 환류를 여러 사람들로부터 받아 반성과 학습의 자료로 삼게 하는 방법이다. 네트워킹 훈련(networking training)은 리더가 정보획득과 문제해결을 위해 조력을 받아야 할 사람들과 연계를 발전시키는 방법을 훈련시키는 기법이다. 코칭(executive coaching)은 리더십 발전을 위한 일대일의 개인화된 훈련기법이다. 후견인의 지도(mentoring)는 상급관리자 등 특정한 후견인이 피훈련자와 긴밀한 관계를 유지하면서 리더십에 관해 포괄적으로 조언하고 지도하게 하는 기법이다. 현장훈련(on-the-job training)은 리더가 임무수행의 현장에서 경험을 통해 그리고 상관과 동료들의 도움을 받아 스스로 리더십 역량을 기르도록 하는 기법이다. 실험실적 훈련(laboratory training)은 리더십 발전을 위한 감수성 훈련, 역할연기 등을 통해 '시간적으로 압축된 경험'을 할 수 있게 하는 기법이다.

(2) **효율적 훈련의 조건**   리더십 발전을 위한 훈련프로그램의 성공조건으로는 ⅰ) 단편적·일시적 행사가 아니라 지속적 과정이라야 한다는 것, ⅱ) 능동적 학습을 강조해야 한다는 것, ⅲ) 행동지향적인 학습이 언제 어디서나 이루어질 수 있게 해야 한다는 것, ⅳ) 훈련실시자는 넓은 시야와 지식을 가진 사람이어야 하며 피훈련자와 파트너십을 형성해야 한다는 것, ⅴ) 과거의 사례보다는 미래지향적 시나리오를 더 많이 연구하게 해야 한다는 것을 들 수 있다.31)

7. 추종자의 역할

리더십은 리더(leader)와 추종자(follower: 팔로어; 따르는 사람) 사이의 교호작용을 통해 작동한다.m) 대개의 조직구성원들은 리더와 추종자의 역할을 함께 또는 교대로 수행한다. 비례적으로 보면 추종자의 역할을 수행할 경우가 더 많다고 할 수 있다.

---

m) 국립국어원의 말다듬기위원회는 트위터를 하는 사람들 사이에서 나를 따르는 사람을 뜻하는 팔로어(follower)를 우리말로 순화하여 '딸림벗'이라 부르기로 결정하였다. 그러나 트위터로 소식을 주거나 받는 친구관계를 설명할 때 쓰는 용어를 조직 내의 followership을 설명하는 데 써도 적절할지는 의문이다.

　　리더십 연구인들이 리더와 추종자 사이의 상호 영향관계를 중요시하게 되면서부터 추종자의 역할(followership)에 관한 연구도 활발해졌다. 추종자의 역할에 관한 유형론 한 가지, 그리고 오늘날 조직사회의 요청에 부응하는 '효율적인 추종자의 역할'에 대해 언급하려 한다.

1) 추종자의 역할 유형

　　추종자의 행태 또는 역할 유형은 다양하게 분류할 수 있겠지만 여기서는 Robert E. Kelley의 유형론을 소개하려 한다.[32]

　　Kelley는 독자적이고 비판적인 사고를 하는가 아니면 의존적이고 무비판적인 사고를 하는가, 그리고 능동적인가 아니면 피동적인가를 기준으로 ⅰ) 소외적 추종자, ⅱ) 순응자, ⅲ) 실용주의적 생존추구자, ⅳ) 피동적 추종자, ⅴ) 효율적 추종자 등 다섯 가지 추종자의 역할을 구분하였다.

　　(1) 소외적 추종자　　소외적 추종자(alienated follower)는 독자적·비판적이며 조직의 문제해결에는 피동적이다. 조직의 결함과 다른 사람의 흠집에만 관심을 가지고 문제해결에 참여하는 것은 꺼린다.

　　(2) 순 응 자　　순응자(conformist)는 의존적·무비판적이지만 조직활동에 적극적으로 참여하고 무슨 지시에든 복종한다. 순응자의 최대관심사는 갈등회피이다.

　　(3) 실용주의적 생존추구자　　실용주의적 생존추구자(pragmatic survivor)는 다른 네 가지 추종자 유형의 특성을 절충하여 함께 지니면서 필요에 따라 행태를 자유자재로 바꿀 수 있는 사람이다. 위험을 피하고 자기이익을 최대화하는 데 필요하다면 어떤 행태든 활용할 수 있는 사람이다. 조직에서 살아남는 데 필요하다면 무슨 일이든 하는 타입이다.

　　(4) 피동적 추종자　　피동적 추종자(passive follower)는 비독자적·무비판적·피동적 추종자이다. 책임감이나 솔선력을 결여하고, 하라는 일만 그것도 감독을 받아야만 하는 타입이다.

　　(5) 효율적 추종자　　효율적 추종자(effective follower)는 독자적·비판적 사고의 틀을 가지고 조직활동에 능동적으로 참여하는 사람이다. 조직의 이익을 위해서라면 모험이나 갈등도 피하지 않는 사람이다.

　　Kelley는 '효율적 추종자'가 가장 바람직한 추종자임을 시사한다. 그러나 추종자 역할의 효율성은 상황적응적으로 결정해야 할 문제이다. 다음에 변혁적 상황에 적합한 추종자 역할의 요건을 알아보려 한다.

2) 변혁적 상황의 효율적 추종자

여기서 변혁적 상황이란 격동적 환경에 처해 탈관료화 요청의 압력을 받고 있는 조직에서 변혁의 필요와 자율관리의 필요가 강조되고, 직원에 대한 힘 실어주기와 리더-추종자 간 파트너십이 중요시되는 상황을 말한다.

변혁적 상황의 효율적 추종자 역할요건은 ⅰ) 독자적·비판적으로 사고할 수 있는 능력을 갖추어야 한다는 것, ⅱ) 업무수행에서 책임 있는 능동성을 발휘할 수 있어야 한다는 것, ⅲ) 스스로의 윤리관과 조직의 목표를 위해서는 갈등이나 모험도 회피하지 않는 용기를 지녀야 한다는 것, ⅳ) 개혁에 적극 동참해야 한다는 것, ⅴ) 모두가 성공할 수 있도록 협력할 수 있어야 한다는 것, ⅵ) 리더에게 필요한 힘과 지지의 원천이 되어야 하며, 리더가 좋은 리더로 될 수 있도록 도와야 한다는 것, 그리고 ⅶ) 리더와 상호 신뢰·상호 존중의 관계를 발전시켜야 한다는 것이다.33)

Ⅱ. 갈등관리

1. 갈등관리란 무엇인가?

1) 갈등관리의 정의

갈등은 어떤 조직에서나 생겨나는 현상이다. 조직은 갈등현상에 계획적으로 대처하는 활동을 하지 않으면 안 된다. 그러한 대응활동의 과정을 갈등관리(葛藤管理: conflict management)라고 한다. 갈등을 '관리'한다는 말은 갈등을 해소하는 것만을 뜻하는 것이 아니다. 조직에 해로운 갈등을 해소하거나 완화하는 것뿐만 아니라 갈등을 용인하고 그에 적응하는 조치를 취하는 것, 그리고 나아가서는 조직에 유익하다고 판단되는 갈등을 조성하는 것까지를 포괄하는 활동을 갈등관리라 한다.

갈등관리이론이 이러한 관점을 받아들이는 데 이르기까지는 여러 변화를 겪었다. 고전적 갈등관리이론은 반갈등적 문화를 반영하여 갈등의 유해성에 주목하고 그 해소방법을 처방하는 데 몰두하였다. 그러나 갈등관리이론이 발전함에 따라 갈등의 부정적·긍정적·중립적 기능들을 확인하고 다원적 대응전략을 처방하게 되었다. 이와 같은 '현대적' 결론의 구체적인 적용양태는 개별조직의 문화에 따라 달라질 수 있을 것이다.n)

우리가 여기서 관심을 갖는 관리대상으로서의 갈등은 조직 내의 갈등이며 행동주체들 사이에 일어나는 갈등이다. 개인이 경험하는 내면적 갈등이나 조직 간 갈등에 대해서는 조직 내의 행동주체 간 갈등에 연관되는 범위 내에서만 관심을 보일 것이다.

2) 갈등의 정의

조직 내의 갈등(葛藤: conflict)이란 행동주체 간의 대립적 또는 적대적 교호작용을 말한다. 여기서 행동주체는 개인이나 집단일 수도 있고 조직일 수도 있다. 갈등은 심리적 대립감과 대립적 행동을 포괄하는 개념이다. 갈등은 조직을 구성하는 여러 가지 조건들이 빚어내는 갈등상황이라는 매개변수가 야기한다. 갈등은 조직의 현상유지적 균형을 교란하는 요인이다. 정착되어 있는 의사결정 과정에 문제를 야기하는 요인이라고 말할 수도 있다.

갈등의 정의에 내포된 속성을 보면 다음과 같다.34)

① 행동주체 간의 현상   갈등은 둘 이상의 행동주체(당사자) 사이에 일어나는 현상이다.o) 최소한 행동주체가 둘이 있어야 갈등이 생겨날 수 있다. 행동주체는 개인이나 집단일 수도 있고 조직일 수도 있다.

② 동태적 현상   갈등은 서로 연관된 일련의 진행단계를 통해 형성·변동하는 동태적 현상이다.

n) Stephen P. Robbins와 Timothy A. Judge는 갈등에 관한 관점(학파)을 세 가지로 분류하였다. 갈등은 나쁜 것이므로 제거해야 한다고 생각하는 관점을 '전통적 관점'(traditional view)이라고 하였으며, 낮은 수준의 갈등 또는 순기능적 갈등은 조직의 활력을 위해 바람직한 것이라고 보는 관점을 '교호작용주의적 관점'(interactionist view of conflict)이라 불렀다. 조직에서 갈등은 불가피하지만 그것은 생산적으로 해결되어야 한다고 보는 관점은 '갈등의 관리를 강조하는 관점'(갈등의 해결에 초점을 맞춘 관점: managed-conflict view of conflict; resolution focused view of conflict)이라고 불렀다. 그들은 갈등연구인들의 갈등에 관한 관점이 전통적 관점에서 교호작용적 관점으로, 다시 갈등관리를 강조하는 관점으로 변해왔다고 말했다. Robbins and Judge, *Organizational Behavior*, 14th ed. (Prentice Hall, 2011), pp. 454~456.
o) 우리는 개인이 겪는 내면적 갈등(intrapersonal conflict)을 논의에서 제외하였기 때문에 이러한 요건을 말하는 것이다. 이를 포함시키는 사람들의 정의는 달라질 수밖에 없다. cf., John R. Schermerhorn, Jr., J. G. Hunt, R. N. Osborn, and Mary Uhl-Bien *Organizational Behavior*, 11th ed.(John Wiley & Sons, 2011), p. 233.

③ 대립적 태도와 행동   갈등은 대개 표면화되는 대립적 행동을 수반한다. 그러나 대립적 행동이 노출되지 않더라도 당사자들이 갈등상황을 지각하고 긴장·불안·적개심 등을 느껴 대립적 태도를 형성하기 시작하면 벌써 갈등이 있다고 보아야 한다. 다만, 당사자들이 자각하지 못하는 갈등상황의 존재는 갈등이라고 말할 수가 없다. 갈등이 있다는 것을 아무도 의식하지 못하면 갈등은 없는 것이다.

④ 기능의 다양성   조직에 대한 갈등의 기능은 다양하다. 갈등은 조직에 해로운 것일 수도 있고 유익한 것일 수도 있다.

위에 정의한 갈등은 '경쟁'과 구별해야 한다. 조직생활의 실제에서 경쟁과 갈등이 겹치는 예가 많다. 경쟁이 격화되어 갈등으로 변질되는 일도 흔하다. 그러나 모든 경쟁이 갈등이라거나 모든 갈등이 경쟁이라고 말할 수는 없다.

갈등과 '협력'의 관계도 분명히 해둘 필요가 있다. 갈등의 반대가 협력은 아니다. 갈등이 없다고 해서 반드시 협력이 있는 것은 아니다. 그런가 하면 갈등과 협력이 병존할 수도 있다. 양자는 별개 차원의 문제이기 때문이다.

3) 갈등의 유형

갈등의 종류를 분류한 유형론은 다양하지만 그 가운데서 중요한 것은 기능에 따른 분류, 행동주체에 따른 분류, 그리고 진행단계에 따른 분류이다.

(1) 기능을 기준으로 한 유형론   기능을 기준으로 갈등을 ⅰ) 역기능적 갈등과 ⅱ) 순기능적 갈등으로 분류한다.

역기능적 갈등은 조직에 해로운 파괴적 갈등이다.

순기능적 갈등은 조직을 위해 건설적인 갈등이다. 순기능적 갈등은 조직의 생존과 성공에 필요한 쇄신적 변동을 가져오는 원동력이 된다. 갈등은 개혁의 탐색을 유도할 뿐만 아니라 개혁의 수용을 용이하게 한다. 갈등은 조직구성원들로 하여금 정체된 사고방식에서 벗어나 능동적인 행동을 하게 하는 활력소가 될 수 있다. 갈등은 유기체에 필요한 적정한 수준의 자극을 제공하는 범위 내에서 조직의 자율조정적 장치에 불가결한 요소라고 할 수 있다.

순기능적 갈등이 없는 것은 정체된 사고방식, 부적절한 의사결정, 독재와 획일주의, 조직의 침체 등을 반영하는 것이라고 한다면, 순기능적 갈등이 있는 것은 창조와 성장, 민주주의, 다양성, 그리고 자기실현을 반영하는 것이라고 말할 수 있다.[35]

(2) **행동주체를 기준으로 한 유형론**   갈등을 일으키는 행동주체가 누구인가에 따라 갈등을 ⅰ) 개인 간의 갈등, ⅱ) 개인과 집단 간의 갈등, ⅲ) 집단 간의 갈등, ⅳ) 개인과 조직 간의 갈등, ⅴ) 조직과 집단 간의 갈등으로 분류한다.

(3) **진행단계를 기준으로 한 유형론**   갈등관계의 진행과정에 착안하여 ⅰ) 잠재적 갈등(갈등상황), ⅱ) 지각되는 갈등, ⅲ) 감정적으로 느끼는 갈등(태도형성단계의 갈등), ⅳ) 표면화된 갈등(행동화단계의 갈등), ⅴ) 결과적 갈등 또는 사후적 갈등을 구분하기도 한다.[36]

이 밖에도 표면화된 갈등의 내용과 강도, 승패의 유무, 구조화 수준(갈등의 조건과 행동규칙의 명료화 수준), 갈등의 출처, 갈등관리의 전략 등을 기준으로 한 유형론들을 흔히 볼 수 있다.

4) 갈등의 야기

갈등야기의 원인이라 할 수 있는 갈등상황에 대해 사람들이 지각하고 대립적 태도가 형성되어야 갈등이 진행된다.

(1) **갈등상황: 갈등야기의 원인**   갈등상황이란 갈등이 야기될 수 있는 원인(상황 또는 조건)이다. 갈등상황이 조성되어야 갈등이 생겨날 수 있다. 그러나 이러한 원인이 있다고 해서 언제나 갈등이 진행되는 것은 아니다. 갈등상황을 행동주체들이 지각하지 못할 수도 있고 구체적인 갈등관계가 형성되기 전에 갈등상황이 소멸될 수도 있다.

갈등상황의 종류는 수없이 많지만 다음과 같이 일곱 가지 범주로 분류해 볼 수 있다.[37]

① **상층적 목표추구로 인한 승패의 상황**   둘 이상의 행동주체가 서로 양립할 수 없는 목표들을 동시에 추구할 때 승패의 상황(win-lose situation)이라는 갈등상황이 조성될 수 있다.

② **자원획득·사용에 관한 경쟁**   목표달성에 어떠한 자원 또는 수단을 동원할 것인가, 그리고 제한된 자원을 누가 차지할 것인가에 대하여 행동주체 간에 의견불일치가 있고 경쟁이 생기면 갈등이 야기될 수 있는 조건이 형성된다.

③ **지위부조화**   지위부조화(status incongruency)는 행동주체 간의 교호작용을 예측불가능하게 하고 갈등을 야기할 수 있다.[p]

---

p) 조직 내에는 여러 가지 지위체계(status hierarchies)가 있다. 여러 가지 지위체계에서 개인이

④ 직무설계 상의 갈등요인   분화에 역점을 둔 직무설계로 말미암아 직무와 책임의 분할이 심한 경우 그리고 조직단위의 구성이 기능분립적으로 되어 있는 경우 의견대립과 갈등의 가능성이 높아진다. 업무의 상호 의존성이나 업무수행 책임의 모호성도 갈등상황을 만들 수 있다.

⑤ 조직의 변동   조직의 변동은 그 자체가 현상유지적 균형을 깨기 때문에 갈등상황을 조성할 수 있다. 변동추구자들과 저항자들 사이에 갈등상황이 조성되는 것은 흔히 관찰되는 일이다.

⑥ 의사전달의 장애   의사전달의 장애가 생기면 행동주체들 사이에 오해와 불신이 쌓이고 그것은 갈등의 소지가 될 수 있다. 갈등이 생기면 의사전달의 장애는 더욱 커지는 악순환이 진행될 수 있다.

⑦ 행동자들의 문제   갈등상황을 조성할 수 있는 갈등당사자들의 문제는 여러 가지이다. 그 예로 ⅰ) 지배욕·권력욕이 강한 성격, ⅱ) 공격적이고 비협조적인 행동성향, ⅲ) 가치관·지각의 차이, ⅳ) 행위자들 사이의 신뢰 결여, ⅴ) 파괴적 비판과 체면손상을 들 수 있다.

(2) 갈등의 과정   갈등은 서로 연관된 일련의 단계 또는 사건을 거쳐 진행되는 동태적 과정이다. 진행단계는 ⅰ) 갈등상황, ⅱ) 지각, ⅲ) 태도형성, ⅳ) 행동, 그리고 ⅴ) 해소 또는 재연이다.

갈등과정이 진행되는 첫째 단계는 갈등상황이라는 갈등야기의 잠재적 조건이 형성되는 단계이다. 둘째 단계는 행동주체들이 갈등상황을 지각하고 그 의미를 확인하는 단계이다. 셋째 단계는 행동주체들이 갈등상황의 지각에 따라 긴장·불만·적개심을 느끼는 단계이다. 넷째 단계는 대립적 또는 적대적 행동을 표면화하는 단계이다. 다섯째 단계는 갈등이 해소되거나 갈등의 원인이 잔류하여 또 다른 갈등과정을 진행시키는 단계이다.[38]

이러한 단계들이 언제나 끝까지 진행되는 것은 물론 아니다. 어느 한 단계에서 갈등관계 형성의 과정이 중단될 수 있는 가능성은 얼마든지 있다. 그리고 어느 한 단계 또는 사건이 일어난 상황 또는 장소에서 다음 단계들도 일어나야 한다는 보장은 없다. 각 단계가 조직 내의 위치를 바꾸어 가면서 진행될 수도 있다.

차지하는 지위는 다 같은 것이 아니다. 그리고 지위는 수시로 변동한다. 지위체계에 따라서 사람들의 지위가 다르므로 경우에 따라서는 지위가 뒤바뀐다고 생각될 수도 있다는 것, 그리고 사람들의 지위는 변동한다는 것 등은 지위부조화를 야기하는 중요한 원인이라 할 수 있다.

그렇기 때문에 갈등은 조직 내에서 여기저기 돌아다닌다고 설명되기도 한다.

2. 갈등관리의 전략과 방법

갈등은 복잡한 동태적 현상이므로 갈등관리는 상황적응적이어야 한다. 다음에 소개할 전략과 방법들은 갈등의 양상과 상황적 조건에 맞게 취사선택해서 사용해야 한다.

1) 기본전략의 구분

갈등관리의 기본적인 전략은 해소전략과 조성전략으로 구분해 볼 수 있다.

(1) 해소전략　　유해한 갈등을 해소하는 전략에는 갈등상황이나 출처를 근본적으로 변동시키지 않고 거기에 적응하도록 하는 전략과 조직의 구조적 배열이나 여러 관계들을 적극적으로 변동시켜 갈등상황을 제거하는 전략이 있다.

(2) 조성전략　　조직의 생존 · 발전에 불가결하거나 유익한 갈등을 인위적으로 조성하는 전략이 필요할 때가 있다. 갈등을 유해하고 역기능적인 것이라고만 보는 관점에서는 조성전략이라는 것을 구상할 수 없다. 조성전략은 갈등 가운데는 순기능적인 것도 있다는 관점에 입각한 것이다.

2) 갈등관리의 방법

갈등관리의 방법도 해소방법과 조성방법으로 나누어 볼 수 있다.[39]

(1) 해소방법　　갈등해소의 방법들을 다음과 같이 범주화 해 볼 수 있다.

① **문제해결**　　문제해결(problem solving)은 갈등을 일으킨 당사자들이 직접 접촉하여 갈등의 원인이 되는 문제를 공동으로 해결하는 방법이다.

② **상위목표의 제시**　　이것은 갈등을 일으킨 당사자들에게 공동으로 추구해야 할 상위목표(superordinate goals)를 제시함으로써 갈등을 완화하는 방법이다.

③ **공동의 적 확인**　　갈등 당사자들에게 공동의 적을 확인해 주고 이를 강조하면 잠정적으로 갈등을 해소하거나 이를 잠복시킬 수 있다.

④ **자원증대**　　이것은 희소자원을 서로 더 많이 차지하려고 경쟁하는 데서 비롯된 갈등을 해소하기 위해 자원을 늘리는 방법이다.

⑤ **회　피**　　회피(avoidance)는 갈등을 야기할 수 있는 의사결정의 연기, 갈등상황에 처한 당사자들의 접촉 방지, 갈등행동의 억압 등의 방법을 써서 단기적으로 갈등을 진정시키는 것이다.

⑥ 완　화　　완화(smoothing)는 갈등 당사자들의 상이성 또는 상충성을 덮어두고 유사성이나 공동이익을 강조함으로써 갈등을 줄이는 방법이다.

⑦ 타　협　　타협(compromise)은 당사자들이 대립되는 주장을 부분적으로 양보하여 공동의 결정에 도달하게 하는 방법이다.

⑧ 상관의 명령　　이것은 공식적 권한에 근거한 상관의 명령으로 부하들의 의견대립에 따른 갈등을 해소하는 방법이다.

⑨ 태도변화훈련　　이것은 훈련을 통해 갈등 당사자들의 태도를 바꾸는 방법이다.

⑩ 구조적 요인의 개편　　이것은 조직의 구조와 과정을 바꿔 갈등을 좀더 근본적으로 해소하는 방법이다. 인사교류, 조정담당기구의 설치, 이의제기제도의 시행, 갈등을 일으키는 조직단위들의 합병 또는 분리, 지위체제의 개편, 업무배분 변경을 그 예로 들 수 있다.

⑪ 협　상　　협상을 통해 갈등문제를 해결할 수 있다.

당사자들이 서로 다른 선호를 가지고 있을 때 공동의 결정을 해나가는 과정을 협상이라고 한다. 이 과정에서 당사자들은 상대방으로부터 자기가 원하는 것을 얻어내려고 노력한다.

협상에는 당사자가 두 사람인 개인 대 개인 협상, 집단구성원들끼리 협상하는 집단협상, 집단 간의 협상, 노동조합·고객집단과 같은 집단을 대표하는 사람들과의 협상, 그리고 제 3 자의 개입을 통한 협상이 있다.

협상의 전략은 크게 두 가지 유형, 즉 분배적 협상과 통합적 협상으로 나누어 볼 수 있다. 분배적 협상(distributive negotiation)은 각기 자기 몫을 주장하는 당사자들의 입장에 초점을 맞춘 협상이다. 당사자들의 입장이 강경할 때는 승패의 상황이 벌어진다. 당사자들의 입장이 부드러울 때는 서로 상대방을 위해 부분적인 양보를 함으로써 갈등을 타결할 수 있다. 통합적 협상(integrative negotiation)은 전체적인 자원의 가장 효율적인 활용방법에 초점을 맞춘 협상이다. 통합적 협상에서는 당사자들이 모두 승리자가 될 수 있도록 공동이익 또는 효용을 키우는 방안을 탐색한다.[40]

(2) 조성방법　　관리자들은 조직의 활력, 창의와 쇄신을 위해 순기능적 갈등을 적절히 노출 또는 조성하고 그것을 창의적·건설적으로 해결해 나가야 한다. 관리자들이 그러한 역할을 수행하려면 먼저 건설적인 갈등을 긍정적으로 받아들인다는 입장을 천명하여 순기능적 갈등이 자유롭게 표면화될 수 있는 분위기를 조성해야 한다. 갈등발생을 유도하는 방법을 예시하면 다음과 같다.

① **의사전달통로의 변경**   표준화된 공식적·비공식적 의사전달통로를 일부러 변경하여 갈등을 조성할 수 있다. 의사전달통로의 변경은 정보의 재분배와 그에 기초한 권력의 재분배를 초래하기 때문에 갈등을 야기할 수 있다.

② **정보전달 억제 또는 정보과다 조성**   정보전달을 억제하거나 과다한 정보를 전달함으로써 갈등을 조성할 수 있다. 조직구성원이 얻으려는 정보를 감추면 그의 권력은 감소된다. 따라서 권력의 재분배가 일어나고 그로 인한 갈등이 조성될 수 있다. 정보과다로 인한 혼란은 갈등을 야기하고, 그것은 나아가서 조직구성원들의 정체된 행태를 활성화시키고 창의성과 자율성을 일깨워줄 수 있다.

③ **구조의 분화**   조직 내의 계층수, 그리고 기능적 조직단위의 수를 늘려 서로 견제하게 함으로써 갈등을 조성할 수 있다.

④ **인사이동 또는 직위 간 관계의 재설정**   조직구성원을 이동시키거나 직위 간의 관계를 재설정함으로써 갈등을 조성할 수 있다.

⑤ **리더십 스타일 변경**   리더십의 유형을 적절히 교체함으로써 갈등을 야기하고 대상집단을 활성화할 수 있다.

⑥ **사고방식이 다른 사람들의 접촉 유도**   사고방식과 태도가 서로 다른 사람들이 교호작용하게 함으로써 갈등을 조성할 수 있다.

제3절 관리과정

I. 관리와 관리이론

1. 관리의 정의

일반적으로 관리(管理: management)라는 말은 다른 사람들과 더불어, 그리고 다른 사람들을 통해서 일(목표)을 성취하는 과정을 의미한다. 조직에서의 관리는 관리자들이 조직구성원들과 더불어, 그리고 조직구성원들을 통해서 조직의 목표를 성취하는 과정이다.[a]

조직의 목표를 설정하고 목표달성을 위해 현재의 업무성취와 장래의 잠재력 확보에 책임을 지는 관리는 조직의 인적자원과 기타의 자원을 조정·통제한다. 관리는 조직을 운영하고 이끌어가는 복합적 과정이다. 복합적 과정이라고 하는 까닭은 조직 내의 여러 가지 과정들을 포괄하고 이들을 조정하는 과정이기 때문이다. 관리는 조직 내적·환경적 요인들과 역동적으로 교호작용한다.

관리의 중요 속성을 다음과 같이 요약해 볼 수 있다.[1]

① 다른 사람들을 통한 임무수행   관리는 그 임무성취를 위해 다른 사람들을 동원하고 이끌어간다. 즉, 다른 사람들과 더불어 일하고 다른 사람들을 통해서(through other people) 일을 한다.

② 조직목표의 설정과 성취   관리의 주된 임무는 조직목표를 설정하고 이를 성취하는 것이다. 관리는 조직목표의 설정과 그 성취에 책임을 진다. 관리는 현재의 목표성취뿐만 아니라 장래의 성취능력 확보에도 책임을 진다.

---

a) 영어의 management라는 말은 문맥에 따라서 관리자, 관리층, 관리과정, 또는 자원의 활용과 조정 등을 의미할 때가 있다. 여기서는 관리를 과정적 현상으로 파악하기로 한다. 그러나 관리과정에 결부된 여러 요인들을 포괄하는 관리체제(management system)를 준거대상으로 삼을 때도 있을 것이다.

③ 대상영역·활동국면   관리의 대상영역은 조직운영 전반에 걸친다. 조직의 성립·생존·발전에 관련된 조직의 여러 국면들이 관리의 대상이 된다. 관리대상영역의 폭은 관리계층의 수준에 따라 달라진다.

관리의 활동과정은 목표설정과 계획수립, 자원의 동원, 조직화, 집행, 환류통제 등으로 구분해 볼 수 있다. 이러한 활동국면들의 구성양태와 상호 관계는 개별적인 상황과 관리체제모형에 따라 달라질 수 있다.

④ 복합적 과정   관리는 여러 가지 과정들을 내포하는 복합적 과정이다. 관리는 의사전달, 의사결정, 갈등관리, 통제, 계획 등 다양한 과정들을 통해서 이루어진다.

⑤ 개방체제적 교호작용   관리는 조직 내외의 제관계와 역동적 교호작용을 한다. 관리는 그 환경과 조직 내의 하위체제들이 엮어내는 상황에서 작동하는 과정이다.

2. 관리이론의 변천

조직의 관리는 무엇이며, 그것을 어떻게 구성하고 작동시켜야 하는가에 대한 관점은 시대에 따라 변천해 왔다. 관리이론의 시대적 변천단계를 구획하고 관리의 접근방법을 분류한 유형론은 다양하지만 여기서는 전통이론과 현대이론으로 대별하여 그 성향을 알아보려 한다.

1) 전통이론: 전통적 관리모형

산업혁명·조직혁명이 시작되고 그 노선에 따라 양적 성장이 지속되던 시대의 능률주의, 그리고 그에 이어 등장한 인간관계중심주의까지를 기반으로 한 관리이론들을 전통이론으로 규정한다. 전통적 관리이론의 예로 과학적 관리론, 관리과정론, 인간관계론을 들 수 있다. 여기서 예시한 전통이론들은 제 1 장에서 이미 설명하였다.

전통적 관리이론이 처방한 관리체제의 집합적 특성은 다음과 같다.

① 교환형 관리   전통적 관리체제는 교환적 동기유발전략에 입각한 것이다. 교환형 관리는 직무수행에 대한 인간의 피동성을 전제하고, 외재적 유인을 사용하여 사람들을 다스려가는 관리이다.

② 통제지향성   전통적 관리체제는 절차의 준수와 명령에 대한 복종을 강

조하는 외재적 통제에 의존한다. 통제체제는 기능분립주의에 결합된 집권적 통제체제이다. 통제의 기초는 공리적·강압적이거나 인간관계론적인 것이다.

통제지향적 관리에서 관리의 기능은 관리층이 독점한다. 통제지향적 관리는 관리자들이 피동적인 부하들을 이끌어 업무를 성취하는 관리자중심적 관리이다.

③ 폐쇄적 시야   폐쇄체제적 관점에 입각하여 조직 내부요인들의 능률적인 조정·통제에 역점을 둔다. 관리의 기본적 속성 가운데 하나인 개방체제적 교호작용에 대한 관심은 약하다.

④ 공급자중심주의   공급자인 조직의 입장에서 재화·용역의 산출을 결정한다. 소비자가 결정하는 것이 아니라 조직의 관리자가 결정한다.

⑤ 투입지향성   관리과정에서 주축을 이루는 평가의 기준은 산출이나 업무성과가 아니라 투입이다.

⑥ 보 수 성   관리의 성향은 현상유지적이거나 점증적인 것이다.

위의 특성을 공유하는 전통적 관리모형 가운데서 과학적 관리론이나 관리과정론과 같은 고전이론은 원자적 개인에 초점을 맞추고 상향적 참여를 용납하지 않았다. 그러나 인간관계론과 같은 신고전이론은 집단에 초점을 맞추고 상향적 참여를 어느 정도 허용하여 참여관리의 길을 열었다.

2) 현대이론: 탈전통적 관리모형

여기서 관리의 현대이론이라고 하는 것은 '탈전통의 이론' 또는 전통이론에 비해 '새로운 이론'이라는 의미로 쓴 말이다.

현대이론은 현대사회의 변화된 여건을 배경으로 하는 것이다. 환경적 격동성이 높아짐에 따라 조직의 변동대응능력·환경관리능력 제고에 대한 요청이 커졌다. 조직의 경쟁력 향상과 성과위주관리에 대한 요청도 커졌다. 소비자주권주의가 광범한 영향을 미치게 되었다. 공공부문에서는 정부기능 재조정과 행정경계의 축소조정에 대한 압력이 커졌다. 이런 일련의 변화추세를 배경으로 새로운 관리이론들이 양산되었다.

여러 가지 현대적 관리이론들은 다소간에 서로 다른 강조점들을 가지고 있지만 처방의 일반적 경향을 집합적으로 파악해 볼 수 있다. 현대적 관리이론들이 처방하는 관리체제의 주요 특성들을 모아 보면 다음과 같다.

① **통합형 관리**   통합형 관리는 조직의 목표와 조직구성원 개인의 욕구를 융화·통합시킴으로써 조직의 효율성을 높이고, 개인들이 누리는 직업생활의 질을 향상시키려는 관리이다. 일에 대한 인간의 능동성을 전제하는 관리이다. 그리고 조직 내외에 걸친 분화·분립보다 연계·통합을 강조하는 관리이다.

② **협동지향성**   외재적 통제에 의한 행동조정보다는 내재적 통제·규범적 통제를 강조한다. 상호 신뢰, 자발적 참여와 협동을 중시하고 분권화를 추구한다. 협동지향적 관리는 관리의 책임이 널리 분담되는 직원중심적 관리이다.

③ **개방체제적 시야**   조직 내외의 상황적 조건과 관리체제가 교호작용하는 관계를 중요시한다. 특히 외적 환경에 대한 관리의 전략적 대응을 강조한다.

④ **소비자중심주의**   소비자의 입장에서 조직의 산출을 결정한다. 산출에 관한 의사결정과정에 소비자가 간여할 수 있도록 한다. 소비자를 위한 재화·용역의 공급결정에서 시장논리의 원용을 강조한다.

⑤ **성과지향성**   임무수행의 수단과 절차보다는 목표를 중시하고, 사용하는 투입보다는 산출과 그 성과(결과·효과)를 강조하는 관리이다.

⑥ **변동지향성**   급변하는 상황에 적응하고 나아가 적극적으로 변동을 선도하는 관리이다.

3) 탈전통적 관리모형의 예시

탈전통적 관리모형의 범주에 포함시킬 수 있는 모형들은 많다. 여러 가지 탈전통적 관리모형들은 위에서 간추린 집합적 특성을 다소간에 공유하면서 또한 어느 정도의 개별적 특성을 지니고 있다.

탈전통적 관리모형의 중요한 예로 ⅰ) 목표관리, ⅱ) 총체적 품질관리, ⅲ) 전략적 관리, 그리고 ⅳ) 성과관리를 골라 다음에 항을 나누어 설명하려 한다. 신공공관리(신관리주의에 입각한 관리)도 큰 세력권을 형성하고 있는데, 그에 대해서는 제 9 장 제 2 절에서 설명하려 한다.[b]

---

b) 근래에 추진된 여러 가지 관리개혁사업들의 유사성을 특별히 강조하고 몇 가지 탈전통적 관리모형들의 구별을 인정하지 않는 사람도 있다. 예컨대 James E. Swiss는 전략적 관리, 성과관리, 결과관리, 신공공관리 등은 하나의 새로운 접근방법에 붙여진 별칭들이라고 하였다. Swiss, "A Framework for Assessing Incentives in Results-Based Management," *PAR*, Vol. 65, No. 5(Sep./Oct. 2005), p. 592.

영기준 예산제도, 조직발전, 고객만족관리, 규범적 통제모형, 그리고 네트워크 관리도 새로운 또는 탈전통적 관리모형으로 흔히 거론된다. 영기준 예산제도와 조직발전에 대해서는 이 책의 다른 곳에서 설명하게 될 것이다. 나머지에 대해서는 여기서 그 의미를 간단히 규정하려 한다.

고객만족관리(customer satisfaction management)란 조직의 이미지와 조직이 산출하는 재화·용역에 대한 고객의 만족도를 높이기 위해 지속적으로 고객만족도를 조사하여 그 결과에 따라 시정조치를 하는 관리이다.2)

규범적 통제모형(normative-control model)은 신념과 가치를 통제의 기초로 삼는 관리이다. 사람들의 가치관과 태도를 중시하고 제도보다는 정신을 강조하는 관리라고도 한다. 가치관과 태도에 역점을 둔 선발, 조직에 헌신하는 태도를 기르는 사회화, 수용된 원리와 비전에 따른 지휘, 책임의 공동부담, 그리고 고객을 포함한 식견 높은 사람들이 하는 실적평가를 구성요소로 한다.3)

네트워크 관리(network management; managing by network)는 네트워킹의 수준이 높아진 조직(정부)의 조건에 적합한 관리이다. 이것은 계서제적 관리가 아니라 협의적·협동적 관리이다. 전통적 관리와 구별되는 네트워크 관리의 특징적 요소는 ⅰ) 큰 틀의 사고(big picture thinking), ⅱ) 코칭(coaching), ⅲ) 중재, ⅳ) 협상, ⅴ) 위기분석, ⅵ) 계약관리, ⅶ) 비재래식 문제 대처능력(ability to tackle unconventional problems), ⅷ) 전략적 사고, ⅸ) 개인 간의 원활한 의사전달, ⅹ) 프로젝트 관리, 그리고 ⅺ) 팀 발전이다.4)

Ⅱ. 목표관리

1. 목표관리란 무엇인가?

1) 정   의

목표관리(目標管理: management by objectives: MBO)는 참여의 과정을 통해 조직단위와 구성원들이 실천해야 할 생산활동의 단기적 목표를 명확하고 체계 있게 설정하고, 그에 따라 생산활동을 수행하도록 하며, 목표성취도를 평가·환류시키는 관리체제라고 할 수 있다. 공식적 목표를 실체화하는 과정이라고 할 수도 있는 MBO는 명확한 목표설정과 책임한계의 규정, 참여와 상하협조, 환류의 촉진을 통한 관리계획의 개선, 조직구성원의 동기유발, 그리고 업적평가의 개선을 도모하고 궁극적으로는 조직의 효율성을 증진시키려는 것이다. MBO의 기본적 과정이 조직 전체의 모든 하위체제와 결부되기 때문에 MBO는 총체적인 관

리체제로 되는 것이다.[5]

MBO의 세 가지 기본적 구성요소는 ⅰ) 목표설정, ⅱ) 참여, 그리고 ⅲ) 환류이다.

① 목표설정 구체적인 업무수행목표를 설정하는 것이 첫째 구성요소이다. 여기서 목표라고 하는 것은 실행기간이 명시되고 측정이 가능한 단기적 생산작용목표를 말한다. 목표가 설정된 다음에 이를 실현하는 사람은 그 수단을 선택하는 데 어느 정도의 자율성을 누리도록 한다.

② 참   여 참여의 과정을 통한 목표설정을 강조한다. 부하가 수행할 목표는 상관과 부하의 협의를 거쳐 설정한다.

③ 환   류 업무수행자의 목표성취도를 평가하고 이를 환류시킨다.

위와 같은 구성요소를 지닌 MBO의 기본적 단위들이 조직 전체에 걸쳐 서로 연결되고 그것이 조직 내의 여러 하위체제와 연계되면 MBO라는 총체적 관리체제가 성립한다.

오늘날의 MBO는 인간의 자율능력을 믿는 자기실현적 인간관의 영향을 강하게 받고 있다. 그래서 MBO를 탈전통적 모형이라 규정하는 것이다. 그러나 고전적 및 신고전적 처방들도 함축하고 있다는 것을 잊어서는 안 된다. 공식적 생산목표에 착안한 생산성의 강조, 그리고 통제의 객관적 기준설정은 고전적 취향을 반영하는 것이며, 참여의 강조는 인간관계론적 성향을 반영하는 것이기도 하다.

미국에서 Peter Drucker와 Douglas McGregor가 MBO를 체계적으로 논의한 이래 이것은 여러 가지 형태의 조직에 채택되어 왔다.[6] Drucker는 MBO를 제창한 최초의 저서를 낸 사람으로 알려져 있다. 그는 1954년의 저서에서 MBO를 기업의 계획행태개선을 위한 관리계획의 한 접근방법으로 소개하였다. McGregor는 이것을 근본적으로 업적평가의 한 기법이라고 생각한 것 같다.

처음에는 MBO를 제한된 용도의 관리기법 또는 통제도구로 이해하는 사람들이 많았고, 이를 실용화할 때도 주로 한정된 국면의 활동에만 적용하였다. 오늘날의 지배적인 이론적 틀에서는 MBO를 포괄적인 관리과정 또는 총체적 관리체제로 이해하고 있다.

그러나 연구인들 사이에 MBO의 의미에 관한 의견의 일치가 있는 것은 아니다. 실제로 시행되고 있는 MBO의 내용이 통일되어 있는 것도 아니다. 여기서는 대표적인 연구인들의 의견을 종합해 공통요소에 착안한 정의를 하였다.

2) 운영과정

여기서는 MBO의 요체를 파악할 수 있도록 MBO의 한 개 단위를 구성하는 과정만을 설명하려 한다. MBO의 한 개 단위과정이란 한 쌍의 상관과 부하(또는 조직단위)가 진행시키는 기본적인 과정을 말한다.

MBO의 기본적 과정은 ⅰ) 구체적인 목표설정과 행동계획의 입안, ⅱ) 시행과 중간평가, ⅲ) 최종평가가 순차적으로 진행되고 이러한 행동단계가 또한 순환적으로 연결되는 과정이다.

① 목표설정과 행동계획의 입안   첫째 단계에서는 참여과정을 통해 특정인 또는 특정 조직단위가 일정기간 내에 성취해야 할 구체적인 목표를 설정하고 그에 따라 행동계획을 입안한다. 이 단계에서 설정되는 목표는 상위의 조직목표 성취에 기여하는 것이라야 한다.

② 시행과 중간평가   목표설정이 끝나면 그것을 성취시킬 책임을 지는 사람은 상당한 재량권을 가지고 스스로 세운 실행계획에 따라 임무를 수행하는데, 이 단계에서 진척상황을 수시로 중간평가한다.

③ 최종평가와 환류   목표성취의 예정기간이 만료되면 최종적인 평가를 한다. 최종평가의 결과는 목표성취 여부에 대한 판단으로 나타나며, 이것은 관리중추와 관련자들에게 환류된다. 최종평가의 결과는 보상결정의 기준이 되고 장래의 동기수준, MBO에 대한 태도, 상관과 부하의 상호 관계에 영향을 미친다.

2. 효용·한계·성공조건

MBO의 효용, 한계, 그리고 성공조건은 다음과 같다.

(1) 효   용   MBO의 기본적인 가치는 업적평가와 계획행태를 개선하고 조직구성원의 직무만족도를 높임으로써 조직의 효율성을 향상시키는 데 있다고 할 수 있다.

MBO의 효용은 ⅰ) 직무수행과 평가과정, 그리고 보상체제를 연결함으로써 생산성과 직무만족도를 동시에 향상시킬 수 있는 매개체가 된다는 것, ⅱ) 계획수립을 촉진·지원하며 생산활동을 조직의 목표성취에 지향시킨다는 것, ⅲ) 역할모호성·역할갈등을 줄이고 일과 사람의 조화수준을 높인다는 것, ⅳ) 업적평가의 객관적 기준을 제공하고 훈련수요의 결정에 도움을 준다는 것, 그리고 ⅴ) 관리상의 문제파악을 돕고 관료제의 폐단들을 제거하는 데 도움을 준다는 것이다.[7]

(2) 한 계 그러나 MBO를 운영하는 데는 여러 가지 애로가 있다. MBO 시행 상의 애로는 ⅰ) 목표의 구체적 정의와 목표성취도의 측정이 어렵다는 것, ⅱ) 관리상황이 유동적인 곳에서는 MBO의 적용이 어렵다는 것, ⅲ) MBO는 목표성취도를 측정하는 데 치중하기 때문에 사람들이 높은 수준의 목표설정을 회피하고 성취도의 계량적 측정이 용이한 업무에만 주력하는 경향을 부추길 수 있다는 것, ⅳ) 투입지향적인 조직문화와 마찰을 빚을 수 있다는 것, 그리고 ⅴ) MBO를 도입하는 데 시간이 많이 걸리고 운영절차가 번잡하다는 것이다.

(3) 정부에서 가중되는 애로 MBO를 정부관료제에 도입하려는 경우 어려움은 가중된다.

정부에서 애로가 가중되는 이유는 ⅰ) 원칙적으로 이윤추구적인 기업체에서 탄생한 MBO를 원칙적으로 봉사지향적인 정부조직에 도입하는 데는 이념적인 갈등이 수반된다는 것, ⅱ) 집권화된 권한의 계층을 바탕으로 해온 정부관료제 내에서 MBO가 요구하는 권력의 분배와 참여관리를 실현하기는 어렵다는 것, ⅲ) 측정가능한 목표를 설정하는 것이나 목표성취의 편익을 측정하는 것은 사기업체의 경우에서보다 더 어렵다는 것, ⅳ) 정부의 관리과정은 크게 연장되어 있고 거기에는 여러 권력중추가 간여하므로 불확실한 요소가 많이 개입된다는 것, ⅴ) 정부의 보수제도는 경직성이 높아 업적격차에 맞도록 적시성 있게 금전적 보상을 주기가 어렵다는 것, 그리고 ⅵ) 정부기관과 관련된 환경은 훨씬 복잡하고 변동이 심하다는 것이다.[8]

(4) 성공조건 MBO의 성공적 운영에 필요한 조건은 ⅰ) 기본적 과정설계 자체의 적합성, ⅱ) 최고관리층의 지지, ⅲ) 다른 관리기능과의 통합, ⅳ) 조사연구 활동의 강화, ⅴ) 조직발전(OD)을 통한 태도변화, ⅵ) MBO를 지지하는 조직의 구조와 과정, 그리고 ⅶ) 어느 정도 안정적이고 예측가능한 조직 내외의 상황이다.

3. 목표설정이론

목표라는 개념을 사용하여 동기유발을 설명하는 목표설정이론(目標設定理論: goal setting theory)은 목표관리를 지지해 주는 명제들을 담고 있다. 목표관리를 논의하는 연구인들은 대개 목표관리의 기반이 되는 이론으로 목표설정이론

을 들고 있다.[c]

1) 정   의

목표설정이론은 구체적이고 어려운 목표의 설정과 목표성취도에 대한 환류의 제공이 업무담당자의 동기를 유발하고 업무성취를 향상시킨다고 설명하는 이론이다. 목표설정이론은 목표설정 자체가 동기유발요인이 된다는 전제에 입각한 이론이다.[d]

목표설정이론의 이론구조(가정)는 다음과 같다.[9]

① 구체적 목표의 제시   구체적이고 명확한 목표가 제시되면 목표가 제시되지 않거나 모호한 목표가 제시된 때보다 나은 업무수행을 가져올 수 있다.

② 어려운 목표   적당히 어려운 목표는 보다 나은 업무수행을 촉진할 수 있다. 업무수행자가 어려운 과제를 수용하는 한 목표가 어려울수록 더 많은 노력을 이끌어낼 수 있다.

③ 환류의 제공   업무수행에 대한 환류는 높은 수준의 목표설정을 유도하고 업무수행에 대한 동기를 유발할 수 있다. 목표추구행동과 그 결과에 대한 환류는 하려고 하는 일과 한 일 사이의 차질을 확인해서 시정과 개선행동을 인도해 주기 때문이다.

④ 능력과 자신감   업무담당자들이 목표실현에 필요한 능력과 자신감을 가질 수 있을 때 목표는 높은 수준의 업무수행을 유발할 수 있다.

⑤ 목표의 수용과 몰입   업무담당자들이 목표를 수용하고 그에 몰입할 때 목표는 업무수행의 수준을 높이려는 동기를 유발할 수 있다. 참여적 목표설정은 목표수용을 촉진할 수 있다.

2) 효용과 한계

구체적인 목표설정이 업무성취도를 향상시킬 것이라고 추정하는 데는 그럴만한 근거가 있다. 이를 지지하는 경험적 증거도 적지 않다.

그러나 목표설정이론에는 보편성 결여라는 근본적 한계가 있다. 사람들이

---

c) 오늘날 많은 연구인들이 목표설정이론의 발전에 기여하고 있지만 개척적 역할을 한 사람은 Edwin Locke라고 한다. Locke *et al.*, "Goal Setting and Task Performance: 1969~1980," *Psychological Bulletin*, (Vol. 90, July–November 1981), pp. 125~152.

d) 이와는 대조적으로 통제이론(제어이론: control theory)은 목표(기준)와 실적 사이의 차이가 환류를 통해 인식될 때에만 그러한 인식이 동기를 유발한다고 설명한다.

언제나 목표의 명확한 인식과 타산에 따라서만 행동한다고 보기 어렵다. 목표로부터 내재적 동기를 유발하는 사람들도 있지만 그러지 못하는 사람들도 있다.

업무담당자가 어려운 목표를 수행할 만한 능력과 자신감을 결여할 때, 목표의 수용에 실패할 때, 업무성취에 대한 보상이 부적절할 때, 그리고 업무의 복잡성이 아주 높을 때에는 목표설정이론의 적실성 또는 효용이 감퇴된다.

III. 총체적 품질관리

1. 총체적 품질관리란 무엇인가?

1) 정   의

총체적 품질관리(總體的 品質管理: total quality management: TQM)는 고객에 대한 서비스의 품질을 향상시키려는 관리이다.[e] 이것은 서비스의 우수성을 요구하는 고객의 기대에 부응하기 위해 업무수행 방법을 통제하고 이를 지속적으로 개선하는 데 조직 내의 모든 사람을 가담시키는 관리이다. 총체적 품질관리는 서비스의 품질향상을 위해 조직구성원의 능력신장·동기유발을 도모하며, 합리적 관리체제를 채택하고, 과학적 품질관리기법을 활용한다. 총체적 품질관리는 전통적 조직문화의 개혁을 필요로 하는 관리이다.[10]

TQM은 조직을 고객과 공급자로 구성된 복잡한 체제라고 전제하는 관리체제이다. 최고관리자로부터 말단직원에 이르기까지 모든 조직구성원들은 한편으로 공급자이면서 다른 한편으로는 고객인 이중적 역할을 수행하는 것으로 본다.

TQM에서 품질(品質: quality)은 고객의 요구에 부응하는 수준을 나타내기 위한 개념이다. 품질은 고객에게 가치 있는 모든 것을 포괄한다. 산출되는 재화·용역의 물질적·경제적 우수성, 능률성, 효율성, 윤리성, 안전성, 자원의 현명한 사용 등이 모두 포함된다.

TQM은 여러 가지 관리이론과 실천적 접근방법으로부터 많은 아이디어와 방법들을 받아들여 활용한다. 이 점에 착안하여 TQM을 복합적 또는 통합적 접근방법이라고도 부른다. TQM의 형성에 중요한 기여를 한 이론 또는 접근방법들은 동기이론, 조직발전론, 조직문화론, 체제론, 새로운 리더십이론, 기획론, 연결침조직에 관한 이론, 집단역학, 과학적 관리론 등이다.

---

e) 총체적 품질관리는 전사적 품질관리(全社的 品質管理)라고도 한다.

TQM의 주요 특성을 보면 다음과 같다.[11]

① 고객의 요구 존중   고객의 요구에 부응하는 산출의 품질을 달성하는 것
이 최우선의 목표이다. 조직의 산출에 관한 결정을 고객이 주도한다.

② 지속적 개선   지속적 개선을 행동원리로 삼는다. 실책과 결점을 용납하
지 않으며, 결점이 없어질 때까지 개선활동을 되풀이한다. 개선을 지속해 가는
조직은 학습조직이며 유능하고 창의적인 조직구성원에 의존하는 조직이다.

③ 집단적 노력 강조   계획과 문제해결의 주된 과정은 집단적 과정이다. 업
무수행노력의 초점이 개인적 노력에서 집단적 노력으로 옮아간다.

④ 신뢰관리   조직의 모든 계층에 걸쳐 구성원들 사이에 개방적이고 신뢰
하는 관계를 설정하며, 구성원들에게 힘을 실어준다.

⑤ 과학적 방법 사용   사실자료에 기초를 두고 과학적 품질관리기법을 활용
한다.

⑥ 총체적 적용   품질관리를 조직 내 모든 사람의 모든 업무에 적용하고 조
직 내 여러 기능의 조정적·연대적 관리를 강조한다.

⑦ 인간의 존중   조직 내의 인간을 존중하고 인간의 발전을 위한 투자를 강
조한다.

⑧ 장기적 시간관·예방적 통제   시간관(時間觀)은 장기적이며, 통제유형은
예방적·사전적 통제이다.

⑨ 분권적 조직구조   조직이 산출하는 재화·용역의 부가가치를 극대화하는
데 유리한 분권적 조직구조를 선호한다.

　　TQM은 1920년대에 미국에서 창안되었다. 2차대전 중에 미국과 영국은 방위산업체의 관리
에 이를 적용하였으며, 전후에는 일본의 복구사업에 점령국인 미국이 TQM을 도입하였다. 그
뒤 TQM은 일본의 민간기업에도 소개되었다. TQM은 일본에서 더욱 발전되었다.
　　일본의 성공경험에 자극을 받은 미국은 일본에서 성숙한 TQM을 역수입하였다. 1980년대
이후 TQM은 미국에서 크게 확산되었으며, 다른 나라들에도 그 영향이 점차 파급되어 왔다.
오늘날 TQM은 민간기업뿐만 아니라 정부부문에도 보급되고 있다.

2) 전통적 관리 그리고 MBO와의 구별

(1) 전통적 관리와의 구별   TQM의 특성을 보면 그것이 전통적 관리와는
많이 다르다는 것을 알 수 있다. TQM 제창자들은 TQM과 대조되는 전통적 관리

의 특성으로 i) 관리자·전문가에 의한 고객의 수요 결정, ii) 기준범위 내의 결점 용인, iii) 직감에 따른 의사결정, iv) 사후적 통제, v) 단기적 계획, vi) 재화·용역 공급계획의 조직단위별 순차적 입안, vii) 개인적 업무수행을 대상으로 한 관리, viii) 현상유지적 성향, ix) 계서적 조직구조, 그리고 x) 지배자 또는 감시자로서의 감독자를 들고 있다.

TQM은 전통적 관리에 비해 반전통적이라 할 만큼 혁신적인 요소를 많이 담고 있다. 그러나 반전통의 추구에서 비교적 부드러운 접근방법을 택하고 있다. 관료제의 근본을 뒤엎자는 주장을 펴지는 않는다. 예컨대 하급직원들에게 힘을 실어주는 일과 분권화를 촉구하지만 계서제의 완전한 타도를 주장하지는 않는다. 부하들의 개혁제안을 권장하지만 관리자들의 결정권을 배척하려 하지 않는다. 지속적인 개혁을 기본원리로 삼으면서도 단번에 큰 승리를 거두려 하기보다 작은 개혁들의 누진적 축적을 추구한다.

(2) MBO와의 구별   TQM은 MBO와도 다른 시각을 가지고 있다. 상관과 부하의 합의로 목표를 설정하고 목표성취도에 따라 보상을 주는 것이 MBO이다. TQM도 목표를 설정하고 그 성취도를 측정하는 것이 사실이지만 관심의 초점은 외향적이다. 즉, 고객의 필요에 따라 목표를 설정하는 것을 강조한다. MBO의 관심은 내향적이어서 개인별 또는 조직단위별 통제와 성취에 역점을 두어 목표를 설정한다.

MBO는 수량적 목표의 성취에 치우쳐 질의 저하를 초래할 수도 있으며, 목표량이 달성되는 한 관리 상의 문제들이 은폐될 수도 있다고 한다. 이런 일들을 막아보려는 것이 TQM이다.

3) 운영과정

TQM을 채택한 조직에서 지속적인 업무개선을 추진하는 기본적 행동과정의 주요 단계는 i) 업무기술(業務記述), ii) 결함과 그 원인의 확인, iii) 개선안의 시험적 실시, iv) 개선안의 채택과 실시, 그리고 v) 되풀이(반복)이다.[12]

① 업무기술   업무기술단계에서는 업무담당자들이 자기업무를 측정하고 기술하며 개선대상이 될 작업과정을 확인한다.

② 결함과 그 원인의 확인   업무수행과정에서 결함, 지연, 재작업(再作業)이 자주 발생하는 곳이 어디인지를 확인하고 그 원인을 규명한다.

③ 개선안의 시험적 실시   업무과정을 개선하기 위해 입안한 작은 규모의 파일럿 프로젝트를 시험적으로 실시(시행: 試行)한다.

④ 개선안의 채택과 실시   개선안의 시험적 실시가 성공적이면 이를 조직 전체에 도입한다. 그리고 새로이 채택한 업무수행과정이 계속적으로 업무수행을 개선할 수 있도록 이를 모니터한다.

⑤ 개선작업의 되풀이   위의 개선작업 단계들을 되풀이하여 업무수행을 지속적으로 개선해 나간다.

이러한 기본단계들이 조직 전반에 걸쳐 네트워크로 연계되고, 조직의 여러 과정과 구조, 그리고 조직문화가 그것과 조화를 이루면 TQM이라는 하나의 총체적 관리체제가 성립한다.

2. 효용·한계·성공조건

TQM의 효용, 한계, 그리고 성공조건은 다음과 같다.

(1) 효   용   TQM은 오늘날 조직개혁이론이나 행정개혁이론이 추구하는 가치들을 반영하는 관리모형으로서 그 필요성과 효용이 크다는 평가를 받고 있다. TQM의 가치 또는 정당화 근거는 그 특성을 설명할 때 이미 시사한 바 있다.

TQM이 추구하는 고객중심주의, 통합주의, 인간주의, 총체주의, 과학주의, 무결점주의는 오늘날 조직사회의 요청에 부응하는 것이다. TQM의 이러한 지향성은 환경적 격동성, 경쟁의 격화, 조직의 인간화·탈관료화에 대한 요청, 소비자 존중의 요청 등 오늘날 우리가 경험하는 일련의 상황적 조건·추세에 부응하는 것이다.

(2) 한   계   TQM을 실천에 옮기는 것은 쉬운 일이 아니다. TQM의 전제가 되는 조직문화개혁은 어려운 일이다. 운영전략의 요건을 준수하기도 어렵다. TQM도입의 실제에서는 선언한 내용과 실천하는 내용이 괴리되는 예가 흔하다.

실천과정에서 흔히 저질러지는 잘못은 i) TQM은 위임과 힘 실어주기를 강조하지만 과오발생을 두려워하는 관리자들이 위임을 기피한다는 것, ii) 기술 훈련에 치우쳐 인간에 대한 배려가 소홀해진다는 것, iii) 중요 의사결정에 대한 조직구성원들의 참여가 형식화된다는 것, 그리고 iv) 품질개선팀 참여를 강제하여 근무시간과 개인시간의 구별을 모호하게 한다는 것이다.[13]

(3) 정부에서 가중되는 애로   정부부문에 TQM을 도입하는 데는 더 많은 애

로가 있다. 그 이유로는 ⅰ) 정부업무의 품질을 측정하기 어렵고 공공서비스의 소비자를 확인하거나 한정하기 어려운 때가 많다는 것, ⅱ) 정부조직의 오래된 집권주의와 투입중심주의는 TQM과 마찰을 빚는다는 것, ⅲ) 정부부문의 비시장 성·비경쟁성은 TQM의 필요성에 대한 인식을 약화시킬 수 있다는 것, 그리고 ⅳ) 계속성 있는 목표를 설정해야 하며 비용보다 품질을 우선적으로 고려해야 한다는 TQM의 처방을 정부부문에서 받아들이기는 어렵다는 것을 들 수 있다.[14]

(4) 성공조건   한계와 장애를 극복하고 TQM을 성공적으로 실천하는 데 필요한 조건은 ⅰ) 관리자들의 비전 있는 리더십 발휘·품질향상을 위한 지속적 개선 강조·TQM원리의 솔선수범, ⅱ) 품질개선훈련의 지속적 실시, ⅲ) 협력과 집단적 노력을 촉진할 유인기제의 발전, ⅳ) 품질향상을 지지하는 구조·과정의 구축, 그리고 ⅴ) 전통적 관료행태의 변화이다.

Ⅳ. 전략적 관리

1. 전략적 관리란 무엇인가?

1) 정   의

전략적 관리(戰略的 管理: strategic management: SM)는 환경과의 관계를 중시하고 조직의 미래에 대한 전략적 계획을 강조하는 변혁적 관리이다. SM은 조직에 영향을 미치는 변동을 효율적으로 관리하려 한다. SM은 역동적인 환경에 처하여 변화를 겪고 있는 조직에 미래의 지향노선을 제시하고 이를 달성하는 데 필요한 전략을 개발하여 실행한다. SM은 조직이 그 활동과 운명을 스스로 통제할 수 있게 하려는 것이다. SM은 조직의 주된 임무(mission), 목표, 정책, 실천행동 등을 하나로 묶는 통합적 접근방법이다.

SM의 주요 특성은 다음과 같다.[15]

① **목표지향성**   현재의 상태에서 그보다 나은 다른 상태로 진전해 가려는 개혁지향적 관리이며, 미래의 비전과 목표의 확인·명료화를 중요시하는 목표지향적 관리이다.

② **장기적 시간관**   장기적 시간관을 가진 관리이다. 조직의 변화에는 긴 시간이 걸린다는 전제 하에 계획기간을 설정한다.

③ **환경분석의 강조**   조직의 환경에 대한 이해를 강조한다. 현재의 환경 그리고 계획기간 중에 일어날 환경변화를 체계적으로 분석한다.

④ **조직역량 분석의 강조**   조직 내의 상황적 조건, 특히 조직의 역량(강점·약점·기회·위협)에 대한 분석을 중시한다. 조직의 전략과 환경, 그리고 조직의 역량을 부합시키려 하기 때문에 환경분석뿐만 아니라 조직의 역량분석이 필수적이다.

⑤ **전략개발의 강조**   조직의 목표성취를 위한 전략개발을 강조한다.[f]

⑥ **조직활동 통합의 강조**   전략추진을 위한 조직활동의 통합을 강조한다. SM은 조직의 주요 구성요소들을 모두 끌어들여 연관짓고 그에 영향을 미치기 때문에 포괄성이 높은 관리라고 한다.

2) 운영과정

SM의 기본적 운영과정이 진행되기 전에 조직에서 채택할 전략적 관리의 과정을 설계하는 준비작업이 선행되어야 한다. 기본적 운영과정의 행동단계는 ⅰ) 목표설정, ⅱ) 계획기간 설정, ⅲ) 환경평가, ⅳ) 역량평가, ⅴ) 전략계획서 작성, ⅵ) 집행, 그리고 ⅶ) 환류·평가이다.[16]

① **목표설정**   조직이 추구할 목표를 결정하고 이를 비전 기술서(vision statement; mission statement)에 명기한다.

② **계획기간 설정**   목표성취를 위한 계획기간을 설정한다.

③ **환경평가**   현재와 장래의 환경적 조건을 탐색·평가한다.

④ **역량평가**   조직의 강점과 약점, 조직이 직면한 기회와 위협을 포함한 조직의 역량을 평가한다.

⑤ **전략계획서 작성**   목표의 성취를 위해 조직이 해야 할 일을 단계적으로 기술한 전략계획서를 만든다. 전략대안들을 탐색하고 대안을 선택해 기술하는 것이다.

⑥ **집   행**   전략을 실천에 옮길 전술(구체적 행동계획)을 결정하고 필요한

---

f) 전략(strategy)은 조직과 그 환경의 관계를 규정하고 조직활동 전체를 지속적으로 인도해 주는 포괄적·통합적 계획이다. 조직전체의 장기적인 미래를 시야에 두는 전략은 현재의 단기적 의사결정을 인도하는 틀을 제공한다. 전략과 구별되는 전술(tactics)은 하위수준의 특정적 목표추구를 위한 구체적 행동계획이다. 군사적 비유로 말한다면 전략은 전쟁승리의 목표에 관한 것이며, 전술은 개별적 전투의 승리를 위한 목표에 관한 것이라고 할 수 있다.

자원을 배분한 다음 전략을 집행한다.

⑦ 환류·평가　전략체제 작동에 관한 환류를 받아 평가한다.

2. 효용·한계·성공조건

SM의 효용, 한계, 그리고 성공조건은 다음과 같다.[17]

(1) 효　용　SM은 포괄적·장기적 안목을 가지고 조직의 문제에 계획적으로 접근함으로써 조직의 목표달성과 가치향상에 기여할 수 있다. 격동하는 환경에 대한 조직의 대응능력을 향상시키는 데도 기여한다. 변화와 적응을 촉진하고, 개혁의 지향노선을 스스로 통제할 수 있는 조직의 능력을 향상시킨다. 자원의 효율적 활용을 돕는다. 조직구성원과 고객의 만족수준을 높인다.

(2) 한　계　합리성의 수준이 높은 장기계획을 수립하고 집행하기 어려운 조직의 여건 하에서는 SM도 성공하기 어렵다. SM의 성공을 좌절시킬 수 있는 조직의 조건으로는 i) 현재 또는 단기간 내의 실적에만 초점을 맞추는 단기적 사고방식, ii) 보수적 조직문화와 변동저항적 행동성향, iii) 자기 부서에 국한된 관리자들의 할거적 인식, iv) 관리자들의 자율성 제약, v) 전략적 관리의 필요성에 대한 최고관리층의 이해 부족, vi) 계량적 측정과 표시가 어려운 SM의 성과 또는 편익, vii) 환류·평가의 제약 등을 들 수 있다.

(3) 정부에서 가중되는 애로　정부조직에 SM을 도입하기는 민간부문에서보다 더 어렵다. SM 도입의 애로를 가중시키는 정부조직의 특성은 ⅰ) 규모의 방대성, ⅱ) 활동의 복잡성, ⅲ) 목표의 모호성과 성과측정의 곤란성, ⅳ) 독점성, 그리고 ⅴ) 수입의 비시장적 특성이다. 단기적 시간관, 자율성 제약, 보수성으로 인한 장애도 정부조직에서 더 크다.

(4) 성공조건　SM이 성공적으로 실천될 수 있으려면 ⅰ) 구체적 조직의 조건에 적합한 SM의 설계, ⅱ) 운영과정의 융통성, ⅲ) 관리기능들 사이의 연계 강화, ⅳ) 관리자들의 헌신적 참여, ⅴ) 모든 조직구성원들의 전략적 사고방식 육성, ⅵ) SM에 적합한 유인기제의 개발, ⅶ) 성과측정과 환류의 중시, ⅷ) 관리단위들의 자율성 향상, ⅸ) 조직의 개혁지향성 강화 등의 조건이 구비되어야 한다.

V. 성과관리

1. 성과관리란 무엇인가?

1) 정   의

성과관리(成果管理: performance management: PM)는 성과중심주의에 입각한 통합적 관리이다. PM은 조직 전체의 성과달성과 구성원 개개인의 성과달성을 함께 중시하며 양자를 연결지으려 한다.g)

PM은 조직활동의 목표와 성과기준을 설정하고, 업무수행성과를 측정·평가하며, 확인된 엄무수행성과에 보상과 제재를 결부시킨다. 이러한 기본적 과정을 계획·통제·예산·인사 등 여러 관리과정들에 연계시켜 통합적 관리체제를 구축한다. PM은 관리체제의 핵심적 구성요소들을 확인하여 서로 연계시키고 조직전체의 목표추구활동을 체계적으로 통합하려는 '통합의 틀'이다.

성과관리모형은 오늘날 세계화되어 있는 중요 행정개혁처방이다. 우리 정부도 1990년대부터 성과관리방안들을 부분적으로 도입하기 시작하였다. 2006년에는 「정부업무평가기본법」을 제정하였으며 그에 따라 다음 해부터 성과관리제도를 정부에서 본격적으로 시행하게 되었다.

PM의 주요 특성을 보면 다음과 같다.18)

① 측정가능한 목표   측정가능한 성과목표를 명확하게 설정하고 기술한다.

② 성과의 평가   조직과 조직구성원의 업무수행성과를 평가한다. 성과평가에서는 성과지표와 성과척도를 활용한다.

③ 성과연관적 유인   조직구성원들의 업무수행성과에 따라 성과연관적 유인을 제공한다. 조직별·조직단위별 자원배분도 업무수행성과에 연계시킨다.

④ 평가결과의 환류   평가를 통해 확인된 업무수행성과와 목표 달성 또는 달성실패의 원인분석 결과를 성과관리계획중추와 이해관계자들에게 환류한다.

⑤ 통합적 관리   PM의 기본적 과정은 다른 관리과정들과 결합되어 총체적 관리체제를 구축한다. 성과관리체제는 조직활동의 체계적 통합을 추구한다.

---

g) 성과관리를 채택한 결과지향적·탈규제적 조직을 '성과기반조직'(performance-based organization) 이라 부른다. David H. Rosenbloom and Robert S. Kravchuk, *Public Administration: Understanding Management, Politics, and Law in the Public Sector*, 6th ed.(McGraw-Hill, 2005), p. 178.

2) 운영과정

PM의 기본적 과정에 포함되는 활동단계는 ⅰ) 성과계획, ⅱ) 실행, ⅲ) 성과평가, 그리고 ⅳ) 심사·환류이다.[19]

① 성과계획　　조직 전체의 성과계획을 수립한다. 성과계획에서는 조직의 기본목표에 일관되게 부서별·작업집단별·개인별 성과목표를 결정한다. 성과목표는 결과에 초점을 맞춘, 측정가능한 지표와 척도로 전환될 수 있어야 한다.

② 실　　행　　성과목표추구의 실행계획을 세워 실천한다. 실행단계에서는 힘 실어주기 등 지지·촉진적 활동을 하고 목표추구의 진척상황을 수시로 심사한다. 실행단계에서 목표가 수정될 수도 있다.

③ 성과평가　　업무수행성과에 관한 자료를 수집하여 분석·평가한다. 결과로 나타난 목표달성도를 평가할 뿐만 아니라 성공·실패의 원인도 규명한다. 원인을 규명하려면 성과에 연결되는 산출·처리과정·투입 등도 평가의 시야에 두어야 한다.

④ 심사·환류　　성과평가의 결과를 심사하고 성과계획중추와 고객 등 이해관계자들에게 환류한다. 환류정보는 후속 성과관리 사이클을 개선하는 데 활용하고 교육훈련의 결정, 보상과 제재의 결정, 자원배분의 결정 등 관리 상의 제반 결정에 활용한다.

3) 성과관리의 도구

PM에는 다양한 도구들이 쓰이지만 그 가운데서 핵심이 되는 것은 ⅰ) 성과계약, ⅱ) 성과평가, 그리고 ⅲ) 유인의 활용이다.[20]

(1) 성과계약　　정부의 PM에서 사용되는 성과계약은 업무수행의 조건, 결과, 그리고 보상과 제재에 관한 합의이며 합의당사자들 사이의 법적인 관계를 규정한다. 성과계약은 보상과 제재로 그 실효성을 담보하는 준상업적 계약인 것이 보통이다. 성과계약은 정부조직 내의 상·하계층 간에 체결할 수도 있고, 정부조직 간에 또는 정부조직과 외부공급자 간에 체결할 수도 있다.

(2) 성과평가　　성과평가는 업무수행결과에 초점을 맞춘 평가이다. 성과평가는 조직활동의 결과에 대한 정보를 산출함으로써 ⅰ) 개인과 조직의 책임을 물을 수 있게 하고, ⅱ) 성과에 유인을 연결해 동기를 유발할 수 있게 하고, ⅲ) 시민·고객 그 밖의 통제중추들이 조직활동의 가치를 판단할 수 있게 하고, ⅳ) 직무수행 개선에 필요한 자료를 제공한다.

① 평가대상   평가의 주된 대상은 정책·사업·업무수행의 결과인 성과이다. 그러나 성과의 원인을 이해하려면 투입이 처리과정을 거쳐 어떻게 산출로 전환되고 그것이 어떤 효과를 발생시켰는지 추적해 보아야 한다. 따라서 산출·처리과정·투입도 분석대상이 된다.

평가대상의 분류틀은 다양하다. 여러 분류틀에서 구분하고 있는 활동국면 또는 영역들을 어느 정도나 평가대상에 포함시키느냐 하는 것은 평가의 접근방법에 따라 달라질 수 있다. 전통적인 성과평가에서는 재정적인 국면에 주의를 한정하는 경향이 있었다. 근래의 성과평가이론들은 포괄적 평가를 강조한다.

포괄적 평가모형 또는 기법의 예로 널리 소개되고 있는 것은 Robert Kaplan과 David Norton이 개발한 균형적 성적표모형(balanced scorecard: BSC)이다. 이것은 의사결정자들이 조직성과의 여러 국면들을 종합적으로 평가할 수 있도록 재정적 성과·조직 내부의 과정에 대한 관심·고객을 위한 서비스와 조직학습에 대한 관심을 균형지어 고루 평가대상으로 삼는 방법이다. 균형적 성적표모형이 단순히 과거의 성과를 평가하고 행동을 통제하는 기법이기만 한 것은 아니다. 이것은 효과적인 정보교환·조직학습·조직성장의 도구이기도 하다.[21)]

② 평가지표   성과평가의 지표(indicator)는 다양하며 그 용도와 평가대상에 따라 지표조합은 달라질 수 있다. 관리사이클이 진행되는 동안 조직의 목표가 변동하면 그에 따라 지표조합을 재검토하고 수정할 수 있어야 한다.

성과평가의 지표조합에 포함되는 대표적인 지표들은 ⅰ) 양(quantity), ⅱ) 질(quality: 정확성·적시성·접근가능성·기술적 요건 충족 등), ⅲ) 능률성, ⅳ) 효율성, ⅴ) 비용·효과이다.

(3) 유인의 활용   PM은 업무수행성과에 유인(誘因: incentives)을 연계시킨다. 유인은 성과집중적(tightly focused on outcomes)이어야 하며, 외부효과 또는 부작용이 없어야 한다.

PM에서 사용할 수 있는 유인의 예는 다음과 같다.

① 적극적 유인   적극적 유인 또는 보상의 예로 ⅰ) 내재적 동기유발요인(직무수행의 보람, 힘 실어주기 등), ⅱ) 금전적 보상(각종 성과급), ⅲ) 준금전적 보상(유급휴가, 시설과 장비 개선 등), ⅳ) 비금전적 보상(상훈, 뉴스레터 게재, 호칭부여 등), ⅴ) 임용 상의 보상(승진 등)을 들 수 있다.

② 소극적 유인   소극적 유인 또는 제재의 예로 ⅰ) 금전적 제재(성과급 등 보수의 삭감), ⅱ) 보수 이외의 편익 감축 또는 박탈, ⅲ) 인사 상의 징계, ⅳ) 예

산통제권과 같은 자율권 박탈, ⅴ) 나쁜 성과의 공표, ⅵ) 업무수행에 대한 상부의 개입·의사결정권의 회수를 들 수 있다.

2. 효용·한계·성공조건

PM의 효용, 한계, 그리고 성공조건은 다음과 같다.[22]

(1) 효 용   PM의 효용은 ⅰ) 조직활동의 결과를 강조함으로써 오늘날 개혁의 이상인 성과중심주의를 구현한다는 것, ⅱ) 고객중심주의적 서비스를 실질화한다는 것, ⅲ) 조직구성원들의 동기유발을 촉진하고 생산성을 향상시킨다는 것, ⅳ) 처우의 형평성을 실질화한다는 것, ⅴ) 조직과 구성원의 책임성을 향상시킨다는 것, ⅵ) 조직활동의 통합을 촉진한다는 것, ⅶ) 조직활동에 대한 고객과 시민의 이해를 돕고 그 통제력을 강화한다는 것, 그리고 ⅷ) 관료적 조직문화의 변화를 유도한다는 것이다.

(2) 한 계   PM의 한계(약점·실책)로 ⅰ) 전통적 조직문화와 마찰을 빚을 수 있다는 것, ⅱ) 측정가능한 목표의 설정이 어렵다는 것, ⅲ) 목표성취도에 유인기제를 연결짓기 때문에 관리대상자들이 성과목표를 낮추어 설정하는 행동경향을 보인다는 것, ⅳ) 업무성과의 정확한 측정이 어렵다는 것, ⅴ) 목표대치가 우려된다는 것, ⅵ) 업무수행과 그 성과 사이에 개입변수가 많아 인과관계를 확인하기 어렵다는 것, ⅶ) 다양한 이해관계자들과 압력단체들의 개입 때문에 합리적인 성과계획의 수립이 어렵다는 것, ⅷ) 과거지향적인 일관성에 대한 책임의 강조는 오히려 성과향상에 장애가 된다는 것, ⅸ) 중복적 평가로 인한 낭비, 평가결과 활용 부진과 같은 실책이 흔히 저질러진다는 것 등을 들 수 있다.

(3) 정부에서 가중되는 애로   민간부문의 경우에 비교했을 때 정부에서 가중되는 애로로는 ⅰ) 목표모호성이 높다는 것, ⅱ) 평가지표와 척도의 개발·적용이 더 어렵다는 것, ⅲ) 관리사이클이 더 길고 개입세력이 많아 관리체제가 복잡하다는 것, ⅳ) 법적·정치적 제약이 더 많다는 것, ⅴ) 예산·보수 운영의 경직성이 높다는 것, 그리고 ⅵ) 관료문화의 권위주의적 특성이 더 강하다는 것이다.

(4) 성공조건   PM의 성공조건은 ⅰ) 지위보다 임무를 중시하고 지속적인 학습과 개혁을 강조하는 조직문화의 발전, ⅱ) 통합형 관리체제의 구축, ⅲ) 참여촉진과 저항극복, ⅳ) 정치적 오염 방지, ⅴ) 목표왜곡 방지, ⅵ) 목표설정·성과측정·유인부여의 연계 강화, ⅶ) 패자보다 승자를 만들어 내는 유인기제 등이다.

제4절   정책과정

I. 정책과정의 연구

정책과정에는 행정조직이 깊이 간여한다. 그러나 정책과정이 행정조직의 내부과정에 불과한 것은 아니다. 정책과정은 거버넌스 구조의 전체에 연계된 복잡한 과정이다. 이러한 정책과정을 연구하는 학문영역을 정책학(政策學: policy sciences)이라 한다.[a] 이 절에서는 정책학의 주요 관심사에 대해 설명하려 한다.

정책의 역사는 국가의 역사와 같다고 할 수 있다. 따라서 정책을 연구하고 통치자들에게 자문하는 활동의 역사를 그만큼 길게 잡을 수도 있다. 그러나 우리가 오늘날 정책학이라고 부르는 연구분야는 1950년대에 출범된 것으로 보는 것이 지배적인 견해이다. 1960년대를 거쳐 1970년대부터는 정책학이 획기적인 세력팽창을 거듭해 왔다.

정책학은 학제적 색채가 짙은 학문이다. 이 학문은 문제중심적 접근방법과 상황적응적 접근방법을 강조한다. 정책학은 규범적·처방적 성격이 강한 학문이라고 한다. 정책연구의 궁극적 목적은 개선의 처방이기 때문이다. 그렇다고 해서 정책학이 처방적 국면만을 지닌 것은 물론 아니다. 정책현실에 대해 조사연구하고 이를 기술·설명하는 활동이 처방활동의 기반을 형성한다.

정책학은 정책을 결정하고 집행하는 일반적 과정과 정책과정의 분석·평가활동, 정책에 관련된 상황적 조건, 정책결정 참여자, 구체적인 정책의 내용과 효과 등을 연구한다.

정책학의 핵심적 관심사들을 이 절에서 설명하겠지만 정책학의 연구주제들에 대한 설명이 이 절에 국한되는 것은 아니다. 이 책의 내용 편성의도에 따

---

a) 정책학은 교배종적 학문이며, 이를 독자적인 학문으로 볼 수도 있다. 그러나 여기서는 정책 연구를 행정학 등 여러 학문들이 공유하는 연구영역으로 파악한다. 정책학을 행정학의 한 분과로 보겠다는 뜻이다.

라 정책학의 관심사들을 다른 장·절에서도 다루었다. 독자들은 이를 착오없이 확인하기 바란다.

정책학의 주요 연구주제인 의사결정, 공익을 포함한 가치, 문화, 갈등, 집단역학, 불확실성(혼돈), 합리주의와 점증주의, 권력, 조직학습에 대해서는 앞에서 이미 논의한 바 있다. 개인적 동기유발에 관한 학습이론은 제 6 장에서 고찰할 것이다.

II. 정책이란 무엇인가?

정책과정은 정부가 정책을 다루는 과정이다. 정책과정의 여러 국면들을 논의하기에 앞서 정책의 의미부터 규명해 두어야 한다. 다음에 정책의 의미를 정의하고 정책의 유형에 대해 언급하려 한다. 그리고 정책과정에 관한 국가의 역할 또는 국가의 성격을 검토하려 한다.

1. 정책의 정의

정책(政策: policy or public policy)은 사회의 문제를 해결하여 바람직한 사회상태를 구현하려는 정부개입의 도구이다. 정책은 목표와 수단을 포함하는 행동방침이다. 정책은 권한 있는 정부당국이 결정한다. 정책의 구성요소는 정책목표, 정책수단, 정책대상, 그리고 정책산출과 성과이다.[1]

저자가 여기서 정의하는 정책은 정부가 결정하여 집행하는 공공의 정책이다. 민간부문 조직의 '정책'과 구별하기 위해 '공공정책'(公共政策)이라는 말을 쓰기도 한다. 여기서는 공공정책이라는 뜻으로 정책이라는 말을 쓰기로 한다.

정책의 주요 특성은 다음과 같다.

① 기본방침   정책은 정책문제를 해결하기 위해 정부가 결정하고 시행하는 기본적 행동방침이다. 중요하고 일반적인 행동방침이라고 말할 수도 있다.

② 목표지향성   정책은 바람직한 목표상태를 지향하는 의도적 변동노력이다. 목표의 규정은 정책의 불가결한 구성요소이다. 목표가 때로는 모호할 수도 있고, 목표가 사후적으로 설정되거나 수정될 때도 있다. 그러나 어떤 경우를 막론하고 목표가 아주 없는 것은 정책이 아니다.

구체적인 정책목표와 그 실천수단은 헤아리기 어려울 정도로 다양하다.

③ 행동지향성   정책은 실현하기 위해 만드는 것이다. 정책은 수단·산출·효과에 대한 규정을 포괄하는 개념이다.

④ 복잡한 과정의 산물   정책은 복잡한 과정을 통해서 만들어진다. 정책과정은 조직 내의, 그리고 조직 간의 여러 관계와 과정, 여러 가지 의사결정들을 내포한다. 그것은 공적 상황 또는 정치적 상황에서 작동한다. 정책과정에는 합리성과 비합리성, 그리고 정치성이 혼재한다. 확실성과 불확실성이 또한 혼재한다.

⑤ 가치배분의 변화   정책은 영향을 받는 대상집단 또는 인구에 어떤 변화를 초래하려는 것이다. 그 가운데 중요한 것은 이익·손실의 배분 또는 재배분이다. 정책대상자들은 수혜자와 희생자(비용부담자)로 구분해 볼 수 있다.

⑥ 공 식 성   정책은 권한 있는 정부당국(국가기관)이 공식적으로 결정한 것이다. 권한은 법에 기초를 둔 것이다. 정책과정을 이끌어가는 정부당국, 즉 정부조직의 유형과 수는 다양하다. 그리고 정부 밖의 개인·조직 등 여러 행동주체들도 정책과정에 직접·간접으로 참여하거나 영향을 미친다. 정책은 법적 권한에 입각한 결정이기 때문에 적용대상자의 수용과 복종을 기대한다. 그러한 기대는 강제력을 지니는 경우가 많다.

2. 정책의 유형

정책의 비교연구에 길잡이를 제공하기 위해서 또는 실천세계에서 체계적인 정책과정의 진행을 돕기 위해 개발한 정책유형론은 아주 많다. 그 예를 몇 가지 들어보기로 한다.[2)]

(1) 실질적·절차적 분류   정책의 내용 또는 대상영역을 기준으로 하는 실질적 분류와 누가 어떻게 행동할 것인가를 기준으로 하는 절차적 분류가 있다.

실질적 분류의 예를 몇 가지 보기로 한다.

Theodore Lowi는 정책의 영향 또는 효과를 기준으로 하여 분배정책, 재분배정책, 규제정책, 그리고 구성정책을 구분하였다. 분배정책은 인구집단 간에 이익이나 서비스를 분배하는 정책이다. 재분배정책은 인구집단 간에 재산, 소득, 권리 등의 배정을 변동시키는 정책이다. 규제정책은 개인이나 집단의 행동에 한계 또는 제약을 가하는 정책이다. 구성정책(constituent policy)은 정부기관의 기본적 성격과 게임의 규칙을 결정하는 정책이다.[3)]

Gabriel A. Almond와 G. Bingham Powell, Jr.는 분배정책, 규제정책, 추출정책(抽出政策), 상징정책 등을 구분하였다. 추출정책이란 민간부문에서 자원을 획득하려는 정책이다.[4)]

Rindall B. Ripley와 Grace A. Franklin은 분배정책, 재분배정책, 경쟁적 규제정책, 그리고 보호적 규제정책을 구별하였다.[5] Robert H. Salisbury는 규제정책의 유형에 자율규제정책(self-regulatory policy)을 추가하고 있다. 이것은 피규제집단이 그 이익보호를 위해 통제를 스스로 요구하고 지지하는 경우의 규제정책이다.[6]

(2) **기간별 분류**　　기간을 기준으로 장기·중기·단기의 정책을 구분한다.

(3) **기관별 분류**　　정책과정을 주도하는 기관을 기준으로 국회가 결정하는 정책과 행정부가 결정하는 정책을 구분한다.

(4) **유형성·상징성에 따른 분류**　　유형적 정책(有形的 政策)과 상징적 정책을 구분하기도 한다. 전자는 가시적인 이익 또는 불이익을 주는 정책이며, 후자는 실질적이 아닌 상징적 이익 또는 불이익을 주는 정책이다.

(5) **공급하는 재화·용역에 따른 분류**　　분할가능한 민간재(民間財)를 제공하는 정책과 분할 불가능한 공공재(公共財)를 제공하는 정책을 구분한다.

(6) **투입별 분류**　　정부가 환경으로부터 받아들이는 투입을 기준으로 자원획득을 위한 정책, 지지획득을 위한 정책, 그리고 요구투입에 대응하는 정책을 구분한다.

(7) **보수성·진보성에 따른 분류**　보수적 정책과 진보적 정책을 구별한다. 전자는 기존질서의 보존 또는 자연스러운 점진적 변동을 지지하는 정책이다. 후자는 기존질서의 근본적 변동을 추구하는 정책이다.

(8) **적극성·소극성에 따른 분류**　　쇄신적 목표를 추구하는 적극적 정책과 사후적·시정적 목표를 추구하는 소극적 정책을 구별한다.

3. 국가와 정책

정책과정은 국가의 기관인 정부와 여러 연관세력이 이끌어간다. 따라서 국가의 특성을 어떻게 규정하느냐에 따라 정책연구의 접근방법은 달라진다. 국가론(國家論)은 정책이론의 근본적 가정이며 전제적 이론이라고 할 수 있다.

정책연구의 접근방법을 논의할 때의 국가론은 그 관심범위가 한정된다. 여기서 고찰하려는 국가론은 정책과정을 누가 주도 또는 지배하고, 어떤 사람들이 정책의 편익을 누리는가를 주된 기준으로 분류한 국가모형이다.

1) 국가론: 정치모형

정책과정에 관련하여 국가의 성격을 설명하는 모형 또는 이론들은 많다. 그 가운데서 가장 자주 거론되는 네 가지 이론을 소개하려 한다.

여기서 선택한 네 가지 이론은 ⅰ) 다원주의이론, ⅱ) 엘리트이론, ⅲ) 마르크스주의이론, 그리고 ⅳ) 조합주의이론이다. 앞의 세 가지는 사회중심적(society centered) 접근방법이며, 네 번째 이론은 국가중심적(state centered) 접근방법이다.7) 실천세계에서 국가와 정부의 특성과 역할을 이해하려면 이러한 견해들을 종합한 통합적 접근을 시도해야 할 것이다.

(1) 다원주의이론　　　다양한 집단들이 국가에 가하는 제약에 주목하고 정책은 대개 그러한 집단들의 선호를 반영하는 것이라고 설명하는 다원주의이론(多元主義理論: pluralist theory)의 주장은 다음과 같다.

국가의 기관인 정부관료제는 스스로의 이익을 추구하고, 외부집단이나 개인들이 가하는 압력에 반응하는 하나의 집단이다. 사회를 구성하는 집단들 사이에 권력은 널리 분배되어 있다. 사회 전체의 권력은 조각나 있고 분산되어 있다. 권력을 전혀 갖지 않는 집단도 없으며 압도적인 권력을 지닌 집단도 없다. 집단 간의 권력관계는 유동적이다.

다원주의적 정치체제는 '정치적인 장터'이다. 그 안에서 집단들이 각기 성취하는 것은 집단이 가진 자원과 목소리의 크기에 달려 있다. 집단들은 권력투쟁을 벌이며, 협상하고 타협한다. 정책은 경쟁집단 간의 협상과 타협을 반영한다.

(2) 엘리트이론　　　다수의 피치자(被治者)에 비해 소수인 권력엘리트가 정치체제를 지배한다고 설명하는 엘리트이론(선량주의이론: 選良主義理論: elitist theory)의 주장은 다음과 같다.

인구 가운데 소수인 정치적 엘리트집단에 권력이 집중되어 있다. 그러한 엘리트집단은 관료적·군사적·기업적 조직들의 주요 직위를 차지하고 있는 엘리트들로 구성된다. 엘리트들 사이의 역할중첩과 연계는 응집력 있는 엘리트집단의 형성에 기여한다.

정부관료제는 다른 대규모 조직들과 함께 엘리트 권력의 중요한 출처가 된다. 국가의 정책은 엘리트집단의 이익을 대변한다. 권력을 갖지 못한 일반대중은 정책과정에 영향을 미치지 못한다. 엘리트집단의 성향은 체제옹호적이며 점진적 변동만을 허용하려 한다.

(3) 마르크스주의이론　　　마르크스주의이론(Marxist theory)은 계급이라는 집합체에 초점을 맞추는 계급이론이며, 국가를 피지배계급에 대한 억압도구로 보

는 도구주의(instrumentalism)에 입각한 이론이다. 마르크스주의이론은 경제조직의 형태와 생산양식에 대한 관심에서 출발한다. 그리고 산업사회에서는 자본가중심의 생산양식이 지배해 유산자(有産者: bourgeoisie)와 무산자(無産者: proletariat)의 계급을 형성한다고 본다.

국가는 중립적인 기관이 아니라 지배계급의 도구라고 한다. 국가는 계급의식을 가지고 독점자본가계급의 이익을 위해 행동하는 정치지도자들이 운영한다는 것이다. 국가가 지출하는 것은 독점자본의 이익을 위해 사용된다고 한다. 정부관료제는 지배계급의 이익을 유지하기 위한 수단이라고 한다.[b]

(4) 조합주의이론   국가의 독자성과 지도적·개입적 역할을 강조하는 조합주의이론(組合主義理論: corporatist theory)의 주장은 다음과 같다.[8]

국가는 현대 자본주의사회의 정책과정에서 지배적인 역할을 한다. 국가가 정책을 정할 때 기업, 노조 등과 협력하지만 어느 특정집단이나 경제적 계급이 국가를 통제하는 것은 아니다. 국가는 자본·노동과의 관계에서 독자적인 역할을 수행한다. 국가는 이익집단들로부터 제약을 받지만 법률·조직·기타 자원을 지배함으로써 자율성을 누린다. 자율성이 있기 때문에 여러 이익집단들의 이익을 주체적으로 조정할 수 있다.

국가의 선호와 사회 제세력의 선호가 다를 수 있다. 국가가 추구하는 목표 또는 선호는 사회 내 집단들이나 정부 내 개별기관들이 가진 국지적 이해관계와는 구별되는, 사회 전체를 위한 국익 차원의 선호이기 때문이다.[c]

2) 우리의 국가와 정부

민주주의를 국시(國是)로 채택하고 있는 우리의 국가와 정부는 모든 국민을

---

b) 신마르크스주의이론(Neo-Marxist theory)은 국가가 완전한 독자성을 누리는 것은 아니지만 그렇다고 해서 지배계급의 도구이기만 한 것도 아니라고 주장한다. 국가는 상대적 자율성을 지닌다고 보는 것이다.

c) 중요산업조직들 특히 다국적기업들이 국가(정부관료제)와 긴밀한 동맹관계를 형성하고 이들이 함께 경제·산업정책을 만들어낸다고 설명하는 이론을 신조합주의이론(neo-corporatism)이라 한다. 산업의 규제에 필요한 정보와 전문적 기술을 기업에서 얻을 수밖에 없기 때문에 국가는 기업들을 필요한 파트너로 보고 경제·산업정책을 기업들과 공동으로 형성하게 된다고 설명한다.

조합주의이론에서보다 기업들의 큰 영향력을 강조하는 신조합주의이론은 자본주의사회의 관재유착(官財癒着)에 주목하는 이론으로 볼 수 있다. David Robertson, *The Routledge Dictionary of Politics*, 3rd ed.(Routledge, 2004), pp. 340~341.

위해 공익을 추구해야 한다는 사명을 지니고 있다. 그러나 우리는 그러한 규범과 현실 사이의 현저한 괴리를 경험해 왔다.

다원주의자들이 주장한 바와 같이 국가기관도 하나의 이익집단임에 불과한 것처럼 보일 때가 많았다. 우리는 정부관료제가 스스로의 기득권 보호에 급급하며, 세력팽창에 몰두하고, 개혁에 저항하는 것을 흔히 보아 왔다. 관료들의 보신주의와 무사안일주의는 이익집단적 행태의 한 표출이라고 볼 수 있다.

국가의 정책을 소수의 권력엘리트들이 지배하는 것도 보아왔다. 장기간 정체되었던 정치권력의 그늘에서 형성된 소수의 특권집단이 기득권 이익을 방어하기 위해 여러 가지 무리한 일을 저질렀다. 반대자의 억압 또는 제거를 위해서는 국가기관의 위법적 동원조차 서슴지 않았다.

국가기관은 가진 자들의 이익을 대변하여 부익부 빈익빈을 심화시켰다는 비판을 받았다. 중립이라는 형식논리의 이면에서 혜택집단의 이익을 옹호함으로써 비혜택집단·소외계층의 불만을 크게 하고 국가통합에 금이 가게 하였다. 근래에는 일련의 좌파적 시책으로 가진자들을 역차별하는 경향도 나타났었다.

오늘날 사회집단들의 정책간여능력은 강화되었으며 정책에 관련된 집단이기주의의 대립은 첨예하다. 정부의 조정능력은 자주 한계를 드러내고 있다.

III. 정책과정이란 무엇인가?

1. 정책과정의 정의

정책과정(政策過程: policy process)은 정책을 결정하고 이를 실천에 옮기는 과정이다. 정책과정은 다양한 구성요소와 여러 가지 활동국면들이 교호작용하는 복잡한 과정이며 동태적이고 행동지향적인 과정이다. 정책과정의 활동국면 또는 단계들이 어떻게 서로 연계되는가 하는 것은 구체적인 정책상황에 따라 달라질 수 있다.

정책과정의 진행을 주도하는 것은 정부기관이다.[d] 정책과정에 참여하는 정부의 하위구조와 행동자들은 다양하다. 정부 밖의 행동자들도 직접 또는 간접으로 정책과정에 참여한다.

---

d) 이러한 조합주의적 표현은 우리나라 공식적 제도의 일반원칙을 설명하는 것이다. 앞서 지적한 바와 같이 실천과정에서 여러 가지 변형적 양태가 나타날 수 있다.

정책과정은 공공적·정치적 상황에서 진행되며 법적·정치적·경제적·사회적 제약요인 또는 영향요인에 노출된다. 정책과정은 대개 합리적인 측면뿐만 아니라 비합리적 측면, 그리고 예측가능한 요인뿐만 아니라 불확실한 요인을 내포한다.

2. 정책과정의 활동단계

정책과정에 포함되는 활동들을 몇 가지 하위과정으로 범주화해 볼 수 있다. 그러한 하위과정들을 정책과정의 활동국면 또는 단계라고 부른다. 여기서는 정책과정의 합리적인 진행을 가정하고 단계들이 순차적으로 진행되는 것처럼 설명하지만 정책과정의 접근방법이나 실제의 상황적 조건에 따라 단계들의 순차적 진행은 여러 가지로 교란될 수 있다. 단계구분이 모호해질 때도 많다.

정책과정의 단계구분에 관한 이론은 매우 다양하다. 그러나 여러 이론들이 설명하는 내용은 서로 크게 다르지 않다. 저자는 정책과정의 단계를 네 가지로 나누려 한다. 네 단계란 ⅰ) 정책의제설정, ⅱ) 정책결정, ⅲ) 정책집행, 그리고 ⅳ) 정책평가이다.

사회체제 내에 문제상황이 생기고 그것이 인지된 다음 문제로 구성되어 정책과정에서 다루도록 채택될 때까지의 과정을 정책의제설정이라고 한다. 해결대안을 탐색하고 선택하는 과정을 정책결정이라 한다. 채택된 정책대안을 실천에 옮겨 그 산출과 효과가 발생하도록 하는 과정이 정책집행이다. 정책과정과 정책의 여러 국면, 특히 정책산출의 효과를 평가하여 정책과정에 환류시키는 과정이 정책평가이다.

정책과정의 진행에 앞서 정책과정의 구성과 진행에 관한 틀을 짜는 활동은 '정책과정 이전단계' 또는 '선행적·상위적 정책결정'(metapolicy making)이라고 부를 수 있다. 한 사이클의 정책과정이 진행된 다음에 거기서 나온 정책은 지속되거나 승계·종결 등 변동을 겪을 수 있다. 정책변동의 과정은 '정책과정 이후단계'라고 부를 수 있다.

독자들이 참고하도록 주요 논자들의 정책과정 단계론 세 가지를 소개하려 한다.

Harold D. Lasswell은 정책과정을 일곱 단계로 구분하였다. 일곱 단계란 ⅰ) 정보수집단계 (intelligence phase), ⅱ) 주창 또는 권유단계(promoting or recommending phase), ⅲ) 처방단계(prescribing phase), ⅳ) 처방과 구체적 상황을 연계시키는 발동단계(invoking phase), ⅴ) 적용단계(application phase), ⅵ) 평가단계(appraisal phase), 그리고 ⅶ) 종결단계(terminating phase)를 말한다.9)

　　James E. Anderson은 정책과정을 ⅰ) 정책의제형성(policy agenda formation), ⅱ) 정책형성 (policy formation), ⅲ) 정책채택(policy adoption), ⅳ) 정책집행(policy implementation), ⅴ) 정책평가(policy evaluation) 등 다섯 단계로 구분하였다. Thomas R. Dye는 정책과정을 ⅰ) 문제확인(problem identification), ⅱ) 정책의제설정(agenda setting), ⅲ) 정책형성(policy formulation), ⅳ) 정책정당화(policy legitimization), ⅴ) 정책집행(policy implementation), ⅵ) 정책평가(policy evalution) 등 여섯 단계로 구분하였다.10)

　　제 5 장 제 1 절 Ⅱ항에서 설명한 Yehezkel Dror의 정책과정 단계론도 함께 참고하기 바란다.

3. 무의사결정

　　무의사결정(無意思決定: nondecision making)은 사회의 문제에 대해 정책과정이 진행되지 못하도록 막는 행동이다. 정책결정중추의 특권이나 이익, 그리고 가치관이나 신념에 대한 잠재적 또는 현재적(顯在的) 도전을 억압·좌절시키려는 데서 나오는 결정이다. 이러한 설명은 엘리트이론의 관점을 반영하는 것이다.11)

　　정책결정중추 등 기득권세력은 무의사결정이라는 수단을 써서 기존의 특권·이익배분상태에 대한 변동요구를 봉쇄한다. 무의사결정은 정책과정의 대상범위를 기득권세력에게 안전한 문제들에만 국한하려는 행동이라고 말할 수도 있다. 무의사결정은 중립적인 행동이 아니다. 그것으로 인해 기득권이익은 보호된다. 그런가 하면 가치의 재배분을 추구하는 사람들에게 불리하게 작용한다.e)

　　(1) 양　　태　　무의사결정은 정책과정 전반에 걸쳐 어디서나 일어날 수 있다. 정책과정의 단계를 고려하여 무의사결정의 양태를 크게 두 가지 범주로 나누어 볼 수 있다.

　　① 정책문제화의 봉쇄　　문제상황이 벌어졌더라도 그것이 문제화되는 것을 차단하는 행동, 문제가 조성되었더라도 그것이 정책과정에 진입하지 못하도록 막는 행동 등 어떤 문제가 정책의제화되는 것 자체를 거부하는 행동의 범주가 정책문제화의 봉쇄이다.f)

---

e) 무의사결정은 정부가 아무 일도 하지 않기로 한 결정을 지칭하는 중립적 개념으로 사용할 수도 있다. 그러나 정책연구인들 다수는 P. Bachrach와 M. S. Baratz의 이론에 따라 무의사결정의 정의에서 기득권보호의 동기를 포함시킨다. 노화준, 「정책학원론」, 제 3 전정판(박영사, 2012), 273~275쪽.

f) 문제의 정책의제화 봉쇄는 '권력의 두 가지 얼굴'(two faces of power) 가운데 두 번째 얼굴을

② 정책의제설정 후의 방해행동　이에 해당하는 것은 회피하려는 문제가 정책의제화되어 정책과정에 진입했더라도 정책결정과 정책집행의 과정에서 이를 유명무실화하거나 소실시키는 행동이다. 문제에 대한 결정을 하지 않기로 결정할 수 있다. 해결방안에 대한 결정까지 이루어졌더라도 그 집행을 방해하거나 회피할 수 있다.

(2) 수　단　무의사결정을 위해 동원할 수 있는 수단은 여러 가지이다. 예를 들면 ⅰ) 지배적인 가치·신념·미신 등을 내세우는 방법, ⅱ) 기존의 기구와 권력관계를 동원하는 방법, ⅲ) 기존의 규칙과 절차를 동원하는 방법, ⅳ) 원치 않는 도전을 피하기 위해 규칙과 절차를 개편하는 방법, ⅴ) 강압적 권력을 동원하여 정책문제화를 봉쇄하는 방법, ⅵ) 불만세력을 기득권세력이 흡수하는 방법이 있다.

4. 정책과정의 참여자

공식적으로 정책과정을 주도하는 행동자 또는 참여자는 법적으로 권한이 부여된 정부기관이다. 삼권분립체제를 갖춘 민주국가에서 헌법 상 정책결정의 독자적 권한을 가진 것은 국회이다. 행정부는 국회의 법적 위임을 받아서, 또는 사실 상의 영향력에 의해서 정책과정에 참여한다. 법원도 제한적이지만 정책과정에 참여하는 능력을 갖는다.

정부기관 이외에도 공식적 절차나 비공식적 관계를 통해 정책과정에 참여하는 행동자들은 많다. 그 대표적인 예가 정당, 비정부조직, 이익집단, 그리고 언론이다. 개별적 시민들도 여러 자격으로 정책과정에 참여할 기회를 갖는다.

1) 국회와 법원

(1) 국　회　입법부인 국회가 정책을 결정하는 권한은 헌법이 부여한 것이다. 국회는 입법을 통해서 정책을 결정하고 정책집행을 통제한다. 그리고 예산심의, 결산심의, 국정조사와 국정감사를 통해 정책과정에 참여하고 사실 상의 정치적 영향력을 가지고 정책과정을 통제한다.

(2) 법　원　법원이 정책과정에서 수행하는 역할은 비교적 소극적이고

반영하는 것이라고 한다. 첫번째 얼굴은 정책산출에 영향을 미치는 것이고, 두 번째 얼굴은 갈등을 억압하여 잠재화함으로써 그것이 정치적 과정에 진입하지 못하게 하는 데 작용하는 것이다. 사람들의 선호를 형성 또는 조종함으로써 갈등 자체가 발생하지 않게 하는 것을 권력의 세 번째 얼굴(차원)이라고 설명하는 사람도 있다.

사후적이다. 그러나 사법심판기능과 법해석기능을 통해 정책과정에 참여한다. 특히, 헌법재판소의 판단은 국가의 정책결정에 중대한 영향을 미칠 수 있다. 정책의 합헌 또는 위헌 여부를 결정하기 때문이다.

2) 행 정 부

우리나라에서처럼 대통령중심제를 채택하고 있는 나라에서는 대통령을 수반으로 하는 행정부가 정책과정에 깊이 간여한다. 법률에서 위임한 정책을 결정·집행하고, 정책에 관한 입법을 제안하며, 법률의 시행에서 재량권을 행사한다. 정책집행에 필요한 예산을 편성하는 것도 정책과정 참여의 중요 수단이 된다.

(1) **행정부의 정책기능 확대**   고전적 민주주의이론은 정치·행정 이원론을 처방하였다. 정책은 주권자인 국민을 대표하는 입법기관이 결정하고 행정은 이를 집행하기만 할 뿐이라고 하였다. 그러나 이러한 이분법적 논리는 현실에서 변질되었다. 행정이 국정을 주도하는 행정국가화의 진전은 행정이 주도하는 정책결정과 정책간여의 폭을 현저히 넓혀 놓았다.

입법이 모호하거나 법적 규정이 없는 영역에서 행정의 정책적 역할이 확대되어 왔다. 행정부에서 제안하는 법률안을 국회에서 추인하는 식으로 통과시키는 경우가 늘어났다. 의원입법에 대해서도 행정은 직접·간접의 영향을 미치게 되었다.g)

(2) **대 통 령**   대통령중심제를 채택하고 있는 정치체제 하에서 행정부가 수행하는 정책기능의 최고책임자(최고권력자)는 대통령이다. 대통령은 행정부 내의 정책과정에서 뿐만 아니라 거버넌스 전체의 정책과정에서 강력한 영향력을 행사한다. 집권적이고 권위주의적인 정치·행정문화가 강할수록 대통령의 영향력은 커진다.

---

g) 행정부(대통령)의 정책결정 역할에 관한 이론에는 한정이론(restricted theory), 특권이론(prer−ogative theory), 관리책임이론(공익지킴이 이론: stewardship theory) 등이 있다. 한정이론은 명확한 법적 위임의 범위 내에서만 행정수반이 정책을 결정할 수 있다는 주장이다. 특권이론은 행정수반이 국가를 보위할 비상대권을 가지며, 적어도 단기적으로는 독단적인 정책재량권을 행사할 수 있다는 견해이다. 관리책임이론은 행정수반은 공익을 대변하고 이를 수호하도록 신탁을 받았으며, 헌법과 법률의 명시적 금지가 없는 한 공익을 위한 행위를 할 수 있다는 견해이다. Jay M. Shafritz, E. W. Russell, and Christopher P. Borick, *Introducing Public Administration*, 7th ed.(Pearson Longman, 2011), pp. 41~44.
현대 행정국가에서 한정이론은 설명력이 아주 약하다. 관리책임이론이 현실에 가장 근접한 이론인 것으로 보인다. 때에 따라서는 특권이론적인 현상도 빚어지고 있다.

대통령은 공식적인 직위와 직책을 부여받은 헌법기관으로서 정책과정에 관한 법적 권한을 행사한다. 그에 더하여 여러 가지 비공식적 역학관계를 통해, 그리고 개인적 역량에 따라 정책과정에 영향을 미친다. 비공식적 역학관계의 대표적인 예는 정당정치를 통한 국회장악과 개별적 정책현안에 관한 세력연합의 형성이다.

(3) **정부관료제**   대통령의 권력이 막강한 곳에서도 그의 리더십 아래에 있는 정부관료제는 스스로의 세력을 형성하고 정책과정에 상당한 독자적 영향력을 행사한다. 정부관료제는 정책과정 전반에 걸쳐 능동적인 투입을 하기도 하고 대통령의 뜻을 변질시키기도 하고 대통령의 방침에 저항하기도 한다.

정책과정에 영향을 미치는 관료적 권력의 출처는 ⅰ) 정부관료제의 방대하고 복잡한 구조, ⅱ) 관료의 전문성, ⅲ) 재량권 등 세 가지로 요약할 수 있다.[h]

정책과정에서 행사되는 정부관료제의 권력은 내재적 및 외재적 조건의 영향을 받는다. 내재적 요인으로는 해당 조직의 공무원들이 보유하는 전문성과 정보, 조직의 응집력, 그리고 리더십의 효율성을 들 수 있다. 외재적 요인의 예로는 여론의 지지, 국회의원들의 지지, 고객집단의 지지, 다른 정부기관의 지지와 협력 등을 들 수 있다.

3) 정당·비정부조직·이익집단·언론·시민

(1) **정   당**   현대민주정치는 원칙적으로 대의정치(代議政治)이며 그 기초는 정당정치이다. 정당들은 유권자들의 문제인식을 감지하고 이를 정책의제화하기 위해 이익을 결집한다. 국회와 행정부에 정책대안을 제시한다. 지지하는 정책의 채택과 집행을 위해 압력을 행사한다.

(2) **비정부조직**   비정부조직(NGO)은 시민의 자발적 참여로 결성되는 민간의 단체이며 공익추구를 목적으로 비영리적 활동을 한다. 비정부조직은 정책과정에 대한 시민참여를 매개하는 중요한 역할을 수행한다. 비정부조직은 제8장에서 시민참여를 논의할 때 함께 설명할 것이다.

(3) **이익집단**   이익집단들은 그 구성원들의 이익을 증진시키기 위해 구성한 것이다. 이익집단은 구성원들의 이익을 보호하기 위해 문제를 제기하고 선호

---

h) 정부관료제는 그 전문성을 강화하기 위해 싱크탱크(종합연구소: think tank)를 활용하기도 한다. 여러 분야의 전문가들이 모여 구성하는 싱크탱크는 실천적인 정책문제의 해결방안을 연구한다.

하는 정책을 추진하는 활동을 한다. 이익집단들은 분산된 이익을 표출·결집시키고 그 의지관철을 위한 압력을 형성한다. 이익집단들은 대립적인 이익들의 조정에도 기여할 수 있다.

(4) 언　론　　언론 또는 대중매체는 정책과정에서 아주 중요한 정보유통의 일익을 담당하고 국민과 정책결정중추를 잇는 연결망의 역할을 수행한다. 언론은 사실보도와 비판의 기능을 통해 정책의제설정을 촉발하고 정책결정에 영향을 미친다. 정책집행과 정책평가의 과정을 감시한다.

(5) 시　민　　조직화되지 않은 시민 개개인도 정책과정에 영향을 미칠 수 있는 직접·간접의 수단을 갖는다. 그 예로 ⅰ) 각종 선거에 참여하는 것, ⅱ) 국회에 청원을 제출하는 것, ⅲ) 법원에 행정심판을 청구하는 것, ⅳ) 헌법재판소에 헌법소원을 제기하는 것, ⅴ) 민원행정절차에 따라서 진정·제안·처분요구 등을 하는 것, ⅵ) 여론조사에 응하는 것, ⅶ) 시민운동단체에 참여하는 것, ⅷ) 정책에 관한 공청회에 참여하고 전문가로서 자문하는 것을 들 수 있다.

위에서는 정책과정 참여주체들의 제도적·규범적 역할에 대해서만 설명하였다. 실천적인 실책과 병폐에 대한 설명은 생략하였다. 정부관료제, 시민참여, 행정통제체제, 정책과정의 병폐에 대한 이 책의 설명을 참조하여 실천적인 문제들을 파악하기 바란다.

5. 정책네트워크

현대민주국가에서 정책결정을 어느 한 개인이나 단일한 계서제적 조직이 독단하는 경우는 드물다. 정책과정에는 대개 복수의 행동자와 세력이 참여하고 영향력을 행사한다. 그리고 정책과정 참여자들은 고립적으로 행동하기보다 그들 사이의 각종 연계를 통해 집합적으로 행동하는 것이 보통이다. 정책학은 이러한 정책과정의 현실을 연구하기 위해 네트워크 분석의 접근방법을 발전시켜 왔다. 이를 인도하는 것이 정책네트워크라는 개념이다.

일련의 현실적 여건변화가 정책네트워크의 연구를 촉진하였다. 그러한 여건 변화의 예로 ⅰ) 경제위기 해결을 위한 정책적 간여의 증가, ⅱ) 정책문제의 복잡성 증대, ⅲ) 정부활동에 대한 시장논리 도입의 필요성 증대, ⅳ) 비정부조직의 발전, ⅴ) 정부운영의 분권화, ⅵ) 정부활동 영역별 전문성 향상, ⅶ) 이익

집단정치의 발전, 그리고 ⅷ) 정부와 민간의 파트너십 발전에 대한 필요성 증대를 들 수 있다.[12)]

1) 정   의

정책네트워크(정책망: policy network)는 특정한 정책과정에 참여하는 개인이나 조직 등 행동주체들이 형성하는 상호 의존적 연계의 망이다. 정책네트워크의 구성인자는 정책과정에 참여하는 행동자, 그들 사이의 연계, 그리고 경계이다. 정책네트워크 분석에서는 행동자들 사이의 연계작용에 특별한 관심을 갖는다.

정책네트워크는 여러 하위체제들로 구성된 분산적·분권적 정치체제를 전제하는 개념이다. 그러한 체제 하에서 복수의 행동자들이 특정영역의 정책과정에 참여하고, 그들 사이에 정보교환이 이루어지고, 공동의 관심이 생기면 정책네트워크가 형성된다고 본다.

정책네트워크의 주요 속성을 보면 다음과 같다.[13)]

① 정책문제별 형성   정책네트워크는 정책영역별 또는 정책문제별로 형성된다.

② 다양한 참여자   정책네트워크를 구성하는 행동자(참여자)는 정부부문과 민간부문의 개인 또는 조직이다. 참여자에는 공식적 참여자도 있고 비공식적 참여자도 있다. 참여자들은 자기목표성취를 위해 일정한 게임의 규칙에 따라 경쟁하고 협력한다.

③ 연계의 형성   참여자들은 교호작용의 과정을 통해 연계(linkages)를 형성한다. 그러한 연계는 정책선호에 관한 의사표시, 전문지식 기타의 자원교환, 상호 신뢰 구축의 통로가 된다. 참여자들이 형성하는 연계는 다소간의 의존관계와 교환관계를 매개한다.

④ 경계의 존재   정책네트워크에는 참여자와 비참여자를 구분하는 경계가 있다. 경계의 제한성과 명료성은 상황에 따라 다르다.

⑤ 제도적 특성   정책네트워크는 참여자들의 상호 작용을 규정하는 공식적·비공식적 규칙의 총체라고 하는 제도적 특성을 지닌다.

⑥ 가변적 현상   정책네트워크는 외재적 및 내재적 원인에 따라 변동할 수 있다.

2) 유   형

정책네트워크는 여러 가지 기준에 따라 분류되고 있다. 분류기준의 예로 참여자들의 수와 특성, 참여자들의 이해관계, 교환되는 자원, 상호의존성의 수준, 협동 또는 갈등, 권력배분양태, 자율성, 안정성, 지속성, 공식성 또는 비공식성, 정책영역 또는 문제의 특성 등이다.

이러한 분류기준의 적용으로 분류한 정책네트워크의 유형은 다양하다. 그 중에서 인용빈도가 가장 높은 것은 ⅰ) 하위정부, ⅱ) 정책공동체, ⅲ) 정책문제망 등 세 가지이다.[14]

(1) 하위정부   소정부(小政府)라고도 하는 하위정부(下位政府: subgovernment)는 비교적 소수의 엘리트들이 협력하여 특정한 정책영역의 정책결정을 지배하는 양태의 정책네트워크이다. 참여자는 해당 정책분야에 관련된 국회의원(상임위, 분과위 구성원)과 그 보좌관, 행정관료, 그리고 이익집단의 대변자이다. 국회·행정부·이익집단 등 세 부문의 행동자들이 교호작용하고 협력하는 체제이기 때문에 하위정부는 '철의 3각관계'(iron triangle) 또는 '3각동맹'(triple alliance)이라고도 부른다.

하위정부 참여자들은 지속적인 상호 작용을 통해 협력관계를 형성한다. 하위정부에서의 정책결정은 참여자들 사이의 협상과 합의로 이루어진다.

하위정부에서 형성되는 연계관계의 안정성은 높다. 그리고 하위정부의 자율성 또한 높다.

하위정부모형은 대통령과 공공의 관심이 덜하고 일상화 수준이 높은 정책결정과정을 설명하는 데 유효하게 쓰일 수 있다. 그러나 시민운동의 확산, 이익집단의 증가와 그들 사이의 경쟁격화, 국회 분과위 또는 의원들의 정책관할 중첩 증대, 정책문제의 복잡성 증대 등 일련의 조건들은 하위정부모형의 적실성을 크게 약화시켰다.

(2) 정책공동체   정책공동체(policy community)는 어떤 정책영역에서 관련 행정기관과 그 소속공무원, 개별적인 정치인과 정치인집단, 이익집단과 그 리더, 대학·연구기관·정부조직 등에 근무하는 전문가들이 구성하는 정책네트워크이다. 참여자의 범위는 하위정부의 경우보다는 넓고 정책문제망의 경우보다는 제한적이다.

분야별 정책공동체의 참여자들은 공통된 관심과 상대방이 유용하게 활용할 수 있는 자원을 가지고 교호작용하는 과정에서 문제와 해결대안에 관한 공통된 이해를 형성하고 협력한다. 참여자들은 공동체라는 심리적 유대감을 갖게 된다. 참여자들 사이에 갈등이 빚어질 수 있는 가능성을 배제할 수 없으나 원칙적으로 상호 협조의 과정을 통해서 정책을 결정한다.

다음에 설명할 정책문제망과 비교한 정책공동체의 상대적 특성은 ⅰ) 참여자가 제한적이라는 것, ⅱ) 모든 참여자들이 자원을 가지고 교환관계를 형성한다는 것, ⅲ) 참여자들 사이에 권력균형이 이루어져 있다는 것, ⅳ) 참여자들이 기본가치를 공유하며 그들 사이의 접촉빈도는 높다는 것, ⅴ) 연계작용이 지속적·안정적이며 그에 대한 예측가능성이 높다는 것, 그리고 ⅵ) 정책결정을 둘러싼 권력게임은 승패가 아니라 공동의 이익을 추구하는 포지티브섬 게임(positive-sum game)이라는 것이다.

(3) 정책문제망　　정책문제망(이슈네트워크: issue network)은 특정한 정책문제에 이해관계가 있거나 전문적 지식을 가진 참여자들이 구성하는 정책네트워크이다. 정책문제망의 경계는 모호하고 그 개방성은 높다. 관심 있는 사람들은 누구나 자유롭게 참여할 수 있는 정책네트워크라고 말할 수 있다. 참여자들 가운데는 환류에 대한 기대없이 각자의 의견과 정보를 전달하는 데 그치고, 따라서 정책결정에 직접적인 영향을 미치지 못하는 사람들도 있다.

정책문제망의 연계관계는 느슨하게 구성되어 있으며 대부분의 행동규칙은 비공식적이다. 정책문제망들 사이의 중첩은 심하다.

정책공동체와 비교한 정책문제망의 특성은 ⅰ) 참여자의 범위가 넓고 경계의 개방성이 높다는 것, ⅱ) 교환할 자원을 가진 참여자는 한정적이라는 것, ⅲ) 참여자들 사이의 권력배분은 불균등하다는 것, ⅳ) 참여자들의 공동체의식은 약하며 그들 사이의 접촉빈도는 유동적이라는 것, ⅴ) 연계작용의 안정성은 낮으며 그에 대한 예측가능성도 낮다는 것, 그리고 ⅵ) 참여자들 사이에 갈등이 있고 지배적 집단이 일방적으로 정책을 결정하는 경우가 많기 때문에 권력게임은 제로섬 게임(zero-sum game)이라는 것이다.

3) 변　　동

정책네트워크는 동태적인 현상이기 때문에 시간의 흐름에 따라 변하는 것은 당연하다. 중요한 계기가 생기면 네트워크의 유형까지 달라지는 근본적인 변화가 일어나기도 한다.

(1) 변동유발 요인   정책네트워크의 변동을 유발하는 요인에는 외재적(환경적)인 것도 있고 내재적인 것도 있다. 외재적 변동유발 요인의 예로 경제적·시장적 요인, 이념적 요인, 지식·기술적 요인, 제도적 요인을 들 수 있다. 내재적 요인 가운데 가장 중요한 것은 정책네트워크 내부행동자들의 선택이다.

(2) 변동저항 요인   환경이 변화하고 변동요청이 생기더라도 정책네트워크 참여자들은 변동에 드는 거래비용이 변동의 이익을 능가한다고 판단하는 경우 변동에 저항한다. 정책네트워크를 특정한 경제적 이익집단이나 전문직업집단이 지배하는 경우 그들의 이익이나 전문적 신념에 어긋나는 변동에 저항한다. 일반적으로 정책네트워크의 지속적인 관계가 안정되면 일상화의 수준이 높아지고 변동에 저항하는 관성이 생긴다. 이런 경우 해당 정책네트워크의 문제점이 널리 알려지고 쟁점화되지 않는 한 변동은 좀처럼 일어나지 않는다.

6. 정책갈등

정책은 가치추구적인 것이다. 정책과정의 행동자는 사람이다. 사람들이 가치를 추구하는 곳에는 의견대립과 갈등이 있을 수 있다. 정책갈등이란 정책과정에 참여하는 행동주체들 사이에 발생하는 대립적·적대적 교호작용을 말한다. 갈등야기의 원인은 이해관계의 대립, 가치관의 차이, 상이한 정보와 지각, 감정적 대립 등 여러 가지이다.

표출되는 정책갈등의 양태도 다양하다. 해결하려고 일부러 노력할 필요가 없을 정도로 사소한 갈등도 있고, 의식적인 노력으로 해결할 수 있는 갈등도 있는가 하면 단기적인 노력으로는 해결이 거의 불가능한 갈등도 있다.

정책갈등의 해소전략 또는 대응전략도 강자의 일방적 지배에 의한 해결, 상위권력자의 억압에 의한 조정, 협력적 해결 등 여러 가지이다. 오늘날 연구인들이 선호하는 갈등해소전략은 협력적 해결이다.

다음에 정책갈등의 협력적 해결, 그리고 해소가 거의 불가능한 정책갈등(정책 딜레마)에 대해 설명을 부연하려 한다.

1) 정책갈등의 협력적 해결

정책갈등의 협력적 해결이란 무엇이며, 협력적 해결을 가능하게 하고 지지해 주는 조건들은 무엇인지 알아보기로 한다.[15]

(1) 정   의   정책갈등의 협력적 해결(cooperative resolution)은 정책갈등을 일으키는 당사자들의 상충되는 이해관계를 조정하여 합의에 도달함으로써 공동이익을 얻는 갈등해결방법이다. 협력적 해결의 요건은 ⅰ) 상호 양보를 통한 이익조정, ⅱ) 최종대안에 대한 다수의 지지, 그리고 ⅲ) 공동이익의 실현이라는 정책결과이다.

(2) 유리한 조건   정책갈등의 협력적 해결을 가능하고 용이하게 하는 조건은 ⅰ) 갈등당사자들이 상호 의존적인 관계에 있고, 그들이 처해 있는 상황이 '제로섬 게임'의 상황이 아닐 것, ⅱ) 갈등당사자들이 협력적 해결의 이익은 크고 장애는 적으리라는 긍정적 기대를 가질 것, ⅲ) 새로운 정책의 잠재적 이익이 크고 그것이 확실하며 작은 양보의 거래로 공동이익을 도출할 수 있을 것, ⅳ) 갈등집단 간의 권력배분이 균등하고 정책갈등의 원인이 타협불가능한 이념적 대립을 내포하는 것이 아닐 것, ⅴ) 갈등집단들의 리더가 열린 마음을 가지고 수단선택에 대한 유연성과 공동목표 달성에 대한 확고한 태도를 보일 것, ⅵ) 새로운 정책을 채택하거나 정책을 변동시키려면 광범한 지지를 얻어야 하는 합의형 정치제도이면서 동시에 의사결정과정은 간단할 것 등이다.

2) 정책딜레마

정책갈등은 협력적 합의과정이나 다른 방법을 통해서 해결되기도 하지만 해결이 거의 불가능할 때도 있다. 정책갈등이 좀처럼 해결될 수 없는 어려운 상황을 정책딜레마라 부르는 연구인들이 있다. 그들의 설명을 요약하면 다음과 같다.

(1) 정   의   정책결정을 해야 하지만 상충되는 정책대안들 가운데서 어떤 것도 선택하기 어려운 상태를 정책딜레마(policy dilemma)라 한다. 상호 갈등적인 복수의 정책대안(가치)이 선택상황에 나타났을 때, 어느 한 대안의 선택이 가져올 기회손실(opportunity loss)이 용인(容認)의 한계를 벗어나기 때문에 선택이 불가능하거나 매우 어려운 상태인 것이다. 정책딜레마는 선택상황 자체가 정책실패의 원인을 내포하는 '이러지도 저러지도 못하는' 상태이다.[16]

딜레마 개념은 상황적 차원과 개인적 차원이라는 이원적 속성을 지닌 것이다. 정책딜레마는 정책상황의 특성으로 인해 발생하는 것이지만 이를 인지하고 대응하는 행동자는 정책결정자인 개인이다.

(2) 발생의 조건   정책딜레마를 조성하고 증폭시키는 조건들을 보면 다음과 같다.[17]

① 선택요구의 압력   정책대안들 가운데서 하나를 반드시 선택해야 한다는 요청이 강하다.

② 정책대안의 특성   상호 갈등적인 정책대안들이 구체적이고 명료하지만 ⅰ) 대안들이 상충적·단절적(discrete)이어서 상호 절충이 불가능하고, ⅱ) 갈등적 대안들을 함께 선택할 수 없으며, ⅲ) 대안들의 가치를 직접 비교할 수는 없으나 각각의 결과가치 또는 기회손실이 비슷하고, ⅳ) 갈등적 대안들을 대체할 방안을 만들 수 없다는 특성을 지닌다.

③ 행태적·상황적 조건   일련의 행태적 및 상황적 조건이 있을 때 딜레마를 조성하거나 이를 증폭시킨다. 그러한 조건의 예로 ⅰ) 대립당사자들이 정부를 불신하는 것, ⅱ) 갈등집단 간의 권력균형이 있는 것, ⅲ) 갈등집단들의 내부응집력이 강한 것, ⅳ) 대안선택에 걸린 이해관계가 큰 것, ⅴ) 특정대안의 선택으로 이익을 보는 집단과 손해를 보는 집단이 명확히 구분되는 것, ⅵ) 갈등집단 간의 자율조정기능이 취약한 것, ⅶ) 정책문제에 대한 정부조직의 관할이 중첩되는 것, ⅷ) 갈등당사자들이 정책대안의 이익이나 손실을 과장하는 등 계략적 행동을 하는 것, 그리고 ⅸ) 갈등당사자들이 정책결정의 회피나 지연을 용납하지 않는 것을 들 수 있다.

(3) 대응행동   여기서 정책딜레마에 대한 대응이라고 하는 것은 갈등당사자들의 주장을 조정하여 대안선택의 최종적인 결정을 하고 이를 집행해야 하는 정부당국자의 행동을 지칭한다. 그리고 딜레마 상황이 실제로 있고, 이를 정책결정자들이 이해한 경우를 원칙적인 준거로 하는 것이다.

정책딜레마에 대한 대응행동은 소극적 대응과 적극적 대응이라는 두 가지 범주로 나누어 볼 수 있다.[18]

소극적 대응의 예로는 ⅰ) 정책결정의 회피(포기), ⅱ) 결정의 지연, ⅲ) 결정책임의 전가, ⅳ) 다른 정책으로 문제가 해결된 것처럼 보이게 하는 상황의 호도를 들 수 있다.

적극적 대응의 예로는 ⅰ) 딜레마 상황의 변화를 유도하는 것, ⅱ) 하나의 딜레마상황에서 관심을 돌리기 위해 새로운 딜레마상황을 조성하는 것, iii) 정책문제의 재규정을 시도하는 것, iv) 상충되는 정책대안들을 동시에 선택하는 것, v) 이른바 스톱고 정책(섞바꾸기 전략: stop-go policy)을 채택하는 것,i) vi) 선택한 대안의 정당성을 높이기 위해 상징조작을 하는 것을 들 수 있다.

7. 우리나라 정책과정의 병폐

정책과정의 특성과 문제점들은 나라마다의 형편에 따라 다르다. 우리나라의 경우 정책과정의 병폐로 지적되는 것들이 많다. 중요한 지적사항을 보면 다음과 같다.

① 보수성·특수이익의 옹호   보수적·변동저항적 행태를 보이는 정부관료제는 스스로의 이익을 손상시킬 우려가 있는 정책에 저항하였다. 유착관계에 있는 기득권 세력의 이익을 옹호하기 위해 정책과정을 왜곡하기도 하였다.

② 경솔한 정책행동   근래에는 보수적 정책행동의 폐단과는 대조되는 폐단도 늘어나고 있다. 혁신제일주의의 강조는 신중치 못하고 설익은 정책들을 양산하였다. 설익은 정책이란 내적·외적 일관성이 결여되거나, 지나치게 급진적이거나, 문제를 해결하기보다는 갈등만 증폭시키거나, 조령모개적인 정책을 말한다.

③ 집 권 성   정책과정 전반의 집권성이 문제이다. 시대의 변화에 따라 참여와 분권화의 필요가 커질수록 집권적 정책과정의 폐단은 커져가고 있다. 그리고 집권화에서 분권화로 이행하는 과도기의 혼란도 크다. 분권화 추진의 개혁을 뒤따르지 못하는 제도와 행태들이 여러 가지 뒤틀림과 마찰을 빚고 있다.

④ 형식주의·비밀주의   정책과정의 형식주의와 지나친 비밀주의가 문제이다. 공식적 정책과정의 처방과 비공식적 정책과정이 심히 괴리되는 형식주의는 낭비·정책실패·불신조장 등 여러 폐단을 빚는다. 정책과정에 대한 적절한 참여를 봉쇄하고 소수인이 비밀작업으로 정책을 만들어 불시에 시행하는 것도 정책실패와 낭비의 원인이다.

---

i) 스톱고 정책을 채택한다는 것은 정책대안선택 결정을 한 후 이를 번복하거나 수정함으로써 상충되는 정책들을 섞바꾸거나 선택된 정책대안의 집행을 왜곡하는 대응행동이다.
상충되는 정책대안의 동시채택이나 스톱고 정책의 채택은 정책의 비일관성과 형식주의적인 결과를 초래한다. 정책집행과정의 형식주의는 정책을 표류시킨다. 집행관료들이 야기하는 정책왜곡을 '정책표류'(policy drift)라 한다. Grover Starling, *Managing the Public Sector*, 5th ed.(Harcourt Brace, 1998), p. 66.

⑤ 이기주의·할거주의　　정책과정 참여자들의 지나친 이기주의와 할거주의는 편파적인 정책·일관성 없는 정책을 산출한다. 기득권에 집착하는 이기주의는 변동을 야기할 정책의 성립 자체를 좌절시킨다.

⑥ 정책결정자들의 신망 저하　　정책과정 주도자들의 능력부족, 정당성 결여, 과거의 실책은 그들의 신망을 떨어뜨렸다. 그들의 신망저하는 불신을 낳고 불신은 정책실패를 초래하였다.

⑦ 부　　패　　정책과정에 개입하는 부패는 오랜 고질이 되어왔다. 특히 경제정책 부문에서의 관재유착은 아주 큰 폐단을 빚었다. 부패는 그 자체로서 병폐일 뿐만 아니라 그로 인한 정책왜곡은 더 큰 폐단을 수반하였다.

　　우리 정부는 정책과정의 병폐를 시정하기 위해 여러 가지로 노력해 왔다.

　　예컨대 1998년에는 '정책실명제'를 도입하였다. 이것은 정책결정의 실제적 책임소재를 명확히 하고, 정책진행과정의 이력을 관리하고, 정책기록을 역사적으로 보존하려는 제도이다.

　　2005년에는 '정책품질관리제도'를 도입하였다. 이것은 정책의 품질을 개선하기 위해 품질관리대상 정책에 대해 주요점검사항별로 이행실적을 관리카드에 체계적으로 기록·관리하고 향후 정책평가와 책임소재 규명자료로 활용하는 제도이다.[19]

Ⅳ. 정책의제설정

정책의제설정(政策議題設定: policy agenda setting)은 정책과정에서 처리할 정책문제(policy problem)를 채택하는 활동이다. 정책문제와 정책의제의 의미 그리고 정책의제화의 과정을 알아보기로 한다.

1. 정책문제

1) 정　　의

사회의 많은 문제들 또는 요구들 가운데 일부만이 정책문제로 채택되고, 그것은 일정한 과정을 거쳐 정책의제화된다. 정책결정자들은 능동적으로 또는 피동적으로 사회의 문제를 정책문제로 채택하고 정책의제화한다. 정책문제는 정책의제의 원료 또는 잠재적 정책의제라 할 수 있다.

정책문제는 당사자들이 느끼는 필요 또는 불만의 원인이며, 실현되지 않은 가치, 욕구, 기회이다. 그리고 정부의 행위로 해결하거나 달성할 가능성이 있는

것이다. 이러한 정책문제의 특성은 다음과 같다.[20]

 ① 주관적 규정   정책문제의 규정은 주관적이다. 문제의 규정은 객관적 조건뿐만 아니라 사람들의 지각에 달려 있다. 사람들은 문제를 야기하는 외적 조건을 선택적으로 지각하고 설명·평가한다. 따라서 문제규정은 사람에 따라, 시간의 흐름에 따라 달라질 수 있다.

 ② 표출된 문제   요구나 불만 가운데 사람들의 행동을 촉발하는 것만이 정책문제가 될 수 있다. 표출되지 않는 것은 정책문제가 되지 않는다.

 ③ 동태적 현상   정책문제는 동태적 현상이다. 문제와 그 해결책은 계속 유동한다. 문제가 한번 해결되었다고 해서 해결상태를 계속 유지한다는 보장은 없다. 해결책이 낡아 쓸모없게 될 수도 있다.

 ④ 해결가능성에 대한 전제   문제상황을 바꾸는 것이 바람직하고 또 그것이 가능하다고 판단될 때만 정책문제가 성립한다.

 ⑤ 문제 간의 연계   정책문제는 전체적 문제집합의 한 부분이다. 여러 정책문제들이 서로 의존적인 관계에 있는 경우가 많다.

 ⑥ 정책과정의 처리대상인 공공의 문제   정책문제는 공공(公共)의 문제이며 정책과정의 처리대상이다. 영향범위가 넓고 직접당사자 이외의 사람들에게도 영향을 미치는 것이 공공의 문제이다. 직접 관련된 소수인에게 영향이 국한된 사적 문제도 제도의 문제로 비화하면 공공의 문제가 된다.

2) 유 형

정책문제가 많은 만큼 그 유형도 다양하다. 정책문제의 유형을 범주화하는 유형론의 예로 ⅰ) 실질적인 내용을 기준으로 하는 유형론, ⅱ) 정책의제화의 단계를 기준으로 하는 유형론, ⅲ) 문제야기의 원인을 기준으로 하는 유형론, ⅳ) 처리를 담당할 정부기관을 기준으로 하는 유형론, ⅴ) 전문성 또는 복잡성을 기준으로 하는 유형론, ⅵ) 영향의 폭을 기준으로 하는 유형론, ⅶ) 구조화의 수준을 기준으로 하는 유형론, ⅷ) 제안자(주도자)를 기준으로 하는 유형론을 들 수 있다.

여러 유형론 가운데서 구조화 수준을 기준으로 한 정책문제 유형분류에 대해서만 간단히 설명하려 한다.

정책문제가 얼마나 구조화되어 있느냐에 따라 ⅰ) 잘 구조화된 문제, ⅱ) 어느 정도 구조화된 문제, 그리고 ⅲ) 구조화되지 않은 문제를 구분해 볼 수 있다.[21]

잘 구조화된 문제(well-structured problem)의 경우 1인 또는 소수의 의사결정자들이 간여하고, 해결대안은 소수이며, 목표에 대한 합의가 있다. 해결대안의 결과는 확실하거나 모험수준의 확률이 있다.

어느 정도 구조화된 문제(moderately-structured problem)의 경우 1인 또는 소수의 의사결정자가 간여하고, 해결대안의 수는 비교적 제한되어 있다. 목표에 대한 합의는 있다. 그러나 각 해결대안의 결과는 불확실하고, 확률의 산정이 불가능하다.

구조화되지 않은 문제(ill-structured problem)의 경우 다수의 의사결정자들이 간여하고, 그들 사이에 목표에 대한 합의가 없다. 그들이 추구하는 가치와 효용은 명확하게 규정되어 있지 않다. 경쟁적 목표 간에 갈등이 있다. 정책대안과 그 결과는 알려져 있지 않다. 결과에 대한 확률의 산정은 불가능하다.

2. 정책의제화

1) 정   의

정책의제(政策議題: policy agenda)는 정책결정을 책임지는 정부조직이 정책적으로 해결하기 위해 깊은 관심을 가지고 검토하기로 한 정책문제이다. 정책의제화는 정책의제설정과정을 통해 사회문제가 정책의제로 채택되는 현상이다. 정책의제설정과정은 매우 복잡하며 그 구체적인 양태는 다양하다.

여기서는 정책의제설정과정에 포함될 수 있는 일반적인 단계와 정책의제설정과정의 유형을 설명하려 한다.

2) 정책의제설정과정의 단계

사회의 문제가 정책의제화되는 과정의 단계를 ⅰ) 사적 문제화, ⅱ) 공적 문제화, ⅲ) 쟁점화, ⅳ) 체제적 의제화, 그리고 ⅴ) 제도적 의제화로 구분해 볼 수 있다.[j] 이러한 단계구분은 분석적 목적을 위해 정책의제설정과정에 포함될 수 있는 단계들을 일반적으로 범주화한 것이다. 정책문제의 제기자나 상황적 조

---

j) 정책의제화의 단계에 관한 연구인들의 의견은 다양하다. 예컨대 Roger Cobb 등은 ① 쟁점의 제기, ② 쟁점의 구체화, ③ 쟁점에 대한 관심의 확산, ④ 제도적 의제로의 진입 등 네 단계를 구분한 바 있다. Robert Eyestone은 ① 사회문제의 발생, ② 특정집단에 의한 사회문제의 인지, ③ 쟁점의 형성, ④ 의견이 다른 집단들의 관여, ⑤ 공중의제의 형성, ⑥ 쟁점 주창자의 활동, ⑦ 공식적 의제의 채택 등 일곱 단계를 구분하였다. Cobb et al., "Agenda Building as a Comparative Political Process," *American Political Science Review*, Vol. 70, No. 1(1976), pp. 126~138; Eyestone, *From Social Issues to Public Policy*(Wiley & Sons, 1978).

건이 달라지면 정책의제설정과정도 달라지게 마련이다. 여기서 설명하는 정책의
제설정의 단계는 외부주도형 문제제기의 경우를 주된 준거로 삼은 것이다.[22]

　　(1) 사적 문제화　　　사회에 문제상황이 생기고 이를 인지한 사람들이 불만·
요구 등을 표출하면 문제화가 시작된다. 처음에는 제한된 사람들이 제기하는 사
적 문제(私的 問題)가 형성된다.

　　(2) 공적 문제화　　　사적 문제의 영향 범위, 그리고 그에 대한 관심의 폭이
확대되면 공적 문제로 전환된다.

　　(3) 쟁 점 화　　　문제를 제기하는 사람들이 공적 문제에 대한 정부의 조치
를 요구하면서도 해결책에 대해서는 의견불일치를 보일 때 쟁점이 생긴다. 문제
의 해결책을 놓고 정책과정 참여자들이 갈등을 일으키면 문제는 쟁점화된다. 예
컨대 범죄의 증가는 공적 문제이며, 그에 대응할 해결책에 관한 이견이 생기면
공적 문제는 쟁점화된다.

　　(4) 체제적 의제화　　　쟁점은 체제적 의제로 전환된다. 체제적 의제(체제의제·
공중의제: systemic agenda; public agenda)는 사회구성원(정치공동체 구성원) 다수가
관심을 가지고 정부당국이 그에 대해 어떤 조치를 취해야 한다고 생각하는 쟁점
이다. 쟁점이 많은 사람들의 관심을 끌게 되고, 그에 대해 정부가 무슨 조치를
취할 수 있고 또 취해야 한다는 다수인의 공감대가 형성되면 체제적 의제로 된
다. 체제적 의제는 토론의제(discussion agenda)이다. 정치적·사회적으로 논의와
토론의 단계에 있는 문제라는 뜻이다.

　　(5) 제도적 의제화　　　체제적 의제에 대해 정부가 어떤 조치를 취하려면 정
책결정자들이 이를 공식적 의제로 채택해야 한다. 제도적 의제(기관적 의제·정부
의 의제·공식적 의제: institutional agenda; governmental agenda; formal agenda)는 정책
결정의 권한을 가진 사람들이 그 해결책을 찾기로 명확하게 밝힌 항목들이다.
좁은 의미로 정책의제라 할 때는 제도적 의제를 지칭한다.

　　체제적 의제는 대개 추상적이고 일반적인 항목들로 구성되는 데 반해 제도
적 의제의 항목수는 비교적 적고 내용은 보다 구체적이다. 체제적 의제는 사회·
경제적 조건의 변화에 민감한 반면 제도적 의제는 정부의 타성과 편견 때문에
그러한 민감성이 부족한 경우가 많다.

3) 영향요인과 문제탐색

정책의제화의 과정은 경쟁의 과정이다. 쟁점화된 문제들의 일부만이 정책의제로 채택될 수 있기 때문이다. 어떤 문제가 경쟁과정에서 정책의제로 채택되는 데는 다양한 영향요인들이 작용한다. 이익집단의 압력, 정치지도자들의 정치적 동기, 위기 또는 재난, 요란한 사건, 집단민원, 대중매체의 관심이 그 예이다.

정부가 많은 잠재적 정책문제들을 모두 처리할 수는 없으며, 과부하에 시달리는 것이 사실이다. 그러나 소극적·피동적 자세로만 일관할 수는 없다. 정부가 적극적·능동적으로 정책문제를 발굴하기 위해 문제탐색을 해야 할 필요도 있다. 정부는 이를 위해 비공식적 접촉을 통한 정보획득, 행정자료의 분석, 문헌조사, 기존정책의 평가, 인구학조분석, 사회지표분석, 전문가의 판단 등의 방법들을 사용하니.[23]

4) 정책의제설정과정의 유형

정책의제설정과정의 유형 역시 다양하게 분류되고 있다. 가장 흔히 볼 수 있는 것은 ⅰ) 문제의 특성, ⅱ) 정치적 상황, ⅲ) 주도자(제안자), ⅳ) 정책의제화의 단계를 기준으로 한 유형론들이다.

여기서는 주도자(주도집단)를 기준으로 한 유형론에 대해서만 간단히 설명해 두려 한다.

정책문제를 제기하고 그 정책의제화를 추진하는 제안자 또는 주도자가 누구냐를 기준으로 정책의제설정과정의 모형을 세 가지로 분류해 볼 수 있다. 세 가지 모형이란 ⅰ) 외부주도모형, ⅱ) 동원모형, 그리고 ⅲ) 내부접근모형을 말한다.[24]

외부주도모형(outside initiative model)은 정부의 공식기구 밖에 있는 개인이나 집단이 불만·고충 등을 표출하고 정책의제화를 추진하는 모형이다. 외부주도모형은 불이익을 받고 있다고 생각하거나, 자기의 이익증진을 도모하려 하거나, 공공의 이익증진을 도모하려는 신념을 가진 사람들이 문제를 제기하고, 공중의 관심을 확산시키고, 정책결정자들이 정책의제화를 하도록 촉구하는 과정을 설명한다.

동원모형(mobilization model)은 정책결정자들이 정책의제를 먼저 채택하고 사후적으로 관심과 지지의 확산을 도모하는 모형이다. 정책의제는 정책결정자 집단이 일방적으로 설정하고 그에 필요한 자원획득과 집행효율화를 위해 지지를 동원하는 모형인 것이다. 이 모형은 후진국에서 교도주의적(敎導主義的) 정치엘리트들이 국가발전정책들을 추진하는 과정을 설명하는 데 유용하게 쓰일 수 있다.

내부접근모형(inside access model)은 정부 내부의 조직이나 관료집단이 문제를 제기하고 정책대안을 제시하는 모형이다. 이 경우 정책문제 제안자들은 대개 지지확산 노력의 대상을 소수의 관심집단, 관련정부기관, 그리고 정책결정자에 국한한다. 따라서 정책문제는 체제적 의제화의 과정을 거치지 않고 바로 제도적 의제로 채택될 수 있다.

V. 정책결정

정책결정(政策決定: policy making)은 정책대안(문제해결방안)을 탐색하고 채택하는 과정이다. 이 과정에서 정책결정자들은 어떤 대안을 승인하거나 수정하여 승인한다. 그리고 다른 대안들은 거부한다. 정책의 최종적 결정에 이르기까지는 여러 의사결정들이 누적적으로 진행된다.

정책결정에서는 정책이 추구하는 미래의 바람직한 상태(목표상태)를 결정할 뿐만 아니라 정책달성의 도구인 수단도 결정한다. 정책의 목표는 복수인 경우가 많다. 여러 목표 간의 관계는 상호 보완적인 경우, 계서적인 경우, 독자적인 경우, 대립적인 경우 등이 있다. 목표의 설정에서는 전에 없던 쇄신적 상태를 적극적으로 설정하기도 하며, 문제발생 이전의 상태로 되돌리는 목표를 소극적으로 설정하기도 한다. 정책수단에는 정책분야에 따라 결정하는 기본적 실천수단과 이를 뒷받침할 조직, 예산, 권력 등에 관한 보조적 수단이 포함된다.

1. 정책결정의 접근방법

정책결정 연구의 핵심이 되는 이론적 기초는 의사결정이론이다. 여기서 정책결정의 접근방법이라고 하는 것은 정책에 관한 의사결정의 접근방법 또는 모형을 지칭하는 것이다.

정책결정모형을 포함하는 넓은 의미의 의사결정모형들은 제 5 장 제 1 절에서 이미 고찰하였다. 합리성–비합리성이라는 가장 기본적인 기준에 따라 널리 인용되고 있는 의사결정모형들을 분류하여 소개하였다. 다수의 정책연구인들은 그러한 분류체계를 정책결정논의의 기초로 받아들인다.

앞서의 논의와 다소 중복되더라도, 정책결정과 의사결정을 구별하고 정책결정의 접근방법에 초점을 맞춘 유형론 몇 가지를 소개하려 한다. 정책결정모형의 기초적 원리인 합리주의(rationalism)와 점증주의(incrementalism)부터 살펴보려 한다.[25]

1) 합리주의·점증주의의 효용과 한계

(1) **합리주의적 정책결정**   순수하게 합리적인 접근방법은 완전한 지식과 정보의 가용성, 그리고 미래예측의 확실성·완벽성을 전제한다.

① **효　용**   합리주의적 정책결정의 효용은 완벽한 문제해결이라고 할 수 있다. 모든 것을 알고 모든 것을 예측할 수 있으며 최적의 해결책을 선택할 수 있다면 그것은 인간이 바라는 가장 이상적인 상태일 것이다.

② **제　약**   합리적 접근을 통한 정책결정이 이상적이겠으나 거기에는 많은 제약이 있다. 앞서 고찰한 바와 같이 ⅰ) 인간능력의 불완전성, ⅱ) 목표의 모호성과 문제의 복잡성, ⅲ) 시간과 정보 기타 자원의 제약, ⅳ) 관료적 조직의 제약, ⅴ) 외부의 비합리적 투입, ⅵ) 조직 내외의 변동 등이 합리성을 제약한다.

③ **실　책**   정책결정의 실제에서 합리주의자들은 여러 실책을 범한다는 비판이 있다. 즉 ⅰ) 정책결정과 정책집행 사이에 괴리를 크게 만든다는 것, ⅱ) 기술적 능력 이외에 리더십이 필요하다는 점을 간과한다는 것, ⅲ) 인간사의 아주 복잡한 양태인 행정조직문제에 너무 기계적인 접근을 시도한다는 것, ⅳ) 예측을 못하거나 틀린 예측을 하는 일이 많다는 것, ⅴ) 당초 예상했던 비용보다 더 많은 경비를 지출하게 된다는 것 등의 비판이 있다.

(2) **점증주의적 정책결정**   순수한 점증주의적 접근방법은 지식과 정보의 불완전성, 그리고 미래예측의 불확실성을 전제하는 모형이다. 점증주의적 접근 방법은 합리적 방법에 따른 쇄신보다는 기존의 상태에 바탕을 둔 점증적 변동을 시도한다.[k]

① **효　용**   점증주의적 모형이 현실적합성이 높고 실용적 가치가 있는 까닭으로는 ⅰ) 기존 상태와 거리가 먼 대안일수록 그 결과를 예측하기 어렵다는 것, ⅱ) 사람들은 자신이 원하는 바를 정확히 예견하지 못한다는 것, ⅲ) 목표의 수가 여럿이고 갈등적인 목표들이 있기 때문에 목표의 부분적 충족에 만족할 수밖에 없다는 것, ⅳ) 특정한 점증적 정책의 선택이 일으킨 변화는 측정하기 쉽다는 것, ⅴ) 점증적 변동 추진은 부하들의 행동을 면밀히 통제하는 데 유리하다는 것, ⅵ) 점증적 변동을 추구하는 정책은 수정하기 쉽다는 것, 그리고

---

k) 점증주의적 접근방법에서 말하는 '점증'에는 '점감'도 포함되기 때문에 점증주의(漸增主義)는 점변주의(漸變主義)라고도 한다. 이 문제는 제 7 장 제 3 절에서 설명할 것이다.

vii) 점증적 변동은 대상조직의 저항을 줄일 수 있다는 것을 들 수 있다.

② 한　계　　점증주의적 접근방법에 대한 비판도 여러 가지이다. 일반적으로 합리적이지 못하다는 비판 외에 ⅰ) 협상적 전략이기 때문에 가용자원이 넉넉할 때만 성공적일 수 있다는 것, ⅱ) 분석적 방법의 사용을 소홀히 하여 정확한 정보를 얻지 못한다는 것,[1] ⅲ) 점증주의자들은 비전과 상상력이 결여되어 있다는 것, 그리고 ⅳ) 점증주의는 근본적으로 보수적이라는 것을 지적하는 비판이 있다.

2) 정책결정모형 유형론의 예시

(1) Henry의 유형론　　Nicholas Henry는 공공정책의 결정과 집행에 관한 패러다임을 세 가지로 대별하였다. 세 가지 패러다임은 ⅰ) 점증주의적 패러다임, ⅱ) 합리주의적 패러다임, 그리고 ⅲ) 전략적 계획 패러다임이다.[26]

❶ 점증주의적 패러다임

점증주의적 패러다임(incrementalist paradigm)은 지식과 정보의 불완전성과 미래예측의 불확실성을 전제하고 새로운 정책결정을 기존의 상태에 바탕을 둔 점증적 변동이라고 규정한다.

점증적 패러다임의 범주에 포함되는 정책결정모형의 예로 ⅰ) 엘리트주의모형, ⅱ) 집단모형, ⅲ) 체제모형, ⅳ) 제도모형, ⅴ) 신제도모형, 그리고 ⅵ) 조직화된 무정부상태모형을 들 수 있다.

엘리트주의모형(elite-mass model)은 정책이 권력엘리트로부터 대중에게 하향적으로 흐르는 것이라고 본다. 사회는 권력을 가진 엘리트와 권력이 없는 대중으로 양분되며, 정책은 엘리트집단의 가치를 대변하는 현상유지적인 것이라고 한다. 집단모형(group model)은 이익집단들의 힘겨루기(작용·반작용 과정)에서 정책이 형성된다고 설명한다. 체제모형(systems model)은 정책과정을 투입·처리·산출·환류의 순환적 과정이라고 설명한다. 이것은 정보의 흐름에 관한 연구에 바탕을 둔 것이다.

제도모형(institutionalist model)은 정부의 조직도표, 즉 구조의 공식적 배열에 착안해 정책결정을 설명한다. 신제도모형(neo-institutionalist model)은 정책유형과 조직 내외의 상황적 조건을 결부시켜 정부개입의 성격을 규명하려 한다. 이 접근방법은 정치적 제도에 초점을 맞추지만, 정책과 정부기관, 정치체제 전체, 정책영역별 정치행태유형과의 관계에도 관심을 갖는다.

조직화된 무정부상태모형(organized anarchy model)은 정책결정과정을 구성하는 세 가지의 흐름(streams)이 따로 따로 떠돌아다니며, 정책과정 내외의 조건들이 작용하여 그 세 가지 흐

---

1) 이런 경향을 '사냥개의 오류'(the beagle fallacy)라고도 한다. 후각은 좋지만 시력이 나쁜 사냥개가 맞은편으로 바람이 부는 경우 바로 앞에 있는 토끼도 놓친다는 이야기이다. Harold Enarson, "The Art of Planning" *Educational Record*, No. 56(Summer 1975), p. 173.

름이 만날 때 정책결정이 이루어진다고 설명한다. 세 가지 흐름이란 특정한 사회문제가 국민과 정책결정자들의 관심을 끌게 되는 문제의 흐름(problem stream), 정책의제가 형성되는 정치의 흐름(political stream), 그리고 정책대안이 형성되는 정책의 흐름(policy stream)을 말한다.

❷ 합리주의적 패러다임

합리주의적 패러다임(rationalist paradigm)은 지식·정보의 완전성과 미래예측의 확실성을 전제한다.

합리주의적 패러다임은 정책목표(사회적 가치)의 확인, 모든 가용대안의 발견, 각 대안의 결과 예측, 그리고 최적대안의 선택을 추구한다.

합리주의적 패러다임의 범주에 포함되는 정책결정모형의 예로 i) 합리적 선택모형, ii) 공공재 모형, 그리고 iii) 기술평가모형을 들 수 있다.

공공선택모형 또는 정치경제학적 모형이라고 불리기도 하는 합리적 선택모형(rational choice model)은 파레토 최적화를 추구한다. 공공재모형(public goods and services model)은 정부부문에서 가장 능률적·생산적으로 공급할 수 있는 재화·용역이 무엇인가에 관심을 갖는다. 기술평가모형(technology assessment model or technological forecasting model)은 쇄신적인 과학적·기술적 대안에 따를 수 있는 현재와 장래의 넘침효과(spillover effects: 부작용)를 평가한다.

❸ 전략적 계획 패러다임

전략적 계획 패러다임(strategic planning paradigm)은 정책결정을 전략적 계획의 틀에 맞추어 이해한다. 전략적 계획의 시간관은 장기적이다. 전략적 계획 패러다임은 계량적 요인과 질적 요인을 함께 중요시하며 정책결정자들의 능동적 대응을 강조한다. 전략적 계획 패러다임은 합리주의적 패러다임과 점증주의적 패러다임의 이점은 함께 취하고 그 결함은 피하려는 제3의 패러다임이라고 한다.

(2) Dunn의 유형론   William N. Dunn은 정책문제의 분석에 관련하여 여섯 가지 모형을 분류하였다. 여섯 가지 모형이란 i) 기술적 모형, ii) 규범적 모형, iii) 언어적 모형 iv) 상징적 모형, v) 절차적 모형, 그리고 vi) 대용모형을 말한다.[27]

기술적 모형(記述的 模型: descriptive model)은 정책대안선택의 원인과 결과를 설명하고 예측하는 모형이다. 규범적 모형(normative model)은 어떤 효용(가치)의 성취를 최적화하는 데 필요한 규칙(rules)과 권고(recommendations)를 제시하는 모형이다.

언어적 모형(verbal model)은 일상적으로 사용하는 언어로 표현하는 모형이다. 상징적 모형(기호모형: symbolic model)은 정책문제를 특징짓는 주요 변수 간의 관계를 기술하는 데 정확한 수학적 부호를 사용하는 모형이다. 절차적 모형(procedural model)은 정책문제를 특징짓는 변수 간의 역동적 관계를 표현하기 위해 일련의 기초적 절차를 활용하는 모형이다. 대용모형

(代用模型: 대리모형: surrogate model)은 공식적으로 규정한(구성한) 문제가 실제적(실질적) 문제의 내용을 타당하게 대표할 수 있다고 보고, 문제의 구조화로 실제적 문제를 대체하는 모형이다.

(3) Cooper 등의 유형론　　Phillip J. Cooper와 그 동료들은 어떤 사람이 어떤 결정을 하는가를 기준으로 여덟 가지 정책결정모형을 분류하였다. 여덟 가지 모형이란 ⅰ) 합리적 행동자모형, ⅱ) 점증적 모형, ⅲ) 다원주의모형, ⅳ) 권력엘리트 모형, ⅴ) 조직모형, ⅵ) 관료정치모형, ⅶ) 교환모형, 그리고 ⅷ) 갈등모형을 말한다.28)

　　합리적 행동자모형(합리적 모형: rational actor model)은 정책분석자가 문제를 정의하고 모든 가용대안들을 평가하고 객관적인 기준에 따라 가장 합리적인 대안을 선택하고 이를 능률적·효율적으로 집행한다고 보는 모형이다. 점증적 모형(incremental model)은 의사결정이 현상유지적 상태에 대한 한계변동만을 추구한다고 보는 모형이다.

　　다원주의모형(pluralist model)은 정책결정을 일련의 정치적 판단에 따른 결정이라 보고, 여러 집단들이 정책합의를 형성하기 위해 서로 타협하는 과정을 설명하는 모형이다. 권력엘리트모형(power elite model)은 정치·경제적 엘리트들이 정책의 주요 내용을 결정한다고 설명하는 모형이다. 조직모형(구조주의모형: organizational or structuralist model)은 정책문제를 관할하는 정부의 기능분야별 조직들이 정책결정에서 주도적인 역할을 한다고 설명하는 모형이다.

　　관료정치모형(bureaucratic politics model)은 정부조직의 특성과 조직의 핵심인물들이 수행하는 정치적 역할이 정책결정을 좌우한다고 설명하는 모형이다. 교환모형(시장모형·공공선택모형: exchange theories; market model; public choice model)은 이해당사자들의 교환관계에 기초하여 정책선택이 이루어진다고 설명한다. 이것은 다원주의적 정치를 시장논리에 접목시킨 모형이다. 갈등모형(conflict model)은 정책에 관한 정치적 결정은 합의의 과정이 아니라 갈등의 과정을 통해 이루어진다고 보는 모형이다. 갈등집단들은 각기 지지를 획득하고 서로 투쟁하는 과정을 통해 승패를 결정한다고 설명한다.

(4) Dye의 유형론　　Thomas R. Dye는 정책결정연구를 포함한 정책연구의 모형을 ⅰ) 기관모형, ⅱ) 과정모형, ⅲ) 합리적 모형, ⅳ) 점증적 모형, ⅴ) 집단모형, ⅵ) 엘리트모형, ⅶ) 공공선택모형, ⅷ) 게임이론모형 등 여덟 가지로 분류하였다.29)

　　기관모형(제도모형: institutional model)은 정부기관들이 정책을 결정하고 시행하는 것이라고 설명한다. 정책은 정부기관들의 활동이 가져오는 산출물이라고 보는 것이다. 과정모형(process model)은 다양한 정책결정활동이 유형화되는 과정에 초점을 맞춘 모형이다. 집단모

형(group model)은 이익집단 간의 교호작용에 초점을 맞춘 모형이다. 이 모형은 집단이 그 구
성원과 정부를 잇는 핵심적 교량이라는 것, 정책은 집단 간의 투쟁을 통해 형성되는 균형상태
라는 것, 그리고 집단들의 상대적 영향력이 그러한 균형상태를 결정한다는 것을 가정한다.

　공공선택모형(public choice model)은 정책결정을 자기이익추구적인 개인들의 집합적 의사
결정이라고 설명한다. 게임이론모형(game theory model)은 정책결정을 둘 이상의 합리적인 행
동자들이 경쟁하는 상황에서의 선택이라고 설명한다. 정책은 각 행동자들의 선택에 달려 있다
고 한다.

2. 정책결정과정의 주요 문제

1) 기본적 활동

정책결정과정에서는 정책대안을 탐색·입안하고 정책대안을 선택함으로써
정책을 결정한다. 이러한 기본적 과제를 수행하는 정책결정과정의 활동단계를
보편적으로 규정할 수는 없다. 상황적 조건과 채택하는 접근방법에 따라 다양한
변용을 보일 수 있다.

　합리적인 정책결정에서는 ⅰ) 정책의제의 명료화(구조화), ⅱ) 정책대안의
탐색, ⅲ) 정책대안의 분석과 비교, ⅳ) 최적정책대안의 선택 등 서로 구분되고
순차적으로 진행되는 단계들을 거쳐 정책이 결정된다. 그러나 정책결정의 합리
성이 제약되는 경우에는 그러한 단계구분이나 진행순서가 교란된다.

　정책대안들의 형성과 최종대안의 선택이 합리적·과학적으로 이루어질 수
있는 경우는 실제로 많지 않다. 대안의 형성·선택은 대개 불확실성과 정치적 역
동성 속에서 진행된다. 현대국가의 정책결정에서 분석적 측면이 중요한 것은 사
실이다. 정책연구인들은 그에 대한 연구를 게을리하면 안 된다. 그러나 정책과
정은 분석적이기보다 정치적이라는 주장이 있듯이 정책결정과정의 정치색은 짙
은 것이다.

　정책결정과정의 주요 문제 또는 쟁점은 불확실성, 정치적 역동성, 정책문제
의 구조화, 정책대안의 분석, 그리고 정책이전이다. 정책분석에 대해서는 항을
나누어 좀더 자세히 설명하려 한다.

2) 불확실성과 정책결정

(1) 불확실성의 정의　　　불확실성(不確實性: uncertainty)이란 알아야 할 것을

알지 못하는 것이다. 불확실성은 예측하려는 사건이나 그 진행경로에 대한 확실한 지식이 결여되어 있는 상태이다. 미래의 사태에 대한 예측불가능성이라고 할 수도 있다.[30]

미래에 발생할 사태의 형태(유형)는 알 수 있으나 그것이 일어날 확률은 알 수 없는 경우는 양적 불확실성이라 하고, 일어날 가능성이 있는 사태의 형태까지도 알 수 없는 경우는 질적 불확실성이라 한다. 이러한 불확실성을 다시 ⅰ) 전략선택 상의 불확실성, ⅱ) 결정절차 상의 불확실성, 그리고 ⅲ) 행동결과에 대한 불확실성으로 구분해 볼 수 있다. 정책결정에서 가장 중요시되는 것은 세 번째 범주의 불확실성이다.[m]

(2) 발생원인   불확실성의 발생원인은 ⅰ) 상황의 복잡성과 변동, ⅱ) 행동자의 능력·시간·자원 부족, ⅲ) 상황인식에 사용되는 모형(접근방법)의 불완전성, 그리고 ⅳ) 모형에 포함된 변수들에 대한 정보의 불완전성에서 찾을 수 있다.

(3) 대응방안   불확실성에 직면한 정책결정자와 그 보조자들은 위험회피행동을 하거나 극복행동을 할 수 있다.

위험회피행동이란 불확실성 극복을 위한 노력을 포기하고 정책결정을 회피하는 행동이다.

회피행동을 하지 않고 불확실성에 대응하여 이를 극복해 보려는 방안은 ⅰ) 관련변수에 대한 정보획득 증대·정확한 모형개발·불확실성을 조성하는 상황의 통제와 같은 적극적 방법과 ⅱ) 불확실성을 주어진 조건으로 보고 그 안에서 결과예측을 기도하는 소극적 방법으로 구분해 볼 수 있다. 소극적 방법의 예로 외삽법, 보수적 결정, 사회적 실험, 중복적 대비, 민감도 분석, 분기점 분석을 들 수 있다.[n]

---

m) 자연재해나 기술관리 실패 또는 사회적 갈등이 야기하는 고도로 불확실한 상황을 '위기'(crisis)라 한다. 위기는 갑자기 발생하는 예기치 않은 사태이며 중대결정 즉 위기의 의사결정(crisis decision)이 긴급하게 필요한 사태이다.

n) 외삽법(extrapolation)은 과거의 추세를 미래에 연장하여 예측하는 추세연장적 미래예측방법이다. 보수적 결정이란 미래에 발생할 수 있는 최악의 경우를 전제하고 정책대안의 결과를 예측하는 방법이다. 사회적 실험이란 정책의 현장실험을 말한다. 중복적 대비 또는 가외적 대비(加外的 對備: redundancy)는 위험발생에 대비해 중복적·추가적 안전장치를 준비하는 것이다. 민감도 분석(sensitivity analysis)은 관련 매개변수와 상황적 조건의 변화에 대한 정책대안의 민감도를 분석하는 것이다. 분기점 분석(break-even analysis)은 대안들이 동일한 수준의 결과를

3) 정책결정의 정치

실제의 정책과정은 대개 다양한 접근방법들과 갈등적 세력들이 뒤엉킨 복잡한 과정이다. 그 안에서 합리적 판단과 계산전략도 어떤 역할을 할 수 있다. 그러나 정책과정에 더 많은 영향을 미치는 것은 참여자들의 전략적 판단과 정치적 역동성이다.

정치적 색채가 짙은 정책결정과정의 국면들은 ⅰ) 대안선택의 결정기준, ⅱ) 참여집단들이 벌이는 대안채택추진의 정치, 그리고 ⅲ) 정책결정자들의 지지획득전략에 관한 것들이다.

(1) 결정기준   정책대안들을 비교하여 선택할 때 고려하는 요인들을 결정기준(decision criteria)이라 한다. 결정기준에는 정치적인 고려요인들이 많다. 결정기준의 예를 보면 다음과 같다.[31]

① 대안에 부여하는 가치   정책결정 참여자들이 정책대안에 부여하는 가치들이 있다. 그러한 가치들은 정책 자체의 적합성에 관한 것이다. 합리적 판단의 기준으로 고려될 수 있는 가치는 아주 다양하지만 그 중 자주 거론되는 것들은 효율성, 능률성, 형평성, 대응성, 적합성, 적절성 등이다.[o]

② 점증적 결정규칙   선례답습 등 정책결정과정을 단순화하고 통상화하기 위해 개발한 점증적 결정규칙을 고려한 기준이 있다.

③ 타인의 기준   외부전문가의 의견, 다른 조직의 예, 외국의 예 등 타인의 기준을 판단기준으로 삼을 수 있다.[p]

④ 정당의 이해관계   정책결정자들이 소속된 정당의 정치적 이해관계에 대한 고려가 있다.

⑤ 정부조직의 이해관계   정부관료제의 조직별 이해관계에 대한 고려가 있다. 정책을 다루는 조직의 생존, 사업확장, 권력유지에 대한 집착이 대안선택에

달성하려면 각각 불확실한 요소들에 대해 어떤 가정을 해야 하는지를 알아보고, 현실화 가능성이 가장 높은 가정에 기초한 대안을 선택하는 방법이다.

고도로 불확실한 상황에서의 개략적인 정책결정을 '정책도박'(policy gambling)이라고 부르기도 한다.

o) 적합성이란 정책대안과 가치 있는 결과 사이의 부합도를 뜻한다. 적절성이란 정책의 내용적 합리성에 관한 기준이다.

p) 타인의 기준을 채택한다는 것은 정책이전을 받는다는 뜻이다. 정책이전에 대해서는 뒤에 따로 설명할 것이다.

영향을 미친다.

⑥ 참여자들의 사적 이익   정책결정 참여자들의 사익(私益)에 대한 고려가 있다.

⑦ 이익집단의 이해관계   이익집단의 이해관계에 대한 고려가 있다.

⑧ 여 론   여론에 대한 고려가 있다.

(2) 손익배분양태와 정책추진의 정치   손익배분양태란 어떤 정책대안의 채택으로 승자(수혜자)와 패자(비용부담자)가 분포되는 양태를 말한다. 이해관계자들의 정책과정 참여가 용인·수용되는 다원주의적 상황에서는 손익배분양태가 달라지면 정책추진정치의 양상도 달라진다. 손익배분양태에 따라 달라지는 정책추진의 정치를 ⅰ) 다수의 정치, ⅱ) 이익집단의 정치, ⅲ) 고객의 정치, 그리고 ⅳ) 운동가의 정치로 구분해 볼 수 있다.[32]

① 다수의 정치   어떤 정책대안의 비용과 편익이 국민 전체에 널리 배분되는 경우 정책추진의 정치는 다수의 정치(majoritarian politics)라는 양상을 보이게 된다. 국민 다수가 정책문제를 제기하는 주역을 맡게 된다. 다수국민의 여론은 정책결정중추에 압력을 가하여 제도적 정책의제화 그리고 정책결정을 촉진하게 된다.

② 이익집단의 정치   정책대안의 편익과 비용이 특정집단들에만 좁게 배분되는 경우 정책추진의 정치는 이익집단의 정치(interest group politics)로 되는 경향이 있다. 손실을 입는 집단과 혜택을 받는 집단이 뚜렷하고 한정적인 경우 각 집단은 조직화를 통해 세력을 규합하고 정책로비를 하려는 강한 동기를 갖게 된다. 정책결정자를 사이에 둔 이익집단들의 갈등과 협상·타협이 정책추진정치의 중앙무대를 차지하게 된다.

③ 고객의 정치   정책대안의 비용은 널리 배분되고 그 편익은 좁은 범위의 사람들에게 배분되는 경우에는 고객의 정치(client politics)라는 양상이 나타난다. 고객집단(혜택집단)은 스스로의 이익보호와 이익신장을 위해 단결하여 로비를 할 강한 동기를 갖게 된다. 반면 적은 비용을 분담하는 다수는 패자라는 의식이 뚜렷하지 않고 조직화하여 정책결정자에게 영향을 미쳐야겠다는 동기도 약하다.

④ 운동가의 정치   정책대안의 편익은 광범하게 배분되고 비용부담은 소수에 집중되는 경우 다수의 조직화는 어렵다. 이 경우 운동가(運動家)의 정치(entrepreneurial politics)가 전개될 수 있다. 이것은 소수의 '뜻있는 사람' 또는 '공

익추구자'들이 다수의 이익을 위한 정책추진에 앞장서는 정치이다. 이것을 유지
(有志)의 정치라고 부를 수도 있다.

(3) 지지확보전략   집합적 과정이라는 차원에서 볼 때 민주국가의 정책결
정은 대부분 다수연합의 과정임을 알 수 있다. 예컨대 국회의 다수결이 법적 요
건인 경우에는 당연히 다수의 지지를 얻어야 한다. 그러한 법적 요건이 없는 경
우에도 정책의 성공적인 채택과 집행을 위해서는 많은 사람들의 지지와 협력이
필요하다.

정책에 대한 지지와 협력이 자발적·능동적인 경우도 있다. 그러나 대개의
경우 지지와 협력을 동원하기 위한 정책결정자들의 전략적 행동이 필요하다. 그
러한 전략적 행동의 유형에는 ⅰ) 협상, ⅱ) 설득, ⅲ) 명령 등이 있다.[33]

① 협   상   정책결정과정에서의 협상(bargaining)은 정책결정에 영향을 미
칠 수 있는 둘 이상의 당사자들이 모두 수용할 수 있는 행동방안을 만들기 위해
각기 상충되는 목표들을 조정하는 과정이다. 협상을 통해 타결되는 행동방안은
협상당사자들이 수용할 수 있는 방안이지만 모두에게 언제나 이상적인 방안일
수는 없다.

협상의 유형은 협력(log‒rolling)과 절충(타협: compromise)으로 나누어 볼 수
있다. 협력은 상이한 두 가지 사항에 관한 지지를 서로 교환하는 것이다. 절충은
단일사안에 대한 상충되는 주장을 상호 조정하는 것이다.

② 설   득   설득(persuation)은 정책추진자가 자기 주장이 가치 있는 것 또
는 옳다는 것을 다른 사람들이 믿도록 노력하는 전략이다. 협상의 경우와는 달
리 설득자는 자기의 입장을 수정하지 않고 상대방의 지지를 확보하려 한다.

③ 명   령   명령(command)은 상위자와 하위자 사이의 계서적 관계를 전
제한다. 명령은 높은 지위에 있는 사람이 자기의 관할 내에 들어온 사람들을 구
속하는 의사결정을 하는 것이다. 상위자들은 그러한 의사결정의 효력을 담보하
기 위해 보상과 제재를 활용한다.

정책결정의 실제에서는 위의 세 가지 전략을 다소간에 혼합적으로 활용하
는 것이 보통이다.

(4) 정책게임으로서의 정치   정책을 선택하고 정당화하는 정치적 과정을 게
임이론(game theory)으로 설명하는 접근방법이 있다. 이 접근방법은 정책과정에
서 일어나는 현상들을 관련행위자들이 자기 이익을 최대화하려고 벌이는 전략

적 상호작용의 게임이라고 본다.34)

정책결정의 정치를 설명하는 데 원용되는 게임이론은 경쟁적·갈등적 상황에서의 최적정책결정에 관한 모델링절차를 활용하는 계량적 분석틀이다. 게임이론은 둘 이상의 참여자들이 자기 이득을 최대화하고 손실은 최소화하려고 벌이는 게임을 분석하기 위해 행렬이나 게임나무(나무도표: game tree or tree graph)와 같은 기법을 사용한다.

게임이론이 대상으로 하는 것은 우연적 게임(운에 맡긴 게임: games of chance)이 아니라 전략적 게임이다. 전략적 게임은 행위자(참여자), 전략, 게임의 순서, 그리고 게임의 이득(보상; 보수: payoffs)에 관한 일련의 규칙에 따라 진행되는 것이다. 게임이론은 게임 참여자들이 게임의 규칙을 아는 합리적 행위자라고 전제한다.

게임이론은 정책결정의 정치에 참여하는 사람들이 정책대안을 신중히 검토하게 하고 관련 당사자들의 반응을 연구하게 하는 데 도움을 줄 수 있다. 그러나 게임이론이라는 단순한 분석틀의 현실적합성은 별로 높은 것이 아니다.

4) 정책문제의 구조화

정책대안을 만들려면 먼저 정책문제를 명료화해야 한다. 정책문제를 명료화한다는 것은 이를 구조화한다는 뜻이다. 구조화가 잘된 문제는 그에 대한 해결책의 탐색이 용이하도록 명확하게 정의된 문제이다. 성공적인 문제구조화는 창의성을 필요로 한다.

문제의 구조화는 정책의제설정과정에서도 필요하지만 정책대안을 만들고 선택하는 단계에서 그 필요가 특히 더 크다.35)

(1) **문제구조화의 국면**　　문제구조화의 핵심적 국면(단계)은 ⅰ) 문제의 감지, ⅱ) 문제의 탐색, ⅲ) 문제의 정의, 그리고 ⅳ) 문제의 구체화이다. 이러한 활동국면들이 진행되기에 앞서 문제상황이 존재해야 한다. 문제상황의 존재는 문제구조화작업의 전제조건이다.

　　문제의 감지(problem sensing)는 문제상황을 인지하고 문제상황이 있음을 인정하는 것이다. 문제상황이 감지되면 문제확인을 위해 탐색활동을 한다. 문제의 탐색(problem search)에서는 메타문제(meta-problem: 다양한 이해관계자들의 문제에 관한 가정 또는 문제표현이 집합되어 있는 문제들의 문제)를 파악하고 거기서 정의될 수 있는 하나의 문제를 도출해 낸다. 문제의 정의(problem conceptualization)는 언어적인 방법으로 문제의 기본적·일반적 의미를 규정하는 개념화 작업이다. 문제가 정의되면 문제상황은 실제적 또는 실질적 문제 (substantive problem)로 전환된다. 문제를 정의할 때 분석가들이 사용하는 개념적 틀은 그의 세계관이나 이념과 같은 가치기준을 반영한다.

문제의 구체화(problem specification)는 실질적 문제를 상세화하여 구체적인 공식적 문제 (formal problem)로 전환시키는 과정이다. 이 과정에서는 수학적 모형화 등 계량화의 방법들이 흔히 쓰인다.

(2) 문제구조화의 기법   문제의 감지, 문제의 정의 그리고 문제의 구체화에서 사용할 수 있는 많은 기법들 가운데서 대표적인 일곱 가지를 소개하려 한다. 일곱 가지 기법이란 ⅰ) 분류분석, ⅱ) 계층분석, ⅲ) 시넥틱스, ⅳ) 브레인스토밍, ⅴ) 가정분석, ⅵ) 경계분석, 그리고 ⅶ) 복수관점분석을 말한다.[36]

분류분석(classification analysis)은 문제상황을 분류하고 정의하는 데 쓰는 개념 명료화의 기법이다. 귀납적 사고과정을 통해 구체적 대상 또는 상황에 대한 경험으로부터 일반적(추상적) 개념을 도출하는 데 쓰는 기법이다.

계층분석(hierarchy analysis)은 문제상황의 원인을 밝히는 데 쓰는 기법이다. 간접적이고 불확실한 원인으로부터 차츰 확실한 원인을 차례로(계층적으로) 확인해 나가는 분석기법이다.

시넥틱스(유추법·창조적 문제해법: synectics)는 정책문제 간의 유사성을 조사·분석함으로써 정책문제 구조화에 유추와 비유를 창의적으로 활용할 수 있게 해주는 기법이다.

브레인스토밍(brainstorming)은 문제상황의 확인과 개념화에 도움이 될 아이디어, 목표, 전략 등을 발견하기 위해 자유롭게 토론하는 방법이다.

가정분석(assumptional analysis)은 정책문제에 대한 상충적 가정들을 창의적으로 통합하는 데 쓰이는 기법이다. 정책과정참여자들 사이에 정책문제에 대한 가정(관점)의 일치가 없을 때 이해관계자 확인, 가정들의 노출, 가정들에 대한 비판적 평가, 중요 가정들의 집합, 가정통합 등의 과정을 통해 상충적 가정들의 통합을 도모하는 것이 가정분석 기법이다.

경계분석(boundary analysis)은 온전한 문제를 형성하기 위해 문제의 경계를 설정하는 데 쓰이는 기법이다. 경계분석은 문제의 주요 국면을 간과하는 일이 없도록 하기 위한 분석이므로 이해당사자들을 모두 찾아내고 그들의 문제인식을 파악하여 분석한다.

복수관점분석(multiple perspective analysis)은 문제상황에 개인적 관점, 조직의 관점, 그리고 기술적 관점을 체계적으로 적용함으로써 문제와 잠정적 해결방안에 대한 통찰력을 향상시키려는 방법이다.

(3) 문제구조화의 오류: '제 3 종 오류'   문제구조화의 과정에서는 실질적 문제와 공식적 문제가 원래의 문제상황으로부터 괴리되는 오류가 발생할 수 있다. 문제를 정의하는 단계에서 주어진 문제상황과 실질적 문제 사이의 일치수

준이 결정된다. 이 단계에서 분석가들이 잘못된 개념적 틀을 사용할 수 있다. 주어진 문제상황과 공식적 문제 사이의 일치수준은 문제의 구체화단계에서 결정된다. 이때에 수학적 모형이나 공식 등이 실질적 문제를 잘못 반영할 수 있다.

문제의 정의나 구체화에서 공통적으로 범할 수 있는 오류를 제 3 종 오류(error of the third type: EⅢ)라 한다. 이것은 문제의 구조화를 잘못해서 틀린 문제(엉뚱한 문제)를 해결하도록 유도하는 오류이다. 맞는 가설을 배제하는 것을 제 1 종 오류라 하고, 틀린 가설을 채택하는 것을 제 2 종 오류라 한다면, 틀린 문제(wrong problem)의 해답을 찾는 것은 제 3 종 오류인 것이다.[37]

5) 정책이전

(1) 정 의   정책이전(政策移轉: policy transfer)이란 어떤 한 시기·장소의 정책에 관한 지식이 다른 시기·장소의 정책개발에 사용되는 것을 말한다.[38]

대개의 정책이전은 관할을 달리하는 정부조직 간 그리고 국가 간의 정책모방이라는 양태로 나타난다. 발전도상국들에서는 선진국들의 정책을 자국에 이전하는 우위모방이 광범하게 일어나고 있다.

(2) 유 형   정책이전은 다양하고 복잡한 현상이며 그에 관한 유형론도 많다.

① 능동성·피동성에 따른 분류   자발성·능동성과 강압성·피동성을 기준으로 ⅰ) 자발적 정책이전(voluntary policy transfer)과 ⅱ) 강압적 정책이전(coercive policy transfer)을 구분한다. 자발적 정책이전은 정책결정자가 '교훈 얻기'(lesson drawing)를 위해 정책에 관한 외부의 지식을 자발적으로 받아들이는 것이다. 강압적 정책이전은 정책결정자가 외적 압력이나 제약 때문에 별 수 없이 받아들이는 정책이전이다.

② 촉발자에 따른 분류   정책이전의 촉발자가 누구인가를 기준으로 ⅰ) 자국 내 정치체제의 정치인·공무원·정당관료가 주도하는 정책이전, ⅱ) 민간부문의 싱크탱크·압력단체·기업이 주도하는 정책이전, 그리고 ⅲ) 국제기구·외국정부·외국의 비정부조직·전문가 등이 주도하는 정책이전을 구분한다.

③ 수준에 따른 분류   정책이전의 수준(정도)을 기준으로 ⅰ) 정책이 직접적이고 완전하게 이전되는 복사(옮겨 베끼기: copying), ⅱ) 정책프로그램의 세부적 내용이 아니라 이면의 아이디어들이 이전되는 아이디어 본뜨기(emulation), ⅲ)

여러 정책의 요소들이 섞여 이전되는 배합(combination), 그리고 ⅳ) 다른 관할의 정책에서 영감을 얻지만 정책결정의 결과는 준거대상인 정책을 닮지 않는 영감 얻기(inspiration)를 구분한다.

(3) 효용과 한계 세계화·정보화의 추세에 따라 정책개발 특히 정책변동이 정책이전에 점점 더 많이 의존해 가고 있다.

① 효 용 정책이전은 정책분석의 시야를 세계화하고 폭넓은 지혜를 수렴하는 데 기여할 수 있다. 정책이전은 보다 많은 대안과 증거의 검토를 촉진할 수 있다. 정책이전으로 성공적인 정책을 배울 수 있을 뿐만 아니라 '부정적 교훈 얻기'(negative lesson drawing)을 통해 타인의 정책실패를 되풀이하지 않을 수도 있다. 이러한 이점들은 정책과정의 합리성 향상에 기여할 수 있다.

② 한 계 정책이전에는 여러 장애가 있다. 무엇보다도 큰 장애는 정책이전을 주고 받는 조직들 특히 국가들의 정책문제나 상황적 조건이 일치되기 어렵다는 것이다. 국가 간의 언어장벽도 문제이다. 정책이전과정에서의 안이한 모방, 비합리적인 외적 강제도 문제이다.

이러한 장애들은 정책내용을 잘 모르고 하는 이전(uninformed transfer), 성공적인 정책의 중요부분을 누락시킨 이전(incomplete transfer), 상황의 차이를 제대로 검토하지 못한 데서 비롯되는 부적합한 이전(inappropriate transfer) 등의 실책을 저지르게 할 수 있다.

3. 정책분석

1) 정 의

정책분석(政策分析: policy analysis)이란 정책대안들의 특성, 원인, 그리고 결과에 대한 연구를 의미한다. 정책분석은 정치적 상황에서 정책문제를 해결하는 데 쓸 수 있는 정책관련 정보를 산출하기 위해 여러 가지 조사연구방법들을 활용하는 응용사회과학적 활동이다. 정책분석은 여러 학문분야의 이론과 기법을 활용하는 학제적 활동이다. 정책분석은 정책결정의 합리성을 향상시키기 위한 문제중심적 활동이다.[39)]

정책분석은 ⅰ) 목표를 정의하는 작업, ⅱ) 목표를 추구하는 데 쓸 수 있는 대안들을 확인하는 작업, ⅲ) 목표를 가장 잘 성취할 대안을 선택할 수 있도록 목표와 대안의 관계를 규명하는 작업을 포함한다. 이러한 작업들은 정책대안들의 선택이 가져올 수 있는 장래의 결과에 관한 정보를 정책결정자들에게 제공하기 위한 것이다.

(1) 분석적 국면과 정치적 국면   정책결정을 정치적 국면과 합리적·분석적 국면으로 구분하는 경우, 위에서 고찰한 문제구조화와 정책분석은 원칙적으로 분석적 과정(국면)에 해당한다고 말할 수 있다. 그러나 정치적 국면과 분석적 국면이 서로 분리되어 있는 것은 아니다. 정책분석가는 정책과정의 다양한 행동자들 가운데 일부임에 불과하다. 정치적 요인들이 정책분석의 한계를 설정하고 정책분석결과의 활용양태를 결정한다. 이익집단들의 공동관심과 공동이익 탐색, 갈등적 이익 간의 교환거래, 그리고 협상·타협·조정을 중시하는 정치가 합리적 분석과정을 대체하는 일도 흔하다.

(2) 정책분석과 가치   정책분석도 가치개입적인 활동이다. 정책분석은 일반적인 기술적 이론(記述的 理論)의 개발과 검증 또는 사실에 관한 정보의 산출에 국한되지 않는다. 가치문제와 선호하는 행동방안에 관한 정보도 산출한다. 경험적 사실기술도 가치개입적인 관념적 틀의 인도를 받는다. 이러한 이유로 정책분석은 경험적일 뿐만 아니라 평가적·처방적이라고 설명된다. 정책분석과정은 그 평가적·처방적 국면 때문에 윤리문제에 직면하며, 정치적 논쟁의 대상이 된다.

정책과정에서 고려되어야 하는 가치에 관한 절대론과 상대론, 가치갈등의 조정, 주요 가치의 레퍼토리, 공직의 윤리는 제 3 장에서 설명하였다.

(3) 정책분석과 시민참여   오늘날 많은 연구인들이 정책분석과정에 대한 시민참여를 권장하고 있으며 실제로 시민참여가 늘어나는 추세를 보이고 있다. 시민참여의 효용은 ⅰ) 문제·정책대안·평가기준의 발견을 돕는다는 것, ⅱ) 쟁점과 채택된 정책대안에 대해 시민의 이해를 촉진한다는 것, ⅲ) 정책대안들에 대한 여론을 파악할 수 있게 한다는 것, ⅳ) 결정된 정책에 대한 지지를 얻기 위해 시민을 설득하는 데 도움이 된다는 것, 그리고 ⅴ) 법률 기타의 규범이 요구하는 시민의 참여를 보장함으로써 정책의 정당성과 합법성을 확보할 수 있다는 것이다.[40]

이러한 효용을 기대하면서 시민참여를 촉진하면 시민의 다양한 이해관계와 견해들을 끌어들여 정책분석과정의 정치적 역동성을 높인다.

시민참여문제는 제 8 장에서 다룰 것이다.

2) 활동국면

정책분석의 활동국면(절차·단계)은 인간의 문제해결에 일반적으로 적용되는 공통적 절차, 즉 기술(記述)·예측·평가·처방의 절차를 반영한다. 문제의 구조화가 선행되는 것을 전제하는 정책분석의 절차는 ⅰ) 모니터링, ⅱ) 예측, ⅲ) 평가, 그리고 ⅳ) 권고라는 활동국면들로 구성된다.

모니터링(monitoring)은 과거에 있었던 정책의 원인과 결과에 관한 정보를 산출하는 활동이다. 예측은 미래에 시행될 정책의 원인과 결과에 대한 정보를 산출하는 활동이다. 평가는 과거 또는 미래의 정책이 지니는 가치에 관한 정보를 산출하는 활동이다. 권고는 미래의 행동방안이 바람직한 결과를 가져올 가능성에 대한 정보를 산출하는 활동이다.

기본적 활동국면들이 종료되면 실천적 추론(practical inference)이 진행된다. 실천적 추론은 정책문제의 해결정도에 관한 가치판단적 추론이다.[41]

3) 장   애

정책분석의 장애는 크게 두 가지 범주로 나누어 볼 수 있다. 첫째 범주는 정확한 정책분석의 실패이다. 둘째 범주는 분석결과에 대한 정책결정자의 무관심 또는 정치적 오용과 같은 정책분석 이후의 장애이다.[42]

(1) 분석의 장애   정확한 분석을 가로막는 장애에는 인간의 심리적 제약뿐만 아니라 불충분한 정보, 목표모호성, 물적 자원과 시간의 제약, 권위주의적·선례답습적·보수주의적 조직문화, 분업으로 인한 제약, 정책실험의 제약과 같은 분석방법 적용 상의 제약, 환경에서 투입되는 제약 등 상황적 제약이 포함된다.

이러한 장애를 야기하거나 악화시키는 조건의 원천은 문제의 복잡성과 미래의 불확실성이다. 정책분석의 복잡성을 야기하는 주된 요인은 상충적인 복수의 기준과 그에 따른 측정방법의 다양성이다. 불확실성의 주된 원인은 정보부족이다.

(2) 사후적 장애   사후적 장애는 정책분석의 실효성 결여이다. 정책결정자들이 정책분석결과를 잘 활용하지 않거나 오용할 수 있다. 정치적 상황에서 정책분석결과가 유효하게 활용될 수 있으려면 그것이 설득력을 지녀야 한다. 분

석결과의 설득력은 타당성·간결성·적시성에 달려있는데 그러한 요건을 결여하는 경우가 많다.

4) 미래예측

정책분석활동의 핵심이 되는 것은 정책대안의 결과에 대한 예측이다.

미래예측에서 예측하는 '미래'에는 가능한 미래(potential future), 개연적 미래(plausible future), 그리고 규범적 미래(normative future)가 포함된다. 가능한 미래는 일어날 가능성이 있는 미래상태의 대안들이다. 개연적 미래는 정책결정자들이 사태진전방향을 바꾸기 위해 개입하는 일이 없다면, 자연적 및 사회적 인과관계에 관한 가정에 따라 나타날 수 있을 것으로 판단되는 미래이다. 규범적 미래는 장래의 필요, 가치, 기회에 대한 분석자의 관념에 부합되는 가능한 미래와 개연적 미래이다.

미래예측의 접근방법은 무엇을 예측하는가를 기준으로 분류할 수도 있고, 어떻게 예측하는가를 기준으로 분류할 수도 있다. 어떻게 예측하는가를 기준으로 하는 쪽에 연구인들의 관심이 더 많이 쏠려 있다.

어떻게 예측하는가에 관한 접근방법은 세 가지의 기본적 범주로 나누어 볼 수 있다.[43]

(1) **추세연장적 미래예측**   추세연장적 미래예측(trend extrapolation)은 역사적 추세를 연장하여 미래를 예측하는 접근방법이다. 추세연장적 예측은 과거에 관찰된 체제의 양태가 미래에도 지속된다는 것, 관찰된 추세에 나타난 과거의 변동이 미래에도 규칙적으로 나타난다는 것, 그리고 추세측정자료가 신뢰성 있고 타당하다는 것 등의 전제가 받아들여질 수 있을 때만 유효한 예측을 해낼 수 있는 접근방법이다. 그러한 전제의 어느 하나라도 무너지면 예측이 어렵고 그 결과는 부정확해진다.

이 접근방법에 적합한 기법의 예로 전통적 시계열분석, 검은줄 기법, 최소자승기법, 이동평균법, 격변예측기법을 들 수 있다.

전통적 시계열분석(classical time-series analysis)은 시계열적 변동에 포함된 계속적 경향(변동추세), 계절적 변동, 순환적 변동, 불규칙적 변동을 구분하여 측정하는 기법이다. 검은줄 기법(black thread technique)은 시계열적 변동의 굴곡을 직선으로 표시하는 기법이다. 최소자승기법(least squares trend estimation)은 시계열 상 관찰된 가치에 기초하여 미래상태를 수학적으로 계산하는 기법이다. 이것은 오차를 자승한 값의 합이 가장 적도록 하는 방법으로 두

변수들 간의 회기직선을 결정하는 방법이다. 이동평균법(moving average technique)은 과거에 관찰한 추세변동자료를 평균하여 미래상태를 예측함으로써 계절적 변동 등의 영향을 배제하는 기법이다. 격변예측기법(격변방법론: catastrophe methodology)은 한 변수에 나타난 작은 변동이 다른 변수에 크고 급격한 변동을 야기하는 비연속적 과정을 예측하려는 기법이다.

(2) 이론적 미래예측   인과관계분석이라고도 하는 이론적 미래예측(theoretical forecasting)은 이론적 가정과 과거·현재의 자료에 입각하여 미래의 상태를 예측하는 접근방법이다. 이론적 미래예측은 여러 이론들의 인과관계에 관한 가정에 기초를 둔 것이며, 그 논리는 원칙적으로 연역적이다.

이론적 미래예측에서 사용하는 분석기법의 예로 이론지도작성, 인과관계모델링, 선형계획, 투입·산출분석, 회귀분석을 들 수 있다.

이론지도작성(theoretical mapping)은 어떤 이론 또는 인과관계에 대한 논변에 포함된 가정들을 확인하고 정리하는 기법이다. 인과관계모델링(causal modeling)은 정책의 원인과 결과를 설명·예측하는 이론을 집약하여 단순화된 모형을 설계하는 기법이다. 선형계획모형(linear programming)은 일정한 제약조건 하에 있는 독립변수와 종속변수의 관계에 관한 이론을 단순화한 모형이다. 투입·산출분석(input-output analysis)은 각기 다른 부문의 산출을 자기의 생산과정에 투입으로 받아들여야 하는 산업부문, 정부부문, 가계부문의 상호 의존관계를 설명·예측하려는 이론을 단순화한 모형이다. 회귀분석(regression analysis)은 하나의 종속변수와 하나 이상의 독립변수 사이에 형성된 관계의 양태와 크기를 계산하려는 통계학적 절차이다. 독립변수가 하나일 때 단순회귀분석이라 하고, 독립변수가 둘 이상일 때는 다중회귀분석이라 한다.

(3) 판단적 미래예측   판단적 미래예측(judgmental forecasting)은 추측(conjecture) 또는 직관적·주관적·질적 미래예측이라고도 한다. 판단적 미래예측은 주관적 판단들을 구하고 이를 종합하는 예측방법이다. 추세연장적 미래예측과 이론적 미래예측에서는 경험적 자료나 이론이 중심적 역할을 하지만 판단적 미래예측에서는 예측하는 사람의 창의적 통찰력이나 직관이 중심적 역할을 한다.

판단적 미래예측기법의 예로는 델파이기법, 교차영향분석, 가능성평가기법, 시나리오 작성기법을 들 수 있다.

델파이기법(Delphi technique)에 대해서는 제 4 장에서 설명하였다. 교차영향분석(cross-impact analysis)은 연관사건의 발생여부에 따라 대상사건이 발생할 가능성에 관한 주관적 판단들을 여러 가지 방법으로 구하여 그 관계를 분석하는 기법이다. 가능성평가기법(실현가능성평

가기법: feasibility assessment technique)은 정책에 관한 이해관계자들의 미래행태를 추측해 내려는 기법이다. 이것은 정책대안들의 채택과 집행을 지지 또는 반대하는 데 미칠 수 있는 이해관계자들의 영향을 주관적으로 예측하려는 기법이다. 시나리오 작성기법(scenario writing)은 어떤 대안을 채택하면 그 결과가 어떻게 될 것인가에 대한 각본을 만들어 분석하는 기법이다.

저자는 위에서 미래예측의 접근방법에 관한 전형적 유형론을 채택하여 미래예측기법들을 설명하였다. 저자가 채택한 것과 다른 유형론들도 많다.

예컨대 정책분석에서 강조하는 가치 또는 국면이 무엇인가에 따라 ⅰ) 최적화를 강조하는 접근방법, ⅱ) 능률을 강조하는 접근방법, ⅲ) 효율성을 강조하는 접근방법, ⅳ) 추세연장을 강조하는 접근방법, 그리고 ⅴ) 집행(실행)을 강조하는 접근방법을 구분하는 유형론이 있다.[44]

사전적 접근방법(미래지향적 정책분석)과 사후적 접근방법(과거지향적 정책분석)을 구분하는 유형론도 있다. 사전적 접근방법은 정책결정 이전에 무엇이 일어날 것인가를 예측하고 무엇을 해야 할 것인가를 처방하는 정책분석이다. 사후적 접근방법은 과거의 정책을 분석하여 무엇이 일어났는가를 알아내려는 정책분석이다.

관리과학 · 체제분석 · 오퍼레이션스 리서치(operations research: OR)의 접근방법을 구분하는 유형론도 있다.

5) 비용 · 편익분석

(1) 정   의   비용 · 편익분석(費用 · 便益分析: cost−benefit analysis)은 정책의 능률성 내지 경제성에 초점을 맞춘 정책분석의 접근방법이다. 이것도 미래예측을 내포하는 방법이지만 분석대상이 한정되어 있고, 정책대안 채택의 기준발견에 역점이 있으며, 복합적 분석방법이 쓰이기 때문에 여기서 따로 설명한다.

비용 · 편익분석은 경제적으로 최선인 정책을 선택할 수 있도록 하기 위해 정책대안들의 금전적인 비용과 편익을 측정하고 비교하는 분석방법이다. 경제적으로 최선인 정책이란 순편익(net benefit)이 가장 큰 정책을 말한다.

비용 · 편익분석의 특징은 ⅰ) 개별사업에 관한 정책을 주된 대상으로 한다는 것, ⅱ) 국민경제 전체를 보는 관점에서의 분석이라는 것, ⅲ) 특정 정책의 모든 비용과 편익을 장기적인 시각에서 분석한다는 것, 그리고 ⅳ) 미시경제학적 이론의 응용이며 실무적 분석이라는 것이다.[45]

　　(2) 한　　계　　비용·편익분석이 정책대안들의 잠재적 비용과 편익을 정확하게 측정할 수 있으면 정책선택의 효과적인 기준을 제시할 수 있을 것이다. 그러나 비용·편익의 예측에는 제약이 많다. 비용·편익의 성격이 모호하고 공동의 측정단위를 발견하기 어려운 경우가 많다. 비용을 부담하거나 편익을 누릴 사람이 누구인가를 확인하기도 어렵다. 분석결과에 따라 만들어지는 순익의 수치는 누적시킨 것이기 때문이다.

　　(3) 비용·효과분석　　공공부문에서는 비용보다는 편익을 측정하는 것이 더 어렵기 때문에 비용·편익분석 대신 비용·효과분석(cost−effectiveness analysis)을 활용하는 예가 많다. 비용·효과분석에서는 정책대안들이 일정한 서비스 수준(산출·결과)을 달성하는 데 드는 비용만 계산한다. 이 방법은 합의된 서비스 수준의 달성에 드는 비용이 가장 적은 정책대안을 선택하는 데 필요한 정보를 제공한다.

VI. 정책집행

　　정책집행(政策執行: policy implementation)은 결정된 정책을 실천에 옮기는 과정이다. 여기에는 정책집행 담당기관이 정책의 산출을 내는 활동, 대상집단이 정책산출을 수용하게 하는 활동, 정책산출의 효과가 실제로 발생하게 하는 활동, 관련자들이 발생된 정책효과를 인식하게 하는 활동이 포함된다. 정책집행과정 자체의 환류작용에 의한 시정행동도 집행과정에 포함되는 것으로 볼 수 있다.

　　집행과정에서는 집행을 담당할 조직을 결정하고 필요한 자원을 확보해야 한다. 정책에 대한 저항과 실패요인들을 극복하고 대상집단의 수용·순응을 확보해야 한다.

　　정책을 집행하는 책임의 중심은 행정부의 조직들에 있지만 다른 많은 세력들이 또한 그에 간여한다. 우선 국회와 법원의 감시를 받는다. 정책은 준정부조직 또는 민간조직을 통해서도 집행된다. 이익집단·정당·시민단체·언론·외부전문가·일반시민도 정책집행에 영향을 미친다.

　　정책결정의 선언만으로 집행까지 끝나는 자력집행의 경우처럼 정책집행이 단순할 때도 있다.q) 그러나 대부분의 경우 여러 가지 의사결정을 내포하는 복잡

---

q) 자력집행(自力執行: self−execution)의 예로 외국정부를 승인하는 정책결정을 들 수 있다. 이 경우 정책결정의 선언만으로 그 효과가 발생한다.

한 과정을 통해 정책이 집행된다.

정책집행은 기술적·행정적 과정일 뿐만 아니라 정치적 과정이다. 정책은 집행자들이 해석한다. 정책결정자와 정책집행자는 집행과정에서 서로 영향을 미친다. 정책에 관한 여러 가지 요청들이 타협·조정되기도 한다. 재량의 과정을 통해서 정책내용과 그 영향은 구체화되고 수정될 수 있다. 심한 경우에는 정책의도가 묵살될 수도 있다.

정책집행모형에는 어떤 것들이 있는지 먼저 알아보고, 집행과정의 가장 중요한 문제로 인식되고 있는 정책순응과 정책실패에 대해 설명하려 한다.

1. 정책집행모형의 유형론

정책집행에 관한 기술적(記述的)·처방적 모형들이 다양하게 개발되어 있다. 가장 자주 거론되는 하향적 모형, 타협모형, 그리고 상향적 모형을 먼저 설명하고 그 밖의 모형들에 대해서도 언급하려 한다.[46]

1) 하향적 모형·타협모형·상향적 모형

(1) 하향적 모형   하향적 모형(top-down model)은 정책결정과 정책집행의 역할을 뚜렷하게 구별하고 정책집행은 정책결정자들의 의지를 관철하는 과정이라고 규정한다. 정책결정·정책집행 이원론이라고 할 수 있는 이 모형은 정책결정에 대한 집행과정의 피동적 순응을 강조한다.

(2) 타협모형   타협모형(compromise model)은 정책집행을 갈등을 야기하고 저항하는 세력과 타협함으로써 협력을 얻어내는 과정이라고 규정한다.

(3) 상향적 모형   상향적 모형(bottom-up model)은 정책집행을 직접적인 정책집행담당자들뿐만 아니라 정책집행의 영향을 받는 사람들, 그리고 그 밖의 정책네트워크 참여자들이 능동적으로 창의성을 발휘해야 하는 과정이라고 정의한다. 상향적 모형은 정책의 실질적 내용이 집행단계에서 규정되며, 정책입안자들의 의도가 얼마나 잘 실현되느냐 하는 것은 정책집행과정에서 하게 되는 결정에 달려 있다고 본다.

타협모형과 상향적 모형은 정책결정·정책집행 일원론의 관점을 반영하는 것이라 할 수 있다.

초기의 정책집행 연구들은 대개 하향적 모형에 의존하였다. 그러나 오늘날 민주국가의 정책집행 현상을 설명하고 처방하는 데 하향적 모형의 적실성은 취약하다.

정책결정 자체가 타협의 산물이라는 것, 타협을 필요하게 했던 갈등이 집행과정에까지 연장되는 예가 많다는 것, 정책의 영향과 집행과정의 장애 그리고 사정변동을 정책결정과정에서 모두 예측하기는 어렵다는 것, 정책에 대한 지식을 정책집행자들이 더 많이 가질 수 있다는 것은 하향적 모형의 적합성을 떨어뜨리는 요인들이다.

그리고 자원부족, 정부능력의 한계, 정책성과에 대한 점증하는 기대, 정책융통성의 필요 증대 등 일련의 조건들이 오늘날 심화되고 있기 때문에 하향적 모형의 적합성은 더욱 떨어질 수밖에 없다. 그만큼 타협모형과 상향적 모형의 효용성은 커지고 있다.

구체적인 경우에 어떤 모형이 더 적합하냐 하는 것은 상황적응적으로 결정해야 할 문제이다. 대개의 경우 여러 모형들이 복합적으로 적용되는 것도 사실이다. 그러나 오늘날 다수연구인들의 처방적 선호가 상향적 모형에 모아지고 있는 것만은 확실하다.

2) 그 밖의 정책집행모형

위에서 본 기본적 모형들의 특성을 다소간에 공유하는 여러 정책집행모형들이 있다. 그 예로 i) 완전행정모형, ii) 정책관리모형, iii) 진화모형, iv) 학습모형, v) 구조모형, vi) 결과모형, vii) 관점모형, viii) 역류지도작성모형, ix) 상징주의모형, x) 모호성모형, xi) 연합모형, xii) 체제관리모형, xiii) 관료적 과정모형, xiv) 조직발전모형, xv) 갈등·협상모형을 들 수 있다.

완전행정모형(perfect administration model)은 완전한 정책집행을 보장하는 조건들을 규정한 모형이다.47) 이 모형은 집행실패의 원인을 규명하는 데 길잡이가 될 수 있는 이념형적 구성이다.r)

정책관리모형(policy management model)은 성공적인 정책집행을 이끌어줄 관리지침을 제시하는 모형이다. 이 모형은 기술, 목표명료성, 지지, 합의 등 집행관리에 영향을 미치는 조건들을 규명하고 관리지침을 제시한다.

진화모형(evolution model)은 진화론적 관점에서 정책집행을 설명한다. 이 모형에서는 정책집행과정이 정책결정과정으로부터 뚜렷하게 구별될 수 있는 것이 아니라고 보고 정책집행과정의 주요 기능은 정책목표의 재정의, 정책결과의 재해석이라고 설명한다.

학습모형(learning model)은 정책집행과정을 끝없는 학습과정이라고 규정한다. 정책집행자들은 지속적인 탐색과정을 통해 개선된 목표와 보다 신뢰성이 높은 집행기술을 찾아내야 한다고 처방한다.

구조모형(structure model)은 정책집행과정을 각기 집행업무를 담당하는 하위단위들이 형성

---

r) Christopher Hood가 제시한 완전행정모형은 제 2 장 제 1 절에서 행정의 개념정의를 할 때 소개하였다.

하는 하나의 구조라고 이해한다. 그리고 조직의 복잡성, 다수의 목표와 동기, 하위단위들의 재량권 행사에 주의를 기울인다.

결과모형(outcome model)은 정책의 실현 또는 현실화라는 정책집행기능을 강조하는 일종의 하향적 모형이다.

관점모형(perspective model)은 정책집행자들의 관점 또는 지식체계가 정책집행에 미치는 영향을 설명한다.

역류지도작성모형(backward mapping model)은 매일매일 정책산출을 내는 하급계층의 역할에 초점을 맞추는 모형이다. 이 모형은 정책과정의 핵심적 요소는 정책의 실제적인 산출에 가장 근접하게 위치한 사람들, 즉 계서제의 하급계층에 있는 사람들의 행태라고 규정한다. 이 모형은 하향적 접근방법에 기초한 집행모형들의 경향을 역전(역류)시켜서 하급실무계층의 역할을 강조하려는 것이다.

상징주의모형(symbolism model)은 정책집행과정의 정치적 상징주의를 강조한다. 여기서 정치적 상징주의란 정책의 진정한 실현에는 별로 관심이 없고 정책추진의 상징성만을 과시하려는 경향이다.

모호성모형(ambiguity model)은 정책의 모호성은 정치과정의 불가피한 부산물이며 정책과정의 모호성은 체제적이라고 설명한다. 정책과 정책과정의 모호성이 집행실패의 주된 원인이라고 한다.

연합모형(coalition model)은 정책집행과정을 신념과 목표를 공유하는 정책네트워크 구성집단들의 연합행동과정이라고 설명한다. 이것은 정책집행의 네트워크모형이라고도 부른다.

체제관리모형(systems management model)은 정책집행의 합리성을 추구하고 집권화된 권력으로 하위체제들의 정책집행을 감시·통제하는 모형이다. 관료적 과정모형(bureaucratic process model)은 일선관료들의 집행재량과 집행활동의 일상화를 중시하는 모형이다.

조직발전모형(organizational development model)은 정책집행조직 구성원의 자율성·동등한 책임·합의형성·헌신의식을 강조하는 모형이다. 갈등·협상모형(conflict and bargaining model)은 정책집행과정의 갈등과 갈등조정을 중시하는 모형이다.

2. 정책순응

1) 정   의

정책은 인간행태에 영향을 미치거나 이를 통제하려는 의도를 지닌 것이다. 따라서 대상집단의 순응을 받아내지 못하면 정책집행이 성공하기 어렵다. 정책순응(政策順應: policy compliance)은 정책이 요구하는 바에 따르는 행태이다. 대상집단의 정책순응은 정책집행 성공의 최소요건이라 할 수 있다.[48]

정책 자체의 내용, 정책담당기관의 특성, 정책대상자들의 특성 등 많은 요인들이 정책에 대한 순응 또는 순응거부에 영향을 미친다.

2) 순응의 이유

사람들이 정책에 순응하는 이유를 다음과 같이 요약할 수 있다.

① 사 회 화   정부에서 하는 일을 믿고 따라야 한다고 사회화되어 있기 때문에 순응할 수 있다.

② 이성적 판단   이성적인 판단에 따라 정책의 내용이 합리적이라고 생각하기 때문에 순응할 수 있다.

③ 합법성에 대한 인식   정당한 권한에 입각한 합법적 조치라고 생각해 순응할 수 있다.

④ 개인적 이익   개인적 이익에 부합되기 때문에 순응할 수 있다.

⑤ 처벌에 대한 두려움   순응거부에 대한 처벌의 가능성을 두려워하고 법위반자라는 오명이 싫어서 순응할 수 있다.

⑥ 타   성   정책의 존속기간이 길어지면 그것이 일상화되고 사람들에게 친숙해져서 타성적인 순응을 유지할 수 있다.

3) 순응거부의 원인

정책집행에 대한 정책대상자들의 순응거부를 야기할 수 있는 조건들은 다음과 같다.

① 정책내용의 모호성·상충성   정책이 모호하거나 상충된 내용을 담고 있을 때 순응거부가 일어날 수 있다.

② 실천의 가능성과 필요성에 대한 의문   정책의 요구조건을 충족시키기가 너무 어려운 경우, 그리고 정책이 불필요하거나 실천가능성이 없다고 생각하는 경우 순응거부가 일어날 수 있다.

③ 이해부족   정책내용을 관계자들에게 알리는 데 실패했거나, 알렸더라도 상대방이 이해하지 못했기 때문에 순응실패가 일어날 수 있다.

④ 가치관·관습과의 마찰   정책이 대상집단의 가치관, 신념, 관습에 심히 배치되기 때문에 순응을 거부할 수 있다.

⑤ 수용거부의 분위기   소속 지역사회나 집단의 수용거부 분위기 때문에 그 영향으로 순응하지 않을 수 있다.

⑥ 신뢰 결여   정책기관의 능력이나 정당성을 신뢰하지 않기 때문에 순응을 거부할 수 있다.

⑦ 약한 법적 구속력   법령의 구속력이 약하다고 생각하기 때문에 순응하지 않을 수 있다.

⑧ 일탈적 행태   위법적인 일이라도 저질러 쉽게 이익을 챙기려는 사람들은 정책의 규제를 어길 수 있다.

⑨ 감정적 순응거부   위에 열거한 순응거부조건 가운데 다수가 정책에 대한 나쁜 감정을 키울 수 있다. 그 밖에 다른 이유로도 정책대상자들은 정책 또는 정책주도자들에 대해 나쁜 감정을 가질 수 있다. 그런 나쁜 감정은 감정적 순응거부를 야기할 수 있다.

4) 순응거부에 대한 대책

순응거부를 막거나 해소하기 위해 ⅰ) 대상집단을 교육하고 설득하는 방법, ⅱ) 제재와 보상을 동원하는 방법, 그리고 ⅲ) 순응을 촉진하는 방향으로 정책을 해석하고 관리하는 방법이 쓰일 수 있다. 뒤에 설명할 집행보장 수단들도 순응확보를 위해 직접·간접으로 쓰일 수 있는 것들이다.s)

3. 정책집행실패의 원인과 대책

정책이 온전히 집행되지 못하는 경우가 많다. 정책집행의 과정에서 정책목표를 제대로 달성하지 못하고 기대했던 효과를 달성하지 못하는 일이 흔하다는 뜻이다. 집행실패에는 정책을 집행조차 하지 않는 집행불이행과, 집행은 하였으나 원하는 효과를 거두지 못한 결함 있는 집행이 포함된다.

1) 집행실패의 원인

집행실패의 원인으로 다음과 같은 것을 생각할 수 있다.49)

① 순응거부   대상집단의 순응거부를 들 수 있다. 사람들이 저항하고 정책효과를 무효화하는 방향으로 행동할 수 있다.

② 자원부족   필요한 자원을 확보하지 못하면 집행이 실패한다.

③ 문제선정의 실책   당초에 완전한 해결이 불가능한 문제를 대상으로 하는

---

s) 순응거부를 극복하는 대책에 관해서는 제 9 장에서 설명할 개혁에 대한 저항의 극복전략을 참조하기 바란다.

정책이거나, 문제로 인한 비용보다 해결의 비용이 더 드는 경우 집행실패가 일어난다.

④ **잘못된 정책·집행관리**   정책 자체가 잘못되었거나 집행관리방식이 잘못되면 집행실패가 일어난다.

⑤ **상충되는 목표**   정책이 상충되는 목표를 추구해 갈등을 야기하는 경우 집행실패가 일어날 수 있다.

⑥ **정책문제의 변화**   정책이 결정되고 집행되는 동안 정책문제가 달라지는 경우 집행실패가 일어날 수 있다.

⑦ **정부의 관심변화**   새로운 정책문제로 정부의 관심과 행동이 쏠리는 경우 기존정책의 집행이 추진력을 잃을 수 있다. 어떤 정책문제가 부분적으로라도 해결되고 사람들의 관심이 시들해지면 정책적 관심과 에너지가 다른 문제로 옮겨가기 쉽다.

2) 집행의 보장

(1) 집행성공의 전제조건   정책이 제대로 집행되려면 ⅰ) 외적 환경의 장애제거, ⅱ) 적절한 시기선택과 자원의 확보, ⅲ) 정책의 인과관계에 대한 타당한 판단, ⅳ) 다른 조직에 대한 의존관계의 최소화, ⅴ) 정책목표에 대한 이해와 합의, ⅵ) 정확한 의사전달과 원만한 활동조정, ⅶ) 대상집단의 순응확보 등의 조건이 구비되어야 한다.[50]

(2) 집행보장의 수단   위와 같은 조건을 조성하고 성공적인 정책집행을 보장하기 위해 정부가 동원할 수 있는 수단들은 다음과 같다.[51]

① **자발적 협력의 유도**   자발적 협력과 수용을 겨냥한 비강제적 수단들이 있다. 정책의 홍보와 책임 있는 당국자의 지지호소, 정책마케팅, 중재와 타협, 교육적 시범사업 등이 그에 해당한다.[t]

② **조   사**   집행상황을 조사하고 감사하는 방법이 있다.

③ **인·허가권의 행사**   인·허가의 권한을 사용하는 방법이 있다.

④ **제재와 편익의 배분**   규제목적으로 세금을 부과하거나 대부금, 보조금을 제공하는 등 제재와 편익을 배분하는 방법이 있다.

---

t) 여기서 정책마케팅(policy marketing)이라고 하는 것은 사기업의 마케팅 개념을 응용한 고객지향적 활동을 말한다. 정책마케팅은 정부와 고객 사이의 교호작용을 촉진하기 위한 일련의 활동이다.

⑤ 계약의 활용   계약을 활용할 수 있다. 민간조직과의 계약으로 정부사업을 수행하는 경우, 계약은 통제수단이 될 수 있다.

⑥ 재정적·시장적 수단   정부지출을 활용하거나 시장적·경영적 활동에 종사함으로써 정책집행의 효과를 강화할 수 있다. 재화·용역을 구매하는 정부지출을 통해 특정산업 육성이나 경기부양을 도모할 수 있다. 공기업을 통해 시장에서 재화·용역을 매매함으로써 가격조절·통화량조절과 같은 목적을 추구할 수 있다.

⑦ 법적 명령권 행사   지시·명령하는 권한을 행사할 수 있다.

⑧ 사실행위적 간여   행정기관의 사실행위적 절차를 활용할 수 있다.

VII. 정책평가

정책평가(政策評價: policy evaluation)는 정책과 정책과정의 여러 국면들을 측정·평가하여 그 결과를 정책결정중추에 환류하는 과정이다. 넓은 의미의 정책평가는 정책과정의 과정적 측면과 정책산출 및 그 효과를 모두 대상으로 한다. 근래 연구인들의 관심이 정책효과에 집중되어 있기 때문에 좁은 의미로 정책평가라 할 때에는 정책효과의 평가만을 지칭한다. 저자도 좁은 의미의 정책평가를 원칙적인 준거로 삼을 것이다.

정책과정을 순차적으로 진행되는 활동양태라고 보는 경우 정책평가는 마지막 단계에 해당한다. 이 단계의 활동이 정책과정을 순환적인 것으로 만든다. 우리의 논의는 정책과정의 마지막 단계로 파악되는 평가에 초점을 맞출 것이다. 그러나 실제로 평가와 환류는 대개 정책과정의 전반에 걸쳐 진행된다.

정책학습의 계기가 되는 정책평가는 원칙적으로 가치판단적인 것이다. 그러나 가치와 사실은 서로 의존하는 관계에 있기 때문에 정책평가에는 사실유무와 인과관계에 대한 판단이 포함된다. 그리고 정책평가는 소급적·사후적 성격을 지닌다고 말할 수 있다. 과거와 현재의 정책현상을 대상으로 하기 때문이다.

정책평가의 기능은 ⅰ) 목표선택의 기초가 된 가치를 명료화하고 비판하는 것, ⅱ) 목표성취도에 대한 정보를 제공하는 것, ⅲ) 실책의 원인을 발견하여 문제 재구성·해결방안 재평가를 위한 분석기법의 적용을 돕는 것, ⅳ) 정책을 집행과정의 조건변화에 따라 조정할 수 있게 하는 것 등이다.

정책평가에서 평가기준으로 고려되는 가치기준의 예로는 효율성, 능률성, 형평성, 대응성, 적합성, 적절성을 들 수 있다. 고려되는 가치기준들은 정책분석의 경우에서와 유사하다.

1. 정책평가의 유형

정책평가의 유형은 다양하게 분류되고 있다. 정책평가유형의 중요한 예로 ⅰ) 최종평가, ⅱ) 형성적 평가, ⅲ) 정책영향평가, ⅳ) 정책과정평가, ⅴ) 사업사정, ⅵ) 평가가능성평가, ⅶ) 상위평가, ⅷ) 효율성평가, ⅸ) 능률성평가, ⅹ) 활용성중심평가, ⅺ) 의사평가, ⅻ) 공식적 평가, ⅹⅲ) 이해관계자지향적 평가, ⅹⅳ) 대향적 평가, ⅹⅴ) 자연주의적 평가를 들 수 있다.[52] 뒤에 설명할 정책효과평가의 기법들도 정책평가유형분류의 기준으로 될 수 있다.

최종평가(summative evaluation)는 집행종료 후 정책의 결과를 평가하는 것이고, 형성적 평가(formative evaluation)는 정책과정이 진행 중에 있고 정책이 유동적일 때 정책을 개선하기 위한 평가이다.

정책영향평가(impact evaluation)는 정책의 실현이 미친 직접·간접의 영향을 평가하는 것이다. 정책과정평가(process evaluation)는 정책과정의 적법성·능률성·적시성 등을 평가하는 것이다. 사업사정(事業査定: program monitoring)은 개별 프로젝트 운영 상의 능률을 평가하는 것이다.

평가가능성평가(평가성 사정: evaluability assessment)는 정책의 가정과 정책목표를 비교하고 집행의 성격을 규명함으로써 본격적인 정책평가의 효용과 실행가능성을 결정하려는 것이다. 상위평가(메타평가: metaevaluation or evaluation synthesis)는 평가에 대한 평가이다. 평가계획, 진행중인 평가, 그리고 완료된 평가를 다른 평가자(상위평가자)가 평가하는 것을 상위평가라 한다.

효율성평가(effectiveness evaluation)는 정책의 목표성취도를, 능률성평가(efficiency evaluation)는 정책과정의 투입에 대비한 산출의 관계를 각각 평가하는 것이다. 활용성중심평가(utilization-focused evaluation)는 평가결과의 실제 활용을 강조하고 평가결과를 사용할 사람들을 평가활동에 참여시킨다.

유사평가라고도 하는 의사평가(擬似評價: pseudo-evaluation)는 정책의 결과에 관한 정보를 산출하려는 평가이다. 결과가 관련자들에게 주는 가치는 고려하지 않는다. 그러한 가치는 자명하거나 논쟁의 여지가 없다는 것을 가정한 평가이다.

공식적 평가(formal evaluation)는 정책결정자와 집행자가 공식적으로 선언한 정책목표에 비추어 정책결과를 평가하는 것이다. 이해관계자지향적 평가(stakeholder evaluation)는 정책에 관한 모든 이해관계자들의 의견을 반영하는 평가이다. 이해관계자지향적 평가는 결정이론적 평가(decision theoretic evaluation)라고도 한다. 대향적 평가(對向的 評價: adversarial oriented evaluation)는 정책에 대한 긍정적 견해와 부정적 견해를 찾아 비교·분석하는 방법이다. 자연주의적 평가(사실주의적 평가: naturalistic evaluation)는 정책의 국면들을 전체적·포괄적으로 보아 사업의 특징적 구성요소와 상황을 기술하는 방법이다.

2. 정책평가의 과정

1) 정책평가의 기본적 단계

정책평가의 접근방법에 따라 평가과정의 구성양태에 관한 견해는 달라질 수 있다. 그러나 공통적인 활동국면 또는 구성요소는 추출해 낼 수 있다. 그러한 공통요소는 ⅰ) 정책목표와 평가기준의 확인, ⅱ) 정책실현의 실적수준 확인, ⅲ) 목표(기준)와 실적의 비교·평가, 그리고 ⅳ) 평가결과의 환류이다.

정책평가과정 연구에서 주요 쟁점이 되는 것은 평가기법, 평가의 정치적 성격, 평가의 애로, 그리고 평가결과의 환류에 대한 반응이다.

2) 정책효과평가의 기법

정책평가과정에서 쓰이는 기법은 평가대상과 평가의 접근방법에 따라 다를 수밖에 없다. 여기서는 정책효과의 평가에서 쓸 수 있는 방법들만을 계량적 기법과 질적 기법이라는 두 가지 범주로 나누어 예시하려 한다.

(1) 계량적 기법   계량적 기법의 대표적인 예는 실험적 평가와 통계분석이다. 실험적 기법의 범주에는 ⅰ) 실험이전설계 방법, ⅱ) 실험설계 방법, ⅲ) 준실험설계 방법이 포함된다.[53]

실험이전설계(實驗以前設計: pre-experimental design)는 정책효과의 경험적 측정을 시도하는 것이지만 여러 개입변수의 통제에 무능한 방법이다. 정책집행이 있은 후 대상집단의 상태를 측정한다든지, 집행 전후의 상태를 단순히 비교한다든지 하는 방법이 이 범주에 해당한다. 통제집단을 사용하지 않는 이 기법을 비실험설계(nonexperimental design)라고도 부른다.

실험설계(實驗設計: experimental design)는 실험실 또는 정책집행의 현장에서 실험적 방법을 사용하는 것이다. 이것은 진실험설계(眞實驗設計) 또는 통제된 실험이라고도 한다. 정책대상집단(실험집단)과 비대상집단(통제집단)을 모집단에서 무작위로 선발하고 각각에 대해 사전·사후 측정을 해서 비교하는 방법이 그 예이다. 평가의 타당성을 더 높이기 위해 실험집단과 통제집단을 각각 둘씩 구성하고 한 쌍의 실험집단과 통제집단에 대해서는 사전·사후 측정을 하고 다른 한 쌍에 대해서는 사후 측정만 하는 '솔로몬 4집단설계'(Solomon four-group design)도 실험설계의 한 방법이다.

준실험설계(準實驗設計: quasi-experimental design)는 실험설계의 적용이 어려울 때 하나 이상의 내적·외적 변수를 통제하지 못하는 조사설계를 사용하는 방법이다. 예컨대 통제집단 또는 실험집단의 무작위적 구성이 어려울 때나 통제집단의 구성이 불가능할 때 준실험설계가 쓰인다. 준실험설계의 예로는 실험집단에 대해 여러 차례 사전·사후측정을 하는 시계열적 설계(時系列的 設計: time-series design), 실험집단·통제집단의 구성에서 무작위성을 확보하지 못하고 사전·사후 측정을 하는 비동등통제집단설계(非同等統制集團設計: nonequivalent control group design)를 들 수 있다

(2) **질적 기법**   정책평가에 쓰이는 질적 기법의 예로는 참여관찰법, 심층면접법, 델파이기법, 자연적 평가기법 등을 들 수 있다. 자연적 평가기법(naturalistic evaluation technique)이란 자연주의적 탐색에 기초한 총체론적 분석기법이다. 유기체의 생존을 향한 포괄적 목표에 관심을 갖는 것이 자연주의적 탐색이다.

정책효과를 직접 평가하기 어려운 경우에는 정책집행의 과정과 방법을 분석하는 과정분석(process analysis)을 통해 정책효과를 추정하기도 한다.[u]

3) 정책평가의 정치

정책분석의 경우에서처럼 정책평가는 합리적 분석의 국면과 비합리적·정치적 국면을 함께 지니고 있다. 합리적 분석이 가능한 때에도 정치역학적 관계는 그것을 봉쇄·왜곡·무시할 수 있다. 합리적 분석이 불가능할 때는 정치적 역학관계가 더욱 쉽게 정책평가를 주도하게 된다.

정책평가의 출발과 진행단계에서 뿐만 아니라 평가결과의 활용단계에서도 정치적 역동성이 많은 영향을 미친다. 정책효과평가를 준거로 하여 정치적 역동성의 조건들을 예시하면 다음과 같다.

(1) **평가대상의 문제**   평가대상인 정책과 그 결과는 정치적 과정의 산물이다. 거기에 용해된 가치갈등과 정치적 이견은 정책평가활동에까지 영향을 미친다. 대부분의 정책에 내포된 목표모호성·복잡성·불확실성은 정책평가의 '정치

---

u) 정책평가의 과학적 기법들은 대개 고난도·고비용의 기법들이다. 따라서 정부는 엉성하지만 편리한 평가방법들을 흔히 대용한다. 그 예로 ① 정책관리자들의 구술 또는 서면에 의한 보고, ② 현장방문에 의한 직관적 자료의 수집, ③ 미리 설정한 정책산출기준과의 비교, ④ 전문가집단의 기준과의 비교, ⑤ 정책에 대한 시민의 불만 평가 등을 들 수 있다. Thomas R. Dye, *Understanding Public Policy*, 12th ed.(Prentice-Hall, 2008), pp. 336~337.

적 오염'을 가져오는 온상이 된다.

(2) **방법론 상의 문제**   오늘날 합리적 정책평가를 추구하는 분석적 평가방법은 정치적 고려의 개입을 배제할 수 있을 만큼 완벽하지도 강력하지도 않다. 그리고 정책평가는 본원적으로 가치개입적 과정이다. 정책의 가치를 판단하는 평가과정에는 가치논쟁과 정치적 의견대립의 가능성이 있다. 방법론의 선택, 평가정보 선택과 해석에는 정치적 고려가 개입될 수 있다.

(3) **평가자의 문제**   정책평가는 대개 정치적 민감성이 높은 정책결정자가 주도한다. 관련조직의 정치는 정책평가에 영향을 미친다.

정책평가가 외부기관에 위탁되는 경우에도 수탁기관들이 정책결정자들의 의도대로 조종되는 포획현상이 나타나기 쉽다.[v] 수탁기관은 정치적 생존을 위해, 그리고 평가결과의 활용을 보장하기 위해 위탁자가 듣기 원하는 결론을 도출하는 정치적 행동을 할 가능성이 있다.

정책평가는 정책결정자의 의도뿐만 아니라 관련 권력중추들의 압력이나 여론에 따라서도 흔들릴 수 있다.

4) 정책평가의 애로

현실세계에서 타당한 정책평가를 하는 일은 쉽지 않다. 평가활동이 실시되지도 않거나 평가활동이 유명무실화되는 일도 드물지 않다. 정책효과평가의 정치적 특성에 관한 위의 논의에서 평가의 장애들에 대해 시사한 바 있다. 기술적인 문제들을 포함한 평가의 애로와 장애를 다시 정리해 보기로 한다.[54]

① **목표 불확실성**   정책목표에 관한 불확실성이 문제이다. 목표가 불분명하거나 산만하고 일관성이 없는 경우 목표 불확실성의 문제가 생긴다.

② **인과관계 입증의 애로**   정책과 그 효과 사이의 인과관계를 입증하기 어려운 때가 많다.

③ **효과측정의 애로**   정책효과의 측정이 어렵다. 정책효과가 대상집단 외부에도 널리 영향을 미치는 경우, 그리고 광범하고 장기적인 영향을 미치는 경우 이를 정확히 파악하기 어렵다.

④ **정보부족**   정확한 통계자료 등 정보의 획득이 어렵다.

⑤ **관료적 저항**   정책결정·집행담당자들의 관료적 저항이나 조종이 평가

---

v) 포획현상에 대해서는 제 9 장에서 행정개혁의 과정을 논의할 때 설명할 것이다.

에 장애가 된다. 그들은 실책의 노출과 비판이 두려워 평가활동 자체를 반대하
거나 이를 교란할 가능성이 있다. 그들이 의도하는 대로 평가결과를 유도하는
경우도 흔히 있다.

⑥ 이해관계자·여론의 영향   이해관계자들의 정치적 압력이나 여론이 정책
평가를 왜곡시킬 수 있다. 특히 그들의 단기적 안목이 평가를 그르칠 수 있다.

⑦ 환류장애   평가결과가 환류되지 않거나 정책결정주체가 환류된 정보를
무시 또는 왜곡하는 경우가 있다.

5) 평가결과 환류에 대한 반응

정책평가의 결과가 정책결정중추에 환류조차 되지 않는 경우도 있고, 환류
된 정보가 묵살될 수도 있다. 그러나 여기서는 환류가 정책행동조정에 어떻게든
영향을 미치는 경우를 가정하고 반응양태를 예시하려 한다.

(1) 긍정적 환류와 부정적 환류   환류는 긍정적 환류(amplifying feedback)와
부정적 환류(negative feedback)로 구분된다. 전자는 기존정책의 유지·강화를 요구
하는 환류이며, 후자는 기존정책의 변경을 요구하는 환류이다.

긍정적 환류와 부정적 환류에 대한 반응의 일반적 양태는 ⅰ) 수정없이 기
존의 정책을 지속시키는 반응행동, ⅱ) 새로운 조건에 맞도록 정책을 조정하는
반응행동, ⅲ) 정책을 완전히 종결하는 반응행동, ⅳ) 문제를 재구성하는 반응행
동 등 네 가지 범주로 나누어 볼 수 있다.

(2) 비용·편익 배분양태에 따른 반응   정책변동을 요구하는 부정적 환류에
대한 구체적 반응양태는 상황에 따라 다를 것이다. 여러 영향요인들 가운데서
정책의 '비용·편익 배분양태'에 따른 반응유형을 예시하려 한다.[55]

① 다수의 수익자·다수의 비용부담자   정책의 편익을 받는 사람의 범위가 넓
고 비용을 부담하는 사람의 범위도 넓은 경우(broad benefits, broad costs) 정책은
좀처럼 도전을 받지 않는다. 부정적 환류가 있더라도 진지한 관심의 대상이 되
지 못하는 경우가 많다.

② 다수의 수익자·소수의 비용부담자   정책의 편익을 받는 사람의 범위가 넓
고 비용을 부담하는 사람의 범위는 좁은 경우(broad benefits, narrow costs) 정책은
쉽게 도전을 받는다. 소수의 희생으로 다수의 이익을 증진시키는 정책을 추진한
세력의 해당정책에 대한 관심은 시간이 흐르는 데 따라 엷어진다. 반면, 비용부

담집단은 여전히 활동적이다. 따라서 부정적 환류는 정책변동을 가져올 가능성이 높다.

   ③ 소수의 수익자·다수의 비용부담자   정책의 편익을 받는 사람의 범위는 좁고 비용을 부담하는 사람의 범위는 넓은 경우(narrow benefits, broad costs) 정책의 현상유지적인 성향은 강화된다. 부정적 환류에 대해 민감하지 않다. 소수의 수혜자는 혜택유지를 위해 활동적이지만 다수의 비용부담자들은 조직화되기 어려우며, 정책을 바꾸려는 동기도 별로 강하지 않기 때문이다.

   ④ 소수의 수익자·소수의 비용부담자   정책의 편익을 받는 사람이나 비용을 부담하는 사람의 범위가 다같이 좁은 경우(narrow benefits, narrow costs) 두 집단 간의 갈등이 계속되고 정책변동도 일어나기 쉽다. 두 집단 간의 권력변동, 협상을 통한 타결 등에 따라 정책변동이 추진될 때 부정적 환류는 중요한 영향을 미칠 수 있다.

Ⅷ. 정책의 변동

   정책은 동태적인 현상이기 때문에 시간선 상에서 다소간의 변동을 겪게 마련이다. 정책은 단기적으로 변하지 않을 수도 있고, 집행과정의 사소한 변동만 있기 때문에 의미 있는 정책변동이라 보기 어려운 경우도 있다. 이러한 경우를 제외한 나머지의 정책변동유형들을 정책변동연구의 대상으로 삼는다.

   정책변동연구의 목적은 정책학습(policy learning)을 통한 정책개혁에 기여하려는 것이다. 정책개혁이란 정책의 바람직한 변동을 의미한다. 그것은 인위적이고 계획적인 변동이다. 정책학습은 정책성공과 실패의 경험을 통해서, 그리고 쇄신적 정보의 분석을 통해서 개혁의 교훈을 얻는 과정이다.[56]

   정책학습은 자체적 경험을 통해서 이루어지기도 하고 외재적인 영향 때문에 이루어지기도 한다. 외재적 영향으로 인한 학습과 개혁의 대표적인 예는 정책이전이다.

   정책변동연구의 중요관심사는 정책변동의 유형, 정책변동의 촉발요인, 정책변동의 장애요인과 극복방안이다.

1. 정책변동의 유형

정책의 새로운 형성과 기존정책의 변동을 엄격히 구별하기는 어렵다. 새로운 정책들도 전체적인 정책체제에 변동을 야기하는 것으로 볼 수 있기 때문이다. 이러한 점을 감안하여 정책변동을 넓은 의미로 규정할 때에는 새로운 정책의 도입도 변동의 범주에 포함시킨다. 그리고 넓은 의미의 정책변동에는 정책유지를 기조로 하는 완만한 적응까지 포함시킨다.

넓은 의미의 정책변동에 포함되는 주요 범주는 ⅰ) 정책혁신, ⅱ) 정책유지, ⅲ) 정책승계, 그리고 ⅳ) 정책종결이다.57) 정책변동을 좁은 의미로 파악하는 경우 정책혁신과 정책의 적응적 유지는 제외된다.

1) 정책혁신

정책혁신(정책쇄신: policy innovation)은 새로운 정책의 채택을 의미한다. 정부는 정책혁신을 통해 개입하지 않았던 영역에 새로이 진입한다. 새로운 정책을 채택한다는 것은 새로운 정책내용을 형성할 뿐만 아니라 그에 관한 조직, 법률, 예산 등을 새로 만들어야 한다는 뜻이다. 완전히 새로운 정책을 만드는 정책혁신은 다른 정책변동양태와 뚜렷이 구별된다.

국민생활에 대한 정부의 정책적 간여가 광범한 현대국가에서 순수한 정책혁신은 드물다.

2) 정책유지

정책유지(정책의 적응적 유지; 정책의 유지보수: policy maintenance)는 정책의 기본골격은 유지하면서 정책의 구체적인 구성요소들을 지속적으로 완만하게 대체 또는 변경해 나가는 변동양태이다. 이것은 기존정책의 전면적인 교체가 아니라 원래의 정책목표에 충실할 수 있도록 정책산출을 조정하는 정책변동이다. 정책유지의 예로 정책목표의 변동없이 정책의 혜택을 받는 집단의 범위나 혜택의 수준을 조정하는 경우를 들 수 있다.

3) 정책승계

정책승계(policy succession)는 기존의 정책을 같은 영역의 새로운 정책으로 대체하는 것이다. 이것은 완전히 새로운 영역의 정책을 수립하는 것이 아니라 기존정책에 수정을 가하는 것이다. 따라서 신·구 정책 간에 상당한 연계성과 중첩성이 있다. 정책혁신이나 정책종결보다 정책승계의 빈도가 높은 이유는 ⅰ) 정책종결보다 저항을 적게 받는다는 것, ⅱ) 정책의 결함이나 부적응문제는 부분적인 경우가 많다는 것, ⅲ) 정책혁신보다 자원의 소요가 적다는 것, 그리고 ⅳ) 대부분의 문제영역에 정책들이 나와 있어서 정책공간이 붐빈다는 것이다.

정책승계의 유형에는 ⅰ) 선형적 승계, ⅱ) 정책통합, ⅲ) 정책분할, ⅳ) 부분적 종결, ⅴ) 비선형적 승계, 그리고 ⅵ) 부수적 승계가 있다.58)

순수한 형태의 선형적 승계(정책대체: linear succession; replacement)는 기존의 정책을 완전히 종결하고 같은 정책영역에서 기존정책과 같거나 유사한 목적을 가진 정책을 채택하는 것이다. 그 밖에 정책의 축소·확장, 전달체계의 교체, 부분적인 반전(反轉), 정책정지(정책재도입: policy hiatus)와 같은 선형적 승계도 있다.

정책통합(policy consolidation)은 둘 이상의 정책들을 전부 또는 부분적으로 종결하고 이를 대체하여 유사한 목적을 추구할 단일의 정책을 새로 채택하는 것이다. 정책분할(policy splitting)은 하나의 정책(사업·조직)이 둘 이상으로 나누어지는 것이다.

부분적 종결(partial termination)은 어떤 사업의 자원 투입이나 정책산출이 줄어드는 정책전환이다. 이것은 양적인 변화일 뿐만 아니라 질적인 변화이다. 양적 감축은 정책의 유지에 가까운 승계인 반면 부분적 종결은 정책종결에 가까운 승계이다. 부분적 종결은 완전한 종결의 선행단계로 쓰일 때가 많다.

비선형적 승계(복합적 정책승계: non-linear succession)는 종결·중첩·혁신이 혼합된 양태의 승계이다. 이 경우 새로운 정책은 기존정책과 긴밀히 연관되는 부분도 가지고 있지만 그 목표·사업성격·담당조직이 현저히 다르다.

부수적 승계(파생적 승계·우발적 승계: incidental succession)는 어떤 새로운 정책의 채택에 수반하는 부수적 효과 때문에 기존정책의 승계가 일어나는 경우이다. 새 정책이 구 정책의 승계를 목적으로 삼은 것은 아니지만 결과적으로 구 정책의 일부를 승계하게 되는 것이 부수적 승계이다.

정책승계에 관한 위의 기본형들은 실천세계에서는 여러 가지로 수정되기도 하고 다양한 혼합적 양태를 보이기도 한다.

4) 정책종결

정책종결(政策終結: policy termination)은 다른 정책으로 대체하지 않고 기존정책을 폐지하는 것이다. 정책이 종결되면 관련법령이 폐지되고 정책에 관한 모든 예산지출이 중지된다. 담당조직도 폐지된다. 정책종결에는 정책을 일시에 급격하게 종결하는 폭발형 종결도 있고, 점진적으로 서서히 종결하는 점감형 종결도 있으며, 점진적으로 감축해 나가다 조건이 성숙하면 일시에 종결하는 혼합형 종결도 있다. 정책은 종결을 목적으로 하는 행동에 의해 종결되기도 하고 미리 정한 정책의 유효기간에 따라 종결되기도 한다.

대개의 정책은 그로 인해 혜택을 받는 이익집단을 형성한다. 그리고 정책에는 매몰비용이 있다. 따라서 정책종결은 아주 힘든 일이다. 정책은 그 존속이 바람직하다는 판단과 의사결정에 따라 지속되기도 하지만 그저 관성 탓으로 지속되기도 한다. 정책변동의 필요를 인지하고 종결이나 승계를 시도하다가 실패했기 때문에 정책이 지속되기도 한다.

2. 정책변동의 촉발과 장애

1) 촉발요인

정책변동을 촉발할 수 있는 요인은 기대와 현실의 괴리에서 비롯되는 불만이다. 불만의 출처는 정책 자체의 문제, 정책환경의 문제, 정책행동자들의 문제이다. 이러한 출처에서 나오는 변동촉발요인의 양태는 매우 다양하다. 그 중요한 예를 보기로 한다.

① 정책오류   정책자체의 오류를 들 수 있다. 정책결정과정에서 저지른 실책 때문에 잘못된 정책이 수립되면 그것이 정책변동을 촉발할 수 있다.

② 지식·기술 변화   정책에 관한 지식·기술의 변화를 들 수 있다.

③ 필요·기대·관심의 변화   정책행동자들의 필요·기대·관심의 변화를 들 수 있다.

④ 정부관료제의 변화   정부축소 등 정부관료제의 구조와 기능에 일어나는 변화를 들 수 있다.

⑤ 참여집단의 역학관계 변화   정책과정에 참여하는 정당, 이익집단, 비정부조직 등의 역학관계 변화를 들 수 있다.

⑥ 자원과 지지투입의 변화   정책에 대한 예산 등 자원의 배정과 지지투입의 변화를 들 수 있다.

⑦ 요구투입의 변화   정책문제의 해소·변화로 인한 정책요구투입의 변화를 들 수 있다.

⑧ 위기와 재난   경제위기 등 국민생활의 위기와 재난을 들 수 있다.

⑨ **국제적 변화** 모방대상인 외국의 정책변동과 국제적인 문제제기를 들수 있다.

⑩ **정책연구** 정부 내외의 계획적인 정책진단과 연구를 통한 문제발견을들 수 있다.

2) 장 애

정책변동의 필요가 있음에도 불구하고 이를 좌절 또는 위축시키는 상황적·행태적 조건들은 대단히 많다. 그 중요한 예를 보면 다음과 같다.

① **정책대상자들의 저항** 정책의 영향을 받는 사람들의 저항심리가 있다. 이익침해에 대한 우려, 친숙한 것에 대한 집착, 변동이 초래할 불확실성에 대한 불안감, 정책변동추진자에 대한 불신 등은 정책변동에 대한 저항을 야기할 수 있다. 국회의원들은 그 지지기반인 정책대상자들의 저항을 대변하게 된다.

② **정부관료제의 보수성·능력부족** 정책을 담당하는 정부관료제의 보수적 관성 또는 점증주의적 행동성향과 능력부족도 정책변동의 장애이다. 보수적이고 학습능력이 부족한 정책담당조직들은 정책변동요청에 대한 회피적 행동을 할 수 있다.

③ **변동저항적 연합세력** 정부 내외에 걸쳐 정책변동을 반대하는 연합세력이 형성될 수 있다.

④ **정치적 유인 결여** 정책변동의 필요가 있더라도 이를 추진할 정치적 유인이 결여된 경우가 많다. 정책결정중추는 기존정책의 실패를 시인하려 하지 않는다. 기존정책이 정치적 기반 확충에 도움이 되는 것이면 이를 포기하려 하지 않는다. 수혜자가 소수이고 비용부담은 널리 분산되어 있는 경우, 비용부담자들의 정책변동 추진동기가 크지 않다.

⑤ **매몰비용·개시비용·부작용** 기존정책의 매몰비용이 크고 새로운 정책의 개시비용이 큰 것도 장애요인이다. 잘못 없는 사람이 고통받는 것과 같은 정책변동의 부작용이 큰 것도 변동의 장애이다.

⑥ **법적 장애** 정책을 규정한 법령의 개폐과정이 번거롭고 시간을 많이 소모하는 것도 장애이다.

⑦ **취약한 리더십** 정책변동 추진중추의 리더십이 취약한 것도 장애요인이다.

⑧ **자원부족**　　정책을 바꾸는 데 필요한 자원이 없는 것도 장애이다.

정책이 정착되고 제도화되면 위에서 본 것과 같은 여러 가지 이유로 정책이 그 성패여부와 무관하게 지속되는 경향이 있다. 따라서 정책의 제도화에는 실패한 정책도 살아남게 하는 '정책실패의 제도화'라는 부작용이 따를 수도 있다.

3) 장애의 극복

정책변동의 필요가 있는데도 장애 때문에 변동이 가로막힌다면 변동추진자들은 이를 극복하기 위해 노력해야 한다. 필요한 정책변동만을 추진하고 정책변동의 정당성을 확보하는 것은 저항극복노력의 성공에 필요한 전제조건이다. 장애극복을 위해서는 여러 가지 규범적·공리적·기술적·강압적 방법들을 동원할 수 있다.

장애극복 방법의 예를 보면 다음과 같다.[59]

① **경제적·정치적 전기의 활용**　　경제위기·정권교체와 같은 경제적·정치적 전기(轉機)를 활용해 반대를 극복한다.

② **시기조절**　　적정한 시간관에 입각해 급진적 변동과 점진적 변동을 상황에 맞추어 선택한다.

③ **자원전용의 융통성**　　종결 또는 축소승계된 정책사업의 자원을 전용하기 쉽게 한다.

④ **부작용의 최소화**　　정책변동이 정부조직의 구성원, 고객, 지역사회에 미칠 부작용을 최소화한다.

⑤ **기존정책의 정당화 근거 해체**　　기존정책의 기초가 되는 가정 또는 이론의 정당화 근거를 무너뜨린다. 기존의 정책이 관련집단이나 개인에게 끼치는 피해를 강조하고 보다 나은 새로운 정책의 채택을 약속한다.

⑥ **변동촉진적 제도의 도입**　　정책변동을 촉진하기 위해 영기준 예산제도(ZBB), 일몰법(sunset law)과 같은 제도적 장치를 도입한다.

⑦ **변동지향적 태도의 육성**　　정책변동의 필요에 대한 관련자들의 감수성을 높이고 변동지향적 태도를 양성하기 위해 훈련을 실시한다.

⑧ **정책변동을 유도하는 통제작용**　　필요한 정책변동을 촉진하기 위해 정부 내외의 감시·통제장치를 활용한다.

위에서 정책변동장애를 극복하는 방안의 하나로 변동시기 조절을 들었다. 행정·정책의 행동과정에서 시간선택의 문제는 언제나 중요하다. 우리 행정학계의 일부 학자들은 현상과 현상 사이의 인과법칙 탐구에서 시차적 요소를 도입하는 '시차적 접근방법'(時差的 接近方法)을 제시하고 있다. 그들은 원인변수들이 작동하는 순서 또는 선후관계(sequence)가 인과관계를 다르게 만드는 이른바 화학적 인과관계에 초점을 맞추고 여러 원인변수들의 작동순서가 결과에 큰 영향을 미친다는 점을 강조한다. 시차적 접근방법 개발에 아이디어를 제공한 것은 사건의 시간적 순서와 경로의존성에 관한 신제도주의자들의 이론이라고 한다.[60]

제 6 장

인사행정

인사행정은 정부 내의 인적자원을 관리하는 작용이다. 행정은 사람들이 수행하는 일이다. 행정조직은 사람들이 구성한다. 그러므로 사람을 관리하는 인사행정은 행정의 불가결한 기능이다.

제6장에서는 우리나라 인사행정에 초점을 두어 현대 인사행정의 기능과 그것을 수행하는 데 필요한 절차 및 기술을 해설할 것이다.

제1절에서는 인사행정의 의미를 규명하고 인사행정 유형론을 살펴본 다음 우리나라 인사행정의 전반적인 발전방향을 탐색하려 한다. 제2절에서는 직업구조 형성, 임용, 퇴직에 대해 설명할 것이다. 사람이 정부조직에 들어가서 나갈 때까지의 과정을 순차적으로 파악하는 경우 퇴직관리는 인사행정의 마지막 기능이라 할 수 있다. 그러나 설명의 편의를 위해 임용하고 퇴직시키는 문제를 같은 절에서 다루기로 했다.

제3절에서는 교육훈련, 근무성적평정, 보수관리의 문제를 함께 설명하려 한다. 제4절에서는 동기유발(사기관리)에 대해 설명할 것이다.

공무원의 윤리성 관리도 인사행정의 한 기능이지만 그에 대해서는 제3장에서 이미 설명하였다.

인사행정론 서설

Ⅰ. 인사행정이란 무엇인가?

1. 인사행정의 정의

인사행정(人事行政: public personnel administration)은 정부조직에 필요한 인적자원(人的資源: human resources)을 관리하는 작용이다. 인사행정은 정부조직에서 일하는 인적자원의 획득과 유지·발전에 관한 관리기능을 수행한다.

인사행정은 행정체제의 유지·적응작용을 담당하는 관리체제의 일부이다. 인사행정체제는 차례로 이어지는 환경적 체제 또는 상위체제들과 영향을 주고받는 교호작용을 한다. 그리고 규범적으로는 인사행정이 그와 같은 상위체제들의 목표와 요청에 부응하는 역할을 수행할 것이 기대된다.

궁극적으로 여러 상위체제들의 요청과 목표에 기여하도록 활동해야 하는 인사행정체제의 기본적 목표는 세 가지로 요약할 수 있다. 세 가지의 기본적 목표란, ⅰ) 국민에게 최선의 봉사를 할 수 있도록 공무원이라는 인적자원을 효율적으로 활용할 수 있게 하는 것, ⅱ) 공무원들의 만족스러운 직업생활을 보장하는 것, 그리고 ⅲ) 공무원들의 발전을 촉진하는 것을 말한다.

인사행정은 국가의 역사, 정부의 역사와 출발을 같이하는 것이라 할 수 있다. 그러나 우리가 여기서 논의의 대상으로 삼으려는 인사행정은 현대 민주국가의 '거대한 정부'가 나타나면서부터 그 모습을 드러내기 시작한 현대적인 의미의 인사행정이다.

현대적인 의미의 인사행정이란 전문적으로 조직된, 그리고 과학적

절차와 기술의 복잡한 집합체를 사용하여 인적자원관리의 적극적인 임무를 수행하는 인사행정을 말한다. 현대 인사행정의 특징은 ⅰ) 전문성, ⅱ) 과학성, ⅲ) 적극성, ⅳ) 적응성, 그리고 ⅴ) 기능의 광범성으로 요약할 수 있다.

인사행정의 의미를 분명하게 하기 위해 사기업의 인사관리에 대조되는 인사행정의 특성, 그리고 인사행정의 주요 활동국면에 대해 설명하려 한다.

2. 정부의 인사행정과 사기업의 인사관리

조직에 참여하는 인간을 관리하는 문제는 정부에만 있는 것이 아니다. 정부부문이나 민간부문의 경우를 막론하고 현대사회의 대규모 조직들은 그에 참여하는 인적자원을 관리할 정교한 체제를 필요로 한다. 정부의 인사행정이나 민간부문, 특히 사기업체의 인사관리는 각각 나름대로의 중요성을 지닌 것이며 양자에 공통되는 요소도 많다.

그러나 인사행정과 인사관리를 같은 것으로만 보기는 어렵다. 비록 상대적인 것이기는 하지만 인사행정은 인사관리와 구별되는 특질을 가지고 있다. 이러한 차이는 사기업조직과 구별되는 정부조직의 특성에서 비롯된다.

사기업의 인사관리에 대조되는 정부 인사행정의 특성으로는 ⅰ) 인사행정은 공적 상황 또는 정치적 상황에서 작용하며, 공공의 감시와 통제를 더 많이 받는다는 것, ⅱ) 인사행정의 중요한 원리와 절차는 법령이 규정한다는 것, ⅲ) 정부업무의 규모가 방대하고 종류가 다양하기 때문에 인사행정의 활동범위도 그만큼 넓고 그 내용도 복잡하다는 것, ⅳ) 정부활동의 비시장성 때문에 인사정책의 평가에서도 경제적 기준이 결정적인 역할을 하지 못한다는 것, 그리고 ⅴ) 공평성과 기회균등, 정치적 중립성, 신분보장이 더 강조되고 노동운동에 대한 제약이 더 크다는 것을 들 수 있다.

3. 인사행정의 활동국면

인사행정은 상호적·순환적으로 연관된 일련의 활동국면을 내포하는 과정을 통해 인적자원을 관리한다. 인사행정의 하위체제, 기능 또는 단계라고도 부를 수 있는 주요 활동국면은 다음과 같다.

(1) **인적자원계획의 수립**　정부에서 필요로 하는 인적자원을 효율적으로 동원·관리하려면 이를 뒷받침해 줄 인적자원계획이 있어야 한다. 인적자원계획

은 정부의 인적자원수요와 공급을 예측하고, 필요한 인적자원을 획득하고 활용하는 방법을 결정하는 활동이다.

(2) **직업구조형성의 관리**　여기서 직업구조형성이라고 하는 것은 일정한 원리에 따라 정부조직 내의 직위와 공무원을 분류한다는 뜻이다. 정부에 필요한 인적자원을 획득하여 배치하려면 먼저 정부업무의 분화와 통합에 관한 조직계획에 따라 각 직무와 그에 적합한 공무원을 질서 있게 분류해 두어야 한다.

(3) **신규채용의 관리**　신규채용 또는 채용이란 정부조직의 외부로부터 인적자원을 획득하여 배치하는 활동이다. 필요한 자격을 갖추었거나 갖출 수 있는 잠재력을 가진 사람들을 모집하여 선발하고, 선발한 사람을 적합한 직위에 배치하는 활동을 채용이라 한다.

(4) **내부임용의 관리**　내부임용은 승진·강임·배치전환 등 정부조직 내부로부터의 임용이다. 정부조직에 들어가 근무하는 공무원들의 배치는 불변적인 것이 아니며, 또 불변적인 것으로 만들려 해서도 안 된다. 그러므로 대내적 인적자원유동을 질서 있게 관리할 수 있는 장치가 있어야 한다.

(5) **교육훈련의 관리**　교육훈련은 공무원의 일반능력을 개발하고, 직무수행에 필요한 지식과 기술을 연마하며, 태도의 발전적 변화를 촉진하는 활동이다.

(6) **근무성적평정의 관리**　공무원의 잠재적 능력·행태·직무수행가치 등을 판정하여 기록하고, 이를 활용하는 활동을 근무성적평정이라 한다. 근무성적평정은 공무원과 행정의 발전을 도모하고, 공무원을 공평하게 대우하기 위한 하나의 수단이라고 할 수 있다.

(7) **보수와 편익의 관리**　이것은 공무원의 계속적인 근무를 보장하고, 직무수행의욕을 복돋울 수 있도록 공무원의 근무에 대한 금전적 보상인 보수, 보수와 유사하거나 그에 연관된 편익을 관리하는 활동이다.

(8) **동기유발(사기의 관리)**　공무원의 직무수행동기, 즉 사기를 유지·증진시키는 활동은 인사행정의 중요한 임무이다.

(9) **공직윤리의 관리**　이것은 공무원의 직업윤리를 확립하기 위한 활동이다. 이 활동국면에서 인사행정은 공무원에 대한 윤리적 기대를 규정하는 행동규범을 정립하고 그것을 시행하게 된다.[a]

---

a) 공직윤리는 제 3 장 제 3 절에서 설명하였다.

(10) **퇴직의 관리**   공무원으로서의 근무는 영속적인 것이 아니다. 공무원이 된 사람은 언젠가는 퇴직한다. 각종 원인으로 인한 공무원의 퇴직을 인사행정의 목표에 부합되도록 적절히 관리해야 한다.

Ⅱ. 인사행정 유형론

1. 인사행정 유형론의 개요

인사행정의 유형론은 아주 다양하며 새로운 유형론의 개척 가능성은 얼마든지 있다. 인사행정학에서 자주 거론되고 활용되고 있는 유형론들을 다음에 열거해 보기로 한다. 그 가운데서 중요한 것들에 대해서는 항을 바꾸어 자세히 설명하려 한다.

(1) **엽관체제와 실적체제**   엽관체제는 엽관주의에 입각한 인사행정체제이며 실적체제는 실적주의에 입각한 인사행정체제이다.

(2) **대표관료제**   이것은 정부관료제의 인적 구성이 사회전체 인구구조의 축도(縮圖)를 반영해야 한다는 인사원리를 받아들인 제도이다.

(3) **직업공무원제**   이 모형은 정부에 종사하는 것이 공무원들에게 생애(生涯)의 직업이 될 수 있도록 조직·운영되는 인사제도이다.

(4) **관리융통성체제**   이것은 변화하는 요청에 효과적으로 대응할 수 있도록 운영 상의 융통성을 높인 인사행정모형이다.

(5) **전략적 인적자원관리체제**   전략적 인적자원관리체제(strategic human resources management system)는 맡은 바 임무를 능률적이고 형평성 있게 성취하는 정부조직의 능력을 향상시키려는 인적자원관리체제이다. 이것은 인적자원관리를 조직의 목표에 연계시킨다. 전략적 인적자원관리는 인사기능 상호간의 관계·인사기능과 환경적 조건 및 조직목표와의 관계를 중시하고, 조직의 목표성취에 기여하는 인적자원관리의 임무에 관한 비전을 제시한다.[1)]

(6) **폐쇄형과 개방형**   폐쇄형은 계층구조의 중간에 신규채용을 허용하지 않는 인사제도이다. 개방형은 공직의 모든 계층에 대한 신규채용을 허용하는 인사제도이다.

(7) **교류형과 비교류형**   공무원의 경력발전계통이 어떤 하나의 기관에 국한되는 제도를 비교류형이라 하고, 담당업무가 같은 범위 내에서 기관 간의 인

사이동이 자유로운 제도를 교류형이라 한다.

(8) **경력직 공무원제도와 특수경력직 공무원제도**   인사행정의 대상이 되는 공무원이 실적에 따라 임용되고, 신분보장을 받으면서 정년에 이르기까지 평생토록 공무원으로 근무할 것을 예정하느냐의 여부에 따라 경력직 공무원제도와 특수경력직 공무원제도를 구별한다.

우리나라 「국가공무원법」 제 2 조의 규정에 의하면 경력직 공무원(經歷職 公務員)은 실적과 자격에 따라 임용되고, 그 신분이 보장되며, 평생토록 공무원으로 근무할 것이 예정되는 공무원이다. 경력직 공무원의 범주에는 ⅰ) 일반직 공무원(一般職 公務員)과 ⅱ) 특정직 공무원(特定職 公務員)이 포함된다.

경력직 공무원을 제외한 나머지의 공무원을 특수경력직 공무원이라 하는데, 여기에는 ⅰ) 정무직 공무원(政務職 公務員)과 ⅱ) 별정직 공무원(別定職 公務員)이 포함된다.

(9) **국가공무원제도와 지방공무원제도**   인사행정의 대상이 되는 공무원이 소속하는 정부(중앙 · 지방)를 기준으로 하여 국가공무원제도와 지방공무원제도를 구별한다. 우리나라에서는 「지방공무원법」의 적용을 받는 지방자치단체 소속 공무원을 지방공무원이라 하고, 「국가공무원법」의 적용을 받는 국가기관 소속의 공무원을 국가공무원이라 한다.

(10) **전문가주의적 제도와 일반능력자주의적 제도**   어느 정도의 전문지식(직무수행에 직결되는 지식)을 가진 사람들이 임용대상으로 되느냐에 따라 전문가주의적 인사행정제도(specialist oriented system)와 일반능력자주의적 인사행정제도(generalist oriented system)를 구별하기도 한다.

(11) **기술계 또는 사무계를 대상으로 하는 인사행정**   기술계(技術系)는 자연과학 · 공학적 내지 기술적 직업군이며, 사무계(事務系)는 일반행정계통의 직업군이다. 이 양자를 각각 관리하는 인사행정을 구별할 수 있다.

(12) **고급공무원 또는 하급공무원을 대상으로 하는 인사행정**   공무원의 계급과 담당업무에 따라 공무원집단을 고급공무원(관리직 공무원: managerial personnel or higher civil service)과 하급공무원(집행계층 공무원; 실무직 공무원: operating personnel)으로 구분하고, 이 양자에 대한 인사체제를 나누어 이야기할 수 있다.

이 밖에도 인사행정 유형론은 많다. 정치적 대응성체제, 과학적 관리체제, 인간관계론적 체제, 노사협상체제, 복지체제, 차별철폐체제 등을 그 예로 들 수 있다.

정치적 대응성체제(political responsiveness system)는 정부의 정치적 지도층에 대한 대응성과 책임성을 강화하려는 인사행정체제이다. 과학적 관리체제(scientific management system)는 과학적 관리운동의 능률주의에 입각한 체제이며, 인간관계론적 체제(human relations system)는 사회적 능률을 중시하는 인간관계론에 바탕을 둔 것이다. 노사협상체제(단체협약체제: collective bargaining system)는 공무원의 근무조건을 노사협상과 협약으로 결정하는 인사행정체제이다. 복지체제(welfare system)는 정부가 실업자들이 최후로 의지할 수 있는 고용주로 되어야 한다는 관념에 입각한 것이다. 차별철폐체제(affirmative action system)는 공직임용에서 불리하게 차별받던 인구집단의 공직취임기회를 확대해 주려는 제도이다.

2. 엽관체제

1) 정   의

엽관체제(獵官體制: spoils system) 또는 엽관주의체제는 엽관주의에 입각한 인사행정체제이다. 엽관주의는 집권한 정당의 추종자들을 정당활동에 대한 공헌도와 충성심의 정도에 따라 공직에 임명해야 한다는 원리이다. 공직임용에 관한 실적기준이나 객관화된 시험의 절차없이 집권한 정당인들이 그들을 정치적으로 추종하는 사람들이나 신뢰할 수 있는 사람들을 공직에 임명할 수 있게 해야 한다는 것이 엽관주의의 처방이다.[b)]

엽관주의에 입각한 엽관체제는 공직을 선거에 승리한 정당의 전리품으로 간주하고, 특정한 정당을 위해 봉사한 정당적 활동에 대한 보상으로 협력자들에게 공직을 분배한다.

엽관체제는 복수정당제와 긴밀한 관계가 있다. 그리고 정권이 바뀔 때마다 공무원들도 함께 바뀌는 것을 전제한다. 엽관주의는 정권이 바뀌면 새 주인을 따라 들어오는 사람들에게 재직자들은 자리를 내놓아야 한다는 이른바 교체임용주의(doctrine of rotation)를 내포하는 것이다. 엽관주의는 또한 공무원들이 공직

---

b) 엽관주의와 정실주의(情實主義: patronage)를 같은 뜻으로 쓰는 사람들이 있다. 엽관주의나 정실주의에 입각한 인사행정의 생리가 비슷하기 때문에 이를 동일시하는 경향이 나온 것 같다. 그러나 정실주의는 엽관주의보다 넓은 뜻으로 이해하는 것이 옳을 것 같다. 실적 이외의 요인을 고려하여 공직임용을 행하는 원칙을 정실주의라고 규정하는 것이 보통이다. 여기서 말하는 실적 이외의 요인에는 엽관주의에서 중요시하는 정치적 요인뿐 아니라 혈연, 지연, 개인적 친분 기타의 은정관계(恩情關係)가 포함된다. 혈연 또는 가문을 고려하여 인사를 행하는 원칙은 족벌주의(族閥主義: nepotism)라고 한다.

에 머무르는 동안에도 정당적 유대와 충성심을 유지할 것을 기대한다.[2]

엽관체제가 추구하는 기본적 가치는 민주성과 형평성이며 그에 대한 수단적 가치는 정치적 대응성이다.

2) 효용과 한계

(1) 정당화 근거   엽관체제의 제도적 장점 또는 정당화의 근거는 다음과 같다.

① 정당제도 지지   엽관체제는 민주정치의 기초가 되는 정당제도의 유지에 기여한다.

② 정부관료제의 민주화   엽관체제는 정부관료제의 민주화에 기여한다. 왜냐하면 엽관주의적 인사제도는 공무원의 빈번한 교체를 전제로 하기 때문에 보다 많은 사람이 정부의 일에 참여할 기회를 얻는다는 점에서 그렇다. 그리고 공직을 널리 개방하여 누구나 담당할 수 있는 것으로 만들어 놓으면 정부관료제가 일부계층의 독점물이 되어 귀족화 되거나 국민으로부터 멀어지는 세력집단이 되는 것을 막을 수 있다.

③ 정치적 통제력 강화   엽관주의를 정당화하는 또 하나의 근거는 집권정치인들이 공무원들의 높은 충성심을 확보할 수 있고, 따라서 공무원들을 보다 효과적으로 통솔할 수 있다는 것이다.

> 엽관주의적 인사행정의 정당화 근거를 강화하고 그 이점을 더 부각시키는 조건으로 정당제도 정착에 대한 민주정치의 초창기적 요청이 강한 것, 행정업무가 단순하고 업무담당자의 전문화수준이 낮은 것, 공직취임에 대한 경쟁이 덜 치열한 것, 그리고 귀족 등 특권계층의 공직독점에 대한 반발이 고조되어 세인의 관심이 그에 집중되는 것을 들 수 있다.

(2) 단   점   위와 같은 이점이 있다는 평가에도 불구하고 엽관체제에는 여러 가지 실천적인 폐단이 따른다.

① 행정의 계속성·전문성 손상   정권이 바뀔 때마다 대량적인 공무원교체가 일어나 행정의 계속성과 전문성이 손상된다.

② 능률 저하   행정경험이 없고 무능한 사람들이 정부에 많이 들어가 업무의 능률을 저하시킨다.

③ 공평성 손상   공무원의 공평한 임무수행을 기대할 수 없다.

④ 비민주성   어떤 정당의 특수이익에 연결된 사람들만 공직에 들어갈 수

있으므로 정부관료제의 민주화에 오히려 역행한다.

⑤ **부패 조장**   공직부패를 조장한다.

엽관체제의 이점을 부각시키고 그 수용을 쉽게 하는 조건들이 사라지면 실천적 병폐는 더 크게 부각된다. 엽관의 도움 없이도 지탱될 수 있을 만큼 정당들의 자생력이 강화될 때, 특권계층의 공직독점제도가 사라질 때, 공직인사를 둘러싼 부패가 만연될 때, 행정의 전문성이 높아질 때, 엽관주의의 폐해에 대한 시민여론이 고조될 때 엽관체제는 보다 강한 저항에 봉착하게 된다.

3) 우리나라에서의 엽관체제

우리나라에서 엽관주의는 인사행정체제의 전반을 지배하는 기본원리가 아니다. 경력직 공무원, 특히 일반직 공무원에 대해서는 엽관주의를 적용할 수 없게 되어 있다. 대한민국 정부수립 이후 그러한 인사정책의 공식적 입장에는 변함이 없었다. 그러나 오랫동안 비공식적이고 음성적인 엽관인사와 정실인사는 우리 인사행정체제를 병들게 해왔다. 이런 병폐에 대해서는 실적체제를 논의할 때 다시 거론하려 한다.

우리나라 제도에서 엽관주의라는 원리가 공식적으로 완전히 배제되어 있는 것은 아니다. 의회주의와 지방자치주의를 채택하고 대통령, 지방자치단체장 등 주요 정책결정자들을 선거로 선출하는 민주국가에서 일정한 범위의 엽관인사는 허용하지 않을 수 없는 것이다.

우리나라에서도 오래전부터 한정된 엽관인사의 영역을 법적으로 용인해 왔다. 지금도 정무직, 별정직의 일부, 사실상 노무에 종사하는 공무원 등에 대한 엽관적 임용 또는 비실적주의적 임용의 길을 열어놓고 있다. 민주화·지방자치화의 추세에 따라 합법적으로 허용하는 엽관임용의 범위는 그 수요에 맞춰 늘려나가야 할 것이다.

우리 정부의 문제는 엽관인사 금지영역에서 음성적으로 그러한 금지원칙을 훼손해 온 것, 그리고 공식적 엽관허용영역은 시대변화에 대응하지 못하는 것으로 요약할 수 있다.

3. 실적체제

1) 정   의

실적체제(實績體制: merit system) 또는 실적주의체제는 실적주의에 입각한 인사행정체제이다. 실적주의는 인사행정체제가 실적기준에 바탕을 두어야 한다는 원리이다. 실적체제는 공무원 개개인의 임용에 관한 결정이 각자의 상대적인 성취도 또는 실적수준에 따라 이루어지고, 직무수행의 조건과 보상이 공직의 계속성과 능력향상에 기여하도록 된 인사제도이다.[3)]

실적체제가 추구하는 기본적 가치는 민주성과 형평성이다. 그에 대한 수단적 가치는 중립적·능률적 역량의 강화와 공무원의 권익보호이다.

실적체제의 제도적 요건은 ⅰ) 공직취임의 기회균등, ⅱ) 실적기준이 적용되는 공개경쟁을 통한 임용, ⅲ) 공무원의 권익 보호와 공평한 처우, ⅳ) 동일노동·동일보수의 실현과 직무성취의 유인부여, ⅴ) 공무원의 윤리성 향상, ⅵ) 인적 자원의 효율적 활용, ⅶ) 실적기준에 따른 퇴직관리, ⅷ) 교육훈련을 통한 능력 향상, 그리고 ⅸ) 정실이나 정치적 압력으로부터 공무원의 보호이다.[c)]

실적주의의 기본적인 실천도구는 ⅰ) 채용시험의 실시, ⅱ) 공무원의 정치적 중립과 신분의 보장, 그리고 ⅲ) 중립적인 중앙인사기관의 설치이다.

2) 효용과 한계

(1) **정당화 근거**   실적주의의 정당화 근거는 다음과 같이 요약할 수 있다.

① **기회균등의 보장**   실적주의적 인사행정은 공직취임의 기회균등을 보장함으로써 진정한 민주주의의 실현에 기여한다. 객관적인 채용기준을 설정하고 채용시험을 실시하여, 규정된 자격을 구비하고 시험에 합격하면 누구나 공무원이 될 수 있도록 하기 때문에 공직취임의 기회균등이라는 민주적 요청에 부합한다.

② **능률향상**   자격검정시험에 합격하지 못하면 정치적으로 연줄이 닿는 사람이더라도 공무원이 될 수 없으므로 정치적 부정을 일삼는 사람이나 무자격자들을 공직에서 배제할 수 있다. 따라서 실적주의는 공무원의 자질향상과 업무능

---

c) 이러한 요건들은 미국 연방정부의 Civil Service Reform Act of 1978에서 규정한 것이다. cf. U. S. Civil Service Commission, *Introducing the Civil Service Reform Act* (U. S. Government Printing Office, Nov. 1978), p. 2.

률의 향상에 기여할 수 있다.

③ 행정의 계속성·전문성 향상   정권교체에 따른 공무원의 대량교체를 막을 수 있으므로 행정의 계속성과 공무원의 직업적 안정성을 유지하는 데 크게 기여한다. 이것은 행정의 전문화를 촉진한다.

④ 도덕성 향상   실적주의는 정의와 형평을 추구하는 것이며, 정부 내에 도덕적인 분위기를 조성한다.

    엽관인사의 타락, 정부관료제의 거대화, 행정의 복잡성·전문성 증대, 그리고 인사행정의 통일성에 대한 요청의 증대는 실적체제의 정당화 근거를 강화한다.

(2) 단   점   실적체제는 여러 가지 실천적인 약점들을 내포하는 것이다. 실적체제에 대한 비판의 요지는 다음과 같다.

① 소 극 성   소극적이며 부정적인 성향이 있다.

② 고립성·집권성   정부의 인사기능을 고립적·배척적인 것으로 만들고 인사기능의 과도한 집권화를 초래한다.

③ 대응성 약화   인사행정과 공무원들을 중립화시킴으로써 공무원들이 집권자들의 정책방향으로부터 유리되고 국민의 요망에 무감각하게 되는 경향을 조장한다.

④ 형평성 추구의 형식성   인사의 형평성 추구에 대한 공식적 선언에도 불구하고 실질적인 형평성 추구에 무력하다.

    마지막에 지적한 문제가 지난 수십 년간 크게 부각되었으며, 실적체제의 반대표성(反代表性)을 신랄히 비판하는 논자들이 늘어났다. 실적체제는 실제적으로 순수한 것이 아니며 능력 이외의 요인에 결부된 편견을 반영하는 것이라고 말한 사람도 있고, 실적관료제의 개념은 이념적·사회적으로 인종주의적인 속임수라고까지 극언한 사람도 있다.

    강력한 엽관저항적 운동을 요구하였던 정부 내외의 조건이 달라지고 사회적 요청에 대한 인사행정의 대응성이 강조되면 실적체제의 정당화 근거는 약화된다. 정부관료제의 탈관료화에 대한 요청, 인사 상 형평성·대표성의 실질적 확보에 대한 요청, 인사행정의 분권화와 신뢰체제 구축에 대한 요청, 그리고 인사운영의 융통성에 대한 요청이 커질수록 실적체제 적용의 폐단은 더욱 크게 부각된다.

3) 우리나라에서의 실적체제

대한민국 정부수립 이후 공식적으로 인사행정을 지배해온 기본적 원리는 줄곧 실적주의였다. 근래 대표관료제의 차별철폐주의가 첨가되어 왔다. 합법적으로 엽관주의적 임용이 허용되는 영역의 범위는 그 동안 현저하게 달라져 본 일이 없다.

그러나 공식적인 인사행정 원칙이 처방한 대로 실제의 인사행정체제가 운영되어 왔느냐 하는 것은 별개의 문제이다. 오랫동안 공식적인 인사행정 원칙과 인사행정의 실제가 크게 괴리되는 형식주의를 경험하였다.

이러한 형식주의는 과거 정실인사의 팽배에서 볼 수 있었다. 그동안 외형상 정실임용은 점차 감소되어 온 것으로 보이지만, 각종 연고주의에 따른 임용 등 미묘하고 은밀한 정실적 관행은 오히려 더 큰 문제를 낳고 있기도 하다.

근년에는 엽관주의적 임용의 합법적인 영역을 다소 넓히는 재조정의 필요도 제기되고 있다. 그러한 필요는 정치체제의 민주화·자율화 촉진, 지방자치 강화, 융통성 있는 인적자원관리에 대한 요청에 결부된 것이다. 실적주의적 요청과 엽관주의적 요청의 배합을 재조정해 가면서 실적체제의 기본질서를 유지하는 것은 우리 정부의 인사행정이 당면한 중대과제이다.

4. 대표관료제

1) 정   의

대표관료제(代表官僚制: representative bureaucracy)란 모든 사회집단들이 한 나라의 인구 전체안에서 차지하는 수적 비율에 맞게 관료조직의 직위들을 차지해야 한다는 원리가 적용되는 관료제이다. 대표관료제는 인적 구성면이나 정책지향면에서 사회 전체의 축도(縮圖: cross-section)와 같은 것이다. 사회 전체의 축소판과 같은 정부관료제가 대표관료제이다.[4]

대표관료제가 추구하는 기본적 가치는 민주성과 형평성이다. 이를 구현하기 위해 전면에 부각시키는 수단적 가치는 사회적 형평성이다.[d]

---

d) 대표관료제 연구인들은 대개 Kingsley의 저서에서 대표관료제이론의 출발점을 찾는다. Kingsley는 대표관료제를 "사회 내의 중요한 세력들을 반영하는 관료제"라고 정의하였다. J. Donald Kingsley, *Representative Bureaucracy*(Antioch Press, 1944).

(1) 비례적 대표성·피동적 대표성·능동적 대표성   대표관료제는 인종·성(性)·종교·직업·신분계층·지역 등 여러 기준에 따라 분류되는 국가 전체의 부문별 인구를 고루 흡수하는 인적 대표성을 지닌다.

대표성은 비례적인 것이라야 한다. 즉, 관료제 내에서 특정한 사회집단이 차지하는 직원규모는 그 출신집단이 전체 인구에서 차지하는 규모에 비례적인 것이라야 한다. 이와 같은 직원의 비례적인 대표성을 피동적 대표성(소극적 대표성: passive representativeness)이라 한다. 피동적 대표성은 능동적 대표성(적극적 대표성: active representativeness)으로 연결될 것이 기대된다. 즉, 사회 전체의 인구구조를 비례적으로 대표하는 대표관료제 내의 각 집단은 출신집단의 가치와 이익을 대표할 것이 기대된다.

(2) 진보적 형평의 이념   대표관료제모형의 이념적 기초는 진보적 형평(liberal equity)이다. 진보적 형평이론은 형평성을 근본적이며 의도적인 공평성으로 본다. 그리하여 기회가 모든 사람에게 진정으로 공평하려면 개인들 사이의 자연적 불평등을 정부가 보상해 주어야 한다는 점을 강조한다.

(3) 기본적 전제   대표관료제모형의 기본적 전제는 두 가지이다.

첫째, 개인의 직업적 성공에는 개인적 특성만이 아니라 역사적·사회적 배경과 조직의 여러 요인이 함께 영향을 미친다는 것을 전제한다. 특히 사회적 출신배경의 영향이 크다는 것을 전제한다.

둘째, 피동적 대표성이 능동적 대표성을 보장한다는 전제가 있다. 이것은 사회적 대표성이 정치적·정책적 대표성으로 표출된다는 전제이다. 공무원들은 자기의 사회적 배경이 되는 집단의 이익과 가치를 표출할 것이며, 그리하여 정책의 내용과 집행에 영향을 미칠 것이라고 본다.[e]

2) 실천 수단

정부관료제의 대표성을 높이는 여건 또는 분위기를 조성할 수 있는 일반적 전략은 여러 가지이다. 보편주의적 행동양식을 함양하는 문화개혁, 정치적 지도층의 국민대표적 역할 강화, 외재적 통제에 의한 대표성 강화, 공무원의 윤리성 제고 등이 그러한 전략의 예이다.

---

e) 이러한 전제는 행정공무원들의 정책결정역할을 승인하는 것이며, 따라서 정치·행정 이원론을 거부하는 것이다.

우리가 여기서 특별히 관심을 갖는 것은 보다 직접적인 인사행정 상의 조치들이다. 대표관료제는 임용과 발전의 기회균등을 실질적으로 보장하려는 일련의 인사시책을 통해 추진된다. 그러한 시책에는 적극적으로 기회균등을 보장하려는 것과, 이미 빚어진 차별의 효과를 제거하려는 것이 포함된다.

구체적인 실천방안으로는 ⅰ) 모든 인구집단을 대상으로 하여 모집활동을 적극화 하는 것, ⅱ) 채용시험 등 선발방법의 타당성을 높이는 것, ⅲ) 교육훈련 기회의 배분에서 비혜택집단 출신 공무원을 우대하는 것, ⅳ) 근무성적평정의 공평성을 높이는 것, ⅴ) 비혜택집단 출신 공무원의 지위상승을 촉진할 수 있도록 직위분류구조를 재평가하는 것, ⅵ) 임용과정에서 차별적 관행과 사고방식을 불식하고 같은 조건이면 비혜택집단 출신자를 우대하는 것, ⅶ) 정부관료제의 모든 계층과 직업분야에 대한 임용의 비례적 대표성을 강제하기 위해 임용할당제(employment quota system)를 적용하는 것, 그리고 ⅷ) 인사 상의 차별에 관한 고충처리절차를 수립하고 그에 결부된 소송제기의 길을 넓히는 것을 들 수 있다.

미국에서는 고용평등조치(equal employment opportunity: EEO)와 차별철폐조치(affirmative action)가 대표관료제 추진의 중심적인 수단이 되어 왔다.

고용평등조치는 인종, 피부색, 성, 종교, 연령, 과거의 국적, 기타 합법적인 임용기준으로 될 수 없는 요인을 기초로 어떤 개인을 불리하게 취급하거나 임용기회를 박탈하는 것을 효과적으로 막기 위한 일련의 인사정책·절차·운영방법을 지칭한다. 이 조치의 목적은 의도적 또는 비의도적 차별이 전혀 없는 임용체제를 구축하는 것이다. 고용평등조치의 대상과 방법은 광범하다. 정부부문뿐만 아니라 민간부문의 임용구조에도 여러 가지 통제기준을 제시하고 있다.f)

차별철폐조치는 고용평등조치의 한 수단이라 할 수 있다. 이 조치는 과거의 차별로 인한 현재의 효과를 제거하기 위해 비혜택집단의 구성원들을 적극적으로 채용·승진시키도록 하는 구체적 노력이다. 이것은 비혜택집단에 대해 '보상적 기회' 또는 '보상적 우대'를 제공하려는 조치이다.

3) 효용과 한계

(1) 정당화 근거　　대표관료제의 정당화 근거는 다음과 같다.

① 대표성 향상　　대표관료제의 발전은 정부관료제의 국민대표성을 높여

---

f) 공공부문에서의 고용평등을 촉진하기 위한 미국 연방정부의 노력에 관해 연구하는 사람들 가운데는 1883년의 Pendleton Act까지 거슬러 올라가 그 뿌리를 찾는 사람도 있다. 그러나 규율 범위가 넓은 고용평등조치가 본격적으로 가동된 것은 1964년의 Civil Rights Act와 1972년의 Equal Employment Opportunity Act가 제정된 때로부터이다.

준다.

② 공중통제의 내재화   대표관료제는 공중통제(公衆統制)를 정부관료제에 내재화시킬 수 있다. 공무원들은 사회화의 과정을 통해 자기 출신집단의 가치와 이익에 대한 심리적 책임을 지려하기 때문에 서로 견제하여 내적 통제를 강화한다. 이러한 내적 통제는 보다 광범하게 대응적인 공공정책이 산출될 가능성을 높인다.

③ 기회균등의 실질화   대표관료제는 모든 사회집단의 실질적인 기회균등(실현된 형평성)을 적극적으로 보장하는 데 기여한다. 특히 혜택받지 못한 소수집단들에게 기회균등을 적극적으로 보장하고 그들의 지위상승을 돕는다. 이것은 사회정의구현에 이바지하게 된다.

④ 실적주의의 폐단 시정   능률주의적 실적주의가 빚어 놓은 폐단이라고 할 수 있는 결과적 차별을 시정하기 위해서도 대표관료제가 필요하다.[8]

사회적 불평등의 폐해·행정국가화의 폐단·실적주의적 인사행정의 폐단이 심각하고, 행정과정에 대한 시민참여의 요청과 정부관료제의 민주화·고객중심주의적 행정서비스에 대한 요청이 큰 상황에서는 대표관료제의 정당화 근거가 강화된다.

(2) 단   점   대표관료제에 대한 비판적 논점은 다음과 같다.

① 피동적·능동적 대표성에 관한 그릇된 가정   공무원의 피동적 대표성이 능동적 대표성을 보장한다는 전제는 허구이다. 설령 능동적 대표성이 피동적 대표성에 직결된다 하더라도 정책결정에서 자기출신 집단의 편만 드는 능동적 대표성은 바람직한 것이 아니다.

② 반자유주의적 원리   개인의 존엄성이나 권리와 자유는 개인을 위해, 개인을 준거로 규정하는 것이 자유주의이다. 개인보다는 집단에 역점을 두는 대표관료제의 원리는 자유주의에 어긋나는 것이다.

③ 전문성·생산성 저해   대표관료제는 행정의 전문성과 생산성을 떨어뜨린다.

---

8) 실적주의적 인사행정이 차별을 조장한 까닭은 여러 곳에서 찾아볼 수 있다. 우선 실적주의적 원리에 입각한 임용시험들이 차별의 결과를 빚었다. 왜냐하면 그러한 시험들이 평가대상으로 삼는 지식·기술 등을 배울 수 있는 기회가 사회집단 간에 불평등하게 배분되어 있기 때문이다. 실적체제의 도구인 '3배수 추천', '감원절차' 등은 비혜택집단을 차별하는 도구로 되는 경우가 많았다. 그리고 비혜택집단의 구성원들이 정부의 모집망에 접근하는 기회도 제약되었다.

④ **역차별**   대표관료제는 역차별(逆差別: reverse discrimination)을 초래하고 사회분열을 조장한다.

⑤ **기술적 애로**   대표관료제의 실현에는 여러 가지 기술적 애로가 따른다. 우선 공무원수의 구성에서 인구비례의 정태적 균형을 유지하는 것은 기술적으로 매우 어렵다. 사회집단별 공무원 할당수를 통계학적으로 산정하는 데 오류가 개입될 가능성도 크다.[h)]

사회적 불평등이 심각하지 않은 상황에서 자유주의와 시장적 경쟁이 강조되고 정부감축·생산성향상에 대한 관심이 고조되면 대표관료제의 부정적 측면이 더 부각될 수 있다.

4) 대표관료제와 실적주의

전통적인 실적주의는 가장 우수한 자격자를 선발하려 하며, '자격'은 정치적·사회적 고려없이 중립적으로 규정하려 한다. 대표관료제의 원리는 인사행정에 사회적 고려를 도입하고, 적어도 잠정적으로는 일부 사회집단 구성원을 우대하려 한다.

실적주의는 개인의 자격에 초점을 맞추지만, 대표관료제의 원리는 사회집단들의 필요에 역점을 두고 집합체중심의 이른바 집산주의적 접근(集産主義的 接近: collectivist approach)을 하려 한다.

대표관료제의 아이디어는 정부관료제의 민주화와 임용기회의 형평성을 보장하려는 실적주의의 본래적인 이상과 상충되는 것이 아니다. 대표관료제의 원리는 실적주의를 수정·보완하자는 것이지 실적주의를 포기하자는 주장이 아니다. 다만 실천적으로 전통적인 실적주의적 기법과 대표관료제의 차별철폐 기법이 충돌할 수 있다. 인사행정의 실제에서 대표관료제의 원리에 따라 우대받는 사람 때문에 보다 우수한 실적평가를 받은 임용후보자가 탈락하는 경우, 실적주의와 대표관료제의 원리가 충돌하는 양상이 빚어진다.

실적체제의 편견을 시정하고 보다 적극적인 접근방법을 채택한다면, 그리고 사회 전체가 사회적 형평성 제고를 위한 노력에 박차를 가한다면 대표관료제

---

h) 임용비율 결정을 위한 비교지표에 관해서도 이론(異論)이 있다. 비교지표로 ① 전체 인구의 구성비, ② 노동시장의 유자격 노동력 구성비, ③ 공직지원자의 구성비 등이 제시되고 있다. Dennis L. Dresang, *Public Personnel Management and Public Policy*, 4th ed.(Addison Wesley Longman, 2002), pp. 65~66.

적 수단에 대한 요청은 약화될 것이다. 대표관료제와 실적체제의 대립적인 논쟁도 가라앉을 것이다.

5) 우리나라에서의 대표관료제

오늘날 어느 나라에서나 국민이 정치·행정적으로 더 많이, 그리고 더 균등하게 대표되어야 한다는 요청은 커지고 있다. 따라서 대표관료제에 대한 관심도 커져가고 있다. 그러나 구체적인 정치·사회적 특성과 역사적 배경이 다름에 따라 그와 같은 요청·관심의 크기와 성격은 다르다. 대표관료제의 실천적 필요성이나 차별로부터 보호하려는 피보호계층(protected classes)은 나라에 따라 시대에 따라 다를 수 있다.

우리나라는 다인종국가들의 경우에 비해 비혜택집단, 불우집단, 또는 소수집단에 대한 정책차별·임용차별 문제의 심각성이 덜하다는 평가를 할 수도 있을 것이다. 그러나 전통적인 인습으로 인한 임용차별이 음으로 양으로 잔존해 있다.[i] 근래에 더 심각해진 차별문제들도 있다. 외국인의 국내이주 증가, 특히 국제결혼으로 이루는 이른바 '다문화가정'의 증가추세는 머지않아 인종차별방지 문제를 중요한 정책의제화할 수 있다.

우리 정부는 성(性)에 따른 차별, 지역연고주의에 따른 차별, 학벌에 따른 차별, 장애인에 대한 차별, 기술계인력에 대한 차별, 저소득층에 대한 차별 등을 심각한 문제로 인식하고 대응책을 모색해 왔다.[j]

첫째, 남녀차별문제를 해소하기 위해 「남녀고용평등법」을 제정하였다. 이 법률은 2008년에 「남녀고용평등과 일·가정 양립 지원에 관한 법률」로 대체되었다. 2014년에는 「양성평등기본법」을 제정하였다. 공무원채용시험에서 '여성채용목표제'를 실시한 바 있고, 뒤이어 '양성평등채용목표제'를 시행하였다.[k] 여성관리자

---

i) 인습적인 차별은 대개 법외적·비공식적인 것들이다. 잘 보이지 않는 비공식적 차별을 '유리천장'(glass ceiling), '끈적끈적한 바닥'(sticky floor) 또는 '유리벽'(glass wall)이라고 표현하기도 한다.

j) 「국가공무원법」 제26조는 능력의 실증에 따른 임용의 원칙(실적주의 원칙)을 선언한 다음 "장애인·이공계 전공자·저소득층 등에 대한 채용·승진·전보 등 인사관리 상의 우대와 실질적인 양성 평등을 구현하기 위한 적극적인 정책을 실시할 수 있다"고 규정함으로써 대표관료제적 임용정책 추진의 길을 열어 놓았다.

k) 여성채용목표제는 공무원채용시험에서 여성합격자의 비율이 20%에 이르도록 여성응시자를 우대하는 제도이다. 양성평등채용목표제에 대해서는 제2절에서 신규채용을 논의할 때 설명할 것이다.

의 수를 연차적으로 늘리기 위해 여성관리자임용확대계획을 실시하기도 했다.

둘째, 공직임용의 지역연고주의와 지역불균형을 타파하기 위해 고위공직의 임용에서 지역안배라는 기준을 어느 정도는 고려하고 있다. 고등학교 이상 졸업자나 졸업예정자들을 대상으로 하는 '지역인재추천채용제'를 채택하기도 하였다. 2007년부터 5급공채시험(행정고시 등)에서 '지방인재채용목표제'를 한시적으로 실시하였다.

셋째, 공무원의 공개경쟁채용에서 학력요건을 철폐한 것은 학벌주의 타파를 위한 노력의 일환으로 이해할 수 있다. 비록 산발적이기는 하지만 내부임용의 학벌주의 타파를 위한 노력도 일부 시도되고 있다.

넷째, 공직의 행정직·기술직 불균형을 시정하고 이공계인력육성을 촉진하기 위해 '우수과학인력 특별채용 정례화 계획'을 수립하고 이공계출신자의 공직임용기회를 확대해 왔다. '기술직 임용확대 5개년계획'(2004~2008)을 시행하기도 하였다.

다섯째, 장애인에 대한 차별을 철폐하기 위해 「장애인 고용촉진 및 직업재활법」과 「장애인차별금지 및 권리구제 등에 관한 법률」을 제정하였다. 이 두 가지 법률은 장애인 취업지원, 고용 상의 차별금지, 정부와 민간부문의 조직들이 의무적으로 채용해야 할 장애인 직원의 비율 등을 규정하였다.

여섯째, 저소득층의 고용지원방안도 추진해 왔다. 정부는 저소득층의 경제적 자립을 지원하여 가난의 대물림과 경제적·사회적 양극화를 해소하려는 시책의 일환으로 '저소득층구분모집제'를 실시하고 있다. 이 제도는 정부의 행정지원인력채용이나 9급지방공무원공채에서 채용인원의 일정 비율을 기초생활보장 수급자와 저소득 한 부모 가족으로 채용하도록 하고 있다.

5. 직업공무원제

1) 정   의

직업공무원제(職業公務員制: career civil service system)는 정부관료제에 종사하는 것이 공무원들의 생애적 직업이 될 수 있도록 조직·운영되는 인사제도이다. 공직을 보람 있는 직업으로 알고 학교를 갓 졸업한 젊은 나이에 공직에 들어가 그 안에서 성장하고 상급직에 진출하면서 노동능력이 있는 동안의 전생애를 보

낼 수 있도록 설계된 인사제도를 직업공무원제라고 한다.[5]

직업공무원제는 계급제, 폐쇄형, 그리고 일반능력자주의적 임용체제 등을 바탕으로 하는 제도이다. 이것은 직위분류제, 개방형, 그리고 전문가주의적 임용체제를 바탕으로 하는 인사제도와 대조되는 제도이다. 직업공무원제는 전통적 정부관료제에 적합한 제도이다.

직업공무원제가 수립되고 유지될 수 있으려면 우선 공직에 대한 사회적 신망이 높아야 하며 인사행정의 여러 가지 제도와 절차가 구비되어야 한다. 우수한 젊은 이들을 공직의 하위계층에 흡수할 수 있도록 채용절차를 적정화하고, 내부임용의 절차를 공정하게 운영하여야 하며, 계서제의 중간계층에서 일어나는 신규채용이 재직자의 승진기회를 크게 제약하지 않도록 해야 한다. 교육훈련의 강화, 보수와 퇴직연금의 적정화, 장기적인 공무원 수급계획의 수립, 장기간의 승진누락자를 선별·퇴직시키는 절차의 채택도 직업공무원제 수립요건으로 거론되고 있다.

2) 효용과 한계

(1) **정당화 근거**　　직업공무원제를 정당화하는 효용은 다음과 같다.

① **일체감·봉사정신 강화**　　직업공무원제는 공무원집단의 일체감·단결심과 공직에 헌신하려는 정신을 강화하는 데 유리한 제도이다.

② **엄격한 근무규율의 수용**　　공무원들은 개인적인 불이익을 무릅쓰고라도 공직의 요청에 부응하는 행동을 하도록 요구하는 제도이기 때문에 엄격한 근무규율이 쉽게 수용될 수 있다.

③ **온정적 관계의 발전**　　공무원은 정부에서만 필요한 인적자원으로 육성되었기 때문에 정부와 공무원 사이에 의존적인 관계와 온정적인 관계가 강화된다.

　　사회체제가 비교적 평온하고 행정의 역할이 소극적이며 행정업무가 단순한 상황에서는 지위 중심적이고 보수적인 직업공무원제가 주어진 사명을 잘 수행할 수 있다. 그리고 그 단점보다는 장점이 더 부각된다.

(2) **단　　점**　　민주주의 질서를 기본으로 하는 현대국가의 행정환경을 배경으로 놓고 직업공무원제를 비판하는 경우, 다음과 같은 결함 내지 단점을 지적할 수 있다.

① **특권집단화**　　공무원집단이 환경적 요청에 민감하지 못하고 특권집단화할 염려가 있다.

② 공직취임기회의 제약 학력과 연령에 관한 요건을 엄격히 규정하여 모집대상의 범위를 제한하는 것은 공직취임의 기회를 균등하게 해야 한다는 민주주의적 요청에 어긋나는 것이다.

③ 공직의 침체 공직의 중간계층에 외부의 이질적인 요소(색다른 경험을 가진 인재)가 흡수되기 어렵기 때문에 공직이 침체된다.

④ 전문화 방해 일반능력자주의에 치중하는 폐쇄적 인력운영은 정부활동의 분야별 전문화와 행정기술의 발전에 지장을 준다.

⑤ 승진지망의 과열 승진지망의 과열현상이 빚어지고 승진적체라는 어려운 문제를 야기하기도 한다.

산업화 후기사회, 그리고 정보화사회로 갈수록 직업공무원제의 장점보다는 단점이 더 부각된다. 민주주의의 요청과 상황적응성·융통성의 요청이 커지는 사회에서 공무원집단을 환경적 요청에 둔감하게 하는 직업공무원제는 부적응을 일으키게 된다. 행정기술의 고도화는 아마추어리즘과 일반능력자주의가 설 자리를 잃게 한다.

사회전반에 걸쳐 직업적 유동률이 높아지면 직업공무원제의 폐쇄적 임용구조는 더 큰 한계를 노출한다. 직업공무원제의 지위중심주의는 오늘날의 임무중심주의·성과중심주의와 마찰을 빚는다.

3) 우리나라에서의 직업공무원제

우리나라의 공무원제도는 직업공무원제의 전통을 이어받았다. 그러나 1960년대 이래 개방형, 직위분류제, 그리고 전문가주의적 임용체제의 요소들을 적지 않게 도입하여 직업공무원제를 수정하였다.

2000년대에 접어들면서부터 직업공무원제를 수정하려는 개혁지향은 더욱 강화되어 왔다. 임용구조의 개방형화 촉진, 교류형화 촉진, 팀제 도입, 고위공무원단제도 채택, 성과급제 강화 등 일련의 개혁조치들을 실천하였다. 이러한 개혁조치들은 '반직업공무원제적'인 성향을 지닌 것이다.

6. 관리융통성체제

1) 정   의

인사행정의 관리융통성체제(管理融通性體制: management flexibility system)는 변화하는 요청에 효과적으로 대응할 수 있도록 운영 상의 융통성을 높인 인사행정모형이다.

관리융통성체제의 기초가 되는 요건은 다음과 같다.[6]

① 다원적·통합적 융통성 인사행정체제가 변화하는 요청에 기민하게 대응할 수 있는 융통성을 지녀야 한다. 그러한 융통성은 다원적이며 통합적인 것이어야 한다. 관련된 하위체제들의 다원적 융통성과 상호 지원적인 통합적 융통성을 추구해야 한다.

② 관리체제와의 연계 강화 인사행정과 일반관리의 연계를 강화해야 한다. 인사행정은 중앙관리기능과 계선관리자들의 관리기능에 긴밀히 연계되어야 한다. 그러한 연계는 통합적 융통성추구의 전제가 된다.

③ 봉사적 인사행정기관의 관리도구화 중앙인사기관은 행정수반의 관리도구가 되어야 하며 각급 계선관리자들의 관리기능을 도와야 한다. 중앙인사기능은 규제적인 것으로부터 봉사적인 것으로 전환되어야 한다.

④ 중앙통제 축소 인사운영에 대한 중앙통제를 줄이고 계선관리자들이 인사기능을 보다 많이 장악할 수 있도록 그들에게 힘을 실어주어야 한다. 계선관리자들의 인사기능을 강화해야 인사행정의 대응성·융통성을 높일 수 있다.

2) 효용과 한계

(1) 정당화 근거 관리융통성체제의 이점 내지 정당화 근거는 다음과 같다.

① 대응성·생산성 향상 관리융통성체제의 기본적인 정당화 근거는 인사행정의 대응성과 생산성을 높이는 것이다.

② 힘 실어주기의 촉진 계선관리자들에게 인사기능에 관한 힘 실어주기를 촉진한다. 따라서 그들의 조직장악력을 높이고 업무수행의 효율성을 높인다.

③ 소비자중심적 서비스의 촉진 업무의 수요와 공급을 연결하는 데 장애가 되는 요인들을 제거해 준다. 따라서 소비자중심적인 행정서비스가 용이해진다.

④ 기능별 효용 인사행정의 기능별 융통성제고에 따르는 이점들은 여러 가지이다. 예컨대 보상체제의 적응적 운영은 보상의 형평성을 높이고 이것은 사기진작에 기여한다. 임용절차와 방법의 융통성은 모집활동을 원활하게 한다. 사무실과 장비의 융통성 있는 활용은 고정비용을 감소시킨다.

오늘날 그리고 예견할 수 있는 장래에 인사행정의 융통성 증대를 요구하고 또 융통성 증대의 효용을 크게 할 조건으로 i) 체제전반의 격동성, ii) 경쟁의 격화, iii) 탈관료화의 요청,

ⅳ) 정부규모 축소의 요청, ⅴ) 고객중심주의의 확산, ⅵ) 인적자원의 다양화·'신세대' 진출 확대,[1] ⅶ) 여성 취업의 확대, ⅷ) 기술요건의 급속한 변동과 복합기술적·다기술적 작업집단의 역할증대, ⅸ) 비정규직원의 필요성 증대, 그리고 ⅹ) 근무방법의 다원화에 대한 필요성 증대를 들 수 있다.

(2) 단 점 융통성체제의 시행에는 다음과 같은 위험 또는 폐단이 따를 수 있다.[7]

① **복 잡 성** 관리융통성체제의 실행은 인사행정을 복잡하게 만들고 혼란을 조성할 위험이 있다.

② **계선관리자들의 일탈 가능성** 계선관리자들의 자의적인 인사운영이나 실책이 문제로 될 수 있다.

③ **관리비용 증가** 인적자원의 유동성 증대는 임용비용, 훈련비용 등 관리비용을 증대시킬 수 있다.

④ **처우의 불균형 초래** 재량적 보상결정에서 처우의 불균형을 초래할 수 있다.

⑤ **경력관리 상의 애로** 경력발전기회의 감소, 직업적 안정성의 위축, 단체정신의 상실, 스트레스 증가와 같은 문제들을 야기할 수 있다.

환경은 평온하고, 관료제적 질서를 확립해야 한다는 요청은 크고, 인사행정의 융통성관리능력은 취약한 경우, 관리융통성체제 도입의 필요성은 희박할 것이다. 이러한 조건 하에서 관리융통성체제의 단점은 더욱 크게 부각될 것이다.

3) 실천방안

경직성체제를 융통성체제로 전환시키려면 포괄적 연관성을 중시하는 통합적 접근을 해야 한다.

그러기 위해서는 먼저 성과중심적 인사원리를 확립하고 융통성체제 친화적인 행정문화 발전, 관리체제 전반의 융통성 제고 등 일련의 전제적 내지 동반적 개혁을 추진해야 한다. 그리고 인사행정의 여러 활동국면에 걸친 연관적 개혁을 추진해야 한다.

---

1) 이른바 신세대(新世代)는 규칙순응성이 낮고, 자기중심적이며, 독자성에 대한 요구가 강하다. 이들을 관리하는 데는 새로운 적응적 체제의 개발이 필요하다.

인사행정의 활동국면별 개혁방안은 ⅰ) 직업구조형성의 경직성·보수성을 타파하는 것,[m] ⅱ) 조직설계·직무요건·기술의 변화와 고용관계의 다양화에 대응할 수 있도록 채용기능의 적응능력을 향상시키는 것, ⅲ) 근무시간계획과 휴가 프로그램의 유연성을 높이는 것, ⅳ) 임용방법 배합의 상황적응성 제고·내부임용방법 선택기능의 분권화·경력통로 다원화를 통해 내부임용의 융통성을 높이는 것, ⅴ) 퇴직관리를 효율화하고 신분보장을 완화하는 것, ⅵ) 교육훈련의 수요민감성을 높이는 것, ⅶ) 성과관리를 지원할 수 있도록 근무성적평정제도를 효율화하는 것, ⅷ) 보수관리의 융통성을 높이는 것, ⅸ) 내재적 동기유발 프로그램을 강화하는 것, ⅹ) 행동규범의 경직성을 완화하는 것 등이다.

4) 우리나라에서의 관리융통성체제

우리나라의 인사행정은 전통관료제적 폐쇄성과 보수성을 유산으로 물려받았다. 그 위에서 발전해온 실적체제는 산업화시대의 통제지향적 실적주의를 반영하는 것이었다. 공식적 처방으로는 중립성, 객관성, 신분안정, 집권화, 표준화의 노선을 강조해 왔다.

최근에 이르러 인사행정체제의 융통성을 높이려는 개혁사업이 상당한 조직력을 보이고 있다. 고위공무원단제도 채택과 분류구조 개편, 팀제 실시, 총액인건비제도 채택, 각 부처에 대한 임용권 위임, 계약에 의한 개방형임용제 실시, 성과급 확대, 정부 내 인사교류의 확대, 정부와 민간 사이의 인사교류 촉진, 그리고 직위공모제 실시를 그 예로 들 수 있다.

그러나 이런 전략들이 정착되어 실효를 거두려면 상당한 기간의 시행착오를 거쳐야 할 것이다. 경직성체제의 안정성을 깨고 융통성체제의 유동성을 도입하는 데는 많은 기술적 장애와 저항이 따를 것이다.

7. 개방형 인사체제

1) 정   의

개방형 인사체제(開放型 人事體制: open career system)는 공직의 모든 계층에 대한 신규채용을 허용하는 인사제도이다. 개방형 하에서는 전문가들이 관료집단의 중핵을 형성하게 된다. 승진의 길은 상대적으로 좁고, 직무(직위)의 폐지는

---

m) 탈관료화시대의 직업구조형성에 관한 다음 절의 설명을 참조하기 바란다.

대개 공무원의 퇴직으로 이어진다.[8]

2) 추진방안

임용구조의 개방화를 추진하는 방안으로는 ⅰ) 고급관리자에 대한 신분보장조항 폐지, ⅱ) 임기제와 재임용제 적용, ⅲ) 계약제 임용의 확대, ⅳ) 공개경쟁채용의 확대, ⅴ) 경력경쟁채용 등(특별채용)의 확대, ⅵ) 동일직위에 일반직이나 별정직 공무원을 임용할 수 있게 하는 복수직제(複數職制)의 확대, ⅶ) 계급정년제 채택, 그리고 ⅷ) 공무원과 민간기업 직원의 상호 파견을 들 수 있다.

3) 효용과 한계

(1) 정당화 근거   개방형 인사체제의 효용은 ⅰ) 보다 폭넓은 노동시장에서 인적자원을 선택할 수 있다는 것, ⅱ) 공직의 침체를 방지한다는 것, ⅲ) 공직의 전문성 향상과 임무수행의 질을 높이는 데 기여한다는 것, ⅳ) 성과주의적 관리의 발전을 촉진한다는 것, ⅴ) 신분보장에 안주하여 복지부동하거나 무사안일주의에 빠지는 관료행태를 시정하는 데 기여한다는 것, 그리고 ⅵ) 정치적 리더십의 조직장악력을 높이는 데 기여한다는 것이다.

> 오늘날 임용체제의 개방화를 촉구하는 조건으로는 ⅰ) 행정환경이 급속한 변동을 겪고 있다는 것, ⅱ) 행정업무의 다양성·전문성이 높아지고 있다는 것, ⅲ) 인적자원의 전문화·고학력화의 수준이 높아지고 있다는 것, ⅳ) 행정문제와 그것을 다룰 기술은 급변하고 있다는 것, ⅴ) 공직 내외의 직업구조형성에서 전문가주의적 고려가 늘어나고 있다는 것, ⅵ) 사회전반에 걸쳐 직업적 유동성이 높아져 가고 있다는 것, 그리고 ⅶ) 행정의 정책기능 강화는 공무원들의 정책에 대한 충성심·고객과 정치적 리더십의 요구에 대한 감수성의 향상을 요구한다는 것을 들 수 있다.

(2) 단   점   개방형 인사체제 시행의 위험 또는 애로는 ⅰ) 폐쇄형을 개방형으로 전환하는 개방화조치가 공무원들의 개인적 이익을 해치고 재직자들의 사기를 저하시킬 위험이 있다는 것, ⅱ) 하급직위에 대한 모집활동에도 악영향을 미칠 수 있다는 것, ⅲ) 공무원집단의 단체정신에 손상을 줄 수 있다는 것, ⅳ) 공직의 안정성·계속성·전문성을 저해할 수 있다는 것, ⅴ) 내부로부터의 임용보다 외부로부터의 임용은 임용비용을 증가시킨다는 것, ⅵ) 임용결정에서 실책을 범할 위험부담도 크다는 것, ⅶ) 승진적체문제를 더욱 악화시킬 수 있다는 것, ⅷ) 공무원들의 소신 있는 임무수행이 좌절 또는 교란될 위험이 있다는

것, ix) 자의적 인사·정실인사의 가능성이 커진다는 것, 그리고 x) 개방직과 비개방직을 구별하여 양자의 인사원칙을 달리한다면 인사제도가 이원화되고 그 것은 임용관리에 차질을 줄 수 있다는 것이다.

> 행정조직이 변동보다는 안정을 추구하고, 재직자의 직업적 안정성을 중시하고, 행정의 전문 화 수준이 낮고, 성과보다 투입기준의 관리를 지향하는 경우, 그리고 사회 전반의 직업적 유 동성이 낮은 경우 개방형 인사체제의 이점보다는 단점이 많이 노출될 것이다.

4) 성공조건

임용체제의 개방화가 성공하려면 ⅰ) 타당성 있는 실적평가방법과 과학적 선발도구의 발전, ⅱ) 타당한 자격요건 설정, ⅲ) 모집망 확대, ⅳ) 외부로부터 임용된 사람들의 직장적응 지원, ⅴ) 잠정적 임용관계를 수용하고 존중하는 조 직문화의 형성, ⅵ) 탈관료화의 촉진 등의 조건이 성숙되어야 한다.

5) 우리나라에서의 개방형 인사체제

임용구조를 개방화하는 여러 가지 방안들 가운데서 계급정년제를 제외한 나머지 방안들은 어떤 형태로든 우리나라에서 채택하고 있다.[n]

근래에 특히 강조된 것은 개방형직위의 지정이다. 1급 내지 3급 공무원의 20%를 개방형직위로 지정하여 계약제를 적용함으로써 '개방형 직위제도'를 출범 시켰다.[o] 고위공무원단제도의 도입과 함께 고위공무원단 직위의 20%를 개방형 직위로 지정하는 방침을 채택하기도 하였다. 개방형직위제도의 적용은 하급직위 로 점차 확대되었다. 이 제도 운영의 실제에서 개방형직위의 범위설정에 나타난 형식주의, 그리고 개방형직위에 임용예정조직의 내부인사가 다수 임용되는 문제 가 줄곧 비판대상이 되었다.

그러나 오래된 또는 새로이 도입된 개방화방안들이 영향을 키워가고 있는 것은 사실이다. 임용구조의 전통적 폐쇄성은 많이 완화되는 추세이다.

---

n) 일부 특정직 공무원에게는 계급정년제를 적용하고 있다.

o) 「국가공무원법」 제28조의 4(개방형직위)는 "임용권자나 임용제청권자는 해당 기관의 직위 중 전문성이 특히 요구되거나 효율적인 정책수립을 위하여 필요하다고 판단되어 공직 내부나 외 부에서 적격자를 임용할 필요가 있는 직위에 대하여는 개방형직위로 지정하여 운영할 수 있다" 고 규정한다. 이 제도의 구체적인 내용은 「개방형직위 및 공모직위의 운영 등에 관한 규정」이 정한다.

개방형 인사체제에 대조되는 것이 폐쇄형 인사체제(閉鎖型 人事體制: closed career system)이다.

폐쇄형 인사체제는 계층구조의 최하계층에만 외부로부터 신규채용하는 것을 허용하는 인사제도이다. 계서제의 최하계층에 젊은 사람을 채용하고 그들이 상위계급에 승진해 올라가게 하는 제도인 까닭에 상위계층에 대한 임용은 거의 내부로부터의 승진에만 의존한다.

원칙적으로 계급제에 바탕을 둔 폐쇄형에서는 일반능력자주의적인 임용정책이 채택된다. 조직이 공무원의 발전과 지위향상을 위해 각별한 정책적 관심을 가지고 책임을 지기 때문에 폐쇄형은 재직공무원인 사람을 중심으로 운영되는 제도라고 한다.

폐쇄형은 젊은 사람이 공직을 생업으로 삼아 일생 발전해 가게 하는 데 유리한 제도이다. 공무원의 사기와 공직에 대한 일체감을 높이고, 행정의 일관성과 안정성을 강화하는 것이 폐쇄형의 제도적 이점이다. 그러나 폐쇄형은 공직이 침체되고, 관료집단이 외부의 변화와 요청에 민감하지 못한 특권집단으로 되게 할 염려가 있다.

8. 교류형과 비교류형

1) 정 의

공무원의 경력발전계통이 어떤 하나의 기관에 국한되는 제도를 비교류형(非交流型: organization career)이라 하고, 공무원이 담당하는 업무의 종류가 같은 범위 내에서 기관 간의 인사이동이 자유로운 제도를 교류형(交流型: program career)이라 한다.[9]

여러 나라의 예를 보면 비교류형의 오랜 전통이 있고 아직도 비교류형에 치우친 제도들이 많음을 알 수 있다. 우리나라의 제도 역시 비교류형의 오랜 전통을 물려받았다.

지난 수십 년 동안 비교류형의 폐단을 시정하기 위해 부처 간의 인사교류를 촉진해 보려고 노력한 것은 사실이다. 부처 간의 인사교류를 법적 제도로 규정한 지는 오래 되었다. 일부 국장급 공무원들을 부처 간에 맞교환하는 역점사업을 추진하기도 했다. 고위공무원단제도의 도입으로 인사교류의 길을 넓히기도 하였다.

교류형과 비교류형은 각각 상반되는 장·단점을 가지는 것이지만, 오늘날과 같이 행정의 여건이 복잡하고 변동이 심한 상황에서는 비교류형의 결함이 그 이점을 훨씬 능가할 것으로 생각된다.

2) 비교류형의 폐단과 교류형화의 장애

공무원 임용의 부처별 폐쇄주의는 기관별 인적자원의 질적 불균형을 낳고 인적자원 활용의 효율성을 떨어뜨릴 뿐만 아니라, 정부 전체의 협동적 활동을 방해한다. 현대사회에서 모든 조직의 자족성은 줄어들고 각종 행정작용의 상관성은 고도화되고 있음에도 불구하고 정부 내의 기관들이 인적자원 활용에서 고립주의를 취한다는 것은 행정발전에 역행하는 일이라 하지 않을 수 없다. 인적자원 활용의 고립주의는 또한 공무원들의 개인적 경력발전기회를 제약한다.

그러나 교류형화에 지장을 주는 제약요인도 적지 않다. 공무원 각자의 직업적 한계는 궁극적으로 인사교류의 한계가 된다. 공무원제도가 폐쇄형이면 행정기관 간의 인사교류도 제약된다. 각 기관마다 인사제도와 관행이 서로 다르거나 교류절차가 복잡하면 인사교류가 제약된다. 인사권자와 공무원들의 행태가 폐쇄적이면 인사교류가 어렵다. 현실적으로 가장 큰 장애는 이러한 행태적 요인이라 할 수 있다.

III. 인사행정의 개혁

1. 인사행정의 현실

전환시대의 우리나라 인사행정은 정체성위기에 직면한 것 같다. 인사행정이 무슨 일을 해야 하는가에 대한 관념적 혼란이 있고 인사정책들은 혼선을 빚고 있다. 인사행정에 대한 투자는 부족하고 인사행정의 전문성과 역량은 의심스럽다. 중요 현안들에 대한 인사정책의 실패가 많았기 때문에 필요한 신뢰를 얻지 못하고 있다.

소극적이고 집권적이며 통제지향적이었던 인사행정기능의 전통은 아직도 그 뿌리가 깊다. 인사절차와 방법은 경직되고 번문욕례의 희생이 되고 있다. 실적주의적 제도의 공식화 과정에서 강조해 온 중립성·객관성·통일성은 인사행정의 대응성을 약화시켜 놓았다. 규제중심적·공급자중심적 인사행정은 일반관리기능과 괴리되고 고객의 요청에 둔감하였다. 인사행정도 부정적 관료행태로부터 자유로울 수가 없다. 오랫동안 부패·정실·불공정에 대한 시비가 끊이지 않았다.

이러한 문제들에 대한 개혁노력이 진행되어 왔으며 그 성과도 어느 정도는 느껴지고 있다. 그러나 개혁과정에서도 혼란과 실책이 저질러지는 것을 보아왔다. 개혁을 과시하기 위해서 또는 정치적·정략적 이유 때문에 과잉적 조치들을 채택하기도 하고, 외국제도에 관한 '지식자랑하기'를 위한 것처럼 보이는 개혁안 채택도 있었다. 소리만 요란하고 성과는 없는 시책들도 있었다. 통제에 통제를 얹어 번문욕례를 심화시키기도 했다. 자가당착적 시책들을 여과없이 채택하기도 하였다.

2. 개혁의 기본원리

인사행정 개혁을 추진할 때에는 다음과 같은 원리를 추구해야 한다.

(1) 인간주의 추구   인간주의에 입각하여 인사행정과 정부관료제를 인간화하는 것을 인사행정발전의 궁극적인 원리로 삼아야 한다. 인간주의는 인간의 인간다운 속성, 고급화된 속성을 존중하며 북돋우고 활용하여 조직을 인간화하려는 원리이다. 인간주의적 인사행정은 인간의 정신과 윤리성을 강조하는 인사행정이다. 인간주의적 인사행정은 전반적인 관리체제의 통합화를 유도하고 지지한다.

인간주의적 인사행정의 추진은 인간의 하급욕구에 착안한 교환적·통제적 전략의 기초적 성과를 선행적 조건으로 한다. 인간주의적 인사행정의 구현을 원칙으로 삼아야 하지만, 교환적·통제적 접근방법의 현실적 필요에도 부응해야 한다.

(2) 형평성 추구   임용뿐만 아니라 인사행정의 모든 국면에 걸쳐 형평성을 구현하도록 노력해야 한다. 과거로부터 누적되어 온 차별적 제도와 관행을 시정하는 시책을 강화해야 한다. 차별철폐를 목적으로 하는 개혁에서 관심을 가지고 돌보아야 할 비혜택집단은 여럿이다. 남녀차별을 없애려는 여성주의적 개혁은 형평성 구현을 위한 개혁사업에서 상당기간 특별한 현안으로 다루어져야 할 것이다.

(3) 성과주의 추구   인사행정개혁은 성과주의를 지향해야 한다. 성과주의는 목표를 중요시하고 목표의 실현을 강조한다. 목표실현의 가능성이나 기회에 만족하지 않고 실현의 결과를 요구한다. 성과주의는 절차와 수단에 의한 목표대치를 배격하고, 형식과 실질이 괴리되는 형식주의를 배격한다. 성과주의는 또한 고품질의 산출을 중요시하는 산출중심주의이다.

(4) 소비자중심주의 추구   인사행정은 소비자중심주의를 추구해야 한다.

인사행정의 필수적인 감시기능은 유지하더라도 필요 이상의 공급자중심적·일방통행적 감시와 통제는 없애야 한다. 인사행정을 분권화하고 계선관리자들에게 힘을 실어주어야 한다. 인사행정의 소비자인 계선관리자들과 공무원들에게 협력적·지원적 서비스를 제공하는 역할을 키워나가야 한다.

그러나 규제완화와 분권화가 행정의 계층적 분할을 부추겨서는 안 된다. 공동목표를 추구하는 행정체제의 응집성 그리고 행정수반의 리더십에 대한 대응성이 약화되지 않게 해야 한다.

(5) 경직성 완화   집권적이고 획일적인 통제, 인사기준의 미분화, 절차 상의 번문욕례, 개혁에 대한 저항으로 인한 인사행정의 경직성을 타파해야 한다. 환경적 격동성, 다양해져 가는 요청, 변동하는 요청에 적응할 수 있도록 적정한 수준까지 인사행정의 융통성을 높여야 한다.

융통성을 높일 때 인사행정의 형평성을 손상하지 않도록 각별한 주의를 기울여야 한다. 그리고 절차적 공정성을 확보하도록 노력해야 한다.

(6) 투명성 제고   인사행정은 투명성을 높이고 부패를 몰아내야 한다. 인사행정은 그 자체의 부패요소를 제거하기 위한 반부패 프로그램을 강화해야 한다. 그리고 공직 전체와 행정환경의 부패제거를 위한 개혁운동의 일익을 담당해야 한다.

(7) 창의성 함양   인사행정은 지속적인 개혁기제를 내장한 창의적 체제라야 한다. 인사행정 담당자들은 스스로 창의적이어야 하며 공직 전체의 창의적 노력을 지원하는 개혁추진자라야 한다.

(8) 장기적·거시적 관리역량 발전   전략적 인적자원관리체제를 발전시켜야 한다. 인사행정은 장기적 비전을 제시하고 그에 따라 체계적 전략을 수립할 수 있어야 한다. 인사행정은 거시적 관점에서 개방체제적 연계작용을 관리해야 한다. 인사행정은 다양한 요청의 대립과 갈등에 대처하는 조정적·촉매작용적 역량을 강화해야 한다.

(9) 정보화 촉진   인사행정의 정보화를 촉진하여 효율성을 높이고 전자정부 발전을 지원해야 한다.

직업구조형성 · 임용 · 퇴직

I. 직업구조형성: 공직의 분류

정부조직의 직업구조를 형성한다는 말은 조직 내의 직위와 사람들을 일정한 원리와 기준에 따라 분류하여 범주화하는 작업을 의미한다. 이 작용은 분류(分類) 또는 공직의 분류, 직위의 분류라고도 부른다. 직업구조형성의 원리가 어떤 것이냐에 따라 직업구조형성의 접근방법이 구분된다.

1. 직업구조형성의 전통적 접근방법

지금까지 인사행정과 인사행정학에서 널리 사용해 온 직업구조형성의 전통적 접근방법은 두 가지이다. 두 가지 접근방법이란 계급제와 직위분류제를 말한다. 계급제는 계급지향적 접근방법이며, 직위분류제는 직무지향적 접근방법이다. 이러한 차이가 있음에도 불구하고 두 가지 접근방법이 모두 전통적 관료제의 계서제적 배열을 전제로 하는 것이기 때문에 '전통적'이라고 하는 공통적 평가를 받고 있다.

실천의 세계에서 계급제의 역사는 길다. 농경시대부터 오래 쓰여왔다. 전통적으로 계급제를 채택해 온 나라들의 예로 영국과 유럽대륙의 국가들, 그리고 동양제국을 들 수 있다. 산업화시대의 산물인 직위분류제의 원산지는 미국이라고 할 수 있다. 직위분류제는 미국에서 개발된 이래 많은 나라에 전파되었다.

1) 계급제의 정의

계급제(階級制: rank classification or rank-in-person or rank-in-corps)는 공무원의 계급(rank)이라는 개념에 기초를 두고, 사람들의 상대적인 또는 비교적인 지위에 따라 계급을 구분한다. 직무가 지니는 특성보다는 사람에게 부여된 인적 특성을 기준으로 계급구조를 형성한다. 조직구조의 계층과 공무원의 계급은 긴밀히 연계된다. 공무원의 계급은 계서제 상의 지위라 할 수 있다. 계급제가 처방하는 분류방법과 분류구조는 단순하고 융통성이 있다.

계급제는 전통적 계서제와 일반능력자주의적 인사행정에 어울리는 제도이다.

2) 직위분류제의 정의

직위분류제(職位分類制: position classification or rank-in-job)는 직무(job) 또는 직위(position)라는 개념에 착안한 직무지향적 분류모형이다. 이 접근방법은 직무의 차이를 기준으로 하여 직위를 분류한다. 직위분류제에서 기초로 삼는 직위는 한 사람이 수행할 수 있는 일과 책임의 단위이지만, 그것을 담당하는 사람과는 구별되는 개념이다. 직위분류제는 직위담당자의 특성을 떠나 직무 자체의 특성을 분석·평가하여 분류구조를 형성하고, 그에 따라 직위담당자의 자격을 설정한다.

직위분류제의 핵심은 직무의 종류와 책임수준을 종횡으로 구분하여 직위의 분류구조를 형성하는 것이다. 분류구조의 수평적 및 수직적 분화수준은 계급제의 경우에 비해 훨씬 높다. 직위분류제에서 분류구조를 규정하는 주요 개념은 직위·직급·직류·직렬·직군·등급이다.[a]

직위분류제는 ⅰ) 준비작업단계, ⅱ) 직무조사단계, ⅲ) 직무분석·평가단계, ⅳ) 직급명세서 작성단계, ⅴ) 정급단계(定級段階), ⅵ) 유지관리단계 등 일련의 단계를 거쳐 수립·운영된다.

직위분류제는 전문가주의적 인사행정에 어울리는 제도이다.

3) 계급제와 직위분류제의 비교

(1) **특성비교**   계급제나 직위분류제의 순수형태를 실천적인 제도로 채택하였을 경우를 가상하여 양자의 특성을 비교해 볼 수 있다.

---

a) 직위는 한 사람의 공무원에게 부여할 수 있는 직무와 책임을 말한다. 직급(職級: class)은 직무의 종류, 곤란성과 책임도가 상당히 유사한 직위의 군(群)으로서 동일한 직급에 속하는 직위에 대하여는 임용자격·시험·보수 등에서 같은 취급을 할 수 있는 것을 말한다. 직류(職類: sub-series)는 같은 직렬 내에서 담당분야가 동일한 직무의 군을 말한다. 직렬을 다시 세구분한 것이 직류이다. 직렬(職列: series of class)은 직무의 종류가 유사하고, 그 곤란성과 책임의 정도가 서로 다른 직급의 군을 말한다. 직군(職群: occupational group)은 직무의 종류가 유사한 직렬의 군을 말한다. 등급(等級: grade)이란 직무의 종류는 다르지만, 그 곤란성·책임수준 및 자격수준이 상당히 유사하여 동일한 보수를 지급할 수 있는 모든 직위를 포함하는 것을 말한다.

① 조직 내의 인사이동　　계급제와 직위분류제는 다같이 조직 내의 인적자원 이동(승진·배치전환 등)을 다소간에 허용한다. 그러나 계급제에서 그러한 이동이 더 융통성 있게 이루어질 수 있다.

② 보직관리　　공무원의 보직(배치)을 관리하는 데 직위분류제는 보다 정확한 또는 제약적인 기준을 제시해 준다. 계급제에서의 보직관리는 융통성이 있다.

③ 조직설계　　조직설계에 관련시켰을 때 직위분류제의 효용은 단기적이며, 계급제의 효용은 장기적이라고 할 수 있다.

④ 행정 상의 조정　　직위분류제는 공무원들의 직무한계와 책임소재를 보다 명확하게 규정하기 때문에 행정 상의 조정문제가 발생하는 것을 예방하는 데 기여한다. 그러나 조정문제가 발생한 다음에는 해결이 어렵다. 계급제에서는 직무구분이 엄격하지 못하므로 조정문제발생의 예방에는 상대적으로 불리하지만 이미 발생한 조정문제의 해결은 용이하게 한다.

⑤ 공무원의 경력발전　　공무원의 신분을 안정시키고 높은 자리로 발전해 나갈 수 있게 하는 면에서는 계급제가 단연 유리하다. 반면 직위분류제에서는 특정직위와 공무원의 근무경력을 연결시키므로 이동이나 발전이 제약되고 직위가 폐지되면 해당 공무원의 근무가 중단되기 쉽다.

⑥ 보　　수　　직위분류제는 직무급의 결정에 타당한 자료를 제공할 수 있다. 계급제는 사람의 계급에 따른 자격급의 결정에 기준을 제시한다.

⑦ 공무원 지망자의 자격요건　　직위분류제에서는 공무원의 전문성을 강조하며, 공무원을 채용할 때 각 직위의 요청에 당장 부합하는 전문적 능력을 구비하고 있는 사람을 선발한다. 계급제에서는 공무원들의 근무를 통한 능력발전에 치중하는 경향이 있으며, 따라서 일반소양을 갖추고 장차 장기적인 공무원 생활에서 성공할 가능성이 있는 사람들을 선발하게 된다.

(2) 장·단점의 비교　　계급제와 직위분류제의 일반적인 장점과 단점은 다음과 같다.[1)]

① 계급제의 장·단점　　계급제의 장점은 ⅰ) 인적자원 활용의 융통성을 높여준다는 것, ⅱ) 공무원의 신분안정과 개인의 장기적 경력발전에 기여한다는 것, ⅲ) 단체정신과 조직에 대한 충성심을 확보하는 데 유리하다는 것, ⅳ) 조직설계 변동과 장기적인 행정발전 계획에 잘 적응할 수 있다는 것, 그리고 ⅴ) 조정능력을 갖춘 관리자의 육성에 유리하다는 것이다.

계급제의 단점은 ⅰ) 행정전문화의 요청에 부응하지 못한다는 것, ⅱ) 직무와 사람의 적합성 확보와 직무지향적 동기유발을 어렵게 한다는 것, ⅲ) 계서제상의 각 계층이 서로 긴장을 조성하게 한다는 것, 그리고 ⅳ) 각 계층의 구성원들이 자기 계층의 집단이익 옹호에 집착하게 한다는 것이다.

② 직위분류제의 장·단점   직위분류제의 장점은 ⅰ) 노동의 전문화·조직설계의 체계화를 촉진한다는 것, ⅱ) 직무와 인간의 적합도를 높이고 직무중심적 동기유발을 지지한다는 것, ⅲ) 책임명료화·갈등예방·합리적 절차 수립을 돕는다는 것, 그리고 ⅳ) 인사행정의 용어통일에 기여하고 직원관계와 대외관계의 개선에 유용한 정보를 제공한다는 것이다.

직위분류제의 단점은 ⅰ) 인간경시의 분위기를 조성한다는 것, ⅱ) 조직설계와의 연계 때문에 조직설계의 변동이 있을 때마다 분류구조를 재설계해야 하는 문제가 있다는 것, ⅲ) 인적자원 활용에 주는 제약이 크다는 것, ⅳ) 일하는 사람의 안목을 편협하게 하며 관리자의 양성을 어렵게 한다는 것, 그리고 ⅴ) 무미건조한 직무설계는 일하는 사람의 권태감·소외감을 키운다는 것이다.

4) 접근방법 선택과 고려요인

계급제나 직위분류제 가운데 어느 하나를 채택거나 양자를 배합하려 할 때는 대내적 및 대외적 영향요인들을 고려해야 한다. 대내적 요인의 예로는 ⅰ) 관리체제의 일반적 특성, ⅱ) 조직의 규모와 복잡성, ⅲ) 개방성·교류성의 수준, ⅳ) 보수의 수준, ⅴ) 분류기술의 유무와 비용을 들 수 있다. 대외적 또는 환경적 요인의 예로는 ⅰ) 사회의 직업구조 분화수준, ⅱ) 사회적 계층의 성격, ⅲ) 교육제도의 특성, ⅳ) 노동시장의 조건을 들 수 있다.

직위분류제 채택에 적합한 조건은 ⅰ) 전문가주의적·직무중심적 관리체제, ⅱ) 규모가 크고 복잡한 조직, ⅲ) 개방형·교류형 임용체제, ⅳ) 직위분류제의 효용을 높일 수 있는 보수수준, ⅴ) 직위분류제 수립·운영에 필요한 기술과 비용의 보유, ⅵ) 높은 수준의 사회적 직업구조 분화, ⅶ) 실적기준에 따른 사회적 층화, ⅷ) 전문인력양성을 지향하는 교육제도, 그리고 ⅸ) 전문분야별 인적자원을 원활히 공급하는 노동시장이다.

계급제의 채택이 적합하거나 불가피한 조건은 ⅰ) 일반능력자주의적 관리체제, ⅱ) 규모가 작고 단순한 조직, ⅲ) 폐쇄형·비교류형 임용체제, ⅳ) 직무차

등에 따른 차별화의 효과를 거두기 어려운 보수수준, ⅴ) 직위분류제 수립에 필요한 기술과 재원의 부족, ⅵ) 사회의 직업구조 미분화, ⅶ) 전통적·신분적 사회계층의 수용, ⅷ) 일반능력자양성을 지향하는 교육제도, 그리고 ⅸ) 노동시장의 전문인력 공급부족이다.

2. 탈관료화 시대의 직업구조형성

1) 여건변화와 전통적 모형의 한계

전통적인 관료제모형이 각국의 실천적인 제도에 깊은 뿌리를 내리고 있는 만큼 계급제와 직위분류제는 아직도 널리 적용되는 모형으로 남아 있다. 그러나 이 두 가지 모형의 현실적합성은 시대변화에 따라 점점 저하되어 왔음을 잊어서는 안 된다.

계급제나 직위분류제의 적실성을 떨어뜨리는 관료화이후시대의 여건변화는 ⅰ) 변동성·유동성의 증대, ⅱ) 계서제적 지배구조의 능력저하, ⅲ) 기술수준의 고도화, ⅳ) 인적 전문화수준 향상, ⅴ) 소비자중심주의와 성과주의의 확산 등이다.

이러한 여건변화는 직업구조형성의 임무중심주의와 고도의 적응성·융통성을 요구한다. 계급제나 직위분류제로는 그러한 요청에 부응하기 어렵다. 둘 다 전통관료제의 계서제를 전제로 하는 것이며 구조적 경직성이 높다. 그리고 인사행정의 공급자중심적·투입중심적 성향을 조장한다.

계급제에서 인적자원 활용이 비교적 융통성 있게 이루어질 수 있다고 하지만 계급 구분의 경직성은 높은 것이다. 전문화 추구나 직무지향적 동기유발전략의 발전에도 불리하다.

직위분류제도 탈관료화시대의 요청에 부응하기 어려운 접근방법이다. 조직구조에 사람을 얽어매는 경직성을 지녔다. 직위분류제는 직무의 내용을 미리 정의하고 기술할 것을 요구하지만, 역동적이고 불확실한 상황에서는 그것이 어렵거나 불가능하다. 탈관료화의 조직에서는 많은 일들이 돌발적·응급적이며 비정형적이다. 그에 대한 예측은 고도의 불확실성 때문에 어렵다.

2) 제 3 의 대안 탐색: 구비조건

탈관료화시대의 직업구조형성모형이 갖추어야 할 조건은 다음과 같다.

① 융 통 성   업무의 역동성과 조직구조의 유동성을 전제로 융통성 있는

분류구조를 형성해야 한다.

② **통 합 성**   조직활동 전체의 통합에 기여하는 수단으로서의 역할을 해야
한다.

③ **임무중심주의**   전문성에 기초한 임무중심주의적 인사행정을 지지해야
한다.

④ **인간주의**   직무수행을 통해 자기실현을 하려는 고급의 인성을 발양시키
고, 내재적 통제를 촉진하려는 인간주의적 관리전략을 지지해야 한다.

⑤ **점직자의 영향 인정**   점직자(占職者)의 개인적 동기와 능력이 직위에 미
칠 수 있는 영향의 폭을 용인해야 한다.

3) 제3의 대안 탐색: 대안의 유형

위의 요건을 충족시키는 직업구조형성모형의 개발은 여러 방면에서 시도될
수 있을 것이다. 실제로 여러 가지 대안들이 제안되고 있다.[2]

(1) 계급제와 직위분류제의 배합   계급제와 직위분류제의 구성요소들을 적
절히 배합함으로써 양자의 결함을 완화하자는 제안들이 있다. 그 가운데서 주종
을 이루는 것은 직원유동에 대한 제약이 심한 직위분류제에 계급제적 요소를 접
목시켜 융통성을 높이자는 제안들이다.

그 한 예로 직위분류제적 직업구조의 상층부에 계급제적 분류방식을 도입
하자는 제안을 들 수 있다.[b] 다른 하나의 예는 직급확장(broadbanding classes)을
처방하는 제안이다. 이것은 직위분류제의 원칙을 유지하되 직렬·직군·보수등급
의 수를 줄이고 각각의 폭을 넓힘으로써 인사운영의 융통성과 대응성을 높이자
는 제안이다.

(2) 성과중심적 직무기술   이것은 직위분류제의 수립에서 성과기준에 따른
직무의 분석·평가·기술(記述)을 하자는 제안이다. 전통적 직위분류제에서는 직
무의 유형에 초점을 맞추어 직무를 기술하였기 때문에 투입지향의 인사운영을
조장하였다. 성과중심의 직무기술에 대한 제안은 직위의 분석·평가·기술에서 직
무수행의 목표와 성과기준에 초점을 두어 성과지향적 관리를 촉진하자는 것이다.

(3) 다원화와 분권화   직업구조형성의 상황적응성을 높이기 위해 접근방법

---

b) 이런 아이디어에 따른 제도의 예로 고위공무원단을 들 수 있다. 이것을 탈관료적 대안의 예로
   드는 까닭은 전통적 모형들을 배합하려는 시도이며 관료제의 연성화에 기여할 수 있는 대안이
   기 때문이다. 고위공무원단제도에 대해서는 항을 바꾸어 자세히 설명하려 한다.

을 다원화하자는 제안이 있다. 이것은 각 행정기관의 필요에 따라 분류체계를 달리할 수 있게 하자는 제안이다. 이런 제안들은 대개 분권적 운영을 함께 처방한다.

제도의 다원화없이 분권화 수준만을 높이자는 제안도 있다. 단일분류체계하에서라도 계선관리자들이 운영 상의 재량권을 더 많이 행사할 수 있게 함으로써 실천적 적응성을 높이자는 제안인 것이다.

(4) 시장기제의 활용　　시장기제(市場機制)를 활용하려는 접근방법(시장모형: market model)은 임용과 보수의 결정에서 미리 정해진 직위분류의 틀을 포기하고 관리 상의 필요, 실적평가, 그리고 노동의 시장가격을 기준으로 삼도록 처방한다. 고정적인 직위분류체계의 폐지를 처방하는 모형이라고 할 수 있다.

이 모형의 처방에 따르는 경우 관리자들은 인사운영에 관하여 예산의 범위 내에서 높은 자율권을 행사한다. 관리자들은 조직의 필요와 노동시장의 조건에 따라 채용인원수나 보수액을 예산의 범위 내에서 자율조정할 수 있다. 계약직의 경우 이러한 접근방법의 적용가능성이 높다.

(5) 직무재설계　　직업구조형성기능의 시야를 넓히고 직무재설계방법을 도입하자는 제안이 있다. 이 접근방법은 직무재설계과정을 직업구조형성장치에 내장시키고 그것을 전체적인 관리체제에 연결시키자는 제안이다. 지속적·반복적인 직무재설계과정을 직위분류장치에 내장시키면 직업구조의 융통성·잠정성이 높아진다. 그리고 직무중심주의와 인간중심주의를 조화시킬 수 있는 직업구조형성이 촉진된다.

4) 고위공무원단

(1) 정　　의　　고위공무원단(高位公務員團: senior executive service: SES)은 고급공무원으로 구성되고 융통성 있게 전정부적으로 통합관리되는 공무원집단이다. 고위공무원단에 적용되는 인사원리는 다른 공무원집단의 경우와 구별된다. 고위공무원단의 구성과 운영에서는 계급제적 제약이나 직위분류제적 제약이 약화되고 성과관리적 요소가 강화된다. 인사운영의 유동성·융통성이 높아진다. 개방형 임용이 확대되고 부처 간의 경계를 가로지르는 임용도 용이해진다.[3]

우리 정부에서는 2006년 7월 1일부터 고위공무원단제도를 시행하고 있다.[c]

---

c) 우리 정부의 고위공무원단제도는 미국 연방정부의 제도를 모방하고 있다. 미국 연방정부는 이 제도를 Civil Service Reform Act of 1978에서 규정하고, 1979년부터 시행하였다. 그 뒤에 고위공무원단제도는 캐나다, 호주, 뉴질랜드, 영국 등에서 채택되었다. 미국에서는 고위공무원단을

(2) 직업구조(분류)   고위공무원단이 출범할 때는 3급 이상에 해당했던 고급공무원으로 구성하였지만 계급제는 적용되지 않는다. 계급명칭은 없으며 직무등급 구분만 있다. 고위공무원에게는 당초 5등급제가 적용되었으나 2009년부터는 등급의 수를 둘(가 등급과 나 등급)로 줄였다. 고위공무원단 소속공무원은 모두 고위공무원으로 통칭된다.

(3) 임   용   고위공무원단은 실·국장과 이에 상당하는 보좌기관의 일반직·별정직·특정직 공무원으로 구성한다. 여기에는 지방자치단체 등에 근무하는 국가공무원도 포함된다. 고위공무원단을 창설할 때는 1급 내지 3급에 해당하는 공무원으로 구성했지만 구성 후에는 고위공무원의 계급을 폐지하였다.

고위공무원단제도 시행 이후의 고위공무원 임용에는 민간과 경쟁하는 개방형임용방법, 부처 간 경쟁을 통한 직위공모방법, 각 부처장관이 행하는 자율임용방법이 함께 쓰인다.

어떤 임용방법에 의하든지 역량평가라는 자격심사를 거쳐야 한다. 역량평가는 후보자교육과정을 이수한 과장급 공무원과 개방형 직위 등의 선발후보자인 민간인을 대상으로 실시한다.

고위공무원단 소속 공무원은 중앙인사기관이 인력풀로 관리한다. 각 부처의 장은 전체인력풀에서 적임자를 선택하여 임용제청한다.

(4) 성과관리   고위공무원들은 강화된 성과관리의 대상이 된다. 고위공무원에게는 성과목표·평가지표에 관한 계약을 체결하고 목표달성도를 평가받는 직무성과계약제가 적용된다. 매년 실시하는 '성과계약 등 평가'에서는 5개 등급(매우 우수, 우수, 보통, 미흡, 매우 미흡)으로 평가하고, 평가결과 최하위 평정을 총 2년 이상 받은 고위공무원은 적격심사를 통해 직권면직할 수 있다. 중간등급보다 낮은 등급의 평정을 받은 경우 무보직 조치도 가능하다. 적격심사에서 부적격결정을 받은 사람은 직권면직시킬 수 있다.

공무원의 정치적 중립과 신분보장에 관한 제도는 고위공무원에게도 원칙적으로 적용되지만 성과와 능력이 부족한 사람들에게 면직 등 신분 상의 불이익을 줄 수 있는 길을 열어 놓았다. 1급 공무원에 상당하는 고위공무원은 신분보장 대상에서 제외된다.

만들어 계급제적 요소를 가미함으로써 직위분류제의 단점을 시정하려 한 반면 우리나라에서는 계급제적 특성을 약화시키려는 의도가 엿보인다.

고위공무원에게는 직무성과급적 연봉제를 적용한다. 이 제도의 적용을 받는 고위공무원의 직무성과급적 연봉은 기본연봉과 성과연봉으로 구성된다. 기본연봉은 개인의 경력 및 누적성과를 반영하여 책정하는 기준급과 직무의 곤란성 및 책임의 정도를 반영하여 직무등급에 따라 책정하는 직무급으로 구성된다. 성과연봉은 전년도의 업무실적 평가결과에 따라 지급하는 보수이다.

고위공무원의 능력발전과 성과향상을 위해 성과평가를 강화할 뿐만 아니라 후보자교육과정의 이수를 의무화하고, 재직자에게는 맞춤형 교육을 실시한다. 맞춤형 교육이란 훈련수요에 대한 적합도를 높인 훈련을 말한다.

(5) **정당화 근거**   고위공무원단제도는 높은 정치적 대응성과 탁월한 전문적 업무수행능력을 함께 구비한 고급공무원집단을 발전시킬 수 있다.

고위공무원단제도 채택의 정당화 근거 내지 이점으로는 ⅰ) 성과주의를 강화하여 공직의 경쟁력을 향상시킬 수 있다는 것, ⅱ) 인사운영의 융통성을 높여 적재적소의 인력활용을 도모할 수 있다는 것, ⅲ) 부처 내 또는 부처 간의 인사교류를 원활하게 하고 임용의 개방화를 촉진함으로써 우수한 공무원을 확보하고 부처이기주의와 인사침체를 완화할 수 있다는 것, ⅳ) 대통령·장관 등 인사권자들의 인사 상 재량범위를 넓혀 정책추진에 필요한 통제력을 강화할 수 있다는 것, 그리고 ⅴ) 각종 성과급·장려급에 의해 우수공무원에 대한 처우를 개선할 수 있다는 것을 들 수 있다.

(6) **폐단의 위험**   고위공무원단의 운용에서 빚어질 수 있는 폐단으로는 ⅰ) 정치적 오염·정실개입의 우려가 있다는 것, ⅱ) 임용결정이나 성과관리에 필요한 각종 평가의 적정성을 보장하기 어렵다는 것, ⅲ) 신분불안 때문에 공무원들의 사기가 떨어지고 직무수행의 자율성이 손상될 수 있다는 것, ⅳ) 직무수행의 경험에서 축적하게 되는 전문성이 저하될 수 있다는 것, ⅴ) 인기 있는 부서 또는 기관에만 지망자가 집중되는 문제를 야기할 수 있다는 것, ⅵ) 고위공무원단은 정년을 앞둔 무사안일주의자들에게 은신처를 제공할 수도 있다는 것, ⅶ) 공모직위 운영 상의 형식주의·무능력자 퇴출제 운영 상의 온정주의가 우려된다는 것, 그리고 ⅷ) 연공서열중심 인사 등 계서적 관리의 오랜 전통과 마찰을 빚을 수 있다는 것을 들 수 있다.d)

---

d) 정부는 각종 평가에 대한 외부인사 참여와 엄격한 심사를 내세워 인사권자의 재량권 남용이나 정실개입에 대한 우려를 반박한다. 그러나 민간인 심사위원의 선임을 인사권자가 한다는

(7) 성공조건　　　고위공무원단제도를 성공적으로 운영할 수 있으려면 그 설계를 잘 해야 하며 제도의 일탈적 운영을 막아야 한다. 정치적·행정적 리더십의 지지와 공무원들의 협조가 있어야 한다.

그리고 고위공무원단제도로써 충족시키려는 여러 가지 상충적 요청들을 정당하고 적정하게 조정해 주는 조정기제가 발전되어 있어야 한다. 상충되는 요청이란 정치적 리더십의 통제력 유지, 공무원들의 중립적 행정능력 향상, 행정에 대한 시민참여 촉진, 공무원들의 권익 보호, 관리 상의 융통성 확대, 공무원의 통합관리를 위한 집권화, 계선관리자들의 인사자율성 증진을 위한 분권화 등이다. 이러한 요청들을 잘 조정할 수 있도록 지지해 주는 기제의 기반은 선진화된 사회와 민주적 정치질서이다.

3. 직무분석과 직무평가

직무분석과 직무평가는 조직 내 직업구조형성의 기초적 도구들이다. 이들 도구의 활용수준과 활용양태는 직업구조형성의 접근방법에 따라 다르다.

1) 직무분석

(1) 정　　　의　　　직무분석(職務分析: job analysis)은 조직 내의 직무에 관한 정보를 체계적으로 수집하여 처리하는 활동이다. 여기서 직무라고 하는 것은 하나의 직위에 배정되는 업무의 묶음을 말한다.

직무분석은 인사행정의 초석을 놓는 활동들 가운데 하나이다. 직무분석의 일반적 목적은 조직 내의 직무들을 정확히 파악하여 인사기능의 수행에서 활용할 수 있게 하려는 것이다. 그 용도는 직무기술, 최저자격요건 결정, 직무평가, 채용, 보수결정, 교육훈련 등 다양하다.

(2) 과　　　정　　　직무분석과정에 공통적으로 포함되는 기본적 단계들은 ⅰ) 직무분석의 목적결정, ⅱ) 분석될 직무의 결정, ⅲ) 직원의 이해와 참여유도, ⅳ) 직무조사, ⅴ) 직무조사정보의 처리, 그리고 ⅵ) 직무분석보고서의 산출이다. 기

사실을 지적하지 않을 수 없다. 평가·판정의 과정이 많아질수록 자의적 결정의 기회는 늘어나는 것이다.

고위공무원은 관리업무를 주로 담당하기 때문에 교류임용으로 인한 전문성 저하를 염려할 필요가 없다고 말한다. 그러나 고위공무원이 전문분야의 정책입안에서 중요한 역할을 수행한다는 사실을 지적하지 않을 수 없다.

본적 단계들을 진행시키기에 앞서 준비작업을 해야 한다. 기본적 분석단계가 완료된 다음에는 분석정보의 재검토와 수정·보완작업을 계속해야 한다.[4]

2) 직무평가

(1) 정 의 　직무평가(職務評價: job evaluation)는 직무들의 상대적인 가치를 체계적으로 결정하는 작업이다.

조직 내의 직업구조를 형성하려면 직무분석자료를 활용하여 직무를 종류별로 분류하는 수평적 분류구조 형성작업을 하고, 수직적 분류구조 형성을 위한 직무평가를 해야 한다.

(2) 방 법 　직무평가의 방법은 매우 다양하게 개발되어 있는데, 이를 네 가지의 기본적 유형으로 범주화해 볼 수 있다. 네 가지의 기본적 유형이란 ⅰ) 서열법, ⅱ) 분류법, ⅲ) 점수법, 그리고 ⅳ) 요소비교법을 말한다.

점수법(點數法: point system or point evaluation or point rating)과 요소비교법(要素比較法: factor comparison)은 직무의 구성요소(평가요소)마다 수치를 부여하는 방법을 써서 평가하기 때문에 계량적 방법(quantitative methods)이라고 한다. 점수법에서는 직무와 등급기준표를 비교하여 평가하고, 요소비교법에서는 직무와 직무를 비교하여 평가한다는 점에서 양자가 구별된다. 서열법(序列法: simple ranking or whole job ranking)과 분류법(分類法: position classification or job grading)은 직무를 총괄적으로 평가하며, 계량화하는 기법을 사용하지 않기 때문에 비계량적 방법(non-quantitative methods)이라고 한다. 다 같은 비계량적 방법이지만 서열법은 직무와 직무를 비교하여 평가하고, 분류법은 직무와 등급기준표를 비교하여 평가한다는 점에서 양자가 구별된다.[5]

4. 직무설계

1) 정 의

직무설계(職務設計: job design)는 각 직위의 직무내용, 기능, 그리고 연관관계를 결정하는 활동이다. 직무설계는 조직의 목표성취와 직무담당자들의 직무만족을 증진하는 데 기여해야 한다.

직무설계의 대상인 직무의 내용은 수행해야 할 일, 일의 일상화수준, 직무담당자가 누리는 자율성의 수준, 업무수행의 난이도, 직무의 완성도(온전성: whole job)를 규정한다. 직무의 기능은 책임과 권한, 일하는 방법, 조정방법, 정보

의 흐름을 규정하는 것이다. 직무 상의 연관관계는 직무 간의 연결관계 또는 의
존관계, 직무담당자들 사이의 사회적 관계와 팀워크의 필요, 직무의 조직전체에
대한 관계 등을 규정한다.[6]

　　직무설계에서 고려해야 할 요인 또는 기준은 ⅰ) 직무가 추구할 조직의 목
표, ⅱ) 능률제고를 위한 기술공학적 요인, ⅲ) 직무담당자의 정신적·육체적 능
력에 관한 인간공학적 요인, ⅳ) 직무담당자의 직무만족에 관한 행태과학적 요
인 등 네 가지 범주로 나누어볼 수 있다. 이러한 고려요인의 배합과 가중치 부
여에 따라 직무설계의 접근방법이 달라진다.[7]

　　직무설계의 접근방법은 전통적 직무설계와 탈전통적 직무설계라는 두 가지
범주로 크게 나누어 볼 수 있다.

2) 전통적 직무설계

직무설계의 전통적 접근방법은 능률개념의 인도를 받으며 분업의 심화와
계서적 통제를 강조하고 업무단순화와 표준화를 추구한다.

　　(1) 원　　리　　　전통적 접근방법의 직무설계원리는 다음과 같다.[8]

　　① 개별적 직무에 국한된 관심　　　직무담당자의 관심과 책임은 그가 맡는 개별
적 직무에 국한되도록 한다.

　　② 직무의 세분화　　　직무전문화를 추구하고 직무를 세분한다.

　　③ 고정적 직무정의　　　직무는 한정적·고정적으로 규정되며 그 융통성은
낮다.

　　④ 개별적 직무에 대한 개별책임　　　직무수행에 대한 책임은 직무담당자 개개
인에게 묻도록 직무를 설계한다. 개별직무에 대한 개별책임을 관리대상으로 만
드는 직무설계이다.

　　전통적 원리에 따라 설계되는 직무의 기술요건은 단순하고, 업무의 완결도
(직무의 온전성)·중요성·자율성은 모두 낮다.

　　(2) 효용과 한계　　　전통적 직무설계의 효용은 ⅰ) 비숙련직원의 생산성을
높이는 데 유리하다는 것, ⅱ) 훈련에 드는 비용과 시간을 줄일 수 있다는 것,
ⅲ) 직원의 교체가 용이하다는 것, ⅳ) 관리층이 행하는 운영통제가 용이하다는
것, 그리고 ⅴ) 정신적 작용에서 빚어지는 과오가 적다는 것이다.

　　전통적 직무설계의 단점은 ⅰ) 직무가 단조롭기 때문에 직무수행자의 권태

감이 커진다는 것, ⅱ) 조직의 분립화 경향을 조장한다는 것, ⅲ) 직무수행자들은 자기직무와 조직 전체의 임무수행이 어떻게 연계되는지에 대해 명확한 생각을 갖지 못하며 다른 사람들과의 협동적 노력에 무능하게 된다는 것, 그리고 ⅳ) 직무수행자들의 인간적 발전을 저해한다는 것이다.

3) 탈전통적 직무설계

직무설계의 탈전통적 접근방법은 전통적 접근방법의 폐단을 시정하기 위해 '동기집약적 직무'(motivation intensive job)를 설계하려 한다. 직무수행자의 생산성 제고와 직무만족을 동시에 추구하지만, 직업생활의 질 향상과 직무만족을 통한 동기유발을 전제적인 또는 일차적인 조건으로 삼는다.

탈전통적 접근방법은 일의 통합에 의한 완결도 향상, 직원들의 내재적 동기유발을 통한 자발적 참여와 조직몰입, 사람의 전문화, 직무설계의 융통성을 강조한다.

(1) 원 리   탈전통적 직무설계의 원리는 다음과 같다.9)

① 폭넓은 관심   직무담당자의 관심과 책임이 그가 맡는 직무에 국한되지 않고 작업집단과 조직 전체의 성공에까지 확대되도록 한다.

② 직무내용의 격상   직무내용을 격상시킨다. 직무범위확대, 기술다원화(multiskilling), 분권화, 의사결정과 실천행동의 결합 등을 통해 직무완결도를 높인다.

③ 융통성 있는 직무정의   직무정의를 융통성 있게 하여 변동대응성을 높인다.

④ 집단책임의 강조   직무에 대한 개별책임보다 집단책임을 강조한다.

탈전통적 원리에 따라 설계되는 직무의 기술은 다원화되고, 완결도·중요성·자율성은 모두 높다.

(2) 효용과 한계   탈전통적 직무설계의 효용은 ⅰ) 직무만족도를 향상시키고 생산성을 높인다는 것, ⅱ) 직무수행자의 내재적 동기유발을 촉진하고 직무수행을 통한 발전을 돕는다는 것, ⅲ) 직원들의 창의성과 직무수행에 대한 능동성을 높이는 것, ⅳ) 직무수행의 품질향상에 기여한다는 것, 그리고 ⅴ) 결근이나 이직을 줄이는 데 도움이 된다는 것이다.

탈전통적 직무설계의 단점은 ⅰ) 직무설계가 복잡하고 유동적이기 때문에 설계비용이 많이 든다는 것, ⅱ) 직원들을 훈련시키는 비용도 많이 든다는 것, ⅲ) 동기집약적 직무설계의 이상을 현실적 조건이 뒷받침해 주지 못할 수도 있다는 것, ⅳ) 고급욕구에 착안한 직무설계는 미성숙한 욕구체계를 지닌 직원들에게는 부적합한다는 것, 그리고 ⅴ) 직원들의 내재적 동기유발과 능동적 직무수행을 보장하려면 그에 적합한 직무설계뿐만 아니라 다른 여러 가지 연관적 조건들이 갖추어져야 한다는 것이다.

(3) 탈전통적 직무설계의 기법　　탈전통적 직무설계에 쓰이는 대표적인 기법은 ⅰ) 탈전통적 직무설계원리를 수용하여 동기집약적 직무를 설계하는 방법(직무풍요화)과 ⅱ) 전통적 직무설계의 폐단을 시정하기 위한 것이지만 진정한 의미의 동기집약적 직무설계에는 미치지 못하는 방법(직무확장)이다.

직무 자체의 설계 또는 재설계 이외의 방법으로 전통적 직무설계의 폐단을 시정·완화하려는 방법(순환보직·탄력근무제·재택근무)은 직무재설계와 같은 효과를 노리는 것이기 때문에 준직무설계기법이라고 이름붙일 수 있다.10)

① 직무풍요화　　직무풍요화(職務豐饒化: job enrichment)는 직무의 완결도와 직무담당자의 책임성·자율성을 높이고 직무수행에 관한 환류가 원활히 이루어지도록 직무를 설계하는 것이다.

직무풍요화는 사람들이 직무수행 그 자체로부터 만족을 얻고 직무수행동기를 내재적으로 유발할 수 있다고 보는 이론에 기초를 둔 것이다. 그러므로 직무풍요화에서는 직무에 '심리적 영양소'를 주입하여 직무를 보다 의미 있고 보람 있는 것으로 만들어 직무담당자의 자기실현과 성숙을 촉진하려 한다. 여기서 심리적 영양소란 책임성과 자율성, 직무성취의 기회, 성취에 대한 인정, 새로운 것을 배우고 보다 복잡한 일을 맡을 수 있는 기회를 말한다.

직무풍요화를 위한 개편대상 직무는 수직적으로 연관된 기능들이다. 수직적으로 연관된 기능들이란 책임수준이 다른 기능들이 연관된 것을 의미한다. 직무풍요화에서는 책임수준이 낮은 기능에 책임수준이 높은 기능을 합쳐 심리적으로 보다 의미가 큰 직무를 만든다.

직무풍요화는 참여적인 방법을 쓴다. 직무담당자의 의견을 들어 직무를 개편한다. 직무풍요화는 일종의 직원중심적 직무재설계라고 할 수 있다.

직무풍요화를 위해 집단과정을 활용할 수 있다. 자율적인 팀을 발전시켜 직무풍요화의 효과를 거둘 수 있다. 이것은 직원들을 팀으로 묶고 팀의 자율관리

역량을 높여 자율적으로 직무풍요화를 추진하도록 하는 방법이다.e)

② 직무확장   직무확장(職務擴張: job enlargement)은 기존의 직무와 수평적인 관계에 있는 직무요소 또는 기능들을 첨가하는 수평적 직무추가의 방법이다. 수평적인 관계에 있는 직무요소란 책임수준이 같은 직무요소를 지칭한다. 추가되는 직무요소들이 반드시 기존의 직무요소들과 동질적이어야 한다거나, 하나의 통합적 직무로 결합될 수 있어야 하는 것은 아니다. 상호 연관성이 낮고 이질적인 직무요소들도 하나의 직무에 추가할 수 있다.

직무확장의 목적은 직무담당자들의 대기시간을 줄여 작업량과 수입을 늘리는 것, 직무수행의 지루함과 피로를 줄이는 것, 그리고 생산활동의 질을 높이고 노동비용을 감축하는 것이다. 직무확장은 직무세분화에 역점을 두는 전통적 접근방법의 폐단을 시정해 보려는 것이다.

그러나 사람들의 내재적 동기유발에 별로 도움이 안 된다는 비판이 있다. 권태로운 일을 하나가 아니라 여러 개 부과함으로써 권태로움을 단순히 농축시킬 뿐이라는 비판도 있다.

③ 순환보직·탄력근무제·재택근무   이 세 가지 근무방식들은 직무수행의 단조로움을 피할 수 있게 하거나 근무의 편의를 제공함으로써 직무를 재설계한 경우와 유사한 효과를 거둘 수 있는 방법의 예로 들어지고 있다.

순환보직은 직원을 여러 직무에 주기적·순환적으로 배치하기 때문에 직무확장과 비슷한 효과를 거둘 수 있다고 한다. 탄력근무와 재택근무는 근무시간 또는 근무장소의 결정에 관한 직원들의 자율성을 높이고 그들의 편의를 고려해 줌으로써 생산성을 높일 수 있다고 한다.

5. 우리 정부의 직업구조형성

우리 정부의 직업구조는 계급제의 지배를 받은 오랜 전통을 가지고 있으나, 1960년대부터 직위분류제적 요소가 많이 도입되어 절충적인 양상을 보여 왔다.

---

e) 직무풍요화의 접근방법을 개인별 접근방법(individual approaches)과 팀별 접근방법(team approaches)으로 구분하는 사람들이 있다. 이 경우 개인별 접근방법은 개인의 업무를 보다 의미 있는 것으로 만드는 방법이며, 팀별 접근방법은 작업팀에 보다 많은 책임과 자율통제권을 부여하는 방법이다. Wendell L. French, *Human Resources Management*, 5th ed.(Houghton Mifflin, 2003), pp. 173~174.

직위분류제를 기본으로 삼겠다는 것이 법률의 입장이었으며, 직위분류제적 요소들이 실제로 많이 스며들었지만 우리 정부의 직업구조는 실제로 계급제적 색채를 더 짙게 지니고 있었다.

일반직 공무원에게 원칙적으로 9직급제(계급제)를 적용하고, 직군·직렬·직류의 체계에 따라 수평적 분류를 한 제도가 안정되어 있을 때는 다음과 같은 문제들이 지적되었다.

수직적 분화구조의 문제는 ⅰ) 직급의 정의가 모호하다는 것, ⅱ) 공무원의 직급과 조직설계 상의 직위를 결부시키는 데 형평성이 결여되어 있다는 것, 그리고 ⅲ) 직급구조가 경직되고 획일적이라는 것이다.

수평적 분화구조의 문제는 ⅰ) 직렬분화가 직무의 특성과 요청을 정확하게 반영하지 못한다는 것, ⅱ) 분화수준이 적절치 않은 직렬들이 있다는 것, ⅲ) 직렬별 직급배치의 차별화가 적절치 않다는 것, 그리고 ⅳ) 기술·연구분야의 직렬형성에서 직업적 전문성을 간과한 사례가 많다는 것이다.

지금 우리 정부의 직업구조에는 급진적인 변혁이 일어나고 있다. 앞서 본 탈관료화시대의 직업구조형성대안들이 채택되거나 실험되거나 탐색되고 있다. 고위공무원단 설치, 부분적 계급철폐, 직군·직렬의 대폭 축소를 통한 직급확장,f) 시장기제 적용 등을 예로 들 수 있다.

그러한 분류구조 상의 변혁 내지 변혁시도는 팀제 도입, 성과급제 확대, 계약제임용 확대, 총액인건비제 도입 등 인사행정과 정부관료제를 연성화하고 성과주의적 관리를 강화하려는 개혁조치들과 연계되어 있다.

우리 정부의 직업구조에는 비의도적 다원화와 과도기적 혼란이 조성되어 있다. 급진적 개혁조치들이 정착되어 어떤 의미있는 평가를 받을 수 있으려면 상당한 시일이 흘러야 할 것 같다.

Ⅱ. 임   용

임용(任用: staffing)은 정부조직의 빈 자리에 사람을 구해 배치하는 활동이다. 임용은 결원을 보충하는 활동이다.

---

f) 2005년에 3급 이상 직위의 직군·직렬과 4급 직위의 직렬을 폐지하였다. 4급에는 2개의 직군 (행정·기술)만 두었다. 2006년에는 5급 이하 직위의 직군·직렬을 대폭 줄였다.

임용에 관한 이러한 정의는 우리 인사행정학에서 대체로 통용되고, 우리나라 「국가공무원법」도 이를 지지하고 있다. 「국가공무원법」 제 4 장(제26조 내지 제45조)에서는 임용을 분명히 결원보충방법으로 보고, 임용이라는 제목 아래 여러 가지 결원보충방법과 절차에 관해서 규정하고 있다.g)

임용의 방법, 즉 결원보충방법은 외부로부터의 임용과 내부로부터의 임용으로 나누어 범주화해 볼 수 있다. 외부로부터의 임용에 해당하는 것은 신규채용(약칭으로 채용)이다. 신규채용은 공개경쟁채용과 경력경쟁채용 등(특별채용)으로 다시 구분된다. 내부로부터의 임용(내부임용)은 조직 내의 인원유동에 관한 것인데, 여기에 포함되는 임용방법은 승진·강임·전직·전보·겸임·직무대리·파견근무 등이다.

다음에 신규채용과 내부임용에 관한 주요 문제들을 검토할 것이다. 임용작용에 선행해야 하는 작용인 인적자원계획에 대해 먼저 언급한 다음에 임용문제들을 보기로 한다.

1. 인적자원계획

1) 정   의

인사행정학에서 말하는 인적자원계획(人的資源計劃: human resources planning)은 정부조직의 인적자원에 대한 수요를 예측하고, 그러한 수요를 충족시킬 수 있는 인적자원의 공급방안을 결정하는 과정이다. 인적자원계획은 정부조직이 필요로 하는 인적자원을 적절히 획득·유지·활용할 수 있도록 길잡이를 제공함으로써 인적자원체제의 유지와 발전을 도모하려는 과정이다. 이러한 인적자원계획의 용도는 임용활동에 국한되지 않는다. 다른 인사행정활동에도 필요한 정보의 공급원이 된다.h)

---

g) 「공무원임용령」 제 2 조 1항에서 "임용이란 신규채용·승진임용·전직·전보·겸임·파견·강임·휴직·직위해제·정직·강등·복직·면직·해임 및 파면을 말한다"고 규정함으로써 용어 상의 혼란을 야기하고 있다. 「공무원임용령」도 결원보충방법을 규정하는 것이기 때문에 법령명칭에 들어 있는 임용이라는 말을 그렇게 넓은 의미로 파악해야 할 만한 이유가 없다.

h) 정부에서 맡아 해야 하는 인적자원계획에는 '국가체제 전반의 인적자원 수급에 관한 인적자원계획'(societal human resources planning)도 있다. 그러나 우리가 여기서 논의하는 것은 정부조직에서 필요로 하는 인적자원의 수급에 관한 인적자원계획, 즉 '조직 내의 인적자원계획'(or-ganizational human resources planning)이다.

2) 필요성 증대

오늘날 인적자원계획의 필요성을 증폭시키고 있는 요인으로는 ⅰ) 현대사회의 조직들이 날로 고급화되어 가는 복잡한 기술을 사용하고 조직구성원들의 인적 전문화가 급속히 촉진되어 가고 있다는 것, ⅱ) 조직들이 격동하는 환경속에서 활동하게 되었다는 것, ⅲ) 급속한 기술변화로 인하여 효용성이 떨어진 직원들이 빈번하게 발생하고 있다는 것, ⅳ) 조직활동의 점진적 팽창이라는 일반적 추세를 전제하거나 예상하기 어렵게 되었다는 것, ⅴ) 급속한 변동 속에서 유능한 인적자원의 공급이 적시성을 잃을 때가 많게 되었다는 것, ⅵ) 사람들의 가치관 또는 직업관이 과거의 그것과 달라지고 또 현저히 다양화되었기 때문에 조직구성원들을 다른 생산요소처럼 획일적으로 다루기는 어렵게 되었다는 것을 들 수 있다.

특히 정부부문에서 인적자원계획의 중요성은 매우 큰 것이다. 그것은 방대하고 복잡한 인적자원체제를 대상으로 하며, 사회 전체의 인적자원양성체제와 노동시장에 막대한 영향을 미치기 때문이다.

3) 과   정

인적자원계획의 기본적 활동단계들은 ⅰ) 인적자원수요예측단계, ⅱ) 인적자원공급대안결정단계, ⅲ) 시행단계, ⅳ) 평가단계로 구분할 수 있다.[11]

(1) 인적자원수요예측단계　　인적자원수요예측단계의 활동은 세 가지 하위단계로 다시 구분해 볼 수 있다. 세 가지 하위단계는 ⅰ) 조직의 목표를 확인하고 관련요인들을 탐색하여 인적자원의 총수요를 예측하는 단계, ⅱ) 기존인적자원정책에 따른 인적자원의 공급을 예측하는 단계, 그리고 ⅲ) 인적자원의 순수요를 예측하는 단계이다.

장래에 새로이 공급되어야 할 인적자원의 수요를 예측하려면 조직의 목표를 결정 또는 확인함으로써 인적자원수요판단의 기준을 발견하여야 한다. 조직목표가 확인되면 그것을 성취하는 데 필요한 인적자원총수요를 예측한다.

기존인적자원정책에 따른 인적자원공급의 예측을 기존인적자원공급예측이라 한다. 인적자원총수요와 기존인적자원정책에 따른 인적자원공급이 예측되면 양자를 비교하여 인적자원의 순수요를 예측한다. 인적자원의 순수요는 장차 새로이 충족시켜야 할 인적자원수요이다. 이것은 인적자원변경요청이라고 부를 수도 있다.

(2) 인적자원공급대안결정단계   이 단계에서는 인적자원의 순수요에 대응할 인적자원공급의 방안을 결정하고 인적자원관리계획을 세운다. 인적자원공급의 방안은 다양하지만 이를 세 가지 범주로 나누어 볼 수 있다.

① 인사행정 상의 전략   여기에 포함되는 전략에는 신규채용·승진·배치전환·교육훈련을 통한 능력향상 등 플러스의 공급전략과 퇴직결정이라는 마이너스의 공급전략(감축전략)이 있다.

② 구조적 전략   이것은 직무설계의 변경, 기술의 변경, 업무의 외부위탁 등 구조적 요인들의 변화를 야기하는 구조설계작업으로 인적자원수요에 대응하는 전략이다.

③ 정책관리전략   이것은 조직활동에 관한 중요 정책, 특히 산출정책과 사업의 결정 또는 결정의 변경을 통해서 인적자원수요를 수정하거나 해소하는 전략이다.

(3) 시행단계   시행단계에서는 채택된 인적자원공급방안들을 집행한다. 효율적인 집행을 보장하려면 계획집행에 필요한 자원을 적정하게 배정해야 한다. 집행과정의 진척상황을 관리하고 보고하며, 통제·평가할 체제도 마련해 두어야 한다.

(4) 평가단계   평가단계에서는 인적자원수급예측의 내용적 및 과정적 요인들과 계획집행의 성과를 분석·평가하여 그 결과를 인적자원계획과정의 적절한 단계에 환류시킨다.

2. 신규채용

신규채용(新規採用)은 정부조직 밖에서 새로이 사람을 구해 정부조직의 결원을 보충하는 방법이다. 신규채용방법에는 공개경쟁채용과 경력경쟁채용 등(특별채용)이라는 두 가지 방법이 있다.

우리나라에서처럼 실적주의 원칙을 채택하고 있는 인사제도에서 공무원을 신규채용할 때에는 공개경쟁채용을 하는 것이 원칙이다. 그러나 현대 정부의 인적자원수요는 지극히 복잡한 것이며, 그에 대응하는 인적자원공급의 상태 또한 다양하고 고르지 못하기 때문에 공개경쟁채용주의를 수정하지 않을 수 없다. 그러한 까닭에 용인되는 것이 경력경쟁채용 등(특별채용)이라는 제도이다. 경력경

쟁채용 등은 공개경쟁채용제도를 보완하고 임용체제에 필요한 융통성과 적응성을 부여하려는 제도이다.[i]

1) 공개경쟁채용의 요건

공개경쟁채용은 자격 있는 모든 사람에게 지원할 기회를 주고 타당한 경쟁시험을 통한 실적의 확인에 따라 채용후보자를 결정한다는 요건을 충족시켜야 한다. 공개경쟁채용은 실적의 원칙과 평등의 원칙이 지배하는 공개경쟁을 보장해야 한다.[j]

공개경쟁의 조건 또는 구성요소는 다음과 같다.[12]

① 적절한 공고　　채용예정직과 그에 대한 자격요건을 널리 알려 관심 있는 사람들이 이를 알 수 있게 해주어야 한다.

② 지원기회의 제공　　관심 있는 사람들에게 지원할 수 있는 기회를 주어야 한다.

③ 선발기준의 현실성　　지원자의 적격성을 결정하는 선발기준은 현실적인 것이라야 한다. 아무도 충족시킬 수 없는 비현실적 기준을 내세워서는 안 된다. 그리고 선발기준은 모든 지원자에게 공평하게 적용되는 것이라야 한다.

④ 차별금지　　선발기준에는 직무수행에 대한 적격성 이외의 요인을 포함시켜서는 안 된다.

⑤ 능력을 기초로 한 서열결정　　지원자의 서열결정은 적격성의 상대적인 수준에 따라야 한다.

⑥ 결과의 공개　　채용절차가 공개경쟁 원리에 따라 이루어졌는지의 여부를

---

i) 2011년부터 「국가공무원법」과 「공무원임용령」은 종래의 '특별채용'이라는 용어를 '경력경쟁채용 등'이라는 용어로 대체하였다. 경력경쟁채용 등에는 경력경쟁채용의 방법과 다수인을 대상으로 하지 않는 시험에 의한 채용의 방법이 포함된다. 법에 정한 자격조건에 해당하는 다수인을 대상으로 경쟁시험을 통해 채용하는 것을 경력격쟁채용이라 한다. 법정 조건에 해당하는 경우 중 다수인을 대상으로 시험을 실시하는 것이 적당하지 않은 경우에는 다수인을 대상으로 하지 않는 시험으로 공무원을 채용할 수 있다.

인사행정학에서는 아직도 특별채용이라는 용어를 유효하게 사용할 수 있을 것이다. 필요에 따라서는 양자를 혼용할 수도 있을 것이다. 약칭으로는 '특채'라는 표현을 쓸 수도 있다.

j) 「국가공무원법」 제26조는 "공무원의 임용은 시험성적·근무성적 그 밖의 능력의 실증에 따라 행한다"고 하는 실적의 원칙을 밝히고 있다. 이 법 제35조는 또 "공개경쟁에 따른 채용시험은 같은 자격을 가진 모든 국민에게 평등하게 공개하여야 하며, 시험의 시기와 장소는 응시자의 편의를 고려하여 결정한다"고 하는 평등의 원칙을 규정하고 있다.

국민이 알 수 있어야 하며, 부당한 처분을 받았다고 생각하는 당사자들이 이의를 제기할 수 있어야 한다.

2) 공개경쟁채용의 과정

현대인사행정학은 공개경쟁 채용절차의 표준적인 모형을 설정하고 있다. 그러한 과정모형은 당초에 미국식 제도를 참조대상으로 하여 발전시킨 것으로 보이지만, 오늘날 세계 도처의 현실제도를 설명하는 데 상당히 큰 효용을 가지고 있다. 그것은 우리나라 제도를 설명하고 평가하는 데도 좋은 길잡이를 제공하고 있다.

현대인사행정학에서 표준적인 것으로 보는 공개경쟁채용의 과정에 포함되는 주요 활동단계는 ⅰ) 모집, ⅱ) 시험, ⅲ) 채용후보자명부의 작성, ⅳ) 추천요구와 추천, ⅴ) 시보임용, ⅵ) 임명과 초임보직이다.

(1) **모　　집**　　모집(募集: recruitment)은 적합한 후보자들이 공무원으로 임용되기 위해 지원하고 경쟁하도록 유도하고 권유하는 활동이다.

(2) **시　　험**　　시험(試驗: test or examination)은 지원자들의 적격성을 본격적으로 심사하는 절차 또는 도구이다.

(3) **채용후보자명부의 작성**　　채용후보자명부(list of eligible candidates)를 만든다는 것은 시험의 결과에 따라 합격자를 결정하고 합격자의 명단을 만든다는 뜻이다.

(4) **추　　천**　　추천(推薦: certification)은 시험실시기관이 채용후보자를 임용기관에 천거하는 절차이다. 임용권자 또는 임용제청권자가 소관기관의 결원을 보충하기 위해 채용후보자명부에서 후보자를 추천해 주도록 요구하면 시험실시기관은 그에 대응하여 채용후보자를 추천한다. 추천의 방법에는 여러 가지가 있다. 한 자리의 결원에 대해 한 사람의 후보자를 추천하는 단일추천제도 있지만 복수의 후보를 추천하는 복수추천제도 있다. 복수추천제는 추천제도가 지니는 선발도구로서의 효용을 높이려는 것이다.

(5) **시보임용**　　시보임용(試補任用: probationary appointment)은 채용후보자를 시보로 임용하여 시보기간을 거치면서 적격성 판정을 받게 하는 것이다. 시보기간을 통해 업무수행의 실제에서 적격성을 보여준 후보자는 정규공무원으로 임명되지만 부적격한 것이 드러난 후보자는 해임된다. 시보제도의 기본적인 목적

은 채용후보자의 적격성 심사에 있지만, 시보기간은 또한 초임자를 훈련시키는 기회를 제공한다. 그러므로 시보제도는 적응훈련을 시키는 부수적인 목적도 가진 것이라 하겠다.

(6) 임명과 초임보직   임명(任命: appointment)은 공무원의 신분을 부여하는 법적 행위이다. 초임보직(初任補職: initial placement)은 공무원으로 임명된 사람을 구체적인 직위에 처음으로 배치하는 것이다. 초임보직을 결정한다는 것은 사람과 직위 사이에서 다시 한 번 선택을 한다는 뜻이다. 이 단계에서 임용된 사람의 인적 요인과 배치될 직위에 관한 요인을 고려하여 일과 사람의 부적응을 최소화해야 한다.

우리 정부의 채용관리는 여러 가지 비판을 받아왔다. 모집활동은 소극적이다. 시험의 효용성 특히 타당성이 낮다. 추천제도는 유명무실하며 시보제도는 선발기능을 잃고 있다. 초임보직은 자의적이다. 채용관리는 전반적으로 임용구조와 인적자원양성구조 사이의 협력관계를 약화시키고 있다.

신규채용과정의 활동국면들 가운데서 모집과 시험에 관한 중요 문제들 몇 가지에 대해 부연설명을 하려 한다. 모집의 대상을 한정하는 지원자격, 시험의 종류와 시험의 효용성 평가에 대해 설명하려 한다.

3) 지원자격: 모집대상의 한정

모집은 공직지망자들을 골라서 끌어들이는 활동이다. 모집은 '고르는 기능' (선별기능: screening function)과 '끌어들이는 기능'(유인기능: attracting function)을 함께 수행한다.

현대인사행정의 모집활동은 전문적이고 적극적이어야 한다. 정부업무의 전문화수준이 높아지고 공·사부문의 조직들이 유능한 인적자원을 획득하려고 경쟁하기 때문이다.

우리는 지금 취업난시대에 산다. 지금 우리나라에서 공직지망의 전체적인 경쟁률은 매우 높다. 이런 사실이 인사행정의 모집활동을 소홀히 다루게 하는 빌미가 될 수 있다. 그러나 지원자들의 높은 경쟁률이 지원자들의 질적 우수성까지 보장한다고 장담할 수는 없다. 정부에서 사용하는 기술의 변동은 빠르고 전문인력의 필요는 날로 커지고 있는 현실을 감안하여 필요한 분야에서 최적의 인재를 구할 수 있게 하는 모집계획의 발전이 필요하다. 모집의 적극화가 가능하도록 공직의 신망을 제고하고 채용과 근무조건에 관한 제도를 개선하는 등 여건을 조성해야 한다. 그리고 공직의 취업기회를 알리고 노동시장과의 긴밀한 관계를 형성하는 등 모집방법 자체를 적극화해야 한다.[13]

모집의 적극화는 무조건 많은 사람들이 모여들게만 하면 되는 것이 아니다. 적격의 가능성이 있는 사람들을 선별하여 끌어들여야 한다. 타당한 선별기준의 설정은 적극적 모집의 선결조건이라 할 수 있다. 모집의 선별기능을 제대로 수행하려면 일정한 기준에 따라 모집대상의 범위(지원자격 또는 자격요건)를 한정해야 한다.

민주국가에서는 공직취임의 기회를 모든 국민에게 개방하는 것이 헌법 상의 원리이다. 그러나 구체적인 채용예정직에 모집을 연관지을 때에는 모집대상을 여러 가지로 한정짓지 않을 수 없다. 왜냐하면 구체적인 직위에 적합한 사람만을 채용해야 한다는 기술적 요청이 있기 때문이다.

(1) 모집대상 한정의 일반적 기준   현대국가에서 널리 쓰이고 있는 모집대상 한정의 일반적 기준으로는 국적·교육요건·연령·거주지·성별·기타 결격사유 등이 있다.

① 국   적   국적은 모집대상을 한정하는 가장 일반적인 기준이다. 우리나라에서도 원칙적으로 외국인은 공무원이 될 수 없지만 근래 외국인에 대한 공직개방의 문호를 점차 넓혀 왔다. 현재 국가안보 및 보안·기밀에 관계되는 분야를 제외하고 외국인을 공무원으로 채용할 수 있다.

② 연   령   연령도 모집대상 한정의 기준이 된다. 연령요건의 상한과 하한은 나라에 따라 다를 수 있다. 우리나라의 경우 상·하한 간의 폭이 비교적 넓었는데, 2009년부터는 상한을 아주 폐지하게 되었다.

③ 거 주 지   거주지가 모집대상을 한정하는 기준이 될 때가 있다. 이 기준은 대개 지방자치와 관련하여 적용된다. 우리나라에서도 지역인재추천채용제에 따른 채용에서, 그리고 일부 지방공무원의 채용에서 거주지 또는 출신지역을 한정조건으로 삼고 있다.

④ 성   별   성별은 오래된 지원자격 결정기준이었다. 그러나 여성의 사회진출 증대에 따라 여성을 주로 차별하던 성별기준은 급속히 사라지고 있다. 우리나라에서도 모집에 관한 성별기준은 원칙적으로 폐지되었다.

⑤ 교육요건   교육요건 또는 학력요건은 산업화사회에서 중요한 지원자격

결정기준으로 되어 왔으며 많은 논쟁거리를 안고 있는 것이기도 하다. 우리 정부는 공개경쟁채용의 학력요건을 원칙적으로 폐지하였다.

우리 정부에서는 과거 오랫동안 학력을 모집대상 제한의 공식적인 기준으로 채택했었으나 1972년에 공개경쟁채용의 학력요건을 원칙적으로 철폐하였다.

학력요건을 철폐한 이유 또는 철폐를 지지해 준 논거는 ⅰ) 공직취임의 기회균등 원칙에 충실할 수 있다는 것, ⅱ) 학교교육을 받기 위한 경제적 지출을 줄일 수 있다는 것, ⅲ) 도시에 인구가 집중하는 것을 억제할 수 있다는 것, ⅳ) 경직적인 학력요건을 폐지하면 모집체제의 융통성을 높일 수 있다는 것, ⅴ) 학력기준을 타당하게 설정하는 데는 기술적 애로가 많다는 것, 그리고 ⅵ) 과잉학력화의 분위기를 진정시키는 데 도움이 된다는 것이다.

학력요건 철폐에 대한 비판적 논점은 ⅰ) 행정의 전문화에 역행한다는 것, ⅱ) 정부가 사회의 인적자원양성구조와 유지해야 하는 호혜적인 관계를 약화시킨다는 것, ⅲ) 채용시험을 보완하는 모집의 기능을 약화시킨다는 것, 그리고 ⅳ) 학력요건에 의해 부적격자들을 미리 배제하지 못하기 때문에 선발비용이 증가한다는 것이다.

⑥ **결격사유**　　결격사유(缺格事由)는 공무원이 될 수 없는 조건이다. 우리나라에서는 민사 상의 능력이 제한 또는 상실된 자, 형사 상의 유죄판결을 받았거나 처벌을 받은 자, 그리고 공무원법 상의 징계처분을 받은 자로서 복권되지 않았거나 일정기간이 지나지 않은 자는 공무원이 될 수 없도록 하고 있다.

(2) 모집대상 한정에 영향을 미치는 제도　　선발과정에서 특정한 인구집단을 우대하는 제도는 다른 지원자들에게 반사적·간접적 제약을 가한다. 그러므로 채용 상의 우대제도는 모집대상 한정문제와 함께 다루어야 한다.

① **국가유공자의 우선임용**　　국가유공자의 우선임용은 모집과정에서 지원의 가부를 결정해 주는 자격요건은 아니지만, 시험과 임명의 과정에서 지원자들을 상대적으로 차별하는 기준이 된다. 국가유공자의 우선임용에 관한 조항은 우선임용 대상자를 시험에서 유리하게 하는 적극적 내지 보상적 차별을 규정하는 것으로서 결과적으로 다른 지원자격 규정들에 제약을 가하고 있다.

우리나라에서는 「국가유공자 등 예우 및 지원에 관한 법률」, 「5·18 민주유공자예우에 관한 법률」 등의 규정에 따라 6급 이하 공무원 채용시험에 국가유공자와 가족 등이 응시하는 경우 필기시험 득점에 각 과목별 만점의 10%를 가점해 왔다. 2006년 2월 23일 헌법재판소가 이 제도에 대해 헌법불합치결정을 하였다. 그에 대응하여 정부는 유공자의 가족에 대한 가점비율을 5%로 낮추었다. 그

러나 국가유공자 본인과 전사 · 순직한 국가유공자의 유족(순국선열 · 전몰군경의 유
족과 5 · 18 희생자의 유족)에 대해서는 10%의 가점비율을 그대로 유지하고 있다.

　　② 양성평등채용목표제에 따른 우대　　양성평등채용목표제(兩性平等採用目標
制)는 남성 또는 여성 어느 한 쪽이 채용시험 합격자의 일정비율을 초과하지 않
도록 합격자의 비율을 조정하는 제도이다. 이 제도에 따라 남성 또는 여성이 우
대되면 상대편의 기회를 제약하는 간접적 효과를 빚는다.

　　③ 지방인재채용목표제에 따른 우대　　5급 공채 등에서 합격자의 일정비율을
지방인재에게 할당하는 지방인재채용목표제 역시 모집대상한정제도에 영향을
미친다.

　　④ 장애인 고용촉진제에 따른 우대　　「장애인 고용촉진 및 직업재활법」과 「장
애인차별금지 및 권리구제 등에 관한 법률」은 정부와 민간부문의 조직들이 의무
적으로 채용해야 할 장애인 직원의 비율을 정하고 있다.

　　⑤ 자격증 가산점제에 따른 우대　　이 제도는 같은 조건이라면 채용분야와 관련
있는 국가공인자격증을 가진 사람들을 채용 상 우대하는 것이다. 채용시험성적에
일정비율의 가산점을 주는 자격증 가산점제는 6급 이하의 공무원 채용에만 적용된
다. 가산점수의 비율은 적용분야별 · 채용시험별 · 자격증 종류별로 다르다.

　　⑥ 저소득층의 고용우대　　정부는 저소득층 구분모집제를 실시해 왔다. 이 제
도는 행정지원인력이나 9급지방공무원의 공채에서 일정 비율을 기초생활보장수급
자와 저소득 한 부모 가족으로 채용하도록 규정하고 있다.

　4) 시험의 종류

　　채용과정에서 사용할 수 있는 시험의 종류는 매우 다양하며 이를 분류하는
기준도 여러 가지이다. 현대인사행정학에서 가장 널리 쓰고 있는 시험분류의 기
준은 시험의 형식과 측정대상(목적)이다.

　　여러 유형의 시험들은 각기 그 역할이 다르며, 그 강점과 약점이 서로 다르
다. 어느 한 가지 시험이 채용후보자의 능력요소들을 온전하게 판정해 내기는
어렵다. 그러므로 채용과정에서는 유형이 다른 복수의 시험들을 상호 보완적으
로 사용하는 것이 보통이다. 즉, 몇 가지 종류의 시험들로 구성되는 시험조합(試
驗組合: test battery)을 사용하게 된다.

　　(1) 형식(방법)을 기준으로 한 분류　　형식을 기준으로 분류한 시험의 종류

는 필기시험·면접시험(구술시험)·실기시험·서류심사·전력조사 등이다.[14] 이러한 전통적 시험방법 이외에 새로운 기법들이 속속 개발되고 있다.

복합시험(또는 모의연습식 시험)은 비교적 근래에 개발된 시험방법의 하나이다. 이 밖에 컴퓨터 터미널을 통해 응시자집단의 능력수준에 적합하게 만들어진 시험을 치르게 하는 방법(computer-adaptive testing; online assessment)이 개척되고 있다. 거짓말 탐지기(polygraph)를 사용하는 시험방법도 있지만 그에 관한 윤리성논쟁 때문에 실용도는 낮다. 역할연기, 정보정리연습, 사회자 없는 집단토론, 문제분석연습 등 종래에 훈련방법으로 고안되고 사용되던 기법들도 점차 시험기법으로 사용되고 있다.

우리 정부는 공무원 채용시험에서 필기시험, 면접시험, 서류전형(서류심사), 실기시험, 전력조사, 신체검사 등의 방법을 사용한다.

필기시험(written test)은 응시자가 글로 답을 쓰는 시험이다. 이 시험은 주관식 시험(자유응답식·논문식 시험)과 해답의 형식이 규제되는 객관식 시험으로 구분된다. 면접시험(interview or oral test)은 응시자가 말로 표현한 것을 기초로 사람을 평가하는 시험이다. 면접시험에는 개인면접시험과 집단면접시험, 구조화 면접, 비구조화 면접, 강박 면접(stress interview) 등이 있다. 특수목적에 쓰이는 강박면접에서는 시험관이 악의적인 질문을 하고 위협적인 태도를 취하여 응시자의 반응을 관찰한다. 실기시험(performance test)은 직무를 실행하게 하거나 직무수행에 필요한 기술을 실연(實演)하게 하여 평가하는 시험이다. 서류전형은 응시자가 제출한 서면을 검토하여 적격성을 평가하는 방법이다. 전력조사(reference checking)는 추천인에 대한 조회, 자격조사, 신원조회 등의 방법을 사용하는 것이다.

복합시험 또는 모의연습식시험(assessment centers)은 꾸며진(simulated) 직무상황에 대응하는 응시자의 능력을 평가하기 위해 여러 시험기법을 복합적으로 사용하는 시험절차로서 임상적 성향을 짙게 지닌 것이다. 이것은 미리 정한 행태적 국면들에 관련하여 일단의 응시자들을 평가하기 위해 복수의 관찰기법을 쓰는 절차라고 설명되기도 한다. 복합시험에 참여하는 응시자의 수는 대개 6인 내지 12인이다. 이들이 1일 내지 5일간 하루종일 집중적인 평가를 받는다.

(2) 측정대상을 기준으로 한 분류   시험은 그것이 측정하려고 하는 대상요소가 무엇인가에 따라서도 분류해 볼 수 있다. 시험을 측정대상 요소에 따라 분류한다는 것은 복잡한 인간속성 가운데서 어떤 국면 또는 속성을 측정하려는가에 따라 시험을 분류한다는 뜻이다.

시험의 측정대상이라 하여 지금까지 발굴해 놓은 인간속성의 국면들은 대단히 많다. 그 가운데서 가장 흔히 열거되는 것들은 육체적 특성, 지식·기술에 관한 인식능력, 일반지능, 적성, 흥미와 관심, 성격, 감성이다. 이를 기준으로 하여 신체적격성검사, 업적검사, 지능검사, 적성검사, 흥미검사, 성격검사, 감성지능검사를 구분한다.[15]

신체검사라고도 하는 신체적격성검사(physical test)는 직무수행에 대한 신체적 적격성을 판별하려는 시험이다. 신체적격성검사에는 의학적 검사(일반내과·X-ray·혈압 등)·형태적 검사(신장·체중 등)·기능적 검사(시력·청력 등), 그리고 체력검사(평형성·근력·지구력 등)가 포함된다.

업적검사(achievement test)는 응시자의 업적, 즉 교육이나 경험을 통해서 얻은 지식 또는 기술을 평가하는 시험이다. 여기에는 학력고사, 직업기능고사 등이 포함된다.

지능검사(intelligence test)는 인간의 일반적인 지능 또는 정신적 능력을 측정하는 시험으로서 일반능력검사(general abilities test)라고도 부른다. 측정대상이 되는 지능에는 추리력, 수리적 능력, 언어이해 및 구사력, 공간파악능력, 기억력 등이 있다.

적성검사(aptitude test)는 앞으로 적합한 훈련을 받고 경험을 쌓으면 일정한 직무를 배워 잘 수행할 수 있는 소질 또는 잠재적 능력을 측정하려는 시험이다. 적성검사에서 대상으로 삼는 측정요소의 예로 기계적 능력, 수리적 능력, 언어상의 능력, 음악적 능력, 손재주와 같은 운동능력, 서기적 소질(clerical aptitude)을 들 수 있다. 측정요소에 관하여 적성검사는 지능검사와 유사한 면이 없지 않으나 측정의 범위와 목적은 서로 다르다. 적성검사는 직무의 성질에 따라 그에 필요한 적성이 따로 있다는 전제 하에 각 직무에 적합한 적성을 측정하려는 시험이며, 측정대상은 지능검사에서보다 한정적인 것이다.

우리 정부에서 사용하고 있는 공직적성평가(공직적격성평가: pubic service aptitude test: PSAT)는 공무원으로 적합한 미래의 잠재적 능력을 평가하는 일종의 적성검사이다. 공무수행에 필요한 기본적 지식과 소양, 자질 등을 갖추고 있는지를 종합적으로 평가하려는 PSAT의 검사영역은 ⅰ) 언어논리, ⅱ) 자료해석, ⅲ) 상황판단 등 세 가지로 범주화된다.

흥미검사(interest test)는 사람의 흥미 또는 관심의 유형을 알아내 어떤 직무와의 적합도를 확인하려는 것이다. 성격검사(personality test)는 사람의 성격을 측정하려는 시험이다. 성격검사에서 측정하려는 성격요소의 예로는 자신감, 지배성향, 사교성, 협조성, 관용성, 활동성(vitality) 등을 들 수 있다.

감성지능검사(emotional intelligence test)는 사람의 감성지능(감성적 능력)을 측정하는 시험이다.[16]

감성(emotion)은 어떤 사람 또는 사물에 대한 강렬한 느낌이다. 감성은 대상에 대한 반응이기 때문에 대상특정적(object-specific)이라 한다. 감성에는 분노, 두려움, 슬픔, 행복, 역겨움, 놀라움 등이 포함된다. 감성지능은 자기 자신과 타인의 감성에 관한 단서와 정보를 간파하고 관리하는 능력이다. 감성지능검사에서 측정하는 감성의 국면들은 ⅰ) 자기인식력(자신의 감성을 파악하는 능력), ⅱ) 자기관리능력(자신의 감성과 충동을 관리하는 능력), ⅲ) 자기동기유발능력(좌절과 실패에 직면해 버틸 수 있는 능력), ⅳ) 감정이입능력(다른 사람들의 느낌을 알아차리는 능력), 그리고 ⅴ) 사회적 기술(다른 사람들의 감성을 다룰 수 있는 능력)이다.

정서적 경과이론(affective event theory: AET)은 조직생활에서 감성문제의 중요성을 부각시키고 감성지능검사의 논거를 제공한다. 정서적 경과이론은 조직구성원들이 직무수행과정에서 그들에게 일어나는 일에 대해 감성적으로 반응하고, 그러한 반응이 직무만족과 직무성과에 영향을 미치는 과정을 설명한다.

5) 시험의 효용성

시험은 그 효용성이 높아야 선별기능을 제대로 수행할 수 있다. 효용성의 기준 또는 요건으로는 타당성, 신뢰성, 객관성, 적정한 난이도, 실용성이 들어지고 있다.[17]

(1) 타 당 성   타당성(妥當性: validity)은 시험이 무엇을 측정하는 것인가에 관한 기준이다. 타당성은 시험이 측정하려고 하는 바를 실제로 측정할 수 있는 정도를 나타내는 기준이다.

검증방법에 관련하여 시험의 타당성을 구체적으로 논의할 때에는 그 준거가 무엇이냐에 따라 의미하는 바가 달라질 수 있다. 그러므로 타당성이라는 개념적 도구의 유용성을 높이기 위해서는 그 유형을 분류할 필요가 있다.

가장 널리 활용되고 있는 타당성의 유형은 세 가지이다. 세 가지 유형의 타당성이란 ⅰ) 기준타당성, ⅱ) 내용타당성, 그리고 ⅲ) 구성타당성을 말한다. 타당성 검증의 기준타당성 모형은 사실자료에 입각한 모형(data-based model)이라 하고 내용타당성 모형과 구성타당성 모형은 논리적 모형(logical model)이라 한다.[k]

① 기준타당성   기준타당성(基準妥當性: criterion validity)은 직무수행능력의 예측이 얼마나 정확한가에 관한 타당성이다. 기준타당성의 분석에서는 시험성적과 업무수행실적이라는 기준을 비교하여 양자의 상관계수를 확인한다.[l] 양자 사

---

k) 이러한 타당성유형 이외에 '외형적 타당성' 또는 '액면타당성'(額面妥當性: face validity)이라는 개념을 추가하는 사람들이 있다. 그들의 설명에 따르면 외형적 타당성이란 외견상 타당성이 있는 것처럼 보이는 인상을 지칭하는 것이며, 진정한 의미의 타당성은 아니다. 외형적 타당성이라는 개념은 응시자와 일반국민의 시험에 대한 지각 및 반응을 설명하는 데 유용하게 쓰일 수 있다고 한다. J. M. Schafritz et al., Personnel Management in Government: Politics and Process, 3rd ed. (Marcel Dekker, 1986), p. 174.

l) 상관계수(相關係數: correlation coefficient)란 두 가지 변수가 함께 변하는 정도를 나타내는 수치이다. 상관계수는 -1.00(완전한 부정적 관계)로부터 +1.00(완전한 긍정적 관계)에 이르는

이의 상관관계가 높을 때 시험의 기준타당성은 높은 것으로 해석된다.

　　기준타당성검증에는 두 가지 방법이 쓰인다. 그 하나는 예측적 타당성검증(예언적 타당성검증: predictive validity study or predictive validation)이며, 다른 하나는 동시적 타당성검증(concurrent validity study or concurrent validation)이다. 예측적 타당성검증은 시험에 합격한 사람이 일정한 기간 직장생활을 한 다음 그의 채용시험성적과 업무실적을 비교하여 양자의 상관관계를 확인하는 방법이다. 동시적 타당성검증은 앞으로 사용하려고 입안한 시험을 재직중에 있는 사람들에게 실시한 다음 그들의 업무실적과 시험성적을 비교하여 그 상관관계를 보는 방법이다.

　　② 내용타당성　　내용타당성(內容妥當性: content validity)은 특정한 직위의 의무와 책임에 직결되는 요소들을 시험이 어느 정도나 측정할 수 있느냐에 관한 기준이다. 직위의 의무와 책임에 직결되는 요소(직무수행에 필요한 지식·기술·태도 등)를 제대로 측정할 수 있는 시험이면 내용타당성이 높은 것이다.

　　내용타당성은 응시자가 직무수행에 필요한 지식·기술 등 능력요소를 현재 얼마나 가지고 있는가를 알아내는 문제에 관련된 것인 반면, 기준타당성은 응시자들이 보여줄 장래의 업무실적을 예측하는 문제에 관련된 것이다. 기준타당성검증은 시험성적과 실제의 업무수행실적을 비교한다. 내용타당성검증은 직무수행에 필요한 지식·기술 등 능력요소와 시험의 내용을 비교 분석하여 양자의 부합도를 확인하려 하는 것이다. 즉, 두 가지 요인(직무수행에 필요한 능력요소·시험의 내용)의 내용분석을 통해 비교 평가한다.

　　내용타당성검증은 직무수행에 필요한 능력요소의 조작적 정의(operational definition)가 가능하고 그에 대한 예측이 가능할 때, 그리고 시험의 종류가 업적검사일 때 유효한 타당성검증의 방법이라고 할 수 있다.

　　③ 구성타당성　　안출적(案出的) 또는 해석적 타당성이라고도 하는 구성타당성(構成妥當性: construct validity)은 시험이 이론적으로 구성(추정)한 능력요소를 얼마나 정확하게 측정할 수 있느냐에 관한 기준이다. 구성타당성이 유의미한 것이 되려면 추정하여 만들어 낸 능력요소가 직무수행의 성공에 상관되어 있다는 것이 전제되어야 한다.

　　구성타당성을 논의할 때 구성된 능력요소라고 하는 것은 경험적으로 포착하기 어려운(구체성이 희박하고 모호한) 일반적 능력들을 인간행동에 관한 심리학

수치로 표시된다. 상관계수가 0일 때에는 두 가지 변수 사이의 상관관계가 전혀 없는 것이다.

적 이론에 입각하여 가정한 것이다. 구성타당성검증은 논리적으로 '구성한' 능력 요소를 시험이 측정하는 정도를 알아보려는 것인 반면, 내용타당성검증은 '측정한' 능력요소를 시험이 측정하는 정도를 알아보려는 것이다.

고급관리직의 경우와 같이 직무내용이나 능력요소들을 실제로 정확하게 측정하기 어려운 직위에 대한 채용시험의 타당성을 알아보려 할 때, 구성타당성이라는 개념이 유용하게 쓰일 수 있다.

(2) 신 뢰 성   신뢰성(信賴性: reliability)은 시험이 측정도구로서 가지는 일관성(consistency or accuracy)을 지칭하는 것이다. 신뢰성이 높은 시험은 우연적 요소의 영향을 받지 않은 시험이다.

신뢰성은 타당성의 전제조건이다. 즉 시험의 신뢰성이 있어야 타당성도 있을 수 있다. 신뢰성이 없는데 타당한 시험은 있을 수 없다. 그러나 신뢰성이 있다고 항상 타당한 시험이 되는 것은 아니다. 다시 말하면 신뢰성은 시험이 타당할 수 있는 필요조건이지만 충분조건은 아닌 것이다.

시험의 신뢰성검증에 흔히 쓰이는 방법은 세 가지로 나누어 볼 수 있다.

첫째 방법은 같은 시험을 같은 집단에 시간간격을 두고 두번 실시한 후 그 성적을 비교하는 재시험법(再試驗法: test-retest method)이다.

둘째 방법은 내적 일관성(internal consistency)을 확인하는 것이다. 내적 일관성을 확인한다는 것은 시험내용의 동질성을 확인한다는 뜻이다. 내적 일관성을 확인하는 기법에는 2분법과 문항 간 일관성검증방법이 있다. 이른바 2분법(split-halves or odd-even method)은 한 차례의 시험성적을 분석하되 문제들을 두 그룹으로 나누고 이 두 그룹에 대한 성적집계를 서로 비교하는 방법이다. 문항 간 일관성 검증방법(inter-item consistency method)은 시험의 모든 문항을 서로 비교하고 그 성적을 상관지어 보는 방법이다.

셋째 방법은 내용이 같은 시험의 형식을 두 가지로 다르게 꾸며 동일집단에 실시하고, 그 성적을 비교하는 방법(형식변경방법: equivalent forms; alternate form method)이다.

(3) 객관성·난이도·실용성   시험의 객관성(客觀性: objectivity)은 신뢰성의 한 조건이라고 할 수 있다. 객관성은 시험결과의 평가가 채점자의 편견에 따라 좌우되지 않고 시험외적 요인이 채점에 개입되지 않는 정도에 관한 기준이다.

난이도(難易度: difficulty or spread of grades)란 시험이 어느 정도 어려운가에 관한 기준이다. 채용시험이 효율적이기 위하여는 난이도가 적당한 것이라야 한다. 지나치게 어렵거나 지나치게 쉬우면 시험이 변별력(식별력)을 잃게 된다.

시험의 실용성(實用性: utility)이란 시험실시의 가능성과 편의에 관한 기준이다. 시험의 간결성·채점의 용이성·경제성·노동시장에 대한 대응성·기회균등의 보장 등이 실용성기준에 해당한다.

3. 내부임용

1) 내부임용의 종류

정부조직 내의 인사이동을 관리하는 내부임용(內部任用: 공직 내부로부터의 임용)의 방법에는 배치전환·승진·강임·겸임·직무대리 등이 있다. 이러한 방법들의 의미를 여기서 간단히 살펴보고, 배치전환과 승진에 관한 중요 쟁점들은 뒤에 따로 설명하려 한다. 이어서 내부임용과 긴밀히 관련된 경력발전에 대해 설명하려 한다.

(1) 배치전환   배치전환(配置轉換)은 담당직위의 수평적 변동을 지칭하는 것이다. 공무원이 현재의 직위와 책임수준이 같은 직위로 이동하는 것, 즉 같은 계급(등급·직급) 내의 인사이동을 배치전환이라 한다.

직무내용의 변동유무에 따라 전보(轉補)와 전직(轉職)이라는 두 가지 배치전환의 유형을 구별한다. 직무가 같은 동일직급 내의 이동을 전보라 한다. 등급은 같지만 직렬이 다른 직위 간의 이동, 즉 책임수준은 같지만 직무의 내용이 다른 직위 간의 이동을 전직이라 한다.

인사관할을 달리하는 기관 간(예컨대 입법부에서 행정부로)의 인사이동은 전입(轉入)·전출(轉出)이라 부른다.

파견근무(派遣勤務)는 신분 상의 소속을 변경하지 않고, 다른 조직단위의 업무를 잠정적으로 처리하게 하는 간편한 방법이다. 이것은 배치전환의 한 변형이라고 생각할 수 있다.

(2) 승 진   승진(昇進)은 상위계급(직급)의 직위(책임수준이 높은 직위)로 이동하는 것을 말한다. 승진대상의 기관적 범위가 어떠냐에 따라 승진은 일반승진과 공개경쟁승진으로 구분된다. 해당 조직단위(승진후보자명부 작성기관) 내의 승진후보자 가운데서 승진시키는 경우가 일반승진이며, 기관별 제한을 두지 않고 한 기관의 상위직에 대하여 여러 기관의 승진후보자들이 경쟁할 수 있게 하는 경우가 공개경쟁승진이다. 우리 정부에서 시행하고 있는 '직위공모에 의한

승진'은 일종의 공개경쟁승진이라고 볼 수 있다.

이 밖에도 특별승진과 근속승진이 있다. 특별승진은 우수공무원, 명예퇴직자, 추서자 등을 대상으로 하며 일반승진의 경우보다 요건을 완화한 승진방법이다. 근속승진은 하급공무원에 대한 통합정원제에 따라 상위직급에 결원이 없더라도 근속기간에 따라 승진시키는 방법이다.

(3) 강　임　　강임(降任)은 하위계급(직급)의 직위로 이동하는 것을 말한다. 전직을 수반할 때도 있고, 그렇지 않을 때도 있다. 인사운영의 실제를 보면 강임이 생기는 경우는 매우 드물지만, 강임이 해당 공무원을 위해서나 조직을 위해서나 필요한 때가 있으므로 이를 제도적으로 인정한다. 일반직 공무원에 대한 강임은 징계방법이 아니라 임용방법이다.

(4) 겸　임　　겸임(兼任)은 한 사람에게 둘 또는 그 이상의 직위를 부여하는 것이다. 다른 방법으로 결원을 보충할 준비가 안된 경우에 잠정적으로 겸임방법을 쓰는 것이 보통이다. 그러나 겸임에 따른 어떤 이익이 기대될 때 장기적인 겸임을 인정할 수도 있다.m)

(5) 직무대리　　직무대리(職務代理)는 공무원의 직급배정을 변경함이 없이 다른 직급의 업무를 수행하게 하는 것이다. 직무대리는 잠정적인 임용방법이다. 대체로 직무대리는 상위계급에 결원이 있을 때나 상급자의 유고시(有故時)에 하급자로 하여금 그 업무를 임시로 대행하게 하는 방법으로 쓰인다. 겸임의 형식을 취할 때도 있고 그렇지 않을 때도 있다.

2) 배치전환의 관리

배치전환은 정부 내의 인적자원을 효율적으로 활용하는 데 불가결한 임용수단이지만, 이것이 남용되면 인사행정이 혼란에 빠지게 된다. 그러므로 배치전환은 인적자원 활용의 효율화를 위해서만 사용해야 한다. 다음에 정당한 용도와 남용사례, 그리고 인적 전문화를 위한 배치전환의 제한에 대해 설명하려 한다.

(1) 정당한 용도　　배치전환의 정당한 용도 내지 필요성은 ⅰ) 보직에 대한 부적응을 해소하기 위해 재적응의 기회를 제공하는 것, ⅱ) 업무량이나 기술의 변화에 따른 재배치의 필요에 대응하는 것, ⅲ) 조직의 침체 방지를 위한 것,

---

m) 겸임이 우리 정부에서 사용하는 표준적 용어이지만 법령에 따라서는 겸임이라는 말 대신 겸무 또는 겸보라는 말을 쓰는 경우도 있다.

iv) 충성심의 방향을 사적인 대상에서 공적인 대상으로 전환함으로써 할거주의를 타파하려는 것, 그리고 v) 승진기회의 균등화를 위한 것이다.

  (2) 남 용   배치전환을 정당치 못한 목적에 사용하는 사례로 i) 징계에 갈음하는 수단으로 사용하는 것, ii) 부하의 과오를 덮어주기 위해 사용하는 것, iii) 사임을 강요하기 위해 사용하는 것, iv) 부패로 인한 인사권 남용으로 영전 또는 좌천을 결정하는 것, v) 파벌조성·'인의 장막' 형성을 위해 사용하는 것, vi) 감독책임을 회피하려고 사용하는 것, vii) 너무 빈번한 사용으로 업무중단과 같은 부작용을 초래하는 것을 들 수 있다.n)

  (3) 인적 전문화와 배치전환   공무원은 재직 중 직무수행의 현장에서 경험을 통해 전문성을 향상시킬 수 있다. 그런데 빈번하거나 부적응을 야기하는 배치전환은 공무원의 전문성 향상에 장애가 된다. 배치전환이 공무원의 전문화를 방해하지 않도록 하는 대책을 찾아야 한다. 우리 정부에서 채택하고 있는 조치는 i) 전보제한기간제도, ii) 전문직위제도, iii) 전문분야별 보직관리제도 등 세 가지이다.

  ① 전보제한기간제도   이것은 일정한 기간 내에 전보를 거듭할 수 없게 하는 제도이다. 전보제한기간(필수보직기간)은 원칙적으로 3년이다. 고위공무원단의 직위에 재직하고 있는 공무원과 중앙행정기관의 실장·국장 밑에서 일하는 보조·보좌기관인 3급 또는 4급 공무원의 전보제한기간은 2년이다.

  ② 전문직위제도   이것은 전문성이 높은 직위를 전문직위(전문관; 전문경력관)로 지정하고 거기에 전문적 능력을 갖춘 공무원을 배치하며, 전보제한을 강화하는 제도이다. 전문직위에 임용된 공무원은 특별한 사유가 없는 한 임용된 날로부터 4년의 범위 내에서 중앙인사기관의 장이 정하는 기간 동안 직무수행요건이 동일하지 않은 다른 직위에 전보할 수 없다.

  ③ 전문분야별 보직관리제도   이것은 각 부처의 조직을 업무의 성질에 따라 몇 개의 전문분야와 공통분야(어느 전문분야에도 속하지 않는 업무분야)로 구분하고, 공무원들의 전문분야를 지정한 다음, 각자의 전문분야 내에서 전보를 행하는 제도이다. 전문분야(전문직위의 군) 내의 직위에는 해당 전문분야 공무원을 보직하고 재직자 중 적격자가 없는 경우에는 직위공모를 통해 임용한다.

---

n) 지리적 재배치(relocation)를 수반하는 배치전환의 남용은 더욱 큰 폐단을 빚을 수 있다. 지리적 재배치는 해당 공무원에게 경제적·사회적으로 어려움을 안겨 줄 수 있다. 특히 맞벌이 부부의 경우 지리적 재배치 때문에 주말부부(통근결혼: commuter marriage)가 되면 어려움은 가중된다.

3) 승진의 관리

승진관리의 내용은 상당히 복잡하며 여러 가지 쟁점들을 내포하고 있다. 여기서는 승진의 기관적 범위와 승진결정의 기준을 설명하고 승진적체 문제에 대해 언급하려 한다.

(1) **승진의 기관적 범위**   승진의 기관적 범위를 정하는 데 두 가지 방안이 있을 수 있다. 첫째 폐쇄주의적 접근방법은 특정한 상위직에 승진하기 위하여 경쟁할 수 있는 사람의 범위를 승진예정직위가 소속되어 있는 기관이나 조직단위에 한정하는 것이다. 둘째 개방주의적 접근방법은 승진에 관한 기관별 장벽을 두지 않고 승진예정직의 바로 하위직에 종사하는 사람이면 소속기관의 구애없이 다 같이 경쟁에 나설 수 있게 하는 것이다.

① **폐쇄주의적 접근방법**   폐쇄주의의 정당화논리는 ⅰ) 대상공무원들이나 임용권자들이 이를 선호한다는 것, ⅱ) 같은 직급의 업무이더라도 기관에 따라 근무조건이나 분위기가 많이 다를 수 있다는 것, 그리고 ⅲ) 공개주의의 시행에는 기술적 난제들이 있고 이를 관리하는 업무가 과중하다는 것이다.

폐쇄주의의 단점은 ⅰ) 기관 간에 승진기회의 불균형과 공직의 침체를 초래할 염려가 있다는 것, ⅱ) 승진기준이 낮아져 무능한 사람들도 승진할 가능성이 있다는 것, 그리고 ⅲ) 넓은 안목을 갖춘 관리자의 육성에는 불리하다는 것이다.

② **개방주의적 접근방법**   개방주의 채택의 이점은 넓은 경쟁을 통해 보다 유능한 사람을 고를 수 있으며 승진기회를 균분할 수 있다는 것이다.

개방주의의 단점으로는 ⅰ) 승진관리의 기술적 난점이 크다는 것, ⅱ) 승진기회가 생긴 직장에서 직원들의 사기가 저하될 수 있다는 것, ⅲ) 기관을 달리하는 승진으로 인한 부적응문제가 생길 수 있다는 것, 그리고 ⅳ) 임용권자와 중앙인사기관 사이에 마찰이 빚어질 수 있다는 것이 지적되고 있다.

③ **접근방법의 선택과 배합**   폐쇄주의와 개방주의의 어느 편을 선택할 것인가, 또는 양자의 배합비율을 어떻게 할 것인가를 결정할 때에는 대조되는 두 가지 제도의 일반적인 장·단점을 비교·검토하고 구체적인 상황에 적합하도록 해야 할 것이다. 이때에 함께 고려해야 할 요인은 ⅰ) 해당 직업분야의 인원규모와 기관의 크기, ⅱ) 승진의 기준과 방법, 그리고 ⅲ) 배치전환의 빈도이다.

우리 정부에서는 경쟁의 범위를 기관별로 제한하는 일반승진을 원칙으로 삼아 왔다. 그러나 고위공무원단제도의 채택, 개방형직위의 증가, 그리고 직위공모제의 확산은 승진경쟁의 기관적 범위를 넓히는 효과를 가져왔다.º)

(2) 승진결정의 기준　　승진후보자를 선발하는 방법 또는 기준에는 ⅰ) 근무성적, ⅱ) 선임순위, ⅲ) 시험, ⅳ) 학력, ⅴ) 경력, ⅵ) 훈련성적, ⅶ) 승진예정직에서의 시험적인 근무, ⅷ) 상벌의 기록 등이 있다. 임용권자의 자의적인 재량을 승진기준의 하나로 꼽는 사람들도 있다.18)

① **근무성적**　　하위직(현직)에서의 근무성적(comparative performance)을 승진의 기준으로 삼아 근무성적이 우수한 사람을 승진시킬 수 있다.

　　근무성적은 상위직에서의 성공가능성을 추정하는 데 자료를 제공할 수 있다. 근무성적에 따른 승진은 성실한 근무자에 대한 보상이 될 수 있다. 그리고 인사권자들의 의견을 반영할 수 있는 수단이 된다. 그러나 현직에서의 성공이 상위직에서의 성공을 보장하는 것은 아니다. 그리고 근무성적평정이 객관성·타당성을 잃는 경우 승진결정이 자의적(恣意的)인 것으로 될 수밖에 없다.ᵖ)

② **선임순위**　　선임순위(seniority)는 공무원이 승진후보자가 될 수 있는 직급에서 근무한 기간을 기초로 한 순위이다.

　　선임순위에 따른 승진결정은 객관적이고 그 절차가 간단하다. 조직의 안정에도 기여한다. 그러나 실적기준에 위배될 가능성이 크다. 그리고 인사침체의 원인이 될 수 있다.

③ **시험성적**　　실적주의제도 하에서는 승진후보자의 선발기준으로 시험성적(test score)이 널리 쓰인다.

　　시험성적에 따른 승진결정은 실적주의의 원리에 부합되는 것이며 공무원들의 자기발전노력

---

o) 직위공모제(job posting)는 내부임용의 후보자를 조직 전체(정부 전체) 내에서 공개선발하는 제도이다. 「국가공무원법」 제28조의 5는 "임용권자나 임용제청권자는 해당 기관의 직위 중 효율적인 정책수립 또는 관리를 위하여 해당 기관 내부 또는 외부의 공무원 중에서 적격자를 임용할 필요가 있는 직위에 대하여는 공모직위(公募職位)로 지정하여 운영할 수 있다"고 규정한다.

p) 여기서는 전통적인 평정표를 사용하는 감독자 평정방식을 준거로 삼고 있다. 그러나 승진결정을 위한 근무성적평정의 새로운 방법들이 많이 개발되고 있다. 승진가능성(promotability)에 관한 요소들을 중심으로 감독자와 동료들이 공동으로 평정하는 방법이 그 한 예이다. 이와 같은 변형방법들이 쓰일 때 근무성적기준에 대한 논의는 약간 달라질 것이다. Douglas Cederblom, "Promotability Ratings: An Underused Promotion Method for Public Safety Organizations," *Public Personnel Management*, Vol. 20, No. 1(Spring 1991), pp. 27~34.

을 촉진한다. 그러나 시험만으로 상위직에서의 적격성을 온전히 파악하기는 어렵다. 그리고 공무원들이 시험준비 때문에 근무를 소홀히 할 수 있다.

④ 학　　력　학력(education)은 학교교육을 받은 경험을 말한다. 학력을 기준으로 쓸 때에는 대개 종류별·기간별로 차등을 두어 학력의 가치를 점수화하는 방법을 쓴다.

학력과 직무수행능력의 상관관계가 높은 경우 학력에 따른 승진결정은 정당화될 수 있다. 학력의 종류와 기간만을 따지는 경우 결정절차가 간단하다. 공무원들의 발전노력을 자극할 수도 있다. 그러나 타당성 있는 학력요건을 결정하고 학력의 질적 수준을 비교하는 것은 매우 어렵다. 형식적인 학력을 획득하기 위해 비용과 노력을 낭비하는 분위기를 조장할 수 있다.

⑤ 경　　력　경력(practical experience)은 실천적인 경험 또는 직업 상의 경험을 말한다. 경력을 승진의 기준으로 쓸 때에는 경력의 종류별·기간별 비중을 정하고, 이를 수치화하여 평정하는 것이 보통이다.

경력과 직무수행능력이 상관되는 한 경력을 승진기준으로 쓰는 것은 타당한 것이다. 그리고 설령 타당성이 낮더라도 경력을 승진기준으로 하면 선임순위를 승진기준으로 쓰는 경우와 비슷한 이점을 기대할 수 있다. 그러나 타당성 있는 경력평정기준을 만드는 것은 매우 어려운 일이다. 경력과 직무수행능력의 상관성이 입증되지 않는 경우 경력기준의 적용은 자의적인 것일 수 있다.

⑥ 훈　　련　승진예정직에서의 직무수행능력을 판단하는 자료로 일정한 훈련(training)을 받은 사실 또는 훈련이수의 성적을 사용하는 때가 있다.

일반적으로 훈련은 공무원의 능력발전을 도모하는 것이며, 훈련의 종류에는 승진에 대비시키기 위한 훈련도 있는 것이므로 훈련을 승진결정에서 고려하는 것은 바람직한 일이라 하겠다. 다만 이때에도 타당한 기준을 발전시켜야 하는 문제가 있다.

⑦ 승진예정직에서의 근무성적　공무원을 승진예정직에서 실제로 일해 보게 하여 그 실적에 따라 승진여부를 결정할 수 있다.

이러한 방법이 제대로 적용될 수 있다면 타당성이 높은 결과를 얻을 수 있을 것이다. 그러나 이 방법은 시간이 많이 걸리고 절차가 복잡한 것이다. 타당한 실적평가도 어렵다. 승진예정직에 시험적으로 임용되는 경우 해당공무원은 승진될 것을 기대하게 되는데, 승진되지 못할 때에는 사기가 저하될 것이다.

⑧ **상벌의 기록**　　위에서 열거한 여러 기준에 포함되지 않는 기타의 인사기록이 승진결정에 자료를 제공하는 경우가 있다. 그러한 인사기록의 대표적인 예가 공무원에 대한 상훈 및 징계의 기록이다.

　　상위직에서의 직무수행능력을 예측하는 데 상벌의 사실을 참고자료로 쓸 수 있는 것은 물론이지만, 상벌의 종류에 따라 직무수행능력에 대해 가지는 긍정적 또는 부정적 가치를 차별적으로 점수화하기는 어렵다.

승진의 결정에서 단일의 기준을 쓸 때도 있겠지만, 그런 경우는 오히려 드물고 복수의 기준을 함께 적용하는 것이 보통이다. 복수의 기준을 선택·배합할 때는 ⅰ) 기준들 사이의 상승효과, ⅱ) 조직의 효율성향상·안정성유지·재직자의 사기앙양에 관한 요청의 조화, ⅲ) 승진의 객관화에 대한 요청과 임용권자의 재량에 대한 요청의 조화, ⅳ) 상황적합성, ⅴ) 형식과 실질의 괴리방지에 대한 필요를 고려해야 한다.

우리 정부에서는 승진결정기준으로 근무성적, 경력, 훈련성적, 상훈기록, 시험성적 등을 사용해 왔다.

(3) **승진적체 문제와 대책**　　우리 정부는 오랫동안 승진적체(昇進積滯)라는 문제 때문에 어려움을 겪어왔다. 근래의 여러 가지 인사개혁은 문제상황을 바꿔놓고 있지만 승진적체 문제는 아직도 인사행정 상의 중요 현안이다.

승진적체의 고통을 완화하기 위한 대책으로 우리 정부가 도입·시행하고 있는 제도들은 ⅰ) 대우공무원제, ⅱ) 필수실무관제, ⅲ) 하위직 공무원에 대한 총정원제, ⅳ) 총액인건비제, ⅴ) 근속승진제, ⅵ) 명예퇴직제, ⅶ) 복수직급제이다. 고위공무원단제도와 팀제는 계급관념·승진관념의 변화에 기여할 수 있다.

　　대우공무원제란 현재의 직급에서 승진소요 최저연수 이상 근무하고, 승진제한 사유가 없는 우수공무원을 상위직급 대우공무원으로 임용하는 제도이다. 필수실무관제란 6급 공무원인 대우공무원 중 실무수행능력이 우수하고 기관운영에 특히 필요한 사람이 6급직위에 계속 근무하기를 원하면 필수실무관으로 임용하는 제도이다.

　　총액인건비제는 승진적체 완화를 위해 활용할 수 있는 제도이다. 이것은 정부 각 기관이 인건비 총액한도와 정원 상한 내에서 증원이나 직급별·직렬별 정원배정을 자율적으로 결정할 수 있게 하는 제도이다.

복수직급제란 조직계층 상 동일수준의 직위에 직급이 다른 사람을 배치할 수 있게 한 제도이다. 복수직급제는 계급과 조직 상의 직책을 부합시키는 인사원리를 교란하고 계급인플레와 예산낭비를 초래할 수 있다. 근속승진제는 실적중시의 시대조류에 어울리지 않는 것이다.

계급인플레를 조장하여 계급을 상향조정하는 방법, 조직의 상급구조를 확대하는 방법, 정원을 늘리기 위해 기구를 증설하는 방법, 초법적인 일제숙정을 단행하는 방법 등 과거에 쓸 수 있었던 방법들은 오늘날의 상황적 조건이나 개혁정신에 맞지 않는다.

승진적체가 문제화될 때마다 계급의 수를 늘리는 방안과 계급정년제를 실시하는 방안이 제안되기도 하였다. 그러나 둘 다 적절치 않은 대책이다.

앞으로 승진적체 문제에 대해 장기적·근본적 대책을 수립하고, 합리적인 경력관리 및 퇴직관리를 실시해야 할 것이다. 승진을 둘러싼 조직문화와 사회관념의 변화를 유도해야 한다. 그리고 전통적인 조직설계와 계급형성의 원리 자체를 임무중심주의적 원리로 대체하여 공무원들을 낡은 승진제도 때문에 겪는 고통에서 풀어주어야 한다.

4) 경력발전(경력개발)

내부임용방법들은 조직구성원들의 경력발전에 직결되는 것이다. 내부임용은 경력발전계획의 목표를 설정하는 데 길잡이가 되고 또 이를 성취하는 수단을 제공한다. 따라서 내부임용의 관리는 경력발전 프로그램을 반드시 고려해야 한다.

(1) 정   의   경력발전(經歷發展: career development program: CDP)은 미리 정한 경력통로를 따라 나아갈 수 있도록 조직구성원들을 준비시키는 활동을 말한다. 경력발전은 개인의 발전목표와 조직의 목표를 함께 성취하기 위해 개인과 조직이 협력해야 하는 프로그램이다.[q]

성공적인 경력발전은 개인이나 조직에 다같이 이득이 된다.

개인은 ⅰ) 직업생활의 계획적 관리를 통해 자기계발을 하고, ⅱ) 외재적·내재적 보상이 보다 큰 직무를 맡아 수행하면서 만족스러운 직업생활과 생애를 향해 성장·성숙할 수 있다.

조직이 경력발전에서 얻는 소득은 ⅰ) 필요할 때 쓸 수 있도록 적격자를 미

---

q) 정부기관들에서는 경력발전이라는 말 대신 '경력개발'이라는 말을 더 자주 쓰는 것 같다.

리 준비시킬 수 있다는 것, ⅱ) 외부로부터 유능한 인재를 끌어들이는 데 도움
이 된다는 것, ⅲ) 조직의 이미지를 개선하는 데 도움이 된다는 것, ⅳ) 직원의
좌절과 불만을 해소하는 데 도움이 된다는 것, 그리고 ⅴ) 경력발전에 성공한
직원들이 조직의 생산성을 높이는 데 기여한다는 것이다.

경력발전은 개인 차원의 노력과 조직 차원의 노력을 포괄한다. 전자를 경력
계획이라 하고 후자를 경력관리라 한다.

(2) **경력계획**　　경력계획(經歷計劃: career planning)은 직원 개개인이 경력 발
전의 목표와 추진단계 및 성취수단을 결정하는 활동이다. 경력계획은 경력에 관
한 개인의 희망과 이를 실현할 수 있는 기회를 조화시키는 과정이기도 하다.[19]

경력계획을 세우는 직원은 자신의 능력·흥미·가치관을 스스로 평가하고
경력통로의 대안들을 분석한 다음 경력발전의 필요와 목표를 결정한다. 이를 관
리자에게 알리고 직원과 관리자가 서로 찬성할 수 있는 행동계획을 수립한다.
그리고 합의한 행동계획을 실천해 나간다.

관리자들은 직원들이 경력계획의 필요를 깨닫도록 촉매적 역할을 수행하고
그들의 경력계획수립에 조력해야 한다.

경력계획과정에서는 개인의 희망이나 능력, 조직의 조건 등에 관한 실천적
인 정보뿐만 아니라 여러 가지 이론들도 참고할 필요가 있다. 경력계획을 이끌
어 줄 이론의 예로 경력단계이론, 직업선호유형론, 그리고 경력통로유형론을 들
수 있다.

① **경력단계이론**　　경력단계이론은 직업인들이 전형적으로 겪는 경력변화에
관한 이론이다. 경력단계(career stages)는 사람이 성인으로서 겪는 여러 변동의
단계뿐만 아니라 직업생활의 길이에 따른 변동의 단계도 반영하는 것이다.

경력단계이론의 예로 George T. Milkovich와 John W. Boudreu의 단계이론을 소개하려 한
다. 그들이 분류한 네 가지 단계는 ⅰ) 개척단계, ⅱ) 확립단계, ⅲ) 유지단계, 그리고 ⅳ) 쇠
퇴단계이다. 개척단계(exploration stage)는 새로운 일을 배우고 직업생활 출발의 발판을 만드
는 단계이다. 확립단계(establishment stage)는 사람이 조직에 참여하고 발전해 나가는 단계이
다. 유지단계(maintenance stage)에서는 사람들이 대개 관록과 경륜을 쌓아 보다 중요한 역할
을 맡고 보다 큰 영향력을 행사하게 된다. 쇠퇴단계(decline stage)는 조직활동에 대한 간여와
영향력이 함께 떨어지는 단계이다.[20]

② 직업선호유형론   직업에 대한 개인적 적성과 선호를 분류한 이론이 직업
선호유형론이다.

직업선호유형론의 예로 Edgar Schein의 유형론을 소개하려 한다. 그는 직업선호유형을 '경
력의 닻'(career anchor)이라 부르고 있다. 경력의 닻은 일에 관한 능력과 동기에 바탕을 두고
형성한 자기 자신에 관한 관념이며 경력에 관한 지향성이라고 한다.
Schein이 분류한 다섯 가지 경력의 닻은 ⅰ) 관리자가 되려는 사람들이 사용하는 관리능력
(managerial competence)의 닻, ⅱ) 기술적 능력의 계속적 발전을 원하는 기술자들이 사용하
는 기술적·기능적 능력(technical/functional competence)의 닻, ⅲ) 직업적 안정성을 추구하
는 사람들이 사용하는 안전성(security)의 닻, ⅳ) 독창적인 일을 해보려는 사람들이 사용하
는 창의성(creativity)의 닻, 그리고 ⅴ) 조직의 제약으로부터 자유로워지기를 원하는 사람들이
사용하는 자율성과 독자성(autonomy and independence)의 닻이다.[21]

③ 경력통로유형론   경력계획의 핵심은 경력통로(경력의 진행계통)를 예측하
고 선택하는 것이다. 경력통로(經歷通路: career path)란 어떤 조직에 근무하는 직
원이 따라 움직여 나가는 융통성 있는 경력진행의 노선이다.[22]

전통적인 관료제에서 전형적인 경력통로는 계서적인 승진단계에 따라 수직
상승하는 것이다. 아직도 다수의 조직, 특히 정부조직에서는 그러한 전통적 경
력통로가 대표적인 선호대상으로 되어 있다.

그러나 상황은 변하고 있다. 융통성 있는 경력통로의 설계와 운영에 대한
요청이 커지면서 여러 가지 대안적 경력통로들이 개척되고 있다.

전통적인 수직상승통로를 수정 또는 대체하는 경력통로모형의 예로 ⅰ) 네
트워크형 경력통로, ⅱ) 2원적 경력통로, ⅲ) 임무중심적 경력통로를 들 수 있다.

네트워크형 경력통로(network career path)는 수직적 및 수평적 이동경로를 결합한 경력통
로이다. 여기에는 工자형, 丄자형, 丅자형, 대각선형 등의 경력통로 들이 포함된다. 초임시절
에는 횡적 이동의 폭을 넓게 하고 중기경력단계에는 같은 계통의 수직적 이동만 허용하며 고
위직에 이르면 다시 횡적 이동의 폭을 넓혀주는 것이 工자형 경력통로이다. 丄자형은 초임시
절의 횡적 이동폭만을 넓힌 것이다. 丅자형은 고위직의 횡적 이동폭만을 넓힌 것이다.
2원적 경력통로(dual career path)는 관리계통과 기술계통을 분리한 경력통로이다. 이 경력
통로는 기술직의 전문가들이 관리자가 되지 않고 계속 조직에 기여할 수 있게 한다. 기술분야
의 전문가들이 능력과 역할확대에 따라 관리자들과 맞먹는 처우를 받게 한다.
임무중심적 경력통로(task-oriented career path)는 고용관계와 담당업무의 잠정성·유동성
을 전제하는 통로이다. 조직의 비계서적·잠정적 구조에 대응하는 경력통로이다. 이것은 조직

의 고정적인 계층과 지위체제에 결부되지 않는다.

(3) 경력관리　　경력관리(經歷管理: career management)는 장래의 필요에 맞춰 활용할 수 있는 인재집단을 확보하기 위해 직원들을 선별·평가·배치하고 발전시키는 과정이다. 경력관리의 목표는 인적자원의 효율적 활용을 통한 조직목표의 성취이다.

인사행정의 거의 모든 기능이 경력관리에 직접·간접으로 연관된다. 그 중 핵심적이고 직접적인 것은 내부임용, 교육훈련, 그리고 근무성적평정이다. 개인들의 경력계획활동을 돕는 것도 경력관리의 중요한 작용이다. 경력계획을 돕는 데 조직과 인사에 관한 자료의 제공, 경력계획에 관한 훈련, 경력상담 등의 방법이 쓰인다.[23]

III. 퇴　　직

정부조직에 일하러 들어간 사람들은 언젠가 조직을 떠난다. 즉, 퇴직한다. 그러므로 인사행정은 퇴직을 관리해야 한다.

인사행정에서 말하는 퇴직관리(退職管理)란 조직 내 인적자원의 퇴직상황을 파악·예측하고, 적정한 퇴직수준을 유지하며, 퇴직결정을 전후하여 생기는 문제들을 해결하는 활동을 지칭하는 것이다. 현대인사행정의 퇴직관리는 조직의 이익과 퇴직하는 개인의 이익을 균형 있게 보호해야 한다는 요청에 대응해야 한다.

퇴직관리는 언제나 불가피하고 중요한 기능이다. 그런데 오늘날 정부 내외의 여건변화는 퇴직관리의 중요성을 더욱 부각시키고 있다. 그 이유로 ⅰ) 취업구조의 변화와 사람들의 직업관 변화가 급속히 진행되고 있다는 것, ⅱ) 인간다운 직업생활과 노후생활에 대한 사회적 관심이 높아지고 있다는 것, ⅲ) 인간의 자연수명이 현저히 연장되고 가족생활이 전통적인 구조를 벗어나고 있다는 것, ⅳ) 사회전반의 인적자원구조가 복잡해지고 부문별 인적자원수급의 변화가 빈번해져 간다는 것, ⅴ) 정부조직이 사용하는 지식·기술은 급속한 변동을 겪고 있으며 정부의 사업별 역점은 끊임없이 변동하고 있기 때문에 효용이 떨어진 인적자원이 양산될 수 있다는 것, ⅵ) 정부규모의 팽창에 제동이 걸리고 감축관리의 요청이 커지고 있다는 것, 그리고 ⅶ) 정부조직 내의 인적자원유동에 대한 요청이 커져 가고 있다는 것을 들 수 있다.

1. 퇴직의 유형

퇴직관리의 대상이 되는 퇴직의 종류는 여러 가지이다. 사망과 같이 조직이나 본인의 의지와 대체로 무관한 원인 때문에 생기는 것을 제외한 퇴직은 ⅰ) 임의퇴직과 ⅱ) 강제퇴직이라는 두 가지 범주로 대별해 볼 수 있다.

1) 임의퇴직

(1) 정   의   임의퇴직(任意退職)은 퇴직하는 공무원이 주도하여 결정하는 사직을 말한다. 이것은 공무원의 자발적인 의사결정에 따른 퇴직이다. 임의퇴직은 자발적 퇴직·사임·의원면직 등으로 불리기도 한다. 임의퇴직은 보통 가피퇴직(可避退職: avoidable separation)이라고 이해된다. 적절한 조치를 취하여 조직구성원의 퇴직결심을 예방하거나 퇴직결심자의 결정을 바꾸면 피할 수 있는 퇴직이라는 뜻이다. 그러나 임의퇴직 가운데는 공무원의 질병 등 피치 못할 원인 때문에 별수없이 자발적인 퇴직결심을 하게 된 퇴직도 있다는 점에 주의해야 한다.

임의퇴직은 퇴직할 공무원이 주도한 사직의 의사표시에 따른 것이지만, 그러한 의사표시만으로 공무원관계가 소멸되는 것은 아니다. 공무원의 사직의사표시를 임명권자가 받아들여 면직행위를 해야만 공무원의 신분이 소멸한다.

(2) 유   형   임의퇴직은 ⅰ) 항구적인 사직, ⅱ) 복직을 전제로 하는 사직, ⅲ) 정년 전에 퇴직을 선택하는 명예퇴직(名譽退職) 등으로 구분해 볼 수 있다. 정년연령에 도달하기 전에 정년퇴직과 유사한 퇴직을 하는 명예퇴직은 임의퇴직과 강제퇴직의 중간형태라고 말할 수도 있다. 왜냐하면 그것은 정년퇴직의 한 수정형태라는 특성도 지녔기 때문이다.

임의퇴직을 ⅰ) 충동적 사직, ⅱ) 비교에 의한 사직, ⅲ) 사전계획에 의한 사직, ⅳ) 조건부 사직으로 분류할 수도 있다. 비교에 의한 사직은 다른 직장에서 채용제안을 받고 그것이 현직보다 낮다고 생각하기 때문에 사직하는 것이다. 조건부사직은 자녀의 취업과 같은 장래의 조건발생에 연계시킨 사직이다.[24)]

비공식적으로 흔히 행해지는 '권고사직'은 외형적·법적으로는 임의퇴직이지만, 외적 강제로 인해 결심하게 되는 것이므로 그 실질적인 성격은 강제퇴직이나 거의 마찬가지이다.

2) 강제퇴직

(1) 정   의   강제퇴직(强制退職)은 퇴직하는 공무원의 의사에 불구하고 정부조직이 정한 기준과 의사결정에 따라 발생하는 비자발적 퇴직이다. 강제퇴직은 불가피퇴직(不可避退職: unavoidable separation)이라는 성격을 한층 더 진하게 지니는 것이다.

강제퇴직은 해당 공무원에게 책임을 돌릴 수 있는 원인(귀책사유)이 있을 때에 발생하는 것으로 흔히 이해되고 있다. 퇴직해당자에게 책임을 물어야 할 귀책사유는 징계퇴직의 경우에 아주 뚜렷하게 부각된다.

그러나 해당자에게 책임을 돌릴 수 없는 조건 때문에 생기는 강제퇴직도 있다는 점을 분명히 해둘 필요가 있다. 감원은 해당 공무원에게 잘못이나 흠절이 없더라도 정부조직의 필요 때문에 발생할 수 있다. 그리고 정년퇴직의 경우 해당자의 능력 또는 유용성이 감소되었다는 것을 추정할 수도 있으나, 해당자에게 명백한 귀책사유가 있음을 따지기 어려울 때가 많다.

퇴직자의 권익보호를 위한 절차가 얼마나 엄격한가 하는 것도 강제퇴직의 종류에 따라 다르다. 징계퇴직의 경우에 그러한 절차는 가장 까다롭다. 반면 정년퇴직이나 당연퇴직의 경우에는 일정한 객관적 사실의 발생이 확인되면 거의 자동적으로 퇴직이 이루어진다.

(2) 강제퇴직과 신분보장   강제퇴직은 신분보장(身分保障)의 요청과 갈등을 빚을 수 있다. 실적주의에 입각한 현대인사행정에서는 공무원의 신분을 보장한다. 공무원이 그 의사에 반하여 자의적(恣意的)으로 퇴직당하거나 불이익처분을 받지 않도록 한다. 그렇게 하는 것이 정부조직이나 공무원에게 다같이 필요하고 유익한 것이기 때문이다.

① 보장의 필요와 제한의 필요   공무원의 신분보장이 필요한 이유는 신분보장이 ⅰ) 행정의 일관성·전문성·능률성을 유지·향상시키는 조건이라는 것, ⅱ) 공무원의 책임이행과 창의성 발휘를 보장하는 조건이라는 것, ⅲ) 공무원의 개인적 권익을 보호하고 사기를 높이는 조건이라는 것이다.

그러나 신분보장이 무한정일 수는 없다. 거기에는 한계가 있어야 한다. 공직의 행동규범을 위반하거나 무능한 공무원, 그리고 불필요하게 된 공무원을 도태시킬 방법이 있어야 한다.

공무원의 신분보장과 중립화, 절차적 객관화의 과잉추구는 인사운영의 경직성을 높이고, 성과관리와 감축관리를 어렵게 하며 정치적 리더십의 관리역량을 위축시킨다.

② 상충되는 요청의 절충   신분을 보장해야 할 필요와 이를 한정해야 할 필요는 적정한 선에서 절충되어야 한다. 그러한 절충의 적정선이 어디에 있어야 하느냐의 문제는 상황적응적으로 해결해야 한다.

일찍이 실적체제를 확립한 선진국들은 정치·행정 이원론과 행정중립화론의 강한 영향 때문에 강력한 신분보장체제를 구축했었다. 그러나 시간의 흐름에 따라 격동적 상황에 대응하기 위해 인사체제의 유연성을 높여야 한다는 요구가 커졌고 성과주의 구현에 대한 요구도 커졌다. 이러한 조건변화는 경직된 신분보장제도를 아주 불편한 것으로 만들었다. 따라서 신분보장에 대한 대립적 요청의 조정선을 다시 획정하여 신분보장완화 쪽에 더 많은 비중을 두어야 한다는 처방이 힘을 얻고 있다.

③ 우리 정부의 과제   우리 정부의 신분보장제도에는 지금 이중의 문제가 있다. 시대변화에 비추어 볼 때 신분보장에 대한 공식적 규범은 너무 경직되어 있다고 말하지 않을 수 없다. 그런가하면 실제적·비공식적으로는 신분보장에 대한 위협이 너무 크다. 요컨대 신분보장제도 운영 상의 형식주의가 문제이다.

우리 정부는 시대적 요청변화에 따라 신분보장법규를 재정비하고 그 실효성을 확보하도록 노력해야 한다. 신분보장규정을 완화하고 실천 상의 형식주의를 배제해야 한다.

(3) 유   형   강제퇴직의 유형에는 ⅰ) 징계에 의한 파면과 해임, ⅱ) 정년퇴직, ⅲ) 직권면직, ⅳ) 당연퇴직이 있다. 감원으로 인한 퇴직의 범주도 인사행정 상 중요한 의미를 가진다. 감원은 직권면직의 일종이다.ｒ)

파면(罷免)과 해임(解任)은 다같이 징계의 방법이지만 파면은 해당자에게 더 많은 불이익을 주는 것이다. 정년퇴직(停年退職)은 일정한 연령 또는 근무연수에 도달한 공무원을 퇴직시키는 제도이다. 직권면직(職權免職)이란 공무원이 법에 정한 사유에 해당할 때 임용권자가 직권에 의하여, 통상적인 징계절차를

ｒ) 휴직(休職)·정직(停職)·직위해제(職位解除)는 공무원의 신분을 소멸시키는 것이 아니므로 퇴직은 아니다. 그러나 정부조직에 일시적으로나마 사실 상의 결원을 발생시키는 제도들이므로 '유사퇴직'으로 보아 퇴직관리의 관심대상에 포함시킬 필요가 있다.

거치지 않고 면직시키는 것을 말한다. 당연퇴직(當然退職)은 공무원이 임용 상의 결격사유에 해당될 때에 당연히 퇴직하는 것이다. 임기제의 적용을 받는 공무원의 임기 만료, 계약직 공무원의 계약기간 만료, 재임용제의 적용을 받는 공무원의 재임용 탈락도 당연퇴직과 마찬가지의 효과를 발생한다. 감원(減員)은 직제 개폐 또는 예산 감소 등으로 생긴 인적자원감축요구에 따라 공무원을 퇴직시키는 일종의 직권면직이다.

강제퇴직의 종류 가운데서 정년퇴직과 감원에 대해서는 추가적인 설명을 하려 한다.

(4) 정년퇴직　　　정년제도는 공무원이 재직 중 발전 없이 장기간 근속하거나 노령이 되어 유용성이 감소된 경우, 법률로 정한 시기에 자동적으로 퇴직하게 하는 제도이다. 이 제도는 범법행위나 특별한 과오는 없지만 직무수행능력의 저하가 추정되는 사람들을 객관적으로 정한 연한에 따라 공직에서 물러나게 함으로써 정부업무의 능률적인 수행을 보장하고, 인적자원의 신진대사를 적정하게 하며, 재직공무원들의 사기를 높이는 기능을 한다.

정년제도에는 ⅰ) 연령정년제도, ⅱ) 근속정년제도, 그리고 ⅲ) 계급정년제도(직급정년제도)가 있다.[25] 우리나라에서 일반직 공무원에게 적용되는 것은 연령정년제도뿐이다.

① 연령정년제도　　　노령정년 또는 은퇴라고도 하는 연령정년제도(年齡停年制度)는 공무원이 미리 법으로 정한 나이에 도달하면 자동적으로 퇴직하게 하는 제도이다. 이러한 특성 때문에 '무조건 퇴직정년제'라고 부르기도 한다.[s]

연령정년제도는 시행이 간편하며, ⅰ) 임용기회 확대, ⅱ) 고령자의 명예로운 퇴직과 노후대비 보장, ⅲ) 공무원의 지위안정에 기여하는 것으로 이해된다.

그러나 ⅰ) 개인적 권익침해·인적자원낭비의 가능성이 있다는 것, ⅱ) 퇴직 예정자의 사기저하와 그들에 대한 관리소홀의 염려가 있다는 것, ⅲ) 아직 노동력이 있는 사람들을 퇴직시켜 사회보장제도에 부담을 준다는 것 등의 문제가 지적되고 있다.

---

s) 우리 정부에서는 5급 이상 공무원과 연구관·지도관의 정년연령은 60세, 6급 이하 공무원과 연구사·지도사의 정년연령은 57세로 구분했었으나 2008년의 「국가공무원법」 개정으로 그러한 구분을 없애고 정년연령을 60세로 통일하였다.

　　연령정년을 변형시킨 제도들이 여러 가지인데, 그 대표적인 예가 명예퇴직제이다. 우리 정부에서 시행하고 있는 명예퇴직제는 정년연령에 도달하기 전에 퇴직하면 퇴직연금 이외에 퇴직수당을 추가로 지급하여 정년연령 도달 전의 퇴직을 촉진하려는 제도이다. 추가적인 퇴직금의 혜택을 받을 수 있는 정년 전 퇴직가능기간은 미리 정한다. 이 제도는 법정 근속기간이 지난 다음부터 연령정년에 도달하기 전까지의 기간 내에서 선택적으로 퇴직을 결정하게 하기 때문에 선택단축정년제의 일종이라고 할 수 있다. 그런가 하면 퇴직의 의사결정은 해당 공무원이 자발적으로 하게 허용하는 제도이기 때문에 이것은 임의퇴직의 일종으로 볼 수도 있다.

　　② 근속정년제도　　근속정년제도(勤續停年制度)는 조직에 들어간 후 일정한 기간이 지나면 자동적으로 퇴직시키는 제도이다. 공무원이 된 뒤에 아무리 승진을 하고 능력발전이 있더라도 공무원이 된 이후의 연수를 통산하여 장기간 근무하였으면 퇴직시키는 제도이므로, 공직의 유동성을 높인다는 것 이외에 이를 정당화할 수 있는 근거는 거의 없다.

　　③ 계급정년제도　　직급정년제라고도 하는 계급정년제도(階級停年制度)는 공무원이 일정한 기간(계급에 따라 다르게 5년, 10년, 15년 등으로 차별적 기간을 설정한다) 승진하지 못하고 동일한 계급에 머물러 있으면, 그 기간이 만료된 때에 그 사람을 자동적으로 퇴직시키는 제도이다.

　　계급정년제의 이점은 ⅰ) 객관적이고 간단한 관리가 가능하다는 것, ⅱ) 인적자원유동률을 높이고 국민의 공직취임 기회를 늘린다는 것, ⅲ) 공무원 교체를 촉진하여 낡은 관료문화 타파를 돕는다는 것, 그리고 ⅳ) 무능하다고 추정되는 사람들의 퇴직을 촉진한다는 것이다.

　　그러나 ⅰ) 당사자 개인이익의 희생, ⅱ) 직업적 안정성 침해, ⅲ) 사기저하, ⅳ) 경직성으로 인한 퇴직률 조절의 애로, ⅴ) 숙련된 인적자원의 손실, ⅵ) 실적주의와의 마찰가능성 등의 문제를 안고 있는 제도이다.

　　(5) 연령정년 연장의 쟁점　　고령화사회가 되면서 연령정년을 연장하는 문제, 즉 정년연령을 높이는 문제가 심각하게 대두되고 있다.

　　① 연장의 요청　　고령화사회가 되면 사람들의 노동가능연령이 현저히 연장된다. 가족구조변화는 고령자들의 생활자립에 대한 필요를 증대시킨다. 사람들은 일을 통한 자기실현의 가치를 점점 더 중요시하게 된다. 이러한 조건변화는 정년연장을 요구하는 압력을 가중시킨다. 다른 한편에서는 연령정년을 연령에 의한 차별이라 규정하고 이를 폐지해야 한다고 주장한다.

② 연장의 애로   아직까지 전통적 요소를 많이 지니고 있는 인사행정체제 하에서 정년연장의 요청을 수용하기는 쉽지 않다.

그 이유로는 ⅰ) 승진적체와 같은 인사정체가 우려된다는 것, ⅱ) 보수지급 부담이 커진다는 것, ⅲ) 고령자 재훈련이 어렵고 비효율적이라는 것, ⅳ) 직무와 작업조건이 젊은이들에게 맞도록 꾸며져 있다는 것, ⅴ) 정년연장을 위해서는 고령자들의 직무수행적합성을 판단해야 하는데 그 작업이 어렵다는 것을 들 수 있다.

③ 연장의 방법   연령정년의 연장을 결정한 경우 채택할 수 있는 연장방법에는 ⅰ) 정년연령을 일정기간 획일적으로 연장하는 단순정년연장, ⅱ) 적격자만을 골라 선별적으로 정년을 일정기간 연장해 주는 근무연장적 정년연장, 그리고 ⅲ) 정년연령에 도달한 사람을 일 년 주기로 심사하여 정년연장을 결정하며, 연장된 기간에는 승급을 허용하지 않고 퇴직연금도 당초 정년 도달시의 액수와 같게 동결하는 재고용적 정년연장이 있다.

(6) 감 원   공무원에게 범법행위 등 과오가 있는 것도 아니며, 반드시 무능하거나 부적격하다고 추정할 만한 이유가 있는 것도 아니지만, 단지 정부의 사정이 그들을 고용할 수 없기 때문에 퇴직시키는 것이 감원이다.

① 필 요 성   대규모의 정부조직을 운영하자면 인적자원을 부분적으로 감축하여야 할 필요가 때때로 생기게 되며, 재정형편 상 인원을 줄이지 않을 수 없는 경우도 생기기 때문에 감원제도를 인정하는 것이다. 우리 정부에서도 물론 이러한 제도를 인정하고 있다. 「국가공무원법」 제70조는 "직제와 정원의 개폐 또는 예산의 감소 등에 따라 폐직(廢職) 또는 과원(過員)이 되었을 때"에는 임용권자가 공무원을 직권으로 면직시킬 수 있다고 규정한다.

그러나 감원은 정부조직의 필요 때문에 공무원의 희생을 강요하는 것이며, 빈번한 감원은 정부조직에도 해를 끼친다. 정부는 감원의 필요 발생을 최소화하도록 인적자원계획을 잘 세워야 한다. 불가피한 감원을 하는 경우에는 불공평한 일을 막고 해당공무원의 희생을 줄이도록 모든 노력을 해야 한다.

② 유 형   감원의 유형에는 ⅰ) 부분적 감원과 ⅱ) 일반적 감원이 있다. 정부에서 벌인 특정사업이 끝나거나 정부기능 중 어떤 것이 한정적으로 축소된 경우, 거기에 종사하던 공무원을 감원하는 것이 부분적 감원이다. 정부의 예산감축 때문에 정부전반에 걸쳐 일정한 수의 공무원을 줄이는 것을 일반적 감

원이라 한다.

부분적이건 일반적이건 감원을 시행할 때 봉착하는 아주 어려운 문제는 감원의 순위를 결정하는 것이다. 간편하고 객관적이라는 이유만으로 근무기간에 따라 그 역순위로 감원을 실시하는 경우가 흔히 있다. 그러나 감원의 공평성을 높이려면 실적기준을 더 많이 고려해야 할 것이다.

③ 우리 정부의 문제   감원결정에 관한 우리 정부의 공식적 방침은 실적기준의 적용을 강조하는 것이다. 지금까지 실적기준 적용의 실질화를 위한 노력이 있어 왔던 것도 사실이다. 그러나 감원결정기준 적용 상의 형식주의와 혼란은 아직도 큰 문제이다.

감원의 책임을 정면으로 받아들이지 않고 정원동결, 과원(過員)인정 등 회피적 편법을 쓰는 일이 많았다. 그런가 하면 일제숙정과 같은 극단적 방법을 쓰는 감원으로 큰 후유증을 남기기도 했다. 감원과 증원을 일관성 없이 되풀이하여 정부조직에 손실을 입히기도 했다. 일반적 감원에서는 '힘 없는' 계층과 조직이 필요 이상의 희생을 당하는 일이 많았다.

2. 퇴직관리의 활동영역

퇴직관리활동은 ⅰ) 퇴직을 억제하거나 또는 촉진하는 관리활동, ⅱ) 퇴직예정자가 퇴직에 대비하는 것을 지원하는 관리활동, 그리고 ⅲ) 퇴직 후에 퇴직자들을 지원하거나 통제하는 관리활동으로 범주화해 볼 수 있다.[26]

1) 퇴직의 억제와 촉진

조직 내 인적자원체제의 상태에 따라 퇴직을 억제하는 대책을 추진할 수도 있고, 퇴직을 촉진 또는 강제하는 대책을 추진할 수도 있다.

(1) **퇴직억제대책**   퇴직억제대책은 주로 임의퇴직을 억제하는 대책으로 이해된다. 퇴직률과 관련요인들을 분석하여 퇴직률이 적정선을 넘는 것이라고 판단될 때, 그리고 조직에 필수적인 사람이 퇴직할 가능성이 있다고 판단될 때에는 퇴직을 억제하는 방안들을 강구해야 한다. 그러한 방안의 예로 ⅰ) 직무와 직무담당자 사이의 부적응을 해소하고 직무에 대한 만족도를 향상시키는 방안, ⅱ) 경력발전의 기회를 확대시켜 주는 방안, ⅲ) 보수와 근무조건을 개선해 주는 방안을 들 수 있다.

임의퇴직을 억제하는 방안이 퇴직통제대책의 주축을 이루는 것이지만, 강제퇴직의 관리도 퇴직을 억제하는 데 깊이 연관될 수 있다. 예컨대 감원을 억제하고 정년연령을 연장하는 것은 퇴직통제에 직결되는 대책이다. 다만 강제퇴직전략의 조정은 임의퇴직의 조정만큼 상황별 적응성이나 융통성을 발휘하기가 어렵다는 제약이 있다.

(2) **퇴직촉진대책**   이것은 인적자원의 신진대사가 필요하거나, 조직활동을 감축할 필요가 있다거나, 잘못을 저지른 사람을 배제할 필요가 있다거나 하는 등의 여러 가지 이유로 퇴직을 유도·촉진·강제하는 대책이다. 퇴직을 촉진할 때에는 징계·감원·정년퇴직과 같은 강제퇴직방법을 우선 동원할 수 있다.

강제퇴직만큼 강력하지는 못하지만 임의퇴직을 촉진하는 방법들도 있다. 명예퇴직제도가 좋은 예이다. 조직 간의 인사교류가 용이하도록 하고 취업알선 등의 유인책을 써서 인적자원유출을 촉진하는 방법들도 있다.[t]

2) 퇴직예정자의 지원

퇴직을 앞둔 공무원들이 퇴직에 대비하고 퇴직생활에 적응할 수 있도록 지원해 주는 것은 퇴직관리의 중요한 과제이다.

① 경력·생애계획 지원   정부는 체계적인 개입을 통해 조직구성원들이 경력과 생애에 관한 계획을 세우도록 촉구하고 그에 조력할 수 있다.

② 훈련과 상담   정부는 퇴직자, 특히 연령정년으로 퇴직하는 사람들을 위한 훈련 프로그램을 마련하여 퇴직생활(은퇴생활)에 도움되는 정보, 직업전환에 필요한 정보 등을 제공할 수 있다. 퇴직대비훈련에는 창업훈련이 포함된다. 그리고 퇴직대비를 돕는 상담서비스를 제공할 수 있다.

③ 근무감축   퇴직이 예정된 사람들의 근무시간 또는 근무일수를 줄여 줌으로써 완전퇴직에 갑자기 직면하였을 때 받게 될 충격을 완화시킬 수 있는데, 이를 근무감축방법 또는 단계적 퇴직방법이라 부를 수 있다.[u]

---

t) 정부가 실시하고 있는 민간근무휴직제도는 임용체제의 개방화 촉진, 정부와 민간의 인사교류 촉진, 훈련, 퇴직 촉진, 퇴직자의 직업알선 등에 직접·간접으로 기여할 수 있는 제도이다. 민간근무휴직제도란 공무원이 임시로 민간기업에 채용될 경우 3년 범위 내에서 휴직할 수 있게 하는 제도이다. 해당 공무원은 휴직하는 동안 민간기업에 정규취업하는 것을 준비할 수 있다.

u) 근무감축방법의 예로 퇴직전 일정기간을 시간제로 근무하게 하는 방법, 연가일수를 점차 늘려 가는 방법, 안식년제를 활용하는 방법이 있다. 책임축소제(decruitment)를 근무량 감축방법의 경우와 유사한 목적으로 쓸 수 있을 것이다. 근무의 질적 감축이라고 부를 수 있는 책임축소

④ 직업알선   직업알선을 통해 노동력이 있는 퇴직자의 재취업을 도울 수
있다.

3) 퇴직후 생활의 지원과 통제

퇴직한 공무원을 대상으로 하는 퇴직관리활동은 고령퇴직자의 복지대책을
주축으로 하는 지원활동이다. 그러나 재취업금지, 징계효과의 확보 등에 관한
규제적 내지 통제적 조치도 예외적이기는 하지만, 필요하고 또 실제로 존재한다
는 사실을 잊어서는 안 된다.

(1) **지원대책**   지원대책은 퇴직자의 복지대책을 마련하는 것이다. 복지대
책은 퇴직자의 ⅰ) 경제생활안정을 도모하는 대책, ⅱ) 정신적·육체적 건강의
보호를 도모하는 대책, ⅲ) 퇴직생애의 단계적 이행을 지원하는 대책으로 나누
어 볼 수 있다.

경제생활의 안정을 도모하려는 대책의 수단은 각종 퇴직금과 퇴직연금의
지급, 재산형성지원, 자격취득지원, 직업알선 등이다. 정신적·육체적 건강을 보
호하려는 대책의 수단으로는 퇴직자단체의 구성과 참여, 복지시설의 이용, 취미
생활지원, 자원봉사와 같은 사회활동 참여의 촉진, 의료보호의 제공 등을 들 수
있다.

퇴직생애의 단계적 이행을 지원하는 대책은 주로 연령정년 퇴직자를 대상
으로 하는 것이다. 여기에는 정년퇴직자들이 노년생애의 단계적 진행에 적응하
는 생활설계를 할 수 있도록 조력해 주는 활동, 그리고 각 단계별로 변화하는
생활의 필요를 충족시키는 데 협조하는 활동이 포함된다.

(2) **통제대책**   퇴직자들에게 어떤 규제를 가하는 통제대책은 정부부문에
거의 국한되는 특이한 것이다. 통제대책의 대표적인 것은 취업제한에 관한 것이
다. 취업제한은 퇴직한 공직자들의 사기업체 등에 대한 취업제한과 징계퇴직자
의 공직복귀를 일정기간 금지하는 취업제한이라는 두 가지 유형으로 구분된다.
재직중 알게 된 기밀을 누설하지 못하게 하는 것이나 퇴직시에 재산을 등록·공
개하게 하는 것도 퇴직자의 통제에 해당한다.

제는 관리자들을 정년퇴직 수년 전부터 책임이 덜한 하급지위로 강임시켜 근무하게 하는 제도
이다.

근무성적평정·교육훈련·보수

Ⅰ. 근무성적평정

1. 근무성적평정이란 무엇인가?

1) 정   의

근무성적평정(勤務成績評定: performance evaluation or appraisal)은 공무원의 개인적 특성·행태·직무수행실적을 판정하여 기록하고 활용하는 인사행정기능이다. 근무성적평정은 공무원에 대한 처우를 포함한 인사조치, 공무원과 행정의 발전, 인사기술의 평가에 필요한 정보를 제공한다.

근무성적평정의 특성 내지 요건은 다음과 같다.

① 직무수행실적·개인적 특성·행태의 평가   집합적으로 파악한 근무성적평정제도의 평가대상(평정요소)은 다양하다. 결과적으로 나타난 직무수행실적뿐만 아니라 사람의 개인적 특성, 그리고 직무수행의 가시적 행태가 모두 근무성적평정의 대상이 될 수 있다. 평정의 필요와 목적에 따라 평정요소의 선택과 배합은 달라질 수 있다.

② 판정작용   근무성적평정은 사람의 판단 또는 판정이라는 심리적 과정을 통해서 이루어진다.

③ 기   록   근무성적평정의 결과는 기록된다. 공식적인 제도로 설계된 근무성적평정에서는 평정결과를 어떠한 형태로든 반드시 기록해야 한다.

④ 활   용   근무성적평정은 평정결과의 활용을 요건으로 한다. 근래에는 평정의 과정도 생산적으로 활용하는 방안이 개발되고 있다.

근무성적평정에는 활용의 목적이 반드시 있어야 한다. 근무성적평정의 구체적인 목적 내지 용도는 다양한 것이지만, 이를 세 가지로 묶어 범주화해 볼 수 있다. 세 가지 목적범주는 ⅰ) 공무원과 행정의 발전, ⅱ) 인사조치의 기준제시(인사통제), 그리고 ⅲ) 인사기술의 평가기준 제시이다.[a]

2) 비   판

현대정부의 근무성적평정제도에 대한 비판은 꾸준히 이어져 왔다. 어떤 비판은 근무성적평정에 본래적으로 내재된 어려움을 지적하는 것이고, 어떤 비판은 전통적으로 사용되어 온 표준적 평정체제의 기술적 제약과 운영 상의 결함을 지적하는 것이다.

인사행정학에서 근무성적평정에 대해 지금까지 일반적으로 제기해 온 비판적 논점들을 간추려 보면 다음과 같다.[1]

① 평정자의 문제   사람이 사람을 평가하는 인간평가에서는 평가하는 사람의 성격·능력·경험 등이 평가에 영향을 미친다. 따라서 평가결과들을 서로 비교할 수 있도록 표준화하기가 어려우며, 평가의 신뢰성과 타당성을 보장하기 어렵다.

② 피평정자의 다양성   피평정자인 공무원의 직무가 다양할 뿐만 아니라 연령이나 직급 등 여러 특성이 서로 다르기 때문에 이들의 행동이나 태도를 일정한 기준에 따라 통일적으로 평가하는 것은 곤란한 일이다.

③ 미래예측의 어려움   근무성적평정은 과거와 현재의 직무수행을 평가하는 것이며, 장래의 능력을 직접적으로 판단해 주는 것이 아니므로 장래의 인사조치에서 기준으로 삼는 것은 무리이다.

④ 과잉기대   근무성적평정이라는 단일한 수단을 너무 많은 목적에 활용하려 하거나 근무성적평정이 직무수행의 모든 결함을 해결해 줄 수 있는 것처럼 생각하는 것은 잘못이다.

⑤ 개별측정과 총체적 평가   한 사람의 실적이나 특성에 관한 개별적 항목의 우열을 판정하고, 개별적 판정의 단순한 합산이 그 사람의 전체적인 우열을 말해 준다고 생각하는 것은 잘못이다.

⑥ 평정을 위한 평정   평정을 위한 평정이 되는 경우가 많다. 직무수행의 개

---

a) 공무원과 행정의 발전에 기여하는 목적의 예로는 직무동기 유발, 자기개발, 생산성 향상의 목적을 들 수 있다. 인사기준 제시의 예로는 성과급결정과 승진결정에 대한 기준제시를 들 수 있다. 인사기술 평가기준 제시의 예로는 시험의 타당성 검증에 필요한 기준제시를 들 수 있다.

선을 위해 평정결과를 활용하지 않거나 이를 소홀히 한다는 말이다. 이러한 경향을 '실질에 대한 형식의 승리'라고 부르기도 한다.

⑦ 목표왜곡   통제위주의 평정이 잦으면 공무원들은 평정대상이 되는 일만 잘하고 다른 일은 소홀히 해서 직무수행을 왜곡하는 결과를 빚게 된다. 이른바 과잉측정으로 인한 목표왜곡 내지 목표대치의 현상이 나타난다.

이 밖에도 ⅰ) 평정목적의 모호성, 목적 간의 갈등, ⅱ) 평정자의 무능·동기결여·정실개입, ⅲ) 평정요소 선정의 부적합성, ⅳ) 평정의 부정확성, ⅴ) 통제위주의 평가과정이 조성하는 불신의 분위기, ⅵ) 관리자들의 무관심, ⅶ) 과다한 비용, ⅷ) 평정과 주요 관리과정의 연계 실패 등이 지적되고 있다.

위와 같은 비판은 대체로 우리 정부의 근무성적평정제도에도 해당하는 것들이다.

3) 개혁방향

인간능력의 근본적인 한계에서 연유하는 문제에 대해서는 예측할 수 있는 장래에 우리가 어떤 완전한 해결책을 만들어내기 어려울 것이다. 그러나 나머지 비판적 논점에 대해서는 지속적인 개선노력으로 대응할 수 있다.

(1) 개혁과제   오래된 그리고 앞으로도 계속 추진해야 할 개혁과제는 ⅰ) 타당성 있는 평정요소의 선정과 정확한 정의, ⅱ) 평정자의 평가능력 향상, ⅲ) 공무원과 행정의 발전을 촉진하기 위한 적극적 평정방법의 개발, ⅳ) 참여적·협동적 평정과정의 개발, ⅴ) 착오와 고의적 왜곡을 줄일 수 있는 평정기법의 개발, 그리고 ⅵ) 평정목적에 따른 평정내용 및 평정방법의 분화이다.

(2) 바람직한 근무성적평정제도의 요건   현대인사행정학이 바람직한 근무성적평정제도의 요건이라고 보는 것들을 간추리면 다음과 같다.[2] 바람직한 특성들의 확인과 개혁과제의 선정은 표리의 관계에 있기 때문에 여기서 고찰하는 것이다.

① 직무연관적 평정기준   평정의 기준은 직무에 연관된 것이라야 한다. 어떤 평정요소이든지 그것은 직무요건에 관련하여 평정해야 한다. 직무분석과 근무성적평정은 긴밀히 연계되어야 한다.

② 직무수행에 대한 기대의 명료화   관리자·감독자는 부하직원들의 직무수행에 대한 기대가 무엇인지를 분명하게 알려주어야 한다.

③ 분화와 표준화   평정의 목적과 피평정자가 다르면 평정의 접근방법도 달라야 한다. 그리고 각 접근방법의 도구는 표준화되어야 한다. 같은 범주의 직무를 수행하고 같은 상관의 감독을 받는 사람들에 대한 같은 목적의 평정도구는 같아야 한다.

④ 평정자의 적합성   타당한 자격을 갖춘 평정자들이 평정을 맡아야 한다. 평정자는 피평정자의 직무수행을 직접 관찰할 수 있는 사람이라야 하며 공정성과 평정기술을 구비한 사람이라야 한다.

⑤ 발전과 성과관리의 촉진   근무성적평정은 피평정자의 경력발전을 지원하고 직무수행동기를 유발하는 것이라야 한다. 이를 위해서는 평정과정에서 개방적인 의사전달을 촉진해야 한다. 피평정자는 자신의 직무수행에 관한 환류를 계속적으로 받을 수 있어야 한다. 근무성적평정은 조직의 주요관리기능에 연계되어야 하며 성과관리에 기여할 수 있어야 한다.

⑥ 평정결과 열람과 이의제기의 허용   피평정자는 자신에 대한 평정결과를 열람할 수 있어야 한다. 피평정자의 이의제기를 허용하고 이를 심사할 정당한 절차를 수립해 두어야 한다.

2. 근무성적평정의 방법

1) 평정방법의 유형론

지금까지 알려진 근무성적평정의 방법은 대단히 많으며, 새로운 방법을 개발하려는 노력이 또한 계속되고 있다. 평정방법들을 분류하는 유형론도 여러 가지이다.[3)]

(1) 평정도구를 기준으로 한 분류   평정도구가 무엇이냐에 따라 ⅰ) 산출기록법, ⅱ) 정기적 검사법, ⅲ) 가감점수법, ⅳ) 서술적 보고법, ⅴ) 상대평가법, ⅵ) 등급법, ⅶ) 도표식 평정척도법, ⅷ) 사실표지법, ⅸ) 강제선택법, ⅹ) 중요사건기록법, ⅺ) 행태기준평정척도법, ⅻ) 직무기준법, ⅹⅲ) 복합시험법, ⅹⅳ) 목표관리기법, ⅹⅴ) 심리학적 평정법을 구분한다.

(2) 평정자를 기준으로 한 분류   평정자가 누구냐에 따라 ⅰ) 감독자평정법, ⅱ) 동료평정법, ⅲ) 자기평정법, ⅳ) 부하평정법, ⅴ) 고객평정법, ⅵ) 감사적 방법, ⅶ) 다면평가제를 구분한다.

(3) 시간지향성을 기준으로 한 분류 평정대상이 과거의 실적인가 아니면 장래의 발전가능성인가에 따라 과거지향적 평정방법(past-oriented appraisal)과 미래지향적 평정방법(future-oriented appraisal)을 구분한다.[4]

(4) 평정요소의 범주를 기준으로 한 분류 평정대상 요소의 범주에 따라 ⅰ) 특성기준평정법(trait-based appraisal), ⅱ) 행태기준평정법(behavior-based appraisal), 그리고 ⅲ) 결과기준평정법(results-based appraisal)을 구분한다.[5]

(5) 평정단위를 기준으로 한 분류 평정대상의 단위가 개인인가 또는 집단인가에 따라 개인대상의 평정과 집단대상의 평정을 구분한다.[6]

(6) 분석적 · 종합적 평정의 분류 평정대상요소들을 분할하여 평가하는 분석적 평정과 피평정자를 전체적으로 관찰 · 평가하는 종합적 평정을 구분한다.

우리 정부 전체의 근무성적평정방법은 다원화되어 있으며, 상황에 따라 신축적인 운영이 가능하도록 허용하고 있다.

원칙적으로 4급 이상 고급공무원을 대상으로 하는 '성과계약 등 평가'에서는 평가대상 공무원과 평가자가 체결한 성과계약에 따른 성과목표 달성도 등을 평가한다. 성과계약 등 평가는 2중평정방식(1차 및 2차 평정자가 하는 평정)의 감독자평정으로 한다. 5급 이하 공무원 등을 대상으로 하는 '근무성적평가'에서는 평가대상 공무원이 평가자 및 확인자와 협의하여 선정한 성과목표 달성도 등 근무실적과 직무수행능력을 평가한다. 근무성적평가의 표준적인 방법은 도표식 평정척도법이며 강제배분법도 함께 쓰인다. 근무성적평가는 2중평정방식의 감독자평정이다.

위의 두 가지 방법에 따른 근무성적평정에서는 평가자가 평정대상 공무원과 성과면담(평정면접)을 실시한다. 평정대상 공무원은 자기에 대한 근무성적평정 결과를 알아 볼 수 있으며, 확인자 또는 평가자에게 이의를 제기할 수 있다.

평정도구와 평정자를 기준으로 분류한 평정방법들에 대해서는 다음에 간단한 설명을 붙이려 한다.

2) 평정도구에 따라 분류한 평정방법의 유형

(1) 산출기록법 산출기록법(production records)은 공무원의 생산기록을 평정하는 방법이다. 이것은 생산고(生産高)로 나타나는 피평정자의 근무실적을 수량적으로 평정하는 방법으로서 반복적인 단순업무의 수행실적을 평가하는 데 적합하다.

(2) 정기적 검사법 정기적 검사법(periodic tests)은 직무수행의 능률에 관한

검사(시험)를 주기적으로 실시하여 직무수행실적을 평가하는 방법이다. 정기적 검사법에서는 검사가 실시되는 특정시기의 생산기록만을 대상으로 한다. 그러나 산출기록법에서는 평정과 평정 사이의 단기간 또는 상당히 장기간에 걸친 생산 실적의 평균치를 파악하려 한다. 그러므로 산출기록법이 정기적 검사법보다 정확한 방법이라고 하겠다.

(3) 가감점수법   가감점수법(merit and demerit system)은 피평정자의 행동에 나타난 긍정적 요인과 부정적 요인을 발견하려는 간단한 방법이다. 즉 우수한 직무수행사항에 대해서는 가점을 주고, 직무수행의 실패나 과오에 대해서는 감점을 주어 나중에 이를 합산하는 방법이다.

(4) 서술적 보고법   서술적 보고법(narrative reports)은 직무수행실적이나 직무행태 또는 개인적 특성에 대한 평가를 서술적인 문장으로 기록하는 방법이다. 기록의 방식이나 기준이 어느 정도 정해진 경우도 있고, 그런 것이 없이 평정자의 재량에 따라 적당하다고 생각하는 것을 적도록 하는 경우도 있다.

(5) 상대평가법   상대평가법(relative standards method)은 피평정자들의 실적 등을 서로 비교하여 우열의 석차를 결정하는 평정방법들을 총칭한다.

상대평가법의 범주에 포함되는 방법들은 서열법과 강제배분법으로 구분할 수 있다. 서열법(ranking method)은 피평정자들을 서로 비교해서 그들의 서열을 정하는 방법으로서 비교적 작은 집단에 대해서만 사용할 수 있는 것이다. 강제배분법(forced distribution method)은 평정점수의 분표비율을 강제하는 일종의 집단별 서열법이다.

(6) 등 급 법   등급법(grading method)은 직위분류에서 쓰는 등급표(grade description)와 비슷한 기준표를 만들고, 그에 비추어 피평정자의 우열을 판단한다. 예컨대 '우수'·'보통'·'부족'의 세 가지 등급을 나누고, 각 등급에 해당하는 공무원의 조건을 기술해둔 기준표에 따라 공무원들을 평정하는 것이다.

(7) 도표식 평정척도법   도표식 평정척도법(gaphic rating scale)에서는 직무수행실적·직무수행능력·직무행태 등에 관한 평정요소를 나열하고, 그 하나하나에 대한 우열의 등급(3 내지 5등급)을 표시하는 평정척도를 그린 평정표를 쓴다. 평정자는 평정척도의 등급 중 피평정자에 해당되는 것을 선택하여 거기에 표시하게 된다.

(8) 사실표지법   체크리스트라고도 하는 사실표지법(事實標識法: check list

or Probst method)은 평정자가 평정표(평정서)에 나열된 평정요소에 대한 설명 또는 질문을 보고, 피평정자에게 해당되는 것을 골라 표시를 하는 방법이다. 평정자는 피평정자의 특성이나 직무수행을 평가하지 않고 단순히 보고할 따름이다. 평정항목에 가중치를 부여하는 사실표지법은 가중사실표지법(weighted check list)이라 부른다.

(9) **강제선택법** 강제선택식 사실표지법(forced choice check list)이라고도 하는 강제선택법(forced choice method)은 비슷한 가치가 있다고 보통 생각하기 쉬운 기술항목 가운데서 피평정자의 특성에 가까운 것을 골라 표시하도록 강제하는 방법이다. 평정표에는 비슷하게 좋은 것으로 또는 나쁜 것으로 보이는 문항들이 짝지어 있으며, 어떤 것이 정말 피평정자에게 유리한지 또는 불리한지를 알 수 없는 문항들을 놓고 평정하도록 하기 때문에 강제선택법은 평정자의 편견이나 정실이 개입되는 것을 억제할 수 있다고 한다.

(10) **중요사건기록법** 중요사건기록법(critical incident method)은 평정자가 피평정자의 직무수행과정에서 일어나는 중요한 사건(어떤 사태와 대응행동)을 기록하거나 또는 미리 열거되어 있는 사건묘사 중 해당하는 것에 표시를 하도록 하는 방법이다.

(11) **행태기준평정척도법** 행태기준평정척도법(behaviorally anchored rating scale: BARS)은 실제로 관찰할 수 있는 행태를 서술한 문장으로 평정척도를 표시한 평정표를 쓰는 방법이다. 이 방법은 평정척도 상의 등급이 무엇을 의미하는지에 대한 해석을 평정자에게 일임하지 않고, 그러한 해석을 분명하게 인도할 행태적 길잡이(behavioral guideposts)를 제공한다. 행태적 길잡이란 실제로 관찰할 수 있는 행태를 서술한 것이다. 행태기준평정척도법은 참여적 과정을 통해 설계한다.

(12) **직무기준법** 직무기준법(performance standard method or peformance analysis method)은 직무수행의 수준을 미리 설정하고 직무수행의 실적과 기준을 비교하는 방법으로서 피평정자의 직무수행을 개선하는 데 특히 유용하다고 한다. 직무기준은 상당히 구체적으로 설정한다. 직무기준의 개발에는 여러 가지 직무분석기법이 쓰인다.

(13) **복합시험법** 복합시험법(assessment centers)은 복수의 평가도구들을 조합하여 사용하는 평정방법이다.

(14) 목표관리기법 목표관리기법(management-by-objectives method)은 목표관리의 방법을 근무성적평정에 활용하는 것이다. 목표관리는 참여의 과정을 통해 조직단위와 구성원들이 수행할 생산활동(직무수행)의 단기적 목표를 명확하고 체계 있게 설정하고, 그에 따라 생산활동을 수행하도록 하며, 활동의 결과를 평가·환류시키는 관리체제이다. 업무수행자의 집행자율은 폭넓게 인정한다.

(15) 심리학적 평정법 심리학적 평정법(psychological appraisal)은 피평정자의 발전잠재력을 평가하는 종합적 접근방법이다. 평정은 심리학의 지식을 갖춘 전문가가 맡는다.

3) 평정자에 따라 분류한 평정방법의 유형

(1) 감독자평정법·부하평정법 전통적으로 근무성적평정은 피평정자의 상관인 감독자가 해오고 있는데, 이것이 감독자평정법(supervisor rating)이다. 어느 나라에서나 아직도 감독자평정법을 주로 쓰고 있다. 부하평정법(subordinate rating)은 감독자평정법과는 반대로 부하들이 상관을 평정하는 방법이다.

(2) 동료평정법·자기평정법 동료평정법(peer rating)과 자기평정법(self-rating)은 피평정자의 참여와 이해, 그리고 능력발전을 강조하는 방법이다. 동료평정법은 피평정자집단 내에서 대등한 위치에 있는 피평정자들이 상호 평정하는 방법이다. 자기평정법은 피평정자가 자기를 스스로 평정하는 방법이다.

(3) 고객평정법 고객평정법(client appraisal)은 피평정자의 서비스를 받는 고객이 평정을 하는 방법이다. 민원사무 담당공무원의 친절도를 민원인들이 평가하는 것은 고객평정의 좋은 예이다.

(4) 감사적 방법 감사적 방법(監査的 方法: external evaluation or field survey)은 직무감사와 유사한 성격의 평정방법이다. 감사적 방법에서는 외부전문가가 평정면접과 현장관찰을 통해 개인 또는 조직단위의 직무수행을 평정한다. 평정과정에서는 피평정자와 그 감독자뿐만 아니라 관련직원들도 조사대상으로 삼아 직무수행의 기대수준과 달성수준을 확인하고, 확인된 결과에 영향을 미친 요인 또는 조건을 찾아낸다.

(5) 다면평가제 다면평가제(多面評價制: 360-degree appraisal; multirater feedback; multisource appraisal)는 근무성적평정에 피평정자 본인, 상관, 부하, 동료, 프로젝트 팀 구성원, 고객, 재화·용역공급자 등이 참여하는 집단평정방법이다.[7]

다면평가란 피평정자의 능력과 직무수행을 관찰할 기회가 있는 여러 방면의 사람들이 평정에 가담한다는 뜻이다. 평정요소와 평정참여자의 범위는 평정의 목적에 따라 달라질 수 있다. 우리 정부에서는 평정참여자의 범위를 피평정자의 '상급자(상위공무원)·동료·하급자(하위공무원)·민원인 등'으로 규정하고 있다.b)

① 효 용   정부에서 다면평가제를 실시하는 경우 기대할 수 있는 효용은 다음과 같다.

첫째, 보다 공정하고 객관적인 평정이 가능하며 평정결과에 대한 당사자들의 승복을 받아내기가 쉽다.

둘째, 행정서비스에 관한 다방향적 의사전달을 촉진한다. 다방면의 관련자들이 피평정자에게 그가 수행해야 할 역할집합(role set)을 보다 정확하게 전달할 수 있다. 다양한 의견을 수렴하여 공무원과 행정의 발전을 위해 활용할 수 있다.

셋째, 상관 한 사람에게만 복종하고 책임지는 데서 빚어지는 관료적 행태의 병폐를 시정할 수 있다. 충성심의 방향을 다원화하고, 특히 국민중심적·고객중심적 충성심을 강화하는 데 기여할 수 있다.

넷째, 행정분권화, 그리고 부하직원들에 대한 힘 실어주기에 유리한 조건을 형성할 수 있다. 작업집단의 팀워크 발전에도 기여할 수 있다.

다섯째, 관리자·감독자들의 리더십발전에 기여할 수 있다. 추종자들의 솔직한 의견을 들어 자신의 리더십행태를 반성하고 개선할 수 있다.

여섯째, 직무수행과 능력에 대한 정확하고 공정한 환류는 피평정자들의 자기개발에 대한 동기를 유발할 수 있다. 상급자뿐만 아니라 동료·부하·민원인 등으로부터 모두 존경받기 위한 자기개발을 유도할 수 있다.

② 단 점   다면평가제 실시의 애로와 우려되는 부작용들도 적지 않다.

첫째, 근무성적평정을 둘러싸고 평정 상의 불쾌감이나 스트레스가 커질 수 있다. 감시자가 늘고 통제의 망이 확대된다고 생각하면 그런 부작용이 악화될 것이다. '윗사람'이 아닌 '아랫사람'의 평가를 받는 데 친숙하지 않은 행정문화와

---

b) 「공무원 성과평가 등에 관한 규정」 제28조는 "소속장관은 소속 공무원에 대한 능력개발 및 인사관리 등을 위하여 해당 공무원의 상급 또는 상위 공무원, 동료, 하급 또는 하위 공무원 및 민원인 등에 의한 다면평가를 실시할 수 있다"고 규정한다. 이 규정은 대상 공무원의 실적·능력 등을 잘 아는 업무 유관자로 평가자 집단을 구성하도록 요구한다. 그러나 다면평가의 방법·절차 등에 관한 구체적 사항의 결정은 소속장관에게 위임하고 있다.

의 마찰도 우려된다.

둘째, 평정자들이 피평정자의 업무수행, 평정의 취지와 방법을 잘 모르고 저지를 실책도 문제이다. 평정자들이 담합을 하거나 모략성 응답을 하는 등의 돌출행동을 할 위험이 있다.

셋째, 업무목표의 성취보다는 원만한 대인관계의 유지에 급급하는 행태적 성향을 조장할 수 있다. 그리되면 목표대치 또는 목표왜곡이라는 바람직하지 못한 현상이 빚어진다.

넷째, 평정자들의 유동이 심한 경우 평정의 신뢰성을 확보하기 어렵다.

다섯째, 다면평가제의 관리업무는 복잡하다. 그리고 시간을 많이 소모한다.

우리 정부에서 널리 활용하고 있는 다면평가제는 아직 성숙한 단계에 이르러 있지 않다. 이 제도가 성공적으로 정착되려면 ⅰ) 평정목적의 명료화, ⅱ) 평정자집단의 대표성 확보, ⅲ) 평정자들의 능동적 참여동기와 평정능력 향상, ⅳ) 피평정자들의 신뢰와 수용 확보 등 일련의 조건이 갖추어져야 할 것이다.

3. 평정 상의 착오

근무성적평정은 사람이 사람을 평가하는 과정이므로, 거기에는 착오발생의 위험이 있다. 객관적 측정단위가 있는 요소에 관하여 사실을 관찰하고 기록만 하는 평정이라면 착오발생의 가능성이 적다. 그러나 대부분의 근무성적평정은 평정자의 판단 또는 의견에 기초를 둔 것이기 때문에 착오의 가능성이 크다.

전통적인 방법을 사용하는 평정에서 흔히 발생하는 평정 상의 착오(rating error)에는 다음과 같은 것이 있다.[8]

(1) 연쇄적 착오   연쇄적 착오(halo error; spilover or black mark effect)는 어느 하나의 평정요소에 대한 평정자의 판단이 다른 평정요소의 평정에 영향을 미치거나, 평정자가 피평정자에 대하여 가지고 있는 막연한 일반적 인상이 모든 평정요소의 평정에 영향을 미치는 데서 오는 착오이다.

(2) 근접행태 또는 최초행태의 강조로 인한 착오   근접행태의 강조로 인한 착오(근접효과: overemphasis of recent behavior or recency error)는 평정실시의 시점에 근접한 시기의 근무성적이 평정에 더 많은 영향을 미치는 데서 오는 착오이다. 이와는 대조적으로 최초행태의 강조로 인한 착오(최초효과: primacy effect)는 첫인상에 너무 큰 비중을 두기 때문에 저지르는 착오이다.

(3) 대조효과로 인한 착오　　대조효과로 인한 착오(contrast effect)는 어떤 사람 또는 사물의 특성이 지각자가 본 다른 사람 또는 사물의 특성과 대조되기 때문에 저지르는 착오이다. 예컨대 열등한 사람을 먼저 본 다음 우수한 사람을 보면 뒤에 본 사람의 우수성이 더 돋보일 수 있다.

(4) 집중화경향　　집중화경향(central tendency)은 거의 모든 평정요소와 피평정자들을 평균으로, 또는 평균에 가깝게 평정하는 경향이다. 사실이야 어떻든 모든 사람이 보통이며, 따라서 그들간에 우열의 차이가 없다고 평정하는 것을 집중화경향이라 한다.

(5) 관대화경향　　관대화경향(tendency of leniency; friendliness error)은 집중화경향과 비슷하나 다만 평점이 관대한 쪽에, 다시 말하면 우수한 쪽에 집중되는 것을 말한다.

(6) 엄격화경향　　엄격화경향(tendency of strictness or severity; horns effect)은 관대화경향과 반대로 평점분포가 열등한 쪽에 집중되게 하는 평정경향을 지칭한다.

(7) 일관적 착오　　일관적 착오(systematic or constant error)는 다른 평정자들보다 시종 박한 점수를 주는 평정자나 항상 후한 점수를 주는 평정자들이 저지르는 착오를 말한다. 이것은 어떤 평정자가 가진 평정기준이 다른 사람보다 높거나 낮은 데서 비롯된다.

(8) 유형화의 착오　　유형화의 착오(stereotyping)는 어떤 사람이나 사물을 볼 때 그들이 속한 집단 또는 범주에 대한 고정관념에 비추어 지각함으로써 저지르는 착오이다. 이것은 집단화의 오류 또는 선입견에 의한 착오(personal bias)라고도 한다.

(9) 투　　사　　자기 자신의 감정이나 특성을 다른 사람에게 투사 또는 전가하는 데서 오는 착오를 투사(投射: projection)라 한다. 이것은 유사성 착오(similarity error)라고도 한다. 예컨대 공격적인 성격의 소유자는 다른 사람에게서도 공격성을 발견하기 쉽다. 평정자는 자기와 유사한 피평정자에게 높은 평점을 줄 가능성이 크다.

(10) 기대성 착오　　사람이나 사물의 특성 또는 사건의 발생에 관해 미리 가진 기대에 따라 무비판적으로 사실을 지각하는 데서 오는 착오를 기대성 착오(expectancy error)라 한다. 기대성 착오는 일어나기를 바라는 것이 실제로 일어난

것처럼 오해하는 착오라 할 수 있다.c)

(11) 선택적 지각의 착오   선택적 지각(selective perception)은 모호한 상황에 관해 부분적인 정보만을 받아들여 판단을 내리게 되는 데서 범하는 착오이다. 이것은 추측으로 인한 착오라고도 한다. 예컨대 어떤 회사의 한 주주(株主)가 회사의 재정보고서를 읽다가 당해연도의 배당금이 거의 없을 것이라는 항목을 보고 충격을 받은 나머지 새로운 상품을 개발했기 때문에 앞으로 회사의 수익이 크게 늘어날 것이라는 보고부분을 간과해 버릴 수 있다. 그러한 가운데 회사의 장래를 평가한다면 선택적 지각의 착오를 범하게 된다.

(12) 방어적 지각의 착오   방어적 지각(perceptual defense)의 착오는 지각자가 사물을 보는 습성 또는 그의 고정관념에 어긋나는 정보를 회피하거나 그것을 자기의 고정관념에 부합되도록 왜곡하기 때문에 범하는 착오이다. 이 경우에 지각자는 자신의 고정관념을 방어하기 위해 부정확한 지각을 하는 것이다. 방어적 지각을 넓게 해석하는 경우 유형화의 착오나 투사는 거기에 포괄되는 것으로 이해할 수도 있다. 그런가 하면 방어적 지각은 선택적 지각의 일종이라고 볼 수도 있다.

(13) 근본적 귀속의 착오·이기적 착오   이 두 가지 착오는 성공·실패의 원인을 찾을 때 자신의 경우와 타인의 경우를 다르게 해석하려는 경향에서 비롯되는 것이다.d)

근본적 귀속(根本的 歸屬)의 착오(fundamental attribution error)는 타인의 실패를 평가할 때에는 상황적 요인의 영향을 과소평가하고 개인적 요인의 영향을 과대평가하는 경향, 그리고 타인의 성공을 평가할 때에는 상황적 요인의 영향을 과대평가하고 개인적 요인의 영향을 과소평가하는 경향이다.

---

c) 기대성 착오를 자기달성적 예언(자기충족적 예언: self-fulfilling prophecy)이라는 개념으로 설명하기도 한다. 자기달성적 예언은 상황이나 사람에 관해 미리 기대했던 바를 찾아내거나 만들어내는 경향을 지칭한다.
   기대성 착오는 피그말리온 효과(Pygmalion Effect)라고도 부른다. 그리스 신화에 나오는 피그말리온은 상아로 처녀상을 만들고 그 처녀상을 사랑하게 된 키프로스의 왕이라고 한다. 그의 기도를 받아들여 사랑과 미의 여신인 아프로디테(Aphrodite)가 상아조각상에 생명을 불어 넣어주었다고 한다.
d) 이 두 가지 착오에 대한 설명은 귀속이론(attribution theory)에 기초한 것이다. 귀속이론은 실재의 사건보다 그에 대한 관찰자의 지각을 더 중요시한다. 귀속이론은 사람의 행동을 유발하는 원인을 행동자가 통제할 수 있는 내적 원인과 외부적 원인으로 구분하여 설명한다.

이기적 착오(자존적 편견: self-serving bias)는 자기 자신의 실패에 대한 책임은 지지 않고 성공에 대한 개인적 공로는 강조하려는 경향이다. 자기가 일을 잘못한 것은 상황적 조건이 나쁜 탓이고, 일을 잘한 것은 자기의 개인적 우월성 때문이라고 생각하는 경향을 지칭하는 것이다.

어떤 행동자의 인상관리(impression management)는 상대방의 착오를 유발할 수 있다. 인상관리는 자기에 대한 타인의 인상 형성을 조작하거나 통제하려는 기도이다. 이것은 자기에 대한 다른 사람들의 지각과정을 의도적으로 조작하려는 행동이기 때문에 착오를 설명할 때 언급하게 된다.

인상관리의 매체와 방법은 다양하다. 그 효과 또한 다양하다. 인상관리는 행동자에게 유리한 결과를 가져올 수도 있고 역효과를 빚을 수도 있다. 인상관리가 진실한 정보를 전달할 수도 있고 거짓 정보를 전달할 수도 있다. 상대방이 거짓 정보에 속는다면 그는 인상관리자의 행동 때문에 착오를 저지를 수 있다.

II. 교육훈련

1. 교육훈련이란 무엇인가?

1) 정   의

인사행정에서 말하는 교육훈련 또는 훈련(training)은 공무원의 능력(competence)을 향상시키려는 활동이다.[e] 교육훈련이 공무원의 능력을 향상시키려고 한다는 것은 공무원의 직무수행에 직접 필요한 지식·기술, 조직생활과 경력발전에 필요한 지식·기술, 그리고 태도의 발전적 변화를 촉진하기 위해 계획적으로 노력한다는 뜻이다.

훈련의 기본적 목적은 공무원의 직업생활능력에 관련하여 발생하는 훈련수요를 충족시켜 공무원과 행정조직의 발전을 도모하려는 것이라고 요약할 수 있다. 훈련의 구체적·개별적 목적은 훈련의 종류별·과정별로 달리 규정되겠지만 이를 모아 몇 가지 일반적 범주로 묶어 볼 수 있다. 그러한 목적 또는 효용의 범주에는 i) 공무원의 발전과 동기유발, ii) 생산성 향상, iii) 과오·낭비의 감소,

---

e) 우리 정부에서는 '교육훈련'이라는 합성어를 표준적인 것으로 사용하지만 경우에 따라서는 '교육' 또는 '훈련'이라는 단어를 혼용하고 있다. 인재개발이라는 개념도 함께 쓰고 있다. 저자도 이 관행을 따르려고 한다.

iv) 통제·조정 필요의 감소, ⅴ) 조직의 안정성과 융통성 향상, ⅵ) 행정개혁의 촉진, ⅶ) 유능한 국민의 양성 등이 포함된다.

현대인사행정의 훈련기능은 광범하고 적극적이며 정부조직 전반에 확산·삼투되어 있다. 그리고 공무원들의 자기개발과 능동적 학습을 강조한다.

인사행정에서 관심을 가지고 관리하는 것은 원칙적으로 재직훈련(post-entry or in-service training)이다. 그러나 재직훈련은 채용전훈련(pre-entry training)과 긴밀히 연관되어 있으며 실천적으로 구별하기 어려운 때가 있다는 점에 유의해야 한다. 채용전훈련을 맡는 교육기관 등을 이용해 재직훈련을 실시하는 경우도 있고, 재직훈련과 채용전훈련의 시간적 한계를 짓기 어려운 경우도 있기 때문이다.

인사행정학과 인사행정의 실제에서 훈련 또는 교육훈련이라는 말을 갈음하여 인적자원의 발전 또는 개발(human resources development)이라는 말을 쓰기 시작한지는 오래되었다. 우리정부에서는 공무원 교육훈련 분야에서 공무원의 발전이니 능력개발이니 하는 용어를 섞어 써 오다가 2016년에는 「공무원 교육훈련법」을 대체하여 「공무원 인재개발법」을 시행하고 중앙공무원교육원을 국가공무원 인재개발원으로 개편함으로써 인재개발이라는 개념을 법제화하였다. 그러나 인재개발의 의미에 대한 법령의 규정은 모호하다. 정부가 인재개발이라는 개념을 법적인 용어로 사용하게 된 의도를 추정하고 법령의 몇 가지 조항을 해석하여 인재개발의 의미를 다음과 같이 정의하려 한다.

인재개발은 공무원을 국민전체에 대한 봉사자로서 공직가치가 확립되고 직무수행의 전문성과 미래지향적 역량을 갖춘 인재로 개발하는 활동이다. 인재개발은 정부에서 일하는 사람들의 유용성을 향상시키려는 폭넓은 전략적 인사행정활동이다. 이것은 시대적 요청에 따른 현대적 개혁처방을 받아들인 훈련에 붙여진 새로운 이름이라고 할 수도 있다. 인재개발은 전통적인 훈련프로그램을 포괄하지만, 그 시야와 외연이 넓어지고 역점이 변한 인적자원 발전프로그램이며 조직전체의 목표성취에 지향된 전략적 활동이다. 인사행정의 다른 기능들뿐만 아니라 여러 조직관리기능들과의 연계작용을 중시하고 기능 간의 협력을 강조한다. 개발대상이 되는 인간속성의 범위를 확장하고 능력개발의 미래지향적 측면을 강조한다. 자기주도적·능동적 학습을 강조한다. 맞춤형 훈련을 강조한다. 훈련방법의 정보화를 포함한 기술쇄신을 강조한다.

2) 성공적인 훈련의 조건

훈련사업이 성공하려면, 즉 그 목적을 효율적으로 달성할 수 있으려면 여러 가지 조건이 구비되어야 한다.

훈련의 성공조건으로는 ⅰ) 정치적·행정적 리더십의 지지, ⅱ) 장·단기적 훈련사업계획의 수립, ⅲ) 훈련사업에 필요한 시간과 자원의 확보, ⅳ) 훈련관리에 필요한 전문직원의 확보, ⅴ) 정부 내의 개혁적 분위기 조성, 그리고 ⅵ) 학습촉진의 원리에 충실한 훈련을 들 수 있다. 학습촉진의 원리에 대해서는 아래에서 설명하려 한다.

(1) **학습촉진의 원리**　학습촉진의 원리(principles of learning)란 사람들이 가장 효율적으로 배울 수 있는 방법을 일러주는 가이드라인이다. 훈련이 학습촉진의 원리를 잘 반영할 때 훈련은 효율적일 수 있다.

학습촉진의 원리는 ⅰ) 훈련받는 사람의 학습동기와 학습능력, ⅱ) 참여, ⅲ) 환류, ⅳ) 반복과 실습, ⅴ) 학습강화, ⅵ) 훈련의 적합성, ⅶ) 학습의 전이가능성에 관련하여 규정된다.[9)]

① **학습동기와 학습능력**　훈련받을 사람의 학습동기가 있어야 하며 훈련을 받는 데 필요한 능력을 미리 갖추고 있어야 한다.

② **참　여**　훈련받는 사람이 훈련과정에 적극적으로 참여해야 한다. 참여와 학습동기는 순환적인 상승작용을 한다.

③ **환　류**　잘못을 시정할 수 있도록 훈련받는 사람에게 결과에 대한 정보를 환류해야 한다.

④ **반복과 실습**　학습을 촉진하는 데 반복과 실습이 효과적이다.

⑤ **학습강화**　바람직한 학습행태는 여러 유인으로 강화해야 한다.

⑥ **훈련의 적합성**　훈련내용은 훈련수요에 적합한 것이라야 한다. 다시 말하면 훈련과 훈련수요의 상관성이 높아야 한다.

⑦ **학습의 전이가능성**　훈련을 통해 학습한 것은 직무수행의 실제에 적용할 수 있어야 한다. 학습의 전이가 잘 되도록 훈련의 적합성을 높여야 한다. 학습의 전이에 대해서는 아래에서 설명하려 한다.

(2) **학습의 전이**　학습의 전이(轉移: 실용화: transfer of learning or transfer of training)란 훈련에서 학습한 것을 조직생활의 실제에 적용한다는 뜻이다. 훈련은

실생활에서의 활용가능성(전이가능성)을 높일 수 있게 설계하여야 한다. 훈련에서 요구하는 것과 직무가 요구하는 것이 가깝게 부합될수록 학습의 전이는 촉진된다고 한다. 학습의 전이를 촉진하려면 다음과 같은 가이드라인을 따라야 한다.10)

① 훈련의 적합성   훈련의 수요적합성을 높여야 한다.

② 훈련상황의 현실성   훈련의 상황적 조건은 실제 직무의 상황적 조건과 최대한 유사하게 꾸며져야 한다.

③ 이론의 철저한 학습   훈련주제에 대한 이론의 학습을 철저히 해야 한다. 실천행동을 인도할 개념, 전제적·기초적 원리를 분명히 알아야 그 적용을 제대로 할 수 있다. 문제해결의 전제가 되는 기초적 원리의 이해는 훈련의 전이를 촉진하고 장기적 문제해결능력과 새로운 상황에 대한 대응능력을 향상시킨다.

④ 실제적 경험의 기회 제공   피훈련자들에게 배운 과제, 개념, 기술에 관한 실제적 경험의 기회를 최대한 제공해야 한다. 이를 위해 다양한 실례(實例)의 소개, 실연(實演), 실험실습, 모의연습, 직무현장에서의 실습 등 여러 가지 방법을 쓸 수 있다.

⑤ 실천의 촉진   훈련을 마치고 직무에 복귀한 사람이 새로이 배운 것을 실천에 옮기도록 지도하고, 개선된 실적에 대해서는 강화유인을 제공해야 한다.

⑥ 학습전이 태도의 육성   훈련과정에서는 학습의 전이에 적극적으로 임하는 피훈련자들의 태도를 육성하는 데도 주의를 기울여야 한다.

3) 우리 정부의 교육훈련체제에 대한 비판

우리 정부의 공무원 교육훈련체제는 장족의 발전을 거듭해 왔으며, 행정발전에 많은 공헌을 하였다. 그러나 위에서 설명한 성공조건에 비추어 볼 때 미흡한 점이 많다. 우리의 현실에 관하여 언급해 두어야 할 문제점들은 ⅰ) 훈련수요 조사가 부실해서 훈련의 적합성이 낮다는 것, ⅱ) 교육훈련기관과 훈련 프로그램의 양적 팽창이 질적 향상을 동반하지 못했다는 것, ⅲ) 정부의 훈련기구 독점과 기관 간의 할거주의가 강하다는 것, ⅳ) 교육훈련기관들의 기관적 기초가 부실하고 훈련방법이 낙후되어 있다는 것, ⅴ) 훈련평가기능이 조직화되어 있지 않다는 것, 그리고 ⅵ) 직장교육과 해외위탁훈련이 비조직적이라는 것이다.

우리 정부는 그와 같은 문제들을 해소하기 위해 노력하고 있다. 근래의 개혁항목 가운데서 특기할 만한 것은 맞춤형 교육프로그램과 상시학습체제이다.

맞춤형 교육프로그램은 훈련의 수요적합성을 높인 프로그램이다. 피훈련자 개개인의 훈련수요에 대한 훈련의 적합성을 높이기 위해 훈련수요 분석 강화, 선택과목 설치 등의 조치를 채택한 프로그램이다.

상시학습체제는 훈련에 관한 각 부처의 자율성을 높이고 공무원 각자가 연 100시간 이상 훈련을 이수하도록 하는 제도이다. 이 제도의 구성요건은 ⅰ) 훈련인정범위 확대, 의무적 훈련이수시간 설정, 자기개발계획 수립 등을 통한 정부조직의 학습조직화, ⅱ) 관리자의 학습촉진역할 강화, 그리고 ⅲ) 인적자원발전시스템 구축에 관한 각 부처의 자율성 확대이다.

2. 교육훈련의 종류·방법·훈련수요조사

1) 훈련유형론: 목적에 따른 분류

어떤 기준을 쓰느냐에 따라 훈련유형론은 여러 가지로 만들어질 수 있다. 흔히 볼 수 있는 훈련분류의 기준은 ⅰ) 훈련의 목적, ⅱ) 조직의 기능(직무분야), ⅲ) 피훈련자의 직급, ⅳ) 훈련기간, ⅴ) 훈련기관 또는 훈련장소, 그리고 ⅵ) 훈련방법이다. 인사행정학에서는 대개 목적별 분류를 훈련유형론의 기본으로 삼는다.

목적을 기준으로 분류한 훈련종류의 예를 보면 다음과 같다.

(1) 적응훈련　　　적응훈련(orientation training)은 새로 직장에 나오는 사람을 업무에 익숙하게 만들려는 훈련이다. 신입직원훈련 또는 신규채용자훈련이라고도 불린다. 배치전환이나 승진에 따라 새로운 직책을 맡게 된 사람들에게 실시하는 재적응훈련도 적응훈련의 일종으로 볼 수 있다.

(2) 정부 특유의 직무담당자에 대한 훈련　　　정부에만 있는 직무분야에 공무원을 채용하는 경우에는 공식적 훈련계획에 따라 상당한 기간 직무에 관한 훈련을 실시해야 한다. 그것은 통상적인 적응훈련의 수준을 넘는 것이다.

(3) 직무수행의 개선을 위한 훈련　　직무수행의 개선을 위한 훈련이란 공무원이 현재 담당하고 있는 직무 자체에 관한 수행능력의 유지 또는 향상을 위한 훈련으로서 직무훈련 또는 전공훈련이라 부르기도 한다.

(4) 공무원의 유용성확대훈련　　　공무원의 유용성 확대를 위한 훈련은 그 폭이 넓은 것이다. 유용성확대훈련은 공무원이 맡은 직무에 직접적으로 필요한 지

식과 기술이 아니더라도 공무원으로서 갖추는 것이 바람직한 보다 넓은 또는 장래에 필요한 능력의 향상을 목적으로 하는 것이다. 조직에 대한 적응성증대훈련, 감독자훈련, 승진에 대비하는 훈련, 직무풍요화·직무확장에 대비한 기술다원화 훈련이 유용성확대훈련에 해당한다.

(5) **관리능력향상훈련**   흔히 관리자훈련이라 부르는 것으로서 관리층 공무원들의 관리능력을 개선하려는 훈련이다. 관리자훈련은 전공직무분야의 업무에 필요한 기술적 능력보다는 조직의 관리활동에 필요한 포괄적이고 광범한 능력을 훈련시키려는 것이므로, '전문가를 일반행정가로 만드는' 훈련이라 할 수 있다.

(6) **윤리성향상훈련**   가치관 내지 태도의 발전적 변화를 모색하는 일련의 훈련사업 가운데 하나가 윤리성향상훈련이다. 공직윤리와 그 행동규범을 공무원들에게 체득시키려는 훈련이다. 우리 정부에서는 이것을 윤리교육 또는 정신교육이라 부르고 있다.

우리 정부에서는 훈련기관 또는 장소, 훈련대상공무원, 그리고 훈련목적을 기준으로 한 훈련분류를 사용하고 있다.

훈련을 받는 기관(장소)을 기준으로 하여 ⅰ) 교육훈련기관교육, ⅱ) 위탁교육훈련, 그리고 ⅲ) 직장훈련을 구분하고 있다. 교육훈련기관교육은 정부 안에 설치하고 있는 교육훈련기관에서 실시하는 훈련이다. 위탁교육훈련은 국내외의 교육기관, 연구기관 등에 위탁하여 실시하는 훈련이다. 직장훈련은 각급 행정기관의 장이 훈련에 관한 기본정책 및 일반지침에 따라 소속공무원의 정신자세 확립과 직무수행능력 향상을 위하여 실시하는 훈련이다.

국가공무원 인재개발원의 교육운영계획에서는 훈련의 목적에 따라 기본교육과정과 특별과정을 나누고, 기본교육과정은 다시 공직가치교육, 공직리더십교육, 글로벌교육, 직무/전문교육, 이러닝(E-learning) 등으로 구분하고 있다. 훈련대상자를 기준으로 분류한 교육과정에는 고위정책과정, 신임과장과정, 신임관리자과정, 5급승진자과정, 6급 이하 과정 등이 있다.

2) 훈련방법

훈련방법은 훈련실시의 수단이다. 현재 각국에서 개발되거나 쓰이고 있는 훈련의 방법은 아주 다양하며, 새로운 방법들이 계속하여 개발되고 있다.

자주 사용되거나 근래에 처방적으로 중요시되고 있는 훈련방법들을 보면 강의, 회의, 대집단을 대상으로 하는 토론회, 시찰, 독서와 통신교육, 순환보직, 실무수습, 현장훈련, 분임연구, 계획학습, 모의연습, 관리연습, 정보정리연습, 사건처리연습, 사례연구, 역할연기, 감수성훈련, 야외훈련, 기술다원화 훈련, 공유를 통한 학습, 비교를 통한 학습, 체제론적 사고를 통한 학습, 경쟁을 통한 학습, 불신의 정지를 통한 학습 등이 있다. 앞서 설명한 지식관리기법들과 창의성 향상훈련기법들도 함께 참고하기 바란다.

이러한 여러 훈련방법들 가운데서 의미가 스스로 분명한 것들을 제외한 나머지 방법들에 대해서는 간단한 주석을 붙여둘 필요가 있다.[11]

분임연구(分任硏究: syndicate)는 피훈련자집단을 분반하여 반별로 연구과제를 받아 연구하게 하고 집단 전체에서 발표·토론하게 하는 방법이다. 우리 정부에서 실험하고 있는 액션러닝(action learning)은 일종의 분임연구이다. 액션러닝은 현장중심의 문제해결능력 함양을 특별히 강조하는 분임연구방법이라 할 수 있다. 계획학습(programmed instruction)은 개인별 능력과 진도에 맞추어 학습지도를 하는 방법이다. 모의연습 또는 시뮬레이션(simulation)은 업무수행 중 직면할 수 있는 어떤 상황을 가정해서 꾸며 놓고 피훈련자가 거기에 대처해 보게 하는 방법이다.

관리연습(경영연습: management game or business game)은 조직 전체 또는 그 어느 한 부분의 운영상황을 인위적으로 꾸며 놓고, 그에 관련하여 피훈련자들이 여러 가지 조직활동에 관한 의사결정을 해보게 하는 방법이다. 정보정리연습(in-basket exercise)은 조직운영 상의 의사결정에 필요한 자료(메모·공문서·우편물 등)를 정돈하지 않은 상태로 제공한 다음 피훈련자가 그것을 정리하고 중요한 정보를 가려내 그에 기초하여 어떤 의미 있는 결정을 내려보도록 하는 방법이다. 사건처리연습(incident method)은 어떤 사건의 대체적인 윤곽을 피훈련자에게 알려주고 그 해결책을 찾게 하는 방법이다.

사례연구(case study)는 사례를 놓고 토론하는 과정에서 거기에 내포된 원리를 스스로 터득하게 하는 방법이다. 역할연기(role playing)에서는 어떤 사례 또는 사건을 피훈련자들이 연기로써 표현하는 방법을 쓴다. 감수성훈련(sensitivity training)은 자기 자신과 다른 사람의 태도에 대한 자각과 감수성을 기르려는 훈련방법이다.

야외훈련(황야훈련; 극기훈련: outdoor-oriented training; wilderness training)은 야외에서 하는 훈련방법이다. 태도변화를 위해 주로 쓰이는 이 훈련에 포함되는 활동은 등산, 도보행군, 장거리스키타기, 자전거타기, 급류타기, 카누타기, 야간행군, 유격훈련 등이다. 야외훈련은 대개 팀을 구성해서 집단적으로 실시한다.

기술다원화훈련은 피훈련자들이 복수의 직무수행기술을 배우게 하는 훈련이다. 작업팀에서

사용하는 기술들을 구성원들이 고루 익히게 되면 인적자원 활용의 융통성을 높일 수 있다고
한다.

공유를 통한 학습(learning by sharing)은 참여자의 강의, 참여자들의 상호교습, 토론, 집단
구성 등을 통한 자발적·협력적 집단학습방법이다. 비교를 통한 학습(learning by comparing)
은 과거의 경험 또는 타인의 경험의 체계적 분석이나 시험적 사업의 잠정적 시행을 통한 학습
방법이다. 체제론적 사고를 통한 학습(learning by systems thinking)은 문제해결을 위한 접근
방법의 시야를 넓히고 연관요인들의 체계적 분석을 촉진하는 훈련방법이다. 경쟁을 통한 학습
(learning by competition)은 경쟁적 상황에서 승리의 전략을 터득하게 하는 학습방법이다. 불
신의 정지를 통한 학습(learning by suspending disbelief)은 새로운 방법에 대한 불신(또는 기
존방법에 대한 신뢰)을 정지하고 창의적·모험적 노력을 하는 과정에서 배우게 하는 방법이다.

3) 훈련수요조사

훈련사업은 많은 조직단위와 개인들이 관여하는 협동적이고 순환적인 과정
을 통해서 운영된다. 훈련사업의 운영과정에 포함되는 기본적 활동단계는 ⅰ)
훈련계획의 수립, ⅱ) 훈련계획의 집행, ⅲ) 훈련의 평가 등 세 가지이다.f)

훈련계획단계에서는 많은 자료를 조사하고 분석해야 한다. 그 핵심이 되는
것은 훈련수요조사이다. 그러나 훈련의 수요적합성을 높이는 것은 계획단계의
과제이기만 한 것은 아니다. 그것은 훈련사업 운영의 전과정에 걸친 과제이다.

(1) **훈련수요조사의 정의**   훈련수요조사(訓練需要調査: training needs assessment)
는 공무원들이 어떤 훈련을 어느 정도 필요로 하는가를 확인하는 작업이다. 훈
련이란 결국 기대수준에 미달되는 공무원의 능력을 보충하자는 것이므로 훈련
수요조사에서는 우선 기준에 미달되는 공무원의 능력이 무엇이며, 미달의 원인
이 무엇인가를 알아내고, 그러한 능력을 개선할 수 있는 훈련이 어떤 것인가를
결정한다.12)

(2) **훈련수요의 정의**   훈련은 바람직한 기준에 미달되는 능력수준을 바람
직한 기준에 맞도록 향상시키려는 것이므로, 능력에 관한 기대수준과 실재수준
(현재수준)의 차이에서 훈련수요 또는 훈련의 '수요점'(需要點)을 찾아야 한다. 훈
련수요는 기대수준으로부터 실재수준을 빼서 얻는 능력차질(실적차질: performance

---

f) 훈련계획의 집행단계에서 직면할 수 있는 저항을 극복하는 문제는 개혁을 반대하는 저항에 관한
   제 9 장 제 1 절의 설명을 참조하여 이해하기 바란다. 훈련평가 가운데서 가장 중요한 훈련효과평
   가의 방법에 관해서는 제 5 장 제 4 절에서 설명한 정책분석·평가방법을 참조하기 바란다.

discrepancy)의 범위 내에서 발견된다. 이러한 훈련수요의 개념정의에서 주의할 점이 두 가지가 있다.

첫째, 기대수준에는 현재의 기대수준과 예측적 기대수준이 있다. 실재수준을 전자와 비교하면 단기적 훈련수요, 후자와 비교하면 장기적 훈련수요를 찾아낼 수 있다.

둘째, 기대수준과 실재수준 사이의 능력차질이 모두 훈련수요로 되는 것은 아니다. 훈련으로 개선할 수 있고, 또 그렇게 하는 것이 적절한 부분의 능력차질만을 훈련수요로 보아야 한다.g)

(3) **훈련수요발생의 계기**　　인간은 불완전하고, 담당직무와 관련여건은 시간의 흐름에 따라 변동하기 때문에 훈련수요는 언제나 있다고 보아야 한다. 어떤 계기 또는 요청이 있을 때 그러한 훈련수요는 가시화·구조화되고 훈련운영중추의 관심을 끌게 된다.

훈련수요발생의 주요 계기 또는 출처로는 ⅰ) 신규채용, ⅱ) 업무변동, ⅲ) 전문직업분야의 지식·기술 변화, ⅳ) 정부에 고유한 직무의 담당, ⅴ) 능력향상과 기술개혁의 요청, ⅵ) 조정능력향상 요청, ⅶ) 상위직 진출의 준비, ⅷ) 행정기능과 환경의 변화 등을 들 수 있다.

(4) **조사의 방법**　　훈련수요를 발견하기 위한 조사방법에는 직무기준과 실적을 측정하는 방법, 그리고 관련자들의 의견이나 판단을 조사하는 방법이 있다.

직무기준과 실적을 측정하는 방법의 범주에는 ⅰ) 직무분석·근무성적평정·직무수행기록 등 조직 내의 각종 기록을 검토하는 방법, ⅱ) 필기시험을 과하는 방법, ⅲ) 직무수행을 관찰하는 방법, ⅳ) 중요사건을 관찰하는 방법, ⅴ) 직무감사를 하는 방법이 포함된다.

의견이나 판단을 조사하는 방법의 범주에는 ⅰ) 면접방법 또는 조사표를 사용하는 방법, ⅱ) 직원들의 제안을 검토하는 방법, ⅲ) 감독자의 권고를 검토하는 방법, ⅳ) 고객의 제안을 검토하는 방법, ⅴ) 여러 훈련과정의 과목일람표

---

g) 능력차질 가운데는 훈련으로 고칠 수 없는 것도 있고, 미미한 차질이어서 공식적 훈련이 필요하지 않은 것도 있다. 훈련 이외의 해결책을 찾아야 할 것들도 있다. 훈련 이외의 해결책이란 기계나 장비의 고장으로 인한 낭비시간 제거, 과중한 업무부담의 감축, 동기유발전략의 수정, 채용기준 수정, 부적응 해소를 위한 배치전환, 근무성적평정의 개선, 징계제도의 활용 등을 말한다.

를 배포하여 공무원들이 수강하기를 원하는 과목에 표시를 하도록 하는 방법 (menu survey)이 포함된다.

III. 보수와 편익

공무원들은 보수를 받고 다른 여러 가지 편익을 누린다. 보수 이외의 편익이거나 그것을 조건짓는 요인에는 연금, 근무시간, 휴가, 보건·안전, 그리고 복지(복리후생)가 있다. 다음에 보수관리의 주요 문제와 연금 기타 편익의 관리에 대해 설명하려 한다.

1. 보수·보수관리

1) 보수의 정의

보수(報酬: compensation or pay)란 공무원의 근무에 대해 정부가 금전으로 지급하는 재정적 보상을 말한다. 보수는 근무관계 또는 고용관계의 대가이며, 동시에 생활유지의 수단이 되는 공무원의 소득이다. 보수는 공무원으로 정부조직에 참여하는 것, 주어진 역할을 요구된 기준에 맞게 수행하는 것, 그리고 나아가서 자발적·창의적으로 정부조직의 목표에 헌신하는 것을 유도하기 위한 보상체제의 일부이다.

(1) 직접적인 재정적 보상   보수는 공무원에게 금전을 직접 지급하는 것이기 때문에 직접적인 재정적 보상이라고 한다. 재정적 보상 가운데는 간접적인 것도 있고 유예된 것도 있으나, 그런 것들은 보수 이외의 편익이라고 한다. 간접적인 재정적 보상이란 비금전적 보상이거나 조직에서 가입시켜 주는 집단의료보험처럼 수혜자가 용도에 대해 재량을 갖지 못하는 보상을 지칭한다. 유예된 보상이란 퇴직연금과 같이 뒤로 미루었다가 지급하는 보상을 말한다.

(2) 보수의 기능   보수의 중요한 역할 또는 기능은 다음과 같다.[13]

① 경제적 거래기능   보수는 공무원의 봉사와 그 대가를 교환하는 경제적 거래기능을 한다.

② 생계보장·형평성 구현기능   보수는 공무원의 생계를 보장하고 처우의 형평성을 실현하는 기능을 수행한다.

③ 심리적 거래기능   보수는 공무원의 직무동기를 유발하려는 심리적 거래의 매체가 된다.

④ 사회적 거래기능   보수는 조직 내외에서 공무원의 사회적 지위를 결정하는 사회적 거래를 매개한다.

⑤ 정치적 거래기능   여러 관련세력이 협상·타협하는 정치적 거래의 매개가 된다.

(3) 다양한 이익조정의 산물   공무원의 보수에 대해 관심을 갖는 세력과 이해당사자들은 많다.

보수는 공무원들의 생계와 이익에 직결되는 문제이기 때문에 그들의 큰 관심사이다. 보수는 공무원 자신과 가족이 생활을 유지하고 부를 축적하는 수단이 되며, 개인이 받는 보수의 수준은 조직 내외에 걸쳐 그 사람의 지위를 결정하는 요소가 된다. 그런 까닭에 공무원들은 될수록 많은 보수를 받을 수 있기를 바라며, 적정하지 못한 보수에 대하여는 불만을 품게 된다.

납세자인 국민과 그들의 의사표출을 매개하는 여러 세력중추들은 공무원의 보수를 통제하려는 압력을 조성한다.

고용주인 정부의 입장에서 볼 때도 공무원의 보수는 아주 중요한 문제이다. 유능한 인적자원을 고용하고 그들의 생산적인 직무수행을 확보하려면 적정한 보수를 지급해야 한다. 그리고 보수예산의 절감을 위해서도 노력해야 한다. 정부는 보수결정의 정책적 효과를 고려하고 상충적 요청들을 조정해야 한다. 그러므로 보수결정의 과정은 계산적·기술적 과정일 뿐 아니라 정치적 과정이라고 한다.

2) 바람직한 보수제도의 요건

구체적인 보수제도의 효용성은 상황에 따라 달라질 수 있다. 그러나 우리는 현대 민주국가의 정부라는 것을 배경으로 바람직한 또는 건전한 보수제도(sound pay plan)의 일반적 원리를 생각해 볼 수는 있다.

건전한 보수제도의 일반적 요건으로 열거되는 것들을 보면 다음과 같다.[14]

보수의 수준이 최저생계를 유지해 줄 수 있는 것이라야 한다는 요건은 다음에 보는 요건들 이전에 당연히 전제된 것으로 보아야 한다.

① 대외적 균형   공무원의 보수수준은 대외적인 균형을 유지해야 한다. 민

간기업 등과의 균형을 위한 대외적인 비교는 직원들이 받는 이익 전체를 기준으로 하는 총체적 비교라야 한다.[h]

② 대내적 형평성　　보수의 대내적 형평이 이루어져야 한다. 직무요건·능력요건·직무성과가 같은 직위에 종사하는 사람들은 같은 보수를 받아야 하며, 그러한 요인들이 서로 다른 직위들 사이의 보수차등은 적정해야 한다. 형평성은 실질적인 것이라야 한다.

③ 등급의 적정성　　보수등급의 폭을 적정하게 설정하고 그것을 관계자들이 분명히 알 수 있도록 해주어야 한다.

④ 예산수요예측의 용이성　　예산관리자들이 보수예산의 장래수요를 보다 정확하게 예측할 수 있도록 보수체계가 입안되어야 한다.

⑤ 차별금지　　보수제도가 공무원들에 대한 처우의 통일성을 보장할 수 있어야 한다. 각자가 받는 보수의 '비교적인 가치'를 적정화해야 하며 정당한 차등기준 이외의 요인 때문에 차별대우를 하는 일이 없어야 한다.[i]

⑥ 유인의 제공　　효율적인(우수한) 직무수행에 대하여 적정한 보상을 줄 수 있는 수단이 있어야 한다. 그리고 보수는 공무원과 조직의 발전을 촉진할 수 있는 것이라야 한다.

⑦ 융 통 성　　조건변화에 따라 적시성 있게 보수를 조정할 수 있는 장치가 있어야 한다. 보수제도는 조직의 구조변화, 직무변화, 직무성과의 변화, 공무원의 변화에 대응할 수 있는 융통성을 지녀야 한다.

3) 정부의 보수관리

(1) 정　　의　　보수관리는 보수계획을 입안하고 시행하는 활동이다. 정부의 보수관리는 다양한 세력의 관심과 이익을 조정하는 능력, 상황변화에 적응하는 능력, 그리고 자료분석과 계량적 처리에 관한 기술적 능력이 고도로 요구되는 업무이다. 보수관리의 대상업무에는 보수의 전체적 수준 결정, 보수체계와 봉급표 그리고 수당체계의 결정·운영, 보수지급절차의 수립·운영이 포함된다.

---

h) 여기서 총체적 비교란 총체적 보수의 비교를 말한다. 그 의미는 뒤에 설명할 것이다.

i) 보수의 비교적인 가치를 적정화해야 한다는 말은 일의 비교적(상대적) 가치(comparable worth)에 맞는 보수의 원리를 지켜야 한다는 뜻이다. 이 원리는 동일한 직무가 아니더라도 유사한 수준의 기술과 훈련을 필요로 하는 직무에 종사하는 사람은 남녀를 불문하고 같은 보수를 받게 해야 한다는 원리이다.

보수관리의 근간은 대개 법률로 정하지만, 구체적인 보수규정(報酬規程)을 입법기관에서 통과시키는 법률로 정할 것인가 또는 행정입법(법규명령)으로 정할 것인가 하는 문제에 관하여는 나라마다 해결책이 다르다. 우리 정부에서는 보수규정을 대통령령으로 정한다.

(2) 사기업의 보수관리와 다른 특성　　정부의 보수관리에는 사기업의 경우에 대조되는 특수성이 있다. 나라마다 형편이 다소간에 다르겠지만 현대 정부의 보수관리에 일반적으로 나타나는 특수성을 보면 다음과 같다.

① 상대적 경직성　　공무원들에게 지급되는 보수는 조직의 생산활동에서 얻은 이윤으로부터 나오는 것이 아니라 대부분 국민이 납부하는 세금에서 나온다. 보수지급이 사회 전체에 미치는 영향 또한 크다. 따라서 보수관리는 정치적·법적 통제의 대상이 된다. 이러한 통제 때문에 정부의 보수관리는 민간의 경우에 비해 경직성이 높다.

② 비시장성　　대부분의 정부활동이 비시장적이기 때문에 공무원의 노동가치나 이윤에 대한 기여도를 계산하기 어렵다. 그러므로 보수관리에서 노동가치에 대한 경제적 고려는 간접적인 것이 된다. 반면 사회적·윤리적·정치적 고려가 강하게 작용한다.

③ 비교적 낮은 보수수준　　정부의 보수수준, 특히 고급공무원에 대한 보수수준은 민간기업의 보수수준에 비해 낮은 것이 일반적인 경향이다. 이러한 경향은 보수결정 영향요인의 차이, 그리고 강한 외적 통제에서 비롯되는 것이다.

④ 기타의 특성　　정치적 상황에서 활동하는 정부의 위치, 방대한 공무원수, 그리고 업무내용과 근무조건의 특이성 때문에 보수체계, 보수정책 수립절차와 관리기술에도 민간기업에서 보기 드문 여러 가지 특이한 면모가 나타난다. 예컨대 정부의 경우 보수관리 사이클은 훨씬 더 길다.

2. 보수수준의 결정

보수계획을 입안할 때에는 먼저 보수의 전체적 수준(일반적 수준: general level)을 결정하고, 다음에 조직 내적 균형을 고려한 격차수준(차등수준: differential levels)을 결정해야 한다. 보수수준의 결정은 보수제도의 목적에 비추어 타당한 기준에 따라 이루어져야 한다. 그러한 기준은 관련 있는 중요한 요인(조건)들을 신중히, 그리고 균형 있게 검토함으로써 얻어질 수 있는 것이다.

보수수준의 결정에 영향을 미치거나 그것을 제약하는 여러 요인들을 보수의 전체적 수준에 관한 것과 격차수준에 관한 것으로 나누어 범주화해 볼 수 있다.

1) 전체적 수준의 결정에서 고려할 요인

보수의 전체적 수준을 결정할 때 고려해야 할 요인은 ⅰ) 경제적 요인, ⅱ) 정치적·사회적·윤리적 요인, ⅲ) 보수 이외의 편익, ⅳ) 공무원집단의 기대와 노동시장의 조건, ⅴ) 보수의 동기유발효과 등 다섯 가지 범주로 나누어 볼 수 있다.

(1) 경제적 요인   경제적 고려요인으로서 중요한 것은 ⅰ) 민간기업의 임금수준, ⅱ) 정부의 지불능력, 그리고 ⅲ) 정부의 경제정책이다.

① 민간의 임금수준   정부에서 보수수준을 결정할 때에는 민간조직(주로 민간기업체)의 임금수준을 고려하여야 한다. 민간임금의 고려는 보수의 대외적 형평성을 도모하기 위해서 필요한 것이다.

민간기업의 임금수준을 고려할 뿐 아니라 정부부문 내에서 보수관리의 관할을 달리하는 기관끼리는 서로 다른 기관들의 보수수준을 고려해야 한다.

외부의 임금수준은 임금조사(보수조사: wage survey)를 통해 알아낸다. 일반적으로 임금조사라고 하는 것은 보수수준의 대외적 균형을 고려하기 위해 정부나 민간기업이 외부조직들의 임금수준을 조사하여 노동시장에서의 시가를 알아보려는 절차이다.

임금조사자료는 포괄적인 것이라야 한다. 포괄적 비교의 요청에 부응하기 위해 개발한 것이 총체적 보수(總體的 報酬: total compensation)라는 개념이다. 총체적 보수의 개념은 원래 조직구성원이 받는 심리적·물질적 편익을 총칭하는 것이지만, 임금조사의 실제에서 그것을 조작적으로 정의할 때에는 그 포괄범위를 다소 좁혀 금전적 가치로 환산할 수 있는 요인들만을 포함시킨다. 총체적 보수의 실용적인 개념이 포괄하는 요인은 ⅰ) 기본급과 부가급을 포함한 보수, ⅱ) 연금·보험·재해보상 등 보수에 연관된 금전지급, ⅲ) 통근차 이용·식사제공 등 복지편익, ⅳ) 각종 유급휴가와 병가, ⅴ) 근무시간 등이다.15) 총체적 보수비교는 그 정당성이 크지만 실천에는 많은 애로가 따른다.

② 정부의 지불능력   정부에서 보수수준을 결정할 때는 민간기업에서와 마찬가지로 고용주의 지불능력을 고려해야 한다. 정부의 재정능력을 고려하는 것은 국민경제 일반의 수준을 간접적으로 고려하는 셈이 된다.

③ 정부의 경제정책   경제정책은 정부가 동원한 자원을 배분하는 정책을 규제하고, 자원배분정책은 정부의 재원 가운데서 보수가 차지할 수 있는 몫을 규

정한다.

(2) **정치적·사회적·윤리적 요인**　　정부의 보수결정에서는 정치적·사회적·윤리적 제약을 더 많이 받는다. 정부의 정치적·사회적·윤리적 입장 때문에 보수수준의 결정에서 고려되는 중요한 요인은 ⅰ) 공무원의 생계비와 ⅱ) 보수의 상한을 규제하는 사회적 영향이다.

① **생계비의 보장(보수의 하한을 규제하는 요인)**　　공무원들에게 모범고용주여야 하는 정부는 최저생계비를 지급해야 하는 사회적·윤리적 책임을 진다.

　　보수수준의 결정에서 생계비를 고려하려면 먼저 최저생활이 무엇인가를 결정해야 한다. 그 다음에는 여기에 드는 돈이 얼마나 되는가를 결정하기 위해 경비계산을 해야 한다. 이러한 작업을 생계비조사(cost of living survey)라 한다. 이 작업의 조사대상은 표준생계비(평균생계비)이다.

　　최저생활수준을 결정할 때에는 국민 일반의 생활수준, 정부의 사회정책, 영양학·위생학 등의 연구자료, 그리고 생활수준의 유형에 관한 일반이론을 참고해야 한다.j)

　　표준생계비의 산출방법은 두 가지로 대별할 수 있다. 그 하나는 이론적인 가계연구(家計硏究)를 통해 산출하는 방법이며, 이 방법으로 산출한 표준생계비를 이론생계비라 한다. 이론생계비는 생활에 필요한 재화·용역이 무엇인가를 이론적으로 결정하고 거기에 소요되는 비용을 파악하여 산출한다. 다른 하나는 생계비의 실태를 조사하여 평균치를 구하는 방법이며, 이 방법으로 산출하는 것이 실태생계비이다.

② **보수의 상한을 제약하는 요인**　　보수의 최고수준을 제한하려는 정치적·사회적 요구를 고려해야 한다. 정부에서 보수의 상한과 하한 사이의 폭이 비교적 좁게 압축되어 있고, 고급공무원의 보수가 민간기업의 대등한 직원에 대한 보수보다 상대적으로 적게 되는 것은 정치적·사회적 제약 때문인 경우가 많다.k)

(3) **보수 이외의 편익(부가적 요인)**　　보수수준을 결정할 때에는 보수 이외에 공무원이 향유하는 다른 편익과 특혜를 고려해야 한다. 보수 이외의 편익과

---

j) 생활수준의 유형을 궁핍수준(poverty level), 최저생존수준(minimum subsistence level), 건강과 체면을 유지할 수 있는 수준(health and decency level), 안락수준(comfort level), 문화적 수준(cultural level)으로 분류한 유형론이 자주 인용된다. Paul H. Douglas, *Wages and the Family* (University of Chicago, 1925), p. 5ff.

k) 보수의 상한을 제약해야 한다는 정치적·사회적 논리는 ① 정부는 영리목적을 추구하는 단체가 아니라는 것, ② 공무원은 공공봉사의 역군이라는 것, 그리고 ③ 공무원은 내핍생활을 솔선수범해야 한다는 것이다.

특혜는 휴가, 근무시간의 길이, 신분보장의 강약, 퇴직연금과 퇴직 후의 특권, 보건·복지에 관한 제도, 승급·승진의 기회에서 생긴다.

(4) 공무원집단의 기대와 노동시장의 조건   보수를 받는 공무원들의 보수수준에 대한 기대와 요구 그리고 생산성도 중요한 고려요인이다. 공무원노조가 발달된 곳에서는 공무원들의 보수에 관한 기대를 대변하는 노조의 주장과 노사협상의 결과가 보수정책 입안에 큰 영향을 미친다. 노동시장의 조건도 보수수준 결정에서 고려해야 한다.

(5) 보수의 동기유발효과   보수가 갖는 동기유발요인 또는 불만해소요인으로서의 효과를 고려해야 한다.

2) 격차수준의 결정에서 고려할 요인

보수의 격차수준 또는 차등수준을 결정하는 문제는 각 직위 또는 공무원에게 지급할 보수의 구체적인 액수를 결정하는 문제이며, 조직 내에서 보수액의 서열을 결정하는 문제이다. 격차수준을 정할 때에는 이른바 대내적인 형평성을 확보하도록 해야 하며, 명확한 기준(고려요인)에 의거해야 한다.

격차수준결정의 기준을 격차요인이라 부르기도 하는데, 거기에 포함되는 것은 ⅰ) 직무 또는 직무수행실적, ⅱ) 작업조건, ⅲ) 학력과 같은 자격, ⅳ) 현직에서의 경험과 근속기간, ⅴ) 능력, ⅵ) 연령, ⅶ) 부양가족, ⅷ) 모집의 난이도, ⅸ) 이직률, ⅹ) 경력발전의 기회 등이다. 격차수준결정의 실제에서는 어떤 하나의 요인이 아니라 대개 복수의 요인이 고려된다.

3. 보수체계

보수체계(報酬體系)란 보수지급항목(보수종류)의 구성을 말한다. 어떤 종류의 보수를 어떻게 배합하느냐에 따라서 보수체계의 모습이 결정된다. 보수제도 운영의 실제에서 여러 가지 종류의 보수를 지급하지 않을 수 없기 때문에 보수의 종류를 배합하는 문제, 즉 보수체계를 결정하는 문제가 제기된다.

1) 보수의 분류

보수체계를 구성하는 보수의 종류는 여러 가지로 분류할 수 있겠지만 기본적인 분류방법은 두 가지이다. 그 첫째는 보수의 목적 또는 보수수준결정의 기준이 무엇이냐에 따라서 분류하는 것이다. 이러한 범주를 실질적 분류라 부르기로 한다. 둘째는 보수가 기본적인 것인가, 또는 부가적인 것인가 하는 등의 형식에 따라 분류하는 것인데, 이를 형식적 분류라 부르기로 한다.

생활급, 근속급, 자격급, 능력급, 직무급, 성과급, 발전장려급, 종합결정급을 구분하는 것은 실질적 분류의 예이다. 기본급(봉급)과 부가급(수당)을 구분하는 것은 형식적 분류의 예이다.

2) 기본급의 종류

봉급(俸給)이라고도 부르는 기본급(基本給)은 보수 가운데서 기본적인 부분을 차지하는 것이다. 기본급은 기준근무시간에 대한 보수이며 모든 공무원에게 지급되는 보수이다. 기본급은 원칙적으로 보수총액의 주된 부분을 차지하는 것일 뿐만 아니라 각종 수당이나 연금, 실비변상 등을 산정하는 데 기준이 되는 것이다.

기본급을 결정하는 주된 기준이 무엇인가에 따라 기본급의 유형을 여러 가지로 나눌 수 있다. 주요 유형을 보면 다음과 같다.[16]

(1) 생 활 급 생활급은 생계비를 결정기준으로 하는 보수로서 공무원과 그 가족의 생활을 보장하기 위한 것이다.

(2) 근 속 급 근속급은 공무원의 근속연수를 기준으로 하는 보수이다. 근속급은 연공급(年功給)이라고도 부른다. 이와 유사한 경험급은 공무원의 경험연수를 통산한 것에 기초를 둔 보수이다.

(3) 자 격 급 자격급은 공무원이 가진 학력 · 자격증 · 면허증 · 계급 등으로 표시되는 자격을 기초로 결정하는 보수이다.

(4) 능 력 급 능력급은 공무원의 능력정도에 따라 결정하는 보수이다. 여기서 말하는 능력은 공무원이 가진 모든 능력이 아니라 조직목표에 기여할 수 있는 능력이다.

(5) 직 무 급 직무급은 각 직위의 직무가 가지는 상대적 가치를 분석 · 평가하고 그에 상응하도록 결정하는 보수이다. 보수를 직무의 곤란성과 책임의 정도에 따라 지급함으로써 '일에 맞는 보수'(동일노동 · 동일보수: equal pay for equal work)를 실현하려는 것이 직무급이다. 직무급의 기준이 되는 직무는 성과 또는 결과로서의 직무라기보다 실천이 기대된 직무이다.

(6) 성 과 급 실적급, 업적급, 유인급(誘因給), 실적연관적 보수, 장려급

등으로 불리기도 하는 성과급은 직무수행의 결과적 산출고를 기준으로 결정하는 보수이다. 조직에 기여할 수 있는 잠재적 가능성이 아니라 현실화된 기여도를 기초로 산출하는 보수이다. 성과급은 직급마다 고정적인 것이 아니라 직무성과에 따라 변동한다.

성과급에 대해서는 뒤에 따로 설명할 것이다.

(7) 발전장려급   발전장려급(發展獎勵給: 개혁장려급; 혁신성과급)은 조직의 개혁에 대한 기여도를 기준으로 결정하는 보수이다. 이것은 지속적이고 강력한 행정개혁의 필요에 부응하려는 보수이다. 발전장려급은 조직 내외의 격동하는 조건과 도전에 대응하기 위한 창의적 업무수행과 개혁노력이 크게 강조되면서 관심을 끌게 된 보수유형이다. 성과급의 한 유형으로 볼 수도 있으나 창의성과 개혁을 특별히 강조한다는 점에서 차별성이 인정된다.

(8) 종합결정급   종합결정급은 공무원의 생계비, 연령, 자격, 근속 및 경험연수, 능력, 직무, 직무수행실적, 개혁에 대한 기여 등을 종합적으로 고려하여 결정하는 보수이다. 실제의 보수관리에서는 여러 기준을 배합하는 종합결정급을 채택하는 것이 보통이다.

우리 정부에서도 기본급을 종합결정급으로 하고 있지만 여러 기준의 배합에 관한 설명이 충분한 것은 아니다. 직무기준을 기본으로 하고 성과기준, 생계비, 물가수준, 민간부문의 임금수준, 그 밖의 사정을 고려한다는 것이 법 상의 원칙으로 되어 있다.

3) 부가급의 종류

보수의 일부로 지급되는 수당(手當)은 기본급을 보완하는 부가급(附加給)으로서 근무조건이나 생활조건의 특수성이 인정되는 공무원들에게만 지급되는 것이다. 보수가 충족시켜야 할 요청은 많고 직무의 특성과 조건은 매우 다양하기 때문에 기본급이라는 하나의 수단만으로 대처하기는 어려우며, 수당제도로써 이를 보완하지 않을 수 없다.

현대국가에서 널리 쓰고 있는 수당의 일반적 범주를 보면 다음과 같다.

(1) 직무가급적 수당   직무의 차이에 대한 보수의 조정이 기본급의 조정만으로 불충분할 때 활용되는 것이 직무가급적 수당(職務加給的 手當)이다. 직무요인의 특수성 때문에 지급되는 이 수당의 대표적인 예는 특수업무수당이다.

(2) **생활보조급적 수당**   생활비를 보조하기 위한 것이 생활보조급적 수당 (가계보전수당)이다. 그 대표적인 예가 가족수당이다.

(3) **지역수당**   공무원이 근무하는 지역의 상이에 따라 생기는 생활 상의 격차를 해소 또는 보상하기 위하여 지급하는 것이 지역수당이다. 그 예로 특수 지근무수당을 들 수 있다.

(4) **성과급적 수당**   성과급적 수당은 금전적 유인의 부여로 직무능률의 향상을 꾀하고 탁월한 직무수행을 보상하려는 상여수당이다. 성과상여금이 그 예이다.

(5) **초과근무수당**   표준근무시간을 초과하여 근무하는 사람에게 지급하는 것이 초과근무수당이다. 시간외근무수당이 그 예이다.

이 밖에 조정수당을 지급하는 나라도 있다. 이것은 노동시장의 형편에 따라 어떤 직위 또는 직급의 보수를 조정하기 위한 수당이다. 우리 정부에서는 공무원의 처우개선을 위해 필요한 경우에 봉급조정수당을 지급할 수 있게 하고 있다.

4) 성과급제도

(1) **정   의**   성과급제도(成果給制度: pay-for-performance system; merit pay system)는 직무수행의 성과를 보수결정의 기준으로 삼는 제도이다. 이것은 측정 가능한 직무수행의 결과에 보수를 직접적으로 연결하는 제도이다.[1] 성과급은 기본적인 또는 기초적인 보수(base pay) 위에 추가하여 지급하는 것이 원칙이다. 직무수행성과에 대한 평가결과에 따라 1년 단위로 보수를 차등지급하는 성과급은 연봉제 또는 성과연봉제라 한다. 업무성과의 측정치에 따라 보수액이 오르내리는 점에 착안하여 성과급을 가변보수(변동보수: variable pay)라고 부르기도 한다.

성과급은 보수가 갖는 직무수행동기 유발기능을 강화하기 위해서, 그리고 보수를 관리도구화하기 위해서 고안한 것이다. 성과급은 명확한 성과지향적 목표가 설정되고 그에 대한 직무수행성과가 측정될 수 있는 직무에 대해서만 효과적으로 적용할 수 있다. 직무의 표준화수준·독자성·비교가능성이 높고 일의 흐름이 안정적인 것도 성과급의 적용가능성을 높이는 조건이다.

---

[1] 성과급의 의미를 넓게 규정하는 사람들은 직무수행결과뿐만 아니라 직무수행능력과 행태를 기준으로 하는 보수도 성과급에 포함시킨다. 그러한 개념사용은 소수의견이며 여기서는 채택하지 않는다.

성과급에 대한 처방적 강조는 오늘날 보수이론의 대세이다. 성과급에 대한 이론적 강조, 그리고 그 실천적 세력확대의 이유는 두 가지이다.

첫째, 민주적 형평관념의 확산을 들 수 있다. 성과급은 보수의 형평성을 실질화 하려는 노력의 산물이다.

둘째, 업무성과에 금전적 보상을 결부시킴으로써 직무수행동기(사기)를 높이고 생산성을 향상시킬 수 있다는 기대이론의 가설, 처우의 형평성에 대한 인식이 동기수준에 영향을 미친다는 형평이론의 가설, 그리고 외적 유인의 제공으로 바람직한 직무행태를 강화할 수 있다는 학습이론의 가설이 끼친 영향이 크다.

(2) 유   형   성과급의 종류는 다양하다. 이를 세 가지 범주로 나누어 정리해 볼 수 있다. 세 가지 범주란 ⅰ) 개인차원의 성과급, ⅱ) 집단차원의 성과급, 그리고 ⅲ) 조직차원의 성과급을 말한다.[17]

① 개인차원의 성과급   개인별 업무성과에 따라 지급하는 개인차원의 성과급으로는 ⅰ) 도급제, ⅱ) 기준시간제, ⅲ) 판매 커미션, ⅳ) 보너스, ⅴ) 실적에 따른 승급(昇給) 등을 들 수 있다. 민간기업에서 종업원들이 자기회사 주식을 싸게 살 수 있게 하는 것도 성과급과 유사한 성격을 가진 제도이다.

　　　도급제(都給制: piece-work plan)는 단위생산(unit produced)에 맞추어 보수를 지급하는 방법이다. 기준시간제(基準時間制: standard hour plan)는 표준적 산출에 대한 기본보수를 공통적으로 지급하고 시간당 표준산출을 초과하는 산출에 대해서 보수를 추가지급하는 방법이다. 판매 커미션(sales commission)은 재화·용역을 판매한 대금의 일정비율을 지급하는 방법이다. 보너스(bonus)는 그때그때의 생산실적에 직결시키지 않고 실적을 종합하여 추가적 보수를 주기적으로 지급하는 방법이다.

② 집단차원의 성과급   팀별성과급 또는 집단성과급은 작업집단(작업팀)을 단위로 지급하는 성과급이다. 집단성과급제를 시행하려면 직원들이 작업집단을 구성하게 하고 집단별로 성과목표를 설정한 다음 그들이 집단목표를 성취할 수 있도록 힘을 실어 주어야 한다. 직무수행성과는 집단을 단위로 측정·평가하며 성과급의 지급도 집단을 단위로 시행한다. 집단구성원들은 집단에 주어진 성과급을 분배한다.

집단차원의 성과에 집단차원의 보수를 연계시킨 집단성과급은 작업집단의 응집력과 협동적 업무수행을 강화하는 데 기여할 수 있다. 그러나 집단성과급의 가장 큰 문제는 다른 사람들의 노력에 얹혀 거저 먹으려는 '불로소득자'(무임승객: free rider or social loafer)들이 생긴다는 것이다. 개인별 목표의 경우보다는 집단목표에 대한 구성원들의 심리적 연계가 약하다는 것도 문제이다.

③ 조직차원의 성과급   조직차원의 성과급은 조직 전체의 생산성향상이나 비용절감에 대한 조직구성원들의 기여를 인정하여 모든 구성원들에게 주기적으로 지급하는 성과급이다.

민간부문에서 개발한 조직차원의 성과급은 이윤분배적 성과급(profitsharing)과 생산성향상성과급(gainsharing)으로 구분해 볼 수 있다. 이윤분배적 성과급은 조직 전체가 얻은 이윤의 일부를 직원들에게 나누어주는 것이다. 생산성향상성과급은 시간·물자·비용의 절감과 같은 생산성지표에 연결한 성과급이다.[m]

④ 정부부문에서의 성과급   정부부문에서는 제약이 많아 사용되는 성과급의 종류가 한정되어 있다. ⅰ) 성과급적 기준을 기본급의 결정에서 일부 고려하는 방법, ⅱ) 성과급적 수당을 월별·분기별로 또는 연말에 지급하는 방법, 그리고 ⅲ) 모범적인 또는 우수한 공무원으로 선발된 사람들만을 대상으로 상여금을 지급하거나 특별승급을 실시하는 방법이 주로 쓰여 왔다. 앞으로 정부부문에서 공급하는 서비스의 시장화 영역이 늘어나면 과거 민간기업체의 전유물로 여겨지던 성과급여들도 정부부문에서 도입할 가능성이 커질 것이다.

우리 정부에서도 개인·집단·조직차원의 성과급적 보수를 지급하고 있다. 개인차원의 성과급에는 성과연봉과 성과상여금이 있다. 성과상여금은 부서별(집단별) 또는 기관별로도 지급할 수 있다.

(3) 효   용   성과급제도의 효용 내지 이점은 두 가지 범주로 나누어 생각해 볼 수 있다. 그 하나는 처우의 형평성 구현이며 다른 하나는 동기유발효과이다.

① 보수지급의 형평성 구현   성과급은 맡은 직무의 실천을 대상으로 하는 보수이며, 조직에 대한 공헌의 가능성보다 실제적 공헌(실현된 공헌)을 기준으로 하는 보수이기 때문에 형평성 구현을 보다 실질화할 수 있다.

② 동기유발과 생산성 향상   보수를 직무수행성과에 결부시킴으로써 공무원

---

[m] 미국 민간기업에서 개발한 생산성향상성과급 결정방법의 예로 Scanlon Plan을 들 수 있다. 이것은 노동비용의 비율이 표준노동비용 비율보다 낮아지면 그로 인해 생긴 이윤을 고용주와 노동자, 사내유보(社內留保)의 세 가지 몫으로 나누어 분배하는 방법이다.

의 동기를 유발하고 생산성을 향상시킬 수 있다.[n]

(4) 단점과 제약　　성과급 자체의 단점, 그리고 실천 상의 제약요인이 여러 가지 있다. 특히 정부조직에서의 제약요인은 더 많다.[o] 다음에 논의하는 약점과 제약은 대체로 감독자평정에 의존하는 개인차원의 성과급을 준거로 하는 것이다.[18]

① **동기유발효과에 대한 의문**　　성과기준에 따른 추가적 금전지급이 동기유발과 생산성향상에 직결되지 않을 수도 있다는 가장 근본적인 문제가 있다.

기대이론, 학습이론, 형평이론은 외재적 동기유발에 주된 관심을 갖는 이론들이다. 금전지급과 같은 외재적 유인의 동기유발효과를 무시할 수 없다 하더라도 성과급의 논리가 외재적 보상의 동기유발 효과를 너무 강조한다는 흠절은 지우기 어렵다.

② **성과측정의 애로**　　성과급은 측정된 성과를 기준으로 하는 것인데, 타당한 성과측정이 매우 어렵다. 정부업무 가운데는 목표가 모호하고 성과의 객관적 측정이 어려운 것이 많다.

③ **경쟁과 소외**　　성과급제의 시행은 개인 간·집단 간의 경쟁을 격화시켜 사람들이 소외감·위화감을 느끼게 하고 조직 내에 불신의 분위기를 조성할 수 있다.

④ **재정적·법적 제약**　　보수예산의 한정과 재정적 경직성이 성과급제의 원활한 운용을 방해한다. 고정된 예산액과 지급조건의 경직성 그리고 통일성을 선호하는 법체제의 원리는 융통성 있는 성과급여의 지출을 어렵게 한다.

⑤ **불확실성으로 인한 불안감**　　공무원들은 미리 알 수 있는 보수액을 선호하는 경향이 있다. 불확정적이고 유동적인 성과급은 고정비용항목이 많은 가계지출에 차질을 주고 공무원들의 경제생활에 대한 불안감을 조성할 수 있다.

⑥ **목표왜곡**　　공무원들은 측정되고 보상되는 업무에만 치중하고 비측정·비보상업무는 기피하게 된다. 따라서 담당업무 전체의 목표추구에 왜곡이 일어난다. 공무원들이 짧은 생각으로 목전의 성과기준 충족에 급급하게 되면 그들의

---

n) 성과급이 동기유발·생산성 향상에 기여할 것이라고 기대하는 이유로 ① 우수한 직무수행자가 인정감과 처우에 대한 형평감을 갖게 될 가능성을 높인다는 것, ② 열등한 직무수행자들이 직무수행을 개선하거나 조직을 떠나도록 압박할 수 있다는 것, ③ 미리 정한 기준에 따른 과학적 근무성적평정을 촉진하고 생산성에 관한 상하 간의 의사전달을 촉진한다는 것, 그리고 ④ 제한된 자원을 효율적으로 배분하는 조직의 능력을 키운다는 것을 들 수 있다.

o) 성과관리의 한계에 관한 제5장 제3절 Ⅴ항의 설명을 함께 참조하기 바란다.

노력이 조직의 목표에 제대로 기여하지 못할 수도 있다.

⑦ 계서적 지위체제와의 마찰   계서적 지위체제에 친숙한 행정문화 때문에 성과급제의 시행이 지장을 받을 수 있다. 위계질서를 교란한다는 이유로 성과급 적용에 저항할 수 있다.

⑧ 보수인상에 대한 압력   성과급제는 기본적인 보수액에 추가하여 장려금을 주는 제도이므로 보수인상에 대한 기대를 부풀리는 경향이 있다. 그것은 보수인상에 대한 압력을 가중시킨다.

(5) 우리 정부에서 가중되는 애로   우리 정부에는 위의 문제들을 더 어렵게 만드는 요인들이 있다.

① 전통적 행정문화   권위주의와 맞물린 지위중심주의·권한중심주의, 그리고 온정주의는 성과급의 운영에 지장을 주는 요인들이다.

② 구조적·관리적 문제   구조와 관리의 집권성·경직성, 목표체계의 명료성 결여, 직무분석·평가체제의 낙후성, 일반능력자주의적 인사관행은 성과급제 운영을 어렵게 하는 장애이다.

③ 근무성적평정의 문제   보다 직접적인 장애요인은 근무성적평정 상의 문제들이다. 성과개념에 대한 이해가 잘 안 되어 있고 평가기술이 모자라기 때문에 성과가 아니라 행태적 사건의 수만을 파악하는 평가를 하는 경향이 있다.

(6) 성공의 조건: 개혁과제   성과급제도가 효용을 제대로 발휘할 수 있게 하려면 다음과 같은 지지적 조건들을 발전시켜야 한다.[19]

① 문화변용   행정문화 개혁을 통해 행정문화와 성과급이 마찰을 빚지 않도록 만들어야 한다. 행정문화와 성과급제의 변용 내지 접변은 상호적이라야 할 것이다. 성과급제는 변하기 어려운 행정문화에 대응하는 적응성을 보여야 한다.

② 평가·급여방법의 개선   근무성적평정의 전통적 결함과 병폐를 전반적으로 시정하도록 노력해야 한다. 직무수행기준을 객관화하고 타당성 높은 평가제도를 확립하여야 한다. 근무성적평정의 실제에서 평정의 정확성을 높여야 한다. 직무성과측정에서 질보다는 양이 우선되는 경향을 특별히 경계해야 한다.

개인별 성과급에 따르는 부작용을 완화할 수 있는 조치들을 강구해야 한다.

③ 재정적 지원   성과급의 유효한 시행에 필요한 보수예산을 확보해야 한다. 그리고 성과급제도가 요구하는 예산운용의 분권성과 융통성을 보장해야 한다.

④ 관리체제의 개선   행정조직과 관리과정의 집권성·경직성을 완화하고 이

를 협동체제화하는 개혁을 촉진해야 한다. 성과관리와 일반관리기능들 사이의 연계를 강화해야 한다. 모든 공무원들에 대한 책임명료화와 힘 실어주기를 촉진해야 한다. 직무수행자가 통제할 수 없는 업무관련 제약들을 제거해 주어야 한다. 관리자들은 성과관리에 필요한 능력을 길러야 한다. 성과관리에 관한 관리층의 의도와 능력을 직원들이 신뢰하게 되어야 한다.

4. 봉급표·승급

1) 봉 급 표

봉급표(俸給表: pay schedule)는 기본급의 전모를 체계적으로 표시한 금액표이다. 기본급의 구체적인 금액을 직급별 또는 계급별로 정한 봉급표는 보수제도의 기초가 되는 것이다. 봉급표는 대규모 조직의 보수관리에 불가결한 도구이다. 이것은 봉급액을 표준화할 뿐만 아니라 보수관리 전반의 표준화·단순화에 기여하며 여러 가지 인사조치의 결정에 필요한 정보를 제공한다.

정부와 같은 대규모 조직에는 하나의 봉급표만 있는 것이 아니다. 직역별로 복수의 봉급표가 있다.

봉급표를 설계할 때의 중요 결정사항은 ⅰ) 등급(계급)의 수, ⅱ) 등급 간 봉급의 폭, ⅲ) 등급 내의 호봉수, ⅳ) 호봉 간의 격차(승급기준선) 등이다.

(1) 등급(계급)의 수   직무급에서는 등급이 직무의 가치를 표시하고 자격급에서는 자격의 단계구분을 표시한다.

등급의 수가 많으면 보수결정의 정확성은 높일 수 있으나 등급 간의 금액차가 근소해져서 등급차를 두는 의미를 잃을 수 있다. 반면 등급수가 적으면 융통성은 있으나 보수결정의 정확성을 잃을 수 있다.

등급의 수를 결정할 때에는 ⅰ) 조직의 규모, ⅱ) 직원의 자격분화, ⅲ) 직무의 분화, ⅳ) 승진 방침, ⅴ) 등급 폭에 대한 방침, 그리고 ⅵ) 관리의 편의를 고려해야 한다.

(2) 등급의 폭과 호봉의 수   대개의 경우 각 등급 내에서 봉급의 최고액과 최저액 사이에 폭을 인정하고 그것을 몇 개의 호봉(號俸)으로 나눈다. 호봉이란 각 등급 내의 봉급단계이다.

등급의 폭과 호봉의 수를 결정할 때에는 ⅰ) 하나의 등급 내에서 직원의 유용성이 최대화될 때까지 걸리는 기간, ⅱ) 동일등급 내의 체류기간, 그리고 ⅲ) 승급기간을 고려해야 한다.

등급의 폭이 제한되어 있지 않은 경우(등급은 없고 호봉만 있는 경우)도 있다. 그러한 제도를 단일호봉제(單一號俸制)라 한다. 단일호봉제의 적용을 받는 직원은 승진하지 않고도 승급기간의 경과에 따라 최고 봉급액까지 받을 수 있다.

우리 정부에서 연봉제에는 호봉제를 적용하지 않는다. 고정급적 연봉제는 단일의 연봉액만을 정한다. 성과급적 연봉제는 연봉의 상한과 하한만을 규정한다.

(3) 호봉 간의 격차(승급기준선)　　호봉 간의 금액차를 결정하는 방법은 승급기준선(昇給基準線)으로 유형화해 볼 수 있다. 승급기준선이란 호봉액의 증가를 연속선으로 표시한 것이다.

승급기준선에는 ⅰ) 호봉 간의 승급액은 일정하지만 승급률은 체감하는 직선형, ⅱ) 승급률은 일정하지만 승급액은 체증하는 오목형(요형: 凹型), ⅲ) 승급률과 승급액이 체감하는 볼록형(철형: 凸型), ⅳ) 승급률이 일정하다가 체감하기 시작하면 체증하던 승급액도 체감하는 S자형이 있다.[20]

2) 승　급

승급(昇給)은 각 등급 내에서 호봉이 높아짐에 따라 생기는 봉급의 증가를 말한다.

승급의 종류에는 정기승급(보통승급)과 특별승급이 있다. 정기승급은 공무원 전체를 대상으로 하는 것이다. 특별승급은 현저히 우수하거나 공적이 있는 사람에게 승급의 특례를 인정하는 제도이다. 우리 정부에서는 제안제도에 관련하여 특별승급을 실시해 왔으며 2004년부터는 국정과제 등 주요 업무의 추진실적이 우수한 사람과 그 밖에 업무실적이 탁월하여 행정발전에 크게 기여한 공무원도 대상으로 하게 되었다.

정기승급의 결정에서 문제가 되는 것은 승급의 기준, 승급기간, 승급시기, 승급액 등이다.

승급기준의 결정에서는 근무기간과 실적 가운데서 하나를 선택하거나 양자를 배합하게 된다. 승급기간은 여러 형편을 고려하며 상황에 맞게 결정해야 하지만 1년 정도의 기간을 채택하는 예가 많다. 우리 정부도 그렇게 하고 있다. 승급실시의 시기(일자)를 1년에 1회로 할 수도 있으나 몇 차례로 나누는 것이 일반

적인 관행이다. 우리 정부에서는 매달 1일에 호봉의 승급을 실시한다. 1년에 12
회 실시하는 것이다.

5. 연금제도

1) 정   의

연금제도(年金制度: civil service pension program)는 공무원에 대한 사회보장제
도의 일종이며 그 범위와 내용은 나라마다 조금씩 다르다. 원래 연금제도는 퇴
직연금(退職年金: retirement benefits)을 지급하는 데서부터 시작되었으며, 오늘날
각국의 연금제도는 퇴직연금만을 대상으로 하거나 적어도 이를 주축으로 하고
있다.

퇴직연금제도는 공무원이 노령, 질병, 부상, 기타의 이유로 퇴직하거나 사
망한 경우, 본인 또는 유족에게 연금을 지급하는 제도이다. 퇴직연금의 성격에 관
하여는 그 동안 여러 가지 견해가 엇갈려 왔다. 그리고 나라마다 고유한 전통이 있
기 때문에 퇴직연금의 명칭이나 성격이 약간씩 서로 다르다. 그러나 일반적으로 현
대 민주국가에서 지급하는 퇴직연금은 유예된 보수 또는 거치된 보수(据置된 報酬:
deferred wage)로 이해해야 한다는 견해가 넓은 지지를 받고 있는 것 같다.p)

퇴직연금제도는 정부와 공무원, 그리고 납세자인 국민에게 다같이 이익을
주는 제도라고 한다. 정부의 입장에서는 재직자의 사기를 높이고 보다 생산적인
인적자원의 공급을 원활히 할 수 있을 것이다. 퇴직연금제도는 공무원이 퇴직한
다음에 그 생계를 돕는 제도이므로, 거기서 받는 공무원의 이익은 자명하다. 퇴
직연금제도의 운영으로 정부업무의 생산성을 높이고 경비를 절감할 수 있다면,
그것은 곧 납세자인 국민의 이익이 된다.

연금과 퇴직연금이 동일시되는 제도가 많으나 연금에 퇴직연금뿐만 아니라
다른 급여들을 포함시키는 제도들도 있다.

2) 연금기금

각종 연금과 복지비를 지출하려면 그에 필요한 재원을 마련해야 한다. 재원
을 조성하는 방법은 연금기금을 만드는지 아닌지에 따라 기금제(基金制: prefunding

---

p) 퇴직연금의 성격에 관한 학설에는 공로보상설, 임금후불설(거치 또는 유예한 보수의 지급), 생
　계보장설, 위자료설 등이 있다.

system)와 비기금제(非基金制: terminally funded plan), 기금의 부담주체에 따라 기여제(寄與制: contributory system)와 비기여제(非寄與制: non-contributory system)로 구분한다.

기금제는 미리 기금을 조성하는 제도이며, 비기금제는 기금을 미리 조성하지 않고 그때그때 연금급여에 필요한 재원만을 조달하는 제도이다. 기여제는 정부와 연금수혜자인 공무원이 공동으로 기금조성의 비용을 부담하는 제도이다. 비기여제는 기금조성에 필요한 비용을 정부가 전부 부담하는 제도이다.

우리 정부의 연금제도는 기금제와 기여제를 채택하고 있다.

3) 연금급여

(1) **연금급여의 종류**   퇴직연금제도는 공무원이 정년, 질병, 부상, 기타의 사유로 퇴직하는 경우의 연금지급과 공무원이 사망한 때의 유족에 대한 급여만을 대상으로 하는 것이 일반적인 예이다. 그러나 위에서 지적한 바와 같이 연금급여의 범위를 상당히 넓혀 퇴직급여 이외의 급여들을 포함시키는 예도 있다.

우리 정부에서는 연금급여를 장기급여와 단기급여로 대분류하고 있다. 장기급여는 공무원의 퇴직·장해 및 사망(유족급여)에 대하여 지급하는 것이다. 단기급여는 공무원의 질병·부상·가족의 사망에 대하여 지급하는 것이다. 이 밖에 공무원들은 연금기금을 이용한 복지사업의 혜택을 받을 수 있다.

(2) **연금급여의 조정**   연금제도의 운영에서 중요한 문제의 하나는 연금급여의 실질적 가치(구매력)를 유지하는 것이다. 인플레에 대항하여 연금제도를 보호하려면 연금기금의 증식을 위해 노력해야 하며 연금급여를 적절히 조정해야 한다.

연금급여의 조정방법에는 연금법을 그때그때 개정하여 조정하는 방법과 연금구조에 조정장치를 내장시키는 방법이 있다. 후자의 예로 ⅰ) 퇴직연금일시금을 받을 수 있게 하는 것, ⅱ) 재직기간 전체의 보수평균치가 아니라 보수액이 가장 많았던 때를 급여의 산출기초로 삼는 것, ⅲ) 연금급여를 생계비지수에 연동시키는 것, ⅳ) 연금급여를 소비자물가에 연동시키는 것, ⅴ) 공무원이 퇴직한 후에도 연금급여의 산출기초로 되었던 보수가 조정될 때마다 연금급여도 그에 따라 조정되게 하는 것, ⅵ) 재직자 연금제를 실시하는 것을 들 수 있다.

우리 정부에서는 퇴직연금일시금제도와 소비자물가연동적 조정제도를 채택하고 있다. 그리고 연금수급자가 재취업·사업 등으로 얻은 월소득금액이 전년도 평균연금월액을 초과하는 경우 초과금액의 규모에 따라 연금급여를 차등적으로 감액지급하는 제도를 채택하고 있다.

6. 근무시간·휴가·보건·안전·복지

1) 근무시간

(1) 기본근무시간(통상의 근무시간)   공무원이 원칙적으로 근무해야 할 시간을 기본근무시간(통상의 근무시간; 표준근무시간: standard working hours)이라 한다. 기본근무시간의 범위 내에서 휴식시간이 주어지면 실제의 근무시간은 줄어들며, 초과근무를 하면 실제로 근무한 시간은 그만큼 늘어나게 된다. 대부분의 일반직 공무원은 낮에만 근무하는 것이 원칙이다. 그러나 정부의 업무 가운데는 밤낮으로 일을 계속하여야 하고, 따라서 몇 차례의 교대근무가 필요한 업무도 적지 않다.

(2) 변형근무시간   고용양태나 근무관계의 융통성을 높여야 할 필요가 점증하는 데 따라 변형근무시간모형들에 대한 관심이 커지고 있다. 근무시간의 길이와 시작하고 끝나는 시간을 통일적으로 규정하는 전통적 근무시간제도를 수정하는 변형근무시간제의 예로 탄력근무제, 시간제근무, 압축근무제, 호출근무제, 교대근무제 등을 들 수 있다.[21] 재택근무제나 스마트워크센터근무제는 근무장소뿐만 아니라 근무시간도 변형시키는 것이다. 이에 대해서는 뒤에 유연근무제를 설명하면서 다시 언급할 것이다.

널리 보급되고 있는 변형근무시간제의 예를 먼저 살펴보고 이어서 우리 정부의 유연근무제를 설명하려 한다.

① **탄력근무제**   탄력근무제(자율복무제; 시차출퇴근제: Flexitime; Flextime; flexible work scheduling; flexible work hours)는 조직구성원들이 일정한 범위 내에서 각자의 근무시간계획을 자율적으로 정할 수 있도록 허용하는 제도이다. 여기서 '일정한 범위 내'라고 하는 것은 기준근무시간은 지키도록 하고 표준적인 근무시간 계획을 수정할 수 있는 범위를 일정하게 한정한다는 뜻이다.

탄력근무제의 실천방법은 여러 가지로 입안될 수 있다. 그 중 대표적인 방법은 출근시간·퇴근시간·점심시간 등 중간휴식시간을 모두 조절할 수 있게 하는 것이다. 이와는 달리 출퇴근시간만 조정할 수 있게 하는 방법도 있다.

구체적인 경우 근무시간의 자율조정을 어느 정도 허용할 수 있느냐 하는 것은 여러 가지 조건에 달려 있으나, 항상 문제가 되는 것은 업무의 상호 의존도이다. 업무 간의 의존도가 높을수록 작업시간계획의 융통성은 저하될 수밖에 없다.

조직구성원들의 개성과 인격을 존중하는 탄력근무제의 이점으로는 조직구성원들의 직무만족도향상, 생산성향상, 근태상황의 개선, 초과근무경비의 절감, 관리층과 직원들 사이의 긴장과 불신 감소를 들 수 있다. 출퇴근시간의 교통난과 점심시간에 생기는 식당의 혼잡을 피하는 데도 도움이 된다고 한다.

그러나 일관작업과정에서처럼 업무단위 간의 연관성(의존성)이 매우 높은 경우, 정확한 교대근무가 필요한 경우, 그리고 적은 인원으로 작업장 또는 사무실을 언제나 지켜야 하는 경우에는 탄력근무제를 도입할 수 있는 여지가 거의 없다.

이 제도를 실시하는 경우 조직구성원들은 다른 사람들(가족이나 다른 조직구성원들)의 시간계획과 자기의 시간계획이 엇갈려 불편을 겪을 수도 있다. 직원들마다 서로 다른 시간계획을 확인하고 그것을 전체적으로 관리하는 일이 번거롭다는 문제도 있다.

② 시간제 근무   시간제근무(part-time work)는 기준근무시간의 일부만 근무하게 하는 근무시간계획이다.

시간제근무에는 여러 양태가 있다. 시간단위로 설계된 업무를 개개인에게 맡길 때의 시간제근무도 있고, 원래 한 사람이 담당하도록 설계된 직위의 직무를 두 사람 이상이 분담하게 하는 경우의 시간제근무도 있다. 후자를 직무분담(job sharing)이라 한다. 부부가 분담하는 경우에는 여가할당(leisure sharing)이라고도 한다.

우리 정부에서는 통상적인 근무시간보다 짧은 시간을 근무하는 일반직 공무원을 '시간선택제 공무원'이라고 부른다.q) 시간선택제 공무원의 주당 근무시간은 원칙적으로 20시간이지만 기관운영 상 필요하면 5시간의 범위에서 조정할 수 있다. 근무시간대(오전·오후·야간·격일제)는 선택이 가능하다. 시간선택제 공

---

q) 시간제 공무원을 「국가공무원법」 제26조의 2에서는 '통상적인 근무시간보다 짧게 근무하는 공무원'이라고 부른다. 「공무원임용령」에서는 신규채용되는 시간제 공무원을 '시간선택제채용공무원'이라하고 재직공무원을 시간제 공무원으로 지정한 경우는 '시간선택제전환공무원'이라 한다.

무원의 승진소요최저연수는 근무시간에 비례해 계산한다. 보수도 근무시간에 비례해 결정한다. 호봉승급기간이나 복리후생수당의 지급은 전일제 공무원의 경우와 같다.

③ 압축근무제   압축근무제(집약근무제: compressed workweek)는 근무일의 근무시간을 늘리고 그 대신 주당 근무일을 줄이는 방법이다. 일하는 날에는 보다 오래 일하게 하고 쉬는 날을 늘려 여가를 집중적으로 사용할 수 있게 하는 방안이다.

④ 호출근무제   호출근무제(on-call schedule)는 대기인력집단을 확보해 두고 그들이 조직에서 요구하는 때만 나와 일하게 하는 제도이다. 업무량의 변동이 심한 분야에서 활용할 수 있는 제도이다.

⑤ 교대근무제   교대근무제(shift work)는 업무가 장시간 연속되어야 하는 직장에서 직원들이 교대하면서 근무하게 하는 근무시간계획이다.

(3) 유연근무제   우리 정부는 2010년에 종합적인 복무유연화방안으로 유연근무제를 도입하였다. 유연근무제는 공직의 생산성을 향상시키고 삶의 질을 높이기 위해 개인·업무·기관별 특성에 맞는 유연한 근무형태를 공무원이 선택하여 활용할 수 있게 하려는 제도라고 한다. 이 제도는 각 기관의 부서별 기능, 개인별 업무성격 등을 종합적으로 고려하여 기관의 특성에 맞게 자율적으로 실시하되 국민에 대한 행정서비스에 차질이 없도록 해야 한다. 각급 행정기관장들은 유연근무제이용자가 근무성적평정, 전보, 승진 등 인사상의 불이익처분을 받지 않도록 관리해야 한다.

유연근무제는 여러 가지 실행방법들을 동원하는 종합적 변형근무제도이다. 이 제도는 근무시간이나 근무장소뿐만 아니라 근무형태(고용양태), 근무방법, 근무복장 등의 변형화·연성화에도 관심을 갖는다. 이 제도가 포괄하는 구체적 실행수단은 다양하다. 유연근무제가 실제로 동원하는 수단들의 선택과 배합은 상황적 요청에 따라 달라질 수 있다.

유연근무제에 포함되는 방법의 유형은 근무형태(고용양태: type), 근무시간(time), 근무장소(place), 근무방법(way), 근무복장(dress) 등에 관한 다섯 가지 범주로 분류된다.[22]

① 근무형태   근무형태에 관한 방법은 시간제근무이다.

② 근무시간   근무시간에 관한 방법에 포함되는 것은 ⅰ) 정규근무시간

의 범위를 벗어나지 않으면서 출퇴근시간을 자율적으로 조정할 수 있게 하는 시차출퇴근제(탄력근무제), ⅱ) 주당 40시간 근무요건을 지키면서 1일 근무시간을 자율조정할 수 있게 하는 근무시간선택제(alternative work schedule), ⅲ) 주당 40시간 근무의 요건을 지키면서 집약근무로 주당 근무일수를 줄일 수 있게 하는 집약근무제(압축근무제), ⅳ) 주당 정규근무시간의 요건을 해제하고 기관과 공무원이 별도 계약으로 업무수행방법을 결정할 수 있게 하는 재량근무제(discretionary work)이다.

③ 근무장소 근무장소에 관한 변형방법은 ⅰ) 부여받은 업무를 사무실이 아닌 집에서 수행하는 재택근무제, ⅱ) 주거지에 인접해 있는 원격근무용 사무실(스마트오피스)에 출근하여 근무하거나 모바일기기를 이용하여 사무실이 아닌 장소에서 근무하게 하는 원격근무제(스마트워크근무제: telework)이다.

④ 근무방법 근무방법의 범주에 포함되는 집중근무제(core-time work)는 핵심근무시간을 설정하여 그 시간에는 회의·출장·전화 등을 하지 않고 기본업무에 집중하도록 하는 방법이다.

⑤ 근무복장 근무복장에 관한 방법은 연중 자유롭고 편안한 복장을 착용할 수 있도록 하는 유연복장제(free-dress code)이다.

우리 정부에서는 유연근무방법의 선택과 배합, 그리고 명칭을 종종 바꾸고 있다. 그때그때 근무유연화시책의 역점이 달라지고 있는 것을 볼 수 있다. 예컨대 2015년에 인사혁신처가 선택하여 시행을 독려한 유연근무방법의 유형은 i) 시간선택제전환근무제, ii) 탄력근무제(시차출근형, 근무시간선택형, 집약근무형, 재량근무형), 그리고 iii)원격근무제(재택근무형, 스마트워크근무형)이다.

2) 휴   가

공무원에게 주어지는 유급휴가(有給休暇: paid leave and justified absence)에는 연가·병가·공가 및 특별휴가가 있다. 이 밖에도 모든 공무원이 원칙적으로 쉬게 되는 공휴일제도가 있다.

① 연   가 연가(年暇)는 공무원이 정신적 및 육체적 휴양을 취하여 생산성을 유지할 수 있게 하고, 또 사생활을 돌볼 수 있는 편의를 제공하려는 것이다. 연가의 일수는 공무원의 재직기간에 따라 차별한다.

② 병   가 병가(病暇)는 공무원이 질병이나 상해로 인하여 근무할 수 없

는 경우, 또는 전염병에 걸린 공무원의 출근이 다른 공무원의 건강에 영향을 미칠 염려가 있는 경우에 허가하는 것이다.

③ 공   가   공가(公暇)는 병가의 원인 이외에 정당한 사유가 있을 때에 허가하는 휴가이다. 병역검사를 받거나 공무에 관하여 국가기관에 소환되는 경우 등이 그 사유에 해당한다.

④ 특별휴가   특별휴가는 경조사휴가, 출산휴가, 여성보건휴가, 모성보호시간, 육아시간, 유산·사산휴가, 불임치료휴가, 수업휴가, 재해구호휴가, 포상휴가 등 특별한 사유가 있을 때 허가하는 휴가이다. 수업휴가는 방송통신대학에 재학 중인 공무원이 출석수업에 나갈 수 있게 하려는 휴가이다.ʳ⁾

3) 보건 및 안전

보건 및 안전을 관리하는 활동은 공무원들의 노동력을 보존하고, 공무원들에게 인간적 처우를 보장하려는 것이다. 정부는 업무 상의 사고를 방지하고 공무원의 양호한 건강을 유지하는 데 책임을 져야 한다.

보건·안전관리의 영역은 광범한 것이지만 주요 부문을 세 가지로 범주화해 볼 수 있다. 세 가지 활동부문은 ⅰ) 작업장·사무실의 통풍·조명·소음·위생적 조건 등 작업환경을 적정화하는 활동, ⅱ) 질병의 예방과 치료에 관한 보건관리 활동, 그리고 ⅲ) 사고를 방지하려는 안전관리활동이다.

4) 복   지

인도적인 이유에서뿐만 아니라 행정의 생산성을 유지·향상시키기 위해서도 정부는 공무원의 복지(福祉: welfare)를 돌보아야 한다. 인사행정에서 말하는 복지사업이란 직접적으로 공무원의 물질적 및 정신적 생활을 안정·향상시키려는 활동을 뜻한다. 공무원의 복지에 영향을 미치는 임용·보수·보건 및 안전관리 등의 절차와 활동은 그 범위에서 제외된다.

복지사업의 예로는 ⅰ) 주거의 획득·유지를 지원하는 주택지원, ⅱ) 급식·구매 등에 관한 생활원조, ⅲ) 직원들이 서로 돕는 공제금융사업, 그리고 ⅳ) 문화·체육·레크리에이션 등의 활동을 들 수 있다.

복지사업의 구성 또는 운영 방식 가운데서 선택적 복지제도와 가족친화적 편익프로그램에 대해서는 항을 나누어 따로 설명하려 한다.

ʳ⁾ 각종 특별휴가의 의미에 관해서는 「국가공무원 복무규정」 제20조를 참고하기 바란다.

5) 선택적 복지제도(맞춤형 복지제도)

(1) 정   의   선택적 복지제도(맞춤형 복지제도: customized benefit plan; cafteria style benefits program; flexible benefit program)는 정부가 여러 가지 복지혜택을 준비해 놓고 그 가운데서 공무원들이 각자 필요한 것을 고를 수 있게 하는 제도이다. 이것은 공무원의 부양가족수와 근무연수 등을 고려하여 일정한 복지예산을 배정하고 그 예산범위 내에서 수혜자인 개인이 복지혜택메뉴를 선택할 수 있게 설계한 제도이다.[23]

선택적 복지제도의 목적은 수요자중심의 복지사업을 운영함으로써 공무원의 만족과 조직의 효율성을 증진시키려는 것이다. 복지혜택의 형평성을 높이고 복지재정운영의 효율성을 높이려는 것도 이 제도의 목적이다.

(2) 운영방식   선택적 복지제도 운영의 실제에서는 공무원이 선택할 수 있는 폭을 어느 정도는 제한한다.

복지혜택을 기본항목(필수항목: core benefits)과 자율항목(선택항목: optional benefits)으로 나누고 자율항목에서만 혜택메뉴를 고를 수 있게 한다.[s]

자율선택이 가능한 복지항목에는 판매가격이 부여된다. 공무원들에게는 금액으로 환산할 수 있는 점수(복지점수)를 배정한다. 점수는 근무연수, 가족수 등을 기준으로 차등지급한다. 점수를 배정받은 공무원들은 점수의 가액에 해당하는 복지메뉴를 구입한다.

예컨대 1점당 1,000원짜리 600점을 받은 공무원은 60만원 한도 내에서 각각 값이 매겨져 있는 복지혜택을 골라 구입할 수 있다.

6) 가족친화적 편익프로그램

(1) 정   의   가족친화적 편익프로그램(가족생활에 맞춘 편익프로그램; 가족생활을 지원하는 편익프로그램: family-friendly benefits program)은 조직구성원들이 직장생활의 책임과 가정생활의 책임을 균형지을 수 있도록 도와주려는 여러 편익의 조합이다. 이것은 일과 가정의 양립을 지원하기 위해 설계한 복합적 편익프로그램이다.

---

s) 「공무원 후생복지에 관한 규정」. 기본항목에는 국가정책으로 결정하는 필수기본항목과 부처별로 결정하는 선택기본항목이 포함된다. 기본항목의 예로 생명·상해단체보험을 들 수 있다. 자율항목의 예로 건강시설·숙박시설의 이용, 자기계발·문화레저프로그램을 들 수 있다.

공무원들을 위한 전통적 편익프로그램은 직장에 다니는 남성가장과 집에서 살림하는 전업주부를 전제하는 것이었다. 그러나 그와 같은 전제를 일반적으로 지지하기 어렵게 하는 상황변화가 일어나고 있다. 가족친화적 편익프로그램이 필요하게 된 조건변화는 ⅰ) 여성의 사회진출이 확대되고 맞벌이부부가 늘어나고 있다는 것, ⅱ) 가부장적 가족관계가 와해되고 부부가 함께 가족생활의 책임을 맡아야 한다는 것, ⅲ) 어린 자녀를 데리고 홀로 된 남녀가 늘어나고 있다는 것, 그리고 ⅳ) 직장생활에 대한 책임과 가족생활에 대한 책임의 균형 있는 이행을 원하는 사람들이 늘어나고 있다는 것이다.

(2) 프로그램의 구성   가족친화적 편익프로그램을 구성하는 편익 또는 편익규정의 조건들을 다음과 같은 다섯 가지 범주로 구분해 볼 수 있다.[24]

① 융통성 있는 근무시간과 근무장소   근무시간이나 근무장소에 관한 복무조건의 융통성을 높여주는 방법이 있다.

② 편익선택의 융통성   편익선택의 융통성을 높이는 것도 맞벌이 부부에게 도움을 준다. 의료보험과 같은 편익을 중복적으로 받는 것보다는 서로 겹치지 않게 선택하여 부부공동의 편익 패키지(benefits package)를 설계할 수 있기 때문이다.

③ 가족친화적 휴가제도   가족생활의 필요에 대응하는 휴가를 허용하는 방법이 있다. 출산휴가, 육아휴가, 본인의 질병이나 배우자·자녀·부모의 질병을 돌보기 위한 휴가, 경조사휴가 등이 그 예이다. 휴가필요 발생의 불규칙성에 대응할 수 있도록 '휴가공동사용 프로그램'(leave sharing program; leave bank program)을 실시하는 방법도 있다.

④ 육아지원   육아지원(child care)을 제공할 수 있다.

⑤ 노인부양의 편의   늙은 부모 등 노인을 돌보는 데 편의를 제공하는 방법이 있다.

동기유발

I. 직무수행동기

　정부조직에 참여하는 공무원들이 일을 잘하려는 정신상태를 유지·강화하는 것은 조직을 위해서나 개인을 위해서나 중요한 일이다. 인사행정은 공무원들의 직무수행동기를 유지하고 강화하는 데 기여할 사기관리(士氣管理)의 책임을 진다.

　인사행정학에서는 조직의 목표달성에 기여하려는 개인과 집단의 정신상태 또는 직무수행동기와 같은 뜻으로 사기(士氣: morale)라는 말을 주로 써왔다. 반면 조직학에서는 동기라는 개념을 주로 써왔다. 이제 행정학에서는 동기개념을 더 널리 쓰고 있다. 이 절에서도 동기 또는 직무수행동기라는 개념을 주로 쓸 것이다. 우리가 관심을 갖는 동기는 직무수행동기이기 때문에 특별한 제한을 달지 않는 한 양자를 동의어로 보아도 무방하다. 그리고 필요에 따라서는 사기라는 용어도 혼용할 수 있을 것이다.

1. 직무수행동기란 무엇인가?

1) 정　　의

　직무수행동기(職務遂行動機: work motivation)는 직무에 관련된 행동을 야기하고 그 형태·방향·강도·지속시간 등을 결정하는 데 작용하는 일련의 정신적인 힘을 말한다. 동기는 행동이 시작되게 하고 유지되게 하며 행동의 강도·양태·질·방향을 결정하는 데 영향을 미치는 정신적 과정이라고도 설명할 수 있다. 동기는 행동의 원인 또는 이유를 설명하려는 개념이다.[1]

　직무수행동기의 주요 속성은 다음과 같다.

① 직무수행에 지향된 동기　　직무수행동기는 조직에서 요구하는 일을 하려는 동기이다. 그 방향이 직무수행이라는 목표에 지향된 동기이다.

② 심리적 기초인 욕구　　동기의 형성에 주된 심리적 기초가 되는 것은 사람의 욕구이지만 그 밖에도 여러 심리적 요인이 거기에 영향을 미친다.

③ 내재적·외재적 형성　　동기는 사람을 움직이는 힘이며 그것은 인간의 내면적 이유 때문에 내재적으로 형성되기도 하고 외부의 조종에 따라 외재적으로 형성되기도 한다.

④ 정신상태의 상대적 수준　　동기는 어떤 정신상태의 상대적인 수준에 관한 개념이다. 동기의 수준은 강·약을 잇는 연속선 상에 표시할 수 있다. 동기의 상대적 수준은 사람의 행태를 통해 표출된다.

⑤ 동태적 현상　　동기의 양태와 수준은 내재적·외재적 연관요인들과 교호작용하는 가운데 변동하는 동태적 현상이다.

⑥ 개념적 구성　　동기는 가시적인 것이 아닌 정신적 상태에 관한 개념적 구성(가설적 구성: hypothetical construct)이다. 동기는 직접 관찰하거나 측정할 수 없다. 동기는 표출된 행태적 징상을 관찰하여 추론해 낼 수밖에 없다.

2) 욕구와 동기

동기는 욕구에 관련하여 설명된다.

욕구(欲求: need)란 인간이 경험하는 결핍(deficiency)에서 비롯된 필요 또는 갈망이다. 인간이 경험하는 결핍에는 자존의 욕구에서 보는 바와 같은 심리적 결핍, 식욕에서 보는 바와 같은 생리적 결핍, 그리고 우정에 대한 욕구에서 보는 바와 같은 사회적 결핍이 포함된다.[2]

결핍은 인간의 내면적 긴장을 조성한다. 사람은 내면적 긴장 때문에 빚어진 바람직하지 못한 상황을 해소하기를 원한다. 그러한 바람은 원치 않는 상황을 일정한 방향으로 전환시킬 수 있도록 지각·사고·의욕·행동을 조직화하는 데 작용하는 힘을 생성시킨다.

전통적인 동기이론은 동기와 욕구를 확연히 구별하였다. 동기는 조직에서 요구하는 일을 하려는 정신적 힘이고, 욕구는 직무수행 이외의 대상을 추구하는 정신적 힘이라고 설명하였다. 욕구는 쾌락추구적 내지 자기이익 추구적인 현상이며, 개인의 자기이익 추구는 조직의 목표추구와 무관하거나 서로 배치된다고 보았다.

그러나 자기실현욕구의 존재가 강조되면서부터는 욕구와 동기의 구별이 흐려졌다. 동기도 직무수행을 추구하는 것이며, 자기실현욕구도 직무수행을 통해 충족시키는 것이라고 정의되기 때문이다.

3) 동기와 생산성

우리는 직무수행동기를 직무수행을 잘하려는 정신상태라고 정의한다. 강한 직무수행동기(높은 사기)는 직무수행을 효율화하고 그 생산성을 향상시키는 데 적극적인 영향을 미치는 것이라고 정의한다. 직무수행의 생산성을 높이는 데 영향을 미치는 어떤 요인(정신상태)에 동기라는 이름을 붙인 것이라고 말할 수도 있다. 그러므로 동기와 생산성이 무관하다든가, 역으로 상관되어 있다든가 하는 주장은 성립할 수 없다. 그런 주장을 우리가 한다면 우리 스스로의 개념정의를 부인하는 결과가 된다.

그러나 동기는 생산성에 영향을 미치는 여러 요인들 가운데 하나일 뿐이다. 다른 요인들의 예로 지각, 가치관, 태도, 성격, 능력, 상황적 조건을 들 수 있다. 경험적 조사연구에서 다른 영향요인들의 작용을 통제하지 못하면 동기와 생산성의 관계를 확인해 볼 수 없다. 그런 통제실패의 조사연구에서는 동기와 생산성이 무관하거나 역으로 상관되어 있다는 결론이 나올 수도 있다.

2. 연관개념: 지각·성격·태도

동기유발은 여러 가지 유인이나 상황적 조건뿐만 아니라 사람의 수많은 개인적 요인들의 영향을 받는다. 개인적 요인에 관한 개념들 가운데서 지각, 성격, 그리고 태도를 간단히 설명하려 한다.

1) 지   각

지각(知覺: perception)이란 받아들인 감각적 정보를 조직하고 해석하는 과정이다. 감각은 사람의 감각기관을 통해 자극이 받아들여지는 생리학적 과정이다. 지각은 감각한 바를 선별하고 조직화하며 해석하고 검색하는 심리학적 과정이다. 지각은 동기에 영향을 미치고 동기는 지각에 영향을 미친다.[3]

지각과정에는 사람에 따라 특유한 내적 및 외적 요인이 작용하기 때문에 사람마다 사물에 대한 이해는 달라질 수 있다. 사람들의 지각장치는 서로 다를 수 있기 때문에 같은 대상이나 상황에 대한 지각이 사람에 따라 달라질 가능성이 있는 것은 당연한 이치이다. 그리고 지각의 대상이나 상황의 특성이 지각과정에 영향을 미친다. 같은 대상이나 상황이더라도 그것이 제시되는 조건이 다르면 지각의 차이가 나타날 수 있다.

지각과정의 오류 또는 착오는 동기연구인들의 중요한 관심사이다. 이에 관하여는 근무성적평정 상의 착오에 대한 앞 절의 설명을 참고하기 바란다.

2) 성격

성격(性格: personality)은 사람들을 구별해 주고 각 개인의 고유성을 규정해주는 어느 정도 지속적인 특성의 집합이다. 성격은 시간과 상황의 변화에도 불구하고 개인적 행태의 연속성(일관성)을 유지해 주는 심리적 특성이라고 말할 수 있다.[4]

성격의 구성요소 또는 내용을 규정하는 접근방법은 다양하게 분화되어 있다. 성격연구의 영역도 병리·이상성격·심리검사·성격유형 등 여러 가지로 갈려 있다. 이 가운데서 성격유형 연구는 성격유형에 따라 달라지는 동기유발 양태를 설명하는 데 길잡이를 제공한다.

많은 성격유형론들 가운데서 두 가지 예만을 보기로 한다.

(1) McClelland의 성취지향적 성격   David McClelland는 성취욕구(成就欲求: need for achievement or nAchievement)에 착안하여 성격유형을 분류하였다.[a] 그는 이 세상의 거의 모든 사람을 두 가지 부류로 나누어 볼 수 있다고 하였다. 그 한 가지 부류는 기회를 포착하여 열심히 일함으로써 무엇인가를 성취하려는 비교적 소수의 사람들이며, 다른 한 가지 부류는 그렇지 못한 대다수의 사람들이라고 한다. 전자는 성취욕구가 강한 성격 또는 성취지향적 성격(achieving personality)의 소유자들이며, 후자는 성취욕구가 약한 성격의 소유자들이다. 성취욕구가 강한 성격의 소유자(high achiever)의 특성은 ⅰ) 개인적으로 책임지는 상황을 좋아한다는 것, ⅱ) 알맞은(moderate) 목표를 설정하고 계산된 모험(calculated risks)을 하는

---

a) 성취욕구는 권력욕구(nPow), 친교욕구(nAff)와 마찬가지로 문화에서 배우는 '학습된 욕구'이다. 성취욕구는 어려운 일을 성취하려는 것, 물질·인간·사상을 지배하고 조종하고 관리하려는 것, 그러한 일을 신속히 그리고 독자적으로 해내려는 것, 장애를 극복하고 높은 수준(기준)을 유지하려는 것, 자신을 한층 탁월하게 만들고 남보다 앞서려는 것, 스스로의 능력을 성공적으로 발휘함으로써 자긍심을 높이려는 것 등에 관한 욕구라고 규정된다.

경향이 있다는 것, 그리고 ⅲ) 자기가 얼마나 일을 잘하고 있는가에 관하여 명확한 환류가 있기를 바란다는 것이다.5)

(2) Presthus의 세 가지 성격형   Robert Presthus는 대규모조직(관료제) 구성원들의 성격형을 세 가지로 분류하였다. 그의 성격유형론은 성격형성에 환경적 요인이 중요한 영향을 미친다는 것, 그리고 조직이 제공하는 자극이나 유인에 대한 반응은 사람에 따라 다를 수 있다는 것을 전제한다.6)

Presthus가 ⅰ) 상승형, ⅱ) 무관심형, 그리고 ⅲ) 모호형으로 분류한 성격유형은 관료제적 상황에 대한 사람들의 반응양태에 관한 것이다.

상승형(upward mobiles)은 권한·지위·집단이 제공하는 자극에 적극적으로 순응하여 조직의 규범을 준수하고 개인의 영달을 도모하는 성격형이다. 관료제적 상황에 잘 적응하기 때문에 관료형(bureaucratic type)이라고 부를 수 있다. 무관심형(indifferents)은 권한·지위·집단이 제공하는 자극에 대해 냉담하며 조직으로부터 심리적으로 소외되어 있으나 조직생활에 그럭저럭 어울리는 성격형이다. 모호형(ambivalents)은 조직이 제공하는 성공과 권력획득의 기회를 거부하지도 못하고 그것을 얻는 데 필요한 역할을 제대로 수행하지도 못하기 때문에 심한 갈등을 겪고 있는 성격형이다. 대규모조직 내에서 모호형은 비극적 존재라고 할 수 있다.

3) 태   도

태도(態度: attitude)는 사람이나 사물에 관한 평가적 판단의 표현(evaluative statement)이다. 태도는 어떤 현상에 대해 가치판단을 하는 인식적 측면, 좋고 싫음을 느끼는 정서적 측면, 그리고 어떤 행동을 하려는 의도를 갖는 행동적 측면을 내포한다. 동기와 태도의 관계는 상호적·순환적인 것이다. 태도는 동기의 결과이면서 동시에 동기의 원인이 될 수 있다.7)

사람들은 자기의 태도 간 그리고 태도와 행동 간에 일관성을 유지하고 싶어 한다. 인지적 불협화이론(cognitive dissonance theory)은 인지적 불협화가 불편하기 때문에 사람들이 이를 해소하거나 최소화하려 한다고 설명한다. 인지적 불협화란 사람이 지각하는 태도 간, 태도와 행동 간의 비일관성 내지 양립불가능성을 말한다. 인지적 불협화를 해소하기 위해 태도와 행동을 바꾸려는 노력을 유발하는 데는 동기유발유인의 부여가 큰 영향을 미친다고 한다.

태도의 유형은 매우 다양하다. 그 가운데서 조직연구인들이 가장 중요시해 온 것들은 직무만족, 직무관여, 그리고 조직몰입이다.

(1) 직무만족   직무만족(job satisfaction)이란 어떤 개인이 자기 직무에 대해 갖는 느낌의 집합을 말한다. 직무만족도가 높은 사람은 자기 직무에 대해 긍정적인 느낌을 가지며 직무만족도가 낮은 사람은 자기 직무에 대해 부정적인 느낌을 갖는다.

(2) 직무관여   직무관여(직무몰두; 직무열중: job involvement)는 어떤 개인이 자기 직무와 일체화하고, 직무성취가 자기에게 중요하다고 생각하고, 직무수행에 적극적으로 참여하려고 하는 태도의 수준을 설명하는 개념이다.

(3) 조직몰입   조직몰입(organizational commitment)은 조직구성원이 소속조직 그리고 소속조직의 목표와 일체화하고 그 조직의 구성원으로 남기를 원하는 태도의 수준을 설명하는 개념이다. 직무관여는 사람과 직무의 일체화에 초점을 맞춘 개념이며, 조직몰입은 사람과 조직의 일체화에 초점을 맞춘 개념이다.

조직몰입에는 감정적 몰입, 연장적 몰입(체류몰입), 규범적 몰입 등이 포함된다. 감정적 몰입(affective commitment)은 조직이 추구하는 가치를 지지하고 조직에 감정적으로 밀착되어 있는 태도이다. 연장적 몰입(continuance commitment)은 조직을 떠나면 입게 될 손실을 감당하기 어려워 조직에 계속 남으려는 태도이다. 규범적 몰입(normative commitment)은 도덕적·윤리적 이유 때문에 조직에 남는 행동을 의무라고 생각하는 태도이다.

II. 동기이론

인간의 동기 그리고 직무수행동기를 설명하고 동기유발방법을 처방하는 이론들은 여러 가지 기준에 따라 분류되고 있다. 조직심리학에서 가장 널리 쓰이는 기준은 동기의 기초가 되는 욕구와 유인의 내용에 초점을 두는가, 아니면 동기유발의 과정에 초점을 두는가에 관한 기준이다. 이러한 기준에 따라 내용이론과 과정이론을 분류한다.

내용이론과 과정이론의 의미를 먼저 규명하고 이 두 가지 범주에 포함되는 중요한 이론들을 설명하려 한다.

1. 동기이론의 분류

1) 내용이론·과정이론

(1) 내용이론 　동기를 유발하는 요인의 내용을 설명하는 동기이론의 범주를 내용이론(內容理論: content theories)이라고 한다. 내용이론은 무엇이 사람들의 동기를 유발하는가에 관심을 갖고 욕구와 욕구에서 비롯되는 충동, 욕구의 배열, 유인(誘因) 또는 달성하려는 목표 등을 설명한다.

내용이론의 핵심적 논구대상은 인간의 욕구이다. 인간이 경험하는 욕구의 유형에 관련하여 동기를 설명하려는 이론들이 내용이론이다. 사람들은 일정한 기본적 욕구를 지녔으며 욕구의 충족을 가져올 행동을 하려는 동기를 유발한다고 보는 것이 내용이론의 관점이다. 그러므로 내용이론은 욕구이론(欲求理論: needs theories)이라 부를 수도 있다.

내용이론의 중요한 예로는 고전적 욕구이론인 합리적·경제적 인간모형, 인간관계론적 욕구이론인 사회적 인간모형, 성장이론의 자기실현적 인간모형, 그리고 복잡한 인간모형을 들 수 있다. 성장이론의 예로 욕구단계이론, 욕구충족요인 이원론, Y이론을 들 수 있다.

(2) 과정이론 　어떤 과정을 통해 어떻게 동기가 유발되는가를 설명하려는 이론들을 과정이론(過程理論: process theories)이라 한다. 과정이론은 동기유발요인들이 교호작용하여 행동을 야기하고 그 방향을 설정하며 행동을 지속시키거나 중단시키는 과정을 설명한다.

과정이론은 인간의 욕구와 그에 대한 유인 등 동기유발의 기초가 되는 요인의 내용보다는 동기유발의 과정에 우선적인 주의를 기울이기 때문에 과정이론과 욕구이론은 무관한 것처럼 생각하는 사람들도 있다. 그러나 그와 같은 생각은 그릇된 것이다. 묵시적으로 그리고 때로는 명시적으로 욕구이론이 과정이론에 기초를 제공하고 있다.

과정이론의 예로 기대이론, 형평이론, 학습이론, 내재적 동기유발이론을 들 수 있다.

2) 그 밖의 동기이론 분류

동기이론을 내용이론과 과정이론으로 대별하는 유형론 이외에도 동기이론 또는 동기연구에 관한 접근방법을 분류한 유형론은 대단히 많다.

다양한 유형론에서 자주 등장하는 동기이론들을 보면 ⅰ) 본능이론, ⅱ) 충동이론, ⅲ) 흥분이론, ⅳ) 유인이론, ⅴ) 인식론, ⅵ) 자기실현이론, ⅶ) 쾌락주의이론, ⅷ) 분석심리이론, ⅸ) 반전이론이 있다.[8]

본능이론(instinct theory)은 동기유발의 힘은 본능에 있다고 본다. 사람은 동물과 마찬가지로 생존에 필요한 행동양태를 가지고 태어난다고 설명한다. 충동이론(drive theory)은 인간의 생물학적 필요에 결핍이 생기면 행동할 충동이 생긴다고 말한다. 흥분이론(고무·자극이론: arousal theory)은 사람들이 적정한 수준의 자극·흥분 수준을 유지하려 하며 그 수준이 너무 높거나 낮으면 이를 적정화하기 위해 행동하게 된다고 한다.

유인이론(incentive theory)은 외재적 자극 또는 유인이 행등을 유발한다고 한다. 인식론(cognitive theory)은 사고(思考), 기대, 세상에 대한 이해가 동기를 유발한다고 말한다. 자기실현이론(인간주의이론: self-actualization theory; humanistic theory)은 자기실현적 욕구가 동기유발로 직결된다고 설명한다.

쾌락주의이론(hedonism)은 인간이 행동할 동기를 갖게 되는 까닭은 고통을 피하고 쾌락을 얻기 위해서라고 설명한다. 분석심리이론(psychoanalytic theory)은 인간이 의식적으로 통제할 수 없는 심리적인 힘이 인간의 행동을 좌우한다고 설명한다. 반전이론(反轉理論: reversal theory)은 사람이란 때에 따라 상충적인 목표들을 추구할 수 있는, 본래적으로 일관성이 없는 존재이며, 사람이 추구하는 목표상태는 정태적인 것이 아니라 동태적인 것이라고 설명한다.

다양하게 분류된 동기이론들은 서로 보완적이거나 중첩적인 경우가 많다. 예컨대 우리가 과정이론의 범주에 포함시킨 기대이론, 형평이론, 학습이론은 인식론, 유인이론, 그리고 충동이론의 가설들을 수용한다.

2. 내용이론

앞서 말한 바와 같이 내용이론은 인간이 어떤 욕구를 지녔으며 욕구를 자극하는 유인은 무엇인가를 설명하는 것이다. 행정학이나 조직학에서는 욕구이론을 분류할 때 흔히 인간모형 또는 인간관이라는 말을 사용한다. 욕구이론들은 인간이 어떤 욕구를 가졌으며 어떤 유인에 반응하는가에 관련하여 인간에 관한 관점 또는 모형을 설정하기 때문이다. 여기서도 그러한 관행에 따라 인간모형이라는 폭넓은 범주들을 먼저 분류하려 한다.

복잡한 인간에 관한 모형을 기반으로 하여 ⅰ) 합리적·경제적 인간(고전적 모형), ⅱ) 사회적 인간(신고전적 모형; 인간관계론적 모형), ⅲ) 자기실현적 인간(현

대적 모형; 성장이론의 모형) 등 세 가지 인간모형의 범주를 구분하려 한다. 이러한
분류는 Edgar H. Schein의 아이디어를 빌려 만든 것이다.[9]

1) 복잡한 인간모형

적어도 그 가능성에 있어서 모든 인간은 서로 다를 수 있고 그들이 처한 상
황 또한 무수히 다를 수 있다는 것이 복잡한 인간모형(複雜한 人間模型: complex
man model)의 명제이다. 이것은 인간의 복잡성과 상황적응성에 관한 이론이다.
이러한 인간관은 그 보편성이 높은 것이며 또한 동기유발 문제에 대한 조심스러
운 접근을 촉구하는 실용적 가치도 지닌 것이다.

복잡한 인간모형에 따르면 사람은 다양한 욕구와 잠재력을 가졌고, 그 발현
은 때와 장소에 따라 달라질 수 있으며, 새로운 욕구를 배울 수 있기 때문에 복
잡할 뿐 아니라 그러한 복잡성의 양태는 또한 사람마다 다를 수 있다고 한다.

(1) 인간에 대한 가정　　복잡한 인간모형의 가정은 다음과 같다.

① 욕구의 복잡성·변전성　　인간의 욕구체계는 복잡할 뿐만 아니라 변동한다.

② 새로운 욕구의 학습　　사람은 조직생활의 경험을 통해서 새로운 욕구를
배울 수 있다.

③ 상황적응성　　사람들의 역할과 처한 상황이 다르면 욕구도 달라질 수 있다.

④ 사람에 따라 다른 조직참여 욕구　　조직에 참여하는 이유가 되는 욕구는
사람에 따라 다를 수 있다.

⑤ 동기유발전략의 상황적응적 효용　　사람들은 그들의 욕구체계·능력·담당
업무가 다름에 따라 서로 다른 동기유발전략에 반응 또는 순응할 수 있다.

(2) 동기유발전략　　복잡한 인간모형이 처방하는 동기유발전략(인간관리전
략)은 다음과 같다.

① 변전성·개인차의 확인　　조직구성원의 변전성과 개인차를 확인하기 위해
진단적 접근을 해야 한다.

② 개인차의 존중　　개인차를 존중해야 한다.

③ 적응적 관리처방　　사람들의 욕구와 동기가 서로 다른 만큼 그들은 다르
게 취급해야 한다. 복잡한 인간모형의 관리처방은 조직의 적응성·유동성 제고
그리고 조직양태의 다원화를 촉구한다.

2) 합리적·경제적 인간모형

합리적·경제적 인간모형(合理的·經濟的 人間模型: rational-economic man model)은 오늘날도 상황 여하에 따라서는 유효하게 적용될 수 있는 욕구이론 내지 내용이론의 한 범주이다. 이를 고전적이라고 부르는 까닭은 그것이 행정과학의 고전기에 가장 강력한 가정을 제공한 인간관이었던 것으로 보이기 때문이다.

합리적·경제적 인간모형의 내용을 규정하는 주요 명제들은 ⅰ) 인간의 합리성·타산성, ⅱ) 인간욕구의 획일성, ⅲ) 쾌락추구를 위한 경제적 욕구와 그에 대응하는 경제적인 유인, ⅳ) 직무수행에 대한 인간의 피동성, ⅴ) 동기부여의 외재성이다.

(1) 인간에 대한 가정   합리적·경제적 인간모형의 가정은 다음과 같다.

① 경제적 욕구·경제적 유인   인간은 경제적·물질적 욕구를 지닌 타산적 존재이며 경제적 유인의 제공으로 동기를 유발시킬 수 있다. 인간의 본성은 쾌락추구적이기 때문에 쾌락을 살 수 있는 경제적(금전적) 보상을 원한다.

② 일과 책임의 기피   사람들은 조직이 시키는 일을 고통으로 생각하며 게으르고 책임지기를 싫어한다. 조직이 원하는 것과 조직구성원인 개인이 원하는 것은 상충된다.

③ 외재적 동기유발   조직이 요구하는 직무수행에 대하여 사람들은 피동적이기 때문에 외재적으로 동기가 부여되지 않으면 조직에 기여하는 행동을 하지 못한다.

④ 원자적 개인   조직 내의 인간은 원자적인(개체적인) 개인으로 행동하며 조직구성원들은 심리적으로 상호 분리되어 있다.

⑤ 길들임의 대상   인간은 외적 조건설정을 통해 길들일 수 있다.

(2) 동기유발전략   합리적·경제적 인간모형이 처방하는 동기유발전략은 다음과 같다.

① 교환전략   원자적 개인을 대상으로 하는 교환모형의 관리전략을 채택해야 한다. 사람들이 일을 하는 고통과 희생을 감수한다는 것에 대한 교환조건으로 조직은 그들에게 경제적 보상을 주어야 한다는 것이 교환모형의 핵심적 논리이다.

② 감시·통제   교환형 관리는 불신관리이므로 교환조건에 관한 약속을 지

키는지의 여부를 면밀히 감시·통제하는 강압형 관리의 뒷받침을 받아야 한다. 이러한 처방 때문에 합리적·경제적 인간모형에 입각한 관리전략을 '강경한 접근방법'(hard approach)이라고 한다.

③ 학습을 통한 순응의 촉진   인간을 길들이는(학습시키는) 전략의 조력도 받아야 한다. 유인에 대한 반응을 학습시켜 교환형 동기유발전략에 순응하도록 해야 한다.

합리적·경제적 인간모형이 처방하는 인간관리전략에 부합하는 조직의 구조는 집권적인 고층의 피라미드형 구조이다. 계서제를 강조하는 피라미드형 구조의 행정농도는 아주 높다.

3) 사회적 인간모형

사회적 인간모형(社會的 人間模型: social man model)을 인간관계론적 또는 신고전적이라고 하는 까닭은 그것이 인간관계론의 가정이 되었으며 행정과학의 신고전기에 널리 수용되고 있었기 때문이다.

사회적 인간모형의 특성을 규정해 주는 주요 명제들은 ⅰ) 인간의 비합리적·감성적 특성, ⅱ) 인간욕구의 획일성, ⅲ) 사회적 욕구와 그에 대응하는 사회적 유인, ⅳ) 인간의 집단성·사회성, ⅴ) 직무수행에 대한 인간의 피동성, ⅵ) 동기부여의 외재성이다.

(1) 인간에 대한 가정   사회적 인간모형의 가정은 다음과 같다.

① 사회적 욕구·사회적 유인   인간은 사회적 욕구를 지니고 있으며 그의 생산성은 사회적 유인에 반응하는 사회적 능력에 의해 달려있다.

② 직무수행에 대한 피동성   사람들은 조직이 요구하는 직무수행에 대해서는 피동적이다. 조직이 원하는 것과 조직구성원인 개인이 원하는 것은 상충된다.

③ 외재적 동기유발   직무수행동기는 사회적 유인을 제공하여 외재적으로 유발시켜야 한다.

④ 집단구성원으로서의 개인   조직구성원들은 개인으로서가 아니라 집단의 구성원으로서 행동한다.

⑤ 길들임의 대상   인간은 외적 조건설정을 통해 길들일 수 있다.

(2) 동기유발전략   사회적 인간모형이 처방하는 동기유발전략은 다음과 같다.

① 집단대상의 교환전략   집단을 대상으로 하여 교환모형에 입각한 관리전략을 적용해야 한다. 즉 사회적 유인과 직무수행을 교환하도록 해야 한다.

② 부드러운 방법을 통한 순응 강화   교환적 관리전략을 지지 또는 강화하기 위한 부드러운 방안들을 채택해야 한다. 교환관계의 온전한 작동을 보장하려는 전략은 집단구성원 간의 교호작용, 개인의 정서적인 요청, 참여, 동료의 사회적 통제 등에 역점을 두어 사람을 어루만지고 달래고 가르치는 것이라야 한다. 이러한 처방 때문에 인간관계론적인 인간관리전략을 '부드러운 접근방법'(soft approach)이라고도 부른다.

사회적 인간모형의 관리전략에 부합되는 조직의 구조 역시 피라미드형 계서제를 골격으로 한다. 그러나 약간의 분권화가 이를 수정하고 비공식적 집단과 리더십의 중요성이 부각된다.

> 인간의 경제성·합리성보다는 인간의 사회성 내지 집단성을 중요시하고 사회적 욕구에 초점을 두고 있다는 점에서 인간관계론적 모형은 고전기의 인간모형과 대조 또는 대립된다. 그러나 두 가지 모형이 다같이 인간의 피동성, 동기부여의 외재성, 욕구체계의 획일성을 원칙적으로 전제하고 있다. 그리고 조직의 필요와는 다른 개인의 욕구를 충족시켜 주는 교환조건으로 조직을 위한 개인의 희생을 받아낼 수 있다고 믿는 점이라든지, 욕구의 충족이 바로 직무수행의 동기가 된다고 보는 점 또한 두 가지 모형이 함께 지니는 특성이라 할 수 있다. 인간을 길들이기와 다스림의 대상으로 본다는 점에서도 양자는 같다.

4) 자기실현적 인간모형

성장이론(成長理論: growth theories)은 인간의 자기실현적 욕구와 성장·성숙 지향성을 강조한다. 성장이론들은 인간에게 단일욕구가 아니라 복수의 욕구가 있음을 인정한다. 그러면서도 인간의 자기실현적 욕구를 가장 중요시하고 그것을 준거로 하는 동기관리전략을 처방한다.

성장이론의 기반이 되는 자기실현적 인간모형(自己實現的 人間模型: self-actualizing man model)은 인간을 보다 온전한 자유인으로 보고 인간을 직접적인 조종과 다스림에서 벗어나게 하여 자율적인 업무성취와 보람 있는 직업생활을 영위할 수 있게 하는 관리전략을 처방한다. 이 점에서 자기실현적 인간모형은 고전적 및 신고전적 인간모형과는 거의 단절적이라고 할 만한 차별성을 보인다.

현대의 행정과학은 인간의 복잡성이라는 과학적 법칙에 입각해 있지만, 오늘날의 그리고 장래의 조직사회가 그 실제에서 가장 바람직하고 이상적인 인간모형으로 받아들여야 할 것은 자기실현적 인간모형이라는 주장을 또한 지지하고 있는 것 같다. 이런 이유 때문에 자기실현적 인간모형에는 현대적 인간모형이라는 이름이 붙여지기도 한다.

자기실현적 인간모형의 특성을 규정해 주는 주요 명제들은 ⅰ) 고급의 인간속성, ⅱ) 자기실현적 욕구, ⅲ) 일의 보람, ⅳ) 직무수행에 대한 인간의 능동성, ⅴ) 동기유발의 내재성이다.

(1) 인간에 대한 가정 자기실현적 인간모형의 가정은 다음과 같다.

① 자기실현적 욕구·일의 보람 인간은 최고급 욕구인 자기실현적 욕구를 가지고 있으며, 일을 통해 자기실현을 추구한다. 인간은 보람 있고 책임 있는 일과 성장의 기회를 원한다.

② 직무수행에 대한 능동성 인간은 조직이 요구하는 직무수행에 대하여 능동적으로 반응한다. 따라서 인간의 욕구(목표)와 조직의 목표가 통합될 가능성이 높다.

③ 내재적 동기유발 인간의 동기유발은 내재적으로 이루어진다.

(2) 동기유발전략 자기실현적 인간모형이 처방하는 동기유발전략은 다음과 같다.

① 통합적 전략 자율규제적인 인간에 대해 통합형의 관리전략을 적용해야 한다. 개인과 조직의 목표를 융화·통합시키는 방향으로 노력하는 것이 통합형 관리의 요체이다.

② 보람 있는 일과 성장기회의 제공 직접적인 조종보다 보람 있는 일과 성장기회의 제공에 주력해야 한다.

③ 관리자의 촉매작용적 역할 관리자들은 조직구성원들의 동기유발을 위해 촉매작용적·간접적 역할을 수행해야 한다.

④ 신뢰·참여·협동의 강조 인간관리에서 신뢰·참여·협동을 강조해야 한다.

자기실현적 인간모형의 동기유발전략처방은 인간의 창의성 존중, 인간의 자유화, 고급의 인간속성을 강조하는 인간주의 추구를 지향하는 것이다. 이러한 동기유발전략에 부합하는 조직의 구조는 권한이나 지위보다는 임무중심의 설계, 저층구조화, 위임의 확대, 협동적 관계의 강화, 유기적 적응성의 강화 등의 특성을 지니는 것이다. 그리고 자기실현적 인간모형은 학습조직의 기반이 된다.

5) 성장이론의 예

자기실현적 인간모형을 기초로 삼는 성장이론에는 여러 가지가 있다. 여기서는 가장 널리 인용되고 있는 Maslow, Herzberg, 그리고 McGregor의 이론을 소개하려 한다. 그리고 성장이론에 깊이 연관된 Likert와 Argyris의 이론에 대해서도 언급하려 한다.

(1) Maslow의 욕구단계이론　　Abraham H. Maslow의 욕구단계이론(欲求段階理論: 욕구계층이론: need hierarchy theory or hierarchy of needs theory)은 성장이론의 기초를 다지는 데 가장 큰 기여를 하였다.

Maslow가 정립한 이론의 핵심적 내용은 다음과 같다.[10]

① 다섯 가지 욕구　　인간은 계층에 따라 순차적으로 발로되는 다섯 가지 욕구를 가지고 있다. 최하급으로부터 최상급에 이르는 욕구의 계층은 ⅰ) 생리적 욕구, ⅱ) 안전에 대한 욕구, ⅲ) 애정적 욕구, ⅳ) 긍지와 존경에 대한 욕구, 그리고 ⅴ) 자기실현적 욕구로 구성된다.

　　생리적 욕구(physiological needs)는 욕구계층의 출발점이 되는 가장 하급의 그리고 기초적인 욕구의 범주이다. 음식·의복·주거에 대한 욕구, 성적 욕구, 잠자고 싶은 욕구, 단순히 움직이고 싶은 욕구 등이 생리적 욕구의 예이다.

　　안전에 대한 욕구(safety needs)는 안정, 보호, 공포·혼란·불안으로부터의 해방, 강력한 보호자, 질서 등에 대한 욕구이다. 애정적 욕구(belongingness and love needs)는 가족, 애인, 친구, 직장 동료, 이웃 등과 정이 담긴 관계를 유지하려 하고 자기가 원하는 집단에 대해 귀속감을 가지려는 욕구이다. 애정적 욕구에는 사랑을 받으려는 욕구뿐만 아니라 사랑을 주려는 욕구도 포함된다. 긍지와 존경에 대한 욕구(esteem needs)는 사람이 스스로 자긍심을 가지고 싶어하고 다른 사람들이 자기를 존경해 주기 바라는 욕구이다.

　　자기실현적 욕구(자아실현적 욕구: self-actualization needs)는 사람이 자기의 잠재적 역량을 최대한으로 실현하고 싶어하는 욕구이다. 자기가 원하고 할 수 있는 일을 보다 잘, 그리고 많이 해보려는 욕구가 자기실현적 욕구이다.

② 욕구의 계층과 순차적 발로　　인간의 다섯 가지 기본적 욕구는 서로 상관되어 있으며, 이들은 우선순위의 계층을 이루고 있다. 최하급의 동물적 욕구라 할 수 있는 생리적 욕구의 우선순위가 가장 높다. 생리적 욕구가 상당히 충족되면 안전에 대한 욕구가 나타나고, 또 그것까지 어느 정도 충족되면 그 위의 욕구가 나타나는 것과 같이 순차적으로 다른 욕구가 발로되는데 궁극적으로 발로

되는 욕구는 자기실현의 욕구이다.

③ 욕구의 상대적 충족   욕구의 발로가 순차적이라고 하지만 어느 한 단계의 욕구가 완전히 또는 절대적으로 충족되어야 비로소 다음 단계의 욕구가 발로될 수 있는 것은 아니다. 그러한 상태는 실제로 있기 어려우며 한 가지 욕구가 어느 정도(부분적으로) 충족되면 다음 단계의 욕구가 점차적으로 부각되어 가는 것이 보통이다.

④ 욕구의 부분적 충족   대개의 사람들은 다섯 가지 욕구들을 부분적으로밖에 충족시키지 못하고 있기 때문에 인간은 항상 무엇인가를 원하는 동물이라 할 수 있다.

⑤ 충족된 욕구의 약화   어떤 욕구가 충족되면 그 욕구의 강도는 약해진다. 충족된 욕구는 동기유발요인으로서의 의미를 상실한다.

Maslow는 계층적으로 배열된 욕구들을 고급과 하급의 두 가지 범주로 대별하고 그 성격을 다음과 같이 비교하였다.

고급의 욕구는 주관적 긴급성이 약하고 생존 자체에는 덜 필수적이기 때문에 하급욕구에 비해 우성이 낮다. 고급욕구는 하급욕구에 비해 구체성도 낮다. 고급욕구는 진화(進化)의 산물이며 인간에 특유한 것이다. 욕구가 고급화될수록 애정적 일체화(愛情的 一體化: love identification: 타인의 욕구를 자기욕구화하는 관계)는 넓어지고 깊어진다.

고급욕구의 충족은 보다 많은 전제조건의 충족을 필요로 한다. 고급욕구의 추구와 충족은 보다 강하고 진정한 개체주의(자기존중·자기실현)를 실현한다.

Maslow의 이론은 전통적인 욕구이론보다 월등히 세련된 것이다. 복수욕구의 존재를 확인하고 자기실현의 욕구를 가장 인간적인 욕구로 부각시킴으로써 반전통적인 동기유발전략의 개척에 선도적 역할을 하였다. 오늘날 조직개혁·행정개혁의 처방에 광범한 영향을 미치고 있다.

그러나 이 이론의 보편성은 물론 승인될 수 없다. 그리고 이론구조에 관한 여러 가지 비판이 가해지고 있다. 비판적 논점을 보면 ⅰ) 인간의 욕구가 계층적으로 존재한다는 것 자체가 의문의 대상이라는 것, ⅱ) 욕구란 변동하기 마련인데 욕구를 정태적으로 고찰하고 있다는 것, ⅲ) 어떤 한 가지 행동의 유발에 두 가지 이상의 욕구가 작용할 수도 있다는 것, ⅳ) 욕구란 지속적으로 또는 되풀이하여 충족시켜야 하는 것이기 때문에 한번 충족된 욕구는 없어지거나 동기유발에 무관한 것으로 규정하는 논리는 잘못이라는 것, ⅴ) 욕구발로과정의 단계적 전진(progression)만 강조하고 후진적 진행(퇴행: regression)은 인정하지 않고 있다는 것 등이 있다.

이러한 비판적 논점들 가운데 일부(욕구계층의 가변성·욕구의 복합적 작용)에 대해서는 Maslow 자신도 예외적 사례라 하여 인정하고 있다. 그러나 비판자들은 Maslow의 원칙적인 주장을 대상으로 비판하고 있는 것이다.

Maslow와 같이 욕구유형의 범주화를 시도한 이론들은 여럿 있다.

예컨대 Clayton P. Alderfer는 욕구계층의 범주를 세 가지로 분류하였다. 그의 생존·관계·성장이론(生存·關係·成長理論: ERG theory)에서는 욕구의 범주를 ⅰ) 생존욕구(existence needs), ⅱ) 대인관계유지욕구(relatedness needs), 그리고 ⅲ) 성장욕구(growth needs)로 나누었다. Alderfer는 욕구발로의 전진적·상향적 진행뿐만 아니라 욕구좌절로 인한 후진적·하향적 진행도 인정하였다.11)

Henry A. Murray는 그의 명시적 욕구이론(明示的 欲求理論: manifest need theory)에서 20여 가지의 욕구범주를 분류하였다. 성취, 귀속, 공격, 자율성, 복속(abasement), 반작용, 방어, 존경, 지배, 손상회피, 전시(展示), 질서, 유희, 거부, 감각적 만족 등이 그 예이다. 이러한 욕구는 환경과의 교호작용에서 배우는 것이라고 한다. Murray는 욕구의 계층을 인정하지 않았다. 어떤 욕구든 언제나 발로될 수 있다는 것이다. 그리고 여러 욕구가 동시에 발로될 수 있다고 하였다.12)

(2) Herzberg의 욕구충족요인 이원론   Frederick Herzberg의 이론은 만족을 얻으려는 욕구와 불만(고통)을 피하려는 욕구를 별개의 평행선 위에 놓아 이원화시켰으며, 동기요인(動機要因: motivator)과 위생요인(衛生要因: 불만야기 또는 불만해소에 작용하는 요인: hygiene factor)을 또한 이원화시켰기 때문에 욕구충족요인 이원론(欲求充足要因二元論: 2요인이론: two factor theory) 또는 동기-위생이론 (motivation-hygiene theory)이라 불리고 있다.

동기요인과 위생요인에 관한 Herzberg의 이론을 요약하면 다음과 같다.13)

① 욕구의 이원적 구조   인간의 기본적인 욕구는 서로 반대방향을 가리키는 두 개의 평행선과 같이 이원화되어 있다. 인간은 이원적인 욕구구조를 가지고 있다. 한 가지 욕구체계는 불유쾌하거나 고통스러운 일을 피하려는 것이고, 다른 한 가지 욕구체계는 개인적 성장을 갈구하는 것이다.

② 별개 차원의 불만과 만족   조직생활에서의 불만과 만족은 서로 별개의 차원에 있으며, 불만의 반대가 만족인 것은 아니다.

③ 동기요인과 위생요인의 구별 조직생활에서 만족을 주는 요인과 불만을 주는 요인은 서로 다르다. 직무만족의 결정인자(동기요인)는 ⅰ) 직무 상의 성취, ⅱ) 직무성취에 대한 인정, ⅲ) 보람 있는 직무, ⅳ) 직무 상의 책임, ⅴ) 성장 등 직무 자체에 관련되어 있고 개인에게 성장감을 줄 수 있는 요인들이다. 불만 야기에 관련된 요인들(위생요인)은 ⅰ) 조직의 정책과 관리, ⅱ) 감독, ⅲ) 보수, ⅳ) 대인관계, ⅴ) 작업조건 등 직무외적 또는 환경적 요인들이다.

④ 불만요인 제거와 만족요인 증대의 상이한 효과 불만요인의 제거는 불만을 줄여주는 소극적 효과를 가질 뿐이며 그러한 효과가 직무행태에 미치는 영향은 단기적임에 불과하다. 반면 만족요인의 증대는 인간의 자기실현욕구에 자극을 주고 적극적인 만족을 가져다준다. 불만요인의 제거는 불만을 방지 또는 해소하는 데 기여할 뿐이지만 만족요인의 개선은 직무수행의 동기를 유발한다.

Maslow의 이론이 욕구 자체에 주의를 기울인 반면 Herzberg의 이론은 욕구 충족의 요인에 초점을 맞춘 것이라 할 수 있다. 그리고 Herzberg의 이론은 인간의 성장적 측면에 착안한 동기유발전략이 바람직한 것임을 시사하고 있다. 보다 장기적이고 근원적인 동기유발전략의 채택 그리고 고급 인성에 적극적으로 대응한 통합적 관리의 추구에 부합되는 이론이라 할 수 있다.

Herzberg의 이론은 실제의 동기유발이 아니라 만족에 초점이 맞추어져 있으며 개인차의 확인에 실패한 이론이라는 비판을 받고 있다. 그의 이론을 도출한 조사연구 방법론에 대해서도 비판이 가해지고 있다. 그가 조사대상으로 삼은 표본은 미국 Pittsburgh시의 기업체들에 종사하는 기사(技士)와 회계사들이므로 조사결과가 다른 조직 그리고 다른 직업 종사자에게도 적합하다고 보기는 어렵다는 것이다. 그가 사용한 조사도구는 중요사건기록법(critical incident method)인데, 그것은 근접행태의 강조로 인한 착오를 유발할 가능성이 큰 방법이라고 한다. 그리고 조사에 응한 사람들은 좋았던 일은 자기 책임 하에 있는 직무수행에 관련시키고, 바람직하지 않았던 일은 자기의 통제권 밖에 있는 여건에 결부시키는 의도적 답변을 함으로써 결론을 왜곡시켰을 가능성이 크다는 점을 지적하는 사람들도 있다.

(3) McGregor의 X이론과 Y이론 Douglas McGregor는 Maslow의 욕구단계이론을 바탕으로 삼아 인간모형을 두 가지로 대별하고 서로 다른 인간모형에서 도출되는 인간관리전략을 설명하였다. 전통적 관리체제(관리전략)를 정당화시켜주는 인간관(욕구와 동기에 대한 가정)을 X이론(theory X)이라 부르고 인간의 성장

적 측면에 착안한 새로운 관리체제를 뒷받침해 주는 인간관을 Y이론(theory Y)이라 이름지었다. X이론은 Maslow가 말한 욕구단계 가운데서 하급욕구를 중요시하는 것이며, Y이론은 비교적 고급욕구를 중요시하는 것이라고 할 수 있다.[14)

① X이론   X이론(전통적 모형)은 인간의 하급욕구에 착안하여 외재적 통제를 강조하는 모형이다.

X이론의 주요 가정은 ⅰ) 보통사람들은 일을 싫어하고 게으르다는 것, ⅱ) 보통사람들은 야망이 없고 책임맡기를 싫어한다는 것, ⅲ) 보통사람들은 안전을 원하고 변동저항적이라는 것, ⅳ) 보통사람들은 본래적으로 자기중심적이며 조직의 필요에 대해서는 무관심하다는 것, 그리고 ⅴ) 보통사람들은 생리적 욕구 또는 안전의 욕구에 자극을 주는 금전적 보상이나 제재 등 외재적 유인에 반응한다는 것이다.

X이론에 입각한 관리전략은 인간의 하급욕구에 대응하는 것이다. 관리층은 조직구성원들의 행동을 수정하고 동기를 부여하기 위해 적극적으로 개입해야 하며 생산성, 적정한 작업량, 업적에 대한 보상을 강조하여야 하고 통제를 강화해야 한다고 처방한다. 이러한 전략을 추진할 때에는 강제와 위협, 면밀한 감독, 행동의 엄격한 통제를 수단으로 하는 '강경한 접근방법'과 인간의 하급욕구충족, 대인관계의 개선 등 인간관계론적 수단을 동원하는 '부드러운 접근방법'을 함께 또는 교환적으로 활용할 수 있다.

McGregor는 인간본질에 관한 X이론은 그릇된 것이라고 비판하였다. 그리고 X이론에 입각하여 지시·통제를 주무기로 삼는 관리전략을 펴는 경우 고급욕구의 충족을 원하는 현대인에게 동기유인을 제공하지 못할 것이라고 말하였다.

② Y이론   X이론을 대체해야 할 새로운 인간모형으로 제안한 것이 Y이론이다. Y이론의 주요 가정은 ⅰ) 사람은 본성적으로 일을 싫어하는 것이 아니며 일하는 데 바치는 노력은 자연스럽다는 것, ⅱ) 사람은 일의 성취에 기여하기 위해 자율규제를 할 수 있다는 것, ⅲ) 사람의 직무수행동기는 긍지와 존경에 대한 욕구, 자기실현적 욕구 등 고급욕구로부터 유발된다는 것, ⅳ) 사람은 책임 있는 일을 맡기를 원한다는 것, ⅴ) 조직구성원들은 조직의 문제해결에서 상상력과 창의력을 발휘할 수 있다는 것, 그리고 ⅵ) 오늘날의 조직생활에서 보통사람의 지적 잠재력은 그 일부만이 활용되고 있다는 것이다.

Y이론에서 도출되는 관리전략은 인간이 잠재력을 능동적으로 발휘할 수 있

는 여건을 조성하는 것이다. 이러한 전략 하에서 관리의 주된 임무는 조직구성
원을 면밀히 감시하고 통제하는 것이 아니라 조직구성원이 스스로의 노력을 조
직의 성공에 지향시킴으로써 그들 자신의 목적을 가장 잘 달성할 수 있도록 조
건을 형성하는 것이다. 즉 개인과 조직이 원하는 바를 통합시키는 것이다.

　　McGregor의 이론을 성장이론으로 소개하는 것은 그가 Y이론에 역점을 두
고 있기 때문이다.

　　McGregor의 이론은 욕구체계 그리고 관리체제를 모두 양극화하는 무리를
범했다는 비판이 있다. 욕구의 복합적 발로와 상대적 충족 그리고 관리지향의
복잡성을 간과하고 무리한 단순화·양극화를 시도했다는 것이다. 그리고 Y이론
은 조직사회의 실제에서 적용하기 어려운 이상적·비현실적 내용을 담고 있다는
비판을 받기도 한다.

　　　McGregor가 X이론과 Y이론을 발표하자 X와 Y에 해당하지 않는 관리상황 또는 관리전략
　　을 들추어 Z이론이라는 이름을 붙인 모형을 개발하는 사람들이 나오게 되었다. Sven
　　Lundstedt, David Lawless, 그리고 William G. Ouchi가 각각 만든 Z이론을 예로 들 수 있다.
　　이 세 가지 이론의 내용은 서로 다르다.15)
　　　Lundstedt가 말한 Z이론은 자유방임형 또는 비조직형 관리상황을 규정하는 것이다. 그는 X
　　이론을 독재형, Y이론을 민주형에 관한 것이라고 보았다.
　　　Lawless의 Z이론은 복잡한 인간모형에 입각한 관리전략을 설명한 것이다. 조직이 서로 다르
　　거나 같은 조직이더라도 시간의 흐름에 따라 변동하면 관리전략도 달라져야 한다고 처방한다.
　　변동하는 환경에 존재하는 조직과 집단 그리고 사람은 변동한다는 사실을 객관적으로 파악하
　　여 그에 대응하는 전략을 펴야 한다고 주장하는 것이 Lawless의 Z이론이다.
　　　Ouchi는 미국 사회에 실재하는 조직들 가운데서 일본식 관리방법과 유사한 관리의 원리를
　　채택하고 있는 조직들을 관찰하고 거기서 귀납적으로 Z이론을 구성하였다. 그는 미국사회에
　　적응된 일본식 조직형에 Z이론이라는 이름을 붙인 것이다.
　　　Ouchi가 말하는 Z이론의 조직형 또는 관리체제가 지니는 특성은 ⅰ) 장기적 고용관계, ⅱ)
　　직원에 대한 비공식적 평가의 중시, ⅲ) 완만한 승진속도, ⅳ) 일반능력자주의적 인사관리,
　　ⅴ) 합의적 과정을 통한 의사결정, ⅵ) 비공식적·사회적 통제의 강조, ⅶ) 관리층이 직원들에
　　게 갖는 관심의 전인격성(全人格性)이다.

(4) Likert의 관리모형(체제 4)　　　Rensis Likert는 조직개혁을 위한 행태적 연
구의 길잡이로 쓰기 위해 관리체제를 네 가지로 분류하여 그 내용을 규정하고, 그
에 따라 관리자들의 관리전략을 알아볼 수 있는 조사표를 만든 바 있다.16)

Likert의 관리체제분류를 여기서 거론하는 까닭은 성장이론에 이르기까지의 인간관들을 기준으로 관리체제를 분류하고 있으며, 그가 규정한 네 번째의 관리모형(체제 4)은 Y이론과 비슷하기 때문이다.b)

Likert는 관리체제를 '체제 1'(system 1), '체제 2'(system 2), '체제 3'(system 3) 및 '체제 4'(system 4)로 분류하였다. 체제 1과 2는 권위주의형(authoritative system)이라고 하는데 이것은 X이론에 상응한 관리체제라고 할 수 있다. 권위주의형은 관리자가 부하들을 불신하는 불신관리모형이다. 권위주의형 가운데서 체제 1은 극단적인 권위주의적 체제를 내용으로 하기 때문에 착취적 권위주의형(exploitative system)이라 부르고, 체제 2는 다소 완화되거나 절충된 권위주의형이기 때문에 온정적 권위주의형(benevolent authoritative system)이라 부른다. 체제 3과 4는 참여형(participative system)의 범주에 속한다. 참여형은 인간관계론적 인간관과 Y이론에 접근하는 관리체제라 할 수 있다. 참여형 가운데서 체제 3은 협의적 참여형(consultative system)이라 부르고 그보다 훨씬 더 적극적인 참여와 상호 신뢰를 내용으로 하는 체제 4는 참여집단형(participative group system)이라 부른다.

체제 4의 특징은 부하에 대한 관리자의 완전한 신뢰, 참여적 의사결정, 조직목표성취에 대한 조직구성원들의 진정한 책임감, 직무성취를 통한 만족이다. 이러한 특징 내지 강조점을 가진 체제 4는 성장이론의 처방을 수용하는 것이라고 해석할 수 있다.

(5) Argyris의 미성숙 – 성숙이론   Chris Argyris는 공식조직이 개인의 행태에 미치는 영향을 검토하는 과정에서 이른바 미성숙–성숙이론(未成熟·成熟理論: immaturity–maturity theory)을 만들어 사용하였다.17)

Argyris는 사람이 유아기에서 성숙인으로 발전하려면 ⅰ) 수동성에서 능동성으로, ⅱ) 의존성에서 독립성으로, ⅲ) 한정된 행동능력에서 다양한 행동능력으로, ⅳ) 변덕스럽고 피상적인 관심에서 깊고 강한 관심으로, ⅴ) 단기적인 안목에서 장기적인 안목으로, ⅵ) 예속적인 지위에서 대등하거나 우월한 지위로, ⅶ) 자아의식의 결여에서 자아의 의식과 통제로 성격변화를 거쳐야 한다고 하였다.

---

b) 저자는 Likert의 '체제 4'를 Y이론의 처방과 비슷한 것으로 보았지만 이와는 다른 해석도 가능할 것이다. Likert가 지지하는 인간관은 인간관계론적 인간관과 Y이론의 중간쯤에 해당한다고 할 수도 있을 것이며 인간관계론에 바탕을 둔 참여관리이론이라고 해석할 사람도 있겠고, Y이론에 바탕을 두고 있음을 강조하는 사람도 있을 수 있다.

Argyris에 의하면 공식조직의 본성은 인간의 미성숙상태를 고정시키거나 조장하는 것이라고 한다. 그는 인간의 성숙을 가로막는 고전적 관리전략을 대체할 관리전략을 제시하였다. 관리층은 모든 조직구성원들이 하나의 개인으로서, 그리고 집단의 구성원으로서 스스로의 욕구를 충족시키고 성장·성숙의 기회를 얻을 수 있는 분위기를 조성해야 한다고 주장하였다. 이러한 제안에는 Y이론에 대한 지지가 함축되어 있다.

3. 과정이론

동기유발에 관한 과정이론은 관련요인들의 교호작용을 통해서 동기가 유발되는 과정을 설명한다. 많은 과정이론들 가운데서 인용가치가 큰 기대이론, 형평이론, 학습이론, 내재적 동기유발이론에 대해서 설명하려 한다. 그리고 다양한 과정이론들의 통합화를 위한 노력에 대해서도 언급하려 한다.

1) 기대이론

(1) 기대이론의 요지　　기대이론(期待理論: expectancy theory)의 범주에 포함되는 이론의 유형은 여러 가지이다. 내용이나 표현방식이 약간씩 다른 기대이론들이 여럿이라는 뜻이다.

그러나 여러 기대이론들에 공통되는 핵심적 이론구조는 비교적 간단하다. 공통적 이론구조에 따르면 동기의 크기는 어떤 결과(outcome)에 부여하는 가치(결과를 얻으려는 욕구의 크기)와 특정한 행동이 원하는 결과를 가져다 줄 것이라는 기대에 달려 있다고 한다. 동기의 강도는 결과에 부여하는 가치에다 특정한 행동이 그것을 가져다 줄 것이라는 믿음(기대)을 곱한 값의 합계에 달려 있는 것이라고 한다. 여기서 '달려 있다'는 말은 수학적 개념인 함수라고도 표현할 수 있다.

기대이론들의 기본적인 가정을 수식화하면 다음과 같다.

$$MF_i = f\left[\sum_j (V_i\, P_{ij})\right]$$

　　MF(motivational force): 동기의 강도
　　V(valence): 결과에 부여하는 가치
　　P(probability): 행동이 결과를 가져온다는 기대
　　i: 행동 i
　　j: 결과 j

위의 수식을 단순화하면 다음과 같이 된다.

동기의 강도 $= f\left[\sum(\text{결과의 가치} \times \text{행동에 거는 기대})\right]$

이를 더 단순화하여 다른 말로 표현해 볼 수도 있다. 즉, 〔동기의 크기＝욕구×기대〕라고 설명하면 훨씬 이해하기 쉽다.

(2) 기대이론에 대한 평가   기대이론은 전통적 동기이론의 설명력을 높이는 데 크게 기여하였다. 전통적 동기이론은 조직이 원하는 직무수행과 개인적 욕구의 대상은 서로 다른 것으로 보고 동기는 교환적·외재적으로 유발시키는 것이라고 믿었기 때문에 기대이론의 공헌이 클 수 있었다는 것이다. 예컨대 돈을 벌고 싶은 욕구가 바로 일을 열심히 하려는 동기가 될 수는 없다. 일을 열심히 하면 돈을 많이 줄 것이라는 기대가 있어야 돈을 벌고 싶은 욕구가 일을 열심히 하려는 동기로 전환된다.

그러나 성장이론의 등장과 더불어 기대이론의 설명력은 크게 약화되었다. 성장이론에서는 사람의 욕구 가운데서 일(직무수행)을 통한 자기실현의 욕구를 가장 중요시한다. 그리고 조직목표와 개인목표의 통합가능성·동기유발의 내재성을 기본전제로 한다. 따라서 일을 하는 데 대한 외재적 보상이 지니는 의미를 현저히 축소시킨다. 일을 할 수 있고 일을 열심히 한다는 것 자체가 보람이며 가장 큰 보상이기 때문이다.

그리고 사람들이 실제로 행동을 할 때에 언제나 일거수 일투족을 기대에 비추어 타산하는 것은 아니라고 주장하면서 기대이론을 비판하는 사람들도 있다. 기대이론의 이론구조가 복잡하기 때문에 경험적 조사연구에서 관련변수와 그 상호 관계를 모두 측정하여 검증하기 어렵다는 난점을 지적하는 사람들도 있다.

(3) 기대이론의 예   기대이론의 범주에 포함되는 이론 가운데 세 가지를 다음에 소개하려 한다.

① Vroom의 선호-기대이론   Victor H. Vroom의 선호－기대이론(選好－期待理論: preference-expectation theory)은 전형적인 기대이론의 예로 널리 소개되고 있다.[18]

Vroom은 사람들이 어떤 행동방향에서 나올 것으로 생각되는 결과에 대해 가치를 부여한다고 보았다. 그리고 사람들이 달성하기를 희망하는 결과(목표)뿐

만 아니라 그러한 결과를 가져오는 데 자신의 행동이 수단적이라고 믿는 것도
또한 동기유발에 영향을 미친다고 가정하였다.

　이러한 관점에 입각하여 일정한 행동을 하려는 한 사람의 정신적인 힘(동
기)은 그 행동이 가져올 가능성이 있는 모든 결과에 부여하는 가중치(효용)와 그
러한 결과의 달성에 해당 행동이 가질 것으로 지각되는 유용성을 곱한 것에 달
려 있다고 설명하였다. 그리고 직무수행의 수준은 동기유발과 능력을 곱한 것에
달려 있다고 하였다.

　② Porter와 Lawler, III의 성과-만족이론　　Lyman W. Porter와 Edward E.
Lawler, Ⅲ의 　성과－만족이론(成果－滿足理論:업적－만족이론:performance－satisfaction
theory)은 정통적인 기대이론을 수정·발전시켰다는 평가를 받고 있다. 그들은 만족
이 직무성취의 성과를 가져오는 것이 아니라 직무성취의 수준이 직무만족의 원인
이 될 수 있다는 관점에 입각해 기대이론을 정립하였다. 그들은 외재적 동기유발뿐
만 아니라 내재적 동기유발도 포용하는 기대이론을 개발하려 노력하였다.[19]

　Porter와 Lawler, Ⅲ의 이론은 다음과 같이 요약할 수 있다.

　직무성취(성과)와 거기에 결부된 보상에 부여하는 가치, 그리고 어떤 노력
이 보상을 가져다줄 것이라는 기대가 직무수행노력을 좌우한다. 노력을 통한 직
무성취는 개인에게 만족을 줄 수 있는데, 직무성취가 만족을 주는 힘은 거기에
결부되는 내재적 및 외재적 보상에 따라 강화된다. 이때에 보상은 공평한 것이
라고 지각되는 것이라야 한다.

　③ Georgopoulos 등의 통로-목표이론　　Basil S. Georgopoulos, Gerald M.
Mahoney, 그리고 Nyle W. Jones, Jr.는 생산업체에 종사하는 노동자들의 생산성
예측을 위한 조사연구를 하면서, 생산성에 영향을 미치는 개인의 심리적 요인을
설명하기 위해 통로－목표이론(通路－目標理論: path－goal approach to productivity)
을 만들었다.[20]

　그들이 설정한 전제는 ⅰ) 작업상황에 처한 노동자들은 일정한 목표를 공
통적으로 가진다는 것, ⅱ) 그와 같은 목표의 성취는 그에 관련된 욕구를 충족
시킨다는 것, 그리고 ⅲ) 사람의 행동은 어느 정도(부분적으로) 합리적 타산 내지
목표지향적인 의사결정의 산물(기능)이라는 것이다.

　이러한 전제 하에 일정한 생산활동을 하려는 개인의 동기는 ⅰ) 그가 추구
하려는 목표에 반영되어 있는 개인의 욕구와 ⅱ) 그러한 목표달성에 이르는 수

단 또는 통로로서 생산성제고행동(productivity behavior)이 갖는 상대적 유용성(효용성)에 대한 개인의 지각에 달려 있다고 설명하였다. 개인적 목표에 이르는 통로로서 생산성이 갖는 수단성 내지 효용성에 대한 노동자의 지각은 행동을 결정하는 독립변수라고 보았다.

2) 형평이론

(1) 형평이론의 요지   처우(處遇)의 형평성에 대한 사람들의 지각과 신념이 직무행태에 영향을 미친다고 설명하는 동기이론들을 집합적으로 형평이론(衡平理論: 공정성이론; 공평성이론; 사회적 교환이론: equity theory)이라고 부른다.c)

형평이론의 요지는 ⅰ) 사람들은 직무수행에 대한 자기의 기여에 부합되는 공정하고 형평성 있는 보상이 무엇인가에 관한 신념을 형성하게 된다는 것, ⅱ) 사람들은 자기의 기여비율과 자기가 받는 보상을 다른 사람들의 그것과 비교하는 경향이 있다는 것, 그리고 ⅲ) 다른 사람들의 경우와 비교하여 자기 자신에 대한 처우가 공평치 못하다고 믿게 되면 그것을 시정하기 위해 무엇인가를 하려는 동기를 유발하게 된다는 것이다.

위와 같은 형평이론의 가정은 대개 보수제도의 종류에 따른 반응유형에 관련하여 설명된다. 처우의 불공평성에 대한 반응을 보수유형별로 다음과 같이 설명한다.

첫째, 시간급제(時間給制: hourly pay plan) 또는 월급제 아래서 초과보수(너무 많은 보수)를 받았다고 생각하는 사람은 투입을 늘려 더 많이 생산하려 할 것이다. 둘째, 도급제(都給制: piece rate plan) 아래서 초과보수를 받았다고 생각하는 사람은 생산량은 줄이고 그 질은 높이려 할 것이다. 셋째, 시간급제 또는 월급제 아래서 비교적 낮은 보수를 받았다고 생각하는 사람은 생산을 줄이려고 할 것이다. 넷째, 도급제 아래서 비교적 낮은 보수를 받았다고 생각하는 사람은 생산량을 늘리면서 그 질은 낮추려 할 것이다.

투입이나 소득을 바꿀 수 없으면 그 비율에 대한 지각을 바꿀 수 있다. 그리고 비교의 준거가 되었던 준거인을 바꿀 수도 있다. 불공평한 사실도 바꿀 수 없고 그에 대한 지각을 바꿀 수도 없을 때에 사람들은 욕구좌절에서 오는 여러 가지 증상을 보이게 된다.

(2) 형평이론에 대한 평가   사람들은 소득·보상이 최대로 될 가능성이 있는(그러한 기대가 있는) 직무수행수준을 선택하게 된다고 설명하는 것이 기대이론

---

c) 형평이론을 말하는 논자에 따라 그 이론구조가 조금씩 다를 수 있는데 여기서는 J. S. Adams의 이론을 주축으로 형평이론의 내용을 요약하려 한다. Adams, "Inequity in Social Exchange," in L. Berkowitz(ed.), *Advances in Experimental Psychology*(Academic Press, 1965).

의 논리이다. 그런가 하면 형평이론의 논리는 사람들이 준거인 또는 어떤 내적 기준에 비추어 공평한 직무수행수준을 택하게 된다고 설명하는 것이다.

형평이론은 현대인의 형평관념에 맞는 공평한 보수제도의 중요성을 일깨운 이론이며, 그 점에서 실용적 가치를 인정받아야 할 것이다.

그러나 주로 실험실적 연구에 바탕을 두고 있는 형평이론의 구체적인 내용이 조직생활의 실제에 그대로 적실할 수 있느냐에 대해서는 많은 의문이 제기되고 있다. 그러한 의문은 시정행동을 하려는 동기의 유발에 대한 의문이다. 낮은 보수 때문에 불만인 사람은 사임할 수도 있으며 너무 많은 보수를 받는 사람은 비교의 준거인을 바꿀 수도 있다.

3) 학습이론

(1) 학습과 학습이론   동기유발에 관한 학습이론(學習理論: learning theory)은 학습이라는 과정을 통해 동기가 유발되는 현상을 기술하고 그에 대해 처방하는 것이다. 여기서 논의하는 학습이론은 개인적 학습에 관한 이론이다. 이것은 조직이 하나의 체제로서 그 기본적 과정을 통해 지식을 축적하고 과오를 시정해 가는 조직학습(organizational learning)과 구별된다.

학습이론에서 일반적으로 말하는 학습(learning)이란 경험의 결과 행동에 비교적 항구적인(지속적인) 변화가 일어나는 과정을 지칭한다. 학습의 주요 속성은 ⅰ) 변화의 과정이라는 것, ⅱ) 학습을 통한 행동변화 또는 정신적 과정의 변화는 상당히 지속적이라는 것, ⅲ) 학습을 통한 변화는 행동으로 나타난다는 것, 그리고 ⅳ) 학습은 경험을 통해 일어난다는 것이다.

(2) 학습이론의 유형   학습이라는 개념을 사용하여 태도변화 · 행동유발을 설명하는 이론의 범주는 여러 갈래의 접근방법들을 포괄한다. 중요한 분파의 예로 ⅰ) 고전적 조건화이론(고전이론), ⅱ) 수단적 조건화이론, ⅲ) 조작적 조건화이론, ⅳ) 잠재적 학습이론, ⅴ) 인식론적 학습이론, ⅵ) 사회적 학습이론, ⅶ) 귀납적 학습이론을 들 수 있다.[21]

고전적 조건화이론(classical conditioning theory)은 연상작용을 통한 학습의 일종을 대상으로 한다. 고전적 조건화의 과정은 조건화된 자극을 제시하여 조건화된 반응을 이끌어 내는 것이다.[d]

---

d) 고전적 조건화이론은 Ivan Petrovich Pavlov가 개척한 것이다. Pavlov, *Conditioned Reflexes*

수단적 조건화이론(instrumental conditioning theory)은 강화요인(바람직한 결과: reinforcer)의 획득이 어떤 행태적 반응에 달려 있을 때 사람들은 강화요인의 획득을 위해 행태적 반응을 보이게 된다고 설명한다. 학습도 그러한 과정을 통해 이루어진다고 한다. 이러한 관계를 설명하는 것이 효과의 법칙(law of effect)이다. 행태적 반응의 결과로 주어지는 자극이 강화요인인가 아니면 처벌인가에 따라서 행태적 반응이 달라진다는 것이 효과의 법칙이다.e)

잠재적 학습이론(latent learning theory)은 강화라는 인위적 조작이 없이도 학습은 일어나지만 그것은 잠재적인 학습이 된다고 설명한다. 잠재적 학습은 어떤 목적이 도입될 때 행동(업무수행)으로 전환된다고 한다. 학습에는 강화작용이 필요없지만 행동야기에는 강화작용이 필요하다는 것이다.

조작적 조건화이론(operant conditioning theory)은 행동의 결과를 조건화함으로써 행태적 반응(responses; operants)을 유발하는 과정을 설명한다.f)

인식론적 학습이론(cognitive learning theory)은 어떤 사건과 개인적 목표 그리고 기대 사이의 관계를 생각함으로써 학습하는 과정을 설명한다. 이것은 사람이 어떻게 생각하며 왜 행동하는가라는 심리적 과정에 관심을 갖는다. 대부분의 학습이론이 인간의 관찰가능한 행동에 초점을 맞추는 데 비해 인식론적 학습이론들은 인간의 정신적 과정을 중요시하는 관점(cognitivism)에 입각해 있다. 기대이론이나 형평이론은 인식론적 학습이론의 범주에 포함시켜 설명할 수도 있다.

사회적 학습이론(social learning theory)은 인간과 그의 행동 그리고 환경이 서로 교호작용하는 과정에서 학습이 진행된다고 설명한다. 이 이론은 행동을 결정하는 데 외적 선행자극이나 결과로서의 자극뿐만 아니라 내면적 욕구, 만족, 기대도 함께 영향을 미친다고 주장한다. 사회적 학습이론은 환경결정론과 자기결정론(주체적 결정론)을 결합시키고 조작적 조건화를 통한 학습과 인식론적 학습을 결합시키려 한다.

귀납적 학습이론(inductive learning theory)은 직접적인 설명·지시가 없어도 어떤 대상의 구조와 규칙을 학습할 수 있다는 것을 설명한다. 그러한 학습은 불확실한 추론을 내포한다. 설명서를 보지 않고 전자제품을 작동시키는 행동에서 귀납적 학습을 흔히 관찰할 수 있다.

다양한 학습이론들 가운데서 조직연구인들이 가장 큰 관심을 가져온 것은 조작적 조건화이론이다. 저자도 조작적 조건화이론을 학습이론 설명의 준거로 삼으려 한다.

(Oxford University Press, 1927).

e) 수단적 조건화이론의 개척자는 Edward L. Thorndike라고 한다. 여기서 말하는 효과의 법칙은 Thorndike가 사용한 개념이다. Thorndike, *Animal Intelligence*(Macmillan, 1911).

f) 조작적 조건화이론의 개척자는 B. F. Skinner라고 한다. Skinner, *The Behavior of Organisms* (Appleton-Century-Crofts, 1938), *Walden Two*(Macmillan, 1948).

　(3) 조작적 조건화이론　　조작적 조건화이론(操作的 條件化理論)은 인간의 내면적·심리적 과정보다 행동변화에 초점을 맞추는 행태주의적 학습이론이다. 조작적 조건화이론은 사람들이 욕구, 신념, 태도, 가치 등을 가지고 있다는 사실을 부인하지는 않지만 인간행동의 설명에 그러한 개념들을 동원하지 않는다.

　조작적 조건화이론은 관찰가능한 인간의 행동 그 자체에 초점을 맞춘다. 특히 학습된 행동에 관심을 집중한다. 그리고 행동의 결과인 외적 자극을 중요시한다. 이러한 관점에 입각하여 외적 자극을 받아 학습이 일어나는 과정을 설명한다.

　조작적 조건화이론에서 길들이기 또는 시행착오적 학습이라고 하는 것은 행동에 따르는 결과로 인하여 유발되는 학습된 행동의 가능성 또는 빈도를 바꾸는 과정을 말한다. 자발적 반응에 따르는 결과가 긍정적이면 반응이 강화되고 부정적이면 반응이 약화되는 과정이 학습이다.

　조작적 조건화이론은 ⅰ) 행동에 선행하는 환경적 자극(업무상황의 요구), ⅱ) 그에 반응하는 행동, ⅲ) 행동에 결부되는 결과로서의 유인기제 등 세 가지 변수의 연쇄적인 관계를 설명하고 바람직한 행동을 학습시킬 수 있는 유인기제 활용의 전략을 처방하는 이론구조를 가지고 있다.

　① 선행자극　　행동에 선행하는 자극(stimulus or antecedent)은 인간의 감각으로 지각할 수 있고 거기에 반응행동이 따르게 되는 환경적 조건을 말한다. 그 예로 직무수행요건, 직무수행명령을 들 수 있다.

　② 반응행동　　반응행동(response)은 환경적 자극에 반응하는 관찰가능한 행동을 지칭하는 것이다. 반응행동에는 선행자극의 요구에 순응하는 것도 있고 그렇지 않은 것도 있다.

　③ 행동의 결과　　행동의 결과(consequence)는 반응행동에 뒤따르는, 또는 그에 결부하여 제공되는 환경적 사건이며 다음에 이어지는 행동의 유인기제가 되는 것이다. 행동결과로서의 유인기제는 그 성격에 따라 선행자극과 반응행동의 연계를 강화하기도 하고 약화시키기도 한다.

　행동의 결과 또는 유인기제는 ⅰ) 강화, ⅱ) 처벌, ⅲ) 중단 등 세 가지이다. 학습이론은 선행자극과 반응행동의 연계를 강화하려면 ⅰ) 적극적 강화, 또는 ⅱ) 소극적 강화를 하도록 처방한다. 그리고 선행자극과 반응행동 사이의 연계를 약화시키려면 ⅰ) 중단이나 ⅱ) 처벌을 하도록 처방한다.

강화(reinforcement)는 장래에 같은 행동이 되풀이될 확률을 높이는 유인기제이다. 강화는 다시 적극적 강화와 소극적 강화로 나누어진다. 전자는 행동자가 원하는 조건을 제공하는 것이고, 후자는 행동자가 싫어하는 조건을 제거해 주는 것이다.

처벌(punishment)은 어떤 행동에 결부하여 싫은 조건을 제시하거나 바람직한 조건을 제거함으로써 같은 행동이 다시 야기될 확률을 낮추는 유인기제이다. 처벌은 D. M. McGregor가 말한 '뜨거운 난로의 법칙'(hot stove rule)에 따라야 한다고 처방한다. 즉, 처벌이 효과적이기 위해서는 그것이 행동에 결부되어야 하며, 즉각적으로 충분히 강력하게, 일관성 있고, 비개인적이며(사람에 따라 차별하지 않으며), 정보를 전달하는 방법으로 시행되어야 한다는 것이다.

중단(extinction)은 계속되던 유인기제의 제공을 중단 또는 종식시키는 것으로서 중립적 자극이라고도 부른다.

(4) 학습이론에 대한 평가   학습이론과 기대이론은 보상 또는 강화요인을 직무수행에 결부시킨다는 점에서 서로 유사하다. 그러나 기대이론은 행동의 원인을 인간의 내면적 신념과 태도에서 찾는 반면, 학습이론은 선행적 자극과 행동의 외적 결과에서 행동의 원인을 찾는다. 기대이론은 기대와 같은 '사람 마음 속의 확률'에 관심을 갖는 반면, 학습이론은 원칙적으로 관찰 가능한 '행동의 확률'에 관심을 갖는다.

학습이론은 보상과 제재를 직무수행에 결부시켜야 직무수행을 효율화할 수 있다는 교훈을 관리자들에게 주는 것이다. 그러나 학습이론의 처방들은 사람들 사이의 차이 그리고 인간행동의 복잡성을 간과한 것이라는 비판을 받고 있다. 그리고 외재적 유인만을 강조하고 직무 자체로부터 동기가 유발될 수도 있다는 사실을 간과한다는 비판도 있다. 학습이론은 실험실적 조사연구와 동물실험에 바탕을 둔 것이어서 실생활에서의 효용은 의심스럽다고 주장하는 사람들도 있다.

4) 내재적 동기유발에 관한 이론

성장이론(자기실현적 인간모형)은 동기유발의 내재성을 가정한다. 이러한 가정을 받아들이는 과정이론들은 내재적 동기유발과정을 설명한다. 내재적 동기유발(intrinsic motivation)의 과정을 설명하는 이론의 예로 인식론적 평가이론과 직무특성이론을 들 수 있다.[22]

(1) 인식론적 평가이론   인식론적 평가이론(認識論的 評價理論: cognitive evaluation theory)은 인간이 스스로 직무수행동기를 유발할 수 있다는 가정을 기초로 하고 있다. 이 이론은 인간은 유능하고 자기 인생을 스스로 통제할 수 있

다는 느낌을 가지려는 욕구를 지녔으며, 어떤 직무수행이 그러한 욕구를 충족시킬 수 있으면 직무수행동기를 내재적으로 유발할 수 있다고 주장한다. 그러한 조건 하에서 사람들은 오직 직무 자체가 제공하는 개인적 즐거움 때문에 직무를 수행한다고 한다. 이런 경우 외재적 보상의 제공은 전체적인 동기수준을 오히려 떨어뜨린다고 한다.

(2) **직무특성이론**　　직무특성이론(職務特性理論: job characteristics theory)은 환경적 요인과 개인적 요인을 결합하여 동기유발과정을 설명한다. 여기서 환경적·외재적 요인이란 직무요인을 말한다. 개인적 요인 또는 내재적 요인은 성장욕구이다. 직무특성이론은 잘 설계된 직무가 동기를 유발하는데, 동기유발과정에 성장욕구가 개입한다고 설명한다.

5) 통합적 과정이론의 탐색

여러 가지로 분화된 과정이론들을 통합하여 포괄성이 높은 이론을 개발하는 것은 동기유발과정 연구인들의 갈망이다.

그러한 갈망을 이루어 보려는 노력이 여러 갈래로 진행되어 왔다. 세 가지 방면의 노력으로 이를 범주화해 볼 수 있다. 세 가지 범주란 ⅰ) 새로운 패러다임 또는 모형을 개척하는 접근방법, ⅱ) 수렴화를 도모하는 접근방법, 그리고 ⅲ) 융합을 도모하는 접근방법을 말한다.23)

(1) **새로운 패러다임 개척**　　새로운 패러다임을 개척하는 접근방법(new paradigm approach)은 기존의 동기이론에서가 아니라 심리학의 다른 여러 분야에서 개념과 이론들을 빌려 새로운 포괄적 이론을 개발하려 한다.

(2) **수　　렴**　　수렴화를 도모하는 접근방법(converging operations approach)은 서로 다른 이론들의 경쟁적·상충적 주장과 예측을 비교하고 각 이론의 경계적 조건을 분명히 함으로써 이론들 사이의 일관성과 상호 보완성을 발견하려는 접근방법이다. 이 접근방법은 서로의 주장에 일관성이 없는 것으로 알려진 이론들을 분석해서 일관성을 수렴해 내려는 것이다.

(3) **융　　합**　　융합을 도모하는 접근방법(amalgamation approach)은 이론들을 수렴하는 노력에서 한 걸음 더 나아가 기존 동기이론들의 구성을 결합시켜 이론의 타당성을 높이려고 한다. 이러한 노력은 주요 동기이론들의 관점들을 포용하는 일종의 상위이론(meta-theory)을 개발하려는 것이다.

Ⅲ. 동기유발 프로그램: 사기앙양책

정부조직의 관리자들은 공무원들의 직무수행동기(사기)에 깊은 관심을 가지고 이를 개선하도록 노력해야 한다. 이러한 필요에 대응하여 현대 인사행정은 동기유발을 위해 지속적으로 작동할 수 있는 장치 또는 프로그램을 발전시키고 있다. 그러한 프로그램을 흔히 '사기앙양책' 또는 '사기제고방안'이라 부르고 있다.

1. 동기유발 프로그램의 종류

인사행정의 각 국면과 정부 내외의 관련요인들은 모두 공무원의 동기유발에 직접 또는 간접의 영향을 미친다. 따라서 구체적인 동기유발 관련활동들을 빠짐없이 열거하기는 어렵다. 여기서는 인사행정학에서 특별히 강조하는 동기유발 프로그램에 주의를 한정하려 한다.

동기유발 프로그램들은 ⅰ) 적극적 보상을 제공하여 바람직한 행동을 강화하려는 것, ⅱ) 개인적인 문제를 해결하거나 완화해 주려는 것, ⅲ) 단체활동을 촉진하려는 것, ⅳ) 참여관리를 촉진하려는 것, ⅴ) 직무와 업무계획을 개선하려는 것, ⅵ) 보다 종합적으로 직업생활의 질을 향상시키려는 것, ⅶ) 정신건강을 포함한 인간의 건강과 능력을 향상시키려는 것, ⅷ) 태도조사를 해서 사기제고의 효과를 얻으려는 것 등 여덟 가지 범주에 나누어 배치할 수 있을 것 같다.

(1) 적극적 강화   적극적 강화프로그램(positive reinforcement program)은 학습이론에 바탕을 둔 행동수정프로그램(behavior modification program)이다. 이것은 금전적 보상, 서훈(敍勳) 등 적극적 보상을 행함으로써 조직구성원들의 동기를 유발하려는 방법이다. 이 방법은 외재적 유인(소극적·제재적이 아닌 적극적 유인)의 활용을 강조한다.

적극적 강화에 활용되는 상훈제도는 공무원으로서 탁월한 직무수행을 하거나 사회에 공헌한 공적이 현저한 사람에게 훈장·포장을 수여하거나 표창을 행하는 제도이다. 금전적 부상(副賞)이 따르는 경우도 있으나 상훈제도의 주된 목적은 비금전적 영예의 부여로 탁월한 직무수행과 모범적인 생활에 대한 동기를 강화하려는 것이다.

(2) 개인적 문제의 해결   조직구성원들의 개인적 문제나 불만을 해결 또는

완화하는 데 조력함으로써 동기를 유발하려는 활동 중에서 대표적인 것은 인사상담과 고충처리이다.

① 인사상담　　인사상담(employee counseling)은 욕구불만·갈등·정서적 혼란 등 부적응문제를 가진 조직구성원들이 스스로 문제를 해결하는 데 협조하기 위한 개인적 면담의 절차이다. 인사상담에서 다루는 사적 내지 개인적 문제의 출처에 대해서는 특별한 제한을 두지 않는다. 조직생활에 관련된 문제뿐만 아니라 그 밖의 문제들도 상담의 대상이 될 수 있다.

② 고충처리　　고충처리(adjustment of grievances)는 조직구성원들이 조직생활에 관련하여 제기하는 고충을 심사하고 그 해결책을 강구하는 절차이다. 고충처리절차에서 다루는 고충은 인사문제 등 조직생활에서 생기는 문제에 국한하는 것이 원칙이다.

(3) 공무원노동조합　　공무원노동조합은 근무조건의 유지·개선을 위해 공무원들이 조직하는 단체이다. 공무원노동조합은 조직구성원인 공무원의 복지증진과 동기강화, 나아가서는 행정발전에 기여하는 하나의 수단이 될 수 있다. 공무원노조는 제 3 장 제 3 절에서 설명하였다.

(4) 참여관리　　의사결정과정에 대한 조직구성원들의 참여기회를 확대하는 참여관리(participative management)는 의사결정의 질을 높이고 의사결정에 대한 참여자들의 승복을 쉽게 할 뿐만 아니라 조직구성원들의 동기유발에 기여한다.

참여관리를 촉진하여 사기를 높이려는 프로그램에는 제안제도·목표관리·품질개선집단·생산성협상 등이 있다. 공무원노조도 참여관리에 기여할 수 있다. 이 밖에도 의사전달통로의 개방화를 촉진하고, 협동적인 의사결정을 촉진하는 모든 활동이 참여관리의 발전에 기여할 수 있다.

① 제안제도　　제안제도(suggestion system)는 조직운영이나 업무개선에 관한 조직구성원들의 창의적인 의견과 고안을 장려하고, 그것을 제안받아 심사하여 채택하고 제안자에게 보상을 주는 제도이다.

② 목표관리　　목표관리는 참여의 과정을 통해 개인 또는 조직단위의 단기적인 생산활동목표를 명확하고 체계 있게 설정하고, 그에 따라 생산활동을 수행하도록 하며, 활동의 결과를 평가·환류시키는 관리방법이다. 이에 관해서는 제 5 장 제 3 절에서 설명하였다.

③ 품질개선집단　　품질개선집단(품질관리 서클: quality circle; quality control circle; quality teams)은 생산활동의 질을 향상시키는 데 기여하기 위해 직원들이 자발적으로 작은 집단을 구성하여 문제를 진단·분석하고, 해결방안을 탐색하여 관리층에 제안하고, 승인된 제안을 집행하는 참여형 문제해결집단이다. 10명 내외의 소규모집단, 자발적 참여, 정기적 집회, 업무품질에 관한 문제의 원인분석·해결방안 제시·시정행동이 품질개선집단의 주요 특성이다.

④ 생산성협상   생산성협상(productivity bargaining)은 생산성향상과 근로자의 호혜적 소득증대를 위하여 노사협상의 과정을 통해 업무수행규칙과 절차 등의 변경을 결정하고 집행하는 프로그램이다.

(5) 직무·업무계획의 개선   여기에 포함되는 사기제고사업으로는 직무확장, 직무풍요화, 탄력근무제, 압축근무제, 집단적 협동, 순환보직을 들 수 있다.g)

① 직무확장   직무확장은 어떤 직위의 기존직무에 수평적으로 연관된 직무요소 또는 기능들을 첨가하는 수평적 직무부가의 방법이다.

② 직무풍요화   직무풍요화는 직무를 맡는 사람의 책임성과 자율성을 높이고, 직무수행에 관한 환류가 원활히 이루어지도록 직무를 개편하는 것이다. 수직적으로 연관된 직무들을 책임이 더 큰 하나의 직무로 묶어 보다 유의미한 직무로 만드는 직무개편이다.

③ 탄력근무제   탄력근무제는 기본근무시간의 범위 내에서 근무시간계획의 자율성을 어느 정도 보장하는 방법이다.

④ 압축근무제   압축근무제는 근무일에 더 오래 일하고 그 대신 쉬는 날을 늘릴 수 있게 하는 방법이다.

⑤ 집단적 협동   집단적 협동(team efforts)은 개별적으로 일하던 사람들이 집단을 형성하여 협동적 노력을 하게 하는 방법이다.

⑥ 순환보직   순환보직은 직원을 여러 직위에 순환배치함으로써 심리적 정체감·부적응 등의 문제를 해결하는 방법이다.

(6) 직업생활의 질 개선 프로그램   근래 동기유발을 위한 여러 방안들을 복합한 종합적 프로그램들이 개발되고 있다. 그 대표적인 예가 직업생활의 질 개

---

g) 바람직한 업무체제를 설명할 때 '지속가능한 업무체제'(sustainable work system)라는 개념을 사용하기도 한다. 지속가능한 업무체제란 인간능력을 재생·발전시키고, 직업생활의 질과 경쟁적 업무성취의 균형화를 촉진하고, 학습과 개혁과정을 지속시키고, 조직구성원의 장기적인 고용가능성을 높이는 체제를 말한다.

선프로그램(근로생활의 질을 향상시키려는 프로그램: quality of work life; quality of work life projects: QWL)이다. 이 프로그램은 모든 조직구성원들의 인간적 존엄성을 보호하고 향상시킬 수 있는 조건을 형성하려는 포괄적인 프로그램이다. 이 프로그램은 개인의 필요와 조직의 목표를 결합시켜 통합하려는 원리를 추구하며, 직무재설계·참여관리·팀 발전·작업환경개선 등 여러 가지 방법을 복합적으로 동원한다.h)

(7) 건강증진과 능력신장　　인간의 육체적·정신적 건강을 증진시키고 대인관계와 직무수행에 관한 능력을 향상시켜 사기저해요인을 제거하려는 활동은 대단히 많다. 신체적격성 향상을 위한 프로그램(physical fitness program), 태도변화 훈련을 포함한 교육훈련사업, 정신의학적 진단과 치료를 예로 들 수 있다. 스트레스의 관리도 심신의 건강증진책에 포함된다.

　　건강증진 프로그램도 종합화되어가는 경향을 보이고 있다. 근래 주목을 끌어 온 직원건강 프로그램(employee wellness programs or employee assistance programs: EAPs)은 직원들의 건강한 생활습관을 길러 심신의 건강을 유지·증진시키려는 종합적 건강증진 프로그램이다. 이 프로그램에는 진단·치료·재활을 지원하는 활동도 포함되지만, 프로그램의 역점은 예방의학적 활동에 있다. 예방의학적 활동이란 운동, 건강한 식생활, 스트레스 감소 등을 통해 건강악화를 예방하려는 활동이다.24)

(8) 사기조사　　사기수준을 알아보기 위한 태도조사는 직원들에 대한 관리층의 관심표명수단이기도 하기 때문에 조사 그 자체로서 동기유발의 효과를 낼 수 있다.

위에서 본 여러 가지 사기앙양 방안들 가운데서 인사상담, 고충처리, 제안제도, 그리고 건강증진 프로그램에 포함되는 스트레스 관리에 대해서는 설명을 추가하려 한다.

---

h) Richard E. Walton은 직업생활의 질을 평가하는 여덟 가지 기준을 제시한 바 있다. 여덟 가지 기준이란 ① 적절하고 공평한 보수, ② 안전하고 건강한 작업조건, ③ 인간능력을 발휘하고 발전시킬 수 있는 완결도 높은 직무, ④ 직업적 안정과 지속적 발전의 기회, ⑤ 직장 내 사회적 통합과 공동체의식, ⑥ 헌법적 권리 보장, ⑦ 조직 내외 생활의 균형, 그리고 ⑧ 사회적 책임을 다하는 조직활동을 말한다. Walton, "Criteria for Quality of Working Life," in Louis E. Davis and Albert B. Cherns(eds.), *The Quality of Working Life*(Free Press, 1975). pp. 91~104.

2. 인사상담·고충처리·제안제도·스트레스 관리

1) 인사상담

인사상담(人事相談)은 욕구불만·갈등·정서적 혼란 등 부적응문제를 가진 조직구성원(내담자: 來談者: client)이 스스로 문제를 해결하는 데 상담자(counselor)가 협조(심리적 지원)하기 위한 면접의 절차이다. 조직구성원들이 개인적인 문제의 해결에 필요한 정보를 얻을 수 있거나 혹은 보복의 위협을 받지 않고 자유롭게 감정을 표출시킬 수 있으면, 그들의 부적응문제를 해소하는 데 도움이 된다는 가정 하에 개발한 것이 인사상담이다.

우리 정부에서는 인사상담제도를 고충처리제도에 포함시켜 운영하고 있다.

인사상담의 직접적인 기능 또는 역할은 ⅰ) 문제해결에 대한 조언, ⅱ) 안도감의 부여, ⅲ) 의사전달의 촉진, ⅳ) 정서적 긴장의 발산, ⅴ) 사고(思考)의 명료화, ⅵ) 가치관과 목표를 변화시키는 지향전환(志向轉換: reorientation)으로 요약할 수 있다.[i]

인사상담의 방법은 ⅰ) 지정적 상담, ⅱ) 비지정적 상담, ⅲ) 절충식 상담 등 세 가지로 나누어 볼 수 있다. 지정적 상담에서는 상담자가 주도적으로 진단·치료처방을 한다. 비지정적 상담에서는 상담자가 내담자의 말을 주로 듣는 소극적 역할을 하게 된다.[25]

2) 고충처리

고충처리(苦衷處理)는 직장생활에 관련하여 조직구성원들이 제기하는 고충을 심사하고 그 해결책을 찾는 활동이다. 일반적으로 고충처리에서 대상으로 삼는 고충(grievance)은 스스로 통제할 수 없는 근무조건이나 기타의 직장생활관계에 대해 조직구성원이 표시하는 불만이다. 고충은 표시된 불만이다. 고충처리의 대상이 되는 불만은 직장생활에 관한 것이며, 불공평·부당하다거나 억울하다고 생각하는 데서 나오는 것이다.

3) 제안제도

제안제도(提案制度)는 조직이 그 구성원으로부터 조직운영이나 업무의 개선

---

[i] 지향전환은 상담받는 사람이 자기의 기본적 목표와 가치관을 바꾸도록 하는 것이다. 비관적 자아인식, 왜곡된 사고, 역기능적 사고를 현실적이고 낙관적인 사고로 재적응시키는 것이다.

에 관한 창의적인 의견 또는 고안을 제안받아 심사하여 채택하고 제안자에게 보상하는 제도이다. 제안제도는 조직의 업무개선과 더불어 조직구성원들의 사기제고를 도모하려는 장치이다.

인사행정에서 따로 논의하는 제안제도는 상향적 의사전달의 한 통로로 특별히 입안한 제도이다. 체계화된 방법과 절차에 따라 제안을 처리하는 공식적 제도를 제안제도라 한다.

우리 정부에서는 제안의 종류를 세 가지로 나누고 있다. 첫째, 아이디어제안은 제안자가 자기 또는 다른 공무원의 업무에 대한 개선아이디어를 제출하는 제안이다. 둘째, 실시제안은 제안자가 개선아이디어를 담당업무에 적용한 결과 종전보다 나은 성과가 있는 경우에 제출하는 제안이다. 셋째, 공모제안은 중앙행정기관의 장이 과제를 지정하여 공개적으로 모집하는 경우에 제출하는 제안이다. 채택된 제안들 가운데서 다시 자체우수제안과 중앙우수제안을 선정한다.

제안이 관리되는 과정은 세 가지 단계로 크게 나누어 볼 수 있다. 세 가지 단계는 ⅰ) 제안의 접수, ⅱ) 제안의 심사, ⅲ) 채택된 제안의 실시와 보상이다. 제안이 채택된 경우에는 제안자에게 보상을 제공한다. 우리 정부에서 실시하는 보상의 종류는 제안등급에 따른 포상과 부상금, 상여금, 그리고 특별승진·특별승급 등 인사 상의 특전이다.

4) 스트레스 관리

(1) **스트레스와 스트레스 관리**　　직업생활에서 겪게 되는 스트레스(job stress or work-related stress)는 해가 될 수 있거나 위협적인 행동, 사건, 상황 등 자극요인들에 대한 사람들의 반응이다. 스트레스는 개인이 극복하기 어려운, 예사롭지 않은(unusual) 요구를 받았을 때 나타나는 흥분, 불안감, 긴장 등의 정신적·육체적 반응이다. 스트레스를 유발하는 외적 자극(요구)을 스트레스 유발요인(stressor)이라 한다.j)

이러한 개념정의는 부정적 스트레스(negative stress or distress)를 준거로 삼은 것이다. 생활에 활력을 주는 긍정적 스트레스(eustress)도 넓은 의미의 스트레스에 포함시킬 때가 있다. 그러나 긍정적 스트레스는 스트레스 관리의 대상에서

---

j) 심리학에서 넓은 의미로 정의할 때는 스트레스를 어떤 자극에 대한 인간의 반응이라고 한다. 그러나 조직연구인들이 널리 채택하는 스트레스의 정의에서는 사람들이 반응하는 자극을 도전적이거나 위협적인 사건에 한정한다.

원칙적으로 제외된다.[26)]

스트레스 관리는 부정적 스트레스를 예방 또는 해소하려는 활동이다.

(2) 스트레스 유발요인   스트레스를 유발하는 구체적 요인(원인)은 수없이 많겠지만 이를 세 가지로 크게 범주화해 볼 수 있다.

① 업무요인   담당업무에서 비롯되는 요인으로는 역할모호성, 역할갈등, 윤리적 딜레마, 작업장의 물리적 조건, 업무과다 또는 업무과소 등을 들 수 있다.

② 대인관계적 요인   대인관계에서 비롯되는 요인으로는 이질적인 사람들과의 접촉이 많은 경우, 지위부조화로 어려움을 겪는 경우, 집단 내의 갈등이 심한 경우, 조직의 전반적인 심리적 분위기가 비우호적·소외적·적대적인 경우를 들 수 있다.

③ 개인의 경력관련 요인   조직 내의 개인경력에 관련된 스트레스 유발요인은 현재의 직위에 대한 불만, 경력발전의 기회가 막혀 있고 경력고원에 도달했다는 느낌, 직업적 안정성 결여에 대한 인식 등이다.[k)]

그 밖의 개인적 요인들도 직장생활의 스트레스에 긴밀히 연관된다. 개인적 요인으로는 개인적 경제문제·가족문제 등 개인생활의 문제들이 있는 경우, 개인의 성격이 스트레스를 쉽게 받는 경우를 들 수 있다.

스트레스 유발요인에 대한 반응은 사람에 따라 다를 수 있다. 스트레스 유발요인과 스트레스 발생 사이에서 ⅰ) 지각(perception), ⅱ) 과거의 경험, ⅲ) 다른 사람들로부터 받는 사회적 지원, ⅳ) 개인의 동기·성격·능력·태도가 개입변수로 작용하기 때문이다. 이런 개입변수가 다르면 스트레스 유발요인이 같더라도 사람들의 반응은 달라질 수 있다.

(3) 폐   해   부정적 스트레스에는 심리적·생리적·행태적으로 나쁜 증상이 따른다. 스트레스는 사람들의 육체적 건강과 심리적 안녕을 해치고, 질병에 걸리게 할 수도 있고, 수명을 단축시킬 수도 있다.

사람들을 초조감·불안감·좌절감에 시달리게 할 수 있다. 결근·이직·태업·생산성 감소와 같은 부정적 행태를 유발하고, 의사결정의 효율성을 떨어뜨릴 수도 있다.

만성적 스트레스의 누적은 사람들의 번아웃(burnout: 탈진; 정신·신경의 쇠약)

---

k) 경력고원(經歷高原, career plateau)은 어떤 사람이 경력계층에서 더 이상 상향적 이동이 어렵게 된 경력정체상태(경력향상의 상한 또는 정점)에 도달한 것을 말한다.

을 초래한다. 번아웃은 감성적 에너지가 소진되고, 직무성취의욕이 떨어지고, 타인에 대해 부정적·배척적 반응을 보이게 되는 상태이다. 사람이 자신의 안전에 대한 중대위협에 직면하여 심한 스트레스를 경험하면 트라우마(trauma: 쇼크; 정신적 외상)에 빠질 수 있다. 트라우마는 사람의 자기능력에 대한 신념과 자아인식이 와해되는 상태이다.

(4) 극복대책　　　스트레스 극복방법은 두 가지 범주로 분류할 수 있다.

① **업무에 관한 방안**　　업무에 관련된 극복방안이 있다. 가장 중요한 방안은 사람과 직무의 적응도를 높이는 것이다. 역할을 명료화하는 것, 시간관리를 효율화하는 것, 업무수행의 자율성을 높이는 것, 필요한 정보를 얻고 조력을 받게 하는 것, 업무 상의 협력관계를 강화하는 것, 직무를 재설계하여 업무과다를 해소하는 것은 업무에 관련된 극복방안에 해당한다. 직장에서 이탈하는 길밖에 없을 때에는 사임도 한 극복방안이 된다.

② **정서적인 방안**　　정서적인 극복방안이 있다. 완벽주의를 완화하고 달성 불가능한 성취기준을 포기하는 것, 주변으로부터 사회적·정서적 지지를 구하는 것, 모호한 상황에 대한 아량을 키우는 것, 운동이나 충분한 수면 또는 식이요법을 통해 건강을 유지하는 것, 이완·긴장완화의 기술을 습득하는 것 등이 정서적 방안에 해당한다. 긴장완화기술의 예로 명상, 근육이완운동, 심호흡, 편안한 자세유지를 들 수 있다.

3. 사기관리의 개혁

1) 공무원의 불만과 정부의 대책

오랫동안 공무원들의 가장 큰 불만요인이며 사기저하요인으로 파악되어 온 것은 부적절한 보수와 승진적체이다.

그 밖에 불공정한 인사, 신분불안, 권위주의적 관리방식, 과중한 업무부담과 부당한 업무지시, 직무부적응, 공직의 신망저하 등도 사기저해요인으로 지목되어 왔다.[1] 이와 같이 사기저하요인이 복합적인만큼 정부의 사기앙양책도 다소

---

[1] 여러 불만요인으로 인한 사기저하는 행동규범 위반사례의 증가, 피동적이고 무사안일적인 행동, 잦은 정책실패, 갈등과 협조부진, 업무생산성 저하, 개혁에 대한 저항 등 여러 가지 병리의 원인이 되어 왔다. 우리 정부에서는 사기저하의 증상들 가운데서 '복지부동'(伏地不動)을 핵심적인 폐단으로 규정하고 있다. 복지부동이라는 말은 "엎드려 눈치만 살피고 개혁바람이 지나

간에 복합적이었다. 그러나 그 역점은 편향적인 것이었다. 우리 정부가 채택해왔거나 추진하려는 동기유발대책의 주축은 산업화시대의 교환전략에 기초하는 것들이다. 산업화시대의 유인체제모형이 정부의 사기진작책 탐색에 기본적인 가이드라인을 제공하고 또 한계를 설정하고 있다.

교환형 관리체제가 제공할 수 있는 적극적 유인은 경제적 이익(처우개선)과 그에 결부된 혜택의 분배이다. 소극적 유인은 처벌이다. 적극적 유인 가운데 대표적인 것이 보수와 승진이다. 이러한 적극적 유인의 제공이 필요하기는 하지만 그것이 동기유발의 결정적인 또는 최후의 수단이라고 생각하기는 어렵다. 그리고 보수인상과 승진기회확대에는 한계가 있다.

보수·승진 이외의 요인에 결부된 불만의 해소대책은 취약하며 비조직적이다.

2) 개혁방안

사기관리 개혁에서는 소극적으로 불만을 해소하는 대책도 개선해야 하지만 그보다 더 중요한 것은 적극적으로 만족과 동기를 유발하는 대책을 개선하는 일이다. 앞으로는 보다 균형잡힌 전략을 구사해 나가야 할 것이다.

① 통합지향적 관리   무엇보다 중요한 장기과제는 통합형 관리전략의 영역을 넓히는 것이다. 공무원들의 자기실현욕구와 행정조직의 목표를 조화·통합시킴으로써 능동적인 직무수행을 촉진하고 신뢰·참여·협동의 분위기를 조성해야 한다.

② 직무재설계   공무원들에게 만족스럽고 보람있는 직무수행의 기회를 넓혀주기 위한 직무재설계를 촉진하여야 한다.

③ 업무관계 개선   업무계획을 개선하여 자율성·적응성을 높이고 업무부담을 적정화해야 한다. 비현실적인 법령과 지시를 고치고 업무기준의 상황적합성을 높여야 한다. 전반적인 업무체제가 직업생활의 품질을 높이는 데 기여하게 해야 한다.

④ 행동규범 개선   공무원의 행동규범을 재평가하여 발전시킴으로써 갈등과 불만의 소지를 없애야 한다.

⑤ 인사상담·고충처리·제안관리의 내실화   인사상담·고충처리·제안관리 등

가기를 기다리면서 움직이지 않는다"는 뜻으로 쓰기 시작한 것 같다. 복지부동은 일하지 않고 살아남는 무사안일주의·보신주의이며, 형식주의·양적 복종주의·피동적 무책임주의이다. 그것은 또한 온갖 불만을 앞세워 정부시책에 소리없이 저항하는 행태이다.

의 제도를 내실화하여 그 본래적 효용이 발휘될 수 있게 해야 한다.

⑥ 임용작용의 개선   관리자들의 태도와 임용절차를 개선하여 공무원과 직무의 적응도를 높이고 정실개입 의혹을 해소해 나가야 한다.

⑦ 훈련사업의 개선   훈련사업을 개선하여 형식주의를 배제하고, 수요에 맞는 훈련에 공무원들이 능동적으로 참여할 수 있도록 해야 한다.

⑧ 반부패사업   체제화된 부패를 억제하기 위해 지속적으로 노력해야 한다. 부패제거에 저항하는 공무원의 오도된 불만을 치유하는 교화활동도 강화해 나가야 한다.

⑨ 신뢰회복   국민과 정부관료제 사이의 불신을 걷어내기 위한 정책적 노력을 강화하여 공직의 신망을 훼손하는 원인을 제거하도록 해야 한다.

⑩ 태도조사   공무원들의 태도를 주기적으로 조사함으로써 의사전달을 원활히 하고 사기관리에 필요한 정보를 얻도록 해야 한다.

⑪ 처우개선·승진적체 완화   정부가 추진해 오던 처우개선사업을 적정한 수준에 이르기까지 계속해야 한다. 성과급체제가 동기유발의 적극적 유인이 될 수 있도록 개선해 나가야 한다. 승진적체의 고통을 완화하는 데도 관심을 가져야 한다. 장기적으로는 조직의 구조형성원리와 직업구조 형성원리를 바꾸어 승진적체 문제의 해결책을 찾아야 할 것이다.

4. 공무원의 권리

공무원의 동기유발에 대한 설명을 마치기 전에 공무원의 권리에 대해 간단히 언급하려 한다.

공무원의 권리를 보호하는 문제는 인사행정의 모든 국면에 연관되어 있다. 그 중 가장 긴밀한 연관성이 있는 것은 공직윤리와 동기유발의 영역이다.

공직윤리가 설정하는 행동제한의 이면에는 보호되어야 할 공무원의 권리가 있다. 동기유발을 위한 프로그램들은 공무원의 권리를 보호하려는 프로그램이라는 의미도 지닌다. 공무원의 권리는 공직의 행동규범을 논의할 때 함께 설명할 수도 있고, 동기유발에 연관시켜 설명할 수도 있다. 저자는 후자의 방법을 따르고 있다.

1) 제한과 보호의 필요

공무원은 여러 직업적 의무를 지고, 공직의 필요 때문에 권리의 제약을 받는다. 그러나 그러한 제약이 무한정일 수는 없으며, 부당한 제약이 있어서도 안된다. 공무원들의 헌법적 권리를 보호해야 할 필요 또한 큰 것이다.

공무원들의 시민적 권리와 직업인으로서의 권리는 정당한 법적 제한이 없는 한 보호되어야 한다. 정당한 법적 제한은 공무원의 권리를 보호해야 한다는 필요와 공직의 목적을 위해 제한해야 한다는 필요의 절충점에서 찾아야 한다. 그러한 절충점을 어디서 찾아야 하느냐 하는 문제에 대한 사람들의 관점은 때와 장소에 따라 다를 수 있다.

다만 대체적인 추세로 볼 때, 과거에는 권리의 제한쪽에 치우친 관점이 지배적이었으나 시간의 흐름에 따라 권리의 보호쪽으로 무게중심이 옮겨가는 것을 알 수 있다. 인권사상·인간주의의 확산이라는 까닭 때문이기도 하고 개인적 권리를 침해하기 쉬운 기술발전이 이유이기도 할 것이다.

2) 권리의 유형

보호되어야 할 공무원의 권리는 많다. 그 구체적인 내용을 여기서 모두 열거해 설명할 수는 없다. 인사행정연구인들이 근래에 특히 강조하거나 쟁점화하고 있는 '오늘날의' 권리문제들을 소개할 수 있을 뿐이다. 다음에 열거할 공무원의 권리에는 실질적인 것도 있고 절차적인 것도 있다.[27]

① 언론(표현)의 자유   공무원들은 공무 상 기밀누설금지와 같은 특별한 금지조항이 없는 한 언론자유를 보장받아야 한다. 언론의 자유에 관련하여 근래 많은 관심의 대상이 되고 있는 제도는 내부고발제도이다.

② 단 결 권   공무원들은 헌법과 법률의 규정에 따라 단결권 즉 노동조합 결성권을 인정받아야 한다.

③ 차별받지 않을 권리   공무원은 각종 인사조치에서 타당한 기준이 아닌 요인의 고려 때문에 차별받아서는 안 된다.

④ 사생활보호의 권리   공무원들은 사생활을 보호받아야 한다. 즉 프라이버시(privacy)의 권리를 보호받아야 한다.[m]

---

m) 프라이버시는 "승인 없는 타인의 접근이나 침입으로부터의 자유"를 의미한다. 개인기록의 전산화 등 정보화의 촉진은 프라이버시에 관한 새로운 문제를 제기하고 있다. 새로운 문제란 전산정보의 보호에 관한 것이다. 이 문제를 논의하는 사람들은 정보 프라이버시(information

⑤ 정치적 남용으로부터 보호받을 권리   정치적 중립요구 때문에 정치적 자유를 제한받는 공무원들은 부당한 참정권 침해나 정치적 남용으로부터 보호받는 권리를 누려야 한다.

⑥ 괴롭힘으로부터 보호받을 권리   공무원들은 성·연령·출신배경 등을 이유로 하는 희롱과 괴롭힘으로부터 보호받아야 한다. 성희롱 금지는 그러한 보호조치의 대표적인 예이다.

⑦ 건강을 보호받을 권리   공무원들은 정신적·육체적 건강을 보호받아야 한다.

⑧ 정당한 절차에 관한 권리   공무원은 법에 정한 정당한 절차를 거치지 않고는 본인의 의사에 반하는 불이익처분을 받지 않도록 보호해야 한다.

---

privacy)라는 개념을 사용한다. 정보 프라이버시란 "개인정보에 대한 승인하지 않은 타인의 접근으로부터의 자유"를 의미한다. Wendell L. French, *Human Resources Management*, 5th ed.(Houghton Mifflin, 2003), pp. 606~607.

제 7 장

재무행정

제 7 장에서는 정부가 사용하는 재정자원이 어떻게 관리되는가에 대해 설명하려 한다. 정부가 사용하는 재정자원을 관리하는 기능을 재무행정이라 한다. 재무행정의 활동영역은 행정기관의 경계를 벗어나는 광범한 것이다. 재무행정의 주축을 이루는 활동은 예산관리이다. 이 장의 논의도 예산관리에 초점을 맞출 것이다.

제 1 절에서는 재무행정과 예산의 의미를 규명할 것이다. 예산의 기능과 예산의 원칙도 함께 설명할 것이다. 예산의 경제적·정치적 특성을 논의한 다음, 예산과 계획의 관계를 설명할 것이다. 그리고 우리 정부의 예산관리를 평가하고 개선방향을 탐색하려 한다.

제 2 절에서는 자주 거론되는 예산관리모형들을 고찰할 것이다. 예산관리모형은 예산제도, 예산이론, 예산개혁방안 등으로도 불리는 것이다. 대체로 등장순서에 따라 예산관리의 모형들을 설명하려 한다.

제 3 절에서는 예산과정과 그에 결부된 문제들을 검토하려 한다. 먼저 예산과정의 활동단계들을 개괄적으로 고찰하고 그에 연관된 몇 가지 문제들에 대해 언급하려 한다. 이어서 예산과정에 투입되는 자금의 출처를 알아보려 한다. 예산과정에서 다루는 예산의 종류에는 어떤 것들이 있으며, 예산의 내용은 어떻게 분류되는지도 알아보려 한다. 그리고 관료들의 예산전략과 예산결정 상의 점증주의에 대해서도 설명할 것이다.

재무행정론 서설

I. 재무행정이란 무엇인가?

1. 재무행정의 정의

정부가 사용하는 재정자원을 관리하는 활동을 재무행정(財務行政: public financial administration)이라 한다. 재무행정은 정부의 수입·지출과 정책·사업을 연결짓는 과정 그리고 그에 연계된 여러 활동국면을 내포한다. 재무행정은 대내적으로 정부조직 운영의 조건을 설정할 뿐만 아니라 대외적으로 국민경제 전반에 커다란 영향을 미친다. 재무행정은 정치과정과도 긴밀히 연관된다.

재무행정의 주된 관심사는 국가의 세입·세출에 관한 예산의 관리이다. 정책과 사업에 예산을 연결하고, 예산외 지출을 승인하고, 그 밖의 연관 요인들을 관리하는 것도 재무행정의 범위에 포함되는 임무이다. 예산의 편성·집행과 통제, 회계·감사·재정보고, 정부재산에 대한 위험의 관리, 세입·세출 예측, 자본재투자계획과 부채관리, 재정적 조건의 평가, 구매(조달) 등이 모두 재무행정에 포함되는 활동들이다.

재무행정은 다양한 과정과 많은 의사결정의 집적체를 내포하는 복잡한 체제이다. 재무행정의 대상은 방대하고 복잡하다. 재무행정에는 많은 조직과 집단과 개인들이 참여하거나 영향을 미친다. 이런 행동자들은 서로 다르거나 상충되는 이해관계와 규범을 가진 경우가 많다.

우리가 여기서 연구대상으로 삼는 것은 민주국가의 '현대적' 재무행정이다. 현대재무행정은 대상과 기능의 방대성, 복잡성, 조직화된 체제, 계속적인 개혁노력 등 일련의 특성을 지니고 있다. 이 장에서는 현대재무행정의 원리와 방법을 우리나라 재무행정에 연관시켜 논의하려 한다.

2. 정부의 재무행정과 사기업의 재무관리

조직에 필요한 재정자원을 관리하는 활동은 어느 조직에나 있는 현상이다. 재정자원 관리작용은 정부조직뿐만 아니라 민간기업에도 있다. 정부조직의 재무행정과 사기업의 재무관리(財務管理)에는 공통점도 있고 서로 다른 점도 있다.

서로 다른 점은 조직의 성격차이 때문에 생기는 것이다. 정부는 공익추구를 목적으로 한다는 것, 정부의 주된 수입원은 세금이라는 것, 정부활동은 대부분 비시장적이라는 것, 정부활동의 독점성이 높다는 것, 정부활동의 목표와 실적은 경제적·계량적으로 측정하기 어렵다는 것, 정부활동은 더 많은 대중적·정치적·법적 관심과 통제를 받는다는 것, 정부의 조직과 활동은 방대하며 복잡하다는 것 등 정부조직의 상대적 특성이 재무행정에 투사된다. 행정과 경영의 차이에 대해서는 제 1 장 제 2 절의 설명을 참조하기 바란다.

기업의 재무관리에 대비한 재무행정의 상대적 특성은 ⅰ) 기업의 재무관리보다 훨씬 복잡하다는 것, ⅱ) 국민생활에 미치는 영향이 더 크다는 것, ⅲ) 많고 다양한 세력이 간여하고 정치성이 짙다는 것, ⅳ) 법적·관료적 제약을 더 많이 받으며 그만큼 경직성도 높다는 것, 그리고 ⅴ) 효율성평가는 상대적으로 더 어렵다는 것이다.

3. 재무행정학의 연구대상

우리나라에서 재무행정학의 연구초점은 예산과정에 있다. 예산과정을 중심과제로 그리고 그에 연관된 문제들을 함께 연구과제로 삼고 있다. 재무행정학 저서들에서 흔히 볼 수 있는 주제는 예산관리모형 또는 접근방법의 설계, 바람직한 예산관리의 조건(예산원칙), 예산의 종류와 예산항목의 분류, 편성·심의·집행·회계검사로 이어지는 예산과정, 조달행정, 재산관리, 계획과 예산의 관계, 예산과 경제 그리고 정치의 관계, 예산담당기관, 예산관련 법규 등이다. 최근에는 예산행태, 예산분석, 예산정보관리의 전산화, 자원배분 등이 연구주제로 추가되고 있다. 세입관리와 세입·세출의 연계도 재무행정의 일환이지만 재무행정학은 세입예산 또는 재정자원의 동원에 관한 깊은 논의를 재정학이나 조세론에 넘기고 있다.

이 장에서는 재무행정학의 중심적 연구대상인 예산관리모형과 예산과정에 초점을 맞추려 한다. 이 두 가지 문제를 주된 대상으로 삼아 설명하고 그 앞과 뒤에 연관된 문제들도 살펴보려 한다. 우선 재무행정의 기본적인 대상인 예산의 의미부터 알아보기로 한다.

II. 정부의 예산

1. 예산의 정의

예산(豫算: budget)은 장차 도래할 회계연도에 정부가 동원하고 사용할 세입 (歲入: revenues)과 세출(歲出: expenditures)의 예측적 계산이다. 예산의 예측적 계산은 장래에 실현될 것을 의도한 것이다.

예산은 정부의 사업을 위한 세입과 세출을 제안하는 계획서라고도 한다. 예산은 자원활용에 대한 계획에 따라 작성한 비용의 계산서이다. 예산문서는 일정한 목표 또는 항목에 대한 지출을 제안하는 글과 수치가 적힌 문서이다. 예산은 정가표가 붙여진 일련의 목표와 사업의 열거라고 설명되기도 한다.[a]

예산의 속성을 설명하면 다음과 같다.[1]

① 미래지향적 계획　예산은 장래에 실현하려는 계획이다. 세입·세출에 대한 예측이며 의도된 행동의 규정이다. 예산이라는 미래지향적 계획은 여러 행동대안 가운데서 우선순위를 정하여 선택하는 장치를 통해 얻어지는 계획이다.

② 제안의 표시　예산은 제안이며 약속이다. 예산은 정부가 돈을 얼마나 거두어 쓰겠다는 제안의 표시이다. 예산은 권한 있는 당국의 승인을 받은 제안이다. 그리고 관련행동주체들 사이의 약속이다. 국민에 대한 약속이며 국회와 대통령, 그리고 집행기관 사이의 약속이다. 약속의 준수는 법적으로 강제된다. 예산의 이러한 성격에 착안하여 '예산은 계약'이라고 설명하기도 한다.

③ 정책추진의 수단　예산은 정책과 사업의 목표성취를 위한 수단이다. 예산은 정책목표의 달성을 추구하는 활동에 재정자원을 연결하는 수단적 장치이다. 예산은 정부의 사업과 재정에 관한 의도뿐만 아니라 정치적 우선순위를 반영하는 정책추진수단이다.

④ 정보제공의 도구　예산은 정부의 재정상태와 재원획득 및 지출에 관한

---

a) 예산서에는 세입·세출의 계산뿐만 아니라 그에 결부된 사항들이 기록되는 것이 보통이다. 우리 정부의 예산서에는 예산총칙·세입세출예산·계속비·명시이월비와 국고채무부담행위가 기록된다.

정보를 제공하는 도구이다. 예산을 집행하거나 이를 평가·감시·통제하는 역할을 수행하는 사람들은 예산에서 정보를 얻는다. 예산의 정보제공기능은 장래의 행동을 제약하는 작용을 할 수도 있다.

⑤ 예산과정의 복잡성　　예산은 복잡한 과정을 통해 결정되고 집행된다. 예산은 법이 정한 절차에 따라 결정·집행해야 한다. 그러나 예산과정은 법적 절차만 준수하면 되는 단순한 과정이 아니다. 법적·공식적으로 정한 절차와 거기에 개입하는 여러 가지 비공식적 과정들이 엉킨 복합적 과정을 거쳐 결정·집행된다.

⑥ 예산의 강제력　　예산은 입법부가 승인한 세입·세출계획으로서 강제력을 지닌다. 예산은 재정권·국고권(國庫權)의 행사에 대한 입법적 수권행위를 통해 성립한다. 그러한 수권행위의 형식은 법률인 경우도 있고 법률이 아닌 의결인 경우도 있다.

정부의 예산은 사기업체의 예산과 구별되는 여러 가지 특성을 지닌다. 사기업체의 재무관리에 대조되는 재무행정의 특성에 관한 앞서의 설명을 정부예산의 특성규정에서도 그대로 원용할 수 있다.

2. 예산의 기능

예산은 다양한 얼굴을 가지고 있다. 관찰자의 관심과 관점이 다르면 그가 보는 예산의 얼굴은 달라진다. 예산의 기능이 무엇인가에 대한 질문에 대해서도 그와 같은 비유로 답할 수 있다. 예컨대 회계사는 예산의 회계책임확보 기능에, 경제학자는 경기조절 기능에, 정치학자는 다양한 이익을 조정하는 기능에, 행정가들은 정부조직에 대한 자금배정 기능에 각각 주목할 것이다.

예산의 기능(목적 또는 용도)에 관한 재무행정학자들의 의견도 여러 가지로 갈려 있다. 그러나 의견수렴의 대체적인 추세를 감안하여 예산기능을 종합하고 간추려 볼 수는 있다.

예산의 기능 또는 예산관리작용의 기능은 ⅰ) 경제적·재정적 기능, ⅱ) 관리적 기능, 그리고 ⅲ) 정치적 기능으로 나누어 범주화해 볼 수 있다.

(1) 경제적·재정적 기능　　예산의 경제적·재정적 기능은 예산기능의 기본적인 측면이라 할 수 있다. 국민경제에 대한 정부간여가 확대되면서 예산의 경제적·재정적 기능은 더욱 중시되어 왔다. 예산의 경제적·재정적 기능은 재정정

책과 금융정책의 수단이 되는 기능이며 ⅰ) 배정기능, ⅱ) 분배기능, ⅲ) 안정화기능, 그리고 ⅳ) 성장촉진기능을 포함한다.2)

① 배정기능　　배정기능(allocation function)은 경제부문별로 필요한 곳에 적정수준의 자금이 배정되도록 보장하려는 기능이다.

② 분배기능　　분배기능(distribution function)은 사회의 여러 부문들 사이에 재원분배의 균형을 유지하려는 정책의도를 지지하는 기능이다. 부문들 사이의 균형이란 지역 간의 균형, 사회계층 간의 균형, 정부부문과 민간부문 간의 균형 등을 지칭하는 것이다. 분배기능의 주요 도구 가운데 하나가 소득재분배이다.

③ 안정화기능　　안정화기능(stabilization function)은 경제안정에 기여하도록 공공자금의 지출을 유도하는 기능이다.

④ 성장촉진기능　　성장촉진기능(growth function)은 정부의 자금지출권 행사가 경제성장과 부의 창출에 기여하도록 유도하는 기능이다.

(2) 관리적 기능　　예산의 관리적 기능 또는 자원관리기능은 예산과정의 효율적 운영에 관련된 기능이다. 이것은 재정자원을 정책·사업·조직에 배정하여 능률적·효과적으로 사용되도록 하고 자원사용 상의 책임을 확보하는 기능이다. 회계책임을 확보하는 통제의 기능, 자원의 효율적 관리를 도모하는 기능, 예산과정의 계획성을 높이는 기능 등이 관리적 기능에 포함된다.

(3) 정치적 기능　　예산과정은 정치과정에 긴밀히 연계된다. 예산과정과 정치과정은 상호 의존관계에 있으며 서로 영향을 미친다. 이러한 관계 속에서 예산은 중요한 정치적 도구로서의 기능을 수행한다. 예산은 정치적·정책적 목적에 부합되게 희소한 공공자원을 다양한 사회적·경제적 요청들 사이에 배분하는 기능을 수행한다. 그 과정에서 여러 가지 이익갈등을 조정하는 수단을 제공하며 정부활동에 대한 공공통제 또는 정치적 통제의 수단을 제공한다.

유훈 교수는 예산의 기능을 ⅰ) 정치적 기능(통제·이해관계 조정·정책수단·정책형성 지원), ⅱ) 법적 기능(재정권 부여), ⅲ) 경제적 기능(안정·성장·소득재분배·재원배분), 그리고 ⅳ) 행정적 기능(통제·관리·계획)으로 분류하였다.3)

Jay M. Shafritz, E. W. Russell, 그리고 Christopher P. Borick은 예산의 국면(dimensions)이라는 이름으로 예산기능을 설명하였다. 그들은 예산의 기능을 ⅰ) 정치적 도구로서의 기능, ⅱ) 관리적·행정적 도구로서의 기능, ⅲ) 경제적 도구로서의 기능, 그리고 ⅳ) 회계도구로서의 기능으로 분류하였다. 그들은 다른 사람들이 예산의 재정적 기능 또는 경제적 기능에 포함시키는 기능들을 예산의 목적이라 부르고 이를 ⅰ) 배정, ⅱ) 분배, ⅲ) 안정화, 그리고 ⅳ) 성장촉진으로 분류하였다.4)

　Donald Axelord는 예산기능을 ⅰ) 정책과 사업에 대한 자원배분, ⅱ) 지출할 자금의 동원, ⅲ) 재정·금융정책을 통한 경제의 안정화, ⅳ) 예산사용에 대한 책임확보, ⅴ) 재정지출의 통제, ⅵ) 정부계층 간(중앙·지방정부 간)의 자금이전, ⅶ) 사회·경제적 발전계획 실현에 대한 기여, ⅷ) 집행기관의 관리개선을 위한 수단제공 등 여덟 가지로 분류하였다.5)

3. 예산의 원칙

　예산 연구인들은 건전하고 바람직한 예산이 갖추어야 할 조건이 무엇인가에 대해 오래 전부터 논의해 왔다. 그리고 예산이 지켜야 할 규범적 기준들을 '예산의 원칙'이라는 이름으로 처방해 왔다. 예산의 원칙이라고 하는 것들은 바람직한 예산을 판단하는 기준으로서 보편적인 것은 아니다. 그 적실성은 상황에 따라 달라질 수 있다.

　여기서는 우리나라를 포함한 현대 민주국가들의 상황을 준거로 삼아 바람직한 예산의 요건들을 먼저 생각해 보려 한다. 그리고 독자들이 참고할 수 있도록 지금까지 알려진 예산원칙들을 간추려 보여주려 한다.

1) 바람직한 예산의 요건

　바람직한 예산의 규범적 요건을 다음과 같이 요약할 수 있다.6) 이런 요건들에 원칙이라는 이름을 붙여도 무방하다.

　① 주권자의 참여와 동의　　적법절차에 따라 주권자인 국민의 동의를 받아야 한다. 주권자의 명백한 동의가 없으면 정부는 과세하거나 자금을 지출하지 못한다는 기본적 원칙을 준수해야 한다. 대의정치체제 하에서는 세입·세출에 대해 국민의 대표기관인 국회의 사전승인을 받아야 하며 집행기관은 승인된 내용을 준수해야 한다. 집행재량의 범위도 사전에 승인 받아야 한다.

　예산과정은 국회뿐만 아니라 다른 여러 경로를 통한 국민의 참여도 보장해야 한다.

　② 책 임 성　　예산은 책임성을 확보할 수 있는 것이라야 한다. 예산과 예산관리는 입법적 심사와 회계검사의 대상이 되어야 한다.

　③ 투 명 성　　예산은 투명하게 운영해야 한다. 투명성은 예산과정에 대한

주권자 참여의 한 전제조건이다. 국민과 여러 통제중추들이 예산을 심사하고 감
시할 수 있게 하려면 예산의 투명성을 높여야 한다. 투명성을 높이려면 예산의
내용뿐만 아니라 그 관리과정의 공개성을 높여야 한다. 그리고 예산을 누구나
알기 쉽게 구성함으로써 그 명료성을 높여야 한다.

④ 정 직 성 예산은 정직한 것이라야 한다. 예산의 내용이나 관리과정에
속임수가 있어서는 안 된다. 특수이익의 고려 때문에 공익추구적 목적이 훼손되
지 않게 해야 한다. 부패가 개입되어서도 안 된다.

⑤ 계 획 성 계획성 있는 예산이라야 한다. 예산은 계획과정을 통해 결정
되고 집행되어야 한다. 계획성 있는 예산은 실현가능성이 높은 예산이다. 그리
고 계획성 있는 예산은 신중한 예산이다. 예산을 통한 공적 자금관리는 지나친
모험을 삼가야 한다.

⑥ 효 율 성 예산관리의 효율성이 높아야 한다. 효율성 평가의 기준은 목표
와 성과라야 한다. 정부는 예산관리의 수단을 확보해야 한다. 예산관리는 낭비를
배제하고 예산사업을 효율적으로 성취할 수 있어야 한다. 예산관리를 효율화하려
면 상황변화에 대한 대응성을 높여야 한다. 그리고 입법적·행정적 통제를 위한
집권화의 요청과 집행자율을 위한 분권화의 요청을 적정하게 조화시켜야 한다.

⑦ 형 평 성 형평성 있는 예산이라야 한다. 세입·세출의 결정과 집행에서
분배의 정의를 추구해야 한다.

⑧ 성장과 안정의 조화 예산은 경제의 성장과 안정을 조화시키는 데 기여
해야 한다. 성장과 안정의 균형점은 상황적 조건에 따라 결정해야 한다.

위의 설명은 오늘날 중요시되고 있는 예산원칙들을 간추린 선택을 보여주는 것이다. 원칙들
의 취사선택에 관한 의견은 여러 가지이다. 독자들도 다음에 설명할 원칙 레퍼토리를 보고 취
사선택의 연습을 해보기 바란다.

그리고 내용이나 설명방식이 독특한 처방적 이론들도 참조하기 바란다. 예컨대 Naomi
Caiden은 예산개혁의 가이드라인 여섯 가지를 제시한 바 있다. 그의 가이드라인은 바람직한
예산의 요건이며 예산의 원칙이라 할 수 있다. Caiden의 여섯 가지 가이드라인은 ⅰ) 예산의
장기적인 시야(foresighted budget), ⅱ) 예산 사이클이 진행되는 동안의 조건변화에 대한 대
응성(responsive budget), ⅲ) 정확한 정보의 제공(credible budget), ⅳ) 통제수단으로서의 폭
넓은 영향력(influential budget), ⅴ) 일관성 있는 정책결정을 가능하게 하는 수단으로서의 일
관성(consistent budget), 그리고 ⅵ) 포괄적인 사업 우선순위를 결정하는 통합성(integrated
budget)이다.[7]

2) 예산원칙의 레퍼토리

우리 재무행정학계에 Harold D. Smith 등의 예산원칙이론이 소개된 이래 여러 예산원칙들이 행정학 저술들에 등장하게 되었다. 흔히 전통적 예산원칙과 현대적 예산원칙이라고 하는 두 가지 범주로 나누어 소개하고 있는 예산원칙들을 간추려 보면 다음과 같다.[8]

(1) 전통적 예산원칙   통제지향적 예산제도에 적합한 이른바 전통적 예산원칙에는 ⅰ) 공개의 원칙, ⅱ) 명료성의 원칙, ⅲ) 포괄성의 원칙, ⅳ) 통일성의 원칙, ⅴ) 한정성의 원칙, ⅵ) 사전승인의 원칙, 그리고 ⅶ) 엄밀성의 원칙이 있다. 이러한 전통적 예산원칙을 '입법부 우위의 예산원칙'이라고 부르기도 한다.

공개의 원칙은 예산운영의 전모를 공개해야 한다는 원칙이다. 명료성의 원칙은 예산을 사람들이 알기 쉽게 편성해야 한다는 원칙이다. 예산은 모든 재정활동을 포괄하는 단일한 것이라야 한다는 단일성의 원칙은 명료성의 원칙에 포함되는 것으로 볼 수 있다. 포괄성(총괄성·완전성)의 원칙은 모든 세입과 세출이 예산에 포함되어야 한다는 원칙이다. 통일성의 원칙은 예산구조가 단일적이어야 한다는 원칙, 즉 국가의 모든 수입은 하나의 통치기금으로 들어가고 거기서 모든 정부지출이 나가게 해야 한다는 원칙이다.

한정성의 원칙은 예산집행에서 목적외 지출·초과지출·회계연도 경과지출을 금지해야 한다는 원칙이다. 일정한 기간을 한정하여 예산을 승인해야 한다는 기간성의 원칙은 한정성의 원칙에 포함되는 것으로 해석할 수 있다. 기간성의 원칙에 관련되는 것으로 특정 회계연도의 지출은 당해 회계연도의 수입에서 나와야 한다는 회계연도 독립의 원칙이 있다. 사전승인의 원칙은 정부에서 지출할 예산은 미리 입법기관의 심의·의결을 받아야 한다는 원칙이다. 엄밀성의 원칙은 예산과 결산이 일치해야 한다는 원칙이다.

전통적 예산원칙들은 현대국가의 상황적 조건과 예산기능의 변화에 적응하지 못한다는 비판을 받고 있다. 불편하다든지 너무 경직성이 높다든지 하는 부적응 요인들을 지녔다고 한다.

전통적 예산원칙의 수정을 요구하는 조건변화는 행정국가화로 인한 국가권력 구조의 변화, 예산의 규모확대, 예산기능의 적극화, 급속한 경제적 조건변화, 정부의 공기업적 활동증대와 제 3 섹터의 확대 등이다.

(2) **현대적 예산원칙**　　　자원관리의 효율성과 계획성을 강조하는 예산제도에 적합한 현대적 예산원칙으로는 ⅰ) 행정부에 의한 계획의 원칙, ⅱ) 행정부에 의한 책임부담의 원칙, ⅲ) 보고의 원칙, ⅳ) 예산관리수단 확보의 원칙, ⅴ) 다원적 절차채택의 원칙, ⅵ) 행정부에 의한 재량의 원칙, ⅶ) 시기에 대한 융통성의 원칙, ⅷ) 성과의 원칙, ⅸ) 협력적 예산기구의 원칙이 열거되고 있다. 이러한 원칙들을 '행정부 우위의 예산원칙'이라고 부르기도 한다.

행정부에 의한 계획의 원칙이란 예산이 행정부 주도로 수립된 사업계획에 결부되어야 한다는 원칙이다. 행정부에 의한 책임부담의 원칙이란 행정부는 국회가 승인한 범위 내에서 효율적으로 예산을 집행할 책임을 져야 한다는 원칙이다. 보고의 원칙이란 예산과정의 진행은 정부 각 기관으로부터 보고되는 재정 및 업무에 관한 정보에 기초를 두어야 한다는 원칙이다. 예산관리수단 확보의 원칙은 행정부가 예산관리의 책임을 이행하는 데 필요한 조직과 제도적 수단을 가지고 있어야 한다는 원칙이다.

다원적 절차채택의 원칙이란 복잡다기한 행정활동의 유형별로 그에 적합한 예산절차 상의 조치를 취해야 한다는 원칙이다. 행정부에 의한 재량의 원칙은 예산집행의 효율화를 위해 행정부에 위임되는 재량의 범위를 넓혀주어야 한다는 원칙이다. 시기에 대한 융통성의 원칙은 여건변화에 따라 예산집행의 시기를 적절히 조정할 수 있도록 해야 한다는 원칙이다. 성과의 원칙은 예산지출의 성과를 높여야 한다는 원칙이다. 협력적 예산기구의 원칙(예산기구 상호성의 원칙)이란 중앙예산기관과 정부 각 기관의 예산담당 조직, 그 밖의 행동자들 사이에는 상호적인 협력관계가 설정되어야 한다는 원칙이다.

(3) **「국가재정법」의 예산원칙**　　　우리나라「국가재정법」제16조는 정부가 예산의 편성과 집행에서 준수해야 할 다섯 가지 원칙을 규정하고 있다.

① **재정건전성의 원칙**　　　정부는 재정건전성의 확보를 위하여 최선을 다하여야 한다.

② **국민부담최소화의 원칙**　　　정부는 국민부담의 최소화를 위해 최선을 다하여야 한다.

③ **성과의 원칙**　　　정부는 재정을 운용함에 있어 재정지출 및 조세지출의 성과를 제고하여야 한다.

④ **투명성과 국민참여의 원칙**　　　정부는 예산과정의 투명성과 예산과정에 대한

국민참여를 제고하기 위하여 노력하여야 한다.

⑤ 남녀평등의 원칙   정부는 예산이 여성과 남성에게 미치는 효과를 평가하고, 그 결과를 정부의 예산편성에 반영하기 위하여 노력하여야 한다.

이 밖에 제 3 조에서는 회계연도 독립의 원칙(기간성의 원칙)을, 제 9 조에서는 재정정보 공표의 원칙(공개의 원칙)을, 제17조에서는 예산총계주의(포괄성의 원칙)를, 제45조에서는 예산의 목적외 사용금지(한정성의 원칙)를 각각 규정하고 있다. 국회의 심의·의결이 있어야 예산이 확정되는 우리 제도에서 사전승인의 원칙 적용은 당연시된다.

III. 예산과 경제 그리고 정치

예산과정의 역동성을 제대로 이해하려면 거기에 개입하고 영향을 미치는 요인들의 작용을 알아야 한다. 정부의 예산관리에 영향을 미치는 요인들은 아주 많고 다방면에 걸치는 것이기 때문에 이를 망라적으로 분석하는 일은 여기서 할 수 없다. 예산과정에 좀더 직결되는 경제적 요인과 정치적 요인에 관한 몇 가지 문제에만 언급하려 한다. 다음의 논의는 민주적 정치체제와 시장경제체제를 전제로 하는 것이다.

1. 경제주체로서의 정부

정부도 가계(家計)나 기업과 같이 한 사회의 경제활동에 참여하는 경제단위로 볼 수 있다. 그러나 정부부문이 담당하는 경제활동은 민간부문의 그것과는 구별되는 특성을 지닌다.

1) 정부와 시장

(1) 민간기업   민간기업은 생산요소를 시장에서 경쟁적으로 구입하여 상품(재화·용역)을 생산하고 그 상품을 시장에서 경쟁적으로 판매한다. 이런 활동에서 얻으려는 것은 이윤이다. 사경제(私經濟)에서 의사결정의 가장 중요한 기준은 시장의 가격·손익계산·이윤이다.

(2) 정부부문   정부부문의 활동은 민간부문에서와는 다른 기준이 인도한다. 정부활동의 한정된 일부만이 시장에 참여하므로 시장가격이나 손익계산의

역할이 제한된다. 그리고 정부부문의 경제활동은 원칙적으로 이윤추구를 목적으로 하는 것이 아니다. 이러한 차이점을 좀더 구체적으로 보기 위해서 정부활동을 i) 일반 정부조직의 활동, ii) 공기업의 활동, iii) 신탁기금의 활동으로 나누어 검토하려 한다.

① 일반 정부조직의 활동　　이것은 전통적으로 정부기관에서 수행해 온 국민의 안녕, 국방, 교육, 보건, 사법 등에 관한 활동이다. 일반 정부조직이 생산요소를 시장에서 구입할 때 지출하는 비용은 세금에서 나온다. 활동의 목적이 수입을 최대화하려는 것도 아니다.

② 공기업의 활동　　공기업은 민간기업과 비슷한 특성도 가지고 있다. 공기업도 생산요소를 시장에서 사들이고 그 생산물을 시장에서 판다. 그러나 시장에서 거래되는 생산물의 양과 가격은 사경제단위의 경우와는 다른 원리와 방법에 따라 결정된다. 그리고 생산비용이 반드시 수입에 따라 좌우되지 않는다.

③ 신탁기금의 활동　　신탁기금(信託基金: trust fund) 또는 재단은 일반 정부조직으로부터 어느 정도 분리되어 비교적 자율적으로 운영된다. 정부재단은 비영리적인 것이 원칙이다. 그 운영경비는 국고에서 충당하고, 재단의 수입은 일정한 수혜자들에게 어떤 대가를 요구하지 않고 이전하는 것이 보통이다. 다시 말하면 반대급부를 받지 않고 특정한 국민에게 이익을 부여하는 것을 특징으로 한다.

이렇게 볼 때 시장경제를 통한 이윤추구는 정부부문의 활동을 지배하는 원리로서는 합당하지 않다는 것을 알 수 있다. 공공부문의 의사결정은 원칙적으로 정치적·행정적 과정을 통하여 공공의 목표에 따라 이루어지는 것이며, 사경제에서와 같이 주로 이윤에 대한 기대에 따라 결정되는 것이 아니다.

2) 평가기준

위에서 지적한 바와 같이 민간부문과 정부부문의 조직평가기준은 서로 다를 수밖에 없다. 몇 가지 평가기준의 예를 들어 이 문제를 논의해 보려 한다.

(1) 이　　윤　　이윤은 민간기업의 성공여부를 판단하는 데 유용한 기준이 된다. 그러나 정부부문에서는 이윤과 같이 간단하게 효율성을 측정할 수 있는 기준을 발견하기가 쉽지 않다. 민간기업에서는 순이윤율(純利潤率)을 기준으로 재정적인 효율성을 결정하지만 정부에서는 이 기준을 그대로 적용할 수 없다.

(2) 능　　률　　금전적인 투입과 산출의 관계로서 파악되는 능률이라는 기

준을 쓰더라도 이것이 민간부문에서와 같은 의미로 정부부문에 적용될 수 있는 것은 아니다. 정부조직의 산출물은 대체로 파는 것들이 아니기 때문이다. 그리고 국방이나 교육, 사법활동과 같은 정부의 서비스에 대해서는 시장가격을 결정하는 것이 불가능하거나 아주 어렵다.

　(3) 생　　존　　생존(survival)을 경제활동 단위의 평가기준으로 잡는 경우에도 사기업에는 어느 정도 타당한 기준이 될지 모르지만 정부의 활동을 판단하는 기준으로는 부적합하다. 사기업의 경우 시장에서 치열한 경쟁을 무릅쓰고 살아남았다는 것 자체가 그 기업의 성공을 짐작케 하는 지표가 될 수도 있다.

　　그러나 정부활동을 생존기준에 따라 획일적으로 평가할 수는 없다. 예를 들면 처음에 별로 이익이 없는 공장 하나를 정부가 세워서 손해를 감수하면서도 운영하다가 본궤도에 올라 재정적으로 충실해지면 민간에 불하하는 경우가 있다. 이 경우에 사업이 빨리 성공할수록 그 사업에 대한 정부활동은 빨리 종결될 것이다. 따라서 오래 지속되는 것, 즉 생존하는 것이 정부사업의 성공도를 측정하는 결정적 기준은 되지 못한다.

　(4) 동종사업의 성과　　민간기업에서처럼 정부기관의 성공여부를 판단하기 위해 일정한 기간에 이루어진 사업의 성과와 시간을 달리하는 기간에 행하여진 동종사업의 성과를 비교하는 방법을 쓰는 것은 어느 정도 납득할 수 있다. 그러나 시간의 흐름에 따라 사업의 성격이 달라지고 또 기술적인 변화가 있기 때문에 그러한 비교방법에도 애로가 있다. 그리고 신설사업에서와 같이 비교할 대상이 없는 경우도 있을 수 있다.

　　정부활동의 효율성은 경제적·사회적·정치적·행정적 요인들을 균형 있게 감안하여 판단해야 하기 때문에 평가기준의 구조가 복잡해질 수밖에 없다.

2. 국민경제에 대한 정부의 개입

1) 정부개입에 대한 관점의 변화

　　국가경제에서 정부부문이 차지하는 재원의 규모, 그리고 정부의 부문별 재원배분체계는 민간부문에 대한 정부간여의 척도가 된다. 정부간여의 척도는 나라마다의 경제질서, 사회구조, 그리고 정치체제의 성격에 따라 달라진다. 국민경제에 대한 정부개입의 수준과 양태는 때와 장소에 따라 달라지는 것이라고 말할 수 있다.

(1) **야경국가적 관점**　　서구사회에서 자유주의 사상이 세력을 떨치기 시작한 초기에는 국가의 활동을 최소한에 그치게 해야 한다는 원리가 광범한 지지를 받았다. 국방·경찰 등 공공의 안녕질서를 유지하기 위한 경비 이외에는 정부지출을 억제해야 한다는 주장이 지배적이었다. 이러한 주장은 야경국가적 정치질서의 특성과 사회경제적 요청을 반영한 것이었다.

(2) **균형예산의 지지**　　산업화국가에서도 상당기간 균형예산의 원리가 지배적이었다. 정부의 건전재정을 위해서는 정부의 세입과 세출을 대체로 같게 해야 한다는 신념이 예산결정과정에 강력한 영향을 미쳤다.

그러나 경제성장이 촉진되고 경기변동폭이 커지면서 균형예산은 국민경제에 부정적인 영향을 미치게 되었다. 균형예산은 경제불안정을 증폭시키는 효과를 수반하게 된 것이다.

(3) **개입확대와 불균형예산의 지지**　　선진 민주국가들에서 경제고도성장과정의 시장실패가 두드러지고 경제의 자율조정능력이 심각한 한계를 노정하자 정부개입 확대의 파도가 밀려왔었다. 사람들은 정부가 경제를 이끌어갈 중대한 책무를 져야 한다고 믿게 되었다. 그러한 책무이행을 위해서라면 적자예산도 정당화될 수 있다고 믿었다. 국민경제에 적극적으로 개입하는 과정에서 정부는 거대화되고 행정국가화되었다.

이러한 정부간여 팽창추세를 뒷받침해준 대표적 이론가는 John Maynard Keynes이다.[b] 정부팽창기의 재정정책과 예산과정은 '케인스 학파'가 석권했다고 해도 지나친 말은 아니다.

(4) **개입축소와 균형예산의 추구**　　다시 시간이 지남에 따라 사람들은 거대정부화·행정국가화가 지나치다고, 그리고 그 폐단이 너무 크다고 생각하기 시작하였다. 지속적인 불균형예산과 그로 인한 정부부채의 과도한 증가가 빚는 폐단을 심각하게 인식하게 되었다. 정부부문 감축·민간부문 확장을 주장하는 신자유주의적 이론들이 득세하게 되었다. 실천의 세계에서도 점차 그러한 처방들

---

b) Keynes는 정부지출이 국가경제를 이끌어가는 데 적극적 역할을 수행할 수 있다고 주장하고 예산정책이 거시경제정책의 도구여야 한다는 이론을 전개하였다. 그는 정부가 세입·세출의 조절을 통해 호황기의 인플레와 불황기의 실업증대를 억제해야 한다고 주장하였다. Keynes, *The General Theory of Employment, Interest and Money*(Harcourt, Brace, and World, 1953).

을 개혁목표로 채택하게 되었다. 1990년대 이후 상당기간 작은 정부의 구현, 긴축예산·균형예산의 추구는 거의 세계적인 개혁목표가 되었다. 많은 나라에서 국민경제에 대한 정부간여를 줄이려고 노력하였다.

최근에는 이러한 축소지향에 제동을 걸려는 움직임이 다시 감지되고 있다. 정부개입 확대와 축소를 잇는 연속선 상에서 이론적 및 실천적 선호는 모양을 바꿔가면서 앞으로도 양쪽을 오락가락할 것으로 예상된다.

우리나라에서는 1950년대까지 국가경제와 정부재정의 궁핍시대가 이어졌다. 그 때까지 국가는 그 존립과 기본질서의 유지에 급급하였다. 1960년대부터 발전행정의 시대, 행정국가화의 시대가 열리면서 국민생활에 대한 정부간여와 정부지출 팽창이 거침없이 진행되었다. 1980년대 이후 작은 정부를 구현해야 한다는 개혁원리가 지지를 얻기 시작하면서부터 정부지출규모 팽창에 대한 견제도 강화되어 왔다. 그런데 1990년대 말에 봉착했던 경제위기를 극복하는 과정에서 예산적자와 정부부채의 증가가 심화되었다. 오늘날 개발연대에서와 같은 정부개입 팽창주의는 사라졌지만 경제규모 확대, 좌파적 재분배정책, 복지사업 수요의 증대 등 여러 가지 이유로 정부재정의 규모는 계속해서 커지고 있다. 정부부채의 증대를 우려하는 목소리도 커지고 있다.

2) 예산과 경제정책

국민경제에 간여하는 정부의 행동노선은 각종 경제정책으로 표출된다. 예산은 정부의 경제정책을 뒷받침하고 그 도구가 되어야 한다. 국민경제에 직접·간접으로 영향을 미치는 정책은 여러 가지이다. 그 중 대표적인 것이 재정정책과 금융정책이다. 이 밖에도 경제에 영향을 미치는 요소들을 내포하는 정책들이 있다. 동력정책, 농업정책, 노동정책이 그 예이다.

(1) 재정정책   재정정책(財政政策: fiscal policy)은 정부의 지출수준, 조세율과 공채수준(公債水準) 등을 조절하여 경제의 안정적 성장을 도모하려는 정책이다. 재정정책은 경제의 안정과 성장을 적절히 조화시키려는 목적을 추구한다. 성장 일변도의 경제과열도 문제이지만 성장없는 안정은 불경기로 이어지기 때문에 재정정책은 성장과 안정을 결합시키려 한다.[9]

재정정책의 수단은 재량적인 것과 내장된(built-in) 것으로 대별된다. 재량적 방법은 수입수준과 지출수준을 조절하는 정책변동이다. 내장된 방법은 미리 정

한 재정조절장치이며 자동적인 정책인 것이다. 누진세와 이전지출을 그 예로 들
수 있다.c)

재정정책의 대상은 종합적·총계적이다. 개별적 경제활동에 대한 재정정책
의 규제는 간접적인 것이다. 재정정책은 국민소득의 분배에 영향을 미치기 때문
에 이익충돌이나 갈등을 일으킬 수 있다. 재정정책은 국가정책이다. 그 입안과
실천은 중앙정부가 주도해야 한다.

(2) **금융정책**　　금융정책(金融政策: monetary policy)은 일정한 경제적 목표의
달성을 위해 통화량이나 이자율 등을 조절하는 경제정책이다.10)

금융정책의 기본적 수단은 ⅰ) 중앙은행이 증권시장에서 유가증권을 매매
함으로써 통화량을 조절하고 이자율에 영향을 미치는 공개시장조작(open market
operations), ⅱ) 중앙은행이 예금은행의 법정 지급준비율을 변경시킴으로써 통화
량을 조절하는 지급준비율정책(reserve requirement ratio policy), ⅲ) 중앙은행이 금
융기관에 빌려주는 자금의 금리를 인상 또는 인하하여 중앙은행으로부터의 차
입규모를 조절함으로써 통화량을 조절하는 재할인율정책(rediscount rate policy)
등의 간접규제 수단이다.

금융정책의 기본적 수단 이외에도 통화량이나 이자율 자체를 직접 조절하
는 선별적 정책수단들이 여럿 있다. 은행제도와 신용(채권)시장의 기능에 관한
결정들도 금융정책의 일환으로 이해된다.

3) 예산과 국가발전계획

국민경제에 대한 정부개입을 논의하면서 예산과 국가발전계획의 관계를 함
께 설명하려 한다. 예산이나 국가발전계획은 다같이 국민생활에 대한 국가개입
의 도구이다.

재무행정학에서는 예산과 계획의 관계에 대한 논의를 오래 전부터 해왔다.
문제의식은 예산과 계획의 연결에 관한 것이었다.

발전행정론의 영향을 받은 연구인들은 발전도상국들이 세운 국가발전계획
과 예산의 관계를 연구의 대상으로 삼았다. 그들은 국가발전계획과 예산의 괴리
원인을 규명하고 연계강화방안을 찾으려 하였다.

c) 이전지출(移轉支出: transfer payment)이란 실업수당이나 재해보상금처럼 정부가 당기의 생산
활동과 무관한 사람에게 무상으로 지급하는 것으로서 국민의 가처분소득을 안정화시키는 데
기여한다.

예산의 관리지향성·계획지향성에 대한 요청이 확산되면서 예산과 계획의 관계는 또 다른 조명을 받게 되었다. 이번에는 예산과정에 계획개념을 도입하여 예산 자체의 계획성을 향상시키자는 논의를 하게 되었다.

우리가 계획을 넓은 의미로 이해하는 경우 예산도 하나의 계획이라고 할 수 있다. 예산과정을 모두 미래의 행동방안을 선택하는 계획과정이라 보고 예산과 계획의 관계를 논할 수도 있다. 그러나 여기서는 혼합경제체제 하에서 예산과정과 국가발전계획의 과정이 구분되는 경우를 준거로 삼으려 한다.

일반적으로 계획(planning)이란 일정한 목표의 성취를 위한 행동대안을 선택하고 실천수단을 결정하는 활동이라고 말할 수 있다.d) 국가발전계획(개발계획: national development planning)이란 국가체제의 포괄적인 발전을 추구하는 계획이다. 국가발전은 한 국가사회 전체가 어떤 상태에서 그보다 바람직한 상태로 변동하는 것이다. 여기에는 경제발전·사회발전·정치발전 등 부문별 발전이 모두 포함된다.

국가발전계획과 예산은 긴밀히 연계된 가운데 작동해야 한다. 국가발전계획과 유리된 예산은 무질서하고 낭비적일 수 있고, 예산의 뒷받침이 없는 계획은 공허한 것이 될 수밖에 없다.

그러나 실제로는 국가발전계획과 예산의 연계를 약화시키는 요인들이 많다. 그 예로 i) 계획기관과 예산기관의 분리, ii) 추상적인 계획, iii) 재정정책과 재원동원능력의 뒷받침이 없는 무리한 계획목표, iv) 계획의 실현에 지장을 주는 국내적·국제적 여건변화, v) 예산집행의 실책, vi) 예산제도와 계획제도의 지향성 차이e) 등을 들 수 있다.11)

국가발전계획과 예산의 괴리를 막으려면 계획의 실현가능성·대응성을 높여야 한다. 계획의 내적 일관성을 유지하도록 힘써야 한다. 장기·중기 및 단기 계획 사이에 연계성을 확보하는 것도 중요하다. 예산의 정책기능은 발전계획의 목표실현에 지향되도록 해야 한다. 예산과정의 접근방법과 예산분류, 회계분석, 사업분석, 지출통제 등 여러 수단들을 개선하여 예산의 계획친화력을 높여야 한

---

d) 여기서 정의한 계획과 같은 뜻으로 기획(企劃)이라는 말을 쓰기도 한다.

e) 예컨대 전통적인 품목별 예산제도의 통제지향성은 예산 상의 사업이 계획 상의 사업과 어긋나게 할 수 있다. 목표보다 수단을 중시하는 전통적 예산제도는 계획목표의 성취도조차 파악하기 어렵게 한다. 예산의 축소지향성과 발전계획의 확장지향성을 대조시키는 사람들도 있다.

다. 예산기관과 계획기관의 기능적 연계를 강화해야 한다. 그리고 두 기관 사이의 의사전달과정에 개입하는 장애를 제거해야 한다.

3. 예산과 정치

예산과정은 정치개입적인 또는 정치적인 과정이라고 한다. 예산과정은 누가 어떤 이익을 차지하고 누가 어떤 비용을 부담할 것인가를 결정하며, 정부에서 어떤 일을 해야 하고 국민은 그로부터 어떤 영향을 받을 것인가를 결정하기 때문에 정치적 과정이 될 수밖에 없다.

(1) **정치성의 차원**　　예산과정의 정치성은 여러 차원에서 이해될 수 있다.

① 정치적 목적실현의 수단　　예산은 정치적 목적실현의 수단이며 정책도구라는 점에서 정치적이다.

② 형성과정의 정치성　　예산은 공식적으로 처방된 정치적·법적 절차를 거쳐 형성된다는 점에서 정치적이다.

③ 공공통제의 수단　　예산은 공공통제의 수단을 제공한다는 점에서 정치적이다.

④ 이해대립과 투쟁　　예산과정에는 많은 권력중추와 행동자들이 참여해 이해관계를 놓고 대립하고 다툼을 벌인다는 점에서 정치적이다.

⑤ 갈등의 정치적 조정　　예산과정에서는 협상·타협 등 정치적 방법을 통해 이해갈등이 조정된다는 의미에서 정치적이다.

예산과정의 정치적 특성을 논의하는 사람들이 주로 관심을 갖는 국면은 네 번째와 다섯 번째의 정치성이다. 이익중추들의 이익추구행동과 갈등, 그리고 타협·협상과 같은 정치적 이해조정 방법에 주목한다. 그리고 자금을 배정하는 권력의 소재, 이익대표, 이해충돌과 갈등, 합의와 연합의 형성, 타협의 산물인 점증주의적 예산결정 등을 연구한다.

예산배정이 정치세력의 현저한 균형변화를 초래할 우려가 있을 때 정치적 갈등은 증폭된다. 경제성장 둔화기 또는 후퇴기에는 예산을 둘러싼 정치적 갈등이 더 심해진다.

합리적인 과정을 통해서 예산배정의 대안이 선택되더라도 정치적 고려에 따른 변경을 배제할 수 없다. 합리적 기준의 발견이 어려운 경우에는 예산과정의 정치적 영향이 더욱 커진다. 그런데 정부의 예산결정에서는 합리적 계산전략의 채택이 적합치 않은 경우가 대부분이다. 이러한 요인이 예산과정의 정치성을 강화한다.

(2) 참여자들의 정치적 역할   예산은 실제로 많은 개인·집단·조직이 서로 작용하는 정치과정을 통해 성립한다. 국회의원과 정치인, 행정부의 구성원들, 이 익단체 등 매우 다양한 행동자들이 예산과정에 참여하여 어떤 정치적 역할을 수 행한다.

예산과정에서 입법부의 정치인들과 대통령만 정치적 역할을 수행하는 것이 아니라 예산을 편성·집행하는 행정관료들도 정치적 역할을 수행한다. 예산과정 에서 예산관료들은 기술적·합리적 판단을 하고 정치적으로 결정된 예산을 집행 한다. 그러나 그들의 역할이 합리적·기술적이기만 한 것은 물론 아니다.

현대국가라면 어디서나 행정인의 국민대표적·정책적 역할을 인정한다. 행 정인들은 복잡한 책임의 체계 속에서 의사결정과정에 개입하는 많은 요인과 영 향력을 감안하여 행동하고 갈등적 요구들을 조정하는 역할을 수행해야 한다. 행 정인들의 공익추구를 위한 정치적 역할은 당위적인 것이다. 그런가 하면 행정인 들이 스스로 이익집단처럼 예산투쟁과 같은 정치적 행동을 하는 것도 현실이다.

행정관료들의 예산투쟁 전략, 정치적 흥정의 결과인 점증주의적 예산결정 등 정치적 역동성에 관련된 문제들은 제 3 절에서 설명하려 한다.

IV. 예산관리의 개혁

우리 정부의 예산관리가 어떤 모습을 하고 있는지에 대해서는 제 2 절과 제 3 절에서 알아볼 기회가 있을 것이다. 여기서는 우리 예산관리체제가 안고 있는 약점과 폐단이 무엇인지를 종합적으로 정리해 보고 개혁방향을 탐색하려 한다.[12]

1. 우리 정부의 예산관리에 대한 비판

비판의 대상이 되어 온 예산관리의 약점 내지 문제점이 무엇인지 그 대강 을 먼저 요약하려 한다. 비판에 대응한 예산개혁이 추진되어 왔기 때문에 예산 관리 상의 문제와 그 심각성의 수준은 끊임없이 변동해 왔다. 다음의 지적은 변 동하는 문제에 대한 상대적 평가이다.

첫째, 예산의 재정정책적 기능과 정부 내 정책조정기능이 미흡하다. 국가발전계획·중장기재정계획과 예산의 연계가 부실하다. 재정건전성을 훼손하는 재정운영도 문제이다.

둘째, 정부부문 전체의 재정활동에서 세입기반이 불안정하고 수지가 악화되는 문제가 있다. 조세 형평성의 결여, 탈세, 재정동원과정의 부패로 인한 폐해가 크다.

셋째, 재정운영의 성과관리를 제대로 하지 못하고 있으며, 통제중심적·투입중심적 예산관리와 점증주의적 예산결정의 폐단이 크다.

넷째, 예산구조가 너무 복잡하다. 특별회계, 정부관리기금 등이 남설되어 예산의 포괄성을 떨어뜨리고 나아가 재정운영의 효율성을 저해한다.

다섯째, 예산관리의 경직성이 높다. 경직성 경비의 비중이 크다. 품목별 예산항목의 세구분은 예산집행의 신축성을 떨어뜨린다. 예산이월요건은 너무 제약적이다.

여섯째, 예산편성과정의 합리성제약과 집권성이 문제이다. 예산심의기간은 짧고 심의는 졸속에 흐르고 있다. 예산집행에 대해 국회가 받는 환류는 부실하다.

일곱째, 재정사업운영의 폐쇄성, 권력게임을 통한 예산결정, 과잉규제, 단기적 투입기준에 따른 평가, 절차의 복잡성, 절약유인의 부족 등이 예산집행 등 재정운영의 효율성을 저해하고 낭비를 초래한다.

여덟째, 예산관리의 투명성이 낮고, 예산과정에 대한 국민의 참여와 감시가 부진하다. 재정정보관리체제의 운용은 부실하고, 정부회계의 포괄성은 낮으며 오류와 부정을 막기 어렵게 되어 있다.

아홉째, 재정의 지방분권화가 미흡하다.

2. 예산관리 개혁의 방향

예산관리의 주요 국면별 개혁방향은 다음과 같다.

(1) **재정정책적 기능의 강화**　　예산의 거시적 경제조절기능과 정책조정기능을 강화해야 한다. 중장기적 시야를 가진 재정운영체제를 발전시키고, 중기재정계획과 예산안의 연계를 실질화해야 한다.f)

국가재정의 건전화를 위해 국가채무관리를 개선하고 사회보장재정의 안정

---

f) 정부는 2007년부터 5회계연도 이상의 기간에 대한 재정운용계획을 수립하도록 「국가재정법」이 규정하고 있다.

화를 도모해야 한다.

(2) 세입기반의 개선   세입기반을 확충하여 '넓은 세원·낮은 세율'을 구현해야 한다. 조세구조의 수직적·수평적 형평성을 높여야 한다. 탈세와 세정의 부패를 억제할 수 있도록 제도와 행태를 개혁해 나가야 한다.

(3) 공공지출의 효율성 제고   여건변화에 대응하여 예산의 경직성을 완화하고 예산결정과정의 합리성을 높여야 한다. 산출중심적·성과중심적 예산제도 운영의 내실화를 도모해야 한다. 점증주의적 예산결정의 폐단을 줄여나가야 한다.

단년도 회계주의의 제약을 완화해야 한다. 예산비목의 적정한 통폐합을 추진해야 한다. 중복투자·과잉투자·선심성 투자 등 낭비요인을 제거해야 한다. 재정사업 운영에 시장적 경쟁방식의 도입을 늘려나가야 한다.

생산활동의 우선순위에 따른 비례적 재정배분을 실질화하여 정부활동 전체의 목표왜곡을 막아야 한다.

(4) 투명성 제고·참여 촉진   예산관리의 투명성을 높이려면 통합적인 재정정보관리시스템을 발전시켜야 한다.[g] 예산회계시스템도 개선해야 한다. 예산의 포괄성을 높여야 한다.

재정정보의 공개를 촉진하고 재정운영의 고객중심주의를 강화해야 한다. 예산과정에 대한 국민의 참여통로를 넓혀 재정민주주의를 성숙시켜야 한다.

(5) 지방화 대응의 개혁   지방화에 따라 정부역할을 조정하고 그에 맞게 재원배분구조를 개편해야 한다. 바람직한 지방분권을 실질화하려면 필요한만큼 정부기능과 재원을 지방에 이양해야 한다.

(6) 예산의 편성·심의·집행 개선   예산편성과정의 분석·평가·환류작용을 강화하고 정치게임 때문에 빚어지는 낭비를 통제해야 한다. 예산편성과정의 지나친 집권성을 완화해 나가야 한다. 무책임한 예산과다청구·증액요구를 관행화해 온 정부기관들의 예산행태를 시정해야 한다.[h]

---

g) 정부는 디지털예산회계시스템(실시간 통합재정정보시스템)을 만들어 2008년부터 시행하도록 하였다.

h) 정부가 도입한 총액배분 자율편성 예산편성방식은 무책임한 예산과다청구를 억제하는 제도적 장치가 될 수 있다. 그러나 이것만으로 과다청구관행을 막을 수는 없을 것이다. 각 중앙관서들의 예산행태가 달라지지 않으면 신규사업·계속사업에 대한 계획서 작성 등에서 예산부풀리기를 할 여지는 얼마든지 있다.

예산심의의 기간을 늘리고, 심의의 질을 높이도록 행태적·제도적 개혁을 촉진해야 한다. 예산심의를 볼모로 잡고 정치적 쟁투를 일삼는 만성적 관행은 타파해야 한다. 회계검사자료와 사업성과평가자료의 국회보고를 좀더 자주 할 필요가 있다.

예산집행과정의 자율규제를 촉진하고 예산절차의 번문욕례를 시정해야 한다. 집행자율에 상응하는 책임확보방안을 발전시켜야 한다. 예산성과금 지급 등 예산절약의 유인을 더 늘릴 필요가 있다.

(7) 정부회계제도의 개선 발생주의에 입각한 복식부기제도의 적용을 확대하고 내실화해야 한다.[i] 회계검사기준의 균형화를 도모해야 한다. 그러려면 산출기준·성과기준의 보강이 필요하다. 회계검사의 환류기능을 더욱 강화할 필요가 있다.

---

i) 정부는 「국가회계법」의 규정에 따라 발생주의 회계방식과 복식부기를 2009년부터 실시하고 있다.

단식부기는 단일항목의 수입·지출 증감만을 차변(借邊)과 대변(貸邊)의 구분 없이 기록하는 방식이다. 복식부기는 회계 상의 거래를 대차평균(貸借平均)의 원리에 따라 차변과 대변에 이중으로 기록하는 방식이다.

현금주의 회계방식은 현금거래의 시점에서 그 수입·지출만을 파악하여 기록하는 방식이다. 발생주의 회계방식은 현금의 수입·지출과는 무관하게 실질적으로 수익이나 비용이 발생한 때의 거래를 기록한다. 이 방식은 현금지출뿐만 아니라 감가상각, 자본비용 등을 반영한다. 이 제도는 원가계산능력 및 성과측정능력이 높고 미래의 잠재적 위험을 비용계산에 반영할 수 있다. 발생주의 회계·복식부기와 같은 기업형 회계제도가 정착되려면 운영자들의 태도변화가 있어야 할 것이며, 정보이용자들의 회계학적 지식도 향상되어야 한다. 회계제도에 연관된 관리작용의 변화가 있어야 할 것이다. 이 제도는 정부재정의 특성에 맞게 수정해 나가야 할 것이다. 사업별 원가정보 공개방안을 개발해야 한다. 무엇보다도 재무정보를 쉽게 전달할 수 있는 방안을 찾아야 한다.

예산관리의 접근방법

Ⅰ. 이른바 '예산이론'에 관하여

우리나라에서 흔히 볼 수 있는 재무행정 교재 가운데 예산이론이라는 주제를 다루고 있는 책들이 있다. 그런데 예산이론을 논의하는 사람들은 그것이 무엇을 의미하는지에 관해 어떤 혼란을 겪고 있다. 저자마다 소개하는 예산이론의 내용이 한결같지가 않다.

이 절에서는 예산관리모형들을 설명하려 한다. 그에 연관되는 문제이기 때문에 이른바 예산이론이라는 것에 대해 먼저 몇 가지 언급하려 한다.

1. 예산이론 논의의 배경

재무행정학 전체는 어떤 연구의 산물이며 이론이라고 말할 수 있다. 그런데 왜 재무행정 교재들은 예산이론이라는 항목을 따로 다루게 되었을까? 그 전말을 추정해 볼 필요가 있다.

1) Key, Jr.의 문제 제기

1940년대 미국 Johns Hopkins대학교의 V. O. Key, Jr. 교수가 예산이론의 부재를 개탄하는 글을 쓴 바 있다.[1] 행정국가화와 더불어 예산의 규모는 날로 방대해져 가는데 정부지출배분의 결정을 이끌어줄 이론이 없다고 하였다. "왜 X달러의 지출이 B라는 활동이 아니라 A라는 활동에 배정되어야 하는가?"라는 질문에 답하려는 연구가 없다는 것이다. 이런 문제를 지적한 Key, Jr.는 개척해야 할 예산이론의 연구영역과 관점을 제시하였다. 그가 제시한 연구의 관점은 경제학적인 것이다. 그는 예산관리를 근본적으로 응용경제학적 현상이라고 이해하였다.

2) Lewis의 예산이론

그 후 Verne B. Lewis는 진일보한 경제학적 이론을 제시하였다.[2] 그는 예산결정을 위한 분석에 길잡이가 될 개념으로 상대적 가치(relative value), 증가분의 분석(incremental analysis), 상대적 효율성(relative effectiveness) 등 세 가지를 들었다. 그는 각 투자대안의 상대적 가치를 비교해 예산결정을 해야 한다고 하였다. 그러한 비교는 목표의 효율적 성취에 관련시켜야 한다고 하였다. 그리고 한계효용 개념에 입각해 각 대안에 대한 자원증가분의 효율성을 비교하는 방법을 써서 각 대안의 가치를 비교해야 한다고 주장하였다. 대안의 비교를 강조한다고 해서 Lewis는 그가 제안하는 예산제도를 '대안적 예산제도'(代案的 豫算制度: alternative budget system)라 이름붙였다.

3) Wildavsky의 예산이론

1960년대에 들어서 Aaron Wildavsky는 예산과정을 정치과정으로 이해하는 이론을 발표하였다.[3] 그는 예산을 연구하는 것은 정치를 연구하는 것과 같다고 주장하였다. 그리고 정치과정을 통한 예산결정은 점증주의적인 것일 수밖에 없다고 하였다. Wildavsky는 예산연구인들이 예산과정의 정치적 특성에 관심을 갖도록 만든 결정적 역할을 하였다. 그의 이론은 지금까지도 가장 널리 인용되고 있는 이론들 가운데 하나이다.

위 세 사람의 초기적 연구에 이어 실천적 처방을 내포하는 예산관리모형들이 여럿 개발되고 실천세계에서 채택 또는 실험되었다. 점차 예산에 관한 연구는 늘어나고 이론은 양산되었다.

재무행정학의 교재들은 대개 연구정보, 즉 이론들의 요약된 소개로 꾸며지고 있다. 그런데도 예산이론이라는 주제를 따로 다루는 까닭은 여러 가지로 추정해 볼 수 있다. 그러나 Key, Jr.의 문제제기와 초창기적 예산이론 개척이 그런 일들을 하게 한 뿌리가 아닌가 생각한다.[a]

2. 예산이론의 의미에 대한 다양한 이해

예산이론이라 하여 소개하는 것은 저자마다 구구하다. 그 예를 보면 ⅰ) 몇 가지 초기적 이론들을 소개하는 것, ⅱ) 예산개혁의 과정을 소개하는 것, ⅲ) 예

---

a) 다수의 연구인들이 Key, Jr.의 작품을 예산이론 논의의 출발점으로 잡는다. 그러나 Key, Jr.의 논문이 나오기 이전의 저술들에서 예산이론의 뿌리를 찾는 사람들도 있다. 그러한 저술의 예로 예산개혁의 방향을 논의한 William F. Willoughby의 저서(1918)와 예산의 거시경제정책적 기능을 논한 John M. Keynes의 저서(1936)를 들 수 있다. Jay M. Shafritz, E. W. Russell and Christopher P. Borick, *Introducing Public Administration*, 5th ed.(Pearson Longman, 2007), pp. 487~489.

산의 기능에 관한 이론을 소개하는 것, ⅳ) 의사결정의 접근방법들을 소개하는 것, ⅴ) 예산제도 발전과정에 연관시켜 예산관리의 모형들을 소개하는 것 등이 있다. 다음에 이 마지막 항목에 관해 설명할 것이다.

예산이론의 주제와 영역은 이 밖에도 많다. 예산이론을 논의하는 사람들은 많은 예산이론 가운데 어떤 것을 골라 예시적으로 소개한다는 단서를 달아야 한다. 그래야 초심자들의 혼란을 막을 수 있다.

Ⅱ. 예산관리모형

여기서 예산관리모형이라고 하는 것은 예산배정 기준발견의 접근방법을 지칭한다. "어떤 기준에 따라 예산을 배정할 것인가?"라는 질문에 답을 구하는 방법이라고 할 수 있다. 이것은 예산제도에 관한 모형이라고 할 수도 있다. 예산관리모형들은 실천적 제도에 대한 관찰과 이론적 상상력이 어우러져 만들어낸 것들이다.

민주국가의 초창기적 예산제도는 아주 비조직적이어서 오늘날 예산관리모형의 반열에 끼워주지도 않는다. 그러한 비조직적 예산제도의 예로 행정기관들에 돈을 나누어주고 적당한 데 쓰도록 맡기는 일괄예산제도(또는 총액예산제도: lump-sum budgets)를 들 수 있다. 대표적인 전통적 모형으로 지목되고 있는 것은 품목별 예산제도이다. 이 모형 역시 과학성이 떨어지는 것이지만 아직까지도 그 시장점유율이 높다. 전통적인 방법을 수정하는 모형들은 다양하게 개발되어 왔다.

여러 모형들의 우열을 보편적으로 결정할 수는 없는 일이지만 대체로 예산관리모형 발전의 단계를 쫓아 설명하려 한다. 합리성·포괄성이 떨어지는 전통적 접근방법을 먼저 소개하고 이어서 합리성·포괄성을 높이려는 노력으로 나타난 모형들을 설명할 것이다. 품목별 예산제도, 성과주의 예산제도, 계획예산제도, 목표관리 예산제도, 영기준 예산제도, 총액배분 자율편성 예산제도, 결과기준 예산제도를 차례로 설명하고 계약예산제도에 대해 간단히 언급하려 한다.

1. 품목별 예산제도

1) 정   의

품목별 예산제도(品目別 豫算制度: 품목별 예산관리모형: line-item budgeting)는 지출품목(object of expenditure)마다 그 비용이 얼마인가에 따라 예산을 배정하는 제도이다. 이 제도의 성격은 통제지향적이다. 예산집행자들의 재량권을 제한함으로써 행정의 정직성을 확보하려는 제도이다. 예산을 지출품목에 따라 상세하게 분류함으로써 예산에 대한 행정책임의 소재를 분명히 하고 회계책임에 대한 외재적 통제가 쉽도록 하는 제도이다.[4]

품목별 예산제도는 예산계정(豫算計定)을 정부의 개별적인 조직, 또는 기능이나 사업이 사용하는 구체적인 지출품목에 따라 분류한다. 구체적인 지출품목이란 예컨대 잡급직원 수당, 자동차, 시멘트 1톤과 같은 단위로 표시되는 것이다. 예산계정의 구체적인 분류에서 각 품목에 대한 지출의 궁극적인 목표가 무엇인가는 원칙적으로 고려하지 않는다.

품목별 예산제도는 선진국들에서 가장 오래 쓰여왔으며 아직도 그 뿌리는 깊다. 우리나라도 품목별 예산제도를 오래 사용해 왔다. 새로운 예산제도가 실험 또는 도입되더라도 품목별 예산제도는 그에 결합되어 명맥을 유지해 왔다.

2) 특   징

품목별 예산제도의 주요 특징은 다음과 같다.

① 지향성   통제지향적이다. 집행단계에서의 지출통제에 역점을 둔다. 예산과정의 국면들 가운데서 집행단계의 통제에 초점을 맞춘다.

② 관심대상   관심의 범위는 투입의 규정에 국한된다. 주된 관심대상은 조직단위 또는 사업을 운영하는 데 필요한 투입이다. 투입이란 지출품목(재화·용역과 그 비용)이다. 따라서 지출품목의 정확한 기술적 정의를 강조한다.

③ 주요 정보   예산관리에서 활용하는 가장 중요한 정보는 지출품목과 그 비용에 관한 정보(투입에 관한 정보)이다.

④ 핵심기술   예산담당 공무원들에게 필요한 핵심적 기술은 회계기술이다.

⑤ 결정원리   예산에 관한 의사결정의 접근방법은 점증주의적인 것이다. 이전의 예산으로부터 점증적으로만 달라질 수 있게 해야 한다는 결정원리를 따

른다.

⑥ **계획책임**   예산관리의 계획기능은 거의 없다. 행정체제 전반의 관리·계획책임은 분산적이다.

⑦ **예산기관의 역할**   예산기관은 피신탁인(被信託人)의 역할(fiduciary role)을 수행한다. 예산기관은 승인된 대로 예산이 집행되는지를 감시하는 역할의 수탁자로 행동한다.

3) 장점과 단점

(1) **장   점**   품목별 예산제도는 예산관리에서 필요한 가장 기초적 정보, 즉 필요한 품목의 값이 얼마인가에 대한 정보를 알려준다. 그리고 운영하기 쉬우며 회계책임을 분명하게 하는 데 유용하다.[b]

① **작성과 이해의 용이성**   계산작업이 쉽고 예산구조를 이해하기도 쉽다. 복잡한 연관요인들을 포괄적으로 고려하는 것이 아니며 다루어야 할 정보도 비교적 단순하기 때문이다.

② **회계책임확보의 용이성**   회계책임을 묻는 데 유용하다. 여기서 회계책임이란 품목별 지출의 정확성 또는 규칙성에 대한 책임이다.

③ **점증주의적 의사결정의 이점**   점증주의적 의사결정에 따르는 이점이 있다. 지나친 모험을 피하게 한다. 알 수 없는 미래가 아니라 알 수 있는 과거와 현재에 기초하여 안전한 예산관리를 할 수 있다.

④ **어려운 선택의 분산**   갈등을 야기할 수 있는 어려운 선택을 분산 또는 분할하기 때문에 모든 어려움을 한꺼번에 직면하지 않아도 된다.

⑤ **다양한 정책과의 조화**   어떤 정책도 품목들에 반영할 수 있다. 품목별 예산제도는 정책에 대해 중립적이기 때문에 다양한 정책들과 조화될 수 있다.

(2) **단   점**   오늘날 품목별 예산제도는 지지보다 비판을 더 많이 받고 있다. 비판의 논점을 요약하면 다음과 같다.

① **효율성 판단 불능**   목표달성에 무관심한 투입기준의 예산을 만들어 산출의 성과를 확인할 수 없게 한다. 어떤 품목에 돈을 얼마나 썼느냐만을 말해 주

---

b) Wildavsky는 품목별 예산제도의 이점을 그 약점에서 연유하는 것으로 본다. 약점으로 지적되는 특성들이 지니는 이점이라는 것이다. 예컨대 비포괄성이라는 약점에서 운영의 간편성이라는 이점이 나온다고 한다. Aaron Wildavsky, *The Politics of the Budgetary Process*, 1st ed.(Little, Brown, 1964).

는 투입기준의 예산자료는 자원의 효율적 활용을 위한 의사결정에 만족스러운 정보를 제공하지 못한다.

② 사업·성과에 대한 무관심 목표중립성·정책중립성은 사업무관심·성과무관심을 조장할 수 있다.

③ 과거지향적 점증주의의 약점 점증주의적이며 과거지향적이다. 과거를 되돌아보지만 어떻게, 왜 특정한 상태에 이르렀는지를 이해하는 데 충분할 만큼 돌아보지 않는다. 이러한 예산결정은 과학적 포괄성·합리성을 결여한다.

④ 재정구조의 경직화 예산을 기존의 조직과 사업에 묶이게 하여 재정구조의 경직화를 초래한다. 상세한 품목별 예산결정은 집행의 신축성을 지나치게 제약한다.

⑤ 활동의 중복 조직마다 품목예산을 배정하기 때문에 활동의 중복을 막기 어렵다.

⑥ 통합조정의 애로 품목과 비용을 따지는 하급관리층의 미시적 관리도구를 정부 전체의 거시적 수준에까지 적용하는 데서 오는 폐단이 크다. 무엇보다도 정부 전체 활동의 통합조정에 필요한 수단을 제공하지 못한다.

2. 성과주의 예산제도

1) 정   의

성과주의 예산제도(成果主義 豫算制度: 산출기준 예산제도: performance budgeting)는 정부가 무슨 일을 하느냐에 중점을 두는 제도이다.[c] 이 점에서 정부가 무엇을 구입하느냐에 중점을 두는 품목별 예산제도와 구별된다. 성과주의 예산제도

---

c) Performance budgeting은 산출기준 예산제도, 기능별 예산제도 또는 활동별 예산제도라고 번역했어야 옳다. 그러나 성과주의 예산제도라는 번역어가 우리나라에서 널리 쓰이고 있으므로 저자도 그 관행에 따르기로 하였다.

성과주의 예산제도와 사업예산제도(program budgeting)를 구별하는 사람들은 성과주의 예산제도가 정부의 활동(하는 일)에 관심을 집중하고 활동이 조직단위들에 중첩되는 것은 피하는 반면 사업예산제도는 정부의 목표에 관심을 집중하고 재원배정을 목표성취에 연계시킨다고 설명한다. 사업예산제도는 조직단위 간 활동중첩도 용인한다고 말한다. 예산관리의 실제에서는 양자가 흔히 결합되는 점에 착안하여 '사업·성과예산제도'(program-performance budget ing)라는 명칭을 사용하는 사람들도 있다.

진정한 성과 또는 결과에 초점을 맞추는 '새로운 성과주의 예산제도'에 대해서는 뒤에 따로 설명할 것이다.

는 예산투입을 정부의 산출에 연결시키는 제도이다. 이 모형은 정부가 하려는 사업이 무엇이며 그에 소요되는 비용은 얼마나 드는지를 밝혀준다. 따라서 산출뿐만 아니라 투입도 함께 생각하는 모형이라고 할 수 있다.[5]

기능별 예산제도(functional budgeting) 또는 활동별 예산제도(activity budgeting)라고 부르기도 하는 성과주의 예산제도는 예산과목을 사업별·활동별로 분류하여 편성한다. 대단위사업을 하위사업으로 나누고 이를 다시 세부사업으로 나눈 다음 세부사업별로 업무량과 단위원가를 곱하여 예산액을 산출한다.[d]

이와 같이 성과주의 예산제도에서는 각 사업별 업무단위를 측정하여 업무를 양적으로 표시하고 그 원가를 기준으로 예산을 편성한다. 그리고 정부사업의 산출을 평가할 수 있도록 미리 산출기준을 결정해 두고 그에 따라 산출분석과 내부통제를 할 수 있게 한다. 분석의 초점은 예산지출의 상대적 능률성 비교에 있다. 목표성취도의 분석은 그러한 초점 밖으로 벗어나는 것이다.

성과주의 예산제도가 효과적으로 운영될 수 있으려면 ⅰ) 사업계획 수립에서 정부의 각 기관은 중앙예산기관과 긴밀히 협조해야 한다는 것, ⅱ) 사업계획과 정부조직의 배열은 조화를 이루어야 한다는 것, ⅲ) 개별적인 사업은 업무측정의 단위로 표시되어야 한다는 것, ⅳ) 회계연도 전체를 통해 사업진척상황을 파악할 수 있는 보고제도가 수립되어야 한다는 것, ⅴ) 사업별 및 사업단위별로 지출을 통제하는 계정체제가 구분되어야 한다는 것 등의 조건이 갖추어져야 한다.

성과주의 예산제도를 지지하는 사람들은 거대한 현대 정부의 관리기능을 조정하는 일이 무엇보다 중요하다는 인식을 가지고 있다. 예산과정의 지출통제기술은 정착되었다고 보고 관리의 효율화에 눈을 돌리게 된 것이다.[e]

우리나라에서는 1960년대 초반에 성과주의 예산제도를 실험한 일이 있다. 1961년부터 국방부와 보건사회부 업무의 일부에 성과주의를 적용해 보다가 1964년에 중단했다. 현재 우리 정부가 점진적으로 적용을 확대해 나가고 있는

---

d) 여기서 단위원가(unit cost)란 업무단위 하나를 산출하는 데 소요되는 경비를 말하고 업무량이란 업무단위로 표시되는 작업의 양을 말한다. 예를 들어 도로건설 사업계획이 총 100km라고 하였을 때, 업무측정 단위를 1km로 정하면 업무량은 100이 될 것이며, 도로 1km를 건설하는 데 쓰이는 경비가 20억 원이라 한다면 단위원가는 20억 원이 된다.

e) 성과주의 예산제도는 1914년에 미국 뉴욕시의 도시연구소(New York Bureau of Municipal Research)가 처음 제안한 것으로 알려져 있다. 1949년에는 제 1 차 후버위원회(First Hoover Commission)가 연방정부에서 이를 채택하도록 권고하였다.

성과관리 예산제도는 '새로운 성과주의 예산제도'이다.

2) 특   징

성과주의 예산제도의 주요 특징은 다음과 같다.

① 지 향 성   관리지향성을 지닌 예산관리모형이다. 예산관리를 포함한 행정관리작용의 능률화를 지향하는 모형이다. 이 모형은 예산관리기능의 집권화를 처방한다.

② 관심대상   관심의 대상에는 투입과 산출이 함께 포함된다. 관심의 출발점은 사업의 산출이라고 할 수 있다. 거기서부터 산출의 비용인 투입으로 관심이 이어진다고 보아야 한다.

③ 주요 정보   예산관리에서 활용하는 가장 중요한 정보는 조직의 활동 또는 사업에 관한 정보이다.

④ 핵심기술   예산관리자들에게 필요한 핵심적 기술은 관리적·행정적 기술이다.

⑤ 결정원리   예산결정의 접근방법은 점증주의적인 것이다.

⑥ 계획책임   계획기능에 대한 책임은 분산적이다.

⑦ 예산기관의 역할   예산관리기관의 역할은 자원활용의 능률성을 높이는 것이다.

3) 장점과 단점

(1) 장   점   정부활동의 산출에 초점을 맞추는 성과주의 예산제도의 장점은 다음과 같다.

① 능률성 향상   자원활용의 능률성 향상에 기여할 수 있다. 예산집행의 산출을 평가하여 업무능률을 확인할 수 있다. 능률성평가에 관한 정보는 다음 회계연도의 예산과정에 환류시켜 능률적인 자원배분결정을 유도하게 한다.

② 유용한 행정관리수단   예산과정의 과학화에 기여하고 유용한 행정관리수단을 제공한다.

③ 편성·집행의 용이성   예산배정 대상인 활동과 조직설계의 부합도가 높기 때문에 예산편성과 집행의 관리가 용이하다.

④ 통제의 상대적 용이성   좀더 복잡한 예산관리모형의 경우와 비교했을 때 국민과 국회의 예산통제가 용이하다. 정부가 무슨 사업을 하며 그에 대한 예산

의 산출근거는 무엇인지를 알기 쉽게 하기 때문이다.

(2) 단   점   성과주의 예산제도의 단점 또는 한계는 다음과 같다.

① 효율성 판단 불능   효율성기준을 제시하지 못한다. 예산집행의 산출이 그 목표를 달성하는 효과를 성취했는가에 대한 답을 해주는 것이 아니기 때문이다. 계획기능의 수행이나 거시적 자원배분에 관한 정책기능을 돕지는 못한다.

② 통제의 상대적 애로   품목별 예산제도와 같이 단순한 모형의 경우에 비해 예산과정에 대한 국회의 참여와 통제가 제약된다. 기술적 복잡성이 상대적으로 높기 때문이다.

③ 복잡성 대응의 한계   관리지향적이라고 하지만 행정의 복잡성에 충분히 대응할 수 있을 만큼 접근방법이 정교하고 체계적인 것은 아니다.

④ 업무단위 선정의 애로   업무단위를 선정하는 데 기술적 애로가 크다. 일부 정부활동에서 업무의 성과를 측정할 수 있는 최종산물을 찾아낼 수도 있지만, 많은 경우에 동질적이고 측정가능한 최종산물을 발견하기 어렵기 때문이다.

⑤ 단위원가 계산의 애로   단위원가를 계산하기 어렵다. 단위원가 계산에서 재고량·감가상각비·간접비 등의 파악과 산입이 힘들다. 회계제도가 잘못되어 있거나 담당자들의 회계기술이 미숙하면 어려움은 가중된다.

3. 계획예산제도

1) 정   의

계획예산제도(計劃豫算制度: planning-programming-budgeting: PPB)는 정부활동의 목표와 그 성취에 초점을 맞추고 예산기능과 계획기능의 연계를 강조하는 모형이다. 이 모형은 ⅰ) 목표와 수단을 정의하고 선택하는 계획(planning), ⅱ) 목표달성을 위한 세부사업(projects)에 관한 실행계획(programming), ⅲ) 목표성취와 사업수행의 소요경비(가격)를 결정하는 예산(budgeting) 등 세 가지 기능을 서로 긴밀히 연결시킨다.[6] 계획예산제도는 목표와 계획에 따른 사업의 효율적 수행에 주된 관심을 갖는다.

계획예산제도는 사업 또는 활동의 목표와 그 성취(산출의 효과)에 초점을 맞추지만 투입과 산출에도 관심을 갖는다. 이 제도는 장기적 시야의 합리적·포괄적 계획을 강조한다. 계량적 분석기법의 활용을 통한 예산과정의 객관화를 추구한다. 계획예산제도는 정책과 사업을 선택하는 기능의 객관화·체계화를 강조한다. 따라서 의사결정의 흐름은 하향적·확산적인 것으로 된다.

미국에서 계획예산제도가 개발되고 채택되었던 시기에는 이를 뒷받침하는 여건이 조성되었다. 당시 거시적·미시적 경제분석이 재정정책과 예산정책의 입안에서 중요한 역할을 할 수 있었다. 케인스 경제학의 영향으로 정부의 경제간여, 그리고 재정적 목적을 위한 예산의 활용을 지지하는 사조가 확산되어 있었다. 체제분석, 비용·편익분석 등 새로운 정보처리기법과 의사결정기법이 발전되었다. 계획과 예산이 점차 접근하는 추세를 보였다. 이러한 조건들은 계획예산제도의 성공조건이라고 이해할 수도 있다.[f]

우리나라에서는 국방부가 자원관리체계화에 계획예산제도의 기법을 활용한 바 있다.

2) 기본적 요소(활동국면)

계획예산제도는 조직의 명료한 목표설정을 예산과정의 출발점으로 삼는다. 그리고 목표성취를 위한 사업대안들을 확인하고 그에 대한 비용·효과분석을 통해 예산을 결정한다. 그러한 예산과정의 핵심적 요소 또는 활동국면들은 다음과 같다.

① 목표의 조작적 정의 사업의 목표를 조작적 차원에서(in operational terms) 분석하고 정의한다.[g]

② 대안분석 목표성취를 위한 사업대안들을 분석한다. 여기에 비용·효과 분석방법이 쓰인다.

③ 비교평가체계 개발 모든 정부사업들의 비용·효과를 비교평가할 수 있는 체계적 방법을 개발한다.

④ 사업비용분석 1년 또는 수년 간에 걸쳐 발생할 사업의 총비용을 분석한다.

---

f) PPB(또는 planning−programming−budgeting system: PPBS)의 뿌리를 1940년대 미국의 전시물자 통제계획에서 찾는 사람도 있다. PPB는 미국의 랜드연구소(RAND Corporation)가 개발한 사업예산제도를 기초로 삼는 것이라고 말하는 사람들도 있다. 그런 사람들은 PPB를 사업예산제도의 일종이라고 설명한다. PPB를 미국 국방부에서 처음 도입한 것은 1960년대의 일이다. 당시 미국 국방장관이었던 Robert McNamara가 PPB시행을 주도하였다고 한다.
g) 조작적으로 정의한다는 것은 경험적으로 측정할 수 있도록 구체적으로 정의한다는 뜻이다. 예컨대 어떤 사업의 목표를 '교통안전'이라고 추상적으로 표현하는 것이 아니라 감소될 교통사고의 수, 감소될 인명피해의 수, 감소될 재산손실의 비율 등을 구체적으로 기술한다.

3) 특   징

계획예산제도의 주요 특징은 다음과 같다.

① 지 향 성   계획지향성을 지닌 예산관리모형이다. 장·단기의 계획과 예산을 통합하려는 계획친화적 모형이다.

② 관심대상   관심대상은 사업대안들의 투입·산출·효과이다.

③ 주요 정보   예산관리과정에서 활용하는 가장 중요한 정보는 조직의 목표에 관한 것이다.

④ 핵심기술   예산담당 공무원들에게 필요한 지식과 기술은 경제학과 계획에 관한 것이다.

⑤ 결정원리   예산결정의 접근방법은 체제분석적이다.

⑥ 계획책임   계획기능은 집권화된다.

⑦ 예산기관의 역할   예산기관의 역할은 정책결정이다.

4) 장점과 단점

(1) 장   점   예산과정의 합리화·과학화에 기여하는 계획예산제도의 장점은 다음과 같다.

① 목표·수단의 연계 촉진   목표를 명료화하고 수단(집행과정)을 목표에 연결짓는 데 유용한 도구이다. 의사결정자들이 사업의 목표·조직의 목표에 관심을 가지고 목표 간의 관계, 목표성취 방법 등에 주의를 집중할 수 있게 한다.

② 계획활동의 강화   계획활동을 촉진하고 장·단기의 계획목표에 일관되게 예산을 편성할 수 있게 한다. 계획과 예산의 과정을 단일의 의사결정체제에 일원화할 수 있다.

③ 경제적 논리 도입   사업의 비용·효과분석을 통해 예산결정에 경제적 논리를 적용할 수 있게 한다.

④ 분석·평가 정보제공   사업대안들의 심층적 분석에 필요한 정보를 제공한다. 그리고 축적된 지식과 환류정보의 활용으로 목표와 수단을 적시성있게 수정할 수 있도록 한다.

⑤ 포괄적 분석의 촉진   정책결정에 관련된 요인들의 포괄적 분석을 촉진한다.

(2) 단   점   계획예산제도에 대한 비판은 합리적 의사결정모형에 대한 비판과 그 궤를 같이한다. 요컨대 현재 인간의 능력이나 기계의 능력으로는 감

당할 수 없는 지적 작업을 요구한다는 것이다. 이런 점에 착안한 비판자들은 계
획예산제도 그 자체에 실패요인이 내장되어 있다고 말한다. 계획예산제도는 이
상적인 처방을 담고 있지만 이를 실천에 옮기려면 많은 애로와 저항에 봉착한다
는 평가를 받고 있다.

　　① 정치적 영향의 무시　　경제적 합리성에 집착하여 정치적 영향을 배제하려
하지만 그러한 기도는 비현실적이다.

　　② 목표명료화의 애로　　계획예산제도가 강조하는 목표체계의 명료화는 실천
적으로 쉬운 일이 아니다. 특히 국가목표와 같은 최상위 목표에 대해 합의를 형
성하는 것은 대단히 어려운 일이다.

　　③ 사업효과 측정의 애로　　계획예산제도는 사업효과의 엄격한 예측과 측정
을 강조하는데 공공재의 효과는 대부분 계량적 측정이 곤란하다.

　　④ 비용·효과 비교의 애로　　정확한 비용·효과예측, 그리고 포괄적인 사업
간 비교는 불가능하거나 매우 어렵다. 그러한 작업이 가능한 경우에도 많은 노
력과 비용이 든다.

　　⑤ 과다한 서류작업　　과다한 서류작업을 요구하는 폐단이 있다. 관련자료의
양산에도 불구하고 정확한 계산작업에 필요한 정보는 산출하지 못하는 경우가
많다.

　　⑥ 무리한 책임부과　　책임질 수 없는 일에 대해 책임을 묻는 잘못이 있다.
계획예산제도는 조직 상의 책임과 사업 상의 책임을 괴리시키면서도 사업에 대
한 각 조직의 책임을 묻는 것은 무리이다. 사업은 조직의 경계를 가로지르기 때
문에 개별조직이 사업 전체를 장악하지 못하는데, 그럼에도 불구하고 기관별 책
임을 묻는다는 것이다. 그리고 조직이 통제할 수 없는 요인들의 영향 때문에 발
생하는 사업효과에 대한 책임을 지라고 하는 것은 무리이다.

　　이 밖에도 계획예산제도의 정착을 좌절시킬 수 있는 실천과정 상의 문제들이
있다. 과다한 운영비용이나 기술부족이 문제가 될 수 있다. 전문분석가들과 행정관
료들 사이의 마찰도 문제이다. 계획예산제도를 실시하기 위해 전문분석가들을 행정
기관에 대거 투입하면 행정관료들은 위협을 느끼고 전문분석가들의 활동에 저항할
수 있다. 갈등하는 여러 이익들의 조정 또는 균형화에 기여한 점증주의적 예산결정
방식에 익숙한 세력들은 그에 반대하는 계획예산제도에 저항하게 된다.

4. 목표관리 예산제도

1) 정   의

목표관리 예산제도(目標管理 豫算制度: management-by-objectives budgeting; budgeting-by-objectives: BBO)는 목표관리에 입각한 예산관리모형이다. 목표관리라는 총체적 관리체제에 예산관리를 결합시킨 모형이라고 할 수 있다. 목표관리는 참여의 과정을 통해 조직단위와 구성원들이 실현해야 할 목표를 설정하고 그에 따라 생산활동을 수행하도록 하며, 활동의 결과를 평가·환류시키는 관리체제이다. 이에 관해서는 제 5 장 제 3 절의 목표관리에 관한 설명을 참조하기 바란다. 여기서는 자세한 설명을 되풀이하지 않을 것이다.

2) 특   징

목표관리 예산제도의 주요 특징은 다음과 같다.[7]

① 지 향 성   이 모형의 기본적인 지향성은 관리지향적이다.

② 관심대상   관심대상은 목표성취에 필요한 투입, 그리고 목표성취의 산출과 효과이다.

③ 주요 정보   필요한 핵심적 정보는 사업의 효율성에 관한 것이다.

④ 핵심기술   조직구성원들의 관리에 관한 상식을 중요시한다.

⑤ 결정원리   예산결정의 접근방법은 분권적·참여적이다.

⑥ 계획책임   총체적(집권적)이며 동시에 할당적(분권적)이다. 전반적인 조직목표는 총체적·집권적으로 설정하지만 구체적 사업의 목표는 상·하 참여의 방법을 통해 결정한다. 사업의 집행은 분권화된다.

⑦ 예산기관의 역할   예산기관의 역할은 사업수행의 능률성과 효율성을 향상시키는 것이다.

3) 장점과 단점

(1) 장   점   목표관리 예산제도의 효용 또는 이점은 다음과 같다.

① 창의적 참여의 촉진   문제에 가장 근접한 사람들이 문제해결방안의 결정에서 발언권을 갖게 함으로써 그들의 창의적인 참여를 촉진한다.

② 총체적 관리의 발전   다른 관리기능들과 예산기능을 통합시킴으로써 총체적 관리체제의 발전에 기여한다.

③ 자율관리의 촉진　분권화, 의사전달과 환류의 원활화를 통해 자율관리능력을 향상시킨다.

④ 조직발전 촉진　능동적 참여의 과정을 통한 조직발전을 촉진할 수 있다.

(2) 단　점　목표관리 예산제도의 단점은 다음과 같다.

① 목표측정의 애로　정부사업의 목표를 명료화하여 측정하는 것은 대단히 어렵다.

② 평가기준 개발의 애로　목표성취도를 평가하는 데 필요한 기준을 개발하는 일이 어렵다.

③ 시간·노력소요의 과다　참여과정을 통한 예산관리는 시간과 노력을 많이 소모한다.

④ 유동적 상황에 대한 부적응　조직과 사업이 급변하는 상황에서는 합의된 목표의 안정적 추구가 어렵다. 따라서 유동적 상황은 목표관리에 지장을 줄 수 있다.

⑤ 관료행태와의 마찰　권위주의적 관리에 익숙한 전통적 관료행태는 목표관리에 장애가 된다.

5. 영기준 예산제도

1) 정　의

영기준 예산제도(零基準 豫算制度: 영점기준 예산제도: zero-base budgeting; zero-based budgeting: ZBB)는 전례를 기준으로 삼지 않고 매년 영의 기준 또는 백지상태에서 새로이 예산을 결정한다는 원칙을 채택하는 모형이다. 이 모형은 전년도 예산을 기준으로 하여 점증적으로 예산액을 결정하는 데서 생기는 폐단을 시정하려고 개발한 것이다. 이 모형은 전년도의 예산결정과는 무관하게 예산사업의 목표·방법·효과·경비 등을 '영의 수준에서' 또는 '처음 입안한다는 생각으로' 검토하여 우선순위와 예산액을 책정한다. 이것이 영기준 예산제도의 정신이며 원칙이다.[8]

영기준 예산제도는 과거의 예산결정을 반성없이 수용하지 않는다. 기존의 사업과 활동이더라도 다시 예산배정을 받으려면 매 회계연도마다 그 존속의 정당화 근거를 제시하여야 한다. 신규사업이거나 기존사업이거나를 막론하고 모두

가 그 필요성에 대한 심사를 받도록 하자는 것이 영기준 예산제도의 원리이다.

이와 같은 이론적이고 순수한 원리는 일련의 전제 또는 가정에 입각해 있는 것이다. 일련의 전제란 ⅰ) 각 대안의 비용·효과를 합리적 계산으로 측정할 수 있다는 것, ⅱ) 재원을 완전히 새롭게 효과적으로 배정할 수 있다는 것, ⅲ) 분권화는 하급관리자들의 참여와 헌신을 촉진한다는 것, 그리고 ⅳ) 예산과정 참여자들이 상하좌우로 정보를 교환할 동기를 가진다는 것을 말한다.

조직들이 영기준 예산제도를 채택하는 이유는 여러 가지일 수 있다. 예산절감, 자원재배정, 예산요구에 대한 지지획득, 하급관리자들의 참여확대, 하급관리자들의 능력 평가, 예산·계획·통제기능의 연계강화 등을 그 예로 들 수 있다. 그 가운데서 가장 일반적인 채택이유는 예산절감과 사업감축이다. 영기준 예산제도를 정부의 경비절감과 감축관리의 도구로 활용하려 한 것이다.

2) 실천과정에서의 타협

영기준 예산제도의 원리를 순수하게 따르려면 정부의 방대한 사업들을 회계연도마다 그 근본에서부터 재심사하여야 한다. 그러면 모든 사업은 회계연도마다 예산배정이 전액 삭감될 수 있는 가능성에 노출된다.

그러나 실천전략의 처방에서는 원리적용이 현저히 완화되는 것을 제도시행의 경험에서 볼 수 있다. 중앙예산기관 또는 상급관리자가 하는 서열결정의 원리를 완화하여 정부 각 기관이 자기조직에서 존속시키기를 원하는 사업의 우선순위 또는 서열을 정하게 하는 것이 그 예이다. 영기준 예산제도들은 실천의 과정에서 대개 점증주의적 방법과 크게 타협하고 있다.[h]

영기준 예산제도는 운영의 감축지향성 때문에 관리자들에게 위협적인 것이라고 생각할 수 있다. 그러나 운영의 실제를 관찰한 사람들은 오히려 관리자들의 참여와 발언권이 강화되는 현상을 발견하였다. 중앙예산기관은 사업관리자들의 지지가 없으면 이 제도의 성공이 어렵다고 보고 변동의 제안은 사업관리자들이 하도록 유도하였을 것이다. 운영과정에서 전문분석가들의 객관성보다는 관리자들의 주관성을 더 존중하게 되면 영기준 원칙의 점증주의화를 초래할 수밖에 없다. 관리자들의 행태가 점증주의적이기 때문이다.

---

h) 이런 타협에 주목하는 사람들은 영기준 예산제도를 본질적으로 점증주의적 예산제도의 일종이라고 평한다. Michael E. Milakovich and George J. Gordon, *Public Administration in America*, 9th ed.(Thomson, 2007), p. 379.

미국에서는 1970년대에 영기준 예산제도를 연방정부의 예산과정에 적용하
였으나 1981년에 이를 중단하였다.[i] 우리나라에서는 1983년부터 이 제도를 일부
시행하고 1984년의 동결예산편성에서는 영기준 예산제도의 기법을 동원한 바
있다. 그러나 근래 일부 투자사업의 시행여부를 따지는 데 이외에는 영기준 예
산제도를 사용하지 않는다.

3) 기본적 요소(활동국면)

영기준 예산제도에서 예산편성절차를 구성하는 기본적 활동단계는 ⅰ) 의
사결정단위(decision unit)의 선정(확인), ⅱ) 의사결정 패키지(decision package)의
작성, ⅲ) 의사결정 패키지의 서열결정(ranking) 등 세 가지이다. 이것을 흔히
'ZBB의 기본적 요소'라고 부른다.

이에 선행하는 단계로 기본준칙의 시달이 있다. 기본준칙은 전체 예산규모,
물가상승률 추정, 인건비 상승률 등에 대한 개략적 지침이다. 기본적 활동단계
에 이어지는 마지막 단계는 사업의 우선순위에 따라 예산배정을 결정하는 단계
이다.

(1) 의사결정단위의 선정   의사결정단위는 예산편성의 기초적인 단위이다.
가장 낮은 수준의 예산편성단위라고 할 수 있다. 그것은 조직 상의 단위일 수도
있고 사업이나 기능일 수도 있다.

여기서 중요한 것은 의사결정단위를 선정할 때 조직의 책임구조(responsibility
structure)를 고려해야 한다는 점이다. 조직 내 예산결정책임의 흐름에 부합되게
의사결정단위가 선정되어야 한다는 것이다. 이것은 의사결정단위마다 그 단위
내의 모든 활동에 대한 우선순위와 예산요구를 결정할 권한을 가진 관리자가 지
정되어 있어야 한다는 말과 같다.

(2) 의사결정 패키지의 작성   의사결정단위의 목표·기능·활동을 포괄적으
로 분석하여 문서로 의사결정 패키지를 작성한다. 의사결정 패키지는 예산결정
에 필요한 정보를 기술한 것이다. 이것은 일종의 예산요구서이다.

이런 패키지를 만들려면 의사결정단위의 관리책임자는 소관 단위의 목표·

---

i) ZBB는 Peter A. Phyrr가 처음 개발한 것으로 알려졌다. 그는 1969년에 이것을 개발하여 Taxas
   Instrument라는 회사에 적용했다고 한다. 1972년에 미국 조지아주정부에서 이를 채택한 바 있
   다고 한다. Phyrr, "Zero-Base Approach to Government Budgeting," *PAR*, Vol. 37, No. 1(Jan./
   Feb. 1977), pp. 1~8.

716   제 7 장   재무행정

기능·활동을 철저히 재검토하는 '영기준의 분석'을 해야 한다. 이 작업에서는 지출수준의 대안별 사업산출의 수준, 사업수행의 비용·효과와 능률성, 사업 폐지 또는 삭감이 가져올 결과 등을 분석한다.

(3) 서열결정   여기서 서열결정이란 상급관리자가 하는 서열결정을 의미한다. 상급관리자는 그의 관할 내에 있는 모든 의사결정단위들이 제출한 의사결정 패키지들에 상대적인 우선순위를 부여한다. 차상위관리자 등 차례로 이어지는 상급관리계층에서 서열결정을 위한 심사를 할 때에는 패키지들을 더욱 큰 단위로 묶은 대단위 패키지(superpackage)를 대상으로 할 수도 있다. 이것은 고급관리층에서 너무 세세한 것을 결정하는 데까지 지배적인 영향을 미치지 못하게 하려는 조치이다.

4) 특   징

영기준 예산제도의 주요 특징은 다음과 같다.

① 지 향 성   의사결정지향성을 지닌 모형이다. 자원배분에 관한 합리적·체계적 의사결정을 강조하기 때문에 의사결정지향적이라고 하는 것이다.

② 관심대상   관심대상은 사업대안 또는 활동대안의 우선순위이다. 지출대안의 우선순위에 따른 선택에 초점을 맞춘다.

③ 주요 정보   예산과정에서 활용하는 핵심적인 정보는 사업 또는 조직의 목표에 관한 정보이다.

④ 핵심기술   예산관리담당 공무원들에게 필요한 지식·기술은 계획과 관리에 관한 것이다.

⑤ 결정원리   예산결정의 접근방법은 원칙적으로 합리적·포괄적이다. 그리고 상향적 참여가 강조된다. 모형이 적용되는 실천의 과정에서는 보수적인 관리자들의 참여로 인해 합리주의가 점증주의와 타협하는 경향이 나타난다. 그러한 성향 때문에 영기준 예산제도는 다른 예산개념 및 과정과도 '우호적으로' 양립할 수 있다고 한다.

⑥ 계획책임   계획기능은 분권화된다.

⑦ 예산기관의 역할   예산기관의 역할은 정책과 사업의 우선순위를 결정하는 것이다.

5) 장점과 단점

(1) 장   점   영기준 예산제도의 효용 또는 이점은 다음과 같다.

① 자원배분의 효율화·예산절감   자원의 효율적 배분과 예산절감에 기여할 수 있다. 이것은 가장 기본적인 이점이다.

② 정확한 정보의 원활한 유통   정보의 질과 흐름을 개선할 수 있다. 예산· 조직운영·관리자들의 능력에 대한 정보의 정확성을 높이고 정보의 원활한 흐름을 촉진한다.

③ 의사결정능력의 향상   관리자들의 의사결정능력을 향상시킨다. 목표설정, 대안분석, 비용·효과분석, 실적분석에 관한 기법들의 통합적 활용에 기여한다. 계획기능의 발전에도 기여하며 예산과 운영계획의 통합을 촉진한다.

④ 변동대응성 향상   신속한 예산조정 등 변동대응성의 증진에 기여한다.

⑤ 참여 촉진   예산과정에 대한 참여를 촉진한다. 일선관리자들로부터 상향적으로 의사결정이 이루어지기 때문에 각급 관리자와 실무자의 참여가 확대된다. 예산과정에 참여하는 사람들의 비용·효과, 생산성 제고, 낭비배제에 대한 관심과 감수성을 높이는 데도 기여한다.

(2) 단   점   영기준 예산제도의 원리가 전제하는 합리주의는 실천세계에서 제약을 받는다. 이 모형의 원리를 변질시키거나 모형의 적용 자체를 좌절시킬 수 있는 제약요인들이 많다.

① 계산전략의 한계   계산전략의 포괄적 적용은 불가능하거나 비용·노력의 과다한 투입을 요구한다.

② 비경제적 요인의 간과   예산결정에 깊이 작용하는 정치적 고려, 각급 관리자의 가치관 등 비경제적 요인의 영향을 간과하는 모형이다.

③ 정보획득의 애로   필요한 정보의 획득에 애로가 있다. 정확한 정보를 산출할 기술이 없거나 담당직원의 능력 또는 동기가 취약할 수 있다. 관련자들의 시각차이 또는 편견 때문에 정보전달의 장애가 생길 수 있다.

④ 보수적·확장지향적 조직행태로 인한 장애   보수적·확장지향적인 조직의 성향과 마찰을 빚을 수 있다. 영기준 예산제도는 분석적 접근으로 낭비 등 실책을 시정하고 비효율적인 현상유지를 타파하려 하기 때문이다.

⑤ 경직성 경비로 인한 한계   경직성 경비 또는 비탄력적 예산지출이 많기

때문에 영기준 예산제도의 효용은 떨어진다. 국방비, 공무원의 보수, 교육비, 지방재정교부금을 경직성 경비의 예로 들 수 있다.

⑥ 사업전환의 장애   전면적인 사업재검토는 빈번한 사업변동과 예산배정 변동을 초래할 수 있는데 사업전환에는 많은 비용이 든다. 그리고 사업전환에 따른 형평성 논쟁 등 비경제적 요인들이 사업전환을 좌절시킬 수도 있다.

⑦ 과다한 서류작업   각급 관리자들은 과중한 서류작업에 시달릴 수 있다.

6) 일 몰 법

일몰법(日沒法: sunset laws)은 영기준 예산제도와 같은 원리를 받아들이는 입법이다. 일몰법은 입법기관이 따로 조치를 취하지 않는 한 정부의 사업 또는 조직은 미리 정한 기간이 지나면 폐지되도록 규정한다. 따로 조치를 취한다는 것은 기간경과 후에도 사업 또는 조직을 존속시키기로 결정한다는 뜻이다. 미리 정하는 존속기간은 대개 5년에서 10년이다.

일몰법은 기존 사업과 지출을 재검토하여 불필요한 것은 폐지한다는 점에서 영기준 예산제도와 같다. 그러나 일몰법에 따른 심사는 입법기관이 하는 반면 영기준 예산제도에 따른 심사는 행정부의 예산편성과정에서 주로 행해진다. 그리고 일몰법에 따른 심사는 매 회계연도마다 되풀이되는 예산과정과 별도로 진행될 수 있다.

입법기관이 사업 또는 조직을 재심사할 의욕과 능력을 가지고 있는 경우 일몰법은 입법기관의 감시기능을 강화하는 데 유용한 도구로 쓰일 수 있다. 그러나 입법기관의 심사능력이 취약한 곳에서는 일몰법의 취지를 살릴 수 없다. 강력한 저항력을 가진 행정조직들은 폐지하지 못하고 주변조직 또는 임시조직 정도를 개폐하는 데 그칠 수 있다. 각종 로비와 압력 때문에 폐지결정이 좌절될 수도 있고 폐지되었던 사업들이 부활될 수도 있다.

1970년대부터 미국의 여러 주정부가 일몰법을 채택했으나 그것이 예산절감에 별로 기여하지 못했다고 한다. 1980년대 이래 이 제도를 폐지 또는 정지하는 주들이 늘어났다고 한다.

미국의 주정부들 가운데 상당수는 일출법(日出法: sunrise laws)을 제정하기도 하였다. 일출법이란 조직·사업의 신설요구에 대한 입법기관의 심사를 규정하는

법률이다. 이것은 기존 조직·사업의 존폐를 결정하기 위한 재심사를 규정하는
일몰법과 대조되는 입법이다.

6. 총액배분 자율편성 예산제도

1) 정   의

총액배분 자율편성 예산제도(總額配分 自律編成 豫算制度: top-down budgeting)
는 다양한 별칭을 가지고 있다. 우리 정부에서는 사전재원배분 예산제도, 하향
식 예산제도 또는 톱다운방식 예산제도라는 이름을 함께 쓴다. 이 밖에 목표액
기준 예산제도(기준액 예산제도: target budgeting; target base budgeting: TBB) 또는 한
도설정 예산제도(fixed-ceiling budgeting)라는 명칭이 쓰일 때도 있다.

여기서는 '총액배분 예산제도'라는 약칭을 사용하기로 한다.

총액배분 예산제도는 정부 각 기관에 배정될 예산의 지출한도액은 중앙예
산기관과 행정수반이 결정하고 각 기관의 장에게는 그러한 지출한도액의 범위
내에서 자율적으로 목표달성 방법을 결정하는 자율권을 부여하는 예산관리모형
이다.

총액배분 예산제도는 자금관리의 분권화를 강조하지만 의사결정의 주된 흐
름은 하향적이다. 중앙예산기관과 행정수반에게 예산지출한도 설정을 맡기기 때
문이다. 이러한 방식은 전통적인 상향적 방식과 대조된다.

중앙예산기관은 정부 전체의 예산지출과 전반적인 사업목표를 결정하여 정
부 각 기관에 시달한다. 그리고 입법기관의 예산심의에서 예산요구에 관한 정부
전체의 입장을 대변한다. 모든 정부기관의 예산요구에 대해 책임을 지고 방어역
할을 수행한다는 뜻이다.

중앙예산기관의 조력으로 행정수반이 결정하는 지출한도액은 세입이라는
가용자원의 수준을 반영한다. 그런가 하면 세입은 국가 전체의 경제적 조건에
의존하는 것이다. 세출예산한도액의 집권적 결정에는 세입예측과 경제예측이 중
요한 기준을 제공한다. 총액배분 예산제도는 국가재원의 전략적 배분과 예산의
경제정책적 기능을 부각시키는 모형이라 할 수 있다. 이 제도는 세입을 먼저 생
각하고, 지출한도를 설정하기 때문에 '대단히 현실적인' 예산제도라고 한다.[9]

근래 총액배분 예산제도를 설명하는 연구인들은 1980년대 미국 레이건 행정

부의 David Stockman 관리예산처장이 실행한 제도를 준거로 삼는다. Stockman은 정부 전체에 걸친 예산의 통합조정능력을 강화하고 만성적인 예산적자를 해소하기 위한 전략으로 총액배분 예산제도를 채택했다고 한다. 우리 정부에서는 2005년도 예산의 편성에서부터 이 제도를 적용하였다.

우리 정부의 총액배분 예산제도 채택은 재정운영여건이 변함에 따라 종래의 상향식 예산제도(bottom-up budgeting)는 효용의 한계에 도달했다는 문제인식에서 비롯된 것이다. 정부가 지적한 상향식 예산편성의 문제점은 ⅰ) 단년도(單年度) 예산편성이기 때문에 중기적 시각의 재정운영이 어렵다는 것, ⅱ) 개별사업 검토 중심의 예산편성이기 때문에 국가적 우선순위에 입각한 거시적 재원배분이 곤란하고 예산의 과다요구, 정보왜곡 등의 폐단이 빚어진다는 것, 그리고 ⅲ) 투입중심의 재정운영 때문에 재정지출의 사후 성과관리를 제대로 할 수 없다는 것이다.

우리 정부의 총액배분 예산편성과정에 대해서는 다음 절에서 설명할 것이다.

2) 특   징

총액배분 예산제도의 주요 특징은 다음과 같다.

① 지 향 성   총액배분 예산제도는 임무지향적·통제지향적이다. 정부 전체의 임무성취를 강조하고 그에 필요한 중앙통제를 인정한다.

② 관심대상   관심대상은 임무성취를 위한 투입과 산출 그리고 효과이다.

③ 주요 정보   예산과정에서 사용하는 주요 정보는 어떤 사업이나 조직이 정부 전체의 임무성취에 기여하는가에 관한 정보이다.

④ 핵심기술   예산담당 공무원에게 필요한 핵심적 기술·지식은 정치적·조정적 기술과 정부 전체의 임무에 관한 지식이다.

⑤ 결정원리   예산결정의 접근방법 또는 스타일은 체제적(systemic)이다.

⑥ 계획책임   계획기능은 집권화된다.

⑦ 예산기관의 역할   중앙예산기관의 역할은 정부 전체의 임무성취에 기여하는 것이다.

3) 장점과 단점

(1) 장   점   총액배분 예산제도를 성과관리제도에 연계하여 운영하면

집권화된 예산관리와 분권화된 예산관리의 이점을 함께 살릴 수 있다고 한다.

① 영기준 분석의 촉진 경제와 정부임무에 대한 미래예측을 강조함으로써 점증주의적인 관행을 바꾸는 데 기여할 수 있다. 미래예측을 강조하고 새로운 정부정책을 지지하는 예산요구에 프리미엄을 줌으로써 영기준 예산제도의 이점을 취할 수 있다.

② 목표관리 지원 부처별 지출한도가 미리 제시되기 때문에 각 부처는 자기 부처의 예산규모를 알고 사업별 배분을 자율적으로 할 수 있다. 구체적인 사업수행의 결정권을 정부 각 기관에 더 많이 넘겨 줌으로써 목표관리 예산제도의 이점을 취할 수 있다.

③ 재정정책적 기능 강화 중기적 시각에서 정부전체의 재정규모를 검토하기 때문에 전략적 계획의 발전을 촉진하고 재정의 경기조절기능을 강화할 수 있다.

④ 투명성 향상 분야별·부처별 재원배분계획을 내각의 회의체(국무회의)에서 함께 결정하기 때문에 예산규모결정과정의 투명성이 높아진다.

⑤ 예산전략의 행태 개선 각 부처에서 예산을 과다요구하고 중앙예산기관에서는 이를 대폭 삭감하는 관행에서 빚어지는 에너지 소모를 줄일 수 있다. 각 부처가 특별회계, 기금 등 칸막이식 재원을 확보하려고 애쓰게 하는 유인도 줄여준다.

(2) 단 점 총액배분 예산제도의 단점은 다음과 같다.

① 갈등 심화 예산과정의 갈등을 심화시킬 수 있다. 국가재원의 전략적 배분을 위한 협의과정에서 갈등이 격화되어 조정이 어려울 수 있다.

② 정책오류·파행의 위험 각 부처의 이기적·방어적 정보제공과 점증주의적 행태는 국무회의의 판단을 그르칠 수 있다. 국무회의 수준의 재원배분결정이 정치적 타협에 치우쳐 정책파행을 초래할 수 있다.

③ 예산통제의 애로 사업별 재원배분에 관한 각 부처의 자율권은 중앙통제를 어렵게 한다. 그렇다고 해서 중앙통제를 강화하면 제도 도입의 취지를 살릴 수 없는 딜레마에 빠진다.j)

j) 총액배분 예산제도의 실제 운영에서는 부처별 예산요구에서 지출한도가 잘 지켜지지 않아 문제라는 지적이 있다. 그런가 하면 다른 한편으로는 중앙통제가 여전하다는 불만이 제기되고 있다.

7. 결과기준 예산제도: '새로운 성과주의 예산제도'

1) 정   의

결과기준 예산제도(結果基準 豫算制度: results oriented budgeting; budgeting for results; outcome-based budgeting)는 임무중심 예산제도(mission budgeting), 기업가적 예산제도(entrepreneurial budgeting), 성과기준 예산제도(performance-based budgeting) 등의 별칭을 가지고 있다. 과거의 성과주의 예산제도가 사실은 산출에 초점을 맞춘 것이라면 결과기준 예산제도는 사업수행의 결과 즉 진정한 의미의 성과에 초점을 맞추는 제도라 하여 이를 '새로운 성과주의 예산제도'(new performance budgeting)라고 부르기도 한다. 다음에 사용하는 성과개념은 결과로 나타난 진정한 의미의 성과를 지칭하는 것이다.[10]

결과기준 예산제도는 재원배분을 성과기준에 연계시킨다. 이 예산관리모형은 예산지출의 수준과 예산의 집행으로 달성한 사업의 결과를 확인할 수 있도록 예산정보와 성과측정정보를 연결시킨다. 이 모형의 의도는 예산지출로 수행한 사업의 실질적인 결과(목표실현의 성과)를 측정·평가하여 공적 자원의 사용에 대한 책임성을 확보하려는 것이다.

결과기준 예산제도는 단위비용이나 생산성을 따지는 데 그치지 않고 정책·사업·사업수행기관 등의 장기적인 영향을 분석하는 데도 관심을 갖는다. 이 모형은 정부활동의 양적 결과뿐만 아니라 질적 결과도 평가하려 한다.

미국에서는 1993년에 제출된 국가업무평가사업의 보고서와 「정부의 업무수행과 성과에 관한 법률」(Government Performance and Results Act)이 결과기준 예산제도를 데뷔시켰다고 한다.

우리 정부에서는 성과중심의 재정운용을 법 상의 원칙으로 채택하고 '성과관리 예산제도'(새로운 성과주의 예산제도)의 적용을 확대해 나가고 있다.

2) 요   건

결과기준 예산제도의 구성요건 또는 원리는 다음 네 가지이다.

① 목표 설정과 전략적 계획 수립   정부 각 기관은 국민을 위해 무엇을 하려는가에 관한 목표를 설정해야 한다. 그리고 목표 성취의 결과를 어떻게 달성하려는가를 보여주는 전략적 계획을 수립해야 한다. 연도별 성과계획과 예산은 전

략적 계획에 연계시켜야 한다.

② 평가기준의 결정 성과목표 성취도를 측정·평가할 수 있는 기준과 지표를 개발해야 한다.

③ 융통성 있는 집행 예산집행의 융통성을 높여야 한다. 예산집행기관은 지출이 아니라 성과 즉 지출의 결과에 대해 책임을 지게 해야 한다. 예산지출에 관한 미세통제는 지양해야 한다.

④ 성과 보고 감사와 평가는 재정지출의 상세한 내용이 아니라 사업의 성과에 초점을 맞추어야 한다. 회계연도말의 재정보고서에서는 임무수행의 성과를 집중적으로 다루어야 한다.

위와 같은 원리에 입각한 결과기준 예산제도의 운영과정은 ⅰ) 목표 설정·전략계획 수립, ⅱ) 연도별 성과계획서 작성, ⅲ) 결과기준 예산의 결정과 집행, ⅳ) 성과의 측정·평가·보고 등의 활동단계를 내포한다.

3) 특 징

결과기준 예산제도의 주요 특징은 다음과 같다.

① 지 향 성 결과기준 예산제도는 예산관리와 행정관리의 효율화를 도모하기 때문에 관리지향적인 제도라고 한다.

② 관심대상 이 모형의 주된 관심대상은 사업수행의 투입과 산출 및 성과이다. 서비스 전달방법의 대안개발도 관심권에 들어간다.

③ 주요 정보 사용하는 주요 정보는 정부조직들이 수행하는 활동의 능률성·효율성·책임성에 관한 정보이다.

④ 핵심기술 예산담당 공무원의 핵심기술은 관리·계획·의사전달에 관한 기술이다.

⑤ 결정원리 예산결정원리 또는 정책결정 스타일은 점증적·참여적·분권적이다.

⑥ 계획책임 계획책임은 각 부처와 중앙예산기관이 합동으로 진다.

⑦ 예산기관의 역할 중앙예산기관의 역할은 예산사업의 성과에 대한 각 부처의 책임성을 확보하는 것이다.

4) 장점과 단점

(1) 장 점 결과기준 예산제도의 효용 또는 이점은 다음과 같다.

① 책임성 향상   예산사용의 성과에 대한 정부의 책임성을 강화하는 데 유용한 제도이다. 예산사용의 결과적 소득과 정책의 실질적 효과에 대한 책임을 물을 수 있게 하는 제도이기 때문이다. 이러한 특성은 재정지출의 투명성을 높이는 데도 기여한다.

② 대응성 향상   국민의 필요와 이익에 대한 정부의 대응성을 높일 수 있다.

③ 능률성·효율성 증진   공공서비스 전달의 능률성과 효율성을 증진시키는 데 기여할 수 있다.

(2) 단   점   결과기준 예산제도는 성과관리의 애로와 약점들을 공유한다.

① 목표·성과기준 설정의 애로   정부조직의 목표가 명료하지 않거나 상충적 목표들이 갈등을 빚는 경우가 많다. 목표에 관한 합의를 형성하는 일이 쉽지 않다. 성과측정에 필요한 기준과 지표를 개발하는 것도 어렵다.

② 성과측정의 애로   사업성과의 정확한 측정이 어렵다. 이러한 애로 때문에 제도운영이 왜곡되기 쉽다. 예컨대 사업의 성과를 산출로 대체하는 형식주의적 예산행태가 나타날 수 있다. 산출을 측정하여 그것을 성과인 것처럼 표시하기도 한다는 말이다.

③ 성과비교의 애로   정부기관 간 또는 사업 간 성과비교를 어렵게 하는 요인들이 많다. 모든 사업과 조직에 공통적으로 적용할 수 있는 표준적 성과측정 척도와 지표를 개발하는 것은 거의 불가능하다. 기관마다 노력과 성과 사이의 인과관계가 다르고, 성과측정의 난이도 역시 다르다. 사업의 축소·확대에 연동되지 않는 고정비용은 기관마다 다르다.[k]

④ 억울한 책임   예산집행자의 노력과 예산지출 이외에도 많은 개입변수가 집행성과에 영향을 미친다. 예산집행자의 통제력 밖에 있는 요인의 영향에 대해서까지 책임을 묻는 것은 부당하다.

불신에서 비롯된 입법기관의 미세관리가 예산집행기관의 자율성을 제약하는 경우 집행성과에 대한 책임을 묻기 어렵다.

⑤ 정보과다   성과측정·평가의 과정에서 다량의 정보가 산출된다. 의사결정자들은 정보과다 때문에 시달리게 된다.

---

[k] 사업 존폐에 연동되지 않는 비탄력적 경비의 예로 기관장과 관리기구를 유지하는 데 드는 경비를 들 수 있다. 이러한 경비 때문에 투입과 성과를 비교해 효율성을 판단하기 어렵다. 기관 간 비교는 더욱 어렵다.

5) 우리나라의 성과관리 예산제도

우리 정부에서 1999년부터 도입하기 시작한 성과관리 예산제도는 예산의 편성·심의·집행·결산의 전 과정을 경제성·능률성·효과성 등을 중시하는 성과관리의 관점에서 운영하는 제도이다. 이 제도는 성과관리를 통해 얻은 성과정보에 입각해 재정운용의 책임성을 강화하려는 것이다. 성과관리 예산제도는 새로운 성과주의 예산제도의 한 형태라 할 수 있다.11)

성과관리 예산제도는 서로 긴밀히 연계된 재정성과목표관리제도, 재정사업자율평가제도, 재정사업심층평가제도 등 세 가지 실행장치를 포함한다.

재정성과목표관리제도(performance monitoring)는 성과목표와 성과지표를 사전에 설정하여 성과계획서를 작성하고 재정운용 후에는 성과보고서를 작성해 양자를 비교함으로써 성과목표의 달성여부를 확인하는 제도이다. 정부가 국회에 예산안을 제출할 때에는 성과계획서를, 결산보고서를 제출할 때에는 전년도의 성과보고서를 부속서류로 제출한다.

재정성과목표관리제도의 운용과정은 ⅰ) 기관임무설정(부처별 전략목표와 성과목표의 설정: 성과계획서), ⅱ) 사업별 목표설정(단년도 사업목표·사업별 성과지표 측정방법 설정: 성과계획서), ⅲ) 예산의 편성과 심의(예산안 첨부서류로 성과계획서 국회 제출; 국회는 예산과 성과계획·전년도 성과평가 결과 연계 심의), ⅳ) 성과측정(주기적 성과측정 및 사업평가; 성과보고서를 결산보고서에 첨부하여 국회에 제출) 등의 단계로 구성된다.12)

재정사업자율평가제도(program review)는 각 부처가 소관 재정사업을 매년 3분의 1씩(3년을 주기로) 선정하여 자체적으로 평가하고, 그 결과를 예산편성 등 재정운용에 활용하는 제도이다. 기획재정부는 자율평가지침을 각 부처에 보내고 각 부처는 자율평가의 결과를 기획재정부에 제출한다. 기획재정부는 자율평가 결과의 적정성을 심사한 후 예산편성 등에 활용한다. 재정사업자율평가에서 미흡하다는 평가를 받으면 예산을 삭감하거나 사업관리를 개선해야 한다.

재정사업심층평가제도(program evaluation)는 재정사업자율평가의 결과 추가적인 심사가 필요하다고 판단되는 사업, 부처 간 유사·중복 사업, 예산낭비의 소지가 있는 사업 등 문제가 제기된 사업들에 대해 계량분석기법 등을 써서 심층적으로 분석·평가하는 제도이다. 심층평가의 목적은 사업의 성공·실패 요인을 파악해 사업의 운용체계를 개선함으로써 재정의 효율성을 높이려는 것이다. 심층평가는 기획재정부가 담당한다.

성과관리 예산제도의 충실한 작동을 위해서는 지속적인 개선노력을 해야 할 것이다. 성과관리 대상사업의 확대, 분산적·중복적 성과관리활동의 통합,[1) 조세지출에 대한 성과관리 강화 등이 개선과제로 지적되고 있다.

8. 계약예산제도

계약예산제도(契約豫算制度: contract budgeting)는 예산관리를 계약체제화한 모형이다. 이것은 계약체제화를 통해 예산관리의 산출지향성과 시장지향성을 높이려는 예산관리 모형이다.[13)

계약예산제도는 예산관리에 계약이라는 개념을 도입하여 예산과정을 계약과정으로 정의한다. 이 모형은 중앙정부와 계선기관(공급기관: line agencies; provider agencies)의 관계를 구매계약관계로 규정한다. 정부의 의사결정중추와 정부의 예산에 의존하는 계선기관들의 관계를 자금조달관계에서 구매관계로 전환시키는 모형이라 할 수 있다.

이 모형에 따른 예산관리는 정부의 중앙의사결정구조가 계선기관들이 생산해 주기를 바라는 재화·용역의 구체적인 내용을 결정하는 데서부터 시작된다. 그 다음에는 그러한 재화·용역을 계선기관들이 일정한 가격에 공급하도록 계선기관들과 계약을 체결한다. 그리고 계선기관들이 재화·용역을 공급하는 데 드는 예산을 승인한다. 계선기관들이 공급한 재화·용역은 평가하여 책임이행여부를 확인한다.

이러한 운영방식이 가동될 수 있으려면 세 가지의 기본적 요건이 갖추어져야 한다. 첫째, 정부가 국민에게 전달해야 할 재화·용역의 내역을 정확하게 명시할 수 있어야 한다. 둘째, 그러한 재화·용역의 가격을 미리 결정할 수 있어야 한다. 셋째, 계약이행 실패에 대한 효과적인 제재수단이 있어야 한다.

---

1) 우리 정부의 성과관리체계는 「정부업무평가기본법」의 규정에 따라 국무조정실이 주관하는 성과관리와 「국가재정법」의 규정에 따라 기획재정부가 주관하는 성과관리로 이원화되어 있다.

표 7-2-1   예산관리모형의 특징14)

특 징	품목별 예산제도	성과주의 예산제도	계 획 예산제도	목표관리 예산제도	영기준 예산제도	총액배분 예산제도	결과기준 예산제도
지향성	통 제	관 리	계 획	관 리	의사결정	정부전체의 임무성취와 통제	관 리
관심대상	투 입	투입과 산출	사업대안· 투입·산출· 효과	투입·산출· 효과	사업대안의 우선순위	임무에 결부된 투입·산출· 효과	투입·산출· 성과· 정책집행의 대안
주요 정보	지출품목 의 비용	조직의 활동	조직의 목표	사업의 효율성	사업 또는 조직의 목표	정부전체의 임무성취에 대한 기여	조직 활동의 능률성· 효율성· 책임성
핵심기술	회계기술	관리적 기술	경제학· 계획기술	관리의 상식	계획과 관리의 기술	정치적· 조정적 기술 정부전체의 임무에 관한 지식	관리·계획· 의사전달의 기술
결정원리 (스타일)	점증적	점증적	체제분석적	분권적	포괄성· 실천적 점증성	체제적	점증적· 참여적· 분권적
계획책임	거의 없음	분산적	집권적	총체적· 할당적	분권적	집권적	합동적
예산기관 의 역할	재정적 적정성의 감시	능률성 제고	정책결정	사업의 능률성· 효율성 제고	정책우선순 위결정	정부전체의 임무성취	성과책임의 확보

예산과정

I. 예산과정의 활동단계

예산과정(豫算過程: budgetary process)은 회계연도(會計年度: fiscal year)를 단위로 하여 주기적으로 예산의 입안·집행·통제를 되풀이하는 순환적 과정이다. 예산과정은 매년 되풀이되기 때문에 반복적인 과정이며, 여러 회계연도 예산과정의 서로 다른 활동단계들이 동시에 진행되기 때문에 중첩적인 과정이라고 한다. 우리 정부에서는 예산과정을 예산절차라 부르기도 하고 예산의 주기 또는 순기(循期)라고도 부른다.

예산과정을 구성하는 기본적 활동단계는 예산의 편성·심의·집행·결산이다. 예산은 매 회계연도마다 행정부가 편성하고, 국회의 심의·의결을 거쳐 확정되면, 관계기관에서 집행한다. 그리고 정부는 회계검사를 마친 결산서류를 국회에 제출한다. 국회의 결산승인이 나면 정부의 예산집행 책임이 해제되고 당해연도 예산의 기능은 완결된다.

예산과정은 전략적 우선순위에 따른 정부재원의 배분, 재정지출의 적정한 규율과 통제, 그리고 예산의 능률적·효율적 집행을 보장하는 기능을 수행해야 한다. 이러한 기능을 성공적으로 수행할 수 있으려면 예산결정에 필요한 예측의 정확성, 예산제도의 포괄적 적용, 예산과정의 투명성·책임성, 예산집행에 대한 통제의 적정성, 성과평가의 객관적 기준, 예산집행의 적정한 융통성, 유능한 공무원 등 여러 가지 조건이 갖추어져야 한다.[1]

이 절에서는 우리나라 예산과정의 주요 문제들을 검토하려 한다. 먼저 예산과정을 구성하는 기본적 활동단계들을 설명하려 한다.[2] 그리고 예산과정의 구성요인들 가운데서 따로 검토할 필요가 있다고 생각되는 것들에 대해 설명하려 한다.

1. 예산의 편성

예산의 편성(編成)은 행정부에서 예산안을 만들어 국회에 제출할 때까지의 활동을 말한다. 예산편성의 권한을 행정부에서 가진다는 사실은 중요한 의미를 지니는 것이다. 대통령은 중앙예산기관을 통해 정부기관들의 활동과 예산지출을 통제하고 조정할 수 있는 강력한 수단을 얻게 되기 때문이다. 그리고 정치과정에서 행정부의 지위를 향상시키는 효과가 있다.

정부에서 예산안을 준비할 때는 국회, 정당(특히 여당과의 당정협의), 압력단체 등 여러 이익중추들과 공식적 또는 비공식적으로 접촉하여 이해를 조정하고 의견을 종합한다. 이렇게 볼 때 예산절차에서 주도적인 역할을 하는 것은 행정부라 할 수 있다.

예산편성작업은 여러 면모를 지니고 있다. 결정과정의 합리성을 높이기 위해 경제학적 접근방법과 계량적 기법을 동원하기도 하고, 결정의 객관화를 위한 절차들을 거치기도 한다. 그런가 하면 다양한 이익의 충돌과 조정이라는 정치적 교호작용이 일어나기도 한다. 정부기관의 관료들은 예산투쟁에서 승리하기 위해 이른바 예산전략을 구사한다. 여러 이익중추들의 상호 견제와 타협은 예산 상의 점증주의를 제도화하기도 한다. 이런 문제들에 대해서는 뒤에 재론할 것이다.

근래 우리 정부는 예산편성절차를 크게 바꾸는 개혁을 단행하였다. 전통적인 상향식 절차를 하향식 절차로 바꾼 것이다. 2005년도 예산의 편성에서부터 적용한 하향식 절차 즉 총액배분 자율편성방식에 따라 예산편성절차를 설명하려 한다.

1) 총액배분 자율편성 예산제도

하향식 예산관리모형인 총액배분 자율편성 예산제도(사전 재원배분 예산제도)는 전략적 재원배분을 촉진하고 정부 각 기관의 예산자율성을 확대하기 위한 것이다. 이 제도 하에서는 정부의 중앙예산기관이 국가발전전략에 입각하여 5개년 재원배분계획안을 만들고 이를 토대로 국무회의에서 분야별·부처별 지출한도를 미리 결정한다. 각 중앙관서의 장이 정해진 지출한도 내에서 예산을 요구하고 중앙예산기관이 이를 점검·보완하여 예산안을 작성한다.

총액배분 자율편성 예산제도가 무엇인지에 대해서는 앞절에서 설명하였다.

2) 예산편성절차

총액배분 자율편성 예산제도의 예산편성절차에 포함되는 주요 활동단계는 다음과 같다.

(1) **부처별 중기사업계획서의 제출**   중앙예산기관인 기획재정부장관은 국가재정운용계획 수립지침을 각 중앙관서('부처'라 흔히 약칭된다)에 통보한다. 이에 따라 각 중앙관서는 매년 1월 31일까지 당해 회계연도부터 5회계연도 이상의 기간 동안의 신규사업 및 기획재정부장관이 정하는 주요 계속사업에 대한 중기사업계획서를 기획재정부장관에게 제출해야 한다.

(2) **국가재정운용계획 수립**   기획재정부장관은 각 중앙관서에서 제출받은 중기사업계획서 등의 자료를 분석하고 다방면의 협의와 자문을 거쳐 5회계연도 이상의 기간에 대한 국가재정운용계획 시안을 작성한다. 이것을 국무회의 의결로 확정하고 회계연도 개시 120일 전까지 국회에 제출해야 한다. 재정운용의 총량목표뿐만 아니라 재원배분계획까지 제시하는 국가재정운용계획은 단년도 예산 및 기금운용계획을 수립하는 데 가이드라인을 제공한다.

(3) **예산안편성지침의 통보**   기획재정부장관은 국무회의의 심의, 대통령의 승인을 받아 다음 연도의 예산편성지침을 매년 3월 31일까지 각 중앙관서에 통보해야 한다. 예산편성지침에는 국가재정운용계획에 연계하여 설정한 분야별·부처별 예산지출한도가 표시된다. 예산편성지침은 국회 예산결산특별위원회에 보고해야 한다.

(4) **각 중앙관서의 예산요구**   각 중앙관서는 예산편성지침이 정한 예산지출한도 내에서 정책목표·사업별 우선순위·성과평가결과 등을 고려하여 자체예산을 자율편성한다. 각 중앙관서에서 작성한 다음 연도의 예산요구서는 5월 31일까지 기획재정부장관에게 제출해야 한다.

(5) **정부예산안 편성**   기획재정부장관은 각 중앙관서가 제출한 예산요구서를 토대로 정부 전체의 예산안을 편성한다. 기획재정부장관이 정부예산안을 작성할 때는 각 중앙관서의 예산요구가 지출한도와 편성기준을 준수하였는지를 검토하고 국가재정운용계획의 정책방향과 우선순위에 부합되는지를 확인한다. 중앙관서 간 형평성 확보, 중복투자 방지 등을 위한 공통기준의 준수여부도 확인한다. 이러한 검토·확인의 과정을 거쳐 각 중앙관서의 예산요구를 수정·보완하여 정부의 예산안을 준비한다. 이것은 국무회의의 심의를 거친 후 대통령의 승인을 얻어 정부의 예산안으로 확정된다.

정부예산안은 회계연도 개시 120일 전까지 국회에 제출해야 한다. 국회에 제출하는 예산서에는 예산총칙, 세입세출 예산, 계속비, 명시이월비, 국고채무부담행위 등을 표시하여야 한다.

우리 정부에서 하향식 예산편성절차를 도입하기 전에는 오랫동안 상향식 예산편성절차를 사용했다. 상향식 절차는 ⅰ) 중앙예산기관의 요구에 따라 각 부처가 신규 및 주요 계속사업에 대한 투자계획서를 제출하는 단계, ⅱ) 중앙예산기관이 예산편성지침을 각 중앙관서에 통보하는 단계, ⅲ) 각 중앙관서가 예산요구서를 중앙예산기관에 제출하는 단계, ⅳ) 중앙예산기관이 각 중앙관서의 예산요구를 사정하고 예산안을 작성하는 단계, 그리고 ⅴ) 국무회의의 심의와 대통령의 승인을 받아 예산안을 행정부에서 확정하는 단계를 밟아 진행되었다.

상향식 절차는 '밑에서 위로 올라는 방식'이라는 명칭의 표현 때문에 분권화의 수준이 높은 제도로 오해될 수 있다. 그러나 '아래'(중앙관서)의 의견을 들을 뿐이며, 그런 의견을 심사하고 예산안의 전체적인 내용을 결정하는 것은 '위'(중앙예산기관)이다. 그러므로 이 제도의 지향성은 집권적인 것이다.

2. 예산의 심의

예산안이 국회에 제출되면 국회는 이를 심의(審議)하여 승인함으로써 국가의 예산을 성립시킨다. 국민의 대표기관인 국회는 예산심의를 통해 정부를 감시·통제하고, 재원배분의 합리화·정부활동의 효율화를 위한 정책형성기능을 수행해야 한다. 국회는 이러한 기능을 수행하면서 정부의 수입과 지출에 대한 고차원적·정책적 심사에 주력해야 한다. 보다 근본적인 세입·세출의 정책을 따져 바로잡는 방향으로 심의하여야 한다. 지엽말단의 문제에만 주의를 기울이면 행정부보다 기술적으로 나은 일을 하기 어려울 뿐만 아니라 행정부의 역할을 부당하게 간섭하고 규제하는 결과를 빚게 된다.[a]

1) 예산심의제도의 특징과 병폐

(1) 특   징   우리나라 예산심의의 특징은 ⅰ) 대통령중심제의 3권분립 체제 하에서 행해진다는 것, ⅱ) 양원제가 아닌 단원제(單院制) 국회에서 행해진다는 것, ⅲ) 상임위원회 중심으로 행해진다는 것, 그리고 ⅳ) 국회가 심의·확정한 예산은 법률의 형식을 갖지 않는다는 것이다.

① 대통령중심제·단원제 국회   대통령중심제 하에서는 국회의 예산통제가 의원내각제의 경우보다 엄격하고 강력할 것이 제도적으로 기대되고 있다. 그러

---

a) 지엽말단의 문제까지 간섭하여 행정의 효율적 운영을 방해하는 것을 국회에 의한 미세관리(微細管理: micro-management)의 폐단이라고 한다.

나 행정국가화의 추세와 정당제도의 활용은 국회의 예산심의를 오히려 약화시키고 있다.

우리는 단원제 국회를 가지고 있다. 단원제에서의 예산심의는 양원제의 경우보다 심의를 신속하게 할 수 있으나 신중한 심의가 어렵다는 난점이 있다.

② 위원회 중심의 심의   우리나라에서도 과거 본회의 중심의 예산심의제도를 채택한 바 있으나 지금은 위원회 중심체제로 되어 있다. 국회의원들의 참여기회를 확대한다는 등의 이점 때문에 그렇게 한 것 같다.

③ 법률의 형식이 아닌 예산   국회가 심의·확정한 예산은 법률의 형식을 갖지 않는다. 대통령의 공포를 효력요건으로 하지 않고 정부의 거부제도도 없다. 법률안과 달라서 예산안은 행정부만이 국회에 제출할 수 있으며, 제출기한·심의기한이 한정되어 있다. 그리고 효력의 범위도 법률과 다르다.

(2) 실천적 병리   국회는 예산심의를 통해 국민대표기능, 정책형성기능, 그리고 정부감시기능을 충실히 수행해 줄 것이 기대된다. 그러나 예산심의의 실제를 보면 그러한 기대와는 거리가 멀다.

① 부실화의 원인   실망스러운 예산심의는 여러 원인에서 비롯된다. 중요한 원인으로는 ⅰ) 행정부가 국정을 주도하는 행정국가적 체제를 가지고 있다는 것, ⅱ) 국회의 예산심의조직·심의기간 등이 적절치 못하다는 것, ⅲ) 예산심의가 정치투쟁의 도구화되는 일이 빈번하다는 것, ⅳ) 국회의원들이 시간제약을 받으며, 성실한 심의에 필요한 전문성과 동기를 결여하고, 흔히 특수이익과 유착한다는 것, 그리고 ⅴ) 국회의원들의 의정활동에 대한 국민의 감시능력이 취약하다는 것을 들 수 있다.

② 그릇된 예산심의행태   예산심의의 정쟁도구화, 그리고 국회의원들의 그릇된 동기에 대해서는 다시 한번 언급해 둘 필요가 있다.

지금까지의 경험을 보면 국회 심의의 전과정에 걸쳐 정파적인 쟁투가 심했다는 것, 그리고 합리적 판단보다는 정략적·집단이기주의적 고려가 앞서 왔다는 것을 알 수 있다. 예산심의는 정치투쟁의 중요한 계기를 제공해 주었다. 야당은 거의 언제나 정치현안을 예산에 연계시켜 반대투쟁을 벌였다. 여야가 극한대립으로 시간을 끌다가 막판에 '날치기 통과'시키는 일이 많았다. 그런 일이 없더라도 정부안을 수정없이 기일 내에 통과시키려는 여당과 대폭 수정을 가하려는 야당 사이에 마찰과 줄다리기가 계속되었다.

자기 지역구의 이익을 지나치게 챙기고 예산투쟁에서의 영향력을 과시하려는 국회의원들의 편파적 행태와 무성의한 태도도 고질적인 문제로 지적되고 있다. 공평하고 합리적인 예산심의 태도가 정당공천과 국회의원 당선의 기준이 되지 못하는 우리 정치문화의 탓이 클 것이다.

2) 심의과정의 단계

정부로부터 제출받은 예산안을 국회는 90일간의 심의를 마치고 회계연도 개시 30일 전까지 의결하도록 되어 있다. 그러나 실제로 이러한 시한이 잘 지켜지는 것은 아니다.

정부가 제출한 예산안을 국회가 수정할 때 지출예산 각 항의 금액을 증가시키거나 새 비목을 설치하려면 정부의 동의가 있어야 한다.

국회의 예산심의에서 핵심이 되는 활동은 각 상임위원회의 예비심사와 예산결산특별위원회(예결위)의 종합심사이다. 그 앞뒤로 일련의 절차가 진행된다. 국회는 매년 정기회 집회 초에 소관 상임위원회별로 국정감사를 실시한다. 이것을 예산심의의 공식절차에 포함되는 활동으로 규정할 수는 없다. 그러나 국정감사의 결과는 예산심의에 중요한 정보를 제공한다. 공식적인 예산심의절차는 예산안의 국회제출과 대통령의 시정연설로부터 시작된다. 그 뒤로 상임위 예비심사, 예결위 종합심사, 본회의 심의·의결이 이어진다.

(1) **시정연설** 예산안이 국회에 제출되면 이에 관하여 대통령은 국회 본회의에서 시정연설(施政演說)을 하도록 되어 있다. 과거 대통령의 시정연설은 거의 국무총리가 대독했으나 근래 대통령이 직접 나서는 경우가 잦아졌다. 대통령의 시정연설은 대개 추상적이며, 예산과 직결되지 않는 내용도 포함된다.

(2) **상임위원회의 예비심사** 국회는 각 상임위원회별로 소관예산의 예비심사를 한다. 예비심사는 각 소관 장관이 해당 상임위원회에 출석하여 예산안과 관련된 연도별 정책을 설명하고 질의를 받는 데서부터 시작된다. 이러한 정책질의가 끝나면 세부예산내역을 심사하는 부별심의를 위해 각 상임위원회는 소위원회를 구성하여 심의하고, 상임위원회의 전체회의가 소위원회의 심의결과를 채택하는 것이 보통이다. 상임위 전체회의는 소관별로 예산안을 의결하고 이를 국회의장에게 보고한다. 국회의장은 상임위의 예비심사 보고와 예산안을 예결위에 회부한다.

(3) 예산결산특별위원회의 종합심사　　각 상임위원회에서 예비심사가 끝나면 예산안은 예결위의 종합심사에 붙여진다. 예결위의 종합심사는 각 상임위의 심사가 끝난 뒤에 개시하는 것이 원칙이지만 약간 앞당겨 시작할 수도 있다. 상임위에 따라서는 예비심사가 지연될 수 있기 때문이다.

예결위에 정부예산안이 상정되면 국무총리 인사, 기획재정부장관의 제안설명과 국회 예결위 전문위원의 검토보고에 이어 종합정책질의가 진행된다. 정책질의에서는 모든 중앙관서를 대상으로 예산관련 사항뿐만 아니라 국정전반에 걸쳐 질의응답이 행해진다. 종합정책질의가 끝나면 예결위의 종합심사가 본격적으로 진행된다. 예결위에서도 세부예산내역에 대한 부별심의를 하고 계수조정소위원회를 구성하여 계수조정을 한다. 계수조정이 끝나면 예결위 전체회의에서 찬반토론을 거쳐 예산안을 채택한다. 예결위가 예산안, 세입예산안 부수 법률안 등의 심사를 11월 30일까지 마치지 못하면 그 다음날에 심의를 마치고 본회의에 부의된 것으로 본다. 다만 국회의장과 각 교섭단체의 대표들이 달리 합의한 경우에는 예외를 인정할 수 있다.

(4) 본회의의 의결　　예결위의 종합심사를 거친 예산안은 국회 본회의에 상정하여 의결을 받는다. 예결위 위원장의 심사보고가 있은 다음 질의와 찬반토론을 하고 의결에 들어가는 절차를 밟는다. 본회의에서 확정된 예산은 정부로 이송된다.

3. 예산의 집행

예산이 성립하면 이를 집행(執行)한다. 예산집행은 국회에서 확정된 국가의 세입·세출을 집행하는 모든 활동을 지칭한다. 예산에 정한 금액을 국고에 받아들이고, 지출할 수 있는 한도 내의 돈을 국고에서 지불하는 활동에 국한하여 예산집행의 의미를 좁게 파악할 때도 있다. 그러나 보통 예산집행이라 할 때는 수납·지출행위 이외에 지출원인행위와 국고채무부담행위도 포함하며, 예산성립 후의 사정변경에 따라 생긴 세출의 증감실행까지도 포함하는 뜻으로 쓰인다.

예산집행은 두 가지의 요청을 충족시켜야 한다. 그 중 하나는 국회에서 정해준 예산한도를 지키고, 예산승인의 취지와 목적에 따라 성실하게 예산을 집행해야 한다는 요청이다. 다른 하나는 예산성립 후의 여건변동에 적응할 수 있는 신축성을 유지해야 한다는 요청이다. 이와 같은 두 가지 요청은 서로 상반되는 것인데 이들을 어떻게 절충하느냐 하는 문제는 현대 민주국가의 예산운영에서 매우 중요한 것이다.

1998년에 도입한 예산성과금제(豫算成果金制)는 예산집행에서 낭비를 막기 위한 제도적 장치들 가운데 하나이다. 이것은 예산을 아끼거나 정부의 수입을 늘리는 데 기여한 공무원들에게 유인급여를 주는 제도이다.

1) 예산집행의 기본적 절차

예산집행의 통상절차는 법률에 규정되어 있으며, 앞에서 말한 재정한도의 준수와 통제의 필요를 반영하고 있다. 예산집행에 관한 법령의 규정은 상세하며, 집행활동은 모두 문서로 하도록 요구하고 있다.

예산이 국회에서 통과된 다음의 예산집행은 ⅰ) 예산배정요구, ⅱ) 예산배정계획수립, ⅲ) 예산배정과 재배정, ⅳ) 지출원인행위, ⅴ) 지출행위, ⅵ) 현금지급의 순서를 밟아 진행된다. 이러한 절차들이 개시될 때 기획재정부장관은 예산집행지침을 각 중앙관서의 장에게 통보한다.

예산이 성립되면 각 중앙관서의 장은 사업운영계획 및 이에 따른 세입·세출, 계속비와 국고채무부담행위를 포함한 예산배정요구와 월별 자금계획서를 기획재정부장관에게 제출한다. 기획재정부장관은 이러한 문서에 기초하여 4분기별 예산배정계획과 월별 자금계획을 작성하고 국무회의의 심의를 거쳐 대통령의 승인을 받는다.

예산배정계획이 확정되면 그에 따라 기획재정부장관이 회계연도 초에 매분기별 배정액을 명시하여 연간예산을 일괄 배정하고 이를 감사원에 통보한다. 중앙관서의 장은 배정된 예산을 산하기관에 재배정하고, 매분기 초일에 예산이 배정된 것으로 보아 예산을 집행한다. 이러한 배정시기규정은 원칙적인 것이다. 필요에 따라 그에 대한 예외가 허용된다.

예산이 배정되면 각 중앙관서는 배정된 예산액의 범위 내에서 지출원인행위를 한다. 지출원인행위는 각 중앙관서의 장 또는 그의 위임을 받은 소속공무원이 한다. 계약체결 등 지출원인행위를 한 다음에 국고금을 지출하는 지출행위를 한다. 이에 대한 자금배정은 기획재정부장관이 한다. 최종적인 현금지급은 한국은행을 통해서 한다.

2) 예산배정제도

예산배정이 있어야 그 한도 내에서 지출원인행위를 하고 국고자금을 지출할 수 있다는 것은 위에서 지적하였다. 그런데 이러한 예산배정제도(豫算配定制度)는 단순한 기계적 절차를 규정하는 데 그치는 것이 아니라 중요한 정치적·경제적 기능을 수행하는 것이다. 예산배정은 주요 정책도구가 된다.

예산의 배정은 우선 국가예산을 회계체계에 따라 질서 있게 집행하도록 하기 위한 내부통제의 기능을 수행한다. 이 제도는 또한 경기부양이나 경기안정화를 위한 시책의 수단이 된다. 예컨대, 경기부양을 도모하려면 예산을 앞당겨 배정하고, 안정화 시책을 추진하려면 주요 사업에 대한 예산배정을 늦출 수 있다. 정부가 절약운동에 앞장서려 할 때 경상경비나 행정사무비의 일부를 배정 유보하거나 절감배정할 수 있다.

예산배정의 방법은 ⅰ) 정기배정, ⅱ) 긴급배정, ⅲ) 조기배정, ⅳ) 당겨배정, ⅴ) 배정유보, ⅵ) 수시배정, ⅶ) 감액배정으로 구분해 볼 수 있다.

정기배정은 4분기별 연간 배정계획에 따라 정기적으로 예산을 배정하는 것이다. 정기배정에 따른 예산배정은 매분기 첫 날에 이루어진 것으로 보아 집행한다. 긴급배정은 회계연도 개시 전에 예산을 배정하는 것이며, 각 중앙관서장의 요구에 따라 중앙예산기관의 장이 행한다. 긴급배정은 외국에서 지급하는 경비, 선박의 운영·수리 등에 소요되는 경비, 교통·통신이 불편한 지역에서 지급하는 경비, 범죄수사와 같은 특수활동의 경비 등 한정된 지출에만 허용한다. 조기배정은 경제정책 상의 필요에 따라 사업을 조기집행하려는 경우 예산을 1/4분기나 2/4분기에 집중 배정하는 것이다. 당겨배정은 사업을 실제로 집행하는 과정에서 계획 또는 여건의 변화 때문에 지출원인행위를 앞당겨 할 필요가 있을 경우, 해당사업에 대한 예산을 정기배정 계획에 불구하고 앞당겨 배정하는 것이다.

배정유보는 분기별 배정계획에 있는 예산배정을 유보(留保)하는 것이다. 유보는 경제정책이나 재정운용 상의 필요 때문에 하는 것이며, 여건이 변하면 유보를 해제할 수 있다. 수시배정은 예산을 편성할 때 사업계획이 확정되지 않았거나 사업시행을 점검해야 할 사업에 대해 사업추진 상황 등을 검토한 후 예산을 배정하는 것이다. 수시배정 대상이 되는 사업은 대개 정기배정에서 제외된다. 감액배정은 사업계획 변동이나 차질 또는 재정운용 상의 필요 때문에 이미 배정된 예산을 감액하여 다시 배정하는 것이다. 이것은 집행잔액에 대해서만 할 수 있다.[3]

3) 예산집행의 신축성

예산이 성립된 다음 다소간의 사정변동은 불가피하다. 그러한 사정변경에 대응하기 위해 국회의 승인을 받는 예산절차에 따라 추가경정예산을 만들 수도 있고 특정사업에 대한 총액예산을 미리 편성하여 집행의 자율성을 높일 수도 있다.

추가경정예산은 이미 확정된 예산에 변경을 가할 필요가 있을 때 새로 편성하여 국회의 승인을 받은 예산이다. 추가경정예산의 편성은 전쟁이나 대규모 자연재해가 발생한 경우, 경기침체·대량실업·남북관계의 변화·경제협력과 같은 대내외 여건에 중대한 변화가 발생하였거나 발생할 우려가 있는 경우, 그리고 법령에 따라 국가가 지급해야 하는 지출이 발생하거나 증가하는 경우에 한하여 허용된다.

총액예산은 사업의 세부내용을 미리 확정하기 어려운 경우 그에 소요되는 지출을 총액으로 예산에 계상한 것이다. 총액계상이 가능한 사업은 도로의 보수·안전·환경 개선사업, 항만시설 유지보수사업, 수리시설 개보수·수리부속지원사업, 문화재 보수정비사업, 그 밖의 대규모 투자 또는 보조사업이다. 총액예산은 매 회계연도 예산순계기준 100분의 3을 초과할 수 없다.

변동사항이 경미하거나 정식의 예산절차를 밟기 어려운 시간압박이 있는 경우 등에 대응할 수 있도록 예산집행절차 자체에 내장시킨 신축성 부여의 장치들이 있다.

예산집행절차에 신축성을 부여하는 내장된 장치에는 ⅰ) 예산의 이용과 전용, ⅱ) 예산의 이체와 이월, ⅲ) 계속비, ⅳ) 예비비, ⅴ) 수입대체경비와 수입금마련 지출이 있다. 이런 방안들을 다음에 설명하려 한다.

이러한 법적 제도 이외에 행정재량으로 예산배정을 조절할 수 있는 길도 열려 있다. 위에서 본 예산배정의 여러 방법들이 그러한 재량적 조절장치에 해당한다.

(1) 예산의 이용·전용·이체   예산의 이용(移用)·전용(轉用)·이체(移替)는 「국가재정법」이 정하는 '목적외 예산사용 금지 원칙'의 예외를 인정하는 제도이다. 예산의 이용은 예산에 정한 기관, 장(章), 관(款), 항(項) 사이에 서로 융통하는 것이며, 예산의 전용은 세항(細項)·목(目) 사이에 융통하는 것을 말한다.

예산의 이용은 입법과목에 대한 변경이므로 미리 국회의 의결을 얻고 기획재정부장관의 승인을 받아야 한다. 그러나 정부조직 등에 관한 법령의 제정 또는 개폐로 인하여 직무와 권한이 변동된 경우의 예산이용은 기획재정부장관의 승인만으로 시행할 수 있다.

　　예산의 전용은 행정과목에 대한 변경이므로 기획재정부장관의 승인만 있으면 할 수 있다. 예산을 전용하려면 기획재정부장관의 승인을 받아야 하는 것이 원칙이다. 그러나 각 중앙관서의 장이 매 회계연도마다 기획재정부장관이 정하는 범위 안에서 각 세항 또는 목의 금액을 전용할 수 있도록 허용하는 예외가 인정된다. 자체 전용권의 위임범위는 회계연도마다 정하기 때문에 매년 조금씩 다르게 조정될 수 있다. 근래 자체 전용권의 범위가 넓어지는 추세를 보여 왔다.

　　정부조직 등에 관한 법령의 제정·개정 또는 폐지로 인하여 중앙관서의 직무와 권한에 변동이 있을 때, 그 중앙관서의 장의 요구에 따라 기획재정부장관이 예산을 옮겨 쓰는 것을 예산의 이체라 한다. 예를 들면 어떤 하나의 행정기관이 폐지되고 몇 개의 부처에 그 기능이 흡수된 경우에 흡수기관들이 폐지된 행정기관의 예산을 사용하도록 하는 경우가 여기에 해당한다.

　　(2) 예산의 이월　　예산의 이월(移越)은 회계연도를 달리하여 다음 해에 예산을 옮겨 쓰는 것이다. 예산을 집행하다 보면 한 해 동안에 일을 못다 끝내는 경우가 생기기 때문에 이러한 제도를 인정하는 것이다.

　　예산의 이월에는 명시이월(明示移越)과 사고이월(事故移越)이 있다. 명시이월은 한 해 동안 예산집행이 다 끝날 수 없는 것을 예견하여 예산에 이를 밝히고 국회의 승인을 받는 경우의 이월이다. 명시이월은 1년에 한한다. 사고이월은 회계연도 내에 지출원인행위를 하고 불가피한 사유로 연도 내에 지출하지 못한 경비와 지출원인행위를 하지 않은 그 부대경비를 다음 해에 옮겨 쓰는 것을 말한다. 지출원인행위를 위하여 입찰공고를 한 경비 중 입찰공고 후 지출원인행위까지 장기간이 소요되는 경비, 공익사업의 시행에 필요한 손실보상비, 경상적 성격의 경비에 대해서도 대통령령이 정하는 바에 따라 이월이 허용된다. 이 역시 사고이월의 범주에 포함되는 것이다.

　　(3) 계 속 비　　한 회계연도에 한정하지 않고 5년까지는 필요에 따라 계속 지출할 수 있는 경비를 계속비(繼續費)라 하는데 이것은 미리 예산에 들어 있는 것이다.

　　국가는 공사나 제조 또는 연구개발사업에서 그 완성에 수년을 요하는 경우 경비의 총액과 연부액(年賦額)을 정하여 미리 국회의 의결을 얻은 범위 내에서 수 년도에 걸쳐 지출할 수 있다. 계속비의 지출은 당해 회계연도로부터 5년 이내에 한정하는 것이 원칙이지만 국회의 의결을 받으면 그 기간을 10년까지도 연장할 수 있다.

(4) 예 비 비   위에서 본 여러 가지 예산의 신축성을 확보하기 위한 방안
들을 써서도 해결할 수 없는 지출의 필요가 생겨나는 경우, 그에 대응하려면 사
용목적이 엄격히 명시되지 않은 예비비가 있어야 한다.

예측할 수 없는 예산 외의 지출 또는 예산초과지출에 충당하기 위하여 정
부가 상당하다고 인정하는 금액을 세입·세출 예산에 계상하여 국회의 승인을
받은 것을 예비비(豫備費)라 한다. 예비비는 일반회계 예산총액의 100분 1 이내
의 금액이라야 한다. 그러나 예산총칙 등에서 미리 사용목적을 지정해 놓은 예
비비는 따로 세입·세출예산에 계상할 수 있다. 이것을 일반예비비와 구별되는
목적예비비라 한다. 목적예비비의 예로 공공요금예비비, 재해대책예비비, 사전
조사예비비를 들 수 있다.b)

예비비를 사용하려면 각 중앙관서의 장은 요구서(명세서)를 제출하여 기획
재정부장관의 심사·조정을 받은 후 국무회의의 심의를 거쳐 대통령의 승인을
받아야 한다. 대통령의 승인이 나면 해당부처에 예비비를 배정한다.

사용한 예비비의 내역은 다음 연도에 국회의 승인을 받아야 한다. 각 중앙
관서의 장으로부터 예비비 사용명세서를 제출받은 기획재정부장관은 이를 종합
하여 총괄명세서를 작성하고 국무회의의 심의를 거쳐 대통령의 승인을 받아 감
사원에 제출한다. 정부는 예비비 사용총괄명세서를 다음 연도 5월 31일까지 국
회에 제출하여 그 승인을 받아야 한다.

국회, 법원, 헌법재판소의 소관별 지출항목에 계상된 예비금(豫備金)의 사용
목적은 예비비의 목적과 같으나 사용절차는 다르다. 예비금은 예비비 사용청구
절차를 거치지 않고 각 기관의 결정으로 사용할 수 있다.

(5) 수입대체경비와 수입금마련 지출   지출이 직접 수입을 수반하는 경비로
서 기획재정부장관이 지정하는 것을 수입대체경비(收入對替經費)라 한다. 그 지
출에 대응하여 수납되는 수입을 수입대체경비 수입이라 한다. 수입대체경비에
관한 규정은 국고수입은 국고에 납부해야 하며 이를 직접 사용하지 못한다는 국

---

b) 예비비와 비슷한 제도로 신임예산제도(信任豫算制度: votes of credit)라는 것이 있다. 영국, 캐
   나다 등에서 전시(戰時)에 사용한 바 있는 신임예산은 입법부가 지출총액만 정하고 구체적인
   용도는 행정부가 결정하여 집행하게 하는 제도이다. 유훈, 「재무행정론」(법문사, 1996),
   135~136쪽.

고통일(國庫統一)과 예산총계주의 원칙에 대한 예외를 인정한 것이다. 이것은 자체수입으로 관련경비를 직접 충당할 수 있도록 한 제도이다. 기획재정부장관은 ⅰ) 국가가 특별한 용역 또는 시설을 제공하고 그 제공을 받은 자로부터 비용을 징수하는 경우의 당해 경비, 그리고 ⅱ) 수입의 범위 안에서 관련경비의 총액을 지출할 수 있는 경우의 당해 경비 가운데서 수입대체경비를 결정한다. 그러한 경비의 예로서 대법원 산하 등기소의 등기부 등·초본 발행경비를 들 수 있다.

　　수입금마련 지출은 특정사업에 대한 수요의 증가로 인한 예산초과 수입 또는 초과할 것이 예측되는 수입에 직접적으로 관련하여 발생하는 비용지출을 말한다. 이것은 기업특별회계 등에서 인정하는 제도이며, 우정사업본부의 우표발행경비, 국립의료원 진료비 등을 예로 들 수 있다. 중앙관서의 장이 초과수입금을 사용하려면 기획재정부장관에게 그 이유와 금액을 명시한 조서를 제출하여 심사받은 후 국무회의의 심의를 거쳐 대통령의 승인을 얻어야 한다.

　　수입금마련 지출과 수입대체경비는 수입의 초과 또는 초과가 예상되는 경우 예산을 초과하여 관련경비를 지출할 수 있다는 점에서는 같으나 두 가지 차이가 있다. 첫째, 대상경비의 범위에 관하여 수입대체경비는 제한적이지만 수입금마련 지출은 무제한이다. 둘째, 지출목적을 보면 수입대체경비는 지출 자체가 주목적이고 수입은 부수적인 것이지만, 수입금마련 지출의 경우 수입금마련 자체가 주목적이고 이 목적을 위해 지출이 불가피한 것이다.

4) 조달행정

　　예산집행에 따른 자금지출의 구체적인 목적과 대상은 아주 다양하다. 그 가운데 하나의 방대한 범주가 정부에서 필요로 하는 재화·용역의 구매이다. 현대 정부가 사들이는 재화·용역의 규모는 매우 크며, 그에 대한 자금지출은 국가경제에 지대한 영향을 미친다.

　　조달(調達: procurement)은 정부에서 필요로 하는 재화·용역을 구매하고 공사계약을 체결하는 작용이다. 조달행정은 조달을 관리하는 것이다.ᶜ⁾

　　조달행정의 기본적 임무는 정부에서 필요로 하는 재화·용역의 공급이지만 그 경제적 파급효과 때문에 경제정책수단으로서의 역할도 담당하지 않을 수 없

---

c) 우리나라의 「조달사업에 관한 법률」 제3조는 조달청장이 하는 조달사업은 ① 조달 물자의 구매·물류관리·공급 및 그에 따른 사업, ② 수요기관의 시설공사 계약 및 그에 따른 사업, ③ 수요기관의 시설물 관리·운영 및 그에 따른 사업이라고 규정한다.

다. 예컨대 경기조절, 물가안정, 균형발전 지원, 중소기업육성, 친환경제품·문화상품의 생산촉진에 기여할 수 있다.

바람직한 조달행정의 원칙은 ⅰ) 조달업무처리의 경제성이 높아야 한다는 것, ⅱ) 계약자 결정이 공정해야 한다는 것, ⅲ) 조달과정의 투명성과 청렴성이 보장되어야 한다는 것, ⅳ) 조달과정의 적시성과 효율성이 높아야 한다는 것, ⅴ) 조달행정의 책임성이 확보되어야 한다는 것, 그리고 ⅵ) 국민의 신뢰를 받을 수 있어야 한다는 것이다.[4]

세계화의 추세에 따라 조달시장도 국제적으로 개방되고 있다. 개방화는 조달시장의 경쟁성을 높이고 조달행정에 대한 국제적 감시와 규제를 확대하고 있다. 이런 상황에서 조달행정원칙 준수에 대한 압력은 더욱 커지고 있다.

(1) 분산조달과 집중조달   조달제도의 유형에는 분산조달제도와 집중조달제도(중앙조달제도)가 있다. 전자는 각 관서(수요기관)에서 직접 재화·용역을 구입하는 제도이다. 후자는 중앙조달기관에서 통합적으로 재화·용역을 구입하여 각 수요기관에 공급하는 제도이다.[5]

우리나라 전체의 공공조달에는 두 가지 방식이 병렬적으로 쓰이고 있다. 조달청 창구를 통하는 집중조달이 전체 공공조달시장에서 차지하는 비중은 약 30% 정도이다. 나머지 약 70%에 해당하는 조달은 분산조달방식을 따르고 있다.

집중조달제도와 분산조달제도의 장·단점은 대개 서로 반대되는 것이므로, 여기서는 집중조달제도의 장·단점만 살펴보려 한다.

집중조달제도의 장점은 ⅰ) 예산을 절약할 수 있다는 것, ⅱ) 조달업무를 전문화할 수 있다는 것, ⅲ) 공통적인 재화·용역의 표준화로 신속하고 능률적인 구매관리를 할 수 있다는 것, ⅳ) 부패나 부당한 거래를 막기 위한 통제활동이 용이하다는 것, ⅴ) 집중조달을 통한 재화비축과 공급조정은 구매관리의 신축성을 높인다는 것, ⅵ) 정부 전체의 구매관리에 관한 통합적 정책을 수립할 수 있다는 것, 그리고 ⅶ) 재화공급자의 편의와 경비절감에도 기여한다는 것이다.

반면 집중조달제도의 단점으로는 ⅰ) 구매조직이 관료화되고 절차 상의 번문욕례가 심해질 수 있다는 것, ⅱ) 각 수요기관의 선택폭이 좁아진다는 것,[d]

---

d) 우리 정부는 그런 약점을 완화하기 위해 노력하고 있다. 정부는 행정기관 등 공공기관의 물품구입에 관한 선택폭을 넓히기 위해 다수공급자물품계약제를 도입하고 적용대상품목을 늘려나가고 있다. 이 제도는 조달청이 물품공급자들과 복수계약을 체결하고, 각 수요기관이 공급자

iii) 개별화되고 특화된 품목들에 대한 전문적 판단이 어렵다는 것, iv) 적시성 있는 재화·용역공급이 어렵다는 것, 그리고 v) 대량구매에 치중하다 보면 대기업에 편중된 구매를 하고 중·소업체들을 차별하게 된다는 것이 지적되고 있다.

(2) 전자조달시스템   정보화 촉진, 전자정부 발전과 더불어 조달행정도 전자화되고 있다. 우리 정부도 2002년에 국가종합전자조달시스템을 구축·시행하고 전자조달행정의 발전에 박차를 가하고 있다.6)

전자조달행정은 전자상거래방식이 도입된 조달행정이다.e) 전자조달행정의 전자화 폭은 구체적인 제도에 따라 다르다. 구매요청·입찰·계약·대금지급 등 여러 가지 절차 가운데서 어느 하나만 전자적으로 처리되는 수준에서 전과정이 전자화되는 수준까지 전자화 수준의 분포는 다양하다.

우리 정부의 국가종합전자조달시스템(e-나라장터: government e-procurement system: GePS; government to business: G2B)은 조달단일창구를 구축하고 공공기관의 물품·용역 구매, 시설공사계약 등에 참가하는 업체의 등록과 입찰, 계약, 대금지불에 이르기까지 모든 단계를 인터넷을 통해 처리하는 시스템이다.

국가종합전자조달시스템의 가동은 조달행정에 많은 변화를 가져왔다. 인터넷단일창구를 통한 입찰정보 제공, 정보공동사용과 조달과정 온라인화에 의한 구비서류 감축·폐지, 전자적 대금지불, 계약대상상품 전자카탈로그 확대활용, 수요기관의 선택폭 확대, 정부물품 분류체계 표준화, 집중·분산으로 이원화된 시스템 간의 연계 강화를 그 예로 들 수 있다. 이런 변화들은 조달의 투명성·효율성·공정성을 높이고 공급업체에 대한 서비스를 개선하는 데 기여하였다.

4. 결   산

결산(決算)은 국가예산의 집행실적을 계수(計數)로 확정하는 활동이다. 결산이 끝나야 예산집행에 관한 정부의 책임이 해제된다. 결산의 결과가 어떠냐에 따라서는 회계검사를 통해 문책해야 하는 문제가 발생할 수 있다. 그렇지만 결산의 효과는 실제로 정치적인 성격을 가진 것이다. 결산이 다음 해의 예산을 직

들로부터 필요한 물품모형을 직접 선택할 수 있게 하는 것이다.

e) 전자상거래(電子商去來: e-commerce)는 재화·용역의 거래에서 그 전부 또는 일부가 컴퓨터 등 정보처리능력을 가진 장치를 통해 전자적 형태로 작성되어 송신·수신·저장되는 전자문서로 처리되는 거래이다. 법제처, 「법령용어 사례집」(하)(2002), 1404쪽.

접 구속한다든지 하는 효과는 없다. 예산과 결산은 대체로 일치하지만 완전히 일치하는 경우는 거의 없다. 예산제도는 앞에서 본 바와 같이 집행과정의 신축성을 어느 정도 인정하기 때문이다.

예산의 집행이 완결되어야 결산을 할 수 있다. 원칙적으로 수입과 지출을 회계연도 내에 모두 끝내야 하지만 미처 결제되지 않은 거래의 완결을 위해 출납정리기간을 두고 있다.

출납정리기간이 끝나면 각 중앙관서의 장은 회계연도마다 「국가회계법」에서 정하는 바에 따라 그 소관에 속하는 일반회계·특별회계 및 기금을 통합한 결산보고서를 작성하여 기획재정부장관에게 제출한다. 결산보고서를 구성하는 서류는 결산의 개요, 세입세출결산 재무제표, 그리고 성과보고서이다. 기획재정부장관은 각 중앙관서의 장이 제출하는 보고서에 기초하여 정부 전체의 국가결산보고서를 작성하고 국무회의의 심의를 거쳐 대통령의 승인을 받는다. 승인받은 국가결산보고서는 감사원에 제출한다.

감사원은 결산의 합법성과 정확성을 검사하여 확인한다. 감사원에서 결산검사가 끝나면 검사보고서를 기획재정부장관에게 송부한다. 정부는 감사원의 검사를 마친 국가결산보고서를 다음 연도 5월 31일까지 국회에 제출해야 한다. 국회에서는 각 상임위원회와 예산결산특별위원회의 심의를 거쳐 본회의에 보고하여 처리한다.

우리 정부는 과거 중앙예산기관과 결산관리기관을 구분하기도 했으나 지금은 기획재정부로 통합되어 있다.

II. 세입의 출처

세입과 세출은 서로 분리될 수 없는 예산의 두 개 축이다. 개인이나 정부나 수입이 있어야 지출을 할 수 있는 것은 마찬가지이다. 세입은 세출의 전제이다. 예산과정에서 사람들은 세출의 결정, 즉 돈을 어디에 얼마나 쓰느냐 하는 문제에 더 많은 관심을 갖는다. 그러나 세출은 세입이 설정하는 한계를 벗어나지 못한다는 점을 잊어서는 안 된다.

세입(歲入: revenue)이란 한 회계연도의 모든 수입을 말한다. 세출(歲出: expenditure)이란 한 회계연도의 모든 지출을 말한다. 예산과정에서 세출결정의 전제 또는 제약조건으로 파악되는 세입의 출처에 대해 설명하려 한다.

세입은 조세수입(租稅收入)과 세외수입(稅外收入)이라는 두 가지 범주로 구분된다. 우리 정부의 세입구성을 보면 조세수입의 비중이 압도적이다.

1. 조세수입

조세는 국가 또는 지방자치단체가 그 경비에 충당할 목적으로 국민에게 부과하여 징수하는 금전적 수입이다. 조세는 국민이 반대급부없이 납부해야 하는 비보상적 금전부담이다. 여기서 국민이란 일정한 과세요건에 해당하는 납세의무자를 지칭하는 것이다. 조세는 법률로 정한다.[7]

1) 조세의 종류

구체적인 조세의 종류는 대단히 많으며, 이를 범주화하는 방법도 여러 가지이다. 조세연구인들이 자주 사용하는 조세유형론들은 다음과 같다.

(1) 국세·지방세   조세를 부과·징수하는 주체를 기준으로 국세(國稅)와 지방세(地方稅)를 구분한다. 국세는 국가가 부과·징수하는 조세이다. 지방세는 지방자치단체가 부과·징수하는 조세이다.

(2) 내국세·관세   과세대상이 수입품인지의 여부, 그리고 통관절차의 필요성이 있는지의 여부에 따라 국세를 관세(關稅)와 내국세(內國稅)로 구분한다. 외국으로부터 수입되는 대상물에 부과하는 조세를 관세라 하고, 국내에 있는 대상물에 부과하는 조세를 내국세라 한다.

(3) 직접세·간접세   법률 상의 납세의무자와 실제의 조세부담자가 일치하는지의 여부에 따라 직접세(直接稅)와 간접세(間接稅)를 구분한다. 직접세는 법적 의무자와 실제 부담자가 동일한 조세이며, 간접세는 양자가 서로 다른 조세이다. 직접세의 예로 소득세, 법인세, 상속·증여세를 들 수 있다. 간접세의 예로는 부가가치세, 특별소비세, 주세를 들 수 있다.

(4) 보통세·목적세   사용목적에 따라 보통세(普通稅)와 목적세(目的稅)를 구분한다. 보통세는 국가 또는 지방자치단체의 일반적 지출에 충당하기 위한 조세이다. 목적세는 특정한 목적의 경비지출에 충당하기 위한 조세이다. 보통세의 예로 소득세, 등록세, 재산세, 취득세, 주민세를 들 수 있으며, 목적세의 예로 교육세, 교통세를 들 수 있다.

(5) 수익세·재산세·소비세·거래세·인세·물세·행위세　　과세대상의 성질에 따라 조세를 수익세(收益稅), 재산세(財産稅), 소비세(消費稅), 거래세(去來稅)로 구분하기도 하고, 인세(人稅), 물세(物稅), 행위세(行爲稅)로 구분하기도 한다. 인세는 납세자의 주소, 소득 등을 기준으로 부과하는 조세이다. 물세는 물건의 소유·제조·판매·수입에 대해 부과하는 조세이다. 행위세는 물건이나 사람이 아니라 사람의 행위에 대해 부과하는 조세이다. 등록세를 그 예로 들 수 있다.

(6) 정기세·임시세　　과세의 시기에 따라 정기세(定期稅)와 임시세(臨時稅)를 구분한다. 정기세는 소득세, 법인세와 같이 미리 정한 시기에 정기적으로 부과하는 조세이다. 과세요건이 발생할 때마다 수시로 부과하는 임시세의 예로 상속세, 등록세를 들 수 있다.

(7) 누진세·비례세·역진세　　부의 재분배에 미치는 영향을 기준으로 누진세(累進稅: progressive tax), 비례세(比例稅: proportional tax), 그리고 역진세(逆進稅: regressive tax)를 구분한다. 누진세는 부의 하향재분배 효과를 수반한다. 부자들에게서는 비율적으로 세금을 더 많이 걷고 가난한 사람들에게서는 덜 걷는 조세이다. 소득세는 대개 누진세이다. 비례세는 재분배 효과가 없는 조세이다. 이것은 소득에 비례하는 조세이다. 소득차이에 따라 공제비율이 다르지 않으며, 특정집단에 대한 감면이 따로 없는 조세이다. 역진세는 비율적으로 보아 부자보다 가난한 사람들에게서 더 많이 거두게 되는 조세이다. 판매세 또는 소비세는 역진적 효과가 따르는 조세의 예이다.

2) 바람직한 조세제도의 조건

민주국가에서 국민의 납세의무는 헌법과 법률이 정한다. 조세법정주의는 조세의 정당성을 확보하는 가장 기초적인 요건이다. 이 밖에도 바람직한 조세제도가 되려면 충족시켜야 할 조건 내지 기준들이 있다.[f]

바람직한 조세제도의 조건을 다음과 같이 요약해 볼 수 있다.[8]

① **조세의 공평성(형평성)**　　조세는 공평하게 부과해야 한다. 공평한 조세는 조세납부능력이 같은 사람들은 같게 취급하는 수평적 공평성과 납세능력이 다른 사람들은 다르게 취급하는 수직적 공평성을 갖춘 조세이다.[8]

---

f) '바람직한 조세의 조건'을 여러 가지 다른 이름으로 부르기도 한다. 조세제도의 원칙, 조세법의 원칙, 조세제도 평가의 기준, 이상적인 조세의 구비조건 등을 그 예로 들 수 있다.

g) 조세부담의 분배를 결정하는 기준에는 이익원칙과 능력원칙이 있다. 공공서비스로부터 받는

② 조세의 적정성   조세는 적정한 것이라야 한다. 조세는 정부의 존립과 활동에 필요한 재원확보라는 본래의 목적에 충실해야 한다. 그리고 사회적으로 받아들여질 수 있는 세율에 따라 부과해야 한다.

③ 조세관리의 능률성   조세는 능률적·경제적으로 부과·징수할 수 있어야 한다. 적절한 조세관리수단의 확보와 조세제도의 단순화는 그 전제조건이 된다.

④ 경제에 미치는 악영향의 최소화   조세가 경제에 불필요한 해를 끼쳐서는 안 된다. 조세는 경제정책의 수단으로 쓰일 수도 있기 때문에 조세의 중립성만을 고집할 수는 없다. 그러나 시장에서 이루어지는 자원의 효율적 배분에 대한 교란은 최소화해야 한다.

⑤ 과세요건의 엄격한 규정   과세요건은 명확하게 규정되어야 하며, 그것은 국민에게 알려져야 한다. 과세요건에 관한 법령의 규정은 엄격하게 해석해야 한다.

조세법규를 소급해서 적용하는 소급과세는 금지해야 한다. 그리고 과세요건에 관한 법규와 관행에 따라 납세자가 한 행위는 보호되어야 한다. 새로운 해석이나 관행 때문에 납세자가 불이익을 받아서는 안 된다.

조세는 정확한 근거에 입각해 실질적인 납세의무자에게 부과해야 한다.

⑥ 조세의 투명성   조세제도는 투명하게 입안하고 운영해야 한다. 조세제도는 투명한 입법절차를 통해 채택해야 한다. 세액과 그 결정방법, 징세절차, 조세정책결정의 정치적 책임 등이 모두 투명해야 한다.

조세가 투명하지 않으면 납세협조를 구하기 어렵다. 부패를 조장한다. 조세정책에 대한 민주적 통제도 어렵다.

바람직한 조세관리의 요건에 비추어 볼 때 우리 정부의 세무행정은 무거운 개혁과제에 직면해 있다고 하지 않을 수 없다. 과세의 공평성 상실과 비능률성 그리고 부패문제가 심각하다는 비판을 받아온 지는 오래이다. 조세구조가 너무 복잡한 것, 고객중심의 세무서비스가 부실한 것, 세원포착과 관리가 부정확한 것도 세무행정의 흠절이다.

2. 세외수입

세외수입이 세입에서 차지하는 비율은 낮지만 그 종류는 많다. 그 종류는

이익을 기준으로 하는 이익의 원칙은 대부분의 공공재 공급에 적용하기 어렵다. 현대국가에서 주된 조세배분 기준이 되는 것은 능력원칙이다.

재산수입, 경상이전수입, 재화·용역판매수입, 수입대체경비수입, 관유물매각대, 융자회수금, 국공채 및 차입금, 전년도이월금, 그리고 전입금 기타로 분류된다. 경상이전수입(經常移轉收入)은 벌금 및 몰수금, 변상금, 위약금 등으로 받아들인 수입이다. 국채와 차입금(외국정부·국제협력기구·외국법인으로부터 도입되는 차입금 포함)은 국회의 의결을 받지 않으면 세출재원으로 쓸 수 없다.

Ⅲ. 예산의 종류와 예산내역의 분류

예산의 종류에 관한 유형론은 예산과정에서 필요로 하는 주요 정보를 제공한다. 여러 가지 예산의 종류를 체계적으로 분류하고 통일적으로 정의해 두어야 예산과정에서 예산을 능률적으로 처리할 수 있다.

마찬가지로 예산의 내용도 질서 있게 분류해야 한다. 예산내역(豫算內譯)의 분류는 그 목적과 용도에 따라 달라질 수 있다. 예산내역 분류방법의 유용성은 예산과정의 각 단계에서 의사결정을 얼마나 효과적으로 지원해 주느냐에 달려 있다. 예산과정의 단계별로, 그리고 의사결정 주체별로 그 목적과 필요가 다르면 분류방법도 달라져야 할 것이다.

1. 예산의 종류

예산의 종류는 다양한 기준에 따라 분류된다. 그 예는 많지만 여기서는 우리나라에서 예산관련 법령이 규정하거나 예산관행 상 자주 사용되는 것들을 골라 소개하려 한다.[9]

1) 중앙정부예산과 지방정부예산

정부부문의 경제활동을 총칭하여 재정이라 한다. 정부의 재정활동은 중앙정부부문과 지방정부부문으로 구분되며, 그에 따라 예산도 중앙정부예산(국가예산)과 지방정부예산(지방자치단체예산)으로 구분된다.

국가의 경제활동은 민간부문과 공공부문으로 대별된다. 공공부문은 다시 비금융공공부문과 공공금융부문으로 구분된다. 비금융공공부문은 정부활동(일반정부부문)과 비금융공기업으로 구분된다. 정부활동부문의 재정은 중앙정부재정과 지방정부재정으로 구분된다. 중앙정부재정은 예산(일반회계·특별회계)과 공공

기금 기타로 구분된다.[h]

지방재정은 지방자치단체의 재정을 총칭한다. 지방재정은 특별자치단체의 재정과 지방자치단체의 일반재정으로 구분된다. 일반재정에는 일반회계와 특별회계가 포함된다.

2) 일반회계예산과 특별회계예산

일반회계는 '일반적 세입'으로 일반적 국가기능수행을 위한 '일반적 지출'을 담당하는 회계이다. 일반회계는 조세수입 등을 주요 세입으로 하여 국가의 일반적인 세출에 충당하기 위해 설치한다. 일반적인 세출이란 정부의 일반행정경비, 방위비, 사회개발비, 지방재정교부금, 채무상환 등에 대한 지출을 말한다. 일반회계는 중앙정부예산의 중심회계이며 정부재정의 근간이다.

특별회계는 ⅰ) 국가에서 특정한 사업을 운영하고자 할 때, ⅱ) 특정한 자금을 보유하여 운용하고자 할 때, 그리고 ⅲ) 특정한 세입을 특정한 세출에 충당함으로써 일반회계와 구분하여 계리할 필요가 있을 때에 설치·운영하는 것이다.

3) 본예산·수정예산·추가경정예산·준예산

예산의 성립내용을 기준으로 본예산, 수정예산, 추가경정예산, 준예산을 구분할 수 있다.

본예산(本豫算: 당초예산)은 당초에 국회의 의결을 거쳐 확정·성립된 예산이다.

수정예산(修正豫算)은 정부가 예산안을 국회에 제출한 후 부득이한 사정으로 그 내용의 일부를 수정하여 국회에 제출하는 예산이다. 이것은 예산안을 국회에 제출한 후 국회의 심의·확정 전에 내용을 수정하는 예산이다.

추가경정예산(追加更正豫算)은 예산성립 후에 생긴 사유로 인하여 필요한 경비의 과부족이 생긴 때 본예산에 추가 또는 변경을 가한 예산이다. 이것은 예산성립 후에 생긴 사유로 예산액을 추가 또는 변경하는 것이다.

---

h) 예산 외로 운영하는 기금(基金: fund)의 설치는 법률로 정한다. 기금은 국가가 특정한 목적을 위하여 특정한 자금을 신축적으로 운용할 필요가 있을 때에 한하여 법률로써 설치한다. 기금은 정부가 특정부문의 육성과 개발을 촉진하기 위해 자금을 지원하거나, 정부가 직접 수행하는 사업에 소요되는 자금을 운용하기 위해 설치하는 것이 보통이다. 기금에 의한 사업운영에는 자금의 공급과 관리에 탄력성을 유지할 수 있는 이점이 있다. 그러나 독자적인 기금운용은 전체 재정운용체제와의 연계성을 저하시킬 수 있다.

준예산(準豫算)은 우리 정부가 법제 상의 제도로는 채택하고 있다. 헌법 제 54조 제 3 항은 새로운 회계연도가 개시될 때까지 예산이 성립되지 못할 경우 정부는 국회에서 예산이 의결·확정될 때까지 헌법이나 법률의 규정에 따라 설치된 기관 또는 시설의 유지·운영과 법률 상 지출의무의 이행, 그리고 이미 예산으로 승인된 사업을 계속하기 위한 경비를 전년도 예산에 준하여 집행할 수 있도록 규정하고 있다. 이러한 규정에 따라 집행하는 것이 준예산이다. 그러나 우리나라에서 준예산이 지금까지 실제로 편성·집행된 일은 없다.

회계연도가 개시될 때까지 예산이 성립되지 못할 경우에 사용되는 예산의 유형에는 준예산 이외에 잠정예산(暫定豫算)과 가예산(假豫算)이 있다. 잠정예산은 잠정적으로 일정한도의 예산을 편성하여 입법부의 승인을 받아 집행하는 예산이다. 가예산은 1개월 이내에 사용할 임시적인 예산을 입법부가 승인하고 그 기간 내에 본예산을 의결하게 하는 제도이다. 우리 정부는 가예산제도를 과거 한 때 채택한 일이 있으나 지금은 사용하지 않는다.

4) 세입세출예산·계속비·명시이월비·국고채무부담행위

예산형식을 기준으로 세입세출예산, 계속비, 명시이월비, 그리고 국고채무부담행위를 구별할 수 있다.

세입세출예산은 예산의 중심부분이다. 이것은 한 회계연도의 모든 수입·지출 예정액을 표시한다. 국가의 주요 정책이나 사업계획, 경비소요 내역 등이 모두 세입세출예산을 통해 계리되고 운용된다.

계속비는 공사나 제조, 연구개발사업 등에서 그 완성에 수년이 걸리는 경우 소요경비의 총액과 연부액(年賦額)을 정하여, 미리 국회의 의결을 얻은 범위 안에서 수 년도에 걸쳐 지출할 수 있는 경비이다.

명시이월비는 세출예산 중 경비의 성질상 연도 내에 지출을 끝내지 못할 것이 예측되는 경우 그 취지를 세입세출예산에 명시하여 미리 국회의 승인을 얻어 다음 연도에 이월하여 사용할 수 있게 한 예산이다. 이에 대해서는 예산의 이월을 설명할 때도 언급하였다.

국고채무부담행위는 국가재정이 예산확보 없이 미리 채무를 부담하는 행위이다. 국고채무부담행위 가운데서 법률이 정한 것과 세출예산금액 또는 계속비 총액 범위 내의 것이 아닌 국고채무부담행위에 대해서는 미리 국회의 의결을 받아야 한다.

5) 통합예산

(1) 정   의   통합예산(統合豫算: consolidated budget)은 정부부문에서 1년 동안 지출하는 재원의 총체적 규모를 보여주는 예산이다.i)

우리 정부는 국제통화기금(IMF)이 만든 재정통계편람(Manual on Government Finance Statistics)에 따라 1979년부터 통합예산을 작성하게 되었다.

우리나라에서 시행하고 있는 통합예산은 기존의 법정 예산제도를 그대로 유지하면서 그와 병행하여 재정활동을 종합적으로 파악할 수 있도록 작성하는 것이다. 이것은 세입·세출뿐만 아니라 보전재원(補塡財源: means of financing)의 상황까지 포함한 정부의 모든 재정활동을 일목요연하게 식별할 수 있도록 작성한 순계개념 상의 정부예산 총괄표이다.

통합예산 작성의 목적은 총체적인 정부예산의 정확한 규모를 파악하고 보전재원 상황을 명백히 함으로써 재정이 경제안정이나 통화에 미치는 영향을 분석할 수 있게 하려는 것이다. 그러므로 통합예산의 범위는 포괄적이라야 한다. 그리고 정부의 이중거래를 배제하고 예산의 규모를 순계기준(純計基準)에 따라 표시해야 한다. 즉 순세입·순세출의 규모를 표시해야 한다. 재정적자의 경우 그 것이 어떻게 보전되며, 재정흑자의 경우 그 잉여금이 어떻게 처리되는가를 명백히 하기 위해 보전재원의 상황을 명시해야 한다.

(2) 필요성: 통상적 예산의 결함   통합예산의 작성이 필요한 까닭은 기존의 통상적 예산이 예산통일성의 원칙에 충실하지 못하고 예산체계는 복잡하기 때문에 정부예산의 전모를 파악하기 어렵고, 재정이 국민경제에 미치는 영향을 분석하기도 어렵기 때문이다.

통상적 예산체계는 중앙정부예산과 지방정부예산으로 나누어져 있고, 중앙정부의 예산은 다시 일반회계와 특별회계로 구분되어 있다. 각종의 기금활동은 예산외로 처리되고 있다. 그리고 예산외 사업(off-budget enterprises) 또는 독립채산제 사업들의 수입·지출은 예산으로 계리되지 않는다. 그런데 이들 사업이 적

---

i) 우리나라의 통합예산에는 일반회계, 특별회계, 기금, 세입·세출 외의 전대차관 도입분, 세계잉여금 등이 포함된다. 전대차관은 국내거주자에게 전대(轉貸)하려고 정부가 차입한 외화자금이다. 세계잉여금이란 한 회계연도의 세입액에서 세출액을 뺀 잔액을 말한다.
   통합예산이 대상으로 하는 공공부문에는 중앙·지방의 일반정부와 중앙·지방의 비금융공기업이 포함된다.

자를 내는 경우 세입·세출에서 자금이 지출될 수 있다.

각종 대여금은 예산 상의 지출이 아니지만, 수혜자가 갚지 않는 경우 그것은 소리없는 예산 상의 부담이 된다. 그리고 저리융자 자체가 다른 사업에 대한 자금지출을 제약한다.

특정집단에 대한 세금감면은 세입과 세출에 제약을 가하지만 예산에 반영되지 않는다. 세금우대제도의 비용출처는 모호하지만 수혜자에게 주는 혜택은 가시적이기 때문에 매력적인 정책도구가 될 수 있다. 따라서 세금감면·세금우대 조치가 늘어나고 남설되는 경향이 있다.

예산에 지출금액은 표시되어 있지만 그 용도가 은폐된 '숨겨진 예산'(black budget)도 있다. 군사 상의 또는 첩보 상의 기밀업무에 대한 지출이 다른 지출항목에 숨겨지는 것을 예로 들 수 있다.

(3) **효용과 한계**   통합예산은 정부재정 운영의 건전성과 국민경제적 효과를 판단하는 데 필요한 정보를 제공한다. 정부재정의 전체적인 규모를 파악할 수 있게 하고, 내부거래와 보전거래를 차감함으로써 순수한 재정활동의 규모파악을 가능하게 하기 때문이다.

그러나 통합예산은 융자지출도 재정수지 상의 적자요인으로 파악한다는 한계를 지니고 있다. 융자지출은 회수되는 시점에서는 흑자요인이 되는데도 불구하고 이를 당해연도의 적자요인으로 보고 재정운영의 건전성을 판단하는 것은 무리이다.

6) 자본예산

(1) 정   의   자본예산(資本豫算: capital budget)은 자본적 지출에 대한 예산이다. 자본적 지출은 대개 장기적인 투자이며, 그로부터의 수익은 장기간에 걸쳐 발생한다. 자본예산과 구별되는 경상예산(經常豫算: current or operating budget)은 정부의 운영에 필요한 반복적 경비에 대한 예산이다.

자본예산제도(capital budgeting)는 세입과 세출을 경상적인 것과 자본적인 것으로 구분하고, 경상적 지출은 경상적 수입으로 충당하고, 자본적 지출은 대부분 공채발행 등 차입으로 충당하는 복식예산제도(複式豫算制度: double budgeting)의 일종이다.[j]

---

j) 자본예산제도가 실천의 세계에서 반드시 통일적인 양태를 보이는 것은 아니다. 그 범위나 성격

자본예산제도를 쓰는 주된 이유는 정부차입을 정당화하려는 데 있다. 국가나 지방자치단체가 빚을 진다 하더라도 그 빚을 자본적 지출, 즉 자산취득을 위한 지출에 쓴다면 부채의 증가는 자산의 증가로 상쇄된다. 따라서 자본적 지출을 위한 차입은 건전재정의 원칙을 위반하는 것이 아니라고 설명한다.

(2) 효용과 한계   자본예산제도의 효용과 단점 또는 폐단의 위험을 다음과 같이 요약할 수 있다.[10]

자본예산을 경상예산으로부터 분리하여 따로 다루는 제도의 효용으로는 ⅰ) 자본적 지출의 전문적 분석과 심의를 돕는다는 것, ⅱ) 신중한 계획을 유도하고 장기적 사업의 일관성 있는 추진을 돕는다는 것, ⅲ) 장기적 지출통제의 체계화를 돕는다는 것, ⅳ) 정부의 순자산상태 파악에 필요한 정보를 제공한다는 것, ⅴ) 적자를 안은 자본예산을 재정정책적 도구로 쓸 수 있다는 것, ⅵ) 자본적 지출의 혜택을 누릴 미래세대와 부채상환의 책임을 분담함으로써 비용부담의 형평성을 높인다는 것, ⅶ) 경상예산의 균형화를 쉽게 한다는 것, ⅷ) 세율변동을 완화하고 세원의 고갈을 방지할 수 있다는 것, ⅸ) 자본예산의 적자를 국민에게 납득시키기 쉽다는 것을 들 수 있다.

자본예산의 단점으로는 ⅰ) 자본예산에 포함시킬 수 있는 지출의 범위가 모호하고, 자본적 지출을 위한 적자예산이 쉽게 수용되기 때문에 국회의원들의 지역구 사업을 위한 '예산사업 나눠먹기'(political pork barrel)에 쓰이는 등 남용의 위험이 있다는 것, ⅱ) 자본적 지출로 하는 사업의 우선순위를 합리적으로 결정하기 어려우며, 대기기간이나 재원의 가용성 또는 과거의 관행이 사업우선순위 결정을 왜곡하기 쉽다는 것, ⅲ) 경제안정을 해치고 인플레를 조장할 수 있다는 것, ⅳ) 경상적 지출의 적자를 은폐하는 도구로 쓰일 수 있다는 것, ⅴ) 예산구조를 복잡하게 만들어 예산전체의 통합적 분석을 어렵게 한다는 것, 그리고 ⅵ) 예산관리의 경직화를 조장할 수 있다는 것을 들 수 있다.

7) 적자예산

(1) 정   의   적자예산(赤字豫算: 불균형예산: budget deficit; unbalanced budget)은 수입보다 지출이 많은 예산이다. 적자예산으로 초과지출한 만큼 정부

에 대해서 연구인들 사이에 논쟁이 있다. 자본예산제도는 보는 이의 관점에 따라 예산결정의 접근방법으로, 예산의 종류로, 또는 예산내역 분류의 일종으로 각각 파악되고 설명될 수 있다.

는 빚을 지게 된다. 적자예산은 일정한 상황적 조건 하에서 정당화될 수 있는 재정정책도구이다. 그러나 예산적자가 장기화되고 과다해지면 그 이익보다 손실이 더 커질 수 있다.[11]

적자예산으로 인한 재정적자는 국채발행, 한국은행으로부터의 차입, 해외차입 등으로 보전한다.

적자예산은 수입·지출의 균형을 이루고 있는 예산이 아니다. 균형예산(均衡豫算: balanced budget)은 수입과 지출이 같거나 수입이 지출보다 큰 예산이다. 균형예산을 유지하는 정부는 재정적으로 건전하다고 흔히들 말한다. 그러나 보편적으로 바람직하다는 평가를 할 수는 없다. 경제가 안정되거나 성장하고, 완전고용이 근접하게 실현된 상황에서는 균형예산의 필요성이 크다. 그러나 경기침체 또는 국가적 위기에 정부가 능동적으로 대처하려면 불균형예산이 불가피할 때가 있다.

많은 나라들이 주기적인 또는 만성적인 재정적자 때문에 어려움을 겪고 있다. 경기침체나 그것을 현저히 능가하는 경제위기 등 많고 복잡한 요인들이 적자예산을 요구하고 유발하는 압력을 형성한다. 민주정치과정에 내재된 동인이 적자재정수요의 거품을 만들어 내기도 한다.[k] 이런 저런 이유로 정부는 거의 언제나 돈 쓸 곳은 많고 돈은 모자라는 상황에 처하게 된다.

각국의 정부들은 지나친 재정적자를 방지하고 해소하려는 여러 가지 전략을 구사하고 있다. 그러나 그것이 비효율적일 때가 많다.

(2) **효용과 한계**   적자예산의 효용으로 ⅰ) 경기침체기에 예산초과지출을 허용함으로써 유효수요를 창출하여 경기를 부양할 수 있다는 것, ⅱ) 불우한 비혜택집단을 경제적으로 지원할 수 있게 한다는 것, ⅲ) 고용을 창출할 정부공사를 시행·확대할 수 있게 해준다는 것, ⅳ) 위기에 대처할 긴급자금의 출처를 제공한다는 것을 들 수 있다.

적자예산의 한계 내지 폐단으로 ⅰ) 지속적인 재정적자는 화폐가치를 하락

---

k) 민주정치과정에서 선거권을 행사하는 국민은 '덜 내고 더 받으려' 한다. 정치인들은 선거에서 당선되고 거듭 당선되기 위해 혜택의 증대와 세금의 인하를 되풀이하여 약속하게 된다. 이것은 적자를 누증시킨다. 적자부담에 시달리게 될 후속세대는 언젠가 민주정부체제를 포기하는 쪽으로 분노를 폭발시킬지도 모른다. 미국의 초대 재무부장관이었던 Alexander Hamilton은 1795년에 이미 그런 걱정을 했다고 한다. Nicholas Henry, *Public Administration and Public Affairs*, 12th ed. (Pearson Education, 2013), p. 232.

시키고 인플레를 유발한다는 것, ⅱ) 재정적자로 유발된 인플레는 이자율을 상승시켜 정부의 이자부담·부채를 증가시키고 투자를 위한 민간의 차입을 억제한다는 것, ⅲ) 늘어난 이자부담은 현재의 필요에 충당할 재정을 과거비용의 충당에 써버리게 한다는 것, ⅳ) 자본시장에 축출효과를 미쳐 민간부문의 자본형성과 투자를 제약한다는 것,[1] ⅴ) 축출효과가 민간부문의 생산활동을 위축시키면 그 효과는 경기후퇴와 경제불황으로 이어져 정부의 세수능력을 다시 떨어뜨린다는 것, ⅵ) 재정적자에 대한 우려와 논쟁이 격화되면 정부의 중요사업에 대한 정책결정을 방해 또는 교란한다는 것, ⅶ) 과다한 적자는 정치지도자들에 대한 신뢰를 훼손한다는 것을 들 수 있다.

(3) 재정적자 억제대책: 재정건전화 대책   정당화의 근거가 없거나 적정선을 넘어 폐해를 야기할 재정적자는 방지 또는 해소해야 한다.

재정적자를 줄이려면 지출을 줄이고 수입을 늘려야 한다는 것은 당연한 원론적 처방이다. 그러나 실천은 쉬운 일이 아니다. 국가경제와 정부재정의 조건에 따라 적자감축을 위한 정책수단들의 효과는 달라질 수 있다. 경우에 따라서는 정부의 긴축정책이 역풍을 맞을 수도 있다. 적자를 줄이려고 추진한 재정긴축이 오히려 경기침체를 악화시켜서 정부의 세수가 감소되고 재정적자가 불어나는 사태가 빚어질 수 있다. 재정적자를 억제하려는 대책들을 추진할 때는 복잡하게 얽힌 조건들을 고려하고 신중한 선택을 해야 한다.

정부와 국회가 채택하고 있는 재정적자 억제방법들을 보면 다음과 같다.

① 재정계획의 강화   재정지출에 대한 계획을 강조함으로써 적자재정의 위험을 예방하는 방법이 있다.

「국가재정법」의 규정에 따르면 정부가 재정지출 또는 조세감면을 수반하는 법률안을 국회에 제출할 때는 재정수입·지출의 증감액에 관한 추계자료와 그에 상응하는 재원조달방안에 관한 계획을 함께 제출해야 한다. 그리고 정부는 매년 국채 또는 차입금의 상환계획을 포함한 국가채무관리계획을 수립해야 한다.

② 국가보증채무 부담의 통제   국가보증채무에 대한 국회의 감시를 강화하는 방법이 있다. 우리나라에서 국가가 보증채무를 부담하려면 미리 국회의 동의를 받아야 한다.

---

1) 축출효과(밀어내기 효과; 구축효과: crowding out effect)란 정부지출 증가가 민간의 투자지출을 대체하는 효과를 말한다.

③ 조세지출의 제한 　조세수입총액에 대한 조세지출의 비율을 제한하거나 조세지출을 축소·폐지하여 새로운 조세지출을 보충하게 하는 방법이 있다.

우리 정부는 국세감면율 한도제를 채택하고 있다. 기획재정부장관은 당해연도 국세수입 총액과 국세감면액 총액을 합한 금액에서 국세감면액 총액이 차지하는 비율이 일정 수준 이하가 되도록 노력해야 한다.[m]

각 중앙관서의 장이 새로운 국세감면을 요청할 때는 이를 보충하기 위해 기존의 국세감면을 축소·폐지하거나 재정지출을 축소하는 계획을 세워 기획재정부장관에게 제출해야 한다. 국세감면 등 조세특례제도 도입계획에 대해서는 기획재정부 또는 외부전문기관이 평가하고 그 결과를 국회에 제출하게 하고 있다.

④ 추가경정예산안 편성의 제한 　추가경정예산으로 인한 지출증대·적자증대를 통제하는 방법이 있다. 이것은 추가경정예산안 편성의 사유 또는 조건을 엄격하게 제한하는 전략이다.

우리 정부에서는 추가경정예산 편성의 사유를 전쟁, 대규모 자연재해, 경기침체·대량실업·남북관계의 변화·경제협력 등 내외 여건의 변화 또는 변화의 우려, 법령에 따라 국가가 지급해야 하는 지출의 발생·증가에 국한한다.

⑤ 잉여금에 의한 부채상환 　세계잉여금으로 부채를 상환하도록 강제하는 방법이 있다.

우리 정부도 세계잉여금의 일정비율을 국가채무상환에 사용하도록 법률로 정하고 있다.

이 밖에도 부채의 고정적 한도 또는 경제적·기술적 조건에 연동시킨 한도를 설정하는 방법, 균형예산 달성의 기간과 단계별 적자감축목표를 설정하는 방법, 국회 예산심의의 적자감시기능을 강화하는 방법 등이 쓰일 수 있다.

(4) 적자예산에 관한 위장전술 　적자유발요인은 많고 적자를 줄이는 일은 어렵다. 위에 설명한 적자감축 방안들은 고통스러운 것이다. 따라서 예산관리자들은 위장·은폐행동에 대한 유혹을 받는다. 허황한 가정을 강조하거나 예산숫자를 조작하는 등의 위장전술은 실제로 자주 구사된다.[12]

① 장밋빛 시나리오 　세입추계를 과장하여 균형예산의 외형을 꾸밀 수 있다. 기대되는 경기호황과 과세행정 강화가 세입을 늘리고 복지비지출은 줄여 줄

---

m) 일정 수준이란 「국가재정법 시행령」이 정하는 수준이다. 현재의 비율한도는 '당해 연도 직전 3년간의 국세감면율의 합을 3으로 나누고 거기에 1천분의 5를 더한 비율'이다.

것이라는 비현실적 가정을 활용하는 방법이 그 대표적인 예이다.

② 단발성 세입 증대   정부소유의 자산을 매각하여 지속가능하지 않은 단발성(일회성) 세입을 만들 수 있다. 적자문제를 일시적으로 호도하기 위해 정부에서 필요한 자산을 파는 것은 문제이다. 단발성 세입이 장차 세출의 산출근거를 올린다면 그것도 폐단이다.

③ 예산 간의 조작   경상예산에 포함시켜야 할 경비지출을 자본예산에 포함시켜 경상예산의 적자가 감소된 것처럼 위장할 수 있다.

④ 세입 가속·세출 지연   특정 연도의 세입획득을 가속시켜 현금수입을 앞당김으로써 세입의 거품을 만들어 낼 수 있다. 비용지출을 지연시켜 적자를 은폐할 수 있다.

⑤ 숨바꼭질   삭감을 요구하는 정치적 압력을 크게 받는 중요 사업을 제외하고 본예산을 균형예산으로 성립시킨 다음 추가경정예산으로 본예산에서 제외했던 사업을 부활시킬 수 있다.

⑥ 모호한 절약의 약속   절감방법이 구체적으로 명시되지 않은 예산절감 또는 나중에 구체화할 예산절감을 약속하여 적자예산에 대한 비판을 피할 수 있다. 모호한 약속의 예로 '행정경비 절감'과 같은 막연한 제안을 들 수 있다.

조세지출예산과 완전고용예산은 적자예산의 논의와 긴밀하게 연관되는 예산유형들이므로 여기서 간단히 언급하려 한다.[13]

세금감면, 비과세, 소득공제, 우대세율 적용 또는 과세이연 등 납세자에 대한 재정지원 때문에 발생하는 국가세입의 감소를 조세지출이라 한다. 조세지출로 인한 세입감소액을 종합분류하여 체계적으로 표시한 것을 조세지출예산(租稅支出豫算: tax expenditure budget)이라 한다. 조세지출예산제도는 조세지출의 내용과 규모를 주기적으로 공표함으로써 조세지출의 관리·통제를 용이하게 해주는 제도이다.

「국가재정법」은 정부가 조세지출예산서를 작성하도록 요구하고 있다. 기획재정부장관은 조세감면·비과세·소득공제·세액공제·우대세율적용 또는 과세이연(課稅移延) 등 조세특례에 따른 재정지원의 직전 회계연도 실적과 당해 회계연도 및 다음 회계연도의 추정금액을 기능별·세목별로 분석한 조세지출예산서를 작성해야 한다.

경제가 완전고용상태에 도달할 경우 세수가 얼마나 되고 따라서 예산적자가 얼마나 될 것인가를 보여주는 예산을 완전고용예산(full employment budget; stabilizing budget)이라 한다. 이것은 완전고용이라는 정책목표 달성을 위한 단기적인 적자예산편성의 타당성을 강조하는 데 쓰려고 개발한 예산개념이다.

완전고용예산이 제공하는 예산평가기준을 설명할 때 완전고용예산잉여라는 개념을 사용한다. 완전고용예산잉여란 경제가 완전고용상태에 도달했을 때 예상되는 예산의 흑자분을 지칭한다. 그에 견주어 예산잉여가 너무 크면 긴축예산, 예산잉여가 너무 작으면 팽창예산이라는 평가를 할 수 있다.

8) 성인지예산: 남녀평등예산

우리 정부의 성인지예산(性認知豫算: gender responsive budget; gender equality budget)은 남녀평등을 구현하려는 정책의지를 예산과정에 명시적으로 도입하여 만들어 낸 차별철폐지향적 예산이다. 이것은 남녀평등구현을 중요한 원칙으로 삼는 남녀평등예산이다.[14]

남녀평등예산제도는 호주 정부가 1984년에 처음으로 채택하였으며 그 후 여러 나라에서 이를 도입하였다. 우리나라에서도 이 제도를 채택하였다.

남녀평등예산제도는 세입·세출예산이 남성과 여성에게 미치는 영향은 서로 다르다고 전제한다. 그러한 차이는 남성과 여성의 경제적·사회적 차이 때문에 빚어지는 것이라고 본다. 그리고 예산정책의 남녀차별적 영향을 해소하기 위해 예산의 우선순위를 재설정한다.

남녀평등예산제도는 세출뿐만 아니라 세입에 관해서도 차별철폐를 추구한다. 세입의 차별철폐는 정부의 모든 수입을 대상으로 한다. 그러나 핵심적 도구는 각종 조세에 관한 차별철폐적 정책이다.

남녀평등예산제도는 세출예산의 차별철폐에 더 많은 관심을 갖는다. 세출예산정책의 남녀차별효과에 대한 무지를 타파하기 위해 예산정책의 영향에 대한 여러 가지 분석을 한다.

우리 정부에서는 예산이 여성과 남성에게 미치는 영향을 평가하고 그 결과를 예산편성에 반영하는 제도를 성인지예산제도라고 부른다. 성인지예산제도는 예산이 여성과 남성에게 미치는 영향의 평가(성별영향평가)를 주요 도구로 사용하는 예산제도이다. 이것은 성별영향평가의 결과를 보고 양성에게 평등한 예산을 만들려는 제도라고 할 수 있다.[n]

---

n) 1995년의 「여성발전기본법」 제10조는 국가 및 지방자치단체는 소관 정책을 수립·시행하는 과정에서 당해 정책이 여성의 권익과 사회참여 등에 미칠 영향을 미리 분석·평가하도록 규정하였다. 성인지 예산제도의 채택은 「여성발전기본법」의 요구에 부응하는 후속조치라고 할 수 있다. 「여성발전기본법」을 대체한 2015년의 「양성평등기본법」 제16조는 "국가와 지방자치단체는 관계 법률에서 정하는 바에 따라 예산이 여성과 남성에 미치는 영향을 분석하고 이를 국가와 지

2010년도 예산편성에서부터 정부는 성인지예산서를 작성하여 국회에 제출하는 예산안에 첨부하고 있다. 성인지예산의 개요, 성인지예산의 규모와 기대효과 등을 기록한 성인지예산서는 예산이 여성과 남성에게 미칠 영향을 미리 분석한 보고서이다.

각 중앙관서의 장은 성인지결산의 개요, 성인지예산의 규모와 집행실적, 성평등 효과분석 및 평가 등을 기록한 성인지결산서를 작성하여 다른 결산서류와 함께 다음 연도 2월 말까지 기획재정부장관에게 제출해야 한다. 성인지결산서는 여성과 남성이 동등하게 예산의 수혜를 받았는지, 그리고 예산이 성차별을 개선하는 방향으로 집행되었는지를 평가한 보고서이다.

성인지예산제도의 운영실태를 보면 작성기관별 세부사업단위에 대한 미시적 접근에 치우쳐 있음을 알 수 있다. 국가차원의 거시적 목표와 자원배분방향을 분명히 하지 못하고 있으며 성평등을 위한 예산변동도 아직 미미한 형편이다.

2. 예산내역의 분류

앞에서 지적한 바와 같이 예산내역의 분류는 그 목적과 용도에 따라 달라질 수 있다. 분류의 목적은 다양하겠으나 예산과정의 실제에서 중요시되는 분류목적은 ⅰ) 사업계획의 수립과 예산심의를 쉽게 하는 것, ⅱ) 예산집행을 효율화하는 것, ⅲ) 회계책임의 소재를 명백히 하는 것, 그리고 ⅳ) 정부활동의 경제적 효과를 명백히 파악할 수 있게 하는 것이다.

우리나라에서 일반회계 세입예산은 수입원에 따라 조세수입과 세외수입으로 분류한다. 특별회계 세입도 각 회계의 고유한 수입원에 따라 분류한다. 수입원에 따른 분류 다음에 다시 조직별 분류를 한다.

일반회계 세출예산을 대상으로 한 예산내역 분류방법들 가운데서 우리 정부가 채택하고 있는 조직별 분류, 기능별 분류, 경제성질별 분류, 그리고 품목별 분류를 차례로 검토하고 근래 도입한 프로그램 예산제도의 예산분류체계에 대해 언급하려 한다.[15]

1) 조직별 분류

조직별 분류(organizational classification; classification by organization units)는 소관

방자치단체의 재정운용에 반영하는 성인지(性認知) 예산을 실시하여야 한다"고 규정한다.

조직단위를 기준으로 예산을 분류하는 것이다. 정부에서는 이것을 소관별(所管別) 분류 또는 기관별 분류라고도 부른다. 조직별 분류에서는 중앙정부의 부·처·청, 국무총리실, 감사원, 기타 행정기관과 국회, 대법원 등을 예산의 소관단위로 설정한다. 우리나라에서 예산의 편성·심의·집행·회계검사는 모두 조직별 분류를 일차적인 대상으로 한다. 조직별 분류는 특히 국회의 예산심의를 쉽게 하는 것이다.

현행 제도 상 조직별 분류가 가장 큰 단위의 분류로 쓰이고 있다. 대부분의 예산사업은 먼저 조직별 구분에 따라 분류한 다음 회계구분과 기능을 기준으로 장－관－항－세항(章－款－項－細項)으로 구분하고 다시 경비성질을 기준으로 목(目)과 세목(細目)을 구분한다.

2) 기능별 분류

기능별 분류(functional classification; classification by function)는 정부의 주요 기능별로 세출예산을 분류하는 방법이다. 예컨대 정부(국가)의 기능분야를 일반공공행정, 공공질서 및 안전, 통일·외교, 국방, 교육, 문화 및 관광, 환경보호, 사회복지, 농림수산, 산업·중소기업 및 에너지, 수송 및 교통, 통신, 국토 및 지역개발, 과학기술, 예비비 등으로 구분하고 각 분야를 순차적으로 세분한 기능의 지출항목을 분류하는 방법인 것이다.

기능별 분류의 주요 특징은 다음과 같다.

① 기관횡단적 분류 이 분류방식의 대항목에는 정부의 여러 부처에 걸치는 예산이 포함된다. 폭이 넓게 규정되는 기능은 대개 복수의 부처 또는 기관이 수행하기 때문이다.

② 기능범주별 분류 구체적인 공공사업을 개별적인 항목으로 삼지 않고 기능범주에 포함시킨다.

③ 일반행정비 범위의 한정 일반행정비는 가능한 한 적게 해야 하는 필요를 안고 있다. 이것이 너무 많으면 기능별 분류의 의미가 없어진다.

④ 기능범주별 배정에 대한 판단의 중요성 정부활동 가운데는 하나 이상의 기능과 관련된 활동이 반드시 있다. 예를 들면 외국에 주둔하는 군인의 자녀를 위한 교육시설은 '국방'과 '교육' 항목에 모두 해당된다. 그러므로 사업을 기능별로 배정할 때에는 신중한 결정을 해야 하며, 중복하여 계산되지 않게 총지출액

을 산출하는 것이 매우 중요하다.

세출예산의 기능별 분류는 대통령의 사업계획 수립과 입법부의 심의를 쉽게 하기 위해 사용한다. 기능별 분류는 일정한 기간 내에 정부활동의 내용이 어떻게 변천해 왔는가를 분석하는 데 유용한 방법이다.

그리고 기능별 분류는 정부활동의 일반적이며 총체적인 내용을 보여 주기 때문에 일반 납세자가 정부의 예산내용을 쉽게 이해할 수 있다. 그래서 '시민을 위한 분류'(citizen's classification)라고도 부른다. 기능별 분류는 개괄적인 설명을 위한 예산의 분류에 적합한 방법이라 할 수 있다.

3) 경제성질별 분류

경제성질별 분류(economic character classification)는 예산항목의 경제적 성질을 기준으로 분류하는 방법이다. 이 분류는 국민경제의 수준과 그 구성요인에 영향을 주는 정부정책의 수립에 필요한 정보를 제공한다. 국가의 예산편성이 국민소득의 기본요소인 소비, 저축, 투자에 어떠한 영향을 미치게 되고, 재정정책이 국민경제의 구조에 어떤 영향을 미치는가 하는 것을 국민이 알고 있어야 하는데, 이를 위해서도 경제성질별 분류가 필요하다.

경제성질별 분류는 국민소득계정과 밀접한 관련을 가지면서 발전하여 왔다. 국민소득계정은 경제성질별 예산분류의 모체이다. 오늘날 예산정책이 국민경제의 안정과 성장을 위한 중요 도구로 인정되고 있기 때문에 국민소득 추계에 바탕을 둔 경제성질별 예산이 그 중요성을 더해 가고 있다.

경제성질별 분류의 특징을 보면 다음과 같다.

① 경제정책 수립에 필요한 정보 제공   경제성질별 분류는 경제정책 자체가 아니라 그러한 정책수립에 필요한 정보를 제공하는 것이다.

② 제공하는 정보의 내용   경제성질별 분류는 국민소득과 자본형성에 대한 정부의 기여도, 그리고 정부의 재정활동이 인플레적인가 또는 디플레적인가에 관한 대체적인 수치를 알려 준다.

③ 제공하는 정보의 한계   경제성질별 분류는 세입·세출의 총량과 그 구성요소가 달라짐에 따라 국민경제에 미치는 영향을 판단하는 데 필요한 정보만을 제공할 수 있다. 국민소득의 배분이나 산업부문별 자산배정에 정부활동이 미치는 영향을 제대로 표시하지 못한다. 그리고 정부의 다른 활동이 국민경제에 미

치는 영향까지 표시해 주는 것은 아니다.

④ **최고관리자를 위한 분류**   경제성질별 분류는 최고관리층의 정책결정에
유용한 정보를 제공한다. 그러나 구체적인 사업을 실제로 집행하는 실무자들에
게는 별로 도움을 주는 분류방법이 아니다.

우리나라에서는 경제성질별 분류방식을 몇 차례 채택하고 폐지하다가 지금
은 통합예산의 분류체계에 포함시켜 사용하고 있다. 통합예산의 분류체계는 세
출 및 순융자(純融資: net lending)의 기능별 분류, 세입 및 세출의 경제성질별 분
류, 보전재원의 보전수단별 분류를 포괄한다.

> 기능별 분류나 경제성질별 분류의 변종들이 개발되고 있는데 그 한 예로 과거예산·현재예
> 산·미래예산을 구분하는 분류틀을 들 수 있다. 과거예산(past budget)은 재정적자로 인한 부
> 채의 이자지출과 같은 불가피한 예산이다. 현재예산(present budget)은 국방비, 공무원 인건
> 비, 사회보장비와 같은 소비성 예산이다. 미래예산(future budget)은 교육, 직업훈련, 연구개발
> 등에 투자하여 미래의 생산성을 높이려는 예산이다.16)

4) 품목별 분류

품목별 분류(classification by objects)는 정부가 구입하고자 하는 물품이나 용
역의 항목별로 세출예산을 분류하는 방법이다. 이 방법은 세출에 대한 통제를
강화하는 데 기여할 수 있는 것이다.

품목별 분류는 행정부에 대한 입법부의 지위를 강화하는 역할을 한다. 국회
는 지출세목까지도 심의·변경할 수 있기 때문이다. 이와 같이 세목에 지나치게
주의를 기울이게 되면, 마땅히 예산안에 반영하여야 할 정책문제를 간과하는 결
과를 가져올 수도 있다.ᵒ) 그러나 품목별 분류는 예산집행기관의 재량을 제한하
고 회계책임을 확보하는 데는 유용하다.

우리 정부에서는 품목별 분류를 경비성질별 분류 또는 성질별 분류라고 부
른다. 우리나라의 예산과목인 장·관·항·세항(細項)·세세항(細細項)·목 가운데
서 목을 품목별(경비성질별)로 분류하고 있다. 예컨대, '고속도로 건설'이라는 세
항 아래 시설비, 토지매입비, 시설부대비 등 목별 경비내역이 표시된다.

품목별 세출예산의 목별 분류는 예산사업의 경비성질을 밝혀주는 기본단위

ㅇ) 이러한 현상을, 국회가 주력해야 할 거시적 예산결정(macro-budgeting)은 소홀히하고 미시적
   예산결정(micro-budgeting)에 매달린다는 표현으로 설명할 수도 있다.

의 과목이다. 예산 상 모든 경비의 성질을 인건비, 물건비, 경상이전 지출, 자본
지출, 융자 및 출자금, 보전재원, 정부내부 지출, 기타 지출 등으로 범주화하고
각 범주에 목을 배치한다. 목은 다시 세목으로 구분한다.

근래 정부는 품목별 집행방식에 따른 예산운영의 경직성을 완화하기 위해
목을 대폭 통폐합하였다. 그리하여 예산전용에 대한 승인의 필요를 줄였다.

5) 프로그램 예산제도의 분류체계

우리 정부는 성과주의적 재정운영의 기반을 구축하기위해 프로그램 예산제
도를 입안하여 2007년 예산부터 적용하고 있다.[17] 이 제도는 앞서 설명한 결과
기준 예산제도의 일종이라고 볼 수 있다.

정부가 제시한 정의에 따르면 프로그램 예산제도(사업예산제도)는 예산과정
전체를 정책적으로 일관성이 있는 프로그램중심으로 설계하고 그것을 성과평가
체제에 연계시켜 운영하는 제도라고 한다. 프로그램 예산의 기초적 단위는 프로
그램과 단위사업으로 구성된다. 프로그램은 동일한 정책목표의 달성을 위한 단
위사업의 묶음이다. 프로그램 예산을 편성할 때는 동일한 정책목표의 달성을 위
한 프로그램 및 프로그램 구성요소인 단위사업별로 예산요소를 검토한다.

프로그램 예산제도는 모든 재정자원을 포괄하고, 기능·정책·사업·조직단
위를 연계시키고, 거기에 성과기준을 결합시킴으로써 자율적이고 책임 있는 성
과중심의 재정운영을 도모하려는 것이다. 이 제도 시행의 기대효과는 i) 투입보
다 성과를 중시하는 성과중심의 예산관리, ii) 자율적이고 책임 있는 예산관리,
iii) 재정배분의 총체적 파악, iv) 예산관리의 투명성 제고, v) 예산에 대한 국민
의 이해 증진, vi) 재정개혁의 중심축 제공, 그리고 vii) 중앙·지방정부 예산의
연계 강화라고 한다.

프로그램 예산구조의 기초인 프로그램과 단위사업은 정부기능과 정책에 연
계되며 조직단위별로 분류된다. 정부기능 - 정책 - 조직단위별 프로그램 - 단
위사업으로 이어지는 예산계층구조의 분류에는 기능별 분류, 조직별 분류, 품목
별 분류가 차례로 쓰인다. 정부의 기능을 분야로 대별하고 각 분야를 부문으로
나누고 각 부문에 포함되는 프로그램들을 조직단위(실·국)별로 분류한다. 프로
그램은 다시 단위사업과 세부사업으로 분류하고 편성비목은 품목별로 분류한다.
프로그램 예산의 전체적인 분류구조는 분야 - 부문 - 프로그램 - 단위사업 -

목·세목으로 구성된다.

IV. 예산과정의 정치적 역동성

예산과정의 정치적 측면에 대해서는 제 1 절에서 이미 설명하였다. 여기서는 정치적 역동성의 표출양태 가운데서 정치권의 정략적 예산결정, 관료적 예산전략, 그리고 예산결정과정의 점증주의에 대해 설명하려 한다.

예산과정에서는 많은 행동주체들이 각기의 이해관계와 관심을 가지고 유리한 결과를 얻기 위해 역동적인 교호작용을 벌인다. 정치가 그러한 교호작용을 조정·통합한다. 예산과정의 정치는 다양한 이익을 표출시키고 협상·타협을 통해 이익대립을 조정한다.

예산정치의 장(場)에서 정치권은 예산이라는 자원을 효율적이고 공평하게 배분하는 규범적 역할을 수행해야 한다. 그러나 현실은 규범합치적이기만 한 것은 아니다. 정치권은 실책을 저지르기도 하고 공익을 거스르는 부정적 행동을 하기도 한다. 특수이익을 위한 정략적 예산결정은 부정적 정치행동의 중요한 국면이다.

오늘날의 행정국가적 상황에서는 예산결정과정에 미치는 행정의 영향이 아주 크다. 따라서 정부관료제의 구성원들이 예산과정에서 보이는 행태는 중요 연구과제이다. 예산과정에서 표출되는 관료행태 가운데서 많은 연구인들이 관심을 가져온 것은 관료적 예산전략이다.

일반적으로 의사결정과정에 나타나는 합리주의나 점증주의에 대해서는 제 5 장 제 1 절에서 설명하였다. 여기서는 예산결정에 관련하여 점증주의를 다시 한 번 조명해 보려 한다. 예산결정에서 점증주의를 부추기는 원인은 다양하고 복잡한 것이지만 정치적 교호작용의 영향에 초점을 맞추려 한다. 예산과정의 정치가 점증주의에 미치는 영향을 중심으로 논의하겠다는 말이다.

1. '정략적 예산': 선심쓰기·나눠먹기

1) 정   의

우리 사회에서 정치권이 예산결정에 관련하여 비난을 받는 이유는 여러 가지이다. 그 가운데 하나가 정략적 예산결정이다. 저자는 정략적 예산(政略的 豫算)이라는 개념을 사용하여 선심성 예산, 나눠먹기식 예산, 정치성 예산 등으로 불리고 있는 일련의 예산결정행태를 설명하려 한다.

정략적 예산결정이란 부정적 효과를 수반하는 이기적·당파적·특수이익추구적 예산결정이다. 개인적·집단적·지역적·정당적 이익에 치우쳐 공익을 손상하는 편파적 예산결정이다. 이것은 예산이 경제적 효율성과 정치적·사회적 형평성을 추구할 수 있도록 자원배분을 해야 한다는 원칙을 위배하는 행동이다.

정략적 예산결정은 어느 해에나 관찰되는 고질적인 현상이지만 각종 선거가 임박한 해에 더욱 극성을 부리는 행태이다.

① 대   상   정략적 예산결정의 대상 또는 결과로 지역민원에 영합하는 예산배정이 가장 자주 거론된다. 이 밖에 광역적 지역개발사업, 이익집단이 요구하는 민원사업, 관변단체 보조금, 특수이익에 결부된 대형국책사업, 여러 가지 복지부문예산, 대중적 인기에 영합하기 위한 과시주의적 예산 등에서도 정략성을 발견할 수 있다. 특정집단에 대한 조세혜택도 선심쓰기의 도구로 쓰인다.[18]

② 방   법   정략적 예산결정의 '나눠먹기 수법'은 다양하다. 정치적 영향력 발휘나 협상을 통한 끼워넣기도 있고 교환적 방법을 쓰는 공생적 예산증액도 있다. 선심성 예산의 결정권을 권력자들에게 일률적으로 분배하기도 한다. 국회 예결위나 다른 상임위의 위원들에게 일정한도의 예산액 배분권을 정치적으로 할당하는 것을 결정권 분배의 예로 들 수 있다.

③ 행동자들   예산결정 네트워크에 참여하는 행동주체들은 모두 정략적 예산결정에 다소간의 영향을 미친다. 그러나 정략적 예산결정의 핵심적 세력은 정치권이다. 대통령을 포함한 정무직 관료, 정당의 리더, 국회의원 등이 정치권을 구성하는 주요 행동자들이다.

2) 폐단과 조장적 조건

(1) 폐   단   작고 단기적인 이익을 위해 크고 장기적인 이익을 손상하는 정략적 예산결정의 폐단은 다음과 같다.

① 공익 침해   가장 일반적인 폐단은 공익을 해치는 것이다. 공익증진을 위해 예산의 효율성과 형평성을 높여야 한다는 요청을 배신하는 것이다.

② 낭   비   정략적 예산결정은 재정자원을 낭비하게 한다. 부적절한 대상

과 시기에 예산을 사용하는 것은 자원낭비로 귀결될 수밖에 없다.

③ **국민적 소외**   대의를 잃은 편파적 예산결정은 국민의 소외감을 키우고 국민적 사기를 저하시킨다.

④ **신뢰상실·부도덕한 분위기 조장**   정치권은 신뢰와 신망을 잃게 된다. 부도덕한 정치적·사회적 분위기를 악화시킬 수 있다.

⑤ **갈등과 투쟁의 격화**   정략적 예산결정의 확대는 정치적 갈등과 권력투쟁을 격화시킨다. 정치권력 독점을 위한 극한투쟁을 유발한다. 정치투쟁이 격화되면 예산과정이 다시 왜곡되고 오용되지 않을 수 없다.

(2) **조장적 조건**   정략적 예산결정을 조장하는 조건은 다음과 같다.

① **정치문화**   정략적 예산결정을 유발하는 일반적 원인은 정치문화와 정치인들의 의식에 있다. 정치인들이 개별적·특수적 이익을 대변하되 공익의 틀 안에서 개별이익들을 조정하고 균형화하는 책임 또한 지는 민주적 정치문화가 성숙되어 있지 않다. 따라서 전체 이익보다 개별이익·당파적 이익을 우선시키는 정략적 의사결정행태가 쉽게 조장되고 수용된다.

② **예산과정의 낮은 합리성**   예산제도와 예산과정의 합리화수준이 낮은 것도 정략적 예산결정의 온상이 된다. 근래 예산과정의 계획성과 성과관리를 강조하는 원칙들을 법제화하고 있으나 그 실천은 서투르다. 정략적 예산결정이 가능한 영역은 아직도 넓다.

③ **정치투쟁의 격화**   정치투쟁의 격화 그리고 과열선거는 정략적 예산결정과 악순환의 고리를 형성한다. 정권획득투쟁과 각종 선거가 과열되면 예산이라는 도구를 투쟁수단으로 사용하려는 욕구가 커진다. 예산결정의 정략성이 커지면 그것은 다시 정치투쟁을 격화시킨다.

④ **선심성 공약**   정치권은 선거 때마다 과시적 공약과 선심성 공약들을 남발한다. 그러한 공약들을 예산투쟁에 연결하려 할 때 예산결정의 정략적 행태는 더욱 조장된다.

⑤ **돈 많이 드는 선거**   돈 많이 드는 선거도 문제이다. 정치인들은 정치자금의 출처가 되는 이익중추들의 로비에 쉽게 굴복하여 정략적 예산결정행태를 보일 가능성이 크다.

⑥ **국민의식과 투표행태**   국민의 정치의식과 투표행태도 문제이다. 이것이 정략적 예산결정행태의 궁극적 원인이라고 할 수 있다. 민주적 정치원리와 공익

에 대한 시민의식이 취약하고 개인적·집단적 특수이익에만 집착하는 국민은 정치인들의 정략적 예산결정을 요구하는 압력을 형성한다. 그러한 압력은 투표행태를 통해 표출된다.

공직후보자 개개인의 인품이나 임무수행과는 무관하게 소속정당에 따라 '선거민심'이 지나치게 휩쓸리는 것도 문제이다. 이런 선거행태로는 정략적 예산결정을 견제할 수 없다.

(3) 개선대책   정략적 예산결정행태를 억제하려면 계획적이고 성과지향적인 예산제도를 발전시키고 예산과정의 분석적 측면을 확대해 나가야 한다. 그러나 근본적인 해결책은 국민과 정치인들의 의식개혁에서 찾아야 한다.

2. 관료적 예산전략

1) 정   의

관료적 예산전략(bureaucratic budgetary strategies)이란 정부 각 기관의 장과 예산관련 공무원들이 자기 조직에 유리한 예산결정을 얻어내기 위해 구사하는 전략이다. 그들의 전략은 주로 국회를 대상으로 하는 것이지만 그 밖에 중앙예산기관이나 영향력 있는 세력들도 대상이 될 수 있다.

국가예산을 사용하는 기관들은 그 임무수행에 필요한 재정을 확보하기 위해 경쟁적으로 행동하지 않을 수 없다. 그리고 관료사회에서는 투입지향적인 조직평가기준이 실제로 중요시되기 때문에 관료들의 예산투쟁은 과열된다. 예산과 인력이 많은 조직을 성공적이며 영향력 있는 조직이라고 생각하는 인식이 뿌리깊다. 예산확보 능력은 기관장의 역량을 재는 중요한 잣대가 된다. 각급 조직의 책임자들은 예산의 팽창적 확보를 위한 방법의 탐색에 골몰한다. 그를 보좌하는 관료들도 거의 한통속이다.

그들은 예산을 깎이지 않기 위해서, 그리고 예산을 늘리기 위해서 온갖 전술을 구사한다. 구체적인 행동방식은 매우 다양하다. 허풍도 떨고, 과장도 하고, 엄살도 부린다. 읍소하는 방법을 쓰기도 하고 위협적인 방법을 동원하기도 한다. 상대방의 허점을 이용하기도 한다.

2) 유   형

관료적 예산전략을 일반적인 전략과 상황대응적인 전략으로 나누어 설명하

려 한다. Aaron Wildavsky가 이런 분류틀을 써서 예산전략을 설명한 이래 많은
연구인들이 그에 따르고 있다.19)

  (1) 일반적 전략　 일반적 전략(ubiquitous strategies)이란 예산획득과정에서
자기 조직의 입지를 강화하고 요구를 관철하기 위해 언제나 동원할 수 있는 전
략이다. 여기에 포함되는 전략의 범주는 ⅰ) 신뢰관계를 형성하는 전략, ⅱ) 지
지세력을 발굴하고 동원하는 전략, 그리고 ⅲ) 정치적 권력의 분점체제를 활용
하는 전략이다.

  ① 신뢰관계의 형성　 예산내용과 그 산출근거는 너무 복잡하다. 따라서 예
산요구를 심사하는 기관에서는 그 일부만을 심사하고, 나머지에 대해서는 누군
가의 판단을 믿고 의지할 수밖에 없다. 예산요구조직이 그러한 '믿고 의지할 대
상'으로 될 수 있으면 아주 유리하다.

  국회 등 심사기관과의 신뢰관계를 형성하는 전략은 예산을 요구하는 조직
과 그 구성원이 믿을 만하다는 인식을 심어주는 전략이다.

  신뢰관계 구축전략의 예로 ⅰ) 솔직하고 정직하다는 인상, 그리고 전문적인
내용을 잘 알고 예산을 성실히 준비한다는 인상을 심어주는 것, ⅱ) 세금을 절
약하려는 의욕이 있다는 인상을 심어주는 것, ⅲ) 상대방의 의견을 존중하고 친
절·겸손하게 행동하는 것, ⅳ) 심사기관 구성원들과 개인적 친분을 쌓는 것, ⅴ)
사업성과를 현장에서 확인시켜 주는 것을 들 수 있다.

  ② 지지세력의 동원　 이것은 예산요구를 관철하기 위해 지지세력의 도움을
구하는 전략이다. 예산사업의 수혜자집단이나 그 밖의 이익집단, 영향력 있는
정치인, 언론 등의 지지를 얻고, 그것을 활용해 예산요구를 관철하려는 전략이
다. 이를 위해서는 잠재적 지지세력을 발굴하고 확대하며, 그들과 좋은 관계를
유지하도록 노력해야 한다.

  ③ 권력분점체제의 활용　 이것은 국가권력구조의 3권분립 그리고 각 부 내
(各府內)의 업무분담과 권력분할이 만들어 내는 틈새와 갈등을 이용하는 전략이
다. 권력중추들이 갈등하는 사이에 이를 우회하여 목적을 달성할 수 있다. 하나
의 권력중추가 반대하는 것을 극복하기 위해 다른 권력중추를 이용하는 이이제
이(以夷制夷)의 전략을 구사할 수도 있다. 예산요구기관은 그 자체의 영향력을
적절히 구사 또는 과시하여 뜻을 관철할 수도 있다.

  (2) 상황대응적 전략　 상황대응적 전략(contingent strategies)이란 추구하는

목적과 상황적 조건에 따라 달라져야 하는 전략이다. 여기에 포함되는 전략의 범주는 i) 삭감회피전략, ii) 사업확장전략, 그리고 iii) 사업추가전략이다. 이 세 가지 전략범주는 모두 예산을 덜 깎이고 더 받으려는 것이므로 개별 전략들이 범주 간에 서로 비슷하거나 중복적일 수 있다.

① 삭감회피전략   이것은 기존의 사업(예산)에 대한 삭감을 막아 예산규모를 유지하려는 전략이다.

예산규모의 감축을 요구받는 경우, 이를 피하려는 전략의 예로 i) 삭감의 졸속결정은 위험하며 철저한 연구·검토가 필요하다고 주장하는 것, ii) 정치적·대중적 지지도가 높은 중요 사업부터 폐지하겠다고 우기는 것, iii) 어떤 사업의 일부 예산을 감축하면 사업 전체를 수행할 수 없다고 주장하는 것, iv) 현재의 예산이 더 이상 깎을 수 없는 긴축예산임을 강조하는 것, v) 예산삭감의 비극적 결과를 강조하는 것, vi) 사업 간의 긴밀한 연계를 내세워 어느 하나도 삭감할 수 없다고 설득하는 것, vii) 하나의 사업예산을 여러 개로 분할하여 제안함으로써 집중적인 관심을 피하는 것, viii) 삭감반대가 전문가적 의견임을 강조하는 것, ix) 삭감에 대한 정치적 비난을 심사기관에 떠넘기는 것, x) 삭감될 것이 예상되는 만큼 예산을 과다청구하는 것을 들 수 있다.

② 사업확장전략   이것은 기존 사업을 확대하여 예산규모를 늘리려는 전략이다. 사업확장전략의 예로 i) 지금까지 해오던 일을 계속할 뿐이며 예산증액은 대단치 않은 것임을 강조하는 것, ii) 한 가지 항목의 예산을 여러 사업에 분산시켜 집중적인 관심을 피하는 것, iii) 예산계수의 반올림 수법을 구사하는 것, iv) 도표 등 많은 자료를 동원하여 증액요구의 빈약한 논거를 호도하는 것, v) 업무량이 늘고 밀린 업무가 많다고 주장하는 것을 들 수 있다.

③ 사업추가전략   이것은 새로운 사업의 예산을 추가 획득하기 위해 구사하는 전략이다.

사업추가전략의 예로 i) '쐐기박기' 또는 '낙타의 코 디밀기'와 같은 수법을 구사하는 것,p) ii) 임시적 예산지출로 승인을 받은 후 이를 항구화해 나가는

---

p) 쐐기(wedge)박기는 나무를 쪼갤 때 쐐기를 박아 틈을 벌리듯 예산을 장차 늘릴 수 있도록 길을 내는 수법이다. 낙타의 코(camel's nose) 디밀기는 낙타가 사막의 추위를 피하기 위해 처음에는 천막 안으로 코만 집어넣은 다음 차츰 몸전체를 들여놓는 것에 비유한 예산전략이다. 이런 전략들을 파고들기 또는 발붙이기 자금조달(foot-in-the-door financing)이라고도 부른다.

것, iii) 새로운 사업을 기존사업의 구성부분 또는 연계부분인 것처럼 설명하는 것, iv) 업무량 증가로 인하여 업무과다가 심각하다고 호소하는 것, v) 지출한 만큼 또는 지출보다 많은 수입이 따라온다고 설득하는 것, vi) 다른 기관 또는 사업의 비용절감에 도움이 되는 지출이라고 주장하는 것, vii) 신규사업을 정치적으로 매력적인 다른 사업에 섞어 제안하는 위장방법을 쓰는 것, viii) 상급기관, 법원 등이 부과한 업무 때문에 예산증액이 필요하다고 주장하는 것, ix) 다른 기관에 비해 예산이 너무 적다고 주장하는 것, x) 증액요구가 사소한 것이어서 심각한 심사의 대상이 아니라고 설명하는 것, xi) 어떤 위기를 예산 대폭증액의 기회로 활용하는 것을 들 수 있다.

3) 예산과 관료적 효용

위에서 관료적 예산전략의 행동방안들을 고찰하였다. 여기서는 그러한 예산전략을 구사하려는 관료들의 동기가 얼마나 강한가에 대한 논쟁을 검토하려 한다.

관료들은 예산에서 효용을 추구하고 예산극대화에 집착한다는 이론이 있는가 하면, 직무와 같은 예산 이외의 요인에서 효용을 추구한다는 이론도 있다. 관료적 동기유발요인으로서의 예산에 관해 상반된 입장을 보이는 대표적 모형은 예산극대화모형(budget maximization model)과 관청형성모형(bureau-shaping model)이다.[20]

(1) Niskanen의 예산극대화모형   William A. Niskanen은 "관료들이 무엇을 극대화하려 하는가?"라는 질문에 대해 예산극대화를 통해 개인적 효용의 극대화를 추구한다는 답을 제시한다. 이러한 답에 입각하여 예산극대화모형이라는 관료제이론을 전개한다. 그의 설명을 요약하면 다음과 같다.

관료들은 개인적인 효용을 극대화하려는 합리적 존재이다. 그들의 효용함수는 보수, 부수입, 대외적 신망, 권력, 후원자의 확보, 부서관리의 용이성, 변화의 용이성 등 많은 변수를 포함한다. 관료들은 그들의 효용함수를 구성하고 있는 거의 모든 변수들이 예산의 크기에 달려 있다고 믿는다.[q] 따라서 그들은 예산극대화를 통해서 자신들의 효용을 극대화하려 한다.

---

q) 여기서 '달려 있다'고 하는 것은 관료들의 효용함수가 예산의 단조증가함수(單調增加函數: monotone increasing function)라는 뜻이다. 단조증가함수란 $x_1 < x_2$이면 반드시 $f(x_1) < f(x_2)$로 되는 함수($f(x)$)이다.

재원을 공급하는 결정권을 가진 국회 등의 조직 즉 '후원조직'들이 각 관청 (부서: bureau)의 예산극대화 행동을 제약한다. 관청들과 후원조직들의 관계는 양측이 모두 독점화되어 있는 쌍방독점적인 교환관계이다. 이러한 관계에서 교호작용의 결과는 양측의 상대적 권력과 협상능력에 달려 있다.

Niskanen의 예산극대화모형은 관료적 예산전략 구사에 대한 관료들의 강력한 동기유발을 시사한다.

(2) Dunleavy의 관청형성모형   Patrick J. Dunleavy는 관료들의 주된 동기유발요인은 예산이 아니라 직무의 효용이라는 가정에 입각하여 관청형성모형을 만들었다. 그의 설명을 요약하면 다음과 같다.

관료들은 개인적 효용을 극대화하려 한다. 그들의 지위가 다르고 소속관청의 성격이 다르면 극대화하려는 동기유발요인도 달라질 수 있다. 관료들의 효용극대화 행동은 관청 외부의 제약 때문에도 달라질 수 있다.

예산획득에 대한 영향력이 큰 고위직 관료들은 자기들의 개인적 효용추구에 큰 도움이 되지 않고 비용은 많이 드는 예산극대화행동에 소극적이다. 예산증대를 위한 노력의 비용은 크지만 그들에게 편익을 제공하는 예산은 일부유형의 예산에 국한되어 있으며, 예산증대가 보수인상에 직결되지 않고, 각종 통제제도는 관료들의 금전적 효용추구를 제약하기 때문이다.

고위직 관료들은 자기들의 효용을 극대화하기 위해 예산극대화에 집착하기보다는 수행하는 직무와 관련된 내재적 효용(intrinsic utility)을 극대화하려는 관청형성전략(bureau-shaping strategy)을 구사한다. 관청형성전략은 직무의 선호도를 높이고 소속조직을 계선적 책임계통에서 벗어난 소규모의 참모적 조직으로 개편하는 조직형태 변화전략이다. 고위직 관료들은 관청형성전략을 통해 창의적·자율적인 참모기능을 소수의 엘리트들이 동료적·협동적으로 수행할 수 있는 관청(소관 부서)을 형성하려 한다.r) 이러한 전략은 정부조직의 계서적 구조를 약화시키는 탈관료화의 성향을 지닌 것이다.

Dunleavy의 설명에 따르면 예산전략구사에 대한 고위직 관료들의 개인적 동

r) 고위직 관료들은 담당직무의 효용·선호도를 높이고 비선호직무를 줄이기 위해 ① 조직개편, ② 직무재설계, ③ 외부 파트너와의 관계 제도화를 통한 관리부담 감축, ④ 다른 관청과의 관할권 경쟁을 통한 선호기능 확대, ⑤ 하급기관, 준정부조직 등에 대한 비선호기능 이전 등의 수단을 동원한다.

기는 미약하다. 예산증대는 관청 내의 집합적 행동이 가져오는 결과라고 한다.

　Oliver James는 Dunleavy의 관청형성모형을 수정·보완한 바 있다. James는 관료들이 직무와 예산에 대한 선호를 함께 지닌다고 가정하였다. 그리고 외적 제약조건 하에서 그 두 가지 선호 간의 균형점이 어떻게 변화하는지를 분석할 수 있는 모형을 만들었다.

　Dunleavy는 관료들이 직무관련 효용의 극대화에 매달리는 이유를 탐구하였으며, James는 Dunleavy의 이론을 기반으로 삼아 관료가 선호하는 직무와 예산의 균형점이 어떻게 결정되는가를 규명하려 하였다.

3. 예산결정과정의 점증주의

1) 예산결정과정의 점증주의란 무엇인가?

(1) 정　　의　　예산결정과정의 점증주의(漸增主義: incrementalism in budget-ing)는 예산결정과정을 포괄적·총체적인 것이 아니라 점증적인 것이라고 보는 관점 내지 주장이다. 합리주의 또는 총체주의(總體主義: holism)가 예산과정에 대한 합리적·경제적 접근방법의 원리라고 한다면, 점증주의는 정치적 접근방법의 원리라고 할 수 있다.s) 점증주의는 예산과정을 정치과정의 일부로 보는 관점을 반영하며, 다원주의적 정치이론과 긴밀히 연관되어 있다.

　예산결정에 관한 점증주의 이론의 핵심적 논점은 두 가지이다.21)

① 예산의 한계적 변동　　예산변동은 한계적 변동이다. 예산의 전년대비 변동은 소폭적인 것이다. 비상한 압력이 없는 한 예산의 급격한 변화는 일어나지 않는다. 예산은 조금씩 변하는 것이다.

② 한계적 예산분석　　예산분석은 한계적 분석이다. 예산분석은 예산변동분에 초점을 맞추는 것이 원칙이다. 예산요구의 심사는 포괄적인 것이 아니라 부분적이다. 부분적이라고 하는 것은 증감부분, 특히 증가분에 심사가 집중된다는 뜻이다. 따라서 예산의 기본적 규모(基底: 기준액: base)는 위협받는 일이 거의 없다.

(2) **행태적 과정과 결정내용**　　점증주의 이론은 예산결정의 스타일이라고

---

s) 합리주의는 포괄적이고 철저한 분석을 지향하기 때문에 총체주의라고도 부른다. 총체주의에 입각한 예산결정의 합리 모형은 예산결정 목표의 명확성, 문제의 완전한 이해, 모든 대안의 탐색과 평가, 최적대안의 선택을 전제하는 것이다. 의사결정의 합리적 모형에 대해서는 제 5장 제 1 절의 설명을 참조하기 바란다. 거기서 설명한 다른 의사결정모형들도 예산결정의 설명에 원용할 수 있다.

하는 행태적·과정적 국면에 대한 기술적 이론(記述的 理論)과 예산배정 내용의 계량적 국면에 관한 예측적 이론을 포괄한다. 전자는 예산과정 참여자들의 점증주의적 행태와 그 원인에 관심을 갖는다. 후자는 그러한 행태에서 비롯되는 점증적 예산변동의 수준과 양태에 관심을 갖는다.

예산결정에 관한 점증주의 이론은 당초에 점증적인 행태를 규명하는 데 몰두한 나머지 결과적으로 나타나는 예산변동을 논증하는 데는 소홀했다는 비판을 받았다. 이러한 비판에 대해서는 뒤에 다시 논의할 것이다.

그러나 근래의 점증주의 이론은 예산결정의 내용 또는 결과에 대한 설명을 포함한다. 변동의 크기가 어느 정도라야 점증적인가? 예산배정의 안정성이 어느 정도라야 점증적인가? 연도별 예산배정의 변동양태가 계량적 모형으로 설명할 수 있을 만큼 체계적인가? 등의 질문에 해답을 제시하려 한다.

그리하여 점증적·한계적이라고 할 수 있는 예산변동의 크기를 정의한다. 그러한 정의는 주관적이며, 그 타당성은 상황적 조건에 비추어 판단할 수밖에 없다. 점증주의 이론가들은 대개 상당기간 예산배정의 안정성이 높은 것, 그리고 예산변동 양태가 점증주의적 가설에 일관되게 체계적인 것을 점증주의의 요건으로 보고 있다.[22]

(3) '점증'의 의미   점증주의 이론에서 사용하는 '점증적 변동'(incremental change)이라는 개념, 그리고 '증가분'(increments)이라는 개념을 어떻게 해석할 것인가 하는 문제가 있다. 점증적 변동은 소폭의 변동 또는 조금씩의 변동으로, 그리고 증가분은 변동분으로 해석해야 한다는 것이 저자의 생각이다. 점증한다는 데는 증가와 감소(마이너스의 증가)가 포함된 것으로 보아야 한다. 합리적 계산보다는 여러 세력 간의 타협에 의해 예산결정을 하기 때문에 예산의 증가나 감소가 있더라도 기존 예산의 틀을 크게 벗어나지 못한다고 보는 것이 점증주의적 설명의 요체이다. 그러므로 점증주의는 '점변주의'(漸變主義)라고 표현할 수도 있다.

그러나 이 문제에 관해 연구인들 사이에 혼란이 있다. 초심자들은 그 때문에 어려움을 겪을 것이다. '점증적'이라는 말의 뜻을 별로 따지지 않는 사람들도 있다. '점증한다'는 말을 문자 그대로 해석하는 사람들의 수도 만만치 않다. 그들은 점증주의가 예산이 점점 늘어나는 현상만을 지칭하는 것으로 본다. 초기의 점증주의 이론가들이 매년 늘어나는 예산에 주목하고 그 탓을 점증주의에 돌렸다는 사실, 그리고 점증주의의 결과를 경험적으로 연구한 사람들이 예산증가분의 측정에 주력했다는 사실이 영향을 미쳤을 것이다. 그리고 '점증한다'는 낱말의

사용이 또한 증가만을 생각하게 하는 빌미를 만들었을 것이다.[23]

점증주의가 예산증가만을 설명하는 것으로 이해하는 사람들은 그것이 예산의 점차적인 감소를 설명하지 못한다고 비판한다. 그리고 점증주의를 점감주의와 대조시킨다. 그러나 점증주의는 합리주의(rationalism)와 대조시켜야 옳다.

(4) 점증주의 강화의 이유 　 점증주의적 예산결정의 이유 또는 원인으로는 여러 가지가 지적되고 있지만 이를 크게 두 가지로 범주화해 볼 수 있다. 그 하나는 합리주의적 의사결정의 근본적인 한계에 관한 것이며, 다른 하나는 다원적 정치과정의 현실에서 비롯되는 제약조건과 다원적 정치과정의 편의에 관한 것이다.

① 합리주의의 한계 　 예산결정의 합리주의적 접근을 어렵게 하는 요인들은 많다. 무엇보다도 인간의 인지능력에는 한계가 있다. 예산문제는 복잡하고 미래예측의 불확실성은 높다. 그런가 하면 예산결정자들이 사용할 수 있는 정보와 시간, 그리고 결정비용은 한정되어 있다.

이런 조건 하에서 예산결정자들은 개략적 추정, 단순화를 통한 심사, 만족수준의 해결방안 탐색에 의존한다. 예산의 많은 항목을 통제할 수 없는(변동시킬 수 없는) 것으로 간주하고 전년도 지출수준을 당연히 타당한 것이라고 보려 한다. 이러한 행태적 경향은 점증주의로 귀결된다.

② 정치적 필요 　 예산과정은 다원적 정치과정의 일부이며 거기에는 많은 이익중추들이 참여한다. 그들의 목표와 이해관계가 서로 다르기 때문에 타협을 통해 이해관계를 조정할 수밖에 없다. 타협의 산물은 점증주의적 예산결정이다. 그런 방법은 이익중추들이 각기 자기 몫을 챙길 수 있게 하고 참여세력들 사이의 역할관계를 안정시킨다. 이런 편의와 이점들 또한 점증주의를 강화한다.

2) 점증주의의 이점

예산결정의 합리주의적·총체주의적 접근방법과 비교했을 때 점증주의적 접근방법은 다음과 같은 이점을 가진 것이라고 한다.

① 참여·이익표출 촉진 　 예산과정에 대한 참여와 이익표출을 촉진한다. 광범한 이익대표를 가능하게 하는 것은 민주주의 원리에 부합한다.

② 협상·타협을 통한 갈등조정 　 협상과 타협의 과정을 통해 이해관계의 대립과 갈등을 조정하고 합의를 형성하는 데 유리하다. 특히 예산변동의 방향이

증가쪽일 때 그러한 조정은 용이하다.

③ 결정비용 절감   지출대안의 탐색과 분석에 드는 비용을 줄일 수 있다. 포괄적 탐색이 아니라 부분적·한계적 탐색에 그치기 때문이다.

④ 갈등소지 축소·높은 예측가능성   예산과정 참여자들의 역할과 기대를 안정시켜 갈등의 소지를 줄이고, 예산과정의 예측가능성을 높인다.

⑤ 간결성·책임성   품목별 예산제도와 결합된 점증주의적 방법은 예산결정을 간결하게 하고 그에 대한 책임성을 확보하는 데 유리하다.

⑥ 정치적 가치의 고려   중요한 정치적 가치들을 예산결정에서 고려할 수 있다.

⑦ 예산과정 참여세력의 지지   점증적 방법은 예산과정의 권력중심을 입법기관쪽으로 옮겨 주기 때문에 입법기관의 지지를 받을 수 있다. 입법기관 뿐만 아니라 예산과정에 참여하는 이익집단들, 정치인들, 그리고 공무원들의 지지를 받아내기도 쉽다. 이익집단들은 각기 자기 몫을 지키거나 늘리는 데 유리하기 때문에 점증주의를 좋아할 것이다. 정치인과 공무원은 이익조정이 쉽고, 세력균형의 안정화에 유리하고, 예산편성·심의가 간편하기 때문에 점증주의를 환영할 것이다. 일반적으로 점증주의는 기득권세력의 현상유지적 성향에 영합하는 것이다. 따라서 점증주의는 정치의 현실적 환경과 조화를 이루기 쉽다.

3) 점증주의에 대한 비판

(1) 이론의 한계   점증주의 이론의 전제가 비판받고 있다. 무엇보다도 점증주의 이론은 예산과정에 개입하는 정치적·비합리적 요소를 너무 과장하고, 다른 요소들을 과소평가한다는 비판을 받고 있다. 비판자들은 인간의 인지능력 한계와 다원주의적 갈등이 합리적 예산결정을 제약하기는 하지만 '제한된 합리성'의 달성조차 완전히 봉쇄하는 것은 아니라고 주장한다. 점증주의 이론의 기본적 논점 내지 가설을 지지하는 경험적 증거를 찾기가 어렵다는 주장도 있다.

(2) 실천적 폐단   점증주의를 예산결정의 실제에 적용했을 때 나타나는 폐단 또는 한계로 다음과 같은 것들이 지적되고 있다.

① 예산감축기의 애로   경제침체기 그리고 예산감축기에는 갈등조정이 어렵다. 예산감축은 누군가의 이익을 침해해야 하기 때문에 갈등을 증폭시킬 수 있다.

② 소수지배·기득권세력 옹호   다원주의의 미명 아래 소수 엘리트의 지배를

초래할 수 있다. 기득권세력의 이익을 옹호하고 자원배분의 불공평을 고착화할 수 있다.

③ **발전의 장애**　현상유지적·보수적 성향은 발전을 가로막는다.

④ **정책기능 약화**　예산의 정책도구적 기능을 약화시킨다. 경직된 예산구조로 인해 경기변동에 대응하는 재정정책적 기능을 수행할 수 없다.

⑤ **지속적 예산증가 조장**　예산의 지속적인 증가를 조장한다. 점증주의는 만성적인 예산적자의 원인이 된다.

⑥ **혼란·비효율**　예산집행 상의 혼란과 비효율을 초래할 수 있다. 점증주의적 방법은 정부활동의 목표와 우선순위를 분석하고 체계적으로 정의하는 데게으르기 때문이다.

4) 두 가지 비판적 이론

합리주의나 점증주의나 현실세계에서 보편적 적실성을 지니는 것은 아니다. 그 적용가능성과 장점 또는 단점은 상황에 따라 다를 수 있다.[t] 그러므로 점증주의의 이론적 적실성과 실천적 이점에 착안하여 그 가치를 강조하는 사람들도 있고, 반대되는 관점에서 이를 비판하는 사람들도 있다.

여기서는 각기 다른 시각에서 점증주의 예산이론을 비판한 두 가지 이론을 소개하려 한다. 두 가지 이론이란 Bailey와 O'Connor의 점증주의의 조작화에 관한 이론, 그리고 Schick의 점감주의 이론이다.

(1) **점증주의의 조작화**　John J. Bailey와 Robert J. O'Connor는 기존의 점증주의 이론들이 점증주의의 조작적 정의(operational definition)를 소홀히 했기 때문에 경험적 분석을 제대로 할 수 없었다고 비판하였다. 그리고 점증주의 이론들은 의사결정과정의 행태에 초점을 맞추고, 그 결과인 의사결정 내용에는 무관심했으며, 의사결정의 과정이 점증적이면 그 결과도 점증적일 것이라고 생각하는 오류를 범했다고 비판하였다.

그들은 과정적 점증주의와 결과적 점증주의를 구별하는 조작적 정의를 시

---

t) James N. Danziger는 예산의 종류를 ① 정부활동의 완만한 확장을 허용하는 보통의 예산(normal budget), ② 정부활동의 확장을 위해 지출을 현저히 늘리는 발전적 예산(developmental budget), ③ 정부활동 수준은 높이지 않고, 비용증가에 대한 조정만 하는 유지예산(maintenance budget), ④ 정부활동을 축소하도록 하는 감축예산(budget cut) 등으로 분류하고 점증주의는 보통의 예산을 설명하는 데 가장 적합하다고 하였다. Danziger, *Making Budgets*(Sage, 1978), pp. 130~145.

도하였다. 그리고 예산결정과정의 산출물인 예산변화를 측정하기 위해 변동의 범주를 '점증적 등급', '중간적 등급', '비점증적 등급'으로 구분하는 분석틀을 만들었다. 그들은 이 틀을 적용해 미국 연방정부와 주정부 세 곳의 예산변화 경향을 분석하고 예산과정이 점증적이더라도 결과로서의 예산변동은 비점증적인 경우가 많다는 사실을 발견하였다.[24]

오늘날 예산결정의 결과에 초점을 맞추어 점증주의의 가설을 경험적으로 검증한 연구들은 양산되어 있다.[25]

(2) 점감주의   Allen Schick은 예산 상의 점증주의가 예산의 변동을 예산의 증액에 국한하여 고찰하는 것으로 규정하고 이를 비판하였다. 예산의 점진적인 변화에는 '점증'(漸增)뿐만 아니라 '점감'(漸減)도 있는데, 점증주의는 점감되는 부분을 간과하는 것이기 때문에 예산이 감축되는 상황을 설명하지 못한다고 한다.[26]

Schick은 경기침체와 예산감축이라는 조건 하에서 예산결정과정과 그 결과를 설명하는 데는 점감주의(漸減主義: decrementalism)가 더 유용하다고 하였다. 점감주의는 예산의 소폭적 감소에 초점을 맞춘다. 예산의 소폭적 증가에 초점을 맞추는 점증주의와는 방향이 다른 예산변동에 관심을 갖는 것이다. 점증적 예산결정이나 점감적 예산결정은 다같이 소폭의 한계적 변동에 관한 것이라는 점에서 공통적 속성을 가진다.

그러나 점감적 예산결정에서는 "누가 무엇을 잃어야 하는가?"를 결정해야 한다. 그것은 재배분적 결정이다. 감축적 재배분을 한다는 점에서 점감적 예산결정은 점증적 예산결정과 구별된다. 점감적 상황에서는 예산배정이 불안정하며 예산투쟁이 격화되는데, 이것은 점증적 상황의 조건과 구별되는 것이다. 점감적 상황의 예산결정을 점증주의 이론은 설명하지 못한다.

위와 같은 Schick의 논지는 예산이 증가하는 상황과 감축되는 상황의 예산 결정문제가 달라지는 데 주의를 환기한 점에 공로가 있다. 그러나 앞서 지적한 바와 같이 점증주의를 문자 그대로 예산의 증가만을 보는 것이라고 해석하는 데는 문제가 있다.

제 8 장

행정과 국민

민주국가의 행정은 당위적으로 국민을 위해 존재한다. 행정은 끊임없이 국민과 교호작용한다. 행정의 거의 모든 것이 직접 또는 간접으로 국민과의 교호작용에 노출된다. 따라서 교호작용의 국면과 방법은 지극히 다양하고 복잡하다.

행정과 국민의 관계에 대해서는 이 책의 여러 곳에서 단편적으로나마 이미 논의하였으며 다음 장에서도 국민을 위한 행정개혁을 설명할 것이다. 이 장에서는 국민과 행정의 관계에 대해 보다 집중적인 관심을 가지고 국민과 직접적으로 교호작용하는 행정의 국면들을 골라 설명하려 한다.

제 1 절에서는 행정과 국민의 관계에 대한 일반적 논의에 이어서 행정에 대한 국민의 신뢰, 시민 참여, 행정정보공개, 국정홍보 등을 설명하려 한다.

제 2 절에서는 행정통제체제를 다룰 것이다. 행정에 대한 통제를 설명하면서 통제의 대상인 책임이 무엇인지도 규명할 것이다.

제 3 절에서는 행정의 간여와 국민의 대응이라는 제목 아래서 행정규제, 행정절차, 민원행정, 그리고 행정지도를 설명할 것이다. 이런 제도들은 행정과 국민의 보다 직접적이고 구체적인 교호작용을 규율한다.

행정과 국민의 관계

Ⅰ. 행정에 대한 국민의 위상

행정과 국민의 관계는 상호적이다. 행정과 국민은 교호작용한다. 국민과 관계가 없는 행정은 없다고 하는 것은 언제나 맞는 말이다. 그러나 그 관계의 내용이 실제로 어떠하냐 하는 것과, 그것이 어떻게 되어야 하는지에 대한 사람들의 생각은 때와 장소에 따라 다르다.

1. 피지배자에서 주인으로

전제군주국가에서 통치자와 신민(臣民)의 관계는 지배·피지배의 관계였다. 민주국가의 성립은 국민을 주권자의 위치에 올려놓았다. 그렇지만 민주국가에서도 국민의 위상이 한결같았던 것은 아니다.

정치·행정 이원론이 관념적으로나 실천적으로나 지배적이었던 시대에는 행정과 국민의 관계가 상호적·교호작용적이었다기보다 상당히 일방통행적이었다. 일방통행적이었다고 하는 것은 행정주도의 일방통행이었다는 뜻이다. 거기서 국민은 행정의 객체였다. 주권재민은 정치영역의 소관이라고 규정되었다.

그런 가운데 행정국가화가 진행되면서 국민생활에 대한 행정간여는 늘어만 갔고 행정에 대한 국민의 위상은 초라해졌다. 정치를 통한 국민의 행정통제는 무력해져 갔다. 주권재민과 국민을 위한 행정의 선언에도 불구하고 실제의 행정은 그러한 규범으로부터 자주 이탈했다. 국민에 대한 군림자가 되기도 하고 국민생활을 과도히 규제하기도 했다. 행정은 이익집단처럼 행동하고 공익과 멀어지기도 했다. 국민의 요구에 대한 대응성은 떨어졌다.

행정국가의 여러 폐단이 심각해지자 사람들은 주권재민과 민주행정의 원리를 실질적으로 복원하자는 운동을 전개하게 되었다. 행정에 대한 소비자보호운동을 독려한 공공선택론이 나왔다. 국민을 고객으로 규정하고 고객중심주의적 행정을 구현하자는 운동이 전개되었다. 정부의 소유자인 국민의 지위를 확고하게 만들자는 주장도 나왔다. 국민을 정부라는 신탁기관의 공동투자자로 대우하자는 주장도 나왔다.

이 모든 주장과 운동들은 정치·행정체제 속에서 국민의 주인된 위치를 확실하게 찾자는 것이다.

2. 국민의 다양한 역할

행정과의 관계에서 국민은 다양한 얼굴을 갖는다. 행정과 교호작용하는 국민의 중요한 역할 범주에는 ⅰ) 행정서비스를 받는 고객의 역할, ⅱ) 피규제자(被規制者)의 역할, ⅲ) 행정과정에 영향을 미치는 참여자의 역할, ⅳ) 행정쟁송(行政爭訟)의 당사자가 되는 역할, ⅴ) 일상생활에서(길바닥수준에서) 공무원의 제재 또는 조력을 받는 역할, ⅵ) 공무를 담임하는 역할, ⅶ) 정부와 계약을 맺어 재화·용역을 공급하는 계약자의 역할, ⅷ) 행정국가에 대한 적대행동자의 역할, ⅸ) 수용·감호시설에 갇힌 사람의 역할 등이 있다.

이러한 역할의 기본적인 유형은 어떤 행정체제 하에서나 발견할 수 있다. 그러나 역할규정의 관점은 구체적인 행정체제와 정치질서의 특성에 따라 달라진다. 오늘날 행정학의 지배적인 접근방법은 국민의 역할을 국민중심주의적 관점에서 처방하는 것이다.

제 8 장의 논의는 전반적으로 국민중심주의적인 처방적 지향성을 수용하는 것이다.

Ⅱ. 행정에 대한 국민의 신뢰와 불신

행정은 국민의 신뢰를 받아야 한다. 민주국가의 행정은 특히 더 그러하다. 행정이 신뢰를 잃으면 효율적인 업무수행을 할 수 없다. 국민의 협력과 지지를 얻는 것도 불가능해진다. 행정과 국민의 교호작용은 왜곡되고 그것은 불신의 악순환을 촉발할 수 있다.

국민중심주의를 추구하는 시대에 행정이 국민의 신뢰를 확보하는 것은 성공적인 행정을 위한 최우선의 과제라 할 수 있다. 다음에 신뢰의 의미를 규명하고 행정에 대한 불신의 원인과 대응책을 논의하려 한다.

1. 신뢰란 무엇인가?

1) 정   의

신뢰(信賴: trust)란 불확실성이 개입된 교호작용에서 피신뢰자(trustee)의 행동으로부터 바람직한 결과를 얻을 수 있다고 믿는 신뢰자(trustor)의 긍정적 기대이다. 신뢰는 피신뢰자에 대한 감시·통제능력의 유무에 불구하고 피신뢰자가 신뢰자에게 바람직한 행동을 할 것이라는 기대에 따라 신뢰자가 스스로 취약한 (의존적인) 위치를 받아들이려는 자발적 의지라고 정의할 수도 있다. 여기서 취약한(vulnerable) 위치란 피신뢰자의 처분에 맡길 수밖에 없는 위험부담적 위치를 말한다.[a]

신뢰는 신뢰의 주체와 신뢰대상에 따라 다양하게 분류된다. 여기서 논의하려는 것은 행정에 대한 국민의 신뢰이다. 행정이나 국민이나 집합체적·포괄적으로 파악한 느슨한 개념임을 밝혀 둔다. 신뢰자로서의 국민은 다수의 집합체인 국민이다. 정부관료제, 정부(행정부) 또는 행정체제라고도 부를 수 있는 행정은 공무원들의 행태, 정책, 기능수행과 구조에 관한 제도 등을 포괄하는 개념이다.

신뢰 개념의 주요 특성을 보면 다음과 같다.[1]

① 신뢰당사자 간의 관계적 현상   신뢰는 신뢰자와 피신뢰자 사이에서 성립하는 관계적 현상이다. 피신뢰자(신뢰대상자)의 특성뿐만 아니라 신뢰자의 특성도 신뢰관계에 영향을 미친다.

② 위험의 감수   신뢰는 피신뢰자가 배신할 수도 있다는 위험을 신뢰자가 감수하려는 의지를 가질 때 성립한다. 신뢰는 모험을 내포한다.

위험을 감수한다는 것은 지식의 불완전성과 예측의 불확실성을 전제한다. 신뢰는 완전한 지식과 완전한 무지의 중간에서 믿을 만한 이유가 있을 때 성립한다. 신뢰자가 피신뢰자의 행동을 완전하게 예측할 수 있을 때는 신뢰라는 인

---

a) 이러한 신뢰의 정의는 개인주의적·합리주의적 서구문화를 바탕으로 하는 것이기 때문에 동아시아(한국·중국·일본)에서 신뢰문제를 제대로 설명하지 못한다는 논의도 있다. 예컨대 정하영은 동아시아에서 신뢰는 "성(誠)·인정·의리에 기반한 가족주의적 관계에 근거하여 진실한 마음으로 서로 믿고 의존하는 것으로 해석될 수 있다"고 하였다. 정하영, "조직에서의 신뢰: 동아시아에서의 신뢰의 개념과 대인신뢰를 중심으로," 「행정논총」, 44권 1호(2006), 55~87쪽.

지적 판단과정이 필요하지 않다. 피신뢰자의 행동에 대한 지식이 전혀 없을 때는 도박만이 가능하며 신뢰는 형성될 수 없다.

③ 취약한 지위의 수용   신뢰관계에서 신뢰자는 피신뢰자의 결정에 의존하는 취약성(의존성: vulnerability)을 자발적으로 수용한다. 신뢰의 이러한 특성이 통제와 신뢰를 구별해 준다.

④ 다차원성   신뢰는 다차원적(multidimensional) 개념이다. 신뢰의 심리적 기초는 다원적이다. 가치관일 수도 있고 지식이나 감정일 수도 있다. 신뢰의 대상요소도 다양하다. 신뢰관계에 영향을 미치는 신뢰당사자들의 특성도 다양하다.

신뢰의 다차원성 때문에 특정한 신뢰당사자들 사이에 신뢰와 불신이 공존할 수 있다.

⑤ 신뢰와 통제의 보완성과 상충성   신뢰와 통제는 어떤 행동결과의 확실성을 확보하려는 수단들이다. 양자는 상호 보완적으로 쓰일 수 있지만 상호영향은 대립적이다. 상대방에 대한 통제력이 약할수록 신뢰관계를 발전시킬 필요는 커진다. 그런가 하면 통제의 강화는 신뢰관계의 발전에 부정적인 영향을 미친다.

⑥ 동태적 현상   신뢰는 동태적·가변적 현상이다. 신뢰의 차원, 중요성, 강도는 시간의 흐름에 따라 변동한다.

⑦ 바람직한 것에 대한 믿음   신뢰는 피신뢰자가 신뢰자를 위해 바람직한 일을 할 것이라는 믿음 또는 긍정적 기대(positive expectancy)이다. 피신뢰자가 신뢰자를 해칠 것이 확실하다는 기대와 예측이 있더라도 그것은 신뢰라 하지 않는다. 그것은 바람직한 것에 대한 기대가 아니기 때문이다.

신뢰와 불신(不信: distrust)이라는 두 가지 개념의 관계에 대해 의견의 대립이 있다. 여기서 의견대립이란 신뢰와 불신을 반대개념으로 볼 것인가에 대한 이견을 말한다.

신뢰와 불신은 각기 별개의 차원에 있는 분리된 개념이라고 주장하는 사람들이 적지 않다. 특정한 현실적 관계 속에서 신뢰와 불신이 함께 관찰되는 경우가 많기 때문에 신뢰와 불신을 별개차원의 현상으로 규정하는 이론이 나온 것 같다.[2]

그러나 저자는 신뢰와 불신을 반대개념으로 파악하는 주장에 동조하려 한다. 신뢰와 불신은 반대개념이지만 신뢰개념의 다차원성 때문에 동일한 관계 속에서 신뢰와 불신이 공존할 수 있다고 설명하려 한다. 예컨대 피신뢰자의 능력은 신뢰하지만 그 의도나 동기는 불신할 수 있다. 신뢰자가 계산적 차원에서는 상대방을 신뢰하지만 감정적인 차원에서는 불신할 수도 있다.

2) 신뢰의 차원

신뢰의 차원은 신뢰동기의 출처 또는 신뢰대상의 특성을 기준으로 분류해 볼 수 있다. 전자는 신뢰자에 초점을 맞춘 차원분류이며 후자는 피신뢰자에 초점을 맞춘 차원분류이다.

(1) 신뢰동기의 출처　　　신뢰동기의 출처 또는 신뢰자의 행태에 따라 신뢰의 차원(유형)을 다음과 같이 분류할 수 있다.[3]

① 가치관에 기초한 신뢰(가치적 차원)　　　신뢰자가 내재화하고 있는 가치체계는 신뢰자의 신뢰행동을 인도한다. 공정성, 정직성, 성실성, 책임성과 같은 가치들을 내재화하고 있는 사람은 환경에서 경험하는 사람들의 행동이나 사건을 해석하는 데 그러한 가치들을 기준으로 사용한다. 신뢰자는 그의 가치기준에 맞는 상대방을 신뢰하게 된다.

② 지식에 기초한 신뢰(인지적·계산적 차원)　　　이것은 피신뢰자의 '믿음직함' (trustworthiness)에 관한 정보 또는 다른 사람의 행동을 예측할 수 있는 능력에 기초한 신뢰이다.

③ 감정에 기초한 신뢰(감정적 차원)　　　감정은 정의적(情誼的)인 심리적 상태 (affective state)이다. 감정은 사람이나 사물을 좋아하거나 싫어하는 느낌이다. 신뢰자의 감정은 신뢰관계의 형성·변동에 많은 영향을 미친다.

피신뢰자의 첫 인상에 대한 감정이 그에 대한 신뢰를 좌우할 수 있다. 신뢰자의 감정상태가 처음부터 신뢰관계 설정에 영향을 미칠 수 있다. 예컨대 기분이 나쁜 사람은 다른 사람을 불신하는 악의적 행동을 할 가능성이 크다. 피신뢰자에 대한 기대에는 감정적 요인들이 포함될 수 있다.

④ 일체화에 기초한 신뢰(감정이입의 차원)　　　일체화 또는 동일화(identification)에 기초한 신뢰는 피신뢰자의 갈망이나 필요에 대한 신뢰자의 완전한 감정이입 (感情移入: empathy)에 의해 유지되는 신뢰이다. 감정이입이란 자기와 대상과의 융화를 의식하는 심리적 작용이다. 일체화는 신뢰당사자들이 서로 좋아하는 감정이 고조될 때 나타나는 현상이라고 본다면 일체화에 기초한 신뢰는 감정에 기초한 신뢰의 일종이라고 설명할 수도 있을 것이다.[b]

---

b) 예외적이기는 하지만 억압에 기초한 신뢰(deterrence-based trust)나 행동의 의도에 기초한 신

(2) 신뢰대상의 특성   신뢰는 그 대상이 어떤 것이냐에 따라 여러 유형(차원)으로 분류할 수 있다.

신뢰의 차원은 신뢰대상인 사람에 대한 신뢰, 사회적 관계에 대한 신뢰, 제도에 대한 신뢰로 구분하기도 하고 개인에 대한 신뢰, 조직에 대한 신뢰, 정부에 대한 신뢰로 구분하기도 한다.

대상에 따른 여러 신뢰유형론 가운데서 사회적 관계와 피신뢰자의 특성에 대한 신뢰의 분류를 예시하려 한다.

① 사회적 관계의 특성   사회적 관계의 특성을 분류하고 그에 따라 신뢰의 차원을 분류한다. 예컨대 ⅰ) 공동체적 관계(communal sharing)에서의 신뢰, ⅱ) 계서적 관계(authority ranking)에서의 신뢰, ⅲ) 대등한 관계(equality matching)에서의 신뢰, ⅳ) 시장적 관계(market pricing)에서의 신뢰를 구분하는 유형론이 있다.4)

신뢰당사자들 사이의 의존관계를 ⅰ) 약한 의존관계, ⅱ) 약한 상호 의존관계, ⅲ) 강한 의존관계, 그리고 ⅳ) 강한 상호 의존관계로 나누고, 각각의 관계 속에서 형성되는 신뢰를 분류하기도 한다.5)

비대칭적 관계에서 형성되는 신탁적 신뢰(fiduciary trust)와 대칭적인 관계에서 형성되는 상호 신뢰(mutual trust)를 구분하기도 한다.6)

② 피신뢰자의 특성: '믿음직함'의 구성요소   피신뢰자의 특성들 가운데서 무엇을 대상으로 삼느냐에 따라 신뢰의 차원을 분류할 수 있다. 신뢰의 대상이 되는 피신뢰자의 특성들은 믿음직함(신뢰할 수 있는 속성; 신뢰할 만한 것)의 구성요소이다.

믿음직함의 구성요소인 피신뢰자의 특성으로 자주 거론되는 것은 능력, 호의(benevolence), 성실성, 일관성, 정확성, 분별력, 예측가능성, 예견력, 공정성, 직관력, 감정이입 등이다. 이러한 특성들을 기준으로 예컨대, 능력에 대한 신뢰, 성실성에 대한 신뢰 등을 분류한다.

뢰(intention-based trust)를 구분하여 정의하는 사람들도 있다. 억압에 기초한 신뢰는 제재 또는 보복의 위협에 의해 유지되는 신뢰이다. 행동의 의도에 기초한 신뢰는 신뢰행동의 실행적 의지가 표출된 신뢰이다. D. L. Shapiro *et al.*, "Business as a Handshake," *Negotiation Journal*, Vol. 8, No. 4(1992), pp. 365~377; Stephen P. Robbins and Timothy A. Judge, *Organizational Behavior*, 13th ed.(Pearson, 2009), p. 459; 원숙연, "신뢰의 다차원성과 영향요인의 차별성," 한국행정학회, 「정부개혁과 행정학연구」(2001), 261쪽.

2. 행정에 대한 국민의 불신

모든 사회관계는 다소간의 신뢰관계에 기초를 두고 있다. 신뢰가 전혀 배제된 사회관계는 존립할 수 없다. 정부와 국민 사이에도 신뢰관계가 있다. 그것이 어느 정도로 강한가 또는 약한가는 상황에 따라 다르다.

여기서 신뢰가 아니라 불신에 초점을 맞추는 것은 신뢰를 찾을 수 없다고 보기 때문이 아니다. 다만 신뢰관계가 불완전하다고 본다. 이런 관점에서 불신의 원인과 치유대책을 논의함으로써 신뢰관계의 발전에 기여하려는 것이다.

1) 불신의 원인

행정과 국가·사회를 구성하는 모든 요인들은 행정불신의 출처가 될 수 있기 때문에 여기서 불신의 원인을 빠짐없이 열거하는 것은 불가능하다. 오직 중요한 범주들을 요약하여 설명할 수 있을 뿐이다.

다음에 행정불신의 원인을 피신뢰자(행정)에 관한 것과 신뢰자(국민)에 관한 것으로 나누어 정리해 보려 한다.[7)]

(1) 피신뢰자(행정)의 문제   행정의 귀책사유로 인한 행정불신의 원인들을 다시 ⅰ) 능력의 차원, ⅱ) 정책의 차원, ⅲ) 서비스 행태의 차원, 그리고 ⅳ) 과거의 실책으로 범주화하여 예시하려 한다.

① 능력의 결함   우리 행정의 능력은 역할기대와 행정수요의 팽창에 부응하지 못한다는 평가를 받고 있다. 국민은 행정의 무능으로 인한 실책과 낭비를 비난하고 오늘날 우리가 직면한 중대한 난제들을 행정이 제대로 풀어내지 못할 것이라는 의심을 품고 있다.

행정의 능력에 대한 불신은 그 준거에 따라 두 갈래로 나누어볼 수 있다.

첫째, 체제적 능력에 대한 불신이 있다. 체제적 차원의 능력, 즉 행정능력(行政能力: administrative capacity)이란 행정체제가 맡은 과업을 제대로 수행할 수 있는 지속적 능력이며, 행정조직을 통해 계획한 성과를 달성할 수 있는 능력이다. 이러한 행정능력의 결손은 전통관료제적 병폐의 누적, 행정의 과잉팽창으로 인한 과부하, 환경적 격동성, 행정제도 개혁의 불균형과 혼란 등으로 인해 악화되어 왔다.

둘째, 행정체제를 구성하는 공무원들의 능력에 대한 불신이 있다. 일반능력자주의적 임용관행, 급속한 업무변화, 정보화의 촉진 등이 공무원들의 능력차질을 빚어 왔다. 공무원들의 우왕좌왕하는 가치관과 낮은 사기가 능력차질문제를 악화시키고 있다.

② 정책기능의 실책　행정의 정책기능이 커져온 만큼 그에 대한 국민의 불신도 커졌다. 정책을 둘러싼 불신조장 요인의 예를 보면 다음과 같다.

첫째, 정책결정이 국민의 필요를 제대로 반영하지 못한다. 정책결정의 대응성이 의심스럽다. 특히 국민이 반대하는 규제정책이나 개혁정책들을 강행할 때 국민의 불만과 불신이 커진다.

둘째, 정책의 비일관성, 정책 간의 조정실패, 그리고 필요 이상의 빈번한 정책변동이 문제이다.

셋째, 실현가능성이 없거나 비효율적이거나 공익에 반하는 정책들이 남발되는 것도 문제이다. 예컨대 일시적인 국면전환용의 선심성 정책, 편익보다 비용이 과다한 정책, 실패를 되풀이하는 정책의 반복추진, 실제로 추진할 생각이 없는 정책의 약속 등은 불신조장의 요인들이다.

넷째, 정책집행과정에서 정책의도를 왜곡시키거나 집행을 그르치는 것이 문제이다. 실제로 집행을 안하는 경우나 집행의 형식만 갖추는 경우도 집행을 그르치는 행동에 포함된다. 정책집행이 흐지부지되고 따라서 정책추진이 '용두사미'로 끝날 때 국민의 불신은 커진다.

③ 행태적 병폐　국민과 직접 교호작용하는 행정서비스 전달에서 보이는 공무원들의 부정적 행태가 불신을 조장한다.

첫째, 가장 광범하고 기본적인 문제는 형식주의적 행태이다. 공식적인 규범이나 선언으로부터 괴리된 실천행동은 불신의 근원이다. 형식주의와 표리의 관계에 있는 과시주의도 불신을 조장하는 행태적 병리이다. 과시주의란 필요나 능력 이상으로 실속없는 일을 해서 부작용과 불신을 자초하는 행태적 특성을 말한다.

둘째, 창의적·능동적 업무수행을 회피하고 피동적·소극적으로 현상을 유지하면서 자기를 보호하려는 무사안일주의(無事安逸主義)가 문제이다. 복지부동, 반성없는 선례답습, 임시방편을 일삼는 적당주의적 행태, 책임전가, 업무방치는 무사안일주의적 행태의 예이다.

셋째, 체제화된 부패행태는 아주 심각한 불신조장 요인이다.

넷째, 공급자중심주의적 또는 관편의주의적(官便宜主義的) 행태도 문제이다.

고객의 필요에 대한 감수성 결여, 상황적 요청에 적응하지 못하는 경직된 자세, 불친절한 행태, 편파적이고 자의적인 업무처리, 월권행위, 군림적 행태, 인권침해 등은 관편의위주적 행태의 증상이거나 이를 악화시키는 행동성향들이다.

다섯째, 비밀주의적 행태도 불신을 조장한다.

여섯째, 국민을 불신하는 공무원들의 태도는 국민이 그들을 불신하는 원인이 된다. 공무원들의 대국민불신은 국민에 대한 그들의 부정적 행태를 조장하고 국민이 그들을 불신하게 만든다.[c]

④ 과거의 실책   과거의 경험은 현재의 신뢰관계 형성에 큰 영향을 미친다. 정치·행정의 배신을 경험한 국민은 과거에 가졌던 부정적 이미지를 현재에 투사하게 된다.

우리의 정치와 행정은 '청산해야 할 과거'를 오랫동안 누적시켰다. 정당성이 없거나 의심스러운 정권들의 억압적 통치도구였던 행정, 개발독재의 군림적 하수인이었던 행정, 체제적 부패의 표본이었던 행정이라고 하는 과거의 평판은 아직도 무거운 유산으로 남아 있다. 이러한 과거의 평판은 민주적 기본질서의 작동이 본궤도에 올라 있는 오늘날 행정에 대한 신뢰구축에 제약을 가하고 있다.

(2) 신뢰자(국민)의 문제   시대의 변화에 따라 국민의 가치관이나 행정수요가 달라지는데, 그로 인해 행정에 대한 불신이 조성되거나 커질 수 있다. 국민의 변화에 행정이 적시성 있게 대응하지 못하면 불신이 생길 수밖에 없다.

그런가 하면 국민의 잘못된 행태나 실책이 행정과 국민 사이의 신뢰관계를 훼손하는 원인이 되기도 한다. 그 예를 보기로 한다.

① 지나친 기대   급속한 변동과정에서 국민의 기대 또는 욕망수준이 폭증할 수 있다. 충족시키기 어려운 기대의 폭증은 실망과 좌절을 부른다. 좌절하는 사람들은 비난대상을 찾게 된다. 행정에 대해 국민들이 지나친 기대를 한다는 것은 불신이라는 귀결을 예정하는 일이다.

② 이기심과 특권의식   국민 개개인 또는 집단은 행정이 자기 뜻대로 되지 않거나, 행정으로부터 특별한 우대를 받지 못하면 행정을 비난하고 불신하는 경향이 있다.

③ 감정적 대응   합리적인 또는 납득할 만한 이유없이 정권과 행정을 감정

---

c) 신뢰는 신뢰자와 피신뢰자 사이의 상호적(보답적·호혜적) 현상이다. 공무원들의 대국민불신에 대해서는 IV항에서 시민참여를 논의할 때 다시 언급할 것이다.

적으로 싫어하고 따라서 불신하는 사람들이 적지 않다.

④ 오해와 선입견   인지적 차원에서 정보부족이나 왜곡된 정보 때문에 착오적인 불신을 하는 예도 많다. 여기에는 행정에 대해 비판적·공격적인 대중매체, 전문연구인, 정치인 등의 영향이 크게 작용한다. 비밀주의로 인해 조장되는 루머(유언비어)에 현혹되어 행정을 불신하는 경우도 있다. 정치권에 대한 실망이나 다른 문제에 대한 불만을 행정에 전이시켜 불신감을 갖는 경우도 있다. 이것은 일종의 연쇄적 착오이다.

2) 불신해소의 대책

불신의 원인에 대한 설명에 그 해소대책은 이미 시사되어 있다. 행정과 국민 사이의 신뢰관계를 해치는 행정의 잘못과 국민의 잘못을 시정하도록 노력해야 한다. 그리고 오해나 착오에서 비롯된 불신을 막기 위해 정부와 국민 사이의 의사전달을 원활화해야 한다.

(1) 피신뢰자(행정)의 개선노력   행정이 만들어낸 불신의 원인을 제거하고 불신원인 발생을 예방해야 한다.

① 행정능력 향상   행정능력을 향상시켜야 한다. 체제적 차원에서 행정능력을 약화시키는 제도와 관행들을 고쳐야 한다. 특히 과부하의 문제를 해결하고 예견적·예방적 행정능력을 향상시키는 데 주력해야 한다. 창의적 학습을 통한 공무원 개개인의 능력향상도 촉진해야 한다.

② 정책·정책과정의 개선   정책의 대응성, 현실적합성, 행동지향성과 성과지향성, 그리고 일관성을 강화해야 한다. 정책네트워크의 범위를 넓히고 정책과정에 대한 관련자들의 참여를 촉진해야 한다. 정책집행과정에서 정책의도를 왜곡하거나 좌절시키는 일이 없도록 해야 한다.

정치권에서는 정책에 관련하여 '미리 계획한 배신'(premeditated betrayal)을 하는 일이 없도록 해야 한다. 미리 계획한 배신이란 처음부터 실행할 의도가 없는 정책을 국민에게 약속하는 행위이다. 정치권의 이러한 행위는 행정의 신뢰까지 손상시킨다.

③ 행정서비스 행태의 개선   공무원들의 서비스행태를 개선해야 한다. 형식주의적 행태, 부패행태, 권위주의적 행태, 무사안일주의적 행태, 비밀주의적 행태, 공급자중심주의적 행태를 시정하여야 한다. 그리고 소비자중심주의적 봉사

를 위한 책임 있는 능동성을 함양해야 한다.

④ 과거의 과오 청산   정치·행정이 과거에 저질렀던 과오를 시정하고 비리를 제재하는 데 있어 투명하고 공정해야 한다.

⑤ 공개와 참여의 촉진   공개행정을 촉진하고 국민과 행정 사이의 의사전달 통로를 확대해야 한다. 행정서비스 결정과정에 대한 고객의 참여를 촉진하여야 한다. 그리고 국정홍보활동을 개선해야 한다.

(2) 신뢰자(국민)의 개선노력   행정과 국민 사이의 신뢰관계를 손상시키는 데 국민에게도 책임이 있다면 그에 대한 시정노력을 해야 한다.

① 시민의식 함양   국민은 성숙한 시민의식을 함양해야 한다. 국민은 행정에 대해 필요하고 정당한 지지와 비판을 투입시킬 의욕과 역량을 길러야 한다. 믿을 만한 행정에 대해서는 신뢰의 태도를 보여줄 수 있어야 한다.

② 공익에 반하는 요구의 자제   국민 각자는 이기심과 특권의식 때문에 공익에 반하는 요구를 하고 그러한 요구가 충족되지 않으면 불평을 일삼는 일이 없도록 자기성찰과 시정노력을 해야 한다.

③ 오해의 불식   국민 각자는 부정확한 정보 또는 유언비어에 현혹되어 행정을 불신하거나 감정 때문에 근거없이 행정을 비방하는 일이 없도록 해야 한다.

④ 지나친 기대의 절제   국민은 행정서비스에 대해 현실성없는 지나친 기대를 하지 않도록 절제해야 한다.

III. 행정정보공개·국정홍보

이 항에서는 행정에 대한 국민의 신뢰형성, 행정에 대한 국민의 참여와 통제, 열린 정부 발전 등에 전제가 되는 두 가지 제도를 설명하려 한다.

1. 행정정보공개제도

국민이 행정에 대해 먼저 알 수 있어야 행정에 대한 신뢰형성이 가능하며 행정에 대한 통제와 참여도 가능한 것이다. 행정의 공개주의는 민주주의의 기초적 요청이다. 민주주의국가라면 어디서나, 그리고 어느 시대에나 행정정보의 공개는 당위적인 것이다. 그러나 오늘날처럼 공개행정·행정정보공개의 요청이 커진 것은 전에 없던 일이다.

우리 정부는 행정정보의 공개를 촉진하기 위한 방책들을 개발하고 채택해 왔다. 행정홍보 차원에서 또는 행정지도의 차원에서 정부가 능동적으로 정보를 제공하는 것을 촉진하는 정책을 추구해 왔다. 각종 법령이나 조례에서 정보공개를 의무화하는 조항들을 규정하였다. 그리고 행정정보공개를 통합적으로 규율하는 「공공기관의 정보공개에 관한 법률」을 제정하였다. 이 법률이 우리나라에서 행정정보공개제도의 골격을 정한다.

여기서 설명하려는 행정정보공개제도는 벌률로 정한 제도이며, 법정제도인 만큼 한정적인 의미를 지니는 것이다.

1) 정   의

행정정보공개제도(行政情報公開制度)는 국민이 행정기관 보유의 정보에 접근하여 이용할 수 있도록 하기 위해 국민에게는 정보공개를 청구할 수 있는 권리를 부여하고, 행정기관에는 정보공개의 의무를 부과하는 제도이다.[8]

① 행정정보와 정보공개   공개의 대상은 행정정보이다. 행정정보는 행정기관이 직무 상 작성 또는 취득하여 관리하고 있는 정보이다. 그것을 기록한 매체는 다양하다.[d]

정보를 공개한다는 것은 행정기관이 법에 정한 대로 정보를 열람하게 하거나 그 사본 또는 복제물을 교부하는 것을 말한다. 정보의 공개는 의무공개이며 청구공개이다. 국민이 청구권에 입각해 청구함으로써 공개하는 것이며, 청구를 받은 행정기관이 공개의무가 있기 때문에 공개하는 것이다. 넓은 의미의 정보공개는 행정기관의 자발적·능동적·선제적(미리 하는) 정보제공 또는 정보공표까지 포함한다. 그러나 행정정보공개제도가 규정하는 것은 법적 권리·의무에 입각한 좁은 의미의 정보공개이다.

② 알 권리의 보장   행정정보공개제도는 국민의 알 권리를 실정법적 제도로 보장하려는 것이다. 정보공개 청구권자, 청구권의 내용과 한계, 권리행사의 절차와 방법, 권리침해에 대한 구제방법을 법률로 규정함으로써 헌법 상의 권리인

---

d) 여기서 말하는 행정정보는 다양한 매체에 의해 전달·관리되는 정보를 포괄하는 것이다. 그러나 법령에 따라서는 매체 또는 처리방법을 기준으로 행정정보의 범위를 한정할 때가 있다. 「전자정부법」에서는 전자매체에 의하는 것만을 행정정보라고 규정한다. 이 법 제 2 조에서는 "행정정보란 행정기관 등이 직무 상 작성하거나 취득하여 관리하고 있는 자료로서 전자적 방식으로 처리되어 부호·문자·음성·음향·영상 등으로 표현된 것을 말한다"고 정의한다.

국민의 알 권리를 사법적 구제의 대상이 되는 실정법적 권리가 되게 하는 제도이다.

국민의 알 권리가 헌법적으로 보장된 기본적 권리라는 점에 대해서는 연구인들이 대체로 합의하고 있다. 그러나 그것이 구체적으로 어느 기본권에 포함되는가에 대해서는 논란이 있다. 표현의 자유에 포함된다는 주장, 인간의 존엄과 가치·행복추구권에 포함된다는 주장, 청구권적 기본권에 포함된다는 주장 등이 있다. 알 권리는 그러한 여러 기본권에 모두 연관된 것으로 보아야 한다.

2) 필요와 한계

(1) 공개의 필요성　행정정보공개의 궁극적 목적 내지 필요는 민주주의의 발전과 주권자인 국민을 위한 행정의 구현에 있다 할 것이다. 행정정보공개의 필요성 또는 바람직한 기능이라 하여 흔히 열거되는 것을 보면 다음과 같다.

① 알 권리에 부응할 필요　국민의 알 권리에 부응하기 위해 필요하다. 알 권리의 충족은 그 자체로서 가치 있는 것이다. 그것은 인간의 존엄성과 가치를 지키는 데 기여한다.

② 국민의 권익 보호　국민의 구체적인 권리와 이익을 보호하기 위해 필요하다. 국민은 그들의 권리·의무에 영향을 미치는 행정정보를 획득하여 부당한 권익침해를 방지할 수 있다. 그리고 행정정보를 활용하여 권익을 증진시킬 수 있다.

③ 국민참여의 전제　행정에 대한 국민의 참여를 가능하게 하는 전제적 조건이 행정정보공개이다.

④ 행정통제의 전제　행정정보의 공개가 있어야 국민은 행정을 효과적으로 감시·통제할 수 있다.

⑤ 신뢰와 협력의 전제　국민과 행정 사이의 상호 신뢰관계, 그리고 협력관계를 증진시키기 위해서도 행정정보공개가 필요하다.

⑥ 부패방지·개혁촉진　행정정보공개는 행정의 투명성을 높여 부패 등 관료적 병폐를 방지하는 데 기여한다. 정보독재를 방지하고 행정의 자율규제와 개혁을 촉진한다.

⑦ 지식산업발전·사회적 통합에 기여　행정정보의 공개는 지식산업의 발전과 사회적 통합에 기여한다. 근래에는 행정정보의 상업적 활용에 대한 필요성이 중

요시되고 있다.

　오늘날의 행정여건은 이러한 정보공개의 필요성을 더욱 증폭시킨다. 행정
정보공개에 대한 압력을 높이는 조건으로 ⅰ) 정보화사회의 진전에 따라 정보의
중요성과 정보유통의 중요성이 아주 커졌다는 것, ⅱ) 오랜 행정국가화의 추세
는 행정에 대한 국민의 통제력을 약화시켰기 때문에 이를 반전시켜야 한다는 요
청이 커졌다는 것, ⅲ) 환경적 격동성이 높아짐에 따라 행정문제가 복잡해지고
미래의 불확실성이 높아져 행정의 비밀주의는 더 큰 폐단이 된다는 것을 들 수
있다.

　(2) 공개의 한계　　행정정보공개에 따를 수 있는 부작용 또는 위험은 다음
과 같다.9)

　① 기밀유출　　국가기밀 유출의 위험이 커진다. 그러한 위험으로부터 국가
기밀을 보호하기 위한 장치를 만들고 운영하는 데에는 많은 비용이 든다.

　② 사생활 침해　　정부가 획득하여 보유하는 개인정보가 유출되어 국민의
사생활을 침해할 우려가 있다.

　③ 정보왜곡　　정보왜곡이 생길 수 있다. 정부에 제공한 정보가 공개될 가능
성이 있기 때문에 정보의 출처에서 정확한 정보제공을 기피할 수 있다. 정치적·
행정적 책임을 면하기 위해 중요 문서의 작성을 회피하거나 기존의 문서를 훼손
할 수 있다. 조작된 정보가 공개될 수도 있다.

　④ 비용·업무량의 증가　　정보공개제도를 운영하는 데 비용이 많이 들고 행정
의 부담이 늘어난다. 정보공개청구가 폭주하는 경우 행정업무 수행의 차질·지
연이 우려된다.

　⑤ 소극적 행태의 조장　　정보공개에 따라 말썽이 생길 것을 걱정하는 공무
원들이 위축되고 업무추진에 소극적인 태도를 보일 수 있다.

　⑥ 공개혜택의 형평성 결여　　개인과 집단에 따라 정보접근 능력에는 차이가
있기 때문에 정보공개의 혜택 배분이 형평성을 잃을 수 있다.

　⑦ 정보 남용　　공개된 정보가 남용 또는 악용될 우려가 있다. 범죄자들이
공개된 정보를 악용할 수 있다. 예컨대 산업스파이들이 악용할 수도 있고 투기
나 부당이득을 노리는 사람들이 악용할 수도 있다.

3) 내 용

법률이 정하는 행정정보공개제도의 내용은 다음과 같다.

(1) 정보공개의 원칙　　행정정보는 공개하는 것을 원칙으로 한다. 국민은 정보공개를 청구할 수 있고 행정기관(공공기관)은 공개할 의무가 있다. 다만 법으로 정한 정보에 대해서는 공개의 예외를 인정한다.[e]

(2) 정보공개 청구권자　　모든 국민은 행정정보의 공개를 청구할 권리를 가진다. 청구권자를 당사자 또는 이해관계자로 국한하지 않는다. 국민이라면 누구나 정보공개 청구권자가 될 수 있다.

(3) 정보공개의 절차와 방법　　정보공개를 요구하는 청구인이 정보를 가지고 있는 행정기관에 정보공개 청구서를 제출하거나 말로써 정보의 공개를 청구하는 데서부터 절차는 시작된다. 청구를 받은 행정기관은 원칙적으로 10일 이내에 공개여부를 결정하여야 한다. 행정기관은 정보공개심의회를 구성하여 정보공개 여부를 심의하게 한다. 행정기관이 청구된 정보의 공개를 결정한 경우에는 공개의 때와 장소를 명시하여 청구인에게 통지해야 한다. 공개하지 않기로 결정한 경우에도 그 사유와 불복방법을 적어 서면으로 청구인에게 통지해야 한다.

정보공개의 방법에는 청구된 내용의 전부를 공개하는 방법과 부분적으로 공개하는 방법이 있다. 청구된 내용에 공개할 수 없는 정보가 포함되어 있는 경우 그 부분을 제외하고 나머지를 공개하는 것이 부분공개이다.

즉시공개라는 방법도 있다. 정보의 성격 상 공개가 즉시 처리될 수 있는 것이면 정보공개 결정에 관한 일반절차를 거치지 않고 즉시, 그리고 구술에 의한 (말로 하는) 공개를 허용한다.

정보공개의 비용은 원칙적으로 청구인이 부담한다. 그리고 청구인은 정보공개절차를 통해 취득한 정보를 청구한 목적에 따라 적정하게 사용해야 한다는 의무를 진다.

(4) 불복구제절차　　정보공개 청구인은 공개청구에 대한 행정기관의 결정

---

e) 정보공개의 예외를 인정하는 이른바 '비공개대상정보'의 범주는 ① 다른 법령에서 정한 비밀·비공개 정보, ② 중대한 국가이익 관련 정보, ③ 공공안전 관련 정보, ④ 형사사법 관련 정보, ⑤ 처리 중에 있는 정보로서 미리 공개되면 공정한 업무수행이나 연구개발에 현저한 지장을 줄 수 있는 정보, ⑥ 개인정보 중 비공개대상 정보, ⑦ 영업비밀 관련 정보, 그리고 ⑧ 특정인의 이해관계에 관련된 정보이다. 「공공기관의 정보공개에 관한 법률」 제 9 조.

에 불복하는 경우 이의신청·행정심판·행정소송을 청구 또는 제기할 수 있다. 청구인은 정보공개와 관련하여 행정기관의 처분 또는 부작위 때문에 법률 상 이익의 침해를 받은 때에 그러한 구제절차에 호소할 수 있다.

4) 개인정보보호제도

행정정보공개 요청과 상충될 수 있는 여러 이익의 보호에 대한 요청이 있다. 그 중 아주 중요한 것 한 가지가 개인정보보호·사생활보호의 요청이다. 인권의식·사생활 자유에 대한 의식이 높아지고 정보화가 촉진됨에 따라 개인정보보호에 대한 요청은 더욱 커지고 있다.

이에 대응하기 위한 노력 가운데 대표적인 것이 법률에 의한 개인정보보호제도의 수립이다. 우리 헌법은 사생활의 비밀과 자유에 관한 기본권을 규정하고 있다. 이를 실정법적 권리로 구체화하는 것이 「개인정보 보호법」이다. 이 법률이 우리나라 개인정보보호제도의 골격을 규정한다.

「개인정보 보호법」의 목적은 "개인정보의 처리 및 보호에 관한 사항을 정함으로써 개인의 자유와 권리를 보호하고, 나아가 개인의 존엄과 가치를 구현하는 것"이다. 이 법에서 말하는 '개인정보'는 살아있는 개인에 관한 정보로서 성명, 주민등록번호 및 영상 등을 통하여 개인을 알아볼 수 있는 정보이다.

「개인정보 보호법」은 개인정보 보호의 원칙, 정보주체의 권리, 개인정보 보호에 관한 국가와 지방자치단체의 책무, 개인정보 수집·처리·이용의 절차, 권리보호의 절차 등을 규정한다. 개인정보 보호의 원칙으로는 개인정보 처리의 목적 명시, 개인정보의 목적 외 사용 금지, 정보의 정확한 처리와 안전관리, 정보주체의 사생활 침해 최소화, 열람청구권 등 정보주체의 권리보장 등을 규정하고 있다. 정보주체의 권리로는 개인정보 처리에 관한 정보를 제공받을 권리, 개인정보 처리에 관한 동의권과 선택권, 처리 확인권, 개인정보의 열람권, 개인정보 처리의 정지·정정·삭제 및 파기를 요구할 권리, 피해구제를 받을 권리 등을 규정하고 있다.

2. 국정홍보

1) 정   의

국정홍보(國政弘報: public relations: PR)는 정부가 국민과 좋은 관계를 유지·

발전시키기 위해 수행하는 작용이다. 좋은 관계란 상호 이해·상호 수용·상호 지지가 있는 관계이다. 여기서 국민(공중·대중)은 일반대중일 수도 있고, 구체적인 정부사업에 관련된 개인 또는 집단일 수도 있다.f)

정부쪽에서 국민에게 다가가는 국정홍보(PR)는 다음과 같은 특성을 지니는 것이다.10)

① 국민의 이해와 수용 추구   PR은 정부가 국민의 호의(이해와 수용)를 얻으려는 활동이다. PR은 정부가 좋은 일을 하고 그에 대한 인정을 받으려는 것이다. 윤리적이고 진실되고 신뢰할 수 있는 행동으로 국민의 이해와 협력을 얻으려는 것이다. PR은 일방적인 선전이나 광고와는 다른 것이다. 은폐하고 왜곡하고 속임수를 쓰는 것은 더욱 아니다.

② 다양한 대상자   PR의 대상자는 사안에 따라 다를 수 있다. 국민일반일 수도 있고, 관계 있는 개인 또는 집단일 수도 있다.

③ 정부의 계획적 기능   PR은 정부조직의 계획적 활동이다. 그리고 지속적으로 추진해야 하는 활동이다.

④ 쌍방적 의사전달 통로   PR은 정부조직과 국민 사이에 상호적인 의사전달의 통로를 유지한다.

⑤ 조기경보체제의 역할   PR은 환경적 변화의 예측을 돕는 조기경보체제로서의 역할을 수행한다.

⑥ 책임성·대응성 향상   PR은 공직자들의 책임의식을 일깨우고 환경적 요청에 대한 대응성을 높이는 데 기여한다.

2) 단계별 기능

PR의 단계별 기능은 네 가지로 나누어볼 수 있다. 첫째 단계의 기능은 문제와 쟁점에 대한 국민의 태도를 파악하는 것이다. 둘째 단계의 기능은 정부조직의 행동계획을 확인하는 것이다. 셋째 단계의 기능은 국민의 이해와 수용을 얻기 위해 정부의 행동계획을 국민에게 알리는 것이다. 넷째 단계의 기능은 국민에 대한 의사전달의 효과를 평가하는 것이다.11)

---

f) 우리 정부에서는 PR을 지칭하는 데 공보 또는 국정홍보라는 용어를 써 왔다. 행정학에서는 공공관계라는 번역어를 주로 써 왔다. 대민관계관리라는 용어를 사용하는 사람도 있다.

3) 장애요인과 극복방안

원활한 PR을 어렵게 하고 실패하게 하는 요인은 많다. 가장 기본적인 것은 국민과 정부의 상호 불신, 그리고 능력과 동기의 결여이다.

PR을 개선하려면 행정과 국민 사이의 불신관계를 해소해야 한다. 불신관계를 해소하려면 PR에 대한 개념적 명료화부터 해야 한다. 그리고 PR의 지식과 기술을 발전시키고 적극적 관리를 위한 공직자들의 동기를 유발해야 한다. 공익을 위해 국민에게 진실을 말해야 하며, 의사전달의 윤리적인 방법과 기술만을 사용해야 한다.

시대의 흐름에 따라 PR의 역점에 변화를 준 유사개념들이 만들어지고 사용되고 있다. 행정학과 행정의 추세가 고객중심주의와 시장기제의 도입을 중시하게 되면서부터 시민관계관리, 행정서비스 마케팅과 같은 행정서비스모형들이 등장하였다. 그 안에 새로운 국정홍보 스타일이 시사되어 있다.

시민관계관리(citizen relationship management: CzRM)는 시민들이 인터넷 등 선호하는 통로를 사용하여 정부의 정보와 서비스에 적시성 있고 일관적·대응적으로 접근할 수 있게 하려는 정부의 전략적 활동이다. 시민관계관리는 정부와 시민 간의 연계·협력 강화, 정부활동의 능률성 향상, 그리고 정부 내 쇄신을 촉진하는 환경의 조성을 도모한다.[12]

시민관계관리는 기업체의 고객관계관리(customer relationship management: CRM)를 원용한 활동이다. 고객관계관리는 기업이 고객에게 보다 잘 봉사하고 고객의 수요에 대한 이해를 증진하려는 활동이다.

행정서비스 마케팅(public service marketing; public sector marketing)은 시장비유적인 행정서비스모형이다. 행정서비스 마케팅이란 행정조직이 소비자인 국민의 수요를 파악하여 그에 대응하는 재화·용역을 생산하고, 가격을 결정하고, 그에 관한 정보를 국민에게 제공함으로써 소비자와 생산자 간에 만족스러운 관계를 발전시키려는 일련의 활동이다. 행정서비스 마케팅의 처방적 논조는 제품(서비스)관리, 가격관리, 유통경로관리, 판매촉진관리 등 마케팅의 제영역에서 고객만족주의를 구현하자는 것이다.[13]

IV. 시민참여

행정에 대한 구체적 참여자로서의 국민을 행정학에서는 시민(市民: citizen)이라고 불러왔다. 국민의 참여를 국민참여라 하지 않고 시민참여(citizen participation)라고 하는 것이 일반적 관행이다.

다음에 시민참여문제를 개괄적으로 논의하고 그에 연관된 주제인 사회적 자본, 시민사회, 비정부조직에 대해 언급하려 한다.

1. 시민참여란 무엇인가?

1) 정   의

시민참여는 일반시민이 행정과정에 영향을 미치려는 행동이다. 여기서 일반시민이라는 표현을 쓴 까닭은 그 자격에 제한이 없으며, 행정역할 수행의 법적 의무가 부과되어 있지 않은 사람들이라는 뜻을 전달하기 위해서이다. 시민은 개인일 수도 있고 집단이나 지역사회 공동체일 수도 있다. 시민이 행정에 직접 참여할 수도 있고 언론매체나 시민운동단체 등 매개체(중개자)를 통해 참여할 수도 있다.

시민참여는 정부의 정책결정과 집행재량에 영향을 미치고 행정의 일탈행동을 감시하는 목적뿐만 아니라 행정을 지지·지원하는 목적도 추구할 수 있다. 시민참여의 구체적·개별적 목적과 내용은 매우 다양하다.

전통적으로 정부는 시민참여를 가능한 한 제도화하여 길들이려 해왔다. 정부는 시민참여의 시작과 끝이 있고, 그것이 표준화되기를 원해 왔다. 그리고 행정을 보호하기 위해 시민의 지지를 동원하는 방편으로 시민참여를 활용하고 싶어했다. 그러나 시민은 정부가 유도하거나 시키는 참여에 대해서는 소극적이고 냉담한 경우가 많다. 시민은 이해관계가 있고 필요가 있다고 생각할 때 열심히 참여하는 경향이 있다. 절실한 필요가 있을 때 끝없이 참여하려 하고 제도적 통로를 벗어나거나 격렬한 행동을 보이기도 한다.

전통적인 행정과 시민의 대조되는 입장과 행동성향 때문에 시민참여의 과정에서 갈등이 생기거나 증폭될 가능성이 크다. 언제나 문제가 되는 것은 협동적 참여가 아니라 대립적 참여이다. 행정과 시민의 공동노력을 통해 시민참여를 신뢰적·협력적 과정으로 발전시키는 것은 오늘날 행정개혁의 중대현안이다.g)

---

g) 행정개혁에 대한 정부의 주도적 역할을 강조하는 사람들은 '정부재창조'를 처방하고, 시민의 주도적 역할을 강조하는 사람들은 시민을 능동적 참여자로 만드는 '시민재창조'를 처방한다고 말하는 사람도 있다. 이창원, "Hindy L. Schachter의 시민재창조론," 오석홍 편, 「행정학의 주요 이론」(법문사, 2005), 780~789쪽.

2) 유   형

시민참여의 종류를 여러 가지 기준에 따라 유형화할 수 있다. 예컨대 ⅰ) 피동적 참여와 능동적 참여, ⅱ) 개인적 참여와 집단적 참여, ⅲ) 직접적 참여와 간접적 참여, ⅳ) 제도적 참여와 비제도적 참여, ⅴ) 통제적 참여와 협동적 참여, ⅵ) 합법적 참여와 불법적 참여, ⅶ) 건설적 참여와 파괴적 참여, ⅷ) 보수적 참여와 급진적 참여를 구분할 수 있다.[14)]

구체적인 참여의 방법은 헤아릴 수 없을 만큼 많다. 선거참여, 행정자문위원회 참여, 행정문제에 관한 청문회 참여, 행정상담위원·민원모니터의 역할수행, 국민제안 제출, 주민감사청구, 시민운동단체 가입, 민원사무처리 신청, 시위참여, 자원봉사, 여론조사 응답, 반상회 참여, 공직자와의 통신·면담, 행정쟁송, 정책에 대한 주민투표, 조례제정청구, 주민소환, 로비를 예로 들 수 있다. 시민참여의 과정은 대단히 역동적이어서 새로운 방법들이 끊임없이 고안된다.

주민투표제는 정부, 특히 지방정부의 정책결정과정에 주민들이 투표로써 직접 참여하는 제도이다. 우리나라의 「주민투표법」은 주민에게 과도한 부담을 주거나 중대한 영향을 미치는 지방자치단체의 주요결정사항으로서 그 지방자치단체의 조례로 정하는 사항을 주민투표의 대상으로 규정한다. 그러나 예산 및 재산관리에 관한 사항, 행정기구의 설치·변경에 관한 사항, 조세에 관한 사항 등은 대상에서 제외하고 있다.

우리 「지방자치법」은 주민이 지방자치단체에 대해 조례의 제정 및 개폐를 청구할 수 있게 하는 제도, 지방자치단체의 업무수행에 대한 감사를 청구할 수 있게 하는 제도, 그리고 위법한 재무회계행위에 대해 주민이 집단적으로 소송을 제기할 수 있는 주민소송제를 채택하고 있다. 이러한 제도들은 '국민발안제도'의 범주에 포함된다.

주민소환제는 주민이 투표에 의한 의사표시로써 공직자를 임기만료 전에 해직시키는 제도이다. 법률에 정한 절차에 따라 일정수의 유권자가 청구하고 찬성하면 공직자를 직접 파면하는 효과를 발생시키는 것이 주민소환제이다. 우리나라에서는 2006년의 「지방자치법」 개정으로 지방자치단체의 장과 지방의회의원에 대한 주민소환제를 도입하였으며 2007년 5월부터 시행하게 되었다.

'로비'(lobby)는 일정한 법률안에 관련하여 입법자들이 특정한 방향의 의사표시를 하도록 유도하거나 법률을 제안하도록 하려는 이해관계자 또는 그 대리인들의 활동을 지칭한다. 공식적 로비제도는 로비스트의 등록, 로비활동의 범위 등을 법률로 규정한다.

국민은 누구나 행정기관에 제안을 제출할 수 있다. 「국민제안규정」이 정하는 국민제안은 국민이 정부시책이나 행정제도 또는 행정운영의 개선을 목적으로 행정기관의 장에게 제출하는 창의적 의견이나 고안이다.

2. 시민참여의 필요와 제약

1) 정당화 근거

행정에 대한 시민참여가 필요하고 참여확대가 바람직하다는 주장은 오래된 것이다. 이를 지지하는 논의가 오늘날에는 더욱 활발하다.

시민참여의 필요성과 이점을 강조하는 논점들은 다음과 같다.[15]

① 국민대표기능 보완　전통적인 대의민주제도와 행정체제의 국민대표적 기능을 보완해 준다. 그리하여 정치체제의 국민대표적·대응적 능력을 향상시킨다.

② 시민의식·공동체의식 향상　민주시민으로서 갖추어야 할 시민의식을 개발하는 데 도움을 준다. 사회구성원들의 정치적 공동체의식을 고취하고 정치적 통합을 촉진한다.

③ 소외감 해소·이해 증진　행정에 대한 국민의 소외감을 해소하고 행정에 대한 이해를 증진하는 데 기여한다.

④ 시민의 동의·승복 촉진　정부의 정당성에 대한 시민의 동의를 확대하고 정부의 결정에 대한 시민의 승복과 수용을 촉진한다.

⑤ 일탈행동 통제·봉사의식 함양　공직자들의 일탈행동을 감시하고 통제할 수 있다. 공직자들의 민주적 봉사의식 함양에 기여한다.

⑥ 시민의 정보제공　행정문제 해결을 위해 시민이 가치있는 정보를 제공할 수 있다. 행정문제가 복잡해질수록 해결과정에 대한 개방적 참여와 지식투입의 필요가 더욱 커진다.

⑦ 분권화와 통합의 촉진　행정의 분권화를 촉진하고 분산적·분립적 정부구조의 결함을 완화해 줄 수 있다. 시민참여가 분립적 조직단위들의 공동대응을 불가피하게 할 때가 많기 때문에 분립적 활동의 통합을 유도할 수 있다.

2) 저해요인

시민참여의 애로를 지적하고 부작용을 경고하는 비판적 논점들을 보면 다음과 같다.[16]

① 시민의 미숙한 능력과 의식　시민의 참여능력 부족과 시민의식의 결여가 문제이다. 참여기회와 책임을 모르는 사람들이 많다. 이기적이며, 공공의 목적을 위한 참여에는 소극적이다. 참여에 필요한 지식·기술이 부족하다. 관료들에게

포섭 또는 포획되어 이익대변을 왜곡시키기도 한다.

② 정부활동의 교란   공무원들의 전문적 봉사를 교란하고 정치·행정의 국민대표기능적 제도들이 지닌 가치를 손상시킨다. 따라서 정부정책의 질을 떨어뜨릴 수 있다.

③ 대표성 결여와 편파성   시민참여의 대표성을 확보하기 어렵다. 시민집단들의 이익을 제대로 대표하는 사람들을 행정과정에 참여시키는 일이 쉽지 않다. 시민대표들의 할거주의와 편파적 관심도 문제이다.

④ 공직자의 저항   공직자들의 저항이 문제이다. 공직자들이 정책결정에 관한 권력을 나누어 갖거나 포기하려 하지 않는다. 공직자들과 기득권 집단은 특권침해를 우려하여 시민참여에 대해 과잉방어적이다. 일선 공무원들은 시민참여로 인해 그들이 의사결정과정에서 배제될 것을 두려워한다.

⑤ 갈등 증폭   갈등과 권력투쟁을 증폭시킨다. 그러한 갈등과 권력투쟁은 정부 내외를 막론하고 여러 방향에 걸쳐 파급될 수 있다.

⑥ 지연과 비용증가   행정활동을 지연시키고 그 비용을 증가시킨다.

⑦ 관료적 병폐   행정 상의 비밀주의, 권위주의, 제도적 부패 등 관료적 병폐는 정당하고 건설적인 시민참여를 방해한다. 불법적·파괴적 참여를 과격화할 위험이 있다.

⑧ 불 신   정부와 시민의 상호 불신은 올바른 시민참여를 방해한다. 정부주도의 지지동원계획에 끌려들어가 이용만 당했다고 생각하는 사람들, 그리고 참여를 통한 요구투입의 성과가 없고 실익이 없다고 생각하는 사람들은 시민참여에 대해 냉소적일 수밖에 없다.

> 불신의 악순환이 시민쪽에서만 시작되는 것은 아니다. 공무원들이 시민의 참여능력과 참여의지를 불신하고, 시민참여가 도움될 것이 없다고 생각하면 이를 회피하거나 봉쇄하려 할 것이다. 공무원들의 그러한 태도는 공무원에 대한 시민들의 불신을 키운다.
>
> 공무원들의 시민불신을 조장하는 요인들은 공무원의 개인적 특성, 시민의 특성, 행정조직의 구조와 관리, 조직문화 등 여러 국면에서 찾을 수 있다. 불신조장 요인의 예를 보면 다음과 같다.
>
> 신뢰성향(propensity to trust)이 낮은 공무원은 실제로 불신행동을 할 가능성이 크다. 업무수행능력이나 시민과 협력하는 데 필요한 지식·기술에 관해 자신감이 없는 공무원은 시민을 불신하고 시민참여를 두려워하는 경향이 있다. 관료적 절차는 시민참여에 대한 공무원들의 태도에 부정적인 영향을 미칠 수 있다. 관료적 절차에 의한 책임확보를 강조하는 사람들은 시민

참여를 비능률과 혼란의 원인으로 보기 쉽다. 행정에 대한 시장기제 도입과 계약관계 강조도 신뢰관계 발전에 부정적인 영향을 미칠 수 있다. 정부에 대한 시민들의 불신과 비난은 시민참여에 대한 공무원들의 부정적 행태를 악화시킬 수 있다.

3. 시민참여 개선대책

행정에 대한 시민참여의 필요는 점점 더 커져가고 있으므로 시민참여의 장애와 부작용들을 제거하기 위한 개혁노력을 강화해야 한다.

시민참여를 촉진할 수 있는 민주적 제도들을 발전시키고, 시민과 공무원들의 참여친화적 태도를 육성해야 하며, 시민의 참여능력을 향상시켜야 한다. 시민과 행정은 공익추구를 위해 협력하려는 자발적 의지를 키우고 공공업무의 협력적 공동산출에 필요한 능력을 길러야 한다. 이러한 요건은 시민과 정부가 협력적으로 공공문제를 해결해 나가는 민·관 파트너십 구축의 전제가 된다.

1) 정부의 노력

행정에 대한 시민참여를 촉진하기 위해 정부가 할 수 있는 일은 다음과 같다.

① 참여영역과 통로의 확대   시민참여의 제도적 영역과 통로를 넓히고 그러한 통로의 실질적인 작동을 촉진하여야 한다.

② 행정의 소비자지향성 강화   행정활동의 소비자지향성을 강화해야 한다. 행정서비스에 대한 소비자결정주의를 확산시켜 나가야 한다.

③ 집단적·참여적 문제해결   행정문제 해결과정의 집단과정화·참여과정화를 촉진해야 한다. 이를 위해서는 행정의 공개성을 먼저 높여야 한다.

④ 권위주의·경계관념 타파   공무원들의 권위주의를 비롯한 부정적 행태를 시정해야 한다. 행정과 시민 사이의 전통적 경계관념을 타파하고 공무원들의 시민에 대한 신뢰를 향상시켜야 한다.

⑤ 시민교육 지원   시민의 참여의욕과 참여능력을 발전시키려는 시민교육에 협력해야 한다. 정부가 앞장 서는 시민참여기회의 확충은 시민교육에도 많은 기여를 할 수 있다.

2) 시민의 노력

시민들은 스스로 행정에 대한 참여의 의지와 능력을 길러야 한다.

① 공동체의식·참여의식 함양   시민은 공동체의 문제해결과 공익추구에 책

임을 느끼고 공공문제해결에 적극적으로 가담하려는 시민의식을 길러야 한다. 시민은 보다 큰 공동체의 일과 장기적인 문제에 관심을 가져야 한다. 그리고 공동체의 문제에 대한 책임을 질 의욕을 가져야 한다.

시민은 정부의 고객이라는 관념에 안주해서는 안 되며 정부의 주인이라는 생각을 가지고 행정개혁에서 능동적인 역할을 수행할 의욕을 길러야 한다.

② **참여능력 향상**   시민은 행정에 대한 참여의 능력을 길러야 한다. 참여의 필요와 이익, 참여의 통로와 방법에 대한 지식을 습득하고 활용할 수 있어야 한다.

행정참여에 대한 시민의식과 참여능력의 함양을 위한 시민교육에는 정부뿐만 아니라 각급 학교와 시민운동단체, 언론매체, 정치인, 전문연구인 등이 적극적으로 협력해야 한다.

4. 사회적 자본·시민사회

행정에 대한 시민참여의 확대·강화를 설명하는 데 사회적 자본이라는 개념과 시민사회라는 개념이 자주 쓰인다. 이에 관해 간단히 설명하려 한다. 시민사회의 구성단위 가운데 하나인 비정부조직에 대해서는 항을 바꾸어 따로 설명하려 한다.

1) 사회적 자본

사회적 자본(社會的 資本: social capital)은 사회구성원들이 공동의 문제를 해결하는 데 적극적으로 참여하는 사회의 조건 또는 특성을 지칭한다. 이것은 사회구성원들이 힘을 합쳐 공동목표를 효율적으로 추구할 수 있게 하는 사회생활의 특성들이다. 사회적 자본은 공동이익을 위한 상호 조정과 협력을 촉진하는 사회적 조직의 특성이라고 정의할 수도 있다. 사회적 자본은 정치·경제의 발전을 지지해 주는 윤리적 기반(ethical infrastructure)이 된다.[h]

여기서 사회생활 또는 사회적 조직의 특성이란 상호 신뢰, 호혜주의, 친사회적 규범, 자발적·협력적 네트워크, 그리고 적극적 참여이다. 이러한 특성들이 사회적 자본의 핵심적 구성요소이다.

사회적 자본의 주요 속성(구성요소)을 보면 다음과 같다.[17]

---

[h] 사회적 자본이라는 개념은 여러 학문분야에서 조금씩 다른 의미로 쓰이고 있다. 그리고 개인 간의 관계, 지역사회, 조직, 국가, 국제사회 등 여러 차원을 각각 준거로 사회적 자본을 정의하고 있다. 여기서는 국가사회 전체를 준거로 삼고 있다.

① 상호신뢰   사회구성원 간의 신뢰수준이 일반적으로 높다.

② 호혜주의   사회적 관계는 호혜주의적(互惠主義的) 특성을 지닌다. 구성원들은 자기에게 필요할 때 언젠가는 보답을 받을 것이라는 일반적 기대를 가지고 다른 사람들 그리고 공동체를 위해 봉사한다. 이러한 행태를 '친사회적 행태'(prosocial behavior)라 한다.

③ 친사회적 사회규범   친사회적·공동체주의적 행태를 강화하는 사회적 규범이 있으며 사회구성원들은 그러한 규범을 준수한다. 사회적 규범은 비공식적·사회적 통제력을 지닌 것이며 공식적·법적 제재와는 구별된다.

④ 자발적 네트워크의 존재   개인 간 또는 집단 간의 관계를 이어주는 네트워크가 있다. 그러한 네트워크는 자발적이며 수평적으로 형성되는 것이다.

⑤ 적극적 참여   사회구성원들은 긍정적 상호작용과 사회의 유기적 통합을 위한 네트워크 또는 조직의 형성에 적극적으로 참여한다.[i]

2) 시민사회

시민사회라는 말은 다양한 의미로 쓰일 수 있다. 여기서는 시민참여, 공공이익집단, 시민개혁운동집단 등을 연구하는 사회과학도들이 특정적 의미를 부여하는 시민사회개념에 주의를 한정하려 한다.

시민사회(市民社會: civil society)는 시민과 국가(정부)의 관계를 매개하는 집단들의 집합체를 지칭하는 개념이다. 시민사회는 국가로부터, 그리고 민간의 기업이나 가족, 개인으로부터 상대적인 독자성을 유지하면서 공익 또는 집단적 이익의 보호·증진을 위해 집단행동을 하는 자발적·매개적 집단들의 집합체이다.[18]

시민사회의 주요 특성은 다음과 같다.

① 사회적 집단의 집합체   시민사회의 구성단위는 사회적 집단이다. 사회적 집단에는 시민운동단체, 이익집단, 압력단체, 비영리조직, 비정부조직 등이 포함된다.

② 자발적 구성   시민사회 구성집단들은 구성원들이 자발적으로 참여해 구성하는 자발적 집단들이다.

---

i) 시민참여가 활성화된 사회를 설명하는 데 능동사회(能動社會: active society)라는 개념이 쓰이기도 한다. 능동사회는 개인의 자율성보장, 공공문제 해결을 위한 시민의 능동적 참여, 국가공동체의 변동대응능력 등의 조건이 구비된 사회이다. 박상필·김상영, "수동사회에서 능동사회로의 변형: NGO의 역할과 관계," 「한국행정연구」, 9권 4호(2000 겨울), 166~169쪽.

③ 매개적 집단　　시민사회 구성집단들은 국가와 시민(기업·가족·개인)의 교호작용을 매개하는 집단들이다. 국가작용에 대한 시민참여를 매개하는 단체들이라고 설명할 수도 있다.

④ 느슨한 연계　　국가와 시민에 대한 시민사회 구성집단들의 관계는 느슨한(loosely connected) 것이다. 어느 한 쪽에 완전히 소속되는 것이 아니다. 이와 같은 느슨한 연계를 상대적 독자성이라고 설명하기도 한다.

⑤ 전제로서의 자유국가　　시민사회의 구성과 활동은 언론·결사의 자유가 보장된 자유국가에서만 가능하다.

시민사회를 연구하는 학문분야마다 연구의 초점은 조금씩 다르다. 사회학에서는 사회운동단체들에 많은 관심을 가져 왔다. 정치학에서는 사회운동단체와 이익집단의 연구에 주력하였다. 근래 행정학에서는 비정부조직에 대한 연구가 활발하다.

5. 비정부조직

1) 정　　의

비정부조직(非政府組織: nongovernmental organization: NGO)은 시민이 자발적으로 참여해 결성하는 민간의 단체이며, 공익추구를 목적으로 비영리적 활동을 하는 단체이다.

NGO의 속성은 다음과 같다.[19)]

① '제3영역'의 조직　　NGO는 정부의 영역이나 시장의 영역과 구별되는 '제3영역'에서 활동하는 민간의 조직이다. 그리고 원칙적으로 비종교적·비정파적 조직이다.

② 자발적 조직　　자발성(voluntarism)에 기초한 조직이다. NGO는 시민이 자발적으로 참여하여 형성·운영하는 조직이다. 참여자의 자격제한은 별로 없으며, 조직의 경계는 느슨하다.

③ 비영리조직　　NGO는 비영리적 조직이다. 조직구성원들을 위해 이윤획득과 배분을 추구하지 않으며 공익을 추구한다. NGO의 이러한 특성을 이타성(利他性), 무보수성(無報酬性) 또는 편익의 비배분성이라고 한다.

④ 자치조직　　NGO는 자치조직이다. 결성과 운영에 관한 결정을 자율적으

로 할 수 있는 내부장치를 가지고 있다. 정부 등 환경적 세력들과 교호작용하는 과정에서 자율성의 제약을 받을 수는 있다. 그러나 정부가 완전히 통제하는 조직은 NGO라 할 수 없다.

⑤ 지속적 조직　어느 정도 지속성이 있는 조직이다. 일회적이거나 임시적인 모임은 NGO라 하지 않는다.

저자는 행정학 분야의 다수의견을 종합하여 위와 같은 비정부조직의 정의를 하였다. 그러나 나라마다의 형편에 따라 그리고 학문분야와 연구인에 따라 개념정의가 여러 가지로 갈려 있다는 사실에 주의할 필요가 있다.

그리고 유사개념들이 때로는 다르게 때로는 동의어로 혼용되고 있다는 점에도 주의할 필요가 있다. 유사개념들을 서로 구별하는 학자에 따르면 비영리단체(nonprofit organization: NPO)는 이윤추구를 목적으로 하지 않는 준정부적 조직과 민간조직을 포괄적으로 지칭하는 것이라고 한다. 비영리법인은 법률의 규정에 따라 등록된 비영리단체이다. 공익법인은 「공익법인의 설립·운영에 관한 법률」의 규정요건을 갖춘 재단 및 연합회이다. 시민단체는 시민을 대변하는 영역에서 활동하는 비정부조직이다. 시민운동단체는 경제·정치·사회적 정의를 실현하기 위해 시민을 대변하는 영역에서 활동하는 '행동지향적'인 '운동권적'인 단체이다. 관변단체(quasi-autonomous NGO: QUANGO)는 정부와 긴밀하고 협조적인 관계를 유지하는 준공공적 단체이다.20)

이 밖에도 자원조직, 제 3 영역(the third sector), 자선단체, 면세조직(tax-exempt organization), 그림자 국가(그림자 정부: shadow state)와 같은 NGO의 별칭 또는 유사개념을 흔히 볼 수 있다.j)

2) 정부와의 관계

NGO는 정부 또는 행정에 대한 시민참여라는 공통된 역할을 수행한다. 그러나 구체적인 역할유형과 관계유형은 다양하다. 이를 범주화해 보면 다음과 같다.21)

(1) NGO의 역할 유형　정부에 대해 어떤 입장을 취하느냐에 따라 NGO는 두 가지로 범주화해 볼 수 있다.

① 갈 등 형　갈등형(비판형; 대립형) NGO는 기존의 제도나 정부정책을 바

---

j) 그림자 국가는 자발적·자율적 조직들로 구성된 준국가적 기구(準國家的 機構: para-state apparatus)이다. 그림자 국가는 지난 날 공공부문이 맡았던 복지국가적 기능들을 수행한다. 이것은 국가기구의 시계 내(視界內)에 있으며 국가의 지원과 규제를 받는다. 그러나 공식적인 국가기구는 아니며, 운영 상의 폭넓은 자율성을 누린다. Jennifer R. Wolch, *The Shadow State: Government and Voluntary Sector in Transition* (Foundation Center, 1990).

꾸기 위해 정부를 비판하고 대립적인 행동을 하는 유형이다. 노동단체와 인권단체를 그 예로 들 수 있다.

② **협 력 형**   협력형(지지형) NGO는 공공문제의 해결이나 서비스제공을 위해 정부와 협력하는 유형이다. 여기에는 정부의 서비스를 보완하는 유형과 대체하는 유형이 포함된다. 적십자사와 같이 인도주의적 활동을 하는 단체들을 그 예로 들 수 있다.

(2) 정부와의 관계 유형   위에서 설명한 두 가지 유형의 NGO에 대해 정부가 어떤 대응을 하느냐에 따라 양자의 관계를 네 가지로 유형화해 볼 수 있다.

① 포용적 관계   갈등형 NGO의 요구를 정부가 적극적으로 수용하는 경우 포용적 관계가 형성된다.

② 갈등적 관계   갈등형 NGO의 주장을 정부가 수용하지 않을 경우 갈등적 관계가 형성된다.

③ 협조적 관계   인도주의적 활동을 하는 협력형 NGO를 정부가 수용하고 후원하는 경우 협조적 관계가 형성된다.

④ 지배적 관계   협력형 NGO를 정부의 통제 하에 두려고 하는 경우 지배적 관계가 형성된다.

3) 기여·한계·개선대책

오늘날 NGO의 증가는 세계적인 추세이며 우리나라에서도 NGO가 급속히 팽창되고 그 역할이 커지고 있다. 정부기능의 민간화 촉진, 소외계층에 대한 사회적 관심의 증대, 정부규제 완화, 기업의 사회적 기여 증가, 행정수요의 증가와 다양화, 그리고 반부패운동에 대한 인식확산이 NGO세력확대의 중요한 동인이라 할 수 있다. NGO의 역할이 커진 만큼 그에 대한 비판도 커지고 있다.[22]

(1) 기   여   NGO는 행정에 대한 시민참여를 촉진하고 효율화하며 정부와 시민 사이의 파트너십 발전에 기여하는 등 여러 가지 역할을 수행한다.

① 공공서비스 공급 공공적 서비스를 생산·전달하는 역할을 수행한다. 이러한 역할수행을 통해 정부와 시장을 보완한다.

② 견제와 지원   정부와 시장을 견제하거나 공공정책의 형성과 집행을 돕는다.

③ 시민참여의 통로   민주적 참여의 장을 마련한다. 행정에 대한 시민참여

의 효과적인 통로가 된다.

④ 분쟁 조정　사회적 분쟁을 조정하는 중재자의 역할을 수행한다.

⑤ 이념전파의 매체　이타주의와 같은 사상과 이념을 전파하는 매체가 된다.

⑥ 시민교육　민주시민에게 필요한 태도와 능력을 함양하는 시민교육에 기여한다.

(2) 한　계　NGO는 우리나라의 현실에서 여러 한계에 봉착하고 병폐를 드러내기도 한다.

① 참여부진　시민의 참여부진으로 인한 인적·물적 자원부족과 전문성 결여가 문제이다. 일반시민의 참여가 활발하지 않기 때문에 '명망가중심의 시민운동', '이목끌기식 운동'이라는 비판을 받고 있다.

② 높은 의존성　정부 등 자원공급자들에게 지나치게 의존적이다. 제도화된 언론에 대한 의존도 역시 높다. 이러한 의존성은 NGO의 자율성·독자성을 저해한다.

③ 중앙집중화　조직과 활동이 중앙(서울)과 '본부'에 집중되어 있다. 따라서 활동기반이 좁고 취약하다.

④ 행태적 병리　내부운영의 관료화, 그리고 일탈적 행태가 비판받고 있다. 일탈적 행태의 예로 조직 내외에 걸친 주도권 다툼, 정치적으로 편향된 활동, 사익추구와 품위손상을 들 수 있다.

(3) 개선대책　NGO의 개선대책을 다음과 같이 처방할 수 있다.[23]

① 참여확대　시민의 자발적 참여를 확대하여 대표성을 높이고 자생력의 기반을 공고히 하여야 한다.

② 정체성 확립　NGO는 그 목적추구와 조직구성에서 정부나 시장과 구별되는 정체성을 확립해야 한다. 정파적 영향에 대한 중립성도 정체성 확립의 조건이다.

③ 전문성 향상　NGO는 각기 그 활동분야에서 전문성을 높여야 한다.

④ 재정기반 확보　NGO는 활동에 필요한 재정적 기반의 독자성·안정성을 높여야 한다.

⑤ 조직운영의 효율화　NGO가 효율적으로 활동할 수 있으려면 조직운영의 협동체제를 발전시키고 그 투명성을 높여야 한다. 그리고 조직을 주도하는 행동자들의 윤리성과 신망을 높여야 한다.

행정에 대한 통제

Ⅰ. 통제란 무엇인가?

일반적으로 통제라고 하는 말은 목표와 그것을 추구하는 실천행동을 부합시키려는 과정을 뜻한다. 행정에 대한 통제체제는 정부관료제라는 거대조직의 책임성을 확보하기 위한 것이며, 거기에는 정부관료제 내외의 많은 통제중추들이 참여하고 다양한 수단과 자원이 동원되는 복잡한 활동과정들이 포함되어 있다.

행정에 대한 통제체제를 설명하려면 먼저 관련개념들의 의미를 규명하는 작업부터 해야 한다. 통제의 개념정의를 하고 통제의 유형을 고찰해야 한다. 통제는 책임확보를 위한 것이므로 책임에 대한 개념규정도 해야 한다. 통제과정의 구성요소와 단계에 관해서도 논의를 해두어야 한다. 그런 작업을 끝낸 뒤에 행정에 대한 통제체제의 구조와 그 하위체제들이 수행하는 기능을 검토하고 통제기능을 약화시키는 장애요인들을 알아보려 한다.

이 절에서 다룰 통제체제는 민주주의 국가, 그리고 보다 구체적으로는 우리나라의 조건을 준거로 구상한 것이다.

1. 통제와 책임

1) 통제의 정의

통제(統制: control)는 목표와 그 실천행동을 부합시키려는 활동이다. 피통제자(被統制者: 통제대상자)가 추구해야 할 목표는 그의 책임으로 되는 것이기 때문에 통제는 책임이행을 보장하려는 활동이라고도 규정된다. 통제는 피통제자의 책임이행을 보장하기 위한 여러 가지 활동 가운데 하나이다. 조직에서의 통제는 조직활동의 통합에 기여하는 것이기도 하다.

통제는 피통제자에 대한 외재적 규제이다. 행동자의 가치와 신념에 따라 내재적 규제를 하는 것도 통제의 일종으로 보는 경우가 있으나 통제에 관한 우리의 정의에서는 이를 제외한다.

통제의 정의에 내포된 주요 속성은 다음과 같다.

① 통제의 외재성 통제는 통제대상인 행동자의 외부에서 가해지는 것이다. 따라서 통제는 통제자(control agent)와 피통제자(controllee)의 개념적 구별을 전제로 한다. 피통제자의 지배권 밖에 있는 통제의 수단을 가진 통제자가 존재하고, 통제자에게 책임을 지는 피통제자가 있어야 통제관계가 성립될 수 있다. 피통제자가 스스로 자기를 규제하는 것은 우리가 말하는 통제가 아니다.[1]

② 기준의 존재 통제는 미리 정해진 목표 또는 기준에 따라 행해진다. 통제는 목표 또는 기준에 실천행동을 부합시키려는 활동이기 때문에 기준의 존재는 필수적인 것이다. 통제과정에서 기준으로부터 이탈되는 실적을 발견하면 이를 기준에 부합되도록 하기 위해 시정조치를 하게 된다.[a]

③ 통제의 수단 통제자는 통제에 필요한 수단(means) 또는 자원(resources)을 가지고 있어야 한다. 통제의 과정은 조직이 사용하는 수단 또는 자원을 적정히 배분하여 필요로 하는 실적을 얻어내는 과정이라고 말할 수도 있다.[2] 통제의 수단 또는 자원은 여러 가지이다. 구체적인 경우에 어떠한 자원이 어떻게 사용되느냐 하는 것은 조직이 사용할 수 있는 자원과 통제상황의 조건에 따라 달라질 것이다.[b]

④ 동태적·순환적 과정 통제는 일련의 기본적인 활동단계를 내포하는 동태적이고 순환적인 과정이다. 통제는 다소간의 불확실한 사태에 노출될 수 있는 동태적 과정이기 때문에 그것은 자율조정적·순환적 과정으로 되어야 할 경우가 많다.

⑤ 부수적 효과 통제의 기본적 기능은 책임이행을 보장하고 목표와 실적

---

a) 통제의 시정기능을 조직의 투입·전환과정(처리과정), 그리고 산출 사이를 잇는 '연계'(link)라고 설명한 사람도 있다. 통제는 바라는 바 산출을 달성하기 위해 조직의 처리과정을 계속적으로 조정함으로써 그러한 연계작용을 한다는 것이다. John H. Jackson and Cyril P. Morgan, *Organization Theory: A Macro Perspective for Management*(Prentice-Hall, 1978), p. 269.

b) Cartwright는 통제수단 선택의 결정요인을 일곱 가지로 분류한 바 있다. 일곱 가지의 결정요인이란 ① 특정한 수단의 효율성에 대한 예측, ② 수단의 사용으로 인하여 발생할 손실(비용)의 평가, ③ 특정한 수단 사용을 지체했을 때의 결과에 대한 평가, ④ 인간본성에 관한 일반이론, ⑤ 수단의 윤리적 평가, ⑥ 피통제자의 지위, 그리고 ⑦ 수단의 사용에 대한 법적 제약을 말한다. Dorwin Cartwright, "Influence, Leadership, and Control," in James G. March(ed.), *Handbook of Organizations*(Rand McNally, 1965), p. 21.

을 부합시켜 조직의 통합과 성공에 이바지하려는 것이지만, 그러한 기본적 기능에 결부된 여러 가지 부수적 효과를 또한 기대할 수 있다. 예컨대 통제는 고객, 투자자, 최고관리자들을 안심시키는 역할을 할 수 있다. 각급 관리자들은 자기의 결정에 대한 환류를 받아 의사결정능력을 향상시킬 수 있다.

2) 책임의 정의

통제는 목표와 그 실천행동을 부합시키려는 활동이며 피통제자에게 책임을 묻는 활동이다. 행정에 대한 통제체제의 목적은 행정책임의 이행을 보장하려는 것이다.

일반적으로 책임(責任: responsibility)이란 요구(비판)에 대응하여야 할 의무라고 규정할 수 있다.c) 이것은 X라는 행동자가 Y라는 일에 관해 Z라는 통제자의 요구에 부응해야 하는 관계를 설명하는 개념이다. 여기서 책임을 묻는 주체의 존재는 외재적이다. 책임을 질 행동자의 의무관계를 결정할 권한을 가진 주체가 행동자의 외부에 있다.3)

이러한 책임개념의 정의는 책임의 객관성 내지 외재성을 강조한 것으로서 통제의 외재성을 강조한 우리의 통제개념 정의에 부합되는 관점을 반영하는 것이다. 이와는 대조적으로 책임의 주관성과 행동자의 자율규제를 강조하는 관점도 있다. 주관적 책임론은 외재적 통제론이 기초로 삼고 있는 객관적 책임론에 긴밀히 연관된 것이다.

다음에 객관적 책임론과 주관적 책임론에 대해 간단히 언급하려 한다.4)

(1) **객관적 책임론**   객관적 책임(objective responsibility)은 행동자의 외부로부터 부과되는 기대에 관련된 것이다. 객관적 책임은 행동자에게 권한을 행사할 위치에 있는 주체가 원하는 바대로 행동해야 하는 책임이다. 이것은 일정한 직무수행기준에 관하여 행동자 이외의 사람에게 지는 의무이다. 그러한 의무의 출처는 책임을 지는 사람의 외부에 있는 것이다.

객관적 책임은 책임을 져야 할 직위에 있는 사람에게 의무를 부과하는 것

---

c) 비판에 대응 또는 답변해야 하는 의무를 책임의 한 국면으로 보고 그것을 책무(책임성: accountability)라 부르는 사람들도 있다. 이 경우 책임은 임무와 규범을 이행·준수해야 하는 의무와 그에 대한 비판에 답변(대응: answer)해야 하는 의무라고 규정된다. Jay M. Shafritz, E. W. Russell and Christopher P. Borick, *Introducing Public Administration*, 5th ed.(Pearson Longman, 2007), p. 198.

이다. 이 경우 구체적인 점직자(占職者)의 개인적 욕구, 취약점, 선호 등이 무엇인지는 고려되지 않는다. 외재적으로 설정되는 의무가 조직 내의 역할을 규정한다. 사람들이 맡는 역할에 객관적 책임이 따른다.

행정체제에서 볼 수 있는 객관적 책임의 양태는 여러 가지이다. 그 대표적인 것이 법률에 대한 책임이다. 민주국가에서 법률에 대한 책임은 궁극적으로 주권자인 국민에 대한 책임을 반영하는 것이다. 이 밖에도 규칙·정책·직무기술·계서적 구조에 대한 책임의 양태가 있다. 공익에 봉사해야 한다는 의무도 객관적 책임의 한 양태이다.[d]

(2) 주관적 책임론　　주관적 책임(subjective responsibility)은 행동자가 스스로 책임이 있다고 느끼는 것에 관한 개념이다. 이것은 도덕적 의무에 대한 내적·개인적 인식이다. 객관적 책임은 사람들이 맡은 역할에 대한 법률·조직·사회의 요구에서 생기는 것이지만 주관적 책임은 양심·충성심·일체감 등이 조성하는 내적 충동에서 비롯되는 것이다.

주관적 책임론에 따르면 행동자가 과오를 범하는 경우 스스로의 양심이 그것을 과오라고 인정할 때에만 과오가 된다고 한다. 이 경우 행동자에 대한 처벌은 양심의 가책일 뿐이라고 한다. 따라서 책임은 고도로 개인적이며 도덕적인 성격을 지닌다고 한다.

역할수행자가 행사하는 권력이 클수록 주관적 책임도 클 가능성은 있지만 그것이 공식적 지위나 권력에 반드시 직결되는 것은 아니다. 현실에서 주관적 책임이 객관적 책임을 강화하기도 하지만 그러지 않을 때도 있다. 주관적 책임과 객관적 책임이 서로 다르고 갈등을 빚으면 바람직하지 않다. 정당하게 설정된 공식적 책임의 성공적 이행에 기여할 수 있도록 주관적인 책임의식을 발전시키는 노력이 필요하다.

2. 통제의 유형

통제의 유형을 분류하는 기준은 여러 가지이다. 흔히 사용되는 기준은 통제

d) Pfiffner와 Presthus는 행동의 기준 내지 제약요인이라는 관점에서 이른바 '책임의 관료적 준거'를 ① 공익과 같은 규범적 기준에 대한 책임, ② 전문직업 상의 기준에 대한 책임, ③ 소속기관의 고객집단에 대한 책임, ④ 소속기관에 대한 기관적 책임으로 분류한 바 있다. J. M Pfiffner and R. V. Presthus, *Public Administration*(Ronald Press, 1960), p. 552.

시점, 통제수단, 시정조치, 통제주체, 통제대상, 통제체제의 자족성이다.

　　(1) 통제시점에 따른 분류　　통제시점에 따른 분류의 전형적인 예는 사전적
통제, 동시적 통제, 그리고 사후적 통제를 구분하는 것이다.

　　① 사전적 통제　　사전적 통제(예방적 통제; 예측적 통제: a priori control; precontrol;
predictive control; preventive control; feedforward control)는 목표실천 행동이 목표에서
이탈될 수 있는 가능성을 미리 예측하고, 그러한 가능성을 제거함으로써 바람직하
지 못한 행동이 나타나는 것을 방지하는 통제이다.

　　② 동시적 통제　　동시적 통제(current control; concurrent control)는 목표수행
행동이 진행되는 동안 그것이 통제기준에 부합되도록 조정해 가는 통제이다. 어
떤 행동이 통제기준에서 이탈되는 결과를 발생시킬 때까지 기다리지 않고 그러
한 결과의 발생을 유발할 수 있는 행동이 나타날 때마다 교정해 나가는 것이 동
시적 통제이다.

　　③ 사후적 통제　　사후적 통제(교정적 통제; 환류통제: a posteriori control; post-
control; historical control; corrective control; feedback control)는 목표수행 행동의 결과
가 목표기준에 부합되는가를 평가하여 필요한 시정조치를 취하는 통제이다.

　　(2) 통제수단에 따른 분류　　통제수단에 따른 분류의 두 가지 예를 소개한다.

　　① 강압적 통제·공리적 통제·규범적 통제　　강압적 수단을 사용하는 강압적
통제, 경제적 수단을 사용하는 공리적 통제, 그리고 규범적 수단을 사용하는 규
범적 통제를 분류하는 유형론이 있다.5)

　　② 시장적 통제·관료적 통제·가족적 통제　　시장적 통제(market control)는 조직
의 산출과 생산성을 감시·평가하기 위해 가격체제와 경쟁의 개념을 사용하는
통제이다. 시장적 통제에서는 명백하게 규정된 기준의 성취에 대해 명시적 보상
이라는 유인을 제공한다. 관료적 통제(bureaucratic control)는 법규, 권한계층, 그
밖의 관료제적 장치를 활용하는 통제이다. 가족적 통제(clan control)는 가치관, 전
통, 공동의 신념 등 내면적·심리적 요인을 사용하는 통제이다.6)

　　(3) 시정조치에 따른 분류　　시정조치에 따른 분류의 예를 두 가지만 보기
로 한다.

　　① 부정적 환류통제·긍정적 환류통제　　부정적 환류통제(negative feedback control)
는 실적이 목표에서 이탈된 것을 발견하고 후속되는 행동이 전철을 밟지 않도록
시정하는 통제이다. 이것은 평가대상인 목표수행 행동의 결과를 거부 또는 부정

하는 통제이다. 긍정적 또는 확장적 통제(positive, amplifying feedback control)는 실적이 목표에 부합되는 것을 발견하고 후속되는 행동이 같은 방향으로 나가도록 하는 정보를 환류시키는 통제이다.

② 결정론적 통제·추계적 통제   시정행동을 포함한 통제과정의 정확도를 기준으로 하여 결정론적 통제(deterministic control)와 추계적 통제(stochastic control)를 구분하는 유형론이 있다.

(4) 통제주체에 따른 분류   통제주체에 따른 통제분류의 대표적인 예는 외부적 통제와 내부적 통제를 구분하는 것이다.

① 외부적 통제   외부적 통제에 포함되는 통제유형에는 대중통제, 입법적 통제, 사법적 통제, 정당과 압력단체의 통제 등이 있다.

② 내부적 통제   이 범주에 포함되는 것은 일반계서제의 통제, 교차기능조직의 통제, 독립통제기관의 통제 등이다.

(5) 통제대상에 따른 분류   통제대상을 기준으로 한 통제분류의 예를 보면 다음과 같다.

① 전반적 통제와 부분적·일상적 통제   거시적인 기준에 입각하여 조직 전반의 활동 또는 그 주요 부분을 통제하는 것이 전반적 통제(organizational control)이다. 세부적인 활동에 대한 단기적 통제가 부분적·일상적 통제(operational control)이다.

② 과정통제·산출통제   책임이행의 행동과정에 대한 과정통제(behavioral control; process control)와 행동과정의 산출에 대한 산출통제(output control)를 구별하는 유형론이 있다.

③ 규칙성 통제·효율성 통제   형식적 요건을 대상으로 하는 규칙성 통제(규칙부합성 통제: control of regularity)와 실질적인 내용 또는 효율성의 요건을 대상으로 하는 효율성 통제(control of substance or effectiveness)를 구별하는 유형론이 있다.

④ 회계검사·직무감찰   회계검사(financial audit)는 자금의 수입·지출에 관한 회계처리의 정확성과 합법성을 통제하는 것이다. 직무감찰(performance audit)은 직무수행의 합법성뿐만 아니라 능률성과 효율성, 그리고 윤리성을 통제하는 것이다.

⑤ 독자적 통제·보완적 통제   통제가능한 상황만을 직접 통제하는 것이 독자적 통제(closed sequence control)이다. 보완적 통제(open sequence control)는 통제

불가능하거나 통제하기 어려운 행동과정이 기준에 부합되도록 하기 위해 그에 연관된 다른 행동과정에 수정을 가하는 통제이다. 바깥 온도가 변동해서 방 안의 적정온도를 유지할 수 없을 때 난방장치의 온도를 조절하여 방 안의 적정온도를 회복시키는 것은 보완적 통제의 예이다.[7]

(6) **통제회로의 자족성에 따른 분류**　　폐쇄통제회로(closed control loop)와 개방통제회로(open control loop)는 단위통제체제 또는 통제회로의 자족성(self-sufficiency)을 기준으로 분류한 통제의 유형이다. 폐쇄통제회로는 자족적인 것이다. 기준확인·정보수집(감지)·평가(식별) 및 시정의 기능을 맡는 장치들이 모두 갖추어진 통제체제라는 뜻이다. 개방통제회로는 통제과정의 각 단계별 기능을 맡는 장치들 가운데 하나 또는 그 이상을 결여하고 있기 때문에 외부체제에서 그것을 보완해 주어야 하는 비자족적 통제체제이다.[8]

3. 통제의 과정

역동적이고 순환적인 통제과정에 포함되는 기본적 요소 또는 활동단계는 ⅰ) 통제기준의 확인, ⅱ) 정보수집, ⅲ) 평가, ⅳ) 시정행동이다. 이러한 활동단계의 순차적 진행이 비교적 뚜렷하게 구분되는 통제유형은 합리적으로 설계·운영되는 사후적 통제이다. 통제체제의 불확실성 내지 비합리성이 높아질수록 그러한 단계구획의 교란은 심해진다.

1) 통제기준의 확인

통제의 기준은 목표수행의 상황, 목표수행의 과정과 결과, 목표수행에 관한 개인적 책임 등을 명시하는 것이다. 통제의 기준에는 질적인 것도 있고 양적인 것도 있다. 통제기준의 기억양태(보관양태)는 다양하다.

통제기준을 확인하는 단계의 기본적 과제는 ⅰ) 통제기준이 무엇이며, ⅱ) 그것이 피통제자에게 제대로 전달되었는가, 그리고 ⅲ) 피통제자는 그것을 이해하고 실행에 옮길 수 있는 기회를 가졌었는가를 확인하는 것이다. 기준확인단계에서는 전반적인 통제체제의 하위체제들이 상충되는 통제기준을 가지고 있지 않은가, 그리고 피통제자들이 책임갈등을 일으키고 있지 않은가를 확인하고 기준의 충돌 또는 갈등이 있으면 이를 조정하는 작업도 해야 한다.

2) 정보수집

통제기준을 확인한 다음에는 통제기준에 대응한 실천상태에 관한 정보를 수집하고 선별한다.

통제주체는 통제대상에 관한 정보수집에서 '전략적 통제점'(strategic control points)을 선택하는 것이 보통이다. 전략적 통제점의 선택이란 통제대상 및 정보의 출처와 종류를 표본추출한다는 말이다.e)

다양한 정보수집방법들은 적극적 조사와 소극적 접수라는 두 가지 범주로 대별해 볼 수 있다. 적극적 조사는 통제주체가 정보를 요구하는 능동적 작용에 의해 정보를 수집하는 방법이다. 그 예로 현지검사, 보고서 제출요구, 관계자 심문을 들 수 있다. 소극적 접수는 정보의 출처에서 능동적으로 제출하는 정보를 투입으로 받아들이는 방법이다.

수집된 정보는 선별의 과정을 거쳐 처리가 가능하도록 선택·재구성한다.

3) 평   가

평가의 단계에서는 통제기준과 실적에 관한 정보를 평가하여 기준과 실적의 차질유무를 확인하고 시정의 필요성에 관한 결정을 한다.

평가과정에서는 피통제자의 행동뿐만 아니라 행동의 상황까지도 관심대상이 될 수 있다. 평가대상이 되는 행동에는 의사결정의 과정과 내용, 결정의 집행방법과 결과가 포함될 수 있다.

평가단계의 주된 과제는 통제기준과 실천행동 사이의 차질을 확인하는 것이다. 차질(책임위반)의 양태는 매우 복잡하며 그에 관한 유형론도 다양하다. 널리 인용되고 있는 유형론의 예로 책임위반의 양태를 ⅰ) 불이행(non-feasance), ⅱ) 부적합이행(mal-feasance), ⅲ) 과잉이행(overfeasance) 등 세 가지로 나눈 유형론을 들 수 있다. 불이행은 책임이행(목표수행)을 하지 않는 것이다. 부적합이행은 책임이행에 낭비와 손상 등 부작용이 수반된 것이다. 과잉이행은 권한과 책임의 범위를 벗어나 지나친 행동을 함으로써 폐단을 빚는 것이다.9)

실적과 통제기준을 비교하여 차질유무를 판단하고 시정행동의 필요를 결정할 때 문제가 되는 것은 '목표이탈(책임위반)의 허용범위'(allowable margin of goal

---

e) 전략적 통제점 선택의 일반적 기준은 통제의 균형성, 적시성, 경제성, 효율성, 대표성 등이다. Anthony Downs, *Inside Bureaucracy*(Little, Brown, 1967), pp. 146~147.

deviation)이다. 사소한 목표이탈도 허용하지 않고 과잉통제(overcontrol)를 하는 경우 조직운영의 경직성, 문서작업 과다, 통제비용 과다, 창의성 억압, 생산성 저하 등의 문제가 야기될 수 있다. 그런가하면 과소통제(undercontrol)는 조직의 지향노선을 흐리게 하고 조직구성원을 불확실한 상황에 놓이게 하며, 결국은 문란한 상황을 초래하게 된다.

4) 시정행동

평가의 결과에 따라 통제주체는 시정행동을 한다. 시정행동의 결과는 통제중추에 환류된다. 그에 따라 새로운 통제과정이 진행될 수 있다. 그러므로 시정행동단계는 하나의 통제과정을 마무리짓는 단계이기도 하며, 다음의 통제과정을 촉발하는 단계이기도 한 것이다.

시정행동에서는 과거의 행동결과를 고치기도 하고 새로운 행동을 유발시키기도 한다. 실적보다 기준이 잘못되어 있다고 판단될 때에는 기준을 시정하기도 한다. 통제주체가 직접 시정조치를 취하기도 하고 다른 통제중추에 시정조치를 의뢰할 수도 있다.

II. 행정통제체제의 구조: 통제중추의 배열

나라마다 행정을 통제하는 통제장치의 복합체가 있다. 그러한 복합체의 전체는 정부관료제에 대한 총체적 통제체제이다. 총체적 통제체제를 구성하는 하위통제체제들은 두 가지 범주로 대별해 볼 수 있다. 첫째 범주는 내부적(행정적) 통제체제이며, 둘째 범주는 외부적 통제체제이다.

1. 내부적 통제체제

내부적 또는 행정적 통제체제는 궁극적으로 행정수반인 대통령이 관장한다. 내부적 통제는 행정수반에 대한 행정체제의 제도적 책임에 바탕을 둔 것이다. 국민과 국회가 대통령에게 행정전반의 책임을 묻는 한 대통령은 행정체제가 그에게 책임을 지도록 하지 않으면 안 된다. 그러므로 대통령은 내부적 통제에 필요한 행정적 수단을 부여받고 있다.

내부적 통제체제는 행정체제에 내장된 하나의 하위체제로서 다른 하위체제들과 상호 의존적인 관계에 있다. 내부적 통제체제는 또한 총체적 통제체제에 속하는 하나의 하위체제로서 외부적 통제체제와 상호 의존적인 관계에 있다.

내부적 통제체제의 일차적·기초적 통제구조는 행정 전반에 걸쳐 계서적으로 형성되어 있다. 그러한 일반계서제가 주된 통제의 흐름을 관장하지만 교차기능조직, 독립통제조직 등 추가적인 통제장치들이 함께 가동된다.

1) 일반계서

행정체제 내의 일차적 통제구조는 일반계서(ordinary hierarchies)이다. 이것이 계서제적 통제중추이다.

계서제(hierarchy)는 상관과 부하의 역할이 위에서 아래로 이어지는 계층에 따라 차례로 배열되는 역할체제이다. 이것은 각기 하위계층에 명령을 발하는 의사결정계층의 연쇄이기도 하다. 대통령 그리고 정치적으로 임명되는 최고관리층이 이끄는 행정운영조직의 계서제는 넓은 의미로 파악된다. 계서제는 주된 편제인 계선조직(系線組織)뿐만 아니라 그것을 보조하는 조직단위들을 포괄하는 것으로 이해된다. 이러한 계서제는 생산활동의 중추이면서 동시에 이를 뒷받침하는 통제작용의 중추가 된다.

계서적 통제의 가장 기본적인 수단은 명령하고 감독하는 권한의 행사이다. 상관들은 업무수행기준을 설정하여 이행을 명령하며 그에 관한 보고를 받고 부하들의 실적을 심사하며 시정을 명령할 수 있다.

이러한 명령·감독작용을 보완·보강하기 위해 여러 가지 수단들을 개발·사용하고 있다. 근무성적평정절차, 징계절차, 자체적인 회계감사와 직무감찰은 그러한 수단의 대표적인 예이다.

계서제에 의한 통제의 이점은 통제의 책임이 각 계층에서 강화된다는 것이다. 종합적으로 볼 때 계서제는 명령전달을 용이하게 할 뿐만 아니라 조직 전체에 방향감각, 공통의 접근방법, 운영원칙, 공통의 통제기준을 전달하는 데도 효율적이다.

그러나 계서적 통로를 거쳐 올라가는 통제정보는 축소되거나 왜곡되는 경우가 많다. 같은 계서제 안에서는 잘못을 저지른 피통제자의 편견을 통제자도 공유할 가능성이 높기 때문에 통제를 그르칠 수도 있다.

행정체제의 계서적 구조에 일어난 근래의 변화는 내부적 통제구조에 영향을 미치고 있다. 팀제 도입, 힘 실어주기의 진전, 디지털 네트워크의 발전 등은 계서적 통제구조에 협동적·자율통제적 요소들을 주입하고 있다.

2) 교차기능조직

행정체제 전반에 걸쳐 관리작용을 분담하여 수행하는 참모적 조직단위들을 통제작용에 관련하여 교차기능조직(交叉機能組織: criss-cross organizations)이라고 규정한다.[10] 조직·인사·재무 등에 관한 관리기능을 담당하는 조직들이 이에 해당한다. 교차기능조직들은 정부관료제의 계서적 명령통로를 가로지르는 작용을 한다. 이들은 계선적 운영조직들의 이차적 또는 관리적 작용을 대신함으로써 일반 운영기관의 활동을 돕고 또 통제한다. 이들은 행정수반에게 각 분담영역에서 조정·통제의 수단을 제공한다.

관할범위 내에서 명령통로를 가로질러 계선운영기관들의 활동을 점검하게 되는 교차기능조직의 통제작용은 ⅰ) 정부 전체에 적용될 통제기준을 설정하는 것, ⅱ) 계선운영기관들의 실적을 객관적·전문적으로 평가하는 것, ⅲ) 계선운영기관들의 일정한 의사결정에 대한 동의권 또는 협의권을 행사함으로써 사전적 통제를 하는 것, 그리고 ⅳ) 계선운영기관들로부터 보고를 받고 활동을 감사하는 것이다.

3) 독립통제기관

독립통제기관(獨立統制機關: separate monitoring agency)은 행정체제의 중앙통제조직이다. 이것은 행정체제의 하위체제인 내부적 통제기구이지만 일반행정계서와는 어느 정도 분리된 위치에 있다. 이 기관은 일반행정계서와 대통령, 그리고 외부적 통제중추들의 중간쯤에 위치하여 상당한 수준의 독자성과 자율성을 누린다. 이 기관은 통제작용을 주된 목적으로 하며 행정수반의 행정통제작용을 돕는다. 외적 통제중추들의 활동도 보완하고 돕는다.

우리 정부의 전형적인 독립통제기관은 감사원이다. 그리고 정부는 대통령이 임명하는 일종의 옴부즈만 제도라고 할 수 있는 국민권익위원회를 운영하고 있다. 이것도 행정체제 내의 독립통제기관이지만 뒤에 옴부즈만 제도를 설명할 때 함께 언급하려 한다.

실재하는 독립통제기관들의 구성양태는 다양하다. 그러나 다음과 같은 공통적 특성을 확인해 볼 수 있다.

① 통제임무　　독립통제기관은 행정에 대한 통제작용의 수행을 주임무로 한다. 행정의 남용으로부터 시민을 보호하고 행정활동의 기준준수를 요구하며 일탈적 행동을 시정한다.

② 독 자 성　　독립통제기관의 구조와 구성원의 경력계통은 일반행정계서의 그것과 어느 정도 구별된다. 이 조직은 궁극적으로 행정수반에게 책임을 지지만 운영 상의 자율성을 인정받는 것이 원칙이다. 그리고 이 조직은 행정체제의 계서적 통로 밖에서 독자적인 의사전달통로를 형성한다.

③ 두상조직　　독립통제기관은 행정체제의 두상조직(頭上組織: overhead unit) 가운데 하나이다. 그 기관적 지위는 높고 행정수반에게 직접 보고하는 의사전달통로를 가진다.

우리나라의 감사원은 적어도 공식적으로는 위에 말한 특성들을 모두 갖추고 있다.

감사원은 국가의 세입·세출 결산, 국가 및 법률이 정한 단체의 회계감사, 그리고 행정기관 및 공무원의 직무에 관한 감찰을 담당하는 두상조직으로서 대통령 소속 하에 설치되어 있다. 이 조직이 대통령 소속 하에 있지만 그 자율성과 일반행정계서로부터의 독자성을 높이기 위한 제도적 장치들이 있다. 감사원장의 임명에 국회의 동의를 조건으로 한 것, 최고의사결정기구를 감사원장과 감사위원의 합의체로 구성한 것, 감사원장과 감사위원의 임기를 헌법에서 보장한 것이 그러한 제도적 장치에 해당한다.

2. 외부적 통제체제

외부적 통제체제는 환경으로부터 행정체제에 작용하는 통제중추들로 구성된다. 외부적 통제중추에는 국회, 법원, 헌법재판소, 국민, 국민에 의한 통제의 중개자 등이 있다. 옴부즈만은 외부적 통제체제에 소속하는 경우도 있고 내부적 통제체제에 소속하는 경우도 있다. 외부적 통제체제를 내부적 통제체제로부터 구별해 주는 기준은 구조적인 것이다. 내부적 통제체제는 행정구조 내에서 활동하는 반면, 외부적 통제체제는 행정구조의 환경으로부터 작용한다.

민주주의적 이념에 비추어 규범적으로 생각할 때 내부적 통제는 국민과 그 대표기관에 대한 책임을 확보하려는 외부적 통제를 보완하는 것이라고 이해할 수도 있다. 그러나 실천적·기술적으로는 외부적 통제란 행정적인 자율통제가 실패하는 경우 불러들여질 수 있도록 예비된 권력이라고 이해되는 것이 보통이다.

1) 국회: 입법적 통제

대의기관인 국회에 대해 행정이 책임을 지는 것은 대의적 민주주의의 제도적 요건이다. 민주국가에서 국회의 수권적 행동(授權的 行動: enabling actions)은 행정적 권한의 근거가 된다. 행정체제에 권한을 부여하거나 이를 제한하고 행정활동을 조사·비판할 수 있는 국회의 권한은 책임 있는 정부를 위한 안전장치인 것이다. 행정체제의 국회에 대한 책임은 대통령을 통한 책임이라는 것이 권력분립제도 하의 원리이다.f)

우리나라의 국회는 행정체제에 대하여 다음과 같은 통제수단을 가지고 있다.

① 입 법 권   국회는 입법권을 가진다. 국회의 가장 핵심적인 권능인 입법권은 행정체제에 권한을 부여하기도 하고 그 활동을 제약하기도 한다.

② 재 정 권   국회는 국가재정에 관한 권한을 가지고 행정을 통제한다. 국회의 재정권은 예산·결산과 조세에 관한 것이다.

③ 조 사 권   국회는 조사권에 의해 행정을 통제한다. 우리 국회의 조사권은 국정감사권과 국정조사권으로 이원화되어 있다.g)

④ 정책통제권   국회는 여러 가지 정책통제권을 행사한다. 대통령의 각종 긴급명령에 대한 승인권, 선전포고에 대한 승인권, 일반사면에 대한 동의권 등을 통해 대통령의 통치권행사를 통제한다. 그리고 외교정책과 방위정책을 통제하고 국무위원 등에 대한 출석요구 및 질문을 통해 통제권을 행사한다.

⑤ 인 사 권   국회는 인사권에 의해 행정을 통제한다. 국회의 인사권은 고위공직자의 선출·임명동의·임용후보자에 대한 청문 실시·해임건의·탄핵소추 등에 관한 것이다.

⑥ 청원처리   국민의 청원(請願)을 접수·처리하는 과정에서 행정에 대한

---

f) 행정체제의 국회에 대한 책임에 관련하여 '직접책임론'과 '대통령을 통한 간접책임론'이 갈려 있다. 직접책임론의 근거는 실제로 국회와 행정체제의 각 계층이 빈번히 교호작용한다는 것, 각 행정기관의 권한과 예산을 국회가 결정한다는 것, 국회가 대통령을 통제하기 어렵다는 것 등이다. 그러나 행정체제의 국회에 대한 책임은 이념적으로나 실천적으로 대통령을 통한 책임이라고 이해하는 것이 옳다는 주장이 우세하다.

g) 국정감사는 국정 전반에 관하여 상임위원회별로 정기회 회기중 법정된 기일 내에, 그리고 법정된 기관에 대해 실시하는 것이다. 국정조사는 특정한 국정사안에 대해 수시로 실시할 수 있는 것이다.

통제적 조치를 취할 수 있다.

⑦ 비공식적 수단   입법적 통제 가운데 일부는 헌법적·법률적이며, 다른 일부는 정치적·비공식적이다. 국회는 조사·항의·비난·권고 등의 방법을 동원해 대통령과 행정체제에 압력을 가할 수 있다. 그리고 여론환기를 통해 다른 통제중추들의 행동을 촉발할 수 있다.

2) 법원: 사법적 통제

행정체제의 책임은 법 아래서의 책임이다. 법적 책임이행의 최종적인 감시자는 법원이다. 법원은 사법적 심사를 통해 그릇된 행정작용을 시정하고 국민이 입은 피해를 구제하며 잘못을 저지른 공무원을 처벌한다.

행정작용에 이의가 있거나 그로부터 피해를 입은 당사자들이 사법적 통제를 불러들이는 경우가 많지만, 행정체제도 사법적 통제에 능동적으로 호소할 수 있다. 행정기관들은 법을 집행하는 데 조력이 필요한 경우, 행정담당자가 해결할 자격이 없는 다툼이 있는 경우, 공무원들이 업무수행과정에서 시민의 법적 권리를 침해한 경우 사법적 통제를 능동적으로 요구할 수 있다.

법원이 담당하는 사법적 통제의 원칙적인 성격은 사후적·소극적인 것이다. 법원은 다툼의 당사자들이 제기하는 문제에 대해서만 결정할 수 있으며 심사할 문제를 스스로 선택할 수 없는 것이 원칙이다.

우리나라 법원은 행정에 대해 다음과 같은 통제수단을 가진다.

① 행정재판   법원은 행정재판기능을 수행함으로써 행정을 통제한다. 행정소송에 대한 결정을 통해 법규적용의 잘못을 저지른 행정작용을 시정한다.

② 법규명령심사   법원은 법규명령심사권을 행사하여 행정을 통제한다. 법원은 명령·규칙이 헌법이나 법률에 위반되는지의 여부가 재판의 전제가 된 경우에는 이를 심사하고 위헌·위법으로 판단된 명령·규칙의 적용을 거부할 수 있다.

③ 손해배상과 손실보상에 관한 재판   법원은 행정 상의 손해배상(損害賠償)과 손실보상(損失補償)에 관한 재판기능을 통해 행정을 통제한다. 손해배상 또는 국가배상이란 국가나 지방자치단체가 위법을 저질러 국민에게 손해를 입힌 경우 이를 배상하는 것이다. 손실보상이란 국가 또는 지방자치단체가 합법적인 행위를 했지만 그로 인해 어떤 개인이 특별한 재산 상의 희생을 당하게 된 경우 이를 보전해 주는 것이다.

④ 형사재판   법원은 형사재판을 통해 잘못을 저지른 공무원을 처벌한다. 이러한 형사적 작용에는 행정체제의 일부인 검찰·경찰 등 준사법적 조직이 가담한다.

3) 헌법재판소

위헌여부가 문제로 된 입법적·정치적·행정적 사건에 대해서는 일반법원과 구별되는 헌법재판소가 주된 관할권을 행사하는 것이 우리의 제도이다. 헌법규정에 의하면 헌법재판소는 ⅰ) 법원이 판단을 요구한 법률의 위헌여부, ⅱ) 탄핵, ⅲ) 정당의 해산, ⅳ) 국가기관 상호간, 국가기관과 지방자치단체 간 및 지방자치단체 상호간의 권한쟁의, 그리고 ⅴ) 법률이 정하는 헌법소원(憲法訴願)에 관한 심판을 담당하도록 되어 있다. 헌법소원이란 국가권력에 의해서 헌법 상 보장된 자유와 권리를 위법적으로 침해받았다고 생각하는 국민이 직접 헌법재판소에 권리구제를 요구하는 제도이다.

헌법재판제도는 헌법을 수호하고 부당한 국가권력으로부터 국민의 권리와 자유를 보호하는 과정에서 행정에 대한 통제기능을 수행한다. 헌법재판소의 통제기능은 행정부의 정책결정에도 적지않은 영향을 미친다.[11] 헌법재판은 강제집행절차를 결여하는 경우가 대부분이지만 법치국가에서 헌법재판소의 판결을 국가기관이 무시하지는 못한다.

4) 국민: 대중통제(공공통제)와 그 중개자

행정의 책임을 묻는 궁극적인 주체는 국민이다. 따라서 국민은 행정에 대한 통제의 궁극적인 출처이다. 국민이 촉발 또는 주도하는 통제작용을 대중통제 또는 공공통제라 한다.

(1) 대중통제의 수단   행정의 책임이행을 촉구 또는 확보하기 위해 조직화되지 않은 국민이 동원할 수 있는 수단에는 ⅰ) 행정과정에 참여하고 공청회 등에서 의견을 말하는 것, ⅱ) 적극적인 민원신청을 하고 민원행정에 대한 이의제기·시정요구를 하는 것, ⅲ) 손해배상·손실보상을 요구하는 소송을 제기하는 것, ⅳ) 각종 행정소송을 제기하는 것, ⅴ) 행정의 잘못에 대해 진정·고발·청원을 하는 것이 있다. 각종 선거와 국민투표에서 국민이 하는 투표행위도 직접·간접으로 행정을 통제한다.

(2) 대중통제의 중개자   국민 개개인이 다른 통제중추들의 통제활동을 촉

발하고 통제정보를 제공할 수 있는 것처럼 대중통제의 중개자 내지 매체들도 그와 같은 활동을 할 수 있다. 대중통제의 중개자(intermediaries)들은 정치·행정체제와 그 환경을 연결하는 의사전달통로의 문을 지키며 국민의 통제요구를 조종, 축소 또는 창출할 수 있다. 중개자의 예로 각종 이익집단, 비정부조직, 정당, 전문직업단체, 언론매체, 영향력 있는 사람 또는 유지(有志: opinion leaders or influential persons)를 들 수 있다.

5) 옴부즈만

옴부즈만(Ombudsman)은 나라마다의 구체적인 구성과 보는 시각에 따라 내부적 통제체제에 속하는 독립통제기관의 일종이라고 할 수도 있고, 국회에 속한 입법적 통제의 도구라고 할 수도 있고, 대중통제의 한 중개자라고 할 수도 있는 다면적 성격을 지닌 제도이다.[h]

기존의 경직된 통제구조를 보완하려고 고안한 옴부즈만제도는 융통성과 비공식성이 높은 제도이며, 법적이라기보다 사회적·정치적 성격이 강한 제도이다. 이것은 옴부즈만의 개인적 신망과 영향력에 의존하는 바가 큰 제도이다. 그는 엄격한 통제자라기보다 조정자·중재자에 가깝다.

옴부즈만제도는 1809년 스웨덴에서 처음으로 채택되었다. 그때부터 1세기 이상이 지난 뒤 이웃나라에 전파되기 시작하였으며, 1960년대 이후 이 제도가 세계 여러 나라에 널리 퍼져 나갔다. 이러한 전파과정에서 옴부즈만제도의 정통적인 모형은 높은 적응성을 보인 바 있다. 적응성이 높았다고 말하는 것은 여기저기서 다소간의 변형이 일어났다는 뜻이다. 원래 옴부즈만은 입법기관에서 임명하는 옴부즈만(Parliamentary Ombudsman)이었지만, 국회의 제청으로 행정수반이 임명하거나, 대통령·총독·국왕이 임명하는 옴부즈만도 나오게 되었다.

이와 같이 세계 각국의 옴부즈만제도는 엄격한 의미의 통일성을 결여하고 있다. 그러나 정통적인 모형의 본질이 손상된 것은 아니다. 정통적인 모형을 주된 준거로 삼으면서 여러 나라 제도의 공통점을 찾아 옴부즈만제도의 특성을 다음에 살펴보려 한다.

(1) **구성과 운영**   국회에서 임명 또는 선출하는 옴부즈만은 국가기관의

---

h) Ombudsman은 스웨덴에서 유래한 것이지만 영어로 쓸 때에는 Ombudsmen이라고 복수로 표기하기도 하고 남·녀의 구별을 없앤다는 뜻으로 Ombudsperson이라고 표기하기도 한다.

행위에 대해 국민이 제기하는 불평을 조사하고 그러한 불평이 정당하면 시정방법을 강구하는 기능을 수행한다.[12]

① 구 성   옴부즈만은 국회가 임명하고 국회의 임기와 같은 임기동안 재임하는 것이 보통이다. 옴부즈만의 자격요건은 별로 엄격하지 않으나 대개 법관처럼 법률지식이 있는 사람을 선정한다. 그에 대한 처우는 대체로 대법관에 준한다. 옴부즈만을 보조하는 직원은 10여 명 내외의 소수인 경우가 대부분이다.

② 임무수행   옴부즈만의 임무는 국가기관 종사자들의 법령준수 여부와 책임이행 여부를 감시하고 국민의 침해된 권리와 자유를 구제하는 것이다. 그는 임무수행 상 높은 자율성을 누린다. 옴부즈만의 관할은 넓으며 행정체제뿐만 아니라 법원이나 군대에까지 미치는 경우가 많다. 그의 임무수행은 주로 국민의 불평제기로 촉발되지만 자체정보에 의거해 능동적으로 조사·시정요구 등의 활동을 하는 경우도 있다. 국민이 옴부즈만에게 제출하는 불평제기 대상의 제한이나 전제조건은 별로 없으며, 수수료나 기타 비용부담도 없는 것이 원칙이다.

옴부즈만은 그가 요구하는 시정조치를 법적으로 강제하거나 이를 대행하는 권한을 갖지 않는 것이 원칙이다. 그는 요구의 관철을 위해 공표·보고·권유·설득과 같은 수단을 주로 쓴다.

(2) **효용과 한계**   옴부즈만제도의 효용으로는 ⅰ) 다른 통제중추들이 간과한 통제의 사각지대를 감시하는 데 유용하다는 것, ⅱ) 정부와 국민의 관계를 인간화하는 데 기여할 수 있다는 것, ⅲ) 행정의 일관성과 통합성을 높이는 데도 기여할 수 있다는 것, ⅳ) 국민이 쉽게 접근할 수 있다는 것, ⅴ) 비용이 적게 들고 간편·신속한 문제해결이 가능하다는 것, 그리고 ⅵ) 절차의 융통성이 높아 문제에 대한 개인적·인도적 접근이 가능하다는 것을 들 수 있다.

옴부즈만제도의 단점으로는 ⅰ) 적은 인력의 보조밖에 받지 못하며 다른 가용자원도 많지 않기 때문에 옴부즈만의 활동범위는 제약될 수밖에 없다는 것, ⅱ) 시민의 불평·고충을 충분히 구제하지 못하며, 특히 인구가 많은 거대국가에서는 단일의 옴부즈만이 제대로 기능할 수 없다는 것, ⅲ) 시정조치의 강제권이 없기 때문에 비행의 시정이 비행자의 재량에 달려 있는 경우가 많다는 것, ⅳ) 국민의 불평제기를 기다려 조사에 임하는 소극적 역할에 얽매이고, 문제의 근본적 원인에 대해서는 대책을 강구하지 못한다는 것, 그리고 ⅴ) 다른 통제중추들과의 관할중첩 때문에 마찰과 낭비의 가능성이 크다는 것을 들 수 있다.[13]

(3) 성공의 조건　　　정치·행정의 발전과 국민의 민주의식 향상은 옴부즈만제도의 목표인 동시에 전제적 조건이다. 옴부즈만제도의 성공조건으로 들어지고 있는 여건들을 보면 다음과 같다.[14]

① 지위 보장　　　정부체제에서 옴부즈만의 높은 지위가 보장되어야 한다. 정부는 행정 등 국가작용에 대한 국민의 불평·고충을 대변할 독립적인 기관의 존재를 인정할 용의가 있어야 한다.

② 정치체제의 지지　　　정치체제가 국민의 개인적 자유와 권리를 존중하고 국민의 권리구제를 위한 여러 통로를 보장해야 한다.

③ 효율적 행정　　　행정의 효율성이 높고 내부적 통제가 발전되어 있어야 한다. 행정체제가 전반적으로 비효율적이거나 부패가 만연되어 있는 경우 옴부즈만이 홀로 그에 대항하기는 어렵다.

④ 수준 높은 공직윤리　　　공직윤리의 수준이 높아야 하며, 행정적 실책의 공개에 대해서 공무원들은 민감한 대응성을 보여야 한다.

위에서 열거한 여건이 갖추어지지 못하고 그와는 역으로 정치적 불안정, 민주주의의 미성숙, 정치·행정적 실책의 만연, 직업윤리의 타락 등의 문제가 심각한 곳에서는 옴부즈만과 같은 통제중추의 발전이 더욱 절실히 요구됨에도 불구하고 그 활동의 효율성을 기대하기 어렵다.

(4) 우리나라의 국민권익위원회　　　우리 정부에서 국무총리 소속으로 설치한 국민권익위원회는 행정체제 내의 독립통제기관이며, 대통령이 임명하는 옴부즈만의 일종이라고 할 수 있다. 이 위원회는 과거 국민고충처리위원회, 국가청렴위원회, 그리고 행정심판위원회가 관장하던 업무를 통합관리하도록 2008년에 설치되었다.[15]

국민권익위원회는 위원장 1명, 부위원장 3명, 상임위원 3명을 포함한 15명의 위원으로 구성되어 있다. 이들 위원은 대통령이 임명한다. 위원의 임기는 3년이며 1차 연임할 수 있고, 그들에게는 신분보장조항과 겸직금지조항이 적용된다. 위원회에는 사무처가 있다. 그리고 위원장은 필요에 따라 전문위원을 위촉할 수 있다. 자문기구도 둘 수 있다.

국민권익위원회가 수행하는 여러 가지 기능들을 세 가지로 범주화해 볼 수 있다. 세 가지 범주의 기능이란 ⅰ) 고충민원의 처리와 그에 관련된 불합리한 행정제도 개선, ⅱ) 공직사회 부패 예방·부패행위 규제를 통한 청렴한 공직 및 사회풍토 확립, 그리고 iii) 행정쟁송을 통하여 행정청의 위법·부당한 처분으로부터 국민의 권리 보호를 말한다.

국민권익위원회는 다른 국가기관들에 대해 권고·의견표명을 할 수 있을 뿐만 아니라 부패행위를 검찰에 고발하거나 행정심판을 통해 법적 구속력이 있는 행위를 할 수 있다. 이 점에서 권고적 기능의 수행을 원칙으로 하는 옴부즈만의 표준형과는 구별된다.

우리나라 국민권익위원회는 그 위상이 낮고, 독립성 보장이 부실하고, 전체적으로 보아 그 정체성이 모호하다는 평가를 받고 있다.[16]

각 지방자치단체는 시민고충처리위원회를 둘 수 있는데 이것은 지방자치단체의 옴부즈만이라고 할 수 있다.

III. 행정통제체제의 한계

오늘날 어느 나라에서나 행정에 대한 통제수요에 제대로 대응하지 못하는 통제체제의 능력결함과 실패가 중요한 개혁현안으로 되어 있다. 우리나라의 경우 선진사회에 비해 문제의 심각성이 더 크다.

우리나라에서 행정에 대한 통제의 어려움을 가중시키는 요인들이 무엇이며, 통제체제의 능력부족과 실책은 무엇인지 알아보려 한다.

1. 통제의 애로

1) 정부관료제의 규모와 역할에서 비롯되는 애로

행정국가화의 일반적 추세와 전통적·발전행정적 유산은 통제수요를 증대시키고 행정통제체제에 과부하를 안겨주었다.

① 행정의 규모팽창과 우월적 지위   정부관료제의 규모가 방대해지고 그 활동이 복잡해짐에 따라 그에 대한 통제가 힘들게 되었다. 행정국가화의 세계적인 추세 이외에 관우위(官優位)의 역사적 유산, 정부주도의 국가발전관리, 정치체제의 불균형성장이 어울려 통제의 애로를 증폭시켰다.

② 행정재량의 확대   정부관료제의 활동범위가 넓고 복잡해짐에 따라, 그리고 행정수요와 그 여건이 급속히 변동함에 따라 행정재량의 필요가 커져 왔다.

재량범위의 확대는 그만큼 외재적 통제를 어렵게 한다.

③ 전문화와 정보독점   행정체제와 공무원의 전문성이 높아지고 전문적 업무에 대한 정보독점과 정책참여가 늘어남에 따라 행정통제가 어려워졌다.

④ 모호한 책임소재   행정규모의 팽창과 기능의 복잡성 증대는 행정체제 내의 분산화·관할중첩을 심화시켰는데 이것은 책임소재를 흐리게 하고 통제를 어렵게 하는 요소이다.

⑤ 인사절차의 문제   공무원을 효율적으로 통제하기 어렵게 하는 인사절차들이 있다. 공무원의 신분보장과 권익보호에 관한 규정, 그리고 처벌절차의 복잡성은 외재적 통제에 제약을 가한다.

2) 공무원의 부정적 행태에서 비롯되는 애로

오랫동안 정부관료제에 만연되어 왔던 부정적 행태 내지 그 유산은 통제수요의 과다, 그리고 통제체제의 과부하를 가져왔다.

① 공직윤리 타락   무엇보다 심각한 것은 우리가 물려받은 공직윤리 타락과 체제화되었던 부패의 유산 내지 그 잔재이다. 이러한 조건이 많이 개선되고 있지만 여전히 통제수요의 과다, 통제의 효과축소, 통제체제의 능력감퇴라는 문제를 만들고 있다.

② 통제에 대한 저항   우리의 경우 외재적 통제를 강화하면 공무원들의 회피적·대항적 행태가 증가하는 '역통제'(逆統制: counter-control) 현상이 지나친 것으로 평가되어 왔다. 소극적인 업무처리, 무사안일, 불친절, 보신주의 등이 역통제의 증상이다. 역통제는 통제를 어렵게 할 뿐만 아니라 새로운 통제문제를 야기한다.

③ 권위주의와 형식주의   공무원의 권위주의적 행태, 목표보다 절차를 우선시키는 경직된 행태도 행정통제체제의 활동을 어렵게 하는 요인이다.

통제기준에 부합되는 외형을 갖추는 데만 급급한 형식주의와 정당치 못한 방법으로 통제기준부합상태를 연출하는 행태도 심각한 문제이다.

④ 의사전달의 장애   통제정보의 왜곡과 허위보고 등이 통제활동을 교란한다.

2. 통제체제의 능력부족과 실책

1) 능력부족

행정체제 내외의 통제중추들은 전반적으로 자원부족·시간부족·동기결여의 어려움을 겪어 왔다.

(1) 내부적 통제　　정부관료제 전반의 행정문화와 제도적 조건을 공유하는 내부적 통제체제는 통제의 엄정성과 효율성이라는 측면에서 미흡한 실적을 보여왔으며, 행정현실에 타협하는 일이 많았다.

(2) 국회가 하는 통제　　국회는 행정부와의 관계에서 취약한 위치에 있어 왔기 때문에 행정을 효율적으로 통제하기 어려웠다. 정치·행정적 권위주의와 체제적 부패의 유산은 국회의 행정통제능력을 손상시켜 왔다. 오랜 정치적 격동기를 거치면서 정치인들은 단순히 살아남기 위해 많은 에너지를 소모했다. 그런 일이 아니더라도 행정통제를 위해 필요한 의원들의 시간·정보·관심은 크게 제약되어 있다. 정파 간의 대립격화도 행정에 대한 통제작용을 왜곡시키고 그 효율성을 떨어뜨렸다.

(3) 법원이 하는 통제　　사후적인 사법적 통제는 대부분 적시성이 결여된 비능률적인 것이다. 우리나라와 같은 행정국가에서 사법적 통제가 일상적인 행정통제의 수단으로 적합한 것은 물론 아니다. 전문행정에 대한 사법적 통제에는 제도적 한계가 있는 것이다. 사법적 통제가 약자보다는 강자의 편에 서고 국민의 권리구제에 소홀하다는 비판, 그리고 고위공직자들의 비리에 대해 관대하다는 비판이 줄곧 있어 왔다. 이러한 비판 또는 의심은 법원의 신망을 손상해 왔다.

(4) 대중통제　　국민의 행정통제도 비효율적이다. 국민의 민주주의에 대한 훈련부족과 낮은 시민의식, 그리고 공익에 대한 존중심 결여가 가장 큰 문제이다. 군림적 행정의 전통과 체제화된 부패의 영향은 행정참여와 권리구제에 관한 국민의 자세를 소극적·피동적인 것으로 길들여 왔다. 행정에 대한 참여와 비판이 점차 활발해지면서부터는 통제방법의 왜곡, 공익무시, 집단이기주의, 불법·폭력시위 등이 심각한 문제로 부각되고 있다.

2) 통제작용의 실책

행정에 대한 통제의 가장 일반적인 결함은 통제의 범위와 수준이 만족스럽지 못하다는 것이다. 실책의 주요 범주들을 보면 다음과 같다.

① 소 극 성   통제작용이 전반적으로 소극적이다. 책임이행의 실질보다 외형에 치중한 통제, 그리고 행정목표의 적극적 성취보다는 절차의 규칙성 확보와 부정방지에 치중한 통제는 공무원의 피동화와 업무수행의 소극화를 조장한다.

② 조정실패   통제우선순위 결정의 부적절성과 통제중추 간의 조정실패는 통제의 효율성을 떨어뜨리고 행정체제에 불필요한 압력을 가하기도 한다. 과소통제와 과잉통제의 문제를 동시에 야기한다. 통제가 필요한 곳에서 통제를 하지 못하고 다른 곳에서는 중복감사 등 과잉통제로 행정효율을 저하시킨다.

③ 행정목표 왜곡 조장   좁고 짧은 안목으로 하는 통제, 그리고 측정이 쉬운 대상에 치중한 통제는 행정목표의 왜곡을 초래한다.

④ 일관성·지속성 결여   통제의 일관성·지속성 결여가 언제나 문제로 된다. 통제체제의 장기적인 게으름과 실책을 한꺼번에 만회하려는 '강조주간적 통제운동'은 여러 후유증을 낳고 이를 일과성의 태풍으로 인식하는 공무원들의 통제면역증을 기르게 된다.i) '세상을 놀라게 하는 사건'(sensational events)을 뒤쫓는 '소나기식', '사후약방문식' 통제에도 폐단이 따른다.

⑤ 정파적 오염   통제외적·정치적(정파적) 목적이 통제작용 행사에서 우선적으로 고려되는 폐단도 오래 지적되어 온 문제이다.

⑥ 부   패   통제작용의 부패 가능성은 언제나 있는 위험이다. 그러한 위험은 과거에 비해 줄어들었으나 만족스러울 만큼 배제되었다고 말할 수는 없다.

---

i) 지속적이지 못한 강조주간식 통제운동을 흔히 '사정한파'(司正寒波)라 부르고 있다.

행정의 간여와 국민의 대응

I. 행정규제제도 · 행정절차제도

행정규제는 국민생활에 직접 개입하고 간여하는 행정기능 가운데 대표적인 것이다. 법적 제도로서의 행정절차는 행정규제를 포함한 국가권력행사에서 거쳐야 하는 절차이다.

1. 행정규제제도

1) 행정규제란 무엇인가?

(1) 정 의   행정규제(行政規制: administrative or government regulation)는 국가 또는 지방자치단체가 특정한 행정목적을 실현하기 위해 법령 · 조례 · 규칙의 규정에 따라 국민의 권리를 제한하거나 의무를 부과하는 활동이다.[a]

이러한 개념정의에 함축된 행정규제의 특성은 다음과 같다.[1]

① 경제 · 사회질서의 유지 · 향상 추구   행정규제의 집합적이고 일반적인 목적은 바람직한 경제 · 사회질서의 유지 · 발전에 있다. 이러한 일반목적의 틀 안에서 개별적 · 특정적 규제목적이 정해진다.

② 행정기관이 하는 규제   규제자는 행정기관이다. 국가 또는 지방자치단체라고 하는 것은 중앙과 지방의 행정기관을 지칭하는 것으로 해석해야 한다. 행정규제는 법률에 근거한 것이지만 이를 시행하는 것은 행정기관이다. 따라서 행정규제는 행정작용으로서 입법적 · 사법적 작용과 구별된다.

③ 국민생활에 대한 직접 개입   행정규제는 민간부문의 국민생활에 직접 개입하고 통제하는 작용이다. 국민의 기본권을 제한하기도 하고 의무를 부과하기도 한다. 규제를 받는 피규제자는 민간의 개인 또는 조직이다.

---

a) 행정규제의 정의에 관한 의견이 분분한데, 저자는 「행정규제기본법」의 견해를 따르기로 했다. 행정규제는 정부규제라고도 부른다.

④ 권력적 작용   행정규제는 권력적인 작용이다. 처벌과 같은 강압적 권력 뿐만 아니라 다른 여러 가지 권력의 뒷받침을 받아 규제목적을 달성한다.

(2) 유 형   행정규제는 ⅰ) 그 대상과 목적에 따라 경제적 규제와 사회적 규제로 구별하기도 하고, ⅱ) 규제기관의 양태에 따라 일반행정기관에 의한 규제와 독립규제위원회에 의한 규제를 구별하기도 하며, ⅲ) 규제권력의 유형에 따라 강제력에 의한 규제와 그 밖의 권력에 의한 규제를 구별하기도 하고, ⅳ) 방법을 기준으로 규제를 분류하기도 한다.

여기서는 규제의 방법을 기준으로 한 유형분류에 대해 설명하려 한다.[2]

① 요금결정   요금결정(cost-of-service ratemaking)은 기업이 제공하는 서비스의 요금과 기업의 이윤을 규제하기 위해 생산비용을 계산하여 적정요금을 결정해 주는 것이다. 이 방법은 대개 독점기업이나 공공성이 큰 사업에 적용한다.

② 과거기준 가격규제   과거기준 가격규제(historically based price regulation)는 행정기관이 지정하는 과거 일정시점의 가격 이상을 받지 못하도록 가격을 동결하는 것이다.

③ 공익기준에 따른 배정   공익기준에 따른 배정(allocation under a public interest standard)은 공익을 위해 최선이라고 생각되는 응찰자(應札者)에게 사업허가 등 희소자원을 배정하는 방법이다. 공개입찰에 개입하여 최고액을 제시한 응찰자가 아니라 공익이라는 기준에 비추어 '가장 좋은' 응찰자에게 낙찰하게 하는 방법인 것이다.

④ 기준설정   기준설정(standard setting)은 다양한 행정목적의 실현을 위해 민간활동에 기준을 설정하고 시행하는 것이다. 작업장 안전기준 설정, 상품안전성기준 설정, 공해배출기준 설정이 그 예이다.

⑤ 과거기준에 따른 배정   과거기준에 따른 배정(historically based allocation)은 일시적으로 부족한 자원공급에 대처하기 위해 수요자들이 과거 일정한 시점에 배정받던 양을 기준으로 약간씩 줄여 배정하는 개입방법이다.

⑥ 개별적 심사   개별적 심사(individualized screening)는 법령에서 일반적인 기준만 정하고 개별적인 사례에 대해서는 행정기관이 판단하여 기준을 결정하도록 하는 방법이다. 이 방법은 민간활동에 대해 구체적이고 정확한 기준을 획일적으로 결정할 수 없을 때 사용한다.

2) 필요와 한계

(1) 정당화 근거   행정규제가 필요하다고 주장하는 사람들은 민간의 자율에 맡겼을 때 빚어지는 폐단에서 그 논거를 찾는다. 행정규제를 통한 정부간여를 찬성하는 사람들은 시장실패에 개입하여 시장활동을 수정·보완하거나 대체하기 위해서, 또는 불완전한 시장에서 발생하는 거래비용을 줄이기 위해서 행정규제가 불가피하다고 주장한다. 정부가 행정규제를 도입할 때 흔히 내세우는 정당화 근거들을 예시하면 다음과 같다.[3]

① **경쟁의 적정화**   독과점업체들에 의한 불완전경쟁·불공정경쟁을 억제하여 경쟁의 공정성을 회복하고 소비자들의 피해를 막기 위해서, 그리고 권력집중의 폐단을 방지하기 위해서 행정규제가 필요하다. 기업 간의 과당경쟁을 막기 위해서도 행정규제가 필요하다.

② **외부효과 문제의 해결**   정부가 시행하는 개발사업 등의 외부효과로 생긴 초과소득을 통제하기 위해 행정규제가 필요하다. 기업활동의 외부효과로 인해 경제·사회적 비용이나 손실이 발생하는 것을 보상하도록 하기 위해서도 행정규제가 필요하다.

③ **정보제공**   정보불완전성으로 인한 폐단을 시정하기 위해 행정규제가 필요하다. 기업들이 산출하는 상품이나 서비스의 안전성, 상대적 가치 등을 평가하는 데 필요한 정보가 없어 소비자들이 피해를 입을 수 있다. 기업은 정보공개의 동기를 결여할 수도 있고 고의로 정보를 은닉·왜곡할 수도 있다. 따라서 정부가 개입하여 정확한 정보를 제공하도록 할 필요가 있다.[b]

④ **기업육성**   중소기업 육성시책을 뒷받침하기 위한 행정규제가 필요하다.

⑤ **공공재의 원활한 공급**   공공재의 원활한 공급과 소비를 보장하기 위해 행정규제가 필요하다. 특히 의료보험의 경우와 같이 구매자가 아닌 제 3 자가 비용을 부담하는 재화·용역의 소비에 나타나는 도덕적 해이를 시정하기 위한 개입이 필요하다.

⑥ **자원배분의 왜곡 시정**   자원배분의 왜곡을 시정하기 위해 행정규제가 필요하다.

---

b) 정부는 우월한 지위와 많은 정보를 가지고 있기 때문에 국민 개개인의 이익을 보호하기 위해 돌보아주는 후견적 개입이 필요하다는 주장도 있다. 이것은 가부장주의적인 주장이다. 우리나라에는 이런 가부장주의적 개입과 규제가 많다고 한다.

⑦ **경제정책 지지** 경제의 안정과 성장을 추구하는 정책을 뒷받침하기 위해 행정규제가 필요하다.

⑧ **법원의 불완전성 보완** 법원의 불완전성, 민간계약 이행에 관한 법원 결정의 불확실성을 보완·감소시키기 위해 행정규제가 필요하다.

위와 같은 주장에 복지국가적 이념이 가세하여 행정규제를 크게 팽창시켜 놓았다.

(2) 비판적 논점 행정규제 확대 또는 강화에 따르는 폐단을 비판하고 규제개혁을 주장하는 사람들은 정부실패를 논거로 삼는다. 시장실패를 이유로 정부가 민간의 활동에 개입했지만 스스로의 결함 때문에 개입의 목적을 제대로 달성하지 못하고 여러 부작용을 빚었다고 주장한다.[4]

① **민간활동의 위축** 민간의 경제활동을 위축시킨다. 창의와 쇄신, 생산성 향상에 악영향을 미친다. 행정규제의 부작용은 기업과 경제의 성장에 지장을 준다.

② **규제행정의 실책** 행정조직의 목표와 사회적 목표의 괴리, 민의수렴 실패, 형평성 상실이 문제이다. 규제행정조직이 포획되거나 특수이익과 유착하여 형평성을 잃을 수 있다.[c] 불공평을 시정하기 위한 행정개입이 또 다른 역차별적 불공평을 가져올 수 있다. 규제의 실효성이 의심스러운 경우도 많다. 관료적 규제행정조직의 병리도 문제이다. 무능·부패·번문욕례와 행정지연, 그리고 구조적 경직성은 오래된 폐단이다. 이러한 일련의 폐단들이 행정에 대한 국민의 불신을 키운다.

③ **과다한 비용** 규제비용이 너무 많이 든다. 규제의 행정경비가 과다·중복 지출되어 재정압박을 가하는 것도 문제이지만 규제의 상대방에 발생하는 손실과 비용이 더 큰 문제이다.[d]

④ **전통적 규제방식의 문제** 전통적 규제방식이 한계를 노출하고 있다. 지시통제적이며 경직성이 높아서 변화하는 조건에 적응하지 못한다. 특히 기술혁신

---

c) 규제조직 또는 개혁조직의 '포획'에 대해서는 제 9 장 제 1 절에서 설명할 것이다.

d) 행정규제에 대한 민간의 순응비용을 '규제에 의한 조세'(taxation by regulation) 또는 '숨겨진 조세'(hidden tax)라고 설명하는 사람들이 있다. 그러한 관점에 따라 만든 예산관리모형을 규제예산제도(regulatory budget system)라고 한다. 이 제도는 규제기관이 예산요구서를 제출할 때 규제시행의 행정비용뿐만 아니라 민간의 규제순응비용도 예산서에 함께 기재하도록 하고 국회는 그 두 가지 비용을 고려해 예산을 심의하도록 한다. 최병선, "규제도 세금이다," 최광 외 공저, 「세금경제학」(자유기업원, 2007), 49~65쪽.

에 적시성 있는 대응을 하지 못한다. 규제체제의 세계화 요청에도 잘 적응하지 못한다.

⑤ 규제의 제국건설   규제는 또다른 규제를 유발하여 규제의 제국건설 경향이 나타난다.e) 그 결과는 과잉규제와 낭비이다.

⑥ 통제의 애로   독점성이 강한 규제행정에 대한 통제가 어렵다. 정부 내외의 통제중추들은 규제행정조직에 대한 통제의 고삐를 놓칠 위험이 있다.

⑦ 검증되지 않은 전제   행정규제의 전제 또는 가정들 가운데 검증되지 않은 것들이 많다. 예컨대 독점업체들이 생산하는 상품에 지나치게 높은 가격을 매길 것이라는 가정은 입증된 것이 아니다. 정부가 개입하여 소비자들에게 필요한 정보를 제공하게 할 수 있다지만 소비자들은 그것을 불필요하다고 생각할 수도 있다. 정부개입을 통한 정보제공이 오히려 소비자를 오도할 수도 있고 시장의 경쟁을 방해할 수도 있다.

3) 규제개혁

오늘날 행정규제에 대한 찬·반 논쟁에서 목소리가 훨씬 큰 것은 규제에 대한 비판론이다. 시대적 요청은 행정규제의 획기적 개혁이다. 위에서 본 바와 같이 규제의 병폐와 비효율성에 대한 비판은 여러 방면에 걸쳐 있으며, 이를 반영하는 개혁처방도 여러 갈래로 나오고 있다. 그러나 개혁논의의 주조를 이루는 것은 '규제완화'(규제축소: deregulation)이다. 규제가 과잉화되었다고 보는 것이 다수의견이기 때문이다. 규제의 양과 비용은 줄이고 질은 개선하자는 주장이 널리 수용되고 있다.f)

(1) 목   표   규제개혁의 목표는 규제활동의 폐단을 제거하고 규제활동이 바람직한 경제·사회질서의 구현에 기여할 수 있도록 만드는 것이다. 그러한

---

e) 이러한 경향을 '앞으로만 돌아가는 규제의 톱니바퀴'(regulatory ratchet)라고 부르기도 한다. Eugene Bardach and Robert A. Kagan, *Going by the Book: The Problem of Regulatory Unrea-sonableness*(Temple University Press, 1982), Ch. 7.

f) 감축지향적 규제개혁을 처방하는 사람들은 행정규제의 폐단에 주목한다. 그리고 ① 규제된 시장보다 규제되지 않은 자유경쟁시장이 사회에 더 많은 이익을 준다는 것, ② 행정규제를 갈음할 대안적 조치들이 많다는 것, ③ 민간부문의 자율규제 잠재력이 크다는 것, ④ 기업에 대한 소비자들의 감시능력도 신장되었다는 것 등의 주장을 지지한다. David H. Rosenbloom and Robert S. Kravchuk, *Public Administration: Understanding Management, Politics, and Law in the Public Sector*, 6th ed.(McGraw-Hill, 2005), pp. 414~415.

일반적 목표상태의 구성요소로는 ⅰ) 시장질서의 활성화를 통한 산업강화와 성장잠재력의 확충, ⅱ) 사회정의의 구현, ⅲ) 삶의 질 향상, ⅳ) 부패추방, 그리고 ⅴ) 국제적 규제질서와의 조화(규제제도의 국제화)를 들 수 있다.

(2) 전 략 규제개혁의 과제 또는 전략은 행정규제의 폐단에 관한 앞서의 논의에 이미 상당부분 시사되어 있다. 주요 개혁전략의 범주들을 보면 다음과 같다.5)

① 규제완화 과잉규제·불필요한 규제를 줄이거나 없애는 규제완화를 추진해야 한다. 특히 민간의 창의와 자율규제를 억압하는 규제는 폐지해야 한다. 전반적으로 규제비용을 줄이고 규제조직의 인력·예산감축도 병행해야 한다.

행정규제의 팽창경향을 억제하기 위해 규제신설에 대한 심사를 강화해야 한다. 새로운 규제를 채택하기 전에 규제 이외의 대안을 반드시 찾아보게 해야 한다. 그리고 가능한 한 규제의 존속기간을 미리 정하게 해야 한다.

기존의 규제를 주기적으로 재검토하여 불필요한 규제를 폐지하고 상황변화에 따라 규제를 조정해야 한다. 규제 상호간의 모순과 중복을 제거하고 정책우선순위와의 괴리를 해소하는 것도 중요한 과제이다.8)

② 규제의 질적 개선 규제의 질을 개선해야 한다. 규제의 목적을 명료화하고 규제의 수요대응성을 높여야 한다. 규제영향평가, 비용·편익분석을 통해 외부효과와 낭비요소를 제거해야 한다. 규제의 실효성을 높이고 형식주의를 배척해야 한다.

③ 비전통적인 규제방법 탐색 전통적 규제방법에 대한 대안을 탐색해 채택해야 한다. 정보공개, 세금혜택과 같은 유인의 제공, 자율규제 촉진, 행정기관과 기업의 자발적 합의, 권리구제·손실보상제도의 강화, 매매가능한 인가·면허의

g) 정부가 근래 역점을 두고 있는 규제감축방안에는 네거티브 규제방식 도입, 손톱 밑 가시 규제 개선, 규제총량 감축과 규제비용총량제 실시, 규제성과관리 강화 등이 있다. 네거티브 규제방식은 원칙적으로 모든 기업활동을 자유로이 허용하고 예외적으로 금지되는 행위만을 적시하는 방식이다. 네거티브 방식은 '원칙 허용·예외 금지'라는 규칙을 따르는 반면 포지티브 방식은 '원칙 금지·예외 허용'이라는 규칙을 따르는 규제방식이다. 규제개선대상인 '손톱 밑 가시'는 중소기업과 소상공인들이 겪는 작지만 실제로 불편과 부담을 주는 고질적인 현장 애로사항이라고 한다. 규제비용총량제는 규제를 신설하거나 강화할 때에는 거기에 드는 비용에 상응하는 비용이 드는 기존의 규제를 폐지하거나 완화하는 제도이다. 규제개혁 성과관리를 강화하기 위해 규제정보화시스템을 통해 부처별 규제개혁과제를 등록·관리하고 과제추진상황을 국민에게 공개하도록 하고 있다. 규제개혁위원회, 「2013 규제개혁백서」, 20~22쪽.

사용, 집단 간의 협상을 통한 자원배분, 독점기업의 국유화를 대안의 예로 들 수 있다.h)

④ 참여의 확대   규제정책과정을 민주화하고 국민의 참여기회를 확대하여야 한다. 행정기관이 입안중에 있는 규제안을 미리 공표하여 관련자들이 알 수 있게 하는 것은 참여확대의 전제이다.

⑤ 규제행정의 실책 방지   규제행정조직의 구조와 기능을 규제개혁의 원리에 부합되도록 개편해야 한다. 전통적인 관료제구조의 병폐를 시정하도록 해야 한다. 효율적인 규제행정을 가능하게 하고 정파적·정략적 영향의 개입을 최소화할 수 있는 조직설계를 발전시켜야 한다. 구성원들의 행태를 개선하여 포획이나 부패의 유혹에 저항할 수 있게 해야 한다. 그들의 무리한 팽창주의도 억제해야 한다.

규제행정에 대한 감시를 강화해야 한다. 특히 정부 내의 통제와 국회에 의한 통제를 강화해야 한다. 규제행정 전반의 개혁을 촉진하고 감시할 중앙개혁기구를 설치하고 규제절차제도와 규제개혁절차제도를 확립해야 한다.

⑥ 세계화대응의 개혁   세계화에 대응하여 행정규제에 관한 국제협약 등 국제협력을 모색해야 한다.

(3) 장   애   규제개혁, 특히 규제완화는 힘든 일이다. 여러 가지 장애가 있다.6)

① 공무원의 저항   가장 큰 애로는 규제행정조직과 공무원들의 피동적 자세와 저항이다. 그들은 시장과 기업을 불신하기 때문에, 그리고 권한이 줄어들 것을 우려하기 때문에 저항한다. 그들은 민간에 대해 가부장주의적 자세를 가지고 규제를 계속하려 하기도 한다.

② 기득권집단의 저항   규제의 혜택을 받는 집단들에게 규제는 기득권화되는 경향이 있다. 규제로 이익을 보는 세력은 규제완화를 방해한다.

③ 규제개혁 혜택집단의 분산성   규제개혁으로부터 혜택을 받게 될 분산된 수혜자들을 조직화하기는 어렵다.

④ 이해부족   일반국민의 이해부족도 문제이다. 그리고 규제개혁의 예상되

h) 전통적·명령적 규제방식에 대조되는 규제방식을 대표하는 것이 시장유인적 규제방식(市場誘因的 規制方式)이다. 민간(시장)의 결정과 참여를 활용하는 것들이 시장유인적 규제방식의 범주에 포함된다. 김태윤, 「시장유인적 규제방식의 개발」(한국행정연구원, 1999), 13~14쪽.

는 효과는 불확실하고 측정하기도 어렵기 때문에 규제개혁의 이점을 가지고 관련자들을 설득하기도 어렵다.

⑤ 개혁추진자의 허물 개혁추진자들의 문제도 있다. 규제개혁추진조직들의 추진력 부족이 장애가 된다. 내부추진조직은 소극적이고, 민간추진조직은 실정에 어둡거나 무력하거나 포획되는 예가 많다.

(4) 장애의 극복 규제개혁의 장애를 극복하려면 국민의 지지와 정치적 리더십의 지지를 얻어야 한다. 규제개혁추진자들이 변혁적 리더십을 발휘해야 한다. 개혁과정을 민주화하고 이해관계자들의 합의를 형성하는 것도 매우 중요하다. 규제개혁추진의 전략들이 상황적 조건에 적합하고 효율적이라야 하는 것은 물론이다.

규제개혁의 장애와 극복대책에 관해서는 다음 장에서 설명할 '행정개혁의 실패원인'을 참고하기 바란다.

(5) 「행정규제기본법」 우리나라에서는 행정규제와 규제개혁에 관한 공통적 사항을 규율할 기본법을 제정하였다. 처음에 나온 것은 「행정규제 및 민원사무기본법」이었다. 1994년에 제정된 이 법률은 1997년에 제정된 「민원사무처리에 관한 법률」과 「행정규제기본법」에 의해 대체되었다.

「행정규제기본법」의 목적은 행정규제에 관한 기본적인 사항을 규정하여 불필요한 행정규제를 폐지하고 비효율적인 행정규제의 신설을 억제함으로써 사회·경제활동의 자율과 창의를 촉진하여 국민의 삶의 질을 높이고 국가경쟁력의 지속적인 향상을 도모하는 것이다.

이 법률은 규제의 일반원칙을 정하고 규제개혁위원회의 설치·운영에 관하여 규정한다. 그리고 규제의 신설에 관하여 영향분석·존속기간 명시·의견수렴·규제개혁위원회의 심사 등을 규정한다. 기존규제의 조정에 관해서는 기존규제조정에 대한 의견제시·행정기관의 자체정비·규제개혁위원회의 심사·규제정비종합계획의 수립과 시행 등을 규정한다.

2. 행정절차제도

여기서 논의하는 행정절차(行政節次)는 행정법학적 개념이다. 행정절차제도가 규정하는 행정절차는 "행정청이 공권력을 행사하여 행정에 관한 일차적 결정을 할 때 밟아야 할 외부와의 교섭절차"라고 정의한다. 이것은 행정청이 행정입

법이나 행정처분을 할 때 거쳐야 할 대외적인 사전절차이다.[7]

　　민주국가에서 행정절차를 법률로 규정하는 행정절차제도의 일반적 목적 또는 존재이유는 ⅰ) 행정의 민주화, ⅱ) 행정의 공정성·적정성·신뢰성 보장, ⅲ) 사전적·예방적 권리구제, 그리고 ⅳ) 행정의 표준화·능률화이다.

　　행정절차제도에서 일반적으로 규정하는 내용은 행정처분의 사전통지, 이해관계인의 의견청취, 결정 및 결정이유의 명시에 관한 절차이다.

　　행정절차는 여러 가지 법령에서 규정하지만 공통적 사항을 규정하기 위해 통합적인 「행정절차법」을 따로 제정하기도 한다. 우리나라에서도 1996년 말에 「행정절차법」을 제정하였으며 1998년부터 시행하고 있다. 이 법률의 목적은 "행정절차에 관한 공통적인 사항을 규정하여 국민의 행정참여를 도모함으로써 행정의 공정성·투명성 및 신뢰성을 확보하고 국민의 권익을 보호하는 것"이다. 이 법이 규정하는 내용은 행정절차의 원칙(신의성실, 신뢰보호, 투명성), 그리고 처분·신고·의견제출·청문·공청회·행정 상 입법예고·행정예고·행정지도 등에 관한 절차이다.

Ⅱ. 민원행정

1. 민원행정이란 무엇인가?

　　민원행정(民願行政)은 국민과 직접적으로 교호작용하는 행정영역이다. 민원행정이 다루는 민원사무의 대부분은 정부의 간여에 대응하여 국민이 투입하는 요구에 관한 것이다. 우리나라에서 민원행정은 행정체제 내에서 대단히 중요한 위치를 점하고 있으며 우선순위가 높은 행정개혁대상으로 되어 있다. 민원행정에 대한 각별한 관심과 논란은 우리 행정의 전통적 유산과 병폐 때문이다.

　　이 항에서는 민원행정을 정의하고 민원행정의 폐단과 그에 대한 정부의 개혁노력을 검토하려 한다. 그리고 민원행정 개혁의 진로에 관해 생각해 보려 한다.

1) 정   의

　　민원행정은 집행적·전달적 행정 가운데서 고객(민원인)의 특정적 요구행위가 있을 때 그에 대응하는 행정이다. 이러한 의미의 민원행정이 지니는 특성은 다음과 같다.

① 집행기능   민원행정은 행정의 정책기능적 측면이 아니라 집행기능적 측면에 포함되는 것이다. 입법행위 등 정책형성에 관한 주장은 민원에 연관된 정치적·행정적 요구투입으로 다루는 것이 합당할 것이다.

② 대외적·경계적 기능   민원행정은 고객의 특정적인 요구투입에 대하여 산출을 내는 일종의 대외적·경계기능적(境界機能的) 작용으로서, 행정체제의 경계를 넘나드는 교호작용을 통하여 주로 규제와 급부(給付)에 관련된 행정산출을 전달하는 것이다.

③ 행정산출의 현실화   민원행정은 행정산출의 광범한 전달체제로서 국민과 직접적인 교호작용을 통해 행정산출을 현실화한다.

④ 환류의 통로   민원행정의 체제는 행정의 현장부문이며 촉각장치로서, 행정활동에 대한 환류의 통로가 된다.

2) 민원행정의 의미에 관한 법령의 규정

정부가 민원행정의 문제를 제기하기 시작한 지는 오래되었으나 1970년대에 이르기까지 정부의 각종 보고서나 정책문서에서는 민원행정의 의미를 명료화하려는 노력을 거의 찾아볼 수 없었다.

1970년 말에 제정된 「민원사무처리규정」에서 처음으로 민원사무의 의미를 규정하였다. 민원사무의 종류를 열거하는 방식으로 정의를 시도한 것이다. 「민원사무처리규정」을 갈음하여 1994년에 제정한 「행정규제 및 민원사무기본법」과 그 시행령에서도 비슷한 개념규정을 하였다. 이를 다시 대체하여 1997년에 제정한 「민원사무처리에 관한 법률」과 그 시행령은 구법(舊法)의 민원사무에 대한 개념규정을 그대로 답습하였다.

「민원사무처리에 관한 법률」 제 2 조에서는 민원사무를 민원인이 행정기관에 대하여 처분 등 특정한 행위를 요구하는 사항(민원사항)에 관한 사무라고 규정하였다.

2015년에는 「민원사무처리에 관한 법률」을 대체하여 「민원 처리에 관한 법률」을 제정하고 이를 2016년부터 시행하였다. 이 법률 제2조에서도 민원행정의 대상인 민원을 "민원인이 행정기관에 대하여 처분 등 특정한 행위를 요구하는 것"이라고 규정한다. 민원의 종류도 열거하여 민원의 의미를 구체화하고 있다. 민원의 종류에 관한 법규정은 다음에 민원의 유형분류를 논의하면서 함께 설명할 것이다.

3) 민원의 유형

민원행정은 민원에 대한 행정이다. 따라서 민원의 분류는 곧 민원행정의 분류로 연결될 수 있다.

「민원 처리에 관한 법률」 제2조는 민원의 종류를 일반민원과 고충민원이라는 두 가지 범주로 대별하고, 일반민원은 다시 i) 법정민원, ii) 질의민원, iii) 건의민원, iv) 기타민원으로 분류하였다.

법정민원은 법령·훈령·예규·고시·자치법규 등에서 정한 일정 요건에 따라 인가·허가·승인·특허·면허 등을 신청하거나 장부·대장 등에 등록·등재를 신청 또는 신고하거나 특정한 사실 또는 법률관계에 관한 확인 또는 증명을 신청하는 민원이다. 질의민원은 법령·제도·절차 등 행정업무에 관하여 행정기관의 설명이나 해석을 요구하는 민원이다. 건의민원은 행정제도 및 운영의 개선을 요구하는 민원이다. 기타민원은 법정민원, 질의민원, 건의민원 및 고충민원 외에 행정기관에 단순한 행정절차 또는 형식요건 등에 대한 상담·설명을 요구하거나 일상생활에서 발생하는 불편사항에 대하여 알리는 등 행정기관에 특정한 행위를 요구하는 민원이다. 고충민원은 행정기관 등의 위법·부당하거나 소극적인 처분(사실행위·부작위 포함) 및 불합리한 행정제도로 인하여 국민의 권리를 침해하거나 국민에게 불편 또는 부담을 주는 사항에 관한 민원이다.

이러한 법정 분류 이외에도 민원행정의 실제에서 여러 기준에 따른 민원분류가 행해지고 있다. 그 예를 보면 다음과 같다.

첫째, 민원사무처리를 맡는 행정기관 또는 관계법령이 단수인가 아니면 복수인가를 기준으로 단순민원과 복합민원을 구분한다.

둘째, 처리기간을 기준으로 창구즉결민원과 유기한민원을 구분한다. 전자는 민원접수 당일에 처리해야 하는 민원이며, 후자는 처리기간이 2일 이상 소요되는 민원이다.

셋째, 민원인의 수를 기준으로 개별민원과 집단민원(다수인관련 민원)을 구분한다.

넷째, 민원을 제기하는 의사표시의 수단 또는 매체를 기준으로 문서민원, 전화·우편민원, 전자민원(인터넷민원), 방문민원, 신문·방송민원, 중계민원을 구분한다. 신문·방송민원은 신문지상이나 방송을 통해서 진정, 질의 등의 민원을 제기하고 응답을 얻는 민원이다. 중계민원은 민원인의 주거지와 가까운 동사무소 등 일선행정기관 또는 위탁받은 민간조직이 구청이나 기타 상급기관에서 발급하는 증명서류 등을 대신 발급받아 민원인에게 전달하는 것이다.

다섯째, 정형성 또는 비정형성을 기준으로 정형민원과 비정형민원을 구분한다. 전자는 허가·인가·등록·증명 등에 관한 민원의 경우에서 보는 바와 같은 반복적·정형적 민원으로서 전산처리가 용이한 것이다. 후자는 이의신청·진정·건의 등과 같은 컴퓨터 프로그램으로 처리하기 어려운 민원이다.

2. 민원행정의 병폐와 정부의 개혁사업

1) 병   폐

민원행정의 병폐이며 동시에 개혁의 과제라고 지적되어 온 문제의 주요 범주들을 보면 다음과 같다. 우리 정부도 여기서 지적하는 것과 같은 문제인식을 가져온 것으로 보인다.

① 담당공무원의 부정적 행태   민원행정 담당자의 부패·불공정·무능·불친절이 국민의 원망을 산다.

② 과도한 규제   국민생활에 대한 법적·행정적 규제가 과도하다. 국민의 자유스러운 활동영역을 지나치게 규제하여 불필요한 민원을 발생시키고 국민의 원망을 산다.

③ 지나친 집권화   민원처리권한의 집권화로 인하여 민원인에게 불편을 준다.

④ 과중한 행정벌·복잡한 부관   과중한 행정벌, 복잡한 부관(附款) 등은 이른바 '민원 부조리'(부패)의 발생소지가 된다.[i]

⑤ 처리 지연   민원처리의 규정기간이 너무 길고 민원처리의 부당한 지연이 많아 국민의 불평을 사고 부패를 야기할 수 있다. 금품거래, 친지동원 청탁 등으로 민원의 신속한 처리를 도모하려 할 수 있다.

⑥ 구비서류 과다·복잡한 접수절차   각종 증명서 등 구비서류를 과다하게 요

---

i) 부관이란 행정행위의 효과를 제한하거나 추가의무를 지우기 위해 행정행위의 주된 내용에 다는 부대적 규제이다.

구하며 민원접수절차를 복잡하게 해 국민의 불편과 부담을 가중시키고 있다.

⑦ 비통합적·비협력적 민원처리   복합민원의 복잡한 처리과정, 민원행정기관들의 할거주의로 인한 협조장애, 소관(所管)의 모호성으로 인한 민원처리 지연은 민원인에게 피해를 준다.

⑧ 민간위탁 부진   민간에 위탁하여 처리하는 것이 더 능률적이거나 적어도 무방한 민원업무를 정부에서 관장함으로써 행정의 과부하를 초래하고 국민에게는 충분한 봉사를 하지 못한다.

⑨ 소 극 성   민원을 능동적·적극적으로 발굴하여 국민에게 봉사하려는 행정기관의 노력이 미흡하다.

⑩ 집단민원 처리능력의 취약성   집단민원에 대한 행정기관의 대처능력이 부족하다.

2) 정부의 개혁노력

대한민국 정부수립 이후 정부는 민원행정의 병폐를 시정해 보려는 노력을 계속해 왔다. 그러나 민원행정 개혁사업이 조직화되고 본격화되었다고 말할 수 있게 된 것은 비교적 근래의 일이다.j) 민원행정 개혁이 본격화되었던 1970년대 이후의 자료에 기초해 정부가 인지한 문제영역별로 지금까지 추진해 온 개혁사업의 주요 내용을 요약해 보려 한다.8)

① 민원집중관리조직의 확충·개선   일선 민원행정기관의 민원업무를 집중처리·보완·지원·감시하는 민원집중관리조직들을 신설 또는 강화해 왔다. 민원집중관리조직의 예로 각급 행정기관의 민원실(민원상담실, 시민봉사실, 종합민원실 등), 감사원, 국무총리실의 민원담당부서, 국민권익위원회, 청와대의 민정 및 사정담당부서 등을 들 수 있다.

② 민원행정 담당공무원의 행태 개선   정부는 민원행정을 담당하는 공무원들의 부패·무능·사기저하·불친절을 고쳐보려는 시책들을 펴 왔다. 민원서비스의 행동규범을 강화하고 민원담당 공무원들을 인사 상 우대하는 조치를 취했으며, 그들의 책임을 확보하기 위한 제도들을 도입하였다. 행정서비스 헌장제도의 시

---

j) 1949년 10월 8일에 대통령령으로 제정·공포한 「행정사무처리간행령」(行政事務處理簡行令)(대통령령 197호)은 대한민국 정부가 민원행정 개선에 관하여 보여준 최초의 정책적 관심을 반영하는 것이었다. '민원'이라는 개념을 사용한 법령이 처음 제정된 것은 1963년의 일이다. 1963년 11월 11일에 「민원서류처리규정」(각령 1630호)이 제정·공포되었다.

행도 행동규범 강화의 한 방안이다.

③ 홍보 강화   국민의 편의를 증진하고 국민의 협력을 얻기 위해 민원행정 분야의 홍보를 강화해 왔다. 이를 위해 민원공지제도, 행정예고제도, 민원모니터 제도, 행정상담위원제도, 청문회, 고객만족도조사 등의 적극활용을 독려해 왔다. 민원행정에 대한 고객만족도조사 또는 시민평가제에 대해서는 뒤에 따로 설명 하려 한다.

> 민원공지제도는 민원사무를 처리하는 행정기관이 행정처분과 관련되는 후속사항, 행정벌, 각종 증명서의 유효기간 등 국민이 미리 알아두면 편리할 사항들을 널리 알리는 제도이다. 민 원공지는 민원서식의 뒷면이나 대민공문서를 주로 활용하도록 하고 있다.
>
> 행정예고제도는 국민의 일상생활과 밀접한 관계가 있는 사업을 시행하거나 새로운 정책·제 도·계획을 수립·시행 또는 변경할 때에 국민이 그에 적응할 수 있도록 상당한 예고기간을 두 는 제도이다.
>
> 주로 지방행정기관에서 명예직으로 위촉하는 민원모니터는 생활민원·행정의 오류 등을 적 극적으로 찾아 소관 행정기관에 통보하고 그 처리를 확인하는 역할을 수행한다.

④ 행정규제의 완화와 민원사무 민간위탁   정부는 국민생활의 과도규제에서 비롯되는 민원사무를 줄이고 민원사무의 민간위탁을 확대하기 위하여 노력해 왔다. 과도규제라는 문제의 해결을 위해 인·허가제도 개선, 행정규제의 법정주 의 채택, 규제 신설·강화에 대한 심사제 도입, 무리한 행정벌의 조정 등의 시책 을 추진해 왔다.

⑤ 복합민원의 개선   기관 간 할거주의가 주된 원인으로 작용한 복합민원의 폐단을 시정하려는 노력을 계속해 왔다. 그 방법으로는 다원화된 민원창구의 일 원화, 유사·중복민원의 통폐합, 권한위임을 통한 절차의 간소화를 처방하였다.

⑥ 민원 1회방문처리제   민원 1회방문처리제(one stop service)는 담당공무원 의 능동적이고 책임 있는 민원처리를 촉진하고, 민원인이 반드시 필요하지도 않 은데 같은 민원의 처리를 위해 재차·삼차 행정기관을 방문하는 일이 없도록 하 려는 제도이다. 이것은 민원사무를 처리함에 있어 해당 행정기관의 내부에서 할 수 있는 자료의 확인, 관계기관 또는 부서와의 협조 등에 따른 모든 절차를 담 당공무원이 직접 이행하도록 하는 제도이다.k)

---

k) 민원 1회방문처리제의 운영과정을 구성하는 절차는 ① 상담창구의 운영, ② 민원후견인의 지 정, ③ 실무종합심의회의 운영, ④ 민원조정위원회의 재심의, ⑤ 소관 행정기관의 장에 의한

⑦ 권한위임   인·허가 등 민원업무처리를 가능한 한 관계 있는 주민의 생활권과 가까운 일선행정기관에 위임하여 민원인과 민원처리기관의 시간적 및 공간적 근접성을 높이려고 노력하여 왔다.

⑧ 접수·처리방법의 기술적 개선   정부는 민원사무 접수·처리의 절차와 방법을 개선하고 전산화를 추진해 왔다. 그러한 노력의 예로 민원접수방법의 간편화, 처리기간 단축, 구비서류 감축, 중간통보제와 대안통보제의 실시 등을 들 수 있다.

전자정부의 구축과 더불어 민원행정의 전산화에 박차를 가해 왔다. 여러 가지 민원을 인터넷으로 처리할 수 있는 시스템이 운영되고 있다. 행정업무처리를 온라인화함으로써 공무원들의 업무수행이 관리·감독자들뿐만 아니라 민원인들에게도 공개되게 하는 프로젝트('하모니')가 추진되고 있다.

중간통보제는 민원을 접수한 후 30일이 경과하거나 민원인의 요청이 있을 때 행정기관의 장이 처리진행상황과 처리예정일 등을 서면으로 민원인에게 통지하는 제도이다. 대안통보제는 행정기관이 민원인의 청구를 불허할 때 민원인의 입장에서 가능한 대안을 찾아 알려주는 제도이다.

⑨ 민원후견인제와 민원조정위원회   민원인에게 조력하고 민원처리의 공정성을 확보하기 위해 이 두 가지 제도를 채택하였다.

민원후견인제는 행정경험이 많고 지역실정에 밝은 시·도, 시·군·구의 계장 또는 과장을 여러 기관이 관련된 민원이나 처리기간이 10일 이상 걸리는 절차가 복잡한 민원의 후견인으로 지정해 접수민원의 처리가 끝날 때까지 전과정을 후견하게 하는 제도이다. 민원조정위원회는 개별적인 민원담당 공무원에게 맡길 수 없거나 맡기면 민원처리가 제대로 될 수 없는 사안들을 심의·조정하기 위해 행정기관이 설치·운영하는 위원회이다.

⑩ 집단민원 대처능력 강화   집단민원이 빈발하는데도 정부가 이에 적절히 대응해 오지 못했다는 문제인식에 따라 정부수뇌부는 집단민원에 대하여 각별한 정책적 관심을 기울이고 정부의 집단민원 관리능력 개선을 독려해 왔다.

⑪ 소외민원 처리 개선   소외민원의 처리제도를 개선해 왔다. 소외민원이란 민원을 제기할 능력이 없는 소외계층의 민원, 여러 부처에 관련되고 민원인이

최종결정 등 다섯 가지이다.

다수인 민원, 그리고 불합리한 법률과 제도 때문에 반복적으로 제기되는 민원을 의미한다.

3. 민원행정개혁의 방향

우리 정부가 추진해 온 민원행정 개혁사업의 실천적인 역점은 수단적·절차적인 문제와 거기에서 비롯된 결과적 요인의 처치에 놓여 있었던 것으로 보인다. 원인적인 문제에 대한 치유책이 수립되었더라도 그 성과는 근본적인 것이 못되었다고 말할 수 있다.

민원행정은 마치 모세혈관처럼 국민생활에 삼투되는 작용이므로 높은 대응성을 가지고 국민통합에 기여하는 일차적인 책임을 맡아 줄 것이 기대된다. 이러한 기대에 부응하려면 다양하고 급변하는 행정수요에 효율적으로 대응하고 행정산출의 인도주의적 전달을 보장해야 한다. 약자를 돕고 소외계층의 어려움을 해소하기 위해서도 능동적인 기능을 발휘해야 한다.

정부가 그 동안 발굴하여 추진해 온 개혁방안들은 계속하여 가다듬으면서 실천해 나가야 할 것이다. 그리고 보다 근원적인 문제의 해결을 위한 노력을 한층 강화하여야 할 것이다.

① 처리절차의 개혁과 정보화 민원의 접수·처리에 관한 절차와 그에 결부되는 여러 가지 기술적·제도적 측면의 문제들을 계속하여 개선함으로써 민원인의 부담을 덜고 행정의 효율화를 도모해야 할 것이다. 민원접수의 편의 증진, 사전승인·추천 등의 감축, 구비서류의 감축, 처리기간의 단축, 복합민원의 통폐합, 민원사무처리의 전산화는 앞으로도 끊임없이 추진해야 할 과제임이 틀림없다.

② 공개성과 능동성의 제고 민원처리과정의 공개를 촉진하고 민원안내와 홍보활동을 강화해야 할 것이다. 그리고 민원의 능동적 발굴과 책임 있고 능동적인 민원처리를 촉진해야 한다.

③ 민원실·민원창구의 개선 국민권익위원회, 각급 행정기관의 민원실 등 민원집중관리구조를 강화하여 민원행정 개혁의 정착에 앞장서게 하여야 한다.

④ 행정규제 완화와 민원처리 민간위탁 확대 우리나라는 오랫동안 행정팽창과 행정규제 확대의 경험을 가지고 있는 반면 규제완화를 요구하는 사회·경제적 변화는 급속히 진행되고 있으므로 앞으로 상당기간 행정규제를 완화하고 민원사무처리의 민간위탁을 확대해 나가야 할 것이다.

⑤ 행정절차제도 운영의 내실화   우리나라에서 이미 법제화되어 있는 행정절차제도를 정착시키고 내실화해야 한다.

⑥ 담당공무원의 행태개선   민원행정 담당자들의 부패를 억제하고 친절·공정한 봉사를 보장하기 위한 노력을 계속해야 한다.

⑦ 집단민원 처리능력의 신장   집단민원 대처능력의 획기적인 향상을 위해 포괄적인 개혁노력을 경주해 나가야 할 것이다.

⑧ 입증책임의 방향전환   민원행정에 관한 입법에서는 민원인에 대한 입증책임전가의 원칙이나 입증이 없는 경우에는 민원인에게 불리한 처분을 하도록 하는 행정절차 상의 원칙을 점차 시정해 나가야 한다. 민원인입증책임주의는 완화하고 정부입증책임주의는 강화해 나가야 한다.

⑨ 행정체제의 전반적 개혁   보다 근본적인 제도개혁의 과제는 행정관리체제의 기본정향과 구조설계의 원리를 바꾸어 민원행정의 폐단발생을 원인적으로 치유하는 것이다.

집권적 고층구조화, 불신주의적 감시·통제, 조직구성원의 피동화, 기능별 집단화에 따른 기계적·분립적 구조, 공급자중심주의, 목표보다 절차를 중요시하는 목표대치의 경향 등 전통적 관료제의 폐단을 고쳐 나가야 한다.

4. 민원행정에 대한 고객의 평가

민원행정서비스에 대한 고객평가제는 행정서비스 전반의 질적 수준에 대한 시민평가제의 한 유형이다. 행정서비스의 품질에 대한 시민평가제를 먼저 검토하고 우리나라에서 시행하고 있는 민원행정서비스에 대한 고객만족도 평가제도를 설명하려 한다.

1) 행정서비스의 품질에 대한 시민평가제도

행정서비스의 품질에 대한 시민평가제는 고객지향적 행정서비스의 구현을 위한 개혁사업의 일환으로 개발된 제도이다. 고객중심주의적 사고방식의 확산은 행정서비스의 품질을 고객의 수요에 맞게 개혁하려는 운동을 인도하고 촉진하는 추진력을 제공하였다. 행정서비스에 연관된 여러 조건들이 또한 그러한 개혁운동에 동인을 제공하였다. 비용절감의 요청, 행정서비스에 대한 시민의 불만, 시민의 발언권 요구 증대, 행정서비스의 품질 개선을 가능하게 하는 기술의 발전, 사기업의 고객지향적 서비스기법을 정부부문에 이전할 수 있다는 견해의 확산, 민주화의 촉진 등을 그 예로 들 수 있다.[9]

여기서 논의하는 시민평가제는 행정서비스의 품질을 시민이 평가하는 제도이다.

(1) 정 의   시민평가(citizen evaluation)는 행정기관이 제공하는 서비스에 대한 시민(고객)의 직접적인 평가이다. 그 주요 특성을 보면 다음과 같다.

① 고객이 하는 평가   시민평가제에서 서비스의 사용자인 고객은 행정서비스를 평가하고 개혁을 유도하는 행동주체로 간주된다. 시민평가에 시민일반이 광범하게 참여하는 경우도 있으나 대개는 서비스를 받는 고객들만 참여한다. 시민평가의 주류는 고객평가이다.

② 직접적 참여   시민평가는 직접적인 시민참여방법으로서 전통적 정치과정을 통한 간접참여를 보완한다.

③ 주관적 평가   시민평가는 질적이며 주관적인 평가이다. 평가는 행정서비스에 대한 시민의 주관적 인식과 만족도를 표현하는 방법이다.

(2) 행정서비스의 품질   시민평가의 대상은 행정서비스의 품질(品質: service quality: SERVQUAL)이다. 여기서 품질은 추구하는 목표에 대한 적절성 또는 적합성이라고 일반적으로 정의할 수 있다. 시민평가에서 품질은 시민의 요구 또는 기대에 대한 적절성 또는 적합성을 의미하게 된다. 시민평가를 통해 확인되는 행정서비스의 품질은 고객이 지각하는 주관적 품질이다.

서비스 품질의 의미는 그 구성요소(차원·결정요인·평가기준)들을 정의해야 구체화·조작화된다. 서비스 품질을 연구하는 사람들은 평가척도모형의 개발을 위해 서비스 품질의 구성요소들을 선택하고 정의한다. 시민평가제를 실시하는 행정기관들도 제각기 그러한 작업을 한다.

서비스 품질의 구성요소에 대한 견해는 다양하다. 여기서는 두 가지 예만을 소개하려 한다.

① Parasuraman 등의 모형   행정서비스 품질평가에 관한 개척적 연구를 해온 A. Parasuraman과 그 동료들은 서비스 품질 평가척도모형(SERVQUAL scale model)에 포함시킬 10가지의 차원(dimensions)을 열거하였다. 10가지 차원이란 ⅰ) 가시적 요인, ⅱ) 신뢰성, ⅲ) 대응성, ⅳ) 의사전달, ⅴ) 신빙성, ⅵ) 안전보장, ⅶ) 능력, ⅷ) 고객을 이해하려는 노력, ⅸ) 정중함, 그리고 ⅹ) 접근용이성

을 말한다.10)

　　가시적 요인(tangibles)은 물적 시설, 도구, 직원의 용모 등 서비스의 물적 증거가 되는 요인
들이다. 신뢰성(reliability)은 업무수행의 일관성과 확실성이다. 대응성(responsiveness)은 직원
의 봉사의욕과 봉사의 적시성이다. 의사전달(communication)은 고객이 이해할 수 있는 언어로
정보를 제공하고 고객의 의견을 경청하는 특성이다. 신빙성(credibility)은 믿음직하고 정직한
특성이다. 안전보장(security)은 위험·모험·의심이 없는 특성이다. 능력(competence)은 업무
수행에 필요한 지식·기술을 구비하고 있는 특성이다. 고객을 이해하려는 노력(understanding/
knowing the customer)은 고객의 필요를 이해하려고 노력하는 특성이다. 정중함(courtesy)은
담당직원이 고객에 대한 존경심을 가지고 예의바르게 행동하며 배려적이고 우호적인 태도를 보
이는 특성이다. 접근용이성(access)은 서비스에 대한 접근이 용이한 특성이다.

　　② Shand의 모형　　David Shand는 OECD 회원국들의 경험을 종합하여 빈번
하게 선택되고 있는 행정서비스 품질의 구성요소들을 간추린 바 있다. 그가 열
거하는 구성요소들은 ⅰ) 적시성(timeliness), ⅱ) 서비스의 양 또는 규모(amount
or volume), ⅲ) 접근용이성과 편리성(accessibility and convenience), ⅳ) 계속적 사
용가능성(availability or continuity), ⅴ) 정확성(accuracy), ⅵ) 안전성(safety), ⅶ) 적
절성(appropriateness or suitability), ⅷ) 유쾌함(pleasantness), ⅸ) 단순성(simplicity),
그리고 ⅹ) 가격(수익자부담비용: price)이다.11)

　　(3) 효용과 한계　　고객중심주의를 지향하는 행정서비스의 궁극적 목적은
고객의 만족을 얻어내는 것이다. 시민평가제도는 그러한 만족의 수준을 측정하
고 평가하는 가장 직접적인 수단이다. 시민평가의 결과는 향후의 정책입안과 서
비스개선에 유용한 환류정보를 제공한다.　행정서비스의 고객들은　서비스의
평가에 참여했다는 사실 자체로부터 참여감 등의 만족감을 느낄 수 있다.

　　그러나 시민평가는 비전문가의 주관적 평가이기 때문에 객관성·타당성이
결여될 가능성이 크다. 행정서비스에 직결되지 않는 요인들이 평가에 영향을 미
칠 수 있다. 따라서 여러 가지 착오를 범할 수 있다. 행정서비스를 받은 경험이
없는 사람도 평가자로 선정되는 사례가 많다.12)

2) 민원행정서비스에 대한 고객만족도 평가제도

　　(1) 정　　의　　민원행정서비스에 대한 고객만족도 평가제도는 민원행정의
'전달된' 서비스에 대한 민원인들의 태도를 조사하여 그들의 만족도를 확인하는

제도이다. 이것은 행정서비스에 대한 시민평가제도의 일종이다.

우리 정부에서는 정부업무평가제도를 운영하고 있다. 민원행정서비스에 대한 고객만족도 평가는 정부업무평가의 일종이다.[1]

(2) **평가모형**　　　민원행정서비스에 대한 고객만족도를 조사·평가할 때도 평가척도모형을 사용한다. 평가척도모형에서는 고객만족의 차원과 그에 관한 세부질문항목을 정의한다. 고객만족 차원의 열거에 통일성이 있는 것은 아니다. 두 가지 예를 보고 행정서비스 품질평가제에 대해 언급하려 한다.

한국행정연구원에서 개발하여 보급하였던 '고객만족도 조사모델'에서는 고객만족의 여섯 가지 차원을 정의하였다. 여섯 가지 차원이란 ⅰ) 접근용이성, ⅱ) 편리성, ⅲ) 신속·정확성, ⅳ) 쾌적성, ⅴ) 대응·환류성, 그리고 ⅵ) 형평성을 말한다.[13]

서울특별시가 개발하여 사용한 바 있는 '민원서비스 시민평가 항목'에서는 ⅰ) 민원안내 및 접근용이성, ⅱ) 공무원의 응대친절도, ⅲ) 이용편의성, ⅳ) 업무처리 태도, ⅴ) 업무처리 편리성, ⅵ) 편의·쾌적성(편의시설의 구비정도, 시설의 쾌적성)을 고객만족의 차원으로 열거하였다.[14]

서울특별시는 행정서비스에 대한 시민들의 주관적인 만족도만을 조사·평가하는 시민만족도조사로는 서비스의 소비자요구에 대한 일치도를 제대로 파악할 수 없다고 판단하여 전문가의 평가를 추가한 '서비스 품질평가제'를 도입하기도 하였다. 서비스 품질평가는 객관성·신뢰성을 확보하기 위해 행정기관 외부의 전문평가기관에 위촉하여 실시한다. 평가는 소비자 만족도 평가와 전문가 평가로 나누어 실시한다.[15]

소비자 만족도 평가지표에는 ⅰ) 과정평가차원의 신속성·신뢰성·친절성, ⅱ) 결과품질평가차원의 욕구충족성·호감성, ⅲ) 환경품질평가차원의 쾌적성·편리성·심미성(審美性), ⅳ) 사회품질평가차원의 공익성·안전성이 포함된다.

전문가 평가지표에는 ⅰ) 리더십평가차원의 리더십·전략과 계획, ⅱ) 자원평가차원의 인적자원·지식자원·물적자원과 예산, ⅲ) 관계평가차원의 시민과의

---

[1] 「정부업무평가 기본법」 제2조는 정부업무평가를 "국정운영의 능률성·효과성 및 책임성을 확보하기 위해 중앙행정기관과 그 소속기관, 지방자치단체와 그 소속기관, 그리고 공공기관이 행하는 정책·사업·업무 등에 관하여 그 계획의 수립과 집행과정 및 결과 등을 점검·분석·평정하는 것"이라고 규정한다.

관계·협력업체 관계·지역사회 관계, ⅳ) 과정평가차원의 프로세스 관리·프로세스 개선이 포함된다.

Ⅲ. 행정지도

1. 행정지도란 무엇인가?

국민생활에 영향을 미치는 행정체제의 모든 활동을 법령으로 낱낱이 직접 규율할 수는 없는 것이다. 그러므로 법령의 지시 하에서, 또는 법령으로부터 직접적인 근거를 제공받지 않은 가운데 일어나는 사실 상의 행정활동이 있다. 그 중의 한 가지가 이른바 행정지도이다.m)

행정지도에 해당하는 현상은 어느 나라에나 있지만 우리나라의 경우에는 행정지도의 비중이 비교적 무겁고 그 성격 또한 특이한 점이 많다. 그러나 행정지도의 연구는 오랫동안 행정법학에만 맡겨져 있었다.

행정지도 연구의 법학적 접근이 행정학도들에게는 결코 만족스러운 것이 아니다. 행정법학에서 개념과 연구결과들을 빌려오더라도 거기에 상당한 수정을 가해야 한다. 우선 행정지도를 권력적인 작용으로 보아야 할 것이다. 그리고 행정주체나 행정객체와 같은 시대착오적 개념들도 버려야 할 것이다.

1) 정 의

행정지도(行政指導: administrative guidance)는 행정기관의 공무원이 그의 관할 내에서 어떤 행정목적의 달성을 위하여 시민에게 영향을 미치려는 활동으로서, 법적 구속력을 직접 수반하지 않는 것이라고 정의할 수 있다.n)

이러한 개념정의에 내포된 행정지도의 주요 특성은 다음과 같다.16)

① 공무원의 행위   행정지도는 국가 또는 지방자치단체의 행정기관에 근무하는 공무원들이 직무에 관련하여 하는 활동이다.

---

m) 구체적인 사례에 따라 행정지도를 '권고', '협조요청', '지시', '단속' 등으로 표현할 때가 있다. 그리고 지방행정 분야에서는 행정지도라는 말 대신 '주민지도'라는 말을 널리 쓰고 있다. 행정지도라는 말이 우리 행정에서 관행화되어 있기 때문에 여기서도 쓰고 있다. 그러나 민주행정에 행정지도라는 말은 어울리지 않는다.

n) 「행정절차법」 제2조는 "행정지도란 행정기관이 그 소관사무의 범위에서 일정한 행정목적을 실현하기 위하여 특정인에게 일정한 행위를 하거나 하지 아니하도록 지도, 권고, 조언 등을 하는 행정작용을 말한다"고 규정한다.

② 국민을 대상으로 하는 행위   행정지도는 국민(시민)을 대상으로 하는 행정체제의 경계기능적 작용이다. 행정지도를 받는 시민은 특정한 개인일 수도 있고, 법인이나 단체일 수도 있다. 개인의 경우 한 사람이 대상이 될 수도 있고, 동시에 여러 사람이 대상이 될 수도 있다.

③ 의사표시적·비정형적 행위   행정지도는 시민에게 영향을 미치려는 의사표시적 행위이며, 그것은 직접적인 법령의 근거를 언제나 필요로 하는 것이 아니고, 지도형식에 일률적인 제한을 받지도 않는다.o)

④ 권력을 배경으로 하는 행위   행정지도는 공무원의 각종 권력을 배경으로 하는 활동이다. 공무원이 행사할 수 있는 여러 가지 권력에 의하여 행정지도의 실효성이 담보된다. 이러한 견해는 행정법학의 관점과 현저히 다른 것이다.

행정지도의 어떤 구체적인 행동이 직접적으로 법적 구속력이나 강제처분을 수반하는 것은 아니다. 그러나 행정지도의 비권력성을 주장하는 것은 권력의 의미를 너무 좁게 이해하는 견해 때문이다. 행정지도에 대한 복종이 상대방의 임의에 달려 있다고 하는 것은 맞지 않는 말일 때가 많다.p)

> 행정기관의 공무원들은 행정지도에 대한 복종을 유도할 수 있는 여러 가지 권력을 지니고 있다. 특정한 행정지도 자체에 대한 법적 권한이 규정되어 있지 않더라도 조직법 상 그러한 행위가 정당한 것으로 이해될 때에 행정지도를 하는 사람은 정당한 권력을 가진다. 행정지도에 연관시켜 공무원은 상대방에게 각종 보상을 주거나 뺏을 수 있는 이른바 보상적 권력을 지니는 경우가 많다. 우월한 지식·기술·정보를 보유하는 데서 나오는 전문적 권력이나 행정체제의 공공적 상징성에 의한 준거적 권력도 행정지도에 대한 승복을 가져오는 데 작용할 수 있다. 특정한 행정지도를 상대방이 거부하면 그 자체에 대해서는 법적 강제를 할 수 없더라도 다른 문제를 들고 나와 강제적·처벌적 조치를 할 수 있는 강압적 권력을 공무원들이 보유하는 경우도 많다.

---

o) 영향을 미치려고 하는 행동이 의사표시적이라고 하는 것은 행정지도가 물리작용이기보다는 원칙적으로 정신작용이라는 뜻이다. 특정한 행정지도를 직접 뒷받침하는 법령의 규정이 항상 있어야 하는 것은 아니라고 하지만 행정지도가 진정 법외적(法外的)이거나 위법적인 것은 아니다. 적어도 규범적으로는 법령의 범위 내에서 이루어져야 한다.

p) 「행정절차법」 제48조는 행정지도에서 상대방의 의사에 반하는 강제를 하거나 순응거부자에 대해 불이익조치를 하는 것을 금지하고 있다. 그러나 이러한 추상적 법조항이 행정지도의 권력성을 배제하기는 어려울 것이다.

2) 유   형

행정지도의 종류는 다양하게 분류되고 있다. 그 대표적인 유형론은 기능을 기준으로 i) 규제적 행정지도, ii) 조정적 행정지도, 그리고 iii) 조성적 행정지도를 구분하는 유형론이다. 규제적 행정지도는 공익 일반 또는 구체적인 행정목적에 위배되는 행위를 규제 또는 예방하려는 것이다. 조정적 행정지도는 서로 대립되는 당사자들의 이해관계를 조정하려는 것이다. 조성적 행정지도는 상대방인 시민의 이익을 증진시키기 위한 봉사적 행정지도이다. 조성적 행정지도는 촉진적 또는 조언적 행정지도라고 부르기도 한다.

이 밖에 직접적인 법적 근거의 유·무,q) 목적, 형식, 상대방의 수, 신청의 유·무, 접촉의 직접성 또는 간접성 등을 기준으로 한 행정지도 유형론들이 있다

2. 행정지도의 팽창

1) 팽창의 이유

우리나라에서 행정지도가 과다하게 쓰여 온 이유는 여러 가지 측면에서 설명할 수 있을 것이다.

① 불가피하기 때문에   행정지도라는 현상이 생겨나지 않을 수 없는 근원적인 이유에서부터 이야기를 시작할 수 있다. 근원적인 이유란 모든 행정활동을 빠짐없이 법으로 규정하는 것이 불가능하다는 사실이다. 법으로 모든 것을 직접 규정할 수 없을 때 행정지도와 같은 현상이 불가피하게 생겨나기 마련이다.

이러한 이유는 어떤 행정체제에나 해당되는 것이다. 여기서 이를 따로 논의하지는 않을 것이다.

② 기능적 효용이 있기 때문에   다음으로 생각할 수 있는 것은 행정지도 자체의 기능적 효용이다. 법규적 강제력이 있는 행정작용에 견주었을 때, 행정지도가 지니는 상대적 이점들이 있고 법규적 행위를 보완해 주는 역할을 할 수 있기 때문에 행정지도가 많이 쓰이게 되는 측면이 있다.

---

q) 지난날 법학에서는 행정지도를 법률행위가 아닌 사실행위라고 하면서 그 법외성을 논의했지만, 행정지도는 결코 법제도와 무관한 것이 아니며 법외적일 수도 없는 것이다. 행정지도는 직접적이거나 간접적인 법규범의 테두리 안에서 이루어져야 하는 것이다. 여기서 법적 근거를 기준으로 한 유형론이라고 하는 것은 법적 근거가 지니는 직접성과 구체성의 수준을 기준으로 한 유형론이라는 뜻이다.

행정지도의 기능적 효용 역시 어느 나라에서나 다소간에 발휘될 수 있다. 다만 기능적 효용발휘의 수준은 문화권에 따라 달라질 수 있는 것이다.

③ 행정 내외의 조건 때문에 끝으로 생각할 수 있는 것은 행정체제 내외의 여건이다. 행정체제 내의 제반조건과 환경의 사회문화적·정치적·경제적 조건이 행정지도의 양태와 양을 좌우하는 데 크게 작용한다.

우리나라의 여건은 행정지도를 광범하게 유발해 왔다. 우리나라 특유의 여건에서 비롯된 행정지도 팽창의 이유가 우리의 주된 관심사이다.

2) 행정지도의 기능적 효용성

행정지도에는 법적 구속력이 직접 부여된 행정행위와 비교하였을 때, 다음과 같은 기능적 효용 또는 이점이 있는 것으로 보인다.[17]

① 행정의 적시성·상황적응성 제고 행정지도는 새로운 또는 긴급한 행정수요나 법률이 규율하지 못하는 행정수요에 응급적으로 또는 보완적으로 대응할 수 있다. 새로이 개발한 행정시책에 관한 입법을 하기 전에 법시행의 분위기를 조성하거나 시책의 집행가능성과 타당성을 가늠해 보기 위해 행정지도가 쓰일 수도 있다.

② 행정의 간편성 제고 행정지도는 간편하다. 우선 입법과정의 복잡한 절차를 거칠 필요가 없다. 그리고 법적 구속력이 있는 행위에 관하여 규정되어 있는 여러 가지 절차(청문·예고·협의·결재 등)를 거치지 않고도 공무원은 간편하게 행정지도를 할 수 있다.

③ 행정의 원활화 행정지도를 활용하면 행정체제와 시민 사이의 분쟁 또는 마찰을 줄일 수 있다.

④ 온정적 행정의 촉진 냉혹한 법적 조치보다는 융통성이 있으며, 때로는 상대방과 의논하여 관대한 처리를 해줄 수도 있는 가능성이 있기 때문에 행정지도는 온정적 특성을 지닌다고 한다.

⑤ 행정절차의 민주화 촉진 행정지도의 과정에서 상대방과 협의가 이루어질 수 있으므로 행정지도는 행정절차의 민주화에 기여할 수 있다.

⑥ 필요한 비밀의 보호 행정지도는 문서로 해야 한다든지, 일정한 공개적 절차를 밟아야 한다든지 하는 조건을 반드시 충족시켜야 하는 것은 아니다. 보안을 요하는 사항의 은밀한 처리를 위하여 또는 상대방의 명예와 이익을 보호하기 위하여 행정지도가 그 수단으로 쓰일 수 있다.

3) 행정지도를 팽창시킨 여건

우리나라에서 행정지도를 팽창시켜 그것이 지나치다고 판단되는 수준까지 몰고 온 요인은 여러 가지이다.

① 발전행정과 행정팽창의 유산   과거 개발연대에 행정이 민간부문의 발전을 선도·관리하면서 여러 가지 발전사업을 직접 수행하고, 발전추진자로서 우월한 지식·기술·가치를 전파하였다. 그 과정에서 전반적인 행정간여 팽창과 더불어 행정지도의 영역을 엄청나게 확장해 놓았다.

② 급속한 환경변화와 정책혼란   행정환경의 급속한 변화와 복잡성의 증대는 행정의 융통성과 응급대응능력의 제고를 요구하게 된다. 급속히 변동하는 행정수요에 공식적 법규범이 신속하게 대응할 수 없을 때 행정지도와 같은 작용이 늘어나기 마련이다.

변화하는 상황에 대응하려는 정책의 일관성 결여와 행정목표의 빈번한 변동도 행정지도를 더욱 빈번하게 한 원인의 하나로 지목할 수 있다. 정책이 바뀔 때마다 새로운 행정지도가 있어야 했기 때문이다.

③ 민간부문의 정부의존적 성장   경제성장이 오랫동안 정부의존적으로 이루어졌다. 따라서 기업 등 경제활동단위에 대한 행정지도가 많아졌고, 지도의 상대방은 그것을 거부하기 어려운 처지에 놓이게 되었다. 행정지도가 쉽게 받아들여지기 때문에 더 많은 행정지도를 유발하게 되었다.

④ 정부주도의 사회개혁운동   새마을운동과 같은 사회개혁운동을 오랫동안 정부가 실질적으로 주도하였다. 민간주도의 사회개혁운동임을 표방했더라도 그 내실은 대부분 정부주도의 운동이었다. 행정지도는 정부주도적 사회개혁운동의 주요 수단이었다.

⑤ 경제위기   경제위기가 닥치면 경제에 대한 정부개입이 늘어난다. 행정지도는 그러한 개입확대의 첨병이 된다.

⑥ 법과 현실의 괴리   우리나라에 도입된 현대법의 체계는 대부분 '외래적'인 것이다. 이와 같은 외래적 성향의 법규범은 처음부터 법과 현실의 괴리를 안고 시행되는 일이 많았다. 이로 인한 법위반의 만연은 행정지도의 영역을 넓혔다. 행정지도라는 편법으로 엄격한 법집행을 회피하는 일이 많아진 것이다.

⑦ 공무원과 시민의 부정적 행태   공무원이나 시민의 부정적인 행태가 행정지도를 늘렸다.

공무원들의 편의주의적 행태는 현실을 호도하거나 일시적 어려움을 모면하려는 행정지도를 늘렸다. 공무원의 군림적 행태나 지나친 온정주의적 행태도 행정지도를 늘렸다.

시민의 이기적 편의주의, 특권의식, 정의적(情誼的) 행동성향, 행정에 대한 피동적 태도가 또한 행정지도를 유발하거나 쉽게 했다.

3. 행정지도의 폐단과 개선대책

1) 폐   단

행정지도의 팽창으로 인한 폐단은 여러 가지이며 운영의 잘못으로 인한 비효율도 크다. 행정지도의 폐단은 흔히 그 기능적 효용과 결부되어 있다.[18]

① 법치주의의 침해   행정지도는 구체적이고 직접적인 법규의 수권이 없이도 할 수 있기 때문에 법치주의 또는 법률에 의한 행정의 원리를 침해하게 된다.

② 불분명한 행정책임   행정지도는 직접적인 수권법규 없이도 할 수 있고 문서주의가 엄격하게 적용되는 것도 아니기 때문에 그 책임소재가 불분명할 수 있다.

③ 구제수단의 미비   행정지도에 불만인 상대방 또는 지도에 따랐기 때문에 피해를 입은 상대방이 이를 법적으로 다투거나 피해보상을 청구하기가 어렵다. 행정책임을 불분명하게 하는 요인들, 그리고 행정지도의 비강제성에 대한 법적 의제(法的 擬制)가 피해자의 권리구제를 어렵게 하는 가장 큰 걸림돌이다.

④ 공익에 대한 침해   행정기관의 편의와 상대방의 편익이 영합된 행정지도는 제삼자의 이익이나 공공의 이익에 손상을 줄 수 있다.

⑤ 행정의 형평성 상실   행정지도는 원칙적으로 공무원들의 재량에 달려 있기 때문에 행정지도의 형평성이 보장되기 어렵다.

⑥ 행정의 밀실화   행정지도는 엄격한 요식적 절차를 거치지 않고 은밀히 할 수도 있다. 이러한 은밀성은 필요한 기밀의 보안에 기여할 수도 있다. 그러나 은밀성은 비밀주의를 조장하여 행정을 폐쇄화하고 행정에 대한 불신을 키울 수 있다.

⑦ 행정의 과도한 팽창   행정지도의 증대는 그 자체가 행정팽창의 한 양태이다. 행정지도는 또한 행정의 전반적인 경계확장을 유도할 수 있다.

⑧ **비효율적 운영**   위에서 지적한 폐단들도 거의가 행정지도의 운용을 잘못하는 데서 빚어질 수 있는 것들이다. 그 밖에도 운영의 미숙이나 과오로 행정지도의 효율성을 살리지 못하고 목표대치를 빚는 등 문제를 야기할 수 있다. 비효율의 원인 또는 양태로 ⅰ) 획일주의, ⅱ) 형식주의, ⅲ) 졸속성, ⅳ) 단기적 관심, 그리고 ⅴ) 권위주의적 태도를 지적할 수 있다.

2) 개선대책

근래 촉진된 민주화의 추세는 위에 지적한 행정지도의 폐단 가운데 일부를 이미 우리가 감지할 수 있을 만큼 완화시켰다. 지금과 같은 민주화 추세가 계속 진전되고 지방자치가 활성화되면 저절로 해결될 문제들이 많을 것이다. 공무원들의 고압적 자세는 지금 많이 누그러져 있다. 관편의주의적 행정이나 밀실적 행정도 상당한 견제를 받고 있다. 행정지도의 폐해를 방지하려는 입법도 진척되고 있다.

이와 같이 행정지도의 개선에 유리한 분위기가 조성되고 있지만 의식적 노력으로 가일층의 개선을 도모해야 할 것이다. 행정지도 개혁의 방안을 다음과 같이 처방해 볼 수 있다.

① **민주주의 이념의 내재화**   가장 기본적이고 포괄적인 과제는 행정민주화를 촉진하는 것이다. 민주행정의 기본목적 또는 이념을 행정체제 전반에 내재화하고, 행정지도에서 고객중심주의를 확고히 정착시키도록 노력해야 한다.

② **절차의 정당성 제고**   계속적·일상적인 행정지도에 대해서는 가능한 한 근거·절차 등을 규정하는 공식적 규범을 설정하도록 해야 한다. 반복적인 지도가 아니더라도 국민의 권익침해가 우려되는 경우에 대해서는 법적 제약을 두는 것이 바람직하다.

③ **권익보호의 통로 확대**   행정지도로 인한 시민의 피해를 구제할 수 있는 수단을 강화해 나가야 한다. 예방조치와 사후구제조치를 함께 개선해 나가야 한다.

④ **행정의 간여범위 축소**   적정수준에 이를 때까지 전반적인 행정간여를 축소해 나가야 한다. 특히 경제생활 영역에 대한 규제적 행정, 규제적 행정지도의 대폭완화가 요망된다.

⑤ **법의 현실적합성 제고**   입법의 적시성을 높여 응급적 행정지도가 남발되거나 지도준칙을 만들어 시행하는 요강행정이 장기화되는 것을 억제해야 한다.

그리고 법정신이 법과 현실의 괴리를 의도적으로 설정한 경우가 아닌 한 법과 현실적 조건의 괴리는 제거해야 한다.

⑥ 행정지도의 효율성 제고　　행정지도 자체의 기술적 효율성과 생산성을 높여야 한다. 행정지도는 형평성 있고 일관성 있게 소기의 목적을 달성할 수 있어야 한다. 행정지도의 병폐로 지적되어 온 졸속성과 형식주의는 시정해야 한다.

⑦ 공무원의 행태 개선　　공무원들의 준법의식과 직업윤리의식을 높이기 위한 교화 및 통제활동을 개선해야 한다.

⑧ 행정체제와 환경의 거시적 개혁　　행정체제와 그 환경이 개혁되어야 행정지도의 근본적인 개혁이 가능한 것이다.

통합형·협동형의 행정관리체제를 발전시켜 나가야 한다. 정책결정과정을 개선하여 정책의 바람직하지 못한 조령모개를 억제해야 한다. 공개행정을 촉진하고 행정과정 전반에 대한 시민참여의 범위와 통로를 확대해 나가야 한다.

정치적 민주화 촉진, 지방자치 활성화, 시민의식 개발은 행정지도 개혁의 전제적 조건이 된다. 시민들의 준법정신과 권리·의무에 대한 자각이 높아져야 한다. 시민들은 행정과정에 능동적으로 참여할 수 있는 의욕과 능력을 갖추어야 한다.

「행정절차법」 제48조 내지 제51조는 행정지도의 남용으로 인한 국민의 권익 침해를 방지하기 위해 일련의 조항을 두고 있다. 그 내용을 보면 ⅰ) 행정지도는 필요한 최소한에 그쳐야 한다는 것, ⅱ) 상대방의 의사에 반하여 강요해서는 안 된다는 것, ⅲ) 상대방이 행정지도에 따르지 않았다는 이유로 불이익조치를 해서는 안 된다는 것, ⅳ) 행정지도를 하는 공무원은 상대방에게 행정지도의 취지·내용과 공무원의 신분을 밝혀야 하며, 상대방은 그것을 기재한 서면의 교부를 요구할 수 있다는 것, ⅴ) 행정지도의 상대방은 행정지도의 내용·방식 등에 관하여 행정기관에 의견을 제출할 수 있다는 것, 그리고 ⅵ) 동일한 목적의 실현을 위해 다수인에게 행정지도를 하는 경우, 공통적인 사항을 공표해야 한다는 것이다.

이러한 원칙선언들이 얼마나 지켜질지 그리고 얼마나 실효를 거둘지는 아직 미지수이다.

제 9 장

행정개혁

행정학의 모든 노력은 행정개혁의 아이디어를 산출하는 데 귀결되어야 한다. 이러한 이치를 새겨 행정개혁론을 이 책의 에필로그로 삼았다.

제 1 절에서는 행정개혁의 의미를 밝히고 행정개혁의 과정, 그리고 과정진행에 연관된 문제들을 논의할 것이다. 제 1 절에서는 '어떻게'(how) 행정개혁을 하는가에 관련된 문제들을 주로 다루려 한다.

행정개혁을 정의하고 행정개혁의 접근방법에는 어떤 것들이 있는지 알아보려 한다. 이어서 행정개혁의 과정에 포함되는 활동단계를 설명할 것이다. 그리고 개혁과정을 이끌어가는 개혁추진자의 개인적 특성과 역할에 대해 설명하려 한다. 개혁과정에서 개혁이 실패하는 이유에 대해서도 설명하려 한다. 행정개혁의 접근방법들 가운데서 조직발전은 제 1 절의 마지막 항에서 따로 설명하려 한다.

제 2 절에서는 개혁이 '무엇'(what)을 어떤 방향으로 고치려는 것인가에 초점을 맞추어 개혁의 목표상태를 설명하려 한다. 여러 가지 목표상태의 처방들을 살펴보고 우리 행정의 폐단, 그리고 개혁방향을 논의할 것이다.

행정개혁 과정론

I. 행정개혁이란 무엇인가?

행정학의 최종적인 목적이 개혁의 처방과 실현에 있다고 한다면 이 책에서 다룬 모든 주제들이 행정개혁론의 구성부분이라고 할 수 있다. 이 책의 여기저기서 개혁 이야기를 하고 개혁처방을 제시하기도 했다. 그러나 개혁이라는 주제를 집중적으로 연구하는 영역이 필요하고 또 실제로 있다. 행정을 개혁하려고 할 때 일반적으로 제기되는 과정적 문제들, 그리고 개혁처방과 전략에 관한 문제들을 다루는 행정개혁론은 행정학의 울타리 안에서 확고한 위치를 점하고 있다.

이 절에서는 행정개혁의 의미를 규명하고 개혁과정의 개요, 그리고 개혁과정에 내포되거나 개입되는 주요 문제들을 다루려 한다.

1. 행정개혁론의 기본적 가정

행정개혁의 정의에 앞서 현대 행정개혁론(행정개혁학)의 기본적인 가정 또는 근가정(根假定: root-assumptions)이 무엇인지 살펴볼 필요가 있다. 현대 행정개혁론의 기본적 가정이라고 하는 것은 오늘날 행정개혁 연구의 주류를 이루는 연구경향의 저변에 깔려 있는 관점을 말한다.

현대 행정개혁론의 중요한 기본적 가정을 간추리면 다음과 같다.

(1) 인위적 변동의 가능성   조직이나 행정의 인위적(artificial) 변동 가능성에 대한 가정이 있다. 개혁추진자들의 계획에 따라 행정의 변동이 유도될 수 있다고 전제한다. 관료화된 조직의 항속성이나 타성을 무너뜨리고 인위적 변동을 야기하는 것은 불가능하다고 믿는 소극적 사고도 있을 수 있다. 그러나 행정개혁론은 인위적 변동의 가능성을 완전히

부인하는 가정을 받아들이지 않는다.

　　(2) 불완전성·불확실성　　인간과 행정의 불완전성, 그리고 미래의 불확실성에 대한 가정이 있다. 전체적으로 파악한 인간과 행정이 완벽하게 합리적이거나 결함이 전혀 없는 존재라고 보지 않는다. 따라서 개혁의 문제는 언제나 있는 것으로 생각한다. 완벽한 개혁이 단번에 성취되기도 어렵다고 생각한다. 미래의 불확실성을 완전히 극복하지 못하는 불완전한 인간이 개혁을 추진하기 때문이다. 행정개혁이론은 대개 합리성 추구의 요청과 합리성 제약 요인을 함께 고려한다.

　　(3) 변동에 대한 반응의 양면성·갈등적 성향　　인간속성의 양면성 또는 갈등성에 대한 가정이 있다. 여기서 양면성이란 변동추구적인 속성과 현상유지적인 속성을 함께 지니고 있다는 뜻이다. 사람과 조직·행정은 변화를 원할 때가 있고 현상유지를 원할 때가 있다. 변화를 추진하는 사람들이 있는가 하면 그에 저항하는 사람들이 있다. 따라서 행정개혁에는 언제나 저항이 따른다고 보는 것이 행정개혁론의 일반적인 입장이다.

　　(4) 독립변수·종속변수　　행정개혁은 환경변화와의 관계에서 독립변수이면서 동시에 종속변수라고 보는 가정이 있다. 이것은 행정조직의 독자적 개혁 가능성과 환경적 영향의 중요성을 함께 받아들이는 근가정이다.

　　행정개혁을 독립변수로 보는 입장에서는 행정조직의 독자적인 노력으로 스스로의 개혁이 가능하며, 또 개혁된 능력으로 환경의 개조를 유도할 수 있다고 주장한다. 반면 행정개혁을 환경변화의 종속변수로 보는 입장에서는 행정을 문화적 산물 또는 사회적 산물이라 규정하고, 환경의 개조가 선행되지 않거나 환경으로부터의 지지와 지원이 없으면 행정개혁이 성공할 수 없다고 주장한다. 행정개혁이론의 일반적인 추세는 그와 같이 상반되는 입장을 함께 수용하여 행정개혁과 환경적 영향의 상호 의존성과 교호작용관계를 강조한다.

　　(5) 통합적 관점과 분화 그리고 편향　　행정개혁은 포괄적·통합적으로 연구·실천해야 한다는 기본적 가정은 현대 행정개혁론의 궁극적인 지향노선을 말해 준다. 그러나 이러한 가정이 있다고 해서 분화된 한정적 접근방법들의 유용성을 부인하지는 않는다. 시대와 장소에 따라 분화된 접근방법들의 우선순위와 상대적인 세력은 달라져 왔다. 접근방법에 관한 편향이 달라져 왔다는 말이다.

근래에는 구조나 제도보다는 사람에 우선적인 주의를 기울이는 접근방법이 적어도 처방적인 차원에서는 매우 강력한 세력을 떨치고 있다. 구조나 제도에 우선적인 관심을 갖는 경우에도 새로운 제도론적 연구는 인간적·환경적 요소를 소홀히 다루지 않는다.

행정개혁에는 점진적·진화적 변동(progressive or evolutionary change)을 추진하는 것도 있고 급진적·혁명적 변동(radical or revolutionary change)을 추진하는 것도 있다. 이에 관한 현대 행정개혁론의 입장은 단순한 것이 아니다. 굳이 전체적인 입장을 말한다면 절충적인 것이라 할 수 있다. 그러나 오늘날 선도적 연구의 다수는 급진적 개혁에 더 많은 관심을 보이고 있다.

전통적인 행정개혁연구에서도 혁명적 개혁방법이라는 이론적 범주를 명시적으로 배척했던 것은 아니다. 그럼에도 불구하고 대부분의 연구인들은 체제의 동일성과 항상성을 한꺼번에 뒤엎지 않는 점진적 개혁에 초점을 맞추어 개혁의 과정과 수단을 논의하였다.

1980년대 이래 재창조적 개혁의 물결이 거세지면서 사정은 크게 달라졌다. 다수의 연구인들이 행정개혁의 목표상태와 추진전략에 관한 급진적 처방을 내놓고 있다.

2. 행정개혁의 정의

행정개혁(行政改革: administrative reform)은 행정체제를 어떤 하나의 상태에서 그보다 나은 다른 하나의 상태로 변동시키는 것을 말한다. 행정개혁은 행정체제의 바람직한 변동(preferred change)을 뜻한다. 행정개혁은 가치기준의 인도을 받는 계획적 변동이며 동태적이고 연관적 특성을 지니는 변동이다. 행정개혁은 지속적으로 추진되어야 하는 과정이다. 행정개혁에는 저항이 따른다. 행정개혁은 공공적 상황 또는 정치적 상황에서 추진되는 것이다.

행정개혁의 주요 속성은 다음과 같다.[1]

① 목표지향성　　행정개혁은 의식적으로 설정한 목표를 추구하는 것이다. 목표가 있기 때문에 행정개혁은 의식적·계획적·유도적 성격을 지니게 된다. 행정개혁의 목표는 사람들의 가치기준이 인도하는 바에 따라 설정된다. 행정개혁의 가치지향성을 도덕성 또는 윤리성이라 표현하기도 한다.

행정개혁이 목표지향적이라고 하는 것은 그 행동과정에서 개혁의 목표와 그에 따라 도달하려는 상태 즉 목표상태 또는 종국상태(end state)가 규정된다는 것을 의미한다.

② 동태성·행동지향성　　행정개혁은 미래로 향한 시간선 상에 펼쳐지는 것이기 때문에 동태적(dynamic)이라고 한다. 무엇인가를 이룩하려는 사람들의 의식

적 행동이 실현된다는 뜻에서 행동지향적(action oriented)이라고 한다. 행정개혁의 동태적·행동지향적 특성에 착안할 때 우리는 개혁의 과정과 전략 및 방법에 관심을 갖게 된다.[a]

③ 포괄적 연관성　　행정개혁은 개방체제적인 것이다. 행정개혁은 개혁문제를 둘러싸고 있는 요인들의 포괄적 연관성을 중시하고 그에 대처하는 활동이다. 행정개혁의 대상이 되는 체제 내적 요인들은 복잡하게 서로 연관되어 있으며, 그러한 내적 요인들과 그들을 둘러싼 환경적 요인들이 또한 상호 의존적인 관계에 놓여 있다. 그러므로 행정개혁의 행동과정에서는 그러한 연관적 영향관계를 충분히 감안하여야 한다.

④ 지 속 성　　행정체제 전체에 걸친 개혁은 지속적인 현상이다. 왜냐하면 행정체제 내에는 개혁의 필요가 거의 언제나 있기 때문이다. 행정 내외의 여건은 부단하게 변동하면서 행정개혁의 필요를 창출한다. 여건의 현저한 변동이 없더라도 어느 한 시점에서 고쳐야 할 것이 전혀 없는 완벽한 행정이 존재할 수 있다고 생각하기는 어렵다.

장기적이고 전반적인 행정개혁사업은 대개 누진적으로 전개된다. 그리고 부분적인 문제에 한정된 개혁사업도 시행착오를 경험하면서 개혁의 과정을 순환적으로 되풀이하여 밟아야 하는 경우가 많다. 따라서 개혁과정은 학습과정이라고 한다.

⑤ 저항의 야기　　행정개혁은 인위적으로 현상유지를 무너뜨리는 행동과정이므로 거의 언제나 현상유지적 세력의 저항을 크건 작건 받게 된다. 변동의 방향과 방법에 대한 의견대립 때문에 빚어지는 저항도 많다.

⑥ 공공적 상황에서의 개혁　　행정개혁은 공공적 상황 또는 정치적 상황에서 추진되는 것이다. 다른 조직들의 개혁에서와는 달리 행정체제의 개혁은 공공의 감시와 통제를 더 많이 받으며 보다 큰 법적·정치적 제약 하에서 추진된다. 행정개혁은 정부 내외에 걸쳐 보다 많은 행동자들의 영향을 받는다.

행정개혁 개념에 포함된 '개혁'에 해당하거나 그와 유사한 뜻으로 변동(change), 발전(development), 개선(improvement), 성장(growth), 쇄신(innovation), 조직개편(reorganization), 재개발(renewal), 재창조(reinvention), 리엔지니어링(reengineering), 변혁 또는 혁신(transformation),

---

a) 시간개념이 도입된 현상을 동태적이라 하고 시간에 따른 변동을 배제한 현상을 정태적(static)이라 한다.

부흥(새활력 불어넣기: revitalization) 등의 용어가 쓰이기도 한다. 이런 용어들을 거의 동의어인 것처럼 사용하는 사람들도 있다. 그런가 하면 모두 다르게 말뜻을 구별하는 사람들도 있다.b) 개혁에 연관된 용어들에 대한 통일적 정의는 아직 없다. 용어의 뜻은 연구인들의 필요에 따라 그때그때 다르게 규정할 수 있을 것이다.

행정개혁의 '행정'에 대해서도 대안적 용어들을 쓰는 예가 늘어나고 있다. 공공부문, 공공관리, 정부, 거버넌스 등이 그 예이다. 행정개념을 협착하게 보고 포괄의 범위가 넓은 개념으로 이를 대체하려고 하는 것 같다. 그러나 행정개념의 외연을 넓혀 사용하면 같은 효과를 얻을 수 있을 것이다.

우리 정부에서는 행정개혁이라는 용어를 오랫동안 써 왔는데 김영삼 정부에서는 행정쇄신이라는 말을 즐겨 썼다. 김대중 정부와 노무현 정부에서는 정부혁신이라는 말을 주로 사용하고 많이 퍼뜨렸다. 그 이후의 정권들에서는 용어사용의 뚜렷한 편향을 확인하기 어려웠다. 행정개혁을 지칭하는 비슷한 개념들이 혼용되어 온 것 같다.

정부가 개혁이라는 용어를 다른 용어로 대체할 때에는 그 이유가 무엇인지에 대해 깊이 생각해야 한다. 그러나 실제로는 그러한 고민의 흔적이 없다. 노무현 정부에서 '정부혁신'을 주관했던 위원회 안에 '행정개혁'을 담당한 태스크포스도 있었다. 정부를 고치는 것은 혁신이고 행정을 고치는 것은 개혁이라는 말이었는데 의도적으로 그랬는지는 불분명하다.

3. 행정개혁의 접근방법

어떤 행정개혁 문제를 선정하고, 어떤 정보를 어떻게 얻고 처리하느냐에 관한 접근방법은 누증적으로 분화되어 왔다. 현대 행정개혁론이 궁극적으로 지향하는 노선은 통합적 접근방법의 발전이라고 하지만, 행정개혁의 실제에서는 오히려 분화된 접근방법, 즉 행정의 어떤 한정적 국면에 착안한 접근방법들이 더 자주 쓰인다.

행정개혁의 주요 접근방법을 ⅰ) 사업중심적 접근방법, ⅱ) 구조적 접근방법, ⅲ) 과정적 접근방법, ⅳ) 행태적 접근방법, ⅴ) 문화론적 접근방법, ⅵ) 통합적 접근방법 등 여섯 가지로 범주화해 볼 수 있다. 이러한 범주화는 대상을

---

b) 예컨대 Chapman은 행정개혁과 변동, 쇄신, 진화(점진적 변동: evolution), 그리고 행정발전의 의미를 서로 구별하였다. 변동은 의도적 및 비의도적 변화를 모두 포괄하는 것, 쇄신은 행정개혁사업의 일부로서 전에 없던 공식적 제도를 창설하는 것, 진화는 행정구조 또는 절차가 단순한 데서 시작하여 점점 정교하고 복잡하게 변하는 것, 행정발전은 미리 알려지고 명료하게 규정된 목표를 향해 나아가는 것이라고 Chapman은 정의하였다. Richard A. Chapman, "Strategies for Reducing Government Activities," in Gerald E. Caiden and Heinrich Siedentopf, eds., *Strategies for Administrative Reform*(D. C. Heath and Co., 1982), pp. 59~60.

기준으로 한 분류에 해당한다.

1) 사업중심적(산출중심적·정책중심적) 접근방법

사업중심적 접근방법(program-oriented approach)은 행정산출의 정책목표, 내용, 소요자원 등에 초점을 두어 행정활동의 목표를 개선하고 행정서비스의 양과 질을 개선하려는 접근방법이다. 각종의 정책분석과 평가, 생산성측정, 직무감사와 행정책임평가 등은 사업중심적 접근방법의 주요 도구들이다.

2) 구조적 접근방법

구조적 접근방법(structural approach)은 원칙적으로 행정체제의 구조설계를 개선함으로써 행정개혁의 목적을 달성하려는 접근방법이다. 조직의 구조적 요인을 대상으로 하는 접근방법이라고 할 수 있다. 구조적 접근방법이 관심을 갖는 문제의 예로 규모의 축소 또는 확대, 분권화의 확대, 통솔범위의 재조정, 권한배분의 수정, 명령계통의 수정을 들 수 있다.

3) 과정적 접근방법

과정적 접근방법(procedural approach)은 행정체제의 과정 또는 일의 흐름을 개선하려는 접근방법이다. 행정과정에서 사용하는 기술의 개선까지를 포괄하기 때문에 과정적·기술적 접근방법이라고 부를 수도 있을 것이다. 이 접근방법의 개선대상은 의사결정·의사전달·통제 등의 과정과 기타 일의 흐름, 그리고 거기에 결부된 기술이다.

4) 행태적 접근방법

행태적 접근방법(behavioral approach)은 인간중심적 접근방법이다. 이 접근방법을 대표하는 것은 조직발전(organization development: OD)이다. 조직발전은 행태과학의 지식과 기법을 활용하여 조직의 목표에 개인의 성장의욕을 결부시킴으로써 조직을 개혁하려는 접근방법이다. 조직발전은 의식적인 개입을 통해서 조직 전체의 임무수행을 효율화하려는 계획적이고 지속적인 개혁활동이다. 이러한 개혁활동의 기본적인 구성요소는 진단, 개입, 과정유지이다.

5) 문화론적 접근방법

문화론적 접근방법(cultural approach)은 행정문화를 개혁함으로써 행정체제의 보다 근본적이고 장기적인 개혁을 성취하려는 접근방법이다. 문화개혁은 계획적인 개입을 통해 바람직한 문화변동을 달성하려는 것이다. 많은 사람들이 행정체제의 근본적이고 심층적인 개혁과 개혁의 지속적인 정착에 관심을 갖게 되면서부터 문화론적 접근방법이 각광을 받게 되었다.

6) 통합적 접근방법

통합적 접근방법(integrated approach)은 개방체제 관념에 입각하여 개혁대상의 구성요소들을 보다 포괄적으로 관찰하고 여러 가지 분화된 접근방법들을 통합하여 해결방안을 탐색하려는 것이다. 현대의 행정개혁 연구인들은 통합적 접근방법의 모형을 개발하려고 노력한다. 그러나 통합적 접근방법은 개혁추진자들의 실천적 작업에 많은 부담을 주는 것이다. 통합적 접근방법의 실제적인 시장점유율은 별로 높지 않은 형편이다.

구조적 및 과정적 접근방법은 아주 긴 역사를 가지고 있다. 오늘날까지 실천의 세계에서는 높은 시장점유율을 차지하고 있다.

사업중심적 접근방법과 행태적 접근방법은 비교적 근래에 각광을 받게 된 것들이다. 문화론적 접근방법에 대한 높은 관심은 그보다도 뒤의 일이다. 사업중심적 접근방법은 정책학의 발전이, 행태적 접근방법은 행태과학의 발전이, 그리고 문화론적 접근방법은 행정문화연구의 촉진이 각각 지지하고 강화하였다. 학계에서는 지금 이 세 가지 접근방법이 많은 연구인들의 관심을 끌고 있다.

근래에는 개혁의 급진성 또는 점진성을 기준으로 한 접근방법의 분류가 중요한 의미를 지니게 되었다.

급진적 개혁은 행정체제의 패러다임 또는 준거틀을 바꾸는 개혁이며, 대개 행정체제 전체의 변혁을 수반하는 개혁이다. 점진적 개혁은 행정체제의 전반적인 균형상태는 유지하는 가운데 행정체제의 한 부분에만 영향을 미치는 일련의 지속적인 개혁이다.

급진적 개혁을 설명하는 데 리엔지니어링(reengineering or business process reengineering)이라는 개념이 널리 쓰이고 있다.

리엔지니어링을 조직의 과정, 구조 등을 급진적으로 재설계함으로써 조직 존립의 기본적 전제에 도전하는 접근방법이라고 정의하는 것이 다수의견이다. 그러나 리엔지니어링을 과정의 개혁으로 좁게 규정하고 구조의 개혁은 리스트럭처링(restructuring)이라고 부르는 사람들도 있다.

업무개선을 위해 여러 정보체제를 활용하는 개혁의 접근방법은 전자엔지니어링(E-engineering)이라고도 부른다.

II. 행정개혁의 과정

행정개혁은 대상과 과정이라는 두 가지 국면으로 나누어 고찰할 수 있다. 전자는 무엇(what)을 어떤 방향으로 고칠 것인가에 관한 문제이다. 그에 관한 논의의 초점은 개혁이 추구하는 목표상태의 처방에 있다. 후자는 어떻게(how) 고칠 것인가에 관한 문제이다. 그것은 개혁의 과정과 방법에 관한 문제이다.

다음에 행정개혁의 과정적인 문제들을 설명하려 한다. 행정개혁과정을 구성하는 활동단계들을 먼저 개관하고 개혁과정을 이끌어가는 개혁추진자에 대해 언급하려 한다. 개혁과정에서 개혁을 방해하고 좌절시키는 요인(개혁실패의 원인)에 대해서는 항을 바꾸어 따로 설명하려 한다. 조직발전에 대해서도 따로 설명할 것이다.

개혁의 목표상태는 제 2 절에서 논의할 것이다.

1. 행정개혁과정의 활동단계

행정개혁이 추진되는 상황과 접근방법에 따라 개혁과정의 구체적인 단계와 행동수단들은 서로 달라질 수 있다. 그럼에도 불구하고 개혁과정의 기본적 단계들을 규명하는 이론이 필요하다. 일반적으로 개혁과정의 문제들을 설명하는 길잡이가 되고, 상황에 따라, 접근방법에 따라 달라지는 단계의 양태를 설명하는 데 필요한 개념적 도구를 제공하기 때문이다.

1) 다양한 관점

(1) 단계구분에 대한 관점   개혁과정의 기본적인 활동단계들을 몇 가지로, 어떻게 구분하는가에 대해서는 의견이 크게 갈려 있다. 적게는 두 단계, 많게는 열 가지가 넘는 단계를 구분하는 이론들이 있다.

예컨대 Gerald Zaltman과 그 동료들은 개혁과정을 ⅰ) 발의단계(發議段階: initiation stage)와 ⅱ) 시행단계(implementation stage)로 대별한다.2) Kurt Lewin은 ⅰ) 해빙(解氷: unfreezing), ⅱ) 변동야기(changing), ⅲ) 재결빙(再結氷: refreezing) 등 3단계로 구분한다.3)

B. J. Hodge 등은 개혁과정(계획적 조직변동과정)의 단계를 ⅰ) 내부적 및 환경적 조건의 검색, ⅱ) 현재의 조건과 바람직한 조건 사이의 차질 확인, ⅲ) 지각과 평가의 구체화, ⅳ) 분석과 대응방침의 결정, ⅴ) 변동목표의 결정, ⅵ) 변동전술과 프로그램의 결정, ⅶ) 행태의 해빙, ⅷ) 변동계획의 평가, ⅸ) 계획의 조정 또는 수정, ⅹ) 계획의 시행, ⅺ) 추적확인, ⅻ) 태

도와 행동의 재결빙 등 열두 가지로 구분한다.4)

(2) 단계 간의 관계에 대한 관점　　개혁행동과정의 흐름 또는 단계들 사이의
관계를 설명하는 모형도 여러 가지로 분화되어 있다. 칸막이모형, 직선적 진행
모형, 반복모형, 순환적 모형을 예로 들 수 있다.

　　칸막이 모형(compartmentalized model)은 개혁대상 문제를 다른 문제들로부터 고립시켜 다
　루고, 개혁행동의 각 단계를 따로따로 구획하여 설명하는 모형이다. 직선적 진행모형(straight
　line progression model)은 변동을 전진적·순차적인 것이라고 보는 모형이다. 반복모형
　(repetitive model)은 개혁의 과정을 과거의 성공사례가 되풀이하여 적용되는 과정이라고 보는
　모형이다. 순환적 모형(circular model)이란 개혁과정은 순환적인 것이며, 그 활동단계들은 중
　첩적으로 연관되어 있다고 보는 모형이다.5)

2) 기본적 단계구분

　개혁행동과정에 관한 단계이론들을 빠짐없이 통합하기는 어려울 것이다.
그러나 대다수의 이론들이 비슷한 요소를 지니고 있으므로 이들의 내용을 대체
로 포괄하는 단계모형을 만들 수 있다. 개혁과정의 기본적인 단계를 ⅰ) 인지단
계, ⅱ) 입안단계, ⅲ) 시행단계, 그리고 ⅳ) 평가단계로 나누면 많은 단계모형들
을 별 무리없이 포용할 수 있을 것으로 생각한다.

　(1) 인지단계　　인지단계(認知段階: awareness stage)는 실적이 기대수준(기
준)에 미달하는 차질을 발견하고, 개혁의 필요를 확인하며, 그에 관한 합의를
형성하는 단계이다. 인지단계의 중요과제는 ⅰ) 실적이 기대수준에 미달하는 차
질을 지각하는 것, ⅱ) 관련자들의 지각 차이를 조정하여 합의를 도출하는 것,
그리고 ⅲ) 지각되고 합의된 차질의 문제를 개혁이 필요한 문제로 확인하는 것
이다.

　기준과 실적의 괴리 또는 차질과 그로 인한 불만은 개혁촉발의 원인이다.
그러한 원인은 불만, 긴장, 불편, 교란 등 여러 가지로 표현된다. 기준과 실적의
차질은 현실수준(실적)의 저하 때문에 비롯될 수도 있고, 기대수준의 변동 때문
에 비롯될 수도 있다.c)

c) 기대수준을 어떻게 설정하느냐에 따라 차질과 불만의 양태는 여러 가지로 유형화될 수 있다.
　예컨대 ① '이상적인 최적 수준'에 미달하기 때문에 생기는 불만, ② '현실적으로 가능한 최적

문제인지에 둔감하거나 현상유지적 성향 때문에 행정이 침체되고 쇠락하는 것을 막으려면 개혁필요의 인지를 촉진하기 위해 의식적인 노력을 해야 한다. 그러한 노력의 일환으로 개혁필요 인지기능을 제도화하기도 한다. 관리자들에게 행정개혁의 역할을 공식적으로 부여하는 것, 연구개발의 책임을 지는 참모단위를 설치하는 것, 외부전문가들을 고용하여 개혁필요의 인지를 촉진하는 것, 정기적인 조직진단을 실시하는 것, 제안제도·고충처리제도를 설치·운영하는 것 등이 개혁필요 인지기능의 제도화에 해당한다.

(2) 입안단계   개혁의 필요가 확인된 다음에는 개혁의 실천방안이 모색된다. 입안단계(formulation stage)에서는 기준과 실적 사이의 차질을 해소할 수 있는 대안을 탐색하여 채택한다. 입안단계에서는 미래에 대한 행동계획을 미리 세워야 하기 때문에 미래의 불확실성을 극복하고 개혁에 수반되는 위험을 최소화하기 위해 노력해야 한다.

입안단계의 핵심적 과제는 개혁의 목표상태를 설정하고 부문별 우선순위를 결정하는 것이다. 행정개혁의 목표상태를 총체적으로 설정해 놓은 기본계획의 범위 내에서 순차적으로 개혁사업을 추진하는 전략을 수립해야 한다.[d]

개혁사업의 수용촉진에 관한 문제는 개혁의 목표와 내용을 결정할 때부터 유념해야 한다. 개혁의 입안단계에서는 개혁추구의 동기유발, 장애제거, 그리고 개혁의 시행과 정착화에 방해가 될 저항의 극복에 관한 전략과 방법을 결정해 두어야 한다.

(3) 시행단계   시행단계(implementation stage)에서는 입안된 개혁사업을 실천에 옮기고 개혁을 정착시킨다. 입안된 개혁을 현실화하는 단계에서는 먼저 개

수준'에 미달하기 때문에 생기는 불만, ③ '만족수준'에 미달하기 때문에 생기는 불만을 구분해 볼 수 있다.

그리고 ① 행정체제가 당면한 임무를 수행할 능력을 결여하고 있음이 분명한 경우, ② 행정체제가 당장의 임무를 수행할 수 있지만 초과임무의 발생에 대응할 능력을 결여하는 경우, ③ 초과임무의 발생을 감당하는 데 필요한 잉여능력을 가지고 있지만 장래의 임무수요를 예측하지 못하는 경우, ④ 행정체제가 잉여능력과 장래에 대한 예측능력을 구비하고 있지만 가장 효율적인 새로운 행동수단 또는 기법을 채택하지 못하는 경우에 각각 생기는 불만을 구분할 수도 있다. Gerald Caiden, *Administrative Reform*(Aldine, 1969), pp. 127~164.

d) 총체적인 행정개혁의 목표 하에서 대상이나 국면이 한정된 부분적 개혁사업의 우선순위를 결정할 때에 흔히 고려되는 기준에는 ① 상대적 긴급성, ② 예상되는 효과, ③ 저항의 양태, ④ 장기적 중요성, ⑤ 개혁요인 간의 상관성 등이 있다.

혁실현의 행동주체를 선정 또는 조직하고 필요한 지지와 인적·물적 자원을 동원하여야 한다. 개혁의 시행은 적응적으로 이루어져야 한다.

그리고 개혁의 영향을 받게 될 사람들의 태도를 개혁에 유리하게 형성하고 개혁에 대한 저항을 극복하는 것도 시행단계의 중요 과제이다. 시행단계에서 봉착하게 되는 장애, 저항, 개혁추진자의 포획 등 제약요인들을 극복해야 한다.

(4) 평가단계　　　평가단계(evaluation stage)에서는 행정개혁의 진행상황과 성과 등을 분석·평가하여 그 결과를 개혁과정의 적절한 단계에 환류시키거나 새로운 개혁과정을 촉발하는 정보를 제공한다.

입안단계에서 처방한 개혁의 목표가 제대로 성취되었는가를 알아보기 위해 개혁의 목표(기준)와 실적(결과)을 비교·분석하는 것이 평가단계의 기초적 임무라고 할 수 있다. 그러나 개혁효과만이 평가대상인 것은 아니다. 목표실현에 영향을 미치는 개혁의 과정, 전략, 기술, 자원, 개혁의 장기적 영향, 개혁추진자들의 구성, 개혁목표 등도 모두 평가의 대상이 될 수 있다.

평가단계를 개혁과정의 마지막 단계로 배열하는 것은 설명의 편의를 위한 관념적 단순화임에 불과하다. 개혁의 시행이 끝난 다음에 사후적으로 개혁사업의 공과를 따져 그 결과를 개혁결정중추에 환류시킴으로써 새로운 개혁과정을 유도하는 것은 평가단계의 중요한 역할임에 틀림없다. 그러나 개혁과정이 진행되고 있는 동안에도 각 단계의 활동을 수시로 평가하여 시정조치를 취하는 것이 보통이다.

개혁이 바람직한 변동이라 한다면 변동은 개혁의 상위개념 또는 속(屬: genus)의 개념이라 할 수 있다. 변동의 원인, 단계, 방향 등을 설명하는 이론들은 개혁단계이론 정립에 기반 또는 참고자료를 제공한다.6)

목적론 또는 목적원인이론(teleological theory)은 변동이 어떤 목표 또는 목표상태를 향해 진행된다고 설명하는 이론이다. 목적론은 조직을 구성하는 사람들이 개인적으로 또는 집단적으로 목표상태를 구상하고 이를 달성하기 위한 행동을 하고 그 진척상황을 검색한다고 본다. 개혁과정에 관한 우리의 논의는 목적론에 입각해 있는 것이다.

생애주기이론(life cycle theory)은 조직이 생겨나면서부터 없어질 때까지 겪는 변동을 생물체의 생애주기에 비유하여 설명하는 이론이다. 생애주기이론의 근본적인 가정은 변동을 본래적·내재적(immanent)이라고 보는 것이다. 생애주기이론은 단일방향적·일원론적 변동순서(변동단계)를 규정한다.

변증법적 과정이론(dialectical theory)은 지배적인 위치에 서려고 서로 경쟁하는 상충적 사건·세력·가치들로 구성된 다원적 세계에 조직이 존재한다고 전제한다. 그리고 반대세력들 사이에 형성되는 상대적인 힘의 균형에 관련하여 안정과 변동을 설명한다. 변동의 과정은 정·반·합(正·反·合)의 단계를 거친다고 한다. 테제(正: thesis)를 옹호하는 현상유지에 반대세력의 안티테제(反: antithesis)가 도전하고, 그러한 갈등을 해결하면 새로운 상태인 진테제(合: synthesis)가 나타난다는 것이다.

진화이론(evolutionary theory)은 조직의 진화를 조직군(組織群)의 구조적 양태에 발생하는 누적적·확률론적 변동이라고 본다. 조직의 변동은 생물학적 진화에서처럼, 변종 또는 변이(變異)·선택·보존의 연속적인 사이클을 통해 진행된다고 한다. 새로운 양태의 창출인 변이는 비의도적·우연적인 경우가 많다고 한다.

2. 개혁추진자

행정개혁의 행동과정에서는 개혁추진자(change agent or reformer)가 개혁을 주도한다. 개혁을 선도·관리하는 사람은 조직 내의 공식적 권력중추에 속해 있는 사람일 수도 있고, 그런 사람들을 견제하려는 사람들일 수도 있다. 개혁추진자는 조직 밖에서 나올 수도 있다.

행정개혁 연구인들은 개혁에 앞장서는 개혁추진자들의 개인적 특성·역할·전략에 관한 일반이론을 발전시키기 위해 노력해 왔다. 그들의 이론은 규범적인 경우가 많으며 보편적인 설명력을 지니는 것은 아니지만 우리들에게 스스로 생각하게 하는 자료를 제공한다.

1) 개혁추진자의 개인적 특성

어떤 역할을 맡는 데 적합한 사람의 특성을 규명하는 특성이론은 한때 쓸모없는 것이라고 배척되었다. 그러나 근래 들어 특성이론은 재조명되고 있다.

개혁추진자들이 갖추어야 할 특성이라고 여러 연구인들이 지적하는 것들을 간추려보면 ⅰ) 성취지향성과 내재적 동기유발, ⅱ) 수단보다 목표를 중요시하는 목표지향성, ⅲ) 안정보다 변동을 선호하고 새로운 일을 위해 모험을 할 수 있는 성향, ⅳ) 개방적 태도와 다양한 관심, ⅴ) 성공을 믿는 신념과 좌절극복 능력, ⅵ) 정확한 정보판단 능력, ⅶ) 문제의 진단과 해결방안 탐색에 필요한 기술적 능력, ⅷ) 여러 사람을 이끌어 갈 수 있는 원만한 성품과 능력, ⅸ) 미래에 대한 비전 등이 있다.[7]

2) 개혁추진자의 역할

개혁추진자의 유형과 구체적인 상황에 따라 그들의 역할은 달라질 것이다. 여기서는 조직을 관리하는 사람, 조직발전 전문가, 그리고 변혁적 리더의 개혁 추진 역할에 대해서만 언급하려 한다.

(1) 고급관리자의 개혁추진 역할　고급관리자들이 개혁추진자로서 맡아야 할 역할은 ⅰ) 개혁요구세력의 확인, ⅱ) 개인과 조직의 개혁능력 확인, ⅲ) 개혁에 유리한 분위기의 조성, ⅳ) 개혁에 대한 관련자들의 가담유도, ⅴ) 개혁에 필요한 조직단위 등의 설치, ⅵ) 행동화의 유도, ⅶ) 개혁의 계획수립, ⅷ) 개혁의 시행, 그리고 ⅸ) 위험과 갈등의 최소화이다.[8]

(2) 조직발전 전문가의 개혁추진 역할　조직발전 전문가(개입자·상담자: OD consultants)의 역할로는 ⅰ) 문제의 진단, ⅱ) 대상체제의 개혁추구 동기와 능력 평가, ⅲ) 잠재적 저항자의 확인, ⅳ) 조직 내 영향력구조의 확인, ⅴ) 개혁목표 설정의 유도, ⅵ) 대상체제 구성원들의 개혁동기 강화 유도, ⅶ) 지원역할의 선정, 그리고 ⅷ) 적절한 기술과 행동방식의 선택에 대한 조력을 들 수 있다.[9]

(3) 변혁적 리더의 개혁추진 역할　개혁을 추진하는 변혁적 리더(transforma-tional leader)의 역할로는 ⅰ) 조직의 미래에 대한 비전(vision)의 창출과 전파, ⅱ) 리더의 카리스마에 의한 조직구성원들의 설득과 동기유발, 그리고 ⅲ) 지속적 발전을 위한 조직구성원들의 학습촉진을 들 수 있다.[10]

3) 개혁추진자의 전략

개혁추진자들은 개혁을 관철하기 위해 다양한 전략을 구사한다. 그러한 전략의 범주를 ⅰ) 일방적 명령전략(force-coercion strategy), ⅱ) 합리적 설득전략(rational persuasion strategy), ⅲ) 참여적 전략(shared power strategy), 그리고 ⅳ) 재교육전략(reeducation strategy)으로 분류해 볼 수 있다.[11]

① 일방적 명령전략　이 전략은 개혁추진자가 개혁을 일방적으로 지시·명령하는 전략이다. 명령의 기초 내지 자원은 공식적 직위에 부여된 명령권 그리고 제재와 보상의 분배이다. 강압적이거나 공리적인 명령전략이 가져오는 개혁수용은 일시적이고 피동적인 것이다.

② 합리적 설득전략　이 전략은 개혁의 영향을 받는 사람들의 이성에 호소해 합리적 판단을 유도하는 전략이다. 이것은 개혁의 효용에 관한 정보를 제공

하고 설득하는 전략이다. 그러한 정보의 예로 전문적 지식, 성공사례와 같은 경험적 입증자료를 들 수 있다.

③ 참여적 전략   이 전략은 개혁의 영향을 받는 사람들을 개혁의 입안과정과 주요 결정과정에 참여시키고 그들에게 힘을 실어줌으로써 지지를 획득하는 권력공유적 전략이다.

④ 재교육전략   이 전략은 개혁의 영향을 받는 사람들의 재교육을 통해 그들이 개혁의 필요를 깨닫고 개혁에 동참하게 하는 전략이다.

4) 피동적 개혁·능동적 개혁

여기서 피동적 개혁이라고 하는 것은 행정조직의 공무원들을 지휘·통제하는 정치적·행정적 리더들이 외재적으로 행정조직에 요구 또는 부과하여 추진하는 개혁을 말한다. 능동적 개혁이란 개혁대상인 조직과 그 구성원들이 스스로 주도하는 개혁을 말한다.[12]

(1) 피동적 개혁   행정의 수단성과 행정체제 내의 계서적 질서를 강조한 전통적 행정학은 피동적 개혁을 원칙적인 것으로 보았다. 행정개혁의 실제에서도 오랫동안 위에서 아래로 명령하는 피동적 개혁이 주류를 이루어왔다.

① 효   용   하향적·피동적 개혁의 효용으로 ⅰ) 의사결정비용 절감, ⅱ) 개혁의 신속한 추진, ⅲ) 개혁문제인지의 촉진을 들 수 있다.

② 한   계   피동적 개혁의 단점으로는 ⅰ) 조직구성원들의 창의성 억압, ⅱ) 조직구성원의 피동화와 개혁에 대한 저항, ⅲ) 개혁의 현장성 손상을 들 수 있다.

시대의 변천에 따라 피동적 개혁의 한계는 더욱 크게 부각되어 왔다. 여러 여건변화 가운데서 중요한 것은 인간주의의 세력팽창과 정부조직의 거대화이다.

(2) 능동적 개혁   오늘날 처방적 이론들은 능동적 개혁추진을 압도적으로 선호한다. 그러나 능동적 개혁이라고 해서 약점이 없는 것은 아니다. 개혁의 현장에서는 능동적·피동적 개혁을 다소간에 절충해야 할 것이다.

① 효   용   능동적 개혁추진의 이점으로는 ⅰ) 실행가능성이 높다는 것, ⅱ) 피동적 개혁에 대한 저항이 크거나 외부의 통제력이 약한 조직의 경우 유용성이 더욱 크다는 것, ⅲ) 전문지식이 필요한 행정상황에서 유용하다는 것, ⅳ) 개혁에 대한 참여와 지지를 촉진한다는 것, ⅴ) 조직 내부의 축적된 경험을

활용하는 데 유리하다는 것, ⅵ) 조직 내부의 다수 참여자가 합의를 형성해 개혁추진력을 발휘할 수 있는 기회를 제공한다는 것, 그리고 ⅶ) 개혁추진자들이 관련자들의 욕구·관심·불안이 무엇인지를 잘 알기 때문에 저항을 극복하기 용이하다는 것을 들 수 있다.

② 한   계   능동적 개혁은 외재적·하향적 개혁의 이상주의적·완벽주의적 성향, 모험성, 포괄성을 따라가지 못하는 경향이 있다.

능동적 개혁의 단점은 ⅰ) 조직 간의 문제해결에는 무능하다는 것, ⅱ) 각 전문분야의 타성적 관점에서 벗어나기 어렵다는 것, ⅲ) 외부의 참여와 비판을 외면하는 경향이 있다는 것, ⅳ) 근본적인 개혁의 수단을 결여하는 경우가 많다는 것, ⅴ) 시야가 좁고, 기득권 옹호에 집착할 수 있다는 것, 그리고 ⅵ) 관리층이나 노동조합을 위한 상황조작의 도구로 쓰일 수 있다는 것이다.

Ⅲ. 개혁실패의 원인

개혁의 실패(failure)란 바람직한 변동을 가져오지 못한다는 뜻이다. 실패의 유형에는 개혁문제의 인지를 그르치는 경우, 개혁안의 입안에 실패하는 경우, 개혁안의 집행을 그르치는 경우, 개혁조치의 정착에 실패하는 경우 등이 포함된다. 개혁의 불이행과 그릇된 이행뿐만 아니라 부작용을 수반하는 과잉적 이행까지도 실패의 범주에 포함된다.

개혁실패의 원인은 매우 복잡한 현상이지만 설명의 편의를 위해 이를 네 가지 범주로 나누어 고찰하려 한다. 네 가지 범주란 ⅰ) 개혁정책(개혁에 관한 계획입안)이 잘못된 데서 비롯되는 원인, ⅱ) 개혁의 불리한 여건이라고 할 수 있는 장애, ⅲ) 개혁에 대한 저항, ⅳ) 개혁추진자의 포획을 말한다.

네 가지 범주의 개혁실패원인들을 개념적으로 구분하여 고찰하겠지만 그것들이 완전히 배타적으로 구별될 수 있는 것은 아니다. 현실의 세계에서 각 범주는 상호 작용적이며 부분적으로 중첩적인 관계에 있다.

1. 개혁정책결정에서 저지르는 실책

정책결정과정의 결함으로 인해 행정체제의 생존과 발전을 현실적으로 제약하는 요인들을 적절히 고려하지 못한 채 개혁목표를 설정하면 개혁실패가 뒤따

른다.13)

1) 개혁정책결정과정의 문제

개혁의 목표상태를 설정하는 정책결정과정의 문제들은 다음과 같다.

① 정부관료제의 개혁주도   행정국가에서 행정개혁에 관한 정책결정의 지배집단은 정부관료제이다. 전통적 관료제의 약점을 지닌 변동저항적 행정이 스스로의 기득권을 침해할 수도 있는 근본적 개혁에 적극적으로 나설 것을 기대하기는 어렵다. 정부관료제가 주도하는 능동적 개혁의 입안과 실천에서는 관료적 이익을 보호하려는 데서 비롯되는 한계를 벗어나지 못한다. 외재적으로 추진되는 피동적 개혁에서는 저항과 포획이라는 교란행동을 일삼는다.

② 집권화의 폐단   정책결정과정의 집권성이 또한 문제가 된다.

산업화의 초기에는 집권적 정책추진이 불가피했고 또 상당한 효험을 발휘할 수도 있었다. 기능분립적 행정체제를 추스르고 다스리는 데는 집권적 통제가 적합했을 것이다. 그러나 고도산업화시대·정보화시대의 여건은 판이하다. 체제의 격동성과 문제의 복잡성이 높아지고, 인간주의적·고객중심주의적 봉사가 강조되기 때문에 집권적 문제해결이 어려워진다.

③ 형식주의와 비밀주의   정책결정과정의 형식주의와 비밀주의가 개혁을 그르치는 원인이 된다.

정책결정의 공식절차와 비공식절차가 심히 괴리되면 정책분석·평가의 절차는 형식화되고 낭비적인 것이 되기 쉽다. 비밀리의 결정·시행은 저항을 크게 하고 결국 강압적인 저항극복 수단을 불러들여 개혁상황을 악화시킬 수 있다.

④ 참여자들의 이기주의와 낮은 신망   정책결정 참여자들의 이기주의적·할거주의적 성향은 편파적·비일관적 개혁목표 선택의 원인이 된다. 기득권에 집착하는 이기주의적 행동은 개혁안의 성립 자체를 좌절시킬 수 있다.

정책결정자들의 편파성뿐만 아니라 능력부족, 정당성 결여, 과거의 실책은 그들의 신망을 떨어뜨린다. 개혁정책을 입안하고 시행하는 사람들의 신망저하는 불신을 낳고, 불신은 개혁실패로 이어진다.

2) 잘못 설정된 목표상태

잘못된 목표상태 설정이란 개혁수요에 올바로 대응하지 못하는 처방이라는 뜻이다. 개념적 혼란, 원리에 대한 합의 부재, 원리의 명료화 실패, 그리고 원리의 비일관적 적용에서 비롯되는 목표상태 처방의 실책은 대단히 많다. 그러한 실책의 주요 범주를 보면 다음과 같다.

① 기대에 미치지 못하는 개혁안　기대에 미치지 못하는 개혁안은 문제를 제대로 해결해 주지 못할 개혁안이다.

② 불필요한 개혁안　불필요한 개혁안이 나오는 경우가 있다. 이것은 문제가 없는데 해결책이 나오는 경우이다. 불필요한 개혁안의 시행은 그것 자체로서 낭비일 뿐만 아니라 새로운 폐단을 빚을 수 있다.

③ 경솔한 개혁안　한 번 채택하면 철회할 수 없거나 폐지비용이 과다하게 들 개혁방안들을 경솔하게 채택하는 일이 있다.

④ 실천가능성 없는 개혁안　집행되기 어려운 법률을 제정하기도 하고, 집행할 능력이 없는 제도나 시책을 채택하기도 한다.

⑤ 과시주의적 개혁안　정치·행정의 과시주의가 개혁의 목표상태 설정에도 작용하는 것이다. 과시주의는 필요나 능력 이상으로 실속없는 일을 해서 부작용과 불신을 자초하는 행태적 특성을 지칭한다.

⑥ 편파적 개혁안　강자에 약하고, 약자에 강한 개혁처방들이 있다. 사회적 혜택집단에 유리하고 비혜택집단에 불리한 개혁안이 있다.

⑦ 모호한 개혁안　개혁목표와 목표상태의 처방이 모호한 개혁안들이 있다. 모호한 처방 때문에 표방하는 목표와 실제로 추구하는 정략적 목표가 서로 달라지고, 그것이 혼란과 불신을 초래하는 경우도 있다.

2. 개혁의 장애

여기서 개혁의 장애(障碍: obstacles)라고 규정하는 것은 개혁을 직접 좌절시키거나 저항을 야기할 수 있는 상황적 조건을 말한다. 장애의 의미를 넓게 해석하면 개혁을 어렵게 하는 모든 원인들을 거기에 포함시킬 수 있을 것이다. 그러나 장애라는 말에 한정적인 의미를 부여해 사용하려 한다. 정책오류, 저항, 포획 이외의 실패요인들에 장애라는 이름을 붙였다고 말할 수 있다. 장애는 그 자체가 개혁대상이며, 그 중 일부는 개혁촉발요인으로 작용할 수도 있다.

장애의 주요 범주를 보면 다음과 같다.

① 과 부 하　과다한 개혁수요로 인하여 개혁추진체제에 과부하(過負荷: overload)가 걸리면 그것이 개혁의 장애가 된다. 문제가 너무 엄청나면 해결의 엄

두를 못내거나 해결과정에서 과오를 범한다.

② 격동과 혼란　소용돌이치는 환경, 사회적 갈등, 정치적 혼란, 문화적 혼란도 장애가 된다. 혼란, 마찰, 어긋남, 충돌이 심한 환경으로부터는 개혁에 필요한 지지를 동원하기 어렵다. 개혁목표에 관한 합의를 형성하기도 어렵다.

③ 자원부족　자원부족은 개혁을 직접적으로 좌절시키는 원인이 된다. 자원에는 경제적 자원, 인적자원, 권력, 정보 등이 있다. 자원과 유사한 성격을 가진 시간도 개혁성패에 중요한 영향을 미친다. 시간부족, 잘못된 시간선택, 미래예측의 실패 등 시간관련 요인들이 개혁의 장애로 되는 일은 흔하다.

④ 법령·관행 상의 제약　행정개혁을 공식적·비공식적으로 제약하는 법령과 관행이 장애가 된다.

⑤ 매몰비용　기존 상태에 투입된 매몰비용(埋沒費用: sunk cost)이 많고 기득권 이익의 옹호자가 많으면 그것이 개혁의 장애로 될 수 있다.

⑥ 외적 통제의 결함　행정에 대한 외적 통제체제가 취약하고 왜곡되어 있는 것도 장애가 된다. 행정개혁을 촉발하고 지원하는 데 힘을 실어주지 못할 뿐만 아니라 왜곡된 투입으로 개혁을 방해할 수도 있다.

⑦ 정부관료제의 보수성　정부관료제의 경직성과 보수적 관성, 그리고 막강한 세력이 개혁의 결정적인 장애가 될 수 있다.

⑧ 의사전달의 장애　개혁관련자들 사이의 의사전달이 불충분하거나 부적절한 것도 개혁을 좌절시키는 장애요인이다.

3. 개혁에 대한 저항

개혁을 촉구하고 지지하는 세력이 있는가 하면 그것을 반대하는 세력이 또한 있다. 행정개혁은 거의 언제나 다소간의 저항에 봉착하게 된다. 저항에 적절히 대응하지 못하면 개혁은 실패한다.

1) 정　의

개혁에 대한 저항(抵抗: resistance to reform)이란 개혁에 반대하는 적대적 태도와 행동을 말한다. 저항의 징상으로 나타나는 태도와 행동의 양태 및 그 심각성의 수준은 경우에 따라 모두 다를 수 있다. 저항의 징상이 개혁 그 자체나 개혁추진자들에 대한 공개적 적대행동으로 노골화되는 경우가 있는가 하면, 간접적이고 완곡한 반발의 형태로 나타나는 경우도 있다. 개혁에 무관심하거나 비협조적인 태도를 보이는 것도 저항의 한 징상이다. 개혁조치의 대상이 되는 사람들이 개혁을 환영하기 때문에 개혁 대상자들로부터는 저항이 감지되지 않을 때도 있다. 그러나 이때에도 다른 곳에서 저항이 나올 수 있다.

2) 기능: 역기능·순기능

행정개혁에 대한 저항의 기능이 나쁜 것이냐 또는 좋은 것일 수도 있느냐에 대한 평가는 사람에 따라 달라질 수 있다. 개혁추진자들은 저항을 원칙적으로 나쁜 것이라고 평가하여 그 역기능을 부각시킬 것이다. 그런가 하면 저항자들은 저항의 정당성을 주장하고 그 순기능을 강조할 것이다.

(1) 역기능에 대한 관심　　객관적인 입장을 표방하는 행정개혁 연구인들은 전통적으로 저항의 역기능에 초점을 맞춘 일반이론을 전개해 왔다. 지금도 연구인들은 역기능적 저항의 극복방안에 대해 더 많은 관심을 보이고 있다. 현대 행정개혁론은 저항극복의 실천적 필요에 부응하는 여러 이론을 발전시키고 있다.

(2) 순기능에 대한 관심　　오늘날의 행정개혁론이 순기능적 저항의 존재를 외면하는 것은 아니다. 저항에 관한 일반이론을 전개하는 근래의 논자들 가운데 상당수가 순기능적 저항의 존재를 시인하고, 이를 옹호하고 있다. 그러한 논의에 따르면 순기능적 저항은 조직이라는 인간의 집합체에 필요한 기본적 질서를 유지하는 데 도움이 된다고 한다.

① 상충되는 요청의 조정　　저항은 안정유지와 변동추구에 대한 상충적 요청의 조정을 촉진하는 역할을 한다.[14]

② 혼란·와해의 방지　　저항은 좋지 않거나 불필요한 변동을 거부하고 바람직한 변동만을 선택함으로써 조직의 혼란과 와해를 방지하는 기능을 한다.

③ 과오의 예방·시정　　저항이 있을 것을 예상하는 경우 개혁추진자들은 개혁의 입안과 시행에 보다 더 신중하게 된다. 그러므로 저항은 개혁과정의 과오를 예방 또는 시정하는 데 필요한 자극을 제공할 수 있다.

④ 의사전달·감정문제 인지의 촉진　　저항은 개혁에 대한 의사전달을 촉진하고 개혁이 난관에 봉착할 수 있는 문제영역을 파악하는 데 도움을 준다. 그리고 저항은 개혁의 영향을 받게 될 사람들의 감정에 대한 정보를 개혁추진자들에게 제공하여 대응행동을 할 수 있게 한다. 저항자들은 감정발산의 기회를 얻게 되

며 그들은 개혁에 대해 더 많이 생각하고 말하게 된다. 그 과정에서 개혁에 대한 이해가 증진될 수 있다.

> 저항의 순기능을 논의할 때에는 논리적 비일관성이라는 관념적 문제에 대해 해명할 필요가 있다. 논리적 비일관성이란 개혁을 '바람직한 것'으로 정의하고 이를 반대·좌절시키려는 저항에도 '바람직한 것'이 있다고 주장하는 모순을 지칭하는 것이다.
>
> 순기능적 저항에 관한 주장이 논리적 갈등을 모면할 수 있게 해주는 것은 개혁사업의 형식주의와 개혁사업의 부분적 불완전성이라고 생각한다. 고도의 형식주의 때문에 표방한 것과 실질이 다른 양두구육의 경우, 즉 바람직한 변동이라고 표방하고 있지만 그 실질적 내용은 바람직하지 못할 경우, 저항의 순기능이 정당화될 수 있다. 그리고 개혁사업의 주된 내용이 바람직하지만 부분적·지엽적 국면에서 부정적 요소를 지니고 있을 경우 부정적인 부분에 대한 저항이 있다면 개혁도 저항도 다함께 바람직한 것으로 이해될 수 있다.[e]

3) 원   인

저항의 원인 또는 이유는 저항행태의 심리적 원인을 지칭한다. 저항의 심리적 원인은 저항을 야기할 수 있는 상황의 인식으로부터 조성된다. 사람들이 저항을 야기할 수 있는 상황적 조건을 인식하고 그러한 인식이 저항동기 유발이라는 심리적 과정을 통해서 태도와 행동이라는 저항의 증상으로 전환되면 저항이 있다고 본다.

(1) 저항야기의 상황적 조건   저항심리를 유발할 수 있는 상황적 조건의 중요 범주를 보면 다음과 같다.[f]

① **일반적 장애**   과부하, 격동과 혼란, 자원부족, 법령·관행 상의 제약, 많은 매몰비용, 외적 통제의 결함, 관료제의 보수성 등 개혁의 일반적 장애들이 저

---

e) 논자에 따라서는 바람직하다고 생각되는 저항을 저항의 개념에서 제외하려 하고 있다. 예컨대 Zander는 반대와 저항의 개념을 구별하고, 개혁에 대한 모든 반대가 저항인 것은 아니라고 하였다. 반대 가운데는 정당한 근거가 있고 논리적으로 합당한 것이 있는데, 그것은 저항으로 볼 수 없다고 하였다. Alvin Zander, "Resistance to Change: Its Analysis and Prevention," in Alton C. Bartlett and Thomas A. Kayser(eds.), *Changing Organizational Behavior*(Prentice-Hall, 1973), p. 404.

f) 저항야기의 상황적 조건에 기인하는 저항을 '조직 상의 저항'(organizational resistance), 심리적 원인에 기인하는 저항을 '개인적 저항'(individual resistance)이라고 부르는 사람들도 있다. John W. Slocum, Jr. and Don Hellriegel, *Principles of Organizational Behavior*, 12th ed.(South-Western, 2009), pp. 501~507.

항을 야기하는 상황적 조건이 될 수 있다.

② 개혁내용의 문제   개혁의 목표와 내용이 개혁의 필요에 부응하지 못하거나, 기존의 신념체계와 상충되거나, 대상집단의 이익을 침해하는 경우 그것은 저항야기의 상황적 조건이 될 수 있다.

③ 추진절차와 방법의 문제   개혁추진의 과정적 요인(절차·방법·수단)이 잘못되어 저항야기의 조건을 만들 수 있다. 그러한 잘못의 예로 참여배제, 강압적 시행, 의사전달의 장애를 들 수 있다.

④ 개혁추진자의 문제   개혁추진자의 지위나 신망이 취약하다든지 그가 불신의 대상으로 되어 있다든지 하는 문제가 있을 때에 저항이 유발될 수 있다.

⑤ 변동 자체   개혁의 추진으로 인한 변동 자체가 저항의 상황적 조건이 될 수 있다. 변동 자체가 싫어서 또는 두려워서 저항할 수 있기 때문이다.

⑥ 개인적 특성   개혁대상자나 기타 저항야기의 가능성이 있는 관련자들의 성격, 습관, 지각 등이 저항의 조건으로 될 수 있다. 이러한 개인적 특성의 차이는 같은 외재적 조건 하에서도 개혁에 대한 반응이 사람에 따라 다를 수 있음을 설명해 준다.

(2) 저항의 심리적 원인: 상황적 조건에 대한 반응   저항야기의 가능성이 있는 상황적 조건을 인식하고 저항동기를 유발하게 되는 심리적 원인은 크게 세 가지 범주로 나누어 볼 수 있다. 세 가지 범주란 ⅰ) 개혁 자체에 관한 원인, ⅱ) 개혁추진과정에 관한 원인, 그리고 ⅲ) 개혁추진자에 관한 원인을 말한다.

개혁 자체에 관한 원인의 예로 ⅰ) 개혁성과에 대한 불신, ⅱ) 이익침해인식, ⅲ) 미지의 상황에 대한 불안감, ⅳ) 재적응의 부담을 들 수 있다. 개혁추진과정에 관한 원인의 예로 ⅰ) 개혁에 대한 몰이해와 추진전략의 의도에 대한 불신, ⅱ) 자존심 손상을 들 수 있다. 개혁추진자에 관한 원인의 예로 ⅰ) 개혁추진자의 능력이나 성실성에 대한 불신, ⅱ) 나쁜 감정을 들 수 있다.[15]

① 개혁성과에 대한 불신   개혁의 필요와 성과에 대해 의문을 가진 사람들은 개혁에 저항할 수 있다. 개혁으로 실현하려는 목표상태가 기존 상태보다 나을 것이 없다고 생각하거나 다른 개혁대안이 더 효율적이라고 생각할 때, 일반적 장애로 인해 개혁안의 실현이 불가능하다고 생각할 때, 그리고 개혁의 이익보다 비용이 더 크다고 생각할 때 사람들은 저항할 수 있다.

② 이익침해 인식   개혁이 개인적 이익을 침해한다고 생각할 때 사람들은

개혁에 저항할 가능성이 크다. 이익침해의 인식은 보수의 감소나 감원의 위험, 지위와 신망의 손상, 직무 상 자기실현의 좌절, 권력상실, 불편과 부담에 대한 인식을 포함한다.

③ 미지의 상황에 대한 불안감 개혁이 가져올 새로운 상황은 잘 모르는 미지(未知)의 상황이므로 그에 대한 불안감이 저항의 원인으로 될 수도 있다. 기존 질서 속에서 안정감을 느끼고 있는 사람들은 개혁추진으로 새롭게 펼쳐질 상황에 대해 불안감을 느끼게 된다.

④ 재적응의 부담 새로운 상황에 적응해야 하는 심리적 부담, 재교육의 부담을 인식하면 저항할 수 있다.

⑤ 개혁내용의 몰이해 개혁의 필요와 목표를 이해하고 수용하는 데 필요한 정보가 개혁의 영향을 받을 사람들에게 적절히 전달되지 않으면 몰이해로 인한 저항이 생길 수 있다. 전달된 정보를 잘못 이해하고 저항할 수도 있다.

⑥ 자존심 손상 인정감이나 자존심이 손상되었다고 생각하기 때문에 저항할 수도 있다. 개혁결정과정에서 소외되었다고 생각할 때, 개혁추진자가 일방적으로 개혁을 추진하면서 과거의 실책을 비난하거나 특정한 개인을 지목하여 개혁의 대상으로 삼을 때, 그리고 개혁안을 공격적이고 권위주의적인 방법으로 밀어붙일 때 인정감과 자존심의 손상은 커질 수 있다.

⑦ 개혁추진자에 대한 나쁜 감정과 불신 개혁추진자에 대한 나쁜 감정 때문에, 개혁추진자의 능력이나 성실성에 대한 불신 때문에, 그리고 개혁추진의 의도에 대한 불신 때문에 개혁에 대해 저항할 수 있다.

4) 저항극복의 방법

개혁추진자는 저항의 징상과 원인을 진단하고 그에 대응할 극복방법을 찾아야 한다. 저항극복방법은 ⅰ) 강제적 방법, ⅱ) 공리적·기술적 방법, ⅲ) 규범적·사회적 방법 등 세 가지 범주로 분류해 볼 수 있다.g)

(1) 강제적 방법 강제적 방법은 개혁추진자가 강압적 권력으로 제재를 가하거나 그것을 위협하거나, 또는 직위에 부여된 명령권의 일방적 행사를 통해

---

g) 저항극복방안을 범주화한 유형론들은 다양하며 저자와 의견이 다른 유형론도 많다. 예컨대 Stephen P. Robbins는 저항극복방법을 ① 교육과 의사전달 촉진, ② 참여 촉진, ③ 지지와 지원, ④ 협상, ⑤ 조종과 포섭, ⑥ 강압 등 여섯 가지로 범주화하였다. Robbins, *Organizational Behavior*, 11th ed.(Prentice-Hall, 2005), pp. 552~554.

저항을 극복하는 방법이다.

① **효용과 한계**   강제적 방법은 긴급을 요하는 상황에서 신속히 저항을 극복할 필요가 있을 때 개혁추진자가 강력한 권력을 가지고 있으면 유효하게 사용할 수도 있다.

그러나 강제적 방법은 저항을 근본적으로 해결하지 못하고 그것을 단지 단기적으로 또는 피상적으로 억압하는 대증요법이라고 할 수 있다. 강제적 방법을 쓸 때 개혁의 영향을 받는 사람들은 소외감을 느끼게 되므로 장래에 더 큰 저항을 야기할 위험이 있다.

② **방법의 예시**   강제적 방법의 예로 ⅰ) 직위에 부여된 공식적 권한에 의한 명령, ⅱ) 신분 상의 불이익처분이나 물리적 제재, ⅲ) 긴장의 조성, ⅳ) 권력구조의 개편에 의한 저항집단의 세력약화를 들 수 있다.

(2) 공리적·기술적 방법   공리적·기술적 방법은 관련자들의 이익침해를 방지 또는 보상하고 개혁과정의 기술적 요인을 조정함으로써 저항을 극복하거나 회피하는 방법이다.

① **효용과 한계**   개혁으로 인하여 분명히 이익의 손실을 입게 될 집단이 있고, 그들이 강력하게 저항하는 경우, 개혁을 위해 노력한 만큼 혜택받을 것이 없다고 생각하는 사람들이 저항하는 경우, 그리고 개혁추진의 기술적 측면에 대한 저항이 있는 경우에 대응하는 방법으로서 신속한 효과를 볼 수도 있는 것이다.

그러나 비용이 많이 들고 장기적인 효과를 기대하기 어렵다는 문제와, 저항을 본질적으로 극복하는 것이 아니라 저항에 양보하고 굴복하는 결과를 빚는 문제에 봉착할 수도 있다. 그리고 지나친 기술적 조작은 후유증을 수반할 수도 있다.

② **방법의 예시**   공리적·기술적 방법의 예로 ⅰ) 경제적 손실에 대한 보상, ⅱ) 조직 축소의 경우 신분과 보수를 유지해 준다는 약속, ⅲ) 개혁이 가져올 가치와 개인적 이득의 실증, ⅳ) 개혁의 시기조절, ⅴ) 개혁절차와 방법의 적응성 있는 운영을 들 수 있다.

이러한 방법의 적용과정에서는 협상과 타협, 배후조종과 포섭 등의 수단이 동원된다.

(3) 규범적·사회적 방법   규범적·사회적 방법은 개혁의 규범적 정당성에 대한 인식을 높이고 사회적·심리적 지원을 제공함으로써 자발적 협력과 개혁의 수용을 유도하려는 방법이다. 저항의 동기를 약화 또는 해소시켜 오히려 개혁에

적극 가담하게 하려는 것이다.

① **효용과 한계**   규범적·사회적 방법은 저항의 가장 근본적인 해결책으로서 조직의 인간화를 주장하는 오늘날의 연구인들이 가장 선호하는 것이다. 그러나 끈기 있는 노력과 많은 시간이 소요되는 방법이다.

② **방법의 예시**   규범적·사회적 방법의 예로 ⅰ) 개혁지도자의 신망 또는 카리스마(위광: 威光: charisma) 개선, ⅱ) 의사전달과 참여의 원활화, ⅲ) 사명감 고취와 자존적 욕구의 충족, ⅳ) 불만을 노출시키고 해소할 수 있는 기회의 제공, ⅴ) 개혁수용에 필요한 시간의 허용, ⅵ) 개혁의 가치와 기존 가치의 양립가능성 강조, ⅶ) 교육훈련과 자기개발 촉진을 들 수 있다.

4. 개혁추진자의 포획

1) 정   의

개혁추진자들이 개혁대상인 행정조직에 포획되어 개혁추진에 지장을 주는 일이 많다. 여기서 포획(捕獲: 사로잡힘: capture)이란 정부관료제를 대상으로 하는 개혁사업을 입안·권고하는 조직이나 개혁정책에 따라 설립한 규제적·통제적 조직 등 이른바 '개혁조직'에 참여하는 사람들이 개혁 또는 통제의 대상인 '개혁대상조직'의 영향 하에 들어가 그 이익과 주장을 옹호하게 되는 현상을 지칭한다.

포획이 일어나면 개혁조직이 개혁대상조직을 장악하는 것이 아니라 그 반대의 상황이 벌어진다. 개혁조직은 개혁대상조직의 포로처럼 행동하거나 개혁대상조직의 이익을 대변하는 들러리가 된다. 그렇지 않더라도 그럭저럭 명맥이나 유지하는 유명무실한 조직으로 전락한다. 명맥이나마 유지하려면 개혁대상조직의 눈치를 살펴야 한다.

포획의 양태는 다양하다. 예컨대 개혁추진자들이 포획을 처음부터 자청하는 능동적 포획이 있는가 하면, 시간의 흐름에 따라 이런저런 사정으로 어쩔 수 없이 포획되는 피동적 포획도 있다. 개혁대상조직의 이익을 앞장서 옹호하고 개혁대상인 폐단을 감싸는 적극적 포획이 있는가 하면, 개혁과 통제의 임무를 제대로 수행하지 못하는 부작위적(不作爲的)·소극적 포획도 있다.[h]

---

h) 여기서 원용하는 포획이론(capture theory)은 공공선택연구인들이 개발하여 사용하기 시작했다고 한다. 공공선택연구에서의 포획이론은 정부기관이 관리대상인 직원이나 고객에게 포획되어 정부의 관리의도를 희생시키는 현상을 설명하는 이론이라고 한다. Jay M. Shafritz and E.

2) 원   인

정부관료제를 대상으로 하는 개혁추진자 또는 개혁조직을 포획하는 세력은 많고 강력하다.

① 거대관료제의 압도적 세력   포획을 야기하거나 이를 유도하는 가장 근본적인 원인은 거대한 정부관료제가 차지하는 막강한 권력과 개혁에 대한 저항력이다.

② 광범한 행정적 폐단   개혁하고 규제해야 할 행정적 폐단이 크고 광범하며, 문제의 해결이 아주 어려운 경우 개혁조직들은 그에 압도되고 무력감에 빠지기 쉽다.

③ 개혁조직의 의존성과 취약성   정부관료제를 규제 또는 개혁하는 임무를 수행하도록 설치된 조직체는 대부분 개혁대상조직 또는 의뢰조직(client)에 많은 것을 의지한다.

개혁대상조직이 개혁조직의 인선에 간여하고 보조인력·예산·정보를 제공하거나 제공의 결정에 간여하는 예가 많다. 개혁제안의 채택여부가 개혁대상조직의 재량에 달려 있는 경우도 드물지 않다.

비상임직원을 주축으로 하는 소수의 구성원, 구성원들의 전문지식 부족, 권한과 예산의 부족, 통제중추들의 지지 결여 등으로 인해 개혁조직들의 지위가 원래 취약한 경우도 흔히 있다.

④ 마찰회피·동화·목표대치   개혁조직에 참여하는 개혁추진자들은 대상조직과 대립하고 마찰을 일으키는 데 심적 부담을 느낀다. 그들은 마찰없이 그럭저럭 잘 지내려는 유혹을 받는다. 교호작용관계가 오래 지속될수록 규제자와 피규제자 사이의 온정적·마찰회피적 관계는 더욱 강화된다.

개혁추진자들이 관료조직에 동화(同化)될 수도 있다. 개혁추진자들이 개혁대상자들과 같은 사고방식의 틀에 빠지면 개혁문제의 인지에 둔감해진다. 그리고 개혁대상자들의 입장을 옹호하게 된다.

W. Russell, *Introducing Public Administration*(Addison-Wesley, 1997), p. 305.
정부규제연구에서도 포획이론을 응용하고 있다. 정부규제론에서는 포획을 "공공목적의 실현을 위해 존재하는 규제기관이 본래의 의도와는 달리 피규제산업이나 집단의 대리자로 전락하여, 은연중에 피규제집단의 선호와 일치되는 방향 또는 이들에 동정적인 입장에 서서 피규제집단에 유리한 규제정책을 펴나가는 현상"이라고 규정한다. 최병선, 「정부규제론」(법문사, 1992), 200~201쪽.

개혁조직의 목표대치도 흔히 있을 수 있다. 정부관료제를 개혁하고 감시·통제하는 본래적 목표를 개혁조직 자체의 존속과 구성원의 지위유지를 추구하는 목표가 대치하도록 조장하는 유인들은 많다.

⑤ 부패의 영향   부패는 개혁조직의 포획에 촉매제가 된다. 부패가 개혁추진자들의 사익추구에 영합할 때 그것은 포획의 직접적인 원인이 된다. 그리고 체제화된 부패는 포획의 보다 광범한 조건을 설정한다.

3) 결   과

개혁추진자와 개혁조직이 포획되면 임무수행이 좌절된다. 국가자원의 낭비를 초래하고 불신풍조를 조장한다.

① 개혁의 실패   개혁조직이 포획되면 그 임무수행이 좌절되고 개혁은 실패한다. 개혁실패의 양태는 다양하다. 개혁조직이 개혁임무를 사실상 포기하고, 그 조직은 유명무실해지는 경우가 있다. 개혁기준이 손상되고 집행과정이 왜곡되기도 한다. 이것은 개혁대상조직이 용인하고 유도하는 범위 내에서만 타협적인 임무를 수행하거나 그릇된 임무를 수행하는 경우이다. 개혁과 통제의 대상인 병폐를 은폐하거나 비호하는 경우도 있다.

② 낭   비   포획된 개혁조직은 예산과 인력을 낭비한다. 정부에서 도태되는 사람들에게 월급을 주어 무위도식하게 하는 잉여인력 처분장이 되기도 한다. 정치적 추종세력에게 감투를 나누어주는 데 쓰이기도 한다. 정부가 이런 목적을 위해 유명무실한 개혁조직들을 장기간 존속시키기도 한다. 유명무실한 개혁조직들을 철폐하는 데도 적지 않은 경제적·사회적 비용이 든다.

③ 불신의 조장   개혁조직의 포획에서 비롯되는 가장 큰 피해는 아마도 불신풍조의 조장일 것이다. 임무수행 목표의 선언과 그 실천행동의 심한 괴리는 신뢰관계를 무너뜨린다.

포획으로 인한 개혁실패가 타성화 또는 '제도화'되는 것을 경험한 사람들은 개혁운동 모두를 불신하는 태도를 보이게 된다. 개혁운동 전반에 대해 냉소적이고 회의적인 사람들은 새로이 설치되는 개혁조직의 실패를 예단하고 기대한다. 이러한 불신이 만연되면 개혁사업들은 전반적으로 추진력을 상실한다.

IV. 조직발전

앞에서 행정개혁의 접근방법을 설명할 때 근래 많은 연구인들의 관심을 끌어온 행정개혁의 접근방법으로 조직발전, 사업중심적 접근방법, 그리고 문화론적 접근방법을 지목한 바 있다. 사업중심적 접근방법을 이해하는 데는 제 5 장 제 4 절 정책과정의 설명이 참고가 될 것이다. 문화론적 접근방법에 관해서는 제 3 장 제 2 절 행정문화에 대한 설명을 참조하기 바란다. 여기서는 조직발전을 설명하려 한다.

조직발전의 뿌리를 1930년대의 인간관계론적 연구에까지 거슬러 올라가 찾는 사람들도 있다. 그러나 Kurt Lewin을 비롯한 행태과학자들이 일련의 실험실적 기법들을 개발하기 시작한 1940년대를 조직발전의 태동기로 보는 것이 다수의견이다. 이후 조직발전 연구는 성장을 거듭했으며, 1970년대에 이르러 조직개혁·행정개혁에 관한 접근방법으로서 확고한 지위를 굳히게 되었다.

1. 조직발전이란 무엇인가?

1) 정   의

조직발전(組織發展: organization development: OD)은 행태과학적 지식과 기술을 활용하여 조직의 목표와 개인의 성장욕구를 결부시킴으로써 조직개혁을 성취하려는 과정이다. 조직발전은 조직의 인간적 측면을 중시하여 인간의 잠재력을 최대한으로 개발함으로써 조직 전체의 개혁을 도모하려는 체제론적 접근방법이며, 응용행태과학에 의존하는 것이다. 조직발전은 조직 내의 인간적 가치를 향상시키면서 동시에 조직 전체의 효율성을 높이려는 접근방법이다. 조직발전은 또한 조직의 공식적 영역과 비공식적 영역 사이에 일관성을 높이고 개인과 조직의 융통성·적응성·창의성·민주성을 높이려는 노력이라고 할 수 있다.

조직발전은 계획적 과정이며 지속적으로 추진되어야 하는 과정이다. 조직발전은 전문적인 상담자의 조력과 조직구성원들의 적극적인 참여, 그리고 관리층의 지원을 필요로 하는 과정이다. 조직발전사업의 과정에는 진단, 개입(실천), 과정유지라는 기본적 구성요소가 포함된다. 조직발전은 실제적인 자료를 중시하는 진단적 과정이다.

위의 정의에 시사된 조직발전의 주요 특성은 다음과 같다.[16]

① 행태과학의 응용   조직발전은 조직의 실천적인 문제를 해결하려는 응용 행태과학의 한 유형이다. 조직발전은 행태과학의 지식과 기술을 응용한 계획적 개입을 통해 사람들의 가치체계·태도·행동을 변화시켜 조직을 개혁하려는 접근방법이다.

② 계획적 변동   조직발전은 계획적인 변동노력이다. 조직발전은 그 자체의 과학적 합리성을 강조하기 때문에 개혁의 목표, 방법, 자원동원에 관하여 치밀한 계획을 수립하여 실천한다.

③ 체제론적 관점   조직발전은 조직을 하나의 체제로 보고 조직이라는 총체적 체제의 개선을 궁극적인 목표로 삼는다. 조직의 구성부분별로 조직발전활동이 전개되는 경우가 많지만 조직발전의 궁극적인 목표는 그러한 개별적 활동을 조정·통합하여 조직 전체의 개혁을 달성하는 데 있다.

④ 지속적인 사업   조직발전에 종사하는 사람들의 안목은 장기적인 것이다. 그들은 당장의 문제해결뿐만 아니라 적응적 조직의 장기적인 발전에 깊은 관심을 가지며, 조직발전을 지속적·장기적 노력이 필요한 사업이라고 규정한다.

⑤ 자료에 기초를 둔 진단적 방법   조직발전은 경험적 자료에 바탕을 둔 접근방법(data based approach)이다. 개선대상과 그에 연관된 요인에 대한 자료를 산출하고 그에 따라 실천계획을 세우며, 실천의 과정에서도 그러한 자료를 활용한다.

⑥ 집단의 중요성 강조   조직발전의 개입대상에는 개인, 집단, 조직, 개인과 개인의 관계, 집단과 집단의 관계 등이 널리 포함되지만 그 가운데서 조직 내의 집단이 가장 중요시된다.

⑦ 과정지향성   조직발전은 과정지향적(oriented to process)이다. 조직발전의 관심은 업무의 내용이나 조직구조 등에도 미치는 것이지만, 그러나 관심의 초점이 되는 것은 조직 내의 과정들이다. 여러 과정들 가운데서도 특히 인간적·사회적 과정, 문제해결을 지향하는 협동적 과정을 더 중요시한다. 조직발전의 대체적인 경향은 이러한 과정들에 인간주의적 가치체계를 도입하려 한다는 것이다.

⑧ 상담자의 활용과 협동적 노력   조직발전에서는 행태과학적 지식과 기술에 조예가 있는 상담자(consultant)를 참여시켜 그로 하여금 개혁추진자의 역할을 맡게 한다.

상담자가 개혁추진자의 역할을 맡는다고 하지만 그가 조직발전의 책임을 독차지하는 것은 아니다. 조직발전은 협동적 노력과 자발적·능동적 개혁을 강조한다. 조직발전은 상담자, 고급관리자, 그리고 관련 조직구성원이라는 세 당사자의 적극적인 참여와 책임분담, 그리고 협동을 통해서 진행되는 과정이다.

⑨ 목표설정의 강조　조직개혁은 목표, 그리고 목표설정과정을 중요시한다. 목표의 강조는 조직발전이 계획적이라고 하는 의미규정에 이미 포함되어 있는 것이기도 하다.

2) 전　제

조직발전이 바탕으로 삼는 일련의 전제 또는 가정이 있다. 그러한 가정은 ⅰ) 개인에 관한 가정, ⅱ) 집단에 관한 가정, 그리고 ⅲ) 조직에 관한 가정으로 구분된다.[17]

(1) 개인에 관한 가정　개인에 관한 가정은 ⅰ) 인간은 자기실현과 성장·발전을 원하는 욕구를 지녔다는 것, 그리고 ⅱ) 개방적인 의사전달과 갈등문제에 대한 정면대응을 촉진하고 지지적인 분위기를 조성함으로써 개인의 성장과 조직의 효율화를 동시에 추구할 수 있다는 것이다.

(2) 집단에 관한 가정　집단에 관한 가정은 ⅰ) 조직구성원에게는 준거집단, 특히 작업집단이 매우 중요하다는 것, 그리고 ⅱ) 집단 내의 대인관계가 개방적이고 솔직하며 상호 지원적이면 개인의 집단에 대한 기여는 크게 향상될 수 있다는 것이다.

(3) 조직에 관한 가정　조직에 관한 가정은 ⅰ) 조직은 중첩적이고 상호 의존적인 작업집단들로 구성된다는 것, ⅱ) 조직을 구성하는 어떤 하나의 하위체제에 일어난 변동은 다른 하위체제들에 영향을 미친다는 것, 그리고 ⅲ) 사람들 사이의 신뢰·지원·협력을 촉진하는 조직 내의 민주적 분위기는 집단적 문제해결, 개인의 직무만족과 성장에 유리한 작용을 한다는 것이다.

2. 조직발전과정의 활동단계

조직발전의 과정모형에는 여러 가지가 있지만 그 가운데서 가장 널리 수용되고 있는 것은 실천적 조사연구모형(實踐的 調査研究模型: action research model)이다. 저자도 이 모형에 따라 조직발전과정의 활동단계를 설명하려 한다.

실천적 조사연구는 해결책이 강구되어야 할 실천적인 문제들에 사실발견 및 실험에 관한 과학적 방법을 적용하는 것이다.

실천적 조사연구모형의 특징으로는 ⅰ) 응용행태과학에 기초를 두고 있다는 것, ⅱ) 실천적인 문제에 관한 연구라는 것, ⅲ) 현재와 장래의 실천적인 행동을 인도하려는 목표지향적·행동지향적 조사연구라는 것, ⅳ) 과학자와 실천가를 연결시키며 외부전문가와 조직구성원의 참여 및 협동적 노력을 강조한다는 것, ⅴ) 면밀한 진단을 통해 얻은 자료에 기초를 두고 환류를 강조한다는 것을 지적할 수 있다.[18]

조직발전을 위한 실천적 조사연구의 과정에 포함되는 기본적 요소 또는 단계는 다음과 같다.[i]

(1) **예비적 진단**   대상조직의 중요한 직위에 있는 고급관리자가 조직의 문제를 인지하고 상담자(조직발전 전문가)와 상의하여 문제에 대한 해결책을 찾기로 합의하면 상담자가 예비적 진단작업을 진행한다.

(2) **자료수집과 환류**   상담자는 문제를 규명하고 문제해결방안을 결정하는 데 필요한 자료를 대상조직에서 수집하여 의뢰인에게 제공(환류)한다.

(3) **자료검토와 기본계획의 수립**   자료제공을 받은 대상조직의 관계자들은 환류된 자료를 검토하고 상담자와 협력하여 조직발전의 목표와 기법 등에 관한 기본계획을 수립한다.

(4) **실행계획과 실행**   기본계획에 따라 선택된 수단(기법)을 적용하고, 상담자는 그에 대한 관찰자료를 대상조직에 환류시킨다. 대상조직은 환류된 자료와 스스로 획득한 자료를 종합하여 검토·분석하고, 구체적인 개혁목표가 무엇이며, 어떻게 거기에 도달할 수 있을 것인가를 결정하는 실행계획을 세워 그것을 실행에 옮긴다.

이러한 과정을 거쳐 사람들의 태도와 행동에 변화가 일어나는 단계에 도달하면 한 차례의 실천적 조사연구의 과정이 매듭지어지는 것이라고 볼 수 있다. 그러나 첫번째 변동유발이 있은 다음에도 실천적 조사연구의 과정이 순환적으로 되풀이되는 경우가 많다.

---

i) 실천적 조사연구에 포함되는 기본적 활동단계에 관한 의견은 갈려 있다. 여기서 채택한 단계 구분은 여러 의견을 종합하여 만들어낸 것이다.

3. 조직발전의 개입기법

1) 개입의 유형과 기법

조직발전사업은 개입(介入: intervention)이라는 실천행동을 통해 실행된다. 개입이란 조직의 개선을 목적으로 하는 일련의 조직화된 활동을 의미한다.

개입에서 사용하는 기술 또는 기법은 매우 다양하다. 개입기법들의 효용은 개입의 유형에 따라 달라질 수 있다. 따라서 개입의 유형별로 개입기법들을 분류하는 것은 의미 있는 일이다. 그 한 예를 보기로 한다.

Wendell French와 Cecil Bell, Jr.는 대상과 초점을 기준으로 개입의 네 가지 유형을 구분하고 각 유형에 적합한 개입기법들을 예시하였다. 그들은 ⅰ) 개인과 업무에 초점을 맞춘 기법으로 역할분석기법, 직무에 관한 교육, 직무풍요화를 예시하였다. ⅱ) 개인과 과정에 초점을 맞춘 기법의 범주에는 생애계획, 개인에 대한 과정상담, 개인 간 갈등에 대한 제삼자의 중재를 포함시켰다. ⅲ) 집단과 업무에 초점을 맞춘 기법의 범주에는 태도조사환류기법, 팀 발전, 집단 간의 관계개선을 포함시켰다. ⅳ) 집단과 과정에 초점을 맞춘 기법의 범주에는 태도조사환류기법, 과정상담, 팀 발전, 친근자집단훈련을 포함시켰다. 네 가지 개입 유형 간에 기법의 배치가 일부 중복되어 있다.[19]

2) 개입기법의 예시

개입의 기법은 아주 많다. 여기서는 자주 거론되는 것들을 골라 그 의미를 간단히 설명하려 한다.[20]

구체적인 조직발전작업에 임해서는 그 필요에 부합되는 기법들을 골라 써야 한다. 기법을 선택하고 배합할 때에는 ⅰ) 관련자(relevant people)의 참여를 보장할 것, ⅱ) 제기된 문제를 해결하는 데 지향될 것, ⅲ) 개선목표의 성취에 효율적으로 기여할 것, ⅳ) 이론과 경험을 통한 학습을 포괄할 수 있도록 할 것, ⅴ) 학습의 자유스러운 분위기를 조성할 것, ⅵ) 문제해결의 방법을 배우고 배우는 방법도 배우게 할 것, ⅶ) 사람들이 전인격적으로(as a whole person) 가담할 수 있게 할 것 등 적합성의 기준을 고려하여야 한다.[21]

(1) 실험실적 훈련　　　실험실적 훈련(laboratory training; sensitivity training; T-group training)은 소수인원으로 구성된 집단을 대상으로 인위적인 상황 하에서

실시하는 훈련이다. 이 훈련에서는 참여자들이 스스로의 태도와 행동을 반성하고 자신의 행동이 다른 사람들에게 미치는 영향을 검토하도록 지원하고 유도함으로써 태도와 행동을 변화시키려 한다.

실험실적 훈련에는 많은 종류가 있다. 훈련의 목적에 따라 개인발전훈련(personal development laboratory), 인간관계훈련(human relations laboratory; T-group; encounter group), 집단역학적 훈련(group dynamics laboratory), 조직 상의 문제해결훈련(organizational laboratory), 팀 훈련(teams and team laboratory)을 구분할 수 있다.

개인발전훈련은 훈련에 참여하는 개인의 자아(self)에 초점을 맞추고 개인에게 자기의 행태를 자성할 수 있는 기회를 제공하려는 것이다. 인간관계훈련은 대인관계의 본질을 탐색하고 이해하게 하려는 것이다. 집단역학적 훈련에서는 집단현상 자체에 주의를 집중하게 하여 참여자들로 하여금 집단적 과정을 진단하고 그에 개입하는 것을 배우게 한다. 조직 상의 문제해결훈련은 집단 간의 관계, 조직 내의 갈등, 목표형성과정 등 조직 전반의 문제에 관한 훈련이며 비교적 많은 인원을 참여시킨다. 팀 훈련은 하나의 팀이 업무수행 상 일상적으로 봉착하는 문제들을 논의하고 해결방안을 탐색하게 하는 훈련이다.

훈련에 어떤 사람들이 참여하느냐에 따라 친근자집단(親近者集團: 'family' group)에 대한 훈련, 유사친근자집단('cousins' group)에 대한 훈련, 생소한 집단('stranger' group)에 대한 훈련을 구분한다. 친근자집단은 직접적인 업무관계를 맺고 있으며, 서로 잘 아는 사람들로 구성되는 집단이다. 유사친근자집단은 같은 조직에 근무하기 때문에 서로 알고 있을 가능성은 있으나 직접적인 업무 상의 관계는 없는 사람들로 구성되는 집단이다. 생소한 집단은 훈련이 시작되기 전까지는 서로 전혀 몰랐던 사람들로 구성되는 집단이다.

(2) 팀 발전   팀 발전(team-building or team development)은 조직 내에 있는 여러 가지 팀들을 개선하고 그 효율성을 높이려는 개입기법이다. 팀의 구성원들이 협조적인 관계를 형성하여 임무수행의 효율화를 도모할 수 있게 하려는 것이 팀 발전의 목적이다.

(3) 과정상담   과정상담(過程相談: process consultation: P-C)은 개인 또는 집단이 조직 내의 과정적 문제를 지각하고 이해하며 해결할 수 있도록 제삼자인 상담자가 도와주는 활동이다. 과정상담의 초점은 조직 내의 인간적 과정(human processes)이다. 과정상담에서는 조직 내의 인간적 과정(개인적 과정, 개인 간의 과정, 집단 간의 과정)을 개선하는 것이 조직의 효율화를 도모하는 첩경이라 생각하고 조직구성원(특히 관리자)의 인간적 과정에 대한 진단능력과 문제해결능력을 향상시키려고 한다.

(4) **태도조사환류기법**　태도조사환류기법(survey feedback method)은 조직 전체에 걸쳐 구성원들의 태도를 체계적으로 조사하고 그 결과를 조직 내 모든 계층의 개인과 집단에 환류시켜 그들이 환류된 자료를 분석하고 개선방안을 결정하도록 하는 개입기법이다.

(5) **관리유형도에 의한 조직발전**　관리유형도(管理類型圖)에 의한 조직발전(grid organization development)은 Robert Blake와 Jane Mouton이 개발한 조직발전의 기법이다. 그들이 만든 관리유형도(managerial grid)를 활용하여 개인, 집단, 집단 간의 관계, 그리고 조직 전체의 효율화를 도모하려는 것이 관리유형도에 의한 조직발전이다. 이 방법은 관리자들이 가장 바람직한 관리유형을 수용하도록 유도하는 것이다.[22]

관리유형도는 생산(일 또는 결과)에 대한 관심과 사람에 대한 관심을 기준으로 하여 관리의 유형을 빈약형, 친목형, 임무중심형, 절충형, 단합형 등 다섯 가지로 구분한다. 그 가운데서 단합형이 가장 효율적인 관리유형이라고 보는 것은 관리유형도에 의한 조직발전의 가정이다. 관리유형도에 대해서는 제 5 장 제 2 절에서 설명하였다.

(6) **직무풍요화 · 직무확장**　직무풍요화는 직무를 맡는 사람의 책임성과 자율성을 높이고, 직무수행에 관한 환류가 원활히 이루어지도록 직무를 재설계하는 것이다. 직무확장은 기존의 직무에 수평적으로 연관된 직무요소 또는 기능들을 첨가하는 수평적 직무부가의 방법이다. 이 두 가지 기법에 대해서는 제 6 장 제 2 절에서 설명하였다.

(7) **행동수정**　행동수정(behavior modification)은 조직 내의 개인적 · 사회적 문제를 해결하고 인간기능을 개선하기 위해 실험심리학의 학습이론을 관리의 실제에 적용하여 행동의 수정을 도모하는 것이다.

(8) **성취동기향상기법**　성취동기향상기법(achievement motivation intervention)은 David McClelland가 발전시킨 성취욕구(need for achievement)에 관한 이론을 바탕으로 하는 것이다.

이 기법은 사람들의 성취동기를 향상시키려는 것이다. 이 기법에 의한 개입은 높은 성취욕구를 지닌 사람들이 어떻게 생각하고 말하고 행동하는가에 대해 가르치는 데서부터 시작된다. 그에 대한 이해를 바탕으로 참여자들이 목표를 실천가능한 것으로 설정하되 될 수 있는 대로 수준이 높은 목표를 설정하도록 유도한다. 그리고 참여자들의 목표성취 진도에 대해 환류를 제공하도록 한다.

(9) 투영기법   투영기법(投影技法: 반사기법: organizational mirror)은 조직 내의 어떤 단위 또는 부서가 그와 연관된 다른 부서 또는 외부집단으로부터 자기 부서에 관한 정보를 얻게 하는 기법이다. 투영기법은 정보 수신자인 대상집단과 정보 제공자인 상대방집단이 적대적인 관계가 아니라 건설적인 문제해결관계에서 협력하게 한다는 이점을 지닌 것이라고 한다.

4. 조직발전의 한계와 성공조건

조직발전이라는 인간주의적 접근방법의 정당화 근거와 효용은 조직발전의 개념정의에서 충분히 시사하였다고 믿는다. 여기서는 조직발전의 이론적·실천적 한계와 장애, 그리고 성공조건은 무엇인지 알아보려 한다.[23]

(1) 한계와 장애   한계와 장애는 이론적 차원의 문제와 실천적 차원의 문제로 나누어 볼 수 있다.

① 이론적 한계   조직발전이라는 접근방법의 이론적 한계(접근방법에 내재된 제약)로는 ⅰ) 기술적·구조적 요인들을 소홀히 한다는 것, ⅱ) 성장이론의 편견을 반영한다는 것, ⅲ) 집단적 과정 중시의 편견은 조직의 생산성 향상 문제를 소홀히 취급하게 한다는 것, 그리고 ⅳ) 효과평가가 어려운 접근방법이라는 것이 지적되고 있다.

② 실천 상의 장애   실천적인 애로 또는 장애로는 ⅰ) 시간과 비용이 많이 든다는 것, ⅱ) 문화적 갈등을 일으킬 수 있다는 것,[j] ⅲ) 상담자에 대한 조직의 의존이 지나칠 수 있다는 것, ⅳ) 기존 권력구조의 강화에 이용당할 수 있다는 것,[k] ⅴ) 최고관리층을 포함한 조직의 전 계층이 조직발전의 가치를 이해하고 적극적으로 참여하는 일은 쉽지 않다는 것, 그리고 ⅵ) 우수한 상담자를 구하기 어렵다는 것이 지적되고 있다.

정부조직에 대한 조직발전의 적용에서는 더 많은 애로에 봉착한다. 그 예로 ⅰ) 정치적·법적 제약, ⅱ) 복잡한 절차로 인한 적시성 상실, ⅲ) 여론과 정치적

---

j) 조직발전의 결과 집단 내 또는 조직 내에 형성되는 문화와 환경의 문화가 서로 부합하지 않으면 문화적 갈등이 야기될 수 있다.

k) 조직발전이 하향적인 인간개조를 추구하고 관리층의 의뢰와 문제한정에 따라 추진되기 때문에 엘리티즘에 빠지고, 쇄신보다는 기존의 권력체제를 강화하는 데 기여한다고 비판하는 것이다.

통제를 의식하기 때문에 빚어지는 조직진단자료의 왜곡, ⅳ) 최고관리층의 잦은 교체로 인한 개혁 일관성 유지의 애로, 그리고 ⅴ) 정부업무의 특수성으로 인한 조직발전 성과측정의 어려움을 들 수 있다.

(2) **성공조건** 조직발전이 성공하려면 ⅰ) 최고관리층의 지지, ⅱ) 유능하고 의욕 있는 상담자의 확보, ⅲ) 상담자와 조직구성원의 협력관계 구축, ⅳ) 조직발전과정 자체의 적실성 있는 설계, ⅴ) 조직 내의 호혜적 분위기 조성과 개혁과정의 투명성 유지, ⅵ) 조직발전을 지지하는 보상체제 수립 등의 조건이 갖추어져야 한다.

5. 조직혁신

1980년대로부터 조직혁신(組織革新: organizational transformation: OT)에 대한 연구가 확산되어 왔다. 이것은 정통적인 조직발전의 수정적 연장 또는 발전양태로 이해되고 있다. 조직혁신은 '제 2 세대 조직발전'이라고도 부른다.

조직혁신에 대한 관심은 조직의 급진적 변혁을 요구하는 여건변화를 반영하는 것이다. 정보화촉진, 조직사회의 경쟁격화, 환경적 격동성 등이 그러한 여건변화의 예이다.

조직혁신은 조직의 포괄적이며 급진적인 변동을 추구하는 개혁의 접근방법이다. 조직혁신은 조직의 패러다임을 바꾸려는 변혁적 접근방법이다. 패러다임을 바꾼다는 것은 조직구성원들의 지각·사고·행동에 질적 변동을 야기한다는 뜻이다.

조직혁신의 주요 특성을 보면 다음과 같다. 여기서 비교의 준거로 삼은 것은 정통적인 조직발전이다.[24]

① **최신연구성과의 학제적 활용** 조직혁신도 조직발전의 경우처럼 행태과학을 응용한다. 그러나 행태과학과 심리학, 체제이론 등 관련학문분야의 새로운 연구성과들을 보다 적극적으로 활용한다. 그리하여 정통적인 조직발전의 전제들을 획기적으로 바꾸려 한다.

② **포괄적 변동 추구** 조직혁신은 보다 포괄적이고 광범한 변동을 추구한다. 조직혁신은 다차원적이며 다국면적인 특성을 지닌 것이다.

③ **급진적 변동 추구** 조직혁신은 급진적이고 질적인 변동을 추구한다. 추구하는 개혁은 광범하고 포괄적인 것일 뿐만 아니라 심층적인 것이다. 포괄적이

고 심층적인 변동의 핵심대상은 조직의 비전(vision)이다. 조직의 비전을 구성하는 요소는 조직의 지도적 신념과 원리, 그에 기초한 조직의 목표, 그리고 조직의 목표에 일관되는 임무이다.

④ 조직과 환경의 관계 중시   조직혁신은 환경변동과 조직변동의 관계를 중시한다. 조직의 근본적·급진적 변동을 추진하는 것은 조직과 환경의 적합도를 높이거나 미래의 환경을 바람직하게 만들기 위한 노력이라고 설명한다.

⑤ 급진적 변동 추구에 적합한 개입방법   조직혁신의 주요 개입방법은 문화개혁, 전략개혁, 자율적 조직설계 발전 등 조직의 급진적 변동에 지향된 것들이다.

행정개혁 목표론

I. 목표상태 처방모형

행정개혁은 어떤 목표와 목표상태를 지향한다. 목표상태는 의식적인 노력을 통해 미래에 달성하려고 하는 상태이며, 개혁이 목표로 삼는 상태이다.

오늘날 행정개혁의 연구에서, 그리고 행정개혁의 실제에서 강한 파급력을 가진 처방적 모형들은 여럿이다. 그 중 일부는 이미 고찰한 바 있다. 구조와 과정, 인간관리 등에 관한 획기적 개혁처방들에 대한 앞서의 설명을 참고하기 바란다.

여기서는 개혁현장에 보다 근접한 처방들을 소개하려 한다. 20세기 말로부터 21세기 초에 걸치는 시기에 세계적인 영향력을 발휘했던 대표적 정부개혁운동 내지 행정개혁모형은 영연방제국에서 모습을 들어내기 시작한 신공공관리운동과 미국에서 출범한 정부재창조운동이었다. 서로 닮은 이 두 가지 목표상태모형부터 설명하려 한다. 신공공관리, 그 대안으로 제시된 신공공서비스와 공공가치 거버넌스를 먼저 고찰하고 정부재창조운동의 계열에 속하는 기업가적 정부, 탁월한 정부, 일은 잘하고 비용은 덜드는 정부를 설명하려 한다.

이어서 오늘날 행정개혁의 현장에서 결코 소홀히 할 수 없는 전자정부, 정부 3.0, 열린 정부, 작은 정부, 그리고 민간화를 설명하려 한다.

1. 신공공관리

행정개혁의 목표상태를 처방하는 신공공관리모형은 정부주도의 개혁운동에서 귀납적으로 발전시킨 것이다. 모형설정의 준거대상은 영연방제국에서 1980년대에 시작되고 세계적으로 전파된 신공공관리운동이다.

신공공관리운동의 범위를 한정하는 것은 쉬운 일이 아니다. 이 운동을 출범시킨 영연방 구성국가마다 그 내용이 조금씩 다르다. 그 내용은 또한 시간의 흐름에 따라 변해 왔다. 세계 각국에 전파되는 과정에서 변용을 겪기도 했다.

이런 사정이 있는 데다가 신공공관리가 아주 많은 사람들의 입에 오르내리면서 이 접근방법에 대한 이해와 설명에 상당한 혼선이 빚어지게 되었다. 신공공관리운동의 포괄범위를 아주 넓게 해석하여 이것을 1980년대 이후의 세계적인 행정개혁운동이라고 말하는 사람도 있다. 그러나 다수의견은 신공공관리를 뉴질랜드, 영국 등 영연방제국이 1980년대부터 20여 년 간 시발·성숙시킨 관리주의적 행정개혁운동 또는 접근방법이라고 규정한다.

저자는 이러한 다수의견을 따르려 한다. 그리고 1990년대에 출범한 미국의 정부재창조운동은 따로 다루려 한다. 신공공관리운동과 정부재창조운동이 여러 면에서 닮았기 때문에 후자를 전자의 범위에 포함시키는 사람들도 있다.a) 저자는 양자를 닮았지만 또한 구별되는 두 줄기의 개혁운동으로 다룰 것이다.

1) 전개과정

(1) 출범과 확산　　신공공관리운동은 1980년대에 영연방제국에서 시작되었으며, 이 운동의 아이디어들은 점차 많은 나라들에 전파되었다. 영연방국가들 가운데서도 선도적인 역할을 한 나라는 뉴질랜드와 영국이었다.1)

1970년대 말의 경제위기로 인해 뉴질랜드의 국민당정부가 실각하고 9년만에 노동당이 집권하게 되었다. 노동당정부는 1980년대에 접어들면서부터 광범하고 급진적인 행정개혁사업을 추진하였다. 이 개혁운동의 기조는 정부의 감축과 공공서비스 개선을 위한 시장기제의 도입이었다.b)

뉴질랜드의 신공공관리운동은 몇 단계의 변천과정을 거쳤다. 변천의 첫 단계는 민간부문의 관리방식과 기법들을 정부에 도입하는 관리주의적 개혁단계였다. 둘째 단계는 정부부문에 경제적 접근방법을 광범하게 도입하는 시장화 단계

---

a) 예컨대 Rosenbloom과 Kravchuk은 미국의 부통령 Al Gore가 이끌었던 국가업무평가사업(NPR)이 신공공관리의 접근방법을 채택했다고 말한다. David H. Rosenbloom and Robert S. Kravchuk, *Public Administration: Understanding Management, Politics, and Law in the Public Sector,* 6th ed.(McGraw-Hill, 2005), pp. 20~24.

b) 뉴질랜드의 신공공관리운동은 자유시장경제의 역할을 강조하는 신고전적 경제이론(시카고학파)의 인도를 받은 것이었으며 개혁의 청사진을 만드는 데에는 재무부장관이었던 Roger Douglas가 주도적 역할을 하였다고 한다.

였다. 셋째 단계는 시장화로 인한 정부활동의 분산화가 빚는 폐단을 시정하려 노력한 단계였다. 넷째 단계는 여러 개혁전략을 감당할 수 있는 관리능력의 육성에 주력한 단계였다.[2]

영국의 신공공관리운동은 1979년에 집권한 보수당정부가 시작하였다.[c] 보수당정부는 정부축소를 지향하는 신보수주의적 정책의 추진과 더불어 광범한 공공관리개혁운동을 전개하였다. 영국에서의 신공공관리운동은 정부기능의 재조정과 민간화의 촉진, 시장성 제고, 성과관리의 촉진, 분권화, 고객을 위한 서비스의 품질향상 등을 지향하는 것이었다.

1997년에는 보수당정부가 물러나고 노동당이 집권하였다. 신보수주의 또는 신자유주의 정권이 개혁적 사회민주주의 정권으로 교체되면서 개혁의 시각이 달라지기는 하였다. 그러나 유권자들의 기대에 따라 신공공관리의 우파적 개혁정책을 많이 승계하였다.

뉴질랜드, 영국의 경우와 엇비슷한 시기에 호주와 캐나다에서도 강력한 공공관리개혁운동이 전개되었다. 호주에서는 효율적 관리의 장애를 제거하는 데 역점을 두었다. 그리고 정부서비스의 성과를 측정하는 데 더 많은 관심을 기울였다. 캐나다는 정부규모의 축소에 우선적인 주의를 기울였다. 그리고 정부사업 간의 조정을 강조하였다.[d] 1990년대에 들어서 미국에서 신공공관리운동과 유사한 정부재창조운동이 전개된 것도 특기할 만하다.

신공공관리운동의 세계적인 파급에는 국제기구들의 기여도 컸다. 그 대표적인 예는 경제협력개발기구(Organization for Economic Cooperation and Development: OECD)의 역할이었다.[e]

---

c) 오랫동안 보수당정부를 이끈 Margaret Thatcher 수상의 강한 의지와 추진력이 신공공관리운동의 발전에 결정적 역할을 하였다.

d) Nicholas Henry는 신공공관리운동을 선도한 나라들에 독일, 프랑스, 네덜란드, 미국 등을 추가하고 있다. 그는 여러 나라들이 비슷한 시기에 비슷한 개혁사조를 이끌었다는 사실을 중시하고 신공공관리를 '국제적'(international) 개혁운동이라고 설명하였다. 그러나 국제적이라는 표현은 보편적이라거나 세계적이라는 표현과는 다르다. Nicholas Henry, *Public Administration and Public Affairs*, 11th ed.(Pearson Longman, 2010), p. 142.

e) 위에 소개한 여러 나라의 개혁운동을 지칭하는 데 신공공관리라는 개념을 처음 사용한 사람은 Christopher Hood라고 한다. 그 이전까지는 다른 여러 가지 명칭들이 사용되었다. 그는 1991년의 논문에서 신공공관리를 정의하고 그 특성을 열거하였다. 그의 개척적 이론은 오늘날 신공공관리 연구인들이 널리 인용하고 있다. Hood, "A New Public Management for All

(2) 개혁운동 촉발의 계기   신공공관리운동을 선도한 나라들의 형편은 조금씩 서로 다르고 개혁촉발의 정치적 계기도 다르다. 그러나 신공공관리운동 촉발의 동인이 된 조건들 가운데는 공통적인 것들이 많다.

신공공관리운동을 촉구하는 압력을 형성하고 개혁운동전개를 용이하게 한 공통적 조건들을 보면 다음과 같다.3)

① 경제적 위기   신공공관리운동을 촉발시킨 일차적인 원인은 경제적 위기와 국제경쟁의 격화라고 할 수 있다. 신공공관리운동 출발의 배경에는 공통적으로 경제위기가 있었다. 성장둔화, 납세인구의 감소, 조세저항, 인플레이션, 스태그플레이션, 무역역조 등 경제적 난국의 원인은 다양하다. 치열해진 국제경쟁도 경제적 어려움을 가중시켰다. 경제가 어려워지면서 정부는 재정적자에 허덕이게 되고 정부규모 축소, 정부지출의 축소에 대한 압박을 받게 되었다.

② 국민의 높아진 욕망수준과 불만   고도산업화시대·정보화시대를 살아가는 국민의 공공서비스에 대한 욕망수준은 계속 높아졌다. 점점 더 많은 고품질의 정부서비스가 보다 싸고 효율적으로 공급되기를 바라게 되었다. 이러한 기대에 못 미치는 정부의 무능과 비효율에 대한 불만이 고조되었다.

③ 전통관료제에 대한 실망   경직성, 독점의 폐단, 높은 거래비용, 낭비, 공급자중심적 관리 등 전통관료제적 정부조직의 폐단에 대한 비난의 소리가 높아졌다.f)

④ 정치이념의 변화   사회경제적 여건 변화는 주도적 정치이념 내지 원리의 변화를 불러왔다. 신자유주의 또는 신우파(新右派: new right)의 이념이 득세하게 되었다. 복지국가주의는 다원주의국가론에 밀리게 되었다. 변화된 정치사조는 정부 역할의 축소, 행정에 대한 정치적 통제의 강화, 소비자의 발언권 강화를 지지하였다.

⑤ 경제이론의 뒷받침   신공공관리의 패러다임과 전략은 경제이론, 특히 공공선택론, 대리인이론, 거래비용이론 등 신제도주의 경제이론의 원리와 처방에

Seasons?," *Public Administration*, Vol. 69, No. 1(Spring 1991), pp. 3~19.

f) 정부의 효율성을 높이려면 낡은 관행의 구속을 풀어주어야 한다는 필요와 자율성·융통성 증진의 방향을 설명하기 위해 '해방관리'(liberation management)라는 개념을 쓰기도 한다. B. Guy Peters, *The Future of Governing: Four Emerging Models*(University Press of Kansas, 1996); Henry, *op. cit.*, p. 142.

의존하는 바가 크다. 이러한 경제이론은 신공공관리의 생산비용 민감성 제고, 소비자요구와 선택의 존중, 경쟁성 확대, 계약관계 활용 확대 등의 노선정립에 지적 기초를 제공하였다.

⑥ 관리기술의 발전　직업분화과정에서 관리직의 역할과 책임이 중요해지고 관리기술이 획기적으로 발전한 것은 관리주의적 개혁운동의 촉발과 추진에 강력한 동인이 되었다. 특히 정보기술·정보체제의 발달은 신공공관리운동이 추진한 새로운 형태의 성과관리를 가능하게 하는 데 크게 기여하였다.

2) 정　　의

신공공관리(新公共管理: new public management: NPM)는 행정개혁의 관리주의적 접근방법이다. 이것은 정부의 관리작용에 초점을 두고 관리개혁을 행정개혁의 지렛대 또는 요새(要塞)로 삼으려는 접근방법이다.g)

신공공관리는 정부의 관리자들이 능률적·효율적으로 관리기능을 수행하도록 하고 관리기능 수행의 장애를 제거하려 한다.h) 신공공관리는 고객지향성, 시장지향성, 성과지향성을 지향노선으로 삼는다. 신공공관리의 이러한 지향노선 채택은 전통적 정부관료제의 병폐와 정부실패를 시정하기 위한 것이다.

신공공관리의 지향성은 일련의 개혁원리로 표현된다. 신공공관리의 특성이라 할 수 있는 개혁원리들을 보면 다음과 같다.4)

① 고객위주의 공공서비스 개선　고객이며 사용자인 시민을 위해 정부서비스의 품질을 향상시켜야 한다. 정부는 고객을 위해 값 싸고 친절하며 편리한 서비스를 대응성 있게 공급해야 한다. 정부는 고객의 개별화된 요구에 최대한 부응해야 한다. 정부서비스 공급결정에 대한 고객의 참여와 선택을 강화해야 한다.

② 능률적·효율적 관리　공공서비스의 개선을 위해서는 관리의 능률성과 효율성을 높여야 한다. 관리자들에게 실질적인 책임과 권한을 부여하여 관리역

g) 저자는 신공공관리를 행정개혁의 한 접근방법 또는 모형이라 부르고 있지만 개혁의 관점, 철학, 경제이론, 패러다임 등의 표현도 쓰이고 있다. 신공공관리의 개혁원리를 핵심적 아이디어, 특성, 또는 구성요소라 부르기도 한다.

　신공공관리는 관리주의(managerialism), 대처주의(Thatcherism), 시장에 기반을 둔 행정(market-based public administration), 탈관료제적 패러다임(post-bureaucratic paradigm) 등의 별칭을 가지고 있다.

h) 신공공관리는 "관리자들이 관리하게 만들고, 관리자들이 관리할 수 있게 하려는"(to make managers manage, to let the managers manage) 개혁이라고 한다. 관리자들에게 관리의 책임을 맡기고 이를 이행할 수 있도록 힘을 실어준다는 뜻이다.

할을 전문적·적극적으로 수행할 수 있게 해야 한다. 공직의 기강을 확립하고 절약을 강조해야 한다. 자원배분의 투명성을 높이고 거래비용을 최소화해야 한다. 정보기술 활용을 촉진하고 새로운 관리기술을 도입해야 한다. 능률적·효율적 관리를 뒷받침할 수 있도록 정부조직의 구조를 개혁해야 한다.

③ 정부감축과 민간화   정부의 기능과 지출을 감축해야 한다. 정부는 민간부문에서 능률적·효율적으로 수행할 수 없는 일만 하고 나머지 정부기능은 민간화해야 한다. 정책과 목표를 설정하는 정부가 그 집행까지 독점할 필요는 없다. 집행업무는 정부 내외를 불문하고 능률적·효율적으로 수행할 수 있는 조직에 맡겨야 한다.

민간에 대한 정부의 의존도가 높아질수록 정부는 기업 등 민간부문의 조직들과 파트너십을 더욱 강화해야 한다.

④ 시장적·준시장적 기제의 도입   공공관리와 시민에 대한 공공서비스 공급의 능률화·효율화를 위해 시장기제(市場機制: market mechanisms)를 도입해야 한다.

시장기제 도입의 핵심적 도구는 ⅰ) 경쟁성의 강화와 ⅱ) 계약제활용의 확대이다. 공공자금을 쓰는 서비스공급은 가능한 한 경쟁에 노출시켜야 한다. 관료제적 공급방법은 될 수 있는 대로 시장적 경쟁방법으로 대체해야 한다. 공공서비스의 공급에서 성과기준의 계약제를 가능한 한 널리 활용해야 한다. 계약제는 정부업무을 민간화하는 도구로서 뿐만 아니라 정부 내의 집행업무 관리에서도 책임경영의 도구로 사용해야 한다.[i]

⑤ 산출과 성과의 강조   정부서비스공급의 관리는 산출지향적·성과지향적이라야 한다.[j] 성과관리를 강화하려면 산출목표·성과기준·성과지표를 명료화하고 기업방식의 성과측정을 해야 한다. 그리고 성과측정을 정부조직의 전략·전

---

[i] Olsen은 계약제 등 시장기제의 활용, 구조의 수직적 전문화와 수평적 전문화를 결합한 것을 '슈퍼마켓 국가모형'(supermarket state model)이라고 하였다. 이것은 수직적·수평적 통합과 계서적 명령에 의한 통제로 특징지어지는 '전통적 집권화 국가모형'(traditional centralized state model)에 대조되는 모형이라고 한다. L. P. Olsen, "Administrative Reform and Theories of Organization," in C. Campbell and Guy Peters, eds., *Organizing Governance, Governing Organizations*(University of Pittsburgh Press, 1988), pp. 237~242.

[j] 신공공관리의 접근방법에서는 행정(administration)을 관리(management)로 대체한다고 설명하는 사람들이 있다. 그들은 행정이 개인적 책임이 아니라 타인의 지시에 대한 복종을 강조하는 반면 관리는 결과의 성취와 그에 대한 개인적 책임을 강조한다고 설명한다. Owen E. Hughes, *Public Management and Administrarion: An Introduction*, 3rd ed.(Palgrave Macmillan, 2003), p. 6.

술관리에 연계시켜야 한다.

성과관리를 뒷받침하려면 산출지향적 예산제도를 구축하고 서비스의 결과를 기준으로 하는 성과연관적 보수제도를 도입해야 한다.

⑥ 구조의 개혁: 수평적·수직적 전문화　정부조직의 수평적·수직적 전문화(분화)를 촉진해야 한다. 이것은 분할(disaggregation)과 권한이양(devolution)의 원리이다.

수평적 전문화는 기능과 책임관할의 분할을 뜻한다. 구조를 기능별, 직업적 전문분야별로 형성해야 한다. 구매자구조(정책·목표 결정구조)와 생산자구조 또는 공급자구조(서비스 시행구조)는 구분해야 한다. 단일목표를 추구하는 조직단위들을 늘려야 한다. 상충적인 임무를 하나의 기관에 맡겨서는 안 된다.

수직적 전문화는 상·하계층 간의 권한이양을 뜻한다. 중앙과 지방 간에, 조직 내의 계층 간에 권한과 책임의 위임을 확대하고 계층수를 감축해야 한다.

⑦ 자율화와 성과통제　행정능률이나 고객에 대한 대응성을 높이기 위해 의사결정권을 가능한 한 집행현장과 가까운 곳에 주어야 한다. 각급 관리자들은 법률과 정책의 틀 안에서 집행 상의 결정을 자율적으로 할 수 있게 해야 한다. 집행 상의 자율권 확대는 서비스의 능률적·효율적 공급을 위해서, 그리고 성과에 대한 책임확보를 위해서 필요한 것이다. 책임은 자율화의 대가이다.

정책목표에 부응하는 성과달성의 책임을 확보하기 위해 투명한 산출통제·성과통제를 강화해야 한다.

> 신공공관리의 원리들은 전통적 행정(전통적 관료제에 의한 행정)의 제도적 특성이라고 할 수 있는 ⅰ) 계서제를 중시하는 관료제구조, ⅱ) 공급자중심적·관료적·독점적 서비스 공급, ⅲ) 집권적·투입기준적 통제, ⅳ) 유일최선의 방법에 대한 신뢰와 절차준수의 강조, ⅴ) 정치·행정 이원론, ⅵ) 공무원의 중립성과 신분보장의 강조, ⅶ) 결과에 대한 책임보다 상명하복의 강조 등에 도전하는 것이다.

3) 책임운영기관·시민헌장·시장성시험

책임운영기관, 시민헌장, 그리고 시장성시험은 신공공관리운동의 일환으로 개발·채택되기 시작한 제도들이다. 이러한 시책의 개발·시행을 선도한 나라는 영국, 뉴질랜드 등 영연방국가들이다.[5]

(1) 책임운영기관　책임운영기관(責任運營機關: 책임집행기관; 책임행정기관; 사업단: agency; executive agency)은 높은 자율성을 누리도록 설계된, 집행업무와

904   제 9 장   행정개혁

서비스 전달업무를 담당하는 행정기관이다. 책임운영기관은 소속부처와 성과계약을 맺고 임무를 수행하며, 임무수행에 필요한 인사·예산 상의 자율성을 누린다. 그리고 사업성과에 대해 책임을 진다.

책임운영기관의 구성원리는 다음과 같다.

① 집행업무담당   집행·서비스 전달기능을 정책기능으로부터 분리하고, 특정한 집행·서비스 전달기능을 맡아 수행할 책임운영기관을 설립한다.

② 계약에 의한 목표설정   책임운영기관의 사업목표는 기관장과 소속 장관 간의 계약으로 결정한다.

③ 책임자의 계약제 임용   책임운영기관의 장은 정부 내외에서 공모하여 계약직으로 채용한다.

④ 책임자의 자율적 관리   책임운영기관의 장은 관리작용 상의 자율성을 갖는다.

⑤ 운영결과에 대한 책임   기관장은 기관운영결과에 대해 장관에게 책임을 진다.

책임운영기관을 만드는 취지는 부처장관들의 업무부담을 덜어주고 소속기관들에 더 많은 책임을 부과함으로써 정부조직의 생산성을 향상시키려는 것이다. 그러나 장관들의 감독책임을 면제하려는 것은 아니다. 장관들은 책임운영기관의 목표성취도를 평가하고, 그에 대해 책임을 묻는다.

책임운영기관제도는 영국정부의 개혁담당기구(Efficiency Unit)가 1988년에 수상에게 제출한 보고서 '정부 내의 관리개선: 다음 단계'(Improving Management in Government: The Next Steps)에서 처음 제안한 것이라고 한다.

우리나라에서는 1999년부터 책임운영기관제도를 시행하고 있다. 우리 정부의 책임운영기관 수는 점차 늘어왔다. 「책임운영기관의 설치·운영에 관한 법률」 제 2 조에서는 책임운영기관을 "정부가 수행하는 사무중 공공성을 유지하면서도 경쟁원리에 따라 운영하는 것이 바람직하거나 전문성이 있어 성과관리를 강화할 필요가 있는 사무에 대하여 책임운영기관의 장에게 행정 및 재정 상의 자율성을 부여하고 그 운영성과에 대하여 책임을 지도록 하는 행정기관"이라 규정하고 있다.

(2) 시민헌장   시민헌장(市民憲章: citizen's charter)은 공공기관의 고객지향적 의무와 국민이 누려야 할 권리를 명시하여 행정서비스의 질을 향상시키고 국민의 편익을 증진시키기 위해 제정하는 행동규범이다. 시민헌장에서는 공공서비스

의 원칙과 기준을 규정하며, 이를 위반하여 국민에게 불이익을 준 경우 당사자는 이의 시정을 요구할 수 있도록 규정한다. 시민헌장제도는 시장원리가 적용될 수 없는 행정영역에서도 고객중심주의적 서비스공급을 보장하기 위한 것이다.

시민헌장은 조직별·업무분야별로 제정되기 때문에 구체적인 내용은 서로 다를 수 있다.

시민헌장제도의 기본적 원리는 다음 여섯 가지이다.

① 서비스기준과 실적의 공개 행정서비스의 기준을 명료하게 설정하여 심사하고 이를 공표해야 한다. 서비스기준에 대비한 이행실적 또한 공개하여야 한다.

② 이해하기 쉬운 정보 공공서비스의 운영과정·비용·책임자·성취도에 관한 모든 정보는 누구나 쉽게 알아 볼 수 있어야 한다.

③ 서비스 선택의 기회 공공서비스 공급에서는 가능한 한 고객에게 선택할 수 있는 기회를 주어야 한다. 정기적·체계적으로 서비스 사용자들과 상담하고 그들의 의견을 최대한 반영해야 한다.

④ 바람직한 서비스 행태 공무원들은 원칙적으로 명찰을 달아야 하며 정중하고 편리한 서비스를 제공해야 한다.

⑤ 잘못에 대한 사과와 시정 일이 잘못된 경우 사과하고 상황을 충분히 설명해야 하며 신속하고 효과적인 시정조치를 취해야 한다.

⑥ 능률적·경제적 서비스 '지출한 돈만큼의 가치'(value for money)가 있는 일을 해야 한다. 기준에 맞는 업무수행뿐만 아니라 사용가능한 자원의 범위 내에서 공공서비스의 능률적·경제적 전달을 보장해야 한다.

시민헌장제는 영국에서 1991년에 처음으로 시행되었다고 한다. 우리나라에서는 이 제도가 1998년부터 시행되기 시작하였다. 우리 정부에서는 시민헌장을 행정서비스헌장이라고 부르고 있다.

우리 정부의 행정서비스헌장 운영체제에 관한 지침에 따르면 행정서비스헌장의 내용은 ⅰ) 전문, ⅱ) 공통이행표준, ⅲ) 개별이행표준으로 구분된다.

전문은 서비스원리의 추상적 선언이다. 공통이행표준은 헌장운영기관들이 제공하는 서비스의 공통적 표준이다. 거기에 포함되는 항목은 고객을 맞이하는 자세, 알 권리 충족 및 비밀보장, 고객참여와 의견제시의 방법, 잘못된 서비스에 대한 시정 및 보상조치, 고객만족도 조사와 결과의 공표, 고객에게 협조를 부탁하는 사항이다. 개별이행표준은 각 헌장운영부서의 업무에 따른 이행표준이다. 거기에는 관장업무관련 서비스에 대한 구체적 약속이 설정된다.

(3) **시장성시험**　　1991년의 영국정부백서 '품질향상을 위한 경쟁' (Competing for Quality)에서 제안한 시장성시험(市場性試驗: market testing)은 공공서비스의 공급에 경쟁성을 도입하기 위한 방법이다. 이것은 민간과의 경쟁 또는 정부기관 간의 경쟁을 시험적으로 도입해 보고, 그 결과에 따라 내부시장화 또는 민간화 등을 결정하려는 절차이다.

① 대상업무　　시장성시험의 대상으로 될 수 있는 업무영역은 자원집약적 업무, 구획이 가능한 업무, 전문가적 업무나 지원적 업무, 업무수행기술이 자주 변동하는 업무, 급변하는 시장환경에서 수행되는 업무 등이다.

② 절　차　　시장성시험을 하려면 업무기술(業務記述), 서비스수준결정, 법안작성, 입찰자결정과 발주 등의 절차를 거쳐야 한다.

③ 시험 후의 결정　　시장성시험 후 내릴 수 있는 결정은 세 가지이다.

첫째 유형의 결정은 업무수행의 개선이다. 시험결과 해당 업무를 정부에서 수행하는 것이 가장 효율적이라고 판단되면, 정부는 이를 더욱 효율적으로 수행할 수 있도록 최선의 노력을 경주한다.

둘째 유형의 결정은 내부시장화이다. 내부시장화(內部市場化)란 유사기능을 수행하는 기관들이 서로 경쟁하게 하거나 정부기관과 민간조직이 경쟁하게 하는 것을 말한다.

셋째 유형의 결정은 민간화이다. 서비스공급자를 민간부문에서 찾기로 결정할 수 있다. 이 경우 입찰을 통한 계약으로 민간위탁한다.

4) 비판과 대안탐색

(1) 비　판　　행정학계에서 1980년대와 1990년대를 풍미하던 신공공관리의 거침없는 세력팽창은 오래 가지 못했다. 머지않아 신공공관리라는 접근방법에 대한 비판이 이어졌다. 연구인들은 새로운 대안의 탐색에 나서기 시작했다.

신공공관리에 대한 비판적 논점들은 다음과 같다.

① 시장논리 도입의 문제성　　민간부문과 구별되는 정부부문에 시장기제를 적용하는 것은 부적절하다. 민간부문과 민간의 관리기술이 정부부문의 경우에 비해 우월하다는 신공공관리의 전제도 근거가 희박하다.[k]

k) M. Shamsul Haque는 1980년대 이래의 시장지향적 정부개혁이 ① 서비스 결정기준에 관한 공·사구별의 침식, ② 서비스 대상집단의 협소화, ③ 공공부문의 역할 약화, ④ 공공서비스의 책임성 약화, ⑤ 공공서비스에 대한 국민신뢰의 감퇴를 초래하여 전체적으로 공공서비스의 공공

② 계약제 활용의 문제성   시장기제의 하나인 계약제 활용의 확대는 그 실효성에 의문이 있다. 그리고 많은 부작용이 따른다. 정부조직의 전통적 관계와 계약관계를 이원화하여 갈등을 야기하고 자원낭비를 초래할 수 있다. 계약당사자들의 기회주의적 행동은 정부조직 내의 불신을 조장하게 된다. 계약업무 수행자들은 정부의 임무를 기업의 생산목표처럼 인식하여 측정가능한 활동에만 치중함으로써 목표왜곡을 야기한다. 계약제 적용의 확대는 공직의 단체정신을 약화시킨다.

③ 성과관리의 애로   성과주의 추구에는 기술적 애로가 많다. 민간부문에 비해 공공부문활동의 목표를 확인하고 성과를 측정하는 것은 훨씬 어렵다.

신공공관리가 경비절감과 능률증진에 집착하기 때문에 소비자중심적 서비스의 효과 또는 성과에 대한 관심은 오히려 약화될 수 있다. 능률성 강조 자체에도 문제가 있다. 능률을 넓은 시각에서 보지 않기 때문에 능률추구의 부작용이나 장기적 효과를 간과하게 된다.

④ 조직의 분산화   정부조직의 수평적 전문화 내지 기능분할은 조직의 분산화를 조장한다. 조직의 분산화는 갈등을 키우고 조정의 필요와 자원소모를 증대시켜 과부하로 인한 조직역량 결손을 초래한다. 정부서비스의 사용자들은 분산된 서비스 때문에 불편을 겪는다.

⑤ 정치적 통제의 약화   민간화, 지방정부에 대한 권한이양, 그리고 조직 내의 분권화는 정치적 통제를 약화시킨다. 민주적 통제의 약화는 국민에 대한 공공서비스의 책임성을 약화시킨다.

⑥ 유인기제의 문제성   신공공관리가 처방하는 유인기제의 획일성이 문제이다. 개인차나 상황의 차이를 무시하고 성과급이라는 외재적 보상을 주된 유인기제로 삼기 때문이다. 신공공관리의 정부감축 드라이브는 공무원들의 사기를 떨

성을 위축시켰다고 주장하였다. 공공성 위축은 공공서비스의 정체성과 정당성을 훼손하는 것이라고 하였다. Haque, "The Diminishing Publicness of Public Service under the Current Mode of Governance," *PAR*, Vol. 61, No. 1(January/February 2001), pp. 65~82.

Mark Emmert는 기업조직의 운영방식을 공공조직에 도입하자고 주장한 사람들의 전제(가설)는 잘못된 것이라고 비판하였다. 공공조직의 경우보다 기업의 목표명확성이 더 높고, 기업이 절약과 쇄신에 더 능하다는 등의 가설은 현실에서 맞지 않는 경우가 더 많다고 하였다. Emmert, "What Exactly Have We Learned from Decades of Applying 'Business Solutions' to Public Organizations", *PAR* (Vol. 76, Iss. 2, Mar./Apr. 2016), pp. 213~214.

어뜨려 생산성제고운동에 지장을 준다.

⑦ **편협한 안목**   관리주의적 접근방법의 안목은 편협하다. 공공개혁 전반의 문제를 폭 넓게 바라보지 못하고 관리적 측면의 개혁에 매달리기 때문이다. 시장기제를 관리개혁의 도구로 채택한다는 점에 관련해서도 경제이론의 관점에 치우친 편협한 접근방법이라는 비판을 면하기 어렵다. 공공관리의 좁은 안목 때문에 행정개혁을 국가의 총체적인 거버넌스 시스템에 제대로 연계시키지 못한다고 한다.[1]

⑧ **법적 제도와의 마찰**   공공부문에서 중시되는 '법의 지배' 원리, 그리고 법제도적인 제약과 마찰을 빚는다.

위에서 열거한 문제들 이외에도 신공공관리론의 적용을 어렵게 하는 상황적 조건들이 있다. 우리나라의 경우처럼 권위주의적 행정문화·국가주도적 경제발전·계층적 사회질서 등의 유산이 남아 있고, 복지국가화의 수준이 낮고, 시민주도사회의 발전이 부진하고, 성과평가제도가 성숙되지 않은 곳에서는 신공공관리의 성공가능성이 더 많이 떨어진다.

(2) 대안제시   2000년대에 접어들면서 신공공관리적 접근방법을 대체하는 접근방법들의 제안이 줄을 이었다. 그 예로 Robert B. Denhardt와 Janet V. Denhardt(2011)의 신공공서비스(new public service), Gerry Stoker(2006)의 공공가치관리(public value management), Barry Bozeman(207)의 공공성관리(managing publicness), Stephen Osborne(2010)의 신공공거버넌스(new public governance), Harry Boyte (2011)의 신시민정치(new civic politics), John M. Bryson, Barbara C. Crosby 그리고 Laura Bloomberg(2014)의 공공가치 거버넌스(public value governance) 등을 들 수 있다.[6]

이들 신공공관리 이후의 논자들은 우리가 사는 사회가 직면하고 있는 복잡한 문제들에 전통적 접근방법이나 신공공관리적 접근방법으로는 제대로 대응할 수 없다는 공통적 인식을 가지고 있다. 특히 시장지향적인 신자유주의적 논리에 바탕을 둔 신공공관리적 개혁조치들은 국가를 약체화하고 공적 영역의 공공성을 훼손하였으며 공동체의 이익을 추구할 수 있는 시민의 역할을 무시했다고 비

---

[1] 신공공관리의 안목이 편협하다는 비판에 대해서는 의견을 달리하는 사람들이 있다. 그들은 신공공관리운동이 당초에 거버넌스 개혁의 도구로 입안되었다는 점, 그리고 이 운동의 후기에는 공공관리와 거버넌스의 연계를 강조하게 되었다는 점을 지적한다.

판한다.

신공공관리를 비판하고 그 대안을 제시란 여러 이론들 가운데서 R. Denhardt와 J. Denhardt의 신공공서비스와 Bryson 등의 공공가치 거버넌스만을 골라 다음에 설명하려 한다.

2. 신공공서비스

Robert B. Denhardt와 Janet Vinzant Denhardt는 신공공관리를 비판하고 그 대안으로 신공공서비스모형을 제시하였다. 그들의 모형을 다음에 소개하려 한다.[7]

1) 제안의 배경

(1) 비판과 대안탐색 R. B. Denhardt와 J. V. Denhardt는 전통적 행정(구행정: old public administration)과 신공공관리를 모두 비판한다. 신공공관리가 전통적 행정보다는 우월하지만 오늘날의 상황적 요청에 적합한 것은 아니라고 주장한다.

① 전통적 행정에 대한 비판 정치적 중립성, 집권적·폐쇄적 관료제, 하향적 통제, 정책집행기능, 능률 등을 강조하는 전통적 행정은 시민에 대한 민주적 봉사와 시민의 적극적 가담을 지원하는 데 적합한 행정모형이 아니라고 한다.

② 신공공관리에 대한 비판 시장기제와 기업경영방식의 도입, 서비스의 직접 제공보다는 정책조정(조타적 작용)의 강조, 정부축소 등의 특징을 가진 신공공관리는 사회라는 배의 소유주가 누구인지를 잊고 있으며, 시민에게 힘을 실어주고 시민에게 봉사해야 한다는 책무를 망각하는 것이라고 비판한다.

③ 제3의 대안 제시 전통적 행정모형뿐만 아니라 신공공관리모형에 대해서도 불만을 토로한 R. B. Denhardt와 J. V. Denhardt는 주인으로서의 시민, 적극적인 시티즌십, 다양한 세력의 협력, 시민에 대한 정부의 봉사 등을 특별히 강조하는 행정개혁에 관한 제3의 규범적 모형을 제시하였다.

(2) 이론적 기초 R. B. Denhardt와 J. V. Denhardt가 제시한 신공공서비스모형은 여러 이론과 쇄신적 행정의 실천적 경험을 바탕으로 하는 것이다.

신공공서비스모형의 지적 기반이 된 이론들은 ⅰ) 민주적 시티즌십에 관한 이론, ⅱ) 사회공동체와 시민사회에 관한 이론, ⅲ) 조직 상의 인도주의에 관한 이론, 그리고 ⅳ) 담론이론이다. 이런 이론들의 의미에 대한 R. B. Denhardt와 J. V. Denhardt의 설명은 다음과 같다.

민주적 시티즌십(democratic citizenship)에 관한 이론이라고 하는 것은 민주시민의 적극적 역할을 강조하는 이론이다. 민주적 시티즌십이론은 시민이 자기이익추구의 수준을 넘어 공익에 관심을 갖는 존재이며 거버넌스의 과정에 적극적으로 가담하려는 존재라고 본다.

민주적 시티즌십이론은 공무원들이 시민들의 적극적 역할을 제대로 인식해야 하며 시민들과 권한을 나누어 갖고 협력해야 한다는 것, 시민에 대한 통제는 줄여야 한다는 것, 시민을 신뢰하고 시민의 요청에 대한 높은 대응성을 보여야 한다는 것을 처방한다.

사회공동체(community)에 관한 이론은 사회구성원들을 통합시키는 방법이 사회공동체라고 규정한다. 그리고 정부는 사회공동체의 발전을 돕고 이를 지지하는 역할을 수행해야 한다고 주장한다.

시민사회(civil society)에 관한 이론은 시민의 교호작용을 촉진하고 거버넌스과정에 대한 시민참여를 매개하는 집단들의 집합 즉 시민사회의 중요성을 강조한다. 시민사회이론은 시민사회가 사회공동체 형성과 민주적 정치과정 작동에 불가결한 요소이므로 정부는 그 형성과 활동을 도와야 한다고 처방한다.

조직 상의 인도주의(organizational humanism)에 관한 이론은 자기실현적 인간관에 입각하여 인간중심주의적 조직관리를 처방한다. 관료제적 조직설계와 운영을 반대한다. 권한과 통제의 문제보다는 시민과 공공조직 종사자들의 욕구와 관심에 더 많은 주의를 기울인다.

담론이론(談論理論: discourse theory)은 대화와 토론을 중시한다. 그리고 거버넌스는 시민과 행정관리자들을 포함한 모든 당사자들의 진지하고 공개적인 대화에 기초를 두어야 한다고 처방한다.

2) 정   의

신공공서비스(new public service)는 행정개혁의 목표상태(원리)를 처방하는 규범적 모형(normative model)이다. 신공공서비스는 거버넌스에 관한 시민중심적·사회공동체중심적·서비스중심적 접근방법이다. 신공공서비스는 공익을 추구하려는 시민의 적극적 역할과 의욕을 존중하며, 시민에게 힘을 실어주고 시민에게 봉사하는 정부의 역할을 강조한다. 정부는 시티즌십의 발전, 공공담론의 촉진, 그리고 공익의 증진에 기여하는 책임을 져야 한다고 처방한다. 능률과 생산성은 민주주의, 사회공동체, 그리고 공익을 중시하는 넓은 틀 안에서 추구해야 한다고 주장한다.

신공공서비스는 시민적 담론과 공익에 기반을 두고 거기에 충실하게 통합된 행정을 처방하는 모형이라고 말할 수 있다. 이러한 신공공서비스의 기본적 원리는 다음과 같다.

① 봉사하는 정부   신공공서비스는 "조종하기보다 봉사한다"(Serve rather than steer).

정부와 공무원의 역할은 사회를 조종(조타)하는 것이 아니라 시민에게 봉사하는 것이다. 정부와 공무원의 역할은 사회를 이끌어가거나 통제하는 것이 아니라 시민들이 공동이익을 명료화하고 추구하는 데 조력하는 것이다.

현대사회와 정책결정과정은 너무 복잡하기 때문에 정부가 정책과정을 독점하거나 사회를 일방적으로 이끌어갈 수는 없다. 그것이 바람직하지도 않다. 정부는 정책과정에서 의제설정, 관련자들의 참여, 문제해결을 위한 토론·타협을 지원하는 역할을 수행해야 한다.

② 공익의 중시   신공공서비스에서 "공익은 부산물이 아니라 목표이다"(The public interest is the aim, not the by-product).

개인적 선택에 쫓겨 급히 해결책을 찾는 것이 목표가 아니다. 공동의 이익과 공동의 책임을 창출하는 것이 목표이다.

공동의 공익관념과 사회의 진로에 대한 비전은 시민의 광범한 참여와 토론을 통해 형성되어야 한다. 정부는 이를 돕기 위해 광범한 참여와 토론을 촉진해야 한다. 정부는 또한 공공문제의 해결책이 공익에 부합되도록 하는 데도 책임을 져야 한다.

③ 전략적 사고와 민주적 행동   신공공서비스는 "전략적으로 생각하고 민주적으로 행동한다"(Think strategically, act democratically).

공공의 필요를 충족시키려는 정책과 사업은 집단적 노력과 협력적 과정을 통해서만 가장 책임있고 효율적으로 실현될 수 있다. 공동의 비전을 형성하고 실천하기 위해 모든 당사자들이 합심·협력하게 하려면 전략적 사고에 의한 계획과 민주적 실천이 필요하다. 시민의 적극적 가담을 촉진하기 위해 정부 특히 정치적 리더십은 책임있고 효율적인 시민행동의 기초를 다지는 데 기여해야 한다.

④ 시민에 대한 봉사   신공공서비스는 "고객이 아니라 시민에게 봉사한다"(Serve citizens, not customers).

공익은 개인적 이익의 누적으로 얻어지는 것이 아니라 공동의 가치에 관한 대화를 통해 도출될 수 있는 것이다. 공무원들은 고객들의 단기적이고 이기적인 요구에 대응하는 것을 능사로 삼아서는 안 된다. 공무원들은 공동사회에 대한 책무를 다하려는 시민에게 봉사해야 한다.

　　정부－시민의 관계는 기업－고객의 관계와는 다르다. 정부의 고객은 그 범위가 모호하다. 정부는 직접적인 고객 이외의 사람들에게도 봉사한다. 고객이기를 원치 않는 사람들까지 서비스의 대상에 포함시키는 경우도 있다. 공공부문에서는 자원과 기술을 많이 가진 '유력한' 고객을 따로 우대하는 것이 용납되지 않는다. 서비스공급의 공정성과 형평성에 대한 요청이 강하기 때문이다.

　　⑤ 책임의 다원성　　신공공서비스의 "책임은 단순하지 않다"(Accountability isn't simple).

　　공무원들은 시장의 요청에만 대응하면 되는 것이 아니다. 헌법과 법률을 준수하고, 사회공동체의 가치·정치적 규범·직업 상의 기준·시민의 이익을 존중해야 한다. 행정책임의 문제는 이와 같이 매우 복잡하다.

　　공무원들은 복잡한 거버넌스시스템의 모든 경쟁적 규범·가치·선호와 영향을 주고 받는다. 따라서 공무원들은 가치갈등에 노출된다. 가치갈등상황에 직면한 공무원들이 선택결정을 독단해서는 안 된다. 선택결정은 시민참여와 토론을 거쳐야 한다.

　　전통적 행정은 정책집행책임을 강조하고 신공공관리는 기업가적 책임을 강조함으로써 행정책임을 좁고 단순하게 규정하는 경향이 있었다. 그러나 신공공서비스는 행정책임의 복잡성을 정면으로 받아들인다.

　　⑥ 인간존중　　신공공서비스는 "생산성만을 중시하는 것이 아니라 사람을 존중한다"(Value people, not just productivity).

　　신공공서비스는 인간을 존중하고 인간을 통한 관리를 강조한다. 왜냐하면 공공조직이나 공공조직이 참여하는 네트워크는 인간존중에 바탕을 둔 공유적 리더십(함께 하는 리더십: shared leadership)과 협동의 과정을 통해 운영될 때 성공의 가능성이 높아진다고 보기 때문이다. 공유적 리더십은 조직과 사회가 추구하는 목표에 초점을 맞추고 공무원이나 시민의 공공봉사 동기를 인정·지지·보상하는 리더십이다.

　　공무원들이 존경심을 가지고 시민을 대할 수 있게 하려면 관리자들이 소속 공무원에 대한 존경심을 가져야 한다고 보는 것이 신공공서비스의 관점이다.

　　⑦ 시티즌십과 공공서비스의 중시　　신공공서비스는 "기업가정신보다 시티즌십과 공공서비스를 중시한다"(Value citizenship and public service above entrepreneurship).

　　공공의 자금을 자기 것처럼 생각하고 행동하는 기업가적 관리자들보다는

사회공동체에 의미있는 기여를 하려는 공무원과 시민이 공익을 더 잘 증진시킬
수 있다.

공무원들은 거버넌스과정의 책임있는 참여자이지 단순한 기업가가 아니다.
공공의 자원과 사업은 그들의 소유가 아니다. 공무원들은 공적 자원과 조직의 관
리자로서, 시티즌십 향상과 민주적 대화의 촉진자로서, 지역사회 사업추진의 촉
매작용자로서, 그리고 '길바닥 수준의 리더'(시민에 근접한 일선의 리더: street-level
leader)로서 시민에게 봉사해야 한다. 따라서 공무원들은 그들이 맡은 사업의 관
리에 필요한 수준 이상으로 넓은 시야와 지식을 구비해야 한다.

3) 평 가

신공공서비스이론은 신공공관리이론이 시장지향적 편향 때문에 간과하거나
경시하였던 행정의 공공성을 재조명한다. 신공공서비스이론은 공익, 공무원의
시민에 대한 서비스 책임, 공동체중심적인 시민의식, 광범한 참여를 통한 민주
적 거버넌스를 강조함으로써 행정의 공공성에 주의를 환기한 공로를 인정받아야
한다.

그러나 신공공서비스도 그 나름의 편향을 지니고 있다. 시민의 공동체중심
적·공익추구적 성향을 과신한다. 시민이 행정서비스의 고객으로 되는 측면을
간과한다. 다양한 사회세력의 이익을 조정하는 정부의 역할을 과소평가한다. 민
주적 목표성취를 위한 수단적·기술적 전문성을 소홀히 다룬다.m)

---

m) J. Denhardt와 R. Denhardt는 2015년의 논문에서 15년 전 그들이 신공공서비스를 제안한 목적
은 일련의 새로운 아이디어들을 개발하려는 것이 아니었으며, 그들이 의도한 바는 정부를
기업처럼 운영함으로써 망그러진 정부를 수리할 수 있다는 신공공관리의 수사(rhetoric)에 가
려진 오래 된 민주적 관점이 목소리를 낼 수 있게 하려는 것이었다고 말하였다.
    그들이 신공공서비스를 제안한 때로부터 15년의 세월이 흐르는 동안 행정의 연구와 실천에서
신공공관리의 세력축소와 신공공서비스의 세력확장이 관찰되었지만 어느 한쪽이 압도적으로
우세하게 되었다고 볼 수는 없다고 하였다. 그리고 신공공서비스가 강조한 민주주의적 가치와
신공공관리가 강조한 시장적 가치가 서로 보완적 균형을 이룰 수밖에 없지만 결국 신공공관리
적 실천행동은 신공공서비스가 추구하는 이상의 틀 안에서 그 품에 안겨야 할 것이라고 주장
하였다. J. Denhardt and R. Denhardt, "The New Public Service Revisited", PAR (Vol. 75, Iss. 5,
Sep./Oct. 2015), pp. 664~672.

3. 공공가치 거버넌스

1) 제안의 배경

John M. Bryson과 Barbara C. Crosby 그리고 Laura Bloomberg도 신공공관리를 비판하고 그 대안으로 공공가치 거버넌스를 제시하였다. 그들은 국가공동체가 추구해야할 공공가치의 중요성을 전면에 부각시키고 공공가치 형성과 추구에서 민주적 합의과정의 활성화를 강조한다. 다원적인 세력중추 간의 협력을 강조한다. 그리고 공공정신을 발휘할 수 있는 시민의 적극적 역할을 중시한다.

행정학의 전통적 접근방법 뿐만 아니라 신공공관리적 접근방법도 비판하고 그 대안을 제시하는 여러 이론들의 핵심적 논점과 처방의 성향을 수렴하여 통합적인 모형을 정립하려는 논자들의 활동이 근래에 두드러지고 있다. 여기서 설명하려는 공공가치 거버넌스도 그러한 노력의 한 예이다.[8]

2) 정의

공공가치 거버넌스(public value governance)는 공공가치의 창출과 추구를 중시하고 여러 부문 간의 협력을 강조하는 거버넌스이다. 이 모형의 기본적 관점은 다음과 같이 요약할 수 있다.

① **공공가치의 중시**   정부를 포함한 공적 영역에서는 국가공동체의 공동이익에 기여하는 공공가치를 창출하고 추구해야한다. 사회체제는 다양하게 분화되어 있으므로 공공가치는 다양한 분야의 요구를 포괄할 수 있도록 넓게 규정해야 한다.

② **협력의 강조**   민주적 과정을 통한 협력적 거버넌스를 강조한다. 네트워크화된 사회에서 공공가치를 형성·추구하고 그 결과를 산출하기 위해서는 사회를 구성하는 행동자들과 부문들이 협력해야 한다. 단일의 권력중추가 공공가치의 형성과 추구를 전담 또는 독점할 수는 없다. 여기서 정부가 중요한 역할을 수행하지만 정부가 유일한 책임주체일 수는 없다. 시민, 기업, NGO 등도 공공의 문제해결에서 적극적 역할을 수행하여야 한다. 공공가치 추구에서 공공부문과 민간부문의 구획이나 칸막이는 배격해야 한다.

③ **통합적 사고의 강조**   공공가치 거버넌스는 대립적 사고가 빚어놓은 문제들을 해결하기 위해 통합적 사고를 강조한다. 대립적 사고는 사물을 이원적·흑

백논리적으로 이해하고 갈등을 적대적·승패적 관계로 규정한다. 통합적 사고로 문제를 해결할 때는 보다 많은 변수와 다원적·비선형적 원인들을 고려하고 부분뿐만 아니라 전체를 시야에 둔다.

④ 시민에 대한 서비스의 강조   넓게 규정되는 공공관리와 정부의 시민에 대한 서비스를 중시한다.

⑤ 시민의 역할 중시   공공가치의 형성과 추구에서 시민의 역할을 중시한다. 시민은 토론을 거쳐 공공의 문제를 해결할 수 있는 능력자라고 본다. 시민은 자기이익 추구자이기만 한 것이 아니라 공공가치를 인정하고 사회구성원 전체에 유익한 결과를 산출하는 데 적극적으로 가담하는 문제해결자·공동생산자가 될 수 있다고 한다.

공공가치 거버넌스에서 정부가 담당하는 역할, 그리고 공공가치 거버넌스 모형의 핵심개념이라고 할 수 있는 공공가치에 대해서는 다시 부연설명하려 한다.

3) 정부와 행정

공공가치 거버넌스에서 정부에 주어지는 역할과 위상은 다음과 같다.

① 공공가치 추구   정부의 주된 목적은 공공가치의 형성과 실현에 있다. 정부는 국민이 가장 중요시하는 문제에 효율적으로 대응하고 국민에게 바람직한 것이 제자리에 놓일 수 있도록 공공가치를 창출하고 실현해야 한다.

② 다양한 역할   정부는 공공가치의 구현을 위해 다양한 역할을 수행해야 한다. 정부는 토론주재자, 촉매작용자, 협력자 등의 역할을 수행하며 조타(정책결정)도 하고 노 젓기(정책집행)도 한다. 외부 행동자들의 파트너가 되기도 한다. 사회적 문제해결에 불간여의 입장을 취하기도 한다.

③ 민주주의 발전에 대한 기여   정부의 정책결정자들과 관리자들은 민주적·헌법적 가치를 지지하고 민주적 과정의 발전에 기여해야 한다. 공공가치와 이익을 추구하는 시민의 적극적 역할에 부응하여 대화하고 촉매작용을 한다. 정책목표 성취의 기제를 선택할 때에는 실용적 기준을 적용해서 부문 간 협력을 지원하기도 하고 합의된 목표의 성취에 시민이 가담하도록 끌어들이기도 할 수 있게 해야 한다.

④ 행정재량의 한정   행정재량의 필요성은 인정된다. 그러나 행정재량의 범위는 다원적인 책임의 요건에 따라 제한된다. 책임은 조직 내의 계서적 책임이

나 시장지향적 책임에 국한되는 것이 아니다. 헌법적 가치, 법령, 정치적 규범, 직업상의 규범, 시민의 이익, 사회적 가치 등에 대한 책임을 포괄한다.

4) 공공가치

공공가치 거버넌스에서 말하는 공공가치의 의미는 다음과 같다.

한 사회의 공공가치(公共價値: 공공의 가치; 공적 가치: public value)는 i) 시민이 누리거나 누리지 말아야 할 권리, 편익, 특권, ii) 국가와 사회에 대한 시민의 의무와 시민 상호간의 의무, 그리고 iii) 정부와 정책이 의거해야 할 원리에 관한 규범적 합의를 제공하는 것이다.9) 현대사회는 복잡하기 때문에 공공가치는 여러 영역과 이슈들에 걸치는 광범한 것이다. 민주사회에서는 공공가치가 무엇인가에 대한 이견이 있지만 공공가치에 대한 어느 정도의 합의는 헌법, 법률, 정책, 여론조사자료, 그 밖에 공식적·비공식적 자료에서 찾아볼 수 있다.

공공가치는 공리적 가치와 의무론적 가치를 포괄한다. 공공가치는 개인과 사회공동체가 원하는 편익뿐만 아니라 국민 개개인이 공정하고 정의롭게 대접받고 사회 전체가 공정하고 바람직하게 되는 것을 지향하는 가치이다. 민주시민이 구현하려는 가치는 개인이 추구하는 자기 자신의 복지, 다른 사람들의 복지에 대한 관심, 사회구성원 상호간의 의무, 그들이 살기를 원하는 정의롭고 바람직한 사회에 대한 평가를 포함한다. 개인들이 갖는 이런 가치들이 바로 공공가치가 되는 것은 아니다. 공공가치는 개인들이 갖는 가치의 단순한 합계가 아니다. 공공가치는 사회구성원들과 조직들이 민주적 거버넌스의 과정을 통해 형성해 간다.10)

공공가치의 형성과 추구는 공적 영역(공공의 영역: public sphere)에서 일어나는 현상이다. 공적 영역은 공공가치가 지지되고 창출되거나 줄어드는 심리적, 사회적, 정치적, 조직적, 물적 공간(space)이다. 이 공간은 가치, 규칙, 지식, 조직, 장소 그 밖에 일상적인 약속과 행동을 통해 사람들이 공유하고 정부, 공공기관 등이 지키는 문화적 자원의 망(web)을 포함한다. 공적 영역은 사회구성원들이 소속감, 의미, 목표를 가질 수 있는 터전을 제공하고 사회의 지속성을 유지해 준다.11)

5) 평가

공공가치 거버넌스는 신공공관리가 득세했던 시절 뒷전으로 밀려났던 사회공동체의 공공가치 형성과 추구, 협력적 거버넌스, 그리고 시민의 적극적 역할을 재조명함으로써 우리가 사는 시대의 난제들에 대응하려는 시도를 보여 주었다. 이 접근방법은 정부실패와 시장의 효율성을 지나치게 강조한 신자유주의적 편견을 교정하는 데 기여하였다.

그러나 공공가치 거버넌스는 아직 형성단계에 있는 신생의 접근방법으로서 개념적으로 모호하고 검증이 미진하다는 평가를 받고 있다. 공공가치 거버넌스가 신자유주의적 접근의 대안이라고 주장하지만 기실은 신자유주의적 설명틀과 유사하다고 말하는 사람들도 있다. 민간관리자들이 시장조건에 대응해야 하는 것처럼 공공관리자들은 변동하는 정치·경제·사회적 조건에 대응해야 한다는 공공가치 거버넌스의 설명 때문이라고 한다. 국가에 대한 협력체적 관점에 따라 거버넌스모형을 제시하는 것은 협력적이고 사회적으로 대응적인 기업형 거버넌스(corporate governance)를 말하는 것과 다를 바 없다는 것이다.[12]

가치공유와 권력공유는 다르다는 사실, 사회 내의 권력배분은 불균형적이라는 사실, 권력을 둘러싼 갈등이 심각하다는 사실, 공론형성과정에서 기득권세력의 편견이 지배적인 작용을 할 수 있다는 사실, 정부에 대한 시민의 불신이 크다는 사실 등을 간과하거나 소홀히 다루고 있다는 비판도 있다.

정부의 현실적인 구조와 기능이 공공가치 거버넌스의 구현에 장애가 되는데, 그에 대한 고려가 미흡하다는 주장도 있다. 우리가 실제 가지고 있는 분산된 정부(fragmented government)로는 폭넓은 공공가치를 일관되게 추구하기 어렵다는 주장이다.

4. 기업가적 정부

1) 제안의 배경

David Osborne과 Ted Gaebler는 정부재창조(reinventing government)의 방안으로 기업가적 정부모형을 제시하였다. 그들의 제안은 미국의 Bill Clinton 행정부가 1990년대에 전개한 정부재창조운동과 맥이 통한다.

Osborne과 Gaebler는 미국사회가 산업화시대로부터 물려받은 정부모형은 과거 그 시대적 사명을 수행한 바 있지만 이제 더 이상 효율성을 발휘할 수 없다고 주장하였다. 독점성, 규칙과 법규에 대한 지나친 집착, 투입기준의 유인구조, 경직된 계서적 구조 등에 얽매여서는 급속히 변동하고 고도로 경쟁적이며 정보가 폭증된 경제·사회적 조건에 대응할 수가 없다고 하였다. 이런 생각 때문에 재창조적 개혁방안을 제안한 것이다.

　　Osborne과 Gaebler의 기업가적 정부에 대한 처방은 일련의 신념(beliefs)을 바탕으로 하는 것이다. 그들의 신념은 ⅰ) 공동문제의 해결을 위해 정부가 필요하다는 신념, ⅱ) 효율적인 정부가 없으면 문명사회는 효율적으로 기능할 수 없다는 신념, ⅲ) 정부에서 일하는 사람들이 문제가 아니라 그들이 일하는 체제가 문제라는 신념, ⅳ) 정부가 직면한 문제들을 해결하는 데 전통적인 진보주의나 보수주의는 모두 적절치 않다는 신념, 그리고 ⅴ) 모든 국민은 균등한 기회를 가져야 한다는 신념이다.

2) 정　　의

　　기업가적 공공조직 또는 기업가적 정부(企業家的 政府: entrepreneurial government)는 임무지향적·성과주의적·기업적·촉매작용적·미래예견적·경쟁적 특성을 지닌 정부이며 지속적으로 개혁하는 정부이다. 기업가적 정부의 유인체제는 분권화, 경쟁, 결과의 측정, 성공 또는 실패에 대한 유인의 실질적 차별화 등의 기제를 내포한다. 기업가적 정부는 그러한 비전통적 유인체제의 뒷받침을 받아 지속적으로 개선·재설계·창안하고 질은 높이면서 비용은 줄이기 위해 노력하는 정부이다.13)

　　기업가적 정부의 원리(요건)는 다음과 같다.

　　① 촉매작용적 정부　　국가사회라는 배의 노를 젓는(rowing) 것보다 키를 잡고 조종하는(steering) 역할에 역점을 둔 촉매작용적 정부(catalytic government)를 만들어야 한다. 여기서 키를 잡고 조종한다는 것은 정책관리를 한다는 뜻이며, 노를 젓는다는 것은 서비스를 직접 전달한다는 뜻이다.

　　연방정부는 원칙적으로 '조타적 조직'(操舵的 組織: steering organization)이라야 한다. 국가를 구성하는 가족, 지역사회, 학교, 자원조직 등 구성단위들이 건강하면 국가 전체가 건강한 것이므로 정부는 개개 구성단위들이 조화롭게 건강을 추구할 수 있도록 이끌어 주는 역할을 수행해야 한다. 기업가적 정부는 서비스의 공급자로서보다는 촉매작용자, 중개자, 그리고 촉진자로서의 역할을 수행해야 한다.

　　② 시민소유의 정부　　공공조직은 시민이 만든 자조적 조직(自助的 組織)이기

때문에 시민이 소유하고 시민이 통제한다는 원리를 분명히 하는 시민소유의 정부(community-owned government)를 구현해야 한다. 시민소유의 정부라는 원리는 공공서비스의 소유권과 통제권을 관료의 손에서 시민에게 넘겨주어야 한다는 원리이다. 이것은 시민에게 힘을 실어주어 서비스를 받는 의존자의 지위를 탈피하게 하자는 것이다.

③ 경쟁적 정부   서비스 공급의 경쟁성을 높임으로써 경쟁적 정부(competitive government)를 구현해야 한다. 독점은 능률을 떨어뜨리고 개혁을 방해한다. 창의성과 탁월성을 높이기 위해 서비스 공급기능에 경쟁성을 도입해야 한다.

④ 임무지향적 정부   규칙보다는 임무성취를 중시하는 임무지향적 정부(mission-driven government)를 만들어야 한다. 이를 위해 행정기관들의 임무와 목표를 규정하고 그들의 목표성취도를 측정해야 하며, 성공한 조직에 보상을 줄 수 있는 예산제도와 보수제도를 발전시켜야 한다.

⑤ 결과지향적 정부   투입이 아니라 산출과 성과를 기준으로 하는 유인구조·투자구조를 가진 결과지향적 정부(results-oriented government)를 만들어야 한다. 이를 위해서는 업무성과의 측정을 강화하고 그에 따라 유인의 배분을 결정해야 한다.

⑥ 고객중심의 정부   정부관료제의 필요가 아니라 고객의 필요에 맞추어 공공서비스를 공급하는 고객중심의 정부(customer-driven government)를 만들어야 한다. 이를 위해 고객이 공공서비스를 선택하고 서비스 공급자를 선택할 수 있는 길을 넓혀야 한다.

⑦ 기업가적 정신을 가진 정부   쓰기보다는 버는 기회를 찾는 기업가적인 정신을 가진 정부(enterprising government)를 만들어야 한다.

지금까지는 행정기관들이 비조세수입을 얻는 경우 그것이 국고로 들어가 버리기 때문에 돈을 벌어들일 유인이 없었다. 행정기관들이 비조세수입을 찾아 나서도록 하는 유인을 개발해야 한다.

⑧ 예견적 정부   예방에 초점을 둔 예견적 정부(anticipatory government)를 만들어야 한다.

현재 정부는 예방에 시간과 돈을 들이지 않고, 문제가 위기를 조성할 때까지 기다린다. 그렇기 때문에 위기의 증상을 처리하는 데 엄청난 시간과 비용을 소모한다. 변화의 속도가 빨라질수록 예견력의 결여는 더욱 위험해진다. 기업가적 정부는 미래예측을 위해 최선을 다해야 한다.

⑨ 분권화된 정부   분권화된 정부(decentralized government)를 만들어야 한다. 계서제로부터 참여와 팀워크로 강조점이 옮겨져야 한다. 계서제의 저층화, 참여적 의사결정, 권한의 하부위임을 통해 분권화를 촉진함으로써 변화하는 여건과 고객의 요청에 신속히 대응할 수 있는 유연성을 높여야 한다.

⑩ 시장지향적 정부   시장기제를 이용하여 임무를 수행하고 개혁을 유도하는 시장지향적 정부(market-oriented government)를 발전시켜야 한다. 시장지향적 정부의 원리는 민간시장의 조정에 관한 정부의 역할, 민간부문에 대한 정부규제, 그리고 정부부문의 서비스 공급에 다같이 적용해야 한다. 시장지향적 정부의 원리는 교육·직업훈련, 보건사업 등 정부의 사업영역들을 각각 시장으로 간주하도록 요구한다.

3) 추진전략

David Osborne과 Peter Plastrik은 정부를 재창조해서 기업가적 정부를 만들기 위한 다섯 가지 전략을 제시하였다. 그것은 정부의 유전자를 바꾸는(rewriting the genetic code or DNA) 유전자 리엔지니어링(genetic reengineering)의 전략이다.[14]

Osborne과 Plastrik은 정부조직에 근본적인 변혁을 일으켜 전통적 관료제를 사라지게 하고 기업가적 정부를 창출해야 한다고 주장하였다. 그렇게 하려면 정부의 유전자라고 할 수 있는 요소에 변화를 일으켜야 한다고 하였다.

그들이 제시한 정부재창조 전략(The Five C's)은 정부조직 유전자의 다섯 가지 부분에 관한 전략이다. 유전자의 다섯 가지 부분이란 ⅰ) 목표, ⅱ) 유인(誘因), ⅲ) 책임, ⅳ) 권력, 그리고 ⅴ) 문화이다.[n]

① 핵심전략   핵심전략(core strategy)은 공공조직의 목표를 대상으로 하고, 목표·역할·정책방향의 명료화를 추구하는 것이다. 이것은 정부의 핵심적 기능인 조타적 기능을 다루기 때문에 핵심적 전략이라고 한다.

② 성과전략   성과전략(consequences strategy)은 유인을 대상으로 하고, 업무수행의 유인을 강화하기 위해 경쟁을 도입하고 사업성관리·성과관리를 추진하는 것이다.

---

n) 다섯 가지 전략을 'The Five C's'라고 부르는 까닭은 각 전략의 영어명칭 첫머리 글자가 C이기 때문이다.

③ **고객전략**   고객전략(customer strategy)은 정부조직의 책임을 대상으로 하고, 고객에 대한 정부의 책임을 확보하고 고객이 정부의 서비스를 선택할 수 있는 폭을 확대하려는 전략이다.

④ **통제전략**   통제전략(control strategy)은 권력을 대상으로 하고, 분권화를 추구하는 것이다. 여기서 권력이란 의사결정의 권력을 말한다. 분권화를 추구한다는 말은 계서제 상의 하급계층에 차례로 힘을 실어준다는 뜻이다.

⑤ **문화전략**   문화전략(culture strategy)은 조직문화를 대상으로 하고, 구성원들의 가치, 규범, 태도 그리고 기대를 바꾸려는 것이다.

　　기업가적 정부의 처방에 대한 비판은 ⅰ) 사기업과 공공행정의 차이를 무시한다는 것, ⅱ) 이기적 사익의 집합이 공익이라고 하는 전제는 오류라는 것, ⅲ) 공공재 공급을 시장기제에만 맡길 수는 없다는 것, ⅳ) 시민을 고객으로만 보는 것은 잘못이라는 것, ⅴ) 기업가적 관리의 특성은 민주행정의 가치들과 마찰을 빚는다는 것 등이다.

　　기업가적 정부의 원리와 다음에 설명할 정부의 탁월성 기준을 포함한 정부재창조운동 전반의 전제와 원리들에 대한 비판은 '일은 잘하고 비용은 덜 드는 정부'를 설명할 때 종합적으로 검토하려 한다.

5. 탁월한 정부

1) 제안의 배경

여기서 소개할 탁월한 정부모형은 Thomas J. Peters와 Robert H. Waterman, Jr.가 사기업체를 대상으로 개발한 탁월성모형을 원용하여 미국의 국제도시관리협회(International City Management Association)가 만든 것이다. 이 협회는 지방정부를 일차적인 관심대상으로 삼아 공공조직의 탁월성을 평가하는 여덟 가지 기준을 제시하였다. 이 협회가 만든 탁월성기준은 평가모형인 동시에 발전방향(목표상태)을 제시해주는 처방모형이기도 하다.

탁월한 정부모형도 미국 정부의 정부재창조운동에 지적 기반을 제공한 실천적 개혁처방들 가운데 하나라고 할 수 있다. 탁월한 정부의 원리는 정부재창조운동의 기조와 대체로 그 궤를 같이한다.

국제도시관리협회는 탁월성의 기준을 개발하기 위해 지방정부관리자들의 의견도 조사하고 그들과 워크숍도 열었다. 그러나 모형개발작업에 결정적인 기

여를 한 것은 Peters와 Waterman, Jr.가 사기업체에 관련하여 개발한 탁월성 모형이다.15)

Peters와 Waterman, Jr.는 기업들의 20년 간에 걸친 재정적 성취도를 평가하고 또 전문가들의 심사를 거쳐 탁월한 기업들을 선정한 다음 그 중 21개 회사에서 집중적인 면접을 통해 여덟 가지의 기업특성을 추출하였다.

여덟 가지 특성 또는 탁월성의 기준은 ⅰ) 문제해결과 실천을 강조하는 행동편향(行動偏向: bias for action), ⅱ) 고객과의 근접(close to customers), ⅲ) 자율성과 기업가정신(autonomy and entrepreneurship), ⅳ) 인간중심의 생산성향상(productivity through people), ⅴ) 가치의 인도를 받는 실천(hands-on, value driven), ⅵ) 잘 아는 사업만 한다는 뜻의 자기사업 전념(stick to the knitting), ⅶ) 조직의 단순한 체제·적은 직원(simple form, lean staff), 그리고 ⅷ) 자율화와 집권적 통제를 적절히 배합한다는 뜻의 느슨하면서 동시에 조이는 특성(simultaneous loose-tight properties)이다.

2) 정   의

탁월한 정부(excellent government)는 탁월성기준에 부합하는 정부이다. 탁월성(卓越性: excellence)이란 조직이 환경적 변화에 창의적·지속적으로 대응할 수 있고, 조직구성원들이 직무수행을 향상시킬 수 있도록 인도적·대응적·효율적으로 그리고 형평성 있게 관리되는 것을 의미한다. 탁월성기준(excellence criteria)은 탁월성을 말해 주는 지표이다. 탁월한 조직, 즉 탁월성 기준에 부합하는 정부조직은 시민의 요구에 부응하고 환경적 변화에 대응하는 데 있어 우수한 실적을 보이는 조직이라고 말할 수 있다.

여덟 가지 탁월성기준은 다음과 같다.16)

① 행동지향성   행동지향성(action orientation)은 행동중시의 성향이다. 탁월한 지방정부는 신속하게 문제를 인지하고 처리한다. 민간부문에서보다 행동을 어렵게 하는 여러 가지 제약을 극복한다.

② 시민과의 근접   시민과의 근접(closeness to citizens)은 지방정부의 봉사대상인 시민과 여러 가지 긴밀한 연계를 만들고 유지하는 데 관한 기준이다. 탁월한 지방정부는 공공의 투입에 민감하며 대응적이다.

③ 자율성과 기업가정신   자율성과 기업가정신(autonomy and entrepreneurship)은 능동적 창의성 발휘에 관한 기준이다. 탁월한 지방정부들은 문제해결을 위해 아이디어를 구상하고, 새로운 일을 하는 데 유리한 분위기를 조성하고 있다. 이

들 조직은 창의적인 해결책을 집행한 실적을 가지고 있다.

④ 직원지향성　직원지향성(employee orientation)은 직원존중의 성향이다. 탁월한 지방정부들은 직원들을 인간으로, 그리고 성인(成人)으로 깊고 넓게 대우할 것을 주장한다.

⑤ 가치명료화　가치명료화는 추구하려는 가치(values)를 명료하게 규정하고 있는 특성이다. 그러한 가치의 핵심은 대국민봉사에 최선을 다하는 것이다. 조직이 추구하는 가치들은 직원들에게 분명히 알려져 열성과 긍지의 바탕이 된다.

⑥ 임무에 따른 적정한 서비스　임무(mission)에 따른 적정한 서비스는 규정된 임무범위 내에서 일관성과 통일성이 있는 서비스수준을 유지하는 특성이다. 여기서 임무라고 하는 것은 조직의 기초가 되는 전제를 말한다.

⑦ 관료적 구조의 폐단 축소　탁월한 지방정부에는 낡은 관료적 구조(structure)에서 비롯되는 폐단이 최소화되어 있다. 관리계층의 수와 중앙의 지원업무 담당자 수가 비교적 적다. 직원의 자율성을 최대한 보장하면서도 중앙의 지휘는 확고하다.

⑧ 바람직한 정치적 관계　탁월한 지방정부는 바람직한 정치적 관계(political relationship)를 형성하고 있다. 정책결정자와 관리자들은 정치적 환경과 조화를 이루고 있다. 정책결정자와 관리자들 사이에는 긍정적·개방적이며 상호 존중하는 관계가 설정되어 있다. 그리고 정치적 안정을 이룩하고 있다.

6. 일은 잘하고 비용은 덜 드는 정부

1) 제안의 배경

1990년대 미국의 Bill Clinton 대통령 정부는 미국식의 정부재창조운동을 전개하였다. 이 운동은 일은 잘하고 비용은 덜 드는 정부를 구현하려는 개혁사업으로부터 시작되었다.

일은 잘하고 비용은 덜 드는 정부라는 행정개혁모형은 대통령이 Al Gore 부통령을 책임자로 위촉하여 수행하게 한 국가업무평가사업(National Performance Review)의 보고서 '일은 잘하고 비용은 덜 드는 정부의 창출'(Creating a Government that Works Better & Costs Less)에서 제안한 것이다.[17]

Clinton 대통령은 1993년 3월 3일에 Gore 부통령을 시행책임자로 하는 국가

업무평가사업을 출범시키고 6개월 간 연방정부를 평가하게 하였다. 활동개시 6개월 만에 나온 보고서는 일은 더 잘하고 비용은 절감하는 정부의 실현을 위한 개혁의 원리와 기본방향 그리고 구체적인 행동처방을 담고 있다.

본 보고서에 들어 있는 주요 행동처방만도 1백여 개이며, 부록에 실린 것까지 포함하면 개혁권고의 수는 384개에 이른다. 이러한 개혁제안들은 5년 간 1천80억불의 예산절감과 연방정부 공무원 12% 감축이라는 목표에 연계된 것이었다.

국가업무평가사업을 기점으로 한 정부재창조운동은 그 내용과 강조점이 조금씩 달라지면서 Clinton 대통령 재임중 계속 추진되었다. 초기에는 개혁의 역점을 정부가 '어떻게' 일하는가의 문제에 두었으나 1994년부터는 정부가 '무엇을' 해야 하는가의 문제에도 관심을 확대하였다. 1998년에는 국가업무평가사업의 명칭을 정부재창조를 위한 국가적 파트너십(National Partnership for Reinventing Government)이라 고치고 정보화시대에 정부가 맡아야 할 새로운 역할을 강조하였다.ᵒ⁾ 그리고 정부개혁의 목표를 확충하였다. 정부재창조를 위한 국가적 파트너십은 2001년에 폐지되었다.

2) 정   의

일은 잘하고 비용은 덜 드는 정부(government that works better and costs less)는 국민을 최우선시하는(putting people first) 국민위주적·고객중심적 정부이며, 비용은 적게 쓰고 많이 산출하는 경비절감적·성과중심적 정부이다. 그리고 과잉규제와 번문욕례의 폐단이 없는 정부이며 힘 실어주기를 강조하는 분권적 정부이다.

일은 잘하고 비용은 덜 드는 정부를 처방하는 접근방법은 대체로 제도개선에 초점을 맞춘다. 공무원이라는 인간의 통제를 위한 제도의 강화를 추구하는 것이 아니라 공무원의 효율적·쇄신적 업무수행을 좌절시키는 제도의 혁파를 강조한다. 사람을 탓하기보다 나쁜 제도를 탓하는 접근방법인 것이다.

이 접근방법은 미시적인 것이다. 정부 내 조직 차원의 문제들에 관심을 집중하기 때문에 미시적 접근방법이라고 한다.

---

o) Gore 부통령은 '미국을 최선의 상태로'(America@Its Best)라는 NPR의 새로운 슬로건을 내세웠다. 그는 'at'을 인터넷스타일의 기호인 @로 표기함으로써 정보화시대의 새로운 정부역할을 강조하려 하였다.

3) 원리와 기본방향

일은 잘하고 비용은 덜 드는 정부의 구축을 위한 개혁의 원리는 ⅰ) 불필요
한 지출의 삭감, ⅱ) 고객에 대한 봉사, ⅲ) 공무원들에 대한 힘 실어주기, ⅳ)
지역사회의 자율적 문제해결에 대한 조력, ⅴ) 탁월성의 함양 등 다섯 가지이다.

이러한 원리 하에 ⅰ) 명확한 사명감을 창출한다, ⅱ) 정책관리(steering)를
더 많이 하고 직접집행(rowing)은 줄인다, ⅲ) 권한과 책임을 위임한다, ⅳ) 유인
(誘因: incentive)으로 규제를 대체한다, ⅴ) 성과기준의 예산제도를 발전시킨다,
ⅵ) 연방정부의 운영을 경쟁에 노출시킨다, ⅶ) 행정적인 것이 아니라 시장적인
해결책을 찾는다, ⅷ) 성공여부를 고객의 만족도로 측정한다는 등 여덟 가지 기
본방향에 따라 개혁방안들을 처방한다.

4) 개혁방안의 처방

개혁방안들은 네 가지의 큰 범주로 묶어 정리하였다. 개혁방안의 네 가지
범주는 ⅰ) 번문욕례의 배제, ⅱ) 고객만족위주의 행정, ⅲ) 힘 실어주기, 그리고
ⅳ) 적게 쓰고 많이 산출하는 정부의 구현이다. 이러한 개혁방안의 범주들은 성
공적인 조직, 즉 효율적이고 기업가적인 정부에 공통되는 특성으로 파악된 것들
이다.

일반적인 범주 안에서 다시 개혁조치의 중간 범주라고 할 수 있는 기본적
조치(step)들을 구분하였으며, 각 기본적 조치 내에서 구체적인 개혁행동(action)
들을 처방하고 있다. 여기서는 기본적 조치까지만 소개하려 한다.

(1) **번문욕례의 배제**   번문욕례(red tape)의 온상인 규칙·절차 등은 좋은
의도에서 만들어지기 시작했겠지만 그것은 너무 양산되어 공무원들의 효율적인
업무수행을 좌절시키고 엄청난 자원낭비를 초래하게 되었다. 이러한 적폐를 시
정하려면 공무원들이 절차에 대해 책임을 지도록 되어 있는 체제를 결과에 대해
책임을 지는 체제로 전환시켜야 한다.

번문욕례의 배제(cutting red tape)를 위한 기본적 조치들은 ⅰ) 예산절차의 정비, ⅱ) 인사
기능의 분권화, ⅲ) 구매행정의 정비, ⅳ) 감사관들의 관심 전환(소극적인 역할에서 예방적·
적극적인 역할로), ⅴ) 불필요한 규제의 철폐, ⅵ) 주와 지방정부에 대한 권한위임 등 여섯 가
지이다.

(2) 고객만족위주의 행정   정부에 시장적 역동성을 도입하여 고객을 최우선의 지위에 올려놓아야 한다. 이를 위해서는 우선 고객의 요구가 무엇인지를 파악하도록 해야 한다. 그리고 정부가 민간부문과 경쟁하게 해야 한다. 경쟁의 도입이 안되는 정부의 독점사업도 될 수 있는 대로 기업적 운영을 하도록 해야 한다. 민간위탁을 촉진해야 한다. 이러한 전략들을 추진함으로써 대응적·창의적이며 기업가적인 정부를 창출해야 한다.

> 고객만족위주의 행정(putting customers first)을 위한 기본적 조치들은 ⅰ) 고객의 요구투입과 선택의 확대, ⅱ) 서비스 조직의 경쟁, ⅲ) 시장적 역동성의 창출, ⅳ) 시장메커니즘의 활용 등 네 가지이다.

(3) 힘 실어주기   기업가정신을 바탕으로 하는 행정문화를 창출함으로써 성공적인 업무수행을 촉진하여야 한다. 공무원들은 업무수행의 높은 질적 수준을 달성하는 데 책임을 져야 한다. 그러한 책임을 다할 수 있게 하려면 일에 관한 권한을 더 많이 위임해 주어야 한다. 그리고 일할 수단과 여건을 마련해 주어야 한다.

> 힘 실어주기(empowering employees to get results)를 촉진하는 기본적 조치들은 ⅰ) 의사결정권의 분권화, ⅱ) 결과에 대한 책임확보, ⅲ) 업무수행에 필요한 수단의 제공, ⅳ) 직업생활의 품질 향상, ⅴ) 노사협력 체제의 구축, ⅵ) 리더십의 역할 강화 등 여섯 가지이다.

(4) 적게 쓰고 많이 산출하는 정부의 구현   낡은 방식에 안주하고 변화에 저항하며 낡은 사업을 유지하는 연방정부의 노폐현상을 타파해야 한다. 불필요한 사업을 폐지하고 수입증대·비용절감·생산성 향상을 위해 노력해야 한다.

> 적게 쓰고 많이 산출하는 정부의 구현(cutting back to basics: producing better government for less)을 위한 기본적 조치들은 ⅰ) 불필요한 사업의 폐지, ⅱ) 비조세수입의 증대, ⅲ) 생산성향상을 위한 투자, ⅳ) 비용절감을 위한 사업재설계 등 네 가지이다.

5) 신공공관리와의 대조

영연방식 신공공관리운동과 국가업무평가사업에서 처방한 미국식 정부재창조운동은 그 기조에 있어서 여러 가지로 비슷하다. 그러나 정치적 상황과 제도의 차이 때문에 표현과 역점의 차이가 있고 구체적인 전술에도 다소간의 차이가 있다.

예컨대 영연방식 개혁에서는 민간화와 시장기제의 활용, 그리고 구조개혁에 더 많이 의존한 반면, 미국식 개혁에서는 민관파트너십과 업무수행과정의 개선을 상대적으로 더 강조하였다. 번문욕례에 대한 공격은 미국식 개혁에서 더 신랄하였다. 미국에서는 연방정부와 주 및 지방정부 간의 정책기능·집행기능 분담이 특히 강조되었다. 연방정부의 역할은 원칙적으로 정책기능적이어야 한다고 처방하였다. 영연방식 개혁에는 경제학적 모형이, 미국식 개혁에는 기업과정 모형이 더 많은 영향을 미쳤다. 전반적으로 볼 때 영연방식 신공공관리운동이 미국식 정부재창조운동보다 더 근본적·급진적이었다고 평가할 수 있다.

6) 정부재창조운동에 대한 비판

미국에서 국가업무평가사업을 중심으로 전개된 정부재창조운동은 많은 성과를 거둔 한 시대의 강력한 개혁운동이었다. 그러나 이 개혁운동에 대한 비판도 많았다. 신공공관리운동과 정부재창조운동이 서로 닮은 만큼 양자에 대한 비판도 적지 않게 겹친다.

정부재창조운동에 대한 비판을 두 가지 범주로 크게 나누어 볼 수 있다. 그 하나는 기본적 원리와 전제에 대한 비판이며, 다른 하나는 계획과 실천 상의 문제에 대한 비판이다.[18]

(1) 원리와 전제에 대한 비판   비판의 핵심대상은 ⅰ) 시장기제 도입의 원리, ⅱ) 고객중심적 서비스의 원리, 그리고 ⅲ) 기업가적 관리의 원리이다.

① **시장기제 도입에 대한 비판**   정부재창조운동은 개인적 선택뿐만 아니라 사회 전체의 진로까지 시장의 흐름에 맡기려고 하는 경향을 보였다. 그러나 사익의 조건 없는 누적이 공익이라고 보는 관점, 시장기능에 맡기면 자기이익 추구적인 개인들이 사회적 선의 최대 달성을 이룩할 것이라고 보는 관점은 잘못된 것이다.

② **고객중심주의에 대한 비판**   고객중심적 서비스의 원리는 시민을 고객으로 규정함으로써 시티즌십의 공공적 책무를 간과하는 것이다. 그리고 시민은 직접 소비하는 서비스뿐만 아니라 정부서비스 전체에 대한 이해관계를 가지고 있는데 그들을 특정 서비스의 고객으로만 본 것은 잘못이다.

실천적으로는 정부활동이 다양하고 복잡하기 때문에 정부-고객의 관계를 확인하기 어려운 경우도 많다. 특히 국민 일반에 대한 서비스의 경우 구체적인 고객을 한정하는 것은 불가능하다. 고객 자체의 실체도 복잡하고 모호하다. 직접적 고객, 대기하고 있는 고객, 고객과 관련된 사람, 적극적 요구 없이 서비스를 피동적으로 수용하는 사람, 미래세대의 고객 등을 모두 확인하는 일은 결코 쉽지 않다.

③ 기업가적 관리에 대한 비판   정부재창조운동은 행정인들의 기업가적 정신을 강조하였다. 기업가적 정신은 창의와 쇄신, 목표성취, 예방적·능동적 행동을 중시하는 정신이다. 정부조직의 주인으로서 정부의 돈을 자기 돈처럼 생각하고 행동하려는 정신이다. 이러한 정신을 고취함으로써 전통관료제의 비효율성을 극복하려 하였다.

그러나 기업가적 관리행태는 과도한 모험, 통제하기 어려운 행동성향, 규칙과 절차의 무시, 국민 위에 군림하려는 행동과 같은 위험을 안고 있다. 이러한 행동성향은 민주적 책임성, 개방적·참여적 행정 등 행정이 추구해야 할 가치에 배치되는 것이다.

(2) 실천적인 계획과 시행의 문제   정부재창조운동의 실제에서 계획입안과 그 시행에 나타난 여러 가지 문제들도 비판대상이 되었다.

① 상충적 제안   개혁운동의 설계에는 상충적 요소들이 많았다. 정부(예산·인적자원)감축은 공무원의 사기진작과 자발적 협력확보에 부정적인 영향을 미쳤다. 고객의 필요와 공무원의 필요를 동시에 우선시키려는 기도 역시 상충적이었다. 서비스개선과 비용절감의 동시추구도 상충되었다. 민간·고객과의 파트너십 강조는 관리자들의 재량권을 제약하였다. 인적자원·예산의 감축은 분권화의 효과를 상쇄하였다.

② 감축목표의 문제성   인적자원과 재정자원의 감축목표를 산출한 근거가 모호하며 감축가능성을 과장하였다.

③ 대통령의 관리역량 약화   정부사업을 분산시키고 분권화와 공무원들에 대한 힘 실어주기를 강조함으로써 대통령의 관리역량을 약화시켰다.

④ 예산의 통합성 훼손   예산과정의 통합성을 훼손하는 조치들을 채택하였다. 정부감축으로 절감한 예산의 계획적 전용에 실패하였다.

⑤ 노사분쟁과 공직의 정치적 오염   노동쟁의를 증가시키고 공직의 정치적 오염을 조장하였다.

⑥ 계급인플레 조장   인원감축에서 하급직을 우선 감원함으로써 사실상 계급인플레를 조장하였다.

⑦ 심사·평가의 부실   각 기관에 위임한 개혁추진을 중앙추진조직이 충분히 심사·평가하지 못했다. 따라서 개혁목표의 경시·왜곡이 많았다.

⑧ 방향전환으로 인한 신뢰성 실추   정부가 어떻게 일하느냐에 초점을 맞추었던 개혁전략을 정부가 무엇을 하느냐에 초점을 맞춘 전략으로 전환함으로써 개혁사업의 신뢰성을 실추시켰다.p)

7. 전자정부

1) 필요성과 개념화의 관점

(1) 전자정부화의 요청   전자정부모형은 정보화시대의 정보통신기술발전과 상황적 조건, 그리고 정부재창조의 요청을 반영하는 규범적·처방적 성격이 강한 목표상태모형이다. 전자정부모형은 탈산업화시대·탈관료화시대를 배경으로 하고, 민주국가의 정부가 수행해야 할 당위적 임무를 전제하고, 행정개혁·정부개혁을 인도하는 원리들을 제시한다.

정보화기술의 폭발적 발전은 인간생활의 거의 모든 영역에 막대한 영향을 미치고 있다. 그리고 사람들은 능동적으로 정보화기술의 혜택을 향유하려 한다. 사람들은 추구하는 바를 더욱 효율적으로 달성하기 위해 정보화기술을 활용하고 또 활용해야 한다고 믿는다. 행정개혁에서도 정부가 추구하는 목표를 보다 효율적으로 수행하기 위해 정보화의 방법을 채택하려 한다.

전자정부화를 촉구하는 보다 직접적인 요인들은 ⅰ) 경비절감의 요청과 고품질의 공공서비스에 대한 요청, ⅱ) 공공서비스의 수요민감성과 신속성에 대한 요청, ⅲ) 행정환경의 정보화·정보 폭증, ⅳ) 치열해져 가는 국내적·국제적 경쟁, ⅴ) 조직의 경계타파·네트워크화에 대한 요청, ⅵ) 정부의 개방화·투명화에 대한 요청, 그리고 ⅶ) 높아져 가는 환경적 격동성·공공문제의 복잡성이다.

---

p) Clinton 대통령의 두 번째 임기에는 공화당이 여당인 민주당을 제치고 의회의 다수의석을 차지하였다. 이런 '분할된 정부'(여소야대 정국: divided government)에서 정부재창조운동의 실천력은 크게 떨어졌다. 따라서 말뿐인 개혁이라는 비판을 받기도 했다. 분할된 정부란 행정부와 입법부를 지배하는 정당이 서로 다른 정부를 말한다. Jay M. Shafritz, E. W. Russell and Christopher P. Borick, *Introducing Public Administration*, 5th ed.(Pearson Longman, 2007), p. 114.

우리 정부에서도 전자정부화의 필요성을 심각하게 인식하고 국책적인 관심을 기울여 왔다. 우리나라에서 전자정부화사업이 본격화된 것은 1980년대부터이다. 그 때 시작된 것은 행정업무수행을 전산화·네트워크화하는 국가기간전산망사업이었다. 이 사업은 2차에 걸친 5개년계획으로 추진되었다. 이후 정부의 정보화촉진계획은 되풀이하여 추진되었다. 전자정부화사업을 뒷받침하는 법률도 여럿 제정되었다. 「전산망 보급 확장과 이용 촉진에 관한 법률」, 「전자정부구현을 위한 행정업무 등의 전자화 촉진에 관한 법률」, 「정보화촉진기본법」, 「전자정부법」이 중요한 예이다. 정보화사업추진을 이끌 기구로 전산망조정위원회, 정보화추진위원회, 전자정부특별위원회 등이 조직되기도 하였다.

(2) 개념화의 관점   전자정부라는 말의 사용이 급속히 확산되면서 그에 대한 의미규정에 적지 않은 혼선이 빚어지고 있다. 그러한 혼선의 주된 출처는 전자정부의 개념에 정보기술 도입이라는 기술적 측면만을 포함시킬 것인지 아니면 연관적 체제개혁의 내용까지를 포괄시킬 것인지에 관한 이견이다.

"전자정부는 건물 없고(building-less) 사람 없는(people-less) 정부이다," "전자정부는 인터넷 또는 기타의 디지털 수단을 활용하여 정보와 서비스를 온라인으로 전달하는 정부이다," "전자정부는 정보기술을 활용하여 업무를 수행하는 정부이다," "전자정부는 사용자들에게 정보를 제공하고 사용자들을 위한 서비스를 촉진하는 웹사이트와 포탈을 도입한 정부이다" 등을 포괄범위가 좁은 정의의 예로 들 수 있다.

그러나 다수의 연구인들은 정보기술도입을 전자정부 실현의 수단으로 보고 민주적·효율적 정부의 구현이라는 가치추구를 전자정부의 요건으로 규정한다.

정보기술과 정부의 여러 국면·관계들은 긴밀히 연관되어 있다. 정보기술을 도입하고 그 이익을 누리려면 전통관료제의 변화가 필요하다. 그런가하면 정보기술은 행정개혁을 가능하게 하고 또 촉진할 수 있다.

이와 같은 목표·수단의 불가분적 관계를 유념하여 다수의 연구인들이 전자정부를 '정보화된 바람직한 정부'로 파악하는 것 같다. 선진민주국가들의 정부가 추진해 온 전자정부화는 대체로 그와 같은 의미규정에 부합되는 것으로 보인다. 저자도 같은 입장을 취하려 한다.

2) 정   의

전자정부(電子政府: electronic government)는 정보기술을 활용하여 정부의 업무수행을 전자화하고 정부체제를 재설계함으로써 국민에 대한 봉사의 효율화를 이룩한 정부이다. 전자정부 추진의 목적은 국민을 위한 봉사의 향상이다. 그 수단은 정보화와 정부조직의 리엔지니어링이다.q)

전자정부의 주요 특성을 보면 다음과 같다.19)

① 정보기술의 활용   전자정부는 정보기술(information technology: IT)을 활용하여 효율성을 증진하는 정부이다. 전산화된 정보처리시스템을 도입하고 통신네트워크, 정보고속도로 등 정보인프라를 구축하여 정보의 통합관리·공동이용을 도모한다. 국민에 대한 서비스 전달의 전자화를 촉진한다.

② 국민중심주의적 정부   전자정부는 국민에 대한 봉사의 효율화를 제일의 목표로 삼는 민주적 정부이다. 서비스 전달은 국민생활의 질을 향상시키기 위한 고객중심적·시민중심적 기능이다. 전자정부는 또한 대내적 민주화 그리고 조직의 인간화를 이룩한 정부이다.

③ 열린 정부   전자정부는 열린 정부이다. 정부의 투명성·접근성·대응성이 높다. 전자정부의 이러한 특성은 직접민주주의·참여민주주의의 발전을 촉진한다.20)

전자정부는 공개적 운영을 강조하는 정부이지만, 시민 개개인의 프라이버시와 안전욕구는 존중하고 보호하는 정부이다.

열린 정부에 대해서는 뒤에 따로 설명할 것이다.

④ 통합지향적 정부   전자정부는 수평적·수직적으로 통합된 이음매 없는 정부이다. 전자정부는 대내적으로 전통적인 경계관념을 타파한 정부이다. 대외적으로는 시민, 민간조직 등과의 네트워크를 통해 폭넓은 거버넌스 시스템을 형성한다.

⑤ 쇄신적 정부   전자정부는 문제해결중심의 창의적이고 민첩한 정부이다. 전자정부는 변동지향적이며 집단적 학습을 강조하는 학습조직의 요건을 갖춘 정부이다.

---

q) 우리나라에서는 전자정부라는 말이 가장 널리 쓰인다. 그러나 드물지만 지식정부, 디지털 정부 등의 표현이 쓰이기도 한다. 영어로는 electronic government(E-government)라는 표현이 널리 쓰이지만 같은 뜻으로 digital government, cyber-government, network government, web-government, on-line government, virtual state 등의 용어가 쓰일 때도 있다. 유비쿼터스(ubiquitous)의 조건을 구비한 정부는 U-government라고 부른다. 유비쿼터스의 조건이란 사용자가 언제 어디서나 자유롭게 네트워크에 접속할 수 있는 정보통신환경을 지칭한다.

⑥ 작은 정부   전자정부는 생산성은 높고 낭비는 최소화된 작은 정부이다. 전자정부는 생산성을 높이기 위해 정보기술집약화를 이룩한 정부이다.

⑦ 탈관료화 정부   전자정부는 관료제적 경직성을 탈피한 자율적·협동적·적응적 정부이다. 구조와 과정의 설계에서 가상조직, 네트워크 조직, 임시체제 등의 속성이 강하게 나타나는 정부이다.

⑧ 인터넷을 이용한 대민봉사   통합적 전산정보관리와 인터넷을 이용한 온라인 서비스의 확대는 신속하고 편리한 대민봉사를 가능하게 한다.

> 우리 정부의 「전자정부법」 제 2 조는 전자정부를 "정보기술을 활용하여 행정기관 및 공공기관의 업무를 전자화하여 행정기관 등의 상호 간의 행정업무 및 국민에 대한 행정업무를 효율적으로 수행하는 정부"라고 정의한다. 제 4 조에서는 전자정부를 구현하고 운영하고 발전시킬 때 우선적으로 고려해야 할 '전자정부의 원칙'으로 i) 대민서비스의 전자화 및 국민편익의 증진, ii) 행정업무의 혁신 및 생산성·효율성 향상, iii) 정보시스템의 안전성·신뢰성 확보, iv) 개인정보 및 사생활의 보호, v) 행정정보의 공개 및 공동이용의 확대, 그리고 vi) 중복투자의 방지 및 상호운용성의 증진을 열거하고 있다.

3) 정보기술적 요건

전자정부는 고도의 정보통신기술이 광범하게 활용되는 정보기술집약형 정부이다. 전자정부는 전산화된 통합적 정보관리체제를 구축하여 체계적으로 정보를 관리하며 이를 통해 정보공유·정보공동활용, 온라인 업무처리, 광범하고 즉각적인 쌍방향통신, 대민봉사의 높은 대응성과 신속성을 실현하고 있는 정부이다. 이를 뒷받침하려면 다음과 같은 기술적 준비가 필요하다.[21]

① 컴퓨터시스템 도입   컴퓨터시스템이 도입되어야 한다. 자료·정보·문서 등의 디지털화·데이터베이스화가 이루어져야 한다. 컴퓨터를 활용한 처리가 가능하도록 일상적 업무를 표준화해야 한다.

② 정보 인프라 구축   여러 가지 정보 인프라가 구축되어야 한다. 여기에 핵심이 되는 것은 컴퓨터 네트워크, 특히 멀티미디어 네트워크의 구축과 정보초고속도로의 구축이다. 전자우편, 전자결재, 전자문서의 활용을 뒷받침할 전자서명, 신분인증, 전자우편주소부여, 정보보호에 관한 기술이 개발되고 법적으로 규정되어야 한다. 조직구성원들이 정보기술을 이해하고 활용할 수 있는 능력을 갖추어야 한다.

③ 국민편의를 위한 단일창구　　정부에 접근하려는 국민의 편의를 위해서는 전자정부 단일창구가 개설되어야 한다.

4) 구조·관리·대외관계의 변화

전자정부는 정보기술활용 이상의 것이다. 전통적 정부체제의 총체적 전환을 요건으로 한다. 전자정부는 전통적 관료제의 구조와 관리과정, 그리고 대외관계가 획기적으로 달라진 정부이다.[r)

(1) **구조와 관리의 변혁**　　전자정부에서는 반관료제적인 구조와 관리과정의 여러 특성들이 강화되고 규모는 축소되는 일반적 경향이 나타난다. 중요한 예를 보면 다음과 같다.[22)

① 규모 감축·구조의 저층화　　조직의 규모가 줄어든다. 조직의 구조가 저층화되며 수평적 관계가 중요해진다. 구조의 설계에서는 계서제보다 정보의 흐름이 중시된다. 계서제적 지위와 권력은 약화되고 지식기반의 지위와 권력은 강화된다. 분권화·힘 실어주기가 촉진된다.[s)

② 완결도 높은 직무　　사람이 직접 수행해야 하는 직무의 완결도(온전성)·다기능화의 수준이 높아진다. 표준화된 일상적 업무는 컴퓨터가 처리한다.

③ 낮은 행정농도　　행정농도가 낮은 구조가 형성된다. 통제지향적 관리기능은 최소화된다. 특히 중간관리층의 규모는 현저히 축소된다.

④ 이음매 없는 조직　　직무 간, 기능 간의 경계가 흐려지고 일의 흐름과 협동적 문제해결이 중요시되는 이음매 없는 조직이 구현된다. 정부 전체의 경계도 흐려지며 네트워크로 연결된 공·사부문의 행동자들이 공공업무를 분담하거나 공동처리한다.

⑤ 융통성 있는 구조　　구조의 융통성은 높아진다. 구조는 변화대응에 기민하다. 잠정적 문제해결집단의 활용이 늘어난다.

⑥ 가상공간화 촉진　　조직의 가상공간화 수준이 높아진다. 업무처리과정의

---

r) 정보기술발전에 따른 조직변동의 수준과 속도에서 정부는 민간기업에 뒤진다는 지적이 있다. 정부에는 법적 제약 등 제약이 더 많으며, 정부는 정책·사업·서비스와 같은 절차를 주로 생산하는 절차집약적(서비스집약적: service-intensive) 조직이기 때문이라고 한다. 절차의 변동은 제품의 변동보다 훨씬 더디다고 한다. Henry, *op. cit.*, p. 74.

s) 정보기술은 분권화뿐만 아니라 집권화를 위해서도 쓰일 수 있다. 전자정부가 분권화를 선호하기 때문에 정보기술이 분권화 촉진에 쓰이는 것이다.

주축은 가상공간에서의 처리과정, 인터넷을 통한 온라인처리과정으로 된다. 대민봉사의 온라인화는 민원의 비방문처리영역을 넓힌다. 대민봉사업무 처리과정은 신속할 뿐만 아니라 단순하고 간결해진다.

⑦ 투명성 제고   정보공개가 촉진되며 관리과정·정책과정 전체의 투명성이 높아진다.

⑧ 인력구조의 변화   계서제에서 위와 아래를 연결하고 감시·통제의 임무를 수행하던 중간관리자의 수가 줄어든다. 컴퓨터의 대체효과 때문에 하급직원의 수도 줄어든다. 컴퓨터 소프트웨어의 도움이 있기 때문에 고급업무를 수행할 수 있는 직원의 범위가 넓어진다. 융통성 있는 고용관계에 있는 지식근로자 특히 정보전문가의 수가 늘어난다.[t]

(2) 대외관계의 변화   정부와 그 환경 사이의 정보흐름이 원활해지고 공공서비스의 공급과 소비가 고도화된다.

정부의 환경적 연계는 다양하지만 전자정부화의 효과를 논의할 때 중요시하는 연계는 ⅰ) 정부와 시민의 연계(government-to-citizen links: G2C), ⅱ) 정부와 기업의 연계(government-to-business links: G2B), 그리고 ⅲ) 정부조직 간의 연계(government-to-government links: G2G)이다.

정부와 시민의 연계를 정보화하면 시민참여를 촉진하고 공공서비스의 수요대응성·적시성·신속성을 높일 수 있다. 전자상거래의 촉진은 정부와 기업의 연계를 정보화하는 데서 얻는 편익의 대표적인 예이다. 정부조직 간의 전자적 연계가 확대되면 시민에 대한 공공서비스를 획기적으로 개선할 수 있다.

5) 장애와 성공조건

(1) 장   애   전자정부화를 위한 개혁은 여러 가지 장애와 저항에 봉착할 수 있다. 그리고 전자정부화의 폐단도 적지 않다.

① 도입비용   정보기술의 도입과 조직의 개혁에는 많은 경제적·사회적 비

---

t) Nicholas Henry는 전자정부화에 따른 관료집단의 영향력 변동과정을 설명한다. 정부에서 정보기술의 도입을 늘려 가면 시민과 직접 대면적으로 교호작용하던 '길바닥 수준의 관료제'(street-level bureaucracy)는 컴퓨터를 통해 시민과 교호작용하는 '정보관료'(infocrat)가 주도하는 '시스템 수준의 관료제'(system-level bureaucracy)에 점차 자리를 내주게 된다고 한다. 전자정부화가 보다 진척되면 시스템 디자이너나 정보처리 전문가 등 정보관료들이 결국 기존의 관료들을 대체한다고 말한다. Nicholas Henry, *Public Administration and Public Affairs*, 12th ed(Pearson, 2013), p.168.

용이 들고 시간이 많이 걸린다.

② 여건 불비와 저항　국민과 정치적 리더십의 지지결여, 정보전문가 부족, 추진체제의 능력부족, 개혁을 위한 투자부족, 정보화 인프라의 불비, 정부관료제의 할거주의적 행태와 변동저항이 정보화의 길을 가로막을 수 있다.

③ 실책과 폐단　기술적 정보화로 인한 업무의 의미상실, 인간적 과정의 위축으로 인한 인간적 소외와 대고객관계의 비인간화, 정보과다·경쟁격화로 인한 정보스트레스 증가, 개인정보와 인권의 침해, 컴퓨터 오작동·고장, 그리고 전산망의 안전성 침해가 우려된다.

인터넷을 사용하는 사람들과 사용하지 않는 사람들을 분할하는 디지털 디바이드(digital divide)의 폐단도 문제이다. 인터넷을 사용하지 않는 시민은 공공서비스 공급에서 간과되거나 차별받을 위험이 있다. 반면 네티즌(netizen: network citizen)의 영향력은 지나치게 커질 수 있다. 정치적 극단주의자들은 인터넷을 통해 쉽게 조직화될 수 있다.

(2) 성공의 조건　전자정부화의 성공조건으로는 i) 전자정부화의 의지와 능력이 탁월한 추진체제의 구성, ii) 치밀한 추진계획 수립, iii) 정보체제의 유용성과 사용의 편의, iv) 필요한 자원의 공급, v) 새로운 기술도입에 장애가 되는 법률과 제도의 개폐, vi) 국민과 정치적·행정적 리더십의 이해와 지지, vii) 컴퓨터 보급·통신망 확충·정보기술이해의 향상·적응적 조직구조·정보화 친화적 행정문화 등 정보인프라의 구축, viii) 정보화 교육 강화, ix) 정보화 촉진적 유인체제 수립, 그리고 x) 정보화로 인한 위해의 방지대책 수립을 들 수 있다.[23]

8. 정부 3.0

1) 제안의 배경

우리 정부는 2013년에 '정부 3.0'이라는 정부개혁의 목표상태모형을 채택하고 실행에 들어갔다. 정부 3.0에 관한 기본계획을 수립하여 발표하면서 이를 국정과제로 채택하였다. 2014년에는 정부3.0추진위원회를 국무총리 소속으로 설치하여 정부 3.0사업 추진업무를 주관하게 하였다.

정부 3.0의 구상과 추진은 지난날의 정부개혁사업들이 전통적인 정부관료제의 병폐를 제거하는 데 무능했으며, 기존의 개혁모형들이 급변하는 환경과 행정수요에 제대로 대응하지 못한다는 데 대한 반성과 비판에서 비롯된 것이다. 특히 전자정부사업의 부진과 실책에 대한 비판이 정부 3.0 구상의 보다 직접적인 계기였다고 생각한다. 과거 우리 정부가 설계하여 채택했던 전자정부사업과 그에 연계되었던 개혁사업들이 정부관료제의 업무수행 효율화 그리고 공급자중심의 기술적 합리성 추구에 치우쳤으며 서비스 이용자에게 만족을 주는 진정한 의미의 이용자중심적·인간중심적 개혁에 실패하였다는 지적이 많았다. 이러한 평가를 받아들인 우리 정부는 새로운 대안으로 정부 3.0이라는 개혁모형을 디자인하게 되었다.

정부 3.0은 전자정부모형과 여러 가지 유사한 측면을 지니고 있다. 그러나 정부는 우리나라에서 추진했던 '낡은 전자정부모형'과 확실한 구별을 짓기 위해 3.0이라는 디지털계의 표현을 쓴 것으로 보인다. 정부 3.0이라는 명칭에 들어 있는 숫자의 표기는 진화해 가는 인터넷 웹의 버전 표시에서 본뜬 것이다. 인터넷을 통해 정보를 일방적으로 전달하는 Web 1.0, 쌍방향적 정보전달이 가능한 Web 2.0, 빅데이터를 활용해 맞춤형·지능형 정보지원을 하는 Web 3.0에 견주어 정부 1.0, 정부 2.0, 정부 3.0을 구분한다.[u]

2) 정부 3.0의 정의

우리 정부가 제시한 개념정의에 따르면 정부 3.0은 공공정보를 적극적으로 개방하여 공유하고, 부처 간 칸막이(경계·담장)를 없애고, 소통·협력함으로써 국정과제에 대한 추진동력을 확보하고, 국민에게 맞춤형 서비스를 제공하고, 일자리 창출과 창조경제를 지원하는 새로운 정부운영 패러다임이라고 한다. 정부 3.0은 개방·공유·소통·협력이라는 가치를 국정운영 전반에 확산시키고자 하는 정부혁신추진체계라고도 설명된다. 정부 3.0의 궁극적 목표는 수요자 맞춤형 서비스를 제공하고, 일자리와 신성장동력을 창출하여 국민 각자가 자기 역량을 최대한으로 발휘하게 함으로써 국민 모두가 행복한 나라를 만드는 것이라고 한다.[24]

정부 3.0의 구성요건을 간추리면 다음과 같다.

① 빅데이터 활용   빅데이터를 구축하여 활용한다. 빅데이터를 활용하여 정

---

u) 이러한 표기방식은 다른 분야에서도 쓰이고 있다. 예컨대 세계화의 진행단계를 설명하면서 '세계화 3.0'이라는 이름을 붙이기도 한다. 세계화 3.0은 개인들이 세계적인 차원에서 수평적으로 협력하고 경쟁하는 네트워크화된 상태를 지칭한다. 자본주의 변천단계에 웹 버전의 숫자를 붙이기도 한다.

부서비스의 품질을 고도화하기위해서 빅데이터v)뿐만 아니라 슈퍼컴퓨터, 통신 인프라, 협력네트워크, 법제도 등을 포함한 새로운 사회간접자본을 구축한다. 이러한 사회간접자본은 국민들이 필요한 정보에 쉽고 싸게 접근하여 활용할 수 있게 하는 기반이 된다.

② 정보공개 확대 공공정보의 공개와 공유를 획기적으로 확대하여 국민의 알권리를 충족시키고, 행정의 투명성을 제고하며, 공공정보의 생산적 활용을 촉진한다. 공공정보를 이용자의 관점에서 적극적·선제적으로 공개한다.

③ 맞춤형 서비스 국민에게 맞춤형 서비스를 제공한다. 맞춤형 서비스란 국민 개개인의 필요에 대응하는 개인화된 서비스를 말한다. 이것은 서비스의 품질은 이용자의 인식과 평가에 달려 있다는 전제하에 공급자의 관점이 아니라 이용자의 관점에서 서비스를 결정한다는 뜻이기도 하다.

④ 소통과 협업의 촉진 국민과 정부의 소통과 협력을 확대하고 협업행정을 고도화한다. 국민 개개인과 정부의 관계를 칸막이 없는 일원적 관계로 파악한다. 정부 내에서도 부서 간·기능 간의 칸막이를 제거하여 협력적 업무처리를 원활하게 함으로써 서비스 이용자의 편의와 만족을 증진시킨다.

정부서비스의 공급자와 소비자를 가르는 경계는 흐려진다. 공공서비스의 소비자인 국민은 서비스의 생산에도 가담하는 창조적 소비자로 파악된다. 서비스 이용자는 서비스 제공자와 함께 능동적으로 가치를 창조하는 협업의 동반자가 되기 때문에 창조적 소비자라 한다.

⑤ 창조경제와의 연계 정부 3.0은 일자리와 신성장동력의 창출에 기여함으로써 창조경제의 발전을 촉진한다. 정부 3.0의 창조경제에 대한 기여는 공공정보의 공급이 일자리 창출에 이어지게 한다는 것, 공공정보를 이용해 민간기업이 새로운 콘텐츠를 개발할 수 있게 한다는 것, 신산업 생성을 돕는다는 것 등이다.

기존의 정부개혁모형들 특히 전자정부모형과 정부 3.0의 구별에 대해 논란이 있다. 우리 정부의 입장은 전자정부모형을 한 단계 업그레이드한 모형이 정

---

v) 빅데이터(big data)는 규모가 매우 방대하고 비정형적 데이터 등 다양한 종류의 데이터를 포함하며 생성·유통·이용이 실시간으로 이루어지는 데이터의 집합이다. 빅데이터는 기존 방식으로는 관리하고 분석하기 어렵다. 빅데이터는 일반적으로 사용되어 오던 데이터베이스 소프트웨어가 저장·관리·분석할 수 있는 범위를 벗어나는 데이터이다.

부 3.0이라고 해석하는 것 같다. 정부가 추진해 왔던 전자정부사업에 새로운 역
점을 추가하고 역점 간의 비중을 변동시킨 개혁모형에 정부 3.0이라는 이름을
붙이고 있다는 뜻이다. 정부는 '우리 정부가 지난날 추진했던 전자정부'와 정부
3.0을 대비시켜 그런 해석을 한 것으로 보아야 한다.

정부 3.0은 정부 1.0과 정부 2.0에 대조해 정의한다. 정부의 설명에 따르면
정부 1.0은 국민에 대해 일방향적(일방통행적)인 작용을 하는 정부이며, 정부 2.0
은 국민과 쌍방향적인 교호작용을 하는 정부라고 한다. 정부 3.0은 국민 개개인
에 대한 맞춤형 정부라고 한다. 이 세 가지 모형의 운영방향, 핵심가치, 참여방식,
서비스 제공, 운영수단에 나타나는 차이점은 [표 9-2-1]에 요약되어 있다.[25]

표 9-2-1 정부 1.0·정부 2.0·정부 3.0의 비교

구분	정부 1.0	정부 2.0	정부 3.0
운영방향	정부 중심	국민 중심	국민 개개인 중심
핵심가치	효율성	민주성	확장된 민주성
참여	관 주도·동원 방식	제한된 공개·참여	능동적 공개·참여 개방·공유·소통·협력
행정서비스	일방향 제공	양방향 제공	양방향·맞춤형 제공
수단(채널)	직접 방문	인터넷	무선 인터넷 스마트 모바일

3) 정부 3.0의 추진전략과 중점과제

정부 3.0의 목표를 추구하는 전략은 i) 소통하는 투명한 정부의 구현, ii) 일
잘하는 유능한 정부의 구현, 그리고 iii) 국민중심의 서비스 정부 구현이다. 이
세 가지 전략의 실행수단인 중점과제는 열 가지이다. 전략별로 분류된 중점과제
들을 보면 다음과 같다.[26]

(1) **소통하는 투명한 정부**   소통하는 투명한 정부를 구현하기 위한 중점과제
는 세 가지이다.

① **정보공개**   공공정보를 적극적으로 공개하여 국민의 알권리를 충족시킨
다. 정보공개의 패러다임을 공급자중심에서 이용자인 국민중심으로 전환한다.

② **공공정보의 민간 활용 활성화**   공공정보의 민간 활용을 활성화한다. 공공

정보의 정부기관 간 공유를 촉진하고 국민과 기업이 공공정보를 상업적으로 활용할 수 있게 한다.

③ 민·관 협치의 강화   민·관의 협치(協治)와 협업을 강화하여 국민과 함께 가는 정부를 구현한다. 국민과 정부의 소통, 정책과정 전반에 걸친 국민참여를 확대하는 데 필요한 채널을 다양화하고 온라인 민·관 협업공간을 구축한다.

(2) 일 잘하는 유능한 정부   일 잘하는 유능한 정부를 구현하기 위한 중점과제는 세 가지이다.

① 정부 내 칸막이 제거   일하는 방식을 부처중심에서 과제중심으로 바꿔 성과를 낼 수 있도록 정부 내의 칸막이라고 하는 할거주의적 장애를 타파한다. 이를 위해 주요 국정과제에 대한 정보공유와 시스템 연계를 촉진하고 과제중심으로 조직과 인력을 관리한다.

② 소통·협업 지원   정부기관 간의 소통과 협업을 지원하기 위해 정부운영시스템을 개선한다. 소통·협업 촉진을 위한 주요 개선과제는 정부합동의사전달시스템, 지식경영시스템과 같은 기반시스템을 구축하는 것, 디지털 협업시스템을 구축하는 것, 클라우드 컴퓨팅센터를 만드는 것 등이다.

③ 빅데이터의 활용   각 부처 공동의 빅데이터기반시스템을 구축하여 활용함으로써 과학적 행정을 구현한다.

(3) 국민중심의 서비스 정부   국민중심의 서비스 정부를 구현하기 위한 중점과제는 네 가지이다.

① 맞춤형 서비스   수요자(이용자)의 생애주기별·개인유형별 맞춤형 서비스를 통합적으로(원스톱으로) 제공한다. 이를 위해 부처별 시스템을 연계·통합하고 생활민원정보를 하나의 창구에서 통합적으로 제공한다.

② 기업활동 지원   기업의 창업과 활동에 대한 맞춤형 원스톱 지원을 강화한다. 이를 위해 기업특성별 통합관리시스템을 구축하고 기업활동지원전담반을 설치한다.

③ 서비스 접근성 제고   정보취약계층의 서비스 접근성을 높인다. 이를 위해 정보취약계층에 근접해 있는 지역주민센터와 같은 민원창구를 확대하고, 장애인 고령자 등의 웹접근성을 높인다.

④ 새로운 정보기술 활용   새로운 정보기술을 활용한 맞춤형 서비스를 창출한다. 첨단 정보기술을 활용한 지능형 행정서비스를 확대하고, 스마트 정보기술

을 활용하여 생활밀착형 모바일 서비스를 제공한다.

4) 평가

정부 3.0은 국민중심주의적 공공서비스, 국민의 능동적 역할, 공개적이고 투명한 정부, 참여와 협동 등을 강조하는 오늘날의 행정개혁사조를 두루 반영한다. 그런 까닭으로 새로운 제안이라기보다 기왕에 나와 있는 개혁제안들을 반영하고 있을 뿐이라고 말하는 사람들이 있다. 특히 전자정부와의 구별에 관한 논란이 있다. 전자정부의 의미를 넓게 규정하는 경우 정부 3.0을 전자정부의 범주에 포함시킬 수도 있을 것이다. 개혁모형들을 서로 구별하기 어려운 것은 비단정부 3.0에 국한된 문제는 아니다. 근래 양산되고 있는 개혁모형들에 어느 정도 공통된 문제라 할 수 있다.

정치·행정의 현실과 많이 괴리되는 정부 3.0의 지향성과 처방들 때문에 개혁현장에서 봉착하는 장애가 많을 것이라는 평가도 있다. 실제로 범정부적 추진조직의 부실, 정부 3.0 핵심과제 발굴과 국정목표와의 연계 부실, 정부 3.0을 위한 정보시스템 개발의 부실 등 추진체계상의 문제들 이외에도 정부조직 내의 칸막이 구조 타파의 어려움, 낮은 민관 협력수준 등이 난제로 지적되고 있다.[27]

9. 열린 정부

1) 제안의 배경

정부의 개방성은 민주적 정치체제의 기본적 조건이다. 민주국가에서라면 열린 정부의 구현은 언제나 당위적인 것이었다. 그러나 열린 정부의 실질화 수준은 오랫동안 실망스러운 것이었다. 정부의 폐쇄성에 대한 사람들의 불만과 열린 정부에 대한 갈망은 시간의 흐름에 따라 점증해 왔다.

오늘날 열린 정부라는 목표상태모형이 유례없이 큰 관심을 모으고 있는 이유는 여러 가지이다. 우선 정부의 폐쇄성·무책임성·부패에 대한 고조된 불만, 그리고 정부의 신뢰상실을 들 수 있다. 이를 비판하고 감시 강화의 필요를 말하는 인구와 조직들이 늘어났다. 사회는 다원화되고 권력중추들은 다극화되고 있다. 다원화·다극화된 세력의 협력과 네트워크 형성은 거버넌스의 필수요건으로 되어 가고 있다. 특히 민·관 파트너십의 발전이 절실히 요청되고 있다. 정부서비스의 질적 고도화에 대한 요구와 국민중심적·소비자중심적 서비스 전달에 대한 요구가 커지고 있다.

이와 같은 일련의 조건들이 열린 정부에 대한 갈망폭증의 동인이 되고 있다.

2) 정 의

열린 정부(개방형 정부: open government)는 투명하고 접근성과 대응성이 높은 정부이다. 열린 정부는 투명성뿐만 아니라 접근성과 대응성이라는 두 가지 추가적 요건을 갖춘 정부이다.[28]

국민은 열린 정부로부터 유용하고 이해할 수 있는 정보를 쉽게 얻고, 정부와 원활하게 교호작용하고, 양질의 서비스를 받으며, 정책결정과정에 참여하여 영향을 미칠 수 있다.[w]

① 투 명 성 열린 정부는 투명한 정부이다. 투명성(transparency)은 공공감시에 대한 노출도를 말해 주는 개념이다. 투명성은 정보공개와 그에 대한 접근가능성이라는 두 가지 조건이 충족되고 공공감시가 가능해야 달성할 수 있다.

공개되는 정보는 수요자인 국민에게 적절하고 적시성·완결성·신뢰성·객관성 등의 요건을 갖추어야 한다. 정보수요자들이 필요한 정보를 확인하여 찾아볼 수 있도록 허용하고 돕는 제도를 발전시켜야 한다.

② 접 근 성 열린 정부는 접근성(접근가능성: accessibility)이 높은 사용자친화적인 정부이다.

접근성을 높이려면 정부관료제의 물리적·관리적·언어적 장벽을 무너뜨려야 한다. 특히 관료적 형식주의와 번문욕례를 타파해야 한다. 정부에 접근하여 교호작용하는 모든 국민은 공평한 대우를 받아야 한다. 전자정부를 발전시켜 정부와 국민의 교호작용에 지장을 주는 장애를 제거하고 교호작용의 비용과 시간소모를 줄여야 한다.

③ 대 응 성 열린 정부는 국민의 필요와 요구, 아이디어에 신속하게 반응하는 대응성(responsiveness)이 높은 정부이다. 대응성은 국민의 요구투입에 대한 피동적 반응뿐만 아니라 국민의 필요와 아이디어를 정부가 적극적으로 탐색하여 문제의 해결책을 찾는 능동적 반응을 포괄하는 개념이다.

대응성을 높이려면 정부의 정책결정에 대한 국민의 참여통로를 넓혀야 한

---

w) 열린 정부의 의미를 규정하는 데 여러 가지 의견이 있을 수 있다. 저자는 경제협력개발기구 (OECD)의 접근방법에 따라 열린 정부를 정의하고 있다.

다. 정부의 능동적 대응을 뒷받침해 줄 체계적 정보수집절차를 발전시켜야 한
다. 정부 안과 밖을 가르는 경계관념을 타파해야 한다. 서비스 공급의 소비자중
심주의를 강화해야 한다. 국민의 요구투입이 발생하는 현장에 근접하여 신속하
게 대응할 수 있도록 분권화를 촉진해야 한다.

3) 효용과 한계

(1) 효   용   열린 정부를 만드는 이유 내지 목적이라고 할 수 있는 효
용은 많다. 열린 정부는 좋은 거버넌스의 원리가 되는 주요 가치들을 두루 수용
하여 추구한다. 많은 효용을 두 가지 범주로 요약해 볼 수 있다.

① 민주정부의 정당성·신뢰성 향상   열린 정부는 공공의 감시를 강화해 실정
(失政)과 권력남용을 방지하고, 권력과 부의 부당한 독점을 막아 소수집단을 보
호하고, 정책결정과정에 대한 시민참여의 기회를 넓혀 준다. 그리하여 민주정부
의 정당성과 신뢰성을 향상시킨다.

② 경제발전·사회적 통합의 촉진   열린 정부는 정부의 운영을 민주화·효율
화하고 청렴성을 높인다. 경제주체들에게 필요한 정보를 원활하게 공급한다. 정
책결정과정에 대한 경제주체들의 참여를 확대한다. 이런 특성들은 경제발전에
기여하고 나아가 사회적 통합을 촉진한다.

(2) 한   계   열린 정부의 형성과 효율적 운영을 방해하는 저항이 만만
치 않고 실책의 위험도 적지 않다.x)

① 저   항   기성질서 속에서 혜택을 누리던 관료, 기업, 이익집단 등 기
득권 세력은 변동을 유발할 수 있는 정부개방화에 저항할 수 있다.

② 보호되어야 할 비밀의 누설   개인의 프라이버시를 침해할 수 있다. 국가안
보에 관한 기밀이 누설될 수 있다. 정책입안과정에서 한시적으로 지켜야 할 기
밀이 누설될 수도 있다.

③ 개방혜택의 불균형 배분   정부의 개방화가 소외계층에는 힘을 실어주지
못하고 가진 자들 그리고 특수이익집단들이 더 많은 혜택을 누리게 할 수 있다.

④ 불법·부당한 행동의 조장   정부의 개방화는 특수이익집단의 불법·부당
한 목적추구나 테러리스트들의 파괴행동을 용이하게 할 수 있다.

---

x) 정보공개의 한계와 위험에 대한 제 8 장 제 1 절의 설명을 함께 참고하기 바란다.

10. 작은 정부

1) 제안의 배경

1980년대 이후 작은 정부는 행정개혁의 아주 중요한 목표상태모형으로 부상하였다. 영·미 제국에서 시작된 작은 정부 추진운동은 세계 여러 나라에 그 영향을 파급시켰다.

신자유주의적 이념에 바탕을 둔 작은 정부 추진운동은 시간의 흐름에 따라 여러 논쟁을 불러일으켰다. 신자유주의에 대한 비판의 목소리가 커졌다. 고전적인 사회민주주의와 신자유주의를 절충하고 개선한 이른바 제 3 의 길이 제안되고 많은 관심을 모으기도 하였다. 그 밖에도 여러 대안들이 경쟁을 벌이고 있다.

이러한 논쟁에도 불구하고 낭비적 정부를 감축하여 효율화·질적 고도화를 도모하자는 작은 정부운동의 논리는 여전히 호소력이 있다.

다음에 작은 정부라는 목표상태모형을 먼저 설명하고 이어서 고전적 사회민주주의, 신자유주의, 제 3 의 길에 대해 언급하려 한다.

2) 정   의

작은 정부(small government)는 규모가 비교적 작은 정부이며 필요하지 않거나 바람직하지 않은 일은 하지 않는 정부이다. 작은 정부는 작지만 효율적인 정부이다. 작은 정부의 주요 특성은 다음과 같다.[y]

① 비교적인 개념   작은 정부는 '비교적' 작은 정부이다. 작은 정부를 정의할 때 정부가 작다고 하는 것은 절대적이기보다 상대적인 표현이다. 작은 정부는 크고 비효율적인 정부에 대조되는 개념이다.

일반적으로 작은 정부를 논의할 때 흔히 비교대상으로 삼는 것은 산업화시대의 행정국가적 거대정부나 케인즈 학파가 처방한 복지국가적 정부이다. 그러한 거대정부의 폐단을 시정하기 위해 규모를 줄인 정부를 작은 정부라고 보는 일반적 경향이 있다.

그러나 구체적인 경우 비교의 대상은 시간적·공간적으로 달라질 수 있다.

---

[y] 우리 학계에서는 '작은 정부'라는 용어의 사용에 대해 비교적 높은 의견수렴을 보이고 있다. 그러나 미국 등 영어사용국들에서는 그런 통일성을 찾아보기 어렵다. 정부가 작다는 것을 표현하는 데 small, downsized, lean, streamlined, reduced, cutback, less, shrunken 등의 용어가 두루 쓰인다

다른 어떤 시대의 정부에 비해 또는 다른 어떤 나라의 정부에 비해 작은 정부라는 설명이 가능한 것이다.

② **효율적인 정부**   작은 정부는 맡은 임무를 낭비 없이 효율적으로 수행할 수 있는 정부이다. 작은 정부는 불필요하거나 바람직하지 않은 일은 하지 않고, 필요하고 바람직한 정부의 임무는 잘 수행하는 정부이다.

③ **정부의 의미**   작은 정부의 논의에서 정부(政府: government)의 의미를 넓게 이해하는 경우 그것은 한 국가의 영토 내에서 독점적 권력을 가지고 질서를 유지하는, 정치체제의 중심이 되는, 기관적 기초라고 할 수 있다. 민주국가의 경우 넓은 의미의 정부는 권력분립체제를 구성하는 입법부, 행정부, 사법부를 모두 포괄한다.

그러나 다수의 관점은 정부를 좁은 의미로 파악한다. 작은 정부 처방의 주된 대상은 행정부(행정체제·정부관료제)이다. 현대민주국가에서 정부감축의 중점영역은 행정부문일 수밖에 없기 때문이다. 행정개혁의 실제에서 작은 정부 구현을 위한 정부감축이라는 말은 행정감축과 거의 같은 뜻으로 쓰이고 있다.

④ **다원적 평가기준**   작은 정부의 지표 또는 판단기준은 다차원적이며 복합적이다. 정부가 작다 또는 크다는 것을 판정할 때 지표로 삼아야 할 것은 여러 가지이며 이를 종합적으로 고려해야 한다는 뜻이다. 작은 정부의 판단기준이 될 수 있는 지표에는 ⅰ) 공무원의 수, ⅱ) 정부기구의 크기, ⅲ) 사용하는 예산의 크기(국민총생산에서 정부의 예산이 차지하는 비율), ⅳ) 정부기능의 크기와 성격, ⅴ) 국민생활에 대한 정부간여의 범위, ⅵ) 국민과 정부 사이의 권력관계 등이 있다.[29]

⑤ **감축의 신축성**   작은 정부의 처방이 정부의 어떠한 부분적 확대도 용납하지 않고 모든 면에서 축소만 있어야 한다고 주장하는 것은 아니다. 정부규모의 총량에 관심을 갖고 무절제한 정부팽창에 반대한다. 그러나 불가피한 분야에서는 확장가능성을 용인한다.

3) 필 요 성

작은 정부의 필요성은 정부 내외의 여건 변화와 그에 대한 가치판단을 반영한다. 정부의 크기에 관한 처방적 논의는 정치·경제적 이념의 인도를 받는다. 산업화국가의 논리, 발전행정의 논리, 케인스 학파의 복지국가 이념, 사회주의,

국가주의는 정부팽창과 행정국가화를 지지하였다.z) 그러한 논리와 이념이 퇴조하고 거대정부를 유지하기 어렵게 하는 조건들이 늘어나면서 작은 정부론이 득세하게 되었다. 이를 두고 사람들은 우파(右派: the right)의 승리라느니, 신자유주의의 승리라느니 하는 말을 한다.30)

작은 정부 구현의 필요성 내지 정당화 근거는 정부팽창의 폐단과 점증하는 정부축소지향의 압력에서 찾는다. 작은 정부 구현의 필요성을 증대시키는 조건들이 우파적 이념의 지지기반이 된다.

(1) **정부팽창의 폐단**   정부가 거대해진다는 것 자체 때문에 빚어질 수 있는 폐단은 다음과 같다.31)

① 책임확보의 어려움   정부팽창은 정부조직 내에서 책임을 분산시킨다. 거대화된 조직에서는 권한과 책임의 괴리가 커진다. 권한은 크고 책임은 작거나 그 반대인 공무원들이 많아지게 된다. 책임 분산, 권한과 책임의 괴리는 행정에 대한 국민의 민주적 통제를 어렵게 한다.

② 창의성의 억압   정부조직 내에서 공무원들이 창의성을 발휘하기 어렵게 된다. 계층적 통제가 강화되기 때문이다. 그리고 국민생활에 대한 정부간여확대는 민간부문의 창의적인 활동을 방해한다.

③ 과부하와 낭비   정부가 너무 많은 일에 간여하다보면 이를 감당하기 어려운 과부하에 걸려 임무수행역량이 저하된다. 크고 무능한 정부는 자원을 낭비하게 된다.

④ 제국건설 경향과 집권화 경향   커진 조직은 더욱 커지려 하고 이를 실현할 힘을 얻게 된다. 특히 고위직 증설을 조장하고 그들의 지위를 강화하는 경향이 나타난다. 고위직중심의 거대관료제는 집권화된다.

⑤ 조직의 보수화   거대정부는 보수화(保守化)된다. 그리되면 환경적 요청에 대한 적응력·대응력이 약해지고 공무원들의 능력이 저하된다.

(2) **정부감축요청의 증대**   많은 문제와 폐단에도 불구하고 거대정부를 필요로 하고 또 이를 지지·용인하는 이념이 대세를 이룰 때는 거대정부에 대한

---

z) 우리나라에서 지난날 거침 없는 정부팽창을 유도하고 또 그것을 가능하게 했던 요인으로는 절대관료제의 역사적 유산, 발전행정을 앞세운 권위주의적 정권의 개발독재, 관료제적 병폐로서의 확장지향성 또는 제국건설경향, 행정의 경계확장에 대한 국민적 통제역량의 미성숙을 들 수 있다.

공격은 약화된다. 사람들은 거대정부의 손실보다 이익에 주목한다.

그러나 거대정부를 지지 또는 용인하던 조건은 사라지고 작은 정부를 요구하는 조건이 커지면 정부팽창의 득보다 실이 크게 부각된다. 정부감축을 요구하는 압력이 커진다.

① 정부실패로 인한 환멸　정책실패, 생산성 저하 등 거대정부의 여러 가지 실책은 거대정부에 대한 불만과 비판을 고조시킨다.

② 고비용구조 탈피를 요구하는 압력　산업화과정의 고도성장기를 뒤따르는 경제조정기, 인구성장 둔화, 인구의 고령화, 국민의 과중한 조세부담, 국제경쟁의 격화는 거대정부의 고비용구조를 더욱 심각한 문제로 부각시킨다. 그것은 비용절감과 생산성제고에 대한 요구를 증폭시킨다.

③ 무결점주의의 요청　사람들은 점점 더 행정서비스의 질적 고도화 그리고 무결점(zero-defect)의 행정을 요구한다. 정부팽창 때문에 불필요한 일, 해서는 안 될 일을 하는 것도 심각한 결함이며 실책이다.

④ 민간의 자율능력 신장　산업화과정을 통해 민간부문의 자율능력이 크게 신장되었다. 민간의 자생력결여 · 자율능력취약을 전제로 채택했던 시책들은 이제 만간부문의 발전노력을 방해할 뿐이다.

⑤ 적응성의 요청　오늘날 행정환경은 격동적이다. 행정수요는 다양하며 자주 변한다. 이러한 조건에 대응하려면 행정체제는 고도의 적응성과 잠정성을 지녀야 한다. 거대정부의 관료적 경직성은 그러한 요청에 부응할 수 없다.

⑥ 세계화의 진전　세계화가 촉진되면 정부간여의 팽창이 국제적 마찰을 빚을 수도 있다. 국제적인 경제활동에 지장을 주고 자율경쟁을 방해하기 때문이다.

4) 작은 정부 구현을 위한 생산성 향상 전략

작은 정부를 구현하려면 여러 분야에 걸친 감축작업을 해야 한다. 그 중요한 예로 정부의 인적자원과 기구의 감축, 예산의 감축, 사업의 감축, 정부규제의 감축, 권한의 감축을 들 수 있다. 보다 근본적인 개혁과제는 정부가 국민에게 군림적이었던 문화적 유산을 청산하는 것이다. 그리고 작지만 효율적인 정부를 구현하려면 정부의 생산성을 높이는 개혁을 촉진해야 한다.

생산성을 높이기 위한 관리전략은 다음과 같다.[32)]

① 행정농도의 감축　관리층의 기구와 인원이 비대하여, 관리농도 또는 행

정농도가 짙어지면 집권화를 조장하고 생산활동부문의 창의적인 업무수행을 방해한다. 낭비가 따르는 것은 물론이다. 그러므로 관리층의 규모와 간섭을 줄이고 관리단위를 하향조정해야 한다.

② 기술집약화　행정의 기술집약화수준, 특히 정보기술집약화수준을 높여야 한다.

③ 일하는 방식의 개선　무질서한 업무수행일정, 종이문서에 의존하는 업무수행, 지시·연락사항 전달을 위한 회의의 빈번한 소집, 일상적 보고를 위한 장시간 대기 등 구시대적 업무수행방식을 시정 또는 타파하여 행정의 능률을 높여야 한다. 경직되고 번거로운 업무처리절차규정을 시정해야 한다.

④ 참여적 행정의 발전　의사결정과정에 정부 내의 관련자들뿐만 아니라 고객 등 외부관련자들의 참여를 촉진해야 한다. 참여적·협동적 문제해결이 의사결정비용을 늘릴 수 있으나 그것은 총체적 비용을 줄이기 위해 필요한 접근방법이다.

⑤ 관리·감독행태의 개선　권위주의적인 명령과 통제를 중심으로 하던 관리·감독행태는 조정적·지원적·협동적 행태로 바꾸어야 한다.

⑥ 정책과정의 개선　정책과오·정책실패는 아주 큰 낭비요인이다. 정책과정의 과학성과 상황적합성을 높여 정책의 적실성, 그리고 정책의 대내적 및 대외적 일관성을 확보해야 한다.

⑦ 교육훈련의 강화　생산성향상을 위한 교육훈련을 강화해야 한다.

⑧ 자원의 기동성 있는 활용　정부의 인적·물적 자원, 조직단위 등을 유연하고 기동성 있게 활용함으로써 조직팽창을 막아야 한다.

5) 장애와 성공조건

(1) 장　애　작은 정부 구현을 위한 정부감축의 실천은 아주 어렵다. 여러 애로와 저항 그리고 반작용이 있기 때문이다.

① 접근방법 상의 문제　정부조직의 모호한 목표, 생산성측정의 애로, 시장적 통제의 결여로 인해 감축결정의 과학적 근거를 대기가 어렵다. 온정주의적 행정문화, 우유부단한 개혁추진 리더십, 감축정책의 대내·대외적 일관성 결여, 그리고 적절한 후속조치의 실패도 개혁을 추진하는 접근방법 상의 장애라고 할 수 있다.[a']

---

a') 생산성측정의 애로를 생각할 때는 성과관리의 애로에 대한 제 5 장 제 3 절의 설명을 참고하기

　　② 관리체제 상의 문제　　관리체제의 투입지향적·점증주의적 성향이 정부감축에 장애가 된다. 조직과 기능의 존속을 결정할 때 산출이나 성과보다는 인적·물적 자원 등 투입을 기준으로 고려한다든지 점증주의적으로 예산을 결정한다든지 하는 관행은 관료조직의 단계적 확장전략에 이용당할 가능성이 크다.

　　③ 현상유지적·확장지향적 성향　　정부관료제의 현상유지적·확장지향적 성향이 정부감축을 방해한다. 경직된 관료제 구조와 그에 결부된 관료행태는 현상유지에 머무르지 않고 강한 확장지향성을 행동화한다.

　　④ 이익집단의 반대　　특정한 정부조직의 기능과 서비스에서 혜택을 받는 고객집단 또는 이익집단은 해당조직의 유지나 확장을 요구한다. 이러한 고객집단의 압력은 정부감축을 좌절시킬 수도 있다.

　　(2) 성공의 조건　　작은 정부 구현을 위한 정부감축이 성공하려면 ⅰ) 국민의 지지, ⅱ) 정치적 리더십의 이해와 헌신, ⅲ) 동조세력의 규합, ⅳ) 구조적 경직성과 수구적 행정문화의 개혁, ⅴ) 감축의 정당화 근거 확보, ⅵ) 감축수단의 확보, ⅶ) 조직활동의 생산성 향상 등의 조건이 갖추어져야 한다.

6) 작은 정부론에 대한 비판

　　작은 정부론에 대한 비판은 언제나 있어 왔다. 사회문제해결을 위한 정부의 적극적 역할을 강조하는 사람들은 작은 정부론을 반대한다.

　　작은 정부에 대한 비판적 논점은 ⅰ) 시장실패를 시정·보완해야 하는 정부의 책임을 망각한다는 것, ⅱ) 공직자의 사기와 생산성을 저하시킨다는 것, ⅲ) 비용절감을 이유로 공공서비스의 질을 떨어뜨린다는 것, 그리고 ⅳ) 불가결한 공공서비스 특히 비혜택집단의 복지를 위한 공공서비스의 공급에 차질이 빚어질 수 있다는 것이다.

7) 감축관리

　　정부조직의 감축을 체계적으로 관리하는 기능은 어떤 정부에나 필요한 것이다. 그러나 작은 정부 구현을 개혁노선으로 삼는 정부에서는 감축관리의 중요성이 더 크다. 이 점을 생각하여 여기서 감축관리의 의미, 과제, 그리고 방법을 설명하려 한다.

　　(1) 정　　의　　감축관리(減縮管理: cutback management)는 자원소비와 조직

───────────

바란다.

활동의 수준을 낮추는 방향으로 조직변동을 관리하는 것이라고 정의할 수 있다.[b'] 감축관리는 조직의 규모를 줄이는 과업의 관리라고 말할 수도 있다. 대체수단의 제공 없이 감축이 이루어지는 경우 감축의 내용에는 고객의 희생, 즉 받아오던 서비스의 폐지도 포함된다.[33]

감축관리의 대상이 되는 감축의 범위에 대해서는 의견의 대립이 있다. 그 범위를 아주 넓게 잡는 사람들은 항구적이거나 잠정적인 것, 외압에 의한 것이거나 자발적인 것을 모두 감축관리의 대상에 포함시킨다. 그러나 감축관리라는 특별한 관리전략의 대상이 될 진정한 감축은 그보다 좁게 또는 엄격하게 규정해야 한다.

감축관리가 필요한 감축의 요건으로는 첫째, 조직이 통제할 수 없는 조건 때문에 감축이 실제로 요구될 것, 둘째, 관리자들이 준비한 조직의 잉여자원으로 무마할 수 없을 만큼 자원감소가 심각할 것, 그리고 셋째, 감축압력이 일시적·잠정적인 것이 아닐 것을 들 수 있다.[34]

(2) 관리임무　　　감축관리과정의 과제(임무)는 다음과 같다.[35]

① 감축대상의 결정　　　감축 또는 포기해야 할 기능 또는 조직단위가 어떤 것인지를 결정해야 한다. 감축대상결정의 전략은 감축문제의 성격에 적합해야 하며, 궁극적으로 조직의 효율성향상에 기여할 수 있어야 한다.[c']

② 사기의 유지　　　와해의 악순환이라고 하는 사기저하의 진행을 막고 직원의 사기를 유지·향상시키는 방안을 채택해야 한다. 직원의 주도적 직무선택, 직무재설계, 순환보직을 통한 능력배양, 감축정보의 정확한 공표, 직업알선을 사기유지·향상 방안의 예로 들 수 있다. 직원들의 사기유지에는 국회, 언론, 고객 등 외부세력의 협조가 요긴하다.

---

b') 감축관리를 영어로 cutback management라 하는데, 이와 같은 뜻으로 reduction management, downsizing organization, retrenchment management 등의 표현이 쓰이기도 한다.

c') 감축대상을 선정할 때 고려해야 할 일반적 원리 또는 기준을 제시하는 이론은 여러 가지이다. 예컨대 Caplow는 고려해야 할 일반적 원리로 ① 다른 활동의 축소보다 더 높은 비율로 관리부문(administrative overhead)을 감축할 것, ② 면밀한 분석을 통해 조직활동의 불가결한 부분과 그렇지 않은 부분을 구별하고 비필수적인 부분에서 감축을 단행할 것, ③ 가장 비능률적이고 부패한 부서 또는 개인을 확인하고 그들을 우선적으로 제거 또는 재조직할 것, ④ 감축은 신속히 진행하고 감축으로 절약된 자원을 필수적인 활동에 재투자할 것 등을 들었다. Theodore Caplow, *How to Run Any Organization: A Manual of Practical Sociology*(Dryden Press, 1976), pp. 184~185.

③ 우수인력의 유지와 직업알선   감축관리는 우수한 직무수행을 인정하고 보상할 수 있어야 하며, 가장 우수한 사람들이 조직에 남도록 유도해야 한다. 감축대상이 되어 조직을 떠나야 할 사람들에게는 이직준비를 위한 시간을 가능한 한 여유 있게 주고 필요한 사람에게는 직업알선을 해주어야 한다.

④ 지지기반 확보   수권적 연계, 고객 등의 지지가 있어야 감축관리가 순조롭게 진행될 수 있다. 계속 유지하게 될 서비스 공급부문에 더 많은 관심을 기울여 그에 연관된 외부집단을 지지기반으로 확보해야 한다. 그리고 서비스의 감축·폐지가 불가피한 영역에서는 고객의 서비스 수요를 둔화 또는 전환시켜 감축에 대한 저항을 완화해야 한다.

⑤ 창의적 노력의 촉진   감축에 직면한 조직은 새로운 일을 배우고 기존의 일을 보다 잘할 수 있는 방법을 배우지 않으면 쇠퇴와 사멸의 길을 걷게 된다. 감축관리는 조직의 융통성을 높이고 창안의 기회를 확대하는 데 각별한 주의를 기울여야 한다.

⑥ 실책의 방지   관리자들은 창의적 노력을 촉진하면서도 중대한 실책을 방지하는 데 힘써야 한다. 감축 중의 조직은 취약한 상태에 있는데, 심각한 실책이 저질러지면 그 효과는 아주 파괴적일 수 있다. 그러나 관리자들이 실책을 두려워해 움츠러들고 심히 보수화되어 쇄신을 가로막게 되어서도 안 된다. 감축관리는 창의적 노력의 촉진과 실책의 회피라는 두 가지 요청을 균형있게 추구해야 한다.

⑦ 공간축소에 대한 적응   조직의 규모축소에 수반될 수 있는 사용공간·시설·장비의 축소에 신속히 대응하는 것도 감축관리의 중요한 과제이다. 공간·시설의 소유·임대에 관한 매각·재계약·계약취소, 공간의 재정돈, 직원의 공간적 재배치를 효율적으로 관리해야 한다.

⑧ 조직의 청산   감축조치로 하나의 조직 전체가 해체되는 경우 그 청산을 관리하는 것도 감축관리의 과제이다. 조직의 역사에 대한 기록의 작성, 각종 서류와 자료의 처리, 시설·장비의 처리, 각종 회계·금융계좌의 해지, 우편접수의 이관은 청산관리업무의 예이다.

(3) 감축의 방법   흔히 볼 수 있는 감축방법은 ⅰ) 업무나 조직의 폐지, ⅱ) 공무원 정원 동결 또는 감축, ⅲ) 임시직 해고, ⅳ) 사업시행의 보류, ⅴ) 자료의 구매가격과 서비스 수준의 하향 조정, ⅵ) 예산의 획일적 감축, ⅶ) 감독과

규제의 폐지, viii) 정부기능의 공기업화 또는 민간화, ix) 조직 내 구조와 과정의 개선을 통한 비용절감이다.[36)]

(4) 조직융합관리　　정부조직을 감축할 때 조직을 통폐합하는 경우가 많다. 하나 이상의 기관에 속해 있던 조직단위 또는 기능을 합쳐 새로운 기관을 만드는 경우 구성단위들의 결합이 물리적인 수준에 머물러 일체감을 형성하지 못하고 협조장애를 일으킬 수 있다. 그리되면 외과수술에서 봉합이 안 되거나 지연되는 것에 비유할 수 있는 문제가 발생한다. 그러므로 조직의 통폐합 뒤에는 계획적인 노력으로 조직의 유기적인 결합을 촉진해야 한다. 이러한 임무를 수행하는 활동이 조직융합관리이다.

조직융합관리(組織融合管理: post merger integration)는 업무방식과 조직문화 등 제반 환경이 서로 다른 조직들을 통합해 만든 조직이 시너지효과를 단기간 내에 만들어 낼 수 있도록 조직의 통합과정을 체계적으로 관리하는 활동이다. 이것은 정부조직 통폐합 후 조직문화, 기능, 인사 등의 분야에서 일어날 수 있는 갈등을 극복하고, 공무원들이 융합된 단일 기관의 공동목표 달성을 위해 협력하도록 만드는 관리활동이다.[37)]

조직융합관리의 대상영역은 매우 복잡하지만 실천과정에서 널리 선택되고 있는 대상영역의 범주는 문화융합, 인사융합, 기능융합 등 세 가지이다. 문화융합의 대상으로 규정되는 조직문화란 의사전달·상하관계·의사결정·인사관행 등 조직활동에 관한 가치관과 태도를 지칭하는 것이다.

조직융합관리는 민간부문의 기업인수·합병에 관련하여 합병 후 과정모형으로 개발된 것이다. 이 모형을 정부부문에서 원용하고 있다.[d')]

8) 고전적 사회민주주의·신자유주의·제 3 의 길

정부 또는 정부개입의 규모에 관한 논쟁은 정치적·경제적 이념논쟁을 바탕에 깔고 있다. 작은 정부에 대한 찬·반론의 이해를 돕기 위해 그에 연관된 이념

---

d') 조직융합관리의 연관개념으로 '융합행정'(collaborative administration)이라는 용어가 쓰이기도 한다. 우리 정부에서는 기관 간의 연계강화와 협력에 관련하여 융합행정이라는 말을 쓴다. 「행정업무의 효율적 운영에 관한 규정」(대통령령) 제44조 제1항은 "행정기관의 장은 업무의 효율성을 높이고 행정서비스에 대한 국민의 만족도를 높이기 위하여 다른 기관과 공동의 목표를 설정하고 해당기관 상호간의 기능을 연계하거나 시설·장비 및 정보 등을 공동으로 활용하는 방식의 행정(이하 "융합행정"이라 한다)을 구현하고 이에 적합한 업무과제(이하 "융합행정과제"라 한다)를 발굴하여 수행하도록 노력하여야 한다"고 규정하였다.

들을 소개하려 한다.

오늘날 작은 정부론의 이념적 기초로 지목되는 것은 신자유주의이다. 신자유주의는 고전적 사회민주주의의 정부개입지향적 정책노선에 대립되는 정책을 추구한다. 이른바 '제 3 의 길'은 신자유주의와 고전적 사회민주주의를 함께 비판하고 새로운 대안을 탐색하는 정치이념의 한 예이다.[38]

(1) 고전적 사회민주주의   고전적 사회민주주의(古典的 社會民主主義: classical social democracy; the old left; Keynesianism)는 국민의 복지증진과 사회적 형평성 구현을 위한 정부개입 확대를 주장하는 정치이념이다. 이것은 복지주의적·평등주의적·정부개입주의적 지향성을 내포한다.[e]

① 정책의 기조   고전적 사회민주주의가 처방하는 정책노선은 ⅰ) 사회적·경제적 생활에 대한 광범한 국가개입, ⅱ) 시민생활에 대한 국가의 우월적 위치, ⅲ) 집합체주의, ⅳ) 케인지안 수요관리(Keynesian demand management)와 조합주의(corporatism), ⅴ) 혼합경제와 시장의 제한된 역할, ⅵ) 평등주의, ⅶ) 포괄적 복지국가 구축이다.

② 비 판   고전적 사회민주주의는 정부팽창과 행정국가화를 초래하였다. 거대정부와 행정국가의 폐단이 심각하게 인식되면서 고전적 사회민주주의의 입지는 위축되었다. 거대정부화·행정국가화의 폐단에 관하여는 제 2 장 제 2 절에서 설명하였다.

(2) 신자유주의   신자유주의(新自由主義: neoliberalism; the new right; Thatcherism)는 시장우선주의이며 최소정부론을 지지한다. 신자유주의는 자유시장이 자원배분을 효율화하고 생산성을 향상시키고 개혁을 촉진하는 최적의 메커니즘이라고 보는 시장우선의 이념이다. 신자유주의는 정부실패에 주목하고 시장의 자유화·정부개입의 축소를 처방한다.

신자유주의는 '현대판' 자유주의이다. 신자유주의는 고전적 자유주의(방임적·야경국가적 자유주의)에 뿌리를 두고 있으나 거기에 현대적 수정을 가한 이념이다. 예컨대 신자유주의는 제한적·잔여주의적 국가복지를 인정한다. 신자유주의는 또한 비경제활동에 대한 국가규제를 옹호하기도 한다.[f]

---

e) 오늘날의 '수정된' 또는 '발전하고 있는' 사회민주주의와 구별하기 위해 '고전적' 또는 '전통적' 사회민주주의라는 말을 쓴다.

f) 근래 사회과학에서 '새로운' 또는 '신'(新: new; neo)이라는 접두어를 붙인 개념들의 사용이 부

① 정책의 기조　　신자유주의가 처방하는 정책노선의 특징은 ⅰ) 정부의 최소화, ⅱ) 복지의 민간화, ⅲ) 자율적인 시민주도사회, ⅳ) 시장우선주의, ⅴ) 경제적 개인주의, ⅵ) 불평등의 용인, ⅶ) 기업가적 정부이다.

② 비　　판　　신자유주의적 정책은 시장실패라는 문제를 다시 부각시켰다. 빈부격차와 같은 경제·사회적 불평등의 심화, 범죄의 증가, 환경훼손 등 현대국가의 심각한 문제들을 국가가 소홀히 다룬다는 비판이 일게 되었다.

(3) Giddens의 '제 3 의 길'　　Anthony Giddens가 주창한 제 3 의 길(the third way)은 복지국가적 정책과 국가개입을 옹호하는 데 치우친 사회민주주의(좌파의 노선)와 경쟁체제 또는 자유시장경제의 옹호에 치우친 신자유주의(우파의 노선)를 극복하려는 제 3 의 정책노선이다. 이것은 좌파와 우파의 결함을 극복하기 위한 새로운 노선이라고 한다.

중도적 접근방법, 절충적 접근방법 등의 의미를 함축하는 제 3 의 길이라는 말은 다양한 용도에 쓰여 왔다. 예컨대 자본주의와 공산주의 사이의 중도노선인 고전적 사회민주주의를 제 3 의 길이라고 이해하기도 했다. 그리고 오늘날 여러 나라에서 이른바 '제 3 의 길 정책'이라고 표방하고 있는 정책들의 내용이 모두 같은 것도 아니다.

여기서 논의하는 제 3 의 길은 영국의 Anthony Giddens가 이론화한 정치노선이다. Giddens가 제안한 제 3 의 길은 영국의 Tony Blair 정부에서 상당부분 정책화되었다. 그 영향은 미국과 여러 서구선진국가에 파급되었다. Giddens의 제 3 의 길은 현대화되고 있는 좌파, 현대화되고 있는 사회민주주의, 사회민주주의의 전통적 가치들을 보호하면서 전통적인 보수파의 경제정책을 실천하는 접근방법 등으로 불리기도 한다.

① 정책의 기조　　좌파와 우파의 변증법적 통합을 시도하는 제 3 의 길은 경제적 효율성 추구와 사회정의 구현을 상호 보완적인 목표라고 규정한다. 양자를 상호적인 필요조건으로 파악하고 양자의 조화를 처방한다.

제 3 의 길이 지지하는 원리 또는 가치는 ⅰ) 국가(정부)·시장·시민사회의 균형과 조화, ⅱ) 효율적 정부, ⅲ) 시민주도 사회, ⅳ) 경쟁력 있는 시장경제, ⅴ) 보편적 다원주의, ⅵ) 개인의 자율성과 창의성, ⅶ) 시민이 누리는 권리와

쩍 늘었다. 그에 대한 개념적 혼란도 크다. 신자유주의라는 개념을 사용하면서 '신'자를 왜 붙이는지 설명하지 않는 사람들이 대부분이다. 뒷전으로 물러났던 예전의 자유주의 개념을 다시 불러내 적용하거나 새롭게 강조한다는 뜻으로, 자유주의의 르네상스라는 뜻으로, 자유주의 구현을 위한 실천전략의 처방이라는 뜻으로, 또는 공동체 자유주의라는 뜻으로 신자유주의라는 말을 사용하는 사람들도 있다.

공동체에 대한 책임의 균형, 그리고 viii) 세계화이다.

　이러한 가치기준에 입각한 주요 정책노선은 다음과 같다.[39]

　첫째, 정부·시장·시민사회는 동반자적 관계에서 서로를 지지하고 제약하게 해야 한다.

　둘째, 정부는 시장의 효율화와 시민사회의 발전을 위해 적극적 역할을 수행해야 한다. 큰 정부가 아니라 효율적인 정부, 국민에게 책임을 지는 민주적 정부를 발전시켜야 한다. 정치적 리더십은 정부와 비정부조직의 파트너십을 존중하고 높은 대응성을 발휘해야 한다.

　셋째, 자율적·진보적 시민주도사회의 발전을 촉진해야 한다. 개인의 자율과 창의성을 존중해야 한다. 사회구성원으로서 개인이 누리는 권리는 공동체에 대한 개인의 책임과 균형을 이루도록 해야 한다.

　넷째, 공익과 시장적 역동성을 조화시키고, 공공부문과 민간부문이 상승작용하게 하고, 지속가능한 발전을 촉진할 수 있는 신혼합경제를 발전시켜야 한다. 지식경제의 발전을 위한 투자를 촉진해야 한다.

　다섯째, 평등주의와 다원주의를 조화시키는 가운데 약자를 보호하고 사회정의를 구현해야 한다.

　여섯째, 정부는 소외계층을 보호하고 사회정의를 구현하기 위해 필요한 사회적 투자를 해야 하지만 소비적 복지정책에만 의존하면 안 된다. 인적자원 육성을 위한 투자를 늘리고 '일을 통한 복지'(workfare; welfare to work)라고 하는 생산적·능동적 복지 영역을 넓혀야 한다.

　일곱째, 정부의 국제적 활동을 강화함으로써 세계화의 도전에 대응해야 한다.

　여덟째, 지속적 개혁을 강조해야 한다. 세계적, 국가적, 지역적, 지방적 문제의 해결을 위해 미래지향적이고 창의적인 방안을 찾아내야 한다.

　② 비　　판　　제 3 의 길은 많은 논쟁을 불러일으켰고 좌파와 우파로부터 협공을 받아왔다. 좌파는 제 3 의 길이 신자유주의와 크게 다를 바 없다고 말하는가 하면 우파는 사회민주주의와 대동소이하다고 말한다. 제 3 의 길에 대한 비판적 논점을 요약하면 다음과 같다.[40]

　첫째, 지적 모호성이 문제이다. 그 방향이 불분명하기 때문에 실체를 규명하기 어렵다. 대항하려는 적이 뚜렷하지 않기 때문에 무엇을 지지하는지도 알기 어렵다.

둘째, 갈등적이거나 비일관적인 정책을 처방하기 때문에 정책혼선과 낭비를 초래한다.

셋째, 보수주의적이며, 중산계급 유권자들의 편에 서는 정책을 추구하는 점에서 신자유주의와 마찬가지로 불평등의 문제에 대응하지 못한다.

넷째, 분명한 경제적 사고와 특유한 경제정책을 가지고 있지 않기 때문에 정부의 대응이 표류하기 쉽다.

다섯째, 환경적·생태학적 문제에 대해서는 상징적인 언급을 할 뿐 내실있는 대책을 제시하지 못한다.

11. 민 간 화

민간화는 작은 정부론과 함께 다루어야 할 주제이다. 민간화는 민간부문에 대비한 정부부문의 축소를 지향하는 전략모형의 대표적인 예이다.

1) 정   의

민간화(民間化: privatization)는 정부가 그 기능의 일부를 민간에 넘기는 것을 말한다. 정부가 해오던 일의 어느 국면을 민간부문에 맡기는 것을 민간화라 한다. 민간화는 정부로 하여금 그 기능수행에 민간부문을 활용할 수도 있게 하고 사업수행을 개선할 수도 있게 한다.[41]

민간화는 정부에 대한 관계에서 민간의 역할을 확대하고 민간의 자율성을 높이는 조치들을 널리 포괄한다. 그러나 행정의 내부관리에 시장논리를 도입하고 기업경영의 기법을 도입하는 것까지 민간화의 범위에 포함시키지는 않는다.

① 민간으로의 이전   민간화에서 하는 기능이전은 공공부문에서 민간부문으로 일어나는 것이다. 공공부문 내에서의 기관 간 기능이전은 민간화에 해당되지 않는다. 일반행정기관을 공기업형태로 바꾸는 것은 소유·관리에 민간의 참여가 없는 한 민간화가 아니다.[g']

---

g') 이 점에 관하여 대부분의 연구인들은 저자와 의견을 같이 한다. 그러나 다른 의견도 없지 않다. 예컨대 Jan-Erik Lane은 민간화를 민간부문의 활용으로 거대정부의 결함을 시정하는 목표와 이를 실현하는 수단들을 내포하는 개념이라고 정의하였다. 그는 민간화의 수단에는 공공소유를 민간소유로 대체하는 방법으로부터 민간의 관리기법을 공공부문에 도입하는 방법과 공공부문 내부의 경쟁성을 높이는 방법에 이르기까지 다양한 방법들이 포함된다고 하였다. Lane, *The Public Sector: Concepts, Models and Approaches*, 3rd ed.(Sage, 2000), pp. 184~186.

② **다양한 수탁주체**   민간화로 기능을 인수받는 민간부문의 행동주체는 다양하다. 개인·가족 기타 비공식집단일 때도 있고, 자원봉사단체일 때도 있다. 중소기업일 때도 있고, 대기업일 때도 있다.

③ **다양한 방법**   정부의 직접적인 활동을 줄이고 민간활동을 늘리는 다양한 방법들이 민간화의 목적에 쓰인다. 정부기능을 민간에 완전히 이양하는 것만을 민간화라 하는 것은 아니다. 정부가 통제권을 가지면서 민간의 참여를 허용하는 여러 가지 방법들도 민간화에 포함된다.

④ **민간화와 경쟁성**   경쟁성을 높여 서비스공급을 개선하려는 것은 민간화의 의도 가운데 하나이다. 정부조직의 독점성으로 인한 폐단을 피하려는 것은 민간화의 주요 목적이다. 그러나 민간화의 실제에서 모든 종류의 민간화에 경쟁성제고가 자동적으로 따라오는 것은 아니다. 민간화가 자유화를 동반하여 경쟁을 촉진할 때가 많지만 그렇지 않을 때도 있다. 정부독점사업을 민간독점사업으로 전환하는 경우, 자유화는 따르지 않으며 경쟁성도 높아지지 않는다.

⑤ **수단 또는 목표**   민간화는 사람들의 관점 또는 이념에 따라 목표로 이해될 수도 있고, 수단으로 이해될 수도 있다. 공공서비스 공급의 효율성을 높이고 공급결정에 시민의 참여를 넓혀야 한다고 생각하는 사람들은 민간화를 그들의 목표추구를 위한 수단으로 취급할 것이다. 그런가 하면 작은 정부의 구현과 민간영역의 확대를 주장하는 사람들에게는 민간화 그 자체가 목표로 될 것이다.[42]

2) 대상선정

민간화할 정부기능을 선정하는 데 적용할 보편적 법칙이 있는 것은 아니다. 상황적 조건과 사람들의 관념에 따라 대상선정의 적정성에 대한 판단은 달라질 수 있다. 이미 고찰한 바와 같이 신자유주의는 아주 넓은 대상선정범위를 처방한다. 그런가 하면 고전적 사회민주주의는 그와 반대되는 입장을 취한다.

민간화의 대상을 선정하는 구체적 결정을 할 때에는 i) 정치이념과 상황적 조건, ii) 민간화의 가능성, iii) 효율성, iv) 비용·효과, v) 사회전반에 미칠 영향을 고려해야 한다. 민간화에 적합한 정부기능에 관한 일반이론들은 좋은 참고자료를 제공할 것이다.

기능별로 적합한 담당주체를 구분한 일반이론은 많다. 예컨대 David Osborne과 Ted Gaebler는 정부에 맡기는 것이 더 나은 업무로 정책관리, 규제, 형평성 보장, 차별과 착취의 방지, 서비스의 지속성과 안정성 보장, 사회적 응집성 보장을 열거하였다.

기업에 맡기는 것이 더 나은 일로는 경제적 사업, 쇄신, 성공적인 실험의 모방, 급속한 변동에 대한 적응, 성공적이지 못하거나 낡은 활동의 폐지, 복잡하거나 기술적인 업무의 수행을 열거하였다. 제 3 부문에 맡기는 것이 더 나은 일로는 이윤이 없거나 아주 작은 업무, 개인에 대한 동정과 헌신이 필요한 업무, 고객의 깊은 신뢰가 필요한 업무, 적극적인 개인적 보살핌이 필요한 업무를 열거하였다.[43]

이러한 기능 구분은 물론 상대적인 것이다. 현대국가에서 '정부적'이거나 '민간적'인 기능을 절대적으로 구획하는 것은 거의 불가능하다. 전쟁에 용역업체를 사용하기도 하고 교도소를 민영화하기도 하는 세상이기 때문이다.

우리나라의 「행정권한의 위임 및 위탁에 관한 규정」 제 2 조에서는 '민간위탁'을 법률에 규정된 행정기관의 사무 중 일부를 지방자치단체가 아닌 법인·단체 또는 그 기관이나 개인에게 맡겨 그의 명의로 그의 책임 아래 행사하도록 하는 것이라고 정의한다. 이 규정 제11조는 행정기관이 민간에 위탁할 수 있는 행정사무를 i) 단순사실행위인 행정작용, ii) 공익성보다 능률성이 현저히 요청되는 사무, iii) 특수한 전문지식 및 기술이 필요한 사무, iv) 그 밖에 국민생활과 직결된 단순행정사무에 한정하고 있다. 그 가운데서도 국민의 권리·의무에 직접 관련되는 사무는 민간위탁대상에서 제외하도록 규정한다. 여기서 말하는 민간위탁은 민간화에 포함되는 한 방법이라고 이해할 수 있다.

3) 방 법

민간화의 방법이라고 열거되는 것들은 다양하다.[h'] 여기서는 다수의 연구인들이 민간화의 방법에 포함시키고 있는 것들을 예시하려 한다.[44]

① 정부재산의 매각 또는 임대　정부재산의 매각은 철도나 공공주택과 같은 정부재산을 민간에 파는 것이다. 공기업의 민영화(民營化: 국영화 해제: denationalization)도 이 범주에 포함된다. 정부재산의 임대는 정부재산을 민간에 빌려 주어 서비스 공급을 대신하게 하는 것이다.

② 기능감축　기능감축(부담덜기: load shedding)는 정부가 해오던 재화·용역

---

h') 민간화의 방법에 관한 연구인들의 의견은 대체로 수렴되고 있으나 그와 다른 소수의견들도 적지 않다. 예컨대 Emanuel S. Savas는 정부의 재화·용역공급에 수수료(사용료)를 부과하는 것, 그리고 정부독점을 완화하고 경쟁성을 복원하는 분위기와 정신자세를 조성하는 것도 민간화의 방법으로 규정하고 있다. Savas, *Privatizing the Public Sector: How to Shrink Government* (Chatham House, 1982).

의 공급을 중단하고, 민간부문이 이를 대신하게 하는 것이다. 기능감축은 정부사업을 폐지 또는 축소하는 데 그치고, 이를 대치하는 민간사업에 정부가 간여하지 않는 방법이다.

③ 정부계약　　정부계약(contracting out; outsourcing)은 정부가 필요로 하거나 공급해야 하는 재화·용역을 계약에 의하여 민간에서 공급하게 하는 것이다.

④ 보 조 금　　보조금(grants or subsidies)을 주어 민간에서 공공부문의 기능을 수행할 수 있게 하는 방법이 있다. 기존의 보조금을 폐지함으로써 보조금에 의한 사업의 수행을 민간의 자율에 맡기는 것도 민간화의 방법에 해당한다.

⑤ 독점생산판매권　　독점생산판매권(franchise)의 부여는 정부가 설정한 업무기준을 준수한다는 조건으로 특권을 부여받은 민간조직이 일정한 서비스를 생산·공급하게 하는 방법이다.

⑥ 구 매 권　　정부가 민간의 소비자에게 재화·용역을 구입할 수 있는 구매권(바우처: voucher or coupon)을 주는 방법이 있다.

⑦ 공동생산　　공동생산(coproduction)은 정부와 민간이 공공서비스를 공동으로(협력하여) 생산·공급하는 방법이다. 자원봉사활동이 정부활동을 보완하게 하는 것이 이 방법의 주종을 이룬다.[i']

⑧ 규제폐지　　민간활동에 대한 정부의 규제를 폐지하는 것도 민간화의 중요한 방법이다.

나라마다 형편에 따라 실천적인 방법들의 종류, 그리고 그들 사이의 우선순위는 다소간의 차이를 보이고 있다. 예컨대 영국에서는 국영기업의 민영화가 민간화의 초점이 되어 왔다. 미국에서는 당초부터 민간부문이 넓었기 때문에 민간화의 중심은 정부계약이었다. 일본에서는 공공서비스 공급에 민간자본을 유치하는 문제가 가장 중요시되어 왔다고 한다. 우리나라에서는 민원행정 차원에서 행정사무 민간위탁과 행정규제 완화가 주요 개혁의제로 되어 왔으며, 근래에는 공기업 민영화가 또한 주요 쟁점으로 부각되었다.

---

i') 재화용역의 생산기능과 공급(전달)기능을 이원화하고 민간화의 방법을 ① 정부생산·민간공급, ② 민간생산·정부공급, ③ 민간생산·민간공급으로 구분하기도 한다. John L. Mikesell, *Fiscal Administration: Analysis and Applications in the Public Sector*, 7th ed.(Thomson Wadsworth, 2007), pp. 13~14.

4) 지지와 비판

(1) 지   지   민간화의 필요와 이점, 그리고 그에 대한 지지의 이유를 보면 다음과 같다.[j]

① 정부부담의 감축   민간화는 정부의 부담을 줄여 업무수행의 효율화를 도모할 수 있다.

② 민간자율의 신장   민간의 자율을 신장하고 시장경제의 활력을 증진하는 데 기여한다.

③ 경쟁촉진   서비스 공급의 경쟁을 촉진하여 가격을 낮추고 선택의 기회를 넓힘으로써 고객에게 혜택이 돌아가게 한다. 고객의 요구에 대한 대응성을 높일 수 있다.

④ 융통성·효율성 증진   경직된 정부조직의 여러 가지 제약을 제거하여 서비스 공급의 융통성과 효율성을 높일 수 있다. 정부의 인사원칙과 절차에서 벗어나 전문가나 기타 유능한 인재를 쉽게 채용할 수 있다. 그리고 공무원수를 사실상 늘리거나 유지하는 효과를 거두면서도 정부의 연금부담은 줄일 수 있다.

⑤ 부채감소·자금공급   적자를 내는 정부조직의 매각 등을 통해 부채의 압박을 덜고 복지사업 등에 필요한 자금의 공급을 늘릴 수 있다.

⑥ 새로운 정책의 실험   새로운 정책과 전달체계의 실험적 운영이 용이하다. 계약방식에 의한 실험적 운영은 잘못되는 경우 종결이 비교적 쉽다.

⑦ 민·관 협력   자원단체·자선기관 등 비정부조직들의 도움을 얻고, 그러한 조직들의 활동을 자극할 수 있다.

⑧ 정치적 부담 감소   민간화되는 영역에서는 정부가 가시성·직접성이 낮은 행동자로 되기 때문에 그만큼 정치적 부담이 줄어든다. 이와 같은 이점을 노리는 정치적 동기에서 민간화가 추진되는 일이 많기 때문에 민간화를 '정치적 과정'이라고 규정하기도 한다.

---

[j] 민간화를 지지하는 주장들은 정부보다 민간부문이 더 능률적·효율적이라고 보는 시장이론, 공공선택론, 재산권이론(property rights theory) 등의 뒷받침을 받고 있다. 재산권의 경제적 기능을 연구하는 재산권이론은 재산관리의 동기가 재산관리의 이득에 비례한다고 본다. 그리고 민간의 재산권 보유·관리가 정부의 보유·관리보다 더 효율적이라고 설명한다. 정부의 재산권 관리는 그 권리와 보상을 불명확하게 만들기 때문이라고 한다. Jeffrey D. Greene, *Public Administration in the New Century: A Concise Introduction*(Thomson Wadsworth, 2005), p. 336.

(2) 비   판   민간화에 대한 가장 근본적인 비판은 민간시장이 정부부문보다 더 우월한 정책결정자이며 자원배분자인가에 대한 의문의 표시이다. 공공부문에서도 민간부문만큼 또는 그 이상의 능률과 효율을 달성할 수 있다는 것이다.

그 밖의 비판적 논점은 다음과 같다.

① 공공성의 손상   공공서비스의 공급을 민간에 맡기면 영리추구에 치중하여 공공성을 해친다. 공공서비스 공급에 대한 책임성을 확보하기도 어렵다. 서비스의 수준도 저하될 수 있다.

② 독 점 화   민간공급자의 독점성을 부추겨 가격인상·능률저하 등의 폐단을 오히려 악화시킬 수도 있다.

③ 국가이익 보호의 애로   민간화는 대외관계에서 국가이익의 보호를 어렵게 한다.

④ 취업기회의 축소   민간화는 취업의 기회를 위축시킬 수 있다. 민간화로 없어지는 정부부문의 일자리보다 민간부문에 새로 생기는 일자리의 수는 적어질 가능성이 크기 때문이다.

⑤ 공무원수 증가의 은폐   계약방식 등에 따른 민간위탁은 은폐된 사실상의 공무원수 증가를 가져올 수도 있다.

⑥ 불공정거래의 위험   민간화의 과정에서 정부재산의 평가가 어렵기 때문에 불공정거래의 위험이 있다. 정경유착과 부패도 우려된다.

⑦ 정치적 오용의 위험   정치적 압력 때문에 민간화해야 할 것은 안 하고, 해서는 안 될 것은 민간화하는 경향이 있다.

12. '좋은 정부'에 관하여

요즈음 행정개혁이나 정부개혁의 목표상태를 논의하는 사람들이 '좋은 정부'(good government)라는 숙어(熟語: idiom)를 부쩍 많이 쓰고 있다. 목표상태모형들의 설명을 마무리하기 전에 그러한 유행에 대해 몇 가지 언급해 두려 한다.

행정이나 정부가 좋다 또는 나쁘다는 표현은 아주 오래 전부터 쓰여 왔다. 일반 상식인들의 대화에서도 쓰이고, 정치인들의 수사로서도 쓰이고, 학문적 토론에서도 쓰여 왔다. 그러나 개혁의 연대에 개혁의 목표상태를 제안하거나 정부개혁정책의 청사진을 제시하는 사람들 다수는 좋은 행정 또는 좋은 정부를 나타내는 대명사를 따로 만들어 이를 고유명사화 하였다. 예컨대 신공공관리나 일은 잘하고 비용은 덜 드는 정부는 좋은 정부의 대명사라 할 수 있다. 이 경우 좋은 정부라는 개념은 잠재화된다. 그런데 점증하는 연구인들이 좋은 정부라는 말을 전면에 부각시켜 개혁의 특정적인 목표상태를 직접 지시하도록 하고 있다. 이것은 좋은 정부라는 오래 된 숙어의 재발굴이며 재조명이라고 풀이 할 수 있다.

개혁을 연구하는 학계에서 좋은 정부라는 용어의 쓰임새는 다양하다. 학술적인 논문이나 저서에서 좋은 정부라는 말을 쓰면서 이를 정의하지 않는 사람들도 적지 않다. 여러 가지 의견을 아우를 수 있는 보통명사로 좋은 정부라는 말을 쓰기도 한다. 좋은 정부의 조건, 특성, 평가기준 등을 구체적으로 기술하여 개념을 정의하기도 한다. 우리의 주된 관심은 이 마지막 용례에 있다.

독자들은 누가 좋은 정부에 대해 묻거든 질문자의 의도와 지시대상에 따라 대답해야할 것이다. 특정인 또는 학파의 개념정의나 모형에 관해 묻는다면 그에 대응해야 할 것이다. 질문을 받는 사람의 좋은 정부에 대한 견해를 묻는다면 오늘날 널리 공감을 얻고 있는 목표상태 처방들을 두루 검토한 후 형성한 자신의 견해로 답해야 할 것이다.

독자들이 참고할 수 있도록 여러 가지 방법으로 제시된 좋은 정부의 정의들을 예시하려 한다.

James L. Perry 등은 좋은 정부를 사회의 선(善: good)에 기여하는 정부이며 상반되거나 서로 갈등을 일으키는 공공가치 간의 긴장을 관리할 능력이 있는 정부라고 정의하였다.[45]

Sergio Fabbrini는 좋은 정부를 상징적 방향성(symbolic direction)을 분명히 밝히는 정책의 선택·형성 그리고 정책의 효율적 집행 보장이라는 두 가지 핵심적인 과업을 성취할 수 있는 정부라고 정의하였다. 그는 정책을 형성할 때 국민여론과의 교호작용을 통해 형성되는 공공목표의식을 담아야 한다고 하였다.[46] 이와 유사하게 이현우는 좋은 정부를 국민이 원하는 정책을 결정하고 집행할 능력을 가진 정부라고 정의하였다.[47]

배정현은 좋은 정부를 민주주의 절차에 따라 시민의 선호에 부응하며 시민의 요구를 효율적이고 효과적으로 충족시켜주는 정부라고 정의하였다.[48] 좋은 정부의 질은 높다는 말도 하였다.[k']

---

k') 좋은 정부에 관한 논의의 확산과 더불어 '정부의 질'(quality of government)이라는 개념도 많이 쓰이고 있다. 정부의 질을 말하는 사람들의 다수는 질이 좋은 정부가 좋은 정부라고 설명

Nicholas Henry는 좋은 정부를 부패가 없고(uncorrupted), 민주적이며, 유능한 정부라고 정의하였다. 여기서 유능함은 국가관리능력의 우월함을 지칭한다. 국가관리능력은 국민복지를 향상시키는 데 지향된 능력이라고 한다.[49]

Timothy Besley는 좋은 정부의 조건으로 적정한 규모, 비부패, 국민의 재산권 보호, 민주적 참여, 사회적 복지 증진, 최적 정책결정 등을 열거하였다.[50]

Paul C. Light는 Alexander Hamilton과 Thomas Jefferson의 정치사상에서 좋은 정부에 관한 그들의 관점을 추출하고 양자를 비교하였다. Light가 선택한 평가지표는 임무, 행정수반의 역할, 지원(support)의 제공, 행정철학, 행정부의 안전보장(safety) 등 다섯 가지이다. Hamilton이 생각한 좋은 정부의 요건은 i) 공공선(public good)을 추구하기 위한 광범하고 힘든 임무수행, ii) 강한 행동력(energy)을 발휘하는 행정수반의 역할, iii) 정부에 대한 지원의 적정성, iv) 한결같이 확고한 행정을 강조하는 행정철학, 그리고 v) 결정된 정책의 세밀하고 투명한 집행을 통한 정부의 안전보장이라고 한다. Jefferson이 생각한 좋은 정부의 요건은 i) 제한적이고 단순한 임무수행, ii) 행정수반의 절제된 역할, iii) 검약하는 행정, iv) 행정의 적응성을 강조하는 행정철학, 그리고 v) 결정된 정책의 양심적인 집행을 통한 정부의 안전보장이라고 한다.[51]

박희봉은 좋은 정부를 국가의 평화와 번영을 이룩하고 구성원의 자유와 권리, 행복을 증진하는 정부라고 정의하였다. 그리고 좋은 정부는 시대상황에 따라 달라진다고 전제하면서 열 가지 서양정치철학의 좋은 정부에 대한 관점을 다음과 같이 요약하였다.[52]

Plato은 국민전체의 이익을 정의롭게 추구할 수 있는 가장 현명한 철인(哲人: philosopher king)이 지배하는 정부라고 보았다. Aristotle는 좋은 정부를 엘리트의 책임정치와 대중의 정치참여를 보장하고, 양질의 삶을 보장하기 위해 전체이익과 개인의 이익을 함께 추구하는 도덕적 정부라고 하였다. Niccoló Machiavelli에게 좋은 정부란 국가의 독립성, 시민의 자유와 행복을 지킬 힘이 있는 정부였

하면서 정부의 질을 평가하는 데 적용할 지표들을 제시한다. 평가지표의 예로 정책집행의 불편부당성, 국민의 자유 보호, 국민의 재산권 보호, 부패통제, 정부효율성, 법의 지배 등을 들 수 있다. 지표의 제시에 통일성은 물론 없다. 정부의 질이라는 개념의 사용에도 혼란이 있다. 정부의 질이라는 말을 쓰면서 이를 정의하지 않는 사람들도 있고, 정부의 질이라는 개념과 좋은 정부라는 개념을 동일시하는 사람들도 적지 않다.

다. Thomas Hobbes에게 좋은 정부란 사회계약에 따라 국가구성원들의 자유·권리·행복을 지킬 수 있는 강력한 정부였다. John Locke는 국민의 천부적인 기본권을 억압하지 않는 최소정부를 좋은 정부라고 하였다. Jean Jacques Rousseau는 자연상태에서 인간이 누렸던 경제적 독립과 정치적 평등을 되찾을 수 있도록 하는 정부를 좋은 정부라고 생각하였다. Karl Marx는 변증법적 유물사관에 입각해 국민의 경제적·정치적 평등을 추구하는 사회주의적 정부를 좋은 정부라고 생각하였다. Max Weber는 다양한 가치와 시각을 포괄하는 접근방법을 통해 지속적으로 문제를 해결하는 정부를 좋은 정부라고 생각하였다. Daniel Bell은 국가구성원의 다양한 가치와 사회의 급격한 변화에 능동적으로 대응할 수 있는 창의적·개혁적 정부를 좋은 정부라고 생각하였다. Pierre Bourdieu, James Coleman 등이 개척하기 시작한 사회자본론(social capital theory)은 국가구성원들이 타인의 이익을 침범하지 않는 범위 내에서 자신의 이익을 추구하고, 국가공동체의 사회적 자본(사람들 사이의 관계에서 발생하는 에너지)을 형성하여 자신의 이익과 공동체의 이익을 추구하려고 노력하게 하는 정부를 좋은 정부로 규정하였다.

임의영은 의무론적 차원에서는 '바른' 정부를 논하고, 미적 차원에서는 '멋진' 정부를 논하며, 목적론적 차원에서는 '좋은' 정부의 조건을 탐색한다고 주장하였다. 그리고 목적론적 성향을 지닌 정치이념들의 좋은 정부에 대한 견해를 요약하였다. 그는 i) 자유주의적 관점은 국민의 자유 또는 기본권을 보호하는 작고 중립적인 정부를, ii) 공리주의적 관점은 사회의 행복총량(최대다수의 최대행복)이 극대화될 수 있도록 작동하는 정부를, iii) 공화주의적 관점은 정치공동체가 공유하는 공동선(common good)을 실현할 수 있도록 작동하는 정부를, iv) 사회주의적 관점은 최고의 정치적 가치인 평등을 실현하는 데 적합하게 작동하는 정부를 각각 좋은 정부로 파악다고 하였다.[53]

세계은행(World Bank), 경제협력개발기구(OECD) 등 국제기구에서 제시한 '좋은 거버넌스'의 요건들을 좋은 정부를 논의하는 사람들이 인용하는 예가 많다. 제1장 제2절의 각주 m´)를 참조하기 바란다.

Ⅱ. 우리나라의 행정개혁

우리나라에서 행정을 획기적으로 개혁해야 한다는 필요와 요구는 아주 크다. 그러한 필요와 요구의 출처는 환경변동과 정부관료제의 내재적 병폐이다.

1. 변동하는 행정환경

행정수요를 포함한 환경적 조건이 대전환을 겪고 있기 때문에 행정은 그에 대응하고 바람직한 환경변화를 유도하기 위해 스스로의 개혁을 서둘러야 하게 되어 있다. 급속히 변동하는 환경적 조건 가운데서 앞으로 개혁추진자들이 각별히 유념해야 할 것들은 ⅰ) 산업화 사회의 성숙과 정보화 사회의 진전, ⅱ) 사회적 다원화, ⅲ) 민주화의 촉진과 지방자치의 발전, ⅳ) 국제경쟁의 격화, ⅴ) 새로운 남북관계의 전개, ⅵ) 산업화에 수반된 부작용과 폐단의 누적, ⅶ) 정당성 있는 비부패사회의 구현을 요구하는 점증하는 압력 등이다. 세계화된 행정개혁의 연대에 사는 우리는 세계 각국의 행정개혁 노력에도 관심을 기울여야 한다.

우리나라 행정의 환경변화추세에 대해서는 제 2 장 제 2 절에서 자세히 설명하였다.

2. 행정체제에 대한 비판

급속한 환경변동이 행정개혁의 필요를 크게 하고 있는 반면 행정체제는 그에 적절히 대응하지 못하거나 개혁의 혼란을 겪고 있다.

우리 행정체제의 부정적·병폐적 유산과 낙후된 요인들에 대한 정부의 인식은 점차 높아져 왔다. 그만큼 개혁노력도 강화되어 왔다. 근래에 추진된 급진적 행정개혁은 상당한 파급효과를 거두었을 것이다. 그러나 행정체제에 대한 오랜 비판을 잠재울 만큼은 되지 않았다.

우리 행정체제에 대한 비판의 논점은 다음과 같다.

(1) 행정의 과잉팽창   우리 행정의 간여범위는 크게 확대되었고, 사회 전반에 걸친 '행정부문 압도'의 전통이 세워졌다. 그 주된 원인은 절대관료제의 역사적 유산과 발전행정에서 찾아볼 수 있다. 그리고 산업화의 일반적 추세와 군사정권 등 권위주의적 정권의 군림도 행정팽창에 일조를 했다. 행정영역의 양적 팽창에 상응하는 행정의 질적 발전은 부진하였기 때문에 많은 문제를 야기하였다.

작은 정부 구현은 1980년대로부터 중요한 행정개혁의제로 부각되었다. 그러나 정부감축사업은 체계적이지도 지속적이지도 못했다. 2000년대에 접어들어서는 작은 정부론을 반대한 정권과 작은 정부시책을 강도높게 추진한 정권이 엇갈리게 이어지기도 했다.

(2) **부정적 행태**　　공무원들은 가치혼란을 겪고 있다. 전통적 행정문화가 잔존하는 가운데 급속한 변동을 겪고 있는 공무원들은 다소간의 부적응·문화지체·갈등·긴장·가치혼란을 경험하고 있다.

공무원들의 부정적 행태에는 권위주의적 행태, 무사안일주의적 행태, 형식주의적·과시주의적 행태, 연고주의적 행태, 부패 등 여러 가지가 있다. 이 가운데서 정치·행정체제에 가장 큰 부담을 주는 것은 부패이다.

(3) **전통관료제의 구조적 폐단**　　우리 행정체제의 구조는 전통관료제의 구조적 특성을 답습하고 있다. 전통관료제의 구조란 집권화된 고층의 계서적 구조를 말한다. 과거 행정팽창의 과정에서 계서제의 고층구조화, 그리고 관리계층이 팽창되는 행정농도 심화가 지나치게 진행되었다.

계속적인 분권화정책의 추진에도 불구하고 과잉집권화의 문제는 남아 있다. 구조설계 상의 기능분립주의와 부처이기주의적 행태는 행정체제의 협동능력·조정능력을 약화시켜 왔다. 구조의 경직성은 오래 지적되어 온 폐단이지만 환경적 격동성이 높아질수록 그 폐단은 더욱 크게 부각되고 있다.

행정구조개혁은 되풀이되어 왔으며 구조의 연성화·탈관료화를 위한 급진적 개혁노력이 근래 확산되고 있다. 그러나 그 성취수준은 낮다. 정착실패, 일관성 결여와 같은 실책과 혼란이 빚어지기도 했다.

(4) **비통합적·권위주의적 관리지향**　　행정관리체제의 근본적 성향은 교환적·권위주의적이다. 임무중심적이라기보다는 지위중심적·권한중심적 관리행태의 뿌리는 깊다. 행정체제 내의 집권적·권위주의적 분위기는 국민과의 관계에도 투사되어 왔다.

임무중심적 성과관리와 협동관리를 지향하는 개혁정책들이 지금 추진되고 있다. 그러나 새로운 시도들이 뿌리를 내리고 광범한 영향을 미치게 되려면 오랜 시간이 걸릴 것이다.

(5) **행정절차의 결함**　　행정작용의 절차는 불필요한 규제나 번문욕례 때문에 적시성·상황적응성의 요청에 부응하지 못하는 경우가 많다. 행정절차가 소비자중심적이기보다는 공급자중심적이다.

행정절차를 정보화하는 과정에서 많은 허점이 노출되고 있다. 민주적 원칙에 입각한 정당한 절차의 발전이 부진하다. 행정절차 상의 비밀주의는 오래된 병폐이다. 참여적·협동적 의사결정절차의 운영이 미숙하다.

(6) **정책과정의 결함**   정부관료제의 정책적·국민대표적 역량이 모자라기 때문에 정책산출을 그르칠 때가 많다. 특히 정책의 통합성·일관성 결여가 많은 비판을 받고 있다. 필요한 정책변동이 지연되고 좌절되는 것도 문제이지만, 정당화되기 어려운 빈번한 정책변동은 더 큰 문제이다.

(7) **취약한 변동대응성**   위에서 본 여러 가지 전통관료제적 속성과 폐단은 급속한 여건변화에 대응하는 행정체제의 능력을 약화시키고 있다. 구조적 경직성, 행정절차 상의 번문욕례, 비통합적·집권적 관리작용, 공무원들의 피동적·변동저항적 행태는 대응성 약화를 가져오는 요인들이다.

3. 행정개혁의 원리

우리나라 행정체제가 처해 있는 환경의 조건과 그 변화추세, 그리고 행정체제의 병폐를 감안해서 행정개혁의 기본원리를 다음과 같이 처방한다.

(1) **민주화 촉진**   행정민주화를 촉진해야 한다. 행정체제가 스스로 민주적 역량을 키우고 국민생활의 민주화에 기여할 수 있도록 개혁해야 한다. 행정체제가 민주적 방법으로 역량을 강화해야 국민중심주의적 행정서비스를 충실화할 수 있다. 다원화되어가는 권력중추들과 행정체제의 파트너십 발전도 민주화의 과정을 통해야 한다. 정부가 수평적 권력관계의 확대에 대비하려면 그렇게 해야 할 필요가 크다.

국민과의 관계에서 행정민주화의 제 1 원리는 국민중심주의이다. 국민중심주의는 국민결정주의, 위민봉사주의, 국민편의주의, 고객중심주의 등 여러 국면을 내포한다. 국민위주의 원리를 추구해 나가려면 행정체제의 행정수요에 대한 민감성을 높이고 국민의 선택과 선호를 존중하도록 해야 한다. 이를 위해서는 행정체제의 국민에 대한 의존도를 높이고 소비자중심의 서비스를 직접적으로 촉진할 유인을 도입해야 한다. 그리고 행정문화 전반을 국민위주적인 것으로 개조해 나가야 할 것이다.

민주주의는 인간주의에 바탕을 두어야 한다. 행정체제는 개인의 존엄성을 옹호하고 창의성을 개발하는 역할을 맡아야 하며, 개인의 가치와 창의력을 행정개혁의 원동력으로 삼아야 한다. 그리고 국민을 위한 행정서비스의 인간주의적 전달을 촉진해야 한다.

(2) **통합성 향상** 산업화·관료화의 과정에서 심화된 과잉적 분화·분립화의 폐단을 시정하고 통합성을 높여야 한다.

통합성 제고의 노력은 조직 내의 인간관리에서부터 시작해야 한다. 조직의 목표와 공무원 개개인의 목표를 접근·융화시키는 통합형 관리를 발전시킴으로써 공무원들의 내재적·능동적 동기유발과 창의성 발휘를 촉진해야 한다.

통합화를 위한 개혁의 다른 한 국면은 분화된 조직활동을 조직의 목표에 귀일시키는 것이다. 업무수행의 통합을 위해서는 통합조정능력과 협동능력을 강화하고 각종 구조적·행태적 경계(담장) 때문에 일의 흐름이 장애를 받지 않도록 해야 한다.

기능분립주의·할거주의의 해독을 막고 국민에게 이음매 없는 서비스를 할 수 있게 해야 한다. 행정체제와 국민 사이의 전통적 경계의식을 타파하여 파트너십을 발전시키는 것도 중요한 개혁과제이다.

(3) **성과주의의 발전** 행정과 행정개혁은 성과주의를 지향해야 한다.

행정조직이나 사업의 성공도를 평가하는 데는 투입기준보다 산출기준과 성과기준을 적용해야 한다. 행정활동의 성과를 실현하는 데 필요한 제도와 자원의 뒷받침이 적절하도록 하는 개혁도 꾸준히 추진해야 한다. 업무성취를 촉진하기 위한 유인기제의 설계에서도 성과기준의 적용을 강화해야 한다.

행정개혁에서 구현해야 할 성과주의는 건강한 것이라야 한다. '건강한 성과주의'는 다른 개혁원리들과 조화를 이루고 실천 상의 실책과 폐해를 최소화한 성과주의이다. 건강한 성과주의를 실질적으로 구현하려면 선언보다는 실천, 절차나 수단보다는 목표를 중요시하고 형식주의를 배격해야 한다. 그리고 번문욕례, 과잉측정, 목표왜곡, 수량화에 따르는 오류, 측정피로 등 서투른 성과주의의 폐해를 막아야 한다.

(4) **반부패주의의 강화** 부패 없는 행정을 실현하는 것은 행정의 정당성과 신뢰성을 확립하고 행정발전을 추구하는 데 가장 기초적인 필요조건이다. 광범한 반부패운동을 지속적으로 전개해 나가야 한다. 반부패사업과 더불어 부정적 관료행태의 전반적 개혁을 겨냥한 행정문화 개혁사업을 추진해야 한다.

부패추방을 위한 행정개혁은 장기적인 과제이며 어려운 과제이다. 정권변동에 구애받지 않는 장기적이고 지속적인 반부패운동을 전개해야 한다. 거기에는 많은 투자가 필요하다.

(5) 정보화 촉진   행정개혁은 정보화를 촉진해야 한다. 행정과 국민이 정보기술발전의 혜택을 누릴 수 있도록 행정이 정보화에 앞장서게 만들어야 한다.

행정체제는 정보화사회의 도래에 적응해야 한다. 그리고 정보화를 촉진하고 이를 바람직한 방향으로 유도해야 한다. 내부관리의 효율성과 국민에 대한 서비스의 효율성을 높이기 위하여 행정체제의 정보화를 촉진하고 정보화로 인해 빚어질 수 있는 위험과 폐단을 통제해야 한다.

행정체제는 또한 국민생활의 질과 복지를 향상시키고 지적 창조생활을 윤택하게 하기 위해 사회 전체의 정보화를 도와야 한다. 정부는 정보산업의 발전을 지원하고 정보의 유통과 활용을 촉진하는 역할을 수행해야 한다. 그리고 사회적 정보화가 올바른 방향으로 나아갈 수 있도록 정보화의 폐단을 막는 데 조력해야 한다.

(6) 행정체제의 연성화   우리 사회의 격동성이 높아지고 행정수요의 유동성이 높아짐에 따라 적시성 있는 행정개혁의 필요는 지속적으로 커질 것이다. 이러한 여건에 대응할 수 있게 하려면 행정체제의 연성화를 촉진해야 한다. 행정의 연성체제는 적응성·대응성이 높은 체제이며 변동에 능한 창의적 체제이다.

행정체제의 유연성을 높이려면 번문욕례, 지나친 규제, 계서적 구조의 획일화·기계화, 공무원들의 변동저항적 행태를 극복하여야 한다. 행정구조설계의 다원화, 복수기준에 따라 설계되는 복합구조의 운영, 경계관리구조의 민감성 제고, 행정조직에 내장된 개혁추진장치의 강화 등 일련의 방책을 강구해야 한다.

(7) 작은 정부 구현   작은 정부 구현을 위한 노력을 계속해야 한다. 행정개혁 추진자들은 작고 유능한 소수정예적 행정의 구현에 주력하여야 한다. 작은 기구와 적은 인적자원을 가지고 예산을 절감하면서 변전하고 고급화되어 가는 행정수요에 효율적으로 대응할 수 있게 하는 개혁을 해 나가야 한다.

행정의 과잉팽창, 국민생활에 대한 과잉규제, 얇고 넓게 퍼진 행정력으로 인한 집중력 결여, 공무원의 과부하와 같은 폐단을 시정하기 위해 행정의 범위를 축소·조정해야 한다. 절약이 가능한 인적·물적 자원을 감축해 나가야 한다. 임무를 다한 기구·낭비적인 기구·관료적 제국건설로 인해 비만해진 기구의 폐지 또는 감축을 과감하게 추진해야 한다.

행정의 감축지향적 경계조정은 다방면의 여러 영역에 걸쳐 추진하여야 한다. 그 중 크고 중요한 영역은 민간화의 영역이다. 민간부문에 맡겨도 무방한 행정업무는 민간에 넘겨주고 국민생활에 대한 행정간여를 축소해 민간의 자율영역을 넓혀 나가야 한다. 민간화를 통해 행정영역을 감축해 나갈 뿐만 아니라 민간의 경영원리와 방법에서 배울 만한 것은 배워야 한다.

(8) **정치친화적 행정의 발전**　　정치의 중요성 확대와 거버넌스의 발전에 발맞추어 정치친화적 행정을 발전시켜야 한다. 주권재민의 원리를 실현하는 주된 통로는 정치이다. 따라서 민주화의 촉진은 정치화의 촉진이라고 할 수 있다. 정치화란 정치의 역할이 커지고 발전하는 현상을 지칭한다.

정치친화적 행정이란 확대된 정치의 역할에 적응하고 스스로의 정치적 역량 또한 발전시킨 행정을 지칭한다. 정치친화적 행정의 발전을 위해서는 정치와 행정의 협력체제를 강화해야 한다. 거버넌스의 한 축으로서 행정부가 정당하게 맡아야 할 정치적 역할을 발전시켜야 한다. 행정은 정치로부터 정책기능과 국민대표기능 수행의 다이내믹스를 배워 민주행정의 역량을 향상시켜야 할 것이다.

정치와 행정의 협력 강화를 처방하고 행정이 정당하게 수행해야 할 정치적 역할을 처방할 때의 정치는 정책적·국민대표적 기능을 수행하는 정치이다. 당파적 정치·병폐로서의 정치를 의미하는 것이 아니다.

(9) **지방화 촉진**　　정치·행정의 보다 많은 지방화를 요구하는 추세가 계속되고 있다. 지방화에 대한 시대적 요청을 전제하고 행정개혁을 구상해야 한다.

지방화시대를 열어가면서 전통적으로 국가행정이 차지했던 많은 부분을 지방에 내 주어야 하며 행정의 지방부문에 힘을 실어주어야 한다. 그와 더불어 중앙과 지방의 파트너십을 더욱 발전시켜야 한다. 그리고 지방자치행정의 원리로부터 중앙행정은 여러 가지를 배워야 한다. 행정의 인간화, 현지화, 시민결정주의 등이 지방자치로부터 배울 만한 주요 덕목이다.

(10) **세계화 대응능력 향상**　　행정개혁 추진자들은 급속히 진전·심화되는 세계화경향에 대응하는 개혁처방들을 실천해 나가야 한다. 국제적 협력관계를 넓히는 행정능력, 국가경쟁력 향상을 지원하는 행정능력, 세계화의 부작용을 통제하는 행정능력 등 세계화 대응능력을 발전시켜야 한다.

그와 같은 세계화 대응능력을 키우기 위해서는 행정관리의 안목을 세계화해야 하며, 행정체제의 국제적 연계부문을 강화하고, 선진행정의 문물을 신속히 응용할 수 있는 적응력을 향상시켜야 한다.

세계화에 따라 국제적 통제로 넘어간 행정기능은 감축해야 한다. 앞으로 그러한 감축대상 기능들이 늘어날 것이다.

4. 행정개혁의 추진전략: 실천행동의 준칙

행정개혁의 목표상태뿐만 아니라 추진전략과 방법도 새로워져야 한다.

행정개혁 추진전략의 결함으로 지적되어 온 것들은 ⅰ) 개념적 명료성 결여, ⅱ) 예견력 부족, ⅲ) 비민주적·비밀주의적 개혁 추진, ⅳ) 지속성·일관성의 결여, ⅴ) 접근방법의 부조화, ⅵ) 저항에 대한 부적절한 대응, ⅶ) 개혁의 형식주의와 낭비, ⅷ) 취약한 행동지향성(정착화의 실패), ⅸ) 개혁추진주체의 역량부족과 낮은 신망, ⅹ) 개혁추진체제의 과부하와 비협동성 등이다.

행정개혁추진의 전략을 재정립할 때에는 다음과 같은 요건을 고려해야 한다.

(1) 개념적 명료화 개혁의 목표상태나 추진방법에 관한 개념사용의 정확을 기하고 분명한 의사전달을 할 수 있어야 한다. 특히 중요한 것은 행정개혁의 목표체계와 그에 기초한 목표상태의 처방에서 모호성을 제거하는 일이다.

(2) 접근방법의 조화 어느 시대의 개혁이나 그 시대의 요청에 따른 편향을 지니는 것이 예사이다. 그러한 편향, 우선순위, 선호는 상황부합적일 수 있다. 그러나 편향이 지나치면 실패를 자초한다.[1] 접근방법의 조화를 중시해야 한다. 개혁문제를 둘러싼 요인들의 포괄적 연관성을 항상 생각하고 각축하는 접근방법들의 배합에서 균형감각을 잃지 말아야 한다.

(3) 포괄적·장기적 안목 행정개혁은 총체적인 마스터플랜의 목표체계에 일관되게 추진해야 한다. 개혁은 개방체제적 현상이므로 행정개혁의 마스터플랜은 거버넌스의 시야에서 입안해야 한다. 마스터플랜의 시야는 또한 장기적이라야 한다.

---

[1] 예컨대 행정을 경영화해야 한다는 요구와 정치화해야 한다는 요구는 오늘날 강력한 힘을 가지고 각축한다. 그러나 정치와 경제만 있고 행정은 없어져야 하는 것이 아니다. 행정은 정치화의 요청과 경제화(경영화)의 요청을 잘 조정하면서 스스로의 위상을 발전시켜 나가야 한다. 다른 분야, 다른 요청들에 관해서도 행정개혁은 언제나 필요한 균형감각을 유지해야 한다. 그리고 정치적 요청과 합리주의적 요청은 적정하게 조정해야 한다. 행정의 개혁은 사기업체의 개혁과 달리 공공적 상황 또는 정치적 상황에서 진행된다. 따라서 합리적 기준이나 시장적 기준보다 정치적·행정적 요청의 영향을 더 많이 받을 수 있다. 그렇다고 해서 개혁을 정치적 요청에만 영합시킬 수는 없다. 정치적 요청과 합리주의적 요청을 적정하게 조정하는 슬기를 발휘해야 한다.

(4) **무결점주의를 지향하는 개혁**　　무결점주의를 지향하고 형식주의와 낭비를 배제해야 한다.

과시주의적 개혁, 개혁하는 것처럼 보이기 위한 개혁, 국면전환용 개혁, 더 큰 문제를 야기하는 개혁 등은 개혁을 표방했으되 그 실질은 비개혁적 변동임에 불과하므로 방지하고 중단해야 한다. 개혁의 신속성은 정확성을 전제해야 한다. 정확성·성공가능성에 확신이 없으면서 우선 저질러 놓는 졸속적 개혁은 막아야 한다.

무결점주의를 지향하려면 미래의 불확실성에 대한 인식을 분명히 하고 예견력을 향상시키기 위해 노력해야 한다. 그리고 환류를 통한 시정행동을 강화해야 한다.

(5) **사후관리와 정착의 강조**　　행정개혁은 행동지향적·성과지향적이라야 한다. 개혁의 입안단계에서부터 개혁을 지지해 줄 개혁 인프라의 구축에 각별한 주의를 기울여야 한다. 그리고 개혁의 정착에 필요한 후속조치와 사후관리를 확실하게 해야 한다.

(6) **지속적 추진**　　행정개혁은 지속적으로 추진해야 한다. 장기적이고 전반적인 행정개혁사업은 누진적으로 전개해야 하는 것이 원칙이다. 점진적인 개혁뿐만 아니라 급진적인 개혁도 지속적으로 추진해야 성공할 수 있다.

(7) **공개와 참여**　　개혁은 최대한 공개적으로 논의해야 한다. 개혁의 비밀추진은 의혹과 불신을 초래한다. 오늘날 우리가 직면하고 있는 개혁문제들은 너무 복잡하고 어렵기 때문에 지혜를 모으기 위해서도 공개와 참여를 촉진해야 한다.

개혁에 관한 대민홍보의 요체는 진실성이다. 인기 없고 시류를 거스르는 일이더라도 국민에게 솔직히 말하는 용기를 가져야 한다. 그러한 용기야말로 어려운 문제의 진정한 해결책인 것이다.

(8) **저항의 현명한 극복**　　개혁추진자들은 개혁에 대한 저항을 정직하게 직면하고 상황에 적합한 최선의 극복대책을 적용해야 한다. 어떤 경우에나 가능한 한 저항극복전략을 고급화하도록 노력해야 한다. 심리적 지원을 통해 자발적 협력과 개혁의 수용을 유도하는 전략이 가장 고급의 전략이다.

위에서 지적한 공개와 참여는 심각한 저항을 극복하는 데 필요한 전제조건이라 할 수 있다. 개혁추진자들은 개혁을 밀어줄 지지기반을 확보하는 데 각별한 주의를 기울여야 한다. 저항의 사전적 극복을 위해서도 힘써야 한다. 사전적 저항극복의 핵심전략은 개혁안 자체를 채택·수용이 용이한 것으로 만드는 전략이다.

   (9) 개혁추진체제의 역량 강화   개혁을 이끌어갈 추진체제의 역량이 탁월해야 개혁을 성공시킬 수 있다.

   개혁추진체제는 정치적·행정적 리더십의 지속적인 관심과 지지를 받아야 한다. 개혁추진체제는 또한 지지세력이나 동조세력을 확보해야 한다. 개혁추진체제의 협동성을 획기적으로 증진시켜야 한다.

   개혁추진자들은 개혁과제에 관한 전문지식을 갖추어야 할 뿐만 아니라 높은 신망을 누려야 한다. 그들은 능력과 성실성에 대한 신뢰를 받을 수 있어야 한다. 개혁추진자들의 과부하를 덜어 주어야 한다. 그리고 '비개혁적 간섭'의 망으로부터 풀어 주어야 한다.

후 주

제 1 장 후주
___

▪ 제 1 장 제 1 절 ▪

1) Richard J. Stillman, Jr., *Preface to Public Administration: A Search for Themes and Direction*(St. Martin's Press, 1991), p. 19, "The Study of Public Administration in the United States: 'The Eminently Practical Science,'" Richard J. Stillman Ⅱ(ed.), Public Administration: Concepts and Cases, 9th ed.(Wadsworth, 2010), pp. 17~30.

2) Wilson, "The Study of Administration," Originally published in *Political Science Quarterly*, Ⅱ(Jun. 1887), as reprinted in *Political Science Quarterly*, LVI(56)(Dec. 1941), pp. 486~506.

3) Paul P. Van Riper, "The Politics-Administration Dichotomy: Concept or Reality?," in Jack Rabin and James S. Bowman(eds.), *Politics and Administration: Woodrow Wilson and American Public Administration*(Marcel Dekker, 1984), p. 204.

4) Goodnow, *Politics and Administration*(Macmillan, 1900).

5) Willoughby, *Principles of Public Administration*(Johns Hopkins Press, 1927).

6) White, *Introduction to the Study of Public Administration*(Macmillan, 1926).

7) Jay M. Shafritz and Albert C. Hyde(eds.), *Classics of Public Administration*, 3rd ed.(Thomson Wadsworth, 1992), pp. 8~9, pp. 48~49.

8) Caiden, *Public Administration*, 2nd ed.(Palisades Publishers, 1982), pp. 32~52.

9) Henry, *Public Administration and Public Affairs*, 12th ed.(Pearson, 2013), pp. 36~49.

10) Kettl, "Public Administration at the Millennium: The State of the Field," *Journal of Public Administration Research and Theory*, Vol. 10, No. 1(Jan. 2000), pp. 7~34.

11) Uveges and Keller, "One Hundred Years of American Public Administration and Counting," Jack Rabin, W. B. Hildreth, and G. J. Miller(eds.), *Handbook of Public Administration*, 2nd ed.(Marcel Dekker, 1998), pp. 1~47.

12) Rowland Egger, "The Period of Crisis: 1933 to 1945," in Frederick C. Mosher(ed.), *American Public Administration: Past, Present, Future*(University of Alabama Press, 1975), p. 49.

13) John M. Gaus, *Reflections of Public Administration*(University of Alabama Press, 1947); Philip Selznick, *TVA and the Grass Roots*(University of California Press, 1949).

14) Don Allensworth, *Public Administration: The Execution of Public Policy*(J. B. Lippincott Co., 1973), p. 161.

15) Stillman, Jr., *Preface to Public Administration, op. cit.*, pp. 12~13.

16) Jerome B. Mckinney and Lawrence C. Howard, *Public Administration: Balancing Power and*

Accountability(Moore, 1979), pp. 37~52.

17) 김종술, "여성주의 행정학의 이론적 정초," 「한국행정학 50년」(하계학술대회 발표논문, 2006. 6. 17), 415~427쪽; 오정진, "삶을 이해하는 헌법 잣기," 법제처, 「법제」 584호(2006. 8), 25~39 쪽; Jay M. Shafritz, E. W. Russel, and Christopher P. Borick, *Introducing Public Administration*, 6th ed.(Pearson Longman, 2009), pp. 300~302; Robert B. Denhardt and Janet V. Denhardt, *Public Administration: An Action Orientation*, 6th ed.(Thomson Wadsworth, 2009), p. 188.

18) 예컨대 1969년의 「한국행정학보」 제 3 호는 '한국행정학의 반성과 진로'라는 특집을 꾸미고 여섯 편의 논문을 실었다.

19) 한국행정학회, KAPA포럼, 111호(2005 가을).

▪ 제 1 장   제 2 절 ▪

1) Leslie W. Rue and L. L. Byars, *Management: Skills and Application*, 9th ed.(McGraw-Hill, 2000), p. 31.

2) Elton Mayo, *The Human Problems of an Industrial Civilization*(Macmillan, 1933), *The Social Problems of an Industrial Civilization*(Routledge & Kegan Paul, 1949); Fritz J. Roethlisberger and William J. Dickson, *Management and the Worker*(Harvard University Press, 1939).

3) W. Richard Scott, *Organizations: Rational, Natural and Open Systems*(Prentice-Hall, 1981), p. 89; Fremont E. Kast and James E. Rosenzweig, *Organization and Management: A Systems and Contingency Approach*, 4th ed.(McGraw-Hill, 1986), pp. 82~83.

4) Fremont E. Kast and James E. Rosenzweig, "General Systems Theory: Applications for Organization and Management," in J. M. Shafritz and J. Steven Ott(eds.), *Classics of Organization Theory*, 2nd ed.(Dorsey Press, 1987), p. 278.

5) Louis C. Gawthrop, *Public Sector Management, Systems, and Ethics*(Indiana University Press, 1984), p. 9ff.

6) Fred Luthans, "Contingency Theory of Management: A Path Out of the Jungle," in Max S. Wortman, Jr. and Fred Luthans(eds.), *Emerging Concepts in Management*, 2nd ed.(Macmillan, 1975), pp. 16~21; Rue and Byars, *op. cit.*, p. 35.

7) Kast and Rosenzweig, "General Systems Theory," *op. cit.*, pp. 288~291.

8) Scott, *op. cit.*, pp. 113~114; Claudia B. Schoonhoven, "Problems with Contingency Theory: Testing Assumptions Hidden within the Language of Contingency 'Theory'," *Administrative Science Quarterly*(이하 *ASQ*), Vol. 26, No. 3(Sep. 1981), pp. 349~377.

9) cf., William Siffin, "Development Administration as Strategic Perspective," UN, *International Seminar on Major Administrative Reforms in Developing Countries*, Vol. Ⅲ(1975), pp. 152~160; George F. Gant, *Development Administration: Concepts, Goals, Methods*(University of Wisconsin Press, 1979), pp. 20~23.

10) cf., Nicholas Henry, *Public Administration and Public Affairs*, 11th ed.(Prentice-Hall, 2010), pp. 33~34; Ferrel Heady, *Public Administration: A Comparative Perspective*, 4th ed.(Marcel Dekker, 1991), pp. 1~65; Dwight Waldo, *Comparative Public Administration: Prologue, Problems and Promise*(Papers of CPA Special Series, No. 2, CAG, ASPA, 1964).

11) 정승건, "발전주의와 신자유주의를 넘어서," 「한국행정학보」, 34권 2호(2000 여름), 39~60쪽.

12) "A Symposium on Comparative and Development Administration: Retrospect and Prospect,"

PAR, Vol. 36, No. 6(Nov./Dec. 1976), pp. 615~654.

13) Richard Hall, *Organizations*, 5th ed.(Prentice-Hall, 1991), pp. 273~291; 이근주, "Jeffry Pfeffer 와 Gerald R. Salancik의 자원의존이론," 김병섭, "Michael T. Hannan과 John H. Freeman의 조직군 생태이론," 오석홍 외 편, 「조직학의 주요 이론」(법문사, 2008), 103~111쪽, 95~102쪽.

14) Vincent Ostrom and Elinor Ostrom, "Public Choice: A Different Approach to the Study of Public Administration," *PAR*, Vol. 31, No. 2(Mar./Apr. 1971), pp. 203~217; Vincent Ostrom, *The Intellectual Crisis in American Public Administration*(University of Alabama Press, 1974); James M. Buchanan and Robert D. Tollison(eds.), *The Theory of Public Choice*, Ⅱ (University of Michigan Press, 1984).

15) "Developments in the 'No-Name' Fields of Public Administration"(An Editorial Comment), *PAR*, Vol. ⅩⅩⅣ, No. 1(Mar. 1964), pp. 62~63; Ostrom and Ostrom, "Public Choice: A Different Approach to the Study of Public Administration," *ibid.*, p. 203.

16) Buchanan, "Politics without Romance: A Sketch of Positive Public Choice Theory and Its Normative Implications," in Buchanan and Tollison, *op. cit.*, p. 13; Jan-Erik Lane, *The Public Sector: Concepts, Models and Approaches*, 3rd ed.(Sage, 2000), pp. 6~7.

17) 김대식·노명기·안국신, 「현대경제학원론」, 제4 전정판(박영사, 2005), 476~490쪽; Jeffrey D. Greene, *Public Administration in the New Century: A Concise Introduction*(Thomson Wadsworth, 2005), pp. 293~295.

18) Hall, *op. cit.*; 최병선, "Oliver E. Williamson의 조직의 경제이론," 오석홍 외 편, 앞의 책, 524~531쪽.

19) 권순만·김난도, "행정의 조직경제학적 접근: 대리인이론의 행정학적 함의를 중심으로," 「한국 행정학보」, 29권 1호(1995), 77~96쪽; 권순만, "Terry Moe의 공공조직의 정치경제학: 관료제의 대리인이론 및 조직경제학적 접근," 오석홍 편, 「행정학의 주요 이론」(법문사, 2005), 271~281 쪽; Donald F. Kettl, "Public Administration at the Millennium," *Journal of Public Administration Research and Theory*, Vol. 10, No. 1(Jan. 2000), pp. 18~19.

20) B. J. Hodge, William P. Anthony, and Lawrence M. Gales, *Organization Theory: A Strategic Approach*, 6th ed.(Prentice-Hall, 2003), pp. 222~237.

21) Owen E. Hughes, *Public Management and Administration: An Introduction*, 3rd ed.(Palgrave, Macmillan, 2003), p. 12.

22) cf., Frederickson, *New Public Administration*(University of Alabama Press, 1980); Howard McCurdy, *Public Administration: A Synthesis*(Cummings, 1977), pp. 334~356; Frank Marini(ed.), *Toward a New Public Administration: The Minnowbrook Perspective*(Chandler, 1971); Gary L. Wamsley, "On the Problems of Discovering What's Really New in Public Administration," *Administration & Society*, Vol. 8, No. 3(Nov. 1976), pp. 385~400; Carl J. Bellone(ed.), *Organization Theory and the New Public Administration*(Allyn and Bacon, 1980); Henry, *op. cit.*, p. 36.

23) Rehfuss, *Public Administration as Political Process*(Charles Scribnor's Sons, 1973), p. 224.

24) Marini, "The Minnowbrook Perspective and the Future of Public Administration Education," in Marini(ed.), *op. cit.*, pp. 348~352.

25) Frederickson, *op. cit.*

26) Waldo, "Foreword," in Marini(ed.), *op. cit.*

27) Wamsley, *op. cit.*, pp. 386~387.

28) McCurdy, *op. cit.*, pp. 350~356.

29) Richard C. Box, *Critical Social Theory in Public Administration*(M. E. Sharpe, 2005); Jay D. White, "On the Growth of Knowledge in Public Administration," *PAR*, Vol. 46, No. 1(Jan./Feb. 1986), pp. 15~24.

30) 하연섭, "James G. March와 Johan P. Olsen의 신제도이론," 오석홍 편, 「행정학의 주요이론」, 771~779쪽; James G. March and Johan P. Olsen, *Rediscovering Institutions: The Organizational Basis of Politics*(Free Press, 1989); Walter W. Powell and Paul J. Dimaggio(eds.), *The New Institutionalism in Organizational Analysis*(University of Chicago Press, 1991); Douglass C. North, *Institutions, Institutional Change and Economic Performance*(Cambridge University Press, 1990); John Hudson and Stuart Lowe, *Understanding the Policy Process: Analysing Welfare Policy and Practice*(Policy Press, University of Bristol, 2004), pp. 148~159.

31) 하연섭, "신제도주의의 이론적 진화와 정책연구," 「행정논총」, 제44권 2호(2006. 6), 217~241쪽.

32) 하연섭, "역사적 제도주의," 최창현, "조직사회학 이론과 신제도주의," 정용덕 외 공저, 「신제도주의 연구」(대영문화사, 1999), 9~36쪽, 89~117쪽; 이명석, "합리적 선택론의 신제도주의," 정용덕 외 공저, 「합리적 선택과 신제도주의」(대영문화사, 1999), 9~30쪽; 하연섭, "신제도주의의 최근 경향: 이론적 자기혁신과 수렴," 「한국행정학보」, 36권 4호(2002 겨울), 339~359쪽; Simon Reich, "The Four Faces of Institutionalism," *Governance*, Vol. 13, No. 4(December 2000), pp. 501~522.

33) Laurence E. Lynn, Jr. *et al.*, "Studying Governance and Public Management: Why? How?," Carolyn J. Heinrich and L. E. Lynn, Jr.(eds.), *Governance and Performance: New Perspectives* (Georgetown University Press, 2000), pp. 1~33; Nicholas Henry, *Public Administration and Public Affairs*, 11th ed.(Prentice-Hall, 2010), pp. 38~39.

34) Lynn, Jr. *et al.*, *ibid.*; Hodge *et al.*, *op. cit.*, pp. 222~237; Karen M. Hult and Charles Walcott, *Governing Public Organizations: Politics, Structures, and Institutionsl Design*(Brooks/Cole, 1990); 이명석, "거버넌스 이론의 모색: 민주행정이론의 재조명," 「국정관리연구」, 1권 1호(2006. 12), 36~63쪽.

35) Hult and Walcott, *ibid.*; 김석준 외 공저, 「뉴거버넌스 연구」(대영문화사, 2000), 48쪽 이하.

36) 윤영수·채승병, 「복잡계 개론」(삼성경제연구소, 2006); 김영평, "정보화 사회와 정부구조의 변화," 「사회과학의 새로운 지평」(한국사회과학 연구협의회, 1996), 27~55쪽; 노화준, 「정책학원론」, 제3 전정판(박영사, 2012), 74~91쪽; Stephen H. Kellert, *In the Wake of Chaos* (University of Chicago Press, 1993); 임창희, "Ralph D. Stacey의 복잡성 조직이론," 오석홍 외, 「조직학의 주요 이론」, 492~504쪽; 김용운·김용국, 「제3 의 과학혁명: 프랙탈과 카오스의 세계」(우성, 2000); 요하임 부블라트 지음, 염영록 옮김, 「카오스와 코스모스」(생각의 나무, 2003).

37) 노화준, 「기획과 결정을 위한 정책분석론」(박영사, 1999), 158쪽.

38) E. N. Lorenz, *The Essence of Chaos*(University of Washington Press, 1995).

39) 최태현, "복잡성이론의 조직관리적 적용가능성 탐색," 「한국행정학보」, 33권 4호(1999 겨울), 21쪽.

40) 윤영수·채승병, 앞의 책, 22~23쪽.

41) 윤영수·채승병, 위의 책, 57~62쪽.

42) 김준섭, 「철학개론」(박영사, 1987), 247~254쪽; James Charlesworth(ed.), *The Limits of Be- havioralism in Political Science*(American Academy of Political and Social Science, 1962); Paul Edwards (ed.), *The Encyclopedia of Philosophy*, Vol. 5(Macmillan, 1967), pp. 52~56; Dwight Waldo, *The Study of Public Administration*(Random House, 1955), pp. 62~65; Greene, *op. cit.*, pp. 290~291; 김홍우, "행정현상의 현상학적 이해: 시도와 단상," 「한국행정학

회 추계학술대회 논문집(4)」(2007), 417~424쪽.

43) Roy Bhaskar, *The Possibility of Naturalism: A Philosophical Critique of the Contemporary Human Sciences*(Harvester Press, 1979); 이영철, "사회과학에서 사례연구의 이론적 지위: 비판적 실재론을 바탕으로,"「한국행정학보」, 제40권 제 1 호(2006 봄), 77~83쪽.

44) 박이문, 「현상학과 분석철학」(일조각, 1985), 1~74쪽; 최재희, 「철학원론」(법문사, 1981), 76~86쪽; 피에르 테브나즈 저, 심민화 역, 「현상학이란 무엇인가」(문학과 지성사, 1982); 한전숙·차인석, 「현대의 철학」(서울대출판부, 1980), 47~97쪽; Edwards, *op. cit.*, Vol. 6, pp. 135~151; McCurdy, *op. cit.*, pp. 351~352; 김홍우, 앞의 논문.

45) Lex Donaldson, *In Defence of Organization Theory: A Reply to the Critics*(Cambridge University Press, 1985), pp. 107~108; David Silverman, *The Theory of Organizations: A Sociological Framework*(Basic Books, 1971), pp. 126~127; Rayburn Barton and William L. Chappell, Jr., *Public Administration: The Work of Government*(Scott, Forseman, 1985), pp. 287~288; 박광국, "J. D. White의 행정학연구방법론 평가," 오석홍 편, 「행정학의 주요 이론」, 67쪽.

제 2 장 후주

▪ 제 2 장 제 1 절 ▪

1) Rosenbloom, Kravchuk and Clerkin, *Public Administration: Understanding Management, Politics, and Law in the Public Sector*, 7th ed.(McGraw-Hill, 2009), pp. 14~37.

2) Shafritz, Russell and Borick, *Introducing Public Administration*, 6th ed.(Pearson Longman, 2009), pp. 6~28.

3) Wilson, "The Study of Administration"(Originally published in *Political Science Quarterly*, Ⅱ, Jun. 1887), as reprinted in *Political Science Quarterly*, LVI(56)(Dec. 1941), pp. 486~506, again selected by Donald C. Rowat(ed.), *Basic Issues in Public Administration*(Macmillan, 1961), pp. 35~38.

4) Pfiffner and Presthus, *Public Administration*, 3rd ed.(Ronald Press, 1955), p. 5.

5) White, *Introduction to the Study of Public Administration*(Macmillan, 1926), Ch. 1.

6) Hood, *The Art of the State*(Clarendon Press, 1998), pp. 3~4.

7) Hughes, *Public Management and Administration: An Introduction*, 3rd ed.(Palgrave Macmillan, 2003), p. 6.

8) Waldo, *The Study of Public Administration*(Random House, 1955), p. 2ff.

9) 김운태, 「행정학원론」, 4정판(박영사, 1985), 80쪽, 97쪽.

10) Gladen, *The Essentials of Public Administration*(Staples Press, 1953), p. 229.

11) 이문영, 「자전적 행정학」(실천문학사, 1991), 39~40쪽.

12) Fesler, *Public Administration: Theory and Practice*(Prentice-Hall, 1980), pp. 2~12.

13) Simon, Smithburg and Thompson, *Public Administration*(Alfred A. Knopf, 1962), pp. 3~12.

14) Simon, *Administrative Behavior*, 2nd ed.(Free Press, 1957), p. 8.

15) 조석준, 「한국행정학」(박영사, 1992), 116쪽.

16) Sayre, "Premises of Public Administration," *PAR*, Vol. 18, No. 2(1958), p. 105.

17) Lambright, "The Minnowbrook Perspective and the Future of Public Affairs: Public Administration in Public-Policy Making," in Frank Marini(ed.), *Toward a New Public Administration*(Chandler, 1971), p. 332.

18) 박동서, 「한국행정론」(법문사, 1998), 68쪽.

19) Sharkansky, *Public Administration*, 4th ed.(Rand McNally, 1978), pp. 13~14.

20) Gordon, "Transcend the Current Debate on Administrative Theory," in William G. Hills *et al.*(eds.), *Conducting the People's Business: The Framework and Functions of Public Administration* (University of Oklahoma Press, 1973), p. 64.

21) Mckinney and Howard, *Public Administration: Balancing Power and Accountability*(Moore, 1979), pp. 37~52.

22) Lipsky, *Street-Level Bureaucracy: Dilemmas of the Individual in Public Services*(Russell Sage Foundation, 1980).

23) Daneke and Steiss, *Performance Administration*(Lexington Books, 1980), p. 2.

24) Appleby, "Public Administration and Democracy," in Roscoe C. Martin(ed.), *Public Administration and Democracy*(University of Syracuse Press, 1968), pp. 336~337.

25) 박연호, 「행정학신론」, 신정 3판(박영사, 2004), 26쪽.

26) Hood, *The Limits of Administration*(John Wiley, 1976), pp. 6~7.

27) Nigro and Nigro, *Modern Public Administration*, 4th ed.(Harper & Row, 1977), p. 18.

28) Gerald E. Caiden, *Public Administration*, 2nd ed.(Palisades, 1982), pp. 102~122.

29) 총무처, 「정부기능총람: 종합」(1994), 15~17쪽.

30) Donald F. Kettl, *The Global Public Management Revolution*, 2nd ed.(Brookings, 2005), pp. 88~89.

31) Deannà Malatesta and Julia L. Carboni, "The Public—Private Distinction: Insights for Public Administration from the State Action Doctrine," *PAR* (Vol. 75, Iss. 1, Jan./Feb. 2015), pp.63~74.

32) Waldo, *op. cit.*, p. 22ff.

33) Peter B. Hammond, Robert W. Hawkes, Buford H. Junker, James D. Thompson, and Arther Tuden, "On the Study of Administration," in The Staff of the Administrative Science Center(ed.), *Comparative Studies in Administration*(University of Pittsburgh Press, 1959), pp. 3~15.

34) Dawson, *The Civil Service of Canada*(Oxford University Press, 1929), pp. 220~223.

35) Appleby, *Big Bureaucracy*(Alfred A. Knopf, 1945).

36) Caiden, *op. cit.*, pp. 14~16.

37) R. Denhardt and J. Denhardt, *Public Administration: An Action Orientation*, 6th ed.(Thomson Wadsworth, 2009), pp. 4~7.

38) Rainey, Robert W. Backoff and Charles Levine, "Comparing Public and Private Organizations," *PAR*, Vol. 36, No. 2(Mar./Apr. 1976), pp. 233~242.

39) Wilson, *op. cit.*; Jack Rabin and James S. Bowman(eds.), *Politics and Administration: Woodrow Wilson and American Public Administration*(Marcel Dekker, 1984).

40) Gulick, "Politics, Administration and the New Deal," *Annals*, No. 169(Sep. 1933), pp. 59~63, pp. 65~66.

41) Heady, *Public Administration: A Comparative Perspective*, 4th ed.(Marcel Dekker, 1991), pp. 188~192, pp. 270~301.

42) Riggs, "Agraria and Industria: Toward a Comparative Administration," in William Siffin(ed.), *Toward the Comparative Study of Administration*(Indiana University, 1957), pp. 23~116, "An Ecological Approach: The 'Sala' Model," in Ferrel Heady and Sybil L. Stokes(eds.), *Papers in Comparative Public Administration*(University of Michigan, 1962).

43) Raadschelders, *Government: A Public Administration Perspective*(M. E. Sharpe, 2003), pp. 141~186.

44) Osborne and McLaughlin, "The New Public Management in Context," in McLaughlin, Osborne, and Ewan Ferlie(eds.), *New Public Management: Current Trends and Future Prospects*(Routledge, 2002), pp. 7~10.

45) Peters, *The Future of Governing: Four Emerging Models*(University Press of Kansas, 1996), p. 19.

46) Hood, *The Art of the State, op. cit.*

47) Mintzberg, "Managing Government: Governing Management," *Harvard Business Review*(May/Jun. 1996), pp. 75~83.

48) Jeffrey D. Greene, *Public Administration in the New Century: A Concise Introduction*(Thomson Wadsworth, 2005), pp. 9~13.

▪ 제 2 장 제 2 절 ▪

1) J. Stacy Adams, "Interorganizational Processes and Organization Boundary Activities," in Barry M. Staw and Larry L. Cummings(eds.), *Research in Organizational Behavior*, Vol. 2(JAI Press, 1980), pp. 321~355.

2) W. Richard Scott, *Organizations: Rational, Natural, and Open Systems*(Prentice-Hall, 1981), pp. 180~181.

3) Emery and Trist, "The Causal Texture of Organizational Environments," *Human Relations*, Vol. 18(1965), pp. 21~32.

4) Esman and Blaise, *Institution Building Research: The Guiding Concepts*(mimeo., University of Pittsburgh, 1966).

5) Richard Hall, *Organizations*, 5th ed.(Prentice-Hall, 1991), pp. 217~223; Scott, *op. cit.*, pp. 170~174.

6) William M. Evan, "The Organization-Set: Toward a Theory of Interorganizational Relations," in J. D. Thomson(ed.), *Organizational Design and Research*(University of Pittsburgh Press, 1966), Ch. 4.

7) Dwight Waldo, *The Administrative State: A Study of the Political Theory of American Public Administration*(Homes & Meier, 1948 and 1984); Fritz Morstein Marx, *The Administrative State: An Introduction to Bureaucracy*(University of Chicago Press, 1961); David H. Rosenbloom, Robert S. Kravchuk and Richard M. Clerkin, *Public Administration*, 7th ed.(McGraw-Hill, 2009), pp. 42~91.

8) Redford, *Democracy in the Administrative State*(Oxford University Press, 1969), pp. 178~181.

9) Schick, "Toward the Cybernetic State," in Dwight Waldo(ed.), *Public Administration in a Time of Turbulence*(Chandler, 1971), pp. 214~233.

10) 홍준형, "제도화된 행정국가와 법치주의," 「행정논총」, 38권 2호(2000), 301~318쪽.

11) Anthony Downs, *Inside Bureaucracy*(University of Chicago Press, 1965); Redford, *op. cit.*, pp. 179~204; Rosenbloom, Kravchuk and Clerkin, *op. cit.*; Fred W. Riggs, "Modernity and Bureaucracy," *PAR* Vol. 57, No. 4(Jul./Aug. 1997), pp. 347~353; Michael E. Milakovich and George J. Gordon, *Public Administration in America*, 9th ed.(Thomson Wadsworth, 2007), pp. 32~33.

12) 김대식·노영기·안국신, 「현대경제학원론」, 제4 전정판(박영사, 2005), 495~501쪽; 김동건, 「현대재정학」, 제5 판(박영사, 2005), 43~51쪽; John L. Mikesell, *Fiscal Administration: Analysis and Application in the Public Sector*, 7th ed.(Thomson Wadsworth, 2007), pp. 2~10.

13) Gerald E. Caiden, *Public Administration*, 2nd ed.(Palisades, 1982), pp. 253~261.

14) 김대식 외, 앞의 책, 503쪽; 전상경, "Charles Wolf, Jr.의 비시장실패이론," 오석홍 외 편, 「정책학의 주요 이론」(법문사, 2000), 28~37쪽.

15) 최병선, "신제도경제학에서 본 규제이론과 정책: 이견과 확장," 「행정논총」, 제44권 제2호(2006), 179~216쪽.

16) Caiden, *op. cit.*, pp. 262~269; 홍준형, 앞의 논문.

17) Alvin Toffler, *The Third Wave*(William Morrow, 1980), *Powershift*(Bantam Books, 1990); Wilbert E. Moore, *Social Change*(Prentice-Hall, 1963), p. 91; A. Kuper and J. Kuper(eds.), *The Social Science Encyclopedia*(Routledge & Kegan Paul, 1985), pp. 386~387.

18) 한국전자통신연구소, 「전기통신용어사전」(1985), 616~617쪽; 賴實正弘·丹正富, 「정보화시대에 살다」(통신정책연구소 역, 1986), 36~38쪽; 권기헌, 「정보사회의 논리」(나남, 1997); 김문조, "지식기반사회: 진단 및 대응," 「한국행정연구」, 9권 1호(2000 봄호), 236~245쪽; Toffler, *ibid.*; John Naisbitt, *Global Paradox*(Avon Books, 1994); Peter F. Drucker, *Managing in the Next Society*(St. Martin's Press, 2002).

19) David Harvey, *The Condition of Postmodernity*(Basil Blackwell, 1989); William Bergquist, *Post Modern Organizations*(Jossey-Bass, 1993); Barry Smart, *Postmodernity*(Routledge, 1993); Charles J. Fox and Hugh T. Miller, *Postmodern Public Administration: Toward Discourse*(Sage, 1995); John Hudson and Stuart Lowe, *Understanding the Policy Process: Analysing Welfare Policy and Practice*(Policy Press, University of Bristol, 2004), pp. 121~124; Daryl D. Green and Gary E. Roberts, "Impact of Postmodernism on Public Sector Leadership Practices: Federal Government Human Capital Development Implications" *Public Personnel Management(Vol. 41 No.1, Spring 2012)*, pp.79~96; 장승권, "Robert Cooper와 Gibson Burrell의 포스트모던 조직연구," 오석홍 외 편, 「조직학의 주요 이론」(법문사, 2011), 638~646쪽.

제 3 장 후주

▪ 제 3 장 제 1 절 ▪

1) Harold F. Gortner, "Values and Ethics," in Terry L. Cooper(ed.), *Handbook of Administrative Ethics*(Marcel Dekker, 1994), pp. 374~375; Christopher Hodgkinson, *Towards a Philosophy of Administration*(St. Martin's Press, 1978), pp. 104~106.

2) Kluckhohn, "Values and Value Orientations in the Theory of Action," in T. Parsons and E. A. Shils(eds.), *Toward a General Theory of Action*(Harper, 1962), p. 395.

3) Frankena, "Values and Valuation," in P. Edwards(ed.), *Encyclopedia of Philosophy* (Macmillan, 1967), pp. 227~230.

4) Hodgkinson, *op. cit.*, p. 105.

5) McCullough, *The Moral Imagination and Public Life: Raising the Ethical Question*(Chatham House, 1991), p. 19.

6) Robert B. Denhardt and Janet V. Denhardt, *Public Administration: An Action Orientation*, 6th ed. (Thomson Wadsworth, 2009), pp. 129~130; F. Neil Brady, "Ethical Theory for the Public Administrator: The Management of Competing Interests," *American Review of Public Administration*, Vol. 15(Summer, 1981), pp. 119~125.

7) Rawls, *A Theory of Justice*(Harvard University Press, 1971).

8) Hodgkinson, *op. cit.*, pp. 110~115.

9) 최재희, 「인간주의 윤리학」(일신사, 1981), 262~267쪽.

10) Barbour, *Ethics in an Age of Technology*(Harper, 1993), pp. 45~53.

11) Gortner, *op. cit.*, p. 387.

12) Sampson, *Values, Bureaucracy and Public Policy*(University Press of America, 1983), p. 6.

13) Gortner, *op. cit.*, p. 373; R. Denhardt and J. Denhardt, *op. cit.*, p. 128.

14) Richard T. De George, *Business Ethics*(Macmillan, 1982), p. 12.

15) 고범서, 「가치관 연구」(나남, 1993), 29쪽; Michael E. Urban, *The Ideology of Administration: American and Soviet Cases*(State University of N. Y. Press, 1982), pp. 3~10.

16) 한국정치학회 편, 「민주주의론」(법문사, 1986), 13~14쪽.

17) Michael E. Milakovich and George J. Gordon, *Public Administration in America*, 9th ed.(Thomson Wadsworth, 2007), pp. 52~60.

18) 한국정치학회 편, 앞의 책, 16~17쪽.

19) 안성호, "정의의 개념과 규범들," 관악행정학회 편, 「행정과 가치」(법문사, 1988), 57~94쪽; David Robertson, *The Routledge Dictionary of Politics*, 3rd ed.(Routledge, 2004), p. 263.

20) 김영평, 「불확실성과 정책의 정당성」(고려대학교 출판부, 1991), 204~219쪽.

21) 최종원, "합리성과 정책연구," 한국정책학회, 「정책학회보」, 4권 2호(1995. 12), 131~160쪽.

22) 박정택, 「공익의 정치·행정론」(대영문화사, 1990), 77~94쪽; Douglas F. Morgan, "The Public Interest," in Cooper, *op. cit.*, p. 127; Jan-Erik Lane, *The Public Sector: Concepts, Models and Approaches*, 3rd ed.(Sage, 2000), pp. 6~9.

23) 윤영진, "공익의 행정철학적 함의," 관악행정학회 편, 앞의 책, 95~123쪽; 박정택, 「일상적 공공철학하기」(Ⅰ)(한국학술정보, 2007), 43~60쪽.

▪ **제 3 장 제 2 절** ▪

1) 이광규, 「문화인류학개론」(일조각, 1985), 35~36쪽, 「문화인류학의 세계」(서울대학교 출판부, 1993), 31~39쪽; 김경동, 「현대의 사회학」, 신정판(박영사, 2006), 38~53쪽; Elbert Stewart and James Glynn, *Introduction to Sociology*(McGraw-Hill, 1985), p. 75.

2) Stephen P. Robbins and Timothy A. Judge, *Organizational Behavior*, 13th ed.(Prentice-Hall,

2009), pp. 589~592.

3) Tylor, *Primitive Culture*(J. Murry, 1871).

4) Stewart and Glynn, *op. cit.*, p. 66.

5) Schein, *Organizational Culture and Leadership*(Jossey-Bass, 1985), pp. 1~22 and "Organizational Culture," in Wendell L. French, C. H. Bell, Jr., and R. A. Zawacki(eds.), *Organization Development and Transformation: Managing Effective Change*(McGraw-Hill, 2000), p. 130.

6) Parsons and Edward A. Shils, *Toward a General Theory of Action*(Cambridge, 1961), p. 77.

7) Slocum, Jr. and Hellriegel, *Principles of Organizational Behavior*, 12th ed.(South-Western, 2009), pp. 469~472.

8) 김경동, 앞의 책, 42~44쪽.

9) C. Siehl and L. Martin, "The Role of Symbolic Management," in J. G. Hunt *et al.*(eds.), *Leaders and Managers*(Pergamon Press, 1984), pp. 227~269; Stewart and Glynn, *op. cit.*, pp. 83~85.

10) Ceilia V. Harquail and Taylor Cox, Jr., "Organizational Culture and Acculturation," in Cox, Jr.(ed.), *Cultural Diversity in Organizations*(Berret-Koehler, 1994), pp. 165~168.

11) Robert G. Isaac, "Organizational Culture: Some New Perspectives," in R. T. Golembiewski(ed.), *Handbook of Organizational Behavior*(Dekker, 1993), p. 95; Cox, Jr., *op. cit.*, pp. 242~261; Robbins, *op. cit.*, pp. 498~503.

12) 고범서, 「가치관 연구」(나남, 1993), 239~247쪽.

13) 서정환, "한국행정문화의 특성에 관한 실증적 고찰"(서울대 석사학위논문, 1990); 정성호, "한국행정연구에 있어 문화심리적 접근의 평가," 「한국행정학보」, 25권 3호(1991), 707~726쪽; 김호섭·박천오, 「한국행정문화는 단점만 있는가?」(한국행정학회, 1999); 박천오, "한국 행정문화: 연구의 한계와 과제," 「정부학연구」, 14권 2호(2008), 215~240쪽.

▪ 제 3 장 제 3 절 ▪

1) 최재희, 「인간주의 윤리학」(일신사, 1981), 17~19쪽.

2) Patrick J. Sheeran, *Ethics in Public Administration: A Philosophical Approach*(Praeger, 1993), pp. 52~58.

3) Kenneth Kernaghan, "Promoting Public Service Ethics," in Richard A. Chapman(ed.), *Ethics in Public Service*(Carlton University Press, 1993), pp. 16~17; Robert B. Denhardt and Janet V. Denhardt, *Public Administration: An Action Orientation*, 6th ed.(Thomson Wadsworth, 2009), pp. 127~128.

4) Jay M. Shafritz, E. W. Russell and Christopher P. Borick, *Introducing Public Administration*, 5th ed.(Pearson Longman, 2007), pp. 192~194.

5) Mark W. Huddleston, "Comparative Perspectives on Administrative Ethics: Some Implications for American Public Administration," *Public Personnel Management*(이하 *PPM*), Vol. 10, No. 1(1981), pp. 68~73.

6) 심헌섭, 「법철학」(법문사, 1982), 103~136쪽; Phillip J. Cooper *et al.*, *Public Administration for the Twenty-First Century*(Harcourt Brace, 1998), pp. 75~79.

7) Jeffrey D. Greene, *Public Administration in the New Century: A Concise Introduction* (Thomson Wadsworth, 2005), pp. 372~378; Charles T. Goodsell, "Balancing Competing

Values," in James L. Perry(ed.), *Handbook of Public Administration*(Jossey－Bass, 1989), pp. 575~584; John W. Slocum, Jr. and Don Hellriegel, *Principles of Organizational Behavior*, 12th ed.(South－Western, 2009), pp. 394~395.

8) Evan M. Berman, J. S. Bowman, J. P. West and M. V. Wart, *Human Resource Management in Public Service: Paradoxes, Processes and Problems*(Sage Publications, 2016), pp. 40~42.

9) Robert J, Gregory, "Social Capital Theory and Administrative Reform: Maintaining Ethical Probity in Public Service," *PAR*, Vol. 59, No. 1(Jan./Feb. 1999), pp. 63~75.

10) James Perry, "Whistle Blowing, Organizational Performance, and Organizational Control," in H. George Frederickson(ed.), *Ethics and Public Administration*(M. E. Sharpe, 1993), pp. 79~82; Judith A. Truelson, "Whistle Blowers and Their Protection," in Terry L. Cooper(ed.), *Handbook of Administrative Ethics*(Marcel Dekker, 1994), pp. 285~286; Slocum, Jr. and Hellriegel, *op. cit.*, pp. 474~475; Cecilia F. Lavena, "Whistle－Blowing: Individual and Organizational Determinants of the Decision to Report Wrongdoing in the Federal Government", *American Review of Public Administration* (Vol. 46, No, 1, 2016), pp. 113~136.

11) Dennis L. Dresang, *Public Personnel Management and Public Policy*, 4th ed.(Addison Wesley Longman, 2002), pp. 47~49.

12) David Lewis, "Whistleblowing," in Diana Winstanley and Jean Woodall(eds.), *Ethical Issues in Contemporary Human Resource Management*(St. Martin's Press, 2000), pp. 268~269.

13) O. Glenn Stahl, *Public Personnel Administration*, 8th ed.(Harper & Row, 1983), pp. 390~392.

14) 「공직자윤리법」; 「공직자윤리법 시행령」; John A. Rohr, "Financial Disclosure: Power in Search of Policy," *PPM*, Vol. 10, No. 1(1981), pp. 29~40.

15) 「국가공무원법」 제55조 내지 제66조.

16) Berman *et al.*, *op. cit.*, pp. 439~448.

17) J. F. Atwood, "Collective Bargaining's Challenge: Five Imperative for Public Managers," *PPM*, Vol. 5, No. 1(Jan./Feb. 1976), pp. 24~31; M. Scott Milinski, "Obstacles to Sustaining a Labor-Management Partnership: A Management Perspective," *PPM*, Vol. 27, No. 1(Spring 1998), pp. 11~21; 김영재, "노사공동체 형성과 의사결정참가의 발전방향," 「노사관계연구」, 11권(서울대 경영대학, 2000. 8), 111~138쪽.

18) Stahl, *op. cit.*, pp. 455~456; Marick F. Masters and Robert Atkin, "Bargaining Representation and Union Membership in the Federal Sector: A Free Rider's Paradise," *PPM*, Vol. 18, No. 3(Fall, 1989), pp. 311~324.

19) Robert E. Catlin, "Should Public Employees Have the Right to Strike?," *Public Personnel Review*, Vol. 29, No. 1(Jan. 1968), pp. 2~9; Gillbert B. Siegel and Robert C. Myrtle, *Public Personnel Administration: Concepts and Practices*(Houghton Mifflin, 1985), pp. 377~378; Dresang, *op. cit.*, pp. 323~325.

20) 노동부, 「직장 내 성희롱」(2000); R. Denhardt and J. Denhardt, *op. cit.*, pp. 300~301; Dresang, *ibid.*, pp. 249~250.

21) 노동부, 위의 책, 6~11쪽; 서울대학교 학생생활연구소, 「성적 괴롭힘 예방 지침서」(1997), 7~12쪽; Bruce J. Eberhardt *et al.*, "Sexual Harassment in Small Government Units," *PPM*, Vol. 28, No. 3(Fall 1999), p. 352.

22) 「남녀고용평등과 일·가정 양립 지원에 관한 법률 시행규칙」(고용노동부령 제 1 호, 2010. 7. 12) 별표 1 참조.

23) 서울대 학생생활연구소, 앞의 책, 13~15쪽 참조.

24) Diane M. Hartmus and Susan B. Niblock, "Elements of a Good Sexual Harassment Policy," *The Public Manager*(Spring 2000), p. 52.

25) 김해동, "관료부패에 관한 연구(I)," 「행정논총」 10권 1호(1972), 172~177쪽; James C. Scott, *Comparative Political Corruption*(Prentice-Hall, 1972), pp. 3~5; Adam Kuper and Jessica Kuper(eds.), *The Social Science Encyclopedia*(Routledge & Kegan Paul, 1985), pp. 163~165; Shafritz, Russell and Borick, *op. cit.*, p. 212; David H. Rosenbloom and Robert S. Kravchuk, *Public Administration: Understanding Management, Politics, and Law in the Public Sector*, 6th ed. (McGraw-Hill, 2005), pp. 521~523.

26) Arnold J. Heidenheimer, *Political Corruption: Readings in Comparative Analysis*(Holt, Rinehart and Winston, 1970); Syed Hussein Alatas, *The Sociology of Corruption: The Nature, Function, Cause and Prevention of Corruption*(Singapore: Donald Moore Press, 1968), p. 12.

27) Edward Van Roy, "On the Theory of Corruption," *Economic Development and Cultural Change*(Oct. 1970), pp. 88~100.

28) Gabriel Ben Dor, "Corruption, Institutionalization, and Political Development: The Revisionist Theses Revisited," *Comparative Political Studies*, Vol. 7, No. 1(Apr. 1973), pp. 63~83; Nicholas Henry, *Public Administration and Public Affairs,* 12th ed. (Pearson, 2013), pp. 3~4.

29) 김해동, "관료부패에 관한 연구(II)," 「행정논총」, 10권 제2호(1972), 40~50쪽; 전수일, 「관료부패론」(선학사, 1996), 45~57쪽; Office of the Prime Minister, Republic of Korea, *Korea's Anti-Corruption Programs*(1999. 10), pp. 29~51; Rosenbloom and Kravchuk, *op. cit.*, pp. 524~525.

30) Gerald E. Caiden and Naomi J. Caiden, "Administrative Corruption," *PAR*, Vol. 37, No. 1(May-Jun. 1977), pp. 306~308.

▪ 제 3 장 제 4 절 ▪

1) Amitai Etzioni, *Modern Organizations*(Prentice-Hall, 1964), p. 6; Karen Hult and Charles Walcott, *Governing Public Organizations*(Brooks/Cole, 1990), pp. 49~55.

2) Richard L. Daft, *Understanding the Theory and Design of Organizations*, 10th ed.(South-Western, 2010), pp. 108~109; Edward Gross and Amitai Etzioni, *Organizations in Society*(Prentice-Hall, 1985), p. 8; Fremont E. Kast and James E. Rosenzweig, *Organization and Management: A Systems and Contingency Approach*(McGraw-Hill, 1985), p. 185.

3) John H. Barrett, *Individual Goals, and Organizational Objectives: A Study of Integration Mechanisms*(Institute for Social Research, University of Michigan, 1970).

4) 여기서 소개하는 목표유형론은 Perrow의 유형론을 수정·보완한 것이라고 말할 수 있다. Charles Perrow, *Organizational Goals*(mimeo., University of Pittsburgh, 1964), *Organizational Analysis: A Sociological View*(Wadsworth Publishing Company, 1970), pp. 133~174.

5) cf., Mayer N. Zald, "Differential Perception of Goals," in Fremont J. Lyden, George A. Shipman, and Morton Kroll(eds.), *Policies, Decisions, and Organization*(Meredith, 1969), pp. 158~162; David Silverman, *The Theory of Organizations: A Sociological Framework* (Basic Books, Inc., 1971), pp. 9~11.

6) Etzioni, *op. cit.*, pp. 8~14; John Bohte and Kenneth J. Meier, "Goal Displacement: Assessing

the Motivation for Organizational Cheating," *PAR*, Vol. 60, No. 2(Mar./Apr. 2000), pp. 173~182.

7) Amitai Etzioni, "Two Approaches to Organizational Analysis: A Critique and a Suggestion," *ASQ*, Vol. 5(Sep. 1960), pp. 257~278; Joseph A. Litterer, *The Analysis of Organizations*(John Wiley & Sons, 1967), pp. 47~48; Perry Levinson, "Evaluation of Social Welfare Programs: Two Research Models," *Welfare in Review*, Vol. 4, No. 10(Dec. 1966), pp. 5~12; Jaisingh Ghorpade(ed.), *Assessment of Organizational Effectiveness: Issues, Analysis, and Readings*(Good-year, 1971), pp. 85~87.

8) Litterer, *op. cit.*, pp. 148~149.

9) Bennis, "Towards a 'Truly' Scientific Management: The Concept of Organization Health," in Ghorpade, *op. cit.*, pp. 116~143.

10) Yuchtman and Seashore, "A System Resource Approach to Organizational Effectiveness," *ASQ*, Vol. 32, No. 6(Dec. 1967), pp. 377~395.

11) Gibson, J. M. Ivancevich and J. H. Donnelly, Jr., *Organizatons: Behavior, Structure, Processes*, 10th ed.(McGraw-Hill, 2000), pp. 19~23.

12) Hodge, William P. Anthony, and Lawrence M. Gales, *Organization Theory: A Strategic Approach*, 6th ed.(Prentice-Hall, 2003), pp. 68~75.

제 4 장 후주

▪ 제 4 장 제 1 절 ▪

1) Richard H. Hall, *Organizations: Structure and Process*, 5th ed(Prentice-Hall, 1991), pp. 50~62.

2) Hall, *ibid.*, pp. 62~74; William B. Stevenson, "Organization Design," in Robert T. Golembiewski (ed.), *Handbook of Organizational Behavior*(Marcel Dekker, 1993), p. 145.

3) Jerald Hage and Michael Aiken, *Social Change in Complex Organizations*(Random House, 1970), p. 43.

4) Robert Dubin, *The World of Work*(Prentice-Hall, 1958), p. 38; Chester I. Barnard, "The Functions of Status System," Robert Merton, *et al.*(eds.), *Reader in Bureaucracy*(Free Press of Glencoe, 1952), p. 243; Robert Presthus, *The Organizational Society: An Analysis and a Theory*(Random House, 1962), p. 148; Stephen P. Robbins and Timothy A. Judge, *Organizational Behavior*, 13th ed.(Prentice-Hall, 2011, pp. 290~292; David Robertson, *The Routledge Dictionary of Politics*, 3rd ed.(Routledge, 2004), pp. 459~460; Joe C. Magee and Clifford W. Frasier, "Status and Power: The Principal Inputs to Influence for Public Managers," *PAR* (Vol. 74, Iss. 3, May/June 2014), pp. 307~317.

5) Fremont E. Kast and James E. Rosenzweig, *Organization and Management: A Systems and Contingency Approach*, 4th ed.(McGraw-Hill, 1985), pp. 308~310.

6) David J. Lawless, *Effective Management: Social Psychological Approach*(Prentice-Hall, 1972), pp. 247~257; Nancy Morse, *Satisfactions of the White-Collar Job*(University of Michigan, 1953); Presthus, *op. cit.*, pp. 148~156; John M. Pfiffner and Frank P. Sherwood, *Administrative Organization*(Prentice-Hall, 1960), pp. 286~287.

7) Piffner and Sherwood, *ibid.*, pp. 287~289; Presthus, *ibid.*, pp. 152~153; Herbert A. Simon, *et al.*, *Public Administration*(Alfred A. Knopf, 1962), pp. 209~210; D. Marvick, *Career Perspectives in a Bureaucratic Setting*(University of Michigan Press, 1954), pp. 52~54.

8) cf., Hall, *op.cit.*, pp. 109~111; Robert Dahl, "The Concept of Power," *Behavioral Science*, Vol. 2(Jul. 1957), pp. 202~203; Robert Bierstedt, "An Analysis of Social Power," *American Sociological Review*, Vol. 15, No. 6(Dec. 1950), p. 730; Jeffrey Pfeffer, *Power in Organizations*(Pitman, 1981); John Hudson and Stuart Lowe, *Understanding the Policy Process: Analysing Welfare Policy and Practice*(Policy Press, University of Bristol, 2004), p. 121.

9) French, Jr. and Raven, "The Bases of Social Power," in D. Cartwright(ed.), *Studies in Social Power*(University of Michigan Press, 1959), pp. 118~149.

10) Abraham Kaplan, "Power in Perspective," in R. L. Kahn and E. Boulding(eds.), *Power and Conflict in Organizations*(Basic Books, 1964), pp. 13~15.

11) Pfeffer, *op. cit.*, pp. 97~135.

12) Pfeffer, *ibid.*, pp. 289~308; Rober F. Durant, "Whither Power in Public Administration? Attainment, Dissipation, and Loss," (Vol. 75, Iss. 2, March/April 2015), pp. 206~218.

13) Chester I. Barnard, *The Functions of the Executive*(Harvard University Press, 1938), pp. 161~184.

14) *Ibid.*

15) John R. Schermerhorn, Jr., James G. Hunt, Richard N. Osborn and Uhl−Bien, *Organizational Behavior*, 11th ed.(John Wiley & Sons, 2011), pp. 292~300; Don Hellriegel, John W. Slocum, Jr., and Richard W. Woodman, *Organizational Behavior*, 9th ed.(South-Western College Publishing, 2001), pp. 279~283.

16) Schermerhorn, Jr. *et al.*, *ibid.*, pp. 289~291; Jay M. Shafritz, E. W. Russell and Christopher P. Borick, *Introducing Public Administration*, 6th ed.(Pearson Longman, 2009), pp. 319~320; David Osborne and Peter Plastrik, Banishing Bureaucracy: The Five Strategies for Reinventing Government(Addison-Wesley, 1997), pp. 203~235; 워렌 베니스·버트 나누스 지음, 김원석 옮김, 「리더와 리더십」(황금부엉이, 2005), 102~107쪽.

17) Wendell L. French, C. H. Bell, Jr., and R. A. Zawacki(eds.), *Organization Development and Transformation: Managing Effective Change*(McGraw-Hill, 2000), pp. 452~459.

18) Woodward, *Management and Technology*(Her Majesty's Stationery Office, 1958), *Industrial Organization: Theory and Practice*(Oxford University, 1965).

19) Thompson, *Organizations in Action*(McGraw-Hill, 1967), pp. 14~19.

20) Perrow, *Organizational Analysis: A Sociological View*(Wadsworth, 1970), pp. 75~85.

21) Schermerhorn, Jr. *et al.*, *op. cit.*, pp. 426~430; David H. Rosenbloom and Robert S. Kravchuk, *Public Administration: Understanding Management, Politics, and Law in the Public Sector*, 6th ed.(McGraw-Hill, 2005), pp. 344~345; Richard L. Daft, *Understanding the Theory and Design of Organizations*, 10th ed.(South-Western, 2010), pp. 442~444.

▪ 제 4 장   제 2 절 ▪

1) Edgar H. Schein, *Organizational Psychology*, 3rd ed.(Prentice-Hall, 1980), p. 145.

2) *Ibid.*, pp. 149~153.

3) *Ibid.*, pp. 146~153; John R. Schermerhorn, Jr., J. G. Hunt, R. N. Osborn and Uhl−Bien,

Organizational Behavior, 11th ed.(John Wiley & Sons, 2011), pp. 157~158.

4) John M. Ivancevich, Robert Konopaske, and Michael Tatteson, *Organizational Behavior and Management*, 8th ed.(McGraw-Hill, 2008), pp. 273~278; John W. Slocum, Jr. and Don Hellriegel, *Principles of Organizational Behavior*, 12th ed.(South-Western, 2009), pp. 320~330; Jerald Greenberg and Robert A. Baron, *Behavior in Organizations*, 8th ed.(Prentice-Hall, 2003), pp. 291~309.

5) Stephen P. Robbins and Timothy A. Judge, *Organizational Beha*vior, 14th ed.(Prentice-Hall, 2011), pp. 316~318; A. B. (Rami) Shani and James B. Lau, *Behavior in Organizations: An Experiential Approach*, 8th ed.(McGraw-Hill, 2005), p. 99.

6) 정부혁신지방분권위원회, 「혁신과 분권의 현장: 일 잘하는 정부」(2005), 59~118쪽.

7) Fred Luthans, *Organizational Behavior*, 4th ed.(McGraw-Hill, 1987), pp. 361~362; 김경동, 「현대의 사회학」, 신정판(박영사, 2006), 149~193쪽; Elbert Stewart and James Glynn, *Introduction to Sociology*(McGraw-Hill, 1985), pp. 42~45.

8) Luthans, *ibid.*

9) Randall Dunham, *Organizational Behav*ior(Irwin, 1984), pp. 300~303.

10) Schein, *op. cit.*, pp. 172~181; M. Sherif *et al.*, *Intergroup Conflict and Cooperation: The Robbers Cave Experiment*(University Book Exchange, 1961); R. R. Blake and J. S. Mouton, "Reactions to Intergroup Competition under Win-Lose Conditions," *Management Science*, Vol. 7(1961), pp. 420~435.

11) Schein, *ibid.*, pp. 176~179; Edgar F. Huse and James L. Bowditch, *Behavior in Organizations* (Addison-Wesley, 1973), pp. 129~131; Ivancevich *et al.*, *op. cit.*, pp. 298~310.

12) Edgar H. Schein, *Process Consultation: Its Role in Organization Development* (Addison-Wesley, 1969), pp. 52~57.

13) cf., Norman R. F. Maier, "Assets and Liabilities in Group Problem Solving: The Need for an Integrative Function," *Psychological Review*, Vol. 74, No. 4(July 1967), pp. 239~249; Stewart and Glynn, *op. cit.*, pp. 58~60; Schermerhorn, Jr. *et al.*, *op. cit.*, pp. 197~198; Robert B. Denhardt and Janet V. Denhardt, *Public Administration: An Action Orientation*, 6th ed.(Thomson Wadsworth, 2009), pp. 349~351.

14) Andrzej Huczynski, *Encyclopedia of Organizational Change Methods*(Gower, 1987), pp. 73~74 and pp. 195~196; Schermerhorn, Jr. *et al.*, *ibid.*, pp. 199~200; 임창희, 「조직행동」(학현사, 1996), 334~335쪽.

15) Robbins and Judge, *op. cit.*, p. 299.

16) Maier, *op. cit.*

▪ 제 4 장   제 3 절 ▪

1) cf., Luther H. Gulick, "Notes on the Theory of Organization," in Gulick and Lyndall Urwick(eds.), *Papers on the Science of Administration*(Institute of Public Administration, 1937), pp. 1~45; Henry Fayol, *Industrial and General Administration*(English translation by J. A. Coubrough, International Management Association, Geneva, 1930); Frederick W. Taylor, *Shop Management*(Harper and Brothers, 1911).

2) Charles Babbage, *On the Economy of Machinery and Manufactur*es(Carey & Lea, 1832), pp. 121~130; Joseph A. Litterer, *The Analysis of Organizations*(John Wiley & Sons, 1965), pp.

164~167.

3) Gulick, *op. cit.*, p. 12ff.

4) cf., Victor A. Thompson, *Modern Organization*(Alfred A. Knopf, 1961), p. 58.

5) Bertram M. Gross, *The Managing of Organizations: The Administrative Struggle*, Vol. 1(The Free Press, 1964), p. 372.

6) Fritz Morstein Marx, *The Administrative State*(University of Chicago Press, 1957), pp. 17~33.

7) Max Weber가 "관료제에 관한 논문"을 발표한 것은 1911년이다. 우리는 Weber의 논문들을 영어로 번역한 책에서 그 내용을 알아보고 있다. cf., H. H. Gerth and C. Wright Mills(eds. and trans.), *From Max Weber: Essays in Sociology*(Oxford University Press, 1946); A. M. Henderson and T. Parsons(eds. and trans.), *The Theory of Social and Economic Organization by Max Weber* (Macmillan, 1947).

8) cf., Victor A. Thompson, *op. cit.*, Ch. 8; Warren G. Bennis, "Organizational Development and the Fate of Bureaucracy," *Industrial Management Review*, Vol. 7(1966), pp. 41~55; David H. Rosenbloom and Robert S. Kravchuk, *Public Administration: Understanding Management, Politics, and Law in the Public Sector*, 6th ed.(McGraw-Hill, 2005), pp. 147~148.

9) Charles C. Goodsell, *The Case for Bureaucracy: Public Administration Polemic*, 2nd ed.(Chatham House, 1985); Herbert Kaufman, "Fear of Bureaucracy: A Raging Pandemic," *PAR*, Vol. 41, No. 1(1981), pp. 1~9; Brinton Milward and Hal Rainey, "Don't Blame the Bureaucracy," *Journal of Public Policy*, Vol. 3, No. 2(1983), pp. 149~168; Fred W. Riggs, "Modernity and Bureaucracy," *PAR*, Vol. 57, No. 4(Jul./Aug. 1997), pp. 347~353; H. George Frederickson, "Can Bureaucracy Be Beautiful?" *PAR*, Vol. 60, No. 1(Jan./Feb. 2000), pp. 47~53.

10) David I. Cleland and William R. King, *Systems Analysis and Project Management* (McGraw-Hill, 1975), p. 234ff.; Chris Argyris, "Today's Problems with Tomorrow's Organizations," *Journal of Management Studies*, Vol. 4, No. 1(Feb. 1967), pp. 31~55; Richard L. Daft, *Understanding the Theory and Design of Organizations*, 10th ed.(South-Western, 2010), pp. 76~79.

11) Golembiewski, "Organization Patterns of the Future: What They Mean to Personnel Admin-istration," *Personnel Administration*(Nov./Dec. 1969), pp. 9~24.

12) Howard E. McCurdy, *Public Administration: A Synthesis*(Cummings, 1977), p. 349.

13) Bennis, *op. cit.*

14) Kirkhart, "Toward a Theory of Public Administration," in Frank Marini(ed.), *Toward a New Public Administration: The Minnowbrook Perspective*(Chandler, 1971), pp. 158~164.

15) White, Jr., "The Dialectical Organization: An Alternative to Bureaucracy," *PAR*, Vol. 29, No. 1 (Jan./Feb. 1969), p. 35ff.; White, Jr., "Organization and Administration for New Technological and Social Imperatives," Dwight Waldo(ed.), *Public Administration in a Time of Turbulence*(Chandler, 1971), pp. 151~168.

16) Thayer, *An End to Hierarchy! An End to Competition!*(New Viewpoints, 1973).

17) Blau and Scott, *Formal Organizations*(Chandler, 1962), pp. 40~58.

18) Keidel, *Seeing Organizational Patterns: A New Theory and Language of Organizational Design* (Berrett-Koehler, 1995).

19) Mintzberg, *The Structuring of Organizations*(Prentice-Hall, 1979), *Structuring in Fives: Designing Effective Organizations*(Prentice-Hall, 1983), *Power in and around*

Organizations(Prentice-Hall, 1983).

20) Linden, *Seamless Government*(Jossey-Bass, 1994).

21) John W. Slocum, Jr. and Don Hellriegel, *Principles of Organizational Behavior*, 12th ed. (South-Western, 2009), pp. 448~449; Daft, *op. cit.*, pp. 251~252; Stephen Goldsmith and William D. Eggers, *Governing by Network: The New Shape of the Public Sector*(Brookings, 2004), pp. 25~37; 한세억, "지식사회의 조직모형 탐색과 실천가능성," 「한국행정연구」(1999 가을호), 243~246쪽.

22) Martin Landau, "On Multiorganizational Systems in Public Organization," *Journal of Public Administration Research and Theory*, Vol. 1, No. 1(1991), pp. 5~18; 김명환, "효과적인 네트워크 구조의 탐색," 「한국행정연구」, 15권 2호(2006 여름), 273~301쪽.

23) B. J. Hodge, William P. Anthony, and Lawrence M. Gales, *Organization Theory: A Strategic Approach*, 6th ed.(Prentice-Hall, 2003), p. 207; Slocum, Jr. and Hellriegel, *op. cit.*, p. 448; Daft, *op. cit.*, p. 444.

24) John R. Schermerhorn, Jr., James G. Hunt, and Richard N. Osborn, *Organizational Behavior*, 7th ed.(John Wiley & Sons, 2000), p. 258; Hodge *et al.*, *ibid.*, pp. 208~211.

25) Chris Argyris, "Double Loop Learning in Organization," *Harvard Business Review*(Sep./Oct. 1977); C. Marlene Fiol and Majorie A. Lyles, "Organizational Learning," *Academy of Management Review*(Oct. 1985); A. B. (Rami) Shani and James B. Lau, *Behavior in Organizations: An Experiential Approach*, 8th ed.(McGraw-Hill, 2005), pp. 422~425.

26) 워렌 베니스·버트 나누스 지음, 김원석 옮김, 「리더와 리더십」(황금부엉이, 2005), 220~245쪽.

27) Garvin, "Building a Learning Organization," in Wendell L. French, C. H. Bell, Jr., and R. A. Zawacki(eds.), *Organization Development and Transformation: Managing Effective Change*, 5th ed.(McGraw-Hill, 2000), pp. 281~394.

28) Stephen P. Robbins, *Organizational Behavior*, 11th ed.(Prentice-Hall, 2005), p. 566.

29) Shani and Lau, *op. cit.*, p. 423.

30) Garvin, *op. cit.*

31) Daft, *op. cit.*, pp. 30~34.

32) Senge, *The Fifth Discipline: The Art and Practice of the Learning Organization*(Doubleday, 1994); 손태원, "Peter M. Senge의 학습조직론 — 제 5의 수련," 오석홍 외 편, 「조직학의 주요 이론」(법문사, 2008), 401~411쪽.

33) 신유근, 「경영학원론」, 제 2 판(다산출판사, 2006), 388~395쪽; Linden, *op. cit.*; Daft, *op. cit.*, pp. 81~85; Frank Ostroff, *The Horizontal Organization*(Oxford University Press, 1999); Robbins, *op. cit.*, pp. 503~506; Rosenbloom and Kravchuk, *op. cit.*, pp. 189~190; Michael E. Milakovich and George J. Gordon, *Public Administration in America*, 9th ed.(Thomson Wadsworth, 2007), p. 11 and p. 197; Patricia Aburdene, *Megatrends 2010: The Rise of Conscious Capitalism*(Hampton Roads, 2005), pp. 66~89.

34) Nicholas Henry, Public *Administration and Public Affairs*, 12th ed. (Pearson, 2013), pp. 68~72.

35) 전영평, "자치의 오류와 지방정부 혁신: 성찰과 과제," 「행정논총」, 41권 3호(2003. 9), 79~103쪽, "한국지방자치 재조정을 위한 시론: 미국과 일본이 주는 교훈," 「행정논총」, 46권 2호(2008. 6), 225~251쪽; 이승종, 「지방자치론」, 제 2 판(박영사, 2005).

36) 오석홍, "보사부 산하 지방청을 설치할 것인가," 「지방자치」 통권 24호(1990. 9); 지방행정연구원, 「지방행정기관과 특별지방행정기관간의 역할재분담에 관한 연구」(1989. 8).

37) 안용식, 「현대공기업론」(박영사, 1992), 52쪽; 윤영진 「새 재무행정학」 2.0(대영문화사, 2014), 128~130쪽; 박순애·김준기 편 「공기업개혁」(박영사 2014), 3~25쪽; Rayburn Barton and William L. Chappell, Jr., *Public Administration: The Work of Government*(Scott, Foresman & Co., 1985), p. 41; Nicholas Henry, *Public Administration and Public Affairs*, 11th ed.(Pearson Longman, 2010), pp. 295~305; Leonard D. White, *Introduction to the Study of Public Administration*, 9th ed.(Macmillan, 1961), pp. 131~137.

38) 박순애, "공기업의 역사화 변천," 박순애·김준기 편 「공기업개혁」(박영사, 2014), 3~25쪽.

39) Owen E. Hughes, *Public Management and Administration: An Introduction*, 3rd ed.(Palgrave Macmillan, 2003), pp. 95~97.

제 5 장 후주

▪ 제 5 장 제 1 절 ▪

1) cf., Randall B. Dunham, *Organization Behavior*(Irwin, 1984), p. 273; Hugh J. Arnold and Daniel C. Feldman, *Organization Behavior*(McGraw-Hill, 1986), p. 154; Daniel Katz and Robert L. Kahn, *The Social Psychology of Organizations*, 2nd ed.(John Wiley & Sons, 1978), p. 428; John W. Slocum, Jr. and Don Hellriegel, *Principles of Organizational Behavior*, 12th ed.(South-Western, 2009), pp. 226~234.

2) Claude Shannon and Warren Weaver, *The Mathematical Theory of Communication* (University of Illinois Press, 1949), p. 5; Joseph A. Litterer, *The Analysis of Organizations*(John Wiley & Sons, 1965), p. 257ff.; Slocum, Jr. and Hellriegel, *ibid.*; John R. Schermerhorn, Jr., James G. Hunt, Richard N. Osborn and Uhl–Bien, *Organizational Behavior*, 11th ed.(John Wiley & Sons, 2011), pp. 256~258.

3) Jerald Greenberg and Robert A. Baron, *Behavior in Organizations*, 8th ed.(Prentice-Hall, 2003), pp. 322~326; John W. Newstrom, *Organizational Behavior: Human Behavior at Work*, 13th ed. (McGraw-Hill, 2011), pp. 67~71.

4) Lee O. Thayer, *Administrative Communication*(Richard D. Irwin, 1961), p. 283.

5) Dennis Palumbo and Steven Maynard-Moody, *Contemporary Public Administration* (Longman, 1991), pp. 96~97.

6) David J. Lawless, *Effective Management: Social Psychological Approach*(Prentice-Hall, 1972), p. 139; Harold Guetzkow and Herbert A. Simon, "The Impact of Certain Communication Nets upon Organization and Performance in Task Oriented Groups," *Management Science*, Vol. 1(1955), pp. 233~250.

7) Richard Hall, *Organizations: Structures, Processes, and Outcomes*, 5th ed.(Prentice-Hall, 1991), pp. 177~179; Schermerhorn, Jr. *et al.*, *op. cit.*, pp. 259~260; John M. Ivancevich, Robert Konopaske, and Michael Tatteson, *Organizational Behavior and Management*, 8th ed.(McGraw- Hill, 2008), pp. 363~367.

8) J. G. Miller, "The Magical Number 7, Plus or Minus Two: Some Limits on Our Capacity for Processing Information," *Psychological Review*, Vol. 63(1956), pp. 81~97, "Information Input, Overload, and Psychopathology," *American Journal of Psychiatry*, No. 116(1960), pp. 695~704.

9) cf., Herbert A. Simon, *Administrative Behavior*(Macmillan, 1959), pp. 162~163; Peter M.

Blau and W. Richard Scott, *Formal Organizations*(Chandler, 1962), pp. 121~124; Hall, *op. cit.*, pp. 172~173.

10) Miller, *op. cit.*; Harold Guetzkow, "Communications in Organizations," in James G. March(ed.), *Handbook of Organizations*(Rand McNally, 1965), pp. 551~556; Katz and Kahn, *op. cit.*, pp. 449~455.

11) Lawless, *op. cit.*, pp. 134~137; Anthony Downs, *Inside Bureaucracy*(Little, Brown, 1967), pp. 118~120; Jerald Hage, *Communication and Organizational Control*(Wiley & Sons, 1974), p. 341; Ivancevich *et al.*, *op. cit.*, pp. 367~370; A. B. (Rami) Shani and James B. Lau, *Behavior in Organizations: An Experiential Approach*, 8th ed.(McGraw-Hill, 2005), pp. 302~304.

12) Robert B. Denhardt and Janet V. Denhardt, *Public Administration: An Action Orientation*, 6th ed. (Thomson Wadsworth, 2009), pp. 334~337.

13) 김지수, "정보화사회의 추진을 위한 정보화 개념의 정립"(서울대 석사학위논문, 1986), 20~21쪽; 한국전자통신연구소, 「전기통신용어사전」(1985), 614쪽; 김여성, "컴퓨터란?," 「행정과 전산」, Vol. 10, No. 1(총무처 정부전자계산소, 1988. 3), 103~104쪽; M. J. Riley(ed.), *Management Information Systems*, 2nd ed.(Holpen-Day, 1981), pp. 71~72.

14) Donald A. Marchand, "Information Management in Public Organizations: Defining a New Resource Management Function," in Forest Horton, Jr. and Donald A. Marchand(eds.), *Information Management in Public Administration*(Information Resources Press, 1982), pp. 58~65.

15) 이학종, 「전략경영」(박영사, 1997), 331~349쪽; Richard L. Daft, *Organization Theory and Design*, 7th ed.(South-Western College Publishing, 2001), pp. 241~245; Nicholas Henry, *Public Administration and Public Affairs*, 12th ed.(Prentice-Hall, 2013), pp. 155~156; R. Denhardt and J. Denhardt, *op. cit.*, pp. 270~272.

16) Daft, *ibid.*, pp. 257~264; Elias M. Awad and Hassan M. Ghaziri, *Knowledge Management*(Pearson Education Inc., 2004); Stephen P. Robbins and Timothy A. Judge, *Organizational Behavior*, 13th ed.(Prentice-Hall, 2009), pp. 398~399; Stephen Goldsmith and William D. Eggers, *Governing by Network: The New Shape of the Public Sector*(Brookings, 2004), pp. 108~109; Henry, *ibid.*, pp. 155~168.

17) Herbert A. Simon, *The New Science of Management Decision*(Prentice-Hall, 1960), pp. 1~8.

18) Schermerhorn, Jr. *et al.*, *op. cit.*, pp. 222~225; Barry Bozeman and Gordon Kingsley, "Risk Culture in Public and Private Organizations," *PAR*, Vol. 58, No. 2(Mar./Apr. 1998), pp. 109~118; Myron L. Weber, "Risk Taking in Organizations," in Robert T. Golembiewski(ed.), *Handbook of Organizational Behavior*(Marcel Dekker, 1993), pp. 169~188; Evan M. Berman and Jonathan P. West, "Responsible Risk-Taking," *PAR*, Vol. 58, No. 4(Jul./Aug. 1998), pp. 346~352; Pervaiz K. Ahmed and Charles D. Shepherd, *Innovation Management* (Pearson, 2010), pp. 43~44.

19) Shani and Lau, *op. cit.*, pp. 383~385.

20) *Idid.*, pp. 385~390; Slocum, Jr. and Hellriegel, *op. cit.*, pp. 412~415; Greenberg and Baron, *op. cit.*, pp. 533~536; Robbins and Judge, *op. cit.*, pp. 192~194.

21) Katz and Kahn, *op. cit.*, pp. 487~494; William G. Scott and Terence R. Mitchell, *Organization Theory: A Structural and Behavioral Analysis*(Richard D. Irwin, 1972), pp. 165~172; Schermerhorn, Jr. *et al.*, *op. cit.*, pp. 354~355; Ivancevich *et al.*, *op. cit.*, pp. 384~389.

22) William F. Pounds, "The Process of Problem Finding," *Industrial Management Review*(Fall 1969), pp. 1~19.

23) Henry Mintzberg, Duru Raisinghani, and André Théorêt., "The Structure of Unstructured Decision Processes," *ASQ*, Vol. 21, No. 2(Jun. 1976), p. 255.

24) James D. Thompson and Arthur Tuden, "Strategies, Structures, and Processes of Organizational Decision," in James D. Thompson *et al.*(eds.), *Comparative Studies in Administration*(University of Pittsburgh Press, 1959), Ch. 12.

25) Hugh J. Arnold and Daniel C. Feldman, *Organizational Behavior*(McGraw-Hill, 1986), pp. 396~402; Daft, *op. cit.*, pp. 403~406; Slocum, Jr. and Hellriegel, *op. cit.*, pp. 403~404.

26) Aaron Wildavsky, *The Politics of Budgetary Process*(Little, Brown, 1974), pp. 189~194; Michael E. Milakovich and George J. Gordon, *Public Administration in America*, 9th ed.(Thomson, 2007), pp. 237~239.

27) Simon, *Administrative Behavior: A Study of Decision-Making Processes in Administrative Organizations*(Macmillan, 1948), *Models of Man, Social and Rational*(Wiley, 1957); James G. March and Herbert A. Simon, *Organizations*(Wiley, 1966), Ch. 6.

28) Cyert and March, *A Behavioral Theory of the Firm*(Prentice-Hall, 1963).

29) *Ibid.*; March and Simon, *Organizations, op. cit.*

30) Higgins, "Strategic Decision Making: An Organization Behavioral Perspective," *Managerial Planning*, Vol. 12(Mar./Apr. 1978).

31) Slocum, Jr. and Hellriegel, *op. cit.*, pp. 411~412.

32) Lindblom, "The Science of Muddling Through," *PAR*, Vol. 19, No. 1(Spring 1959), pp. 79~88.

33) Etzioni, "Mixed Scanning: A 'Third' Approach to Decision Making," *PAR*, Vol. 27, No. 5(Dec. 1967), pp. 385~392.

34) Dror, "Muddling Through— 'Science' or Inertia?," *PAR*, Vol. 24, No. 3(Sep. 1964), reprinted in A. Etzioni(ed.), *Readings on Modern Organizations*(Prentice-Hall, 1969), pp. 166~171; and Dror, *Public Policymaking Reexamined*(Chandler Pub. Co., 1968).

35) 박광국, "Graham T. Allison의 의사결정의 본질," 오석홍 외 편, 「정책학의 주요이론」(법문사, 2000), 233~243쪽; Allison, *Essence of Decision: Explaining the Cuban Missile Crisis*(Little, Brown & Co., 1971).

36) 김정수, "John D. Steinbruner의 사이버네틱 정책결정이론," 오석홍 외 편, 위의 책, 249~258쪽; Steinbruner, *Cybernetic Theory of Decision: New Dimensions of Political Analysis*(Princeton University Press, 1974).

37) Cohen, March and Olsen, "A Garbage Can Model of Organizational Choice," ASQ, Vol. 17, No. 1(Mar. 1972), pp. 1~25; March and Olsen(eds.), *Ambiguity and Choice in Organizations* (Universitepsfarbaget, 1979); Daft, *op. cit.*, pp. 420~424.

38) 조일홍, "John W. Kingdon의 '정책의 창' 이론," 오석홍, 앞의 책, 415~422쪽.

39) Masuch and LaPotin, "Beyond Garbage Cans: An AI Model of Organizational Choice," *ASQ*, Vol. 34(1989), pp. 38~67.

40) Daft, *op. cit.*, pp. 424~427.

41) Greenberg and Baron, *op. cit.*, pp. 376~383; Schermerhorn, Jr. *et al.*, *op. cit.*, pp. 332~333; Jennifer M. George and Gareth R. Jones, *Organizational Behavior*, 3rd ed.(Prentice-Hall, 2002), pp. 473~477.

▪ 제 5 장 제 2 절 ▪

1) Richard H. Hall, *Organizations: Structures, Processes, and Outcomes*, 5th ed.(Prentice-Hall, 1991), p. 137; Paul Hersey and Kenneth H. Blanchard, *Management of Organizational Behavior: Utilizing Human Resources*, 3rd ed.(Prentice-Hall, 1977), p. 84; Richard L. Daft, *Leadership: Theory and Practice*(Dryden Press, 1999), pp. 5~6.

2) D. C. McClelland, *Power: The Inner Experience*(Irvington, 1975), *Human Motivation*(Scott, Foresman, 1985); D. A. Kenny and Others, "Rotation Designs in Leadership Research," *Leadership Quarterly*, Vol. 3, No. 1(1992), pp. 25~41; Robert J. House, "A 1976 Theory of Charismatic Leadership," in J. G. Hunt and L. L. Larson(eds.), *The Leadership: The Cutting Edge*(Southern Illinois University Press, 1977), pp. 189~207.

3) Robert J. House and Ram N. Aditya, "The Social Scientific Study of Leadership: *Quo Vadis?*" *Journal of Management*, Vol. 23, No. 3(1997), pp. 439~443.

4) Lewin, Lippitt and White, "Patterns of Aggressive Behavior in Experimentally Created Social Climates," *Journal of Social Psychology*, Vol. 10(1939), pp. 271~299; Lippitt and White, "An Experimental Study of Leadership and Group Life," in E. E. Maccoby, T. M. Newcomb, and E. L. Hartley(eds.), *Readings in Social Psychology*, 3rd ed.(Holt, Rinehart & Winston, 1958).

5) D. Katz, N. Macoby, and N. C. Morse, *Productivity, Supervision, and Morale in an Office Situation*(Survey Research Center, University of Michigan, 1950); D. Katz, N. Macoby, G. Gurin, and L. G. Floor, *Productivity, Supervision and Morale among Railroad Workers*(Survey Research Center, University of Michigan, 1951).

6) E. Fleishman, E. F. Harris, and R. D. Burtt, *Leadership and Supervision in Industry*(Ohio State University Press, 1955); R. M. Stogdill and A. E. Coons(eds.), *Leader Behavior: Its Description and Measurement*(Bureau of Business Research, Ohio State University, 1957).

7) Blake and Mouton, *Building a Dynamic Corporation through Grid Organization Development* (Addison-Wesley, 1969).

8) House and Aditya, *op. cit.*, pp. 430~443; Daft, *op. cit.*, pp. 80~83.

9) Fiedler, *A Theory of Leadership Effectiveness*(McGraw-Hill, 1967).

10) Hersey and Blanchard, *Management of Organizational Behavior: Utilizing Human Resources*, 3rd ed.(Prentice-Hall, 1977), pp. 103~107.

11) R. J. House, "A Path Goal Theory of Leader Effectiveness," *ASQ*, Vol. 16(1971), pp. 321~338.

12) Hersey and Blanchard, *op. cit.*

13) F. E. Fiedler and J. E. Garcia, *New Approaches to Effective Leadership: Cognitive Resource and Organizational Performance*(Wiley, 1987).

14) V. H. Vroom and P. W. Yetton, *Leadership and Decision-Making*(University of Pittsburgh Press, 1973); Vroom and A. G. Jago, *The New Leadership: Managing Participation in Organizations* (Prentice-Hall, 1988).

15) Jemes G. Hunt, "Organizational Leadership: The Contingency Paradigm and Its Challenges," in Barbara Kellerman(ed.), *Leadership: Multidisciplinary Perspectives*(Prentice-Hall, 1984), pp. 124~130.

16) Daft, *op. cit.*, pp. 111~113.

17) Jay M. Shafritz, E. W. Russell and Christopher P. Borick, *Introducing Public Administration*, 5th ed.(Pearson Longman, 2007), pp. 381~383; John W. Slocum, Jr. and Don Hellriegel, *Principles of Organizational Behavior*, 12th ed.(South-Western, 2009), pp. 301~305; Warren

Bennis, "Transformative Power and Leadership," Thomas J. Sergiovanni and John E. Corbally(eds.), *Leadership and Organizational Culture*(University of Illinois Press, 1984), pp. 64~71.

18) B. S. Pawar and K. K. Eastman, "The Nature and Implications of Contextual Influences on Transformational Leadership: A Conceptual Examination," *Academy of Management Review*, Vol. 22, No. 1(1997), pp. 80~109.

19) Jerry W. Gilley and Ann Maycunich, *Beyond the Learning Organization*(Perseus Books, 2000), pp. 61~85.

20) Pawar and Eastman, *op. cit.*; Robert L. Dipboye *et al.*, *Understanding Industrial and Orga-nizational Psychology: An Integrated Approach*(Harcourt Brace, 1994), p. 278.

21) Dipboye, *ibid.*, pp. 278~279.

22) Luke, *Catalytic Leadership: Strategies for an Interconnected World*(Jossey-Bass, 1998).

23) Stephen P. Robbins, *Organizational Behavior*, 11th ed.(Prentice-Hall, 2005), p. 367.

24) House and Aditya, *op. cit.*, pp. 456~459.

25) Daft, *op. cit.*, pp. 124~126, p. 369.

26) Katz and Kahn, *The Social Psychology of Organization*, 2nd ed.(Wiley, 1978), pp. 538~559.

27) Robbins, *Organizational Behavior*, 9th ed.(Prentice-Hall, 2001), pp. 330~332, 334~335 and 11th ed. (2005), pp. 373~375.

28) Manz and Sims, Jr., "Leading Workers to Lead Themselves," *ASQ*, Vol. 32(1987) pp. 106~127, "Superleadership: Beyond the Myth of Heroic Leadership," *Organizational Dynamics*(Summer 1991), pp. 18~35.

29) William G. Scott and Terrence R. Mitchell, *Organization Theory: A Structural and Behavioral Analysis*(Irwin, 1972), p. 236.

30) Jerald Greenberg and Robert A. Baron, *Behavior in Organizations*, 8th ed.(Prentice-Hall, 2003), pp. 502~507; Fred E. Fiedler and Martin M. Chemers, *Leadership and Effective Management*(Scott, Foresman and Co., 1974), pp. 140~152.

31) Preston "Tim" Brown, "New Directions in Leadership Development: A Review of Trends and Best Practices," *The Public Manager*, Vol. 28, No. 4(Winter 1999~2000), pp. 37~41.

32) Kelley, *The Power of Followership*(Doubleday, 1992).

33) *Ibid.*; Daft, *op. cit.*, pp. 400~409.

34) Kenneth E. Boulding, "A Pure Theory of Conflict Applied to Organizations," in R. L. Kahn and K. E. Boulding(eds.), *Power and Conflict in Organizations*(Basic Books, 1964), p. 138; Slocum, Jr. and Hellriegel, *op. cit.*, p. 358.

35) cf., Leonard Rico, "Organizational Conflict: A Framework for Reappraisal," *Industrial Management Review*(Fall 1964), p. 67; Kenneth Thomas, "Conflict and Conflict Management," in Marvin D. Dunnette, *Handbook of Industrial and Organizational Psychology*(Rand McNally, 1976), pp. 891~892.

36) Louis R. Pondy, "Organizational Conflict: Concepts and Models," *ASQ*, Vol. 12, No. 2(Sep. 1967), pp. 296~320.

37) cf., Joseph A. Litterer, "Conflict in Organization: A Reexamination," in Henry L. Tosi and W. Clay Hamner(eds.), *Organizational Behavior and Management: A Contingency Approach*(St. Clair Press, 1974), pp. 322~324; Robert L. Dipboye, Carlla S. Smith, and

William C. Howell, *Understanding Industrial and Organizational Psychology: An Integrated Approach*(Harcourt Brace, 1994), pp. 195~198; Greenberg and Baron, *op. cit.*, pp. 416~417.

38) Pondy, *op. cit.*; John R. Schermerhorn, Jr., James G. Hunt, Richard N. Osborn and Uhl−Bien, *Organizational Behavior*, 11th ed.(John Wiley & Sons, 2011), pp. 236~237.

39) Stephen Robbins, *Managing Organizational Conflict: A Nontraditional Approach* (Prentice-Hall, 1974), p. 59ff.; Schermerhorn, Jr. *et al.*, *ibid.*, pp. 238~241; Slocum, Jr. and Hellriegel, *op. cit.*, pp. 364~368.

40) Schermerhorn, Jr. *et al.*, *ibid.*, pp. 244~249; Slocum, Jr. and Hellriegel, *ibid.*, pp. 369~376.

▪ 제 5 장   제 3 절 ▪

1) cf., James E. Swiss, *Public Management Systems*(Prentice-Hall, 1991), pp. 1~4; Paul Hersey and Kenneth H. Blanchard, *Management of Organizational Behavior*, 2nd ed.(Prentice-Hall, 1972), pp. 3~7; Graham T. Allison, Jr., "Public and Private Management: Are They Fundamentally Alike in All Unimportant Respects?," in Frederick S. Lane(ed.), *Current Issues in Public Administration*, 6th ed.(St. Martin's Press, 1999), pp. 14~29; Owen E. Hughes, *Public Management and Administration: An Introduction*, 3rd ed.(Palgrave Macmillan, 2004), pp. 44~46.

2) 신유근, 「현대경영학」(다산출판사, 1997), 303~311쪽.

3) Henry Mintzberg, "Managing Government," *Harvard Business Review*(May/Jun. 1996), p. 81.

4) Stephen Goldsmith and William D. Eggers, *Governing by Network: The New Shape of the Public Sector*(Brookings, 2004), pp. 157~178.

5) cf., George Odiorne, *Management by Objectives*(Pitman, 1964); Henry L. Tosi, Jr. and Stephen Carroll, Jr., "Management by Objectives," in Robert A. Zawacki and D. D. Warrick(eds.), *Organization Development: Managing Change in the Public Sector*(International Personnel Management Association, 1976), p. 169; Stephen P. Robbins and Timothy A. Judge, *Organizational Behavior*, 13th ed.(Pearson, 2009), pp. 221~222.

6) Drucker, *The Practice of Management*(Harper, 1954); McGregor, "An Uneasy Look at Performance Appraisal," *Harvard Business Review*, Vol. 35(1957), pp. 89~94, *The Human Side of Enterprise* (McGraw-Hill, 1960).

7) Stephen J. Carroll, Jr. and Henry L. Tosi, Jr., *Management by Objectives: Applications and Research*(Macmillan, 1973), pp. 130~140.

8) cf., Rodney H. Brady, "MBO Goes to Work in the Public Sector," *Harvard Business Review*, Vol. 51, No. 2(Mar./Apr. 1973), pp. 65~74.

9) Edwin Locke *et al.*, "Goal Setting and Task Performance: 1969~1980," *Psychological Bulletin*, Vol. 90(Jul./Nov. 1981), pp. 125~152; Robbins and Judge, *op. cit.*, pp. 219~220; John W. Slocum, Jr. and Don Hellriegel, *Principles of Organizational Behavior*, 12th ed.(South-Western, 2009), pp. 162~164; John R. Schermerhorn, Jr., J. G. Hunt, R. N. Osborn and Uhl−Bien, *Organizational Behavior*, 11th ed.(John Wiley & Sons, 2011), pp. 121~123.

10) David K. Carr and D. Littman, *Excellence in Government: Total Quality Management in the 1990s*, 2nd ed.(Cooper & Lybrand, 1993), p. 3.

11) Warren H. Schmidt and Jerome P. Finnigan, TQ Manager(Jossey-Bass, 1993), pp. 3~9; Patrick E. Connor, "Total Quality Management: A Selective Comments on Its Human Dimensions, with Special Reference to Its Downside," *PAR*, Vol. 57, No. 6(1997), pp.

501~508.; Schermerhorn, Jr. *et al., op. cit.*, pp. 398~399.

12) Steven Cohen and Ronald Brand, *Total Quality Management in Government*(Jossey-Bass, 1993), pp. 76~106.

13) Connor, *op. cit.*, pp. 505~507; Mark J. Zbaracki, "The Rhetoric and Reality of Total Quality Management," *ASQ*, Vol. 43, No. 3(1998), pp. 602~635.

14) Nicholas Henry, *Public Administration and Public Affairs*, 9th ed.(Prentice-Hall, 2004), pp. 203~205.

15) Jay M. Shafritz, E. W. Russell and Christopher P. Borick, *Introducing Public Administration*, 6th ed.(Pearson Longman, 2009), pp. 351~363; James L. Mercer, *Public Management in Lean Years*(Quorum Books, 1992), pp. 140~143; Owen E. Hughes, *Public Management and Administration: An Introduction*, 3rd ed.(Palgrave Macmillan, 2003), pp. 132~137; Jeffrey A. Mello, *Strategic Management of Human Resources*, 3rd ed. (South−Western, 2011), pp. 152~161.

16) Shafritz, Russell and Borick, *op. cit.*, pp. 352~354; Hughes, *ibid.*, pp. 137~141; Jesper R. Hansen and Ewan Ferlie, "Applying Strategic Management Theories in Public Sector Organization: Developing a Typology" *Public Management Review* (Vol. 18, No. 1, 2016), pp. 1~19.

17) Robert B. Denhardt and Janet V. Denhardt, *Public Administration: An Action Orientation*, 6th de. (Thomson Wadsworth, 2009), pp. 198~201; Raymond A. Noe, John R. Hollenbeck, Barry Gehart, and Patrick M. Wright, *Human Resource Management: Gaining a Competieive Advantage*, 8th ed. (McGraw−Hill, 2013), p. 75.

18) Shafritz, Russell and Borick, *op. cit.*, pp. 326~328; Donald F. Kettl, *The Global Public Management Revolution*, 2nd ed.(Brookings Ins., 2005), pp. 47~48.

19) 중앙인사위원회 성과기획과, "외국의 성과평가제도 소개," 중앙인사위원회, 「인사행정」 통권 21(2004), 42~45쪽; Grover Starling, *Managing the Public Sector*, 5th ed.(Harcourt Brace, 1998), p. 447; Shafritz, Russell and Borick, *ibid.*

20) James E. Swiss, "A Framework for Assessing Incentives in Results−Based Management," *PAR*, Vol. 65, No. 5(Sep./Oct. 2005), pp. 592~602; Robert D. Behn, "Why Measure Performance? Different Purposes Require Different Measures," *PAR*, Vol. 63, No. 5(Sep./Oct. 2003), pp. 586~605.

21) Kaplan and Norton, *The Balanced Scorecard: Translating Strategy into Action*(Harvard Business School Press, 1996).

22) Arie Halachmi, "Performance Measurement, Accountability, and Improved Performaance," *Public Performance and Management Review*, Vol. 25, No. 4 (Apr. 2002), pp. 370~374; Emiel Kerpershoek, Martijn Groenleer and Hans de Bruijn, "Unintended Responses to Performance Management in Dutch Hospital Care: Bringing Together the Managerial and Professional Perspectives", *Public Management Review*, Vol. 18, No. 3 (2016), pp. 417~436; Ed Gerrish, "The Impact of Performance management on Performance in Public Organizations: A Meta−Analysis", *PAR*, Vol. 76, Iss. 1 (Jan./Feb. 2016), pp. 48~66.; Katharine N. Destler, "Creating a Performance Culture: Incentives, Climate, and Organizational Change", *American Review of Public Administration*, Vol. 46, No. 2 (2016), pp. 201~205.

■ **제 5 장　제 4 절** ■

1) 노화준, 「정책학원론」, 제 3 전정판(박영사, 2012), 2~8쪽; 정정길 외 공저, 「정책학원론」(대명출판사, 2003), 53~70쪽; James E. Anderson, *Public Policy-Making*, 3rd ed.(Holt, Rinehart and Winston, 1984), pp. 3~5; Brian W. Hogwood and Lewis A. Gunn, *Policy Analysis for the Real World* (Oxford University Press, 1984), pp. 19~24; Michael E. Milakovich and George J. Gordon, *Public Administration in America*, 9th ed.(Thomson Wadsworth, 2007), pp. 409~412.

2) cf., Anderson, *ibid.*, pp. 112~120.

3) Lowi, "American Business, Public Policy Case Studies, and Political Theory," *World Politics*, Vol. 16(1964), pp. 677~715, "Four Systems of Policy, Politics, and Choice," *PAR*, Vol. 32(1972), pp. 298~310.

4) Almond and Powell, Jr., *Comparative Politics*, 3rd ed.(Little Brown, 1980), pp. 129~130.

5) Ripley and Franklin, *Policy Implementation and Bureaucracy*(Dorsey Press, 1986), pp. 74~79.

6) Salisbury, "The Analysis of Public Policy: A Search for Theories and Roles," in Austin Ranney (ed.), *Political Science and Public Policy*(Markham, 1968), pp. 151~175.

7) Christopher Ham and Michael Hill, *The Policy Process in the Modern Capitalist State*, 2nd ed.(St. Marin's Press, 1993), pp. 22~47; Jeffrey D. Greene, *Public Administration in the New Century: A Concise Introduction*(Thomson Wadsworth, 2005), pp. 297~299; 노화준, 앞의 책, 74~86쪽; 유명동, 「국가론」(해남, 2005), 26~191쪽.

8) 강명구, "Eric A. Nordlinger의 국가중심적 정책결정이론," 김정수, "G. John Ikenberry 등의 대외경제정책결정에 대한 국가중심적 접근방법," 오석홍 편, 「행정학의 주요이론」(경세원, 1996), 500~517쪽.

9) Lasswell, *The Future of Political Science*(Atherton, 1963).

10) Anderson, *op. cit.*, pp. 19~20; Thomas R. Dye, *Understanding Public Policy*, 12th ed.(Prentice-Hall, 2008), pp. 31~57.

11) P. Bachrach and M. S. Baratz, "Decisions and Nondecisions: An Analytical Framework," *American Political Science Review*, Vol. 57(1963), pp. 632~642; Ham and Hill, *op. cit.*, pp. 67~79; Anderson, *ibid.*, p. 51.

12) 김정렬, "정부의 미래와 거버넌스," 「한국행정학보」, 34권 1호(2000 봄), 27~28쪽.

13) 남궁근, 「정책학」, 제 2 판(법문사, 2012), 336~340쪽; 이명석, "Jens Blom-Hansen의 신제도주의적 정책망분석," 오석홍 외 편, 「정책학의 주요 이론」(법문사, 2000), 119~121쪽; Grant Jordan and Klaus Schubert, "A Preliminary Ordering of Policy Network Labels," *European Journal of Political Research*, Vol. 21(1992), p. 12; John Hudson and Stuart Lowe, *Understanding the Policy Process; Analysing Welfare Policy and Practice*(Policy Press, University of Bristol, 2004), pp. 128~130.

14) 남궁근, 위의 책, 340~357쪽; 이명석, 위의 논문; 김정렬, 앞의 논문, 29쪽; R. A. W. Rhodes, *Beyond Westminster and Whitehall*(Unwin Hyman, 1988); Randall B. Ripley and Grace A. Franklin, *Congress, the Bureaucracy, and Public Policy*, 5th ed.(Brooks/Cole, 1991); Hugh Heclo, "Issue Networks and the Executive Establishment," in Anthony King(ed.), *The New American Political System*(American Enterprise Institute, 1978), pp. 87~124.

15) 김성배, "Paul J. Quirk의 정책갈등의 협력적 해결," 오석홍 외 편, 앞의 책, 212~220쪽.

16) 이종범 외, "정책분석에 있어서 딜레마 개념의 유용성," 염재호·박국흠, "정책의 비일관성과 딜

레마,"「한국행정학보」, 25권 4호(1992. 2), 3~20쪽, 23~25쪽; 김동환, "인과지도를 활용한 정
책 딜레마 분석,"「한국행정학보」, 33권 4호(1999 겨울), 279~280쪽.

17) 소영진, "딜레마 발생의 사회적 조건,"「한국행정학보」, 33권 1호(1999 봄), 185~206쪽; 윤견수,
"정부의 결정을 딜레마 상황으로 가게 하는 요인과 그에 대한 대응책에 관한 연구,"「한국행정
연구」, 15권 1호(2006 봄), 71~100쪽.

18) 염재호·박국흠, 앞의 논문, 25~28쪽; 박통희·김동환, "딜레마와 형식주의,"「한국행정학보」,
25권 4호(1992. 2), 45~66쪽; 윤견수, 위의 논문.

19) 정부혁신지방분권위원회, 「참여정부의 행정개혁」(2005), 247~249쪽.

20) Anderson, *op. cit.*, pp. 44~47; William N. Dunn, *Public Policy Analysis: An Introduction*
(Prentice-Hall, 1981), pp. 98~101.

21) Dunn, *ibid.*, p. 103.

22) Anderson, *op. cit.*, pp. 44~53; 박천오, "Roger W. Cobb과 Charles D. Elder의 정책의제 설정이
론," 오석홍 외, 앞의 책, 406~414쪽.

23) Hogwood and Gunn, *op. cit.*, pp. 78~84.

24) Roger Cobb *et al.*, "Agenda Building as a Comparative Political Process," *American Political
Science Review*, Vol. 70, No. 1(1976), pp. 126~138; John W. Kingdon, "Agenda Setting," in
Stella Z. Theodoulou(ed.), *Public Policy*(Prentice-Hall, 1995), pp. 105~113.

25) Nicholas Henry, *Public Administration and Public Affairs*, 12th ed.(Pearson, 2013), pp.
342~354; Robert A. Dahl and Charles E. Lindblom, *Politics, Economics and
Welfare*(University of Chicago Press, 1953).

26) Henry, *ibid.*

27) Dunn, *op. cit.*, pp. 110~118.

28) Phillip J. Cooper *et al.*, *Public Administration for the Twenty-First Century*(Harcourt Brace,
1998), pp. 165~173.

29) Dye, *op. cit.*, pp. 11~27.

30) 노화준, 앞의 책, 466~489쪽; 정정길 외 공저, 앞의 책, 373~380쪽; 전상경, 「정책분석의 정치경
제」(박영사, 1997), 208~240쪽 참조.

31) Anderson, *op. cit.*, pp. 60~61; Dunn, *op. cit.*, p. 232.

32) James Wilson, "The Politics of Regulation," in Wilson(ed.), *The Politics of Regulation*(Basic
Books, 1980), pp. 358~363; Cooper *et al.*, *op. cit.*, p. 180.

33) Anderson, *op. cit.*, pp. 65~68.

34) 노화준, 앞의 책, 402~424쪽; Ralph C. Chandler and Jack C. Plano, *The Public
Administration Dictionary*(John Wiley & Sons, 1982), pp. 66~67.

35) Dunn, *op. cit.*, pp. 106~133; William N. Dunn 저, 남궁근·이희선·김선호·김지원 공역, 「정책
분석론」, 제 3 판(법문사, 2005), 94~148쪽.

36) Dunn, *ibid.*, pp. 119~133; George M. Guess and P. G. Farnham, *Cases in Public Policy
Analysis*, 2nd ed.(Georgetown University Press, 2000), pp. 39~48; 남궁근 외 역, 위의 책,
123~149쪽.

37) Howard Raiffa, *Decision Analysis*(Addison-Wesley, 1968), p. 264.

38) David Dolowitz and David Marsh, "Learning from Abroad: The Role of Policy Transfer in
Contemporary Policy-Making," *Governance*, Vol. 13, No. 1(Jan. 2000), pp. 5~24, "Who
Learns What from Whom: A Review of the Policy Transfer Literature," *Political Studies*, Vol.

44(1996), pp. 343~357; Hudson and Lowe, *op. cit.*, pp. 163~183.

39) Stuart S. Nagel and C. E. Teasley, Ⅲ, "Diverse Perspective for Public Policy Analysis," in Jack Rabin, W. B. Hildreth, and G. J. Miller(eds.), *Handbook of Public Administration*, 2nd ed.(Marcel Dekker, 1998), p. 507; Dunn, *op. cit.*, pp. 35~40; Hudson and Lowe, *ibid.*, p. 3.

40) Lawrence C. Walters *et al.*, "Putting More Public in Policy Analysis," *PAR*, Vol. 60, No. 4 (Jul./Aug. 2000), pp. 349~359; Robin Gregory, Tim McDaniels and Daryl Fields, "Decision Aiding, Not Dispute Resolution," *Journal of Policy Analysis and Management*, Vol. 20, No. 3(Summer 2001), pp. 415~432.

41) Dunn, *op. cit.*, pp. 38~39.

42) Nagel and Teasley, Ⅲ, *op. cit.*, pp. 507~509.

43) Guess and Farnham, *op. cit.*, pp. 135~170; Dunn, *op. cit.*, pp. 150~151; 남궁근 외 역, 앞의 책, 181~244쪽; 남궁근, 「행정조사방법론」, 제 3 판(법문사, 2003), 284~300쪽; 노화준, 「정책분석론」, 제 3 전정판(박영사, 2006), 170~198쪽.

44) Nagel and Teasley, Ⅲ, *op. cit.*, pp. 507~533.

45) 김동건, 「비용·편익 분석」(박영사, 1997), 2~3쪽.

46) Ham and Hill, *op. cit.*, pp. 98~111; Cooper *et al.*, *op. cit.*, pp. 189~191; Jan-Erik Lane, *The Public Sector: Concepts, Models and Approaches*, 3rd ed.(Sage, 2000), pp. 100~108; Hudson and Lowe, *op. cit.*, pp. 203~211; R. Elmore, "Organizational Models of Social Program Implementation," *Public Policy*, No. 26(1978), pp. 185~228.

47) Christopher Hood, *The Limits of Administration*(John Wiley, 1976), pp. 6~7.

48) Anderson, *op. cit.*, pp. 100~108.

49) *Ibid.*, pp. 153~154.

50) Hogwood and Gunn, *op. cit.*, pp. 199~206.

51) Anderson *op. cit.*, pp. 121~126; 정철현, "공공정책 마케팅에 관한 연구," 「사회과학논집」 제30 집(연세대 사회과학연구소, 1999), 181쪽.

52) 김명수, 「공공정책 평가론」, 전정판(박영사, 2000), 189~193쪽; 김성태, "Michael Quinn Patton 의 활용성중심 평가이론," 오석홍 외 편, 앞의 책, 566~583쪽; Dunn, *op. cit.*, pp. 343~351; Dennis Palumbo and Steven Maynard-Moody, *Contemporary Public Administration* (Longman, 1991), pp. 280~284.

53) David Nachimas, *Public Policy Evaluation*(St. Martin's Press, 1979), pp. 21~71; David H. Rosenbloom and Robert S. Kravchuk, *Public Administration: Understanding Management, Politics, and Law in the Public Sector*, 6th ed.(McGraw-Hill, 2005), pp. 352~358.

54) Anderson, *op. cit.*, pp. 139~143.

55) *Ibid.*, pp. 155~158.

56) 노화준, "정책개혁과정에 있어서 정책평가의 쟁점과 정책학습," 「행정논총」 35권 2호(1997), 12~55쪽.

57) Brian W. Hogwood and B. Guy Peters, *Policy Dynamics*(St. Martin's Press, 1983), pp. 25~60.

58) *Ibid.*, pp. 61~84.

59) Hogwood and Gunn, *op. cit.*, pp. 249~250; Grover Starling, *Managing the Public Sector*, 5th ed.(Harcourt Brace, 1998), p. 453.

60) 정정길, "행정과 정책연구를 위한 시차적(時差的) 접근방법: 제도의 정합성 문제를 중심으로," 「한국행정학보」 36권 1호(2002 봄), 1~19쪽; 최성락, "정책시차와 정책적정성," 「행정논총」, 46

권 1호(2008. 3), 151~175쪽.

제 6 장 후주

■ 제 6 장 제 1 절 ■

1) Donald E. Klingner and John Nalbandian, *Public Personnel Management: Context and Strategies*, 5th ed.(Prentice-Hall, 2003), pp. 73~79.

2) Leonard D. White, *The Federalists*(Macmillan, 1948), *The Jeffersonians*(Macmillan, 1951), *The Jacksonians*(Macmillan, 1954), *The Republican Era*(Macmillan, 1958); Carl R. Fish, *The Civil Service and the Patronage*(Harvard University Press, 1904); Paul P. Van Riper, *History of the United States Civil Service*(Evanston, Row, Peterson, 1958).

3) O. Glenn Stahl, *Public Personnel Administration*(Harper & Row, 1963), p. 28.

4) Tae Gwon Ha, "Three Selection Models of Civil Service," *The Korean Journal of Policy Studies*, Vol. 6(Dec. 1991), pp. 136~153; Lloyd Nigro, Felix Nigro, and J. Edward Kellough, *The New Public Personnel Administration*, 6th ed.(Thomson Wadsworth, 2007), pp. 252~264; Evan M. Berman James S. Bowman, Jonathan P. West, and Montgomery R. Van Wart, *Human Resource Management in Public Service: Paradoxes, Processes, and Problems*, 5th ed. (Sage, 2016), pp. 76~88; David H. Rosenbloom, Robert S. Kravchuk and Richard M. Clerkin, *Public Administration: Understanding Management, Politics, and Law in the Public Sector*, 7th ed.(McGraw-Hill, 2009), pp. 233~242.

5) Frederick C. Mosher, "Career and Career Services in the Public Service," *Public Personnel Review*(이하 *PPR*), Vol. 24, No. 1(Jan. 1963), pp. 46~51: Commission of Inquiry on Public Service Personnel, Social Science Research Council, *Better Government Personnel*(McGraw-Hill, 1935).

6) Lloyd G. Nigro and Felix A. Nigro, *The New Public Personnel Administration*, 4th ed.(F. E. Peacock, 1994), pp. 41~44; Celia Stanworth, "Flexible Working Patterns," Diana Winstanley and Jean Woodall(eds.), *Ethical Issues in Contemporary Human Resource Management*(St. Martin's Press, 2000), pp. 137~151; Klingner and Nalbandian, *op. cit.*, pp. 13~14 and p. 41.

7) Michael R. Carrell, Robert F. Elbert, and Robert D. Hatfield, *Human Resource Management: Global Strategies for Managing a Diverse Workforce*, 5th ed.(Prentice-Hall, 1995), p. 235.

8) Stahl, *op. cit.*, pp. 175~176; N. Joseph Cayer, *Managing Human Resources: An Introduction to Public Personnel Administration*(St. Martin's Press, 1980), p. 70; Gilbert B. Siegel and Robert C. Myrtle, *Public Personnel Administration: Concepts and Practices*(Houghton Mifflin, 1985), pp. 153~154; 오석홍, "행정개혁의 현안과 전략,"「한국행정연구」, 7권 4호 (1999), 109~111쪽.

9) Stahl, *ibid.*, pp. 174~175; Siegel and Myrtle, *op. cit.*, pp. 154~155.

■ 제 6 장 제 2 절 ■

1) Jay F. Atwood, "Position Synthesis: A Behavioral Approach to Position Classification," *PPR*, Vol. 32, No. 2(Apr. 1971), pp. 77~81; Harold Suskin, "Job Evaluation: It's More Than a Tool for Setting Pay Rates," *PPR*, Vol. 16, No. 4(Oct. 1970), pp. 283~289; O. Glenn Stahl, *Public*

Personnel Administration, 8th ed.(Harper & Row, 1983), pp. 177~180.

2) Donald E. Klingner and John Nalbandian, *Public Personnel Management: Context and Strategies*, 5th ed.(Prentice-Hall, 2003), pp. 117~127; Lloyd Nigro, Felix Nigro, and J. Edward Kellough, *The New Public Personnel Administration*, 6th ed.(Thomson Wadsworth, 2007), pp. 144~146; Michael E. Milkovich and George J. Gordon, *Public Administration in America*, 9th ed.(Thomson, 2007), pp. 313~315.

3) Stahl, *op. cit.*, pp. 59~62; 중앙인사위원회, 「CSC 뉴스레터」(2006. 7), 「인사행정」, Vol. 30(2006년 여름).

4) David A. DeCenzo and Stephen P. Robbins, *Human Resource Management*, 6th ed.(John Wiley & Sons, 1999), pp. 140~141.

5) Donald E. Klingner, *Public Personnel Management: Contexts and Strategies*(Prentice-Hall, 1980), pp. 109~112; Edwin Flippo, *Personnel Management*, 5th ed.(McGraw-Hill, 1980), pp. 257~270.

6) Michael R. Carrell, Robert F. Elbert and Robert D. Hatfield, *Human Resource Management: Global Strategies for Managing a Diverse Workforce*, 5th ed.(Prentice-Hall, 1995), pp. 211~212.

7) George Bohlander, Scott Snell, and Arthur Sherman, *Managing Human Resources*, 12th ed. (South-Western College Publishing, 2001), pp. 99~105.

8) David Lewin and Daniel J. B. Mitchell, *Human Resource Management: An Economic Approach*, 2nd ed.(South-Western College Publishing, 1995), p. 151.

9) *Ibid.*

10) 오석홍, 「행정개혁론」, 제8판(박영사, 2014), 73~75쪽; Joseph B. Mosca, "The Restructuring of Jobs for the Year 2000," *PPM*, Vol. 26, No. 1(Spring 1997), pp. 43~59.

11) Klingner and Nalbandian, *op. cit.*, pp. 84~93; George S. Odiorne, *Personnel Management by Objectives*(Richard Irwin, 1971), pp. 140~143; Dennis L. Dresang, *Public Personnel Management and Public Policy*, 4th ed.(Addison Wesley Longman, 2002), pp. 127~142.

12) U. S. Civil Service Commission, "Selecting the Career Worker," *The Federal Career Service at Your Service*(1973).

13) Joyce D. Ross, "Developments in Recruitment and Selection," in Steven W. Hays and Richard C. Kearney(eds.), *Public Personnel Administration: Problems and Prospects*, 2nd ed.(Prentice-Hall, 1990), pp. 78~79.

14) Stahl, *op. cit.*, pp. 108~109; Felix Nigro and Lloyd Nigro, *The New Public Personnel Administration*(F. E. Peacock, 1986), pp. 229~243; Lawrence Siegel and Irving Lane, *Personnel and Organizational Psychology*, 2nd ed.(Irwin, 1987), pp. 63~69; Jerry W. Gilley and Ann Maycunich, *Beyond the Learning Organization*(Perseus Book, 2000), pp. 194~199; Gary Dessler, *Fundamentals of Human Resource Management*, 2nd ed.(Pearson, 2012), pp. 157~168.

15) Stahl, *ibid.*, pp. 109~114; Siegel and Lane, *ibid.*, pp. 185~197; Philip G. Zimbardo, A. L. Weber and R. L. Johnson, *Psychology*, 3rd ed.(Allyn and Bacon, 2000), pp. 425~427; Bohlander *et al.*, *op. cit.*, pp. 195~198.

16) P. Salovey and J. Mayer, "Emotional Intelligence," *Imagination, Cognition, and Personality*, Vol. 9(1990), pp. 185~211; Stephen P. Robbins and Timothy A. Judge, *Organizational Behavior*, 14th ed.(Prentice-Hall, 2011), pp. 113~115.

17) Leona E. Tyler, *Tests and Measurements*(Prentice-Hall, 1963), pp. 28~32; Grace H. Wright(ed.), *Public Sector Employment Selection*(IPMA, 1974), pp. 234~248; Stephen Wollack, "Content Validity: Its Legal and Psychometric Basis," *PPM*, Vol. 5, No. 6(Nov.-Dec. 1976), pp. 397~408; L. Nigro, F. Nigro and Kellough, *op. cit.*, pp. 98~99.

18) cf., Stahl, *op. cit.*, pp. 148~152; Charles N. Halaby, "Bureaucratic Promotion Criteria," *ASQ*, Vol. 23, No. 3(Sep. 1978), pp. 466~484.

19) George T. Milkovich and John W. Boudreau, *Human Resource Management*, 7th ed.(Irwin, 1994), pp. 447~449; DeCenzo and Robbins, *op. cit.*, pp. 254~258; Dresang, *op. cit.*, pp. 235~236.

20) Milkovich and Boudreau, *ibid.*, pp. 451~455.

21) Schein, "How 'Career Anchors' Hold Executives to Their Career Paths," *Personnel*, Vol. 52 (May/Jun. 1975), pp. 11~24.

22) R. Wayne Mondy, *Human Resource Management*, 12th ed.(Pearson, 2012), pp. 228~230; Milkovich and Boudreau, *op. cit.*, pp. 449~450.

23) Bohlander *et al.*, *op. cit.*, pp. 274~290.

24) Carl P. Maertz, Jr. and Michael A. Campion, "Profiles in Quiting: Integrating Process and Content Turnover Theory," *Academy of Management Journal*(Vol. 47, No. 4, August 2004), pp. 568~569.

25) 桐木逸郎, 「離退職制度」(일본 인사관리협회, 1977), 7~9쪽; Milkovich and Boudreau, *op. cit.*, pp. 408~411.

26) 桐木, 위의 책; Andrzej Huczynski, *Encyclopedia of Organizational Change Method*(Gower, 1987); Flippo, *op. cit.*, p. 459.

▪ 제 6 장   제 3 절 ▪

1) O. Glenn Stahl, *Public Personnel Administration*, 8th ed.(Harper & Row, 1983), pp. 261~265; Gilbert B. Siegel and Robert C. Myrtle, *Public Personnel Administration: Concepts and Practices*(Houghton Mifflin, 1985), pp. 301~312; Lloyd Nigro, Felix Nigro, and J. Edward Kellough, *The New Public Personnel Administration*, 6th ed.(Thomson Wadsworth, 2007), pp. 166~174; Taehee Kim and Marc Holzer, "Public Employees and Performance Appraisal: A Study of Antecedents to Employees' Perception of the Process", *Review of Public Personnel Administration* (Vol. 36, No. 1, 2016), pp. 31~56.

2) R. Wayne Mondy, *Human Resource Management*, 12th ed.(Pearson, 2012), pp. 253~254; Donald E. Klingner and John Nalbandian, *Public Personnel Management: Contexts and Strategies*, 5th ed.(Prentice-Hall, 2003), pp. 281~282.

3) Edwin B. Flippo, *Personnel Management*, 5th ed.(McGraw-Hill, 1980), pp. 204~222; Mondy, *ibid.*, pp. 244~249; Wendell L. French, *Human Resources Management*, 5th ed.(Houghton Mifflin, 2003), pp. 371~383.

4) William Werther, Jr. and Keith Davis, *Human Resources and Personnel Management*, 4th ed. (McGraw-Hill, 1993), pp. 347~362.

5) Evan M. Berman James S. Bowman, Jonathan P. West, and Montgomery R. Van Wart, *Human Resource Management in Public Service: Paradoxes, Processes, and Problems*, 5th ed. (Sage, 2016), pp. 390~401.

6) Dennis L. Dresang, *Public Personnel Management and Public Policy*, 4th ed.(Addison

Wesley Longman, 2002), pp. 172~175.

7) *Ibid.*, pp. 179~180; David DeCenzo and Stephen Robbins, *Human Resource Management*, 6th ed.(John Wiley & Sons, 1999), pp. 308~309; 행정자치부, 「운영사례집」(2000. 5); Klingner and Nalbandian, *op. cit.*, p. 281; L. Nigro, F. Nigro, and Kellough, *op. cit.*, pp. 181~182.

8) John R. Schermerhorn, Jr. *et al.*, *Organizational Behavior*, 11th ed.(John Wiley & Sons, 2011), pp. 90~92; Berman *et al.*, *op. cit.*, pp. 404~412; John W. Slocum, Jr. and Don Hellriegel, *Principles of Organizational Behavior*, 12th ed.(South-Western, 2009), pp. 79~84.

9) DeCenzo and Robbins, *op. cit.*, p. 228; Werther, Jr. and Davis, *op. cit.*, pp. 313~315; Berman *et al.*, *ibid.*, pp. 352~356; French, *op. cit.*, pp. 332~333.

10) William P. Anthony, *et al.*, *Strategic Human Resource Management*, 2nd ed.(Dryden Press, 1996), pp. 331~333; Wayne F. Cascio, *Applied Psychology in Human Resource Management*, 5th ed. (Prentice-Hall, 1998), p. 271; Berman *et al.*, *ibid.*, pp. 353~354.

11) Stahl, *op. cit.*, pp. 278~290; Flippo, *op. cit.*, pp. 185~197: George T. Milkovich and John W. Boudreau, *Human Resource Management*, 7th ed.(Irwin, 1994), pp. 502~506; French, *op. cit.*, pp. 322~328.

12) Irwin L. Goldstein, *Training in Organizations: Needs Assessment, Development, and Evaluation*, 2nd ed.(Brooks/Cole, 1986), pp. 183~259; Berman *et al.*, *op. cit.*, pp. 367~369; Klingner and Nalbandian, *op. cit.*, pp. 250~252; Dresang, *op. cit.*, pp. 228~230.

13) cf., W. Bartley Hildreth and Gerald J. Miller, "Compensation and Rewards Systems: Public-Sector Pay and Employee Benefits," in Jack Rabin *et al.*(eds.), *Handbook on Public Personnel Administration and Labor Relations*(Dekker, 1983), pp. 161~162.

14) Donald E. Hoag and Robert J. Trudel, *How to Prepare a Sound Pay Plan*(International Personnel Management Association, 1976), pp. 1~2; Jerry W. Gilley and Ann Maycunich, *Beyond the Learning Organization*(Perseus Books, 2000), pp. 307~317.

15) Siegel and Myrtle, *op. cit.*, pp. 273~279; Klingner and Nalbandian, *op. cit.*, p. 133.

16) 박내회, 「인사관리」(박영사, 1999), 336쪽; 淸水秀雄, 「給與制度」(일본 제국지방행정학회, 1968), 41~50쪽; Gilley and Maycunich, *op. cit.*, pp. 307~317.

17) DeCenzo and Robbins, *op. cit.*, pp. 334~341; James L. Perry, "Compensation, Merit Pay, and Motivation," in Steven W. Hays and Richard C. Kearney(eds.), *Public Personnel Administration: Problems and Prospects*(Prentice-Hall, 1990), pp. 104~115; George Bohlander, Scott Snell, and Arthur Sherman, *Managing Human Resources*, 12th ed.(South-Western College Publishing, 2001), pp. 400~412; Gary Dessler, *Fundamentals of Human Resource Management*, 2nd ed.(Pearson, 2012), pp. 249~255.

18) DeCenzo and Robbins, *ibid.*, p. 335; L. Nigro, F. Nigro and Kellough, *op. cit.*, pp. 185~188; Klingner and Nalbandian, *op. cit.*, pp. 142~143.

19) Leslie W. Rue and Lloyd L. Byars, *Management: Skills and Application*(McGraw-Hill, 2000), p. 414.

20) 淸水秀雄, 앞의 책, 74~75쪽.

21) Mike Emmott and Sue Hutchinson, "Employment Flexibility: Threat or Promise?," in Paul Sparrow and Mick Marchington(eds.), *Human Resource Management: The New Agenda*(Pitman Publishing, 1998), pp. 232~238.

22) 행정안전부 정책뉴스, "유연근무제로 공직생산성 높이고, 대국민서비스도 향상"(2010. 3. 22); 행정안전부 보도자료, "공직사회 유연근무제, 전 중앙·지방 본격실시 ―행안부, 「유연근무제 운영지침」 시달―"(2010. 7. 26).

23) 중앙인사위원회, 「세계일류공무원」(2005. 6), 24~27쪽; 공무원연금관리공단, 「공무원연금」 (2005. 4), 7쪽; 「공무원후생복지에 관한 규정」.

24) L. Nigro, F. Nigro and Kellough, *op. cit.*, pp. 279~295; Decenzo and Robbins, *op. cit.*, p. 372; Dresang, *op. cit.*, pp. 289~294.

■ 제 6 장 제 4 절 ■

1) Craig C. Pinder, *Work Motivation: Theory, Issues, and Applications*(Scott, Foresman and Co., 1984), pp. 8~14; Fred Luthans, *Organizational Behavior*, 4th ed.(McGraw-Hill, 1985), pp. 183~194; John R. Schermerhorn, Jr., J. G. Hunt, R. N. Osborn and Uhl―Bien, *Organizational Behavior*, 11th ed.(John Wiley & Sons, 2011), p. 110; John W. Slocum, Jr. and Don Hellriegel, *Principles of Organizational Behavior*, 12th ed.(South-Western, 2009), pp. 126~129.

2) Pinder, *ibid.*, pp. 44~45; Slocum, Jr. and Hellriegel, *ibid.*, p. 117; Henry Murray, *Explorations in Personality*(Oxford University Press, 1938), pp. 123~124; John M. Ivancevich, Robert Konopaske, and Michael Tatteson, *Organizational Behavior and Management*, 8th ed.(McGraw-Hill, 2008), pp. 111~112.

3) Philip G. Zimbardo, A. L. Weber and R. L. Johnson, *Psychology*, 3rd ed.(Allyn and Bacon, 2000), pp. 161~203.

4) *Ibid.*, p. 383; Robert S. Feldman, *Understanding Psychology*(McGraw-Hill, 1996), p. 465.

5) McClelland, *The Achieving Society*(Van Nostrand Co., 1961), "Business Drive and National Achievement," *Harvard Business Review*, Vol. XL(Jul./Aug. 1962), pp. 99~112.

6) Presthus, *The Organizational Society*, revised ed.(St. Martin's Press, 1978), Chapters 5, 6, 7, 8.

7) Stephen P. Robbins and Timothy A. Judge, *Organizational Behavior*, 14th ed.(Pearson, 2011), pp. 72~80.

8) Feldman, *op. cit.*, pp. 321~328; Zimbardo, *et al., op. cit.*, pp. 316~320; Michael Apter, "Motivation," in Adam Kuper and Jessica Kuper, *The Social Science Encyclopedia*(Routledge and Kegan Paul, 1985), pp. 543~544.

9) Schein, *Organizational Psychology*, 1st and 3rd ed.(Prentice-Hall, 1965, 1980).

10) Maslow, *Motivation and Personality*, 2nd ed.(Harper & Row, 1970). 욕구단계이론의 개요는 이미 1940년대 초에 발표한 바 있다. Maslow, "A Theory of Human Motivation," *Psychological Review*, Vol. L(1943), pp. 370~396.

11) Alderfer, "An Empirical Test of a New Theory of Human Needs," *Organizational Behavior and Human Performance*, Vol. 4, No. 2(May 1969), pp. 142~175.

12) Murray, *op. cit.*

13) Herzberg, B. Mausner, R. Peterson, and D. Capwell, *Job Attitudes: Review of Research and Opinion*(Psychological Services of Pittsburgh, 1957); Herzberg, B. Mausner, and B. B. Snyderman, *The Motivation to Work*(Wiley, 1959); Herzberg, *Work and the Nature of Man*(World, 1966).

14) McGregor, "Adventures in Thought and Action," *Proceedings of the Fifth Anniversary Convention of the School of Industrial Management, MIT*(MIT Press, 1957), *The Human Side*

of Enterprise (McGraw-Hill, 1960), Ch. 3, 4.

15) Lundstedt, "Consequences of Reductionism in Organization Theory," *PAR*, Vol. 32, No. 4(Jul./Aug. 1972), pp. 328~333; Lawless, *Effective Management: Social Psychological Approach*(Prentice-Hall, 1972), pp. 361~363; Ouchi, *Theory Z*(Addison-Wesley, 1981).

16) Likert, *The Human Organization: Its Management and Value*(McGraw-Hill, 1967).

17) Argyris, *Personality and Organization*(Harper & Row, 1957).

18) Vroom, *Work and Motivation*(Wiley & Sons, 1964).

19) Porter and Lawler, Ⅲ, *Managerial Attitudes and Performance*(Irwin-Dorsey, 1968), "The Effect of Performance on Job Satisfaction," *Industrial Relations*, Vol. 7, No. 23(Oct. 1967), pp. 20~28.

20) Georgopoulos, Mahoney, and Jones, Jr., "A Path-Goal Approach to Productivity," *Journal of Applied Psychology*, Vol. 4, No. 6(Dec. 1957), pp. 345~353.

21) John R. Anderson, *Learning and Memory: An Integrative Approach*(John Wiley & Sons, 1995), pp. 4~5; Schermerhorn, Jr. *et al.*, *op. cit.*, pp. 97~103; Zimbardo *et al.*, *op. cit.*, pp. 209~234.

22) Robert L. Dipboye, Carlla S. Smith, and William C. Howell, *Understanding Industrial and Organizational Psychology: An Integrated Approach*(Harcourt Brace, 1994), pp. 121~129.

23) R. Kanfer, "Motivation Theory and Industrial and Organizational Psychology," in M. Dunnette and L. Hough(eds.), *The Handbook of Industrial and Organizational Psychology*, 2nd ed.(Consulting Psychologists Press, 1991)(Vol. 1), pp. 75~170; Dipboye *et al.*, *ibid.*, pp. 129~133.

24) Dennis L. Dresang, *Public Personnel Management and Public Policy*, 4th ed.(Addison-Wesley Longman, 2002), pp. 253~254; Donald E. Klingner and John Nalbandian, *Public Personnel Management: Contexts and Strategies*, 5th ed.(Prentice-Hall, 2003), pp. 306~307.

25) 이장호, 「상담심리학」(박영사, 1992); Don Hellriegel, John W. Slocum, Jr., and Richard W. Woodman, *Organizational Behavior*, 9th ed.(South-Western College Publishing, 2001), pp. 559~560.

26) Hugh J. Arnold and Daniel C. Feldman, *Organizational Behavior*(McGraw-Hill, 1986), pp. 458~478; David A. Decenzo and Stephen P. Robbins, *Human Resource Management*, 6th ed. (Wiley & Sons, 1999), pp. 438~443; Zimbardo *et al.*, *op. cit.*, pp. 339~380; Slocum, Jr. and Hellriegel, *op. cit.*, pp. 189~208; Wendell L. French, *Human Resources Management*, 5th ed. (Houghton Mifflin, 2003), pp. 527~528; Ivancevich *et al.*, *op. cit.*, pp. 224~247.

27) Dresang, *op. cit.*, pp. 54~55; Klingner and Nalbandian, *op. cit.* pp. 320~340; Lloyd Nigro, Felix Nigro, and J. Edward Kellough, *The New Public Personnel Administration*, 6th ed.(Thomson Wadsworth, 2007), pp. 233~241.

제 7 장 후주

▪ 제 7 장 제 1 절 ▪

1) 유훈, 「재무행정론」, 6정증보수정판(법문사, 2007), 22~23쪽; Aaron Wildavsky, *The Politics of*

the Budgeting Process, 3rd ed.(Little, Brown, 1979), pp. 1~5; Michael E. Milakovich and George J. Gordon, *Public Administration in America*, 9th ed.(Thomson Wadsworth, 2007), pp. 357~361.

2) Richard R. Musgrave and Peggy Musgrave, *Public Finance in Theory and Practice*, 4th ed. (McGraw-Hill, 1984).

3) 유훈, 앞의 책, 28~34쪽.

4) Jay M. Shafritz, E. W. Russell and Christopher P. Borick, *Introducing Public Administration*, 5th ed.(Pearson Longman, 2007), pp. 487~490.

5) Axelord, *Budgeting for Modern Government*, 2nd ed.(St. Martin's Press, 1995), pp. 7~13; George Berkley and John Rouse, *The Craft of Public Administration*, 8th ed.(McGraw-Hill, 2000), p. 264.

6) Shafritz *et al., op. cit.*, p. 485.

7) Caiden, "Guidelines to Federal Budget Reform," in Albert C. Hyde(ed.), *Goverment Budgeting: Theory, Process, and Politics*(Brooks/Cole, 1992), pp. 68~80.

8) Harold D. Smith, *Management of Your Government*(McGraw-Hill, 1945), pp. 84~85; 유훈, 앞의 책, 101~112쪽; 윤영진, 「새 재무행정학 2.0」(대영문화사, 2014), 43~52쪽.

9) 김대식·노영기·안국신, 「현대경제학원론」, 제 4 전정판(박영사, 2005), 632쪽; Shafritz *et al., op. cit.*, pp. 513~514.

10) 김대식 외, 위의 책, 691~697쪽; Shafritz *et al., ibid.*, pp. 512~513.

11) 오석홍, 「행정학입문」(Ⅱ)(서울대 출판부, 1972), 135~149쪽; Albert Waterston, "The Glory of Imperfect Planning," *PAR*(Mar./Apr. 1970), p. 185; Naomi Caiden and Aaron Wildavsky, *Planning and Budgeting in Poor Countries*(Academic Press, 1983), pp. 294~302; S. Kenneth Howard, "Planning and Budgeting: Who's on First?," in Hyde, *op. cit.*, pp. 349~354.

12) 윤영진, 앞의 책, 365~371쪽; 정부혁신지방분권위원회, 「참여정부의 재정세제개혁: 종합백서」(2008).

▪ 제 7 장   제 2 절 ▪

1) Key, Jr., "The Lack of a Budgetary Theory," *American Political Science Review*, Vol. 34(Dec. 1940), pp. 1137~1144.

2) Lewis, "Toward a Theory of Budgeting," *PAR*, Vol. 12, No. 1(Winter 1952), pp. 43~52.

3) Wildavsky, *The Politics of the Budgetary Process*, 1st ed.(Little, Brown, 1964).

4) 재정경제원, 「예산편람」(1995), 61쪽; Nicholas Henry, *Public Administration and Public Affairs*, 11th ed.(Pearson, 2010), pp. 181~183 and 12th ed. (Pearson Edu., 2013), pp. 233~234; Jay M. Shafritz, E. W. Russell and Christopher P. Borick, *Introducing Public Administration*, 5th ed.(Pearson Longman, 2007), p. 493; Wildavsky, *ibid.*, p. 221.

5) 재정경제원, 위의 책, 62~64쪽; 기획예산처, 「한국의 재정」(매일경제신문사, 2001), 362~363쪽; Shafritz *et al., ibid.*, p. 493; Henry, 11th ed., *ibid.*, pp. 183~185.

6) 재정경제원, 위의 책, 64~67쪽; Henry, *ibid.*, pp. 185~186; David H. Rosenbloom and Robert S. Kravchuk, *Public Administration: Understanding Management, Politics, and Law in the Public Sector*, 6th ed.(McGraw-Hill, 2005), p. 295.

7) Henry, *ibid.*, pp. 186~187.

8) 재정경제원, 앞의 책, 67~70쪽; *Henry, ibid.*, pp. 186~187; Graeme M. Taylor, "Introduction

to Zero-Base Budgeting," *The Bureaucrat*, Vol. 6, No. 1(Spring 1977), pp. 33~35; Zerome B. McKinney, *ZZB: Promise and Reality*(Public Policy Press, 1979); Michael E. Milakovich and George J. Gordon, *Public Administration in America*, 9th ed.(Thomson Wadsworth, 2007), pp. 378~379.

9) 기획예산처, 「국가재원의 전략적 배분과 각 부처 자율을 강화하기 위하여 예산편성방식을 혁신: 사전재원배분제도 도입」(2004. 2. 24); 정부혁신지방분권위원회, 「참여정부의 재정세제개혁: 종합백서」(2008), 132~148쪽; Henry, *ibid.*, pp. 188~190.

10) Henry, *ibid.*, pp. 190~192; Robert B. Denhardt and Janet V. Denhardt, *Public Administration: An Action Orientation*, 6th ed.(Thomson Wadsworth, 2009), pp. 260~261; John L. Mikesell, *Fiscal Administration: Analysis and Application in the Public Sector*, 7th ed.(Thomson Wadsworth, 2007), pp. 214~225.

11) 국회예산정책처, 「2015 대한민국 재정」(2015), 94~100쪽; 「정부업무평가기본법」; 「국가재정법」; 「국가회계법」.

12) 국회예산정책처, 「국가재정법 이해와 실제」(2014. 5).

13) Marc Robinson, "Contract Budgeting," *Public Administration*, Vol. 78, No. 1(2000), pp. 75~90.

14) Henry, 11th ed., *op. cit.*, p. 182.

▪ 제 7 장　제 3 절 ▪

1) John L. Mikesell, *Fiscal Administration: Analysis and Application in the Public Sector*, 7th ed. (Thomson Wadsworth, 2007), pp. 46~48.

2) 「국가재정법」; 「국가재정법 시행령」; 재정경제원, 「예산편람」(1995); 기획예산처, 「예산의 이해」(2001); 기획예산처, 「한국의 재정」(매일경제신문사, 2001), 424~443쪽; 기획예산처, 「국가재원의 전략적 배분과 각 부처 자율을 강화하기 위하여 예산편성방식을 혁신: 사전재원배분 제도 도입」(2004. 2. 24); 정부혁신지방분권위원회, 「참여정부의 재정세제개혁: 종합백서」(2008), 126~155쪽, 「총액배분 자율편성(Top-down)」(2005). 국회예산정책처, 「대한민국 재정」(2015), 58~74쪽.

3) 재정경제원, 위의 편람, 87~90쪽.

4) 윤영진, 「새 재무행정학 2.0」, (대영문화사, 2014), 479~480쪽; 신희권, "정부정책수단으로서의 조달행정," 한국행정학회, 「새로운 조달행정의 패러다임 정립 연구」(2003년도 기획세미나 발표 논문집), 52~64쪽.

5) 윤영진, 위의 책, 481~489쪽; Robert B. Denhardt and Janet V. Denhardt, *Public Administration: An Action Orientation*, 6th ed.(Thomson Wadsworth, 2009), pp. 268~269.

6) 신희권, 앞의 논문, 60~61쪽; 곽채기, "G2B체제 하에서의 조달행정," 한국행정학회, 앞의 논문집, 1~17쪽; 정부혁신지방분권위원회, 「혁신과 분권의 현장: 투명한 정부」(2005), 208~242쪽.

7) 이태로·안경봉, 「조세법강의」(박영사, 2002), 133~734쪽; 김동희, 「행정법 Ⅱ」, 제12판(박영사, 2006), 622~625쪽; 기획예산처, 「한국의 재정」, 154~161쪽; 국세청, 「개정세법 해설」(2004).

8) 김동건, 「현대재정학」, 제 5 판(박영사, 2005), 240~242쪽: 김동희, 위의 책, 626~630쪽; Mikesell, *op. cit.*, pp. 298~324.

9) 「국가재정법」; 재정경제원, 앞의 편람; 기획예산처, 「한국의 재정」, 78~114쪽; 국가예산정책처, 앞의 책, 12~33쪽.

10) 유훈, 「재무행정론」, 제 6 정증보수정판(법문사, 2007), 383~395쪽; R. Denhardt and J. Denhardt, *op. cit.*, pp. 264~266; Mikesell, *op. cit.*, pp. 244~257.

11) Mikesell, *ibid.*, pp. 112~115; R. Denhardt and J. Denhardt, *ibid.*, pp. 245~247; Jay M. Shafritz, E. W. Russell and Christopher P. Borick, *Introducing Public Administration*, 5th ed.(Pearson Longman, 2007), pp. 485~486; Robert Eisner, "Sense and Nonsense about Budget Deficit," in Frederick S. Lane(ed.), *Current Issues in Public Administration*, 6th ed.(Bedford/St. Martin's, 1999), pp. 256~271; Matthew Denes, Gauti B. Eggertsson and Sophia Gilbukh, *Deficits, Public Debt Dynamics, and Tax and Spending Multipliers*(Federal Reseve Bank of New York Staff Report No. 551, Feb. 2012).

12) Mikesell, *ibid.*, pp. 156~161.

13) 김동건, 앞의 책, 432~434쪽; 윤영진, 앞의 책, 115~118쪽; 기획예산처, 「한국의 재정」, 154~161쪽.

14) Marilyn M. Rubin and John R. Bartle, "Integrating Gender into Government Budgets: A New Perspective," *PAR*, Vol. 65, No. 3(May/Jun. 2005), pp. 259~273.

15) 기획예산처, 「한국의 재정」, 78~84쪽; 유훈, 앞의 책, 137~155쪽.

16) Robert J. Shapiro, "Enterprise Economics and Federal Budget," in Will Marshall and Martin Schram(eds.), *Mandate for Change*(Berkeley Books, 1993), pp. 21~50.

17) 윤영진, 앞의 책, 93~98쪽; 기획재정부 자료 http://epeople.go.kr

18) George Berkley and John Rouse, *The Craft of Public Administration*, 8th ed.(McGraw-Hill, 2000), p. 275.

19) Aaron Wildavsky, *The Politics of the Budgeting Process*(Little, Brown, 1st ed. 1964, 3rd ed. 1979); David H. Rosenbloom and Robert S. Kravchuk, *Public Administration: Understanding Management, Politics, and Law in the Public Sector*, 6th ed.(McGraw-Hill, 2005), pp. 288~290; Mikesell, *op. cit.*, pp. 64~69.

20) 김근세·권순정, "관청형성모형의 재구성," 「한국행정학보」, 제40권 제1호(2006 봄), 1~27쪽; William A. Niskanen, *Bureaucracy and Representative Government*(Aldine, 1971); Patrick J. Dunleavy, *Democracy, Bureaucracy and Public Choice: Economic Explanations in Political Science*(Prentice-Hall, 1991); Oliver James, "Explaining the Next Steps in the Department of Social Security: The Bureau-Shaping Model of Central State Reorganization," *Political Studies*, Vol. 43, No. 4(1995), pp. 614~629; 전상경, "William A Niskanen의 관료제모형," 주재현, "Patrick J. Dunleavy의 관청형성모형," 오석홍 편, 「행정학의 주요이론」(박영사, 2005), 189~198쪽과 290~299쪽.

21) Wildavsky, *The Politics of the Budgeting Process*, 3rd ed., pp. 11~16; Allen Schick, "Incremental Budgeting in a Decremental Age," in Albert C. Hyde(ed.), *Government Budgeting: Theory, Process and Politics*(Brooks/Cole, 1992), pp. 410~425; James N. Danziger, *Making Budgets*(Sage, 1978), pp. 125~146; Rosenbloom and Kravchuk, *op. cit.*, pp. 302~305.

22) George Boyne *et al.*, "Testing the Limits of Incrementalism," *Public Administration*, Vol. 78, No. 1(2000), pp. 51~73.

23) Thomas R. Dye, *Understanding Public Policy*, 12th ed.(Prentice-Hall, 2008), pp. 163~168.

24) Bailey and O'Connor, "Operationalizing Incrementalism: Measuring Muddles," in *PAR*, Vol. 35, No. 1(1975), pp. 60~66; 박광국, "John J. Bailey와 Robert J. O'Connor의 점증주의의 조작화," 오석홍 편, 앞의 책, 505~512쪽.

25) e.g., Boyne *et al.*, *op. cit.*

26) Schick, *op. cit.*

제 8 장 후주

■ 제 8 장 제 1 절 ■

1) 원숙연, "신뢰의 다차원성과 영향요인의 차별성," 한국행정학회, 「정부개혁과 행정학연구」 (2001), 257~274쪽; Rajeer Bhattacharya et al., "A Formal Model of Trust on Outcomes," and Gareth R. Jones and Jennifer M. George, "The Experience and Evolution of Trust: Implications for Cooperation and Teamwork," in *Academy of Management Review*, Vol. 23, No. 3(July 1998), pp. 459~473 and pp. 531~547; Stephen P. Robbins and Timothy A. Judge, *Organizational Behavior*, 13th ed.(Pearson, 2009), pp. 457~458.

2) e.g., S. B. Sitkin and N. L. Roth, "Explaining the Limited Effectiveness of Legalistic 'Remedies' for Trust/Distrust," *Organization Science*, Vol. 4(1993), pp. 367~392; Roy J. Lewicki et al., "Trust and Distrust: New Relationships and Realities," *Academy of Management Review, ibid.*, pp. 438~451.

3) 원숙연, 앞의 논문, 260~262쪽; Jones and George, *op. cit.*

4) Blair H. Sheppard and Dana M. Sherman, "The Grammar of Trust: A Model and General Implications," *Academy of Management Review, op. cit.*, pp. 422~438.

5) *Ibid.*

6) 박천오, "정부관료제에 대한 시민의 불신 원인과 처방에 관한 이론적 고찰,"「행정논총」, 37권 2호(1999), 47~72쪽.

7) 박천오, 위의 논문; 오석홍, 「한국의 행정」, 제 2 판(법문사, 2002), 127~165쪽, 「전환시대의 한국행정」(나남출판, 1998); Lord Nolan, "Just and Honest Government," *Public Administration and Development*, Vol. 18, No. 5(December 1998), pp. 447~455; Nicholas Henry, *Public Administration and Public Affairs*, 12th ed.(Pearson, 2013), pp. 10~19.

8) 한국행정연구원, 「정보공개제도에 관한 연구」(1992), 22~23쪽; 홍준형, 「행정법」(법문사, 2011), 415~461쪽; 「공공기관의 정보공개에 관한 법률」.

9) 한국행정연구원, 위의 책, 26~27쪽.

10) Robert T. Reilly, *Public Relations in Action*(Prentice-Hall, 1981), pp. 3~5; Fraser P. Seitel, *The Practice of Public Relations*(Charles E. Merrill, 1980), pp. 6~7.

11) John E. Marston, *The Nature of Public Relations*(McGraw-Hill, 1963).

12) Michael E. Milakovich and George J. Gordon, *Public Administration in America*, 9th ed.(Thomson Wadsworth, 2007), pp. 480~484.

13) 신유근, 「현대경영학」(다산출판사, 1996), 286~311쪽; 노시평 외 공저, 「신공공부문 행정서비스 마케팅」(법문사, 2000).

14) 이승종, 「민주정치와 시민참여」(삼영사, 1993), 81~92쪽, "거버넌스와 시민참여,"「국정관리연구」, 1권 1호(2006. 12), 64~82쪽; 김석태, "과시적 분권과 기술적 집권,"「행정논총」, 28권 1호(2000), 114~115쪽; 한상우, "주민소환(recall)제의 정착방안,"「행정문제논집」, 21집 (2006), 81~99쪽; Joseph F. Zimmerman, *Participatory Democracy*(Praeger, 1986), pp. 6~13.

15) William H. Stewart, Jr., *Citizen Participation in Public Administration*(University of Alabama, 1976), pp. 3~9; Zimmerman, *ibid.*, pp. 2~4; David H. Rosenbloom and Robert S. Kravchuk, *Public Administration: Understanding Management, Politics, and Law in the Public Sector*, 6th ed. (McGraw-Hill, 2005), pp. 462~463.

16) Stewart, Jr., *ibid.*, pp. 28~59; Zimmerman, *ibid.*, pp. 2~4; 유재원, 「지방자치의 정착을 위한 주민참여의 활성화 방안」(한국행정연구원, 1995), 22~23쪽; Richard C. Box, *Critical Social*

Theory in Public Administration(M. E. Sharpe, 2005), pp. 126~133; Kaifeng Yang, "Public Administrators' Trust in Citizens: A Missing Link in Citizen Involvement," *PAR*, Vol. 65, No. 3(May/June 2005), pp. 273~286.

17) Robert D. Putnam *et al.*, "Bowling Alone: America's Declining Social Capital," *Journal of Democracy*, Vol. 6(Jan. 1995), pp. 65~67; David E. Campbell, "Social Capital and Service Learning," *Political Science and Politics*, Vol. 33, No. 3(Sep. 2000), pp. 641~645; Jenny Onyx and Paul Bullen, "Measuring Social Capital in Five Communities," *Journal of Applied Behavioral Science*, Vol. 36, No. 1(Mar. 2000), pp. 23~42; 한준, "사회적 자본과 거버넌스," 「국정관리연구」, 1권 1호(2006. 12), 83~101쪽.

18) 김선혁, "시민사회론과 행정학," 「한국행정학보」, 37권 4호(2003 겨울), 39~56쪽; Robert E. Goodin and Hans-Dieter Klingemann(eds.), *A New Handbook of Political Science*(Oxford University Press, 2000), p. 494; Jos C. N. Raadschelders, *Government: A Public Administration Perspective*(M. E. Sharpe, 2003), pp. 367~368.

19) 신광영, "비정부조직(NGO)과 국가정책," 「한국행정연구」, 8권 1호(1999. 5), 31~32쪽; 이근주, 「정부와 NGO간의 파트너십에 관한 연구」(한국행정연구원, 1999), 6~9쪽; 김준기, 「정부와 NGO」(박영사, 2006), 3~4쪽; Ann C. Hudock, *NGOs and Civil Society*(Polity Press, 1999), pp. 1~6.

20) 김준기, 위의 책, 15~26쪽.

21) 신광영, 앞의 논문, 35~40쪽.

22) 김준기, "한국 비영리단체(NGOs)의 사회·경제적 역할에 대한 연구," 「행정논총」, 37권 1호(1999), 114~131쪽; 박상필·김상영, "수동사회에서 능동사회로의 변형," 「한국행정연구」, 9권 4호(2001. 1), 164~197쪽; 임승빈, 「정부와 자원봉사단체 간의 바람직한 관계정립 방안에 관한 연구」(한국행정연구원, 1999); 김종순, "한국 NGO의 실태와 발전방향," 「한국행정연구」, 8권 1호(1999. 5), 70쪽.

23) 김준기, 앞의 책, 4쪽.

▪ 제 8 장   제 2 절 ▪

1) E. L. Normanton, *The Accountability and Audit of Governments: A Comparative Study*(Manchester University Press, 1965), p. 23; B. C. Lemke and J. D. Edwards, *Administrative Control and Executive Action*(Charles E. Merril Books, 1961), p. 8.

2) Amitai Etzioni, "Organizational Control Structure," in James G. March(ed.), *Handbook of Organizations*(Rand McNally, 1965), pp. 650~651.

3) Herman Finer, "Administrative Responsibility in Democratic Government," *PAR*, Vol. 1, No. 4(Summer 1941), p. 336.

4) Terry L. Cooper, *The Responsible Administrator: An Approach to Ethics for the Administrative Role*(Kennikat Press, 1982), pp. 42~55.

5) Amitai Etzioni, *A Comparative Analysis of Complex Organizations*(Free Press, 1961).

6) Oliver E. Williamson, *Markets and Hierarchies*(Free Press, 1975); Dave Ulrich *et al.*, "Designing Effective Organizational Systems," in James L. Perry(ed.), *Handbook of Public Administration* (Jossey-Bass, 1990), pp. 156~157; William G. Ouchi, "Markets, Bureaucracies, and Clans," *ASQ*, Vol. 25(1980), pp. 129~141.

7) A. C. Filley and R. J. House, *Managerial Process and Organizational Behavior*(Scott, Foresman, 1969), pp. 200~202.

8) Fremont E. Kast and James E. Rosenzweig, *Organization and Management*, 4th ed.(McGraw-Hill, 1986), pp. 512~514.

9) Finer, *op. cit.*, p. 337.

10) Gordon Tullock, *The Politics of Bureaucracy*(Public Affairs Press, 1965), p. 217.

11) 홍준형, "정책과정에 있어 사법의 역할," 「인간의 삶과 행정의 미래」(2008년도 서울행정학회 동계학술대회 논문집), 169~203쪽.

12) Donald C. Rowat, "The Suitability of the Ombudsperson Plan for Developing Countries," *International Review of Administrative Science*, Vol. 1, No. 3(1984), p. 207; Kent M. Weeks, *Ombudsmen Around the World: A Comparative Chart*(Institute of Governmental Studies, UC Berkeley, 1973), pp. 3~47.

13) Gerald Caiden, "Ombudsman in Developing Democracies," *International Review of Administrative Sciences*, Vol. 1, No. 3(1984), p. 225.

14) *Ibid.*, pp. 221~222.

15) 「부패방지 및 국민권익위원회의 설치와 운영에 관한 법률」; 국민권익위원회, 홈페이지.

16) 최유진 외, "옴부즈만 제도 활성화 방안 연구," 「행정논총」 51권 2호, (2013.6), 95~119쪽.

▪ 제 8 장 제 3 절 ▪

1) 「행정규제기본법」 제 2 조; 최병선, 「정부규제론」(법문사, 1992), 18~28쪽; 법제처·한국법제연구원, 「법령용어사례집」(하)(2002), 1793쪽.

2) Stephen Breyer, *Regulation and Its Reform*(Harvard University Press, 1982), pp. 36~153.

3) *Ibid.*, pp. 66~102; 최병선, 앞의 책, 61~102쪽; 지광석·김태윤, "규제의 정당성에 대한 모색: 시장실패의 치유 vs. 거래비용의 최소화·경감," 「한국행정학보」(제44권 제 2 호, 2010 여름), 261~289쪽; David H. Rosenbloom and Robert S. Kravchuk, *Public Administration: Understanding Management, Politics, and Law in the Public Sector*, 6th ed.(McGraw-Hill, 2005), pp. 392~398.

4) 김태윤, 「시장유인적 규제방식의 개발」(한국행정연구원, 1999), 10~12쪽; 총무처, 「신정부혁신론」(동명사, 1997), 215쪽; Rosenbloom and Kravchuk, *ibid.*, pp. 407~413.

5) 총무처, 위의 책, 221~227쪽; 최병선, 앞의 책, 836~849쪽; U. S. Federal Government, Executive Order 12044.

6) 오두현, 「한국의 정부규제완화 동향과 향후 과제」(서울대 행정대학원 발전정책과정, 1989), 23쪽; 사공영호, 「규제완화 제약요인의 해소방안 모색」(한국행정연구원, 1998).

7) 홍준형, 「행정법」(법문사, 2011), 353~356쪽; 홍준형·김성수·김유환, 「행정절차법 제정연구」(법문사, 1996), 4~16쪽; 김동희, 「행정법 Ⅰ」, 제12판(박영사, 2006), 353~355쪽.

8) 오석홍 "민원행정에 관한 연구," 「행정논총」, 22권 1호(1984), 1~23쪽; 대한민국 정부, 「행정백서」(1972~1981); 총무처, 「행정관리연보」(1978~1980), 「총무처연보」(1981~1997); 정부합동민원실, 「발전행정계획: 민원행정의 개선방안」(1980. 12); 대한민국 정부, 「성장발전을 위한 제도개선 백서」, 1~3권(1982~1987); 행정자치부, 「행정자치통계연보」(2006); 정부혁신지방분권위원회, 「참여정부의 행정개혁」(2005); 「민원처리에 관한 법률」과 그 시행령.

9) 한국행정학회, 「서울시 시민평가제도의 성과와 과제」(2001), 3~6쪽; David Shand, "Service Quality in the Public Sector," Colin Clark and David Corbett(eds.), *Reforming the Public Sector: Problems and Solutions*(Allen & Unwin, 1999), pp. 169~170.

10) A. Parasuraman, Valarie A. Zeithaml and Leonard L. Berry, "A Conceptual Model of Service

Quality and Its Implications for Future Research," *Journal of Marketing*(Fall, 1985), pp. 41~50, "SERVQUAL: A Multiple-Item Scale for Measuring Consumer Perceptions of Service Quality," *Journal of Retailing*, Vol. 64, No. 1(Spring 1988), pp. 12~40.

11) Shand, *op. cit.*, pp. 168~169.

12) David Swindell and Janet M. Kelly, "Linking Citizen Satisfaction Data to Performance Measures: A Preliminary Evaluation," *Public Performance & Management Review*, Vol. 24, No. 1(September 2000), pp. 30~52.

13) 박중훈, "민원서비스에 대한 고객만족도 조사,"「한국행정연구」, 10권 1호(2001 봄), 40~66쪽.

14) 한국행정학회, 앞의 책, 28쪽.

15) 이선우·홍수정, "행정서비스 선진화지수모형 개발 및 운영에 관한 연구,"「한국인사행정학보」, 7권 3호(2008), 167~169쪽.

16) 김동희, 앞의 책, 386~388쪽; 홍정선,「행정법원론」, 상(박영사, 1998), 373쪽; 홍준형, 앞의 책, 319~339쪽.

17) 김명길, "행정지도론고,"「법학연구」, 33권(부산대학교, 1983), 319~321쪽; 山内, 위의 책, 25~36쪽; 김영수, "지방행정에 있어서 행정지도의 민주화 방안에 관한 연구"(서울대 석사학위 논문, 1984), 31~34쪽.

18) 참조: 김명길, 위의 논문, 321~324쪽; 山内, 위의 책, 111~138쪽; 강원도 원주군 연구단, "지방행정의 선진화를 위한 주민지도의 효율화 방안"(제23회 지방행정연수대회, 1983. 10); 오석홍, "Hiroshi Shiono의 행정지도론," 오석홍 편,「행정학의 주요이론」, 제 3 판(법문사, 2005), 405~413쪽.

제 9 장   후주

▪ 제 9 장   제 1 절 ▪

1) 오석홍, "행정개혁론,"「행정논총」24권 2호(1988), 88~111쪽; Gerald Caiden, *Administrative Reform*(Aldine, 1969), pp. 65~70; Saul M. Katz, *Striving for the Heavenly Society: The Tactics of Development*(University of Pittsburgh, 1975); Heinrich Siedentopf, "Introduction: Government Performance and Administrative Reform," in Gerald Caiden and Siedentopf(eds.), *Strategies for Administrative Reform*(D. C. Heath and Co., 1982), pp. ix~xv; B. J. Hodge, William P. Anthony, and Lawrence M. Gales, *Organization Theory: A Strategic Approach*, 6th ed.(Prentice-Hall, 2003), p. 328; Christopher Pollitt and Geert Bouckaert, *Public Management Reform: A Comparative Analysis*(Oxford University Press, 2000), pp. 6~18.

2) Zaltman, D. Duncan and J. Holbek, *Innovations & Organizations*(Wiley & Sons, 1973), pp. 52~69.

3) Lewin, "Studies in Group Decision," in D. Cartwright and A. Zander(eds.), *Group Dynamics, Research and Theory*(Harper & Row, 1953), pp. 287~301.

4) Hodge *et al.*, *op. cit.*, pp. 330~333.

5) Joseph Holis and Frank Krause, "Effective Development of Change," in Robert Zawacki and D. D. Warrick(eds.), *Organization Development: Managing Change in the Public Sector*(IPMA, 1976), pp. 240~241.

6) Richard H. Hall, *Organizations: Structures, Processes*, and Outcomes, 5th ed.(Prentice-Hall, 1991), pp. 185~197; Robert D. Smither, John M. Houston, and Sandra D. McIntire, *Organization Development: Strategies for Changing Environments*(Harper Collins, 1996), pp. 36~38; Nigel Nicholson(ed.), *The Blackwell Encyclopedic Dictionary of Organizational Behavior*(Blackwell, 1995), pp. 366~373; Hodge *et al.*, *op. cit.*, pp. 175~181.

7) E. A. Johns, *The Sociology of Organizational Change*(Pergamon Press, 1973), p. 81; Zawacki and Warrick, *op. cit.*, pp. 202~204; Paul C. Nutt and Robert W. Backoff, "Facilitating Transformational Change," Wendell L. French, C. H. Bell, Jr., and R. A. Zawacki(eds.), *Organization Development and Transformation: Managing Effective Change*(McGraw-Hill, 2000), pp. 370~371.

8) Patrick H. Irwin and Frank W. Langham, Jr., "Change Seekers," *Harvard Business Review* (Jan./Feb. 1966), pp. 82~91.

9) Jeanne Waston Lippitt and Bruce Westley, *The Dynamics of Planned Change*(Harcourt Brace and Jovanovich, 1958), pp. 91~123; D. Kahneman and E. O. Schild, "Training Agents of Social Change in Israel: Definition of Objectives and a Training Approach," *Human Organization*, Vol. 35(1966), p. 73.

10) John W. Newstrom, *Organizational Behavior: Human Behavior at Work*, 13th ed.(McGraw-Hill, 2011), pp. 369~370.

11) John R. Schermerhorn, Jr., J. G. Hunt, R. N. Osborn and Uhl−Bien, *Organizational Behavior*, 11th ed.(John Wiley & Sons, 2011), pp. 355~356; John M. Ivancevich, Robert Konopaske, and Michael Tatteson, *Organizational Behavior and Management*, 8th ed.(McGraw-Hill, 2008), pp. 481~483.

12) cf., G. E. Caiden, "Reform or Revitalization?," in Caiden and Siedentopf(eds.), *op. cit.*, pp. 85~89.

13) cf., Ernest R. Alexander, "Goal Setting and Growth in an Uncertain World: A Case Study of a Local Community Organization," *PAR*, Vol. 36, No. 2(Mar./Apr. 1976), pp. 182~181; Michael Colenso, *Kaizen Strategies for Successful Organizational Change: Enabling Evolution and Revolution within the Organization*(Pearson Education, 2000), pp. 170~183.

14) Donald Klein, "Some Notes on the Dynamics of Resistance to Change: The Defender Role," in Alton C. Bartlett and Thomas A. Kayser(eds.), *Changing Organizational Behavior*(Prentice-Hall, 1973), pp. 425~433.

15) cf., Schermerhorn, Jr. *et al.*, *op. cit.*, pp. 357~358; Johns, *op. cit.*, pp. 33~61; Zaltman *et al.*, *op. cit.*, pp. 85~104; Herbert Kaufman, *The Limits of Organizational Change*(University of Alabama Press, 1971), pp. 5~67; John W. Slocum, Jr. and Don Hellriegel, *Principles of Organizational Behavior*, 12th ed.(South-Western, 2009), pp. 501~504.

16) Warren G. Bennis, "Theory and Method in Applying Behavioral Science to Planned Organizational Change," *Journal of Applied Behavioral Science*(Oct. Nov./Dec. 1965), p. 346; Wendell L. French and Cecil H. Bell, Jr., *Organization Development*(Prentice-Hell, 1973), pp. 15~20; French, Bell, Jr., and Zawacki, *op. cit.*, pp. 1~11; Thomas G. Cummings and Christopher G. Worley, *Organization Development and Change*, 9th ed.(South-Western College Publishing, 2008), pp. 1~3.

17) cf., French and Bell, Jr., *ibid.*, pp. 65~73; Edgar F. Huse and James L. Bowditch, *Behavior in Organizations*(Addison-Wesley, 1973), pp. 285~286; Edgar F. Huse, *Organizational Development and Change*, 2nd ed.(West, 1980), pp. 29~30.

18) French and Bell, Jr., ibid., p. 87; Newton Margulies and John Wallace, *Organizational Change: Techniques and Applications*(Scott, Foresman and Co., 1973), pp. 25~26; A. A. Armenakis and H. S. Feild, "The Role of Schema in Organizational Change," in R. T. Golembiewski(ed.), *Handbook of Organizational Behavior*(Dekker, 1993), pp. 405~425; Cummings and Worley, *op. cit.*, p. 8.

19) French and Bell, Jr., *ibid.*, p. 97ff.

20) cf., Margulies and Wallace, *op. cit.*, p. 65ff.; French and Bell, Jr., *ibid.*, p. 97ff.; French, Bell, Jr. and Zawacki, *op. cit.*, pp. 153~160; Huse and Bowditch, *op. cit.*, p. 290ff.; Edgar H. Schein, *Process Consultation: It's Role in Organization Development*(Addison-Wesley, 1969); Andrzej Huczynski, *Encyclopedia of Organizational Change Methods*(Gower, 1987); Cummings and Worley, *op. cit.*, pp. 216~279.

21) French and Bell, Jr., *ibid.*, p. 99.

22) R. R. Blake and J. S. Mouton, *Building a Dynamic Corporation through Grid Organization Development*(Holt, Rinehart & Winston, 1961), pp. 605~613.

23) Newstrom, *op. cit.*, pp. 380~381; Zawacki and Warrick, *op. cit.*, pp. 6~9; Edward J. Giblin, "Organization Development: Public Sector Theory and Practice," *PPM*, Vol. 5, No. 2(March-April 1976).

24) Wendell L. French and Cecil H. Bell, Jr., *Organization Development: Behavioral Science Interventions for Organization Improvement*, 6th ed.(Prentice-Hall, 1999), pp. 32~61; Jerry I. Porras and Robert C. Silvers, "Organization Development and Transformation," French, Bell, and Zawacki (eds.), *op. cit.*, pp. 80~99.

▪ 제 9 장 제 2 절 ▪

1) Donald F. Kettl, *The Global Public Management Revolution*, 2nd ed.(Brookings Institution, 2005), pp. 1~5; Spencer Zifcak, *New Managerialism: Administrative Reform in Whitehall and Canberra*(Open University Press, 1994), pp. 17~45; Tom Christensen and Per Laegreid, "A Transformative Perspective on Administrative Reforms," in Christensen and Laegreid(eds.), *New Public Management: The Transformation of Ideas and Practice* (Ashgate, 2002), pp. 13~39.

2) June Pallot, *Central State Government Reforms*(Berlin, 1999).

3) Kettl, *op. cit.*; Swan Ferlie and Louis Fitzgerald, "The Sustainability of the New Public Management in the UK," in Kate McLaughlin *et al.*(eds.), *New Public Management: Current Trends and Future Prospects*(Routledge, 2002), pp. 343~344.

4) Kettl, *ibid.*, pp. 17~18; Tom Christensen, "Administrative Reform; Changing Leadership Roles?" Governance, Vol. 14. No. 4(October 2001), pp. 457~460; Christopher Hood, "A New Public Management for All Seasons?" *Public Administration*, Vol. 69, No. 1(1991), pp. 3~19; Jonathan Boston, "Purchasing Policy Advice: The Limits of Contracting Out," *Governance*, Vol. 7(1994), pp. 1~30; Steve Martin, "New Public Management or New Direction," Kuno Schedler and Isabella Proeller, "The New Public Management," in McLaughlin *et al.*(eds.), *ibid.*, pp. 129~140 and pp. 163~180; Owen E. Hughes, *Public Management and Administration: An Introduction*, 3rd ed. (Palgrave Macmillan, 2003), pp. 1~16.

5) David Osborne and Peter Plastrik, *Banishing Bureaucracy: The Five Strategies for Reinventing Government*(Addison Wesley, 1997), pp. 23~26; 박천오 외, "한국 책임운영기관 제도의 운영 평가," 「한국행정연구」, 12권 3호(2003 가을), 3~31쪽; 주재현, 「행정서비스 헌

장제의 효과적 운영 및 조기정착방안」(한국행정연구원, 2000); 정부혁신지방분권위원회, 「혁신
과 분권의 현장: 봉사하는 정부」(2005), 108~142쪽.

6) John M. Bryson, Barbara C. Crosby, and Laura Bloomberg, "Public Value Governance: Moving
Beyond Traditional Public Administration and the New Public Management," *Public
Administration Review* (Vol. 74, Iss. 4, July/August 2014), p. 447; J. Denhardt and R.
Denhardt, *The New Public Service: Serving, Not Steering*, 3rd. ed. (M. E. Sharpe, 2011); Gerry
Stoker, "Public Value Management: A New Narrative for Networked Governance?" *American
Review of Public Administration* (Vol. 36, No. 1, 2006), pp. 41~57; Barry Bozeman, *Public
Values and Public Interest Counterbalancing Economic Individualism* (Georgetown
University Press, 2007); Stephen P. Osborne, *The New Public Governance: Emerging
Perspectives on the Theory and Practice of Public Governance* (Routledge, 2010); Harry C.
Boyte, "Constructive Politics as Public Work: Organizing the Literature," *Political Theory*
(Vol. 39, No. 5, 2011), pp. 630~660.

7) R. B. Denhardt and J. V. Denhardt, *ibid.*, and "The New Public Service: Serving Rather than
Steering," *PAR*, Vol. 60, No. 6(Nov./Dec. 2000), pp. 549~559.

8) Bryson *et al.*, *op. cit.*

9) Bozeman, *op. cit.*, p. 17.

10) Mark H. Moore, "Public Value Accounting: Establishing the Philosophical Basis," *PAR*, *op.cit.*,
pp. 465~477.

11) John Benington, "From Private Choice to Public Value?" in John Benington and Mark H.
Moore, ed., *Public Value: Theory and Practice* (Palgrave Macmillan, 2011), pp. 31~51.

12) Adam Dahl and Joe Soss, "Neoliberalism for the Common Good? Public Value Governance
and the Downsizing of Democracy," *PAR*, *op.cit.*, pp. 496~504.

13) Osborne, "Reinventing Government: Creating an Entrepreneurial Federal Establishment," in
Will Marshall and Martin Schram(eds.), *Mandate for Change*(Berkeley Books, 1993), pp.
263~287; Osborne and Gaebler, *Reinventing Government: How the Entrepreneurial Spirit is
Transforming the Public Sector*(Addison Wesley, 1992).

14) Osborne and Plastrik, *op. cit.*

15) Peters and Waterman, Jr., *In Search of Excellence: Lessons From America's Best Run
Companies* (Harper & Row, 1982).

16) International City Management Association, *Excellence in Local Government Management*
(Washington, D.C., 1984).

17) Al Gore, *Creating a Government That Works Better & Cost Less*(The Report of the National
Performance Review, Penguin, 1993).

18) Kettl, *op. cit.*, pp. 27~32; Linda deLeon and Robert B. Denhardt, "The Political Theory of
Reinvention," *PAR*, Vol. 60, No. 2(Mar./Apr. 2000), pp. 89~97; James R. Thompson,
"Reinvention as Reform: Assessing the National Performance Review," *PAR*, Vol. 60, No.
6(Nov./Dec. 2000), pp. 508~520; Ronald C. Moe, "The Reinventing Government Exercise:
Misinterpreting the Problem, Misguiding the Consequences," *PAR*, Vol. 54, No. 2(Mar./Apr.
1994), pp. 111~122; Donald F. Kettl and John J. Dilulio, Jr.(eds.), *Inside the Reinvention
Machine: Appraising Government Reform*(Brookings Ins., 1995).

19) 권기헌, 「전자정부와 행정개혁」(커뮤니케이션 북스, 1999), 169~171쪽; 문신용, 「행정정보화와
조직운영의 혁신방안」(한국행정연구원, 2000), 109~114쪽; Alan P. Balutis, "Monitoring the
E-Government Revolution," *The Public Manager*, Vol. 29, No. 4(Winter 2000-2001), pp.

34~35; A. C. Hyde, "Management Fad of the Year 2000: 'E-Gov,'" *The Public Manager*, Vol. 39, No. 1 (Spring 2001), pp. 29~30; Harold C. Relyea, "E-Gov: Introduction and Overview," *Government Information Quarterly*, No. 19(2002), pp. 9~35.

20) Costis Toregas, "The Politics of E-Gov: The Upcoming Struggle for Redefining Civic Engagement," *National Civic Review*, Vol. 90, No. 3(Fall 2001), pp. 235~240.

21) 남궁근 외 공저, 「전자정부를 통한 부패통제」(경상대학교 사회과학연구소, 2002), 34쪽; 권기헌, 앞의 책; Se-Jung Park, "New Organization Paradigm in an Age of Electronic Government," *Knowledge-and-Information-Based Electionic Government For the Third Millenium*(KAPA, 1999), pp. 56~58.

22) 권기헌, 위의 책; Park, *ibid.*; Hughes, *op. cit.*, pp. 192~195.

23) Hee Joon Song, "E-Government in Korea: Present Status and Future Prospects," MPB and KDI, *International Forum on Public Sector Reform*(2002), pp. 3~14; Alan P. Balutis, "E-Government 2001, Part Ⅰ: Understanding the Challenge and Evolving Strategies," *The Public Manager*, Vol. 30, No. 1(Spring 2001), pp. 33~37; Toregas, *op. cit.*; J. Ramon Gil-Garcia and Theresa A. Pardo, "E-government Success Factors: Mapping Practical Tools to Theoretical Foundations," *Government Information Quarterley*, No. 22(2005), pp. 187~216.

24) 『정부 3.0』 추진 기본계획 (2013); 「정보의 개방·공유로 일자리를 만드는 맞춤형 정부가 됩니다」(관계부처 합동, 2013); 정국환, 「정부 3.0 완성을 위한 정보화의 방향」(서울대학교 행정대학원 제690회 정책 & 지식 포럼, 2013. 9. 30); 김준기, 「정부 3.0 추진방향에 대한 소고」(서울대학교 행정대학원 제698회 정책 & 지식 포럼, 2013. 10. 28); 한국정책학회, 「정부 3.0의 이론적 배경 및 조직의 변화관리에 관한 연구보고」 (2013. 12. 26).

25) 『정부 3.0』 추진 기본계획, 3쪽.

26) 『정부 3.0』 추진 기본계획; 「정보의 개방·공유로 일자리를 만드는 맞춤형 정부가 됩니다」.

27) 정부 3.0 추진위원회, 「신뢰받는 정부, 국민 행복 국가: 정부 3.0 발전계획」 (2014. 9. 17).

28) OECD Asian Centre for Public Governance, *OECD Public Governance Policy Brief*, No. 2(2006), pp. 30~50, 「정부혁신 패러다임 어떻게 변하고 있는가?」(삶과 꿈, 2006), 36~74쪽.

29) Michele Micheletti, "End of Big Government: Is It Happening in the Nordic Countries?" *Governance*, Vol. 13, No. 2(April 2000), pp. 265~278.

30) Graham Wilson, "In a State," *Governance, ibid.*, pp. 235~241.

31) *Ibid.*; Paul C. Light, *Thickening Government*(Brookings Institute, 1995), pp. 61~128.

32) James L. Mercer, *Public Management in Lean Years: Operating in Cutback Management Environment*(Quorum Books, 1992), pp. 17~32; 행정자치부, 「행정자치백서」(2002), 107~148쪽.

33) Charles H. Levine, "More on Cutback Management: Hard Questions for Hard Times," *PAR*, Vol. 39, No. 2(Mar./Apr. 1979), p. 180.

34) Robert D. Behn, "The Fundamentals of Cutback Management," in Richard J. Zeckhauser and Derek Leebaert(eds.), *What Role for Government?*(Duke University Press, 1983), p. 311.

35) Behn, *ibid.*, pp. 312~314; Irene S. Rubin, "Managing Cycles of Growth and Decline," in James L. Perry(ed.), *Handbook of Public Administration*(Jossey-Bass, 1989), pp. 564~569.

36) Richard A. Chapman, "Strategies for Reducing Government Activities," in Gerald E. Caiden and Heinrich Siedentopf(eds.), *Strategies for Administrative Reform*(Lexington Books, 1982), pp. 63~67.

37) 행정안전부, 「정부조직개편의 성공을 위한 조직융합관리 매뉴얼: 물리적 결합에서 화학적 융합으로」(2008); 오석홍, 「행정개혁론」, 제 8 판(박영사, 2014), 213~214쪽.

38) Gerald E. Caiden and Naomi J. Caiden, "Toward More Democratic Governance," *Korean Journal of Policy Studies*, Vol. 15, No. 1(2000), pp. 1~24; 정승건, "발전주의와 신자유주의를 넘어서: 한국행정개혁론의 모색," 「한국행정학보」, 34권 2호(2000 여름), 39~59쪽; 유재원, "세계화, 신자유주의 그리고 지방정치," 「한국행정학보」, 34권 4호(2000 겨울), 155~173쪽.

39) Anthony Giddens, *The Third Way: The Renewal of Social Democracy*(Polity Press, 1998), *The Third Way and Its Critics*(Thinking Tree, 2000); 앤서니 기든스 저·박찬욱 외 역, 「제 3 의 길과 그 비판자들」(생각의 나무, 2002); David Robertson, *The Routledge Dictionary of Politics*, 3rd ed.(Routledge, 2004), pp. 476~477.

40) 박찬욱, 위의 책, 75~79쪽.

41) Osborne and Gaebler, *op. cit.*, pp. 45~47; Paul Starr, "The Meaning of Privatization," in S. B. Kamerman and A. J. Kahn(eds.), *Privatization and Welfare State*(Princeton University Press, 1989), pp. 21~26; Jonathan P. Doh, "Entrepreneurial Privatization Strategies: Order of Entry and Local Partner Collaboration as Sources of Competitive Advantage," *Academy of Management Review*, Vol. 25, No. 3(2000), pp. 551~571; Oliver James, Sebastian Jilke, Carolyn Petersen and Steve Van de Walle, "Citizens' Blame of Politicians for Public Service Failure: Experimental Evidence about blame Reduction through Delegation and Contraction", *PAR* (Vol. 76, No. 1, Jan./Feb. 2015), pp. 83~93.

42) 김석태, "Emanuel S. Savas의 「민간화이론」," 오석홍 편, 「행정학의 주요이론」, 제 3 판(법문사, 2005), 227쪽.

43) Osborne and Gaebler, *op. cit.*

44) 김석태, 앞의 글; Nicholas Henry, *Public Administration and Public Affairs*, 12th ed.(Pearson, 2013), pp. 360~377; Emanuel S. Savas, *Privatizing the Public Sector: How to Shrink Government*(Chatham House, 1982); Kenneth Wiltshire, "The Australian Flirtation with Privatization," in Martin Laffin(ed.), *Issues in Public Sector Management*(University of Sydney, 1993), pp. 69~79.

45) Perry et al., "Returning to Our Roots: 'Good Government' Evolves to 'Good Governance," *PAR* (Vol. 74, Iss. 1, Jan/Feb. 2014), pp.27~28.

46) Fabbrini, "Presidents, Parliaments, & Good Government," *Journal of Democracy* (Vol. 6, No. 3, 1995), pp. 128~138.

47) 이현우, "정책조응성에 기초한 좋은 정부의 연구의도 및 설계," 이현우 외, 「좋은 정부와 정책조응성」(오름, 2013), 17쪽.

48) 배정현, "삶의 질과 정부의 질," 「행정논총」 (제52권 제1호, 2014. 3), 253쪽.

49) Henry, *op. cit.*, pp. 4~5.

50) Besley, *Principled Agents?* : The Political Economy of Good Government (Oxford University Press, June 2006), p. 4ff.

51) Light, "Federalist No. 1: How Would Publius Define Good Government Today?" *PAR* (Special Issue, Dec. 2011), pp. S7~S14.

52) 박희봉, 「좋은 정부, 나쁜 정부」 (책세상, 2013).

53) 임의영, "거번먼트의 질: 개념적 성찰," 「정부학연구」 (제18권 제2호, 2012), 19~22쪽.

찾아보기

ㄴ

저자약력

오석홍

법학사, 서울대학교 법과대학
행정학 석사, 서울대학교 행정대학원
행정학 박사, 미국 University of Pittsburgh
서울대학교 행정대학원 교수
서울대학교 행정대학원 원장
서울대학교 교수윤리위원회 위원
한국행정학회 회장·고문
한국인사행정학회 고문
조직학연구회 고문
한국조직학회 고문
한국거버넌스학회 고문
현재: 서울대학교 행정대학원 명예교수

저서

행정개혁론, 조직이론, 한국의 행정, 인사행정론, 전환시대의 한국행정,
행정개혁실천론(편저), 행정학의 주요이론(편저), 조직학의 주요이론(편저), 정책학의 주요이론(편저),
발전행정론(공저), 국가발전론(공저), 한국행정사(공저), 조직행태론(공저) 등

제7판
행정학

초판발행	2004년 6월 30일
제2판발행	2006년 3월 15일
제3판발행	2007년 8월 20일
제4판발행	2008년 9월 15일
제5판발행	2011년 2월 10일
제6판발행	2013년 3월 10일
제7판인쇄	2016년 8월 30일
제7판발행	2016년 9월 10일

| 지은이 | 오석홍 |
| 펴낸이 | 안종만 |

편 집	전채린
기획/마케팅	강상희
표지디자인	권효진
제 작	우인도·고철민

펴낸곳	(주) **박영사**
	서울특별시 종로구 새문안로3길 36, 1601
	등록 1959. 3. 11. 제300-1959-1호(倫)
전 화	02)733-6771
f a x	02)736-4818
e-mail	pys@pybook.co.kr
homepage	www.pybook.co.kr
ISBN	979-11-303-0338-3 93350

copyright©오석홍, 2016, Printed in Korea

정 가   45,000원